東京大學東洋文化研究所報告

「仁」の原義と古代の數理
――二十四史の「仁」評價「天理」觀を基礎として――

平勢 隆郎 著

序

　本書は、拙著『「八紘」とは何か』（以下前著）を承けて著述される。史書としては『史記』から、統一された天下を「八紘」と稱することが始まり、この言葉は『明史』まで基本義が繼承された。始皇帝の天下が、代々繼承議論されている。

　この「八紘」は、萬物一體を語る上で缺くことのできない用語である。

　周知のように、朱子學では「萬物一體の仁」が議論される。しかし、この「一體」がいかなる領域を念頭に置くかは、これまで議論されてきていない。本書は、二十四史を通覽し、「仁」に關する具體的記述を檢討して、この問題に答えんとする。

　これもまた周知のように、朱子學では「天理」が議論される。本書は、二十四史の「天理」に關する具體的記述を檢討することで、『舊唐書』までの正史では、「天理」を具體的に象徴するのが北斗であることをつきとめた。この時期は、前著に述べた「八紘」が生きていた。「八紘」を述べるための蓋天説は、同時に天の時を述べている。

　遡って戰國時代の諸書は、「天時」を述べても、「天理」を述べることはない。「天理」も、またこれと密接に結びついた「八紘」觀も、いずれも戰國時代の經典には議論されていない。漢代になって「八紘」觀が出現すると、戰國時代の經典に缺如している「天理」觀の穴を、經典として埋める動きも出てきた。その缺如の穴を埋めたのが新しい經典たる緯書であった。緯書は、新しい經典として「天理」の根據を提供した。緯書出現の意味は、多く議論されてきているが、「天理」に注目してきていない。

　千古の大問題である經典諸書の繋年も、大きくは「天理」を扱うかどうかで編年することができる。「天理」を述べる『禮記』は漢代の著作である。その『禮記』と字面が同じでも内容を異にする部分をもつ『孟子』は戰國時代の著作である。『春秋』三傳は、すべて戰國時代の著作である。

　『禮記』の一部は、戰國時代の出土遺物として確認されている。それが漢代に繼承されて『禮記』の一部となった。從來の經典編年作業において、『禮記』がすべて戰國時代に存在したとする一部の見解は、『孟子』と矛盾する内容を説明していない。

　『新唐書』・『宋史』・『遼史』以後の正史では、史書編纂の際に論ずべき統治領域が「八紘」の外に擴大され、「天理」は「八紘」觀を離れる。「天理」と北斗の關係は直接は示されなくなった。「天時」との關係は、比較的薄くなった。この時代に學者の關心をつかんだのが朱子學である。「天理」が「八紘」を離れた結果、漠然とした領域の萬物一體を語る。「八紘」觀と結びついてきた緯書は、存在意義を失って、急速に衰えた。

　唐代の佛教が國家鎭護をうたい、宋代以後の佛教が淨土を主眼に据えるにいたるのも、以上の狀況變化と關わっている。

　國家鎭護をうたった時代、佛教建築の平面構成・立面構成、伽藍配置の平面構成には、いずれも圖形的秩序が意識されていた。天を九、地を六、人を八とする戰國時代以來の觀念をもとに、正八角形がその圖形的基礎を提供する。

　戰國時代は、この天を九、地を六、人を八とする觀念が發生した時代で、この觀念の數が「天

時」を地上に具體化する。「天時」は天の廻轉と惑星運行がもたらすので、天の方位と地の方位と時間・季節の方位の重なりとして平面に投影される。天と地と地上の人を論じるには、後天八卦方位が意識される。この方位は天地を西方・南方からの立面としてながめている。この天地人の數の意味づけは、『漢書』律曆志に詳しい。『史記』に『漢書』の先驅的議論があり、遡った議論は金屬貨幣の重量（換算單位ごとに大小いくつか製造）や『左傳』の易により議論できる。『漢書』律曆志のこの特別な意味づけの議論は、六朝時代を通じて繼承され唐代にいたる。

　佛教建築について立面構成に正八角形とそれを八分割した二等邊三角形を用いた圖形的秩序が意識されるのは、「天時」とともに後天八卦方位が意識されるためである。

　『史記』から『舊唐書』にいたるまでの「八紘」觀が強く意識された時期を挾んで、戰國時代と宋代以後は、「八紘」が意識されていないという共通點を有する。だから、勢い朱子學的傳統をもって、戰國時代の諸書を語りがちになる。しかし、すでに後天八卦方位および三正説により特別に意味づけられた戰國時代の「天時」と、宋代以後の「天理」との違いが理解された後は、まずは愼重な姿勢から始めるしかない。

　拙著『新編史記東周年表』・『中國古代紀年の研究』・『左傳の史料批判的研究』いずれにおいても、特別に意味づけられた「天時」の具體的檢討を進めてきている。戰國時代に特徴的なのは、踰年稱元法とセットになった夏正の議論であり、これに對抗し立年稱元法とセットになった楚正の議論である。漢代になると、曆の三正説に方位圓内の正三角形（三合）の議論が加わった。こうして前著において述べた議論に加え、漢代を承けた時代に、本書に述べる佛教建築や伽藍配置の平面構成・立面構成の圖形的秩序の時代がやってくる。

　本書の檢討のそもそもの始まりは、1980年代の自らの石燈籠研究にあった。具體的に檢討してみて、どう考えても平面構成・立面構成の圖形的秩序を語らねばならなくなった。この石燈籠研究が、別に進めていた上記の佛教建築・伽藍配置の研究に關わることがわかった、というのも、本書の内容になっている。

　戰國時代に特別に意味づけられた「天時」を語ることが始まる前、春秋時代には、どんな觀念が存在したか。筆者はこの問題に關わることになった出土遺物を、まったく別の意識をもって檢討していた。戰國時代から遡って「仁」の原義を檢討し、ここにあらためてこの出土遺物を檢討する。前著において檢討した編鐘と詩との密接な關係が、春秋中期以後を規制することを再確認する。

　かくして『左傳』・『論語』を分析し、侯馬盟書を歴史的・考古學的に檢討して、本書はいわゆる邑制國家の大國小國連合が鐵器時代に突入した後の「仁」の原義を論じる。それは、戰國中期以後に特別に意義付けられた「天時」の下の「仁」とは異なっている。漢唐の「仁」とも異なり、宋學的教養の「仁」とも異なっている。

　前著に扱った「八紘」の意味がわからなくなったこと、緯書が「天理」に象徴される宇宙觀をもって皇帝權力を支えたことがわからなくなったこと、米田美代治が發見した圖形基準の意味が正しく理解されなかったことは、相互に關連する。『左傳』引用の説話に示された「仁」の原義が見えなくなった原因がそこにある。

本文目次

序 ··· 1

第一章　正史を通して知る「仁」と「天理」 ··· 9
  はじめに ··· 9

  第一節　正史を通して知る「仁」 ··· 9
    1. 研究史上興味深い諸點 ··· 9
    2. 二十四史に通底する「形」としての「仁」—『漢書』の場合 ······························ 11
    3.『史記』の「仁」 ·· 15
    4.『晉書』の「仁」 ·· 18
    5.『舊唐書』・『新唐書』の「仁」 ··· 21
    6.『明史』の「仁」 ·· 22

  第二節　正史を通して知る「天理」 ··· 24
    1. 史書と「天理」—『明史』の場合 ··· 24
    2.『舊唐書』・『新唐書』の「天理」 ·· 25
    3.『晉書』の「天理」と緯書 ··· 26
    4.『漢書』と『史記』の「天理」 ··· 29

  第三節　他の正史の「仁」と「天理」 ·· 30
    1. 分裂時代の皇帝の「仁」評價 ·· 30
    2. 分裂時代の外國と「仁」評價 ·· 33
    3.『北史』・『南史』の「仁」評價と外國 ·· 35
    4.『後漢書』の「仁」評價と「天理」 ·· 37
    5.『舊五代史』と『新五代史』の「仁」と「天理」 ·· 40
    6.『遼史』・『金史』・『元史』の「仁」と「天理」 ··· 41
    7.『宋史』の「仁」と「天理」 ·· 44

  小　結 ··· 46

  資料Ⅰ 『史記』・『漢書』・『晉書』・『舊唐書』・『新唐書』・『明史』の「仁」・「天理」 ······ 50
    1-1:『史記』の「仁」 ··· 50
    1-2:『史記』の「天理」 ·· 58
    2-1:『漢書』の「仁」 ··· 59
    2-2:『漢書』の「天理」 ·· 77
    3-1:『晉書』の「仁」 ··· 78
    3-2:『晉書』の「天理」 ··· 100
    4-1:『舊唐書』・『新唐書』の「仁」 ··· 102
        『新唐書』のみに見られる「仁」 ·· 133
    4-2:『舊唐書』・『新唐書』の「天理」 ··· 137
        『新唐書』のみに見られる「天理」 ··· 140
    5-1:『明史』の「仁」 ·· 140
    5-2:『明史』の「天理」 ··· 157

資料Ⅱ 『後漢書』〜『元史』の「仁」 …………………………………… 159
  1：『後漢書』 ……………………………………………………………… 159
  2：『三國志』 ……………………………………………………………… 165
  3：『宋書』 ………………………………………………………………… 167
  4：『魏書』 ………………………………………………………………… 171
  5：『南齊書』 ……………………………………………………………… 177
  6：『梁書』 ………………………………………………………………… 179
  7：『陳書』 ………………………………………………………………… 183
  8：『北齊書』 ……………………………………………………………… 184
  9：『周書』 ………………………………………………………………… 185
  10：『隋書』 ……………………………………………………………… 187
  11：『北史』 ……………………………………………………………… 192
  12：『南史』 ……………………………………………………………… 198
  13：『舊五代史』 ………………………………………………………… 201
  14：『新五代史』 ………………………………………………………… 204
  15：『遼史』 ……………………………………………………………… 205
  16：『金史』 ……………………………………………………………… 206
  17：『宋史』 ……………………………………………………………… 207
  18：『元史』 ……………………………………………………………… 214

資料Ⅲ 『後漢書』〜『元史』の「天理」 ………………………………… 218
  1：『後漢書』 ……………………………………………………………… 218
  2：『三國志』 ……………………………………………………………… 218
  3：『宋書』 ………………………………………………………………… 219
  4：『魏書』 ………………………………………………………………… 219
  5：『南齊書』 ……………………………………………………………… 220
  6：『梁書』 ………………………………………………………………… 220
  7：『陳書』 ………………………………………………………………… 220
  8：『北齊書』 ……………………………………………………………… 221
  9：『周書』 ………………………………………………………………… 221
  10：『隋書』 ……………………………………………………………… 221
  11：『北史』 ……………………………………………………………… 221
  12：『南史』 ……………………………………………………………… 221
  13：『舊五代史』 ………………………………………………………… 221
  14：『新五代史』 ………………………………………………………… 222
  15：『遼史』 ……………………………………………………………… 222
  16：『金史』 ……………………………………………………………… 222
  17：『宋史』 ……………………………………………………………… 222
  18：『元史』 ……………………………………………………………… 226

資料Ⅳ 緯書の「仁」・「天理」 ………………………………………… 228

第二章　先秦史料を通して知る「仁」とその原義 …… 233

第一節　經典と「仁」 …… 233
　　はじめに—「天理」と經典 …… 233
　　1.『孟子』の「仁」 …… 234
　　2.『荀子』の「仁」 …… 239
　　3.『韓非子』の「仁」 …… 245
　　4.『禮記』の「仁」 …… 251
　　まとめ …… 263

第二節　『春秋』三傳と「仁」 …… 264
　　はじめに …… 264
　　1.『左傳』の「仁」 …… 264
　　2.『公羊傳』の「仁」 …… 275
　　3.『穀梁傳』の「仁」 …… 285
　　まとめ …… 292

第三節　『論語』の「仁」と侯馬盟書 …… 294
　　はじめに …… 294
　　1. 侯馬盟書との接點 …… 294
　　2.『論語』の「仁」 …… 307
　　3.『論語』の「仁」のまとめ …… 317
　　4.『尚書』と『毛詩』 …… 320
　　まとめ …… 323

小　結 …… 323

資料Ⅴ　『論語』・『孟子』・『荀子』・『韓非子』・『禮記』の「仁」 …… 328
　　1：『論語』の「仁」 …… 328
　　2−1：『孟子』の「仁」 …… 330
　　2−2：『孟子』に「天理」なし …… 337
　　3：『荀子』の「仁」 …… 337
　　4：『韓非子』の「仁」 …… 345
　　5−1：『禮記』の「仁」 …… 351
　　5−2：『禮記』の「天理」 …… 355

資料Ⅵ　『春秋』三傳の「仁」—附：『尚書』と『毛詩』の「仁」等 …… 356
　　1：『左傳』の「仁」 …… 356
　　2：『公羊傳』の「仁」 …… 364
　　3：『穀梁傳』の「仁」 …… 367
　　4：『公羊傳』の「中國」と『左傳』の夏 …… 370
　　5：『穀梁傳』の「中國」 …… 370
　　附1：『尚書』の「仁」 …… 379
　　附2：『毛詩』の「仁」 …… 379
　　附3：『左傳』の「鬼神」 …… 380

第三章　古代の數理 ……………………………………………………… 393
　第一節　三正説と數理 …………………………………………………… 393
　　　はじめに …………………………………………………………… 393
　　　1. 暦と三正説 ……………………………………………………… 393
　　　2. 三正説が始まって以後の暦の一覽 …………………………… 395
　　　3. 度量衡に見える暦數 …………………………………………… 397
　　　4. 十二方位と樂と暦數 …………………………………………… 400
　　　5. 三正と易 ………………………………………………………… 401
　　　6. 中原の三正と楚正 ……………………………………………… 404
　　　7. 中原の三正と楚正が議論される前の狀況 …………………… 406
　　　8. 董仲舒と劉歆の圖式 …………………………………………… 409
　　　9. 木星と太歲 ……………………………………………………… 412
　　　ま と め …………………………………………………………… 414
　第二節　天理の物と建築 ………………………………………………… 416
　　　はじめに …………………………………………………………… 416
　　　1. 岡益石堂 ………………………………………………………… 417
　　　2. 伊東忠太の研究 ………………………………………………… 419
　　　3. 米田美代治と朝鮮建築 ………………………………………… 420
　　　4. 私的檢討と古代燈籠 …………………………………………… 425
　　　5. 小泉袈裟勝の度量衡研究 ……………………………………… 429
　　　6. 『漢書』律暦志と度量衡 ……………………………………… 430
　　　ま と め …………………………………………………………… 432
　小　結 ……………………………………………………………………… 433

終章　先行研究とどう關わるか ………………………………………… 441
　　　はじめに …………………………………………………………… 441
　　　1. 侯馬盟書以來の議論として何が言えるか …………………… 441
　　　2. 鬼神との關わり ………………………………………………… 443
　　　3.『左傳』と鬼神 ………………………………………………… 444
　　　4. 池田知久の述べる天人關係論 ………………………………… 457
　　　5. 天命と「理法」に關わる研究 ………………………………… 458
　　　6. 三分損益法の「理法」化 ……………………………………… 461
　　　7. 世襲と「孝」 …………………………………………………… 462
　　　8. 萬物と自然 ……………………………………………………… 465
　　　9. 詩の繼承と説明變化 …………………………………………… 467
　　　10. いわゆる史官の役割 …………………………………………… 468
　　　11. 天道論の爲された時期 ………………………………………… 473
　　　12. 天理の物 ………………………………………………………… 474
　　　13. モノサシの研究 ………………………………………………… 475

14. 易緯乾鑿度の注釋の議論	476
15. 文武の繼承の議論と戰國時代	478
16. 周王の自稱と『尚書』	481
17. 奉職循理	484
18. 歐譯された「仁」	486
まとめ	496

中文概要	517
英文概要	525
あとがき	539
索　引	545

図版・表目次

第二章

圖 2-1〜7	平勢隆郎『春秋晉國『侯馬盟書』字體通覽』部分 (1)〜(7)	300〜306

第三章

圖 3-1	新城新藏作成・春秋年始早晚圖	394
圖 3-2	『春秋』・『左傳』曆日に基づく正月朔と冬至	395
圖 3-3	新城新藏想定の76年間の大月・小月配列	395
圖 3-4	平勢想定の76年間の大月・小月配列	396
圖 3-5	新城想定配列のどこから平勢配列が始まるか	396
圖 3-6	曾侯乙墓出土二十八宿圖	400
圖 3-7	程貞一想定・曾侯乙編鐘階名と三合	401
圖 3-8	雲夢睡虎地十一號墓出土の戰國秦簡『日書』乙種の八三貳・八五貳・八七貳	402
圖 3-9	冬至頃（滿月時）の天地	403
圖 3-10	後天八卦方位と天地	403
圖 3-11	包山楚簡239簡	404
圖 3-12	中原の天地人と楚の日月星辰の生成	405
圖 3-13	洪範五行水火木金土の生成	405
圖 3-14	①『周禮』春官大司樂天神、②同地示、③同人、④同大師、⑤漢代十二律の相互關係	407
圖 3-15	董仲舒の五德終始說における十二方位の生成・正三角形と五德・曆	410
圖 3-16	王莽の五德終始說における十二方位の生成と五德・曆	411
圖 3-17	［見下ろした］天の十二方位	412
圖 3-18	西曆236年と237年の月の配列	413
圖 3-19	書き換え前と書き換え後の年號對比	413
圖 3-20	川上貞夫撮影・石堂全景、円柱エンタシス、石塔部竿	417
圖 3-21	川上貞夫實測作成・石堂石塔部と竿のエンタシス	418
圖 3-22	川上貞夫實測作成・石堂正面、立面構成	418

圖 3-23	川上貞夫實測作成・平面構成、川上貞夫實測作成・石塔部竿と中臺	418
圖 3-24	米田美代治想定・助王里69號墳の平面構成、平壤清岩里遺址八角塔の平面構成	421
圖 3-25	米田美代治作成・佛國寺多寶塔立面構成	421
圖 3-26	米田美代治想定・各時代より摘出される建築計劃の基本數理(1)	422
圖 3-27	米田美代治想定・各時代より摘出される建築計劃の基本數理(2)	423
圖 3-28	米田美代治想定・慶州石窟庵の石窟と石塔の立面構成と平面構成	424
圖 3-29	上京龍泉府古寺石燈籠立面構成と平面構成平面構成に特殊な圖形	426
圖 3-30	チャン・サン・リョル想定立面構成	427
圖 3-31	單位圖形の作成	427
圖 3-32	岡益石堂の立面構成と平面構成	427
圖 3-33	岡益石堂南面の立面構成	428
圖 3-34	當麻寺金堂前石燈籠の平面構成と立面構成	428
圖 3-35	羅福頤『傳世歷代古尺圖錄』末尾の圖	430
表 3-1	戰國貨幣と重量	398
表 3-2	林巳奈夫『戰國時代重量分銅表』	399

終章

圖 4-1	『史記』の「形」	471
圖 4-2	『漢書』の「形」	472
圖 4-3	後天八卦方位における天から地、地から天への變化	476
圖 4-4	『左傳』の新古の文體の重層構造	514
表	索隱解釋表	480

＊本書使用の漢字字體について

　本書では、いわゆる舊字を用いているが、よく見ればいわゆる新字も混じっている。これは、パソコン環境に配慮したものである。そもそも今一般に用いられるユニコードが、各國の漢字コードを一つにまとめて字體の統一性に缺ける面がある。字體は「字形」（部首構成）と「書體」（より細かくはフォント）を言う。表現できる字を增していった經緯も、建物の增築に類似する。筆者の原稿の字が、別の字に置き換わってしまわないかの懸念もあった。本書は多くの資料を提示したが、その資料にしても、版本ごとに多樣な字體で提供されてきた。こうしたこともあり、今回の體裁に落ち着いた次第である。讀者の中には、字體の不統一が氣にかかる向きもあろうかと考える。ご寬恕を請う次第である。

第一章　正史を通して知る「仁」と「天理」

はじめに

　本書の檢討を始めるきっかけは、第三章に扱った數理の問題であった。その歴史的背景につき、様々な觀點から檢討を進めてみて、中國の二十四史中の「仁」評價に深く關わることが想定されるにいたった。

　そもそも儒教をひもとくに當たって、必ずと言っていいほど言及されるのは、「仁」という概念である。

　以下には、本書で論じていく上で、研究史上注目すべき見解を紹介することから始めたい。それを受けて本論を展開し、さらに研究史にたちかえって何が議論できるかを述べることにしよう。

第一節　　正史を通して知る「仁」

1. 研究史上興味深い諸點

　明治 35 年 7 月から昭和 3 年 3 月まで東京帝國大學文科大學教授であった服部宇之吉は、冨山房漢文體系の校訂に携わった學者であるが、その著『儒教倫理概論』[1]の中で、道と德に二章、心と性に三章、「仁」と義に二章、忠・恕・信・敬・禮に一章、誠に一章をそれぞれ當て、「仁」に言及した。

　『論語』を孔子の見解として紹介する立場だが、こう述べている。

　　……其他周易はどうかといふと周易の經文には仁の字は無い。所謂十翼といふ經を説明したものには仁の字がある。十翼は孔子の作と云ふ説もあるが實は少し後の戰國時代のもので、古いものではない。左傳（これも問題の書物である）には大分仁の字が多くある。春秋以後になると仁の字がよく現はれて居る。必ずしも孔子以後とは限らぬ。孔子の前からあるが兎に角孔子の前後に至つて仁の字が此樣に左傳なり其他に現はれて來る。禮記はどうかといふと、禮記は漢になつて編纂したもので其材料は相當に戰國時代に出來たものを使つて居る。……右に言ふた樣に從來は極く輕い意味にしか用ひて居らなかつた仁、唯人柄がやさしいといふことに用ひたり或は六德の一つといふ位にしか用ひて居らなかつた仁を孔子が一貫の道といふ風に非常に重くされて、道とは仁であり又同時に德であると説かれ、……仁がさういふ風にして大變やかましく論ぜらるるやうになる。孔子以前でも段々昔よりは重くみられて來たが、殊に孔子が仁を一貫の道と説かれてから仁の位置は大變重く總ての德の根本である、故に仁は如何なるものであるかといふことを知るには論語に見える孔子の語によつて考へるより外に方法がない。……利といふ問題が起こつたならば先づ命の關係を考へ仁の關係を考へるといふので、孔子は滅多に利は言はないが利を言ふ時には仁に結付け或は命に結付けて言はれる。利ばかり言はれることはない。論語の意味はさうであると徂徠は解釋して居る。其

第一章　正史を通して知る「仁」と「天理」

　　解釋が宜い。そこで論語で見ると仁といふことはどんなことになるかといへば、第一に昔から説明して居るのは愛を以て仁を説くのが普通の説き方である。……所が宋に至つて一つ非常に違つた説が現はれて來た、愛を離れて仁を説かうとする考が現はれて來た。何故愛を離れて仁を説かうといふことになつたかといふと、是は宋學の哲學から生じた結果であらうが、仁と愛といふものを二つ並べて見ると仁は本體で愛は作用である、別な言葉でいへば仁は性で愛は情である。……それで色々朱子は考へたのである。考へた結果説を爲して曰く「仁は心の德、愛の理」と。この語は孟子集注にあるものである。……既に社會的生活が人間の特色でないとすれば、人間の社會生活は仁が基礎であるならば動物の社會的生活にも矢張り仁といふことがなければならぬと云ふことになつて來て、仁は何も人間だけの特色でない、動物にもあると言ふ風に見て來なければならぬかも知れぬ。……國家的社會的生活を離れて仁の完全な實現を求めても不可能である。國家的社會的生活の中に於てのみ仁は完全に實現されるものである。又仁の完全なる實現は既に國家的社會的生活の中でなければ實現出來ないから個人の獨力で實現出來ない。……すると仁は畢竟するに國家又は社會の全民全員が協力して國家的社會全體の目的の實現に努めると云ふことに歸着しなければならぬ。……

　以上は、服部宇之吉の文章から、一部を抜き出したものにすぎない。服部は、相當の字數を費やして「仁」に解説を加えている。本書は、服部が述べたような「仁」が確かに確認できる、ということを述べようとするのではないが、服部が、諸書を讀みぬいて、上記のようなことを述べたことは、出發點にしたいと考える。

　服部は、義についても相當の字數をさいて解説を加える。

　　……右の如く考へれば天理人欲を言ふ場合なども之に從つて來る。例之、予の心中に二つの觀念が起る。即ち朱子の所謂天理人欲である（便利であるから暫く朱子の天理人欲の言葉を借りる）予の頭に二つの行爲目的が起つた。一つは天理であつて一つは人欲であるといふ場合に人欲を抑へて天理に從ふといふことは、それは義になる。二つながら天理であるが、其二つのものを比較して見ると大きいとか小さいとかあるいは輕いとか重いとかいふ區別がある。そこで其重きもの大なるものに從ひ輕きもの小さきものを抑へて捨ててしまふ場合に、それも矢張り義になると思ふ。春秋左氏傳の中にある言葉で有名なものだが大義親を滅すといふ。大義の爲には自分の子も殺してしまふ。親が子を愛するといふことは、矢張り朱子の言葉で言へば天理である。君臣の大義と國家の安危といふことも義である。國家の安危と子を愛することと此二つのものを比べて見ると君臣の大義國家の安危が大問題で親子の愛は勿論輕くなり小さくなる、そこで小さいものを捨てて大きなるものを活かさなければならぬといふ場合に大義親を滅することになる。……拟右はとにかく今迄述べた所に依つて義の總ての場合が説明されうるかといふと未だ説明されぬものがあるやうに思はれる。即ち孟子が義を説いて、兄を敬するのが義であると言ひ或いは長上を敬するといふと同時に羞惡の心は義の端なりと言つて居る。其羞惡の心といふのと敬といふのとはどういふ關係になるかといふ問題が出て來る。それを考へて見なければならぬ。そこで能く見ると論語では兄に順ふ或いは長上に順ふ所謂弟、それを義とは説いて居ない。孝弟共に人といふやうに説いて居る。現に學而篇にある有若の言葉に「孝弟也者、其爲仁之本與。」とある（朱子は孝弟はそれ仁を爲〈おこな〉ふの本かと讀む。予はさうでなく仁の本たるかと讀むことは前述した）。孝と弟とを同じく仁の本と

して居る。然るに孟子は孝は仁、弟は義といふことに分けたのである。孔子は仁を謂ひ義を謂ひ仁義を別々に言はれたが孟子は孟子自身の必要から仁義を併せ稱した。……次に董仲舒が義に就いて面白いことを言つて居る。是が又義といふことの一つの注意すべき點ではないかと思ふ。董仲舒の著はした春秋繁露の仁義法の中に「仁之爲言人也、義之爲言我也」とあり、仁義を比較して人我と言つて居る。即ち「仁之法、在愛人、不在愛我、義之法、在正我、不在正人」「義者合我與宜爲一」と説いて居る。頻りに我といふことで義を説いて居る。……

以上も、服部宇之吉の文章から、一部を抜き出したものにすぎない。これについても、服部が、諸書を讀みぬいて、上記のようなことを述べたことを、出發點にしたいと考える。

服部と同時代、さらにそれを承けた時代にあって、「仁」や義に言及する研究は多く出されているが、本書に述べようとする點から、注目されるのは、安田二郎の見解である。これについては、島田虔次『朱子學と陽明學』[2]が、第二章宋學の完成・朱子學、中國最大の思想家朱子の「朱子學の區分」の中で、「わたしの朱子理解あるいは宋學理解に最も恩惠をうけた書物として、後藤俊瑞『朱子の實踐哲學』[3]、安田二郎『中國近世思想研究』[4]、楠本正繼『宋明時代儒學思想の研究』[5]の三者をあげておきたい。特に安田氏の書からは決定的な影響をうけていることを、告白する」と述べている。この島田の言い方に沿って述べれば、筆者は島田虔次『朱子學と陽明學』を熟讀することから始め、朱子學やそれに關連する問題に接近をはかってきた。

安田は、こう述べた[6]。

かく聖人といふ概念の中核は天理に純であるといふ點にある。ではそれは具體的にはいかなる事態を指すか。この點を明らかにする爲には、それが消極的には人欲に夾雜されてゐないこととして規定されてゐる點に注目せねばならぬ。いはゆる人欲はまた私欲、私意味或ひは單に私とも呼ばれるが、それは先づ行爲をして客觀的な正しさを得しめない力として理解される。例へば、聖人の心は天地萬物を以て一體となし、凡そ生ある限りのものは、昆弟赤子の樣に親しむ、これに反して、天下の人心は元來聖人と異なるところがないが、有我の私に閉へられ、物欲の蔽に隔てられるが故に、父子兄弟を仇讐の樣に扱ふ物さへあるに至る、といつてゐるのはその場合である。……。

以下に本書で述べていく内容は、結果として、この萬物一體の視點に基礎を置くことになるのだが、この點を言わば豫言的に提示しつつ、論を進めていくことにしよう。

2. 二十四史に通底する「形」としての「仁」―『漢書』の場合

周知のように、正史は「二十四史」として世に提供されている。第一が『史記』であり、最後が『明史』である。これらを通覽し、「仁」および「天理」がどう記述されているかを調べてみた。本書50頁以下の資料Ⅰから資料Ⅲにいたるものがそれに當る。ただし、資料Ⅰは、正史本文をすべて檢討したが、紙幅の都合も考えて、資料Ⅱと資料Ⅲについては一部を割愛した。何をとり何を割愛したかは、わかるようにしてある。簡單に言えば、本紀と外國傳および外國傳に相當するものを檢討對象とし、また各正史が儒林や酷吏などの用語でまとめを行っているものも同じく檢討對象とした。資料Ⅰの網羅的檢討を參照して、これらを對象とし他を割愛していても、本書の檢討を進める上で問題は生じないと判斷としたからである。

その資料Ⅰ以下を參照しつつ、看取できる點を列記してみよう。

第一章　正史を通して知る「仁」と「天理」

　從來の研究は、「仁」や「天理」を語る場合、當然經典や思想家の文章を檢討してきた。その一端を見せてくれるのが、すでに言及した服部宇之吉や安田二郎などのまとめである。ところが、具體的に檢討してわかったことだが、二十四史に記される内容からすると、「仁」や「天理」がどう扱われていたかは、從來の常識と異なっている。

　まず、「仁」を語る存在として、第一に位置づけられるのは皇帝である。これは、通常議論されてこなかったことだろう。聖人が議論されることは常識的に語られていたのだから、その聖人に位置づけられる皇帝が「仁」を語る存在であることは、言わば當然である。

　そして、これも當然のこととして、代々の皇帝には仁が備わっていたことが、正史のあちこちに記述される。

　より詳しく見てみよう。

　『史記』は最初の正史である。しかし、その體裁がそのまま代々繼承されたわけではない。基本的體裁として後世に影響を與えたのは、『漢書』である。

　そこで、まず以下に『漢書』について述べ、さらに『史記』に遡って議論することから始めよう。

　漢皇帝の「仁」に關する記事は、帝紀ではこうなっている。高祖については「寬仁」（高帝紀上）、惠帝については「寬仁之主」（惠帝紀）、文帝については「賢聖仁孝」（文帝紀）、武帝については「仁聖之心」・「本仁祖義」（武帝紀）・「躬履仁義」（宣帝紀）、宣帝については「慈仁愛人」（宣帝紀）、元帝については「柔仁好儒」（元帝紀・太子時）、成帝については「惇任仁人」（成帝紀）、哀帝については「慈仁孝順（太子時）・「聖德寬仁」・「敦任仁人」（哀帝紀）、平帝については「仁惠無不顧哀」（平帝紀）と記述される。皇帝について「仁」を語る記述は、志や傳にも記されている。

　以下「仁」評價を與える、という文脈の場合は正の評價について述べることにする。

　その上で、上記から歸納的に導かれることは、皇帝は「仁」についての評價を代々得る存在だということである。くりかえすようだが、皇帝は聖人なのだから、當然といえば當然なのである。ただ、ここで氣になるのは、その評價の中に、成帝の「惇任仁人」が含まれていることである。これは、おそらく王莽評價に連動するものであって、負の評價を含んでいる。

　それから、さらに述べると、項羽について「夫仁不以勇、義不以力」（高帝紀下）というのも、「仁」について負の評價を含んでいる。王莽についても、安漢公の評價として「折節行仁」・「太皇太后聖明、安漢公至仁」（王莽傳上）とあり、皇帝になってからも「陛下至仁」・「顯仁賢也」（王莽傳中）・「今東方歲荒民饑、道路不通……以施仁道」（王莽傳下）と評價されているのに、「色取仁而行違」・「莽既不仁而有佞邪之材」（王莽傳下）との評價を承けるにいたり、その王朝も滅びる。項羽も滅びた人物である。

　「色取仁而行違」というのは、『論語』を引用して述べたもので、顏淵第十二に「子曰、是聞也、非達也、夫達也者、質直而好義、察言而觀色、慮以下人、在邦必達、在家必達、夫聞也者、色取仁、而行違」とあるのに據る。自分は「仁」が語れると思っているが、そう思っているのは自分だけで、結果はそうなっていない。

　この「結果がともなわない」という評價は、以後の正史の記事に大きな影響を與えた。「仁」という評價が與えられているのに、結果として滅びた人物は少なくない。

　こうした事例は、言わば「一代限りの仁」といっていいものである。ただ、この「一代限りの仁」には、世間的好評價をともなう場合も含まれている。好評価だが一代限りだという含み

第一節　正史を通して知る「仁」

をもって語られる。代表的人物が伯夷と叔齊である。東方朔傳に「是以伯夷叔齊避周、餓于首陽之下、後世稱其仁」とある。後世稱されているが、餓死してしまった。

　ここまで述べてくると、皇帝が代々「仁」評價を受けるというのは、異例中の異例であることがわかってくる。皇帝だけがそうした評價を受けるというのが、正史の嚴然たる「形」（事實とは言い難いという向きもあろう）である。

　そうなると、文帝の「賢聖仁孝」もあらためて、特別の意味づけが可能となる。孝とは、言うまでもなく、父親に對しての行動を評價して述べる。そうすると、「仁」評價を受ける人物たち相互にあっては、皇帝だけが父子代々この「孝」の世界に關わることができる、ということになる。あくまで正史の書き方からすると、ということだが、そうなっている。「仁」に「孝」がまとわりつくのは、一般を意識してのことではない。「仁」の特別な意味からしても、明らかに皇帝を特別に議論するための「形」である。

　賈誼傳に、「三代之禮、春朝朝日、秋暮夕月、所以明有敬也、春秋入學、坐國老、執醬而親饋之、所以明有孝也、行以鸞和、步中采齊、趣中肆夏、所以明有度也、其於禽獸、見其生不食其死、聞其聲不食其肉、故遠庖廚、所以長恩、且明有仁也」は三代の禮が「所以明有敬也」・「所以明有孝也」・「所以明有度也」・「且明有仁也」であることを述べるもので、ここに「孝」と「仁」が樞要の位置づけをもって語られているのも、皇帝と「孝」・「仁」の密接な關わりを示すものである。刑法志に「而謂君爲父母、明仁愛德讓、王道之本也」とあるのも、孝の字を使っていないとはいえ、父、母にそれぞれ仁愛、德讓を當てて、王道の本を說くものである。

　「仁」が代々繼承される「形」を「統」の字で表現した場合もある。刑法志に「至乎齊桓晉文之兵、可謂入其域而有節制矣、然猶未本仁義之統也」とあるのは、齊の桓公、晉の文公が覇業をなしたことについて、まだ仁義の「統」に本づいていないことを述べる。裏を返せば、聖人としての皇帝の場合は、仁義の「統」に本づくということである。「統」とは正統である。正統は「仁」を代々繼承する。

　父子ではなく、子孫であることをもって、「仁」を語る場合もある。淮南衡山濟北王傳に淮南王劉安について、「王親高皇帝孫、行仁義、天下莫不聞」と述べる。これは『漢書』の重大なる「形」である後漢光武帝の稱揚に當たり、律曆志に「光武皇帝、著紀以景帝後高祖九世孫受命復漢、改元建武」と述べるのと連動する記述かと考えられる。光武帝は子孫として漢王朝を再興することになるが、淮南王はというと、上記の記述のあとに、謀反のことが記されている。『漢書』の書き方としては一代限りの「仁」となった。漢高祖の子孫を議論し得る者は二者あって、一方は謀反、他方は漢王朝を再興、というのが『漢書』に示された「形」である。

　母親というか皇帝の后についての議論もある。元后傳に「司徒掾班彪曰、三代以來、春秋所記、王公國君、與其失世、稀不以女寵、漢興、后妃之家呂霍上官、幾危國者數矣、及王莽之興、由孝元后歷漢四世爲天下母、饗國六十餘載、羣弟世權、更持國柄、五將十侯、卒成新都、位號已移於天下、而元后卷卷猶握一璽、不欲以授莽、婦人之仁、悲夫」と述べる。皇帝として複數代に關わっているが、婦人としては一代であり、「婦人之仁、悲夫」と述べる。王莽の滅亡にからめて述べている。皇帝に關わるが、皇帝の仁に關わるものとはなっていない。

　上記において一代限りの「仁」を述べた王莽の下の狀況として、王莽傳に「太后下詔曰、太傅博山侯光宿衞四世、世爲傅相、忠孝仁篤」とある。これは宰相の仁を述べるものである。そして、

13

第一章　正史を通して知る「仁」と「天理」

この場合も、王莽にからんで一代限りのことになる。
　一代の「仁」が滅びる、というだけでなく、そもそも「不仁」だとされる者もいる。董仲舒傳に桀紂について「夫暴逆不仁者、非一日而亡也」とある。亡國の君である。王莽傳の最後に、「贊曰」として「莽既不仁而有佞邪之材」という評價を加えている。すでに述べたように、『漢書』の「形」として「仁」評價の文章を記述して一代の「仁」を示し、滅亡を述べているわけだが、「贊曰」には、よりつっこんで「不仁」の評價を加えたのである。嚴朱吾丘主父徐嚴終王賈傳上に「今閩越王狼戾不仁」とある。閩越は、始皇帝が統一した天下の外にあり、いわば外國あつかいの立場にある。『漢書』では外國傳は立てていないが、匈奴傳、西南夷兩粵朝鮮傳、西域傳を立てている。そのうちの閩越について「不仁」の評價を加えている。
　滅亡の君について「不仁」を語るのは、「皇帝」が代々「仁」を語るのと裏腹の關係にある。「仁」が繼承されている間は、王都等は安泰だということである。また、外國について「不仁」を語るのは、外國に對する「中國」が「仁」を語る場であることを示す。萬物一體の「仁」を論じる場合の「一體」は、「中國」を場としている。
　ここで皇帝の「仁」に話をもどすと、「寬仁」・「慈仁」という表現が目をひく。「仁」は皇帝のみについて語るものではない。臣下についても語るべきものである。その共有される「仁」について、「寬仁」というのは、「仁をひろめる」という意味になる。下記に萬物一體の「仁」を檢討するが、皇帝は「仁をひろめる」存在である。どこにひろめるのかというと、上述したように、「中國」に擴めることになる。「慈仁」は「仁」に慈愛がこもることを意味するようだ。
　「仁」を擴めるには、どうするか。『漢書』に示されている「形」は、官僚、とくに刑官を上手に使うことである。武帝紀に「夫本仁祖義、襃德錄賢、勸善刑暴、五帝三王所繇昌也」とある。「仁」は義と併稱される。その仁に本づくことは、德を襃めることであり、善を勸めることである。義に祖づくことは、賢を錄することであり、暴を刑することである。末端の刑官が關わる勸善と刑暴である。臣下の「仁」には、勸善を期待し、刑官には刑暴を行わせる。刑法志に「制禮以崇敬、作刑以明威也、聖人既躬明悊之性、必通天地之心、制禮作教、立法設刑、動緣民情、而則天象地」とある。「聖人既躬明悊之性、必通天地之心」が前提である。「制禮以崇敬」と「作刑以明威」が制度であり、「動緣民情」と「而則天象」が結果である。これが萬物一體を具體化させる「形」である。
　以上、『漢書』の「形」としては、以下が示されている。
・皇帝は正統を繼承して代々「仁」を語る存在であり、「仁」をひろめる存在である。その代々の皇帝については「孝」を語ることができる。
・「仁」を語るべき存在は宰相も、その下の人物もいる。しかし、一代限りの「仁」として記述される特徴がある。すくなからず、滅亡にいたるのも一つの特徴である。伯夷・叔齊のように、世の評價が高い場合も、一代限りの「仁」として扱われ滅亡にいたっている。
・さらには、「不仁」とされる者もいる。暴虐にして國を滅ぼした桀紂、外國の代表として評價が記述された閩越王がこれに當たる。前者は皇帝が代々「仁」を語る存在であるのと裏腹の關係にある。また後者は「仁」を語る場が外國に對する「中國」であることを示している。
・その「中國」においては、官僚とくに刑官をうまく使う。臣下の「仁」には、勸善を期待し、刑官には刑暴（暴を刑す）を行わせる。つまり、官僚をみずからの手足として、「仁」の政治を行う。

これが萬物一體の「仁」を具體化させて論じる「形」である。

3.『史記』の「仁」

以上、『漢書』に示された「形」は、かなりはっきりしている。そして、その「形」を基本的に『史記』に遡って議論することができる。

『史記』は、漢王朝を武帝まで記述する。その時期だけは、『漢書』と重なっている。ただ、表現には、若干の相違もある。高祖「仁而愛人」（高祖本紀）、孝惠帝「仁弱」・「慈仁」（呂后本紀）、文帝「仁孝寛厚」・「以仁孝聞於天下」（呂后本紀）・「賢聖仁孝」（孝文本紀）といった表現が見られる。

ここで氣になるのは、孝惠帝の「仁弱」である。この表現は、「仁」の存在こそ示せ、欽して肯定的評價を述べるものではない。下記に『史記』・『漢書』の「形」を論じることになるが、『史記』の「形」は、その本紀の立て方に特徴がある。漢皇帝は、まず高祖本紀がある。つぎが呂后本紀である。皇帝の名を冠していない。その呂后については、所謂「仁」の評價もないし、婦人の「仁」の評價もない。漢王朝を危殆ならしめたのが呂后であり、それを收拾に向かわせ即位したのが文帝である。だから、批判の意味をこめて惠帝について「仁弱」と述べているのだろう。ちなみに、先に述べた『漢書』では、そもそも呂后の名は帝紀に出てくることはない。惠帝紀が立てられ、惠帝は「寛仁之主」だとあった。

次の景帝については、「仁」評價が示されない。これはこの時代に呉楚七國の亂が起こるなど、また危殆に瀕した時代だとの評價があるためと考えられる。

武帝について、本紀に「仁」評價は示されていないが、『史記』そのものの「形」が武帝を至上の存在に位置づけており、司馬相如列傳に「陛下仁育羣生、義征不憓」とある。

太史公自序に示されたまとめの評價は、高い評價を○、低い評價を×として、○高祖本紀、×呂后本紀、○孝文本紀、×孝景本紀、○孝武本紀になっている。

こうした漢王朝についての評價の示し方は、實は『史記』の本紀にあっては、きわめて異例の厚遇になっている。それ以前の「仁」評價を見ると、五帝本紀では、帝嚳「仁而威」と帝堯「其仁如天」が紹介されて一代の「仁」評價がなされる。夏本紀では禹のみが「其德不違、其仁可親」と評價され、周本紀では古公について「及他旁國聞古公仁、亦多歸之」（ただし「於是古公乃貶戎狄之俗」が續く）、文王について「則古公公季之法、篤仁、敬老、慈少」と述べるだけである。殷本紀には「仁」評價がない。秦本紀にいたっては、秦皇帝の祖先について「下罷極則以仁義怨望於上、上下交爭怨而相篡弑、至於滅宗」との評價が示される。秦始皇本紀については、始皇帝について「刻削毋仁恩和義」・「聖智仁義」の兩種の評價が示され、三世について「子嬰仁儉」・「仁義不施而攻守之勢異也」の評價が示される。項羽本紀には、「仁」評價が示されない。

これに呼應するかのように、太史公自序に示されたまとめの評價は、×五帝本紀、○夏本紀、×殷本紀、○周本紀、×秦本紀、○秦始皇本紀、×項羽本紀になっている。ちなみに、上記漢の五本紀は、新五帝とも稱し得るのだが、同樣に夏本紀、殷本紀、周本紀を三王と稱するのに對し、秦本紀、秦始皇本紀、項羽本紀を新三王と稱することができる。そうした場合の評價は、×五帝、○三王、×新三王、○新五帝ということになる。『史記』の「仁」評價は、この場合にも呼應する。范雎蔡澤列傳に「五帝之聖」・「三王之仁」・「五伯（霸）之賢」を並列して述べるのも、新舊の五帝・三王に關する『史記』の「仁」評價に沿って理解できる。平津侯主父列傳に「臣竊以爲陛下天然

之聖、寬仁之資」とあるのも、その「仁」評價に沿って理解すればよい。

「仁」評價に關わるこうした「形」は、世家に場を擴げて作り出されている。列傳は、個人の傳であるが、世家は諸侯とされる者たちの代々の歴史をまとめている。

呉太伯世家は、「太伯可謂至德」と述べ、その一族だが呉王ではない延陵季子について、「延陵季子之仁心」と述べる。魯周公世家は、周公旦について「旦爲子孝、篤仁、異於羣子」と述べる。周公旦は周王を補佐したとされる人物で實は魯の君主ではない。その子が魯に封建されている。燕召公世家は、「召公奭可謂仁矣」とする。召公も周王を補佐した人物であって、實際に燕を起こしたのは、その子とすべきなのだが、『史記』においては、そのことは明言されていない。宋微子世家は、「微子故能仁賢」とする。上記に殷王について「仁」評價が示されないことを論じたが、その子孫たる微子には示されている。おまけに宋微子世家の太史公曰には、「微子去之、箕子爲之奴、比干諫而死、殷有三仁焉」とあって、箕子・比干とともに殷の三仁とみなし一代の「仁」を語る。晉世家は「文公報曰、夫導我以仁義、防我以德惠」とする。楚世家は楚王については「仁」を述べず、呉尚について「尚之爲人廉、死節、慈孝而仁」と述べて一代限りの「仁」とその滅亡を述べている。鄭世家は鄭伯については「仁」を述べず、子産について「子産仁人」・「爲人仁愛人」として一代限りの「仁」を述べる。

以上、西周以來の諸侯を扱う世家としては、呉・魯・燕・宋・晉・宋を選擇的にとりあげてそれぞれの君主一人だけに「仁」評價を與えている。楚・鄭のように君主に「仁」評價を與えないばかりか、その臣下に一代限りの「仁」評價を與える場合もある。

趙世家は、春秋時代の趙盾について「盾素仁愛人」とし、戰國時代の列侯について「牛畜侍烈侯以仁義、約以王道、列侯逌然」とする。牛畜なる人物の「仁」評價を述べている。列侯について「仁」評價を述べれば君主と臣下の關係が語られるわけだが、それができない「形」になっている。趙盾の「素仁」は「仁にもとづく」だろうが、皇帝の「仁をひろめる」とは異なる次元に位置づけられる。公子成の發言として「臣聞中國者、仁義之所施也」というのは、一般論として、中國が「仁」評價の場であることを述べている。李兌の發言も「仁者愛萬物而智者備禍於未形、不仁不智」として「仁者」・「智者」・「不仁は不知」の一般論を述べている。魏世家は、戰國時代の文侯について「國人稱仁」と述べ、惠王（惠成王）について孟子の發言「爲人君、仁義而已矣、何以利爲」を引く。孟子の文脈では、惠王は「仁」評價がなされていない。

以上、戰國時代の諸侯としては、趙・魏を選擇的にとりあげ、君主一人だけに「仁」評價を與えている。他は人物の發言をとりあげ、一代限りの「仁」を語らせる。

孔子世家は、特別の例外として諸侯でもない孔子を世家という「形」で議論する。孔子の「仁」を述べず、老子の發言や孔子の發言を紹介する。

漢代の諸侯としては、陳涉世家に「夫先王以仁義」と述べるが、これは一般論であるだけでなく、「褚先生」の發言であって後補部分になる。漢代諸侯の「仁」評價は世家には示されないが、漢興以來諸侯年表に「要之以仁義爲本」と述べるだけである。高祖功臣侯年表に「歷三代千有餘載、自全以蕃衛天子、豈非篤於仁義、奉上法」という一般論を述べているにすぎない。

列傳は、個人の事蹟を述べ、それだけでも、「仁」評價は一般論もしくは一代限りの「仁」を述べたものになる。「不仁」を述べる場合もある。

例外的に議論されるのが、外國の列傳である。『史記』の世家というまとめの「形」は二十四

史中めずらしいのもので、他には『新五代史』に見える程度である。『史記』特有の「形」と言ってもいいが、その『史記』にあって、個人以外でありながら、傳にくみこまれたのが外國である。外國は代々の事蹟をまとめ、世家に類似する。その外國の列傳において、「仁」評價は一つもない。「不仁」もないのだが、司馬相如列傳に「且夫卭筰西僰之與中國並也、歷年慈多、不可記已、仁者不以德來、彊者不以力并、意者其殆不可乎」とあるのが、事の經緯をよく表現している。「仁」だろうが「不仁」だろうが、とにかく議論できるのは中國だからで、その外は、議論できない、ということである。だから、「仁者不以德來、彊者不以力并」ということになる。

ちなみに、『史記』において「中國」がどこを意味しているかは、『史記』を注意深く讀めば、よくわかる。これについては拙著『「八紘」とは何か』[7]等に論じたので、それを御參照いただくとよい。武帝時代の「中國」は高祖が統一を宣言した地域であり、その外に南越等外國がある。『史記』の個々の記述によって、どこが「中國」とされるかもわかる。『史記』は戰國時代の材料を集めてできあがったので、古い時期の「中國」の記事も殘されており、例えば楚世家の頃襄王十八年に、そのころの情勢を述べて「秦は大鳥であり、左は趙の西南、右は楚の鄢郢および、頭を中國に垂れる」というのは、戰國時代の齊を中心とする地域を「中國」と述べた言い方を反映している（索隱「垂頭猶申頸也、言欲呑山東」）。しかし、注意深く讀めば、上記のようにまとめることができる。こうしたおおよその記述に上記の「仁」評價を加えると、君主も臣下も「仁」評價される地域（吳・魯・燕・宋・晉・宋・趙・魏）、地域として「仁」を語る人物が認められる地域（楚・鄭）がわかり、夏王朝の地（君主の「仁」）、殷王朝の地（一代の「仁」）、周王朝（君主の「仁」）の地も上記のように「仁」評價の對象となる。以上からはじかれているのが、越の地である。これは、南越等が越王句踐を祖とあおぐのと關連づけることができる。南越等を含む越の地は、『漢書』では「中國」の中に入るが、『史記』では「中國」の外である（「中國」はまだ狹い）。

『漢書』の「形」が『史記』に見えないものもある。『漢書』以後に歷代認められる「仁」評價と、『史記』の「仁」評價が異なっている部分がある。『漢書』以後の「仁」評價として、「中國」において官僚とくに刑官をうまく使うという點がある。臣下の「仁」には、勸善を期待し、刑官には刑暴（暴を刑す）を行わせるものであった。つまり、官僚をみずからの手足として、「仁」の政治を行う。これが萬物一體の「仁」を具體化させて論じる「形」であった。

ところが、これに對應する『史記』の「形」では、樂書に次のような記事が示されている。「刑禁暴、爵擧賢、則政均矣、仁以愛之、義以正之、如此則民治行矣」・「春作夏長、仁也、秋斂冬藏、義也、仁近於樂、義近於禮、樂者敦和、率神而從天、禮者辨宜、居鬼而從地、故聖人作樂以應天、作禮以配地、禮樂明備、天地官矣」・「太史公曰……故宮動脾而和正聖、商動肺而和正義、角動肝而和正仁、徵動心而和正禮、羽動腎而和正智、故樂所以內輔正心而外異貴賤也、上以事宗廟、下以變化黎庶也」とある。「刑禁暴、爵擧賢、則政均矣、仁以愛之、義以正之、如此則民治行矣」は、『漢書』と異なり、刑罰で暴を禁じ、爵祿で賢人を採用するのが政治だということと、仁と義で民治を行うということを述べている。政治で問題にする刑と爵は、他の言い方では刑と德となる。『漢書』ではこの德たる爵を「仁」と言い換え、政治と民治の別をなくしている。ここで確認しえた『史記』特有の、一部の「仁」評價の「形」は、『史記』から遡って「仁」評價の祖形を檢討する上で、極めて重要である。

4.『晉書』の「仁」

　『史記』と『漢書』それぞれの「仁」評價の「形」には、多くの繼承面と多少の斷絶面があることがわかったが、『漢書』以後は、基本的にその「仁」評價の「形」が繼承される。

　それを『晉書』について見てみよう。資料Ⅰをざっと見渡して了解可能な點は、その一瞥に期待することとし、以下には焦點をややしぼって議論を進めたい。

　この時代に特徴的なのは、漢族以外の諸民族が「八紘」の地に入り込んで多くの王朝を樹立したことである。これと「仁」評價はどう關わっているだろうか。

　周知のように、いわゆる五胡十六國の興亡の基本的記事は、『晉書』載記にまとめられている。「大凡劉元海以惠帝永興元年據離石稱漢、後九年、石勒據襄國稱趙、張氏先據河西、是歳、自石勒後三十六年也、重華自稱涼王、後一年、冉閔據鄴稱魏、後一年、苻健據長安稱秦、慕容氏先據遼東稱燕、是歳、自苻健後一年也、儁始僭號、後三十一年、後燕慕容垂據鄴、後二年、西燕慕容沖據阿房、是歳也、乞伏國仁據枹罕稱秦、後一年、慕容永據上黨、是歳也、呂光據姑臧稱涼、後十二年、慕容德據滑臺稱南燕、是歳也、禿髪烏孤據廉川稱南涼、段業據張掖稱北涼、後三年、李玄盛據敦煌稱西涼、後一年、沮渠蒙遜殺段業、自稱涼、後四年、譙縱據蜀稱成都王、後二年、赫連勃勃據朔方稱大夏、後二年、馮跋殺離班、據和龍稱北燕、提封天下、十喪其八、莫不龍旌帝服、建社開祊、華夷咸暨、人物斯在、或簒通都之郷、或擁數州之地、雄圖内卷、師旅外并、窮兵凶於勝負、盡人命於鋒鏑、其爲戰國者一百三十六載、抑元海爲之禍首云」と一括される。

　以上に紹介される者のうち、「仁」評價を加える對象は選擇される。載記二に、劉元海の子の劉聰について「而主上過垂寬仁」と述べるのは、芳しくない評價である。載記三に、劉元海の族子の劉曜については、劉氏としての漢王朝の故事を述べた「太子孝友仁慈」、同じく三國志の故事を引いて劉曜を述べた「當務存尸鳩之仁」（平均的な仁）は、諫めの言葉ながら、「仁」評價自體は惡くない。

　載記三は劉曜に關するまとめがなされるのだが、そこに「石王仁厚」というのは、石勒についての「仁」評價を述べるもの。同じくその史臣曰に「彼戎狄者、人面獸心、見利則棄君親、臨財則忘仁義者也」・「獫狁有南郊之祭、大哉天地、茲爲不仁矣」と述べるのは、一般論として夷狄（戎狄・獫狁）に惡態をつくものである。これらの惡態は、劉元海が漢高祖の血を母方として受けて劉氏を名乗ったことすら根據が疑わしいという意味にもなり得る。さらに「雖復石勒稱藩、王彌效欸、終爲夷狄之邦、未辯君臣之位、至於不遠儒風、虚襟正直、則昔賢所謂并仁義而益之者焉」と述べるのも、惡くはない評價（至於不遠儒風、虚襟正直）だが、よくもない（益之者）。

　劉元海とその後については、劉聰のみが「仁」評價を與えられている。しかし、史臣曰の夷狄に對する惡態がその「仁」評價を低めている。

　石勒については、載記四にその臣の張賓の發言として「奉宣仁澤」という「仁」評價が語られる。石勒を嗣いだ石弘は、皇太子時代に、徐光の發言として「皇太子仁孝溫恭」とされる（載記五）。しかし、石勒が死去すると石弘は石季龍に大權を握られ、二年後には殺される。一代限りの「仁」評價が加えられている。石弘と評價を爭った中山王石季龍は「性又不仁」とされている。石季龍については、載記六に石季龍への返答として「誠非聖君仁后所忍爲也」という一般情勢を述べられ、別に「蓋古明王之理天下也、政以均平爲首、化以仁惠爲本」という一般論が語られる。石勒

とその後については、石勒のみが「仁」評價を與えられたと考えていい。

　載記九に慕容皝の發言が記され、「臣聞親仁善鄰、國之寶也、慕容與國世爲婚姻、且皝令德之主」とある。「親仁善鄰」は夷狄が「仁」になじむことを述べる。「令德之主」も皇帝ではない。載記十にも慕容皝の發言が紹介され「廆常言、吾積福累仁、子孫當有中原、既而生儁」とある。載記十一に慕容暐の發言があり、「且古之王者、不以天下爲榮、憂四海若荷擔、然後仁讓之風行」とある。慕容皝の時から「仁」を議論していたことになり、慕容廆が「吾積福累仁」と述べているが自ら述べるものである（賢人史官の評價になっていない）。「既而生儁」というのも、「仁」に直接は言及していない。慕容氏は、みずから「仁」評價を述べた、ということになっている。列傳六十六に烈女を述べて、「元妃謂垂曰、太子姿質雍容、柔而不斷、承平則爲仁明之主」と述べているのも、后が述べたということになっている。載記十三に苻堅を述べつつ、「慕容垂、燕之戚屬、世雄東夏、寬仁惠下」と記す。これは慕容垂について「仁」評價を述べるものである。載記二十三にも前郎中令高弼が垂に對し「大王以命世之姿……此乃鴻漸之始、龍變之初、深願仁慈有以慰之」と述べている。しかし、載記十三の「世雄東夏」は、慕容廆の豫言である「子孫當有中原」と違って、東夏に雄名をはせたという評價内容になっている。載記二十三の「鴻漸之始、龍變之初、深願仁慈有以慰之」もかなり微妙な表現になっている。載記十三の「寬仁惠下」は皇帝の資質なのだが、ここでは限定された狀況が示されている。載記二十三には慕容垂の世子寶が慕容垂に述べた言として「且夫立大功者不顧小節、行大仁者不念小惠」とあるのだが、これは「大功」の語からして臣下の「仁」を述べている。載記二十四には慕容寶の事蹟が並び、慕容寶が「王等仁慈」に言及するが、これは、自分でなく諸王のことを述べている。慕容盛の事蹟を述べつつ周公や伊尹の故事にかかる「仁」に言及した部分もあるが、これらも慕容寶や慕容盛等自身についての評價ではない。載記二十七は慕容德の事蹟を述べつつ、後漢の光武帝の故事をひく。そして、張華が慕容德に對し述べた言に「陛下若蹈匹婦之仁、捨天授之業」とある。「匹婦之仁」は「仁」評價とするに當たらない。載記二十八に慕容超の事蹟を述べ、尚書悅壽が慕容超に「天地不仁」と述べる。これは天譴であり、「仁」評價とするに當たらない。以上總じて、慕容氏は、慕容垂のみが（他者の）「仁」評價を與えられ、しかも微妙な言い回しになっている、とまとめることができる。

　苻堅については、載記十一に「仁聲先路」・「願陛下獨斷聖慮、無訪仁人」・「用能仁感猛獸、惠致羣祥」、載記十三に「堅性仁友」とある。これは「仁」評價であるが、「願陛下獨斷聖慮、無訪仁人」は、皇帝の立場ではない。皇帝の下には「仁」を語る仁人がいなければならぬ。一代の「仁」評價を與えられる者たちではあるが。「用能仁感猛獸」というのも、すでに述べた一般的「仁」評價とは異なるようだ。載記十四には、一般的話題としての「仁」の記事の後、王猛の發言が記され「晉雖僻陋吳越、乃正朔相承、親仁善隣、國之寶也」とある。この「親仁善隣」は、文脈からすると、晉の「仁」に親しむことにしかならない。上記の慕容氏の場合と同じく、これも「仁」評價を低めるものである。

　載記十五に苻丕の記事として、「征東大將軍、長樂公、先帝元子、聖武自天、受命荊南、威振衡海、分陝東都、道被夷夏、仁澤光于宇宙、德聲侔于下武」とあるが、この宣傳もむなしく、滅びるにいたる。苻丕みずからでなく、王永の發言だが、みずから述べたのと同じ扱いになっているとしてよい。載記二十三にも苻丕の記事があり、石越が「公父子好存小仁、不顧天下大計」と述べている。これも「仁」評價とするに當たらない。

第一章　正史を通して知る「仁」と「天理」

　載記十六に古成詵が姚萇に對し「主上神略内明、英武外發、可謂無敵於天下耳、取登有餘力、願布德行仁、招賢納士」と述べている。滅びるにいたる一代の「仁」評價である。同じく「萇謂興曰、有毀此諸人者、愼勿受之、汝撫骨肉以仁」とあるのは、姚萇が姚興に述べたものだが、「仁」評價とするに當たらない。姚興については、載記十七に姚興の尚書郎李嵩が上疏して「三王異制、五帝殊禮、孝治天下、先王之高事也、宜遵聖性、以光道訓、既葬之後、應素服臨朝、率先天下、仁孝之擧也」と述べる。三王や五帝をひきあいに出して、「仁孝之擧」と稱える。載記十八では、謀叛を起こした姚仲について、歛成が姚興に對し「［姚］沖凶險不仁」と述べている。載記十九は姚興の子の姚泓が「不務仁恕之道、惟欲嚴法酷刑」とみずから述べている。これは「仁」評價にならない。ということで、姚興だけが、「仁」評價を與えられている。しかし、その載記十九の史臣曰は、「何其不仁、安枕而終、斯爲幸也」と述べており、文脈上、これは載記十八に廟號高祖として偶陵に葬られたことを記す姚興を指すもののようだ。姚興の「仁」評價はだいなしになっている。すでに述べたように載記の冒頭に五胡十六國の興亡の基本的記事が一括されているが、そこにも、姚氏の名は記されていない。

　載記二十一には、李雄が健在のとき、李雄の兄李蕩の子の李班を太子に立てるくだりがある。そのとき「仁」評價がなされ、「班姿性仁孝、好學夙成、必爲名器」とある。李雄が死去すると李班が後を嗣いだ。しかしほどなく叛亂が起こり李班は殺された。李雄の子の李期が後を嗣ぐ。李氏の「仁」評價は、これだけで一代限りのものとなっている。しかも殺された。

　載記二十五に馮跋の事蹟を述べ、「幼而懿重少言、寬仁有大度、飮酒一石不亂」とする。しかし、馮跋は結局宋に入り、死去する。一代の「仁」評價ということになる。

　載記二十六に宋敞が禿髮傉檀のことを述べて「大王仁侔魏祖」とする。禿髮氏は鮮卑の北魏と祖を同じくする。同じ載記二十六に孟禕が發言し、宣德堂にあやかって「仁義可以永固、願大王勉之」と述べているが、これは、以後勉めよということで、「仁」評價とはいいがたい。沮渠蒙遜をまとめた載記二十九では、禿髮傉檀について「傉檀輕狡不仁」と述べる。「不仁」としている。禿髮氏については、「仁」評價がなされていないと言ってよい。

　載記三十は赫連勃勃について述べる。赫連勃勃が北魏に敗れ、叱干他斗伏が赫連勃勃を捕らえて北魏に送ったことをについて、「今執而送之、深非仁者之擧」とする。これは、叱干他斗伏の所行を批判するもので、赫連勃勃に對する評價ではない。彼については「勃勃天性不仁」とある。赫連氏については、「仁」評價はなされていない。

　載記以外、列傳六十七に四夷を述べる。吐谷渾を治めていたのは慕容廆の庶長兄とされる。その君主辟奚について、「辟奚性仁厚慈惠」と述べる。しかし、これを嗣いだ視連の時の議論として、いにしえの徐の偃王をひきあいに出し、「偃王仁義而亡、然則仁義所以存身、亦所以亡已」と述べ、「雖仁孝發於天然、猶宜憲章周孔、不可獨追徐偃之仁」と述べる。本當に「仁」評價がわかっているのだろうか、仁義をもって滅亡した徐偃王の亞流だということで、これは、「辟奚性仁厚慈惠」という「仁」評價をだいなしにするものである。さらに國を嗣いだ視羆の話題から視連に話題を及ぼし、「先王以仁宰世、不任威刑、所以剛柔靡斷、取輕鄰敵、當仁不讓、豈宜拱黙者乎」と述べている。やはり「仁」というものがわかっていない、ということを述べるものである。

　こうした事情を念頭におき、史臣曰としては、「蹈仁義者爲中寓、肆凶獷者爲外夷、……夷狄之徒、名教所絶」とする。仁義のことは中國に限られることを述べている。

以上、載記として「仁」評價は多々述べられており、内容上は、高い評價も示される。しかし、その「仁」評價は、氏族ごとに一人にしか與えない、一代限りの「仁」評價にしかしないという原則が立てられているようだ。しかも、せっかく評價したその「仁」評價も、逐一それをだいなしにするような記述が附加されている。結局は仁義のことは中國に限られるという身も蓋もないことが、列傳六十七の四夷に記されている。その中國の中にあって、「仁」評價を得ているのに、しかも一代限りの「仁」評價という、『史記』世家にみられた「形」が提示されているのに、それを否定する記述がある、というのが、載記や四夷傳の特徴である。

　ただ、『史記』世家と同じ「形」が示されることの意味は、大きい。その「形」の下、正史の編纂者としては、自稱皇帝たちに對し一代限りの「仁」評價を與えている。實際は、それぞれの國や氏族の下、代々の「仁」評價がなされたことは想像に難くない。一統、すなわち唯一の正統の下、史書の「形」が示されるということと、現實に正統を標榜した者たちが、どんな自己主張を記録として殘したかは、別のことである。將來出土遺物の出現により、そうした自己主張が現實に我々の眼前に現れる可能性がある。

5.『舊唐書』・『新唐書』の「仁」

　『晉書』の場合と同じく、資料Ⅰの一瞥に期待しつつ、氣になる點をまとめていくことにしよう。
　同じ唐の歴史を語るものであるとはいえ、『舊唐書』が後晉の劉昫等の撰になり、『新唐書』が宋の歐陽修・宋祁の撰になるということは、それだけで編纂時代の差による相違が生じることを期待させるものである。本書の先行書と位置づけ得る拙著『「八紘」とは何か』⁽⁸⁾でも、「八紘」の領域設定が『舊唐書』と『新唐書』との間で相違することを述べた。『舊唐書』志九音樂二では、「八紘同軌樂」について「以象平遼東而邊隅大定也」と述べているが、『新唐書』は志十一禮樂十一では、「八紘同軌樂」について「象高麗平而天下大定也、及遼東平」と修正している。『舊唐書』を編纂した後晉は、北邊を遼に領有されている王朝であり、宋はその立場を認めない王朝である。
　こうした兩書の違いが、「仁」評價に及ぶのか及ばないのかは、愼重に檢討する必要がある。
　『舊唐書』と『新唐書』の立場の違いが、遼との關係にある以上、まず檢討しておくべきなのは、「外國」についての記述である。
　その前に述べておくと、代々の「仁」評價が皇帝に對してなされ、他の臣下たちについては、一代の「仁」評價がなされるという基本線は、兩書とも變わらない。ただ、『舊唐書』に述べる「仁」評價が、『新唐書』ではなされなかったり、『舊唐書』ではなされなかった人物の「仁」評價が『新唐書』において示されるという點は多々認められる。
　『舊唐書』列傳一百四十四突厥上では、「毗伽可汗以開元四年即位、本蕃號爲小殺、性仁友」と述べる。「性仁友」というのは、好評價である。しかも、『晉書』に至るまで「中國」にのみ認めてきた「仁」評價を外國に擴大するものである。「小殺又欲修築城壁、造立寺觀、暾欲谷曰、不可、突厥人戸寡少、不敵唐家百分之一……且寺觀之法、教人仁弱」という記述は、佛寺や道觀についての寺觀之法は「教人仁弱」だとの評を述べる。君主はいいが、民に對しては「仁弱」という評價である。同様の表現と評價は、『新唐書』にも見える。
　『舊唐書』列傳一百四十六吐蕃上には、中宗について「制曰、聖人布化、用百姓爲心、王者垂仁、以八荒無外」とある。八荒は、「八紘」の一番外に當たる。その「八紘」の外の八荒に外がなく

第一章　正史を通して知る「仁」と「天理」

なったというのである。仁は「八紘」の外に擴大された。しかし、「愛人爲仁、保境爲信、畏天爲智、事神爲禮、有一不至」とあるのは、實踐が伴わないことを述べるものである。

『舊唐書』列傳十二に、突厥に言及している。「近日突厥傾國入朝、既不能俘之江淮以變其俗、置於内地、去京不遠、雖則寬仁之義、亦非久安之計也」とある。突厥は入朝して「仁」に觸れたが、その俗を變えることができなかったということである。

『新唐書』列傳一百四十二下回鶻下の贊曰は、外國についての見解をまとめている。「夷狄資悍貪、人外而獸内」・「太宗初興、嘗用突厥矣、不勝其暴、卒縛而臣之」・「肅宗用回紇矣、至略華人、辱太子、笞殺近臣、求索無倪」・「德宗又用吐蕃矣、劫平涼、敗上將、空破西陲、所謂引外禍平内亂者也」「惟太宗能之……化以仁義則頑、示以法則忿……故春秋許夷狄者、不一而足信矣」とある。結局「仁義」は夷狄に及ばなかったと述べている。他に「苟有仁義之心、不資以明、雖邵公尚爾、況其下哉」（列傳一百四十五東夷「新羅弁韓苗裔也」）・「往朝廷降使招撫、情心無二、詔函信節、皆送蕃廷、雖知中夏至仁、業爲蕃臣、吞聲無訴、此四難忍也」（列傳一百四十七上南蠻上）ともある。

以上、高句麗（高麗）についての言及の仕方が、『舊唐書』と『新唐書』で變化し、その分だけ「八紘」が擴大する可能性を示したわけだが、外國に關する記事一般としては、舊態然たる夷狄認識が示されていることがわかる。ただ、『舊唐書』になると、外國の君主が「仁」評價し得る一部の状態ができたことが語られている。おそらく、晉に比較して、唐が周邊諸國と册封關係を結ぶ「形」が鞏固にできあがり、その状況と「仁」評價がどう關わるかが、史書編纂に際しても議論されたためだろう。總じて、『舊唐書』に言及が不足するという判斷が働いたらしく、外國關係の記事も、『新唐書』に附け加えられたものが多い。

なお、日本については「仁」評價はなされていない。實際に册封關係は結ばれなかったわけだが、史書の「形」としては、「仁」評價なしの外國の一つとして紹介されている。

6. 『明史』の「仁」

上記に同じく、資料Ⅰの一瞥に期待しつつ、氣になる點をまとめていくことにしよう。

元の時代を受け、册封關係は、質的に變化している。拙著『「八紘」とは何か』[9]に述べたように、朝鮮半島の龜趺碑の制度を檢討すると、朝鮮李朝の龜趺碑の制度は、明の制度の「三品以上に許す」を自己の制度に變換して「二品以上に許す」としていた。これは、朝鮮の位階が、中國王朝より一等下位にあることを前提とする。朝鮮王が中國王朝の一品に相當する。これに對し、遣唐使のころの唐と新羅の品階の關係は、唐の一品を新羅の一品と同じとみなすという關係性をもっていたようである。筆者の言い方では、同じと見なすのだが、中國は本物、外國は僞物という位置づけのようである。

同じ册封體制という用語で檢討されているが、征服王朝の出現で、國家關係のとりわけ品階制度についての締め付けが、嚴しくなったということができる。別の言い方をすれば、「外國」が半ば内藩化された、ということでもある。

この種の對應が確認できるのは、現狀朝鮮李朝だけなので[10]、一定の傾向性が指摘できるだけではあるが、それを顯在化せしめた當の征服王朝の側は、どう理解していたのか。それを知る手懸かりが、史書に示されていないか。それらを檢討しなければならない。

『明史』列傳二百八外國一朝鮮では、「請將義州等倉遺下米豆運回遼陽、戶部議輸運維難、莫

若經與彼國、振其凋敝、以昭明皇仁」と述べる。「仁」が八紘の外に及ぶことを述べる。列傳二百九外國二安南では、「視廣同仁、思效哲王之盛典、爵超五等、俾承奕葉之遺芳、益茂令猷、永爲藩輔」と述べる。「同仁」は「仁を同じくす」であり、以下盛典も爵位も「仁」の存在を前提とする安南の制度である。「爵超五等」は、朝鮮とは對應が異なって爵位を一等減じていない。それを明が認めていることを史書として明言する。列傳二百十外國三日本は、「昔堯舜有德、四海來賓、湯武施仁、八方奉貢」として、いにしえの帝王のことを述べるだけである。列傳二百一十二外國五は、「海外諸蕃……我聖天子一以仁義待諸蕃」として、聖天子は仁義をもって諸藩を待遇することを述べる。列傳二百一十三外國六は、「仁聲義問、薄極照臨、四方萬國、奔走臣服、充湊於廷」・「朕曰、惟天、惟皇考、付予以天下、子養庶民、天與皇考、視民同仁、予其承天與皇考之德、惟恐弗堪、弗若汝言」と述べる。「四方萬國、奔走臣服」というのは、征服王朝ならではの表現であるが、直接は統治してないことを示す。「視民同仁」の「同仁」は上記に述べた。「民に仁を同じくするを視す」ということは、「民」も八紘の外を含めて議論するにいたったことを示す。「君臨萬邦、體祖宗之至仁」も征服王朝としての立場を示すものである。列傳二百一十四外國七に「朕君臨天下、撫治華夷、一視同仁」と述べ、ここにも「同仁」が示される。「撫治華夷」は直接は統治していないことを示す。

　以上、内藩化がどこまで議論できるかを見てみたが、外國の品階規定までしばる、ということまでは、少なくとも征服王朝側は意識していないことがわかった。一方で、「同仁」の名の強調の下、民までが話題にされ、民を含めて征服王朝の影響下におかれるという意識が強烈に示されている。こうした意識は、『舊唐書』・『新唐書』の段階では示されていない。

　『明史』列傳二百二十西域四に賽馬兒罕を扱う中で「其表曰、恭惟大明大皇帝受天明命、統一四海、仁德洪布」・「臣帖木兒僻在萬里之外」と述べる。天命を受けて一統の下で四海の内つまり「八紘」を一つにした後、萬里の外、つまり「八紘」の外に話題を擴大している。明代の西域とはこういう位置づけである。同じく別失八里を扱う中で、「故受天命爲天下主者、上奉天道、一視同仁、俾巨細諸國、殊方異類之君民、咸躋乎仁壽、而友邦遠國、順天事大、以保國安民、皇天監之、亦克昌焉」と述べる。ここにも「一視同仁」が見えている。「咸躋乎仁壽」は、「仁壽」において高まっていることを述べるものだろう。哈烈を扱う中では、「天生民而立之君、俾各遂其生、朕統御天下、一視同仁」・「今朕恭膺天命、即皇帝位、主宰萬方、紀元宣德、小大政務、悉體皇祖奉天恤民、一視同仁之心、前遣使臣齎書幣往賜、道阻而回、今已開通」と述べる。ここでもそれぞれ「一視同仁」が見えている。

　以上、直接統治ができなかった明代にあっては、西域は國内とはいえなかったとはいえ、外國とは別に扱うものであった。清朝における『明史』編纂時點で、そのことが意識されている。「仁」評價をもって示される西域認識は、外國に對するのと同じ「同仁」であることがわかった。

　『明史』列傳二百四貴州土司には、「剏失之土司、得之土司、播固輸糧、水亦納賦、不宜以土地之故傷字小之仁、地宜歸疆臣」とある。「傷字小之仁」は字義どおりの「仁」も傷つけることのないように、という意味でのべるのだろう。列傳二百七廣西土司三には、「如漢徙溓山蠻故事、又擇仁明慈惠之長、久任而安輯之、則瓊人受萬世利矣」とある。

　「仁」評價において、土司でくくられる場は、皇帝の「仁」が及ぶことを確認するだけのようだ。

第二節　正史を通して知る「天理」

1. 史書と「天理」―『明史』の場合

　すでに述べたように、安田二郎は、朱子學について、「聖人といふ概念の中核は天理に純である」ことと、「聖人の心は天地萬物を以て一體となす」ことを述べている。

　このような意味における「天理」は、史書にどう記されているだろうか。「天理」は朱子學の根本を語る用語であるから、『明史』より始め、時代を遡ることにしよう。

　まず、學者が「天理」をどう論じているかであるが、『明史』列傳九十六は呂懷に言及した後、「毎言王氏之良知與湛氏體認天理同旨」と述べる。王氏の良知は、湛氏の體認天理と同じ主旨だという。列傳一百四十三は黃道周の發言として「凡無所爲而爲者、謂之天理、有所爲而爲者、謂之人欲」と述べる。列傳一百七十（儒林一）に、「吾心之良知、即所謂天理、致吾心良知之天理于事物、則事事物物皆得其理矣、致吾心之良知者、致知也、事事物物各得其理者、格物也」とある。格物を解説しつつ「吾が心の良知はすなわち所謂天理」という。列傳一百七十一儒林二に「早年師諒、傳主敬之學、常言、纔提起、便是天理、纔放下、便是人欲」とある。天理と人欲が對置されている。同じ列傳一百七十一に、湛若水を述べて「若水初與守仁同講學」・「守仁以致良知爲宗、若水以隨處體驗天理爲宗」という。

　「仁」評價が皇帝を中心に組み上げられていることは、すでに多くの事例をもって述べてきた。「天理」も、その「仁」評價に關連づけて、理解することができる。

　『明史』志三十六禮十四凶禮三に「漢唐以降、莫能議此、夫人情無窮、而禮爲適宜、人心所安、即天理所在」とある。禮が宜にかない、人心の安んずるところは、天理の在る所だという。

　『明史』志七十刑法二に、「此特近年姑息之弊、非舊制也、臣等詳閱諸囚罪狀、皆滅絕天理」とある。「滅絕天理」は罪狀の基準になる。刑官は天理にのっとるという前提があるためであろう。

　そして、より直接的話題を述べるのが以下である。『明史』列傳六十七に鄒智を述べて、「以陛下聰明冠世、豈不知刑臣不可委信、然而不免誤用者、殆正心之學未講也、心發於天理、則耳目聰明、言動中節、何宦官之能惑」とする。陛下の聰明冠世からすると、刑臣に信を委ねる必要はない。ということは、通常は委ねているのである。だから、上記の「刑官は天理にのっとる」ということが重要な意味をもつことになる。すでに「仁」評價を檢討して、以下を述べた。

> 「中國」においては、官僚とくに刑官をうまく使う。臣下の「仁」には、勸善を期待し、刑官には刑暴（暴を刑す）を行わせる。つまり、官僚をみずからの手足として、「仁」の政治を行う。これが萬物一體の「仁」を具體化させて論じる「形」である。

　陛下の聰明冠世をもって、官僚をみずからの手足とし、「仁」の政治を行えば、刑臣は出る幕を失う。しかし現實には、刑官に刑暴（暴を刑す）を行わせることが多いのである。それがすぎれば、「絕滅天理」という上記の評價が生じることになる。

　『明史』列傳七十八に楊廷和を述べて、「惟宋儒程頤濮議最得義理之正、可爲萬世法」・「而改封崇仁王爲親王、則天理人情、兩全無失」とする。義理の正を得て、萬世の法と爲せば、天理人情はふたつながら失うところがない。上記列傳一百四十三に、黃道周の發言として「凡無所爲而爲

者、謂之天理、有所爲而爲者、謂之人欲」とあった。天理を理解して政治を行えば、人情が人欲のおもむくままということがなくなる。「仁」の政治を行うということと、天理を理解することは、密接にからまりあっている。これは朱子學の考え方である。

近代以來の「仁」の解釋を讀んでいると、歐州の學術の影響をうけて、個人の德目が前面に出されるきらいがある。本章冒頭に紹介した服部宇之吉の説を見ても、「別な言葉でいへば仁は性で愛は情である。……それで色々朱子は考へたのである。考へた結果説を爲して曰く『仁は心の德、愛の理』と」といった解説に目がいきがちである。しかし、こうして史書に見える「仁」説を實際に檢討してみると、その「仁」の説明からして、『明史』まで確認できる言わば底流としての考え方では、朱子學の眼目は臣僚として何を理解するかにあったと、言うことができる。その意味から本章冒頭に紹介した服部宇之吉の「仁」説をみなおすと、「すると仁は畢竟するに國家又は社會の全民全員が協力して國家的社會全體の目的の實現に努めると云ふことに歸着しなければならぬ」と述べていることに氣づかされる。服部は、本書に述べてきているような史書の「仁」の有り様を檢討してきていないが、朱子學の全體的理解から、興味深い結論を得ていたことがわかる。服部のこの種の理解は一般に繼承されていない。

その上で付け加えると、『明史』志第一天文に、「恒星……又有古多今少、古有今無者、如紫微垣中六甲六星今止有一、華蓋十六星今止有四、傳舍九星今五、天厨六星今五、天牢六星今二、又如天理、四勢、五帝內座、天柱、天牀、大贊府、大理、女御、內廚、皆全無也。天市垣之市樓六星今二……」とある。昔は「天理」という名の星があったが、今はない、と述べている。つまり、明代までに、その「天理」星は滅びた、ということである。

この點を以下、『舊唐書』・『新唐書』について、確認してみよう。

2.『舊唐書』・『新唐書』の「天理」

『舊唐書』本紀十一代宗に、「至于國朝、實執其政、當左輔右弼之寄、總代天理物之名、典領百寮、陶鎔景化」と述べる。左輔右弼に當たるものの寄があり、天理物を總代するの名がある。「當左輔右弼之寄」に「典領百寮」、「總代天理物之名」に「陶鎔景化」が對應するのであれば、「陶鎔景化」は調度品のようなもので、それより上位のものついて、「天理物」を考えればよいのだろう。例えば寺院や道觀等である。

『舊唐書』志二禮儀二には、「自陛下承天理物、至道事神、美瑞嘉祥、浹臻狎委、非臣所能盡述」とある。「自陛下承天理物、至道事神」の「至道事神」は道にいたり神につかえることだから、上記の「例えば寺院や道觀等」という想定を裏書きする。

『舊唐書』志五禮儀五には、「伏以天步多艱、時逢迍密、代天理物、自古有之」とある。列傳二十五蘇世長には、「陛下貴爲天子、富有天下、動則左史書之、言則右史書之、既爲竹帛所拘、何可恣情不愼、凡有蒐狩、須順四時、既代天理、安得非時妄動」とある。陛下は記錄をとられているから、行動は愼しむことになる。狩も四時に從い、「天理」を代しているから非時妄動にならない。

『舊唐書』列傳三十八には、「瓌奏曰、臣聞宰相者、主調陰陽、代天理物」とある。宰相も、「天理」の物を代するという。列傳九十には、杜景儉の言として「臣慮陛下布敎施令、有虧禮典、又臣等忝爲宰臣、助天理物、理而不和、臣之罪也」と述べる。宰臣は「助天理物」という。皇帝と相對

する場合は、「助」を用いて述べるのだろう。列傳一百二十一に、「宰相者、代天理物、先德望而後文藝」と述べる。宰相の「代天理物」である。列傳一百二十三に「太宗用宰臣、天下事皆先平章、謂之平章事、代天理物、上下無疑、所以致太平者也」とある。これも宰相の「代天理物」である。

『舊唐書』列傳九十二には、東川節度使王涯の言として、「幽鎭兩州、悖亂天紀……伏以國家文德誕敷、武功繼立、遠無不伏、邇無不安、矧茲二方、敢逆天理」とある。節度使の領域を國家と分けて述べ「遠」・「邇」と表現する。その領域を含めた八紘の中で、幽鎭兩州が叛亂を起こした。それは「天理」に逆らうものだという。同じ文章は、列傳一百一十九にもある。列傳九十七には、「臣聞勞生佚老、天理自然、蠕動翾飛、日入皆息……其有當仁不讓、急病忘身」とある。この「天理」は、道家的用例であろう。列傳一百二十には、「程异皇甫鎛、錢穀吏耳、非代天理物之器也」とある。「代天理物之器」については、上記に「陶鎔景化」を話題にした。それに當たらない。

『舊唐書』列傳一百四十九（東夷）には、高宗が即位して百濟が遣使してきたので、それに對して璽書を降し「朕代天理物」と述べたことを記す。「代天理」は宰相でもよいが、外國相手では皇帝のこととなる。「八紘」の外には「天理」はない、という前提が見えている[11]。

以上は、『舊唐書』に見える記述である。これら「天理」に關する記述は、『新唐書』ではきれいに削除されている。それぞれの人物については取り扱っているのだが、「天理」の記述はない。

では『新唐書』に「天理」の記述はないのかというと、そうではない。以下の記述が見える。

『新唐書』列傳三十二に、「上疏極詆浮圖法曰」として「西域之法、無君臣父子……皆云由佛、擴天理、竊主權」とある。「八紘」について「天理」を言わないが、西域の事情として佛教の問題點を舉げ、その實西域を含んで「天理」が語られていることを述べているに等しい。

『新唐書』列傳五十七に、劉子元の子の劉迅（捷卿）について、「常寢疾、房琯聞、憂不寐、曰、捷卿有不諱、天理欺矣」と述べる。ここにいう「天理欺」は餘命がないことを言う。これも、皇帝でなく個人のことを述べていて、興味深い。

先に、『舊唐書』・『新唐書』の「仁」評價を述べた。いずれも「八紘」の外に「仁」評價を及ぼすには、外國君主のみが「仁」評價に關わることと、下々の者たちはその評價に關わらないことを述べていた。これに「天理」の記述を加えて述べると、『舊唐書』においては、「八紘」内に限って「天理」が語られていることと、『新唐書』ではそれがすべて削除され、實質八紘の外に「天理」を語る場が擴大されたこととが、確認できる。

こうした『新唐書』編纂の宋代の議論の延長上に、『明史』の「天理」があることが了解される。

3. 『晉書』の「天理」と緯書

さらに『晉書』に遡って「天理」を檢討してみよう。

『晉書』志一天文上に述べるのは、渾天説である。「至於渾天理妙、學者多疑」とある。渾天の理妙に言及する。

同じく天文上に「北斗七星在太微北……石氏云、第一曰正星、主陽德、天子之象也、二曰法星、主陰刑、女主之位也、三曰令星、主中禍、四曰伐星、主天理、伐無道、五曰殺星、主中央、助四旁、殺有罪、六曰、危星、主天倉五穀、七曰、部星、亦曰應星、主兵」と述べる。ここに「四曰伐星、主天理、伐無道」とある。つまり北斗七星の一つである伐星が天理をつかさどっている、という話である。星名の「伐」とは「無道を伐つ」のだという説明もついている。

すでに『明史』の「天理」について、「昔は『天理』という名の星があったが、今はない、と述べている」ことを取り上げた。その「昔」はいつかという一つの答えが、ここに示されている。『晉書』は唐代の編纂であり、唐代人は、天理は北斗七星の伐星がつかさどることを知っていた。

　さらに述べれば、この『晉書』天文志の北斗七星に關わる「天理」は、漢唐間にあって隆盛を極めその後衰亡した一群の儒教の經典である緯書の中に、言及されている。以下資料Ⅳをご參照の上讀み進まれたい。

　『易緯乾鑿度』には、「天子者繼天理物、改一統、各得其宜、父天母地、以養萬民、至尊之號也、易曰、公用享于天子……孔子曰、既濟九三、高宗伐鬼方、三年剋之、高宗者、武丁也、陽之後有德之君也、九月之時、陽失正位、盛德既衰、而九三得正下陰、能終其道、濟成萬物、猶殷道中衰、王道陵遲、至於高宗、内理其國、以得民心、扶救衰微、伐征遠方、三年而惡消滅、成王道、殷人高而宗之、文王挺以校易勸德也。」とある。天子なる者は天理の物を繼ぐ。そして、「内理其國、以得民心、扶救衰微、伐征遠方」とある。ここに「伐星」の名の由來の一端が示されている。また、『春秋合誠圖』には、「天理、在斗中、司三公、如人喉在咽、以理舌語」とある。ここには、天理が北斗七星の中に存在することが明言されている。しかもそれは臣僚の代表である「三公」をつかさどるという。

　ここに、「仁」評價に關して得た結論の一つである皇帝を至上とみなす觀點が、「天理」をめぐる議論においても貫徹されていることを知るのである。

　では北斗とは何か。『尚書中候』に「堯時、龍馬銜甲、赤文綠色、塩檀上、甲似龜背、廣袤九尺、圓理平上、五色文、有列星之分、斗正之度、帝王錄紀、興亡之數」とある。「赤文綠色」は朱雀、「甲似龜背」は玄武を意識して述べる。「有列星之分、斗正之度」は、満天の星に秩序を與えるのが北斗七星であることを述べている（「列星の分有らしめ、斗は之を度に正す」）。天の星は天極の廻りに方位配當される。二十八宿を基準とする。その二十八宿とともに、人目にあざやかな基準とされてきたのが北斗である。日没時に北斗がどう見えているかで季節を知ることができる。だから、「度を正す」のである。また、『左傳』に天の基準として「大辰」が示されているが、それは歐州のサソリ座アンタレスを含む心宿、同じくオリオン座三つ星を含む參宿、そして北斗七星の三者である。日の出前に天頂に北斗が見え、東地平上に心宿、西地平上に參宿が見え、これらが東、天頂、西に一直線に並ぶように北斗の柄が見えるのが冬至である。一年の基準としても意味あるものになっている。

　なお、本書では下記において別に檢討することになるのだが、周易には、卦變の議論がある。原始的には、八卦が天から地（地上をいずれにも屬するとみなして）、地から天（同上）に卦變し、漢代には六十四卦が卦變して八卦は天から天、地から地への卦變も見られるにいたる。この天地をめぐる卦變を檢討するのに興味深い記述も緯書に見えている。『易緯乾鑿度』に「孔子曰、易有六位三才、天地人道之分際也、三才之道、天地人也、天有陰陽、地有柔剛、人有仁義、法此三者、故生六位、六位之變、陽爻者制於天也、陰爻者繋於地也、天動而施曰仁、地靜而理曰義、仁成而上、義成而下、下者順從、正形於人、則道德立而尊卑定矣」とある。ここには、「仁」と「義」と天地の關係が示されている。すでに述べたように「仁」は皇帝からひろめられるもの、臣僚がそれを理解して治民にあたるものである。また「義」は「仁」と不可分のものとして議論され、臣僚がはたすべきものである。その「仁」・「義」について、「天動而施曰仁」と述べ、「地靜而理

第一章　正史を通して知る「仁」と「天理」

曰義」と述べた。上文の「陽爻者制於天也、陰爻者繫於地也」を受けての記述である。この『易緯乾鑿度』の記述が八卦の卦變の議論と關わる（「天理」と「地靜而理」が感應する）ことを豫想させるものである。

　ちなみに、ということで附加しておくと、緯書には、「仁」に關する記事が少なくない。それに關連して、天や理に言及するものもある。『易緯』に「天子者繼天治物、改政一統」とある。「天理の物」ではなく、「天治の物」ではあるが、示す對象は同じである。「改政一統」は「政を一統に改む」るもので、「天理」・「天治」が唯一の正統に關わることを述べる。『尚書璇璣鈐』は「述堯理世、平制禮樂、放唐之文」と述べる。「堯の理世」に言及し「禮樂」に關わることを述べる。『尚書中候合符后』には、「孟春五緯聚房……五星聚房、昭理四海」とある。どうして「孟春」なのかというと、緯書ではあちこちの書において、「仁」を易方位にからめていて、春に關して「仁」を論じるからである。たとえば『易緯乾鑿度』には、「夫萬物始出於震、震、東方之卦也、陽氣始生、受形之道也、故東方爲仁」とある。いずれにせよ、その孟春に「昭理四海」（「理を四海に昭らかにす」）というのは、「仁」と（天の）「理」が關連づけられている證據である。

　『禮含文嘉』に「天子觀天文、察地理」・「禮有三起、禮理起于太一」とある。「天文」を觀て察する「地理」が話題にされる。「地理」という表現とは裏腹に、天の動きに呼應することを述べるものである。また、「禮理は太一より起こる」というのは、太一が天道を動くことや、太一が宇宙をつくったことを述べるのと軌を一にするものであろう。「天理」が北斗七星に絡んで議論されることは、すでに述べた。ここでも、天の動きをもって理を語っている。『孝經援神契』に「人頭圓象天、足方法地……肝仁、肺義、腎志、心禮、膽斷、脾信」は、人頭が天圓にかたどることや、「肝仁」の表現から、「仁」と天との關係が密接であることを述べている。それが『孝經』の名をもつ緯書に語られることが重要である。すでに述べたように、「仁」の代々の繼承は皇帝の「孝」に深く關わっている。同じことを、反面から論じているのが、『孝經鉤命決』であり、「聖主不孝、四方抑怨、仁政不施、苛刑布偏」と述べる。

　さて、話を『晉書』の「天理」にもどそう。

　『晉書』志十三樂下に「文皇統百揆、繼天理萬方、武將鎭四隅、英佐盈朝堂」とある。天理と地上の萬方を繼ぐ。それが「樂」にからめて議論されている。

　『晉書』志十九五行下に「王者自下承天理物、雲起於山、而彌於天、天氣亂、故其罰恆陰」とある。「天理」の物を承け、罰もて恆の陰たらしむ。

　『晉書』列傳七に閔王承を扱って、「於是詔曰、夫王者體天理物」と述べる。王者は「天理」の物を體する。列傳二十二は阮种を扱って、「書曰、天工人其代之、然則繼天理物、寧國安家、非賢無以成也」とある。ここにも「天理の物を繼ぐ」ことが記される。列傳六十九に桓玄のことを扱い、晉帝にからめて「故承天理物、必由一統」と述べる。

　『晉書』列傳五に裴秀以下を述べて「懷末以忘本、則天理之眞滅」という。「懷末以忘本」を述べて天理を持ち出す。列傳四十五には、范汪の子の范寧の言として「豈可傷天理、違經典」とある。天理を傷つけることは、經典に違うことだと述べる。經典には、緯書が含まれる。

　『晉書』列傳十六（劉頌傳）には、「後嗣不必賢、此天理之常也」・「而賢明至少、不肖至衆、此固天理之常也」とある。これらはいずれもいわゆる天理である。列傳六十には、曹攄のことを扱って、「然道罔隆而不殺、物無盛而不衰、非唯人事、抑亦天理」と述べる。いわゆる天理をのべる。

4.『漢書』と『史記』の「天理」

　「天理」は『史記』・『漢書』に遡って議論できる。遡って論じてきたので、まずは『漢書』から論じてみよう。

　『漢書』五行志七下之上に、「皇君也、極中、建立也」・「王者自下承天理物、雲起於山、而彌於天、天氣亂、故其罰常陰也」とある。後者は『晉書』天文志に「恒陰」と記すほぼ同文の記述があった。「皇君が極中にあって、建立する」。「建立」は北斗七星を意識し述べるものであろう。

　『漢書』衞青霍去病傳二十五には、「匈奴逆天理、亂人倫」とある。外國傳に扱われる夷狄であり、なおかつ「八紘」の外にある者たちなので、こうなる。「仁」評價ができる場である「八紘」の外である。「仁」評價ができない、ということを、「天理に逆らひ人倫を亂す」と表現する。

　『漢書』董仲舒傳二十六には、「至於殷紂、逆天暴物」・「文王順天理物」とある。前者は「天に逆らひ物を暴にす」と評價する。王朝を滅亡させた人物として「仁」評價ができない者であった。これに對して述べられたのが「文王、天理の物に順ふ」であり、聖人として「仁」評價された周の文王について「天理の物」を述べる。だから、殷の紂王の場合も、「天に逆らふ」というのは、「天理に逆らふ」というのと同じことであろう。「暴物」も「天理」の物をだいなしにしたことを言うのであろう。

　『漢書』傅常鄭甘陳段傳四十には、「樓蘭王安歸常爲匈奴閒、候遮漢使者、發兵殺略衞司馬安樂光祿大夫忠期門郎遂成等三輩、及安息大宛使、盜取節印獻物、甚逆天理」とある。西域に關して、樓蘭王安は「甚だ天理に逆らふ」と述べる。これも、西域が「仁」評價のできる「八紘」の外にあることと關係する。

　以上、『漢書』において確認できることは、『史記』においても確認できる。

　『史記』衞將軍驃騎列傳五十一には「匈奴逆天理、亂人倫」とある。これも『史記』の「仁」評價との關わりから、理解することができる。

　ただ、『漢書』と比較して、『史記』に特徵的なのは、『史記』の「天理」は「樂」に關連づけて記述されている、ということである。『史記』樂書二には、「禮樂刑政、其極一也」・「凡音者生於人心者也、樂者通於倫理者也」・「唯君子爲能知樂」・「好惡無節於内、知誘於外、不能反已、天理滅矣」とある。「禮樂刑政、其極一也」という表現は、「天極」を意識していて、「八紘」を基礎に「仁」評價を加える『史記』の基本姿勢に沿って理解できる。

　ただ、ここに言わねばならないのは、上記において『史記』と『漢書』の「仁」評價の差違を述べて、『史記』の場合、「仁」評價が樂書に書かれていることを述べた。「天理」を調べてみても、やはり『史記』樂書にいきついた。

　『史記』特有の、一部の「仁」評價の「形」だけでなく、「天理」にまつわる話題からしても、『史記』樂書の關連記述は、『史記』から遡って「仁」評價の祖形等を檢討する上で、極めて重要である。

第一章　正史を通して知る「仁」と「天理」

第三節　他の正史の「仁」と「天理」

　以上、『史記』・『漢書』・『晉書』・『舊唐書』・『新唐書』・『明史』について「仁」評價と「天理」を檢討した。一部『晉書』に關連づける形で緯書の「仁」と「天理」も檢討した。
　『史記』から遡って「仁」評價の祖型等を檢討する上で、『史記』樂書の關連記事が注目されるわけだが、つまりこれだけは異質のものとして例外扱いすればいいのだが、『史記』から『明史』にいたるまで、「仁」評價は、基本的に繼承議論されていることがわかった。また、「天理」についての考え方は、『史記』から『舊唐書』までと、『新唐書』以後とで、大きく變化することがわかった。
　以上の點は、實のところ、他の正史を具體的に檢討しても、同樣の結果が得られる。そのことについては、資料Ⅱ（仁）と資料Ⅲ（天理）に一覽を作成したので、ざっと見ていただけると有り難い。そうした一瞥に期待しつつ、以下には、それでも氣になる「つみのこし」について、檢討してみたいと思う。

1. 分裂時代の皇帝の「仁」評價

　正史の「仁」評價においては、皇帝が代々「仁」評價の對象となり、複數代の皇帝について「仁」評價が示され、同時に「孝」が議論された。
　こうした點は、いわゆる正統の分裂をまねいた時代の正史にあっては、どう記述されているだろうか。氣になるのは、『三國志』と『南史』・『北史』および南朝・北朝の正史の「形」である。
　『三國志』では、魏については武帝紀一に「而仁者豈樂之哉」とある。蜀については、先主傳二に「伏惟大王出自孝景皇帝中山靖王之冑……仁覆積德」とある。これは劉備について述べる。同じく「亮上言於後主曰、伏惟大行皇帝邁仁樹德、覆燾無疆、昊天不弔、寢疾彌留」も劉備について述べる。吳主傳二には、「五年、策薨……未可以爲仁也」とある。これは孫策について述べる。また「吳王何等主也、咨對曰、聰明仁智、雄畧之主也」とあるのは、孫權について述べている。
　以上、『三國志』においては、皇帝の「仁」評價は、魏・蜀・吳いずれも一代限りのものにとどまっている。つまり、「仁」評價の繼承と「孝」を前提とした評價は、いずれにも與えられなかったということである。『三國志』の本紀・傳といった「形」は魏の正統を示しているのだが、「仁」評價は別であった。
　また、「天理」についてみても、そもそも聖人はどうか、という意味の記事しか見られない。魏書・諸夏侯曹傳九に「王者體天理物」、吳書・吳主五子傳十四に「所以承天理物、先國後身、蓋聖人立制、百代不易之道也」とある。いずれも一般論であり、上記の「仁」評價の有り樣に沿った「形」が作られている。
　では、以上のような「形」が分裂時代の「仁」評價の有り樣なのかというと、そうではない。
　『宋書』は、本紀に以下のような「形」を作っている。本紀二武帝中には「然後率之以仁義、鼓之以威武」とある。本紀五文帝には「宜聿宣仁惠」とある。本紀六孝武帝には「世祖（孝武帝）流仁」とある。複數代に「仁」評價が與えられた。

本紀七前廢帝には「帝夢太后謂之曰、汝不孝不仁、本無人君之相」とあって否定的「仁」評價が示され、本紀八明帝には「詔曰……仁澤偏壅」・「詔曰……夫天道尚仁、德刑並用」・「詔曰……豈所以還風尚本、捐華務實、宜修道布仁、以革斯蠹」とあり、皇帝みずからの言葉として微妙な「仁」評價が示される。史書評價としては、「大明世……及即大位、四方反叛、以寬仁待物」とあり、よくない「仁」評價が與えられた。

ということで、分裂の時代でありながら、史書の一般的「形」として認められた「仁」評價が示されている。

「天理」についても、『宋書』では、志十二樂四に「文皇統百揆」の樂の句として「文皇統百揆、繼天理萬方」とある。「形」としては賢人たちがこう稱したことになる。列傳四十孝武十四王に「子尚（豫章王）頑凶極悖、行乖天理」とあるのは、一族に行いが天理に乖する者が出たことを述べる。いずれにせよ、上記の「仁」評價に沿った「形」が作られている。

『魏書』では、帝紀第一に「昭成皇帝諱什翼犍立……生而奇偉、寬仁大度」・「帝崩、時年五十七、太祖即位、尊曰高祖、帝雅性寬厚、智勇仁恕」とあり、帝紀二太祖紀に「伏惟陛下德協二儀、道隆三五、仁風被於四海」とあり、帝紀六顯祖紀に「幼而有濟民神武之規、仁孝純至」、帝紀七高祖紀上に「長而淵裕仁孝」とある。複數代について「仁」評價を與えている。

『魏書』帝紀八世宗紀に「故暫抑造育之仁、權緩肅姦之法」・「唯樊襄已南、仁乖道政」とあるのは、否定的評價である。帝紀九肅宗紀に詔曰として「先賢列聖、道冠生民、仁風盛德」・「頼皇太后慈仁」・「宜敷仁惠、以濟斯民」とあるのは、いずれも詔にみずから述べた内容となっていて、「仁」評價になっていない。

この場合も、史書の一般的「形」として認められた「仁」評價が示されている。

「天理」についても、『魏書』列傳三十一に房法壽を扱い、「先作五經疑問百餘篇……人道承天、天理應實」として「天理」に言及する。こうした一般的議論の他、列傳九十（西域傳）に、「於是詔之曰、朕承天理物」とある。ただ、内容はいいのだが、これは詔にみずから述べたものという「形」（史官賢人評價ではない）になっている。

以上、宋書は梁、魏書は北齊における編纂なので、「形」の比較は難しい。

『南齊書』では、本紀一高帝上に、「壬辰、策命齊王曰……御衆以寬、仁育羣生」とあり、本紀二高帝下に「宣禮明刑、締仁緝義」とある。本紀四鬱林王に「詔曰、近北掠餘口、悉充軍實、刑故無小、罔或攸赦、撫辜興仁」とあるのは、詔にみずから述べた「形」になる。しかも『南齊書』では鬱林王とされた人物（文惠太子長子）のことである（廢位された）。『南齊書』は梁の編纂だが、「仁」評價としては、皇帝も一代限りの評價になっている。

「天理」に關する記述は、『南齊書』にはない。

『梁書』では、本紀一武帝上に「詔曰……相國梁公……與夫仁被行葦之時……仁信並行、禮樂同暢」とある。詔だが、王朝交替にともなう讓位の文言である。續けてこうある。「宣德皇后令曰……仁無不被……仁風既被」。本紀五元帝には「世祖馳檄告四方曰……仁育蒼生、義征不服」とあるが、これは帝みずから述べたものである。「三月、王僧辯等平侯景……王僧辯等又奉表曰……羣臣安得仰訴、兆庶何所歸仁」ともある。王僧辯等が元帝を擁立する際の上表である。混亂のさなかであり、世祖元帝はこの上表を受けなかった。本紀六敬帝に「詔曰……相國陳王……仁漸萬國」というのは、相國陳王を述べたものである。陳王はこれによって踐祚する。

第一章　正史を通して知る「仁」と「天理」

　ということなので、『梁書』における皇帝の「仁」評價は、實質一代限りのものとなっている。同書の「天理」も、皇帝に關わるものではない。列傳四十二に范縝を扱い、「初、縝在齊世、嘗侍竟陵王子良、子良精信釋教……著神滅論曰……若陶甄稟於自然、森羅均於獨化、忽焉自有、怳爾而無、來也不禦、去也不追、乘夫天理、各安其性」と述べる。佛教の議論から「天理」に言及している。ということで、「天理」の觀點からしても、『梁書』の「形」は正史における一般的皇帝の位置づけをしていない。
　『梁書』は唐代の編纂である。
　『陳書』では、本紀一高祖上に「公有濟天下之勳、重之以明德、凝神體道、合德符天、用百姓以爲心、隨萬機而成務、恥一物非唐虞之民、歸含靈於仁壽之域、上德不德、無爲以爲、夏長春生、顯仁藏用」とある。
　同じく本紀一高祖上に記述された梁帝の禪讓の言葉には、「仁漸萬國」とある。璽書して「鼓之以雷霆、潤之以風雨、仁霑葭葦、信及豚魚」と述べるのは、みずからの發言として「仁」に言及する。本紀二高祖下に「詔曰……博施之仁」とあるのは、詔としてみずから「仁」に言及する。本紀三世祖には「詔曰……器改秦虞、村通晉楚、行藏用捨、亦豈有恒、宜加寬仁、以彰雷作」とある。「寬仁」は皇帝にふさわしい用語なのだが、これも詔としてみずから「仁」に言及するものである。
　ということで、『陳書』における皇帝の「仁」評價は、實質一代限りの「形」が示されている。「天理」の議論も、『陳書』には示されていない。
　『北齊書』では、帝紀二神武下に「仁恕愛士」とある。すでに述べた具體事例からもわかるように、「仁恕」は刑官の「仁」を語る場によく出てくる言葉である。帝紀四文宣には、「册命曰……仁加水陸……深仁遠洽」とある。これも册命として皇帝みずから述べたものである。帝紀五廢帝に「帝聰慧夙成、寬厚仁智」とある。「寬厚仁智」は「仁をひろめ智に厚し」ということで、皇帝の「仁」評價としては理想的である。ところが、この皇帝は廢位されてしまう。滅亡の君主である。せっかくの評價もだいなしである。
　ということで、『北齊書』における皇帝の「仁」評價は、實質一代限りの「形」が示されている。「天理」の議論も、『北齊書』には示されていない。
　『周書』では、帝紀一文帝上に「太祖乃傳檄方鎭曰……仁育萬物」とある。檄文にて皇帝みずから述べたものになっている。帝紀四明帝に「詔曰、帝王之道、以寬仁爲大」とあるのも、詔にてみずから述べたものになっている。
　ということで、『周書』における皇帝の「仁」評價は、實質なされていないことになった。「天理」の議論も、『北齊書』には示されていない。
　分裂時代の正史ではないが、隋が『北史』に扱われているという意味から、關連づける必要上『隋書』について檢討してみよう。
　『隋書』では、帝紀一高祖上に、周帝からの讓位を受けた策書として「公仁風德教……行仁蹈義」とある。これは、のぞましい「仁」評價である。帝紀二高祖下には「秋七月乙未……丁未、崩於大寶殿、時歲六十四、遺詔曰……皇太子廣、地居上嗣、仁孝著聞」とある。これは皇太子について父みずから述べている。「史臣曰……無寬仁之度」とあるのは、「仁」をひろめる度量がない、ということで、皇帝としては否定的「仁」評價を記述している。帝紀三煬帝上に、高祖について

第三節　他の正史の「仁」と「天理」

「和曰、晉王……上尤自矯飾、當時稱爲仁孝」と記述するのも、同じ文脈である。

『隋書』帝紀四煬帝下に「下詔曰、天地大德、降繁霜於秋令、聖哲至仁」とあるのは、詔として皇帝みずから述べたものである。「戊子、詔曰……澤及枯骨、用弘仁者之惠」とあるのも、詔として皇帝みずから述べたものである。「初、上自以藩王、次不當立……無不稱其仁孝」とあるのは、上記に高祖が父として高く評價したというのと同じことを述べている。結局煬帝は滅亡の皇帝となった。

ちなみに、資料Ⅱの一覧からは割愛した部分だが、列傳十文四子に高祖の長子勇について「勇頗好學、解屬詞賦、性寬仁和厚」とあるのも、關連して論じることができる。「性寬仁和厚」は評價としては皇帝となるにふさわしいのだが、滅亡の身の上となっている。ここにも隋滅亡の原因の一端がある、という評價なのであろう。

『隋書』の「天理」に關する記述はというと、志十四天文上に「經星中宮……北斗七星……四曰伐星、主天理、伐無道」とある。これは、『晉書』天文志にある記述と同じである。緯書の「天理」の說明と通じるものであった。列傳十文四子に高祖の子の楊秀を扱う。楊は庶人におとされた人物である。高祖が詔して述べた中に、歷史上の逆臣を述べたくだりがあり、「凡此十者、滅天理、逆人倫、汝皆爲之」と記述する。隋についての評價には當たらない。

ということなので、『隋書』における皇帝の「仁」評價は、實質なされていないことになった。「天理」の議論も、「天理はある」ことを述べるだけであった。「天理」はあるのだが、「仁」評價するに足る皇帝がいなかった、というのが『隋書』の評價の「形」となる。

2. 分裂時代の外國と「仁」評價

すでに、皇帝の「仁」評價を述べて、一部外國に關する「仁」評價を扱っているが、外國傳ないしそれに相當する列傳中の外國は、「仁」評價とどう關わっているだろうか。

『宋書』列傳五十五索虜の「索虜」は外國でなく、北朝を「索虜」と述べて外國に準じて扱う。「而移書越詣徐州曰、我大魏之興……我朝廷仁弘」とあるのは、その「索虜」の人物がこう述べた、という形式になっている。だから、「我朝廷仁弘」は、その形式における發言にすぎない、という話になる。（さらに昔の「仁」を述べたりするが、それは割愛することにして）さらにこうある。「兗州答移曰……故司牧之功、宣於上代、仁義之道」。これも、發言しただけだという問題として扱うことになる。また、「二十五年、虜寧南將軍、豫州刺史北井矦若庫辰樹蘭移書豫州曰……至老死不相往來、不亦善乎、又能此亡彼歸、彼亡此致、則自我國家所望於仁者之邦也」とある。これも發言の問題として扱うことになる。こういうことにしませんか、という内容で「則自我國家所望於仁者之邦也」と述べる。「仁者之邦」とは、皇帝の下の臣僚に期待される「仁者」を使い、お互い相手をそのように稱しましょう、という意味の言い方である。つまり、お互い「八紘」を基礎に「仁」評價を語り、「天理」を議論することを、お互い見て見ぬふりしましょうね、ということである。

同じく列傳五十七夷蠻には、「十年、呵羅單國王毗沙跋摩奉表曰、常勝天子陛下、諸佛世尊、常樂安隱、三達六通、爲世間道、是名如來、應供正覺、遺形舍利、造諸塔像、莊嚴國土、如須彌山、村邑聚落、次第羅匝、城郭館宇、如忉利天宮、宮殿高廣、樓閣莊嚴、四兵具足……於諸國土、殊勝第一、是名震旦、大宋揚都、承嗣常勝大王之業、德合天心、仁廕四海、聖智周備、化無不順

……」とある。佛教で言えば如來のごとく、また須彌山のごとくと持ち上げ、さらに「常勝大王の業、德合天心、仁廕四海、聖智周備、化無不順……を承嗣す」と述べる。通譯がどの程度のことを相手に傳えたか、という點は、日本と同樣の話題を提供するが、史書の體裁としては、こう書かれている。「仁廕四海」は「仁」が「八紘（四海）」をおおう、という意味である。つまり、呵羅單國としてはその影響を受ける、ということで、「仁」は「八紘」のことという前提で文章が作られている。

その上で言えば、ここに、つまり史書の體裁として、「常勝天子陛下」に加えて「常勝大王の業」と述べているのは、すでに「仁」評價に述べた「形」としては、皇帝より下位（大王の業）の判斷をくだしているのである。

いずれにせよ、史書の「形」は「形」として確認できるし、そもそもこうだろうという、そもそもの「形」の詮索もできる。

『宋書』列傳五十七夷蠻には、續けて「天竺迦毗黎國、元嘉五年、國王月愛遣使奉表曰……大王仁聖、化之以道……王身莊嚴、如日初出、仁澤普潤、猶如大雲……」とある。この場合も、「八紘」の「大王仁聖」・「仁澤普潤」を述べている。「大王」の表現は、史書の「形」である。

同じく「慧琳者、秦郡秦縣人……嘗著均善論、其詞曰、有白學先生、以爲中國聖人、經綸百世、其德弘矣、智周萬變、天人之理盡矣、道無隱旨、教罔遺筌、聰叡迪哲、何負於殊論哉、有黑學道士陋之、謂不照幽冥之途、弗及來生之化、雖尚虛心、未能虛事、不逮西域之深也、於是白學訪其所以不逮云爾、白曰……仁義玄一者……」等とあるのは、中國の僧のことに言及したものである。「其德弘矣」・「天人之理盡矣」は、佛教徒の發言として興味深い。同じく「史臣曰……斯固仁者之言矣」とあるのも、史書の「形」として「仁」に言及したものである。

以上、『宋書』の「形」としては、「仁」評價が「八紘」に限ってなされるという前提が確認できた。他に、お互い「八紘」を基礎に「仁」評價や「天理」を語り、そのような議論が「八紘」の唯一の正統が複數存在することを、お互い見て見ぬふりするという、興味深い內容の記述があることもわかった。その上で敵對する宋皇帝を「大王」としてくさす原史料の「形」（を殘していること）もわかった。

『北齊書』には、外國傳に當たる者はない。

『周書』には異域傳がある。列傳四十一異域上に「史臣曰、凡民肖形天地、稟靈陰陽、愚智本於自然、剛柔繫於水土、故雨露所會、風流所通、九川爲紀、五嶽作鎮、此之謂諸夏、生其地者、則仁義出焉」とあって、「此を之諸夏と謂ふ。仁義これより出づ」と記す。諸夏は「九川爲紀、五嶽作鎮」から「八紘」であることがわかる。これに續けて「昧谷嵎夷孤竹北戶限以丹徼紫塞、隔以滄海交河、此之謂荒裔、感其氣者、則凶德成焉」とある。「此を之荒裔と謂ふ。其の氣に感ずれば則ち凶德成る」というのは、「八紘」の外を言う。「荒裔」という言い方も「八紘」の一番外に位置づけられた「荒服」に接することを前提にする。

『周書』列傳四十二異域下には、さらに「史臣曰、四夷之爲中國患也久矣、而北狄尤甚焉、昔嚴尤班固咸以周及秦漢未有得其上策、雖通賢之宏議、而史臣嘗以爲疑、夫步驟之來、綿自今古、澆淳之變、無隔華戎、是以反道德、棄仁義、凌替之風歲廣」とある。四夷は中國の患となって久しい。「是を以て道德に反し仁義を棄つ」ので、「仁義」の世界にはあずからない。

次に『隋書』であるが、すでに述べたように、『隋書』における皇帝の「仁」評價は、實質な

されていない。「天理」の議論も、「天理はある」ことを述べるだけであった。「天理」はあるのだが、「仁」評價するに足る皇帝がいなかった、というのが『隋書』の評價の「形」であった。

『隋書』列傳四十六高麗傳には、「開皇初、頻有使入朝、及平陳之後、湯大懼、治兵積穀、爲守拒之策、十七年、上賜湯璽書曰、朕受天命、愛育率土……朕於蒼生悉如赤子……蓋當由朕訓導不明、王之愆違、一已寬恕、今日已後、必須改革……昔帝王作法、仁信爲先」とある。隋の高祖が、高麗王（高句麗王）湯への書狀の中で、こう述べたという内容である。みずからの訓導が明らかでなく、かつ高麗王のあやまちに寬恕をもって應じているが、今後改革すべきだという。「仁」評價もままならぬ皇帝ならではの所行ということになっている。

同じく百濟傳には「東明之後、有仇台者、篤於仁信、始立其國于帶方故地」とあり、仇台なる者が、帶方郡の故地に百濟を建國したという。仇台は「仁信」に篤かった、という話題である。「仁」は「八紘」の内において語るという一般的正史の「形」からは逸脱しているように一見みえる。しかし、ここには、「帶方故地」と明言されていて、漢が郡を設置した場所だから、「仁」が議論できるということであろう。

ただし、すでに述べたように、『舊唐書』と『新唐書』との間で、高句麗に對する「八紘」の言及内容として變化が認められた。一方、「八紘」の外とはいえ、複數の外國の記事から、外國の君主が「仁」評價し得る狀態にはなった、という判斷が認められた。『隋書』百濟傳の上記の記述は、一見この『舊唐書』の判斷の先驅けにも見えているが、上記のように、「帶方故地」という基準が示されているのが特徵である。

現實問題としては、漢四郡の問題は、始皇帝が擴大した天下部分とともに、考古學にもなお不明のことが多い。唐以前をまとめる正史において、『隋書』以外は「仁」評價の對象としていない。

3.『北史』・『南史』の「仁」評價と外國

『北史』では、魏本紀一には、「昭成皇帝……寬仁大度……帝性寬厚……其仁恕若此」とある。また「太祖道武皇帝……伏惟陛下德協二儀、道隆三五、仁風被於四海、盛化塞於天區、澤及昆蟲」ともある。これだけで、複數代に「仁」評價を與えたことになる。このことは『魏書』にも認められたことである。

同魏本紀二には「帝幼而神武、聰叡機悟、有濟人之規、仁孝純至、禮敬師友……上尊謚曰獻文皇帝」とある。魏本紀三には「高祖孝文皇帝諱宏、獻文皇帝之太子也……長而弘裕仁孝」とある。魏本紀四には「高祖以文思先天、世宗以下武繼世、大行在御、重以寬仁奉養」とある。魏書以上に「仁」評價を與えている。

同齊本紀上六には「齊高祖神武皇帝……仁恕愛士」とある。齊本紀中七には「廢帝殷字正道……帝聰慧夙成、寬厚仁智」とある。北齊については、複數代の皇帝に「仁」評價を與える「形」は作らなかった。

同周帝紀上九には「帝乃傳檄方鎭曰……保安四海、仁育萬物」とある。これは、帝みずから述べたものになっているので史官による「仁」評價の「形」になっていない。「詔曰……朕之介弟、寬仁大度」も同樣である。「諡曰明昊帝、廟號世宗……帝寬明仁厚」は、「仁」評價である。しかし、北周については、複數代の皇帝に「仁」評價を與える「形」は作らなかった。

同隋本紀上十一には「詔曰……仁孝著聞」とある。これは、帝みずから述べたものになってい

第一章　正史を通して知る「仁」と「天理」

るので「仁」評價の「形」になっていない。「論曰、隋文帝樹基立本、積德累仁……無寬仁之度」は、否定的「仁」評價になっている。「仁を寬めるの度無し」は、「仁」評價としては皇帝の資質なしということである。

また「天理」に關しても、『北史』列傳五十九隋宗室諸王に「凡此十者、滅天理、逆人倫、汝皆爲之、不祥之甚也」は、過去をひきあいに出して庶人秀が「天理を滅し、人倫に逆ふ」ことを文帝が述べたものである。皇帝みずからの發言になっている。また、列傳八十五の西域傳には「于闐國……於是詔之曰、眞君中、太武詔高涼王那擊吐谷渾慕利延……於是詔之曰、朕承天理物、欲令萬方各安其所、應勅諸軍、以拯汝難」とある。これは北魏について述べたものである。しかし、これも詔によりみずから述べたという「形」が示されている。内容としては「天理」があるという話なのだが、評價の「形」が作り出されていない（この種の書き方は原史料を引用しつつくさす「形」のようである）。

同列傳八十二の高麗傳（高句麗傳）には、「九川爲紀、五岳作鎭、此之謂諸夏、生其地者、則仁義所出」とある。これは「諸夏」に「仁義」を語る場があるということで、高句麗はその外にある。「百濟之國……東明之後有仇台、篤於仁信、始立國於帶方故地」は、『隋書』を受け、「帶方郡の故地」という理由をつけて「仁信に篤し」と述べる。また「詔曰、得表聞之無恙、卿與高麗不睦、致被陵犯、苟能順義、守之以仁、亦何憂於寇讎也」と述べる。これも「八紘」の「仁」を語る。

『南史』では、宋本紀上一に「十二月壬申……策曰……公遠齊阿衡納隍之仁」とある。阿衡は殷時の宰相と傳えられる人。前後の文脈からは否定的意味をもって讀むべきで、阿衡が藏して示すことのなかった「仁」を問題にするらしい。宋本紀中二に「宋太祖文皇帝……帝聰明仁厚」とある。「及太后崩後數日、帝夢太后謂曰、汝不仁不孝」というのは、みずからの發言の體裁をもつ。上述した梁代編纂の『宋書』では、複數代の皇帝について「仁」評價が與えられていたが、『南史』ではそれを否定したことになる。

同齊本紀上四「辛卯、宋帝以歷數在齊、乃下詔禪位、是日遂于東邸、壬辰、遣使奉策曰……惟王聖哲欽明、榮鏡區宇、仁育羣生、義征不憓」に「下詔禪位」の「策」に述べる。「王聖哲欽明、榮鏡區宇、仁育羣生、義征不憓」は、評價の意味をもつ。一代限りの「仁」評價になっている。梁の編纂である『南齊書』の「仁」評價を繼承している。

同梁本紀上六には「帝謂張弘策曰……勤行仁義」とある。帝は齊帝。「二年正月辛卯……甲寅、齊帝進帝位相國、總百揆、封十郡爲梁公……策曰、上天不造、難鍾皇室、世祖以休明早崩、世宗以仁德不嗣」とあるのは、齊帝が讓位を申し出て過去の齊帝たる世宗（未即位）に言及したもの。

梁の武帝について、同「並斷仙人鳥獸之形、以爲藝衣、裁翦有乖仁恕」はその菜食主義の一環として述べるもの。衣服の圖柄にも氣遣い、その裁斷にも容赦なかった。佛教としてはいい意味で用いるが、『南史』の文脈ではやりすぎということだろう。同梁本紀中七には「然仁愛不斷、親親及所愛縱犯多有縱捨、故政刑弛紊、每決死罪、常有哀矜涕泣、然後可奏」とある。これも「仁愛不斷」の意味自體はよさそうだが、普通はこういう言い方はしない。そして、「故政刑弛紊」をきたしたというのが『南史』の評價である。同「論曰、梁武帝時逢昏虐……弛於刑典……追蹤徐偃之仁」も同じ文脈で述べている。同梁本紀下八には「三月、王僧辯等平侯景……王僧辯等又奉表曰……羣臣安得仰訴、兆庶何所歸仁」とある。王僧辯等が元帝を擁立する際の上表である。混亂のさなかであり、世祖元帝はこの上表を受けなかった。同「論曰……介胄仁義」は、高祖に

第三節　他の正史の「仁」と「天理」

ついての評價である。しかし、すでに述べたことと同じで、「ところが」と否定的評價が附加される。

以上、梁について、一代限りの「仁」評價を與えているのだが、その評價についても、半ばくさす内容を附加している。

同陳本紀上九に「九月辛丑、梁帝進帝位相國……策曰……顯仁藏用」とあるのは、梁帝が讓位を述べて相國陳王に言及したものである。陳王はこれにより踐阼する（高祖武帝）。同「帝雄武多英略、性甚仁愛」は、同じく陳の武帝に「仁」評價を與える。

同「廢帝……帝性仁弱、無人君之器」は、廢帝について、皇帝としての資質がないという評價を與える。同陳本紀下十には「論曰、陳宣帝器度弘厚、有人君之量、文帝知冢嗣仁弱、早存太伯之心」とあり、隋文帝に言及する。皇帝の資質に缺けるとの評價である。

「天理」に關する記述は、『南史』には示されていない。「……天、理……」と讀まれる箇所はあるが、割愛する。

『南史』で外國傳に相當する部分は、列傳六十八夷貊上と列傳六十九夷貊下である。いずれにも「仁」評價はからんでいない。

唐が興った時點で、先行する王朝によって『魏書』・『宋書』・『南齊書』が作り上げられていた。これらがくだした皇帝の「仁」評價について、唐は再評價を加えた。梁代編纂の『宋書』では、複數代の皇帝について「仁」評價が與えられていたが、『南史』ではそれを否定した。一方、『魏書』では、複數代の皇帝について「仁」評価が與えられていた。『北史』はこれを繼承するだけでなく、あらたに「仁」評價の事例を増加させている。ただし、「天理」に關しては、太武帝が詔の中でみずから「朕承天理物」と述べたことになっていて、史官賢人評價としては貶められている。『南齊書』でくだされていた一代限りの「仁」評價は、繼承して述べた。

ということなので、唐王朝のときに編纂された正史を總括すると、複數代の皇帝について「仁」評價を與えているのは、北魏だけであり、その北魏についても、「天理」に關しては評價がくさされていることがわかった。その「天理」評價に關して鍵をにぎっているのが「承天理物」であり、この言い方は、多少の差違を捨象して述べれば、『漢書』・『三國志』・『晉書』にも見えていることは、すでに述べたとおりである。その「承天理物」を史書評價として盛んに述べたのが『舊唐書』であった。

だから、唐の史書編纂方針としては、分裂時代に一定の評價を與えるのが北魏であり、その北魏でさえ、「八紘」を統一した王朝ではないという負の評價を背負わねばならないと考えていたのであろう。

4.『後漢書』の「仁」評價と「天理」

結局、部分的とはいえ、『舊唐書』にいたるまでの歴代正史をほとんど扱い、『後漢書』だけが殘されたので、これに少々言及しておくことにする。

まず、上記の「天理」であるが、この史書にも類似の表現が見える。安帝紀五に「詔曰、昔在帝王、承天理民」とある。また、鄧寇列傳六に「臣聞天地之於萬物也好生、帝王之於萬人也慈愛、陛下統天理物、爲萬國覆、作人父母、先慈愛、後威武、先寬容、後刑辟」とある。後者の「先寬容、後刑辟」は、刑官が民に接する場において、「仁」を持ち出すか刑罰を問うかを問題にしている。

臣僚を用いて天下に臨む。「先慈愛、後威武」は外國相手に「仁」を持ち出すか軍事力にものを言わせるかを問題にしている。「陛下統天理物、爲萬國覆、作人父母」は、皇帝が「天理物」に一統をもって臨み、萬國の覆いとなり、人民の父母となることを言う。萬國の覆いとなるのは外交を言い、人民の父母となるのは郡縣統治を言う。「天地之於萬物也好生、帝王之於萬人也慈愛」は天地が萬物に對するや生を好み、帝王が萬人に對するや「仁」をもってする。以上を知って、「承天理民」を解釋する。字面は「民」とあるが、郡縣統治、「仁」の政治をもって臨む「民」である。背後に官僚統治があることは疑いない。しかも、すでに述べたように、『晉書』から知られる「天理物」が寺院や道觀を具體的にイメージさせるものであった。そうした考え方の先驅については、『史記』や『漢書』との關わりからも檢討する必要がある。

よく知られるように、『後漢書』は南朝宋の編纂であって、これより先に『三國志』が編纂されている（晉）。『晉書』は唐の編纂である。すでに檢討ずみのことだが、『舊唐書』と『新唐書』は、編纂した王朝の差が明瞭に出ている。『史記』と『漢書』も、部分的に同じ時代を扱うが、編纂した王朝の差がこれも明瞭に出ている。だから、『後漢書』・『三國志』・『晉書』をこの順序で時系列配列していいかどうかは愼重でいたいと思う[12]。

その『三國志』には、すでに述べたように、魏書・諸夏侯曹傳九に「王者體天理物」、吳書・吳主五子傳十四に「所以承天理物、先國後身、蓋聖人立制、百代不易之道也」とあった。いずれも一般論である。書き方が違っているので、『後漢書』の關連記述との先後關係を論じるのは難しい。本書でも後半に試みることだが、具體的檢討對象を決めて、接點をさぐるのが現實的であろう。

皇帝の「仁」評價はどうなっているかというと、『後漢書』章帝紀三に「聰明淵塞、著在圖讖、至德所感、通於神明、功烈光於四海、仁風行於千載……臣愚以爲更衣在中門之外、處所殊別、宜尊廟曰顯宗、其四時禘祫、於光武之堂、間祀悉還更衣、共進武德之舞、如孝文皇帝祫祭高廟故事、制曰可」とある。「聰明淵塞は圖讖にあらわれ」、「至德の感ずる所は、神明に通じ」、「功烈は天下にかがやき、仁風は千載に行われる」。「宜尊廟曰顯宗」は父、「於光武之堂」は祖父を話題にする。文帝が高祖廟を祭祀した故事のごとくせよ、という意見である。ここに、章帝の「仁」評價を話題にしつつ、「仁」評價にまつわり議論される「孝」に言及する。「顯宗」・「光武」に言及することで、この兩者の「仁」評價に言及しないことを帳消しにする意圖がはたらいている可能性もある。ただし、「形」としては一代限りの「仁」評價になっている。

『後漢書』和殤帝紀四に「皇太后詔曰……海内歸仁」、安帝紀五に「皇太后詔曰……篤學樂古、仁惠愛下」・「詔曰……其務崇仁恕」とあり、「仁」評價に關する記述があるのだが、いずれも皇太后や皇帝の詔に述べるものである。

氣になる「形」になっているが、上記のように、「天理」に關する「形」は、實はかなり微妙である。「字面は『民』とあるが、郡縣統治、『仁』の政治をもって臨む『民』である」と述べたわけだが、この「民」は實のところ貶める意圖に基づいていないか。

そこで、さらに外國傳に相當する部分について、「仁」評價の有り樣を確認してみよう。

『後漢書』東夷傳には「王制云、東方曰夷［王制ここまで］、夷者、柢也、言仁而好生、萬物柢地而出」とある。これは、上述した鄧冦列傳六の「臣聞天地之於萬物也好生、帝王之於萬人也慈愛、陛下統天理物……」と相應じる内容である。「言仁」は帝王、「好生」は天地にそれぞれ關わる。「萬

第三節　他の正史の「仁」と「天理」

物は地にねざす」とだけ述べるのが、安帝紀五に「詔曰、昔在帝王、承天理民」とあるのと呼應する。皇帝も東夷も、「仁」に關わらないのに、東夷の人が「仁」を語りたがる、という意味のことが書いてあることになる。「天理の民」というのがちぐはぐな表現であることも再確認できる。

同「秦并六國、其淮泗夷皆散爲民戸」と記述する前の部分に、夷狄の記事があるが、すべて始皇帝の統一で編戸の民となった。その編戸の民となる前の夷狄について「偃王處潢池東、地方五百里、行仁義」と述べる。ただし「楚文王大舉兵而滅之、偃王仁而無權」というのは、滅亡者の「仁」である。

『後漢書』南蠻西南夷傳七十六には「九眞日南相去千里、發其吏民、猶尚不堪……宜更選有勇略仁惠任將帥者、以爲刺史太守、悉使共住交阯、今日南兵單無穀、守既不足、戰又不能、可一切徙其吏民北依交阯」とある。「選有勇略仁惠任將帥者」は、「仁」評價されている。しかし、「今日南兵單無穀、守既不足、戰又不能」は内容上滅亡を予想させるものである。全體として「仁」評價するに値しないということである。「夜郎者……夷人復叛、以廣漢景毅爲太守、討定之、毅初到郡、米斛萬錢、漸以仁恩、少年間、米至數十云」は、郡太守の「仁」をもってする統治がうまくいったという話である。「仁」評價を與える。「莋都夷者、武帝所開……永平中……帝嘉之、事下吏官、録其歌焉……蠻夷所處……荒服之外、土地墝埆、食肉衣皮、不見鹽穀、吏譯傳風、大漢安樂、攜負歸仁」は「荒服之外」を述べる。つまり「八紘」の外を言う。それゆえ「攜負歸仁」と述べる。武帝が開いたが、ということである。

『後漢書』西羌傳七十七には「昔桓公伐戎而無仁惠」とある。前後の記述には、叛亂のことが多い。

『後漢書』西域傳七十八には、「詳其清心釋累之訓、空有兼遣之宗、道書之流也、且好仁惡殺、蠲敝崇善」とある(13)。後漢の時代をもって道教を語るべきではないが、その前身である五斗米道は出現している。佛教も傳えられた。それらを前提に「仁を好み殺を惡む」という。「形」としては、悪い評價ではない。しかし、「論曰、西域風土之載、前古未聞也……蓋導俗無方、適物異會、取諸同歸、措夫疑説、則大道通矣」とあるので、風俗から何から違っているが、小異を捨てて述べれば大道通ずということができる、ということであろう。外國の事情を並べている。

以上、「八紘」が統一される前の狀況や、統一後の「八紘」の外を念頭において、西域との外交は比較的うまくいっているが、「八紘」の内外の夷狄はうまく統治できていないことを述べている。西域の風俗は「八紘」とは異なることも述べている。

「天理」に關する「形」がかなり微妙であるという疑念は拂拭できなかった。「天理の民」は實のところ貶める意圖に基づいていないか。疑念はむしろ深まった。『後漢書』を編纂したのは分裂國家の宋である。みずからによる統一の見込がない場合、やがて王朝にどういう評價がくだされるかは想像がつく。そのため、上記のような妙な「形」を作った可能性がある。

「形」の解釋は「天理の民」をめぐって兩樣あるが、ここにおいては、負の評價をくだしておくことにする。

ここまで述べてくると、以下に言及せざるを得なくなる、『宋書』の「仁」評價と「天理」の記述を『南史』が否定し、魏書のそれを『北史』が否定したことを、上述しておいた。その魏書もあらためて「天理」について見てみると、佛法上はいいが皇帝としては自己の發言にすぎない、とも言える。書き方の微妙さは『後漢書』に近い。『宋書』に皇帝一族に天理にそむく者が出たことを述べるのも、同様の微妙さがある。これも『後漢書』に近い。編纂した王朝の問題がある

5.『舊五代史』と『新五代史』の「仁」と「天理」

分裂時代ということでいえば、五代十國時代もそれに當たる。以下標題の兩書の「仁」・「天理」に言及しておきたい。

『舊五代史』梁書六太祖紀六には「從臣以帝有仁惻之心、皆相顧欣然」とある。「仁」評價が與えられている。同梁書七太祖紀七には「詔曰……國章所在、亦務興仁」とある。詔としてみずから述べた「形」である。同梁書十末帝紀下に「詔曰……姑務安仁」とあるのも、詔としてみずから述べた「形」。同じく「史臣曰、末帝仁而無武」は、滅亡の君主として述べるもの。いずれも「仁」評價には當たらない。以上、五代宋の皇帝については、一代限りの「仁」評價になっている。

同唐書十二明宗紀二には「又詔曰……爰施解網之仁」とある。詔としてみずから述べた「形」である。唐書十四明宗紀四には「帝仁慈素深」とある。これは「仁」評價になっている。唐書二十二末帝紀上には「甲戌、太后令曰……日躋孝敬、天縱聰明、有神武之英姿、有寬仁之偉略」とある。これも詔としてみずから述べた「形」である。さらに「攝中書令李愚宣册書曰……伏惟皇帝陛下、天資仁智」とあるのも同じである。唐書二十三末帝紀中には「詔曰……、以神寡昧」とあり、續けて「帝性仁恕、聽納不倦」とある。これは（史書編者の言であって）「仁」評價になっている。ところが、この末帝は滅亡の皇帝である。以上、五代唐の皇帝については、一代限りの「仁」評價になっている。

同晉書二高祖紀二には「當罪即誅、式明常典、既往可憫、宜示深仁」とある。晉書五高祖紀五には「示以英仁」・「用廣崇仁之美」とある。いずれも高祖に關するもので、「仁」評價になっている。晉書六高祖紀六に「史臣曰……亦可謂仁慈恭儉之主也」とあるのも同じである。他の皇帝については「仁」評價が示されていない。以上、五代晉の皇帝については、一代限りの「仁」評價になっている。しかも、「主」とされている。皇帝としては、氣になる表現である。

同漢書二高祖紀下には「史臣曰……不暇崇仁……未覩爲君之德也」とある。皇帝としての資質に缺けるということである。これ以外、「仁」に言及したものはない。五代漢の皇帝については、「仁」評價できる者がいない、ということである。

同周書十一恭帝紀には「是日、詔曰……附于至仁……」とある。これは、詔としてみずから述べた「形」になっている。これ以外の「仁」評價は見られない。五代周の皇帝については、「仁」評價できる者がいない、ということである。

十國については、一部について「仁」に言及する。世襲列傳二には「元瓘、鏐第五子也……將吏號泣言曰、大令公有軍功、多賢行仁孝」とある。元瓘は吳越國の王である。一代限りの「仁」評價である。僭僞列傳三には「衍上表曰……伏惟皇帝陛下、迴照臨之造、施覆幬之仁」とある。前蜀の王衍が後唐の莊宗に滅ぼされた時の發言である。「仁」評價として後唐皇帝を稱したいところだが、發言者が「僭僞」の評價を受けている。他、十國について「仁」評價したものはない。

『舊五代史』では、外國傳に「仁」評價を論じたものもない。

次に、『新五代史』では、まず皇帝についての「仁」評價が示されない。十國の一部について、「仁」に言及する部分がある。吳世家第一には「稱行密爲人、寬仁雅信、能得士心」とある。楊行密は、唐滅亡以前に吳國を建てている。その楊行密について「嗚呼、盜亦有道、信哉、行密之書、稱行

密爲人、寬仁雅信、能得士心」と述べる。みずからこう述べたということである。南唐世家二には「李昪字正倫、徐州人也……以寬仁爲政」とある。李昪は南唐の建國者である。また「煜字重光、初名從嘉、景第六子也、煜爲人仁孝」とある。李煜は李昪の子である。しかし滅亡の君主でもある。つまり、南唐については、一代限りの「仁」評價が示されていることになる。楚世家第六には「馬殷字霸圖……楊行密袁州刺史慮師周來奔……師周益懼、謂其裨將綦母章曰……吾聞馬公仁者」とある。馬殷は楚王である。一代限りの「仁」評價が示されている。「馬公」とあるから、皇帝の器として述べているのではない。

「天理」に關する記述は『舊唐書』には見られない。『新唐書』は卷三十四一行傳に「五代之亂……而天理幾乎其滅矣」とある。上記のように、五代の皇帝については「仁」評價を示さず、楚王馬殷について一代限りの「仁」評價を示したわけだが、それすら「天理は其の滅ぶるに幾し」と述べたことになる。『新唐書』は十國を「世家」にまとめた。この言葉は『史記』以來用いてくることがなかった。五代王朝を周王朝、他を諸侯とみなす。一つの見方ではあるが、興味深いものがある。外國に當たる部分については「仁」評價は見當たらない。

6.『遼史』・『金史』・『元史』の「仁」と「天理」

『遼史』本紀三太宗上には「太宗孝武惠文皇帝……貌嚴重而性寬仁」とある。のぞましい皇帝としての「仁」評價である。列傳三にも「太祖臨視、問所欲言、葛魯曰、陛下聖德寬仁」とある。これも太宗について「仁」評價を與えるものである。本紀二太祖下には「玄祖生撒剌的、仁民愛物……是爲德祖」とあり、先祖にも「仁」評價が爲されている。

複數の皇帝について、「仁」評價が與えられている。

志十七下百官志四に「南面邊防官……然遼之邊防……卒之親仁善鄰」とある。南面官は「八紘」の一部を支配下に置く。それについて「親仁善鄰」というのは、中國「八紘」側からの視點で述べている。

『金史』本紀六世宗上には「胸間有七子如北斗形、性仁孝」とある。「性仁孝」は「孝」という皇帝特有の「仁」評價を含んだ表現である。また「胸間有七子如北斗形」というのは、唐の皇帝評價たる「天理」觀を繼承している。すでに後晉の『舊唐書』と宋の『新唐書』との間で「天理」に關する觀念が變化したことを述べた。その『新唐書』より編纂が後れる元の『金史』に、『舊唐書』確認の「天理」觀が見えるわけである。

實は、この種の觀點は、戰前に提示されている。竹島卓一の『遼金時代ノ建築ト其佛像』[14]である。竹島は東京帝國大學教授關野貞の下で建築を學び、やがて東方文化學院（東京研究所）關野研究員の助手となって中國調査に加わり、後に關野の後を嗣いで東方文化學院の研究員となった人物である。上掲書の第一編の總説で「今日見られる遼代の遺構遺物をそれに比較すれば、其木造の遺構に於ては多くの古制を發見し、其間自ら獨自の發展をも認め、兩者必ずしも同一ではなく、磚造建築には極めて特異なる形式の大成せるを見、佛像には多分に唐代の餘影を存し、其他諸種の遺構遺物に就ても夫々相當の特色を發揮してゐるのを認めるのであつて、兩者必ずしも歩調を一にしてゐるものではないことが明瞭に看取せられる」・「かく金は忽にして遼を奪ひ、更に廣大なる領域を支那本土の文化地帶に獲得し、其文化を鵜呑みにして行つたのであるから、凡そ遼に行はれた程のことは総て金にも行はれた」と述べている[15]。

第一章　正史を通して知る「仁」と「天理」

　言わば、この種の指摘が、皇帝としての「天理」觀についても確認できる、という話になった。ここで注目しておきたいことは、唐の「天理」觀を繼承して北斗に言及しているのだが、金皇帝の領域は「八紘」の外にはみ出している（傳統的に話題になる西域を除いて論じて、北方に）、という點である。
　話を『金史』にもどそう。
　『金史』本紀八世宗下には、「上謂宰臣曰、朕所以令譯五經者、正欲女直人知仁義道德所在耳」とある。皇帝みずから述べたものである。本紀十八哀帝下には「贊曰……挺生世宗、以仁易暴」とあって、世宗の「仁」評價に言及している。本紀十九世紀補は顯宗に言及し「帝天性仁厚、不忍刑殺」と述べる。これも、「仁」評價に言及するものである。以上、『金史』は複數の皇帝について、「仁」評價が與えられている。
　『金史』の「天理」については、上述した記述がある。「胸間有七子如北斗形」は「北斗」が「天理」に關わるものであった。ところが、『金史』には、實は「天理」の語はない。おそらく「八紘」を見据えて述べる「天理」ではなくなっているため、「北斗」のことを述べて、繼承の事實を述べながら、「天理」については述べることがないのであろう。
　『遼史』の「天理」は、志十八禮志一に「執理者膠瑟聚訟、不適人情、徇情者稊稗綿蕝、不中天理、秦漢而降、君子無取焉」とある。理を重視すると頻繁に訴訟に煩わされることになるが、人情にはそぐわない。情を重んじてしまうとつまらぬ場に關わることになり、天理からははずれる。同じく「天理人情、放諸四海而準、信矣夫」とあるのは、「天理人情、放諸四海」とあるように、「八紘」とは關わりはない。列傳三十七列女には「終遼之世、得賢女二、烈女三、以見人心之天理有不與世道存亡者」とある。この「人心之天理」も「八紘」には關わらない。
　以上、『遼史』・『金史』の「天理」は、唐までの「天理」から變化している。もはや「八紘」を念頭においた「天理」ではなくなっている。しかし、『金史』に見えるように、唐以來の觀念の一部は繼承していたりして、「八紘」とは離れてしまった北斗が、相變わらず皇帝の象徵であるように考えられていたりするのである。
　『元史』の皇帝に關する「仁」評價であるが、本紀一太祖には「時帝功德日盛、泰楚特諸部多苦其主非法、見帝寬仁」とある。「仁を寬める」は皇帝の資質である。本紀四世祖一には「世祖聖德神功文武皇帝……及長、仁明英睿」とある。これは「仁」評價である。本紀四世祖一に「詔曰……毎存仁愛之念」とあるのは、詔でみずから述べたものになる。同「詔曰、祖宗以神武定四方……施仁發政」とあるのも同じである。本紀五世祖二には「詔曰……宜布惟新之令、溥施在宥之仁」とある。これも詔でみずから述べたものである。本紀七世祖四に「詔曰……我太祖聖武皇帝……予一人底寧于萬邦、尤切體仁之要」とあるのも同じである。本紀八世祖五には「行中書省言、江漢未下之州、請令呂文煥率其麾下臨城諭之、令彼知我寬仁」とある。この「仁を寬む」は「仁」評價である。本紀八世祖五には「行中書省言、江漢未下之州、請令呂文煥率其麾下臨城諭之、令彼知我寬仁」とある。この「仁を寬む」も「仁」評價である。本紀十七世祖十四に「庚辰、月兒魯等言……今乃知天子仁愛元元」とあるのも「仁」評價である。本紀十八成宗一には「詔曰、朕惟太祖聖武皇帝受天明命……厚澤深仁」とある。これは詔としてみずから述べたものである。本紀二十二武宗一には「詔諭安南國曰、惟我國家、以武功定天下……尚體同仁之視」とある。詔だが、「尚體同仁之視」の評價對象は安南である。下記にも述べるが壓力をかけている。この「同

第三節　他の正史の「仁」と「天理」

仁」認識が『明史』に見えることはすでに述べた。本紀二十七英宗一には「仁宗不豫、帝憂形于色、夜則焚香、泣曰、至尊以仁慈御天下……辛丑、仁宗崩」とある。太后が述べたものである。同じく「帝即位、詔曰……迨我先皇帝、至仁厚德、涵濡羣生」とあるのも詔でみずから述べたものになっている。本紀三十一明宗には「時僉都密院事燕鐵木兒留守京師、遂謀舉義、八月甲午黎明、召百官集興聖宮、兵皆露刃、號於眾曰、武皇有聖子二人、孝友仁文、天下歸心」とある。「仁」評價である。同じ内容は本紀三十二文宗一にも見える。本紀三十四文宗三には「監察御史言……今皇太子仁孝聰睿」とある。皇太子の「仁」評價である。本紀三十七寧宗には「詔曰……扎牙篤皇帝、荐正宸極、仁義之至」とある。扎牙篤皇帝は文宗の謚号である（本紀三十六）。詔により先代につきみずから述べたものである。本紀三十八順帝一には「九月庚辰朔……御史臺臣言、國朝初用宦官、不過數人、今内府執事不下千餘、乞依舊制、裁減冗濫、廣仁愛之心」とある。これは「仁」評價である。同「十一月庚辰……詔曰……天心仁愛」は詔によりみずから述べるものである。「詔曰、欽惟太皇太后、承九廟之托……尚依擁佑之慈、恪遵仁讓之訓」は詔にて太皇太后について述べたものである。本紀四十四順帝七には「賜高麗國王伯顏帖木兒爲親仁輔義宣忠奉國彰惠靖遠功臣」とある。これは高麗に「仁」評價を示したという話になっている。以上、元の皇帝については、「仁」評價とは見なせない事例を確認しつつ、複數代について「仁」評價を確認することができる。

以上においても、安南や高麗に絡んだ「仁」評價を語ることができたが、他にもこれら外國に關わるものがある。列傳九十五外夷一高麗には「憲宋末、瞰遣其世子倎入朝……四月、復降旨諭倎曰、朕祗若天命、獲承祖宗休烈、仰惟覆燾、一視同仁」とある。ここにも「同仁」の語がある。同日本條には「六年六月、命高麗金有成送還執者、俾中書省牒其國、亦不報、有成留其太宰府守護所者久之、十二月、又命秘書監趙良弼往使、書曰、蓋聞王者無外、高麗與朕既爲一家」とあり、さらに「特命少中大夫秘書監趙良弼充國信使、持書以往、如即發使與之偕來、親仁善鄰、國之美事」・「九年二月、樞密院臣言……詔翰林承旨和爾果斯以問姚樞許衡等、皆對曰、誠如聖算、彼懼我加兵、故發此輩伺吾強弱耳、宜示之寬仁」とある。元から日本への書條に高麗はすでに元と「一家」になっていること、別の書條で「親仁善鄰」をもちかけていること、皇帝の問いに答えて「寬仁（仁を寬める）を示すべきだ」と述べていることが確認できる。ここで高麗が元と「一家」になっているということが上記の「一視同仁」と同じことであるのはわかる。これに對し「親仁善鄰」というのは、册封を受けよという意味であり、「宜示之寬仁」は屬國化せよという意味である[16]。結果「十萬之衆得還者三人耳」という大敗北を喫したのは周知のことである。

『元史』列傳九十七外夷三緬には「十年二月、遣噶瑪拉實哩奇塔特托音等使其國、持詔諭曰……國雖云遠、一視同仁」とある。壓力をかけている。上記の安南に向けた書條に「同仁」が見えているのも壓力をかけたものであった。「仁」本來の意味とは裏腹に、元の言い方は軍事的威壓をかける場合の一用語になっている。そして、「仁」を語る場は、明らかに「八紘」の外に擴大されている。

『元史』の「天理」はどう記述されているだろうか。本紀四十順帝三には「放太子雅克特古斯於高麗、其略曰……繼知天理人倫之攸當」とある。この「天理人倫」は「八紘」と結びついた表現ではない。志二十三祭祀一には「第二等内官位五十有四、鈎星天柱玄楞天廚柱史位于子……女史星紀御女位于丑……帝座歲星大理河漢析木尚書位于寅……陰德大火天槍玄戈天床位于卯……太陽守相星壽星輔星三師位于辰……天一太一内廚熒惑鶉尾勢星天理位于巳……北斗天牢三公鶉火文

第一章　正史を通して知る「仁」と「天理」

昌内階位于午……」とある。ここに示された星の配當は、天體を占星盤に反映させたものとは異なっている。しかも、天理（なる星）が巳、北斗が午に配されている。すでに何度も話題にした北斗と天理との關係は完全に斷ち切られている。列傳七十一王都中には「崔敬字伯恭……敬上疏、略曰……天理人情、有所不忍」とある。この「天理人情」も「八紘」に關わる表現ではない。列傳八十四孝友一には「豈非天理民彝之存於人心者、終不可泯歟」とある。天理も民彝（人の取り守るべき常の性）も人心にある。これも「八紘」に關わる「天理」ではない。列傳八十六隱逸には「杜瑛字文玉……中統初……又辭、遺執政書、其略曰、先王之道不明、異端邪說害之也、橫流奔放、天理不絕如線」とある。先王の道が明らかでないのは異端邪說がこれを害したのであり、橫流奔放、天理は絕えていないが線のごときものである。この「天理」は古風な天理を繼承する表現だが、すでにその理念的背景が上記のようであるから、「八紘」に結びついているとはいえまい。

　以上、皇帝の「仁」評價を複數代の皇帝に確認でき、その種の評價法の繼承を確認できるが、この「仁」評價に密接に關わってきた「天理」觀は、完全に變化し、『舊唐書』と『新唐書』の間でその變化が起こったという想定は、より確かなものとなった。『金史』に唐代の「天理」觀の部分的繼承が見られ興味深いものと言える。

7.『宋史』の「仁」と「天理」

　以上に述べた『遼史』・『金史』・『元史』について述べた點は、『宋史』ではどう記述されているであろうか。
　まず、『宋史』志二天文二には「北斗七星……魁第一星曰天樞……二曰璇……三曰璣……四曰權、爲時、主水、爲伐星、主天理、伐無道、其分爲吳……五曰玉衡……六曰闓陽……七曰搖光……第八曰弼星、在第七星右、不見……第九曰輔星……」とある。古くは『晉書』天文志以來の考え方を繼承している。北斗七星の一つの星に「伐星」と稱されるものがあり、「天理」をつかさどっている。
　『宋史』列傳二后妃下には「父子至親、天理昭然、太上之愛陛下、亦猶陛下之愛嘉王」とある。ここには父子の親と天理の關係が書かれている。これは太上と皇帝との關係で、史書の一般的言い方なら、「仁」評價と「孝」とを關連づけて論じられるところである。これは唐代までの「八紘」を基礎とする議論と異なっている。列傳九十六范鎭には「上疏曰……李定避持服、遂不認母、壞人倫、逆天理」とある。これも「天理」と人倫を述べるもので「八紘」とは關わらない。列傳一百十八李綱下には「何謂務盡人事、天人之道、其實一致、人之所爲、即天之所爲也、人事盡於前、則天理應於後、此自然之符也」とある。人事と「天理」を對置するもので、これも「八紘」とは關わらない。列傳一百三十五常同には「呂頤浩再相、同論其十事、且曰……宰相代天理物」とある。「宰相代天理物」は、「八紘」に關わって議論されてきた言い方である。列傳一百四十六黃洽には「洽在經筵、言、宰相代天理物」とある。この「宰相代天理物」も同樣である。列傳一百五十二には詹體仁を扱い「孔子釋之曰、遇雨則吉、羣疑亡也、蓋人倫天理、有間隔而無斷絕」と述べる。これも人倫天理であり「八紘」とは關わらない。列傳一百六十七吳昌裔には「轉對、首陳六事、其目曰、天理未純、天德未健、天命未敕、天工未亮、天職未治、天討未公、凡君臣之綱、兄弟之倫」とある。「凡君臣之綱」とあるように、一般論ではあるが、そもそもは「八紘」に關連づけて論じられたものである。列傳一百七十二趙汝談には「與懽曉以法、開以天理、皆忻然感

悟」とある。これは「天理」と法を關連づけて述べるもので「仁」に關わる。本來は「八紘」に關連づけて論じられたものである。列傳一百七十六喬行簡には「又論……此天理人情之所共憤」とある。この天理人情は「八紘」には關わらない。同じく「謝方叔字德方威州人……又言、崇儉德以契天理、儲人才以供天職、恢遠畧以需天討、行仁政以荅天意」とあるのは、「仁」評價に關わっていて、本來「八紘」に關わるものである。列傳一百七十七吳潛には「論曰、自古志士、欲信大義於天下者、不以成敗利鈍動其心、君子命之曰仁、以其合天理之正」とある。これも「仁」評價に關わっていて、本來「八紘」に關わるものである。列傳一百八十三は趙逢龍を扱い「一以天理民彝爲言」と述べる。天理と民彝（人の取り守るべき常の性）を並べ述べる。人心に關わることであり、これは「八紘」には關わらない。同じく徐元杰を扱い「人心天理」と述べるのも同樣である。列傳一百八十四は徐霖を扱い「霖應詔上封事曰、日、陽類也、天理也、君子也、吾心之天理不能勝乎人欲」と述べる。これは「八紘」に關わり得る。列傳一百八十六道學一に「周敦頤字茂叔、道州營道人……博學力行、著太極圖、明天理之根源、究萬物之終始」とあるのは、著名な學說の提示を說明していて、「八紘」に關わるものではあるまい。同じく「程顥字伯淳世居中山……人欲肆而天理滅矣」とあるのも同樣である。列傳一百八十七道學二に「李侗字愿中、南劍州劍浦人……其接後學、答問不倦、雖隨人淺深施教、而必自反身自得始、故其言曰、學問之道不在多言、但默坐澄心、體認天理」とあるのも同樣である。列傳一百八十八道學三に朱熹を扱い「宰相王淮……次言、陛下即政之初……陛下既未能循天理、公聖心、以正朝廷之大體、則固已失其本矣」と述べるのも、皇帝が政治に關わって日が淺いことを述べており、即位をもって「天理の物」を受けるという文意ではあるまい。同じく「天理有所未純、人欲有所未盡」・「此爲天理耶、人欲耶、果天理也」・「臣謂此心之發、即天理之所存也」とあるのも人欲や心の語があることからしても「八紘」に關わるものではない。列傳一百八十九道學四に「陳淳字安卿、漳州龍溪人……其言仁曰、仁只是天理生生之全體、無表裏、動靜隱顯精粗之間、惟此心純是天理之公」とあるのは、「仁」に關わる議論であって、本來「八紘」に關わり得るものである。同じく「其語學者曰、道理初無玄妙……至於以天理人欲分數而驗賓主進退之機、如好好色、惡惡臭、而爲天理人欲強弱之證……認形氣之虛靈知覺爲天理之妙」とあるのも同樣である。列傳一百九十四儒林五には孔安國の子宏を扱い、「其略曰、治天下有本、仁也、何謂仁、心也……察天理莫如屏欲、存良心莫如立志……人欲肆而天理滅矣……升堂歎曰、天人之理既滅、大亂將作矣、則引遠而去、今閣下目覩忘讎滅理、北面敵國以苟宴安之事、猶偃然爲天下師儒之首、既不能建大論、明天人之理以正君心」と述べる。「仁」に言及することからしても、「八紘」の議論に關わり得る。

　上記の『宋史』の「天理」について、理解の鍵をにぎるのは『宋史』の「仁」のうち、外國に關わる部分である。『宋史』列傳二百四十六外國三には「高麗……詢孫徽嗣立是爲文王……六年、徽卒、在位三十八年、治尚仁恕、爲東夷良主」とある。ここには、高麗について「治尚仁恕」という評價を與えた。この「仁恕」は、上記に檢討してきたことを通覽すると、刑官が關わる場で使われている。「寬仁」が皇帝の專賣特許であるなら、「仁恕」は言わば刑官の場の專賣特許である。この言葉を高麗王にもってきたということは、宋皇帝の「仁」が高麗に及んでいることを示す意味をもつ。續く部分には「徽子順王勳嗣、百日卒、弟宣王運嗣、運仁賢好文、内行飭備」とある。「仁賢好文」も皇帝ではなく君子の德目として語られる内容である。これを高麗王に關して述べている。さらに「人首無枕骨、背扁側、男子巾幘如唐裝……左曰唐樂、中國之音也、右

第一章　正史を通して知る「仁」と「天理」

曰郷樂、其故習也……性仁柔惡殺」とある。「性仁柔惡殺」は佛教を念頭においた言い方である。列傳二百四十八外國五には「占城國……至道元年正月、其王遣使來貢、奉表言……臣生長外國……臣之一國仰望仁聖」とある。また「注輦國……其國主表曰……臣伏聞人君之御統也……至仁不傷於行葦」とある。「仁聖」・「至仁」いずれも宋皇帝を念頭において述べている。「仁」を理解している、ということで、高麗に通じるものをもつ。列傳二百四十九外國六には「大食國……淳化四年、又遣其副酋長李亞勿來貢、其國舶主蒲希密至南海、以老病不能詣闕、乃以方物附亞勿來獻、其表曰……伏惟皇帝陛下德合二儀、明齊七政、仁宥萬國、光被四夷」とある。この「仁宥萬國」も宋皇帝の「仁」が及ぶことを述べるものである。

　以上の「仁」を語る場は、『舊唐書』の「仁友」から讀みとり得る「八紘」を主とする「形」とは變化して、「八紘」の外に「八紘」内の皇帝と官僚との關係を擬似的に擴大するものである。しかも「八紘」から外にはるかに大きく擴大されている。ということになると、上記の「『仁』に關わる議論であって、本來『八紘』に關わり得るものである」と述べた部分は、そうではなかったという話になる。『舊唐書』に想定される内容と違って、似て非なるものということになる。

　ここでも、『遼史』・『金史』・『元史』に關して述べたことをあらためて確認することができる。「天理」に關する表現自體は、繼承して議論され、あたかも北斗七星の「天理」を背景にもっているかのように記述されているものの、「仁」を語る場は「八紘」の外にはるかに大きく擴大されていて、内實は全く異なるものになっている。

　附け加えておけば、『明史』に「天理」という星は、昔はあったらしいが今はない、というまでになったことを述べた。そうなる前の狀況を、『遼史』・『金史』・『元史』と『宋史』について、看取することができたことになる。

小　結

　本章は、二十四史を通覽することによって、「仁」の問題を考え、關連する「天理」を檢討した。

　『漢書』に示された「仁」評價が、以後『明史』まで繼承されている。また、基本的に『史記』にも遡って議論できる。このことは、『史記』・『漢書』・『晉書』・『舊唐書』・『新唐書』・『明史』について全面的に檢討し、他の正史については、本紀の他、外國傳やその他目録等にくくりをつけた部分を檢討した。

　1：皇帝は正統を繼承して代々「仁」を語る存在であり、「仁」をひろめる存在である（寬仁）。その代々の皇帝については「孝」を語ることができる。「仁」の世襲が念頭に置かれている。

　2：「仁」を語るべき存在は宰相も、その下の人物もいる。しかし、一代限りの「仁」として記述される特徴がある。すくなからず、滅亡にいたるのも一つの特徴である。伯夷・叔齊のように、世の評價が高い場合も、一代限りの「仁」として扱われ滅亡にいたっている。

　3：さらには、「不仁」とされる者もいる。暴虐にして國を滅ぼした桀紂、外國の代表として評價が記述された『漢書』の閩越王がこれに當たる。前者は皇帝が代々「仁」を語る存在であり、その存在が暴君によって否定されること、また後者は「仁」を語る場が「中國」に限られ、外國はその對象外であることを示している。

　4：その「中國」においては、官僚とくに刑官をうまく使う。臣下の「仁」には、勸善を期待し、

刑官には刑暴（暴を刑す）を行わせる。つまり、官僚をみずからの手足として、「仁」の政治を行う。これが萬物一體の「仁」を具體化させて論じる「形」である。

　5：上記の3と4は、いわゆる征服王朝の出現で語り得る場を變化させる。『舊唐書』と『新唐書』の間で明確な一線を引くことができる。

　6：『晉書』までは外國は「仁」を語り得ない場になっている。「八紘」の外が外國であり、西域も基本的に外國扱いである。漢族以外の民族王朝も、「八紘」の内に入って國を建てたものは、「八紘」内のこととして評價する。

　7：唐代に『魏書』・『宋書』・『南齊書』に對し『北史』・『南史』で再評價を加える。北魏評價が高く複數の皇帝に「仁」評價を與える。しかし、一方「天理」は北魏皇帝の自認にすぎないとして負の評價を加え、北魏が「八紘」を統一できなかった限界を評價の「形」にしている。

　8：『明史』の中で、刑官は「天理」にのっとるとされ、「天理」は「仁」評價に關連づけて議論される。この理解は時代を遡って論じることができる

　9：正史の「仁」評價と「天理」については、基本的「形」が統一王朝で編纂された統一王朝の史書『明史』や『漢書』等に示される。分裂王朝時代に編纂された『後漢書』・『魏書』・『宋書』では、「天理」の記述に完全を求めぬ微妙な「形」が示される。統一王朝で編纂された分裂王朝の史書『北史』・『南史』等においては、皇帝の「仁」評價も一代限りの「形」をとる。

　10：『舊唐書』までの「天理」は「八紘」を基礎に議論される。『晉書』以後「天理の物」として佛寺・道觀が念頭におかれるようである。『史記』以後『舊唐書』まで「八紘」を念頭におき、北斗七星が年間を通して時刻・季節の基準となる點に基準をおく。『三國史』・『後漢書』にも「天理の物」が見えているが、時（天時）を知ることが念頭にあるようである。ただ、「仁」を語る場は、『舊唐書』になって「八紘」の外に擴大される。「仁友」という用語が端的に示すように、「八紘」を基礎にして、その外に「仁」の理解者が存在するという「形」が示されている。唐になって、統一帝國と外國との冊封關係が鞏固な「形」を作り上げた現實があり、それが「仁」評價に反映されたと見なすことができる。この評價は『新唐書』に繼承される。

　11：『新唐書』以後、『遼史』・『金史』・『元史』と『宋史』に關して、「天理」に關する議論の繼承と、それに密接に關わる「仁」を語る場の擴大を論じることができる。「仁」を語る場は、皇帝と官僚との關わりを基礎に論じられていたが、その官僚に用いていた「仁恕」などの用語を外國君主の「仁」評價に用いるにいたる。これは「八紘」内に關して論じてきた「仁」評價を外國に擴大するものである。「八紘」から外にはるかに大きく擴大された。「天理」の基礎は北斗七星の「伐星」にあるかのような議論があるが、これに關わる「八紘」はその議論と切り離されてしまうと見なければならない。こうした議論を受けた『明史』では、「天理」という星が昔はあったが今ない、という議論にまでなってしまうのである。

　12：從來の研究を參照するだけで、朱子學の「天理」に北斗七星が直接關わるものでないことは、容易に理解できる。朱子學と「八紘」は關係が薄いと言ってよい。その朱子學の強い影響下で、從來の研究は進められてきた。そのため、緯書の果たした役割が見にくいものとなってきたと言うべきである。上記に言及したように、そして朱子學を參照してすぐに了解できるように、儒教經典には「天理」と北斗七星の密接な關係を語るものはない。しかし、緯書に見える「仁」をつぶさに（注釋等から復元されてものに限ることは言うまでもないが）檢討してみると、北斗七星

第一章　正史を通して知る「仁」と「天理」

との密接な關係性を讀みとることができる。二十四史の「仁」と「天理」を檢討したことで明らかになるのは、「天理」に象徵される宇宙觀をもって皇帝權力を理念的に支えた緯書の存在である。一角を支えるということであるが、その意味を讀みとれなかった原因に朱子學が關わることは、今後樣々に議論すべきである(17)。

注

（１）服部宇之吉『儒教倫理概論』（冨山房、1941 年）。
（２）島田虔次『朱子學と陽明學』（岩波書店岩波文庫、1967 年）。
（３）後藤俊瑞『朱子の實踐哲學』（目黒書店、1937 年）。
（４）安田二郎『中國近世思想研究』（弘文堂書房、1948 年）。
（５）楠本正繼『宋明時代儒學思想の研究』（廣池學園出版部、1962 年）。
（６）前揭安田書、174 頁。
（７）平勢隆郎『「八紘」とは何か』（東京大學東洋文化研究所・汲古書院、2012 年）、187 頁以下。
（８）前揭拙著、16 頁。
（９）前揭拙著、28 頁。李朝龜趺の品階規定は、戰前の研究がすでに明らかにしていた（葛城末治『朝鮮金石攷』大阪屋號書店、ソウル、1935 年）。遣唐使の品階規定は、韓昇「井眞成墓誌に關する再檢討」（專修大學社會知性開發研究センター『東アジア世界史研究センター年報』3、2009 年。中村裕一の助言があったことが附記されている。）
（10）日本の龜趺碑の制度は、天皇を頂點として組み上げられていて、狀況は異なっている。實質上の最高權力者である德川將軍との確執も確認できる。前揭拙著『「八紘」とは何か』11 頁等參照。
（11）「八紘」や「天理」に言及しているわけではないが、西嶋定生が興味深い論點を示している。西嶋は「皇帝支配の成立」（岩波講座『世界の歷史』4、1970 年。『中國古代國家と東アジア世界』東京大學出版會、1983 年。『西嶋定生東アジア史論集』第 1 卷中國古代帝國の秩序構造と農業、岩波書店、2002 年）の中で、皇帝號（國內）と天子號（對夷狄）の機能の違いを述べ、『禮記』曲禮の疏に引かれた梁の崔靈恩の説に「夷狄は王化を識らず歸往の義あることなし。故に王と稱してこれに臨まざるなり、皇といはざるは、戎狄は尊極の理、皇號の尊大なるを識らざればなり。夷狄はただ天を畏れるを知る。故に天子を擧げてこれを威するなり」を引く。
（12）この點は、一昔前の邪馬臺國研究では、言わば前提の觀があった。三品彰英『邪馬臺國研究總覽』（創元社、1970 年）等。
（13）小林正美『中國の道教』（創文社、1998 年）序章。
（14）竹島卓一『遼金時代ノ建築ト其佛像』（東方文化學院東京研究所、1935 年。龍文書局、1944 年）。
（15）以上の竹島の研究を、自らの考古遺物觀察から再確認できると述べたのは塩沢裕仁であった。口頭によるものであり、かつそれを知りつつ關野の「四神」觀に私見を加えたことがあるのだが、「口頭」だけに記錄に殘らぬ可能性がある。そこで、ここに注記することにした。上記の「四神」に關する私見は前揭『「八紘」とは何か』の 128 頁以下に述べている。より直接的には、上揭書の後に拙稿「關野貞の龜趺研究に關する補遺」（『川勝守・賢亮博士古稀記念東方學論集』汲古書院、2013 年）に、やや詳しい議論をまとめ、塩沢裕仁「鬼形神像に關する一考察」（『法政考古學』17、1992 年）を引用したが、ここに述べなければならない塩沢の見解は、その後の調査によっている。私見が「四神」について言及した後漢時代の石棺形式（南面が大きく、北面が小さく、側面が臺形になるもの）が遼代に繼承されていることを（塩沢が口頭で）述べている。筆者も確認しているが、行論の都合上、遼代の繼承は明言し得ないままだったので、ここに記す。
（16）ここで「寬仁」が皇帝の資質だという議論がなされているわけではないが、文脈上、元によって屬國化の壓力がかかったという理解は、一般に爲されてきている。
（17）本書の「八紘」觀、「天理」理解に直接關わるわけではないが、緯書について無視できぬ興味深い觀點を示しているのが西嶋定生前揭「皇帝支配の成立」である。「緯書に示された皇帝……に

は經書にみられない"皇帝"の解釋が示されている。……ともに"皇帝"を"煌々たる上帝"にひとしいもの、ないしは天地をつらぬく絶對者として解釋し……前述のごとく"皇帝"という稱號が選定されたときの法家思想ないしは道家思想によるもので、儒家思想の關係するところではなかった。それがここでは緯書の形をとって復活しているのである」(『西嶋定生東アジア史論集』第1巻28頁以下)とある。本書第二章の檢討にも關わるが、道家思想と儒家思想の理念的絡まり合いについて先見的着眼が認められる。西嶋の「煌々たる上帝」理解については、いわゆる床屋談議を含めて、讚意を示す向きは皆無に見える。しかし、本書の檢討からすると、その理解の正當性、先見性について再認識する必要があるようだ。

第一章　正史を通して知る「仁」と「天理」

資料Ⅰ　『史記』・『漢書』・『晉書』・『舊唐書』・『新唐書』・『明史』の「仁」・「天理」

　Ⅰ小領域　　Ⅱ中領域　　Ⅲ大領域　いずれもそれぞれの外が問題になる場合「外」と注記。Ⅲで「中國」・天下が念頭に置かれる場合は、それを注記
①仁あり　　②不仁　　③不仁に等しい
Ａ　皇帝（三代は王）の仁　Ｂ　聖人の仁　Ｃ　皇帝子孫（孝）と皇后　Ｄその他（夷狄・叛亂・棄民・更嫁）
Ｅ　霸者の仁　Ｆ　賢者の仁
中華書局評點本を底本とするが、パソコン環境の事情により、用字は異なることがある。巻數の後に人名を附す場合、その巻の最初に扱われる人物である。

1-1：『史記』の「仁」

《五帝本紀》
【Ⅲ①Ｂ】帝嚳高辛者、……高辛生而神靈自言其名、普施利物、不於其身、聰以知遠、明以察微、<u>順天之義</u>、<u>知民之急</u>、<u>仁而威</u>、<u>惠而信</u>、<u>脩身而天下服</u>、取地之財而節用之、撫敎萬民而利誨之、曆日月而迎送之、明鬼神而敬事之。
【Ⅲ①Ｂ】帝堯者放勳、<u>其仁如天</u>、<u>其知如神</u>、就之如日、望之如雲、富而不驕貴而不舒、黃收純衣、彤車乘白馬、能明馴德、以親九族。
《夏本紀》
【Ⅲ①Ｂ】禹爲人敏給克勤、<u>其悳不違</u>、<u>其仁可親</u>、其言可信、聲爲律、身爲度、稱以出、亹亹穆穆、爲綱爲紀。
《周本紀》
【Ⅲ①Ａ 周王の祖先】豳人舉國扶老攜弱、盡復歸古公於岐下、<u>及他旁國聞古公仁</u>、亦多歸之、於是古公乃貶戎狄之俗、而營築城郭室屋、而邑別居之。
【Ⅲ①Ａ 周王の祖先】子昌立、是爲西伯、西伯曰文王。遵后稷公劉之業、<u>則古公公季之法</u>、<u>篤仁</u>、<u>敬老</u>、<u>慈少</u>、禮下賢者、日中不暇食以待士、士以此多歸之。……曰西伯蓋受命之君……。
《秦本紀》
【Ⅲ①ＡＥ　秦皇帝の祖先】繆公……此乃中國所以亂也、夫自上聖黃帝作爲禮樂法度、身以先之、僅以小治、及其後世、日以驕淫、阻法度之威、以責督於下、<u>下罷極則以仁義怨望於上</u>、上下交爭怨而相篡弑、至於滅宗、皆以此類也。
《秦始皇本紀》
【Ⅲ①Ａ】更名河曰德水、以爲水德之始、剛毅戾深、事皆決於法、<u>刻削毋仁恩和義</u>、然後合五德之數、於是急法、久者不赦。
【Ⅲ①Ａ】維二十八年、皇帝作始、端平法度、萬物之紀、以明人事、合同父子、<u>聖智仁義</u>、顯白道理、東撫東土、以省卒士。
【Ⅲ③Ａ　滅亡】其弟趙成謀曰、上不聽諫、今事急、欲歸禍於吾宗、吾欲易置上、更立公子嬰、<u>子嬰仁儉</u>、百姓皆載其言。
【Ⅲ③Ａ　滅亡】試使山東之國與陳涉度長絜大、比權量力、則不可同年而語矣、然秦以區區之地、千乘之權、招八州而朝同列、百有餘年矣、然後以六合爲家、殽函爲宮、一夫作難而七廟墮、身死人手、爲天下笑者、何也、<u>仁義不施而攻守之勢異也</u>。
【Ⅲ③Ａ　滅亡】今秦二世立、天下莫不引領而觀其政、夫寒者利裋褐而饑者甘糟糠、天下之嗷嗷、新主之資也、<u>此言勞民之易爲仁也</u>。
【Ⅲ①Ａ　周王朝】孝明皇帝十七年十月十五日乙丑、曰、<u>周曆已移</u>、<u>仁不代母</u>、秦直其位、呂政殘虐。
《高祖本紀》
【Ⅲ①Ａ】<u>高祖爲人</u>、隆準而龍顏、美須髯、左股有七十二黑子、<u>仁而愛人</u>、喜施、意豁如也、常有大度、不事家人生產作業。
【Ⅲ①Ａ　項羽一代にして滅亡】高祖曰、列侯諸將無敢隱朕、皆言其情、吾所以有天下者何、項氏之所以

資料Ⅰ 『史記』・『漢書』・『晉書』・『舊唐書』・『新唐書』・『明史』の「仁」・「天理」

失天下者何、高起王陵對曰、陛下慢而侮人、項羽仁而愛人、然陛下使人攻城略地、所降下者因以予之、與天下同利也、項羽妬賢嫉能、有功者害之、賢者疑之、戰勝而不予人功、得地而不予人利、此所以失天下也。
《呂太后本紀》
【Ⅲ③A】孝惠爲人仁弱、高祖以爲不類我、常欲廢太子、立戚姬子如意。
【Ⅲ①A 爲人仁弱と慈仁】呂后大怒、迺使人召趙相、趙相徵至長安、迺使人復召趙王、王來、未到、孝惠帝慈仁、知太后怒、自迎趙王霸上、與入宮、自挾與趙王起居飲食、太后欲殺之、不得間。
【Ⅲ①A】迺曰、代王方今高帝見子、最長、仁孝寬厚、太后家薄氏謹良、且立長故順、以仁孝聞於天下、便、迺相與陰使人召代王。
《孝文本紀》
【Ⅲ①A】趙武等議曰、……中尉宋昌進曰、……今大臣雖欲爲變、百姓弗爲使、其黨寧能專一邪、方今內有朱虛東牟之親、外畏吳楚淮南琅邪齊代之彊、方今高帝子獨淮南王與大王、大王又長、賢聖仁孝、聞於天下、故大臣因天下之心而欲迎立大王、大王勿疑也。
【Ⅲ①A】上曰、朕既不德、上帝神明未歆享、天下人民未有嗛志、今縱不能博求天下賢聖有德之人而禪天下焉、而曰豫建太子、是重吾不德也、謂天下何、其安之、有司曰、豫建太子、所以重宗廟社稷、不忘天下也、上曰、楚王季父也、春秋高、閱天下之義理多矣、明於國家之大體、吳王於朕、兄也、惠仁以好德、淮南王、弟也、秉德以陪朕、豈爲不豫哉、諸侯王宗室昆弟有功臣、多賢及有德義者、若舉有德以陪朕之不能終、是社稷之靈、天下之福也、今不選舉焉、而曰必子、人其以朕爲忘賢有德者而專於子、非所以憂天下也、朕甚不取也、有司皆固請曰、古者殷周有國、治安皆千餘歲、古之有天下者莫不長焉、用此道也、立嗣必子、所從來遠矣、高帝親率士大夫、始平天下、建諸侯、爲帝者太祖、諸侯王及列侯始受國者皆亦爲其國祖、子孫繼嗣、世世弗絕、天下之大義也、故高帝設之以撫海內、今釋宜建而更選於諸侯及宗室、非高帝之志也、更議不宜、子某最長、純厚慈仁、請建以爲太子、上乃許之、因賜天下民當代父後者爵各一級、封將軍薄昭爲軹侯。
【Ⅲ①B】太史公曰、孔子言、必世然後仁、善人之治國百年、亦可以勝殘去殺、誠哉是言、漢興、至孝文四十有餘載、德至盛也、廩廩鄉改正服封禪矣、謙讓未成於今、嗚呼豈不仁哉。
《十二諸侯年表》
【Ⅲ③A 周道缺】太史公讀春秋歷譜諜、至周厲王、未嘗不廢書而歎也、曰、嗚呼、師摯見之矣、紂爲象箸而箕子唏、周道缺、詩人本之袵席、關雎作、仁義陵遲、鹿鳴刺焉、及至厲王、以惡聞其過、……是以孔子明王道、干七十餘君、莫能用、故西觀周室、論史記舊聞、興於魯而次春秋、上記隱、下至哀之獲麟、約其辭文、去其煩重、以制義法、王道備、人事浹、七十子之徒口受其傳指、爲有所刺譏襃諱挹損之文辭不可以書見也、魯君子左丘明懼弟子人人異端、各安其意、失其眞、故因孔子史記具論其語、成左氏春秋、鐸椒爲楚威王傅、爲王不能盡觀春秋、采取成敗、卒四十章、爲鐸氏微、……太史公曰、儒者斷其義、馳說者騁其辭、不務綜其終始、曆人取其年月、數家隆於神運、譜諜獨記世謚、其辭略、欲一觀諸要難、於是譜十二諸侯、自共和訖孔子、表見春秋、國語學者所譏盛衰大指著於篇、爲成學治古文者要刪焉。
《六國年表》
【Ⅲ③A 秦の先祖】太史公讀秦記、至犬戎敗幽王、周東徙洛邑、秦襄公始封爲諸侯、作西畤用事上帝、僭端見矣、禮曰、天子祭天地、諸侯祭其域內名山大川、今秦雜戎翟之俗、先暴戾、後仁義、位在藩臣而臚於郊祀、君子懼焉。
《秦楚之際月表》
【Ⅲ①B】昔虞夏之興、積善累功數十年、德洽百姓、攝行政事、考之於天、然後在位、湯武之王、乃由契后稷修仁行義十餘世、不期而會孟津八百諸侯、猶以爲未可、其後乃放弒、秦起襄公、章於文繆獻孝之後、稍以蠶食六國、百有餘載、至始皇乃能并冠帶之倫、以德若彼、蓋一統若斯之難也。
《漢興以來諸侯年表》
【Ⅲ①A】太史公曰、……臣遷謹記高祖以來至太初諸侯、譜其下益損之時、令後世得覽、形勢雖彊、要之以仁義爲本。
《高祖功臣侯年表》

【Ⅲ① 諸侯が天子を衞る】太史公曰、古者人臣功有五品、以德立宗廟定社稷曰勳、以言曰勞、用力曰功、明其等曰伐、積日曰閱、封爵之誓曰、使河如帶、泰山若厲、國以永寧、爰及苗裔、始未嘗不欲固其根本、而枝葉稍陵夷衰微也、余讀高祖侯功臣、察其首封、所以失之者、曰、異哉所聞、書曰、協和萬國、遷于夏商、或數千歲、蓋周封八百、幽厲之後、見於春秋、尚書有唐虞之侯伯、<u>歷三代千有餘載、自全以蕃衞天子、豈非篤於仁義、奉上法哉</u>、漢興、功臣受封者百有餘人、……。

《惠景間侯者年表》

【Ⅲ① A 諸侯外國】太史公讀列封至便侯、……及孝惠訖孝景間五十載、追修高祖時遺功臣、及從代來、吳楚之勞、諸侯子弟若肺腑、<u>外國歸義、封者九十有餘、咸表始終、當世仁義成功之著者也</u>。

《禮書》

【Ⅲ① A】太史公曰、<u>洋洋美德乎、宰制萬物</u>、役使羣衆、豈人力也哉、余至大行禮官、觀三代損益、<u>乃知緣人情而制禮、依人性而作儀</u>、其所由來尚矣、<u>人道經緯萬端、規矩無所不貫、誘進以仁義</u>、束縛以刑罰、故德厚者位尊、祿重者寵榮、所以總一海內而整齊萬民也、人體安駕乘、爲之金輿錯衡以繁其飾、目好五色、爲之黼黻文章以表其能、耳樂鍾磬、爲之調諧八音以蕩其心、口甘五味、爲之庶羞酸鹹以致其美、情好珍善、爲之琢磨圭璧以通其意、故大路越席、皮弁布裳、朱弦洞越、大羹元酒、所以防其淫侈、救其彫敝、是以君臣朝廷尊卑貴賤之序、下及黎庶車輿衣服宮室飲食嫁娶喪祭之分、事有宜適、物有節文、仲尼曰、禘自既灌而往者吾不欲觀之矣。

《樂書》

【Ⅲ① A】<u>樂者爲同、禮者爲異</u>、同則相親、異則相敬、樂勝則流、禮勝則離、合情飾貌者、禮樂之事也、禮義立、則貴賤等矣、樂文同、則上下和矣、好惡著、則賢不肖別矣、<u>刑禁暴、爵舉賢、則政均矣、仁以愛之、義以正之、如此則民治行矣</u>。

【Ⅲ① A】樂者天地之和也、禮者天地之序也、和、故百物皆化、序、故羣物皆別、樂由天作、禮以地制、過制則亂、過作則暴、明於天地、然後能興禮樂也、論倫無患、樂之情也、欣喜驩愛、樂之容也、中正無邪、禮之質也、莊敬恭順、禮之制也、若夫禮樂之施於金石、越於聲音、用於宗廟社稷、<u>事於山川鬼神</u>、則此所以與民同也、王者功成作樂、治定制禮、其功大者其樂備、其治辨者其禮具、干戚之舞、非備樂也、亨孰而祀、非達禮也、五帝殊時、不相沿樂、三王異世、不相襲禮、樂極則憂、禮粗則偏矣、及夫敦樂而無憂、禮備而不偏者、其唯大聖乎、天高地下、萬物散殊、而禮制行也、流而不息、合同而化、而樂興也、<u>春作夏長、仁也、秋斂冬藏、義也、仁近於樂、義近於禮、樂者敦和、率神而從天、禮者辨宜、居鬼而從地、故聖人作樂以應天、作禮以配地、禮樂明備、天地官矣</u>。

【Ⅲ① A】太史公曰、夫上古明王舉樂者、非以娛心自樂、快意恣欲、將欲爲治也、正教者皆始於音、音正而行正、故音樂者、所以動盪血脈、通流精神而和正心也、<u>故宮動脾而和正聖、商動肺而和正義、角動肝而和正仁、徵動心而和正禮、羽動腎而和正智、故樂所以內輔正心而外異貴賤也、上以事宗廟、下以變化黎庶也</u>、……夫淫佚生於無禮、故聖王使人耳聞雅頌之音、目視威儀之禮、足行恭敬之容、<u>口言仁義之道</u>、故君子終日言而邪辟無由入也。

《律書》

【Ⅲ① A】歷至孝文即位、將軍陳武等議曰、南越朝鮮、自全秦時內屬爲臣子、後且擁兵阻阨、選蠕觀望、高祖時天下新定、人民小安、未可復興兵、今<u>陛下仁惠撫百姓、恩澤加海內、宜及士民樂用、征討逆黨、以一封疆</u>。

《河渠書》

【Ⅲ③ D】天子既臨河決、……不封禪兮安知外、<u>爲我謂河伯兮何不仁</u>、泛濫不止兮愁吾人、齧桑浮兮淮泗滿、久不反兮水維緩。

《平準書》

【Ⅲ③ D】太史公曰、……徹山海之業、以朝諸侯、用區區之齊顯成霸名、魏用李克、盡地力、爲彊君、自是之後、<u>天下爭於戰國、貴詐力而賤仁義</u>、先富有而後推讓、故庶人之富者或累巨萬、而貧者或不厭糟糠、有國彊者或并羣小以臣諸侯、而弱國或絕祀而滅世、以至於秦、卒并海內。

《吳太伯世家》

【Ⅲ① F 延陵季子】太史公曰、孔子言、太伯可謂至德矣、三以天下讓、民無得而稱焉、余讀春秋古文、

資料Ⅰ 『史記』・『漢書』・『晉書』・『舊唐書』・『新唐書』・『明史』の「仁」・「天理」

乃知中國之虞與荊蠻句吳兄弟也、延陵季子之仁心、慕義無窮、見微而知清濁、嗚呼、又何其閎覽博物君子也。
《魯周公世家》
【Ⅲ①F 周公旦】周公旦者、周武王弟也、自文王在時、旦爲子孝、篤仁、異於羣子。
《燕召公世家》
【Ⅲ①F 召公奭】太史公曰、召公奭可謂仁矣、甘棠且思之、況其人乎、燕北迫蠻貉、內措齊晉、崎嶇彊國之間、最爲弱小、幾滅者數矣、然社稷血食者八九百歲、於姬姓獨後亡、豈非召公之烈耶。
《宋微子世家》
【Ⅲ①F 微子】微子故能仁賢、乃代武庚、故殷之餘民甚戴愛之。
【Ⅲ①F 微子・箕子・比干】太史公曰、孔子稱、微子去之、箕子爲之奴、比干諫而死、殷有三仁焉、春秋譏宋之亂自宣公廢太子而立弟、國以不寧者十世、襄公之時、修行仁義、欲爲盟主、其大夫正考父美之、故追道契湯高宗、殷所以興、作商頌、襄公既敗於泓、而君子或以爲多、傷中國闕禮義、襃之也、宋襄之有禮讓也。
《晉世家》
【Ⅲ①F 晉文公】從亡賤臣壺叔曰、君三行賞、賞不及臣、敢請罪、文公報曰、夫導我以仁義、防我以德惠、此受上賞、輔我以行、卒以成立、此受次賞、矢石之難、汗馬之勞、此復受次賞、若以力事我而無補吾缺者、此受次賞、三賞之後、故且及子、晉人聞之、皆說。
《楚世家》
【Ⅲ①F 吳奢】奢曰、尚之爲人廉、死節、慈孝而仁、聞召而免父、必至、不顧其死、胥之爲人、智而好謀、勇而矜功、知來必死、必不來、然爲楚國憂者必此子。
《鄭世家》
【Ⅲ①F 子產】簡公、……二十二年、吳使延陵季子於鄭、見子產如舊交、謂子產曰、鄭之執政者侈、難將至、政將及子、子爲政、必以禮、不然、鄭將敗、子產厚遇季子、二十三年、諸公子爭寵相殺、又欲殺子產、公子或諫曰、子產仁人、鄭所以存者子產也、勿殺、乃止。
【Ⅲ①F 子產】聲公、……子產者、鄭成公少子也、爲人仁愛人、事君忠厚、孔子嘗過鄭、與子產如兄弟云、及聞子產死、孔子爲泣曰、古之遺愛也。
《趙世家》
【Ⅲ①F 趙盾】靈公立十四年、益驕、趙盾驟諫、靈公弗聽、及食熊蹯、胹不熟、殺宰人、持其尸出、趙盾見之、靈公由此懼、欲殺盾、盾素仁愛人、嘗所食桑下餓人反扞救盾、盾以得亡。
【Ⅲ①E 列侯】番吾君自代來、謂公仲曰、君實好善、而未知所射、今公仲相趙、於今四年、亦有進士乎、公仲曰、未也、番吾君曰、牛畜荀欣徐越皆可、公仲乃進三人、及朝、烈侯復問、歌者田何如、公仲曰、方使擇其善者、牛畜侍烈侯以仁義、約以王道、列侯逌然。
【Ⅲ①A 中國】公子成再拜稽首曰、臣固聞王之胡服也、臣不佞、寢疾、未能趨走以滋進也、王命之、臣敢對、因竭其愚忠、曰、臣聞中國者、蓋聰明徇智之所居也、萬物財用之所聚也、賢聖之所教也、仁義之所施也、詩書禮樂之所用也、異敏技能之所試也、遠方之所觀赴也、蠻夷之所義行也。
【Ⅲ③A 惠王】惠文王……李兌謂肥義曰……子任重而勢大、亂之所始、禍之所集也、子必先患、仁者愛萬物而智者備禍於未形、不仁不智、何以爲國、子奚不稱疾毋出、傳政於公子成、毋爲怨府、毋爲禍梯。
《魏世家》
【Ⅲ①F 文侯】文侯……秦嘗欲伐魏、或曰、魏君賢人是禮、國人稱仁、上下和合、未圖也、文侯由此得譽於諸侯、任西門豹守鄴、而河內稱治。
【Ⅲ③A 惠王】惠王……孟軻曰、君不可以言利若是、夫君欲利則大夫欲利、大夫欲利則庶人欲利、上下爭利、國則危矣、爲人君、仁義而已矣、何以利爲。
《孔子世家》
【Ⅲ③D】辭去而老子送之曰、吾聞富貴者送人以財、仁人者送人以言、吾不能富貴、竊仁人之號。
【Ⅲ①D 仁者智者の限界】孔子知弟子有慍心、乃召子路而問曰、詩云、匪兕匪虎、率彼曠野、吾道非邪、吾何爲於此、子路曰、意者吾未仁邪、人之不我信也、意者吾未知邪、人之不我行也、孔子曰、有是乎、由、

第一章　正史を通して知る「仁」と「天理」

譬使仁者而必信、安有伯夷叔齊、使智者而必行、安有王子比干。
【Ⅲ①F 子罕】孔子以四教、文行忠信、絶四、毋意、毋必、毋固、毋我、所愼、齊戰、疾、子罕言利與命與仁、不憤不啓、舉一隅不以三隅反、則弗復也。
《陳渉世家》
【Ⅲ①B】褚先生曰、地形險阻、所以爲固也、兵革刑法、所以爲治也、猶未足恃也、夫先王以仁義爲本、而以固塞文法爲枝葉、豈不然哉、吾聞賈生之稱曰、秦孝公據殽函之固……。
【ⅢA仁義を施さなかった】然而秦以區區之地、致萬乘之權、抑八州而朝同列、百有餘年矣、然後以六合爲家、殽函爲宮、一夫作難而七廟墮、身死人手、爲天下笑者、何也、仁義不施、而攻守之勢異也。
《外戚世家》
【Ⅲ①C 皇后】代王立十七年、高后崩、大臣議立後、疾外家呂氏彊、皆稱薄氏仁善、故迎代王、立爲孝文皇帝、而太后改號曰皇太后、弟薄昭封爲軹侯。
《留侯世家》
【Ⅲ①C 太子】漢十二年、上從擊破布軍歸、疾益甚、愈欲易太子、留侯諫不聽、因疾不視事、叔孫太傅稱說引古今、以死爭太子、上詳許之、猶欲易之、及燕、置酒、太子侍、四人從太子、年皆八十有餘、鬚眉皓白、衣冠甚偉、上怪之、問曰、彼何爲者、四人前對、各言名姓、曰東園公、甪里先生、綺里季、夏黃公、上乃大驚、曰、吾求公數歲、公辟逃我、今公何自從吾兒游乎、四人皆曰、陛下輕士善罵、臣等義不受辱、故恐而亡匿、竊聞太子爲人仁孝、恭敬愛士、天下莫不延頸欲爲太子死者、故臣來耳、上曰、煩公幸卒調護太子。
《三王世家》
【Ⅲ①B】昔五帝異制、周爵五等、春秋三等、皆因時而序尊卑、高皇帝撥亂世反諸正、昭至德、定海内、封建諸侯、爵位二等、皇子或在襁褓而立爲諸侯王、奉承天子、爲萬世法則、不可易、陛下躬親仁義、體行聖德、表裏文武、顯慈孝之行、廣賢能之路、内褒有德、外討強暴、極臨北海、西湊月氏、匈奴、西域、舉國奉師。
《伯夷列傳》
【Ⅲ①B 伯夷叔齊】太史公曰、余登箕山、其上蓋有許由冢云、孔子序列古之仁聖賢人、如吳太伯伯夷之倫詳矣、余以所聞由光、義至高、其文辭不少概見、何哉、孔子曰、伯夷、叔齊、不念舊惡、怨是用希、求仁得仁、又何怨乎、余悲伯夷之意、睹軼詩可異焉、……及至西伯卒、武王載木主、號爲文王、東伐紂、伯夷叔齊叩馬而諫曰、父死不葬、爰及干戈、可謂孝乎、以臣弑君、可謂仁乎、左右欲兵之、太公曰、此義人也、扶而去之、武王已平殷亂、天下宗周、而伯夷叔齊恥之、義不食周粟、隱於首陽山、采薇而食之、……或曰、天道無親、常與善人、若伯夷叔齊、可謂善人者非耶、積仁絜行如此而餓死、且七十子之徒、仲尼獨薦顏淵爲爲好學、然回也屢空、糟糠不厭、而卒蚤夭。
《管晏列傳》
【Ⅲ③F 晏嬰】晏平仲嬰者萊之夷維人也、……攝衣冠謝曰、嬰雖不仁、免子於厄、何子求絶之速也、石父曰、不然、吾聞君子詘於不知己而信於知己者、……。
《孫子吳起列傳》
【Ⅲ③A 夏桀】夏桀之居、左河濟、右泰華、伊闕在其南、羊腸在其北、脩政不仁、湯放之、殷紂之國、左孟門、右太行、常山在其北、大河經其南、脩政不德、武王殺之、由此觀之、在德不在險、若君不脩德、舟中之人盡爲敵國也。
《伍子胥列傳》
【Ⅲ①F 伍尚】無忌言於平王曰、伍奢有二子、皆賢、不誅且爲楚憂、可以其父質而召之、不然且爲楚患、王使使謂伍奢曰、能致汝二子則生、不能則死、伍奢曰、尚爲人仁、呼必來、員爲人剛、戾忍訽、……尚既就執、使者捕伍胥、伍胥貫弓、執矢嚮使者、使者不敢進、伍胥遂亡、聞太子建之在宋、往從之、奢聞子胥之亡也、曰、楚國君臣且苦兵矣、伍尚至楚、楚并殺奢與尚也。
《仲尼弟子列傳》
【Ⅲ③F 仁に及ばない】顏回者、魯人也、字子淵、少孔子三十歲、顏淵問仁、孔子曰、克己復禮、天下歸仁焉、……回年二十九、髮盡白、蚤死。

資料Ⅰ 『史記』・『漢書』・『晉書』・『舊唐書』・『新唐書』・『明史』の「仁」・「天理」

【Ⅲ③F仁ではない】冉求字子有、少孔子二十九歲、爲季康子問孔子曰、<u>冉求仁乎</u>、曰千室之邑、百乘之家、求也可使治其賦、<u>仁則吾不知也</u>、復問、<u>子路仁乎</u>、孔子對曰、<u>如求</u>。
仲由字子路卞人也、少孔子九歲、……季康子問、仲由仁乎、孔子曰、千乘之國、可使治其賦、不知其仁。
【Ⅲ③F】宰予字子我、……宰我出、子曰、<u>予之不仁也</u>、子生三年然後免於父母之懷、夫三年之喪天下之通義也。
【Ⅲ①B】端木賜衞人、字子貢、少孔子三十一歲、……遂行、至齊、說田常曰、君之伐魯過矣、夫魯、難伐之國、其城薄以卑、其地狹以泄、其君愚而不仁、大臣僞而無用、其士民又惡甲兵之事、此不可與戰、君不如伐吳、夫吳、城高以厚、地廣以深、甲堅以新、士選以飽、重器精兵盡在其中、又使明大夫守之、此易伐也。……子貢曰、越之勁不過魯、吳之彊不過齊、王置齊而伐越、則齊已平魯矣、<u>且王方以存亡繼絶爲名</u>、夫伐小越而畏彊齊、非勇也、<u>夫勇者不避難</u>、<u>仁者不窮約</u>、<u>智者不失時</u>、<u>王者不絶世</u>、以立其義、<u>今存越示諸侯以仁</u>、救魯伐齊、威加晉國、諸侯必相率而朝吳、霸業成矣、且王必惡越、臣請、東見越王、令出兵以從、此實空越、名從諸侯以伐也、吳王大說、乃使子貢之越。
【Ⅲ③F仁ではない】顓孫師陳人、字子張、少孔子四十八歲、……子張問、士何如斯可謂之達矣、孔子曰、何哉、爾所謂達者、子張對曰、在國必聞、在家必聞、孔子曰、是聞也、非達也、夫達者、質直而好義、察言而觀色、慮以下人、在國及家必達、夫聞也者、<u>色取仁而行違</u>、居之不疑、在國及家必聞。
【Ⅲ③F仁とは言えない】原憲字子思、子思問恥、孔子曰、國有道、穀、國無道、穀、恥也、子思曰、克伐怨欲不行焉、<u>可以爲仁乎</u>、孔子曰、可以爲難矣、<u>仁則吾弗知也</u>。
【Ⅲ③F仁とは言えない】司馬耕字子牛、牛多言而躁、<u>問仁於孔子</u>、孔子曰、<u>仁者其言也訒</u>、曰其言也訒、<u>斯可謂之仁乎</u>、子曰、爲之難、言之得無訒乎、問君子、子曰、君子不憂不懼、曰、不憂不懼、斯可謂之君子乎、子曰、內省不疚、夫何憂何懼。
【Ⅲ③F】樊須字子遲、少孔子三十六歲、……樊遲問仁、子曰、<u>愛人</u>、問智、曰知人。
《孟子荀卿列傳》
【Ⅲ①A周武王】以爲儒者所謂中國者、於天下乃八十一分、居其一分耳、中國名曰赤縣神州、赤縣神州內、自有九州、禹之序九州是也、不得爲州數、中國外如赤縣神州者九、乃所謂九州也、於是有裨海環之、人民禽獸莫能相通者、如一區中者、乃爲一州、如此者九、乃有大瀛海環其外、天地之際焉、其術皆此類也、然要其歸、<u>必止乎仁義節儉</u>、君臣上下六親之施、始也濫耳、王公大人初見其術、懼然顧化、其後不能行之、是以騶子重於齊、適梁、梁惠王郊迎、執賓主之禮、適趙、平原君側行撇席、如燕、昭王擁彗先驅、請列弟子之座而受業、築碣石宮、身親往師之、作主運、其游諸侯見尊禮如此、豈與仲尼菜色陳蔡、孟軻困於齊梁同乎哉、<u>故武王以仁義伐紂而王</u>、伯夷餓不食周粟、衞靈公問陳、而孔子不答、梁惠王謀欲攻趙、孟軻稱太王去邠、……。
《魏公子列傳》
【Ⅲ①F孟嘗君】<u>公子爲人仁而下士</u>、士無賢不肖皆謙而禮交之、不敢以其富貴驕士、士以此方數千里爭往歸之、致食客三千人、當是時、諸侯以公子賢、多客、不敢加兵謀魏十餘年。
《范雎蔡澤列傳》
【Ⅲ①B三王】秦王屏左右、宮中虛無人、……大王信行臣之言、死不足以爲臣患、亡不足以爲臣憂、漆身爲厲被髮爲狂不足以爲臣恥、且以<u>五帝之聖焉而死</u>、<u>三王之仁焉而死</u>、<u>五伯之賢焉而死</u>、烏獲任鄙之力焉而死、成荊孟賁王慶忌夏育之勇焉而死、死者人之所必不免也、處必然之勢、可以少補於秦、此臣之所大願也、臣又何患哉、伍子胥櫜載而出昭關、夜行晝伏、至於陵水、無以餬其口、膝行蒲伏、稽首肉袒、鼓腹吹篪、乞食於吳市、卒興吳國、<u>闔閭爲伯</u>、使臣得盡謀如伍子胥、加之以幽囚、終身不復見、是臣之說行也、臣又何憂、箕子接輿漆身爲厲、被髮爲狂、無益於主。
【Ⅲ①F君王】蔡澤曰、<u>質仁秉義</u>、行道施德、得志於天下、天下懷樂敬愛而尊慕之、<u>皆願以爲君王</u>、豈不辯智之期與。
【Ⅲ③F仁とは言えない】今商君吳起大夫種之爲人臣、是也、其君、非也、故世稱三子致功而不見德、豈慕不遇世死乎、夫待死而後可以立忠成名、<u>是微子不足仁</u>、<u>孔子不足聖</u>、<u>管仲不足大也</u>、夫人之立功、豈不期於成全邪、身與名俱全者、上也、名可法而身死者、其次也、名在僇辱而身全者、下也。
【Ⅲ①A】蔡澤曰、<u>然則君之主慈仁任忠</u>、惇厚舊故、其賢智與有道之士爲膠漆、義不倍功臣、孰與秦孝公、

第一章　正史を通して知る「仁」と「天理」

楚悼王越王乎、應侯曰、未知何如也、蔡澤曰、今王親忠臣、不過秦孝公楚悼王越王、君之設智、能爲主安危修政、治亂彊兵、批患折難、廣地殖穀、富國足家、彊主、尊社稷、顯宗廟、天下莫敢欺犯其主、主之威蓋震海内、功彰萬里之外、聲名光輝傳於千世、君孰與商君吳起大夫種。
《魯仲連鄒陽列傳》
【Ⅲ① AF 齊威王】新垣衍曰、秦稱帝之害何如、魯連曰、<u>昔者齊威王嘗爲仁義矣</u>、率天下諸侯而朝周、周貧且微、諸侯莫朝、而齊獨朝之。
【Ⅲ① F 晉文公・齊桓公】是以聖王覺寤、捐子之之心、而能不說於田常之賢、封比干之後、修孕婦之墓、故功業復就於天下、何則、欲善無厭也、<u>夫晉文公親其讎、彊霸諸侯、齊桓公用其仇、而一匡天下、何則、慈仁懇勤、誠加於心、不可以虛辭借也</u>。
《屈原賈生列傳》
【Ⅲ① F】任重載盛兮、陷滯而不濟、懷瑾握瑜兮、窮不得余所示、邑犬羣吠兮、吠所怪也、誹俊疑桀兮、固庸態也、文質疎内兮、衆不知吾之異采、材樸委積兮、莫知余之所有、<u>重仁襲義兮</u>、謹厚以爲豐、重華不可悟兮、孰知余之從容、古固有不並兮、豈知其故也、湯禹久遠兮、邈不可慕也、懲違改忿兮、抑心而自彊、離湣而不遷兮、願志之有象、進路北次兮、日昧昧其將暮、含憂虞哀兮、限之以大故。
《李斯列傳》
【Ⅲ① C】<u>皇帝二十餘子</u>、皆君之所知、<u>長子剛毅而武勇</u>、信人而奮士、即位必用蒙恬爲丞相、君侯終不懷通侯之印歸於鄕里、明矣、高受詔教習胡亥、使學以法事數年矣、未嘗見過失、<u>慈仁篤厚</u>、輕財重士、辯於心而詘於口、盡禮敬士、秦之諸子未有及此者、可以爲嗣、君計而定之。
【Ⅲ① C】<u>扶蘇爲人仁</u>、謂蒙恬曰、父而賜子死、尚安復請、即自殺。
【Ⅲ① F】且夫儉節仁義之人立於朝、則荒肆之樂輟矣、諫說論理之臣開於側、則流漫之志詘矣、烈士死節之行顯於世、則淫康之虞廢矣、故明主能外此三者、而獨操主術以制聽從之臣、而修其明法、故身尊而勢重也、凡賢主者、必將能拂世摩俗、而廢其所惡、立其所欲、故生則有尊重之勢、死則有賢明之謚也、是以明君獨斷、故權不在臣也、<u>然後能滅仁義之塗</u>、掩馳說之口、困烈士之行、塞聰揜明、内獨視聽、<u>故外不可傾以仁義烈士之行</u>、而内不可奪以諫說忿爭之辯、故能犖然獨行恣睢之心而莫之敢逆、若此然後可謂能明申韓之術、而修商君之法。
《淮陰侯列傳》
【Ⅲ① C】信拜禮畢、上坐、王曰、丞相數言將軍、將軍何以教寡人計策、信謝、因問王曰、今東鄉爭權天下、豈非項王邪、漢王曰、然、曰、大王自料勇悍仁彊孰與項王、……項王見人恭敬慈愛、言語嘔嘔、人有疾病、涕泣分食飲、至使人有功當封爵者、印刓敝、忍不能予、<u>此所謂婦人之仁也</u>。
【Ⅲ① A】秦失其鹿天下共逐之、於是高材疾足者先得焉、跖之狗吠堯、<u>堯非不仁</u>、狗固吠非其主、當是時、臣唯獨知韓信、非知陛下也、且天下銳精持鋒欲爲陛下所爲者甚衆、顧力不能耳、又可盡亨之邪。
《韓王信盧綰列傳》
【Ⅲ① A】漢十年、信令王黃等說誤陳豨、十一年春、故韓王信復與胡騎入居參合、距漢、漢使柴將軍擊之、遺信書曰、<u>陛下寬仁</u>、諸侯雖有畔亡、而復歸、輒復故位號、不誅也、大王所知、今王以敗亡走胡、非有大罪、急自歸。
《酈生陸賈列傳》
【Ⅲ① A 陛下】<u>昔者吳王夫差智伯極武而亡、秦任刑法不變、卒滅趙氏、鄕使秦已并天下、行仁義、法先聖、陛下安得而有之</u>。
《劉敬叔孫通列傳》
【Ⅲ③ D 冒頓單于】高帝罷平城歸、韓王信亡入胡、當是時、冒頓爲單于、兵彊、控弦三十萬、數苦北邊、上患之、問劉敬、劉敬曰、天下初定、士卒罷於兵、未可以武服也、<u>冒頓殺父代立、妻羣母、以力爲威、未可以仁義說也</u>、獨可以計久遠孫爲臣耳、然恐陛下不能爲。
【Ⅲ① C 太子】漢十二年、高祖欲以趙王如意易太子、叔孫通諫上曰、昔者晉獻公以驪姬之故廢太子、立奚齊、晉國亂者數十年、爲天下笑、秦以不早定扶蘇、令趙高得以詐立胡亥、自使滅祀、此陛下所親見、<u>今太子仁孝</u>、天下皆聞之、呂后與陛下攻苦食啖、其可背哉。
《衛將軍驃騎列傳》

資料Ⅰ 『史記』・『漢書』・『晉書』・『舊唐書』・『新唐書』・『明史』の「仁」・「天理」

【Ⅲ① F 衛將軍】其在塞外、卒乏糧、或不能自振、而驃騎尚穿域蹋鞠、事多此類、大將軍爲人仁善退讓、以和柔自媚於上、然天下未有稱也。
《平津侯主父列傳》
【Ⅲ① B】乃上書曰、臣聞天下之通道五、所以行之者三、曰君臣、父子、兄弟、夫婦、長幼之序、此五者天下之通道也、智仁勇此三者天下之通德、所以行之者也、故曰、力行近乎仁、好問近乎智、知恥近乎勇、知此三者、則知所以自治、知所以自治、然後知所以治人、天下未有不能自治而能治人者也、此百世不易之道也、今陛下躬行大孝、鑒三王、建周道、兼文武、屬賢予祿、量能授官。
【Ⅲ① A】名何必湯武、俗何必成康、雖然、臣竊以爲陛下天然之聖、寬仁之資、而誠以天下爲務、則湯武之名不難侔、而成康之俗可復興也。
【Ⅲ① A 秦王】及秦王、……元元黎民得免於戰國、逢明天子、人人自以爲更生、嚮使秦緩其刑罰、薄賦歛、省繇役、貴仁義、賤權利、上篤厚、下智巧、變風易俗、化於海内、則世世必安矣。
【Ⅲ① A 諸侯に示す仁孝之道】今諸侯子弟或十數、而適嗣代立、餘雖骨肉、無尺寸地封、則仁孝之道不宣、願陛下令諸侯得推恩分子弟、以地侯之。
《司馬相如列傳》
【Ⅲ① A 天子】無是公听然而笑曰、……留落胥餘仁頻并閭、……。
【Ⅲ① A 天子】……、是歷吉日以齊戒、襲朝衣、乘法駕、建華旗、鳴玉鸞、游乎六藝之囿、騖乎仁義之塗、覽觀春秋之林、……。
【Ⅲ③ D】……、若夫終日暴露馳騁、勞神苦形、罷車馬之用、抏士卒之精、費府庫之財、而無德厚之恩、務在獨樂、不顧衆庶、忘國家之政、而貪雉兔之獲、則仁者不由也、……。
【Ⅲ③ D】……、且夫卭筰西僰之與中國並也、歷年慈多、不可記已、仁者不以德來、彊者不以力并、意者其殆不可乎、今割齊民以附夷狄、弊所恃以事無用、鄙人固陋、不識所謂。
【Ⅲ① A 中國の仁・天下の一部】……、今封疆之内、冠帶之倫、咸獲嘉祉、靡有闕遺、矣而夷狄殊俗之國、遼絶異黨之地、舟輿不通、人迹罕至、政教未和、流風猶微、内之則犯義侵禮於邊境、外之則邪行橫作、放弑其上、君臣易位、尊卑失序、父兄不辜、幼孤爲奴、係纍號泣、内嚮而怨、曰、蓋聞中國有至仁焉、德洋而恩普、物靡不得其所、今獨曷爲遺已。……四面風德、二方之君鱗集仰流、願得受號者以億計、故乃關沫若、徼牂柯、鏤零山、梁孫原、創道德之塗、垂仁義之統、將博恩廣施、遠撫長駕、使疏逖不閉、阻深闇昧、得耀乎光明、以偃甲兵於此、而息誅伐於彼、遐邇一體、中外提福、不亦康乎。
【Ⅲ① A 陛下】於是大司馬進曰、陛下仁育羣生、義征不憓、……。
《淮南衡山列傳》
【Ⅲ① C 淮南王安】淮南王安爲人好讀書鼓琴、……及建元二年、淮南王入朝、素善武安侯、武安侯時爲太尉、乃逆王霸上、與王語曰、方今上無大子、大王親高皇帝孫、行仁義、天下莫不聞、……。
【Ⅲ① C 淮南王安】……、其後自傷曰、吾行仁義見削、甚恥之、然淮南王削地之後、其爲反謀益甚、諸使道從長安來、爲妄妖言、……、王曰、上無太子、宮車即晏駕、廷臣必徵膠東王、不即常山王、諸侯並爭、吾可以無備乎、且吾高祖孫、親行仁義、陛下遇我厚、吾能忍之、萬世之後、吾寧能北面臣事豎子乎、……。
《汲鄭列傳》
【Ⅲ① A 陛下・外に仁義を施す】……、黯對曰、陛下内多欲而外施仁義、奈何欲效唐虞之治乎、……。
《游俠列傳》
【Ⅲ①③ F】……、太史公曰、昔者虞舜窘於井廩、伊尹負於鼎俎、傅説匿於傅險、呂尚困於棘津、夷吾桎梏、百里飯牛、仲尼畏匡、菜色陳蔡、此皆學士所謂有道仁人也、猶然遭此菑、況以中材而涉亂世之末流乎、其遇害何可勝道哉、鄙人有言曰、何知仁義、已嚮其利者爲有德、故伯夷醜周、餓死首陽山、而文武不以其故貶王、跖蹻暴戾、其徒誦義無窮、由此觀之、竊鉤者誅、竊國者侯、侯之門仁義存、非虛言也、……。
《滑稽列傳》
【Ⅲ① F 太公】褚先生曰、……太公躬行仁義七十二年、逢文王、得行其説、封於齊、七百歲而不絶。
《日者列傳》
【Ⅲ① A 日月星辰と仁義・八卦と仁義】賈誼曰、……天新雨、道少人、司馬季主閒坐、弟子三四人侍、

57

第一章 正史を通して知る「仁」と「天理」

方辯天地之道、日月之運、陰陽吉凶之本、二大夫再拜謁、司馬季主視其狀貌、如類有知者、即禮之、使弟子延之坐、坐定、司馬季主復理前語、<u>分別天地之終始、日月星辰之紀、差次仁義之際、列吉凶之符、語數千言、莫不順理</u>。……司馬李主曰、……述而不作、君子義也、<u>今夫卜者、必法天地、象四時、順于仁義、分策定卦、旋式正棋</u>、……。

《龜策列傳》
【Ⅲ①③Ａ仁義と暴彊】元王曰、龜甚神靈、降于上天、陷于深淵、在患難中、以我爲賢、德厚而忠信、故来告寡人、寡人若不遣也、是漁者也、漁者利其肉、寡人貪其力、<u>下爲不仁、上爲無德</u>、君臣無禮、何從有福、寡人不忍、奈何勿遣、衛平對曰、不然、臣聞盛德不報、重寄不歸、天與不受、天奪之寶、今龜周流天下、還復其所、上至蒼天、下薄泥塗、還徧九州、未嘗愧辱、無所稽留、今至泉陽、漁者辱而囚之、王雖遣之、江河必怒、務求報仇、自以爲侵、因神與謀、淫雨不霽、水不可治、若爲枯旱、風而揚埃、蝗蟲暴生、<u>百姓失時、王行仁義、其罰必來</u>、此無他故、其祟在龜、後雖悔之、豈有及哉、王勿遣也、元王慨然而歎曰、夫逆人之使、絶人之謀、是不暴乎、取人之有、以自爲寶、是不彊乎、寡人聞之、暴得者必暴亡、彊取者必後無功、桀紂暴彊、身死國亡、今我聽子、<u>是無仁義之名而有暴彊之道</u>、江河爲湯武、我爲桀紂、未見其利、恐離其咎、寡人孤疑、安事此寶、趣駕送龜、勿令久留、衛平對曰、不然、王其無患、天地之間、累石爲山、高而不壞、地得爲安、故云物或危而顧安、或輕而不可遷、人或忠信而不如誕謾、或醜惡而宜大官、或美好佳麗而爲衆人患、非神聖人、莫能盡言、春秋冬夏、或暑或寒、寒暑不和、賊氣相奸、同歲異節、其時使然、故令春生夏長、秋收冬藏、<u>或爲仁義、或爲暴彊、暴彊有郷、仁義有時、萬物盡然、不可勝治</u>、大王聽臣、臣請悉言之、天出五色、以辨白黑、地生五穀、以知善惡、人民莫知辨也、與禽獸相若。

《貨殖列傳》
【Ⅲ①Ｆ仁と富】故曰、倉廩實而知禮節、衣食足而知榮辱、禮生于有而廢于無、故君子富、好行其德、小人富、以適其力、淵深而魚生之、山深而獸往之、<u>人富而仁義附焉</u>。
【Ⅲ①Ｆ仁と智勇】故曰、吾治生産、<u>猶伊尹呂尚之謀、孫呉用兵、商鞅行法是也</u>、<u>是故其智不足與權變、勇不足以決斷、仁不能以取予、強不能有所守</u>、雖欲學吾術。
【Ⅲ①Ｆ仁と富】今治生不待危身取給、則賢人勉焉、是故本富爲上、末富次之、奸富最下、無嚴處奇士之行、<u>而長貧賤、好語仁義、亦足羞也</u>。

《太史公自序》
【Ⅲ①Ｆ】桓公之東、太史是庸、及侵周禾、王人是議、祭仲要盟、鄭久不昌、<u>子産之仁</u>、紹世稱賢、三晉侵伐、鄭納於韓、嘉厲公納惠王、作鄭世家第十二。
【Ⅲ①Ｆ信廉仁勇】<u>非信廉仁勇不能傳兵論劍</u>、與道同符、内可以治身、外可以應變、君子比德焉、作孫子呉起列傳第五。
【Ⅲ①Ｆ公子弟子】孔子述文、弟子興業、咸爲師傅、<u>崇仁厲義</u>、作仲尼弟子列傳第七。
【Ⅲ①Ｆ李將軍】<u>勇於當敵、仁愛士卒</u>、號令不煩、師徒郷之、作李將軍列傳第四十九。
【Ⅲ③Ｆ】救人於戹、振人不贍、仁者有乎、不既信、不倍言、義者有取焉、作游俠列傳第六十四。

1-2：『史記』の「天理」

《樂書二》
【禮樂刑政其極一也・唯君子爲能知樂・好惡無節於内知誘於外不能反已天理滅矣・則是物至而人化物也・滅天理而窮人欲者也・鐘鼓干戚所以和安樂也・禮節民心樂和民聲政以行之刑以防之・樂之器・樂之文・禮之器・禮之文】太史公曰……高祖過沛詩三侯之章、令小兒歌之、高祖崩、令沛得以四時歌儛宗廟、孝惠孝文孝景無所增更、於樂府習常肄舊而已、至今上即位、作十九章、令侍中李延年次序其聲、拜爲協律都尉、通一經之士不能獨知其辭、皆集會五經家、相與共講習讀之、乃能通知其意、多爾雅之文、漢家常以正月上辛祠太一甘泉、以昏時夜祠、到明而終、常有流星經於祠壇上、使僮男僮女七十人俱歌、春歌青陽、夏歌朱明、秋歌西皥、冬歌元冥、世多有、故不論、又嘗得神馬渥洼水中、即復次以爲太一之歌、歌曲曰太一貢兮天馬下、霑赤汗兮沫流赭、騁容與兮跇萬里、今安匹兮龍與友、後伐大宛得千里馬、馬名蒲梢、次作以爲歌、歌詩曰、天馬來兮從西極、經萬里兮歸有德、承靈威兮降外國、涉流沙兮四夷服、中尉汲黯

資料Ⅰ 『史記』・『漢書』・『晉書』・『舊唐書』・『新唐書』・『明史』の「仁」・「天理」

進曰、凡王者作樂、上以承祖宗、下以化兆民、今陛下得馬、詩以爲歌、協於宗廟、先帝百姓豈能知其音邪、上默然不說、丞相公孫弘曰、黯誹謗聖制、當族、<u>凡音之起由人心生也、人心之動物使之然也、感於物而動故形於聲、聲相應故生變、變成方謂之音、比音而樂之、及干戚羽旄、謂之樂也、樂者音之所由生也、其本在人心感於物也</u>、是故其哀心感者、其聲噍以殺、其樂心感者、其聲嘽以緩、其喜心感者、其聲發以散、其怒心感者、其聲麤以厲、其敬心感者、其聲直以廉、其愛心感者、其聲和以柔、六者非性也、感於物而後動、是故先王愼所以感之、故禮以導其志、樂以和其聲、政以一其行、刑以防其姦、<u>禮樂刑政、其極一也</u>、所以同民心而出治道也、凡音者、生人心者也、情動於中、故形於聲、聲成文謂之音、是故治世之音安以樂、其政和、亂世之音怨以怒、其政乖、亡國之音哀以思、其民困、聲音之道、與政通矣、<u>宮爲君、商爲臣、角爲民、徵爲事、羽爲物</u>、五者不亂、則無怗懘之音矣、宮亂則荒、其君驕、商亂則搥、其臣壞、角亂則憂、其民怨、徵亂則哀、其事勤、<u>羽亂則危、其財匱</u>、五者皆亂、迭相陵、謂之慢、如此則國之滅亡無日矣、鄭衞之音、亂世之音也、比於慢矣、桑間濮上之音、亡國之音也、其政散、其民流、誣上行私而不可止、<u>凡音者、生於人心者也</u>、樂者、通於倫理者也、是故知聲而不知音者、禽獸是也、知音而不知樂者、衆庶是也、<u>唯君子爲能知樂</u>、是故審聲以知音、審音以知樂、審樂以知政、而治道備矣、是故不知聲者不可與言音、不知音者不可與言樂、知樂則幾於禮矣、禮樂皆得、謂之有德、德者得也、是故樂之隆、非極音也、食饗之禮、非極味也、清廟之瑟、朱絃而疏越、一倡而三嘆、有遺音者矣、大饗之禮、尚元酒、而俎腥魚、大羹不和、有遺味者矣、是故先王之制禮樂也、非以極口腹耳目之欲也、將以敎民平好惡而反人道之正也、<u>人生而靜、天之性也、感於物而動、性之頌也、物至知知、然後好惡形焉、好惡無節於内、知誘於外、不能反已、天理滅矣</u>、夫物之感人無窮、而人之好惡無節、<u>則是物至而人化物也、人化物也者、滅天理而窮人欲者也</u>、於是有悖逆詐僞之心、有淫佚作亂之事、是故強者脅弱、衆者暴寡、知者詐愚、勇者苦怯、疾病不養、老幼孤寡不得其所、此大亂之道也、是故先王制禮樂、人爲之節、衰麻哭泣、所以節喪紀也、<u>鐘鼓干戚、所以和安樂也</u>、婚姻冠笄、所以別男女也、射鄕食饗、所以正交接也、<u>禮節民心、樂和民聲、政以行之、刑以防之</u>、禮樂刑政四達而不悖、則王道備矣、樂者爲同、禮者爲異、同則相親、異則相敬、樂勝則流、禮勝則離、合情飾貌者、禮樂之事也、禮義立、則貴賤等矣、樂文同、則上下和矣、好惡著、則賢不肖別矣、刑禁暴、爵擧賢、則政均矣、仁以愛之、義以正之、如此則民治行矣、樂由中出、禮自外作、<u>樂由中出、故靜、禮自外作、故文</u>、大樂必易、大禮必簡、樂至則無怨、禮至則不爭、揖讓而治天下者、禮樂之謂也、暴民不作、諸侯賓服、兵革不試、五刑不用、百姓無患、天子不怒、如此則樂達矣、合父子之親、明長幼之序、以敬四海之内、天子如此、則禮行矣、大樂與天地同和、大禮與天地同節、和、<u>故百物不失、節、故祀天祭地</u>、明則有禮樂、幽則有鬼神、如此則四海之内合敬同愛矣、禮者、殊事合敬者也、樂者、異文合愛者也、禮樂之情同、故明王以相沿也、故事與時並、名與功偕、<u>故鐘鼓管磬羽籥干戚、樂之器也、詘信俯仰級兆舒疾、樂之文也、簠簋俎豆制度文章、禮之器也、升降上下周旋裼襲、禮之文也</u>、故知禮樂之情者能作、識禮樂之文者能述、作者之謂聖、述者之謂明、明聖者述作之謂也。
《衞將軍驃騎列傳五十一》
【匈奴逆天理亂人倫】大將軍衞青者平陽人也……元朔元年春……天子曰、<u>匈奴逆天理、亂人倫</u>、暴長虐老、以盜竊爲務、行詐諸蠻夷、造謀籍兵、數爲邊害……。
上記《日者列傳》參照

2-1：『漢書』の「仁」

《高帝紀一上》
【Ⅲ①Ａ高祖】<u>高祖爲人隆準而龍顏、左股有七十二黑子、寬仁愛人意豁如也</u>。
【Ⅲ③Ａ項羽】項羽爲無道、放殺其主、天下之賊也、<u>夫仁不以勇、義不以力</u>、三軍之衆爲之素服、以告之諸侯、爲此東伐、四海之内莫不仰德。
《高帝紀一下》
【Ⅲ①Ａ高祖③項羽】高起王陵對曰、<u>陛下嫚而侮人、項羽仁而敬人、然陛下使人攻城略地、所降下者、因以與之、與天下同利也、項羽妬賢嫉能、有功者害之、賢者疑之</u>、戰勝而不與人功、得地而不與人利、此其所以失天下也。
《惠帝紀二》

第一章　正史を通して知る「仁」と「天理」

【Ⅲ①Ａ惠帝寬仁】贊曰、<u>孝惠內修親親</u>、<u>外禮宰相</u>、優寵齊悼趙隠、恩敬篤矣、聞叔孫通之諫則懼然、納曹相國之對而心說、<u>可謂寬仁之主</u>、遭呂太后虧損至德、悲夫。

《文帝紀四》

【Ⅲ①Ａ文帝】方今高帝子獨淮南王與大王、<u>大王又長</u>、<u>賢聖仁孝</u>、<u>聞於天下</u>、故大臣因天下之心而欲迎立大王、大王勿疑也。

【Ⅲ①Ａ文帝の確認】有司固請曰、古者殷周有國、治安皆且千歲、有天下者莫長焉、用此道也、立嗣必子、所從來遠矣、高帝始平天下、建諸侯、爲帝者太祖、諸侯王列侯始受國者亦皆爲其國祖、<u>子孫繼嗣</u>、<u>世世不絕</u>、<u>天下之大義也</u>、<u>故高帝設之以撫海內</u>、今釋宜建而更選於諸侯宗室、非高帝之志也、更議不宜、<u>子啓最長</u>、<u>敦厚慈仁</u>、<u>請建以爲太子</u>、上乃許之。

【Ⅲ①Ａ文帝】贊曰、……<u>烏呼仁哉</u>。

《武帝紀六》

【Ⅲ①Ａ仁と刑罰・理にかなう】詔曰、夷狄無義、……將軍已下廷尉、使理正之、而又加法於士卒、二者並行、<u>非仁聖之心</u>、朕閔衆庶陷害、欲刷恥改行、復奉正義、厭路亡繇、其赦鴈門、代郡軍士不循法者、……元朔元年、冬十一月、詔曰、公卿大夫、所使總方略、壹統類、廣教化、美風俗也、<u>夫本仁祖義</u>、<u>褒德錄賢</u>、<u>勸善刑暴</u>、<u>五帝三王所繇昌也</u>。

六月詔曰、日者有司以幣輕多姦、農傷而末衆、又禁兼幷之塗、故改幣目約之、稽諸往古、制宜於今、廢期有月、而山澤之民未諭、<u>夫仁行而從善</u>、<u>義立則俗易</u>、意奉憲者所以導之未明與、將百姓所安殊路、而撟虔吏因乘埶旦侵蒸庶邪、何紛然其擾也。

【Ⅲ①Ａ】元鼎元年、……二年、……秋九月、詔曰、<u>仁不異遠</u>、<u>義不辭難</u>、今京師雖未爲豐年、山林池澤之饒與民共之、今水潦移於江南、迫隆冬至、朕懼其饑寒不活、江南之地、火耕水耨、方下巴蜀之粟致之江陵、遣博士中等分循行、諭告所抵、無令重困、吏民有振救饑民免其戹者、具舉以聞。

《宣帝紀八》

【Ⅲ①Ａ宣帝】秋七月光奏議曰、禮、人道親親故尊祖、尊祖故敬宗、大宗無嗣、擇支子孫賢者爲嗣、孝武皇帝曾孫病已、有詔掖庭養視、至今年十八、師受詩論語孝經、操行節儉、<u>慈仁愛人</u>、<u>可以嗣孝昭皇帝後</u>、<u>奉承祖宗</u>、<u>子萬姓</u>、奏可。

【Ⅲ①Ａ】本始元年、……二年、……夏五月詔曰、朕以眇身奉承祖宗、<u>夙夜惟念孝武皇帝躬履仁義</u>、選明將、討不服、匈奴遠遁、平氐羌昆明南越、百蠻鄉風、款塞來享。

【Ⅲ①Ａ】地節元年、……三年、……十一月詔曰、朕既不逮、導民不明、反側晨興、念慮萬方、不忘元元、惟恐羞先帝聖德、故並舉賢良方正以親萬姓、歷載臻茲、然而俗化闕焉、傳曰、<u>孝弟也者</u>、<u>其爲仁之本與</u>、其令郡國舉孝弟有行義聞於鄉里者各一人。……四年、……夏五月、詔曰、<u>父子之親</u>、<u>夫婦之道</u>、<u>天性也</u>、雖有患禍、猶蒙死而存之、<u>誠愛結於心</u>、<u>仁厚之至也</u>、豈能違之哉、自今子首匿父母、妻匿夫、孫匿大父母皆勿坐、其父母匿子、夫匿妻、大父母匿孫、罪殊死、皆上請廷尉以聞。

《元帝紀九》

【Ⅲ①Ａ太子・元帝】宣帝微時生民間、年二歲、<u>宣帝即位</u>、<u>八歲</u>、<u>立爲太子</u>、<u>壯大</u>、<u>柔仁好儒</u>。

《成帝紀十》

【Ⅲ①Ａ】夏四月己亥晦、日有蝕之、既、詔曰、朕獲保宗廟、戰戰栗栗、未能奉稱、傳曰、男教不修、陽事不得、則日爲之蝕、天著厥異、辜在朕躬、公卿大夫其勉悉心、以輔不逮、百寮各修其職、<u>惇任仁人</u>、退遠殘賊、陳朕過失、無有所諱、大赦天下。

【Ⅲ①Ａ太子・哀帝】綏和元年、……<u>定陶王欣於朕爲子</u>、<u>慈仁孝順</u>、可以承天序、繼祭祀、其立欣爲皇太子。

《哀帝紀十一》

【Ⅲ①Ａ哀帝】謝曰、臣幸得繼父守藩爲諸侯王、材質不足以假充太子之宮、<u>陛下聖德寬仁</u>、<u>敬承祖宗</u>、<u>奉順神祇</u>、<u>宜蒙福祐子孫千億之報</u>。

【Ⅲ①Ａ】乃正月朔、日有蝕之、厥咎不遠、在余一人、公卿大夫其各悉心勉帥百寮、<u>敦任仁人</u>、黜遠殘賊、期於安民、陳朕之過失、無有所諱。

《平帝紀十二》

【Ⅲ①Ｂ】（元始）五年、……漢元至今、十有餘萬人、雖有王侯之屬、莫能相糾、或陷入刑罪、教訓不至之咎也、

資料Ⅰ 『史記』・『漢書』・『晉書』・『舊唐書』・『新唐書』・『明史』の「仁」・「天理」

傳不云乎、君子篤於親、則民興於仁、其爲宗室自太上皇以來族親、各以世氏、郡國置宗師以糾之、致教訓焉、二千石選有德義者以爲宗師、考察不從教令有冤失職者、宗師得因郵亭書言宗伯、請以聞。
【Ⅲ①A 皇帝】冬十二月丙午帝崩于未央宮、……詔曰、皇帝仁惠無不顧哀。
《外戚恩澤侯表六》
【Ⅲ①A 天下】自古受命及中興之君、必興滅繼絶、脩廢舉逸、然後天下歸仁、四方之政行焉。
《古今人表八》
【Ⅲ①B 霸者は仁とは言えない】自書契之作、先民可得而聞者、經傳所稱、唐虞以上、帝王有號諡、輔佐不可得而稱矣、而諸子頗言之、雖不考虖孔氏、然猶著在篇籍、歸乎顯善昭惡、勸戒後人、故博采焉、孔子曰、若聖與仁、則吾豈敢、又曰、何事於仁、必也聖乎、未知、焉得仁、生而知之者、上也、學而知之者、次也、困而學之、又其次也、困而不學、民斯爲下矣、又曰、中人以上、可以語上也、唯上智與下愚不移、傳曰、譬如堯舜禹稷卨與之爲善則行、鮌讙兜欲與爲惡則誅、可與爲善、不可與爲惡、是謂上智、桀紂龍逢比干欲與之爲善則誅、于莘崇侯與之爲惡則行、可與爲善、不可與爲惡、是謂下愚、齊桓公管仲相之則霸、豎貂輔之則亂、可與爲善、可與爲惡、是謂中人、因茲以列九等之序、究極經傳、繼世相次、總備古今之略要云。
《律歷志一上》
【Ⅲ①B 五常を仁と爲す】五聲和、八音諧、而樂成、商之爲言章也、物成孰可章度也、角觸也、物觸地而出、戴芒角也、宮、中也、居中央、暢四方、唱始施生、爲四聲綱也、徵、祉也、物盛大而繇祉也、羽、宇也、物聚臧宇覆之也、夫聲者、中於宮、觸於角、祉於徵、章於商、宇於羽、故四聲爲宮紀也、協之五行、則角爲木、五常爲仁、五事爲貌、商爲金爲義爲言、徵爲火爲禮爲視、羽爲水爲智爲聽、宮爲土爲信爲思、以君臣民事物言之、則宮爲君、商爲臣、角爲民、徵爲事、羽爲物、唱和有象、故言君臣位事之體也。
【Ⅲ①B 天地人と仁義理】三統者、天施、地化、人事之紀也、十一月、乾之初九、陽氣伏於地下、始著爲一、萬物萌動、鐘於太陰、故黃鐘爲天統、律長九寸、九者、所以究極中和、爲萬物元也、易曰、立天之道、曰陰與陽、六月、坤之初六、陰氣受任於太陽、繼養化柔、萬物生長、楙之於未、令種剛彊大、故林鐘爲地統、律長六寸、六者、所以含陽之施、楙之於六合之內、令剛柔有體也、立地之道、曰柔與剛、乾知大始、坤作成物、正月、乾之九三、萬物棣通、族出於寅、人奉而成之、仁以養之、義以行之、令事物各得其理、寅、木也、爲仁、其聲、商也、爲義、故太族爲人統、律長八寸、象八卦、宓戲氏之所以順天地、通神明、類萬物之情也、立人之道、曰仁與義、在天成象、在地成形、后以裁成天地之道、輔相天地之宜、以左右民、此三律之謂矣、是爲三統。
【Ⅲ①B 仁者生】春蠢也、物蠢生、迺動運、木曲直、仁者生、生者圜、故爲規也、中央者、陰陽之內、四方之中、經緯通達、乃能端直、於時爲四季。
《禮樂志二》
【Ⅲ①A 官僚としての儒生】至宣帝時、……孔子曰、安上治民、莫善於禮、非空言也、願與大臣延及儒生、述舊禮、明王制、驅一世之民、躋之仁壽之域、則俗何以不若成康、壽何以不若高宗、上不納其言、吉以病去。
《刑法志三》　　明悊之性
【Ⅲ①B 湯武③E 霸者齊桓晉文】夫人宵天地之貌、懷五常之性、聰明精粹、有生之最靈者也、爪牙不足以供耆欲、趨走不足以避利害、無毛羽以禦寒暑、必將役物以爲養、任智而不恃力、此其所以爲貴也、故不仁愛則不能羣、不能羣則不勝物、不勝物則養不足、羣而不足、爭心將作、上聖卓然先行敬讓博愛之德者、衆心說而從之、從之成羣、是爲君矣、歸而往之、是爲王矣、洪範曰、天子作民父母、爲天下王、聖人取類以正名、而謂君爲父母、明仁愛德讓、王道之本也、愛待敬而不敗、德須威而久立、故制禮以崇敬、作刑以明威也、聖人旣躬明悊之性、必通天地之心、制禮作教、立法設刑、動緣民情、而則天象地。
【Ⅲ①B】春秋之後、……而非之曰、彼孫吳者、上執利而貴變詐、施於暴亂昏嫚之國、君臣有閒、上下離心、政謀不良、故可變而詐也、夫仁人在上、爲下所卬、猶子弟之衞父兄、若手足之扞頭目、何可當也、鄰國望我、歡若親戚、芬若椒蘭、顧視其上、猶焚灼仇讎、人情豈肯爲其所惡而攻其所好哉、故以桀攻桀、猶有巧拙、以桀詐堯、若卵投石、夫何幸之有、詩曰、武王載斾、有虔秉鉞、如火烈烈、則莫我敢遏、言以仁誼綏民者、無敵於天下也、若齊之技擊、得一首則受賜金、事小敵脆、則嬪可用也、……至乎齊桓晉文之兵、可謂入其域而有節制矣、然猶未本仁義之統也、故齊之技擊不可以遇魏之武卒、魏之武卒不可以直秦之銳士、

61

第一章　正史を通して知る「仁」と「天理」

秦之鋭士不可以當桓文之節制、桓文之節制不可以敵湯武之仁義。
【Ⅲ①Ａ高祖】漢興、高祖躬神武之材、行寬仁之厚、總擥英雄、以誅秦項、任蕭曹之文、用良平之謀、騁陸酈之辯、明叔孫通之儀、文武相配、大略舉焉、天下旣定、踵秦而置材官於郡國、京師有南北軍之屯。
【Ⅲ①Ｂ先王】春秋之時、王道寖壞、敎化不行、子產相鄭而鑄刑書、晉叔嚮非之曰、昔先王議事以制、不爲刑辟、懼民之有爭心也、猶不可禁禦、是故閑之以誼、糾之以政、行之以禮、守之以信、奉之以仁。
【Ⅲ①Ａ文帝】漢興之初、……夫以孝文之仁、平勃之知、猶有過刑謬論如此甚也、而況庸材溺於末流者乎。
【Ⅲ①Ｂ】孔子曰、如有王者、必世而後仁、善人爲國百年、可以勝殘去殺矣、言聖王承衰撥亂而起、被民以德敎、變而化之、必世然後仁道成焉、至於善人、不入於室、然猶百年勝殘去殺矣。
【Ⅲ③Ａ刑官不正】孫卿之言既然、……故俗之能吏、公以殺盜爲威、專殺者勝任、奉法者不治、亂名傷制、不可勝條、是以罔密而姦不塞、刑蕃而民愈嫚、必世而未仁、百年而不勝殘、誠以禮樂闕而刑不正也、豈宜惟思所以淸原正本之論、刪定律令、纂二百章、以應大辟。

《食貨志四上》
【Ⅲ①Ｂ】殷周之盛、詩書所述、要在安民、富而敎之、故易稱、天地之大德曰生、聖人之大寶曰位、何以守位曰仁、何以聚人曰財。
【Ⅲ①Ｂ③戰國】此先王制土處民富而敎之之大略也、……三考黜陟、餘三年食、進業曰登、再登曰平、餘六年食、三登曰泰平、二十七歲、遺九年食、然後王德流洽、禮樂成焉、故曰、如有王者、必世而後仁、繇此道也。周室既衰、暴君汚吏慢其經界、繇役橫作、政令不信、上下相詐、公田不治、故魯宣公初稅畝、春秋譏焉、於是上貪民怨、災害生而禍亂作、陵夷至於戰國、貴詐力而賤仁誼、先富有而後禮讓、是時、李悝爲魏文侯作盡地力之敎、……。

《郊祀志五下》
【Ⅲ①Ａ】後上以無繼嗣故、令皇太后詔有司曰、……今皇帝寬仁孝順、奉循聖緒、靡有大愆、而久無繼嗣、……成帝末年頗好鬼神、亦以無繼嗣故、多上書言祭祀方術者、皆得待詔、祠祭上林苑中長安城旁、費用甚多、然無大貴盛者、谷永說上曰、臣聞明於天地之性、不可惑以神怪、知萬物之情、不可罔以非類、諸背仁義之正道、不遵五經之法言、而盛稱奇怪鬼神、廣崇祭祀之方、求報無福之祠、……。

《天文志六》
【Ⅲ①天文】歲星、曰東方春木、於人五常仁也、五事貌也、仁虧貌失、逆春令、傷木氣、罰見歲星、歲星所在、國不可伐、可以伐人、超舍而前爲贏、退舍爲縮、贏、其國有兵不復、縮、其國有憂、其將死、國傾敗。
【Ⅲ①天文】塡星、曰中央季夏土、信也、思心也、仁義禮智以信爲主、貌言視聽以心爲正、故四季皆失塡星迺爲之動、塡星所居、國吉、未當居而居之、若己去而復還居之、國得土、不乃得女子。
【Ⅲ①Ａ】哀帝建平元年正月丁未日出時、……其三年十一月壬子、太皇太后詔曰、皇帝寬仁孝順、奉承聖緒、靡有解怠、而久病未瘳、夙夜惟思、殆繼體之君不宜改作、春秋大復古、其復甘泉泰時、汾陰后土如故。

《五行志中之下》
【Ⅲ③災霜不仁】武帝元光四年四月、……京房易傳曰、興兵妄誅、茲謂亡法、厥災霜、夏殺五穀、冬殺麥、誅不原情、茲謂不仁、其霜、夏先大雷風、冬先雨、迺隕霜、有芒角。

《五行志下之下》
【Ⅲ①Ａ士民】嚴公七年、……節用儉服、以惠百姓、則諸侯懷德、士民歸仁、災消而福興矣。

《地理志八下》
【Ⅲ①Ａ刑官】元菟樂浪武帝時置、郡初取吏於遼東、吏見民無閉臧、及賈人往者、夜則爲盜、俗稍益薄、今於犯禁寖多、至六十餘條、可貴哉、仁賢之化也、然東夷天性柔順、異於三方之外、故孔子悼道不行、設浮於海、欲居九夷、有以也夫、樂浪海中有倭人、分爲百餘國、以歲時來獻見云。

《溝洫志九》
【Ⅲ③Ｆ魏文侯】魏文侯時、……史起進曰、魏氏之行田也以百畝、鄴獨二百畝、是田惡也、漳水在其旁、西門豹不知用、是不智也、知而不興、是不仁也、仁智豹未之盡、何足法也、於是以史起爲鄴令、遂引漳水漑鄴、以富魏之河內。
瓠子決兮將奈何、……皇謂河公兮何不仁。

《藝文志十》

62

資料Ⅰ 『史記』・『漢書』・『晉書』・『舊唐書』・『新唐書』・『明史』の「仁」・「天理」

【Ⅲ①A】六藝之文、樂以和神、仁之表也、詩以正言、義之用也、禮以明體、明者著見、故無訓也、書以廣聽、知之術也、春秋以斷事、信之符也、五者、蓋五常之道、相須而備、而易爲之原。
【Ⅲ①AF 官僚としての儒家】儒家者流、蓋出於司徒之官、助人君順陰陽明教化者也、游文於六經之中、留意於仁義之際、祖述堯舜、憲章文武、宗師仲尼、以重其言、於道最爲高。
【Ⅲ③道家は仁義を棄てた】道家者流、蓋出於史官、歷記成敗存亡禍福古今之道、然後知秉要執本、清虛以自守、卑弱以自持、此君人南面之術也、合於堯之克攘、易之嗛嗛、一謙而四益、此其所長也、及放者爲之、則欲絶去禮學、兼棄仁義、曰獨任清虛可以爲治。
【Ⅲ③法家は仁愛を相手にしなかった】法家者流、蓋出於理官、信賞必罰、以輔禮制、易曰、先王以明罰飭法、此其所長也、及刻者爲之、則無教化、去仁愛、專任刑法而欲以致治、至於殘害至親、傷恩薄厚。
【Ⅲ①仁と義】諸子十家、其可觀者九家而已、皆起於王道既微、諸侯力政、時君世主、好惡殊方、是以九家之術蠭出並作、各引一端、崇其所善、以此馳說、取合諸侯、其言雖殊、辟猶水火、相滅亦相生也、仁之與義、敬之與和、相反而皆相成也、易曰、天下同歸而殊塗、一致而百慮。
【Ⅲ①A 兵家】兵家者蓋出古司馬之職王官之武備也、……後世燿金爲刃、割革爲甲、器械甚備、下及湯武受命、以師克亂而濟百姓、動之以仁義、行之以禮讓、司馬法是其遺事也。
《陳勝項籍傳一》
【Ⅲ③A 陳涉】贊曰、……陳涉之位、不齒於齊楚燕趙韓魏宋衞中山之君、……身死人手、爲天下笑者、何也、仁誼不施、而攻守之勢異也。
《魏豹田儋韓王信傳三》
【Ⅲ①A 高祖】十一年春、信復與胡騎入居參合、漢使柴將軍擊之、遺信書曰、陛下寬仁、諸侯雖有叛亡、而後歸、輒復故位號、不誅也。
《韓彭英盧吳傳四》
【Ⅲ①A 高祖③項羽は婦人之仁〈一代限りを示す〉】信已拜上坐、……上曰、然、信曰、大王自料勇悍仁彊孰與項王。……項王見人恭謹、言語姁姁、人有病疾、涕泣分食飮、至使人有功、當封爵、刻印刓、忍不能予、此所謂婦人之仁也。
《楚元王傳六》
【Ⅲ①A 湯王】是以牽小窺見闚隙、……在上則引其類、在下則推其類、故湯用伊尹、不仁者遠、而衆賢至、類相致也。
【Ⅲ①A】陛下即位、……陛下仁慈篤美甚厚、聰明疏達蓋世、宜弘漢家之德、崇劉氏之美、光昭五帝三王、而顧與暴秦亂君競爲奢侈、比方丘隴、說愚夫之目、隆一時之觀、違賢知之心、亡萬世之安、臣竊爲陛下羞之。
《張陳王周傳十》
【Ⅲ①A 太子】漢十二年、……今聞太子仁孝、恭敬愛士、天下莫不延頸願爲太子死者、故臣等來、上曰、煩公幸卒調護太子。
《酈陸朱劉叔孫傳十三》
【Ⅲ③A 秦】賈時時前說稱詩書、……鄉使秦以并天下、行仁義、法先聖、陛下安得而有之。
【Ⅲ③D 冒頓單于】漢七年、……冒頓殺父代立、妻羣母、以力爲威、未可以仁義說也、獨可以計久遠子孫爲臣耳、然陛下恐不能爲。
【Ⅲ①A 太子】九年、……今太子仁孝、天下皆聞之、呂后與陛下攻苦食啖、其可背哉。
《淮南衡山濟北王傳十四》
【Ⅲ③A】夫大王以千里爲宅居、……言節行以高兄、無禮幸臣有罪、大者立斷、小者肉刑、不仁貫布衣一劍之任、賤王侯之位、不知。
【Ⅲ①A】淮南王安爲人好書、……武安侯迎之霸上、與語曰、方今上無太子、王親高皇帝孫、行仁義、天下莫不聞、宮車一日晏駕、非王尚誰者。
【Ⅲ①A】其後自傷曰、吾行仁義見削地、寡人甚恥之、爲反謀益甚、諸使者道長安來、爲妄言、言上無男、即喜、言漢廷治、有男、即怒、以爲妄言、非也、……（淮南）王曰、上無太子、宮車即晏駕、大臣必徵膠東王、不即常山王、諸侯並爭、吾可以無備乎、且吾高帝孫、親行仁義、陛下遇我厚、吾能忍之、萬世之後、吾寧能北面事豎子乎。

第一章　正史を通して知る「仁」と「天理」

《文三王傳十七》
【Ⅲ③C 立は荒王嘉の子で自殺、國を除かる】立惶恐、免冠對曰、立少失父母、孤弱處深宮中、獨與宦者婢妾居、漸漬小國之俗、加以質性下愚、有不可移之姿、往者傅相亦不純以仁誼輔翊立、大臣皆尚苛刻、刺求微密、讒臣在其間、左右弄口、積使上下不和、更相眄伺。

《賈誼傳十八》
【Ⅲ①A 周圍に惡があっても可】夫射獵之娛、……以幸天下、以育羣生、至仁也、立經陳紀、輕重同得、後可以爲萬世法程、雖有愚幼不肖之嗣、猶得蒙業而安、至明也。

【Ⅲ①A 人主】屠牛坦（孔子の時の人）一朝解十二牛、而芒刃不頓者、所排擊剝割、皆衆理解也、至於髖髀之所、非斤則斧、夫仁義恩厚、人主之芒刃也、權勢法制、人主之斤斧也、今諸侯王皆衆髖髀也、釋斤斧之用、而欲嬰以芒刃、臣以爲不缺則折、胡不用之淮南濟北、勢不可也。

【Ⅲ①A】臣竊跡前事、……故天下咸知陛下之廉、地制壹定、宗室子孫莫慮不王、下無倍畔之心、上無誅伐之志、故天下咸知陛下之仁、法立而不犯、令行而不逆、貫高利幾之謀不生、柴奇開章之計不萌、細民鄉善、大臣致順、故天下咸知陛下之義。

【Ⅲ③A 法家】商君遺禮義棄仁恩、并心於進取、行之二歲、秦俗日敗、……然并心而赴時、猶曰蹙六國、兼天下、功成求得矣、終不知反廉愧之節、仁義之厚。

【Ⅲ①A】夏爲天子、……殷爲天子、……周爲天子、……昔成王、……於是爲置三少、皆上大夫也、曰少保、少傅少師、是與太子宴者也、故咸孩提有識、三公三少固明孝仁禮義以道習之、逐去邪人、不使見惡行、於是皆選天下之端士、孝悌博聞有道術者以衛翼之、使與太子居處出入、故太子咸生而見正事、聞正言、行正道、左右前後皆正人也、……學禮曰、帝入東學、上親而貴仁、則親疏有序而恩相及矣、帝入南學、上齒而貴信、則長幼有差而民不誣矣、帝入西學、上賢而貴德、則聖智在位而功不遺矣、帝入北學、上貴而尊爵、則貴賤有等而下不隃矣、帝入太學、承師問道、退習而考於太傅太傅、罰其不則而匡其不及、則德智長而治道得矣、此五學者既成于上、則百姓黎民化輯于下矣、……三代之禮、春朝朝日、秋暮夕月、所以明有敬也、春秋入學、坐國老、執醬而親饋之、所以明有孝也、行以鸞和、步中采齊、趣中肆夏、所以明有度也、其於禽獸、見其生不食其死、聞其聲不食其肉、故遠庖廚、所以長恩、且明有仁也。

【Ⅲ①A 湯武】凡人之智、……湯武置天下於仁義禮樂、而德澤洽、禽獸草木廣裕、德被蠻貊四夷、累子孫數十世、此天下所共聞也。

【Ⅲ③A 萬年之後】初文帝以代王入即位、……今陛下力制天下、頤指如意、高拱以成六國之禍、難以言智、苟身亡事、畜亂宿禍、熟視而不定、萬年之後、傳之老母弱子、將使不寧、不可謂仁、臣聞聖主言問其臣而不自造事、故使人臣得畢其愚忠、唯陛下財幸。

《爰盎鼂錯傳十九》
【Ⅲ①AF 都尉】然盎亦以數直諫、不得久居中、調爲隴西都尉、仁愛士卒、士卒皆爭爲死、遷齊相徙爲吳相、辭行、種謂盎曰、吳王驕日久、國多姦、今絲欲刻治……。

【Ⅲ①A 官吏】贊曰、爰盎雖不好學、亦善傅會、仁心爲質、引義忼慨、遭孝文初立、資適逢世、時已變易、及吳壹說、果於用辯、身亦不遂、鼂錯銳於爲國遠慮、而不見身害、其父睹之、經於溝瀆、亡益救敗、不如趙母指括、以全其宗、悲夫、錯雖不終、世哀其忠、故論其施行之語著于篇。

《張馮汲鄭傳二十》
【Ⅲ①A 陛下】汲黯字長孺濮陽人也……黯對曰、陛下内多欲而外施仁義、柰何欲效唐虞之治乎、上怒變色而罷朝、公卿皆爲黯懼、上退、謂人曰、甚矣、汲黯之戇也、羣臣或數黯、黯曰……。

《賈鄒枚路傳二十一》〔材料たる先秦史料ではⅢにはならない〕
【Ⅲ①A 文王之時・君之仁者】文王之時、豪俊之士皆得竭其智、鬩兎採薪之人皆得盡其力、此周之所以興也、故地之美者善養禾、君之仁者善養士。

【Ⅲ①A 文王】天下未嘗亡士也、然而文王獨言以寧者何也、文王好仁則仁興、得士而敬之則士用、用之有禮義。

【Ⅲ①B 聖王】是以聖王覺寤、捐子之心、而不說田常之賢、封比干之後、修孕婦之墓、故功業覆於天下、何則、欲善亡厭也、夫晉文親其讎、彊伯諸侯、齊桓用其仇、一匡天下、何則、慈仁殷勤、誠加於心、不可以虛辭借也。

【Ⅲ①F 仁人】昔者、舜之弟象日以殺舜爲事、及舜立爲天子、封之於有卑、夫仁人之於兄弟、無臧怒、無宿怨、

資料Ⅰ 『史記』・『漢書』・『晉書』・『舊唐書』・『新唐書』・『明史』の「仁」・「天理」

厚親愛而已、是以後世稱之。
【Ⅲ①A 三王・文帝③秦仁義獄吏・仁から離れる】路温舒字長君鉅鹿東里人也……繇是觀之、禍亂之作、將以開聖人也、故桓文扶微興壞、尊文武之業、澤加百姓、功潤諸侯、雖不及三王、天下歸仁焉、文帝永思至慮、以承天心、崇仁義、省刑罰、通關梁、一遠近、敬賢如大賓、愛民如赤子、内恕情之所安、而施之於海内、是以囹圄空虛、天下太平、夫繼變化之後、必有異舊之恩、此賢聖所以昭天命也、往者、昭帝即世而無嗣、大臣憂戚、焦心合謀、皆以昌邑尊親、援而立之、然天不授命、淫亂其心、遂以自亡、深察禍變之故、廼皇天之所以開至聖也、故大將軍受命武帝、股肱漢國、披肝膽、決大計、黜亡義、立有德、輔天而行、然後宗廟以安、天下咸寧、臣聞春秋正即位、大一統而慎始也、陛下初登至尊、與天合符、宜改前世之失、正始受命之統、滌煩文、除民疾、存亡繼絕、以應天意、臣聞秦有十失、其一尚存、治獄之吏是也、秦之時、羞文學、好武勇、賤仁義之士、貴治獄之吏、正言者謂之誹謗、遏過者謂之妖言……深者獲公名、平者多後患、故治獄之吏皆欲人死、非憎人也、自安之道在人之死、是以死人之血流離於市、被刑之徒比肩而立、大辟之計歲以萬數、此仁聖之所以傷也。
《竇田灌韓傳二十二》
【Ⅲ③A 仁人之所隱・邊境・仁が通じない】恢曰、不然、臣聞五帝不相襲禮、三王不相復樂、非故相反也、各因世宜也、且高帝身被堅執銳、蒙霧露、沐霜雪、行幾十年、所以不報平城之怨者、非力不能、所以休天下之心也、今邊竟數驚、士卒傷死、中國槥車相望、此仁人之所隱也、臣故曰擊之便。
【Ⅲ③A 仁が通じない】恢曰、不然、臣聞鳳鳥乘於風、聖人因時、昔秦繆公都雍、地方三百里、知時宜之變、攻取西戎、辟地千里、并國十四、隴西北地是也、及後蒙恬爲秦侵胡、辟數千里、以河爲竟、累石爲城、樹榆爲塞、匈奴不敢飲馬於河、置烽燧然後敢牧馬、夫匈奴獨可以威服、不可以仁畜也、今以中國之盛、萬倍之資、遣百分之一以攻匈奴、譬猶以彊弩射且潰之癰也、必不留行矣、若是、則北發月氏可得而臣也、臣故曰擊之便。
《景十三王傳二十三》
【Ⅲ①C 河間獻王】河間獻王……立二十六年薨、中尉常麗以聞、曰、王身端行治、温仁恭儉、篤敬愛下、明知深察、惠于鰥寡、大行令奏、諡法曰、聰明睿知曰獻、宜諡曰獻王、子共王不害嗣、四年薨、子剛王堪嗣、十二年薨、子頃王授嗣、十七年薨、子孝王慶嗣、四十三年薨、子元嗣。
《李廣蘇建傳二十四》
【Ⅲ①F 身を殺して仁を爲す→A】贊曰、李將軍恂恂如鄙人、口不能出辭、及死之日、天下知與不知皆爲流涕、彼其中心誠信於士大夫也、諺曰、桃李不言、下自成蹊、此言雖小、可以喩大、然三代之將、道家所忌、自廣至陵、遂亡其宗、哀哉、孔子稱、志士仁人、有殺身以成仁、無求生以害仁、使於四方、不辱君命、蘇武有之矣。
《衛青霍去病傳二十五》
【Ⅲ①F 衛青・仁を爲すことの限界】去病爲人少言不泄……青仁喜士退讓、以和柔自媚於上、然於天下未有稱也。
《董仲舒傳二十六》
【Ⅲ①A 三代】蓋聞五帝三王之道、改制作樂而天下洽和、百王同之、當虞氏之樂莫盛於韶、於周莫盛於勺、聖王已沒、鐘鼓筦絃之聲未衰、而大道微缺、陵夷至虖桀紂之行、王道大壞矣、夫五百年之間、守文之君、當塗之士、欲則先王之法以戴翼其世者甚衆、然猶不能反、日以仆滅、至後王而後止、豈其所持操或誖謬而失其統與、固天降命不可復反、必推之於大衰而後息與、烏虖、凡所爲屑屑、夙興夜寐、務法上古者、又將無補與、三代受命、其符安在、災異之變、何緣而起、性命之情、或夭或壽、或仁或鄙、習聞其號、未燭厥理、伊欲風流而令行、刑輕而姦改、百姓和樂、政事宣昭、何脩何飾而膏露降、百穀登、德潤四海、澤臻艸木、三光全、寒暑平、受天之祜、享鬼神之靈、德澤洋溢、施虖方外、延及羣生。
【Ⅲ①A 陛下・賢人】仲舒對曰、陛下發德音、下明詔、求天命與情性、皆非愚臣之所能及也、臣謹案春秋之中、視前世已行之事、以觀天人相與之際、甚可畏也、國家將有失道之敗、而天廼先出災害以譴告之、不知自省、又出怪異以警懼之、尚不知變、而傷敗廼至、以此見天心之仁愛人君而欲止其亂也、自非大亡道之世者、天盡欲扶持而全安之、事在彊勉而已矣、彊勉學問、則聞見博而知益明、彊勉行道、則德日起而大有功、此皆可使還至而立有效者也、詩曰、夙夜匪解、書云、茂哉茂哉、皆彊勉之謂也。

第一章　正史を通して知る「仁」と「天理」

【Ⅲ①Ｂ仁義禮樂は治の具】道者、所繇適於治之路也、仁義禮樂皆其具也、故聖王已没、而子孫長久安寧數百歳、此皆禮樂敎化之功也、王者未作樂之時、適用先王之樂宜於世者、而以深入敎化於民、敎化之情不得、雅頌之樂不成、故王者功成作樂、樂其德也、樂者、所以變民風、化民俗也、其變民也易、其化人也著、故聲發於和而本於情、接於肌膚、臧於骨髓、故王道雖微缺、而筦絃之聲未衰也、夫虞氏之不爲政久矣、然而樂頌遺風猶有存者、是以孔子在齊而聞韶也、夫人君莫不欲安存而惡危亡、然而政亂國危者甚衆、所任者非其人、而所繇者非其道、是以政日以仆滅也、夫周道衰於幽厲、非道亡也、幽厲不繇也、至於宣王、思昔先王之德、興滯補弊、明文武之功業、周道粲然復興、詩人美之而作、上天祐之、爲生賢佐、後世稱誦、至今不絕、此夙夜不解行善之所致也、孔子曰、人能弘道、非道弘人也、故治亂廢興在於已、非天降命不可得反、其所操持誖謬失其統也。

【Ⅲ①Ｂ堯舜德を行い民に仁壽あり・德と刑】臣聞命者天之令也、性者生之質也、情者人之欲也、或夭或壽、或仁或鄙、陶冶而成之、不能粹美、有治亂之所生、故不齊也、孔子曰、君子之德風（也）、小人之德屮（也）、屮上之風必偃、故堯舜行德則民仁壽、桀紂行暴則民鄙夭、夫上之化下、下之從上、猶泥之在鈞、唯甄者之所爲、猶金之在鎔、唯冶者之所鑄、綏之斯倈、動之斯和、此之謂也……臣謹案春秋之文、求王道之端、得之於正、正次王、王次春、春者、天之所爲也、正者、王之所爲也、其意曰、上承天之所爲、而下以正其所爲、正王道之端云爾、然則王者欲有所爲、宜求其端於天、天道之大者在陰陽、陽爲德、陰爲刑、刑主殺而德主生、是故陽常居大夏、而以生育養長爲事……。

【Ⅲ①Ｂ民に仁誼禮・刑罰】孔子曰、鳳鳥不至、河不出圖、吾已矣夫、自悲可致之物、而身卑賤不得致也、今陛下貴爲天子、富有四海、居得致之位、操可致之勢、又有能致之資、行高而恩厚、知明而意美、愛民而好士、可謂誼主矣、然而天地未應而美祥莫至者、何也、凡以敎化不立而萬民不正也、夫萬民之從利也、如水之走下、不以敎化隄防之、不能止也、是故敎化立而姦邪皆止者、其隄防完也、敎化廢而姦邪並出、刑罰不能勝者、其隄防壞也、古之王者明於此、是故南面而治天下、莫不以敎化爲大務、立大學以敎於國、設庠序以化於邑、漸民以仁、摩民以誼、節民以禮、故其刑罰甚輕而禁不犯者、敎化行而習俗美也。

【Ⅲ①Ｂ鬼神の靈を享け德を方外に施す】聖王之繼亂世也、掃除其迹而悉去之、復脩敎化而崇起之、敎化已明、習俗已成、子孫循之、行五六百歳尚未敗也、至周之末世、大爲亡道、以失天下、秦繼其後、獨不能改、又益甚之、重禁文學、不得挾書、棄捐禮誼而惡聞之、其心欲盡滅先聖之道、而顓爲自恣苟簡之治、故立爲天子十四歳而國破亡矣、自古以倈、未嘗有以亂濟亂、大敗天下之民如秦者也、其遺毒餘烈、至今未滅、使習俗薄惡、人民嚻頑、抵冒殊扞、孰爛如此之甚者也、孔子曰、腐朽之木、不可彫也、糞土之牆、不可圬也、今漢繼秦之後、如朽木糞牆矣、雖欲善治之、亡可奈何、法出而姦生、令下而詐起、如以湯止沸、抱薪救火、愈甚亡益也、竊譬之琴瑟不調、甚者必解而更張之、乃可鼓也、爲政而不行、甚者必變而更化之、乃可理也、當更張而不更張、雖有良工不能善調也、當更化而不更化、雖有大賢不能善治也、故漢得天下以來、常欲善治而至今不可善治者、失之於當更化而不更化、古人有言曰、臨淵羨魚、不如退而結網、今臨政而願治七十餘歳矣、不如退而更化更化、則可善治善治、則災害日去、福禄日來、詩云、宜民宜人、受禄于天、爲政宜於民者、固當受禄于天、夫仁誼禮知信五常之道、王者所當脩飭也、五者脩飭、故受天之祐、而享鬼神之靈、德施于方外、延及羣生也。

【Ⅲ①Ａ王者が出て仁あり・文王順天理物】仲舒對曰、臣聞堯受命、以天下爲憂、而未以位爲樂也、故誅逐亂臣、務求賢聖、是以得舜、禹稷卨咎繇、衆聖輔德、賢能佐職、敎化大行、天下和洽、萬民皆安仁樂誼、各得其宜、動作應禮、從容中道、故孔子曰、如有王者、必世而後仁、此之謂也、堯在位七十載、乃遜于位以禪虞舜、堯崩、天下不歸堯之子丹朱而歸舜、舜知不可辟、乃即天子之位、以禹爲相、因堯之輔佐、繼其統業、是以垂拱無爲而天下治、孔子曰韶盡美矣、又盡善也、此之謂也、至於殷紂、逆天暴物、殺戮賢知、殘賊百姓、伯夷太公皆當世賢者、隱處而不爲臣、守職之人皆奔走逃亡、入於河海、天下耗亂、萬民不安、故天下去殷而從周、文王順天理物、師用賢聖、是以閎夭、太顛散宜生等亦聚於朝廷、愛施兆民、天下歸之、故太公起海濱而即三公也、當此之時、紂尚在上、尊卑昏亂、百姓散亡、故文王悼痛而欲安之、是以日昃而不暇食也、孔子作春秋、先正王而繫萬事、見素王之文焉、繇此觀之、帝王之條貫同、然而勞逸異者、所遇之時異也、孔子曰、武盡美矣、未盡善也、此之謂也。

【Ⅲ③Ａ秦は違う】臣聞制度文采玄黃之飾、所以明尊卑、異貴賤、而勸有德也、故春秋受命所先制者、改正朔、易服色、所以應天也、然則宮室旌旗之制、有法而然者也、故孔子曰、奢則不遜、儉則固、儉非聖人之中制也、

66

臣聞良玉不瑑、資質潤美、不待刻瑑、此亡異於達巷黨人不學而自知也、然則常玉不瑑、不成文章、君子不學、不成其德、臣聞聖王之治天下也、少則習之學、長則材諸位、爵祿以養其德、刑罰以威其惡、故民曉於禮誼而恥犯其上、武王行大誼、平殘賊、周公作禮樂以文之、至於成康之隆、囹圄空虛四十餘年、此亦教化之漸而仁誼之流、非獨傷肌膚之效也、至秦則不然、師申商之法、行韓非之説、憎帝王之道、以貪狼爲俗、非有文德以教訓於天下也、誅名而不察實、爲善者不必免而犯惡者未必刑也是以百官皆飾空言虛辭而不顧實、外有事君之禮、內有背上之心、造僞飾詐、趣利無恥、又好用憯酷之吏、賦斂亡度、竭民財力、百姓散亡、不得從耕織之業、羣盜並起、是以刑者甚衆、死者相望、而姦不息、俗化使然也、故孔子曰、導之以政、齊之以刑、民免而無恥、此之謂也。

【Ⅲ①聖人・仁者の愛・刑者の罰】今陛下幷有天下、海內莫不率服……仲舒復對曰、臣聞論語曰……冊曰、善言天者必有徵於人、善言古者必有驗於今、臣聞天者羣物之祖也、故徧覆包函而無所殊、建日月風雨以和之、經陰陽寒暑以成之、故聖人法天而立道、亦溥愛而亡私、布德施仁以厚之、設誼立禮以導之、春者天之所以生也、仁者君之所以愛也、夏者天之所以長也、德者君之所以養也、霜者天之所以殺也、刑者君之所以罰也、繇此言之、天人之徵、古今之道也、孔子作春秋、上揆之天道、下質諸人情、參之於古、考之於今、故春秋之所譏、災害之所加也、春秋之所惡、怪異之所施也、書邦家之過、兼災異之變、以此見人之所爲、其美惡之極、乃與天地流通而往來相應、此亦言天之一端也、古者脩教訓之官、務以德善化民、民已大化之後、天下常亡一人之獄矣、今世廢而不脩、亡以化民、民以故棄行誼而死財利、是以犯法而罪多、一歲之獄以萬千數、以此見古之不可不用也、故春秋變古則譏之、天令之謂命、命非聖人不行、質樸之謂性、性非教化不成、人欲之謂情、情非度制不節、是故王者上謹於承天意、以順命也、下務明教化民、以成性也、正法度之宜、別上下之序、以防欲也、脩此三者、而大本舉矣、人受命於天、固超然異於羣生、入有父子兄弟之親、出有君臣上下之誼、會聚相遇、則有耆老長幼之施、粲然有文以相接、驩然有恩以相愛、此人之所以貴也、生五穀以食之、桑麻以衣之、六畜以養之、服牛乘馬、圈豹檻虎、是其得天之靈、貴於物也、故孔子曰、天地之性人爲貴、明於天性、知自貴於物、知自貴於物、然後知仁誼、知仁誼、然後重禮節、重禮節、然後安處善、安處善、然後樂循理、樂循理、然後謂之君子、故孔子曰、不知命、亡以爲君子、此之謂也。

【Ⅲ②A 桀紂・暴虐不仁は一日にして滅びるのではない】冊曰、上嘉唐虞、下悼桀紂、寖微寖滅寖明寖昌之道、虛心以改、臣聞衆少成多、積小致鉅、故聖人莫不以晻致明、以微致顯、是以堯發於諸侯、舜興虖深山、非一日而顯也、蓋有漸以致之矣、言出於已、不可塞也、行發於身、不可掩也、言行、治之大者、君子之所以動天地也、故盡小者大、慎微者著、詩云、惟此文王、小心翼翼、故堯兢兢日行其道、而舜業業日致其孝、善積而名顯、德章而身尊、此其寖明寖昌之道也、積善在身、猶長日加益、而人不知也、積惡在身、猶火之銷膏、而人不見也、非明虖情性察虖流俗者、孰能知之、此唐虞之所以得令名、而桀紂之可爲悼懼者也、夫善惡之相從、如景鄉之應形聲也、故桀紂暴謾、讒賊並進、賢知隱伏、惡日顯、國日亂、晏然自以如日在天、終陵夷而大壞、夫暴逆不仁者、非一日而亡也、亦以漸至、故桀紂雖亡道、然猶享國十餘年、此其寖微寖滅之道也。

【Ⅲ①A 仁誼・帝王の法制】陛下有明德嘉道、愍世俗之靡薄、悼王道之不昭、故舉賢良方正之士、論誼考問、將欲興仁誼之休德、明帝王之法制、建太平之道也、臣愚不肖、述所聞、誦所學、道師之言、廑能勿失耳、若乃論政事之得失、察天下之息耗、此大臣輔佐之職、三公九卿之任、非臣仲舒所能及也、然而臣竊有怪者、夫古之天下亦今之天下、今之天下亦古之天下、共是天下、古亦大治、上下和睦、習俗美盛、不令而行、不禁而止、吏亡姦邪、民亡盜賊、囹圄空虛、德潤草木、澤被四海、鳳凰來集、麒麟來游、以古準今、壹何不相逮之遠也、安所繆盭而陵夷若是、意者有所失於古之道與、有所詭於天之理與、試迹之古、返之於天、黨可得見乎。

【Ⅲ①B 皇皇たる仁義と民の教化】夫天亦有所分予……古之賢人君子在列位者皆如是、是故下高其行而從其教、民化其廉而不貪鄙、及至周室之衰、其卿大夫緩於誼而急於利、亡推讓之風而有爭田之訟、故詩人疾而刺之、曰、節彼南山、惟石巖巖、赫赫師尹、民具爾瞻、爾好誼、則民鄉仁而俗善、爾好利、則民好邪而俗敗、由是觀之、天子大夫者、下民之所視效、遠方之所四面而內望也、近者視而放之、遠者望而效之、豈可以居賢人之位而爲庶人行哉、夫皇皇求財利常恐乏匱者、庶人之意也、皇皇求仁義常恐不能化民者、大夫之意也、易曰、負且乘、致寇至、乘車者君子之位也、負擔者小人之事也、此言居君子之位而

第一章　正史を通して知る「仁」と「天理」

爲庶人之行者、其患禍必至也、若居君子之位、當君子之行、則舍公儀休之相魯、亡可爲者矣。
【Ⅲ①A仁者・霸者は一般諸侯からすればましだが三王に及ばない・越には仁なし】<u>春秋大一統</u>……對既畢、天子以仲舒爲江都相、事易王、易王、帝兄、素驕、好勇、仲舒以禮誼匡正、王敬重焉、久之、王問仲舒曰、粵王句踐與大夫泄庸種蠡謀伐吳、遂滅之、<u>孔子稱殷有三仁、寡人亦以爲粵有三仁</u>、桓公決疑於管仲、寡人決疑於君、仲舒對曰、臣愚不足以奉大對、聞昔者魯君問柳下惠、吾欲伐齊、何如、柳下惠曰、不可、歸而有憂色、曰、吾聞伐國不問仁人、此言何爲至於我哉、徒見問耳、且猶羞之、況設詐以伐吳虖、<u>繇此言之、粵本無一仁</u>、夫仁人者、<u>正其誼不謀其利、明其道不計其功</u>、是以仲尼之門、五尺之童羞稱五伯、<u>爲其先詐力而後仁誼也</u>、苟爲詐而、已故不足稱於大君子之門也、<u>五伯比於他諸侯爲賢、其比三王、猶武夫之與美玉也</u>、王曰善。

《司馬相如傳二十七上》
【Ⅲ③A】亡是公听然而笑曰……於是乎盧橘夏孰、黄甘橙楱、枇杷橪柿亭、柰厚朴、樗棗楊梅、櫻桃蒲陶、隱夫薁棣、荅遝離支、羅乎後宮、列乎北園、貤丘陵、下平原、揚翠葉、扤紫莖、發紅華、垂朱榮、煌煌扈扈、照曜鉅野、沙棠櫟櫧、華楓枰櫨、留落胥邪、<u>仁頻并閭</u>、槐檀木蘭、豫章女貞、長千仞、大連抱、夸條直暢、實葉葰楙、攢立叢倚、連卷欐佹、崔錯癹骫、坑衡閜砢、垂條扶疏、落英幡纚、紛溶萷蔘、猗柅從風、藰莅芔歙、蓋象金石之聲、管籥之音、柴池茈虒、旋還乎後宮、雜襲絫輯、被山緣谷、循阪下隰、視之無端、究之亡窮。

【Ⅲ③A】於是歷吉日以齋戒、襲朝服、乘法駕、建華旗、鳴玉鸞、游于六藝之囿、覽觀春秋之林、射貍首、兼騶虞、弋玄鶴、舞干戚、戴雲罕、揜羣雅、悲伐檀、樂樂胥、脩容乎禮園、翺翔乎書圃、述易道、放怪獸、登明堂、坐清廟、恣羣臣、奏得失、四海之內、靡不受獲、於斯之時、天下大說、郷風而聽、隨流而化、喟然興道而遷義、刑錯而不用、德隆於三皇、功羨於五帝、若此、故獵乃可喜也。若夫終日馳騁、勞神苦形、罷車馬之用、抗士卒之精、費府庫之財、而無德厚之恩、務在獨樂、不顧衆庶、忘國家之政、貪雉兔之獲、<u>則仁者不繇也</u>、從此觀之、齊楚之事、豈不哀哉、地方不過千里、而囿居九百、是草木不得墾辟、而民無所食也、夫以諸侯之細、而樂萬乘之所侈、僕恐百姓被其尤也。

《司馬相如傳二十七下》
【Ⅲ③A夷狄に仁を及ぼすことの限界】相如使時、蜀長老多言通西南夷之不爲用、大臣亦以爲然、相如欲諫、業已建之、不敢、乃著書、藉蜀父老爲辭、而已詰難之、以風天子、且因宣其使指、令百姓皆知天子意、其辭曰、漢興七十有八載、德茂存乎六世、威武紛云、湛恩汪濊、羣生霑濡、洋溢乎方外、於是乃命使西征、隨流而攘、風之所被、罔不披靡、因朝冉從駹、定筰存邛、略斯榆、舉苞蒲、結軌還轅、東郷將報、至於蜀都、耆老大夫搢紳先生之徒二十有七人、儼然造焉、辭畢、進曰、<u>蓋聞天子之於夷狄也</u>、其義羈縻勿絕而已、今罷三郡之士、通夜郎之塗、三年於茲、而功不竟、士卒勞倦、萬民不贍、今又接之以西夷、百姓力屈、恐不能卒業、此亦使者之累也、竊爲左右患之、<u>且夫邛筰西僰之與中國並也</u>、歷年茲多、不可記已、<u>仁者不以德來、強者不以力并</u>、意者殆不可乎、今割齊民以附夷狄、弊所恃以事無用、鄙人固陋、不識所謂。

【Ⅲ①A中國に至仁】<u>且夫賢君之踐位也</u>、豈特委瑣握齪、拘文牽俗、循誦習傳、當世取說云爾哉、必將崇論閎議、創業垂統、爲萬世規、故馳騖乎兼容并包、而勤思乎參天貳地、且詩不云乎、<u>普天之下、莫非王土、率土之濱、莫非王臣、是以六合之內、八方之外</u>、浸淫衍溢、懷生之物有不浸潤於澤者、賢君恥之、今封疆之內冠帶之倫、咸獲嘉祉、靡有闕遺矣、而夷狄殊俗之國、遼絕異黨之域、舟車不通、人迹罕至、政教未加、流風猶微、內之則犯義侵禮於邊境、外之則邪行橫作、放殺其上、君臣易位、尊卑失序、父兄不辜、幼孤爲奴虜、係累號泣、內郷而怨、曰、<u>蓋聞中國有至仁焉</u>、德洋恩普、物靡不得其所、今獨曷爲遺已、舉踵思慕、若枯旱之望雨、盭夫爲之垂涕、況乎上聖、又烏能已、故北出師以討強胡、南馳使以誚勁越、<u>四面風德</u>、二方之君鱗集仰流、願得受號者以億計、故乃關沬若、徼牂柯、鏤靈山、梁孫原、<u>創道德之塗、垂仁義之統、將博恩廣施遠、撫長駕</u>、使疏逖不閉、曶爽闇昧得燿乎光明、以偃甲兵於此、而息討伐於彼、遐邇一體、中外禔福、不亦康乎、夫拯民於沈溺、奉至尊之休德、反衰世之陵夷、繼周氏之絕業、天子之急務也、百姓雖勞又惡可以已哉、且夫王者固未有不始於憂勤、而終於佚樂者也、然則受命之符合在於此、方將增太山之封、加梁父之事、鳴和鸞、揚樂頌、上咸五、下登三、觀者未覩指、聽者未聞音、猶焦朋已翔乎寥廓、而羅者猶視乎藪澤、悲夫。

68

資料Ⅰ 『史記』・『漢書』・『晉書』・『舊唐書』・『新唐書』・『明史』の「仁」・「天理」

【Ⅲ①A 陛下・諸夏・百蠻】於是大司馬進曰、<u>陛下仁育羣生</u>、<u>義征不譓</u>、<u>諸夏樂貢</u>、<u>百蠻執贄</u>、德牟往初、功無與二、休烈浹洽、符瑞衆變、期應紹至、不特創見、意者太山、梁父設壇場望幸、蓋號以況榮、上帝垂恩儲祉、將以慶成、陛下嗛讓而弗發也、挈三神之歡、缺王道之儀、羣臣恧焉、或謂且天爲質闇、示珍符固不可辭、若然辭之、是泰山靡記而梁甫罔幾也、亦各並時而榮、咸濟厥世而屈、說者尚何稱於後、而云七十二君哉、夫修德以錫符、奉符以行事、不爲進越也、故聖王弗替、而修禮地祇、謁欵天神、勒功中岳、以章至尊、舒盛德、發號榮、受厚福、以浸黎民、皇皇哉斯事、天下之壯觀、王者之卒業、不可貶也、願陛下全之、而后因雜縉紳先生之略術、使獲曜日月之末光絶炎、以展采錯事、猶兼正列其義、袚飾厥文、作春秋一藝、將襲舊六爲七、攄之無窮、俾萬世得激清流、揚微波、蜚英聲、騰茂實、前聖之所以永保鴻名而常爲稱首者用此、宜命掌故悉奏其儀而覽焉。
《公孫弘卜式兒寬傳二十八》
【Ⅲ①B】元光五年……上策詔諸儒、制曰、蓋聞上古至治、畫衣冠、異章服、而民不犯、陰陽和、五穀登、六畜蕃、甘露降、風雨時、嘉禾興、朱草生、山不童、澤不涸、<u>麟鳳在郊藪</u>、<u>龜龍游於沼</u>、河洛出圖書、父不喪子、兄不哭弟、北發渠搜、南撫交阯、舟車所至、人迹所及、跂行喙息、咸得其宜、朕甚嘉之、今何道而臻乎此、子大夫脩先聖之術、明君臣之義、講論洽聞、有聲乎當世、敢問子大夫、天人之道、何所本始、吉凶之效、安所期焉、禹湯水旱、厥咎何由、<u>仁義禮知四者之宜</u>、當安設施、屬統垂業、物鬼變化、天命之符、廢興何如、<u>天文地理人事之紀</u>、子大夫習焉、其悉意正議、詳具其對、著之于篇、朕將親覽焉、靡有所隱。
【Ⅲ①B】……臣聞之氣同則從、聲比則應、今人主和德於上、百姓和合於下、故心和則氣和、氣和則形和、形和則聲和、聲和則天地之和應矣、故陰陽和、風雨時、甘露降、五穀登、六畜蕃、嘉禾興、朱草生、山不童、澤不涸、此和之至也、故形和則無疾、無疾則不夭、故父不喪子、兄不哭弟、德配天地、明並日月、則麟鳳至、龜龍在郊、河出圖、洛出書、遠方之君莫不說義、奉幣而來朝、此和之極也、<u>臣聞之仁者愛也</u>、義者宜也、禮者所履也、智者術之原也、致利除害、兼愛無私、<u>謂之仁</u>、明是非、立可否、<u>謂之義</u>、進退有度、尊卑有分、<u>謂之禮</u>、擅殺生之柄、通壅塞之塗、權輕重之數、論得失之道、使遠近情僞必見於上、<u>謂之術</u>、<u>凡此四者</u>、<u>治之本</u>、<u>道之用也</u>、皆當設施、不可廢也、得其要、則天下安樂、法設而不用、不得其術、則主蔽於上、官亂於下、此事之情、屬統垂業之本也、臣聞堯遭鴻水、使禹治之、未聞禹之有水也、若湯之旱、則桀之餘烈也、桀紂行惡、受天之罰、禹湯積德、以王天下、因此觀之、天德無私親、順之和起、逆之害生、此天文地理人事之紀、臣弘愚戇、不足以奉大對。

【Ⅲ①B 仁知勇】……後淮南衡山謀反、治黨與方急、弘病甚、自以爲無功而封侯、居宰相位、宜佐明主填撫國家、使人由臣子之道、今諸侯有畔逆之計、此大臣奉職不稱也、恐病死無以塞責、乃上書曰、臣聞天下通道五、所以行之者三、君臣父子夫婦長幼朋友之交、五者天下之通道也、<u>仁知勇三者</u>、所以行之也、故曰、<u>好問近乎知</u>、<u>力行近乎仁</u>、<u>知恥近乎勇</u>、知此三者、知所以自治、知所以自治、然後知所以治人、未有不能自治而能治人者也、陛下躬孝弟、監三王、建周道、兼文武、招徠四方之士、任賢序位、量能授官、將以厲百姓勸賢材也、今臣愚駑、無汗馬之勞、陛下過意擢臣弘卒伍之中、封爲列侯致、位三公、弘行能不足以稱、加有負薪之疾、恐先狗馬填溝壑、終無以報德塞責、願歸侯、乞骸骨、避賢者路、上報曰、古者賞有功、襃有德、守成上文、遭禍右武、未有易此者也、朕夙夜庶幾、獲承至尊、懼不能寧、惟所與共爲治者、君宜知之、蓋君子善善及後世、若茲行、常在朕躬、君不幸罹霜露之疾、何恙不已、乃上書歸侯、乞骸骨、是章朕之不德也、今事少間、君其存精神、止念慮、輔助醫藥以自持、因賜告牛酒雜帛、居數月、有瘳、視事。

【Ⅲ①B】兒寬千乘人也……<u>寬既治民</u>、勸農業、緩刑罰、理獄訟、卑體下士、務在於得人心、<u>擇用仁厚士</u>、推情與下、不求聲名、吏民大信愛之、寬表奏開六輔渠、定水令以廣溉田、收租稅、時裁闊狹、與民相假貸、以故租多不入、後有軍發、左内史以負租課殿、當免、民聞當免、皆恐失之、大家牛車、小家擔負、輸租繈屬不絶、課更以最、上由此愈奇寬。
《杜周傳三十》
【Ⅲ①B】欽字子夏……鳳白之太后……迹三代之季世、覽宗宣之饗國、察近屬之符驗、禍敗曷常不由女德、是以佩玉晏鳴、關雎歎之、知好色之伐性短年、離制度之生無厭、天下將蒙化、陵夷而成俗也、<u>故詠淑女</u>、<u>幾以配上</u>、<u>忠孝之篤</u>、<u>仁厚之作也</u>。

69

第一章　正史を通して知る「仁」と「天理」

【Ⅲ①A 陛下と仁】以陛下聖明、内推至誠、深思天變、何應而不感、何搖而不動、孔子曰仁遠乎哉。
【Ⅲ①B】欽對曰、臣聞天道貴信、地道貴貞、不信不貞、萬物不生、生、天地之所貴也、王者承天地之所生、理而成之、昆蟲草木麋不得其所、王者法天地、非仁無以廣施、非義無以正身、克己就義、恕以及人、六經之所上也、不孝、則事君不忠、涖官不敬、戰陳無勇、朋友不信。
《司馬遷傳三十二》
【Ⅲ①B】僕聞之、修身者智之府也、愛施者仁之端也、取予者義之符也、恥辱者勇之決也、立名者行之極也、士有此五者、然後可以託於世、列於君子之林矣。
《武五子傳三十三》
【Ⅲ①C 比干】上怒甚……臣聞子胥盡忠而忘其號、比干盡仁而遺其身、忠臣竭誠不顧鈇鉞之誅、以陳其愚、志在匡君安社稷也。
【Ⅲ①A 陛下至仁聖仁】大將軍光更尊立武帝曾孫、是爲孝宣帝……其天資喜由亂亡、終不見仁義、如此、後丞相御史以臣敞書聞、奏可、皆以遣、上由此知賀不足任、其明年春、乃下詔曰、蓋聞象有罪、舜封之、骨肉之親、析而不殊、其封故昌邑王賀爲海昏侯、食邑四千戸、侍中衛尉金安上上書言、賀天之所棄、陛下至仁、復封爲列侯、賀囂頑放廢之人、不宜得奉宗廟朝聘之禮、奏可、賀就國豫章、數年揚州刺史柯奏賀、與故太守卒史孫萬世交通、萬世問賀、前見廢時、何不堅守母出宮、斬大將軍、而聽人奪璽綬乎、賀曰、然、失之、萬世又以賀且王豫章、不久爲列侯、賀曰、且然、非所宜言、有司案驗、請逮捕、制曰、削戸三千、後薨、豫章太守廖奏言、舜封象於有鼻、死不爲置後、以爲暴亂之人不宜爲太祖、海昏侯賀死、上當爲後者子充國、充國死、復上弟奉親、奉親復死、是天絕之也、陛下聖仁、於賀甚厚、雖舜於象無以加也、宜以禮絕賀、以奉天意、願下有司議、議皆以爲不宜爲立嗣、國除。
《嚴朱吾丘主父徐嚴終王賈傳上》［不仁の理由］
【Ⅲ②E 閩越王】助諭意曰……今閩越王狼戾不仁、殺其骨肉、離其親戚、所爲甚多不義、又數舉兵侵陵百越、并兼鄰國、以爲暴彊、陰計奇策、入燔尋陽樓船、欲招會稽之地、以踐句踐之迹……。
【Ⅲ③A 秦・歴史的に仁を使って説明】吾丘壽王字子贛趙人也……臣聞、古者作五兵、非以相害、以禁暴討邪也、安居則以制猛獸而備非常、有事則以設守衛而施行陣、及至周室衰微、上無明王、諸侯力政、彊侵弱、衆暴寡、海内抗敝、巧詐並生、是以知者陷愚、勇者威怯、苟以得勝爲務、不顧義理、故機變械飾、所以相賊害之具不可勝數、於是秦兼天下、廢王道、立私議、滅詩書而首法令、去仁恩而任刑戮、墮名城、殺豪桀、銷甲兵、折鋒刃、其後、民以耰鉏箠梃相撻擊、犯法滋衆、盜賊不勝、至於赭衣塞路、羣盜滿山、卒以亂亡、故聖王務教化而省禁防、知其不足恃也。
【Ⅲ①A 陛下】偃説上曰、古者諸侯地不過百里、彊弱之形易制、今諸侯或連城數十、地方千里、緩則驕奢易爲淫亂、急則阻其彊而合從、以逆京師、今以法割削、則逆節萌起、前日朝錯是也、今諸侯子弟或十數、而適嗣代立、餘雖骨肉、無尺地之封、則仁孝之道不宣、願陛下令諸侯得推恩分子弟、以地侯之、彼人人喜得所願、上以德施、實分其國、必稍自銷弱矣。
【Ⅲ①A 陛下】徐樂燕郡無終人也……雖然、臣竊以爲陛下天然之質、寬仁之資、而誠以天下爲務、則禹湯之名不難侔、而成康之俗未必不復興也、此二體者立、然後處尊安之實、揚廣譽於當世、親天下而服四夷、餘恩遺德爲數世隆、南面背依攝袂而揖王公、此陛下之所服也、臣聞圖王不成、其敝足以安、安則陛下何求而不得、何威而不成、奚征而不服哉。
《嚴朱吾丘主父徐嚴終王賈傳下》
【Ⅲ①A 明天子】及至秦王、蠶食天下、并吞戰國、稱號皇帝、一海内之政、壞諸侯之城、銷其兵、鑄以爲鍾虡、示不復用、元元黎民得免於戰國、逢明天子、人人自以爲更生、鄉使秦緩刑罰、薄賦斂、省繇役、貴仁義、賤權利、上篤厚、下佞巧、變風易俗、化於海内、則世世必安矣、秦不行是風、循其故俗、爲知巧權利者進、篤厚忠正者退、法嚴令苛、諂諛者衆、日聞其美、意廣心逸、欲威海外、使蒙恬將兵以北攻彊胡、辟地進境、戍於北河、飛芻輓粟以隨其後。
【Ⅲ①A 君人と賢者】王襃字子淵蜀人也……夫竭知附賢者、必建仁策、索人求士者、必樹伯迹、昔周公躬吐捉之勞、故有圄空之隆、齊桓設庭燎之禮、故有匡合之功、由此觀之、君人者勤於求賢而逸於得人。
【Ⅲ①B】上令襃與張子僑等並待詔、數從襃等放獵、所幸宮館、輒爲歌頌、第其高下、以差賜帛、議者多以爲淫靡不急、上曰、不有博奕者乎、爲之猶賢乎已、辭賦大者與古詩同義、小者辯麗可喜、辟如女工有綺縠、

70

資料Ⅰ 『史記』・『漢書』・『晉書』・『舊唐書』・『新唐書』・『明史』の「仁」・「天理」

音樂有鄭衛、今世俗猶皆以此虞説耳目、辭賦比之、<u>尚有仁義風諭</u>、鳥獸草木多聞之觀、賢於倡優博奕遠矣、頌之、擢褒爲諫大夫。

【Ⅲ①Ａ殷武丁周成王】臣聞堯舜、聖之盛也、禹入聖域而不優、故孔子稱堯曰、大哉、韶曰、盡善、禹曰、無間、以三聖之德、地方不過數千里、西被流沙、東漸于海、朔南曁聲教、迄于四海、欲與聲教則治之、不欲與者不彊治也、故君臣歌德、含氣之物各、得其宜、<u>武丁成王、殷周之大仁也</u>、然地東不過江黄、西不過氐、羌南不過蠻荊、北不過朔方、是以頌聲並作、視聽之類咸樂其生、越裳氏重九譯而獻、非兵革之所能致及其衰也南征不還、齊桓捄其難、孔子定其文、以至乎秦、興兵遠攻、貪外虛内、務欲廣地、不慮其害、然地南不過閩越、北不過太原、而天下潰畔、禍卒在於二世之末、長城之歌至今未絶。

《東方朔傳三十五》

【Ⅲ①Ａ私は君の仁に沿って對應できません】久之伏曰……朔免冠謝、上曰、先生起自責也、朔再拜曰、朔來、朔來、受賜不待詔、何無禮也、拔劍割肉、壹何壯也、割之不多、又何廉也、<u>歸遺細君、又何仁也</u>。

【Ⅲ①Ａ】時天下侈靡趨末……朔對曰、堯舜禹湯文武成康上古之事、經歷數千載、尚難言也、臣不敢陳、願近述孝文皇帝之時、當世耆老皆聞見之、貴爲天子、富有四海、身衣弋綈、足履革舄、以韋帶劍、莞蒲爲席、兵木無刃、衣緼無文、集上書囊以爲殿帷、<u>以道德爲麗、以仁義爲準</u>。

【Ⅲ①Ａ周の文王武王のときに太公は仁義を行った】雖然、安可以不務修身乎哉、詩云、鼓鐘于宮、聲聞于外、鶴鳴于九皋、聲聞于天、苟能修身、何患不榮、<u>太公體行仁義、七十有二迺設用於文武</u>、得信厥説、封於齊、七百歲而不絶、此士所以日夜孳孳、敏行而不敢怠也。

【Ⅲ①Ａ仁人が爲す・衰世の法の伯夷叔齊】先生對曰……二人皆詐僞、巧言利口以進其身、陰奉琱琢刻鏤之好以納其心、務快耳目之欲、以苟容爲度、遂往不戒、身没被戮、宗廟崩阤、國家爲虚、放戮聖賢、親近讒夫、詩不云乎、讒人罔極、交亂四國、此之謂也、故卑身賤體、説色微辭、愉愉呴呴、終無益於主上之治、則志士仁人不忍爲也、將儼然作矜嚴之色、深言直諫、上以拂主之邪、下以損百姓之害、則忤於邪主之心、歷於衰世之法、故養壽命之士莫肯進也、遂居深山之間、積土爲室、編蓬爲戶、彈琴其中、以咏先王之風、亦可以樂而忘死矣、<u>是以伯夷叔齊避周、餓于首陽之下、後世稱其仁</u>、如是、邪主之行固足畏也、故曰談何容易。於是、吳王懼然易容、捐薦去几、危坐而聽……太公釣於渭之陽以見文王、心合意同、謀無不成、計無不從、誠得其君也、深念遠慮、引義以正其身、推恩以廣天下、<u>本仁祖義</u>……於是正明堂之朝、<u>齊君臣之位、舉賢材、布德惠、施仁義</u>、賞有功、躬節儉、減後宮之費、損車馬之用……。

《公孫劉車王楊蔡陳鄭傳三十六》

【Ⅲ①Ａ】惲……夫人情所不能止者……惲幸有餘祿、方糴賤販貴、逐什一之利、此賈豎之事、汙辱之處、惲親行之、下流之人、衆毀所歸、不寒而栗、雖雅知惲者、猶隨風而靡、尚何稱譽之有、董生不云乎、明明求仁義、常恐不能化民者、卿大夫之意也、<u>明明求財利</u>、常恐困乏者、庶人之事也、故道不同、不相爲謀、今子尚安得以卿大夫之制而責僕哉。

【Ⅲ①Ａ知者仁者勇者辯者】贊曰、所謂鹽鐵議者……當此之時、英俊並進、賢良茂陵唐生、文學魯國萬生之徒、六十有餘人咸聚闕庭、舒六蓺之風、陳治平之原、<u>知者贊其慮、仁者明其施、勇者見其斷、辯者騁其辭</u>、斌斌焉、行行焉、雖未詳備、斯可略觀矣。

《楊胡朱梅云傳三十七》

【Ⅲ③Ａ陛下が聞く耳をもたないと仁鳥もいなくなる】梅福……福復上書曰……<u>今陛下既不納天下之言、又加戮焉、夫載鵲遭害、則仁鳥增逝</u>、愚者蒙戮、則知士深退。

【Ⅲ①Ｆ孔子】贊曰、昔仲尼稱<u>不得中行</u>、則思狂狷、觀楊王孫之志、賢於秦始皇遠矣、世稱朱雲多過其實、故曰蓋有不知而作之者、我亡是也、胡建臨敵敢斷、武昭於外、斬伐姦隙、軍旅不隊、梅福之辭、合於大雅雖無老成、尚有典刑、殷監不遠、夏后所聞、遂從所好、全性市門、<u>云敞之義、著於吳章、爲仁由己</u>、再入大府、清則濯纓、何逡之有。

《霍光金日磾傳三十八》

【Ⅲ①Ａ文帝】臣敞等謹與博士臣霸、臣雋舍、臣德、臣虞舍、臣射、臣倉議、皆曰、高皇帝建功業爲漢太祖、<u>孝文皇帝慈仁節儉爲太宗</u>、今陛下嗣孝昭皇帝後、行淫辟不軌、詩云、藉曰未知、亦既抱子、五辟之屬、莫大不孝、周襄王不能事母、春秋曰、天王出居于鄭、繇不孝出之、絶之於天下也、宗廟重於君、陛下未見命高廟、不可以承天序、奉祖宗廟、子萬姓、當廢、臣請有司御史大夫臣誼、宗正臣德、太常臣昌與太

第一章　正史を通して知る「仁」と「天理」

祝以一太牢具、告祠高廟、臣敞等昧死以聞。
【Ⅲ①A 武帝】孝武皇帝曾孫病已、武帝時有詔掖庭養視、至今年十八、師受詩論語孝經、躬行節儉、慈仁愛人、可以嗣孝昭皇帝後、奉承祖宗廟、子萬姓、臣昧死以聞、皇太后詔曰可。
【Ⅲ①A】初、趙平客石夏爲天官……山等愈恐、相謂曰、此縣官重太后、故不竟也、然惡端已見、又有弑許后事、陛下雖寬仁、恐左右不聽、久之猶發、發即族矣、不如先也。
《趙充國辛慶忌傳三十九》
【Ⅲ①A】臣聞兵以計爲本……臣竊自惟念、奉詔出塞、引軍遠擊、窮天子之精兵、散車甲於山野、雖亡尺寸之功、媮得避慊之便、而亡後咎餘責、此人臣不忠之利、非明主社稷之福也、臣幸得奮精兵、討不義、久留天誅、罪當萬死、陛下寬仁、未忍加誅、令臣數得執計、愚臣伏計孰甚、不敢避斧鉞之誅、昧死陳愚、唯陛下省察。
【Ⅲ①F 王鳳仁勇】辛慶忌字子眞……歲餘、大將軍王鳳薦慶忌、前在兩郡著功迹、徵入、歷位朝廷、莫不信鄉、質行正直、仁勇得衆心、通於兵事、明略威重、任國柱石、父破羌將軍武賢顯名前世、有威西夷、臣鳳不能久處慶忌之右、廼復徵爲光禄大夫執金吾、數年、坐小法左遷雲中太守、復徵爲光禄勳。
《雋疏于薛平彭傳四十一》［敍傳が最後に言及］
【Ⅲ①B 王者】平當字子思……自元帝時、韋玄成爲丞相、奏罷太上皇寢廟園、當上書言、臣聞孔子曰、如有王者、必世而後仁、三十年之間、道德和洽、制禮興樂、災害不生、禍亂不作、今聖漢受命而王、繼體承業二百餘年、孜孜不怠、政令清矣。
《王貢兩龔鮑傳四十二》
【Ⅲ①A 後に召公の仁恩を思う・皇帝仁聖・C大王宣帝】王吉字子陽琅邪皐虞人也……昔召公述職、當民事時、舍於棠下而聽斷焉、是時人皆得其所、後世思其仁恩、至乎不伐甘棠、甘棠之詩是也、大王不好書術而樂逸游、馮式撐衡、馳騁不止、口倦乎叱咤、手苦於箠轡、身勞乎車輿、朝則冒霧露、晝則被塵埃、夏則爲大暑之所暴炙、冬則爲風寒之所匽薄、數以耎脆之玉體犯勤勞之煩毒、非所以全壽命之宗也、又非所以進仁義之隆也、夫廣夏之下、細旃之上、明師居前、勸誦在後、上論唐虞之際、下及殷周之盛、考仁聖之風、習治國之道、訢訢焉發憤忘食、日新厥德、其樂豈徒銜橜之閒哉、休則俛仰詘信以利形、進退步趨以實下、吸新吐故以練臧、專意積精以適神、於以養生、豈不長哉、大王誠留意如此、則心有堯舜之志、體有喬松之壽、美聲廣譽登而上聞、則福禄其輳而社稷安矣、皇帝仁聖、至今思慕未忘、於宮館囿池弋獵之樂未有所幸、大王宜夙夜念此、以承聖意、諸侯骨肉、莫親大王、大王於屬則子也、於位則臣也、一身而二任之責加焉、恩愛行義纎介有不具者、於以上聞、非饗國之福也、臣吉愚戇、願大王察之。……久之昭帝崩……吉即奏書戒王曰……願大王察之、大將軍仁愛勇智、忠信之德天下莫不聞、事孝武皇帝二十餘年未嘗有過、先帝棄羣臣、屬以天下、寄幼孤焉、大將軍抱持幼君襁褓之中、布政施教、海内晏然、雖周公伊尹亡以加也、今帝崩亡嗣、大將軍惟思可以奉宗廟者、攀援而立大王、其仁厚豈有量哉。
【Ⅲ①A】春秋所以大一統者、六合同風、九州共貫也……孔子曰、安上治民、莫善於禮、非空言也、王者未制禮之時、引先王禮宜於今者而用之、臣願陛下承天心、發大業、與公卿大臣延及儒生、述舊禮、明王制、敺一世之民躋之仁壽之域、則俗何以不若成康、壽何以不若高宗、竊見當世趨務不合於道者、謹條奏、陛下財擇焉。……又言、舜湯不用三公九卿之世而舉皋陶伊尹、不仁者遠。
【Ⅲ①A】唯陛下深察古道……故詩曰、天難諶斯、不易惟王、上帝臨女、毋貳爾心、當仁不讓、獨可以聖心參諸天地、揆之往古、不可與臣下議也、若其阿意順指、隨君上下、臣禹不勝拳拳、不敢不盡愚心。
【Ⅲ③B 千年もすると仁義も廢れる】禹又言……自成康以來、幾且千歲、欲爲治者甚衆、然而太平不復興者、何也、以其舍法度而任私意、奢侈行而仁義廢也、陛下誠深念高祖之苦……。
《韋賢傳四十三》
【Ⅲ①B 天子】我之退征、請于天子、天子我恤、矜我髮齒、赫赫天子、明惡且仁、縣車之義、以洎小臣。
《魏相丙吉傳四十四》
【Ⅲ①A 先帝】數條漢興已來國家便宜行事、及賢臣賈誼晁錯董仲舒等所言、奏請施行之、曰、臣聞明主在上、賢輔在下、則君安虞而民和睦、臣相幸得備位、不能奉明法、廣教化、理四方、以宣聖德、民多背本趨末、或有饑寒之色、爲陛下之憂、臣相罪當萬死、臣相知能淺薄、不明國家大體、時用之宜、惟民終始、未得所繇、竊伏觀先帝聖德仁恩之厚、勤勞天下、垂意黎庶、憂水旱之災、爲民貧窮發倉廩、振乏餽……。

資料Ⅰ 『史記』・『漢書』・『晉書』・『舊唐書』・『新唐書』・『明史』の「仁」・「天理」

【Ⅲ①A】元帝時、長安士伍尊上書、言臣少時爲郡邸小吏、竊見孝宣皇帝以皇曾孫在郡邸獄、是時治獄使者丙吉見皇曾孫遭離無辜、吉仁心感動、涕泣悽惻、選擇復作胡組養視皇孫、吉常從……豈豫知天下之福、而徼其報哉、誠其仁恩内結於心也、雖介之推割肌以存君、不足以比。
《眭兩夏侯京翼李傳四十五》
【Ⅲ①A 武帝】宣帝初卽位、欲襃先帝、詔丞相御史曰、朕以眇身、蒙遺德、承聖業、奉宗廟、夙夜惟念、孝武皇帝躬仁誼、厲威武、北征匈奴、單于遠遁、南平氐羌、昆明甌駱兩越、東定薉貉朝鮮、廓地斥境、立郡縣、百蠻率服、欵塞自至、珍貢陳於宗廟、協音律、造樂歌、薦上帝、封太山、立明堂、改正朔、易服色、明開聖緒、尊賢顯功、興滅繼絕、襃周之後……。
【Ⅲ①A】房未發……臣弟子姚平謂臣曰、房可謂知道、未可謂信道也、房言災異、未嘗不中、今涌水已出、道人當逐死、尚復何言、臣曰、陛下至仁、於臣尤厚、雖言而死、臣猶言也。
【Ⅲ①A 用いられて仁義】上奉爲中郞……故曰顯諸仁臧諸用……奉奏封事曰、臣聞……秦封……今年太陰建於甲戌、律以庚寅初用事、歷中甲庚、律得參陽、性中仁義、情得公正貞廉……。
《趙尹韓張兩王列傳四十六》
【Ⅲ①C 太后】居頃之……今太后資質淑美、慈愛寬仁、諸侯莫不聞、而少以田獵縱欲爲名、於以上聞、亦未宜也。
《蕭望之列傳四十八》
【Ⅲ①A 中國の仁義】三年代丙吉爲御史大夫……望之對曰…宜遣使者弔問、輔其微弱、救其災患、四夷聞之、咸貴中國之仁義、如遂蒙恩得復其位、必稱臣服從、此德之盛也、上從其議、後竟遣兵護輔呼韓邪單于定其國。
《宣元六王傳五十》
【Ⅲ①C 太子】淮陽憲王欽、元康三年立……而憲王壯大、好經書法律、聰達有材、帝甚愛之、太子寬仁、喜儒術、上數嗟歎憲王、曰真我子也。
【Ⅲ①C 王】楚孝王囂、甘露二年立爲定陶王、三年徙楚、成帝河平中入朝、時被疾、天子閔之、下詔曰、蓋聞、天地之性人爲貴、人之行莫大於孝、楚王囂素行孝順仁慈、之國以來二十餘年、孅介之過未嘗聞、朕甚嘉之。
【Ⅲ①AC 東平王】東平思王宇、甘露二年立……宇立二十年……後三歲、天子詔有司曰、蓋聞仁以親親、古之道也、前東平王有闕、有司請廢、朕不忍、又請削、朕不敢專、惟王之至親、未嘗忘於心、今聞王改行自新、尊修經術、親近仁人、非法之求、不以奸吏、朕甚嘉焉。
《匡張孔馬傳五十一》
【Ⅲ①AC】會宣帝崩……將軍誠召置莫府、學士歙然歸仁、與參事議、觀其所有、貢之朝廷、必爲國器、以此顯示衆庶、名流於世……臣愚以爲、宜壹曠然大變世俗、孔子曰、能以禮讓爲國乎、何有、朝廷者、天下之楨幹也、公卿大夫相與循禮恭讓、則民不爭、好仁樂施、則下不暴、上義高節、則民興行、寬柔和惠、則衆相愛、四者明王之所以不嚴而成化也、何者、朝有變色之言、則下有爭鬭之患、上有自專之士、則下有不讓之人、上有克勝之佐、則下有傷害之心、上有好利之臣、則下有盜竊之民、此其本也。
【Ⅲ①AC 太子元帝】臣竊考國風之詩、周南召南被賢聖之化深、故篤於行而廉於色、鄭伯好勇、而國人暴虎、秦穆貴信、而士多從死、陳夫人好巫、而民淫祀、晉侯好儉、而民畜聚、太王躬仁、邠國貴恕、由此觀之、治天下者審所上而已。
【Ⅲ①A】覽六藝之意、察上世之務、明自然之道、博和睦之化、以崇至仁、匡失俗、易民視、令海内昭然咸見本朝之所貴、道德弘於京師、淑問揚乎疆外、然後大化可成、禮讓可興也。
【Ⅲ①B 仁愛の戒め】孔子著之孝經首章、蓋至德之本也、傳曰、審好惡、理情性、而王道畢矣、能盡其性、然後能盡人物之性、能盡人物之性、可以贊天地之化、治性之道、必審己之所有餘、而彊其所不足、蓋聰明疏通者戒於大察、寡聞少見者戒於雍蔽、勇猛剛彊者戒於大暴、仁愛溫良者戒於無斷、湛靜安舒者戒於後時、廣心浩大者戒於遺忘。
【Ⅲ①B 仁義と法則】臣又聞……舉錯動作、物遵其儀、故形爲仁義、動爲法則、孔子曰、德義可尊、容止可觀、進退可度、以臨其民、是以其民畏而愛之、則而象之。
【Ⅲ③D】光爲大夫月餘……上乃知光前免非其罪、以過近臣毀短光者、復免傅嘉、曰、前爲侍中、毀譖仁賢、誣愬大臣、令俊艾者久失其位……。

第一章　正史を通して知る「仁」と「天理」

《王商史丹傅喜傳五十二》

【Ⅲ③D殘賊】會日有蝕之、大中大夫蜀郡張匡、其人佞巧、上書願對近臣陳日蝕咎、下朝者、左將軍丹等問匡、對曰、竊見丞相商作威作福、從外制中、取必於上、性殘賊不仁、遣票輕吏微求人罪、欲以立威、天下患苦之、前頻陽耿定上書言商與父傅通、及女弟淫亂……自漢興幾遭呂霍之患、今商有不仁之性、乃因怨以内女、其姦謀未可測度、前孝景世七國反、將軍周亞夫以爲即得雒陽劇孟、關東非漢之有、今商宗族權勢、合賞鉅萬計、私奴以千數、非特劇孟匹夫之徒也、且失道之至、親戚畔之、閨門内亂、父子相訐……。

【Ⅲ①A】史丹字君仲魯國人也……於是上嘿然而咲、其後、中山哀王薨、太子前弔、哀王者、帝之少弟、與太子游學相長大、上望見太子、感念哀王、悲不能自止、太子既至前、不哀、上大恨曰、安有人不慈仁而可奉宗廟爲民父母者乎、上以責謂丹。

【Ⅲ①A天子】竟寧元年……天子素仁、不忍見丹涕泣、言又切至、上意大感、喟然太息曰、吾日困劣、而太子兩王幼少、意中戀戀、亦何不念乎……。

《薛宣朱博傳五十三》

【Ⅲ①A成帝】是時、成帝初即位、宣爲中丞、執法殿中、外總部刺史、上疏曰、陛下至德仁厚、哀閔元元、躬有日仄之勞、而亡侏豫之樂、允執聖道、刑罰惟中、然而嘉氣尚凝、陰陽不和、是臣下未稱、而聖化獨有不洽者也。

【Ⅲ①A吏賞罰明と仁恕愛利・刑吏】宣爲吏賞罰明、用法平而必行、所居皆有條教可紀、多仁恕愛利、池陽令擧廉吏獄掾王立、府未及召、聞立受囚家錢、宣責讓縣、縣案驗獄掾、乃其妻獨受繫者錢萬六千、受之再宿、獄掾實不知、掾慚恐自殺、宣聞之、移書池陽曰、縣所擧廉吏獄掾王立、家私受賕、而立不知、殺身以自明、立誠廉士、甚可閔惜、其以府決曹掾書立之柩、以顯其魂、府掾史素與立相知者、皆予送葬。

《翟方進傳五十四》

【Ⅲ②D】後數年、皇太后姊子侍中衛尉定陵侯淳于長有罪、上以太后故、免官勿治罪……於是方進復奏立黨友曰、立素行積爲不善、衆人所共知、邪臣自結、附託爲黨、庶幾與政事、欲獲其利、今立斥逐就國、所交結尤著者、不宜備大臣、爲郡守、案後將軍朱博、鉅鹿太守孫閎、故光禄大夫陳咸與立交通厚善、相與爲腹心、有背公死黨之信、欲相攀援、死而後已、皆内有不仁之性、而外有儁材、過絶於人倫、勇猛果敢、處事不疑、所居皆尚殘賊酷虐、苛刻慘毒以立威、而亡纖介愛利之風、天下所共知、愚者猶惑、孔子曰、人而不仁如禮何、人而不仁如樂何、言不仁之人、亡所施用、不仁而多材、國之患也、此三人皆内懷姦猾、國之所患、而深相與結、信於貴戚姦臣、此國家大憂、大臣所宜沒身而爭也。

《谷永杜鄴傳》

【Ⅲ③D殘賊】漢家行夏正、夏正色黑、黑龍、同姓之象也、龍陽德、由小之大、故爲王者瑞應、未知同姓有見本朝無繼嗣之慶、多危殆之隙、欲因擾亂擧兵而起者邪、將動心冀爲後者、殘賊不仁、若廣陵昌邑之類、臣愚不能處也、元年九月黑龍見、其晦、日有食之。

【Ⅲ①A】中元延元年、爲北地太守時災異尤數、永當之官、上使衛尉淳于長受永所欲言、永對曰、臣永幸得以愚朽之材爲大中大夫、備拾遺之臣、從朝者之後、進不能盡思納忠輔宣聖德、退無被堅執鋭討不義之功、猥蒙厚恩、仍遷至北地太守、絶命隕首、身膏野草、不足以報塞萬分、陛下聖德寬仁、不遺易忘之臣、垂周文之聽、下及芻蕘之愚、有詔使衛尉受永所欲言、臣聞事君之義、有言責者盡其忠、有官守者脩其職。

【Ⅲ①③B博愛仁恕と誅逐仁賢】臣聞天生蒸民、不能相治、爲立王者以統理之、方制海内非爲天子、列土封疆非爲諸侯、皆以爲民也、垂三統、列三正、去無道、開有德、不私一姓、明天下乃至天下之天下、非一人之天下也、王者躬行道德、承順天地、博愛仁恕、恩及行葦、籍税取民不過常法、宮室車服不踰制度、事節財足、黎庶和睦、則卦氣理效、五徵時序、百姓壽考、庶艸蕃滋、符瑞並降、以昭保右、失道妄行、逆天暴物、窮奢極欲、湛湎荒淫、婦言是從、誅逐仁賢、離逖骨肉、羣小用事、峻刑重賦、百姓愁怨、則卦氣悖亂、咎徵著郵……。

《何武王嘉師丹傳五十六》

【Ⅲ①F】武爲人仁厚、好進士、獎稱人之善。

【Ⅲ①A】會息夫躬……陛下仁恩於賢等不已、宜暴賢等本奏語言、延問公卿大夫博士議郎、考合古今、明正其義、然後乃加爵土、不然、恐大失衆心、海内引領而議。

【Ⅲ① A】陛下在國之時……陛下素仁智愼事、今而有此大譏。
【Ⅲ① A】丹既免數月……陛下聖仁、昭然定尊號、宏以忠孝復封高昌侯。
《揚雄傳五十七上》
【Ⅲ① B】或稱戲農……陋三王之阨薛、嶠高擧而大興、歷五帝之寥廓、涉三皇之登閎、建道德以爲師、友仁義與爲朋。
【Ⅲ① A】於茲虖鴻生鉅儒、俄軒冕、雜衣裳、脩唐典、匡雅頌、揖讓於前、昭光振燿、蠁曶如神、仁聲惠於北狄、武義動於南鄰……恐貧窮者不徧被洋溢之饒、開禁苑、散公儲、創道德之囿、弘仁惠之虞、馳弋乎神明之囿、覽觀乎羣臣之有亡。
《揚雄傳五十七下》
【Ⅲ① B】子墨客卿問於翰林主人曰、蓋聞聖主之養民也、仁霑而恩洽、動不爲身。
【Ⅲ① A 朝廷純仁③ D 南越羌僰】其後熏鬻作虐……南越相夷、靡節西征、羌僰東馳、是以遐方疏俗殊鄰絶黨之域、自上仁所不化、茂德所不綏、莫不蹻足抗手、請獻厥珍、使海内澹然、永亡邊城之災、金革之患、今朝廷純仁、遵道顯義、并包書林、聖風雲靡……。
【Ⅲ③ D 仁者を去らしむ】今大漢左東海……昔三仁去而殷虛、二老歸而周熾、子胥死而吳亡、種蠡存而粵伯、五羖入而秦喜、樂毅出而燕懼、范雎以折摺而危穰侯、蔡澤雖噤吟而笑唐擧、故當其有事也、非蕭曹子房平勃樊霍則不能安、當其亡事也、章句之徒相與坐而守之、亦亡所患、故世亂、則聖哲馳騖而不足、世治、則庸夫高枕而有餘。
【Ⅲ① B】雄以爲賦者、將以風也、必推類而言、極麗靡之辭、閎侈鉅衍、競於使人不能加也、既迺歸之於正、然覽者已過矣、往時武帝好神仙、相如上大人賦、欲以風、帝反縹縹有陵雲之志、繇是言之、賦勸而不止、明矣、又頗似俳優淳于髡優孟之徒、非法度所存、賢人君子詩賦之正也、於是輟不復爲、而大潭思渾天、參摹而四分之、極於八十一、旁則三摹九据、極之七百二十九贊、亦自然之道也、故觀易者、見其卦而名之、觀玄者、數其畫而定之、玄首四重者、非卦也、數也、其用自天元推一畫一夜陰陽數度律歷之紀、九九大運、與天終始故、三方、九州二十七部、八十一家、二百四十三表、七百二十九贊、分爲三卷、曰一二三、與泰初歷相應、亦有顓頊之歷焉、撰之以三策、開之以休咎、絣之以象類、播之以人事、文之以五行、擬之以道德仁義禮知、無主無名、要合五經、苟非其事、文不虛生、爲其泰曼漶而不可知、故有首衝錯測攡瑩數文掜圖告十一篇、皆以解剝玄體、離散其文、章句尚不存焉、玄文多、故不著、觀之者難知、學之者難成、客有難玄大深、衆人之不好也、雄解之、號曰解難、其辭……。
【Ⅲ① B】雄見諸子各以其知舛馳、大氏詆訾聖人、即爲怪迂、析辯詭辭、以撓世事、雖小辯、終破大道而或衆、使溺於所聞而不自知其非也、及太史公記六國、歷楚漢、訖麟止、不與聖人同、是非頗謬於經、故人時有問雄者、常用法應之、譔以十三卷、象論語、號曰法言、法言文多不著、獨著其目、天降生民、倥侗顓蒙……神心忽悅、經緯萬方、事繋諸道德仁誼禮、譔問神第五、明哲煌煌、旁燭無疆、遜于不虞、以保天命、譔問明第六……。
【Ⅲ③ D 老聃】時大司空王邑納言嚴尤聞雄死、謂桓譚曰、子常稱揚雄書、豈能傳於後世乎、譚曰、必傳、顧君與譚不及見也、凡人賤近而貴遠、親見揚子雲祿位容貌不能動人、故輕其書、昔老聃著虛無之言兩篇、薄仁義、非禮學、然後世好之者尚以爲過於五經、自漢文景之君及司馬遷皆有是言、今揚子之書文義至深、而論不詭於聖人……。
《循吏傳五十九》
【Ⅲ① A 吏】文翁、廬江舒人也、少好學、通春秋、以郡縣吏察擧、景帝末、爲蜀郡守、仁愛好教化。
【Ⅲ① A 吏】五鳳三年……丞相圖議上奏、曰、臣聞上計長吏守丞以興化條、皇天報下神雀、後知從臣敞舍來、乃止、郡國吏竊笑丞相仁厚有知略、微信奇怪也、昔汲黯爲淮陽守、辭去之官、謂大行李息曰、御史大夫張湯懷詐阿意、以傾朝廷、公不早白、與俱受戮矣、息畏湯、終不敢言。
《酷吏傳六十》
【Ⅲ③ A 刑吏だが仁愛強化なし】初延年母從東海來、欲從延年臘、到雒陽、適見報囚、母大驚、便止都亭、不肯入府、延年出至都亭謁母、母閉閤不見、延年免冠頓首閤下、良久、母乃見之、因數責延年、幸得備郡守、專治千里、不聞仁愛教化、有以全安愚民、顧乘刑罰多刑殺人、欲以立威、豈爲民父母意哉。
《貨殖傳六十一》

第一章　正史を通して知る「仁」と「天理」

【Ⅲ①Ｂ先王】昔先王之制……管子云古之四民不得雜處、士相與言仁誼於閒宴、工相與議技巧於官府、商相與語財利於市井、農相與謀稼穡於田壄、朝夕從事、不見異物而遷焉。
【Ⅲ③Ｄ不足する】白圭、周人也、當魏文侯時、李克務盡地力、而白圭樂觀時變、故人棄我取、人取我予、能薄飲食、忍嗜欲、節衣服、與用事僮僕同苦樂、趨時若猛獸鷙鳥之發、故曰、吾治生猶伊尹呂尚之謀、孫吳用兵、商鞅行法是也、故智不足與權變、勇不足以決斷、仁不足以取予、彊不能以有守、雖欲學吾術、終不告也、蓋天下言治生者祖白圭。
《游俠傳六十二》
【Ⅲ③Ｄ外面と内面】原涉……或譏涉曰、子本吏二千石之世、結髮自修、以行喪推財禮讓爲名、正復讎取仇、猶不失仁義、何故遂自放縱、爲輕俠之徒乎……涉性略似郭解、外溫仁謙遜、而内隱好殺。
《佞幸傳六十三》
【Ⅲ③Ｄ仁賢を使わない】贊曰……一朝帝崩、姦臣擅命、董賢縊死、丁傅流放、辜及母后、奪位幽廢、咎在親便嬖、所任非仁賢、故仲尼著、損者三友、王者不私人以官、殆爲此也。
《匈奴傳六十四下》
【Ⅲ③Ｄ仁義を語らない】贊曰……仲舒親見四世之事、猶復欲守舊文、頗增其約、以爲、義動君子、利動貪人、如匈奴者、非可以仁義説也、獨可説以厚利、結之於天耳。
《西南夷兩粵朝鮮傳六十五》
【Ⅲ③Ｄ仁者でない】文帝元年……雖然、王之號爲帝、兩帝並立、亡一乘之使以通其道、是爭也、爭而不讓、仁者不爲也、願與王分棄前患、終今以來、通使如故、故使賈馳諭告王朕意、王亦受之、毋爲寇災矣、上褚五十衣、中褚三十衣、下褚二十衣、遺王。
《西域傳六十六下》
【Ⅲ③Ａ外に關心をもつべし】贊曰……是以末年遂棄輪臺之地、而下哀痛之詔、豈非仁聖之所悔哉、且通西域、近有龍堆、遠則蔥嶺、身熱頭痛縣度之阨、淮南杜欽揚雄之論、皆以爲此天地所以界別區域、絶外内也。
《外戚列傳六十七上》
【Ⅲ③Ｃ太子仁弱】高祖呂皇后父呂公單父人也……後漢王得定陶戚姬、愛幸、生趙隱王如意、太子爲人仁弱、高祖以爲不類已、常欲廢之、而立如意、如意類我、戚姬常從上之關東、日夜啼泣、欲立其子、呂后年長、常留守、希見、益疏、如意且立爲趙王、留長安、幾代太子者數、賴公卿大臣爭之、及叔孫通諫、用留侯之策、得無易。
【Ⅲ①Ａ】高祖崩……惠帝慈仁、知太后怒、自迎趙王霸上、入宮、挾與起居飲食、數月、帝晨出射、趙王不能蚤起、太后伺其獨居、使人持鴆飲之、遲帝還、趙王死。
【Ⅲ①Ｃ薄氏・代王文帝を呼ぶ】高祖薄姬文帝母也……代王立十七年、高后崩、大臣議立後、疾外家呂氏彊暴、皆稱薄氏仁善、故迎立代王爲皇帝、尊太后爲皇太后、封弟昭爲軹侯。
【Ⅲ①Ｃ】上又而爲作賦、以傷悼夫人、其辭曰……亂曰……仁者不誓豈約親兮……嗚呼哀哉、想魂靈兮。
【Ⅲ①Ｃ】孝昭上官皇后……燕王大喜、上書稱、子路喪姊、朞而不除、孔子非之、子路曰、由不幸寡兄弟、不忍除之、故曰、觀過知仁、今臣與陛下獨有長公主爲姊、陛下幸使丁外人侍之、外人宜蒙爵號、書奏、上以問光……。
《外戚列傳六十七下》
【Ⅲ①Ａ皇帝は仁のはてを知らない】後九年、上憐許氏、下詔曰、蓋聞仁不遺遠、誼不忘親、前平安剛侯夫人謁坐大逆罪、家屬幸蒙赦令、歸故郡、朕惟平恩戴侯、先帝外祖、魂神廢棄、莫奉祭祀、念之未嘗忘于心、其還平恩侯旦及親屬在山陽郡者、是歲廢后敗。
【Ⅲ①Ａ】哀帝……時諫郎耿育上疏言、知陛下有賢聖通明之德、仁孝子愛之恩、懷獨見之明、内斷於身、故廢後宮就館之漸、絶微嗣禍亂之根、乃欲致位陛下以安宗廟。
《元后傳六十八》
【Ⅲ①Ｃ婦人之仁】司徒掾班彪曰、三代以來、春秋所記、王公國君、與其失世、稀不以女寵、漢興、后妃之家呂霍上官、幾危國者數矣、及王莽之興、由孝元后歷漢四世爲天下母、饗國六十餘載、羣弟世權、更持國柄、五將十侯、卒成新都、位號已移於天下、而元后卷卷猶握一璽、不欲以授莽、婦人之仁、悲夫。

《王莽傳六十九上》
【Ⅲ①F 將軍と相の仁】莽上書言……<u>太后下詔曰</u>、太傅博山侯光宿衛四世、<u>世爲傅相、忠孝仁篤</u>、行義顯著、建議定策、益封萬戶、以光爲太師、與四輔之政、<u>車騎將軍安陽侯舜積累仁孝</u>、使迎中山王、折衝萬里、功德茂著、益封萬戶、以舜爲太保、<u>左將軍光祿勳豐宿衛三</u>、<u>世忠信仁篤</u>、使迎中山王、輔導共養、以安宗廟……
【Ⅲ①F 安漢公の仁】<u>竊見安漢公自初束脩</u>、值世俗隆奢麗之時、蒙兩宮厚骨肉之寵、被諸父赫赫之光、財饒埶足、亡所寤意、<u>然而折節行仁</u>、克心履禮、拂世矯俗、確然特立……。
【Ⅲ③AF 仁賢を逐う】深執謙退、推誠讓位、定陶太后欲立僭號、憚彼面刺幄坐之義、佞惑之雄、朱博之疇、懲此長宏手劾之事、上下壹心、讒賊交亂、詭辟制度、遂成篡號、<u>斥逐仁賢</u>、誅殘戚屬、而公被胥原之訴、遠去就國、朝政崩壞、綱紀廢弛、危亡之禍、不隧如髮。
【Ⅲ①CF】莽既致太平……問良願降意、對曰、<u>太皇太后聖明</u>、<u>安漢公至仁</u>、天下太平、五穀成熟、或禾長丈餘、或一粟三米、或不種自生、或蠶不蠶自成、甘露從天下、醴泉自地出、鳳皇來儀、神爵降集。
《王莽傳六十九中》
【Ⅲ①A】二年二月……十一月……其宗廟不當在常安城中、及諸劉爲諸侯者當與漢俱廢、<u>陛下至仁</u>、久未定、前故安衆侯劉崇、徐鄕侯劉快、陵鄕侯劉曾、扶恩侯劉貴等、更聚衆謀反。
【Ⅲ①A 王莽】莽至明堂……定諸國邑采之處、使侍中講理大夫孔秉等與州部衆郡曉知地理圖籍者、共校治于壽成朱鳥堂、予數與羣公祭酒上卿親聽視、咸已通矣、<u>夫襃德賞功、所以顯仁賢也</u>、九族和睦、所以襃親親也。
《王莽傳六十九下》
【Ⅲ③A】初四方皆以饑寒窮愁起爲盜賊……莽大怒、下獄以爲誣罔、因下書責七公曰、<u>夫吏者、理也、宣德明恩、以牧養民、仁之道也</u>、抑强督姦、捕誅盜賊、義之節也。
【Ⅲ③A】二月霸橋災……莽惡之下書曰……<u>今東方歲荒民饑、道路不通</u>、東岳太師亟科條、開東方諸倉、賑貸窮乏、<u>以施仁道</u>、其更名霸館爲長存館、霸橋爲長存橋。
【Ⅲ②A 王莽】贊曰、王莽始起外戚、折節力行、以要名譽、宗族稱孝、<u>師友歸仁</u>、及其居位輔政、成哀之際、勤勞國家、直道而行、動見稱述、豈所謂、在家必聞、在國必聞、色取仁而行違、者邪、<u>莽既不仁而有佞邪之材</u>、又乘四父歷世之權、遭漢中微、國統三絕、而太后壽考爲之宗主、故得肆其姦慝、以成篡盜之禍。
《叙傳七十上》
【Ⅲ①F】<u>穉生彪、彪字叔皮、幼與從兄嗣共遊學、嗣雖修儒學</u>……嗣報曰……不絓聖人之罔、不饜驕君之餌、蕩然肆志、談者不得而名焉、故可貴也、<u>今吾子已貫仁誼之羈絆</u>、繫名聲之韁鎖、伏周孔之軌躅、馳顏閔之極摯、既繫攣於世教矣、何用大道爲自眩曜、昔有學步於邯鄲者、曾未得其髣髴、又復失其故步、遂匍匐而歸耳、恐似此類、故不進、嗣之行已持論如此。
【Ⅲ①A 高祖】蓋在高祖、其興也有五、一曰帝堯之苗裔、二曰體貌多奇異、三曰神武有徵應、<u>四曰寬明而仁恕</u>、五曰知人善任使、加之以信誠好謀、達於聽受、見善如不及、用人如由己、從諫如順流、趣時如嚮赴……。
【Ⅲ③A 三仁は紂の賢臣】有子曰固、弱冠而孤、作幽通之賦、以致命遂志、其辭曰、系高頊之玄胄兮、氏中葉之炳靈、緜凱風而蟬蛻兮、雄朔野以颺聲、皇十紀而鴻漸兮、有羽儀於上京、巨滔天而泯夏兮、考遘愍日行謠、終保己而貽則兮、<u>里上仁之所廬</u>……黎淳耀于高辛兮、芈彊大於南汜、嬴取威於百儀兮、姜本支烝三止、<u>既仁得其信然兮</u>、印天路而同軌、<u>東鄰虐而殲仁兮</u>、王合位虖三五……所貴聖人之至論兮、順天性而斷誼、物有欲而不居兮、亦有惡而不避、守孔約而不貳兮、廼輶德而無累、<u>三仁殊而一致兮</u>、夷惠舜而齊聲……。
《叙傳七十下》
【Ⅲ①A 應變當理】不疑膚敏、<u>應變當理</u>、辭霍不婚、遂遁致仕、疏克有終、散金娛老、<u>定國之祚、于其仁考</u>、廣德當宣、近於知恥、述雋疏于薛平彭傳、第四十一。

2-2:『漢書』の「天理」

《五行志七下之上》
【王者自下承天理物・皇極之常陰劉向以爲春秋亡其應】傳曰、皇之不極、是謂不建、厥咎眊、厥罰恆陰、

第一章　正史を通して知る「仁」と「天理」

厥極弱、時則有射妖、時則有龍蛇之孽、時則有馬禍、時則有下人伐上之痾、時則日月亂行、星辰逆行、皇之不極、是謂不建、<u>皇君也、極中、建立也</u>、人君貌言視聽思心五事皆失、不得其中、則不能立萬事、失在眊悖、故其咎眊也、王者自下承天理物、雲起於山、而彌於天、天氣亂、故其罰常陰也、一曰、上失中、則下彊盛而蔽君明也、易曰、亢龍有悔、貴而亡位、高而亡民、賢人在下位而亡輔、<u>如此、則君有南面之尊、而亡一人之助、故其極弱也</u>、盛陽動進輕疾、禮、春而大射、以順陽氣、上微弱則下奮動、故有射妖、易曰、雲從龍、又曰、龍蛇之蟄、以存身也、陰氣動、故有龍蛇之孽、於易、乾爲君爲馬、馬任用而彊力、君氣毀、故有馬禍、一曰、馬多死及爲怪、亦是也、君亂且弱、人之所叛、天之所去、不有明王之誅、則有簒弑之禍、故有下人伐上之痾、凡君道傷者病天氣、不言五行沴天、而曰、日月亂行星辰逆行者、爲若下不敢沴天、猶春秋曰、王師敗績于貿戎、不言敗之者、以自敗爲文、尊尊之意也、劉歆皇極傳曰有下體生上之痾、説以爲下人伐上、天誅已成、不得復爲痾云、<u>皇極之常陰、劉向以爲春秋亡其應</u>、一曰、久陰不雨是也、劉歆以爲自屬常陰。

《衛青霍去病傳二十五》
【匈奴逆天理亂人倫】元朔元年春……上曰、<u>匈奴逆天理、亂人倫</u>、暴長虐老、以盜竊爲務、行詐諸蠻夷、造謀籍兵、數爲邊害、故興師遣將、以征厥罪、詩不云乎、薄伐獫允、至于太原、出車彭彭、城彼朔方、今車騎將軍青度西河至高闕、獲首二千三百級、車輜畜産畢收爲鹵、已封爲列侯、遂西定河南地、案榆谿舊塞、絶梓領、梁北河、討蒲泥、破符離……。

《董仲舒傳二十六》
【殷紂逆天暴物・文王順天理物・天理ではないが關連】仲舒對曰、臣聞堯受命、以天下爲憂、而未以位爲樂也、故誅逐亂臣、務求賢聖、是以得舜禹稷卨咎繇、衆聖輔德、賢能佐職、敎化大行、天下和洽、萬民皆安仁樂誼、各得其宜、動作應禮、從容中道、故孔子曰、如有王者、必世而後仁、此之謂也、堯在位七十載、廼遜于位以禪虞舜、堯崩、天下不歸堯子丹朱而歸舜、舜知不可辟、乃即天子之位、以禹爲相、因堯之輔佐、繼其統業、是以垂拱無爲而天下治、孔子曰、韶盡美矣、又盡善也、此之謂也、<u>至於殷紂、逆天暴物</u>、殺戮賢知、殘賊百姓、伯夷太公皆當世賢者、隱處而不爲臣、守職之人皆奔走逃亡、入於河海、天下耗亂、萬民不安、故天下去殷而從周、<u>文王順天理物</u>、師用賢聖、是以閎夭大顛散宜生等亦聚於朝廷、愛施兆民、天下歸之、故太公起海濱而卽三公也、當此之時、紂尚在上、尊卑昏亂、百姓散亡、故文王悼痛而欲安之、是以日昃而不暇食也、孔子作春秋、先正王而繫萬事、見素王之文焉、繇此觀之、帝王之條貫同、然而勞逸異者、所遇之時異也、孔子曰、武盡美矣、未盡善也、此之謂也、<u>臣聞制度文采玄黃之飾、所以明尊卑、異貴賤、而勸有德也</u>、故春秋受命所先制者、改正朔、易服色、所以應天也、然則宮室旌旗之制、有法而然者也、故孔子曰、奢則不遜、儉則固、儉非聖人之中制也、臣聞良玉不琢、資質潤美、不待刻琢、此亡異於達巷黨人不學而自知也、然則常玉不琢、不成文章、君子不學、不成其德。

《傅常鄭甘陳段傳四十》［制度と人をもって天理を語る］
【安息大宛使・甚逆天理】傅介子北地人也……介子與士卒俱齎金幣、揚言以賜外國爲名、至樓蘭樓蘭王意不親介子、介子陽引去、至其西界、使譯謂曰、漢使者持黃金錦繡行賜諸國、王不來受、我去之西國矣、即出金幣以示譯、譯還報王、王貪漢物、來見使者、介子與坐飲、陳物示之、飲酒皆醉、介子謂王曰、天子使我私報王、王起隨介子入帳中、屏語、壯士二人從後刺之、刃交胸、立死、其貴人左右皆散走、介子告諭以、王負漢罪、天子遣我來誅王、當更立前太子質在漢者、漢兵方至、毋敢動、動、滅國矣、遂持王首還詣闕、公卿將軍議者咸嘉其功、上乃下詔曰、樓蘭王安歸常爲匈奴間、候遮漢使者、發兵殺略衛司馬安樂光祿大夫忠期門郎遂成等三輩、<u>及安息大宛使</u>、盜取節印獻物、<u>甚逆天理</u>、平樂監傅介子持節使誅斬樓蘭王安歸首、縣之北闕、以直報怨、不煩師衆、其封介子爲義陽侯、食邑七百戶、士刺王者皆補侍郎。

3-1：『晉書』の「仁」

《帝紀二》
【Ⅲ①Ａ景帝】是日、與羣臣議所立。帝曰、方今宇宙未清、二虜爭衡、四海之主、惟在賢哲、彭城王據、太祖之子、以賢、<u>則仁聖明允</u>、以年、則皇室之長、天位至重、不得其才、不足以寧濟六合。
【Ⅲ①Ａ文帝】惟公嚴虔王度、闡濟大猷、敦尚純樸、省繇節用、務穡勸分、九野康乂、奢叟荷崇養之德、鰥寡蒙矜邺之施、<u>仁風興於中夏</u>、流澤布於遐荒……巴漢震疊、江源雲徹、地平天成、誠在斯舉、公有濟

六合之勳、加以茂德、實摠百揆、允釐庶政、敦五品以崇仁、恢六典以敷訓、而靖恭夙夜、勞謙昧旦、雖尚父之左右文武、周公之勤勞王家、罔以加焉。
《帝紀三》
【Ⅲ①A武帝】武皇帝諱炎、字安世、文帝長子也、寬惠仁厚、沉深有度量、魏嘉平中、封北平亭侯、歷給事中、奉車都尉、中壘將軍、加散騎常侍、累遷中護軍、假節、迎常道鄉公於東武陽、遷中撫軍、進封新昌鄉侯、及晉國建、立爲世子、拜撫軍大將軍、開府、副貳相國。
【Ⅲ①A】泰始元年冬十二月……禮畢、即洛陽宮幸太極前殿、詔曰、昔朕皇祖宣王、聖哲欽明、誕應期運、熙帝之載、肇啓洪基、伯考景王、履道宣猷、緝熙諸夏、至于皇考文王、叡哲光遠、允協靈祇、應天順時、受茲明命、仁濟于宇宙、功格于上下、肆魏氏弘鑒于古訓、儀刑于唐虞、疇咨羣后、爰輯大命于朕身、予一人畏天之命、用不敢違、惟朕寡德、負荷洪烈、託于王公之上、以君臨四海、惴惴惟懼、罔知所濟、惟爾股肱爪牙之佐、文武不貳之臣、乃祖乃父、實左右我先王、光隆我大業、思與萬國、共饗休祚、於是大赦改元、賜天下爵、人五級、鰥寡孤獨不能自存者穀、人五斛、復天下租賦及關市之税一年、逋債宿負皆勿收、除舊嫌、解禁錮、亡官失爵者悉復。
【Ⅲ③C】三年春正月……丁卯、立皇子衷爲皇太子、詔曰、朕以不德、託于四海之上、兢兢祇畏、懼無以康濟寓内、思與天下式明王度、正本清源、於置胤樹嫡、非所務矣、又近世每建太子、寬宥施惠之事、閒不獲已、順從王公卿士之議耳、方今世運垂平、將陳之以德義、示之以好惡、使百姓蠲多幸之慮、篤終始之行、曲惠小仁、故無取焉、咸使知聞。
【Ⅲ①A】太熙元年春正月……己酉、帝崩于含章殿、時年五十五、葬峻陽陵、廟號世祖、帝宇量弘厚、造次必於仁恕、容納謇正、未嘗失色於人、明達善謀、能斷大事、故得撫寧萬國、綏靜四方、承魏氏奢侈刻弊之後、百姓思古之遺風、乃厲以恭儉、敦以寡慾、有司嘗奏御牛青絲紖斷、詔以青麻代之、臨朝寬裕、法度有恒、高陽許允既爲文帝所殺、允子奇爲太常丞。
【Ⅲ①A】制曰、武皇承基、誕膺天命、握圖御宇、敷化導民、以佚代勞、以治易亂、絶縑綸之貢、去彫琢之飾、制奢俗以變儉約、止澆風而反淳朴、雅好直言、留心采擢、劉毅裴楷以質直見容、嵇紹許奇雖仇讐不棄、仁以御物、寬而得衆、宏畧大度、有帝王之量焉、於時民和俗靜、家給人足、聿修武用、思啓封疆、決神筭於深衷、斷雄圖於議表、馬隆西伐、王濬南征、師不延時、獫虜削迹、兵無血刃、揚越爲墟。
《帝紀四》
【Ⅲ①AF】永興元年春正月……三月、陳敏攻石氷、斬之、揚徐二州平、河間王顒表請立成都王穎爲太弟、戊申、詔曰、朕以不德、纂承鴻緒、于茲十有五載、禍亂滔天、姦逆仍起、至乃幽廢重宮、宗廟圮絶、成都王穎溫仁惠和、尅平暴亂、其以穎爲皇太弟、都督中外諸軍事、丞相如。
《帝紀五》
【Ⅲ①A】孝愍帝……史臣曰……至于世祖、遂享皇極、仁以厚下、儉以足用、和而不弛、寬而能斷、故民詠維新、四海悦勸矣、聿修祖宗之志、思輯戰國之苦、腹心不同、公卿異議、而獨納羊祜之策、杖王杜之決、役不二時、江湘來同、掩唐虞之舊域、班正朔於八荒、天下書同文、車同軌、牛馬被野、餘糧委畝、故于時有、天下無窮人、之諺、雖太平未洽、亦足以明吏奉其法、民樂其生矣。
【Ⅲ①A周】由此觀之、周家世積忠厚、仁及草木、内隆九族、外尊事黃耇、以成其福祿者也、而其妃后躬行四教、尊敬師傅、服澣濯之衣、修煩辱之事、化天下以成婦道、是以漢濵之女、守潔白之志、中林之士、有純一之德、始於憂勤、終於逸樂……今晉之興也、功烈於百王、事捷於三代、宣景遭多難之時、誅庶孽以便事、不及修公劉大王之仁也、受遺輔政、屢遇廢置、故齊王不明、不獲思庸於亳高貴冲人、不得復子明辟也、二祖逼禪代之期、不暇待三分八百之會、是其創基立本、異於先代者也。
《帝紀六》
【Ⅲ①A元帝・宇宙】詔曰、昔我高祖宣皇帝誕應期運、廓開皇基、景文皇帝奕世重光、緝熙諸夏、爰曁世祖、應天順時、受茲明命、功格天地、仁濟宇宙、昊天不融、降此鞠凶、懷帝短世、越去王都、天禍薦臻、大行皇帝崩殂、社稷無奉、肆羣后三司六事之人、疇諮庶尹、至于華戎、致輯大命于朕躬。
【Ⅲ①A】史臣曰、晉氏不虞、自中流外、五胡扛鼎、七廟隳尊、滔天方駕、則民懷其舊德者矣、昔光武以數郡加名、元皇以一州臨極、豈武宣餘化猶暢於琅邪、文景垂仁傳芳於南頓、所謂後乎天時、先諸人事者也。
【Ⅲ①A明帝】八月、詔曰、昔周武克、殷封比干之墓、漢高過趙、錄樂毅之後、追顯既往、以勸將來也、

吳時將相名賢之冑、有能纂脩家訓、又忠孝仁義、靜已守眞、不聞于時者、州郡中正亟以名聞、勿有所遺。
【Ⅲ①A】贊曰、傾天起害、猛獸呈災、琅邪之子、仁義歸來、襲行趙璧、命筮荊臺、雲瞻北晦、江望南開、晉陽禦敵、河西全壤、胡寇雖覯、靈心弗爽、三方馳騖、百蠻從響、寶命還昌、金輝載朗、明后岐嶷、軍書接要、莽首晨懸、董臍昏燎、厥德不回、餘風可劭。

《帝紀七》
【Ⅲ①A 成帝・君人之風】夏六月庚寅、帝不愈、詔曰、朕以眇年、獲嗣洪緒、託於王公之上、於茲十有八年、未能闡融政道、翦除逋穢、夙夜戰兢、匪遑寧處、今遘疾殆不興、是用震悼于厥心、千齡眇眇、未堪艱難、司徒琅邪王岳、親則母弟、體則仁長、君人之風、允塞時望、肆爾王公卿士、其輔之、以祇奉祖宗明祀、協和内外、允執其中、嗚呼、敬之哉、無墜祖宗之顯命。

《帝紀八》
【Ⅲ①A 海西公】贊曰、委裘稱化、大孝爲宗、遵彼聖善、成茲允恭、西旋玉壘、北施金墉、遷殷舊棘、莫不來從、哀后寬仁、惟靈既集、海西多故、時災見及、彼異阿衡、我非昌邑。

《帝紀九》
【Ⅲ①A 簡文帝】永昌元年、元帝詔曰、先公武王先考恭王君臨琅邪、繼世相承、國嗣未立、蒸嘗靡主、朕常悼心、子昱仁明有智度、可以虔奉宗廟、以慰罔極之恩、其封昱爲琅邪王、食會稽宣城如舊。

《帝紀十》
【Ⅲ①A 安帝】九月……庚辰、裕矯詔曰、劉毅苞藏禍心、構逆南夏、藩混助亂、志肆姦宄、賴寧輔玄鑒、撫機挫銳、凶黨即戮、社稷乂安、夫好生之德、所因者本、肆眚覃仁、實資玄澤、況事興大憝、禍自元凶。

《志二天文中》
【Ⅲ①A 歲星】歲星曰東方春木、於人、五常、仁也、五事、貌也、仁虧貌失、逆春令、傷木氣、則罰見歲星、歲星盈縮、以其舍命國、其所居久、其國有德厚、五穀豐昌、不可伐、其對爲衝、歲乃有殃、歲星安靜中度、吉、盈縮失次、其國有憂、不可舉事用兵、又曰、人主之象也、色欲明、光色潤澤、德合同、又曰、進退如度、姦邪息、變色亂行、主無福、又主福、主大司農、主齊吳、主司天下諸侯人君之過、主歲五穀、赤而角、其國昌、赤黃而沈、其野大穰。

【Ⅲ①A 塡星】塡星曰中央季夏土、信也、思心也、仁義禮智、以信爲主、貌言視聽、以心爲正、故四星皆失、塡乃爲之動、動而盈、侯王不寧、縮、有軍不復、所居之宿、國吉、得地及女子、有福、不可伐、去之、失地、若有女憂、居宿久、國福厚、易則薄、失次而上二三宿曰盈、有主命不成、不乃大水、失次而下曰縮、后戚、其歲不復、不乃天裂若地動、一曰塡爲黃帝之德、女主之象、主德厚安危存亡之機、司天下女主之過、又曰、天子之星也、天子失信、則塡星大動。

《志九禮上》
【Ⅲ①A】夫人含天地陰陽之靈、有哀樂喜怒之情、迺聖垂範、以爲民極、節其驕淫、以防其暴亂、崇高天地、虔敬鬼神、列尊卑之序、成夫婦之義、然後爲國爲家、可得而治也、傳曰、一日克已復禮、天下歸仁、若迺太一初分、燧人鑽火、志有暢於恭儉、情不由乎玉帛、而酌玄流於春澗之右、焚封豕於秋林之外、亦無得而闚焉、軒頊依神、唐虞稽古、逮乎隆周、其文大備、或垂百官之範、置不刊之法、或禮經三百、威儀三千、皆所以弘宣天意、雕刻人理……若夫情尚分流、隄防之仁是棄、澆訛異術、洙泗之風斯泯、是以漢文罷再朞之喪、中興爲一郊之祭、隨時之義、不其然歟、而西京元鼎之辰、中興永平之日、疏璧流而延冠帶、啓儒門而引諸生、兩京之盛、於斯爲美……。

【Ⅲ①A】及武帝太康六年、散騎常侍華嶠奏、先王之制、天子諸侯親耕藉田千畝、后夫人躬蠶桑、今陛下以聖明至仁、修先王之緒、皇后體資生之德、合配乾之義、而坤道未光、蠶禮尚缺……。

《志十禮中》
【Ⅲ①A】天子諸侯之禮、當以具矣、諸侯惡其害已而削其籍、今其存者唯士喪一篇、戴聖之記雜錯其間、亦難以取正、天子之位至尊、萬幾之政至大、羣臣之衆至廣、不同之於凡人、故大行既葬、祔祭于廟、則因疏而除之、已不除則羣臣莫敢除、故服已以除之、而諒闇以終制、天下之人皆曰我王之仁也、屈已以從宜、皆曰我王之孝也、既除而心喪、我王猶若此之篤也、凡等臣子、亦焉得不自勉以崇禮、此乃聖制移風易俗之本、高宗所以致雍熙、豈惟衰裳而已哉。

《志十一禮下》

資料Ⅰ 『史記』・『漢書』・『晉書』・『舊唐書』・『新唐書』・『明史』の「仁」・「天理」

【Ⅲ① A】 及武帝平吳、混一區宇、太康元年九月庚寅、尚書令衛瓘、尚書左僕射山濤、右僕射魏舒、尚書劉寔、司空張等奏曰、臣聞肇自生靈、則有后辟、年載之數、莫之能紀、立德濟世、揮揚仁風、以登封泰山者七十有四家、其謚號可知者十有四焉……。

【Ⅲ① B】 哀帝即位、欲尊崇章皇太妃、桓温議宜稱太夫人、尚書僕射江彪議曰、虞舜體仁孝之性、盡事親之禮、貴爲天王、富有四海、而瞽叟無立錐之地、一級之爵、蒸蒸之心、昊天罔極、寧當忍父卑賤、不以徽號顯之、豈不以子無爵父之道、理窮義屈、靡所厝情者哉、春秋經曰、紀季姜歸于京師、傳曰、父母之於子、雖爲天王后、猶曰吾季姜、言子尊不加父母也……如當載之方策、以示後世、無乃不順乎、竊謂應告宗之廟、稱貴人仁淑之至、宜加殊禮、以酬鞠育之惠、奉先靈之命、事不在己、妃后雖是配君之名、然自后以下有夫人九嬪、無稱妃焉、桓公謂宜進號太夫人、非不允也、如以夫人爲少、可言皇太夫人、皇、君也、君太夫人於名禮順矣、帝特下詔拜皇太妃、三月丙辰、使兼太保王恬授璽綬儀服、一如太后……。

《志十二樂上》

【Ⅲ① B】 五聲……是以聞其宮聲、使人温良而寬大、聞其商聲、使人方廉而好義、聞其角聲、使人惻隱而仁愛、聞其徵聲、使人樂養而好施、聞其羽聲、使人恭儉而好禮。

【Ⅲ① AB】 惟天降命、翼仁佑聖、於穆三皇、載德彌盛、摠齊璇璣、光統七政、百揆時序、化若神聖、四海同風、興至仁、濟民育物、擬陶均、擬陶均、垂惠潤、皇皇羣賢、峩峩英篤、德化宣、芬芳播來胤、播來胤、垂後昆、清廟何穆穆、皇極闢四門、皇極闢四門、萬機無不綜、亹亹翼翼、樂不及荒、飢不遑食、大禮既行、樂無極、登崑崙、上層城、乘飛龍、升泰清、冠日月、佩五星、揚虹蜺、建筆旌、披慶雲、薩繁榮、覽八極、遊天庭、順天地、和陰陽、序四時、曜三光、張帝網、正皇綱、播仁風、流惠康、邁洪化、振靈威、懷萬方、納九夷、朝閶闔、宴紫微、建五旗、羅鐘虡、列四縣、奏韶武、鏗金石、揚旌羽、縱八佾、巴渝舞、詠雅頌、和律呂、于胥樂、樂聖主。

【Ⅲ① BA】 廣廣大君、民之攸曁、信理天工、惠康不匱、將遠不仁、訓以醇粹、幽明有倫、俊乂在位、九族既睦、庶邦順比、開元布憲、四海鱗萃、協時正統、殊塗同致、厚德載物、靈心隆貴、敷奏謹言、納以無諱、樹之典象、誨之義類、上教如風、下應如卉、一人有慶、羣萌以遂、我后宴喜、令聞不墜。

【Ⅲ① BA】 時邕斌斌、六合同塵、佳我祖宜、威靜殊鄰、首定荊楚、遂平燕秦、亹亹文皇、邁德流仁、爰造草昧、應乾順民、靈瑞告符、休徵響震、天地弗違、以和神人、既禽庸蜀、吳會是賓、肅慎率職、楛矢來陳、韓濊進樂、宮徵清鈞、西旅獻獒、扶南效珍、蠻裔重譯、玄齒文身、我皇撫之、景命惟新。

【Ⅲ① BA】 日月不留、四氣回周、節慶代序、萬國同休、庶允羣后、奉壽升朝、我有壽禮、式宴百僚、繁肴綺錯、旨酒泉渟、笙鏞和奏、磬管流聲、上隆其愛、下盡其心、宜其壅滯、訓之德音、乃宜乃訓、配享交泰、永載仁風、長撫無外。

【Ⅲ① A】 命將出征歌……重華隆帝道、戎蠻或不賓、徐夷興有周、鬼方亦違殷、今在盛明世、寇虐動四垠、豺狼染牙爪、羣生號穹旻、元帥統方夏、出車撫涼秦、衆貞必以律、臧否實在人、威信加殊類、疏遜思自親、單醪豈有味、挾纊感至仁、武功尚止戈、七德美安民、遠跡由斯舉、永世無風塵。

【Ⅲ① BA】 宗親會歌……族燕明禮順、餽食序親親、骨肉散不殊、昆弟豈他人、本支篤同慶、棠棣著先民、於皇聖明后、天覆弘且仁、降禮崇親戚、旁施協族姻、式宴盡酣娛、飲御備羞珍、和樂既宣洽、上下同懽欣、德教加四海、敦睦被無垠。

【Ⅲ① BA】 大豫舞歌……惟天之命、符運有歸、赫赫大晉、三后重暉、繼明紹世、光撫九圍、我皇紹期、遂在璇璣、羣生屬命、奄有庶邦、愼徽五典、玄軌遐通、萬方同軌、率土咸雍、爰制大豫、宣德舞功、醇化既穆、王道協隆、仁及草木、惠加昆蟲、億兆夷人、悦仰皇風、丕顯大業、永世彌崇。

《志十三樂下》

【Ⅲ① A】 歌文帝……太祖齊聖、王猷誕融、仁教四塞、天基累崇、皇室多難、嚴清紫宮、威厲秋霜、惠過春風、平翦夷楚、以文以戎、奄有參墟、聲流無窮。

【Ⅲ① A】 歌成帝……於休顯宗、道澤玄播、式宣德音、暢物以和、邁德蹈仁、匪禮不過、敷以純風、濯以清波、連理暎阜、鳴鳳棲柯、同規放勛、義蓋山河。

【Ⅲ① BA】 是時吳亦使韋昭製十二曲名……改上邪曲爲玄化、言其時主修文武、則天而行、仁澤流洽、天下喜樂也、其餘亦用舊名不改。

【Ⅲ① BA】 順天道……順天道、握神契、三時示、講武事、冬大閱、鳴鐲振鼓鐸、旌旗象虹霓、文制其中、

81

第一章　正史を通して知る「仁」と「天理」

武不窮武、動軍誓衆、禮成而義舉、三驅以崇仁、進止不失其序、兵卒練、將如闞武、惟闞武、氣陵青雲、解圍三面、殺不殄羣、偃旌麾、班六軍、獻享烝、修典文、嘉大晉、德配天、禄報功、爵俟賢、饗燕樂、受茲百禄、壽萬年。
【Ⅲ①A】大晉篇……赫赫大晉、於穆文皇、蕩蕩巍巍、道邁陶唐、世稱三皇五帝、及今重其光、九德克明、文既顯、武又彰、思弘六合、兼濟萬方、內擧元凱、朝政以綱、外簡武臣、時惟鷹揚、靡順不懷、逆命斯亡、仁配春日、威蹈秋霜、濟濟多士、同茲蘭芳、唐虞至治、四凶滔天、致討儉欽、罔不肅虔、化感海內、海外來賓、獻其聲樂、並稱妾臣、西蜀猾夏、僭號方域、命將致討、委國稽服、吳人放命、馮海阻江、飛書告喻、響應來同、先王建萬國、九服爲藩衛、亡秦壞諸侯、序祚不二世、歷代不能復、忽蹈五百歲、我皇邁聖德、應期創典制、分土五等、藩國正封界、莘莘文武佐、千秋遘嘉會、洪澤溢區內、仁風翔海外。
【Ⅲ①B】白鳩篇……翩翩白鳩、再飛再鳴、懷我君德、來集君庭、白雀呈瑞、素羽明鮮、翔庭舞翼、以應仁乾、皎皎鳴鳩、或丹或黃、樂我君惠、振羽來翔、東壁餘光、魚在江湖、惠而不費、敬我微驅、策我良駟、習我驅馳、與君周旋、樂道忘飢、我心虛靜、我志霑濡、彈琴鼓瑟、聊以自娛、陵雲登臺、浮遊太清、攀龍附鳳、自望身輕。
【Ⅲ①A】成帝咸康七年……散騎侍郎顧臻表曰、臣聞聖王制樂、贊揚政道、養以仁義、防其淫佚、上享宗廟、下訓黎元、體五行之正音、協八風以陶物、宮聲正方而好義、角聲堅齊而率禮、絃歌鐘鼓金石之作備矣……。
《志十六食貨》
【Ⅲ①A】光武寬仁、襲行天討、王莽之後、赤眉新敗、雖復三暉乃眷、而九服蕭條、及得隴望蜀、黎民安堵、自此始行五銖之錢、田租三十稅一、民有產子者復以三年之算、顯宗即位、天下安寧、民無橫徭、歲比登稔。
《志十八五行中》
【Ⅲ①A 烈宗（劉聰）】太元四年……十七年、秋旱至冬、是時烈宗仁恕、信任會稽王道子、政事舒緩、又茹千秋爲驃騎諮議、竊弄主相威福、又丘尼乳母親黨及婢僕之子階縁近習、臨部衆、所在多上春竟囚、不以其辜、建康獄吏、枉暴既甚、此又僭蹐不從寃濫之罰。
《志十九五行下》
【Ⅲ①A】吳孫權嘉禾三年九月朔隕霜傷穀……京房易傳曰、興兵妄誅茲謂亡法、厥災霜、夏殺五穀、冬殺麥、誅不原情茲謂不仁、其霜、夏先大雷風、冬先雨、乃隕霜、有芒角、賢聖遭害、其霜附木不下地、佞人依刑茲謂私賊、其霜在草根土隙間、不教而誅茲謂虐、其霜反在草下。
《志二十刑法》
【Ⅲ①B】高辛有觸山之務、陳乎兵甲而肆諸市朝、具嚴天刑、以懲亂首、論其本意、蓋有不得已而用之者焉、是以丹浦興仁、羽山咸服、而世屬僥倖、事關攸蠱、政失禮微、獄成刑起、則孔子曰……王肅抗疏曰、陛下之所行刑、皆宜死之人也、然衆庶不知、將爲倉卒、願陛下下之於吏而暴其罪、均其死也、不汙宮掖、不爲搢紳驚惋、不爲遠近所疑、人命至重、難生易殺、氣絕而不續者也、是以聖王重之、孟軻云、殺一不辜而取天下者、仁者不爲也。
【Ⅲ①A】傳曰殷周之質……梁統乃上疏曰……臣愚以爲刑罰不苟務輕、務其中也、君人之道、仁義爲主、仁者愛人、義者理務、愛人故當爲除害、理務亦當爲去亂、是以五帝有流殛放殺之誅、三王有大辟刻肌之刑、所以爲除殘去亂也、故孔子稱、仁者必有勇、又曰、理財正辭、禁人爲非曰義、高帝受命、制約令、定法律、傳之後世、可當施行、文帝寬惠溫克、遭世康平、因時施恩、省去肉刑、除相坐之法、他皆率由舊章、天下幾致升平、武帝值中國隆盛、財力有餘、出兵命將、征伐遠方……。
【Ⅲ①A】至章帝時……夫爲政也、猶張琴瑟、大弦急者小弦絕、故子貢非臧孫之猛法、而美鄭僑之仁政、方今聖德充塞、假於上下、宜因此時、隆先聖之務、蕩滌煩苛、輕薄箠楚、以濟羣生、廣至德也……。
【Ⅲ①A】五刑不簡……禮樂崇於上、故降其刑、刑法閑於下、故全其法、是故尊卑敍、仁義明、九族親、王道平也。
【Ⅲ①B】是時侍中盧珽中書侍郎張華又表抄新律諸罪條目懸之亭傳以示兆庶有詔從之……臣竊以爲議者拘孝文之小仁、而輕違聖王之典刑、未詳之甚、莫過於此。
【Ⅲ①A】及帝即位、展爲廷尉、又上言……今盜者竊人之財、淫者好人之色、亡者避叛之役、皆無殺害也、則刖之以刑、刑之則止、而加之斬戮、戮過其罪、死不可生、縱虐於此、歲以巨計、此廼仁人君子所不忍聞、

資料Ⅰ 『史記』・『漢書』・『晉書』・『舊唐書』・『新唐書』・『明史』の「仁」・「天理」

而況行之於政乎、若乃惑其名而不練其實、惡其生而趣其死、此畏水投舟、避坎蹈井、愚夫之不若、何取於政哉、<u>今大晉中興</u>、遵復古典、率由舊章、起千載之滯義、拯百殘之遺黎、使皇典廢而復存、黔首死而更生、至義暢于三代之際、遺風播乎百世之後……。
【Ⅲ①A】尚書周顗郎曹彥中書郎桓彝等議……昔之畏死刑以爲善人者、今皆犯輕刑而殘其身、畏重之常人、反爲犯輕而致囚、<u>此則何異斷刖常人以爲恩仁邪</u>……。
《列傳一后妃上》
【Ⅲ①C】文明王皇后……泰始三年下詔曰、昔漢文追崇靈文之號、武宣有平原、博平之封、咸所以奉尊尊之敬、廣親親之恩也、故衛將軍、蘭陵景侯夫人羊氏、含章體順、<u>仁德醇備</u>、内承世冑、出嬪大國、三從之行、率禮無違、仍遭不造、頻喪統嗣、撫育衆胤、克成家道、母儀之教、光于邦族、誕啓聖明、祚流萬國。
【Ⅲ①C】武元楊皇后……武元楊皇后諱艷、字瓊芝、弘農華陰人也、父文宗、見外戚傳、母天水趙氏、早卒、后依舅家、<u>舅妻仁愛</u>、親乳養后、遣他人乳其子、及長、又隨後母叚氏、依其家。
【Ⅲ①C】武悼楊皇后……永嘉元年……當時議者欲貶賈后、及后之亡、欲不以禮葬、和帝以奉事十年、義不可違、臣子之道、務從豐厚、<u>仁明之稱</u>、表於代代、又見故尚書僕射裴頠議悼后故事、稱繼母雖出、追服無改、是以孝懷皇帝尊崇號諡、還葬峻陵、此則母子道全、而廢事蕩革也。
【Ⅲ①C】左貴嬪……及元楊皇后崩、芬獻誄曰……于禮斯勞、于敬斯勤、雖曰齊聖、邁德日新、日新伊何、<u>克廣弘仁</u>、終溫且惠、帝妹是親、經緯六宮、罔不彌綸、羣妾惟仰、譬彼北辰、亦既青陽、鳴鳩告時、躬執桑曲、率導媵姬。
【Ⅲ①BA】翼翼聖皇、叡喆孔純、愍茲狂戾、<u>闡惠播仁</u>、鐲釁滌穢、與時惟新、沛然洪赦、恩詔遐震。
《后妃下元敬虞皇后》
【Ⅲ①C】豫章君……及成帝立、尊重同於太后、咸康元年薨、詔曰、朕少遭愍凶、慈訓無禀、撫育之勤、<u>建安君之仁也</u>、一旦薨殂、實思報復、永惟平昔、感痛哀摧、其贈豫章郡君、別立廟于京都。
【Ⅲ①C】明穆庾皇后……明穆庾皇后諱文君、潁川鄢陵人也、父琛、見外戚傳、<u>后性仁慈</u>、美姿儀、元帝聞之、聘爲太子妃、以德行見重。
《列傳三王祥》
【Ⅲ①C】祥流涕曰、不忘故鄉、仁也、不戀本土、達也、<u>惟仁與達</u>、吾二子有焉。
《列傳四羊祜》
【Ⅲ①F】<u>疾漸篤乃舉杜預自代</u>……南州人征市日聞祜喪、莫不號慟、罷市、巷哭者聲相接、吳守邊將士亦爲之泣、<u>其仁德所感如此</u>、賜以東園祕器、朝服一襲、錢三十萬、布百匹。
【Ⅲ①F】孝武太元中、封祜兄玄孫之子法興爲鉅平侯、邑五千戶、以桓玄黨誅、國除、尚書祠部郎荀伯子上表訟之曰、臣聞咎繇亡嗣、臧文以爲深嘆、伯氏奪邑、<u>管仲所以稱仁</u>、功高可百世不泯、濫賞無足崇朝。
《列傳五陳騫》
【Ⅲ①B】頠深患時俗放蕩……乃著崇有之論以釋其蔽曰……惟夫用天之道、分地之利、躬其力任、勞而後饗、<u>居以仁順</u>、守以恭儉、率以忠信、行以敬讓、志無盈求、事無過用、乃可濟乎、故大建厥極、綏理羣生、訓物垂範、於是乎在、斯則聖人爲政之由也。
《列傳六衛瓘》
【Ⅲ①A】張華……朝議欲徵華入相……故仲由以兼人被抑、冉求以退弱被進、漢高八王以寵過夷滅、光武諸將由抑損克終、<u>非上有仁暴之殊、下有愚智之異</u>、蓋抑揚與奪使之然耳。
《列傳八宣五王》
【Ⅲ①A】扶風王駿……少好學、能著論、<u>與荀顗論仁孝先後</u>、文有可稱。
【Ⅲ①C】梁王肜……銓曰、天下咸是家吏、便恐王法不可復行、肜又曰、我在長安、作何等不善、因指單衣補襠以爲清、銓答曰、朝野望公舉薦賢才、使不仁者遠、而位居台輔、以衣補襠、以此爲清無足稱也、肜有慙色。
【Ⅲ①C】齊王攸……轉鎮軍大將軍、加侍中、羽葆鼓吹、行太子少傅、數年、授太子太傅、獻箴於太子曰、伊昔上皇、建國立君、仰觀天文、俯察地理、創業恢道、以安人承祀、祚延統重、故援立太子、尊以弘道、固以貳已、儲德既立、邦有所恃、<u>夫親仁者功成</u>、邇佞者國傾、故保相之材、必擇聖明、昔在周成、旦奭作傅、外以明德自輔、内以親親立固、德以義濟、親則自然、嬴廢公族、其崩如山、劉建子弟、漢祚永傳、楚以

第一章　正史を通して知る「仁」と「天理」

無極作亂、宋以伊戾興難、張禹佞給、卒危彊漢、輔弼不忠、禍及乃躬、匪徒乃躬、乃喪乃邦、無曰父子不間、昔有江充、無曰至親匪貳、或容潘崇、諛言亂眞、譖潤離親、驪姬之讒、晉侯疑申、固親以道、勿固以恩、修身以敬、勿託以尊、自損者有餘、自益者彌昏、庶事不可以不恤、大本不可以不敦、見亡戒危、覩安思存、冢子司義、敢告在闇、世以爲工。

《列傳九王沈》

【Ⅲ①Ｃ王沈・『左傳』】沈又教曰、夫德薄而位厚、功輕而禄重、貪夫之所狥、高士之所不處也、若陳至言於刺史、興益於本州、達幽隱之賢、去祝鮀之佞、立德於上、受分於下、斯乃君子之操、何不言之有、<u>直言至理、忠也、惠加一州、仁也、功成辭賞、廉也、兼斯而行、仁智之事</u>、何故懷其道而迷其國哉、褚䂮復白曰、堯舜周公所以能致忠諫者、以其歆誠之心著也、冰炭不言、而冷熱之質自明者、以其有實也、若好忠直、如冰炭之自然、則謇謇之臣、將濟濟而盈庭、逆耳之言、不求而至、若德不足以配唐虞、明不足以並周公、實不可以同冰炭、雖懸重賞、忠諫之言未可致也、<u>昔魏絳和戎之功、蒙女樂之賜、管仲有興齊之勳</u>、而加上卿之禮、功勳明著、然後賞勸隨之、未聞張重賞以待諫臣、懸穀帛以求盡言也。

【Ⅲ①Ｃ】荀顗字景倩……爲魏少帝執經、拜騎都尉、賜爵關内侯、難鍾會易無互體、<u>又與扶風王駿論仁孝孰先</u>、見稱於世。

【Ⅲ①Ｃ】史臣曰、<u>夫立身之道、曰仁與義</u>、靜動既形、悔吝斯及、有莘之媵、殊北門之情、渭濱之叟、匪西山之節、湯武有以濟其功、夏殷不能護其志、王沈才經文武、早尸人爵、在魏參席上之珍、居晉爲幄中之士、桐宮之謀遽泄、武闈之禍遂臻、是知田光之口、豈燕丹之可絶、豫讓之形、非智氏之能變、動靜之際、有據蒺藜、<u>仁義之方</u>、求之彌遠矣……爰絲獻壽、<u>空取慰於仁心</u>、紞之陳説、幸收哀於迷慮、投畀之罰無聞、青蠅之詩不作矣。

《列傳十賈充》

【Ⅲ①Ａ】充有刀筆才、能觀察上旨、初、文帝以景帝恢贊王業、方傳位於舞陽侯攸、<u>充稱武帝寬仁</u>、且又居長、有人君之德、宜奉社稷。

《列傳十二王渾》

【Ⅲ①Ａ】渾上書諫曰……明至親義著、不可遠朝故也、是故周公得以聖德光弼幼主、忠誠著於金縢、<u>光述文武仁聖之德</u>……攸今之國、適足長異同之論、<u>以損仁慈之美耳</u>、而令天下窺陛下有不崇親親之情、臣竊爲陛下不取也、若以妃后外親、任以朝政、則有王氏傾漢之權、呂産專朝之禍……令陛下有篤親親之恩、<u>使攸蒙仁覆之惠</u>、臣同國休戚、義在盡言、心之所見、不能默已……。

【Ⅲ①Ｆ】唐彬……北虜侵掠北平、以彬爲使持節、監幽州諸軍事、領護烏丸校尉、右將軍、彬既至鎮、訓卒利兵、廣農重稼、震威耀武、宣諭國命、示以恩信、於是鮮卑二部大莫廆擿何等並遣侍子入貢、兼脩學校、誨誘無倦、<u>仁惠廣被</u>、遂開拓舊境、却地千里……。

《列傳十五劉毅》

【Ⅲ①Ａ】乃上疏曰、臣聞、立政者、以官才爲本、官才有三難、而興替之所由也、人物難知、一也、愛憎難防、二也、情僞難明、三也、今立中正、定九品、高下任意、榮辱在手、操人主之威福、奪天朝之權勢……夫名狀以當才爲清……<u>是以三仁殊塗而同歸</u>、四子異行而均義、陳平韓信笑侮於邑里、而收功於帝王、屈原伍胥不容於人主、而顯名於竹帛、是篤論之所明也。

【Ⅲ①ＡＦ】史臣曰、幽厲不君、上德猶懷進善、共驩在位、<u>大聖之所不堪、況乎志士仁人</u>、寧求苟合、懷其寵秩、所以繋其存亡者也、雖復自口銷金、投光撫劍、馳書北闕、敗車猶踐、而諫主不易、護臣實難。

《列傳十七傅玄》

【Ⅲ①Ｆ】前皇甫陶上事……夫家足食、爲子則孝、<u>爲父則慈</u>、爲兄則友、爲弟則悌、天下足食、則<u>仁義之教</u>可不令而行也、爲政之要、計人而置官、分人而授事、士農工商之分不可斯須廢也。

《列傳十八向雄》

【Ⅲ①ＡＦ】向雄……文帝召雄而責之曰、往者王經之死、卿哭王經於東市、我不問也、今鍾會躬爲叛逆、又輒收葬、若復相容、其如王法何、雄曰、昔者先王掩骼埋胔、<u>仁流朽骨</u>、當時豈先卜其功罪而後葬之哉、今王誅既加、於法已備、雄感義收葬、教亦無闕、法立於上、教弘於下、何必使雄違生背死以立於時、殿下讎枯骨而捐之中野、爲將來<u>仁賢之資</u>、不亦惜乎、帝甚悦、與談宴而遣之。

【Ⅲ①ＡＦ 臣下の功勞があれば、皇帝が未熟でも天下がとれる　始皇帝と王莽】段灼……灼前後陳事……

資料Ⅰ 『史記』・『漢書』・『晉書』・『舊唐書』・『新唐書』・『明史』の「仁」・「天理」

臨去、遺息上表曰……其一曰……自穆公至於始皇、皆能留心待賢、遠求異士、招由余於西戎、致五羖於宛市、取丕豹於晉卿、迎蹇叔於宗里、由是四方雄俊繼踵而至、故能世爲強國、吞滅諸侯、奄有天下、兼稱皇帝、由謀臣之助也、道化未淳、崩於沙丘、胡亥乘虐、用詐自媿、不能弘濟統緒、克成堂構、而乃殘賊仁義、毒流黔首、故陳勝呉廣、奮臂大呼、而天下響應、於是趙高逆亂、閻樂承指、二世窮廹、自戮望夷、子嬰雖立、去帝爲王、孤危無輔、四旬而亡、此由邪臣擅命、指鹿爲馬、所以速秦之禍也、秦失其鹿、豪傑競逐、項羽既得而失之、其咎在烹韓生、而范增之謀不用、假令羽既距項伯之邪説、斬沛公於鴻門、都咸陽以號令諸侯、則天下無敵矣、而羽距韓生之忠諫、背范増之深計、自謂霸王之業已定、都彭城、還故郷、爲晝被文繡、此蓋世俗兒女之情耳、而羽榮之、是故五載爲漢所擒、至死尚不知覺悟、乃曰、天亡我、非戰之罪、甚痛矣哉、且夫士之歸仁、猶水之歸下、禽之走曠野、故曰、爲川驅魚者獺也、爲藪驅雀者鸇也、爲湯武驅人者桀紂也、漢高祖起於布衣、提三尺之刃而取天下、用六國之資、無唐虞之禪、豈徒頼良平之奇謀、盡英雄之智力而已乎、亦由項氏爲驅人也、子孫承基二百餘年、逮成帝委政舅家、使權勢外移、安昌侯張禹者、漢之三公、成帝保傅也、帝親幸其家、拜禹牀下、深問天災人事、禹當惟大臣之節、爲社稷深慮、忠言嘉謀、陳其災患、則王氏不得專權寵、王莽無緣乘勢位、遂託雲龍而登天衢、令漢祚中絶也、禹佞諂不忠、挾懷私計、徒低仰於王侯之間、苟取容媚於上、是以朱雲抗節求尚方斬馬劍、欲以斬禹、以戒其餘、可謂忠矣、而成帝尚復不寤、乃以爲居下訕上、廷辱保傅、罪死無赦、詔御史將雲下、欲急烹之、雲攀殿折檻、幸頼左將軍辛慶忌叩頭流血、以死爭之、若不然、則雲已摧碎矣、後雖釋檻不修、欲以彰明直臣、誠足以爲後世之戒、何益於漢室所由亡也哉、然世之論者以爲亂臣賊子無道之甚者莫過於莽、此亦猶紂之不善不如是之甚也、傳稱莽始折外戚、折節力行、以要名譽、宗族稱孝、朋友歸仁、及其輔政成哀之際、勤勞國家、動見稱述、然于時人士詣闕上書薦莽者不可稱紀、内外羣臣莫不歸莽功德、遭遇漢室中微、國嗣三絶、而太后壽考、爲之宗主、故莽得遂策命孺子而奪其位也、昔湯武之興、亦逆取而順守之耳、向莽深惟殷周取守之術、崇道德、務仁義、履信實、去華僞、施惠天下、十有八年、恩足以感百姓、義足以結英雄、人懷其德、豪傑並用、如此、宗廟社稷宜未滅也、光武雖復賢才、大業詎可冀哉、莽即位之後、自謂得天人之助、以爲功廣三王、德茂唐虞、乃自驕矜、奮其威詐、班宣符讖、震暴殘酷、窮凶極惡、人怨神怒、冬雷電以驚其耳目、夏地動以惕其心腹、而莽猶不知覺悟、方復重行不順時之令、竟連伍之刑、佞媚者親幸、忠諫者誅夷、由是天下忿憤、内外俱發、四海分崩、城池不守、身死於匹夫之手、爲天下笑、豈不異哉、其所由然者、非取之過、而守之非道也、莽既屠肌、六合雲擾、劉聖公已立而不辨、盆子承之而覆敗、公孫述又稱帝於蜀漢、如此數子、固非所謂應天順人者、徒爲光武之驅除者耳、夫天下者、蓋亦天下之天下、非一人之天下也、殷商之旅、其會如林、矢于牧野、維予侯興、又曰、侯服于周、天命靡常、由此言之、主非常人也、有德則天下歸之、無德則天下叛之、故古之明王、其勞心遠慮、常如臨川無津涯、於是法天地、象四時、隆恩德、敬大臣、近忠直、遠佞人、仁孝著乎宮牆、弘化洽乎兆庶、爲學直如砥矢、信義感人神、雖有椒房外戚之寵、不受其委曲之言、雖有近習愛幸之豎、不聽其姑息之辭、四門穆穆、闢而不闔、待諫者而無忌、恒戰戰慄慄、不忘戒懼、所以欲永終天祿、恐爲將來賢聖之驅除也、且臣聞之、懼危者、常安者也、憂亡者、恒存者也、使夫有國之君能安不忘危、則本支百世、長保榮祚、名位與天地無窮、亦何慮乎爲來者之驅除哉、傳有之曰、狂夫之言、明主察焉、其二曰士之立業……呉起…三晉…其三曰、昔田子方養老馬……今天下雖定、而華山之陽無放馬之羣、桃林之下未有休息之牛、固以呉人尚未臣服故也、夫饑者易爲食、渇者易爲飲、天下元元瞻望新政、願陛下思子方之仁、念犬馬之勞、思惟蓋之報、發仁惠之詔、廣開養老之制、其四曰、法令賞罰……其五曰、昔周漢之興……。

【Ⅲ①F 滅んだ原因は仁流枯骨】史臣曰、愍懷之廢也、天下稱其冤、然皆懼亂政之慘夷、懾淫孌之凶忍、遂使謀臣懷忠而結舌、義士蓄憤而吞聲、閻續伯官既微於侍郎、位不登於執戟、輕生重義、視死如歸、伏奏而待嚴誅、輿棺以趣鼎鑊、察言觀行、豈非忠直壯乎、顧視晉朝公卿、曾不得與其徒隸齒也、茂伯篤終、哭王經以全節、休然追遠、理鄧艾以成名、故得義感明時、仁流枯骨、雖朱勃追論新息、樊布奏事彭王、弗之尚也。

《列傳十九阮籍・阮籍はじめ老莊を好む者は仁を語らない》

【Ⅲ①F】光逸字孟祖、樂安人也、初爲博昌小吏、縣令使逸送客、冒寒舉體凍濕、還遇令不在、逸解衣炙之、入令被中臥、令還、大怒、將加嚴罰、逸曰、家貧衣單、沾濕無可代、若不暫温、勢必凍死、奈何惜一被而殺一人乎、君子仁愛、必不爾也、故寢而不疑、令奇而釋之。

85

第一章　正史を通して知る「仁」と「天理」

《列傳二十一皇甫謐》
【Ⅲ①F】皇甫謐字士安、幼名靜、安定朝那人、漢太尉嵩之曾孫也、出後叔父、徙居新安、年二十、不好學、游蕩無度、或以爲癡、嘗得瓜果、輒進所後叔母任氏、任氏曰、孝經云、三牲之養、猶爲不孝、汝今年餘二十、目不存教、心不入道、無以慰我、因歎曰、昔孟母三徙以成仁、曾父烹豕以教、豈我居不卜鄰、教有所闕、何爾魯鈍之甚也、脩身篤學、自汝得之、於我何有、因對之流涕……。
【Ⅲ①AF】時魏郡召上計掾、舉孝廉、景元初、相國辟、皆不行、其後鄉親勸令應命、謐爲釋勸論以通志焉、其辭曰……今聖帝龍興、配名前哲、仁道不遠、斯亦然乎、客或以常言見逼、或以逆世爲慮、余謂上有寬明之主、必有聽意之人、天網恢恢、至否一也、何尤於出處哉、遂究賓主之論、以解難者、名曰釋勸。
【Ⅲ①A】其後武帝頻下詔敦逼不已、謐上疏自稱草莽臣曰、臣以尪弊、迷於道趣、因疾抽簪、散髮林阜、人綱不閑、鳥獸爲羣、陛下披榛採蘭、并收蒿艾、是以皐陶振褐、不仁者遠、臣惟頑蒙、備食晉粟、猶識唐人擊壤之樂、宜赴京城、稱壽闕外、而小人無良、致災速禍、久嬰篤疾、軀半不仁、右脚偏小、十有九載、又服寒食藥、違錯節度、辛苦荼毒、于今七年。
【Ⅲ①A】摯虞……故作思游賦、其辭曰……孔揮涕於西狩兮、臧考祥於婁句、跖肆暴而保父兮、顏履仁而夙徂、何否泰之靡所兮……。
《列傳二十二郤詵》
【Ⅲ①A】華譚……譚至洛陽武帝親策之曰、今四海一統、萬里同風、天下有道、莫斯之盛、然北有未羈之虜、西有醜施之氐、故謀夫未得高枕、邊人未獲晏然、將何以長弭斯患、混清六合、對曰、臣聞聖人之臨天下也、祖乾綱以流化、順谷風以興仁、兼三才以御物、開四聰以招賢、故勞謙日昃、務在擇才、宣明巖穴、垂光隱滯、俊乂龍躍、帝道以光、清德鳳翔、王化克舉、是以皐陶見舉、不仁者遠、陸賈重漢、遠夷折節、今聖朝德音發於帷幄、清風翔乎無外、戎旗南指、江漢席卷、干戈西征、羌蠻慕化、誠闢四門之秋、興禮教之日也……又策曰、聖人稱如有王者、必世而後仁、今天成地平、大化無外、雖匈奴未羈、羌氏驕黠、將修文德以綏之、舞干戚以來之、故兵戈載戢、武夫寢息、如此、已可消鋒刃爲佃器、罷尚方武庫之用未邪、對曰、夫唐堯歷載、頌聲乃作、文武相承、禮樂大同、清一八紘、綏盪無外、萬國順軌、海內斐然……若乃大道四達、禮樂交通、凡人脩行、黎庶勵節、刑罰懸而不用、律令存而無施、適足以隆太平之雅化、飛仁風乎無外矣、又策曰、昔帝舜以二八成功、文王以多士興周、夫制化在於得人、而賢才難得、今大統始同、宜搜才實、州郡有貢薦之舉、猶未獲出羣卓越之倫、將時無其人、有而致之未得其理也、對曰、臣聞興化立法、非賢無以光其道、平世理亂、非才無以宣其業、上自皇羲、下及帝王、莫不張皇綱以羅遠、飛仁風以被物、故得賢則教興、失人則政廢、今四海一統、萬里同風、州郡貢秀孝、臺府簡良才、以八紘之廣、兆庶之衆、豈當無卓越儁逸之才乎、譬猶南海不少明月之寶、大宛不乏千里之駒也……徐偃脩仁義而失國、仲尼逐魯而逼齊、叚干偃息而成名、諒否泰有時、曷人力之所能哉、濟甚禮之。
【Ⅲ①AF 武人重視】史臣曰、夫緝政釐俗、拔羣才以成務、振景觀光、俟明主而宣績、武皇之世、天下乂安、朝廷屬意於求賢、藎軸有懷於干祿、郤詵等並韞價州里、哀然應召、對揚天問、高步雲衢、求之前哲、亦足稱矣、令思行已徇義、志篤周甘、仁者必勇、抑斯之謂、雖才行鳳章、而待終祕閣、積薪之恨、豈獨古人乎。
《列傳二十四陸機》
【Ⅲ①A 道教的表現】遂作辯亡論二篇、其上篇曰……其下篇曰、昔三方之王也、魏人據中夏、漢氏有岷益、吳制荊揚而奄有交廣、曹氏雖功濟諸華、虐亦深矣、其人怨、劉翁因險以飾智、功已薄矣、其俗陋、夫吳、桓王基之以武、太祖成之以德、聰明叡達、懿度弘遠矣、其求賢如弗及、邮人如稚子、接士盡盛德之容、親仁罄丹府之愛、拔呂蒙於戎行、試潘濬於係虜、推誠信士、不恤人之我欺、量能授器、不患權之我偪、執鞭鞠躬、以重陸公之威、悉委武衞、以濟周瑜之師、卑宮菲食、豐功臣之賞、披懷虛已、納謨士之算、故魯肅一面而自託、士燮蒙險而效命、高張公之德、而省游田之娛、賢諸葛之言、而割情欲之歡、感陸公之規、而除刑法之煩、奇劉基之議、而作三爵之誓、屏氣跼蹐、以伺子明之疾、分滋損甘、以育凌統之孤、登壇忼慨、歸魯子之功、削投怨言、信子瑜之節、是以忠臣競盡其謨、志士咸得肆力、洪規遠略、固不厭夫區區者也、故百官苟合、庶務未遑。
《列傳二十五夏侯湛》
【Ⅲ①BA 百家衆流［いわゆる「いろいろある」ではない］・孝友が大事・外戚はめだたせない】乃作昆弟誥……湛若曰、嗚呼、惟我皇乃祖滕公、肇釐厥德厥功、以左右漢祖、弘濟于嗣君、用垂祉于後、世世

資料Ⅰ 『史記』・『漢書』・『晉書』・『舊唐書』・『新唐書』・『明史』の「仁」・「天理」

増敷前軌、濟其好行美德、明允相繼、冠冕胥及、以逮于皇曾祖憨侯、寅亮魏祖、用康乂厥世、遂啓土宇、以大綜厥勳于家、我皇祖穆侯、崇厥基以允釐顯志、用恢闡我令業、維我后府君侯、祇服哲命、欽明文思、以熙柔我家道、丕隆我先緒、欽若稽古訓、用敷訓典籍、乃綜其微言、嗚呼、自三墳五典八索九丘、圖緯六藝、及百家衆流、罔不探賾索隱、鉤深致遠、洪範九疇、彝倫攸叙、乃命世立言、越用繼尼父之大業、斯文在茲、且九齡而我王母薛妃登遐、我后孝思罔極、惟以奉于穆侯之繼室蔡姬、以致其子道、蔡姬登遐、臨于穆侯之命、厥禮乃不得成、用不耐于祖姑、惟乃用聘其永慕、厥乃以疾辭位、用遜于厥家、布衣席槀、以終于三載、厥乃古訓無文、我后丕孝其心、用假于厥制、以穆于世父使君侯、惟伯后聰明叡智、奕世載德、用慈友于我后、我惟烝烝是虔、罔不克承厥誨、用增茂我敦篤、以播休美于一世、厥乃可不遵、惟我用夙夜匪懈、日鑽其道、而仰之彌高、鑽之彌堅、我用欲罷不敢、豈惟予躬是懼、寔令跡是奉、厥乃晝分而食、夜分而寢、豈唯令跡是畏、實爾猶是儀、嗚呼、予其敬哉、俞、予聞之、周之有至德、有婦人焉、我母氏羊姬、宣慈愷悌、明粹篤誠、以撫訓羣子、厥乃我亂齒、則受厥教于書學、未遑惟寧、敦詩書禮樂、孳孳弗倦、我有識惟與汝服厥誨、惟仁義惟孝友是尚、憂深思遠、祗以防于微、翳義形于色、厚愛平恕、以濟其寛裕、用縕和我七子、訓諧我五妹、惟我兄弟姉妹束修愼行、用不辱于冠帶、實母氏是憑、予其爲政襃爾、惟母氏仁之不行是感、予其望色思寛、獄之不情、教之不泰是訓、予其納戒思詳、嗚呼、惟母氏信著于不言、行感于神明、若夫恭事于蔡姬、敦穆于九族、乃高于古之人、古之人厥乃千里承師、刻我惟父惟母世德之餘烈、服膺之弗可及、景仰之弗可階、汝其念哉、俾羣弟天祚于我家、俾爾咸休明是履、淳英哉文明柔順、琬乃沉毅篤固、惟瑫厥清粹平理、謨茂哉儁哲寅亮、總其弘肅簡雅、瞻乃純鑠惠和、惟我蒙蔽、極否於義訓、嗟爾六弟、汝其滋義洗心、以補予之尤、予乃亦不敢忘汝之闕、嗚呼、小子瞻、汝其見予之長於仁、未見予之長於義也。

【Ⅲ①B 德と仁の對照】尼字正叔……恂恂孔聖、百王攸希、亹亹顏生、好學無違、曰皇儲后、體神合機、兆吉先見、知來洞微、濟濟二宮、藹藹庶僚、俊乂鱗萃、髦士盈朝、如彼和肆、莫匪瓊瑶、如彼儀鳳、樂我雲韶、瓊瑶誰剖、四門洞開、雲韶奏樂、神人允諧、蟬冕耀庭、細珮振階、德以謙光、仁以恩懷、我酒惟清、我肴惟馨、舞以六代、歌以九成。

【Ⅲ①A 仁義と孝慈】太上無名、下知有之、仁義不存、而人歸孝慈、無爲無執、何欲何思、忠信之薄、禮刑實滋、既譽既畏、以侮以欺、作誓作盟、而人始叛疑、煌煌四海、藹藹萬乘、匪誓焉憑、左輔右弼、前凝後丞、一日萬幾、業業兢兢、夫出其言善、則千里是應、而莫余違、亦喪邦有徵、樞機之動、式以廢興、殷監不遠、若之何勿懲。

【Ⅲ①A 道教的教養】協字景陽……大夫曰、蓋有晉之融皇風也、金華啓徵、大人有作、繼明代照、配天光宅、其基德也、隆於姬公之處岐、其垂仁也、富有殷之在亳、南箕之風不能暢其化、離畢之雲無以豐其澤、皇道昭煥、帝載緝熙、導氣以樂、宣德以詩、教清乎雲官之世、政穆乎鳥紀之時、王猷四塞、函夏謐靜、丹冥投鋒、青徼釋警、却馬於糞車之轅、銘德於昆吾之鼎、羣萌反素、時人載郁、耕父推畔、漁豎讓陸、樵夫恥危冠之飾、興臺笑短後之服、六合時雍、巍巍蕩蕩、玄髫巷歌、黃髮擊壤、解義皇之繩、錯陶唐之象、若乃華裔之夷、流荒之貊、語不傳於輶軒、地未被乎正朔、莫不駿奔稽顙、委質重譯、于時昆蚑感惠、無思不擾、苑戲九尾之禽、囿棲三足之鳥、鳴鳳在林、夥于黃帝之園、有龍遊川、盈於孔甲之沼、萬物煙熅、天地交泰、義懷靡内、化感無外、林無被褐、山無韋帶、皆象刻于百工、兆發乎靈蔡、搢紳濟濟、軒冕薨薨、功與造化爭流、德與二儀比大、言未終、公子蹴然而興曰、鄙夫固陋、守茲狂狷、蓋理有毀之、而爭寶之訟解、言有怒之、而齊王之疾瘳、向子誘我以聲耳之樂、栖我以鄙家之屋、田遊馳蕩、利刃駿足、既老氏之攸戒、非吾人之所欲、故靡得而應子、至聞皇風載韙、時望道醇、舉實爲秋、摛藻爲春、下有可封之人、上有大哉之君、余雖不敏、請從後塵、世以爲工。

《列傳二十六江統》

【Ⅲ③D】江統字應元、陳留圉人也……時關隴屢爲氐羌所擾、孟觀西討、自擒氐帥齊萬年、統深惟四夷亂華、宜杜其萌、乃作徙戎論、其辭曰、夫夷蠻戎狄、謂之四夷、九服之制、地在要荒、春秋之義、内諸夏而外夷狄、以其言語不通、贄幣不同、法俗詭異、種類乖殊、或居絕域之外、山河之表、崎嶇川谷阻險之地、與中國壤斷土隔、不相侵涉、賦役不及、正朔不加、故曰、天子有道、守在四夷、禹平九土、而西戎即叙、其性氣貪婪、凶悍不仁、四夷之中、戎狄爲甚、弱則畏服、強則侵叛……。

【Ⅲ①F 顏回③D】轉太子洗馬、在東宮累年、甚被親禮、太子頗闕朝覲、又奢費過度、多諸禁忌、統上

書諫曰……其三曰、古之聖王、莫不以儉爲德……庶人修之者、顔回以簞食瓢飲、揚其仁聲、原憲以蓬戸繩樞、邁其清德……其四曰……樊遲匹夫、請學爲圃、仲尼不答、魯大夫臧文仲使妾織蒲、<u>又譏其不仁</u>、公儀子相魯、則拔其園葵、言食祿者不與貧賤之人爭利也、<u>秦漢以來</u>、<u>風俗轉薄</u>、公侯之尊、莫不殖園囿之田、而收市井之利、漸冉相放、莫以爲恥、乘以古道、誠可愧也、今西園賣葵菜、藍子雞鶩之屬、虧敗國體、貶損令問、其五曰……。

【Ⅲ①F】綽字興公博……時大司馬桓溫欲經緯中國、以河南粗平、將移都洛陽、朝廷畏溫、不敢爲異、而北土蕭條、人情疑懼、雖並知不可、莫敢先諫、綽乃上疏曰……溫今此舉……夫國以人爲本、疾寇所以爲人、衆喪而寇除、亦安所取裁、<u>此仁者所宜哀矜</u>、國家所宜深慮也……。

《列傳二十八周處》

【Ⅲ①AF】史臣曰、<u>夫仁義豈有常</u>、<u>蹈之即君子</u>、<u>背之即小人</u>、周子隱以跅弛之材、負不羈之行、比凶蛟猛獸、縱毒鄉閭、終能克己厲精、朝聞夕改、輕生重義、殉國亡軀、可謂志節之士也、宣佩奮茲忠勇、屢殄妖氛、威略冠於本朝、庸績書于王府、既而結憾朝宰、潛搆異圖、忿不思難、斯爲隘矣、<u>終於憤恚</u>、豈不惜哉、札筵等負儶逸之材、以豪雄自許、始見疑於朝廷、終獲戾於權右、彊弗如弱、<u>信有徵矣</u>……。

《列傳二十九》

【Ⅲ③D】齊王冏……齊武閔王冏字景治、獻王攸之子也、<u>少稱仁惠</u>、好振施、有父風、初、攸有疾、武帝不信、遣太醫診候、皆言無病、及攸薨、帝往臨喪、冏號踊訴父病爲醫所誣、詔即誅醫、由是見稱、遂得爲嗣。

【Ⅲ③D】冏驕恣日甚、終無悛志、前賊曹屬孫惠復上諫曰、<u>惠聞天下五難、四不可</u>、而明公皆以居之矣、捐宗廟之主、忽千乘之重、躬貫甲胄、犯冒鋒刃、此一難也、奮三百之卒、決全勝之策、集四方之衆、致英豪之士、此二難也、舍殿堂之尊、居單幕之陋、安嚚塵之慘、同將士之勞、此三難也、驅烏合之衆、當凶彊之敵、任神武之略、無疑阻之懼、此四難也、檄六合之內、<u>著明信之誓</u>、升幽宮之帝、復皇祚之業、此五難也、大名不可久荷、大功不可久任、大權不可久執、大威不可久居、未有行此五難而不以爲難、遺其不可而謂之爲可、惠竊所不安也、自永熙以來、十有一載、人不見德、惟戮是聞、公族搆篡奪之禍、骨肉遭梟夷之刑、羣王被囚檻之困、妃主有離絕之哀、歷觀前代、國家之禍、至親之亂、未有今日之甚者也、良史書過、後嗣何觀、天下所以不去於晉、符命長存於世者、主無嚴虐之暴、朝無酷烈之政、武帝餘恩、獻王遺愛、聖慈惠和、尚經人心、四海所係、實在於茲、今明公建不世之義、而未爲不世之讓、天下惑之、思求所悟、長沙成都魯衛之密、國之親親、與明公計功受賞、尚不自先、今宜宣放桓文之勳、邁臧札之風、芻狗萬物、<u>不仁其化</u>、崇親推近、功遂身退、委萬幾於二王、命方嶽於羣后、燿義讓之旗、鳴思歸之鑾、宅大齊之墟、振洸洸之風、垂拱青徐之域、高枕營丘之藩、金石不足以銘高、八音不足以贊美、姬文不得專聖於前、太伯不得獨賢於後、今明公忘亢極之悔、忽窮高之凶、棄五嶽之安、居累卵之危、外以權勢受疑、內以百揆損神、雖處高臺之上、逍遙重刃之塲、及其危亡之憂、過於潁翟之慮、羣下竦戰、莫之敢言……。

【Ⅲ①A征伐】長沙王乂……穎復書曰、文景受圖、武皇乘運、庶幾堯舜、共康政道、恩隆洪業、本支百世、豈期骨肉豫禍、后族專權、楊賈縱毒、齊趙內篡、幸以誅夷、而未靜息、每憂王室、心悸肝爛、羊玄之皇甫商等恃寵作禍、能不興慨、<u>於是征西羽檄</u>、<u>四海雲應</u>、<u>本謂仁兄同其所懷</u>、便當內擒商等、收級遠送、如何迷惑、自爲戎首、上矯君詔、下離愛弟、推移輦轂、妄動兵威、還任犲狼、棄戮親善、行惡求福、如何自勉、前遣陸機董督節鉞、雖黃橋之退、而溫南收勝、一彼一此、未足增慶也、今武士百萬、良將銳猛、要當與兄整頓海內、若能從太尉之命、斬商等首、投戈退讓、自求多福、穎亦自歸鄴都、與兄同之、奉覽來告、緬然慷慨、慎哉大兄、深思進退也。

《列傳三十一周浚》

【Ⅲ①A】嵩字仲智……臣謂今梓宮未反、舊京未清、義夫泣血、士女震動、<u>宜深明周公之道</u>、<u>先雪社稷大恥</u>、<u>盡忠言嘉謨之助</u>、<u>以時濟弘仁之功</u>、崇謙謙之美、推後己之誠、然後揖讓以謝天下、誰敢不應、誰敢不從、由是忤旨、出爲新安太守。

《列傳三十四武十三王》

【Ⅲ①A】秦獻王柬字弘度、沈敏有識量、泰始六年、封汝南王、咸寧初、徙封南陽王、拜左將軍領右軍將軍散騎常侍、武帝嘗幸宣武場、以三十六軍兵簿令柬料校之、柬一省便摘脫謬、帝異之、於諸子中尤見寵愛、以左將軍居齊獻王故府、甚貴寵、<u>爲天下所屬目</u>、<u>性仁訥</u>、無機辯之譽、太康十年、徙封於秦、邑八萬戸、于時諸王封中土者皆五萬戸、以柬與太子同產、故特加之、轉鎮西將軍、西戎校尉、假節、與楚、淮南王

資料Ⅰ 『史記』・『漢書』・『晉書』・『舊唐書』・『新唐書』・『明史』の「仁」・「天理」

俱之國。
【Ⅲ①A】東海哀王冲字道讓……太元六年、晞卒于新安、時年六十六、孝武帝三日臨于西堂、詔曰、感惟摧慟、便奉迎靈柩、幷改移妃應氏及故世子梁王諸喪、家屬悉還、復下詔曰、故前武陵王體自皇極、尅已思怨、仰惟先朝仁宥之旨、豈可情禮靡寄、其追封新寧郡王、邑千戸、晞三子、綜瑾遵、以遵嗣、追贈綜給事中、瑾散騎郎、十二年、追復晞武陵國、綜瑾各復先官、瑾還繼梁國。
【Ⅲ①A】琅邪悼王煥字耀祖……臣至愚至賤、忽求革前之非、可謂狂瞽不知忌諱、然今天下之弊、自古所希、宗廟社稷、遠託江表半州之地、凋殘以甚、加之荒旱、百姓困瘁、非但不足、死亡是懼、此乃陛下至仁之所矜愍、可憂之至重也、正是匡矯末俗、改張易調之時、而猶當竭已罷之人、營無益之事、殫已困之財、修無用之費、此固臣之所不敢安也、今琅邪之於天下、國之最大、若割損非禮之事、務遵古典……。
《列傳三十五王導》
【Ⅲ①A】王導字茂弘、光祿大夫覽之孫也……時元帝爲琅邪王、與導素相親善、導知天下已亂、遂傾心推奉、潛有興復之志、帝亦雅相器重、契同友執、帝之在洛陽也、導每勸令之國、會帝出鎭下邳、請導爲安東司馬、軍謀密策、知無不爲、及徙鎭建康、吳人不附、居月餘、士庶莫有至者、導患之、會敦來朝、導謂之曰、琅邪王仁德雖厚、而名論猶輕、兄威風不振、宜有以匡濟者……。
【Ⅲ①A】于時軍旅不息、學校未修、導上書曰……故以之事君則忠、用之蒞下則仁、孟軻所謂未有仁而遺其親、義而後其君者也。
【Ⅲ①A】咸和五年薨、時年六十四、帝舉哀於朝堂三日、遣大鴻臚持節監護喪事、贈襚之禮、一依漢博陸侯及安平獻王故事、及葬、給九游輼輬車、黃屋左纛、前後羽葆鼓吹、武賁班劍百人、中興名臣莫與爲比、册曰、蓋高位以酬明德、厚爵以答懋勳、至乎闔棺標跡、莫尚號諡、風流百代、於是乎在、惟公邁達沖虛、玄鑒劭邈、夷淡以約其心、體仁以流其惠、棲遲務外、則名儁中夏、應期濯纓、則潛算獨運、昔我中宗肅祖之基中興也、下帷委誠而策定江左、拱已宅心而庶績咸熙、故能威之所振、寇虐改心、化之所鼓、樽杙易質、調陰陽之和、通彝倫之紀、遼隴承風、丹穴景附、隆高世之功、復宣武之績、舊物不失、公協其猷、若乃荷負顧命、保朕冲人、遭遇艱阢、夷險委順、拯朕淪墜而濟之以道、扶乩顛傾而弘之以仁、經緯三朝而蘊道彌曠、方賴高謨、以穆四海、昊天不弔、奄忽薨殂、朕用震慟于心、雖有殷之殞保衡、有周之喪二南、曷諭茲懷、今遣使持節、謁者僕射任瞻錫諡曰文獻、祠以太牢、魂而有靈、嘉茲榮寵。
【Ⅲ①A】史臣曰、飛龍御天、故資雲雨之勢、帝王興運、必俟股肱之力、軒轅、聖人也、杖師臣而授圖、商湯、哲后也、託負鼎而成業、自斯已降、罔不由之、原夫典午發蹤、本于陵寢、金行撫運、無德在時、九土未宅其心、四夷已承其弊、既而中原蕩覆、江左嗣興、兆著玄石之圖、乖少康之祀夏、時無思晉之士、異文叔之興劉、輔佐中宗、艱哉甚矣、茂弘策名枝屏、叶情交好、負其才智、恃彼江湖、思建尅復之功、用成翼宣之道、於是王敦內侮、憑天邑而狼顧、蘇峻連兵、指宸居而隼擊、實賴元宰、固懷匪石之心、潛運忠謨、竟翦吞沙之冠、乃誠貫白日、主垂餌以終全、貞志陵霜、國綴旒而不滅、觀其開設學校、存乎沸鼎之中、爰立章程、在乎櫛風之際、雖則世道多故、而規模弘遠矣、比夫蕭曹弼漢、六合爲家、奭望匡周、萬方同軌、功未半古、不足爲儔、至若夷吾體仁、能相小國、孔明踐義、善詡新邦、撫事論情、抑斯之類也、提挈三世、終始一心、稱爲仲父、蓋其宜矣、恬珣踵德、副呂虔之贈刀、謐乃隤聲、憋劉毅之徵璽、語曰、深山大澤、有龍有蛇、實斯之謂也。
《列傳三十七溫嶠》
【Ⅲ①A②王敦D】時制王敦綱紀除名、衆佐禁固、嶠上疏曰、王敦剛愎不仁、忍行殺戮、親任小人、疎遠君子、朝廷所不能抑、骨肉所不能間、處其朝者恒懼危亡、故人士結舌、道路以目、誠begin人君子道窮數盡、遵養時晦之辰也、且敦爲大逆之日、拘錄人士、自免無路、原其私心、豈遑晏處、如陸玩羊曼劉胤蔡謨郭璞常與臣言、備知之矣、少其凶悖、自可罪人斯得、如其枉入姦黨、宜施之以寬、加以玩等之誠、聞於聖聽、當受同賊之責、實負其心、陛下仁聖含弘、思求允中、臣階緣博納、干非其事、誠在愛才、不忘忠益、帝從之。
【Ⅲ①A】嶠於是列上尚書……移告四方征鎭曰……二賊合衆、不盈五千、且外畏胡寇、城內大饑、後將軍郭默即於戰陣俘殺賊千人、賊今雖殘破郡邑、其宿衛兵人即時出散、不爲賊用、且祖約情性褊阨、忌尅不仁、蘇峻小子、惟利是視、殘酷驕猜、權相假合、江表興義、以抗其前、彊胡外寇、以躡其後、運漕隔絕、資食空懸、内乏外孤、勢何得久……夫忠爲令德、爲仁由己、萬里一契、義不在言也、時陶侃雖許自下而未發、復追其督護襲登、嶠重與侃書曰、僕謂軍有進而無退、宜增而不可減、近已移檄遠近、言於盟府、尅後月

89

第一章　正史を通して知る「仁」と「天理」

半大舉、南康建安晉安三郡軍並在路次、同赴此會、<u>惟湏仁公所統至</u>、使齊進耳、<u>仁公今召軍還</u>、疑惑遠近、成敗之由、將在於此、僕才輕任重、實憑仁公篤愛、遠稟成規、至於首啓戎行、不敢有辭、<u>僕與仁公當如常山之蛇</u>、首尾相衛、又脣齒之喩也、恐惑者不達高旨、<u>將謂仁公緩於討賊</u>、此聲難追、<u>僕與仁公並受方嶽之任</u>、安危休慼、理既同之、且自頃之顧、綢繆往來、情深義重、著於人士之口、一旦有急、<u>亦望仁公悉衆見救</u>、況社禝之難……。

【Ⅲ①Ａ】郗鑒……鑒復分所得、以賑宗族及鄉曲孤老、頼而全濟者甚多、咸相謂曰、今天子播越、中原無伯、<u>當歸依仁德</u>、可以後亡、遂共推鑒爲主、舉千餘家俱避難於魯之嶧山。

《列傳三十八顧榮》

【Ⅲ①Ａ】紀瞻……漢魏遵承、因而弗革、亦由險泰不同、而救世異術、不得已而用之故也、寬剋之中、將何立而可、族誅之法足爲永制與不、對曰、二儀分則兆庶生、兆庶生則利害作、利害之作、有由而然也、太古之時、化道德之敎、<u>賤勇力而貴仁義、仁義貴則彊不陵弱</u>、衆不暴寡、三皇結繩而天下泰、非惟象刑緝熙而已也、且太古知法、所以遠獄、及其末、不失有罪、是以獄用彌繁、而人彌暴、法令滋章、盜賊多有、書曰、惟敬五刑、以成三德、叔世道衰、既興三辟、而文網之弊、又加族誅、淫刑淪胥、感傷和氣、化染後代、不能變改、故漢祖指麾而六合響應、魏承漢末、因而未革、將以俗變用久、權時之宜也、今四海一統、人思反本、漸尚簡樸、則貪夫不競、<u>尊賢黜否、則不仁者遠、爾則斟參夷之刑</u>、除挾誅之律、品物各順其生、緝熙異世而偕也。

【Ⅲ①Ａ】及帝踐位……上疏曰……<u>惟陛下割不已之仁</u>、賜以敝帷、隕仆之日、得以藉尸、時銓俊乂、使官修事舉、臣免罪戮、死生厚幸……。

《列傳三十九劉隗》

【Ⅲ①Ａ】抗緯文經武、剖符東藩、當庸勳忠良、<u>昵近仁賢</u>、而褒求贓污、舉頑用嚚、請免抗官、下獄理罪。

【Ⅲ①Ａ】波字道則……<u>臣聞天地以弘濟爲仁、君道以惠下爲德</u>、是以禹湯有身勤之績、唐虞有在予之詰、用能惠被蒼生、勳流後葉……。

《列傳四十一孫惠》

【Ⅲ①Ａ虎視東夏之藩・東夏は『左傳』用語】天禍晉國、遘茲厄運、歷觀危亡、其萌有漸、枝葉先零、根株乃斃、伏惟明公叡哲之才、應神武之略、承衰亂之餘、當傾險之運、側身昏譖之俗、跼蹐凶譎之間、執夷正立、則取疾姦佞、抱忠懷直、則見害賊臣、舖糟非聖性所堪、苟免非英雄之節、是以感激於世、<u>發憤忘身</u>、抗辭金門、則謇諤之言顯、扶翼皇家、則匡主之功著、事雖未集、大命有在、<u>夫以漢祖之賢、猶有彭城之恥、魏武之能、亦有濮陽之失</u>、孟明三退、終於致果、句踐喪衆、期於擒吳、今明公名著天下、聲振九域、公族歸美、萬國宗賢、加以四王齊聖、<u>仁明篤友</u>、急難之感、同奬王室、股肱爪牙、足相維持、皇穹無親、惟德是輔、惡盈福謙、鬼神所讚、以明公達存亡之符、察成敗之變、審所履之運、<u>思天人之功、虎視東夏之藩</u>、龍躍海嶠之野、西諮河間、<u>南結征鎮</u>、東命勁吳銳卒之富、北有幽幷率義之旅、宣喩青徐……。

【Ⅲ①Ａ】熊遠……昔宋殺無畏、莊王奮袂而起、衣冠相追於道、軍成宋城之下、況此酷辱之大恥、臣子奔馳之日、<u>夫修園陵、至孝也、討逆叛、至順也、救社稷、至義也、岬遺黎、至仁也、若修此四道、則天下響應</u>、無思不服矣、昔項羽殺義帝以爲罪、漢祖哭之以爲義、劉罡存亡、在此一舉、羣賊豺狼、弱於往日、惡逆之甚、重於丘山、<u>大晉受命</u>、未改于上、兆庶謳吟、思德於下、今順天下之心、命貔貅之士、鳴檄前驅、大軍後至、威風赫然、聲振朔野、則上副西土義士之情、下允海内延頸之望矣、屬有杜弢之難、不能從……人心所歸、惟道與義將紹皇綱於既往、恢業業於來今、<u>表道德之軌、闡忠孝之儀、明仁義之統、弘禮樂之本</u>、使四方之士退懷嘉則、今榮耳目之觀、崇戲弄之好、懼違雲韶雅頌之美、非納軌物、有塵大敎、謂宜設饌以賜羣下而已、元帝納之。

【Ⅲ①Ａ】世所謂三失者、公法加其身、私議貶其非、轉見排退、陸沉泥滓、時所謂三善者、王法所不加、清論美其賢、漸相登進、仕不較官、攀龍附鳳、翱翔雲霄、遂使世人削方爲圓、撓直爲曲、<u>豈待顧道德之淸塗、踐仁義之區域乎</u>、是以萬機未整、風俗僞薄、皆此之由、不明其黜陟、以審能否、此則俗未可得而變也。

《列傳四十二郭璞》

【Ⅲ①Ａ體之自然は道教的】璞著江賦……璞上疏曰……<u>臣竊觀陛下貞明仁恕、體之自然</u>、天假其祚、奄有區夏、啓重光於已昧、廓四祖之遐武、祥靈表瑞、人鬼獻謀、應天順時、殆不尚此、然陛下即位以來、

資料Ⅰ 『史記』・『漢書』・『晉書』・『舊唐書』・『新唐書』・『明史』の「仁」・「天理」

中興之化未闡、雖躬綜萬機、勞逾日昃、玄澤未加於羣生、聲教未被乎宇宙、臣主未寧於上、黔細未輯於下、鴻鴈之詠不興、康衢之歌不作者、何也、杖道之情未著、而任刑之風先彰、經國之署未震、而軌物之迹屢遷、夫法令不一則人情惑、職次數改則覬覦生、官方不審則粃政作、懲勸不明則善惡渾、此有國者之所愼也、臣竊爲陛下惜之、夫以區區之曹參、猶能遵蓋公之一言、倚清靖以鎭俗、寄市獄以容非、德音不忘、流詠于今、漢之中宗、聰悟獨斷、可謂令主、然厲意刑名、用虧純德、老子以禮爲忠信之薄、況刑又是禮之糟粕者乎、夫無爲而爲之、不宰以宰之、固陛下之所體者也、恥其君不爲堯舜者、亦豈惟古人、是以敢肆狂瞽、不隱其懷、若臣言可採、或所以爲塵露之益、若不足採、所以廣聽納之門、願陛下少留神鑒、賜察臣言。
《列傳四十三庾亮》
【Ⅲ①AF】疏奏、詔曰、省告懇惻、執以感歎、誠是仁舅處物宗之責、理亦盡矣、若大義既不開塞、舅所執理勝、何必區區其相易奪、賊峻姦逆書契所未有也、是天地所不容、人神所不宥、今年不反、明年當反、愚智所見也、舅與諸公勃然而召、正是不忍見無禮於君者也、論情與義、何得謂之不忠乎、若以己總率征討、事至敗喪、有司宜正明直繩、以肅國體、誠則然矣、且舅遂上告方伯、席卷來下、舅躬貫甲冑、賊峻梟懸、大事既平、天下開泰、衍得反正、社稷乂安、宗廟有奉、豈非舅二三方伯忘身陳力之勳邪、方當策勳行賞、豈復議既往之咎乎。
《列傳四十四桓彝》
【Ⅲ①AF】史臣曰、醨風潛煽、醇源浸竭、遺道德於情性、顯忠信於名教、首陽高節、求仁而得仁、泗上微言、朝聞而夕死、原軫免冑、懍然於往策、季路絕纓、邈矣於前志、況交霜雪於杪歲、晦風雨於將晨、嗟響或以變其音、貞柯罕能全其性、桓茂倫抱中和之氣、懷不撓之節、邁周庾之清、塵遵許郭之退軌、懼臨危於取免、知處死之爲易、揚芬千載之上、淪骨九泉之下、仁者之勇、不其然乎、至夫基構迕汙隆、龍蛇俱山澤、冲逸巡於内輔、豁陵廣於上游、虔振北門之威、秀坦西陽之務、外有扞城之用、裹無末大之嫌、求之名臣、抑亦可算、而溫爲亢極之資、玄遂履霜之業、是知敬仲之美不息檀棓之亂、寧兪之忠無救奕棊之禍、子文之不血食、悲夫。
《列傳四十五王湛》
【Ⅲ①C】溫嶠……將之鎭、上表曰……伏惟陛下誕奇秀之姿、稟生知之量、春秋尚富、涉道未曠、方須訓導以成天德、皇太后仁淑之體、過於三母、先帝奉事積年、每稱聖明。
【Ⅲ③D】寧字武子……或曰、黃唐緬邈、至道淪翳、濠濮輟詠、風流靡託、爭奪兆於仁義、是非成於儒墨、平叔神懷超絕、輔嗣妙思通微、振千載之頽綱、落周孔之塵網、斯蓋軒冕之龍門、豪梁之宗匠、嘗聞夫子之論、以爲罪過桀紂、何哉、答曰、子信有聖人之言乎、夫聖人者、德侔二儀、道冠三才、雖帝皇殊號、質文異制、而統天成務、曠代齊趣、王何蔑棄典文、不遵禮度、游辭浮說、波蕩後生、飾華言以翳實、騁繁文以惑世、搢紳之徒、翻然改轍、洙泗之風、緬焉將墜、遂令仁義幽淪、儒雅蒙塵、禮壞樂崩、中原傾覆、古之所謂言僞而辯、行僻而堅者、其斯人之徒歟、昔夫子斬少正卯於魯、太公戮華士於齊、豈非曠世而同誅乎、桀紂暴虐、正足以滅身覆國、爲後世鑒戒耳、豈能迴百姓之視聽哉、王何叨海内之浮譽、貲膏梁之傲誕、畫螭魅以爲巧、扇無檢以爲俗、鄭聲之亂樂、利口之覆邦、信矣哉、吾固以爲一世之禍輕、歷代之罪重、自喪之釁小、迷衆之愆大也、甯崇儒抑俗、率皆如此。
【Ⅲ①A】堅字子常……時議者以廣爲鉗徒、二兒沒入、既足以懲、又使百姓知父子之道、聖朝有垂恩之仁、可特聽減廣死罪爲五歲刑、宗等付奚官爲奴、而不爲永制。
《列傳四十八孔愉》
【Ⅲ①F】［孔］安國字安國……安帝隆安中下詔曰、領軍將軍孔安國貞愼清正、出内播譽、可以本官領東海王師、必能導達津梁、依仁游藝、後歷尚書左右僕射、義熙四年卒、贈左光祿大夫。
【Ⅲ①C】坦與聰書曰、華狄道乖、南北迥邈、瞻河企宋、每懷飢渴、數會陽九、天禍晉國、姦凶猾夏、乘釁肆虐、我德雖衰、天命未改、乾符啓再集之慶、中興應靈期之會、百六之艱既過、惟新之美日隆、而神州振蕩、遺氓波散、誓命戎狄之手、跼蹐豺狼之穴、朝廷每臨寐永歎、痛心疾首、天罰既集、罪人斯隕、王旅未加、自相魚肉、豈非人怨神怒、天降其災、蘭艾同焚、賢愚所歎、矜哀勿喜、我后之仁、大赦曠廓、唯季龍是討、彭譙使至、粗具動靜、知將軍忿疾醜類、翻然同舉、承問欣豫、慶若在已、何知幾之先覺、介石之易悟哉、引領來儀、怪無聲息。
《列傳四十九謝尚》

【Ⅲ① A】孫恩作亂……恩逃于海島、朝廷憂之、以琰爲會稽内史、都督五郡軍事、本官並如故、琰既以資望鎭越土、議者謂無復東顧之虞、及至郡、無綏撫之能、而不爲武備、將帥皆諫曰、強賊在海、伺人形便、宜振揚仁風、開其自新之路、琰曰、苻堅百萬、尚送死淮南、況孫恩奔蹴歸海、何能復出、若其復至、正是天不養國賊、令速就戮耳。

【Ⅲ① BF】混字叔源……桓元嘗欲以安宅爲營、混曰、<u>召伯之仁、猶惠及甘棠、文靖之德</u>、更不保五畝之宅邪、玄聞慙而止。

【Ⅲ① A】玄字幼度……玄既還……上疏曰……追尋前事、可爲寒心、臣之微身、復何足惜、區區血誠、憂國實深、謹遣兼長史劉濟重奉送節蓋章傳、<u>伏願陛下垂天地之仁</u>、拯將絶之氣、時遣軍司鎭慰荒雜、聽臣所乞、盡醫藥消息、歸誠道門、冀神祇之祐、若此而不差、修短命也、使臣得及視息、瞻視墳柏、以此之盡、公私真無恨矣、伏枕悲慨、不覺流涕。

《列傳五十一王遜》

【Ⅲ① F】毛寶字碩眞、滎陽陽武人也、王敦以爲臨湘令、敦卒、爲溫嶠平南參軍、蘇峻作逆、嶠將赴難、而征西將軍陶侃懷疑不從、嶠屢説不能廻、更遣使順侃意曰、<u>仁公且守</u>、僕宜先下、遣信已二日、會寶別使還、聞之……。

《列傳五十二陳壽》

【Ⅲ① A】習鑿齒……時溫有大志……星人乃馳詣鑿齒曰、家在益州、被命遠下、今受旨自裁、無由致其骸骨、緣君仁厚、乞爲標碣棺木耳、鑿齒問其故、星人曰、賜絹一疋、令僕自裁、惠錢五千、以買棺耳……。

《列傳五十三顧和》

【Ⅲ① AB】袁瓌……瓌上疏曰、臣聞先王之教也、崇典訓以弘遠代、明禮學以統後生、所以導萬物之性、暢爲善之道也、宗周既興、文史載煥、端委垂於南蠻、頌聲溢於四海、故延州聘魯、聞雅而歎、韓起適魯、觀易而美、何者、立人之道、於斯爲首、孔子恂恂以教洙泗、孟軻係之、誨誘無倦、<u>是以仁義之聲于今猶存</u>、禮讓之節時或有之。

【Ⅲ① A 道教と儒教】江逌……穆帝……逌上書曰……<u>伏惟陛下聖質天縱、凝曠清虛</u>、闡日新之盛、茂欽明之量、<u>無欲體於自然、冲素刑乎萬國</u>、韶既盡美、則必盡善、<u>宜養以玄虛、守以無爲</u>、登覽不以臺觀、游豫不以苑沼、<u>傴息畢於仁義、馳騁極於六藝</u>、觀巍巍之隆、鑒二代之文、<u>仰味羲農、俯尋周孔、其爲逍遙</u>、足以尊道德之輔、親搢紳之秀、疇咨以時、顧問不倦、獻替諷諫、日月而聞、則庶績惟凝、六合咸熙、<u>中興之盛邁於殷宗、休嘉之慶流乎無窮</u>、昔漢起德陽、鍾離抗言、魏營宮殿、陳羣正辭、臣雖才非若人、然職忝近侍、言不足採、而義在以聞。

《列傳五十四王恭》

【Ⅲ① A 節下・神明】殷仲堪……調補佐著作郎、冠軍謝玄鎭京口、請爲參軍、除尚書郎、不拜、玄以爲長史、厚任遇之、仲堪致書於玄曰、胡亡之後、中原子女鬻於江東者不可勝數、骨肉星離、荼毒終年、怨苦之氣、感傷和理、誠喪亂之常、足以懲戒、復非王澤廣潤、愛育蒼生之意也、當世大人既慨然經略、將以救其塗炭、而使軍至於此、良可歎息、<u>願節下弘之以道德、運之以神明</u>、隱心以及物、垂理以禁暴、使足踐晉境者必無懷惑之心、枯槁之類莫不同漸天潤、<u>仁義與干戈並運、德心與功業俱隆</u>、實所期於明德也。

【Ⅲ① F】桓玄在南郡……仲堪乃答之曰、隱顯黙語、非賢達之心、蓋所遇之時不同、故所乘之塗必異、道無所屈而天下以之獲寧、<u>仁者之心未能無感</u>、若夫四公者、養志巖阿、道高天下、秦網雖虐、游之而莫懼、漢祖雖雄、請之而弗顧、徒以一理有感、汎然而應、事同賓客之禮、言無是非之對、孝惠以之獲安、莫由報其德、如意以之定藩、無所容其怨、且爭奪滋生、主非一姓、則百姓生心、祚無常人、則人皆自賢、況夫漢以劍起、人未知義、式遏姦邪、特宜以正順爲寶、天下、大器也、苟亂亡見懼、則滄海橫流、原夫若人之振策、豈爲一人之廢興哉、<u>苟可以暢其仁義</u>、與夫伏節委質可榮可辱者、道迹懸殊、理勢不同、君何疑之哉。

【Ⅲ① F 天師道】頃之、桓玄將討佺期、先告仲堪云……<u>仲堪少奉天師道、又精心事神、不吝財賄、而怠行仁義</u>、齋於周急、及玄來攻、猶勤請禱、然善取人情、病者自爲診脉分藥、而用計倚伏煩密、少於鑒略、以至於敗。

《列傳五十五劉毅》

【Ⅲ① A 弘道】劉毅……初毅丁憂在家、及義旗初興、遂墨絰從事、至是、軍役漸寧、上表乞還京口、以終喪禮、曰、<u>弘道爲國者、理盡於仁孝</u>、訴窮歸天者、莫甚於喪親、但臣凡庸、本無感槩、不能隕越、故其宜耳、

往年國難滔天、故志竭愚忠、靦然苟存、去春鑾駕廻輅、而狂狡未滅、雖姦凶時梟、餘燼竄伏、威懷寡方、文武勞弊、微情未申、顧景悲憤、今皇威遐肅、海內清蕩、臣窮毒艱穢、亦已具於聖聽。

《列傳五十六張軌》

【Ⅲ③D】玄靚年既幼沖、<u>性又仁弱</u>、天錫既剋邑、專掌朝政、改建興四十九年、奉升平之號。

《列傳五十七涼武昭王》

【Ⅲ①F】涼後主諱歆、字士業、玄盛薨時、府寮奉為大都督、大將軍涼公領涼州牧護羌校尉……主簿氾稱又上疏諫曰、臣聞天之子愛人后、殷勤至矣……乃者咸安之初、西平地裂、狐入謙光殿前、俄而秦師奄至、都城不守、梁熙既為涼州、藉秦氏兵亂、規有全涼之地、外不撫百姓、內多聚斂、建元十九年姑臧南門崩、隕石於閑豫堂、二十年而呂光東反、子敗於前、身戮於後、段業又輩胡創亂、遂稱制此方、三年之中、地震五十餘所、既而先王龍興瓜州、蒙遜殺之張掖、此皆目前之成事、亦殿下之所開知、效穀、先主鴻漸之始、謙德、即尊之室、基陷地裂、大凶之徵也、日者太陽之精、中國之象、赤而無光、中國將為胡夷之所陵滅、諺曰、野獸入家、主人將去、今狐上南門、亦災之大也、又狐者胡也、天意若曰將有胡人居於此城、南面而居者也、昔春秋之世、星隕于宋、襄公卒為楚所擒、地者至陰、胡夷之象、當靜而動、反亂天常、天意若曰胡夷將震動中國、中國若不修德、將有宋襄之禍、臣蒙先朝布衣之眷、輒自同子弟之親、是以不避忤上之誅、昧死而進愚款、<u>願殿下親仁善鄰</u>、養威觀釁、罷宮室之務、止游畋之娛、後宮嬪妃、諸夷子女、躬受分田、身勸蠶績、以清儉素德為榮、息茲奢靡之費、百姓租稅、專擬軍國、虛衿下士、廣招英雋、修秦氏之術、以強國富俗、待國有數年之積、庭盈文武之士、然後命韓白為前驅、納子房之妙算、一鼓而姑臧可平、長驅可以飲馬涇渭、方東面而爭天下、豈蒙遜之足憂、不然、臣恐宗廟之危必不出紀。

《列傳五十八孝友》

【Ⅲ①A】大矣哉、孝之為德也、分渾元而立體、道貫三靈、資品彙以順名、功包萬象、用之于國、動天地而降休徵、行之于家、感鬼神而昭景福、若乃博施備物、<u>尊仁安義</u>、柔色承顏、怡怡盡樂、擊鮮就養、亹亹忘劬、集苞思藝黍之勤、循陔有採蘭之詠、事親之道也。

【Ⅲ①A】庾袞……歲大饑、藜羹不糝、門人欲進其飯者、而袞每日已食、莫敢為設、及麥熟、穫者已畢、而採捃尚多、袞乃引其羣子以退、曰、待其閒、及其捃也、不曲行、不旁掇、跪而把之、則亦大獲、又與邑人入山拾橡、分夷嶮、序長幼、推易居難、禮無違者、或有斬其墓柏、莫知其誰、乃召鄰人集于墓而自責焉、因叩頭泣涕、謝祖禰曰、德之不修、不能庇先人之樹、袞之罪也、父老咸亦為之垂泣、自後人莫之犯、<u>撫諸孤以慈</u>、<u>奉諸寡以仁</u>、事加於厚而教之義方、使長者體其行、幼者忘其孤孤。

【Ⅲ①A】顏含……于時論者以王導帝之師傅、名位隆重、百僚宜為降禮、太常馮懷以問於含、含曰、王公雖重、理無偏敬、降禮之言、或是諸君事宜、鄙人老矣、不識時務、既而告人曰、吾聞伐國不問仁人、向馮祖思問佞於我、<u>我有邪德乎</u>、人嘗論少正卯盜跖其惡孰深、或曰、正卯雖姦、不至剖人充膳、盜跖為甚、含曰、為惡彰露、人思加戮、隱伏之姦、非聖不誅、由此言之、少正為甚、衆咸服焉、郭璞嘗遇含、欲為之筮、含曰、<u>年在天</u>、<u>位在人</u>、<u>修己而天不與者</u>、<u>命也</u>、<u>守道而人不知者</u>、<u>性也</u>、自有性命、無勞蓍龜、桓溫求婚於含、含以其盛滿、不許、惟與鄧攸深交、或問江左羣士優劣、答曰、周伯仁之正、鄧伯道之清、卞望之之節、餘則吾不知也、其雅重行實、抑絕浮偽如此。

【Ⅲ①A】桑虞字子深、魏郡黎陽人也、父沖、有深識遠量、惠帝時為黃門郎、河間王顒執權、引為司馬、沖知顒必敗、就職一旬、便稱疾求退、<u>虞仁孝自天至</u>、年十四喪父、<u>毀瘠過禮</u>、日以米百粒用糝藜藿、其姊諭之曰、汝毀瘠如此、必至滅性、滅性不孝、宜自抑割。

《列傳五十九忠義》

【Ⅲ①A】忠義、古人有言、<u>君子殺身以成仁</u>、<u>不求生以害仁</u>、又云、非死之難、處死之難、信哉斯言也、是知隕節苟合其宜、義夫豈吝其沒、捐軀若得其所、烈士不愛其存、故能守鐵石之深衷、厲松筠之雅操、見貞心於歲暮、標勁節於嚴風、赴鼎鑊其如歸、履危亡而不顧、書名竹帛、畫象丹青、前史以為美談、後來仰其徽烈者也。

【Ⅲ①A】太元中、孝武帝詔曰、<u>襃德顯仁</u>、哲王令典、故太尉忠穆公執德高邈、在否彌宣、貞潔之風、義著千載、每念其事、愴然傷懷、忠貞之胤、蒸嘗宜遠、所以大明至節、崇獎名教、可訪其宗族、襲爵主祀、於是復以翰孫曠為弋陽侯。

【Ⅲ①A】王豹……書入、無報、豹重牋曰、豹書御以來、十有二日、而聖旨高遠、未垂採察、不賜一字之令、

第一章　正史を通して知る「仁」と「天理」

不勅可否之宜、蓋霸王之神寶、安危之秘術、不可須臾而忽者也、伏思明公挾大功、抱大名、懷大德、執大權、此四大者、域中所不能容、賢聖所以戰戰兢兢、日昃不暇食、雖休勿休者也、若周公以武王爲兄、成王爲君、伐紂有功、以親輔政、執德宏深、聖思博遠、至忠至仁、至孝至敬、而攝事之日、四國流言、離主出奔、居東三年、賴風雨之變、成王感悟、若不遭皇天之應、神人之察、恐公旦之禍未知所限也。

【Ⅲ①F】麴允……允性仁厚、無威斷、呉皮王隱之徒、無頼凶人、皆加重爵、新平太守竺恢始平太守楊像扶風太守竺爽安定太守焦嵩、皆征鎮杖節、加侍中常侍村塢主帥小者、猶假銀青將軍之號、欲以撫結衆心。

【Ⅲ③D】劉敏元……顧謂諸盜長曰、夫仁義何常、寧可失諸君子、上當爲高皇光武之事、下豈失爲陳項乎、當取之由道、使所過稱詠威德、奈何容畜此人以損盛美、當爲諸君除此人、以成諸君霸王之業。

【Ⅲ③D仁評価が微妙】羅企生……謂弟遵生曰、殷侯仁而無斷、事必無成、成敗、天也、吾當死生以之、仲堪果走、文武無送者、唯企生從焉。

《列傳六十良吏》

【Ⅲ①A】曹攄……至日、相率而還、並無違者、一縣歎服、號曰聖君、入爲尚書郎、轉洛陽令、仁惠明斷、百姓懷之、時天大雨雪、宮門夜失行馬、羣官檢察、莫知所在、攄使收門士、衆官咸謂不然、攄曰、宮掖禁嚴、非外人所敢盜、必是門士以燎寒耳、詰之、果服以病去官、復爲洛陽令。

【Ⅲ①A】喬智明字元達鮮卑前部人也……兌曰、有君如此、吾何忍累之、縱吾得免、作何面目視息世間、於獄産一男、會赦、得免、其仁感如是。

【Ⅲ①A】史臣曰、魯芝等建旟剖竹、布政宣條、存樹惠感、沒留遺愛、咸見知明主、流譽當年、若伯武之絜已克勤、顏遠之申寃緩獄、鄧攸嬴糧以述職、呉隱酌水以厲精、晉代良能、此焉爲最、而攸棄子存姪、以義斷恩、若力所不能、自可割情忍痛、何至預加徽纆、絶其奔走者乎、斯豈慈父仁人之所用心也、卒以絶嗣、宜哉、勿謂天道無知、此乃有知矣……。

《列傳六十一儒林》

【Ⅲ①A】范弘之……將行、與會稽王道子牋曰……每觀載籍、志士仁人有發中心任直道而行者、有懷知陽愚負情曲從者、所用雖異、而並傳後世、故比干處三仁之中、箕子爲名賢之首、後人用捨、參差不同、各信所見、率應而至、或榮名顯赫、或禍敗係踵、此皆不量時趣、以身嘗禍、雖有硜硜之稱、而非大雅之致、此亦下官所不爲也。

《列傳六十二文苑》

【Ⅲ①A】應貞字吉甫、汝南南頓人、魏侍中璩之子也、自漢至魏、世以文章顯、軒冕相襲、爲郡盛族……帝於華林園宴射、貞賦詩最美、其辭曰……於時上帝、乃顧惟眷、光我晉祚、應期納禪、位以龍飛、文以豹變、玄澤旁流、仁風潛扇、區内宅心、方隅迴面、天垂其象、地耀其文、鳳鳴朝陽、龍翔景雲、嘉禾重穎、蓂莢載芬、率土咸寧、人胥悦欣。

【Ⅲ①A】庾闡……嗚呼大庭既邈、玄風悠緬、皇道不以智隆、上德不以仁顯。

【Ⅲ①A引道家之弘旨會世教之適當】李充……老子云、絶仁棄義、家復孝慈、豈仁義之道絶、然後孝慈乃生哉、蓋患乎情仁義者寡而利仁義者衆也、道德喪而仁義彰、仁義彰而名利作、禮教之弊、直在茲也、先王以道德之不行、故以仁義化之、行仁義之不篤、故以禮律檢之、檢之彌繁、而僞亦愈黷、老莊是乃明無爲之益、塞爭欲之門、夫極靈智之妙、總會通之和者、莫尚乎聖人、革一代之弘制、垂千載之遺風、則非聖不立、然則聖人之在世、吐言則爲訓辭、蒞事則爲物軌、運通則與時隆、理喪則與世弊矣、是以大爲之論以標其旨、物必有宗、事必有主、寄責於聖人而遺累乎陳迹也、故化之以絶聖棄智、鎮之以無名之樸、聖教救其末、老莊明其本、本末之塗殊而爲教一也。人之迷也、其日久矣、見形者衆、及道者尟、不觀千仞之門而逐適物之迹、逐迹逾篤、離本逾遠、遂使華端與薄俗俱興、妙緒與淳風並絶、所以聖人長潛而迹未嘗滅矣、懼後進惑其如此、將越禮棄學而希無爲之風、見義教之殺而不觀其隆矣、略言所懷、以補其闕、引道家之弘旨、會世教之適當、義之違本、言不流放、庶以祛困蒙之蔽、悟一徒之惑乎、其辭曰……政異徵辭、拔本塞源、遁迹永日、尋響窮年、刻意離性而失其常然、世有險夷、運有通忌、損益適時、升降惟理、道不可以一日廢、亦不可以一朝擬、禮不可爲千載制、亦不可以當年止、非仁無以長物、非義無以齊恥、仁義固不可遠、去其害仁義者而已、力行猶懼不逮、希企邈以遠矣、室有善言、應在千里、況乎行止復禮克已、風人司箴、敬貽君子。

【Ⅲ①A臣は身を全うすることも身を滅ぼすこともある】袁宏……後爲三國名臣頌曰……董卓之亂、神

資料Ⅰ 『史記』・『漢書』・『晉書』・『舊唐書』・『新唐書』・『明史』の「仁」・「天理」

器遷逼、公達慨然、志在致命、由斯而譚、故以大存名節、至如身爲漢隸而跡入魏幕、源流趣舍、抑亦文若之謂、所以存亡殊致、始終不同、將以文若既明且哲、名教有寄乎、夫仁義不可不明、則時宗舉其致、生理不可不全、故達識攝共契、相與弘道、豈不遠哉……崔生高明、折而不撓……夫江湖所以濟舟、亦所以覆舟、仁義所以全身、亦所亡身……郎中溫雅、器識純素、貞而不諒、通而能固、恂恂德心、汪汪軌度、志成弱冠、道敷歲暮、仁者必勇、德亦有言、雖遇履尾、神氣恬然、行不修飾、名跡無愆、操不激切、素風逾鮮……烈烈王生、知死不撓、求仁不遠、期在忠孝……莘莘衆賢、千載一遇、整轡高衢、驤首天路、仰揖玄流、俯弘時務、名節殊塗、雅致同趣、日月麗天、瞻之不墜、仁義在躬、用之不匱、尚想遐風、載揖載味、後生擊節、懦夫增氣。

【Ⅲ①A】謝安常賞其機對辯速、後安爲揚州刺史、宏自吏部郎出爲東陽郡、乃祖道於冶亭、時賢皆集、安欲以卒廹試之、臨別執其手、顧就左右取一扇而授之曰、聊以贈行、宏應聲答曰、輒當奉揚仁風、慰彼黎庶、時人歎其率而能要焉。

【Ⅲ③D】伏滔……著論二篇、名曰正淮、其上篇曰……其俗尚氣力而多勇悍、其人習戰爭而貴詐僞、豪右并兼之門、十室而七、藏甲挾劍之家、比屋而發、然而仁義之化不漸、刑法之令不及、所以屢多亡國也……其下篇曰……信哉魯哀之言、夫生乎深宮、長於膏粱、憂懼不切於身、榮辱不交於前、則其仁義之本淺矣……。

《列傳六十四隱逸》

【Ⅲ③D 老子】范粲……喬字伯孫……初、喬邑人臘夕盜斫其樹、人有告者、喬陽不聞、邑人愧而歸之、喬往喩曰、卿節日取柴、欲與父母相歡娛耳、何以愧爲、其通物善導、皆此類也、外黃令高頤歎曰、諸士大夫未有不及私者、而范伯孫恂恂率道、名諱未嘗經於官曹、士之貴異、於今而見、大道廢而有仁義、信矣、其行身不穢、爲物所歎服如此、以元康八年卒、年七十八。

【Ⅲ①F】翟湯字道深、尋陽人、篤行純素、仁讓廉絜、不屑世事、耕而食、人有饋贈、雖金釜庾一無所受、永嘉末、寇害相繼、聞湯名德、皆不敢犯、鄉人賴之。

【Ⅲ①A】劉驎之……驎之雖冠冕之族、信義著於羣小、凡厮伍之家婚娶葬送、無不躬自造焉、居于陽岐、在官道之側、人物來往、莫不投之、驎之躬自供給、士君子頗以勞累、更憚過焉、凡人致贈、一無所受、去驎之家百餘里、有一孤姥、病將死、歎息謂人曰、誰當埋我、惟有劉長史耳、何由令知、驎之先聞其有患、故往候之、值其命終、乃身爲營棺殯送之、其仁愛隱惻若此、卒以壽終。

【Ⅲ③D】郭瑀……昔傅說龍翔殷朝、尚父鷹揚周室、孔聖車不停軌、墨子駕不俟旦、皆以黔首之禍不可以不救、君不獨立、道由人弘故也、況今九服分爲狄場、二都盡爲戎穴、天子僻陋江東、名教淪於左袵、創毒之甚、開闢未聞、先生懷濟世之才、坐而不救、其於仁智、孤竊惑焉、故遣使者虛左授綏、鶴企先生、乃睠下國、公明至山、瑀指翔鴻以示之曰、此鳥也、安可籠哉、遂深逃絶迹、公明拘其門人、瑀歎曰、吾逃祿、非避罪也、豈得隱居行義、害及門人、乃出而就徵。

【Ⅲ②D】戴逵……逵後徙居會稽之剡縣、性高絜、常以禮度自處、深以放達爲非道、乃著論曰、夫親沒而採藥不反者、不仁之子也、君危而屢出近關者、苟免之臣也、而古之人未始以彼害名教之體者何、達其旨故也。

【Ⅲ①A】龔玄之……譙國戴逵武陵龔玄之並高尚其操、依仁游藝、絜已貞鮮、學弘儒業、朕虛懷久矣、二三君子、豈其戢賢於懷抱哉、思挹雅言、希承諷議、可並以爲散騎常侍、領國子博士、指下所在備禮發遣、不得循常、以稽側席之望。

《列傳六十六烈女》

【Ⅲ①C】烈女……至若恭姜誓節、孟母求仁、華率傅而經齊、樊授規而霸楚、譏文伯於奉劍、讓子發於分菽、少君之從約禮、孟光之符隱志、既昭婦則、且擅母儀。

【Ⅲ①C】羊耽妻辛氏……琇固請於文帝、帝不聽、憲英謂琇曰、行矣、戒之、古之君子入則致孝於親、出則致節於國、在職思其所司、在義思其所立、不遺父母憂患而已、軍旅之間可以濟者、其唯仁恕乎。

【Ⅲ①A】慕容垂妻段氏……垂立其子寶爲太子也、元妃謂垂曰、太子姿質雍容、柔而不斷、承平則爲仁明之主、處難則非濟世之雄、陛下託之以大業、妾未見克昌之美、遼西高陽二王、陛下兒之賢者、宜擇一以樹之、趙王麟奸詐負氣、常有輕太子之心、陛下一旦不諱、必有難作、此陛下之家事、宜深圖之。

《列傳六十七四夷》

【Ⅲ①AF】西戎吐谷渾……辟奚性仁厚慈惠、初聞苻堅之盛、遣使獻馬五十匹、金銀五百斤、堅大悅、拜

第一章　正史を通して知る「仁」と「天理」

爲安遠將軍。
【Ⅲ③D】視連既立、通聘於乞伏乾歸、拜爲白蘭王、視連幼廉慎有志性、以父憂卒、不知政事、不飮酒遊田七年矣、鍾惡地進曰、夫人君者、以德御世、以威齊衆、養以五味、娛以聲色、此四者、聖帝明王之所先也、而公皆略之、昔昭公儉嗇而喪、偃王仁義而亡、然則仁義所以存身、亦所以亡已、經國者、德禮也、濟世者、刑法也、二者或差、則綱維失緒、明公奕葉重光、恩結西夏、雖仁孝發於天然、猶宜憲章周孔、不可獨追徐偃之仁、使刑德委而不建、視連泣曰、先王追友于之痛、悲憤升遐、孤雖纂業、尸存而已、聲色遊娛、豈所安也、綱維刑禮、付之將來、臨終、謂其子視羆曰、我高祖吐谷渾公常言子孫必有興者、永爲中國之西藩、慶流百世、吾已不及、汝亦不見、當在汝之子孫輩耳、在位十五年而卒。
【Ⅲ①A】視羆性英果、有雄略、嘗從容謂博士金城麴邕曰、易云、動靜有常、剛柔斷矣、先王以仁宰世、不任威刑、所以剛柔靡斷、取輕鄰敵、當仁不讓、豈宜拱默者乎、今將秣馬厲兵、爭衡中國、先生以爲何如、邕曰、大王之言、高世之略、秦隴英豪所願聞也、於是虛襟撫納、衆赴如歸。
【Ⅲ①A】史臣曰、夫肖形稟氣、是稱萬物之靈、繫土隨方、廼有羣分之異、蹈仁義者爲中寓、肆凶獷者爲外夷、譬諸草木、區以別矣、夷狄之徒、名教所絕、闚邊候隙、自古爲患、稽前諸史、憑陵匪一、軒皇北逐、唐帝南征、殷后東裁、周王西狩、皆所以禦其侵亂也、嬴劉之際、匈奴最強、元成之間、呼韓委質、漢嘉其節、處之中壤、歷年斯永、種類逾繁、舛號殊名、不可勝載。
《列傳六十九桓玄》
【Ⅲ①A】百姓喁喁想望、皇澤宜弘仁風、以收物情、玄怒曰……。
《列傳七十王彌》
【Ⅲ①AC】陳敏……天道伐惡、人神所不祐、雖阻長江、命危朝露、忠節令圖、君子高行、屈節附逆、義士所恥、王蠋匹夫、志不可屈、於期慕義、隕首燕庭、況吳會仁人並受國寵、或剖符名郡、或列爲近臣、而便辱身姦人之朝、降節逆叛之黨、稽顙屈膝、不亦羞乎、昔龔勝絕粒、不食莽朝、魯連赴海、恥爲秦臣、君子義行、同符千載、遙度雅量、豈獨是安。昔吳之武烈、稱美一代、雖奮靈奇宛葉、亦受折襄陽、討逆雄氣、志存中夏、臨江發怒、命訖丹徒、賴先王承運、雄謀天挺、尚內倚慈母仁明之教、外杖子布廷爭之忠、又有諸葛顧步張朱陸全之族、故能鞭笞百越、稱制南州、然兵家之興、不出三世、運未盈百、歸命入臣。
《載記第二劉聰》
【Ⅲ①AD】郭猗有憾於劉乂、謂劉粲曰、太弟於主上之世猶懷不逞之志、此則殿下父子之深仇、四海蒼生之重怨也、而主上過垂寬仁、猶不替二尊之位、一旦有風塵之變、臣竊爲殿下寒心。
《載記弟三劉曜》
【Ⅲ①C】初靳準之亂……光武緣母色而廢立、豈足爲聖朝之模範、光武誠以東海纂統、何必不如明帝、皇子胤文武才略、神度弘遠、信獨絕一時、足以擬蹤周發、然太子孝友仁慈、志尚沖雅、亦足以堂負聖基、爲承平之賢主、何況儲宮者、六合人神所繫望也、不可輕以廢易、陛下誠實爾耳、臣等有死而已、未敢奉詔、曜默然、胤前泣曰、慈父之於子也、當務存尸鳩之仁、何可替熙而立臣也、陛下謬恩乃爾者、臣請死於此、以明赤心。
【Ⅲ①F一代扱い】曜曰、久謂卿等爲灰土、石王仁厚、全宥至今、而我殺石他、負盟之甚、今日之禍、自其分耳、留宴終日而去、勒諭曜與其太子熙書、令速降之、曜但勅熙、與大臣匡維社稷、勿以吾易意也、勒覽而惡之、後爲勒所殺。
【Ⅲ③②D】史臣曰、彼戎狄者、人面獸心、見利則棄君親、臨財則忘仁義者也、投之遐遠、猶懼外侵、而處以封畿、窺我中釁、昔者幽后不綱、胡塵暗於戲水、襄王失御、戎馬生於關洛、至於強弱、妙兵權、體興衰、知利害、於我中華未可量也、況元海人傑、必致青雲之上、許以殊才、不居庸劣之下、是以策馬鴻騫、乘機豹變、五部高嘯、一旦推雄、皇枝相害、未有與之爭衡者矣。伊秩啓興王之略、骨都論剋定之秋、單于無北顧之懷、獫狁有南郊之祭、大哉天地、茲爲不仁矣、若乃習以華風、溫乎雅度、兼其舊俗、則罕規模、雖復石勒稱藩、王彌效歡、終爲夷狄之邦、未辯君臣之位、至於不遠儒風、虛襟正直、則昔賢所謂并仁義而益之者焉、……胡寇不仁、有同豺家、役天子以行觴、驅乘輿以執蓋、庾珉之淚既盡、辛賓加之以血。
《載記四石勒上》
【Ⅲ①A】孔萇攻代郡、澹死之、時司冀并兗州流人數萬戶在于遼西、迭相招引、人不安業、孔萇等攻馬嚴

資料Ⅰ 『史記』・『漢書』・『晉書』・『舊唐書』・『新唐書』・『明史』の「仁」・「天理」

馮膊、久而不克、勒問計於張賓、賓對曰、馮膊等本非明公之深仇、遼西流人悉有戀本之思、今宜班師息甲、差選良守、任之以襲遂之事、不拘常制、<u>奉宣仁澤</u>、奮揚威武、幽冀之寇可翹足而靜、遼西流人可指時而至、勒曰、右侯之計是也、召萇等歸、署武遂令李回爲易北督護、振武將軍、高陽太守。
《載記五石勒下》
【Ⅲ①A③D】弘字大雅、勒之第二子也……勒謂徐光曰、大雅愔愔、殊不似將家子、光曰、漢祖以馬上取天下、孝文以玄默守之、聖人之後、必世勝殘、天之道也、勒大悅、光因曰、<u>皇太子仁孝溫恭</u>、中山王雄暴多詐、陛下一旦不諱、臣恐社稷之危、宜漸奪中山威權、使太子早參朝政、勒納之、程遐又言於勒曰、<u>中山王勇武權智</u>、羣臣莫有及者、觀其志也、自陛下之外、視之蔑如、兼荷專征歲久、威振外內、<u>性又不仁</u>、殘忍無賴、其諸子並長、皆預兵權、陛下在、自當無他、恐其怏怏不可輔少主也、宜早除之、以便大計。
《載記六石季龍上》
【Ⅲ③D】季龍畋獵無度……今或盛功于耘藝之辰、或煩役于收獲之月、頓斃屬途、怨聲塞路、<u>誠非聖君仁后所忍爲也</u>、昔漢明賢君之、鍾離一言而德陽役止、臣誠識蔑昔士、言無可採、陛下道越前王、所宜哀覽。
【Ⅲ①B】時白虹出自太社、經鳳陽門、東南連天、十餘刻乃滅、季龍下書曰、<u>蓋古明王之理天下也、政以均平爲首、化以仁惠爲本</u>、故能允協人和、緝熙神物。
《載記九慕容廆》
【Ⅲ①F 親仁善鄰】段遼與廆相攻、裕諫曰、<u>臣聞親仁善鄰、國之寶也、慕容與國世爲婚姻、且廆令德之主、不宜連兵構怨、凋殘百姓、臣恐禍害之興、將由於此</u>。
《載記十慕容儁》
【Ⅲ①F 慕容廆の言・仁を重ねたから子孫が中原を有する】慕容儁字宣英、廆之第二子也、<u>初、廆常言、吾積福累仁、子孫當有中原、既而生儁</u>、廆曰、此兒骨相不恒、吾家得之矣。
《載記十一慕容暐》
【Ⅲ①F 慕容暐】慕容暐字景茂、儁第三子也……暐既庸弱、國事皆委之於恪……時暐境内多水旱……朕以眇躬、猥荷大業、不能上成先帝遺志、致使二虜遊魂、所以功未成也、豈宜冲退、<u>且古之王者、不以天下爲榮、憂四海若荷擔、然後仁讓之風行</u>、則比屋而可封、今道化未純、鯨鯢未殄、宗社之重、非唯朕身、公所憂也。
【Ⅲ①A】苻堅將苻護據陝……飛檄三輔、<u>仁聲先路</u>、獲城即侯、微功必賞、此則鬱嘆待時之雄、抱志未申之傑、必嶽峙灞上、雲屯隴下、天羅旣張、內外勢合、區區僭豎、不走則降、大同之擧、今其時也、<u>願陛下獨斷聖慮、無訪仁人</u>、暐覽表大悅、將從之。
【Ⅲ①A】時外則王師及苻堅交侵……其尚書左丞申紹上疏曰、臣聞漢宣有言、與朕共治天下者、其唯良二千石乎、是以特重此選、必妙盡英才、莫不拔自貢士、歷資内外、<u>用能仁感猛獸、惠致羣祥</u>、今者守宰或擢自匹夫兵將之間、或因寵戚、藉緣時會、非但無聞於州閭、亦不經于朝廷。
《載記十三苻堅上》
【Ⅲ①A 苻堅・一代限りの仁】苻堅字永固……及苻生嗣僞位……初、堅母以法長而賢、又得衆心、懼終爲變、至此、遣殺之、<u>堅性仁友</u>、與法訣於東堂、慟哭嘔血、贈以本官、諡曰哀、封其子陽爲東海公、敷爲清河公。
【Ⅲ①A 慕容垂・一代限りの仁・中原でなく東夏】是時慕容垂避害奔于堅、<u>王猛言於堅曰、慕容垂、燕之戚屬、世雄東夏、寬仁惠下</u>、恩結士庶、燕趙之間咸有奉戴之意。
【Ⅲ①A 苻堅の仁の限界】堅既平涼州、又遣其安北將軍幽州刺史苻洛爲北討大都督、率幽州兵十萬討代王涉翼犍、又遣後將軍俱難與鄧羌等率步騎二十萬東出和龍、西出上郡、與洛會于涉翼犍庭、翼犍戰敗、遁于弱水、苻洛逐之、勢窘迫、退還陰山、其子翼圭縛父請降、洛等振旅而還、封賞有差、<u>堅以翼犍荒俗、未參仁義</u>、令入太學習禮、以翼圭執父不孝、遷之於蜀。
《載記十四苻堅下》
【Ⅲ①F 苻堅の仁の限界】晉將軍朱綽焚踐沔北屯田……堅大悅曰、吾之志也、左僕射權翼進曰、臣以爲晉未可伐、夫以紂之無道、天下離心、八百諸侯不謀而至、武王猶曰彼有人焉、迴師止旆、<u>三仁誅放</u>、然後奮戈牧野、今晉道雖微、未聞喪德、君臣和睦、上下同心、謝安桓沖、江表偉才、可謂晉有人焉、臣謂師克在和、今晉和矣、未可圖也。
【Ⅲ①B】堅南游灞上、從容謂羣臣曰、<u>軒轅、大聖也、其仁若天</u>、其智若神、猶隨不順者從而征之、居無

第一章　正史を通して知る「仁」と「天理」

常所、以兵爲衞、故能日月所照、風雨所至、莫不率從、今天下垂平、惟東南未殄、朕忝荷大業、巨責攸歸、豈敢優游卒歲、不建大同之業、每思桓溫之寇也、江東不可不滅、今有勁卒百萬、文武如林、鼓行而摧遺晉、若商風之隕秋籜、朝廷內外、皆言不可、吾實未解所由。

【Ⅲ①F】其年寢疾……堅覽之流涕、悲慟左右、及疾篤、堅親臨省病、問以後事、猛曰、晉雖僻陋吳越、乃正朔相承、親仁善隣、國之寶也、臣沒之後、願不以晉爲圖、鮮卑羌虜、我之仇也、終爲人患、宜漸除之、以便社稷、言終而死、時年五十一。

《載記十五苻丕》

【Ⅲ③D滅亡】於是王永宣檄州郡曰、<u>大行皇帝棄背萬國</u>、四海無主、征東大將軍長樂公、<u>先帝元子</u>、聖武自天、<u>受命荊南</u>、威振衡海、分陝東都、道被夷夏、<u>仁澤光于宇宙</u>、<u>德聲侔于下武</u>、永與司空蚝等謹順天人之望、以季秋吉辰奉公紹承大統、銜哀即事、栖谷總戎、枕戈待旦、志雪大恥、慕容垂爲封豕于關東、弘沖繼凶于京邑、致乘輿播越、宗社淪傾……初、苻纂之奔丕也……晉揚威將軍馮該自陜要擊、敗之、斬丕首……。

《載記十六姚弋仲》

【Ⅲ①A布德行仁】姚萇、萇字景茂……尹緯姚晃謂古成詵曰、苻登窮寇、歷年未滅、姦雄鴟跱、所在糾扇、夷夏皆貳、將若之何、詵曰、主上權略無方、信賞必爵、賢能之士、咸懷樂推、豈慮大業不成、氐賊不滅乎、緯曰、登窮寇未滅、姦雄所在扇合、吾等寧無懼乎、詵曰、三秦天府之國、主上十分已有其八、今所在可慮者、苻登楊定雷惡地耳、自餘瑣瑣、焉足論哉、然惡地地狹衆寡、不足爲憂、苻登藉烏合犬羊、偷存假息、料其智勇、非至尊之匹、霸王之起、必有驅除、然後尅定大業、昔漢魏之興也、皆十有餘年、乃能一同於海內、五六年間未爲久也、<u>主上神略內明、英武外發、可謂無敵於天下耳、取登有餘力、願布德行仁、招賢納士、厲兵秣馬、以候天機</u>、如其鴻業不成者、詵請腰斬以謝明公、緯言之於萇、萇大悅、賜詵關內侯。

【Ⅲ①F骨肉以仁】萇如長安、至於新支堡、疾篤、輿疾而進、夢苻堅將天官使者、鬼兵數百突入營中、萇懼、走入宮、宮人迎萇刺鬼、誤中萇陰、鬼相謂曰、正中死處、拔矛、出血石餘、寤而驚悸、遂患陰腫、醫刺之、出血如夢、萇遂狂言、或稱、臣萇、殺陛下者兄襄、非臣之罪、願不枉臣、至長安、召太尉姚旻、尚書左僕射尹緯、右僕射姚晃、尚書狄伯支等入、受遺輔政、<u>萇謂興曰</u>、有毀此諸人者、愼勿受之、<u>汝撫骨肉以仁</u>、接大臣以禮、待物以信、遇黔首以恩、四者既備、吾無憂矣、以太元十八年死、時年六十四、在位八年、僞諡武昭皇帝、廟號太祖、墓稱原陵。

《載記十七姚興上》

【Ⅲ①A仁孝之舉也】<u>姚興字子略、萇之長子也</u>……興母蚝氏死、興哀毀過禮、不親庶政、羣臣議請依漢魏故事、既葬即吉、興尚書郎李嵩上疏曰、三王異制、五帝殊禮、孝治天下、先王之高事也、宜遵聖性、以光道訓、既葬之後、應素服臨朝、率先天下、<u>仁孝之舉也</u>、尹緯駁曰、<u>帝王喪制、漢魏爲準</u>、嵩矯常越禮、愆於軌度、請付有司、以專擅論、既葬即吉、乞依前議、興曰、嵩忠臣孝子、有何咎乎、尹僕射棄先王之典、而欲遵漢魏之權制、豈所望於朝賢哉、其一依嵩議。

《載記十八姚興下》

【Ⅲ②D［姚］沖凶險不仁】興自平涼如朝那、聞沖謀逆、以其弟中最少、雄武絕人、猶欲隱忍容之、歔欷泣謂興曰、<u>沖凶險不仁</u>、每侍左右、臣常寢不安席、願早爲之所、興曰、沖何能爲也、但輕害名將、吾欲明其罪於四海、乃下書賜沖死、葬以庶人之禮。

【Ⅲ③D［姚興］宜修仁虛己以答天譴】靈臺令張泉又言於興曰、<u>熒惑入東井</u>、旬紀而返、未餘月、復來守心、王者惡之、<u>宜修仁虛己、以答天譴</u>、興納之。

《載記十九姚泓》

【Ⅲ③D姚泓不務仁恕之道】<u>姚泓字元子、興之長子也</u>……泓曰、人情挫辱、則壯厲之心生、政教煩苛、則苟免之行立、上之化下、如風靡草、君等參贊朝化、弘昭政軌、<u>不務仁恕之道、惟欲嚴法酷刑</u>、豈是安上馭下之理乎、敏等遂止、泓受經於博士淳于岐、岐病、泓親詣省疾、拜于牀下、自是公侯見師傅皆拜焉。

【Ⅲ③D】史臣曰……景茂因仲襄之緒、躡苻亡之會、嘯命羣豪、恢弘霸業、假容沖之銳、俯定函秦、挫雷惡之鋒、載寧東北、在茲姦略、實冠凶徒、列樹而表新營、雖云效績、薦棘而陵舊主、<u>何其不仁、安枕而終、斯爲幸也</u>。

《載記二十李特》

【Ⅲ①F李流】李流……<u>流素重雄有長者之德</u>、每云、興吾家者、必此人也、勑諸子尊奉之、流疾篤、謂諸將曰、

資料Ⅰ 『史記』・『漢書』・『晉書』・『舊唐書』・『新唐書』・『明史』の「仁」・「天理」

驍騎高明仁愛、識斷多奇、固足以濟大事、然前軍英武、殆天所相、可共受事於前軍、以爲成都王、遂死、時年五十六、諸將共立雄爲主、雄僭號、追諡流秦文王。
《載記二十一李雄》
【Ⅲ①F 一代限りの仁】李雄……其後將立蕩子班爲太子、雄有子十餘人、羣臣咸欲立雄所生、雄曰、起兵之初、舉手扞頭、本不希帝王之業也、値天下喪亂、晉氏播蕩、羣情義舉、志濟塗炭、而諸君遂見推逼、處王公之上、本之基業、功由先帝、吾兄適統、丕祚所歸、懷懿明叡、殆天所命、大事垂克、蔑于戎戰、班姿性仁孝、好學夙成、必爲名器。
《載記二十三慕容垂》
【Ⅲ①F 慕容垂・大王・大仁小惠・一代限りの議論】及堅擒暐、垂隨堅入鄴、收集諸子、對之悲慟、見其故吏、有不悅之色、前郞中令高弼私於垂曰、大王以命世之姿、遭無妄之運、迍邅棲伏、艱亦至矣、天啓嘉會、靈命甄遷、此乃鴻漸之始、龍變之初、深願仁慈有以慰之、且夫高世之略必懷遺俗之規、方當網漏呑舟、以弘苞養之義、收納舊臣之胄、以成爲山之功……堅之敗於淮南也、垂軍獨全、堅以千餘騎奔垂、垂世子寶言於垂曰……千載一時、今其會也、今承皇天之意、因而取之、且夫立大功者不顧小節、行大仁者不念小惠、秦既蕩覆三京、竊辱神器、仇恥之深、莫甚於此、願不以意氣微恩而忘社稷之重、五木之祥、今其至矣。
【Ⅲ③D 苻丕】時堅子丕先在鄴……丕不從、越退而告人曰、公父子好存小仁、不顧天下大計、吾屬終當爲鮮卑虜矣。
《載記二十四慕容寶》
【Ⅲ③D 慕容寶曰く・王等仁慈】慕容寶字道祐、垂之第四子也……初、寶聞魏之來伐也……寶曰、會逆心已成、而王等仁慈、不欲去之、恐一旦釁發、必先害諸父、然後及吾、事敗之後、當思朕言。
【Ⅲ①F 二公と述べた意味・周公の限界・周公は忠】慕容盛……盛聽詩及周公之事……昔周自后稷積德累仁、至于文武、文武以大聖應期、遂有天下、生靈仰其德、四海歸其仁、成王雖幼統洪業、而卜世脩長加呂召毛畢爲之師傅、若無周公攝政、王道足以成也……又周公舉事、稱告二公、二公足明周公之無罪而坐觀成王之疑、此則二公之心亦有猜於周公也、但以疎不間親、故寄言於管蔡、可謂忠不見於當時、仁不及於兄弟、知羣望之有歸、天命之不在己、然後返政成王、以爲忠耳、大風拔木之徵、乃皇天祐存周道、不忘文武之德、是以赦周公之始愆、欲成周室之大美、考周公之心、原周公之行、乃天下之罪人、何至德之謂也、周公復位、二公所以杜口不言其本心者、以明管蔡之忠也……盛曰、伊尹能廢而立之、何不能輔之以至於善乎、若太甲性同桀紂、則三載之間未應便成賢后、如其性本休明、義心易發、當務盡匡規之理以弼成君德、安有人臣幽主而據其位哉、且臣之事君、惟力是視、奈何挾智藏仁以成君惡、夫太甲之事、朕已鑒之矣。
《載記二十五乞伏國仁》
【乞伏國仁のように、名に仁を用いる者は、一般に仁の評價を得ていない】
【Ⅲ①F 馮跋】馮跋字文起、長樂信都人也、小字乞直伐、其先畢萬之後也、萬之子孫有食采馮鄉者、因以氏焉、永嘉之亂、跋祖父和避地上黨、父安、雄武有器量、慕容永時爲將軍、永滅、跋東徙和龍、家于長谷、幼而懿重少言、寬仁有大度、飮酒一石不亂、三弟皆任俠、不脩行業、惟跋恭愼、勤於家產、父母器之所、居上每有雲氣若樓閣、時咸異之、嘗夜見天門開、神光赫然燭於庭內、及慕容寶僭號、署中衛將軍。
【Ⅲ①F】義熙六年、跋下書曰、昔高祖爲義帝舉哀、天下歸其仁、吾與高雲義則君臣、恩踰兄弟、其以禮葬雲及其妻子、立雲廟於韮町、置園邑二十家、四時供薦……跋下書曰、自頃多故、事難相尋、賦役繁苦、百姓困窮、宜加寬宥、務從簡易、前朝苛政、悉皆除之、守宰當垂仁惠、無得侵害百姓、蘭臺都官明加澄察、初、慕容熙之敗也、工人李訓竊寶而逃、貲至巨萬、行貨於馬弗勤、弗勤以訓爲方略令。
《載記二十六禿髮烏孤》
【Ⅲ①F 禿髮傉檀・大王仁・一代限りの評價】禿髮傉檀……興涼州刺史王尚遣主簿宗敞來聘……傉檀謂敞曰……敞曰、大王仁侔魏祖、存念先人、雖朱暉眄張堪之孤、叔向撫汝齊之子、無以加也、酒酣、語及平生、傉檀曰、卿魯子敬之儔、恨不與卿共成大業耳。
【Ⅲ①F傉檀】傉檀讌羣僚于宣德堂……孟禕進曰……呂氏以排山之勢、王有西夏、率土崩離、銜璧秦雍、寬饒有言、富貴無常、忽輒易人、此堂之建、年垂百載、十有二主、唯信順可以久安、仁義可以永固、願

第一章　正史を通して知る「仁」と「天理」

大王勉之、傉檀曰、非君無以聞讜言也、傉檀雖受制於姚興、然車服禮章一如王者、以宗敞爲太府主簿録記室事。
《載記二十七慕容德》
【Ⅲ①A 光武の故事・不仁に當たらない】慕容德字玄明、皝之少子也……及垂稱燕王、以德爲車騎大將軍、復封范陽王、居中鎭衛、參斷政事、久之、遷司徒、于時慕容永據長子、有衆十萬、垂議討之、羣臣咸以爲疑、德進曰、昔三祖積德、遺訓在耳、故陛下龍飛、不謀而會、雖由聖武、亦縁舊愛、燕趙之士樂爲燕臣也、今永既建僞號、扇動華戎、致令羣豎從横、逐鹿不息、宜先除之、以一衆聽、昔光武馳蘇茂之難、不顧百官之疲、夫豈不仁、機急故也、兵法有不得已而用之、陛下得得已乎。
【Ⅲ①A? 匹婦之仁】至是、慕容寶自龍城南奔至黎陽……其黃門侍郎張華進曰、夫爭奪之世、非雄才不振、從横之時、豈懦夫能濟、陛下若蹈匹婦之仁、捨天授之業、威權一去、則身首不保、何退讓之有乎、德曰、吾以古人逆取順守、其道未足、所以中路徘徊、悵然未決耳。
《載記二十八慕容超》
【Ⅲ②D 慕容超】慕容超字祖明、德兄北海王納之子……明年朔旦……至是、城中男女患脚弱病者大半、超輦而升城、尚書悅壽言於超曰、天地不仁、助寇爲虐、戰士疲病、日就凋隕、守困窮城、息望外援、天時人事、亦可知矣、苟歷運有終、堯舜避位、轉禍爲福、聖達于先、宜追許鄭之蹤、以存宗廟之重、超歎曰、廢興、命也、吾寧奮劍決死、不能銜壁求生。
《載記二十九沮渠蒙遜》
【Ⅲ②D 傉檀】姚興遣使人梁斐張構等拜蒙遜鎭西大將軍沙州刺史西海侯、時興亦拜禿髮傉檀爲車騎將軍、封廣武公、蒙遜聞之、不悅、謂斐等曰、傉檀上公之位、而身爲侯者何也、構對曰、傉檀輕狡不仁、欵誠未著、聖朝所以加其重爵者、襃其歸善即叙之義耳、將軍忠貫白日、勳高一時、當入諧鼎味、匡贊帝室、安可以不信待也、聖朝爵必稱功、官不越德……。
《載記三十赫連勃勃》
【Ⅲ②D】赫連勃勃字屈孑、匈奴右賢王去卑之後……佗斗伏兄子阿利先戍大洛川、聞將送勃勃、馳諫曰、鳥雀投人、尚宜濟免、況勃勃國破家亡、歸命於我、縱不能容、猶宜任其所奔、今執而送之、深非仁者之舉、佗斗伏輕爲魏所責、弗從、阿利潛遣勁勇篡勃勃於路、送於姚興高平公沒弈于弈于、以女妻之、勃勃身長八尺五寸、腰帶十圍、性辯慧、美風儀、興見而奇之、深加禮敬、拜驍騎將軍、加奉車都尉、常參軍國大議、寵遇踰於勳舊、興弟邕言於興曰、勃勃天性不仁、難以親近、陛下寵遇太甚、臣竊惑之、興曰、勃勃有濟世之才、吾方收其藝用、與之共平天下、有何不可、乃以勃勃爲安遠將軍、封陽川侯……。
【Ⅲ①B 大禹】羣臣勸都長安、勃勃曰……其下咸曰、非所及也、乃于長安置南臺、以璝領大將軍雍州牧録南臺尚書事……其辭曰、於赫靈祚、配乾比隆、巍巍大禹、堂堂聖功、仁被蒼生、德格玄穹、帝錫玄珪、揖讓受終、哲王繼軌、光闡徽風……。

3-2：『晉書』の「天理」

《志一天文上》
【渾天理妙學者多疑】自虞喜虞聳姚信皆好奇徇異之説、非極數談天者也、至於渾天理妙、學者多疑、漢王仲任據蓋天之説、以駁渾儀云、舊説天轉從地下過、今掘地一丈輒有水、天何得從水中行乎、甚不然也、日隨天而轉、非入地、夫人目所望、不過十里、天地合矣、實非合也、遠使然耳、今視日入、非入也、亦遠耳、當日入西方之時、其下之人亦將謂之爲中也、四方之人、各以其近者爲出、遠者爲入矣、何以明之、今試使一人把大炬火、夜半行於平地、去人十里、火光滅矣、非滅也、遠使然耳、今日西轉不復見、是火滅之類也、日月不員、望視之所以員者、去人遠也、夫日、火之精也、月、水之精也、水火在地不員、在天何故員、故丹楊葛洪釋之曰……。
【北斗七星と天理】中宮、北極五星、鉤陳六星、皆在紫宮中……北斗七星在太微北、七政之樞機、陰陽之元本也、故運乎天中、而臨制四方、以建四時、而均五行也、魁四星爲璇璣、杓三星爲玉衡、又曰、斗爲人君之象、號令之主也、又爲帝車、取乎運動之義也、又魁第一星曰天樞、二曰璇、三曰璣、四曰權、五曰玉衡、六曰開陽、七曰搖光、一至四爲魁、五至七爲杓、樞爲天、璇爲地、璣爲人、權爲時、玉衡爲音、開陽爲律、搖光爲星、石氏云、第一曰正星、主陽德、天子之象也、二曰法星、主陰刑、女主之位也、三

資料Ⅰ 『史記』・『漢書』・『晉書』・『舊唐書』・『新唐書』・『明史』の「仁」・「天理」

曰令星、主中禍、四曰伐星、主天理、伐無道、五曰殺星、主中央、助四旁、殺有罪、六曰、危星、主天倉五穀、七曰部星、亦曰應星、主兵、又云、一主天、二主地、三主火、四主水、五主土、六主木、七主金、又曰、一主秦、二主楚、三主梁、四主吳、五主燕、六主趙、七主齊、魁中四星爲貴人之牢、曰天理也、輔星傅乎開陽、所以佐斗成功、丞相之象也、七政星明、其國昌、輔星明、則臣強、杓南三星及魁第一星西三星皆曰三公、主宣德化、調七政、和陰陽之官也。

《志十三樂下》
【繼天理萬方】文皇統百揆、繼天理萬方、武將鎭四隅、英佐盈朝堂、謀言協秋蘭、清風發其芳……。

《志十九五行下》
【王者自下承天理物】傳曰、皇之不極、是謂不建、厥咎眊、厥罰恒陰、厥極弱、時則有射妖、時則有龍蛇之孽、時則有馬禍、時則有下人伐上之痾、時則有日月亂行、星辰逆行、皇之不極、是謂不建、皇、君、極、中、建、立也、人君貌言視聽思五事皆失、不得其中、不能立萬事、失在眊悖、故其咎眊也、王者自下承天理物、雲起於山、而彌於天、天氣亂、故其罰恒陰、一曰、上失中、則下強盛而蔽君明也、易曰、亢龍有悔、貴而亡位、高而亡民、賢人在下位而亡輔、如此、則君有南面之尊、而亡一人之助、故其極弱也、盛陽動進輕疾、禮、春而大射、以順陽氣、上微弱則下奮驚動、故有射妖、易曰、雲從龍、又曰、龍蛇之蟄、以存身也、陰氣動、故有龍蛇之孽、於易、乾爲君、爲馬、任用而強力、君氣毀、故有馬禍、一曰、馬多死及爲怪、亦是也、君亂且弱、人之所叛、天之所去、不有明王之誅、則有篡殺之禍、故有下人伐上之痾、凡君道傷者、病天氣、不言五行沴天、而曰、日月亂行、星辰逆行、者、爲若下不敢沴天、猶春秋曰、王師敗績于貿戎、不言敗之者、以自敗爲文、尊尊之意也、劉歆皇極傳曰有下體生於上之痾、説以爲下人伐上、天誅已成、不得復爲痾云。

《列傳五陳騫》
【天理之眞滅】裴秀……［子］頠深患時俗放蕩……乃著崇有之論以釋其蔽曰……老子既著五千之文、表摭穢雜之弊、甄舉靜一之義、有以令人釋然自夷、合於易之損謙艮節之旨、而靜一守本、無虛無之謂也、損艮之屬、蓋君子之一道、非易之所以爲體守本無也、觀老子之書雖博有所經、而云有生於無、以虛爲主、偏立一家之辭、豈有以而然哉、人之既生、以保生爲全、全之所階、以順感爲務、若味近以虧業、則沈溺之釁興、懷末以忘本、則天理之眞滅、故動之所交、存亡之會也……。

《列傳七宗室》
【夫王者體天理物】譙剛王遜……閔王承字敬才……承居官儉約、家無別室、尋加散騎常侍、輔國左軍如故、王敦有無君之心、表疏輕慢、帝夜召承、以敦表示之、曰、王敦頃年位任足矣、而所求不已、言至於此、將若之何、承曰、陛下不早裁之、難將作矣、帝欲樹藩屏、會敦表以宣城内史沈充爲湘州、帝謂承曰、湘州南楚險固、在上流之要、控三州之會、是用武之國也、今以叔父居之、何如、承曰、臣幸託末屬、身當宿衛、未有驅馳之勞、頻受過厚之遇、夙夜自厲、思報天德、君之所命、惟力是視、敢有辭焉、然湘州蜀寇之餘、人物凋盡、若上憑天威、得之所苞、比及三年、請從戎役、若未及此、雖復灰身、亦無益也、於是詔曰、夫王者體天理物、非羣才不足濟其務、外建賢哲、以樹風聲、内睦親親、以廣藩屏、是以太公封齊、伯禽居魯、此先王之令典、古今之通義也、我晉開基、列國相望、乃授琅邪武王、鎭統東夏、汝南文成、總一淮許、扶風梁王、迭據關右、爰暨東嬴、作司并州、今公族雖寡、不遑囊時、豈得替舊章乎、散騎常侍左將軍譙王承貞素款亮、志存忠恪、便蕃左右、恭肅彌著、今以承監湘州諸軍事南中郎將湘州刺史。

《列傳十六劉頌》
【後嗣不必賢此天理之常也】夫聖明不世及、後嗣不必賢、此天理之常也、故善爲天下者、任勢而不任人、任勢者、諸侯是也、任人者、郡縣是也……。
【而賢明至少不肖至衆此固天理之常也】臣又聞國有任臣則安、有重臣則亂、而王制、人君立子以適不以長、立適以長不以賢、此事情之不可易者也、而賢明至少、不肖至衆、此固天理之常也、物類相求、感應而至、又自然也、是以闇君在位、則重臣盈朝、明后臨政、則任臣列職、夫任臣之與重臣、俱執國統而立斷者也……。

《列傳二十二郤詵》
【繼天理物・希心紫極】阮种……又問、將使武成七德、文濟九功、何路而臻于茲、凡厥庶事、曷後曷先、對曰、夫文武經德、所以成功丕業、咸熙庶績者、莫先於選建明哲、授方任能、令才當其官而功稱其職、則萬幾咸理、庶寮不曠、書曰、天工人其代之、然則繼天理物、寧國安家、非賢無以成也、夫賢才之畜於國、由良工之

須利器、巧匠之待繩墨也、器用利、則斲削易而材不病、繩墨設、則曲直正而衆形得矣、是以人主必勤求賢、而佚以任之也、賢臣之於主、進則忠國愛人、退則砥節潔志、營職不干私義、出心必由公塗、明度量以呈其能、審經制以效其功、此昔之聖王所以恭已南面而化於陶鈞之上者、以其所任之賢與所賢之信也、方今海内之士皆傾望休光、<u>希心紫極</u>、唯główną主之所趣舍、若開四聰之聽、廣疇咨之求、抽羣英、延俊乂、考工授職、呈能制官、朝無素餐之士、如此化流罔極、樹功不朽矣。

《列傳四十五王湛》
【豈可傷天理違經典】范汪……甯字武子……王國寶、甯之甥也……甯又陳時政曰……官制謫兵、不相襲代、頃者小事、便以補役、一愆之違、辱及累世、親戚傍支、罹其禍毒、戸口減耗、亦由於此、皆宜料遣、以全國信、禮、十九爲長殤、以其未成人也、十五爲中殤、以爲尚童幼也、今以十六爲全丁、則備成人之役矣、以十三爲半丁、所任非復童幼之事矣、<u>豈可傷天理、違經典</u>、困苦萬姓、乃至此乎……。

《列傳六十良吏》
【抑亦天理】曹攄……及齊王冏輔政、攄與左思俱爲記室督、冏嘗從容問攄曰、天子爲賊臣所逼、莫有能奮、吾率四海義兵興復王室、今入輔朝廷、匡振時艱、或有勸吾還國、於卿意如何、攄曰、蕩平國賊、匡復帝祚、古今人臣之功未有如大王之盛也、<u>然道罔隆而不殺、物無盛而不衰、非唯人事、抑亦天理</u>、竊預下問、敢不盡情、願大王居高慮危、在盈思沖、精選百官、存公屏欲、舉賢進善、務得其才、然後脂車秣馬、高揖歸藩、則上下同慶、攄等幸甚、冏不納、尋轉中書侍郎、長沙王乂以爲驃騎司馬、乂敗、免官、因丁母憂、惠帝末、起爲襄城太守、時襄城屢經寇難、攄綏懷振理、旬月剋復。

《列傳六十九桓玄》
【承天理物必由一統】桓玄字敬道、一名靈寶……初、玄恐帝不肯爲手詔、又慮璽不可得、逼臨川王寶請帝自爲手詔、因奪取璽、比臨軒、璽已久出、玄甚喜、<u>百官到姑孰勸玄僭僞位</u>、玄僞讓、朝臣固請、玄乃於城南七里立郊、登壇篡位、以玄牡告天、百僚陪列、而儀注不備、忘稱萬歲、又不易帝諱、<u>榜爲文告天皇后帝云</u>、晉帝欽若景運、敬順明命、以命于玄、<u>夫天工人代、帝王所以興、匪君莫治、惟德司其元、故承天理物、必由一統</u>、並聖不可以二君、非賢不可以無主、故世換五帝、鼎遷三代、爰暨漢魏、咸歸勳烈、晉自中葉、仍世多故、海西之亂、皇祚殆移、九代廓寧之功、升明黜陟之勳、微禹之德、左衽將及……。

4-1：『舊唐書』・『新唐書』の「仁」（『舊唐書』を配列し、關連する『新唐書』を附す）

《本紀一高祖》
【Ⅲ①A】皇考諱昞、周安州總管、柱國大將軍、襲唐國公、諡曰仁……<u>高祖以周天和元年生於長安</u>、七歳襲唐國公、及長、儻儻豁達、任性眞率、<u>寬仁容衆</u>、無貴賤咸得其歡心、隋受禪、補千牛備身、文帝獨孤皇后、即高祖從母也、由是特見親愛、累轉譙隴岐三州刺史、有史世良者、善相人、謂高祖曰、公骨法非常、必爲人主、願自愛、勿忘鄙言、高祖頗以自負。

【《新唐書》本紀一】仁公生高祖於長安、體有三乳、<u>性寬仁</u>。

《本紀三太宗下》
【Ⅲ③A隋文帝】秋七月甲子朔、日有蝕之、上謂房玄齡蕭瑀曰、隋何等主、對曰、克己復禮、勤勞思政、每一坐朝、或至日昃、五品已上、引之論事、宿衛之人、傳飱而食、<u>雖非性體仁明、亦勵精之主也</u>、上曰、公得其一、未知其二、此人性至察而心不明、夫心暗則照有不通、至察則多疑於物、自以欺孤寡得之、謂羣下不可信任、事皆自決、雖勞神苦形、未能盡合於理、朝臣既知上意、亦復不敢直言、宰相已下、承受而已、朕意不然……。

史臣曰……或曰、以太宗之賢、失愛於昆弟、失教於諸子、何也、曰、<u>然舜不能仁四罪</u>、堯不能訓丹朱、斯前志也、當神堯任讒之年、建成忌功之日、苟除畏偪、孰顧分崩、變故之興、間不容髮、方懼毀巢之禍、寧虞尺布之謠、承乾之愚、聖父不能移也、若文皇自定儲於哲嗣、不騁志於高麗、用人如貞觀之初、納諫比魏徵之日、況周發周成之世襲、我有遺妍、較漢文漢武之恢弘、彼多慚德、迹其聽斷不惑、從善如流、千載可稱、一人而已。

《本紀四高宗上》
【Ⅲ①A】<u>高宗天皇大聖大弘孝皇帝</u>、諱治、太宗第九子也、母曰文德順聖長孫皇后、以貞觀二年六月、生於東宮之麗正殿、五年、封晉王、七年遥授并州都督、<u>幼而岐嶷端審、寬仁孝友</u>。

資料Ⅰ 『史記』・『漢書』・『晉書』・『舊唐書』・『新唐書』・『明史』の「仁」・「天理」

【Ⅲ①AF 宇文孝伯】麟德元年……九月己卯、詔曰、周京兆尹左右宮伯大將軍司衛上將軍少冡宰廣陵郡公宇文孝伯、忠亮存心、貞堅表志、淫刑既逞、<u>方納諫而求仁</u>、忍忌將加、甘捐軀而徇節……。

《本紀八玄宗上》
【Ⅲ①C 皇太子】神龍元年……二年……<u>皇太子基仁孝因心</u>、溫恭成德、深達禮體、能辨皇猷、宜令監國、俾爾爲政、其六品已下除授及徒罪已下、並取基處分。

《本紀第九玄宗下》
【Ⅲ①A】開元二十五年春正月壬午、制、朕猥集休運、多謝哲王、然而哀矜之情、小大必愼、自臨寰宇、子育黎烝、未嘗行極刑、起大獄、<u>上玄降鑒</u>、<u>應以祥和</u>、<u>思協平邦之典</u>、<u>致之仁壽之域</u>、自今有犯死刑、除十惡罪、宜令中書門下與法官詳所犯輕重、具狀奏聞、崇德尚齒、三代丕義、敦風勸俗、五教攸先、其曾任五品已上清資官以禮去職者、所司具錄名奏、老疾不堪釐務者與致仕、<u>道士女冠宜隸宗正寺</u>、<u>僧尼令祠部檢校</u>、百司每旬節休假、並不須入曹司、任遊勝爲樂、宣示中外、知朕意焉、癸卯、道士尹愔爲諫議大夫、集賢學士兼知史館事。

【Ⅲ①B 王者あっての仁】史臣曰、孔子稱、<u>王者必世而後仁</u>、李氏自武后移國三十餘年、朝廷罕有正人、附麗無非險輩、持苞苴而請謁、奔走權門、效鷹犬以飛馳、中傷端士、以致殞喪王室、屠害宗枝、骨鯁大臣、屢遭誣陷、舞文酷吏、坐致顯榮、禮儀無復興行、刑政壞於犬馬、端揆出阿黨之語、冤旒有和事之名、朋比成風、廉耻都盡、<u>我開元之有天下也</u>、<u>糺之以典刑</u>、<u>明之以禮樂</u>、<u>愛之以慈儉</u>、<u>律之以軌儀</u>、黜前朝徼倖之臣、杜其姦也、焚後庭珠翠之玩、戒其奢也、禁女樂而出宮嬪、明其教也、賜酺賞而放哇淫、懼其荒也、叙友于而敦骨肉、厚其俗也、蒐兵而責帥、明軍法也、朝集而計最、校吏能也、廟堂之上、無非經濟之才、表著之中、皆得論思之士、而又旁求宏碩、講道藝文、昌言嘉謨、日聞於獻納、長轡遠馭、志在於昇平、貞觀之風、一朝復振、于斯時也、烽燧不驚、華戎同軌、西蕃君長、越繩橋而競欵玉關、北狄酋渠、捐氊幕而爭趨鴈塞、象郡炎州之玩、雞林鯷海之珍、莫不結轍於象胥、駢羅於典屬、膜拜丹墀之下、夷歌立仗之前、<u>可謂冠帶百蠻</u>、車書萬里、天子乃覽雲臺之義、草泥金之札、然後封日觀、禪雲亭、訪道於穆清、怡神於玄牝、與民休息、比屋可封、於時垂髫之倪、皆知禮讓、戴白之老、不識兵戈、虜不敢乘月犯邊、士不敢彎弓報怨、<u>康哉之頌</u>、<u>溢于八紘</u>、<u>所謂世而後仁</u>、<u>見於開元者矣</u>、年踰三紀、可謂太平、於戲、國無賢臣、聖亦難理、山有猛虎、獸不敢窺、得人者昌、信不虛語、昔齊桓公行同禽獸、不失霸主之名、梁武帝靜比桑門、竟被臺城之酷、蓋得管仲則淫不害霸、任朱异則善不救亡、開元之初、賢臣當國、四門俱穆、百度唯貞、而釋老之流、頗以無爲請見、上乃務淸淨、事薰修、留連軒后之文、舞詠伯陽之説、雖稍移於勤倦、亦未至於怠荒、俄而朝野怨咨、政刑紕繆、何哉、用人之失也、自天寶已還、小人道長、如山有朽壞、雖大必虧、木有蠹蚃、其榮易落、以百口百心之讒諂、蔽兩目兩耳之聰明、苟非鐵膓石心、安得不惑、而獻可替否、靡聞姚宋之言、妬賢害功、但有甫忠之奏、豪猾因玆而睥睨、明哲於是乎卷懷、故禄山之徒、得行其僞、廝階之作、匪降自天、謀之不臧、前功併棄、惜哉。

《本紀十肅宗》
【Ⅲ①A】<u>肅宗文明武德大聖大宣孝皇帝諱亨</u>、玄宗第三子、母曰元獻皇后楊氏、景雲二年乙亥生、初名嗣昇、二歲封陝王、五歲拜安西大都護河西四鎭諸蕃落大使、<u>上仁愛英悟</u>、得之天然、及長、聰敏強記、屬辭典麗、耳目之所聽覽、不復遺忘。

【《新唐書》肅宗六】開元四年爲安西大都護、<u>性仁孝</u>、<u>好學</u>、玄宗尤愛之。

《本紀十一代宗》
【Ⅲ①A】<u>代宗睿文孝武皇帝諱豫</u>、肅宗長子、母曰章敬皇太后吳氏、以開元十四年十二月十三日生于東都上陽宮、初名俶、年十五封廣平王、玄宗諸孫百餘、上爲嫡皇孫、宇量弘深、寬而能斷、喜懼不形於色、<u>仁孝溫恭</u>、<u>動必由禮</u>、<u>幼而好學</u>、<u>尤專禮易</u>、玄宗鍾愛之。
【Ⅲ①A】永泰元年春正月癸巳朔、制曰……率是黎元、<u>歸于仁壽</u>、<u>君臣一德</u>、何以尚玆、廼者刑政不修、惠化未洽、既盡財力、良多抵犯、靜惟哀矜、實軫于懷、今將大振綱維、益明懲勸、肇舉改元之典、弘敷在宥之澤、可大赦天下、改廣德三年爲永泰元年。

《本紀十四順宗》
【Ⅲ①A】八月丁酉朔、庚子、詔、惟皇天佑命烈祖、誕受方國、九聖儲祉、萬邦咸休……一日萬機、不可以久曠、天工人代、不可以久違、皇太子純睿哲溫文、<u>寬和仁惠</u>、<u>孝友之德</u>、<u>愛敬之誠</u>、通乎神明、格于

103

第一章　正史を通して知る「仁」と「天理」

上下……。
【《新唐書》本紀七】順宗……十二月乙卯立、爲皇太子、爲人寬仁、喜學藝、善隸書、禮重師傅、見輒先拜。
【Ⅲ①A】史臣韓愈曰、順宗之爲太子也、留心藝術、善隸書、德宗工爲詩、每賜大臣方鎭詩制、<u>必命書之、性寬仁有斷</u>、<u>禮重師傅</u>、必先致拜、從幸奉天、賊泚逼迫、常身先禁旅、乘城拒戰、督勵將士、無不奮激、德宗在位歲久、稍不假權宰相、左右倖臣如裴延齡李齊運韋渠牟等、因間用事、刻下取功、而排陷陸贄張滂輩、人不敢言、太子從容論爭、故卒不任延齡渠牟爲相。

《本紀十五憲宗下》
【Ⅲ①A】冬十月甲辰朔……甲子、制、朕嗣膺寶位、于茲十年、<u>每推至誠、以御方夏、庶以仁化、臻于太和</u>、宵衣旰食、意屬於此、今淮西一道、未達朝經、擅自繼襲、肆行寇掠、將士等迫於受制、非是本心、思去三面之羅、庶遵兩階之義、宜以山南東道節度使嚴綬兼充申光蔡等州招撫使、仍命內常侍崔潭峻爲監軍。

《本紀十六穆宗》
【Ⅲ①A】史臣曰……仲長子所謂、至於運徙勢去、獨不覺悟者、<u>豈非富貴生不仁</u>、沉溺致愚疾、存亡以之迭代、治亂從此周復、誠哉是言也。

《本紀十七下文宗下》
【Ⅲ①A】史臣曰、<u>昭獻皇帝恭儉儒雅、出於自然、承父兄奢弊之餘、當閹寺撓權之際、而能以治易亂、化危爲安</u>……<u>帝性仁孝</u>、三宮問安、其情如一……。

《本紀十八上武宗》
【Ⅲ①A】初、文宗追悔莊恪太子殂不由道、乃以敬宗子陳王成美爲皇太子、開成四年冬十月宣制、未遑冊禮、五年正月二日、文宗暴卒、宰相李珏、知樞密劉弘逸奉密旨、以皇太子監國、兩軍中尉仇士良魚弘志矯詔迎穎王於十六宅、曰、朕自嬰疾、疹有加無瘳、懼不能躬總萬機、日釐庶政、稽於謨訓、謀及大臣、用建親賢、以貳神器、<u>親弟穎王瀍昔在藩邸、與朕同師訓、動成儀矩、性稟寬仁、俾奉昌圖、必諧人欲、可立爲皇太弟</u>、應軍國政事、便令權勾當、百辟卿士、中外庶臣、宜竭廼心、輔成予志、陳王成美先立爲皇太子、以其年尚沖幼、未漸師資、比日重難、不遑冊命、迴踐朱邸、式協至公、可復封陳王、是夜、士良統兵士於十六宅迎太弟赴少陽院、百官謁見於東宮思賢殿、三日、仇士良收捕宣詔院副使尉遲璋殺之、屠其家、四日、文宗崩、宣遺詔、皇太弟宜於柩前即皇帝位、宰相楊嗣復攝冢宰、十四日、受册於正殿、時年二十七陳王成美安王溶殂於邸第……。
【Ⅲ①A】九月制……曩者列祖在藩、先天啓聖、符瑞昭晰、彩繪煥於泗亭、鑾輅巡游、金石刻於代邸、實謂可封之俗、<u>久爲仁壽之鄉</u>、寇難以來、頗著誠節、必非同惡、咸許自新、其昭義舊將士及百姓等、如保初心、並赦而不問、如能捨逆效順、以州郡兵衆歸降者、必厚加封賞……。
【《新唐書》本紀八】贊曰、春秋之法、君弒而賊不討、則深責其國、以爲無臣子也……凡除吏必召見訪問、親察其能否、故太和之初、政事脩飭、號爲清明、<u>然其仁而少斷</u>、承父兄之弊、宦官撓權、制之不得其術、故其終困以此、甘露之事、禍及忠良、不勝寃憤、飲恨而已、由是言之、其能殺弘志、亦足伸其志也、昔武丁得一傳說、爲商高宗、武宗用一李德裕、遂成其功烈、然其奮然除去浮圖之法甚銳、而躬受道家之籙、服藥以求長年、以此見其非明智之不惑者、持好惡有不同爾、宣宗精於聽斷、而以察爲明、<u>無復仁恩之意、嗚呼、自是而後、唐衰矣</u>。

《本紀十九上懿宗》
【Ⅲ①A】五月丁酉制……勞我士卒、興吾甲兵、騷動黎元、役力飛輓、每一軫念、閔然疚懷、顧惟生人、罹此愁苦、<u>宜布自天之澤、俾垂及物之仁</u>、如聞湖南桂州、是嶺路係口、諸道兵馬綱運、無不經過、頓遞供承、動多差配、凋傷轉甚、宜有特恩……。
【Ⅲ①B】九月……制曰……<u>王者以仁恕爲本</u>、拯濟是謀、元惡既已誅鋤、脅從宜從寬宥、除龐勛親屬及桂州迴戈逆黨、爲賊脅從及因戰陣拒敵官軍、招諭不悛、懼法逃走、皆非本惡、蓋鋒刃所驅、今並釋放、一切不問……。

《本紀十九下僖宗》
【Ⅲ①A】廣明元年春正月乙卯朔、上御宣政殿、制曰、朕祇膺寶祚、嗣守宗祧、夙夜一心、勤勞八載、<u>實欲驅黎元於仁壽、致華夏之昇平</u>……。

《本紀二十上昭宗》

104

【Ⅲ①B】十二月壬午朔……左僕射韋昭度等議曰、賞功罰否、前聖之令猷、含垢匿瑕、百王之垂訓、是以雷解而羲文象德、網開而湯化歸仁、用彼懷柔、式存彝範、上自軒農之代、下臻文武之朝、罔不允洽寬弘、以流霈澤、況國家德祖守成之日、憲宗致理之時、車軌一同、桑麻萬里……。

《本紀二十下哀帝》
【Ⅲ①A】五月己未朔……中書奏、皇太后慈惠臨人、寬仁馭物、早叶倪天之兆、克彰誕聖之符。
【Ⅲ①A】三月戊寅朔……甲辰詔曰……元帥梁王、龍顏瑞質、玉理奇文、以英謀睿武定寰瀛、以厚澤深仁撫華夏、神功至德、絕後光前、緹油罕紀其鴻勳、謳誦顯歸於至化、二十年之功業、億兆衆之推崇、邇無異言、遠無異望、朕惟王聖德、光被八紘、宜順玄穹、膺茲寶命、況天文符瑞、雜沓宣明、虞夏昌期、顯于圖籙、萬幾不可以久曠、天命不可以久違、神祇叶心、歸于有德、朕敬以天下、傳禪聖君、退居舊藩、以備三恪。
【Ⅲ③①A 不仁よりは有道】史臣曰……至若川竭山崩、古今同歎、虎爭龍戰、興替無常、縱能篋之不仁、亦攫金之有道、曹操請刑於椒壼、葢迫陰謀、馬昭拒命於凌雲、窘於見討、誠知醜迹、而全忠所行、止於殘忍、況自岐遷洛、天子塊然、六軍盡斥於秦人、四面皆環於汴卒……。
【Ⅲ③A】贊曰、勛華受命、揖讓告終、逆取順守、仁道已窮、暴則短祚、義則延洪、虞賓之禍、非止一宗。

《志一禮儀一》
【Ⅲ③A 周室衰微】五帝之時、斯爲治本、類帝禋宗、吉禮也、遏音陶瓦、凶禮也、班瑞肆覲、賓禮也、誅苗殛鯀、軍禮也、釐降嬪虞、嘉禮也、故曰、修五禮五玉、堯舜之事也、時代猶淳、節文尚簡、及周公相成王、制五禮六樂、各有典司、其儀大備、暨幽厲失道、平王東遷、周室寖微、諸侯侮法、男女失冠婚之節、野廬之刺興焉、君臣廢朝會之期、踐土之譏著矣、葬則奢儉無算、軍則狙詐不仁、數百年間、禮儀大壞、雖仲尼自衛返魯、而有定禮之言、蓋舉周公之舊章、無救魯邦之亂政、仲尼之世、禮教已亡、遭秦燔煬、遺文殆盡。
【Ⅲ①A】乾封二年十二月詔曰……朕以寡薄、嗣膺丕緒、肅承禋祀、明發載懷、虔奉宗祧、寤寐興感、每惟宗廟之重、尊配之儀、思革舊章、以申誠敬、高祖大武皇帝撫運膺期、創業垂統、拯庶類於塗炭、實懷生於仁壽、太宗文皇帝德光齊聖、道極幾神、執銳被堅、櫛風沐雨、勞形以安百姓、屈己而濟四方、澤被區中、恩覃海外、乾坤所以交泰、品物於是咸亨、掩玄闕而開疆、指青丘而作鎭、巍巍蕩蕩、無得名焉、禮曰、化人之道、莫急於禮、禮有五經、莫重於祭、祭者、非物自外至也、自內生於心也、是以惟賢者乃能盡祭之義、況祖功宗德、道冠百王、盡聖窮神、業高千古、自今以後、祭圓丘、五方明堂感帝神州等祠、高祖大武皇帝太宗文皇帝崇配、仍總祭昊天上帝及五帝於明堂、庶因心致敬、獲展虔誠、宗祀配天、永光鴻烈。

《志三禮儀三》
【Ⅲ①A】侍中王珪對曰、陛下發德音、明封禪本末、非愚臣之所及、秘書監魏徵曰、隋末大亂、黎民遇陛下、始有生望、養之則至仁、勞之則未可、升中之禮、須備千乘萬騎、供帳之費、動役數州、戶口蕭條、何以能給、太宗深嘉徵言、而中外章表不已、上問禮官兩漢封山儀注、因遣中書侍郎杜正倫行太山上七十二帝壇迹、是年兩河水潦、其事乃寢。

《志七禮儀七》
【Ⅲ①A】於是侍中魏徵禮部侍郎令狐德棻等奏議曰……鄭仲虞則恩禮甚篤、顏弘都則竭誠致感、馬援則見之必冠、孔伋則哭之爲位、此並躬踐教義、仁深孝友、察其所尙之旨、豈非先覺者歟、但于其時、上無哲王、禮非下之所議、遂使深情鬱乎千載、至理藏於萬古、其來久矣、豈不惜哉。
【Ⅲ③D 小人】夫禮者、體也、履也、示之以迹、孝者、畜也、養也、因之以心、小人不恥不仁、不畏不義、服之有制、使愚人企及、衣之以衰、使見之摧痛、以此防人、人猶有朝死而夕忘者、以此制人、人猶有釋服而從吉者、方今漸歸古朴、須敦孝義、抑賢引愚、理資寧戚、食稻衣錦、所不忍聞。
【Ⅲ①A】耀卿等奏曰、陛下體至仁之德、廣推恩之道、將弘引進、以示睦親、再發德音、更令詳議、臣等按大唐新禮、親舅加至小功、與從母同服、此蓋當時特命、不以輕重遞增、蓋不欲參於本宗、愼於變禮者也、今聖制親姨舅小功、更制舅母總麻、堂姨舅袒免等、服取類新禮、垂示將來、通於物情、自我作則、犖犖風議、徒有稽留、並望準制施行、制從之。

《志十音樂三》
【Ⅲ①A 煙開紫營】今依前史舊例、錄雅歌詞前後常行用者、附於此志、其五調法曲、詞多不經、不復載之、冬至祀昊天於圓丘樂章八首……登歌奠玉帛用肅和、閶陽播氣、甄耀垂明、有赫圓宰、深仁曲成、日麗蒼璧、

第一章　正史を通して知る「仁」と「天理」

煙開紫營、聿遵虔享、式降鴻禎。
【Ⅲ①A】則天大聖皇后大享昊天樂章十二首、第一、太陰凝至化、貞耀蘊軒儀、德邁娥臺敞、仁高姒幄披、捫天遂啟極、夢日乃昇曦御撰。
【Ⅲ①A】開元十一年玄宗祀昊天於圓丘樂章十一首、降神用豫和、至矣丕構、蒸哉太平、授犧膺籙、復禹繼明、草木仁化、鳬鷖頌聲、祀宗陳德、無媿斯誠。
【Ⅲ①A】祭太社樂章八首……送文舞出迎武舞入用舒和、神道發生敷九稼、陰陽乘仁暢八埏、緯武經文陶景化、登祥薦祉啟豐年。
《志十一音樂四》
【Ⅲ①A】又享太廟樂章五首、太宗文皇帝酌獻用崇德、五運改卜、千齡啟聖、彤雲曉聚、黃星夜映、葉闡珠囊、基開玉鏡、下臨萬宇、上齊七政、霧開三象、塵清九服、海瀞星暉、遠安邇肅、天地交泰、華夷輯睦、翔泳歸仁、中外禔福、續踵黜夏、勳高剪商、武陳七德、刑設三章、祥禽巢閣、仁獸游梁、十年惟永、景福無疆。
【Ⅲ①A 炎馭失天綱】中宗孝和皇帝神龍元年享太廟樂章二十首……武舞用寧和、炎馭失天綱、土德承天命、英獻被寰宇、懿躅隆邦政、七德已綏邊、九夷咸底定、景化覃遐邇、深仁治翔泳。
【Ⅲ①A】徹俎用肅和、月禮已周、雲和將變、爰獻其醑、載遷其奠、明德逾隆、非馨是薦、澤霑動植、仁覃寓縣。
【Ⅲ①A】亞獻終獻行事武舞用凱安四章、瑟彼瑤爵、亞維上公、室如屏氣、門不容躬、禮殷其本、樂執其中、聖皇永慕、天地幽通、禮匝三獻、樂遍九成、降循軒陛、仰歆皇情、福與仁合、德因孝明、百年神畏、四海風行、總總干戚、填填鼓鐘、奮揚增氣、坐作爲容、離若鵞鳥、合如戰龍、萬方觀德、肅肅邕邕、烈祖順三靈、文宗威四海、黃鉞誅羣盜、朱旗掃多罪、戢兵天下安、約法人心改、大哉干羽意、長見風雲在。
【Ⅲ①C】懿德太子廟樂章六首……武舞作第五、隋季昔云終、唐年初啟聖、纂戎將禁暴、崇儒更敷政、威略靜三邊、仁恩覃萬姓。
【Ⅲ①A】襃德廟樂章五首……俎入初獻用襃德、家著累仁、門昭積善、瑤籃既列、金縣式展。
【《新唐書》志一禮樂一】由三代而上……凡民之事、莫不一出於禮、由之以教其民爲孝慈友悌忠信仁義者、常不出於居處動作衣服飲食之間、蓋其朝夕從事者、無非此也、此所謂治出於一、而禮樂達天下、使天下安習而行之、不知所以遷善遠罪而成俗也。
《志十七五行》
【Ⅲ①A】貞觀八年七月七日……十七年八月四日、涼州昌松縣瀉池谷有石五、青質白文、成字曰、高皇海出多子李元王八十年太平天子李世民千年太子李治書燕山人士樂太國主尚汪潭獎文仁邁千古大王五王六王七王十鳳毛才子七佛八菩薩及上果佛田天子文武貞觀昌大聖延四方上下治示孝仙戈八爲善、涼州奏、其年十一月三日、遣使祭之、曰、嗣天子某、祚纘鴻業、君臨宇縣、夙興旰食、無忘于政、導德齊禮、愧於前修、天有成命、表瑞貞石、文字昭然、歷數唯永、既旌高廟之業、又錫眇身之祚、迨于皇太子治、亦降貞符、具紀姓氏、列于石言、仰瞻睿漢、空銘大造、甫惟寡薄、彌增寅懼、敢因大禮、重薦玉帛、上謝明靈之貺、以申祗慄之誠。
【《新唐書》志二十六五行三】顯慶三年、普州有人化爲虎、虎猛噬而不仁。
《志二十二職官一》
【Ⅲ①A 軍官として皇帝の仁を示すのでここに扱う】貞觀元年、改國子學爲國子監、分將作爲少府監、通將作爲三監、八年七月、始以雲麾將軍爲從三品階、九月、以統軍正四品下、別將正五品上、十一年、改令置太師太傅太保爲三師、其三公已下、六省一臺九寺三監十二衛東宮諸司、並從舊定、又改以光祿大夫爲從二品、金紫光祿大夫爲正三品、銀青光祿大夫爲從三品、正議大夫爲正四品上、通議大夫爲正四品下、太中大夫爲從四品上、中大夫爲從四品下、中散大夫爲正五品上、朝議大夫爲正五品下、朝請大夫爲從五品上、朝散大夫爲從五品下、其六品下、唯改通議郎爲奉議郎、自餘依舊、更置驃騎大將軍、爲從一品武散官、輔國鎭軍二大將軍、爲從二品武散官、冠軍將軍加大字、及雲麾已下、游擊已上、改爲五品已上武散官、又置昭武振威致果翊麾宣節禦武仁勇陪戎八校尉副尉。
【Ⅲ①A 上記と同じ】正第九品上階、校書郎太祝太子左右内率監門府錄事參軍太子内方典直中署丞典客署掌客親勳翊衛府羽林兵曹參軍事岳瀆令諸津令下牧監丞諸州中下縣丞中郡博士京兆河南太原府諸縣主簿

資料Ⅰ 『史記』・『漢書』・『晉書』・『舊唐書』・『新唐書』・『明史』の「仁」・「天理」

武庫署監事儒林郎仁勇校尉。
【Ⅲ①A 上記と同じ】正第九品下階、正字太子校書奚官内僕内府局丞下署丞尚食局尚醫尚藥局醫佐尚乘局奉乘司庫司廩太史局司辰典廐署主乘太子左右内率監門率府諸曹參軍事太子三寺主簿詹事府録事太子親勳翊府兵曹參軍事諸州下縣丞諸州上縣中縣主簿中州參軍事下州博士京兆河南太原府諸縣尉上牧主簿諸宮農圃監丞中關令中府兵曹親王國尉上關丞諸衛左右執戟中鎮兵曹參軍下戍主諸折衝府隊正登仕郎仁勇副尉。
【Ⅲ①A 上記と同じ】勳官者……煬帝又改爲左光禄大夫右光禄大夫金紫光禄大夫銀青光禄大夫正議大夫朝請大夫朝散大夫建節奮武尉宣惠尉十一等以代都督已上、又增置綏德懷仁守義奉誠立信等五尉以至從九品。
【《新唐書》志三十六百官一】兵部……郎中一人判帳及武官階品衛府衆寡校考給告身之事……正九品上曰仁勇校尉、正九品下曰仁勇副尉懷化執戟長上……。
《輿服志二十五》
【Ⅲ②D 分を越えて使ってはならぬ】太極元年、左司郎中唐紹上疏曰、臣聞王公已下、送終明器等物、具標甲令、品秩高下、各有節文、孔子曰、明器者、備物而不可用、以芻靈者善、爲俑者不仁、傳曰、俑者、謂有面目機發、似於生人也、以此而葬、殆將於殉、故曰不仁、近者王公百官、競爲厚葬、偶人像馬、雕飾如生、徒以眩耀路人、本不因心致禮、更相扇慕、破産傾資、風俗流行、遂下兼士庶、若無禁制、奢侈日増、望諸王公已下、送葬明器、皆依令式、並陳於墓所、不得衞路行。
《經籍志二十六經籍上》
【Ⅲ①F 儒家・仁義教化】四部者、甲乙丙丁之次也、甲部爲經、其類十二……乙部爲史、其類十有三……丙部爲子、其類一十有四、一曰儒家、以紀仁義教化、二曰道家、以紀清淨無爲、三曰法家、以紀刑法典制、四曰名家、以紀循名責實、五曰墨家、以紀強本節用、六曰縱横家、以紀辯説詭詐、七曰雜家、以紀兼叙衆説、八曰農家、以紀播植種藝、九曰小説家、以紀芻辭輿誦、十曰兵法、以紀權謀制度、十一曰天文、以紀星辰象緯、十二曰歴數、以紀推歩氣朔、十三曰五行、以紀卜筮占候、十四曰醫方、以紀藥餌針灸、丁部爲集、其類有三……。
《刑法志三十刑法》
【Ⅲ①B 王者・仁義・刑罰 A 陛下・仁慈・仁恕】麟臺正字陳子昂上書曰、臣聞古之御天下者、其政有三、王者化之、用仁義也、霸者威之、任權智也、強國脅之、務刑罰也、是以化之不足、然後威之、威之不足、然後刑之、故至於刑、則非王者之所貴矣、况欲光宅天下、追功上皇、專任刑殺以爲威斷、可謂策之失者也。臣伏観陛下聖德聰明、遊心太古、將制靜宇宙、保乂黎民、發號施令、出於誠慊……頼陛下仁慈、憫其危懼、賜以恩詔、許其大功已上、一切勿論、人時獲泰、謂生再造、愚臣竊以忻然、賀陛下聖明、得天之機也……陛下仁恕、又屈法容之、傍詐他事、亦爲推劾……。
【《新唐書》志四十六刑法】初、太宗以古者斷獄、訊於三槐、九棘、乃詔、死罪、中書門下五品以上及尚書等平議之、三品以上犯公罪流、私罪徒、皆不追身、凡所以纎悉條目、必本於仁恕、然自張藴古之死也、法官以失出爲誡、有失入者、又不加罪、自是吏法稍密、帝問大理卿劉德威、對曰、律、失入減三等、失出減五等、今失入無辜、而失出爲大罪、故史皆深文、帝矍然、遂命失出入者皆如律、自此吏亦持平、十四年、詔流罪無遠近皆徙邊要州、後犯者寖少、十六年、又徙死罪以實西州、流者戍之、以罪輕重爲更限……太宗以英武定天下、然其天姿仁恕、初即位、有勸以威刑肅天下者、魏徵以爲不可、因爲上言王政本於仁恩、所以愛民厚俗之意、太宗欣然納之、遂以寛仁治天下、而於刑法尤慎、四年、天下斷死罪二十九人、六年、親録囚徒、閔死罪者三百九十人、縱之還家、期以明年秋即刑、及期、囚皆詣朝堂、無後者、太宗嘉其誠信、悉原之、然嘗謂羣臣曰、吾聞語曰、一歳再赦、好人暗啞、吾有天下未嘗數赦者、不欲誘民於幸免也、自房玄齡等更定律、令格式、訖太宗世、用之無所變改。
【Ⅲ①A 高宗】自明慶至先天六十年間、高宗寛仁、政歸宮閫、則天女主猜忌、果於殺戮、宗枝大臣、鍜於酷吏、至於移易宗社、幾亡李氏、神龍之後……。
【《新唐書》志四十六刑法】高宗既昏懦、而繼以武氏之亂、毒流天下、幾至於亡……爲國者以仁爲宗、以刑爲助、周用仁而昌、秦用刑而亡、願陛下緩刑用仁、天下幸甚、武后不納、麟臺正字陳子昂亦上書切諫、不省、及周興來俊臣等誅死、后亦老、其意少衰、而狄仁傑姚崇宋璟王及善相與論垂拱以來酷濫之冤、太后感寤、由是不復殺戮……。

第一章　正史を通して知る「仁」と「天理」

【《新唐書》志四十六刑法】<u>代宗性仁恕、常以至德以來用刑爲戒</u>。
【《新唐書》志四十六刑法】憲宗英果明斷、自即位數誅方鎭、欲治僭叛、一以法度、<u>然於用刑喜寬仁……蓋刑者、政之輔也、政得其道、仁義興行</u>、而禮讓成俗、然猶不敢廢刑、所以爲民防也、寬之而已、今不隆其本、顧風俗謂何而廢常刑、是弛民之禁、啓其姦、由積水而決其防、故自玄宗廢徒杖刑、至是又廢死刑、民未知德、而徒以爲幸也。
【《新唐書》志四十六刑法】大和六年……文宗以興免父囚、近於義、杖次靈州、君子以爲失刑、<u>文宗好治、躬自謹畏</u>、然閹官肆孼不能制、至誅殺大臣、夷滅其族、濫及者不可勝數、心知其冤、爲之飮恨流涕、而莫能救止、<u>蓋仁者制亂、而弱者縱之、然則剛彊非不仁、而柔弱者仁之賊也</u>、武宗用李德裕誅劉稹等、大刑舉矣、而性嚴刻、故時、竊盜無死、所以原民情迫於飢寒也、至是贓滿千錢者死、至宣宗乃罷之、<u>而宣宗亦自喜刑名</u>、常曰、犯我法、雖子弟不宥也、<u>然少仁恩、唐德自是衰矣</u>。
【《新唐書》志四十六刑法】<u>蓋自高祖太宗除隋虐亂、治以寬平</u>、民樂其安、重於犯法、致治之美、幾乎三代之盛時、<u>考其推心惻物、其可謂仁矣</u>……。

《列傳一后妃上》
【Ⅲ①A 大帝】然而三代之政……<u>大帝孝和、仁而不武</u>、但恣池臺之賞、寧顧衽席之嫌、武室韋宗、幾危運祚、東京帝后、殆從夫諡、光烈和熹之類是也……。

《列傳二后妃下》
【Ⅲ①A 肅宗】后辯慧豊碩、巧中上旨、禄山之亂、玄宗幸蜀、太子與良娣俱從、車駕渡渭、百姓遮道請留太子收復長安、<u>肅宗性仁孝</u>、以上皇播越、不欲違離左右……。
【Ⅲ①C 公主】代宗貞懿皇后獨孤氏……上既未聽朝、宰臣等諫曰、<u>公主夙成神悟、仁睿特鍾</u>、嘗禱必親、已承減膳、幽明邈間、倍軫慈衷、臣等微誠、無由感達、伏惟陛下守累聖之公器、御輦生之重畜、夷百戰之艱患、撫四海之傷殘、虜候爲虞、戎師近警、一言萬務、裁成聖心、得失謬於毫釐、安危存於晷刻、伏慮顧懷猶切、神志未和、衆情以之不寧、臣子以之竦悸、伏願抑周喪之私痛、均品物於至公、下慰黔黎、上安宗社、上始聽朝。
【Ⅲ①C 貞懿皇后】大歷十年五月貴妃薨、<u>追謚曰貞懿皇后</u>、殯於內殿、累年不忍出宮、十三年十月方葬、命宰臣常袞爲哀冊曰……其辭曰、祚祉悠久、寵靈誕受、元魏咸藩、周隋帝后、五侯迭興、七貴居右、肇啓皇運、光膺文母、繽女是因、以綱大倫、生知陰教、育我蒸人、瑞雲呈彩、瑤星降神、聰明睿智、<u>婉麗貞仁</u>、惟昔天監、搜求才淑、龍德在田、葛覃于谷……。
【Ⅲ①C 順宗莊憲皇后】順宗莊憲皇后王氏……元和元年正月、順宗晏駕、五月、尊太上皇爲皇太后、冊禮畢、憲宗御紫宸殿宣赦、太后居興慶宮、<u>后性仁和恭遜</u>、深抑外戚、無絲毫假貸、訓勵內職、有母儀之風焉。
【《新唐書》列傳二后妃下】順宗莊憲皇后王氏、琅邪人、祖難得、有功名於世、代宗時、后以良家選入宮、爲才人、順宗在藩、帝以才人幼、故賜之、爲王孺人、是生憲宗、王在東宮、冊爲良娣、<u>后性仁順、宮中化其德</u>、莫不柔雍……。
【Ⅲ①C 憲宗懿安皇后】憲宗懿安皇后郭氏……元和十五年正月、穆宗嗣位、閏正月、冊爲皇太后、陳儀宣政殿庭、冊曰、嗣皇帝臣名再拜言、伏以正坤元、母天下、<u>符至德以昇大號</u>、因景運而飾鴻徽、煥乎前聞、焯彼古訓、以極尊尊親親之義、明因天事地之經、有自來矣、伏惟大行皇帝貴妃、大虹毓慶、霽月披祥、導靈派於昭回、<u>揖殊仁於氣母</u>、範圍百行、表筋六宮、粵在中闈、流宣陰教、輔佐先聖、勤勞庶工……。
【Ⅲ①C 穆宗貞獻皇后】穆宗貞獻皇后蕭氏……文宗踐祚之日、奉冊曰、嗣皇帝臣名言、古先哲王之有天下也、必以孝敬奉於上、慈惠浹於下、極誠意以厚人倫、思由近以及遠、故自家而刑國、<u>以臣奉嚴慈之訓、承教撫之仁、而長樂尚嗇其鴻名、內朝未崇於正位</u>、則率土臣子、勤勤懇懇、延頸企踵、曷以塞其心乎、是用特舉彝章、式遵舊典、稽首再拜、<u>謹上穆宗睿文惠孝皇帝妃尊號曰皇太后</u>……。

《列傳三李密》
【Ⅲ①A】長白山賊孟讓率所部歸密、鞏縣長柴孝和侍御史鄭頤以鞏縣降密……密復下迴洛倉而據之、大修營塹、以逼東都、仍作書以移郡縣曰、<u>普天之下、率土之濱</u>、蟠木距於流沙、瀚海窮於丹穴、莫不鼓腹擊壤、鑿井耕田、治於昇平、<u>驅之仁壽</u>、是以愛之如父母、敬之若神明、用能享國多年、祚延長世、未有暴虐臨人、克終天位者也……翟讓部將王儒信勸讓爲大冢宰、總統衆務以奪密之權……及義旗建、密負其強盛、欲自爲盟主、乃致書呼高祖爲兄、請合從以滅隋、<u>大略云欲與高祖爲盟津之會、殪商辛於牧野、執子嬰於咸陽</u>、

資料Ⅰ 『史記』・『漢書』・『晉書』・『舊唐書』・『新唐書』・『明史』の「仁」・「天理」

其旨以弒後主執代王爲意……令記至溫大雅作書報密曰……。
【《新唐書》列傳十王世充・假仁義】贊曰、煬帝失德、天醜其爲、生人顒幸、羣盜乘之、如蝟毛而奮、其劇者、若李密因黎陽、蕭銑始江陵、竇建德連河北、王世充擧東都、皆磨牙搖毒以相噬螫、其間亦假仁義、禮賢才、因之擅王僭帝、所謂盜亦有道者、本夫孽氣腥燄、所以亡隋、觸唐明德、折北不支、禍極凶殫、乃就殲夷、宜哉。
《列傳五薛擧》
【Ⅲ①C】劉黑闥、貝州漳南人……會高祖徵建德故將范願董康買曹湛高雅賢等將赴長安、願等相與謀曰……范願曰、漢東公劉黑闥果敢多奇略、寬仁容衆、恩結於士卒、吾久常聞劉氏當有王者、今擧大事、欲收夏王之衆、非其人莫可。
【《新唐書》列傳十一薛擧】劉黑闥、貝州漳南人……武德四年……范願曰、漢東公黑闥果敢多奇略、寬仁容衆、恩結士卒、吾嘗聞劉氏當王、今欲收夏王亡衆、集大事、非其人莫可……黑闥果率騎二萬絶水陣、與王師大戰、衆潰、水暴至、賊衆不得還、斬首萬餘級、溺死數千、黑闥與范願等以殘騎奔突厥、山東平秦王還。
《列傳六蕭銑》
【Ⅲ①C 應天順人でない】蕭銑後梁宣帝曾孫也……大業十三年、岳州校尉董景珍雷世猛、旅帥鄭文秀許玄徹萬瓚徐德基郭華、沔州人張繡等同謀叛隋、郡縣官屬衆欲推景珍爲主、景珍曰、吾素寒賤、雖假名號、衆必不從、今若推主、當從衆望、羅川令蕭銑、梁氏之後、寬仁大度、有武皇之風、吾又聞帝王膺籙、必有符命、而陳氏冠帶、盡號起梁、斯乃蕭家中興之兆、今請以爲主、不亦應天順人乎。
【《新唐書》列傳十二蕭銑】大業十三年……景珍曰、吾素微、雖假名號、衆不厭、羅川令、故梁裔也、寬仁大度、有武皇遺風、且吾聞帝王之興、必有符命、隋冠帶悉號起梁、蕭氏中興象也、今推之、以應天順人、不亦可乎、乃遣人告銑、銑即報景珍書曰、我先君昔事隋、職貢無廢、乃貪我土宇、滅我宗祊、我是以痛心疾首、思刷厥耻、今天誘乃衷、公等降心、將大復梁緒、徼福于先帝、吾敢不糾率士衆以從公哉……。
【Ⅲ①F 賊の中に仁者】李子通東海丞人也……時諸賊皆殘忍、唯子通獨行仁恕、由是人多歸之、未半歲、兵至萬人、才相稍忌之、子通自引去、因渡淮、與杜伏威合。
【Ⅲ②D】羅藝字子延、本襄陽人也、寓居京兆之雲陽、父榮、隋監門將軍、藝性桀黠、剛愎不仁、勇於攻戰、善射、能弄矟。
【《新唐書》列傳十七杜伏威】羅藝字子延、襄州襄陽人、家京兆之雲陽、父榮、隋監門將軍、藝剛愎不仁、勇攻戰、善用槊……。
【Ⅲ①A】史臣曰……子通修仁、馭衆終懷貳以伏誅、羅藝歸國立功、信妖言而爲叛、善始令終者鮮矣、沈法興狂賊、梁師都凶人、皆至覆亡、殊無改悔、自隋朝業絶、宇縣瓜分、小則鼠竊狗偸、大則鯨吞虎據、大唐擧義、兆庶歸仁、高祖運應瑤圖、太宗天資神武、羣凶席卷、寰海鏡清、祚享永年、功宣後代、謚曰神堯文武、豈不韙哉。
《列傳九屈突通》
【Ⅲ①A】屈突通雍州長安人……通諫曰、人命至重、死不再生、陛下至仁至聖、子育羣下、豈容以畜産之故、而戮千有餘人、愚臣狂狷、輒以死請、文帝瞋目叱之、通又頓首曰、臣一身如死、望免千餘人命、帝寤、曰、朕之不明、以至於是、感卿此意、良用惻然、今從所請、以旌諫諍……。
【《新唐書》列傳十四屈突通】屈突通……陛下以至仁育四海、豈容以畜産一日而戮千五百士……。
【Ⅲ①A】柔遠子皎、長安中、累遷尚衣奉御……乃下勅曰……銀青光祿大夫殿中監楚國公姜皎、簪紱聯華、珪璋特秀、寬厚爲量、體靜而安仁、精微用心、理和而專直、往居藩邸、潛款風雲、亦由彭祖之同書、子陵之共學、朕常遊幸于外、至長楊鄠杜之間、皎於此時與之累宿、私謂朕曰、太上皇即登九五、王必立儲副、凡如此者數四、朕叱而後止、寧知非僕、雖玩於鄧晨、可收護軍、遂訶於朱祐、皎復言於朕兄弟及諸駙馬等、因聞徹太上皇、太上皇遽奏於中宗孝和皇帝……。
【Ⅲ①FA】贊曰、屈突守節、求仁得仁、諸君遇主、不足擬倫。
《列傳十一溫大雅》
【Ⅲ③D】太宗即位、徵拜司農卿、封信都男、尋轉夏州都督……及擒頡利、處其部衆於河南、以爲不便、上封曰、臣聞夷狄者、同夫禽獸、窮則搏噬、羣則聚囂、不可以刑法威、不可以仁義教、衣食仰給、不務耕桑、徒損有爲之民、以資無知之虜、得之則無益於治、失之則無損於化……。

第一章　正史を通して知る「仁」と「天理」

【《新唐書》列傳突厥上】頡利始爲莫賀咄設、牙直五原北……頡利不室處……頡利子疊羅支、有至性、既舍京師、諸婦得品供、羅支預焉、其母最後至、不得給、羅支不敢嘗品肉、帝聞、嘆曰、天稟仁孝、詎限華夷哉、厚賜之、遂給母肉、八年、頡利死、贈歸義王、謚曰荒、詔國人葬之、從其禮、火尸、起冢瀍東、其臣胡祿達官吐谷渾邪者、頡利母婆施之媵臣也、頡利始生、以授渾邪、至是哀慟、乃自殺、帝異之、贈中郎將、命葬頡利冢旁、詔中書侍郎岑文本刻其事于頡利渾邪之墓碑、俄蘇尼失亦以死殉、尼失者、啓民可汗弟也、始畢以爲沙鉢羅設、帳部五萬、牙直靈州西北、姿雄甋、以仁惠御下、人多歸之、頡利政亂、其部獨不貳、突利降、頡利以爲小可汗、頡利已敗、乃舉衆來、漠南地遂空、授北寧州都督右衞大將軍、封懷德王云。

《列傳十二李綱》

【Ⅲ③Ｄ 仁に觸れたが俗を變えることができなかった】大亮以爲於事無益上疏曰……近日突厥傾國入朝、既不能俘之江淮以變其俗、置於内地、去京不遠、雖則寬仁之義、亦非久安之計也、每見一人初降、賜物五匹、袍一領、酋帥悉授大官、祿厚位尊、理多糜費、以中國之幣帛、供積惡之凶虜、其衆益多、非中國之利也、太宗納其奏。

【Ⅲ①ＡＦ】史臣曰、孔子云、邦有道、危言危行……元璹於國有功、祗練邊事、承家不孝、終爲匪人、恭仁、仕隋恩厚、馭衆謙恭、破賊立功、方見仁者有勇、掌選被斥、所謂獨正者危、自僞歸朝、懷才遇主、連婚帝室、列位藩宣、始終無玷者鮮矣。

【《新唐書》列傳二十高儉・突厥について言及・舊唐書より言い方が嚴しい】靜字元休……突厥攜貳……靜上書曰、夷狄窮則搏噬、飽則羣聚、不可以刑法繩仁義教也、衣食仰給、不恃耕桑……。

《列傳十四高祖二十二子》

【Ⅲ①Ａ】時太宗功業日盛、高祖私許立爲太子、建成密知之、乃與齊王元吉潛謀作亂、及劉黑闥重反、王珪魏徵建議建成曰、殿下但以地居嫡長、爰踐元良、功績既無可稱、仁聲又未遐布、而秦王勳業克隆、威震四海、人心所向、殿下何以自、安今黑闥率破亡之餘、衆不盈萬、加以糧運限絶、瘡痍未瘳、若大軍一臨、可不戰而擒也、願請討之、且以立功、深自封植、因結山東英俊、建成從其計、遂請討劉黑闥、擒之而旋。

《列傳第十五高士廉》

【Ⅲ①Ａ】乃與房玄齡上表曰……陛下深仁、務延其世、翻令剿絶、誠有可哀……。

【Ⅲ①Ｃ 太子】其年、太子承乾得罪、太宗欲立晉王、而限以非次、廻惑不決、御兩儀殿、羣官盡出、獨留無忌及司空房玄齡、兵部尚書李勣、謂曰、我三子一弟、所爲如此、我心無憀、因自投於牀、抽佩刀欲自刺、無忌等驚懼、爭前扶抱、取佩刀以授晉王、無忌等請太宗所欲、報曰、我欲立晉王、無忌曰、謹奉詔、有異議者、臣請斬之、太宗謂晉王曰、汝舅許汝、宜拜謝、晉王因下拜、太宗謂無忌等曰、公等既符我意、未知物論何如、無忌曰、晉王仁孝、天下屬心久矣、伏乞召問百僚、必無異辭、若不蹈舞同音、臣負陛下萬死、於是建立遂定、因加授無忌太子太師、尋而太宗又欲立吳王恪、無忌密爭之、其事遂輟。

《列傳十六房玄齡》

【Ⅲ①Ａ】房喬字玄齡、齊州臨淄人……十三年、加太子少師、玄齡頻表請解僕射、詔報曰、夫選賢之義、無私爲本、奉上之道、當仁是貴、列代所以弘風、通賢所以協德……。

【Ⅲ①Ａ 高麗邊夷賤類に仁義をもって待し得ず・陛下皇祖老子に違う】二十二年……遂抗表諫曰……且陛下仁風被於率土、孝德彰於配天、觀夷狄之將亡、則指期數歲、授將帥之節度、則決機萬里、屈指而候驛、視景而望書、符應若神、算無遺策、擢將於行伍之中、取士於凡庸之末、遠夷稟使、一見不忘、小臣之名、未嘗再問、箭穿七札、弓貫九鈞、加以留情墳典、屬意篇什、筆邁鍾張、辭窮班馬、文鋒既振、則管磬自諧、輕翰蹔飛、則花蘤競發、撫萬姓以慈、遇羣臣以禮、褒秋毫之善、解吞舟之網、逆耳之諫必聽、膚受之訴斯絶、好生之德、焚障塞於江湖、惡殺之仁、息鈹刀於屠肆、鳧鶴荷稻粱之惠、犬馬蒙帷蓋之恩、降乘吮思摩之瘡、登堂臨魏徵之柩、哭戰亡之卒、則哀動六軍、負墳道之薪、則精感天地、重黔黎之大命、特盡心於庶獄、臣心識昏憒、豈足論功之深遠、談天德之高大哉、陛下兼衆美而有之、靡不備具、微臣深爲陛下惜之重之、愛之寶之、周易曰、知進而不知退、知存而不知亡、知得而不知喪、又曰、知進退存亡、不失其正者、惟聖人乎、由此言之、進有退之義、存有亡之機、得有喪之理、老臣所以爲陛下惜者、蓋此謂也、老子曰、知足不辱、知止不殆、謂陛下威名功德、亦可足矣、拓地開疆、亦可止矣、彼高麗者、邊夷賤類、不足待以仁義、不可責以常禮、古來以魚鱉畜之、宜從潤略、若必欲絶其種類、恐獸窮則搏、且陛下每決一死囚、

110

資料Ⅰ 『史記』・『漢書』・『晉書』・『舊唐書』・『新唐書』・『明史』の「仁」・「天理」

必令三覆五奏、進素食、停音樂者、蓋以人命所重、感動聖慈也……願陛下遵皇祖老子止足之誡、以保萬代巍巍之名、發霈然之恩、降寬大之詔、順陽春以布澤、許高麗以自新、焚凌波之船、罷應募之衆、自然華夷慶賴、遠肅邇安、臣老病三公、且夕入地、所恨竟無塵露、微增海嶽、謹罄殘魂餘息、預代結草之誠、倘蒙錄此哀鳴、即臣死且不朽、太宗見表、謂玄齡子婦高陽公主曰、此人危惙如此、尚能憂我國家。
【《新唐書》列傳二十一房玄齡・高麗を邊夷と一括・言い方が嚴しい】房玄齡字喬齊、州臨淄人……晚節多病……遂上疏曰……易曰、知進退存亡不失其正者、其惟聖人乎、蓋進有退之義、存有亡之機、得有喪之理、爲陛下惜者此也、傳曰、知足不辱、知止不殆、陛下威名功烈既云足矣、拓地開疆亦可止矣、邊夷醜種、不足待以仁義、責以常禮、古者以禽魚畜之、必絕其類、恐獸窮則搏、苟救其死、且陛下每決死罪、必三覆五奏、進疏食、停音樂、以人命之重爲感動也、今士無一罪、驅之行陣之間、委之鋒鏑之下、使肝腦塗地、老父孤子、寡妻慈母望櫬車、抱枯骨、推心掩泣、其所以變動陰陽、傷害和氣、實天下之痛也、使高麗違失臣節、誅之可也、侵擾百姓、滅之可也、能爲後世患、夷之可也、今無是三者、而坐敝中國、爲舊王雪恥、新羅報仇、非所存小、所損大乎、臣願下沛然之詔、許高麗自新、焚陵波之船、罷應募之衆、即臣死骨不朽。
【Ⅲ①C 比干】如晦叔父淹……王珪曰、昔比干諫紂而死、孔子稱其仁、洩冶諫而被戮、孔子曰、民之多辟、無自立辟、是則祿重責深、理須極諫、官卑望下、許其從容、太宗又召淹笑謂曰、卿在隋日、可以位下不言、近仕世充、何不極諫、對曰、亦имеる諫、但不見從、太宗曰、世充若修德從善、當不滅亡、既無道拒諫、卿何免禍、淹無以對、太宗又曰、卿在今日、可爲備任、復欲極諫否、對曰、臣在今日、必盡死無隱、且百里奚在虞亡、在秦秦霸、臣竊比之、太宗笑、時淹兼二職、而無清潔之譽、又素與無忌不恊、爲時論所譏、及有疾、太宗親自臨問、賜帛三百匹、貞觀二年卒、贈尚書右僕射、諡曰襄。
《列傳十八尉遲敬德》
【Ⅲ③D 突厥の限界】會突厥侵擾烏城、建成舉元吉爲將、密謀請太宗同送於昆明池、將加屠害……敬德曰、人情畏死、衆人以死奉王、此天授也、若天與不取、反受其咎、雖存仁愛之小情、忘社稷之大計、禍至而不恐、將亡而自安、失人臣臨難不避之節、乏先賢大義滅親之事、非所聞也、以臣愚誠、請先誅之……。
《列傳二十一魏徵》
【Ⅲ③D 小人不仁を恥じず】徵自以無功於國……其年、徵又面請遜位、太宗難違之、乃拜徵特進、仍知門下事、其後又頻上四疏、以陳得失、其一曰……其二曰……雖董之以嚴刑、振之以威怒、終苟免而不懷仁、貌恭而不心服、怨不在大、可畏惟人……總此十思、弘茲九德、簡能而任之、擇善而從之、則智者盡其謀、勇者竭其力、仁者播其惠、信者效其忠、文武爭馳、君臣無事、可以盡豫遊之樂、可以養松喬之壽、鳴琴垂拱、不言而化、何必勞神苦思、代下司職、役聰明之耳目、虧無爲之大道哉、其三曰……其四曰……自王道休明、十有餘載、威加海外、萬國來庭、倉廩日積、土地日廣、然而道德未益厚、仁義未益博者、何哉、由乎待下之情未盡於誠信、雖有善始之勤、未覩克終之美故也……且君子小人、貌同心異、君子掩人之惡、揚人之善、臨難無苟免、殺身以成仁、小人不恥不仁、不畏不義、唯利之所在、危人以自安、夫苟在危人、則何所不至、今將求致治、必委之於君子、事有得失、或訪之於小人、其待君子也則敬而疏、遇小人也必輕而狎、狎則言無不盡、疏則情或不通、是譽毀在於小人、刑罰加於君子、實興喪所在、亦安危所繫、可不慎哉、夫中智之人、豈無小慧、然才非經國、慮不及遠、雖竭力盡誠、猶未免於傾敗、況內懷姦利、承顏順旨、其爲患禍、不亦深乎、故孔子曰、君子或有不仁者焉、未見小人而仁者、然則君子不能無小惡、惡不積無妨於正道、小人或時有小善、善不積不足以立忠、今謂之善人矣、復慮其有不信、何異夫立直木而疑其影之不直乎、雖勞精神、勞思慮、其不可亦已明矣……穆伯曰、佞人之爲人也、佞而不仁、若佞人下之、吾不可以不賞、賞之、是賞佞人也、佞人得志、是使晉國之士捨仁而爲佞、雖得鼓、將何用之、夫穆伯列國大夫、管仲霸者之佐、猶慎於信任、遠避佞人也如此、況乎爲四海之大君、應千齡之上聖、而可使巍巍之盛德、復將有所閒然乎……。
【《新唐書》列傳二十二魏徵・仁義を行うと明言】魏徵字玄成……於是帝即位四年……至是天下大治、蠻夷君長襲衣冠、帶刀宿衛、東薄海、南踰嶺、戶闔不閉、行旅不齎糧、取給於道、帝謂羣臣曰、此徵勸我行仁義、既效矣、惜不令封德彝見之……先是、帝作飛山宮、徵上疏曰……是歲、大雨、穀洛溢、毀宮寺十九、漂居人六百家、徵陳事曰、臣聞爲國基於德禮、保於誠信、誠信立、則下無二情、德禮形、則遠者來格、故德禮誠信、國之大綱、不可斯須廢也、傳曰、君使臣以禮、臣事君以忠、自古皆有死、人無信不立、又

第一章　正史を通して知る「仁」と「天理」

曰、同言而信、信在言前、同令而行、誠在令外、然則言而不行、言不信也、令而不從、令無誠也、不信之言、不誠之令、君子弗爲也、自王道休明、縣十餘載、倉廩愈積、土地益廣、然而道德不日博、<u>仁義不日厚、何哉</u>、由待下之情、未盡誠信、雖有善始之勤、而無克終之美、故便佞之徒得肆其巧、謂同心爲朋黨、告訐爲至公、彊直爲擅權、忠謹爲誹謗、謂之朋黨、雖忠信可疑、謂之至公、雖矯僞無咎、彊直者畏擅權而不得盡、忠謹者慮誹謗而不敢與之爭、熒惑視聽、鬱於大道、妨化損德、無斯甚者、今將致治則委之君子、得失或訪諸小人、是譽毀常在小人、而督責常加君子也、夫中智之人、豈無小惠、然慮不及遠、雖使竭力盡、誠猶未免傾敗、況内懷姦利、承顏順旨乎、<u>故孔子曰、君子而不仁者有矣、未有小人而仁者</u>、然則君子不能無小惡、惡不積無害於正、小人時有小善、善不積不足以忠、今謂之善人矣、復慮其不信、何異立直木而疑其景之曲乎、故上不信則無以使下、下不信則無以事上、信之爲義大矣、昔齊桓公問管仲曰、吾欲使酒腐於爵、肉腐於俎、得無害於覇乎、管仲曰……<u>穆伯曰、閒倫之爲人也、佞而不仁</u>、若使閒倫下之、吾不可以不賞、若賞之、是賞佞人也、<u>佞人得志、是使晉國捨仁而爲佞</u>、雖得鼓、安用之……它日、宴羣臣、帝曰……<u>帝曰、朕蹈履仁義、以弼朕躬</u>、欲致之堯舜、雖寬無以抗……帝悅、皆勞遣之、徵上疏極言曰、臣奉侍幃幄十餘年、<u>陛下許臣以仁義之道</u>、守而不失、儉約朴素、終始弗渝、德音在耳、不敢忘也……。

《列傳二十二虞世南》

【Ⅲ①Ａ陛下四夷を從えるごとに天下が仁に歸す】百藥上封建論曰……<u>自陛下仰順聖慈</u>、嗣膺寶曆、情深致治、綜覈前王、<u>雖王道無名、言象所紀</u>、略陳梗概、實所庶幾、愛敬蒸蒸、勞而不倦、大舜之孝也、訪安內豎、親嘗御膳、文王之德也、每憲司讞罪、尚書奏獄、大小必察、枉直咸申、舉斷趾之法、易大辟之刑、<u>仁心隱惻</u>、貫徹幽顯、大禹之泣辜也、正色直言、虛心受納、不簡鄙訥、無棄芻蕘、帝堯之求諫也……公旦喜於重譯、文命矜其即序、<u>陛下每四夷欸附、萬里歸仁</u>、必退思進省、凝神動慮、<u>恐妄勞中國、以事遠方</u>、不藉萬古之英聲、以存一時之茂實……。

【Ⅲ①Ａ隋の仁風潛暢と唐の睿哲玄覽】褚亮字希明……大業中、授太常博士、時煬帝將改置宗廟、亮奏議曰……臣又按姬周自太祖已下、皆別立廟、至於禘祫、俱合食於太祖、是以炎漢之初、諸廟各立、歲時常享、亦隨處而祭、所用廟樂、皆像功德而歌舞焉、至光武乃総立一堂、而羣主異室、斯則新承寇亂、欲從約省、自此已來、因循不變、皇隋太祖武元皇帝仁風潛暢、至澤傍通、以昆彭之勳、開稷契之緒、高祖文皇帝睿哲玄覽、神ески應期、撥亂返正、遠邇謳安、受命開基、垂統聖嗣、鴻名冠於三代、寶祚傳於七百、當文明之運、定祖宗之禮、且損益不同、沿襲異趣、時王所制、可以垂法、自歷代已來、雜用王鄭二義、若尋其旨歸、校以優劣、康成止論周代、非謂經通、子雍綜貫皇王、事兼長遠、今請依據古典、崇建七廟、受命之祖、宜別立廟祧、百世之後不毀之法、至於鑾駕親奉、申孝享於高廟、有司行事、竭誠敬於羣主、俾夫規模可則、嚴祀易遵、表有功而彰明德、大復古而貴能變。

《列傳二十三薛收》

【Ⅲ①ＡＦ仁者勇あり】姚思廉字簡之……後爲代王侑侍讀、會義師剋京城、侑府寮奔駭、唯思廉侍王、不離其側、兵將昇殿、思廉厲聲謂曰、唐公舉義、本匡王室、卿等不宜無禮於王、衆服其言、於是布列階下、<u>高祖聞而義之、許其扶侑至順陽閤下、泣拜而去、觀者咸歎曰、忠烈之士也、仁者有勇、此之謂乎</u>。

【《新唐書》列傳二十七岑文本】姚思廉、本名簡、以字行、陳吏部尚書察之子……帝義之、聽扶王至順陽閣、泣辭去、<u>觀者歎曰、仁者有勇、謂此人乎</u>、俄授秦王府文學、王討徐圓朗、嘗語隋事、慨然嘆曰、姚蒙素刃以明大節、古所難者……。

【Ⅲ①Ｆ】<u>師古弟相時</u>、亦有學業、武德中、與房玄齡等爲秦府學士、貞觀中、累遷諫議、大夫拾遺補闕、有諍臣之風、尋轉禮部侍郎、相時羸瘠多疾病、太宗常使賜以醫藥、<u>性仁友</u>、及師古卒、不勝哀慕而卒。

【Ⅲ①Ｆ】史臣曰、唐德勃興、英儒閒出、佐命協力、實有其人、薛收左右厭斁、經謀雅道、不幸短命、殲我良士、上言……<u>姚思廉篤學寡欲</u>、受漢史於家尊、果執明義、臨大節而不可奪、及筆削成書、箴規翊聖、言其命世、亦當仁乎、師古家籍儒風、該博經義、至於詳注史策、探測典禮、清明在躬、天有才格、然而三黜之負、竟在時議、孔子曰、才難、不其然乎。

《列傳二十四劉洎》

【Ⅲ①Ｃ皇太子】時皇太子初立、洎以爲宜尊賢重道、上書曰……是以晁錯上書、令先通政術、賈誼獻策、務前知禮教、<u>竊惟皇太子孝友仁義</u>、明允篤誠、皆挺自天姿、非勞審諭、固以華夷仰德、翔泳希風矣。

【《新唐書》列傳二十四季綱】劉洎字思道、荊州江陵人……皇太子初立、洎謂宜尊賢重道、上書曰、太子

宗祧是繫、善惡之習、興亡在焉、弗勤于始、將悔于末、故量錯上書、令通政術、賈誼奏計、務知禮敎、今太子孝友仁愛、挺自天姿、然春秋鼎盛、學當有漸、以陛下多才多藝、尚垂精厲志、以博異聞、而太子優游、坐棄白日……。

【Ⅲ① A 理獄仁恕】崔仁師定州安喜人……仁師曰、嘗聞理獄之體、必務仁恕、故舊殺人刖足、亦皆有禮、豈有求身之安、知枉不為申理、若以一介暗短、但易得十囚之命、亦所願也、伏伽憮而退、及勅使至青州更訊、諸囚咸曰、崔公仁恕、事無枉濫、請伏罪、皆無異辭……十六年遷給事中……漢高之務寬大、未為盡善、文帝之存仁厚、仍多涼詔、遂使新垣族滅、信越葅醢、見譏良史、謂之過刑、魏晉至隋、有損有益、凝脂猶密、秋荼尚煩、皇上爰發至仁、念茲刑憲、酌前王之令典、探往代之嘉猷、革弊蠲苛、可大可久、仍降綸綍、頒之九區。

【《新唐書》列傳二十四李綱】崔仁師、定州安喜人……仁師曰、治獄主仁恕、故諺稱、殺人刖足、亦皆有禮、豈有知枉不申、為身謀哉、使吾以一介易十四命、固吾願也、及敕使覆訊、諸囚咸叩頭曰、崔公仁恕、必無枉者、舉無異辭、由是知名。

【Ⅲ① A 不足】從幸涇陽校獵……世長又諫曰、突厥初入、大為民害、陛下救恤之道猶未發言、乃於其地又縱畋獵、非但仁育之心有所不足、百姓供頓、將何以堪、高祖不納。

【Ⅲ① A】張玄素、蒲州虞鄉人……太宗曰、侍中魏徵歎曰、張公論事、遂有廻天之力、可謂仁人之言、其利溥哉、累遷太子少詹事、轉右庶子、時承乾居春宮、頗以遊畋廢學、玄素上書諫曰、臣聞皇天無親、惟德是輔、苟違天道、人神同棄、然古三驅之禮、非欲敎殺、將為百姓除害、故湯羅一面、天下歸仁、今苑中娛獵、雖名異遊畋、若行之無常、終虧雅度。

【《新唐書》列傳二十八蘇世長】張玄素、蒲州虞鄉人……貞觀四年……玄素上書曰……帝曰……帝顧房玄齡曰、洛陽朝貢天下中、朕營之、意欲便四方百姓、今玄素言如此、使後必往、雖露坐、庸何苦、即詔罷役、賜綵二百匹、魏徵名梗挺、聞玄素言、歎曰、張公論事、有回天之力、可謂仁人之言哉……太子久不見賓友……玄素不能已、上書曰、孔子曰、能近取譬、可謂仁之方也、書傳所載或遠、臣請以近事喩之、周武帝平山東、庫宮陋食以安海內、而太子贇有穢德、烏丸軌以聞、帝慈仁不忍廢、及踐阼、狂暴日熾、宗祀以亡、隋文帝所代是也……。

【Ⅲ① A】承乾旣敗德日增、玄素又上書諫曰、臣聞孔子云、能近取譬、可謂仁之方也已、然書、傳所載、言之或遠、尋覽近事、得失斯存、至如周武帝平定山東、卑宮菲食、以安海內、太子贇專措無端、穢德日著、烏丸軌知其不可、具言於武帝、武帝慈仁、望其漸改、及至踐阼、狂暴肆情、區宇崩離、宗祀覆滅、即隋文帝所代是也、文帝因周衰弱、憑藉女資、雖無大功於天下、然布德行仁、足為萬姓所賴、勇為太子、不能近遵君父之節儉、而務驕侈、今之山池遺跡、即殿下所親覩是也。

《列傳二十六太宗諸子》
【Ⅲ① AF 刑官】審禮子易從……永昌中、坐為徐敬業所誣構遇害、易從在官仁恕、及將刑、人吏無遠近奔走、竟解衣相率造功德、以為長史祈福、州人從之者十餘萬、其為人所愛如此。

【Ⅲ① A】柳亨……亨族子範……範曰、臣聞主聖臣直、陛下仁明、臣敢不盡愚直、太宗意乃解。

【《新唐書》列傳三十七王義方】範貞觀中為侍御史……範謝曰、主聖則臣直、陛下仁聖、敢不盡愚、帝乃解……。

【《新唐書》列傳五太宗諸子】時皇太子承乾病蹇……然帝猶謂無忌曰、公勸我立雉奴、雉奴仁懦、得無為宗社憂、奈何、雉奴高宗小字。

《列傳二十七韋挺》
【Ⅲ① A 滅びるものは不仁】史臣曰、周隋已來、韋氏世有令人、鬱為冠族、而安石嗣立、竟大其門、挺恃才傲物、固虧長者之風、賓王報之以不仁、難與議乎君子矣、議者以堯舜有溢美、桀紂有溢惡、蓋以一為凶德、則羣惡所歸、楊素父子、傾覆隋祚、醜聲流聞、雖弘諒弘武之正士、而元亨兄弟竟以凶族竄逐、古人守死善道、不無為也、德威奏議、練刑名之要、俾長秋卿、美哉、審禮仁孝、治行可為世範、卒與禍會、悲夫、二闓曲學甚工、措思精巧、藝成而下、垂誠宜然、柳氏世稱謇諤、奭澤有正人風采、忠規獻納、抑有人焉、義玄附麗武后、神慶寬縱穢臣、奕世纖邪、以至傾敗、宜哉。

《列傳二十八于志寧》
【Ⅲ① A 養政施化】承乾又令閹官多在左右、志寧上書諫曰……向使任諒直之臣、退佞給之士、據趙魏之地、

第一章　正史を通して知る「仁」と「天理」

擁漳滏之兵、修德行仁、養政施化、何區區周室而敢窺覦者焉……承乾覽書甚不悅。
【Ⅲ③Ｄ 突厥をひきこむ】承乾嘗驅使司馭等不許分番、又私引突厥達哥支入宮內、志寧上書諫曰……且突厥達哥支等、人面獸心、豈得以禮教期、不可以仁信待、心則未識於忠孝、言則莫辯其是非、近之有損於英聲、暱之無益於盛德……。
【Ⅲ①Ａ】是時、衡山公主欲出降長孫氏、議者以時既公除、合行吉禮、志寧上疏曰……心喪之內、方復成婚、非唯違於禮經、亦是人情不可、伏惟陛下嗣膺寶位、臨統萬方、理宜繼美羲軒齊芳湯禹、弘獎仁孝之日、敦崇名教之秋、此事行之苦難、猶須抑而守禮、況行之甚易、何容廢而受譏、此理有識之所共知、非假愚臣之說也、伏願遵高宗之令軌、略孝文之權制、國家於法無虧、公主情禮得畢。
【《新唐書》列傳二十九于志寧】于志寧字仲謐、京兆高陵人……時太子以農時造曲室……又突厥達哥支等、人狀野心、不可以禮教期、不可以仁信待、狎而近之、無益令望、有損盛德、況引閣中、使常親近、人皆震駭、而殿下獨安此乎、太子大怒、遣張師政紇干承基拉之……。
《列傳二十九祖孝孫》
【Ⅲ③Ａ 多儉仁厚】傅奕相州鄴人也……太史令庾儉……奕既與儉同列、數排毀儉、而儉不之恨、時人多儉仁厚而稱奕之率直、奕所奏天文密狀、屢會上旨、置參旗、井鉞等十二軍之號、奕所定也、武德三年進漏刻新法、遂行於時。
【《新唐書》列傳三十二傅奕】傅奕、相州鄴人……高祖為為扶風太守、禮之、及即位、拜太史丞、會令庾儉以父墓占候忤煬帝死、懲其事、恥以術宦、薦弈自代、弈遷令、與儉同列、數排毀之、儉不為恨、於是人多儉仁、罪弈邊且忿。
【Ⅲ①Ａ】李淳風……初太宗之世有秘記云、唐三世之後、則女主武王代有天下、太宗嘗密召淳風以訪其事、淳風曰、臣據象推算、其兆已成、然其人已生、在陛下宮內、從今不踰三十年、當有天下、誅殺唐氏子孫殲盡、帝曰、疑似者盡殺之、如何、淳風曰、天之所命、必無禳避之理、王者不死、多恐枉及無辜、且據上象、今已成、復在宮內、已是陛下眷屬、更三十年、又當衰老、老則仁慈、雖受終易姓、其於陛下子孫、或不甚損、今若殺之、即當復生、少壯嚴毒、殺之立讎、若如此、即殺戮陛下子孫、必無遺類、太宗善其言而止。
【《新唐書》列傳一百二十九方技】李淳風岐州雍人……帝曰、我求而殺之、奈何、對曰、天之所命、不可去也、而王者果不死、徒使疑似之戮淫及無辜、且陛下所親愛、四十年而老、老則仁、雖受終易姓、而不能絕唐、若殺之、復生壯者、多殺而逞、則陛下子孫無遺種矣、帝采其言、止。
【Ⅲ①Ｂ】呂才博州清平人也……敘葬書曰……葬云、富貴官品、皆由安葬所致、年命延促、亦曰墳壠所招、然今按孝經云、立身行道、則揚名於後世、以顯父母、易曰、聖人之大寶曰位、何以守位曰仁、是以日慎一日、則澤及無疆、苟德不建、則人而無後、此則非由安葬吉凶而論福祚延促、臧孫有後於魯、不關葬得吉日、若敖絕祀於荊、不由遷厝失所、此則安葬吉凶、不可信用、其義四也。
【《新唐書》列傳三十二傅奕】呂才、博州清平人……易稱……經曰、立身行道、揚名於後世、以顯父母、易謂、聖人之大寶曰位、何以守位曰仁……。
《列傳三十褚遂良》
【Ⅲ①Ａ】時薛延陀遣使請婚、太宗許以女妻之、納其財聘、既而不與、遂良上疏曰……伏惟陛下以聖德神功、廓清四表、自君臨天下、十有七載、以仁恩而結庶類、以信義而撫戎夷、莫不欣然、負之無力、其見在之人、皆思報厚德、其所生胤嗣、亦望報陛下子孫、今者得一公主配之、以成陛下之信、有始有卒、其唯聖人乎。
【Ⅲ①Ｃ 太子】二十三年、太宗寢疾、召遂良及長孫無忌入臥內、謂之曰、卿等忠烈、簡在朕心、昔漢武寄霍光、劉備託葛亮、朕之後事、一以委卿、太子仁孝、卿之所悉、必須盡誠輔佐、永保宗社、又顧謂太子曰、無忌遂良在、國家之事、汝無憂矣……。
【《新唐書》列傳三十長孫無忌】長孫无忌字輔機……皇太子建成毒王、王病、舉府危駭、房玄齡謂無忌曰、禍隙已牙、敗不旋踵矣、夫就大計者遺細行、周公所以誅管蔡也、遂俱入白王、請先事誅之、王未許、无忌曰、大王以舜何如人、王曰、濬哲文明、為子孝、為君仁、又何議哉、對曰、向使濬井弗出、得為孝乎、塗廩弗下、得為仁乎、大杖避、小杖受、良有以也、王未決、事益急、乃遣无忌陰召房玄齡杜如晦定計、无忌與尉遲敬德侯君集張公謹劉師立公孫武達獨孤彥雲杜君綽鄭仁恭李孟嘗討難、平之、王為皇太子、授左庶子、即位……太子承乾廢、帝欲立晉王、未決、坐兩儀殿、群臣已罷、獨留无忌玄齡勖言東宮事、因曰、我三子

114

資料Ⅰ 『史記』・『漢書』・『晉書』・『舊唐書』・『新唐書』・『明史』の「仁」・「天理」

一弟、未知所立、吾心亡聊、即投牀、取佩刀自向、无忌等驚、爭抱持、奪刀授晉王、而請帝所欲立、帝曰、我欲立晉王、无忌曰、謹奉詔、異議者斬、帝顧王曰、舅許汝矣、宜即謝、王乃拜、帝復曰、公等與我意合、天下其謂何、答曰、<u>王以仁孝聞天下久矣</u>、固無異辭、有如不同、臣負陛下百死、於是遂定……。

【《新唐書》列傳三十長孫无忌】從父弟操字元節……子詮、尚新城公主、詮女兄爲韓瑗妻、无忌得罪、詮流嶲州、有司希旨殺之、<u>詮有甥趙持滿者</u>、工書、善騎射、力搏虎、走逐兔、<u>而仁厚下士</u>、京師無貴賤愛慕之、爲涼州長史、嘗逐野馬、射之、矢洞於前、邊人畏伏、詮之貶、許敬宗懼持滿才能仇己、追至京、屬吏訊搒、色不變、曰、身可殺、辭不可枉、吏代爲占、<u>死獄中</u>。

【《新唐書》列傳三十長孫无忌】褚遂良字登善、通直散騎常侍亮子……帝寢疾召遂良長孫无忌曰、漢武帝寄霍光、劉備託諸葛亮、朕今委卿矣、太子仁孝、其盡誠輔之、謂太子曰、无忌遂良在、而母憂、因命遂良草詔、高宗即位、封河南縣公、進郡公……。

【Ⅲ①A 漢祖】韓瑗雍州三原人也……瑗復上疏理之曰……臣聞晉武弘裕、不貽劉毅之誅、漢祖深仁、無忌周昌之直、而遂良被遷、已經寒暑、違忤陛下、其罰塞焉、伏願緬鑒無辜、稍寬非罪、俯矜微款、以順人情。

【《新唐書》列傳三十長孫无忌】李義琰、魏州昌樂人……子縚爲柏人令、有仁政、縣爲立祠。

【Ⅲ①F 古之志士仁人】史臣曰、褚河南上書言事、亹亹有經世遠略、魏徵王珪之後、骨鯁風彩、落落負王佐器者、殆難其人、名臣事業、河南有焉、昔齊人饋樂而仲尼去、戎王溺妓而由余奔、婦人之言、聖哲懼罹其禍、況二佞據衡軸之地、爲正人之魑魅乎、<u>古之志士仁人、一言相期、死不之悔</u>、況於君臣之間、受託孤之寄、而以利害禍福、忘平生之言哉、而韓來諸公、可謂守死善道、求福不回者焉。

【《新唐書》列傳三十長孫无忌】贊曰、高宗之不君、可與爲治邪、内牽嬖陰、外劫讒言、以无忌之遂良之忠、皆顧命大臣、一旦誅斥、忍而不省、反天之剛、撓陽之明、卒使牝咮鳴辰、祚移后家、可不哀哉、天以女戎間唐而興、<u>雖遺士仁人抗之以死、法不可支</u>、<u>然瑗濟義琰儀四子可謂知所守矣</u>、噫、使長孫不逐江夏害吳王褚不譖死劉洎、其盛德可少訾乎。

《列傳三十二許敬宗》

【Ⅲ①A 寬仁と刑罰】先是、庶人承乾廢黜、宮僚多被除削、久未收敘、敬宗上表曰、<u>臣聞先王慎罰、務在於恤刑、往哲寬仁、義在於宥過、聖人之道、莫尚於茲</u>、竊見廢官僚、五品以上、除名棄斥、頗歷歲時、但庶人疇昔之年、身處不疑之地、苞藏悖逆、陽結宰臣、所預姦謀、多連宗戚……。

《列傳三十三郭孝恪》

【Ⅲ①AF 仁恕】程務挺洺州平恩人也、父名振、大業末、仕竇建德爲普樂令、甚有能名、諸賊不敢犯其境、尋棄建德歸國、<u>高祖遙授永年令</u>、仍令率兵經略河北、<u>名振夜襲鄴縣、俘其男女千餘人以歸、去鄴八十里、閱婦人有乳汁者九十餘人、悉放遣之、鄴人感其仁恕</u>、爲之設齋、以報其恩、及建德敗、始之任。

《列傳三十四劉仁軌》

【Ⅲ①A】劉仁軌汴州尉氏人也……仁軌上表諫曰……伏惟、<u>陛下天性仁愛</u>、躬親節儉、朝夕克念、百姓爲心、一物失所、納隍軫慮……。

【Ⅲ①A 昔からある】史臣韋述曰、世稱劉樂城與戴至德同爲端揆、劉則甘言接人、以收物譽、戴則正色拒下、推美於君、故樂城之善於今未弭、而戴氏之勳無所聞焉、嗚呼、<u>高名美稱、或因邀飾而致遠、深仁至行、或以韜晦而莫傳、豈唯劉戴而然</u>、蓋自古有之矣、故孔子曰、衆好之、必察焉、衆惡之、必察焉、非夫聖智、鮮不惑也、且劉公逞其私忿、陷人之所不能、覆餗貽國之耻、忠恕之道、豈其然乎。

【Ⅲ①A】郝處俊、安州安陸人也……咸亨初、高宗幸東都……魏武望見之、曰、彼來者必王修乎、此由王修察變知機、違法赴難、向各守法、遂成其禍、故王者設法敷化、不可以太急、夫政寬則人慢、政急則人無所措手足、<u>聖王之道</u>、寬猛相濟、<u>詩曰、不懈于位、人之攸墍、謂仁政也</u>、又曰、式遏寇虐、無俾作慝、謂威刑也、洪範曰、高明柔克、沉潛剛克、謂中道也、上曰、善……尋而官名復舊……處俊諫曰、臣聞禮所以示童子無誑者、恐其欺詐之心生也、伏以二王春秋尚少、意趣未定、當須推多讓美、相敬如一、今忽分爲二朋、遞相誇競、且俳優小人、言辭無度、酣樂之後、難爲禁止、<u>恐其交爭勝負、譏誚失禮、非所以導仁義、示和睦也</u>、高宗瞿然曰、卿之遠識、非衆人所及也、遽令止之、尋代閻立本爲中書令、歲餘兼太子賓客檢校兵部尚書。

【《新唐書》列傳四十狄仁傑】郝處俊安州安陸人……咸亨初……<u>詩曰、不懈於位、人之攸墍、仁也</u>……處

俊曰、先帝仁恩溥博、類非一……上元初……處俊曰、禮所以示童子無誑者、恐其欺詐之心生也、二王春秋少、意操未定、乃分朋造黨使相誇、彼俳兒優子、言辭無度、爭負勝、相譏誚、非所以導仁義、示雍和也、帝遽止、歎曰……。

【Ⅲ①AF 殷周・儒者之將】贊曰、殷禮阿衡、周師呂尚、王者之兵、儒者之將、樂城聞喜、當仁不讓、管葛之譚、是吾心匠。

《列傳三十五唐臨》

【Ⅲ①A】張文瓘、貝州武城人……文瓘因進諫曰……臣聞制治於未亂、保邦於未危、人罔常懷、懷於有仁、陛下不制於未亂之前、安能救於既危之後、百姓不堪其弊、必構禍難、殷鑒不遠、近在隋朝……。

【Ⅲ①A】徐有功、國子博士文遠孫也、舉明經、累轉蒲州司法參軍、紹封東莞男、爲政寬仁、不行杖罰、吏人感其恩信……。

《列傳三十六高宗中宗諸子》

【Ⅲ①C】許王素節高宗第四子也……素節被殺之時、子瑛琬璣瑒等九人並爲則天所殺、惟少子琳瓘璆欽古以年小、特令長禁雷州……璆性仁厚謹愿、居家邕睦、朝廷重之……。

【Ⅲ①C】孝敬皇帝弘、高宗第五子也……上元二年、太子從幸合璧宮、尋薨、年二十四、制曰、皇太子弘、生知誕質、惟幾毓性、直城趨萬、肅敬者於三朝、中寢問安、仁孝聞於四海、自琰圭在手、沉瘵嬰身、顧惟耀掌之珍、特切鍾心之念、庶其痊復、以禪鴻名、及勝理微和、將遜于位、而弘天資仁厚、孝心純確、既承朕命、奄歘不言、因茲感結、舊疾增甚、億兆攸繫、方冀下武之基、五福無徵、俄遷上賓之駕、昔周文至愛、遂延慶於九齡、朕之不慈、遽永訣於千古、天性之重、追懷哽咽、宜申往命、加以尊名、夫諡者、行之跡也、號者、事之表也、慈惠愛親曰孝、死不忘君曰敬、諡爲孝敬皇帝、其年、葬於緱氏縣景山之恭陵、制度一準天子之禮、百官從權制三十六日降服、高宗親爲製叡德紀、并自書之於石、樹於陵側、初、將營築恭陵、功費鉅億、萬姓獻役、呼嗟滿道、遂亂投磚瓦而散。

《新唐書》列傳六十三宗諸子：孝敬皇帝弘……帝嘗語侍臣、弘仁孝、賓禮大臣、未嘗有過、而后將騁志、弘奏請數忤旨、上元二年、從幸合璧宮、遇酖薨、年二十四、天下莫不痛之、詔曰、太子嬰沈瘵、朕須其痊復、將遜于位、弘性仁厚、既承命、因感結、疾日以加、宜申往命、諡爲孝敬皇帝……。

【Ⅲ①A 萬物霑愷悌之仁】庶人重福、中宗第二子也……重福不得歸京師、尤深鬱怏、上表自陳曰、臣聞功同賞異、則勞臣疑、罪均刑殊、則百姓惑、伏惟陛下德侔造化、明齊日月、恩及飛鳥、惠加走獸、近者焚柴展禮、郊祀上玄、萬物霑愷悌之仁、六合承曠蕩之澤、事無輕重、咸赦除之、蒼生並得赦除、赤子偏加擯棄、皇天平分之道、固若是乎、天下之人、聞者爲臣流涕、況陛下慈念、豈不愍臣栖惶、伏望捨臣罪愆、許臣朝謁……。

【Ⅲ①AC】贊曰、父子天性、孽能害正、宜曰申生、釁爲不令、唐年鈞德、章懷最仁、兇母畏明、取樂於身。

《列傳三十七裴炎》

【Ⅲ①A 不仁が遠い】魏玄同、定州鼓城人也……乃上疏曰……且惟賢知賢、聖人篤論、伊皋既舉、不仁咸遠、復患階秩雖同、人才異等、身且濫進、鑒寧知人、今欲務得實才、兼宜擇其舉主、流清以源潔、影端由表正、不詳舉主之行能、而責舉人之庸濫、不可得已。

《新唐書》列傳四十二裴炎：魏玄同字和初、定州鼓城人……上疏言選舉法弊曰……臣聞……且惟賢知賢、聖人篤論、皋陶既舉、不仁者遠、身苟濫進、庸及知人……。

《列傳三十八章思謙》

【Ⅲ①C】儀鳳四年五月、詔皇太子賢監國、時太子頗近聲色、與戶奴等欹狎、承慶上書諫曰、臣聞太子者、君之貳、國之本也、所以承宗廟之重、繫億兆之心、萬國以貞、四海屬望、殿下以仁孝之德、明叡之姿、岳峙泉淳、金貞玉裕、天皇升殿下以儲副、寄殿下以監撫、欲使照無不及、恩無不罩、百寮仰重曜之暉、萬姓聞洊雷之響……伏願博覽經書以廣其德、屏退聲色以抑其情、靜黙無爲、恬虛寡欲、非禮勿動、非法不言、居處服玩、必循節儉、畋獵遊娛、不爲縱逸、正人端士、必引而親之、便僻側媚、必斥而遠之、使惠聲溢於遠近、仁風翔於內外、則可以克享終吉、長保利貞、爲上嗣之稱首、奉聖人之鴻業者矣。

【Ⅲ①A】嗣立、承慶異母弟也……揚豫之後、刑獄漸興……雖陛下仁慈哀念、恤獄緩死、及覽辭狀、便已周密、皆謂勘鞫得情、是其實犯、雖欲寬捨、其如法何、於是小乃身誅、大則族滅、相緣共坐者、不可勝言。

《新唐書》列傳四十一王綝：嗣立字延構……又曰……臣願陛下廓天地之施、雷雨之仁、取垂拱以來罪無

資料Ⅰ 『史記』・『漢書』・『晉書』・『舊唐書』・『新唐書』・『明史』の「仁」・「天理」

重輕所不赦者、普皆原洗、死者還官、生者霑恩、則天下瞭然、知向所陷罪、非陛下意也。
【Ⅲ①B】景龍三年、轉兵部尚書、同中書門下三品、時中宗崇飾寺觀、又濫食封邑者眾、國用虛竭、嗣立上疏諫曰……堯遭大水、湯遭大旱、則知仁聖之君所不能免、當此時不至於困弊者、積也、今陛下倉庫之內、比稍空竭、尋常用度、不支一年。
【Ⅲ①A 官を通して仁政】象先、本名景初……其年、出爲益州大都督府長史、仍爲劍南道按察使、在官務以寬仁爲政、司馬韋抱眞言曰、望明公稍行杖罰、以立威名、不然、恐下人怠墮、無所懼也、象先曰、爲政者理則可矣、何必嚴刑樹威、損人益己、恐非仁恕之道。
【《新唐書》列傳四十一王綝】象先器識沈邃、舉制科高第……罷爲益州大都督府長史、劍南按察使、爲政尚仁恕、司馬韋抱眞諫曰……。
【Ⅲ①F 剛毅は仁に近い】史臣曰、韋思謙始以州縣、奮於煙霄、持綱不避於權豪、報國能忘於妻子、自強不息、剛毅近仁、信有之矣……。
《列傳三十九狄仁傑》
【Ⅲ①A】姚璹、字令璋……時有大石國使請獻獅子、璹上疏諫曰、獅子猛獸、唯止食肉、遠從碎葉、以至神都、肉既難得、極爲勞費、陛下以百姓爲心、慮一物有失、鷹犬不蓄、漁獵摠停、運不殺以闡大慈、垂好生以敷至德、凡在翾飛蠢動、莫不感荷仁恩、豈容自菲薄於身、而厚資給於獸、求之至理、必不然乎……。
【Ⅲ①A】玨、少好學……今載四事其一曰……其二曰……其三曰……伏惟殿下仁明昭著、聖敬日躋、探幽洞薇、窮神索隱、事之善惡、毫釐靡差、理有危疑、錙銖無爽、臣以庸謬、叨侍春闈、職居獻替、豈敢緘默、其四曰……。
《列傳四十王及善》
【Ⅲ①B】朱敬則、字少連……於是陸賈著新語、叔孫通定禮儀、始知天子之尊、此知變之善也、向使高皇排二子而不用、置詩書而不顧、重攻戰之史、尊首級之材、複道爭功、張良已知其變、拔劍擊柱、吾屬不得無謀、即暑漏難逾、何十二帝乎、亡秦之續、何二百年乎、故曰、仁義者、聖人之蘧廬、禮經者、先王之陳迹、然則祝祠向畢、芻狗須投、淳精已流、糟粕可棄、仁義尚捨、況輕此者乎。
【《新唐書》列傳四十狄仁傑】朱敬則、字少連、亳州永城人也……敬則諫曰……故曰、仁義者聖人之蘧廬、禮者先王之陳迹、祠祝畢、芻狗捐、淳風流、糟粕棄、仁義尚爾、況其輕乎。
【Ⅲ①B】敬則嘗採魏、晉以來君臣成敗之事、著十代興亡論、又以前代文士論廢五等者、以秦爲失、事未折衷、乃著五等論曰、昔秦廢五等、崔寔仲長統王朗曹冏等皆以爲秦之失、予竊異之、試通其志云、蓋明王之理天下也、先之以博愛、本之以仁義、張四維、尊五美、懸禮樂於庭宇、置軌範於中衢、然後決玄波使橫流、揚薰風以高扇、流愷悌之甘澤、浸曠蕩之膏腴、正理革其淫邪、淳風柔其骨髓、使天下之人、心醉而神足、其於忠義也、立則見其參於前、其於進趨也、若章程之在日。
【Ⅲ①A】贊曰、及善奉職、非無智力、景儉當權、不謂不賢、雄文高節、少連爲絕、守道安貧、懷遠當仁、欽望之屬、片善何足、蹈媚再思、祇宜遄速。（「李懷遠、邢州柏仁人也、早孤貧好學、善屬文、有宗人欲以高蔭相假者、懷遠竟拒之、退而歎曰……」）
《列傳四十一桓彥範》
【Ⅲ①C 皇太子】崔玄暐、博陵安平人也……及疾少間、玄暐奏言、皇太子相王仁明孝友、足可親侍湯藥、宮禁事重、伏願不令異姓出入、則天曰、深領卿厚意、尋以預誅張易之功、擢拜中書令、封博陵郡公……。
【《新唐書》列傳四十五桓彥範】崔玄暐、博陵安平人……后久疾、宰相不召見者累月、及少間、玄暐奏言、皇太子相王皆仁明孝友、宜侍醫藥、不宜引異姓出入禁闥……。
《列傳四十二魏元忠》
【Ⅲ①F】昔趙岐撰禦寇之論、山濤陳用兵之本、皆坐運帷幄、暗合孫吳、宣尼稱、有德者必有言、仁者必有勇、則何平叔王夷甫豈得同日而言哉。
【Ⅲ①C】安石應明經舉……則天手制勞之曰、聞卿在彼、庶事存心、善政表於能官、仁明彰於鎮撫、如此稱職、深慰朕懷……睿宗嘗密召安石、謂曰、聞朝廷傾心東宮、卿何不察也、安石對曰、陛下何得亡國之言、此必太平之計、太子有大功於社稷、仁明孝友、天下所稱、願陛下無信讒言以致惑也、睿宗矍然曰、朕知之矣、卿勿言也……。
【《新唐書》列傳四十七魏元忠】韋安石、京兆萬年人……睿宗立、授太子少保、改封郇國、復爲侍中中書令、

第一章　正史を通して知る「仁」と「天理」

進開府儀同三司、太平公主有異謀、欲引安石、數因其壻唐晙邀之、拒不往、帝一日召安石曰、朝廷傾心東宮、卿胡不察、對曰、<u>太子仁孝、天下所稱</u>、且有大功、陛下今安得亡國語、此必太平公主計也……。
《列傳四十四蘇味道》
【Ⅲ①③ A 左右が陛下の仁を傷つけないことの難しさ】盧藏用、字子潛……長安中、徵拜左拾遺、時則天將營興泰宮於萬安山、藏用上疏諫曰、臣愚雖不達時變、竊嘗讀書、見自古帝王之迹衆矣、臣聞土階三尺、茅茨不剪、采椽不斲者、唐堯之德也、卑宮室、菲飲食、盡力於溝洫者、大禹之行也、惜中人十家之產、而罷露臺之制者、漢文之明也、並能垂名無窮、爲帝皇之烈、豈不以克念徇物、博施濟衆、<u>以臻於仁恕哉、今陛下崇臺邃宇、離宮別館、亦已多矣、更窮人之力以事土木、臣恐議者以陛下爲不憂人、務奉己也……至令陛下不知百姓失業、亦不知左右傷陛下之仁也、臣聞忠臣不避死亡之患、以納君於仁</u>、明主不惡切直之言、以垂名千載……昔者……九徵九變、是曰長途、人謀鬼謀、良歸有道、此並經史陳迹、<u>賢聖通規、仁遠乎哉</u>、詎宜滯執。
【《新唐書》列傳四十八李嶠】盧藏用字子潛、幽州范陽人……長安中……今左右近臣、以諛意爲忠、犯忤爲患、至令陛下不知百姓失業、<u>百姓亦不知左右傷陛下之仁也、忠臣不避誅震以納君於仁</u>、明主不惡誅切訛以趨名于後、陛下誠能發明制、以勞人爲辭、則天下必以爲愛力而苦已也、不然、下臣此章、得與執事者共議、不從。
《列傳四十五睿宗諸子》
【Ⅲ① A】二十九年冬……翌日、下制曰、能以位讓、爲吳太伯、存則用成其節、歿則當表其賢、非常之稱、旌德斯在、故太尉、寧王憲、誕含粹靈、允膺大雅、孝悌之至、本乎中誠、<u>仁和之深、非因外奬</u>……。
《列傳四十六姚崇》
【Ⅲ① B】崇先分其田園、令諸子姪各守其分、仍爲違令以誡子孫、其略曰……且五帝之時、父不葬子、兄不哭弟、<u>言其致仁壽、無夭橫也、三王之代</u>、國祚延長、人用休息、其人臣若彭祖老聃之類、皆享遐齡、<u>當此之時、未有佛教、豈抄經鑄像之力、設齋施佛之功耶</u>、宋書西域傳、有名僧爲白黑論、理證明白、足解沉疑、宜觀而行之。
【《新唐書》列傳五十蘇瓌】姚崇字元之、陝州硤石人……先天二年……帝曰、試爲朕言之、<u>崇曰、垂拱以來、以峻法繩下、臣願政先仁恕、可乎</u>、朝廷覆師青海、未有牽復之悔……。
【Ⅲ① A】俄又令璟與中書侍郎蘇頲爲皇子制名及封邑、并公主等邑號、璟等奏曰、王子將封、三十餘國、周之麟趾、漢之犬牙、彼何足云、於斯爲盛、竊以邠鄭王等傍有古邑字、臣等以類推擇、謹件三十國名、又王子先有名者、皆上有嗣字、又公主邑號、亦選擇三十美名、皆文不害意、言足定體、又令臣別撰一佳名及一美邑號者、七子均養、<u>百王至仁、今若同等別封</u>、或緣母寵子愛、骨肉之際、人所難言、天地之中、典有常度、昔袁盎降愼夫人之席、文帝竟納之、愼夫人亦不以爲嫌、美其得久長之計、臣等故同進、更不別封、上彰覆載無偏之德、上稱歎之。
【《新唐書》列傳四十九姚崇】張説、字道濟……始爲相時、帝欲事吐蕃、説密請講和以休息邊塞、帝曰、朕待王君㚟計之、説出告源乾曜曰、君㚟好兵以求利、彼入、吾言不用矣後、君㚟破吐蕃於青海西、説策其且敗、因上嶲州鬭羊於帝、以申諷諭、曰、使羊能言、必將曰、<u>鬭而不解、立有死者、所賴至仁無殘、量力取勸焉</u>、帝識其意、納之、賜綵千匹、<u>後瓜州失守、君㚟死</u>。
《列傳四十七劉幽求》
【Ⅲ① A】初、説爲相時……<u>所賴至仁無殘</u>、量力取勸焉、臣緣損足、未堪履地、謹遣男詣金明門奉進、<u>玄宗深悟其意</u>、賜絹及雜綵一千匹。
【Ⅲ① A】十八年、遇疾、<u>玄宗</u>每日令中使問疾、并手寫藥方賜之、十二月薨、時年六十四、上憯惻久之、邃於光順門舉哀、因罷十九年元正朝會、詔曰……司鈞總六官之紀、端揆爲萬方之式、方弘風緯俗、返本於上古之初、<u>而邁德振仁</u>、不臻於中壽之福、於嗟不愁、既喪斯文、宣室餘談、泠然在耳、玉殿遺草、宛留其蹟、言念忠賢、良深震悼……。
《列傳四十八魏知古》
【Ⅲ① A】先天元年冬、從上畋獵于渭川、因獻詩諷曰、嘗聞夏太康、五弟訓禽荒、我后來冬狩、三驅盛禮張、順時鷹隼擊、講事武功揚、奔走未及去、翾飛豈暇翔、非熊從渭水、瑞雀想陳倉、此欲誠難縱、茲遊不可常、子雲陳羽獵、偁伯諫漁棠、得失鑒齊楚、<u>仁恩念禹湯</u>、邕熙諒在宥、亭毒匪多傷……。

118

資料Ⅰ 『史記』・『漢書』・『晉書』・『舊唐書』・『新唐書』・『明史』の「仁」・「天理」

【Ⅲ①A】源乾曜、相州臨漳人……時行幸東都……乾曜徐曰、事有邂逅、死亦常理、主上仁明、當不以此實罪、必其獲戾、吾自當之、不湏懼也……傳不云乎、晉范宣子讓、其下皆讓、晉國之人、於是大和、道之或行、仁豈云遠、因令文武百寮父子兄弟三人併任京司者、任自容容、依資次處分、由是公卿子弟京官出外者百餘人……。
《新唐書》列傳五十二張嘉貞》源乾曜、相州臨漳人……會帝東幸、以京兆尹留守京師、治尚寬簡、人安之、居三年、政如始至、仗內白鷹因縱失之、詔京兆督捕、獲於野、絓榛死、吏懼得罪、乾曜曰、上仁明、不以畜玩置罪、苟其獲戾、尹專之、遂入自劾失旨、帝一不問、衆伏其知體而善引咎……詔曰、乾曜身率庶寮以讓、既請外其子、又復下遷、傳不云乎、范宣子讓、其下皆讓、晉國之人、於是大和、道之或行、仁豈遠哉、其令文武官父子昆弟三人在京司者、分任于外、繇是公卿子弟皆出補。
【Ⅲ①A】韓休、京兆長安人……開元二十一年……上以其切直、從之、初、蕭嵩以休柔和易制、故薦引之、休既知政事、多折正嵩、遂與休不叶、宋璟聞之曰、不謂韓休乃能如是、仁者之勇也。
【Ⅲ①A】裴耀卿、贈戶部尚書守眞子也……其冬、遷京兆尹、明年秋、霖雨害稼、京城穀貴、上將幸東都、獨詔耀卿問救人之術、耀卿對曰、臣聞前代聖王、亦時有憂害、更施惠澤、活國濟人、由是蒼生仰德、史冊書美、伏以陛下仁聖至深、憂勤庶政、小有飢乏、降情哀矜、躬親支計、救其危急……。
【Ⅲ①A】明年、遷侍中、二十四年、拜尚書左丞相、罷知政事、累封趙城侯、時夷州刺史楊濬犯贓處死、詔令杖六十、配流古州、耀卿上疏諫曰、伏以聖恩天覆、仁育庶類、凡死罪之屬、不欲尸諸市朝、全其性命、流竄而已……。
《列傳五十尹思貞》
【Ⅲ①A】王志愔、博州聊城人也……遂表上所著應正論以見志、其詞曰……僕欲襝降階而謝曰、補遺闕於衰職、用忠謇爲己任、以蒙養正、見引獲吉、應此道也、仁何遠哉、昔咎繇謨虞、登朝作士、設教理物、開訓成務、是以五流有宅、五宅三居、怙終賊刑、刑故無小、於是舜美其事曰、汝明於五刑、以弼五教、期于予理、刑期于無刑、人協于中、時乃功、懋哉、故孔子歎其政曰、舜舉咎繇、不仁者遠……。
《新唐書》列傳五十三蘇珦》王志愔、博州聊城人……遷大理正、嘗奏言、法令者、人之隄防、不立則無所制、今大理多不奉法、以縱罪爲仁、持文爲苛、臣執刑典、恐且得謗、遂上所著應正論以見志、因規帝失……。
《列傳五十一李乂》
【Ⅲ①A】韋湊京兆萬年人……明年春……帝不應、湊又奏曰、日陽和布氣、萬物生育、土木之間、昆蚉無數、此時興造、傷殺甚多、臣亦恐非仁聖本旨、睿宗方納其言、令在外詳議、中書令崔湜侍中岑義謂湊曰、公敢言此、大是難事……。
《新唐書》列傳四十三張廷珪》韋湊字彥宗、京兆萬年人……景雲初……湊執爭、以、萬物生育、草木昆蚑傷伐甚多、非仁聖本意、帝詔外詳議……。
【Ⅲ①AF】韓思復、京兆長安人也……開元初……思復性恬澹、好玄言、安仁體道、非紀綱之任、無幾、轉太子賓客、十三年卒、年七十餘。
《新唐書》列傳四十三張廷珪》韓思復字紹出、京兆長安人……轉汴州司戶、仁恕、不行鞭罰……。
【Ⅲ①B 如來之仁・有唐虞之理 A 陛下】辛替否、京兆之人也……臣聞於經曰、菩薩心住於法而行布施、如人入暗、即無所見、又曰、一切有爲法、如夢幻泡影、如露亦如電、臣以減雕琢之費以賑貧下、是有如來之德、息穿掘之苦以全昆蟲、是有如來之仁、罷營構之直以給邊陲、是有湯武之功、廻不急之禄以購廉清、是有唐虞之理、陛下緩其所急、急其所緩、親未來而疏見在、失眞實而冀虛無、重俗人之所爲而輕天子之功業、臣竊痛之矣、當今出財依勢者盡度爲沙門、避役姦訛者盡度爲沙門、其所未度、唯貧窮與善人、將何以作範乎、將何以役力乎、臣以爲出家者、捨塵俗、離朋黨、無私愛、今殖貨營生、非捨塵俗、拔親樹知、非離朋黨、畜妻養孥、非無私愛、是致人以毀道、非廣道以求人、伏見今之宮觀臺榭、京師之與洛陽、不增修飾、猶恐奢麗、陛下尚欲塡池壍、捐苑囿、以賑貧人無產業者……。
《新唐書》列傳四十三張廷珪》辛替否字協時、京兆萬年人……替否上疏曰……今疆場危駭、倉廩空虛、卒輪不充、士賞不及、而大建寺宇、廣造第宅、伐木空山、不給棟梁、運土塞路、不充牆壁、所謂佛者、清淨慈悲、體道以濟物、不欲利以損人、不榮身以害教、今三時之月、掘山穿地、損命也、殫府虛帑、損人也、廣殿長廊、榮身也、損命則不慈悲、損人則不愛物、榮身則不清淨、寧佛者之心乎、昔夏爲天子二十餘世而商受之、商二十餘世而周受之、周三十餘世而漢受之、由漢而後、歷代可知已、咸有道之長、

第一章　正史を通して知る「仁」と「天理」

無道之短、豈窮金玉修塔廟亨久長之祚乎、臣以爲減彫琢之費以賙不足、<u>是有佛之德</u>、息穿掘之苦以全昆蟲、<u>是有佛之仁</u>、罷營構之直以給邊垂、是有湯武之功、回不急之祿以購廉清、是有唐虞之治、陛下緩其所急、急其所緩、親未來、疏見在、失眞實、冀虛無、重俗人之所爲、而輕天子之業、臣竊痛之、今出財依勢、避役亡命、類度<u>爲沙門</u>、其未度者、窮民善人耳、拔親樹知、豈離朋黨、畜妻養孥、非無私愛、是致人毀道、非廣道求人也、陛下常欲塡池壍、捐苑囿、以賑貧人……。

《列傳五十六李林甫》

【Ⅲ①C】玄宗終用林甫之言……玄宗曰、<u>忠王仁孝</u>、年又居長、當守器東宮、<u>乃立爲皇太子</u>……。

【Ⅲ①A 天子】王琚、懷州河内人也……玄宗泣曰、<u>四哥仁孝</u>、同氣唯有太平、言之恐有違犯、不言憂患轉深、爲臣爲子、計無所出、琚曰、<u>天子之孝</u>、貴於安宗廟、定萬人、徵之於昔、蓋主、漢帝之長姊、帝幼、蓋主共養帝於宮中、後與上官桀燕王謀害大司馬霍光、不議及君上、漢主恐危劉氏、以大義去之、況殿下功格天地、位尊儲貳、太平雖姑、臣妾也、何敢議之……。

《列傳五十七玄宗諸子》

【Ⅲ①A】延王玢、玄宗第二十子也、初名洄、玢母即尚書右丞柳範孫也、最爲名家、<u>玄宗深重之、玢亦仁愛</u>、有學問、開元十三年、封爲延王。

【《新唐書》七十一宗諸子】延王玢、母尚書左丞範之孫、帝重其名家、<u>而玢亦仁愛有學</u>、既封、遙領安西大都護、帝入蜀、玢凡三十六子、不忍棄、故徐進、數日、見行在所、帝怒、漢中王瑀申救得解、聽歸靈武、興元元年薨。

【新唐諸七十一宗諸子】承天皇帝倓、始王建寧、英毅有才略、善騎射、祿山亂、典親兵、扈車駕……明年、廣平王收二京、使李泌獻捷……高宗有八子、天后所生者四人、自爲行、而睿宗最幼、<u>長曰弘、爲太子、仁明孝友</u>、后方圖臨朝、鴆殺之、而立次子賢……。

【Ⅲ③C 廢死】贊曰、螽斯之詠、樂有子孫、用建藩屏、以崇本根、讒勝瑛廢、恩移至尊、盜熾琬卒、情乖萬民、口禍豐珙、自災永璘、<u>惜乎二胤、不如仁人</u>。

【Ⅲ①F】韋見素、字會微京兆萬年人……<u>見素仁恕長者</u>、意不忤物、及典選累年、銓叙平允、人士稱之。

【Ⅲ①A】是月、皇太子即位於靈武、道路艱澁、音驛未通、八月、肅宗使至、始知靈武即位、尋命見素與宰臣房琯韋見素傳國寶冊奉使靈武、宣傳詔命、便行冊禮、將行、<u>上皇謂見素等曰、皇帝自幼仁孝</u>、與諸子有異、朕豈不知、往十三年、已有傳位之意、屬其歲水旱、左右勸朕且俟豐年、爾來便屬祿山構逆、方隅震擾、未遂此心、昨發馬嵬、亦有處分。今皇帝受命……。

【《新唐書》列傳四十三張廷珪】見素字會微、<u>質性仁厚</u>……肅宗立、與房琯、崔渙持節奉傳國璽及冊、宣揚制命、<u>帝曰、太子仁孝</u>、去十三載已有傳位意、屬方水旱、左右勸我且須豐年、今帝受命、朕如釋負矣、煩卿等遠去、善輔導之……。

《列傳六十二李峘》

【Ⅲ①C】李峘、太宗第三子……初收東京……<u>或陛下親戚、或勳舊子孫、皆實極法、恐乖仁恕之旨、昔者明王用刑、殲厥渠魁、脅從罔理</u>、況河北殘氓未平、官吏多陷、苟容漏網、適開自新之路、若盡行誅、是堅叛逆之黨、誰人更圖効順、困獸猶鬭、況數萬人乎……。

《列傳六十三苗晉卿》

【Ⅲ①A 歷官】子向、字儻仁……向本以名相子、以學行自飭、謹守其門風、<u>歷官仁智推愛</u>、利及於人、至是、以年過致政、朝廷優異、乃以吏部尚書致仕于新昌里第。

《列傳六十六肅宗代宗諸子》

【Ⅲ①C 皇太子】寶應元年四月……后知太子難與共事、乃召係謂之曰、<u>皇太子仁惠</u>、不足以圖平禍難……。

【Ⅲ①C】明年冬……<u>長曰孝敬皇帝、爲太子監國、而仁明孝悌</u>、天后方圖臨朝、乃鴆殺孝敬、立雍王賢爲太子、賢每日憂惕、知必不保全、與二弟同侍於父母之側、無由敢言……。

【Ⅲ①C】恭懿太子佋……十一月、葬于高陽原、其哀册曰……惟天祚唐、累葉重光、中興宸景、再紐乾綱、本枝建國、磐石疏疆、克開龍胤、<u>實曰賢王</u>、驪源孕彩、日幹騰芳、<u>深仁廣孝</u>、蘊藝含章、秀發童年、惠彰齠齒、蹈禮知方、承尊叶旨……。

【Ⅲ①C】史臣曰、嬖妻破國、孽子敗宗、前代英傑之君、率不免於斯累者、何也、良以愛惡不由於義斷、

資料Ⅰ 『史記』・『漢書』・『晉書』・『舊唐書』・『新唐書』・『明史』の「仁」・「天理」

毀譽遽逐於情移、雖申生孝己之仁、卒不能廻君父之愛、悲哉、孝宣皇帝當屯剝之運、收忠義之心、忍行愛子之刑、終宥姦閹之罪、大雅君子、爲之痛心、張后卒以凶終、固其宜矣。
《列傳六十八元載》
【Ⅲ①A】代宗寬仁明恕、審其所由、凡累年、載長惡不悛、衆怒上聞、大歷十二年三月庚辰、仗下後、上御延英殿、命左金吾大將軍吳湊收載縛于政事堂、各留繫本所、并中書主事卓英倩、李待榮及載男仲武季能並收禁、命吏部尚書劉晏訊鞫……。
【Ⅲ①A 以寬仁爲理本】楊炎、字公南鳳翔人……初定令式、國家有租賦庸調之法、開元中、玄宗修道德、以寬仁爲理本、故不爲版籍之書、人戶寖溢、隄防不禁。
《列傳六十九楊綰》
【Ⅲ①A 仁に違わない】天寶末、安祿山叛……再遷禮部侍郎、上疏條奏貢舉之弊曰、國之選士、必藉賢良、蓋取孝友純備、言行敦實、居常育德、動不違仁、體忠信之資、履謙恭之操、藏器則未嘗自伐、虛心而所應必誠……。
《《新唐書》列傳一百五十上逆臣上》安祿山……初祿山陷東京、以張萬頃爲河南尹、士人宗室賴以免者衆、肅宗嘉其仁、拜濮陽太守、帝以賊國讐、惡聞其姓、京師坊里有安字者、悉易之。
【Ⅲ①A】尚書左丞至議曰……近代趨仕、靡然向風、致使祿山一呼而四海震蕩、思明再亂而十年不復、向使禮讓之道弘、仁義之道者、則忠臣孝子比屋可封、逆節不得而萌也、人心不得而揺也。
【Ⅲ①B】崔祐甫字貽孫……中使徽其狀、祐甫上奏言、臣聞天生萬物、剛柔有性、聖人因之、垂訓作則、禮記郊特牲曰、迎猫、爲其食田鼠也、然則猫之食鼠、載在禮典、以其除害利人、雖微必錄、今此猫對鼠不食、仁則仁矣、無乃失於性乎、鼠之爲物、晝伏夜動、詩人賦之曰……。
【Ⅲ①A 漢文帝】他日、復謂宰臣曰、前史稱漢文帝惜十家之產而罷露臺、又云身衣弋綈、履革舄、集上書囊以爲殿帷、何太儉也、信有此乎、植對曰、良史所記、必非妄記、漢興、承亡秦殘酷之後、項氏戰爭之餘、海內凋弊、生人力竭、漢文仁明之主、起自代邸、知稼穡之艱難、是以即位之後、躬行儉約、繼以景帝、猶遵此風。
《列傳七十郭子儀》
【Ⅲ①A】貞元中、帝爲皇孫廣陵郡王納曖女爲妃……元和十五年、穆宗即位、尊郭妃爲皇太后、詔曰、追遠飾終、先王令典、況積仁累義、事已顯於身前、祥會慶傳、福遂流於天下、式光盛德、爰舉徽章、尊尊親親、於是乎在、皇太后父贈尚書左僕射曖、克荷崇構、有勞王家、孝友本於生知、英華發於事任、實修一德、歷仕三朝……。
【Ⅲ①A】贊曰、猗歟汾陽、功扶昊蒼、秉仁蹈義、鐵心石腸、四朝靜亂、五福其昌、爲臣之節、敢告忠良。
《列傳七十一僕固懷恩》
【Ⅲ①A】懷恩逆命三年、再犯順、連諸蕃之衆、爲國大患、士不解甲、糧盡餽軍、適幸天亡、而上爲之隱惡、前後下制、未嘗言其反、及懷恩死、羣臣以聞、上爲之憫然曰、懷恩不反、爲左右所誤、其寬仁如此、閏十月、懷恩姪名臣領千餘騎來降。
【Ⅲ①A】李懷光……李晟既收復京師……五年又詔曰、懷舊念功、仁之大也、興滅繼絕、義之弘也、昔蔡叔圯族、周公封其子於東土、韓信干紀、漢后爵其孥以弓高、侯君集之不率景化、我太宗存其胤以主祀、詳考先王之道、洎乎烈祖之訓、皆以刑佐德、俾人嚮方、則斧鉞之誅、甲兵之伐、蓋不得已而用也。
《《新唐書》列傳一百四十九上叛臣上》李懷光渤海靺鞨人、本姓茹、父常、徙幽州、爲朔方部將、以戰多賜姓、更名嘉慶、懷光在軍、積勞至開府儀同三司、爲都虞候、勇鷙敢誅殺、雖親屬犯法、無所回貸、節度使郭子儀仁厚、不親事、以紀綱委懷光、軍中畏之……貞元元年八月、朔方部將牛名俊斬懷光、傳首以獻、年五十七、帝念其功、詔許一子嗣、賜莊第各一區、聽以禮葬、妻王徙澧州、初、懷光死、其子琟盡殺其弟乃死、故懷光無後、五年、詔曰、懷舊念功、仁之大也、興滅繼絕、義之至也、昔蔡叔圯族、周封其子、韓信干紀、漢爵其孥、侯君集不率、太宗存其祀、考先王之道、烈祖之訓、皆以刑佐德、俾人嚮方、曩者盜臣竊發、朕狩近郊、懷光鳳駕千里、奔命行在、假雷霆之威、破虎狼之衆、守節靡終、潛構禍胎、大戮所加、自貽伊戚、孤魂無歸、懷之悅然、宜以外孫燕賜姓李、名曰承緒、以左衛率府冑曹參軍繼懷光後、仍賜錢百萬、置田墓側、以備祭享、還妻王、使就養云。
《列傳七十六李揆》

121

【Ⅲ①B】代宗居陝……孟子曰、理國者、仁義而已、何以利爲、由是未敢即對也。
【Ⅲ①A】史臣曰、李揆發言沃心、幸遇明主、蔽賢固位、終非令人、少遊逐勢利隨時、盧慬事權要巧宦、察言觀行、皆無可稱、涵節行著聞、諝和易爲理、庶幾近仁。
【Ⅲ①A】贊曰、李陳盧慬、言行非眞、涵諝和易、庶乎近仁。

《列傳七十八段秀實》
【Ⅲ①A】興元元年二月詔曰……故開府儀同三司、檢校禮部尚書、兼司農卿、上柱國、張掖郡王段秀實、操行岳立、忠厚精至、義形於色、勇必有仁……。
【《新唐書》列傳七十八段秀實】段秀實字成公、本姑臧人……天寶四載、從安西節度使馬靈督討護密有功、授安西府別將、靈督罷、又事高仙芝、仙芝討大食、圍怛邏斯城、會虜救至、仙芝兵郤、士相失、秀實夜聞副將李嗣業聲、識之、因責曰、憚敵而奔、非勇也、免己陷衆、非仁也……初、秀實爲營田官……淮西將尹少榮頗剛鯁、入罵令諠曰、汝誠人乎、涇州野如赭、人饑死、而爾必得穀、擊無罪者、段公、仁信大人、惟一馬、賣而市穀入汝、汝取之不。
【Ⅲ③A】史臣曰……德宗内信姦邪、外斥良善、幾致危亡、宜哉、噫、仁以爲己任、不亦重乎、死而後已、不亦遠乎、二君守道歿身、爲時垂訓、希代之士也、光文武之道焉。

《列傳八十二李抱玉》
【Ⅲ①A】護軍中尉吐突承璀將神策兵與之對壘、從史往往過其營博戲……元和五年四月制曰……禀於陶鈞、行事至此、視於天地、負我何多、且幸覆載之仁、寧道神鬼之責、況頃年上請、就食山東、及遣旋師、不時恭命、致動其衆、覬生其心、賴劉濟抗忠正之辭使邪豎絶遲廻之計……。

《列傳八十三李晟》
【Ⅲ①A】淄青平將有事燕趙……長慶元年、幽鎭復亂、愬聞之、素服以令三軍曰、魏人所以富庶而能通知聖化者、由田公故也、天子以其仁而愛人、使理鎭冀、且田公出於魏、撫師七年、一旦鎭人不道、敢茲殘害、以魏爲無人也、若父兄子弟食田公恩者、其何以報、衆皆慟哭、又以玉帶、寶劍與牛元翼……。
【《新唐書》列傳七十九李晟】贊曰、晟之屯東渭橋也、朱泚盜京師、李懷光反咸陽、河北三叛相王、李納猘河南、李希烈訌鄭汭、晟無積貲輸糧、提孤軍抗羣賊、身佩安危而氣不少衰者、徒以忠誼感人、故豪英樂爲之死耳、至師入長安而人不知、雖三王之佐、無進其能、可謂仁義將矣……。
【Ⅲ①F】憲晟第五子、晟十子、憲愬最仁孝、及長、好儒術、以禮法修整、起家太原府參軍醴泉縣尉、于頔鎭襄陽、辟爲從事、時吳少誠據淮西、獨憚頔之威、當時咸以憲謀畫致之……。
【《新唐書》列傳七十九李晟】憲與愬於諸子號最仁孝、長喜儒、以禮法自矜制……。

《列傳八十四馬燧》
【Ⅲ①B】宸扆銘曰。天性蒸人……事失其源、道遠莫親、理得其要、化行如神、失源維何、不自正身、正身之方、先誠其意、罔從爾欲、罔載爾僞、體道崇德、本仁率義、必信若寒暑、無私象天地、感而遂通、百慮一致、任人之術、各當其器、捨短從長、理無求備……凡將有爲、靡不三思、喜怒以節、動靜以時、毫釐或差、禍害亦隨、慢易厥初、悔其曷追、刑不可長、武不可恃、作威逞力、厲階斯起、垂旒蔽聰、鞊纊塞耳、含弘光大、是亦爲美、覆之如天、愛之如子、仁心感人、率土自理、嗟乎寡昧、嗣守丕圖、寇戎薦興、德化未孚、大業兢兢、其敢以渝、俯察物情、仰稽典謨、作誡斯言、實于坐隅。

《列傳八十六竇參》
【Ⅲ①A 仁を及ぼす】竇申參之族子……兵部侍郎陸贄與參有隙……贄奏曰、竇參罪犯、誠合誅夷、聖德含弘、務全事體、特寬嚴憲、俯貸餘生、始終之恩、實足感於品品、仁煦之惠、不獨幸於斯人、所議貶官、謹具別狀、其竇申竇榮李則之等、既皆同惡、固亦難容、然以得罪相因、法有首從、首當居重、從合從輕……。
【《新唐書》列傳第八十二陸贄】陸贄字敬輿、蘇州嘉興人……帝又問事切於今者、贄勸帝……贄因是極諫曰……傳曰、太宗有文武仁義之德、治致太平之功、可謂盛矣……又以西北邊歲謂河南江淮兵……乃上陳其弊曰……若乃擇將吏、脩紀律、訓齊師徒、耀德以佐威、能邇以示遐、禁侵暴以彰吾信、抑攻取以昭吾仁、彼求和則善之而勿與盟、彼爲寇則備之而不報復……贊曰、德宗之不亡顧不幸哉、在危難時聽贄謀、及已平、追仇盡言、怫然以讒倖逐猶棄梗、至延齡輩、則寵任磐桓、不移如山、昏佞之相濟也、世言贄曰罷翰林、以贄與吳通玄兄弟爭寵、竇參之死、贄漏其言、非也、夫君子小人不兩進、邪諂得君則正士危、何可訾耶、觀贄論諫數十百篇、譏陳時病、皆本仁義、可爲後世法、炳炳如丹、帝所用纔十一、唐祚不競、

惜哉。
《列傳八十八趙憬》
【Ⅲ①A】八年四月、竇參罷黜、憬與陸贄並拜中書侍郎同中書門下平章事……對揚之際、必以此爲言、乃獻審官六議曰……若默以求容、苟而竊位、縱天地之仁幸、免而中外之責何逃、非陛下用臣之意也、其所欲言者、皆陛下聖慮之内、臣以頂戴恩造、不知所爲、身被風毒、漸覺沉痼、是以勤勤懇懇、懇切於愚誠也。
【Ⅲ①C】姜公輔……從幸山南、車駕至城固縣、唐安公主薨、上之長女、昭德皇后所生、性聰敏仁孝、上所鍾愛、初詔尚韋宥、未克禮會而遇播遷、及薨、上悲悼尤甚、詔所司厚其葬禮。
【《新唐書》列傳七十七張鎰】姜公輔愛州日南人……帝徙梁、唐安公主道薨、主性仁孝、許下嫁韋宥、以播遷未克也……。
《列傳八十九陸贄》
【Ⅲ①A】陸贄……贄不時奉詔、進狀論之曰、頃以理道乖錯、禍亂薦鍾、陛下思咎懼災、裕人罪已、屢降大號、誓將更新、天下之人、垂涕相賀、懲忿釋怨、煦仁戴明、畢力同心、共平多難、止土崩於絶岸、收版蕩於橫流、殄寇清都、不失舊物、實由陛下至誠動於天地、深悔感於神人、故得百靈降康、兆庶歸德……。
《列傳九十一田承嗣》
【Ⅲ②D】田承嗣平州人……大曆八年……四月、詔曰……此實自矛盾、不究始終、三州既空、遠邇驚陷、更移兵馬、又赴洺州、實爲暴惡不仁、窮極殘忍……。
【Ⅲ①A】贊曰、田宗不令、禍淫無應、謂天輔仁、胡覆弘正、茂昭知止、終以善勝、孰生厲階、上失威柄。
《列傳九十二李寶臣》
【Ⅲ①A】五年七月、承宗遣巡官崔遂上表三封、乞自陳首、且歸過於盧從史、其略曰……伏冀陛下以天地之德、容納爲心、弘好生之仁、許自新之路、順陽和而布澤、因雷雨以覃恩、追念祖父之前勞、俯觀臣子之來效、特開湯網、使樂堯年……。
【Ⅲ③D】王廷湊、本迴鶻阿布思之種族……鎭冀自李寶臣已來、雖惟岳承宗繼叛、而猶親鄰畏法、期自新之路、而兇毒好亂、無君不仁、未如廷湊之甚也、又就加太子太傅、太原郡開國公、食邑二千戸、八年十一月卒。
【《新唐書》列傳一百三十六藩鎭鎭冀】王廷湊本回紀阿布思之族……鎭冀自惟岳以來、拒天子命、然重鄰好、畏法、稍屈則祈自新、至廷湊資凶悖、肆毒甘亂、不臣不仁、雖夷狄不若也、太和八年死、贈太尉、軍中以元逵請命、帝聽襲節度。
《列傳九十七杜黃裳》
【Ⅲ①A】元和元年冬……又上言曰、臣聞勞生佚老、天理自然、蠕動翾飛、日入皆息、自非貢禹之守經據古、趙憙之正身匪懈、韓曁之志節高潔、山濤之道德模表、縱過常期、詎爲貪冒、其有當仁不讓、急病忘身、豈止君命、猶宜舉舉、臣鄖不才、久辱高位、無任由衷瀝懇之至、乃授尚書右僕射致仕、六年七月卒。
【Ⅲ①AF黃裳・高郢】史臣曰、黃裳以道致君、持誠奉主、辨懷光之詐、罷全義之征、討賊闕之凶、舉無遺算、葬執誼之柩、豈曰不仁、郢天縱之性、總卯之年、代父命於臨刑、孝也、懷光之亂、王人被傷、撫巢父於賊庭、義也、抑浮濫之流、考藝文之士、盡搜幽滯、大變時風、正也、保止足之名、辭榮辱之路、高避世利、退躅昔賢、智也、忠孝全矣、仁智備矣、此二子者、皆臨大節而不可奪也、佑承蔭入仕、讞獄受知、博古該今、輸忠效用、位居極品、榮逮子孫、操修之報、不亦宜哉、及其賓寮紊法、變姿受封、事重因循、難乎語於正矣、牧之文章、惇之長厚、能否既異、才位不倫、命矣夫。
【《新唐書》列傳九十鄭餘慶】高郢字公楚……書奏、未報、復上言……陛下戡定多難、勵精思治、務行寛仁、以幸天下、今固違羣情、徇左右過計、臣竊爲陛下惜之……貞元末、擢中書侍郎同中書門下平章事、順宗立、病不能事、王叔文黨根據朝廷、帝始詔皇太子監國、而郢以刑部尚書罷、明年、爲華州刺史、政尚仁靜……。
《列傳九十九于休烈》
【Ⅲ①A】于休烈……代宗即位……在朝凡三十餘年、歷掌清要、家無擔石之蓄、恭儉温仁、未嘗以喜慍形於顏色、而親賢下士、推轂後進、雖位崇年高、曾無倦色、篤好墳籍、手不釋卷、以至于終、大曆七年卒年八十一。
【《新唐書》列傳二十九于志寧】休烈機鑒融敏、善文章……代宗嗣位、甄別名品、元載稱其清諒、拜右散騎常侍、兼修國史、加禮儀使、遷太常卿、累進工部尚書、封東海郡公、雖歷清要、不治産、性恭儉仁愛、

第一章　正史を通して知る「仁」と「天理」

無喜慍之容……。
【Ⅲ①A】令狐峘德棻之玄孫登進士第禄山之亂隱居南山豹林谷谷中有峘別墅……德宗即位、將厚奉元陵、峘上疏曰……陛下自臨御天下……恭惟聖慮、無非至理、而獨六月一日制節文云、應緣山陵制度、務從優厚、當竭帑藏、以供費用、者、此誠仁孝之德、切於聖衷、伏以尊親之義、貴於合禮、陛下每下明詔、發德音、皆比蹤唐虞、超邁周漢、豈取悅凡常之目、有違賢哲之心、與失德之君競其奢侈者也……。
《新唐書》列傳二十七岑文本】峘德棻五世孫……峘諫曰、臣伏讀漢劉向論山陵之誠、良史咨歎、何者、聖賢勤儉、不作無益、昔舜葬蒼梧、弗變其肆、禹葬會稽、不改其列、周武葬畢陌、無丘壠處、漢文葬霸陵、不起山墳、禹非不忠、啓非不順、周公非不悌、景帝非不孝、其奉君親、皆以儉殻爲無窮計、宋文公厚葬、春秋書華元爲不臣、桓魋爲石槨、夫子以爲不如速朽、由是觀之、有德者葬薄、無德者葬厚、章章可見、陛下仁孝切於聖心、然尊親之義貴合于禮、先帝遺詔、送終之制、一用儉約、不得以金銀緣飾、陛下奉先志、無違物、若務優厚、是咈顧命、蠡經誼、臣竊懼之、今赦令甫下、諸條未出、望速詔有司從遺制便、詔荅曰、朕頃議山陵、荒哀迷謬、以違先旨、卿引據典禮、非唯中朕之失、亦使朕不遺君親于患……。
《德宗順宗諸子舒王誼》
【Ⅲ①A順宗C欽王】欽王諤、德宗第十子、順宗即位、詔曰、王者之制、子弟畢封、所以固藩輔而重社稷、古今之通義也、第十弟諤等、寬簡忠厚、生知孝敬、行皆由禮、志不違仁、樂善本於性情、好賢宗於師傅。
【Ⅲ①A】珍王誡、德宗第十一子、與欽王同制封、德宗仁孝、動循法度、雖子弟姑妹之親、無所假借……。
《列傳一百七王翃》
【Ⅲ①A】贊曰、見危致命、臨難不恐、[郗]士美建侯、仁者之勇、弘景陸離、駮正黃扉、貪名喪道、狂哉彥威。
《列傳一百九衛次公》
【Ⅲ①A】崔羣、字敦詩、清河武城人……十二年七月、拜中書侍郎同中書門下平章事、十四年、誅李師道、上顧謂宰臣曰、李師古雖自襲祖父、然朝廷待之始終、其妻於師道即嫂叔也、雖云逆族、若量罪輕重、亦宜降等、又李宗奭雖抵嚴憲、其情比之大逆亦有不同、其妻士族也、今其子女俱在掖廷、於法皆似稍深、卿等留意否、羣對曰、聖情仁惻、罪止元兇、其妻近屬、儻獲寬宥、實合弘煦之道、於是師古妻裴氏、女宜娘、詔出於鄧州安置、宗奭妻韋氏及男女先沒掖廷、並釋放、其奴婢資貨皆復賜之、又鹽鐵福建院官權長孺坐贓、詔付京兆府決殺、長孺母劉氏求哀於宰相、羣因入對言之、憲宗愍其母耄年、乃曰、朕將屈法赦長孺何如、羣曰、陛下仁惻即赦之、當速令中使宣諭、如待正勅、即無及也、長孺竟得免死長流、羣之啓奏平恕、多此類也。
《列傳一百十韓愈》
【Ⅲ①A】愈性弘通、與人交、榮悴不易、少時與洛陽人孟郊東郡人張籍友善、二人名位未振、愈不避寒暑、稱薦於公卿間、而籍終成科第、榮於祿仕、後雖通貴、每退公之隙、則相與談讌、論文賦詩、如平昔焉、而觀諸權門豪士、如僕隸焉、瞪然不顧、而頗能誘接後進、館之者十六七、雖晨炊不給、怡然不介意、大抵以興起名教弘獎仁義爲事、凡嫁内外及友朋孤女僅十人。
【《新唐書》列傳一百一韓愈】贊曰、唐興承五代剖分、王政不綱、文弊質窮、擿俚混幷、天下已定、治荒剔蠹、討究儒術、以興典憲、薰醲涵浸、殆百餘年、其後文章稍稍可述、至貞元元和間、愈遂以六經之文爲諸儒倡、障隄末流、反刓以樸、剗僞以眞、然愈之才、自視司馬遷揚雄、至班固以下不論也、當其所得、粹然一出於正、刊落陳言、橫騖別驅、汪洋大肆、要之無牴牾聖人者、其道蓋自比孟軻、以荀況揚雄爲未淳、寧不信然、至進諫陳謀、排難卹孤、矯拂媮末、皇皇於仁義、可謂篤道君子矣、自晉汔隋、老佛顯行、聖道不斷如帶、諸儒倚天下正議、助爲怪神、愈獨喟然引聖、爭四海之惑、雖蒙訕笑、跲而復奮、始若未之信、卒大顯於時、昔孟軻拒楊墨、去孔子才二百年、愈排二家、乃去千餘歲、撥衰反正、功與齊而力倍之、所以過況雄爲不少矣、自愈没、其言大行、學者仰之如泰山北斗云。
【Ⅲ①F虛加】李翱字習之……翱性剛急、論議無所避、執政雖重其學、而惡其激訐、故久次不遷、翱以史官記事不實、奏狀曰、臣謬得秉筆史館、以記注爲職、夫勸善懲惡、正言直筆、紀聖朝功德、述忠賢事業、載姦臣醜行、以傳無窮者、史官之任也、凡人事迹、非大善大惡、則衆人無由得知、舊例皆訪於人、又取行狀謚議、以爲依據、今之作行狀者、多是其門生故吏、莫不虛加仁義禮智、妄言忠肅惠和、此不唯其處心不實、苟欲虛美於受恩之地耳、蓋爲文者、又非游夏遷雄之列、務於華而忘其實、溺於文而棄其理、故爲文則失六經之古風、紀事則非史遷之實錄……。

資料Ⅰ 『史記』・『漢書』・『晉書』・『舊唐書』・『新唐書』・『明史』の「仁」・「天理」

【Ⅲ①A】 史臣曰、貞元太和之間、以文學聳動搢紳之伍者、宗元禹錫而已、其巧麗淵博、屬辭比事、誠一代之宏才、如俾之詠歌帝載、黼藻王言、足以平揖古賢、氣吞時輩、而蹈道不謹、昵比小人、自致流離、遂隳素業、故君子羣而不黨、戒懼愼獨、正斯此也、韓李二文公、於陵遲之末、遑遑仁義、有志於持世範、欲以人文化成、而道未果也、至若抑楊墨、排釋老、雖於道未弘、亦端士之用心也。
《列傳一百十一李光進》
【Ⅲ①A】 先是有蕭洪者、詐稱太后弟、因仇士良保任、許之厚賂、及洪累授方鎭、納賂不滿士良之志、士良怒、遣人上書論洪非太后之親、又以蕭本者爲太后弟、從諫深知内官之故、乃自潞府飛章論之曰、臣聞造僞以亂眞者、匹夫知之尚不可、況天下皆知乎、執躰以爲親者、在匹夫之家尚不可、況處大國之朝乎、臣受國恩深、奉公心切、知有此失、安敢不言、伏唯皇帝陛下仁及萬方、孝敦九族、而推心無黨、唯理是求、微臣所以不避直言、切論深事、伏見金吾將軍蕭本稱是太后親弟、受此官榮、今喧然國都、迨聞藩府、自上及下、異口同音、皆言蕭弘是眞、蕭本是僞、臣傍聽衆論、遍察羣情、咸思發明、以正名分……。
【Ⅲ①A 仁者不爲】 史臣曰、古所謂名獎者、不必蒙拔拒之材、拉虎批熊之力、要當以義終始、好謀而成、而阿跌昆仲、禀氣陰山、率多令範、讓家權於主婦、拒美妓於姦臣、章武恢復之功、義師之効也、重胤忠於事上、仁於撫下、淮蔡之役、勲亞光顔、殿邦之臣也、不可多得、王沛之擒僚塿、李祐之執賊渠、皆因事立功、轉禍爲福、智則智矣、仁者不爲、而劉悟自恃太尤、世邀纘襲、至於赤族、報亦晩耶、雄泹負羽邊城、聲馳沙漠、奉迎貴主、摧破昆戎、不亦壯乎、雄能感於己、知不爲無義、美哉。
《列傳一百十二潘孟陽》
【Ⅲ①A】 張正甫、字踐方、南陽人……五年、檢校兵部尚書太子詹事、明年、以吏部尚書致仕、正甫仁而端亮、泣官清强、居外任、所至稱理、太和八年九月卒、年八十三。
【Ⅲ①A】 贊曰、蘊仁則哲、蘊利則狂、搢紳之胤、勿效潘王、全義逃責、貞元失策、霞寓薄刑、元和復興。
《列傳一百十四王播》
【Ⅲ①A】 文宗聞奏震悼、下制曰、朝有正人、時稱令德、入參廟算、出總師干、方當寵任之臣、橫罹不幸之酷、殄瘁興歎、搢紳所同、故山南西道節度、管内觀察處置等使、銀青光祿大夫、檢校司空、兼興元尹、御史大夫、上柱國、趙郡開國公、食邑二千戸李絳、神授聰明、天賦清直、抱仁義以希前哲、立標準以程後來、抑揚時情、坐致台輔、佐我烈祖、格于皇天……。
《列傳一百十五韋夏卿》
【Ⅲ①F】 [柳]公綽天資仁孝、初丁母崔夫人之喪、三年不沐浴、事繼親薛氏三十年、姻戚不知公綽非薛氏所生、外兄薛宮早卒、一女孤、配張毅夫、資遣甚於己子、性端介寡合、與錢徽蔣乂杜元穎薛存誠文雅相知、交情歎密。
《列傳一百十六元稹》
【Ⅲ①B】 臣伏見陛下降明詔……臣聞、諸賈生曰、三代之君、仁且久者、教之然也、誠哉是言、且夫周成王、人之中才也、近管蔡則讒入、有周召則義聞、豈可謂天聰明哉、然而克終於道者、不得謂教之然耶、俾伯禽唐叔與之游、禮樂詩書爲之習、目不得閱淫豔妖誘之色、耳不得聞優笑凌亂之音、口不得習操斷争搏之書、居不得近容順陰邪之黨、游不得縱追禽逐獸之樂、玩不得有遐異僻絶之珍、凡此數者、非謂備之於前而不爲也、亦將不得見之矣、及其長而爲君也、血氣既定、遊習既成、雖有放心快己之事日陳於前、固不能奪已成之習、已定之心矣、則彼忠直道德之言、固吾之所習聞也、陳之者有以論焉、彼庸佞違道之說、固吾之所積懼也、詔之者有以辨焉、人之情、莫不欲耀其所能而黨其所近、苟將得志、則必快其所蘊矣、物之性亦然、是以魚得水而游、馬逸駕而走、鳥得風而翔、火得薪而熾、此皆物之快其所蘊也、今夫成王所蘊道德也、所近聖賢也、是以舉其近、則周公左而召公右、伯禽魯而太公齊、快其蘊、則興禮樂而朝諸侯、措刑罰而美教化、教之至也、可不謂信然哉。
【Ⅲ①A】 兵興已來……臣以爲積此弊者、豈不以皇天眷佑、祚我唐德、以舜繼堯、傳陛下十一聖矣、莫不生而神明、長而仁聖、以是爲屑屑習儀者故不之省耳、臣獨以爲於列聖之謀則可也、計傳後嗣則不可、脫或萬代之後、若有周成之中才、而又生於深宮優笑之間、無周召保助之教、則將不能知喜怒哀樂之所自矣、況稼穡艱難乎。
【《新唐書》列傳九十九李逢吉】 元稹字微之、河南河内人……賈誼有言、三代之君仁且久者、教之然也……臣以爲高祖至陛下十一聖、生而神明、長而仁聖、以是爲屑屑者、故不之省、設萬世之後、有周成中

才生於深宮、無保助之教、則將不能知喜怒哀樂所自、況稼穡艱難乎、願令皇太子洎諸王齒冑講業、行嚴師問道之禮、輟禽色之娛、資游習之善、豈不美哉。
《列傳一百一十九李訓》
【Ⅲ②Ａ天の問題でなく子の問題】史臣曰……嗚呼明主、夫何不思、遽致血濺黃門、兵交青瑣、苟無藩后之勢、黃屋危哉、涯餗綽有士風、晚為利喪、致身鬼蜮之伍、何逃瞰室之災、<u>非天不仁、子失道也</u>。
《列傳一百二十二李渤》
【Ⅲ①Ａ】裴潾、河東人也……憲宗季年銳於服餌、詔天下搜訪奇士……臣聞除天下之害者、受天下之利、共天下之樂者、饗天下之福、故上自黃帝顓頊堯舜禹湯下及周文王武王、咸以功濟生靈、德配天地、故天皆報之以上壽、垂祚無疆、<u>伏見陛下以大孝安宗廟、以至仁牧黎元</u>、自踐祚已來、剗積代之妖凶、開削平之洪業、而禮敬宰輔、待以終始、內能大斷、外寬小故、夫此神功聖化、皆自古聖主明君所不及、陛下躬親行之、實光映千古矣、<u>是則天地神祇、必報陛下以山岳之壽</u>、宗廟聖靈、必福陛下以億萬之齡、四海蒼生、咸祈陛下以覆載之永、自然萬靈保祐、聖壽無疆。
【《新唐書》列傳四十三】裴潾本河東聞喜人……帝喜士……潾諫曰、夫除天下之害者、常受天下之利、共天下之樂者、常饗天下之福、故上自黃帝顓頊堯舜禹湯文武、咸以功濟生人、天皆報以耆壽、垂榮無疆、<u>陛下以孝安宗廟、以仁牧黎庶</u>、攘剗祅凶、復張太平、賓禮賢俊、待以終始、神功聖德、前古所不及、陛下躬行之、天地宗廟必相陛下以億萬之永、今乃方士韋山甫柳泌等以丹術自神、更相稱引、詭為陛下延年、臣謂士有道者皆匿名滅景、無求於世、豈肯干謁貴近、自鬻其伎哉、今所至者、非曰知道、咸求利而來、自言飛鍊為神、以誅權賄、偽窮情得、不恥遁亡、豈可信厥術、御其藥哉……。
【Ⅲ③Ｄ】李景儉、字寬中、漢中王瑀之孫……元和末入朝……<u>二人俱訴之、穆宗不獲已、貶之</u>、制曰、諫議大夫李景儉、擢自宗枝、嘗探儒術、薦歷臺閣、亦分郡符、<u>動或違仁、行不由義</u>、附權幸以虧節、通姦黨之陰謀、眾情皆疑、羣議難息、據因緣之狀、當寘嚴科、順長養之時、特從寬典、勉宜省過、無或徇非、可建州刺史……。
《列傳一百二十二令狐楚》
【Ⅲ①Ａ仁惠】其年九月……及蒞汴州、<u>解其酷法、以仁惠為治</u>、去其太甚、軍民咸悅、翕然從化、後竟為善地、汴帥前例、始至率以錢二百萬實其私藏、楚獨不取、以其羨財治廨舍數百間。
【《新唐書》列傳九十一賈耽】令狐楚字殼士、德棻之裔也……會逢吉復相、力起楚、以李紳在翰林沮之、不克、敬宗立、逐出紳、即拜楚為河南尹、遷宣武節度使、汴軍以驕故、而韓弘弟務以峻法繩治、士偷于安、無革心、<u>楚至、解去酷烈、以仁惠鐫諭</u>、人人悅喜、遂為善俗、入為戶部尚書、俄拜東都留守、徙天平節度使……。
【Ⅲ①Ｂ】蕭俛字思謙……十月、吐蕃寇涇原、命中使以禁軍援之、穆宗謂宰臣曰、用兵有必勝之法乎、俛對曰、兵者凶器、戰者危事、<u>聖主</u>不得已而用之、<u>以仁討不仁、以義討不義、先務招懷、不為掩襲</u>、古之用兵、不斬祀、不殺厲、不擒二毛、不犯田稼、安人禁暴、師之上也、如救之甚於水火、故王者之師、有征無戰、此必勝之道也……。
【《新唐書》列傳二十六蕭瑀】俛字思謙恆子……吐蕃寇涇州、調兵護邊、帝因問、兵法有必勝乎、俛曰、兵凶器、聖人不得已用之、故武不可玩、玩則不震、<u>夫以仁討不仁、以義討不義、先招懷、後掩襲</u>、故有不殺厲、不禽二毛、不犯田稼、其救人如免水火、此必勝術也、若乃以小不忍輕任干戈、師曲而敵怨、非徒不勝、又將自危、是以聖王慎於兵……。
【Ⅲ①Ｂ】懿宗怠臨朝政、僻於奉佛、內結道場、聚僧念誦、又數幸諸寺、施與過當、俛上疏論之曰、臣聞玄祖之道、由慈儉為先、<u>而素王之風、以仁義為首</u>、相沿百代、作則千年、至聖至明、不可易也……。
《列傳一百二十四李德裕》
【Ⅲ①Ａ】又詔進可幅盤條綾綾一千匹德裕又論曰……昔漢文帝衣弋綈之衣、<u>元帝罷輕纖之服</u>、<u>仁德慈儉</u>、至今稱之、伏乞陛下、近覽太宗玄宗之容納、遠思漢文孝元之恭己、以臣前表宣示羣臣、酌臣當道物力所宜、更賜節減、則海隅蒼生、無不受賜、臣不勝懇切競惶之至。
【Ⅲ①Ａ】敬宗荒僻日甚……謹獻丹扆箴六首、仰塵睿鑒、伏積競惶、其宵衣箴曰、先王聽政、昧爽以俟、雞鳴既盈、日出而視、伯禹大聖、寸陰為貴、<u>光武至仁</u>、反支不忌、無俾姜后、獨去簪珥、彤管記言、克念前志……其罷獻箴曰、<u>漢文罷獻</u>、詔還駿耳、鑾輅徐驅、焉用千里、<u>厭後令王</u>、亦能恭己、翟裘既焚、

資料Ⅰ 『史記』・『漢書』・『晉書』・『舊唐書』・『新唐書』・『明史』の「仁」・「天理」

筒布則毀、道德爲麗、慈仁爲美、不過天道、斯爲至理……。
【《新唐書》列傳一百五李德裕】李德裕字文饒、元和宰相吉甫子也……又詔索盤條繚綾千匹復奏言……昔漢文身衣弋綈、元帝罷輕纖服、故仁德慈儉、至今稱之、願陛下師二祖容納、遠思漢家恭約、裁賜節減、則海隅蒼生畢受賜矣……帝嘗從容謂宰相曰……周之衰、列國公子有信陵平原孟嘗春申、游談者以四豪爲稱首、亦各有客三千、務以譎詐勢利相高、仲尼之徒、唯行仁義、今議者欲以比之、罔矣……。
《列傳一百二十五憲宗二十子》
【Ⅲ③C】穆宗五子……鄭注伏誅、帝思［懷懿太子］湊被陷而心傷之、開成三年正月制曰……故齊王湊孕靈天宇……置體尊師、風雨不忘其至敬、方期台耉、以保怡怡、天胡不仁、殲我同氣、念周宣好愛之分、長慟莫追、覽魏文榮樂之言、軫懷無已、緣是稽諸前典、式展追榮、特峻彝章、表恩泉壤、雖禮命之儀則爾、而天倫之恨何摅、邈想幽魂、宜膺寵數、可贈懷懿太子、有司擇日冊命。
【Ⅲ①C】梁王休復、開成二年八月詔曰、王者胙土畫疆、封建子弟、所以承衛帝室、蕃茂本枝、祖宗成式、朕曷敢廢、況天付正性、夙奉至訓、尊賢好善、體仁由禮、是可舉建侯之命、膺分社之榮、親親賢賢、於是乎在、敬宗皇帝第二子休復、第三子執中、第四子言揚、第六子成美、皆氣蘊中和……。
【Ⅲ①C】陳王成美……敬宗皇帝第六男陳王成美、天假忠孝、日新道德、溫文合雅、謙敬保和、裕端明之體度、尚詩書之辭訓、言皆中禮、行不違仁、是可以訓考舊章、欽若成命、授之匕鬯、以奉粢盛、宜廻朱邸之榮、俾踐青宮之重、可立爲皇太子……。
《列傳一百二十六李宗閔》
【Ⅲ③A】楊虞卿、字師皋……虞卿上疏諫曰、臣聞鳶烏遭害則仁鳥逝、誹謗不誅則良言進、況詔旨勉諭、許陳愚誠、故臣不敢避誅、以獻狂瞽、竊聞堯舜受命、以天下爲憂、不聞以位爲樂、況北虜猶梗、西戎未賓、兩河之瘡痍未平、五嶺之妖氛未解、生人之疾苦盡在、朝廷之制度莫修、邊儲屢空、國用猶屈、固未可以高枕無虞也。
【《新唐書》列傳一百寶譽】楊虞卿字師皋、虢州弘農人……穆宗初立、逸游荒恣、虞卿上疏曰、烏鳶遭害仁鳥逝、誹謗不誅良臣進、臣敢冒誅獻瞽言、臣聞堯舜……。
《列傳一百二十七崔慎由》
【Ⅲ①A】崔珙博、陵安平人……長曰琯……五年卒、詔曰……禮樂二事、以爲身文、仁義五常、自成家範、往以茂器、列于大僚、屬賢相受誣、廟堂議法、由長孺之道、以佑正人……。
【Ⅲ①F】盧鈞、字子和……其年冬……鈞性仁恕、爲政廉潔、請監軍領市舶使、已一不干預……九年、詔曰、河東軍節度使盧鈞、長才博達、敏識宏深、萬山河之靈、抱瑚璉之器、多能不燿、用晦而彰、由嶺表而至太原、五換節鉞、仁聲載路、公論彌高、藩垣之和氣不衰、臺閣之清風常在、宜升揆路、以表羣寮、可尚書左僕射。
【《新唐書》列傳一百七李固言】盧鈞字子和……鈞與人交、始若澹薄、既久乃益固、所居官必有績、大抵根仁恕至誠而施於事、玩服不爲鮮明、位將相、沒而無贏財。
【Ⅲ①F】路巖者、字魯瞻……五年、正拜中書舍人、學士如故、羣精經學、善屬文、性仁孝、志行貞潔、父母歿後、終身不茹葷血、歷踐臺閣、受時君異寵、未嘗以勢位自矜、與士友結交、榮達如一、八年正月病卒、君子惜之。
【Ⅲ①A】劉瞻、字幾之……瞻自上疏曰……陛下以寬仁厚德、御宇十年、四海萬邦、咸歌聖政。
【《新唐書》列傳一百六陳夷行】劉瞻字幾之……弟助字元德、性仁孝……。
【Ⅲ①F】劉鄴、字漢藩……鄴以李德裕貶死珠崖……長奏論之曰……上弘錄舊之仁、下激徇公之節。
《列傳一百二十八趙隱》
【Ⅲ①F】趙隱、字大隱……隱性仁孝、與弟騭尤稱友悌、少孤貧、弟兄力耕稼以奉親、造次不干親戚。
【Ⅲ①A 如來之仁】李蔚、字茂休……蔚上疏諫曰……睿宗爲金仙玉眞二公主造二道宮、辛替否諫曰……替否又諫造寺曰、釋教以清淨爲基、慈悲爲主、常體道以濟物、不利己而害人、每去己以全眞、不營身以害教、今三時之月、築山穿池、損命也、殫府虛藏、損人也、廣殿長廊、營身也、損命則不慈悲、損人則不濟物、營身則不清淨、豈大聖至神之心乎、佛書曰、一切有爲法、如夢幻泡影、如露亦如電、臣以爲減雕琢之費以賑貧人、是有如來之德、息穿掘之苦以全昆蟲、是有如來之仁、罷營葺之直以給邊陲、是有湯武之功、廻不急之祿以購清廉、是有唐虞之治、陛下緩其所急、急其所緩、親未來而疎見在、失眞實而冀虛無、重俗人之所爲、輕天子之功業、臣實痛之、此切當之言四也。

第一章　正史を通して知る「仁」と「天理」

【Ⅲ①A藩鎮】鄭畋、字台文、滎陽人也……時畿内諸鎮禁軍尚數萬、賊巢汙京師後、衆無所歸、畋承制招諭、諸鎮將校皆萃岐陽、畋分財以結其心、與之盟誓、期匡王室、又傳檄天下曰、鳳翔隴右節度使、檢校尚書左僕射、同中書門下平章事、充京西諸道行營都統、上柱國、滎陽郡開國公食邑二千戶鄭畋、移檄告諸藩鎮郡縣侯伯牧守將吏曰、夫屯亨有數、否泰相沿、如日月之蔽虧、似陰陽之愆伏、是以漢朝方盛、則莽卓肆其姦凶、夏道未衰、而羿浞騁其殘酷、不ми僭越、尋亦誅夷、即知妖孽之生、古今難免、代有忠貞之士、力爲匡復之謀、我國家應五運以承乾、躡三王之垂統、綿區飮化、匪宇歸仁、十八帝之鴻猷、銘於神鼎、三百年之睿澤、播在人謠、加以政尚寬弘、刑無枉濫、翼翼勤行於王道、孜孜務恤於生靈。足可傳寶祚於無窮、御瑤圖於不朽……。

【《新唐書》列傳一百一十鄭畋】鄭畋字台文……畋爲人仁恕、姿采如峙玉……。

《列傳一百二十九蕭遘》

【Ⅲ③A】史臣曰、嗚呼、李氏之失馭也、李涘之氣紛如、仁義之徒殆盡、狐鳴鴟嘯、瓦解土崩、帶河礪嶽之門、寂無琨迹、奮挺揭竿之類、唯効敦玄、手未捨於棘矜、心已萌于問鼎、加以囂浮士子、闒茸鯫儒、昧管葛濟時之才、無王謝扶顚之業、邀功射利、陷族喪邦、瀋緯養虎於前、胤璨戟廬於後、逐徐薛於瘴海、置棨朴於巖廊、殿廷有哭制之夫、輔弼走破輿之黨、九疇既索、百怪斯呈、木將朽而蠹蝎生、厲既篤而夔魃見、妖徒若此、亡國宜然、何必長星、更臨衰運。

《列傳一百三十朱克融》

【Ⅲ①A②AD】史臣曰、大都偶國、亂之本也、故古先哲王建國、公侯之封、不過千乘、所以彊幹弱枝、防其悖慢、彼幽州者、列九圍之一、地方千里而遙、其民剛强、厭田沃壤、遠則慕田光荊卿之義、近則染祿山思明之風、二百餘年、自相崇樹、雖朝廷有時命帥、而土人多務逐君、習苦忘非、尾大不掉、非一朝一夕之故也、若李載義張仲武張允伸因利乘便、獲領旌旗、以仁守之、恭順朝旨、亦足多也、如朱克融楊志誠史元忠張公素李可舉李全忠、以不仁得之、靡更襲忘、或尋爲篡奪、或僅傳子孫、咸非令終、蓋其宜也。

【Ⅲ②D】贊曰、碣石之野、氣勁人豪、二百餘載、自相尊高、載義仲武、亦多忠勞、餘因篡得、不仁何逃。

《列傳一百三十三外戚》

【Ⅲ①F殺される】長孫敞……敞從父弟操、周大司徒……二十三年、以子詮尚太宗女新城公主、拜岐州刺史……詮之甥有趙持滿者、工書善射、力搏猛獸、捷及奔馬、而親仁愛衆、多所交結、京師無貴賤皆愛慕之、初爲涼州長史、嘗逐野馬、自後射之、無不洞于胸腋、邊人深伏之、許敬宗懼其作難、誣與詮及無忌同反、及栲訊、終無異詞、且曰、身可殺、辭不可奪、吏竟代爲欵以殺之。

【Ⅲ①A】中宗即位、侍中敬暉等以唐室中興、武氏諸王宜削其王爵、乃率羣官上表曰……今則天皇帝厭倦萬機、神器大寶、重歸陛下、百姓謳歌、欣復唐業、上至卿士、下及蒼生、黃髮之倫、童兒之輩、莫不歡欣欣舞忭、如見父母、豈不以唐家恩德、感幽祇之心、陛下仁明、順天下之望、今皇業重構、聖祚中興、神祇之道、有助於先德矣、黎人之誠、無負於陛下矣、臣又聞、業不兩盛、事不兩大、故天無二日、土無二王、前聖之格言、先哲之明誡……。

【Ⅲ①A】神龍元年……景龍二年、公主男崇簡崇敏崇行、同授三品、與漁陽王兄弟四人同制、時中宗仁善、韋后上官昭容用事禁中、皆以爲智謀不及公主、甚憚之、公主日益豪橫、進達朝士、多至大官、詞人後進造其門者、或有貧窶、則遺之金帛、士亦翕然稱之。

《列傳一百三十四宦官》

【Ⅲ③D】十二月、車駕還京、元振服縗麻於車中、入京城、以規任用、與御史大夫王昇飮酒、爲御史所彈、詔曰、族談錯立、法尚不容、同惡陰謀、議當從重、有一於此、情實難原、程元振性惟兇憸、質本庸愚、蒙爾之身、合當萬死、頃已寬其嚴典、念其微勞、屈法伸恩、放歸田里、仍乖克己、尚未知非、既忘含煦之仁、別貯覬覦之望……。

《列傳第一百三十五良吏上》

【Ⅲ①A】陳君賓……太宗下詔勞之曰……一則知水旱無常、彼此遞相拯贍、不慮凶年、二則知禮讓興行、輕財重義、四海士庶、皆爲兄弟、變澆薄之風、敦仁慈之俗、政化如此、朕復何憂……。

【Ⅲ①B】王方翼、并州祁人也……方翼歎曰、欒布之哭彭越、大義也、周文之掩朽骨、至仁也、絕友之義、蔽主之仁、何以事君、乃收其屍、具禮葬之、高宗聞而嘉歎、由是知名。

《列傳一百三十六酷吏上》

128

資料Ⅰ 『史記』・『漢書』・『晉書』・『舊唐書』・『新唐書』・『明史』の「仁」・「天理」

【Ⅲ③B】古今御天下者、其政有四、<u>五帝尚仁</u>、<u>體文德也</u>、三王仗義、立武功也、五霸崇信、取威令也、七雄任力、重刑名也、<u>蓋仁義既廢、然後齊之以威刑</u>、威刑既衰、而酷吏爲用、於是商鞅李斯譎詐設矣、持法任術、尊君卑臣、奮其策而鞭撻宇宙、持危救弊、先王不得已而用之、天下之人謂之苛法、降及兩漢、承其餘烈、於是前有郅都張湯之徒持其刻、後有董宣陽球之屬肆其猛、雖然異代、亦克公方、天下之人謂之酷吏、此又鞅斯之罪人也、然而網既密而姦不勝繁、夫子曰、刑罰不中、則人無所措手足、誠哉是言也。
【Ⅲ①A】索元禮、胡人也……今滿朝側息不安、皆以爲陛下朝與之密、夕與之讐、不可保也、聞有追攝、與妻子即爲死訣、<u>故爲國者以仁爲宗、以刑爲助、周用仁而昌、秦用刑而亡</u>、此之謂也、<u>願陛下緩刑用仁</u>、天下幸甚、則天從之、由是制獄稍息。
《列傳一百三十六酷吏下》
【Ⅲ②A】贊曰、<u>王德將衰</u>、政在姦臣、鷹犬捕撃、縱之者人、遭其毒螫、可爲悲辛、作法爲害、延濫不仁。
《列傳一百三十七忠義上》
【Ⅲ①F】語曰、<u>無求生以害仁、有殺身以成仁</u>、孟軻曰、<u>生亦我所欲、義亦我所欲、捨生而取義可也</u>、<u>古之德行君子、動必由禮、守之以仁</u>、造次顛沛、不愆于素、有若仲由之結纓、鉏麑之觸樹、紀信之蹈火、豫讓之斬衣、<u>此所謂殺身成仁</u>、臨難不苟者也、然受刑一代、顧瞻七族、不犯難者、有終身之利、隨市道者、獲當世之榮、苟非氣義不羣、貞剛絕俗、安能碎所重之支體、徇他人之義哉、則由麑信讓之徒、君人者常宜血祀、況自有其臣乎、即如安金藏剖腹以明皇嗣、段秀實挺笏而擊元兇、張巡姚誾之守城、杲卿眞卿之罵賊、又愈於金藏、秀實等各見本傳、今採兒候端李澄已下、附于此篇。
《新唐書》列傳一百一十六忠義上】夫有生所甚重者、身也、得輕用者、忠與義也、<u>後身先義、仁也</u>、身可殺、名不可死、志也、大凡捐生以趣義者、寧豫期垂名不朽而爲之、雖一世成敗、亦未必濟也、要爲重所與、終始一操、雖穨嵩岱、不吾壓也、夷齊排ū存商、商不害亡、而周以興、兩人至餓死不肯屈、卒之武王蒙慙德、<u>而夷齊爲得仁</u>、仲尼變色言之、不敢少損焉……。
【Ⅲ③D 否定的見解】張道源、并州祁人也……道源歎曰、人有否泰、蓋亦是常、安可因己之泰、利人之否、<u>取其子女以爲僕妾、豈近仁者之心乎</u>、皆捨之、一無所取、尋轉太僕卿、後歷相州都督、武德七年卒官、贈工部尚書、謚曰節。
【《新唐書》列傳一百一十六忠義上】張道源、并州祁人……道源曰、禍福何常、安可利人之亡、取其子女自奉、仁者不爲也、更資以衣食遣之、天子見其年耆、拜綿州刺史、卒、贈工部尚書、謚曰節、道源雖官九卿、無貲産、比亡、餘粟二斛、詔賜帛三百段。
【《新唐書》列傳一百一十七忠義中】贊曰……與夷齊餓踣西山、<u>孔子稱仁</u>、何以異云。
《列傳一百三十七忠義下》
【Ⅲ①F 有勇】顏杲卿、琅邪臨沂人……初、履謙妻疑夫柩殯衣儉薄、發棺視之、一與杲卿等、履謙妻號踊感歎、待之如父、<u>泉明之志行仁義如此</u>、乾元元年五月、詔曰、故衛尉卿、兼御史中丞恒州刺史顏杲卿、任彼專城、志梟狂虜、艱難之際、忠義在心、憤羣凶而慷慨、臨大節而奮發、遂擒元惡、成此茂勳、屬胡虜憑陵、流毒方熾、孤城力屈、見陷寇讐、身沒名存、實彰忠烈、<u>夫仁者有勇</u>、驗之於臨難、臣之報國、義存於捐軀、嘉其死節之誠、未備飾終之禮、可贈太子太保。
《列傳一百三十八孝友》
【Ⅲ①F】<u>善父母爲孝、善兄弟爲友、夫善於父母、必能隱身錫類、仁惠逮于胤嗣矣</u>、善於兄弟、必能因心廣濟、<u>德信被于宗族矣</u>、推而言之、可以移於君、施於有政、承上而順下、令終而善始、雖蠻貊猶行焉、雖窘迫猶亨焉、自昔立身揚名、未有不偕孝友而成者也、前代史官、所傳孝友傳、多錄當時旌表之士、人或微細、非衆所聞、事出閭里、又難詳究、今錄衣冠盛德、衆所知者、以爲稱首、至於州縣薦飾者、必覆其殊尤、可以勸世者、亦載之。
【Ⅲ①B】又有宋興貴者、雍州萬年人、累世同居、躬耕致養、至興貴已四從矣、<u>高祖聞而嘉之、武德二年、詔曰、人稟五常、仁義爲重</u>、士有百行、孝敬爲先、自古哲王、經邦致治、設教垂範、皆尚於斯。
【Ⅲ①F】羅讓、字景宣、祖懷操、父珦、官至京兆尹、讓少以文學知名、舉進士、應詔對策高等、爲咸陽尉、丁父憂、服除、尚衣麻茹菜、不從四方之辟者十餘年、李鄘爲淮南節度使、就其所居、請爲從事、除監察御史、轉殿中、歷尚書郎、給事中、累遷至福建觀察使、<u>兼御史中丞、甚著仁惠</u>、有以女奴遺讓者、讓問其所因、曰……。

第一章　正史を通して知る「仁」と「天理」

【《新唐書》列傳一百二十二循吏】子［羅］讓、字景宣、以文學蚤有譽、舉進士宏辭賢良方正、皆高第、爲咸陽尉、父喪、幾毀滅、服除、布衣糲飯、不應辟署十餘年、淮南節度使李鄘即所居敦請置幕府、除監察御史、位給事中、累遷福建觀察使、兼御史中丞、有仁惠名……。

【Ⅲ①Ｄ】贊曰、麒麟鳳凰、飛走之類、、唯孝與悌、亦爲人瑞、表門賜爵、勸乃錫類、彼禽者梟、傷仁害義。

《列傳一百三十九儒學上》

【Ⅲ①Ｂ】張士衡、瀛州樂壽人也……對曰、事佛在於清淨無欲、仁恕爲心、如其貪婪無厭、驕虐是務、雖復傾財事佛、無救目前之禍、且善惡之報、若影隨形、此是儒書之言、豈徒佛經所説、是爲人君父、當須仁慈、爲人臣子、宜盡忠孝、仁慈忠孝、則福祚攸永、如或反此、則殃禍斯及、此理昭然、願殿下勿爲憂慮、及承乾廢黜、敕給乘傳、令歸本郷、十九年卒。

【《新唐書》列傳一百二十三儒學上】張士衡、瀛州樂壽人也……太子以士衡齊人也、問高氏何以亡、士衡曰、高阿那瓌之凶險、駱提婆之佞、韓長鸞之虐、皆奴隸才、是信是使、忠良外誅、骨肉内離、剥喪黎元、故周師臨郊、人莫爲之用、此所以亡、復問、事佛營福、其應奈何、對曰、事佛在清靜仁恕爾、如貪惏驕虐、雖傾財事之、無損於禍、且善惡必報、若影赴形、聖人言之備矣、爲君仁、爲臣忠、爲子孝、則福祚永、反是而殃禍至矣、時太子以過失聞、士衡因是規之、然不能用也、太子廢、給傳罷歸郷里、卒。

《列傳一百三十九儒學下》

【Ⅲ①Ａ】馮伉、本魏州元城人……縣中百姓多猾、爲著論蒙十四篇、大略指明忠孝仁義、勸學務農、每郷給一卷、俾其傳習、在縣七年、韋渠牟薦爲給事中、充皇太子及諸王侍讀、召見於別殿、賜金紫、著三傳異同三卷、順宗即位、拜尚書兵部侍郎、改國子祭酒、爲同州刺史、入拜左散騎常侍、復領太學、元和四年卒、年六十六。

【《新唐書》列傳九十二白志貞】韋渠牟、京兆萬年人……貞元十二年、德宗誕日……大抵延英對、雖大臣率漏下二三刻止、渠牟每奏事、輒五六刻乃罷、天子歡甚、渠牟爲人佻躁、志向浮淺、不根於道德仁義、特用憸巧中帝意、非有嘉謨正辭感悟得君也。

《列傳一百四十文苑中》

【Ⅲ①Ａ】陳子昂、梓州射洪人……會高宗崩、靈駕將還長安、子昂詣闕上書……曰……且天子以四海爲家、聖人包六合爲宇、歷觀邃古、以至于今、何嘗不以三王爲仁、五帝爲聖、雖周公制作、夫子著明、莫不祖述堯舜、憲章文武、爲百王之鴻烈、作千載之雄圖……。

【《新唐書》列傳三十二傅奕】陳子昂、字伯玉梓州射洪人……上書曰……又言……九道出大使巡按天下、申黜陟、求人瘼、臣謂計有未盡也、且陛下發使、必欲使百姓知天子夙夜憂勤之也、羣臣知考績而任之也、姦暴不逞知將除之也、則莫如擇仁可以恤孤、明可以振滯、剛不避彊禦、智足以照姦者、然後使之、故輶軒未動、而天下翹然待之矣……于時……子昂上疏曰……近詔同城權置安北府、其地當磧南口、制匈奴之衝、常爲劇鎭、臣頃聞磧北突厥之歸者已千餘帳、來者未止、甘州降戸四千帳、亦置同城、今磧北喪亂、荒饉之餘、無所存仰、陛下開府招納、誠覆全戎狄之仁也……其後吐蕃果入寇……今圖僥倖之利、以事西羌、得地地不足耕、得羌財不足富、是過殺無辜之衆、以傷陛下之仁、五驗也……國家近廢安北、拔單于、棄龜茲疏勒、天下以爲務仁不務廣、務養不務殺、行太古三皇事、今狥貪夫之議、誅無罪之羌、遺全蜀患、此臣所未諭、方山東飢、關隴弊、生人流亡、誠陛下寧靜思和天人之時、安可動甲兵、興大役、以自生亂、又西軍失守、北屯不利、邊人駭情、今復擧興師投不測、小人徒知議夷狄之利、非帝王至德也、善爲天下者、計大而不計小、務德而不務、刑據安念危、值利思害、願陛下審計之……後復召見……其大權謂……虺賊干紀、自取屠滅、罪止魁逆、無復緣坐、宗室子弟、皆得更生、然臣願陛下重曉慰之、使明知天子慈仁、下得自安、臣聞人情不能自明則疑、疑則懼、懼則罪生、惟賜愷悌之德、使居無過之地。

【Ⅲ①Ａ】則天將事雅州討生羌、子昂上書曰……臣竊觀蜀爲西南一都會、國家之寶庫、天下珍貨聚出其中、又人富衆多、順江而下、可以兼濟中國、今執事者乃圖僥倖之利、悉以委事西羌、地不以富國、徒殺無辜之衆、以傷陛下之仁、糜費隨之、無益聖德、又況僥倖之利、未可圖哉、此五事也……且國家近者廢安北、拔單于、棄龜茲、放疎勒、天下翕然、謂之盛德、所以者何、蓋以陛下務在仁、不在廣、務在養、不在殺、將以此息邊鄙、休甲兵、行三皇五帝之事者也。

【Ⅲ①Ａ】子至、至天寶末爲中書舍人……至議曰、夏之政尚忠……所以禄山一呼、四海震蕩、思明再亂、十年不復、向使禮讓之道弘、仁義之風著、則忠臣孝子比屋可封、逆節不得而萌也、人心不得而搖也。

資料Ⅰ 『史記』・『漢書』・『晉書』・『舊唐書』・『新唐書』・『明史』の「仁」・「天理」

【Ⅲ①A】李邕、廣陵江都人……十三年、玄宗車駕東封回……許州人孔璋上書救邕曰……臣不逮邕、明矣、<u>夫知賢而舉、仁也、代人任患、義也</u>、臣獲二善而死、且不朽、則又何求、陛下若以臣之賤不足以贖邕、鴈門縫掖有效矣。
《新唐書》列傳一百二十七文藝中】李邕字泰和、揚州江都人……帝封太山還……許昌男子孔璋上書天子曰……臣願以六尺之軀膏鈇鉞、以代邕死、臣與邕生平不款曲、臣知有邕、邕不知有臣、臣不逮邕明矣、<u>夫知賢而舉、仁也、任人之患</u>、義也、獲二善以死、臣又何求、伏惟陛下寬邕之死、使率德改行、興林父曲逆之功、臣得瞑目……。
【Ⅲ①A】成、字思退……代宗嘉之、歎曰、急難之切、<u>觀過知仁</u>……。
《列傳一百四十文苑下》
【Ⅲ①A】劉蕡、字去華、昌平人……文宗即位、恭儉求理、太和二年策試賢良曰、<u>朕聞古先哲王之理也、玄默無爲、端拱思道</u>、陶民心以居簡、凝日用而不宰、厚下以立本、推誠而建中、<u>緜是天人通、陰陽和、俗躋仁壽、物無疵癘</u>、噫、盛德之所臻、復乎莫可及也、三代令王、質文迭究、百僞滋熾、風流寖微、自漢而降、定徵蓋寡、朕顧惟昧道、祗荷丕構、奉若謨訓、不敢念荒……。
【Ⅲ①A】臣前所謂、陛下心有所未達、以下情塞而不能上通、行有所未孚、以上澤壅而不得下浹、者……夫百姓者、陛下之赤子也、<u>陛下宜令仁慈者親育之</u>、如保傅焉、如乳哺焉、如師之教導焉、故人信於上也、敬之如神明、愛之如父母、今或不然、陛下親近貴倖、分曹補署、建除卒吏、召致賓客、因其貨賄、假其氣勢、大者統藩方、小者爲牧守、居上無清惠之政、而有饕餮之害、居下無忠誠之節、而有姦欺之罪、故人之於上也、畏之如豺狼、惡之如讎敵、今海內困窮……臣聞昔漢元帝即位之初、更制七十餘事、其心甚誠、其稱甚美、然而紀綱日紊、國祚日衰、姦宄日强、黎元日困者、以其不能擇賢明而任之、失其操柄也、即陛下御宇、憂勤兆庶、屢降德音、四海之内、莫不抗首而長思、自喜復生於死亡之中也、伏惟陛下愼終如始、以塞萬方之望、誠能揭國權以歸其相、持兵柄以歸其將、去貪臣聚歛之政、除姦吏因縁之害、惟忠賢是近、惟正直是用、內寵便僻、無所聽焉、選清愼之官、<u>擇仁惠之長</u>、敏之以利、<u>煦之以仁</u>、教之以孝慈、導之以德義、去耳目之塞、通上下之情、俾萬國歡康、兆民蘇息、則心無不達、行無不孚矣、臣前所謂、欲兆人之化也、在脩己以先之、者、臣聞德以脩己、教以導人、脩之也則人不勸而自至、導之也則人敦行而率從……臣前所謂、欲氣之和也、在於遂性以導之、者、<u>當納人於仁壽也、夫欲人之仁壽也</u>、在乎立制度、脩敎化、夫制度立則財用省、財用省則賦歛輕、賦歛輕則人富矣、敎化脩則爭競息、爭競息則刑罰清、刑罰清則人安矣、既富矣、<u>則仁義興焉</u>、既安矣、則壽考至焉、仁壽之心感於下、和平之氣應於上、故災害不作、休祥荐臻、四方底寧、萬物咸遂矣……臣前所謂、博延羣彥、願陛下必納其言、造廷待問、則小臣不敢愛死、者……雖臣之愚、以爲未極敎化之大端、皇王之要道、伏惟陛下事天地以敎人敬、奉宗廟以敎人孝、養高年以敎人悌長、字百姓以敎人慈幼、調元氣以煦育、<u>扇大和於仁壽</u>、可以逍遙無爲、垂拱成化、至若念陶鈞之道、在擇宰相任之、使權造物之柄、念保定之功、在擇將帥而任之、使脩分閫之寄、念百度之未貞、在擇庶官而任之、使專職業之守、念百姓之愁痛、在擇長吏而任之、使明惠育之術、<u>自然言足以爲天下敎、行足以爲天下法、仁足以勸善、義足以禁非</u>、又何必宵衣旰食、勞神惕慮、<u>然後以致其理哉</u>。
《新唐書》列傳一百三劉蕡】劉蕡字去華、幽州昌平人……太和二年、舉賢良方正能直言極諫、<u>帝引諸儒百餘人于廷、策曰、朕聞古先哲王之治也、玄默無爲</u>、端拱司契、陶甿心以居簡、凝日用於不宰、厚下以立本、推誠而建中、<u>緜是天人通、陰陽和、俗躋仁壽、物無疵癘</u>、噫、盛德之所臻、复乎其不可及已、三代令王、質文迭救、百氏滋熾、風流寖微、自漢以降、足言蓋寡……蕡對曰……臣前所謂陛下……<u>夫百姓者、陛下之赤子、陛下宜令慈仁者視育之</u>、如保傅焉、如乳哺焉……伏惟陛下愼終如始、以塞四方之望、誠能揭國柄以歸於相、持兵柄以歸于將、去貪臣聚歛之政、除姦吏因縁之害、惟忠賢是近、惟正直是用、內寵便僻無所聽焉、<u>選清愼之官、擇仁惠之長</u>、敏之以利、煦之以和、敎之以孝慈、導之以德義、去耳目之塞、通上下之情、俾萬國懽康、兆庶蘇息、即心無不達、而行無不孚矣……<u>臣前所謂、欲氣之和也、在遂其性以導之、者、當納人於仁壽也、夫欲人之仁壽也、在立制度、脩敎化</u>、夫制度立則財用省、財用省則賦歛輕、賦歛輕則人富矣、敎化脩則爭競息、爭競息則刑罰清、刑罰清則人安矣、既富矣、則仁義興焉、<u>既安矣、則壽考至焉、仁義之感於下、和平之氣應於上</u>、故災害不作、休祥荐臻、四方底寧、萬物咸遂矣……至如人主之闕、政敎之疵、前日之弊、臣既言之矣、若乃流下土之惠、脩近古之治、而致和平者、在陛下行之而已、然上之所陳者、實以臣親承聖問、敢不條對、<u>雖臣之愚、以爲未極敎化之大端、皇王之要道</u>、伏

第一章　正史を通して知る「仁」と「天理」

惟陛下事天地以教人恭、奉宗廟以教人孝、養高年以教人悌長、字百姓以教人慈幼、調元氣以煦育、扇太和以仁壽、可以消搖無爲、垂拱成化、至若念陶鈞之道、在擇宰相以任之、使權造化之柄、念保定之功、在擇將帥以任之、使脩閫外之寄、念百度之求正、在擇庶官而任之、使顓職業之守、念百姓之怨痛、在擇良吏以任之、使明惠養之術、自然言足以爲天下教、動足以爲天下法、仁足以勸善、義足以禁非、又何必宵衣旰食、勞神惕慮、然後致治哉……於時……乃上疏曰……以陛下仁聖、近臣故無害忠良之謀……。

《列傳一百四十三列女》
【Ⅲ①Ａ】鄭義宗妻盧氏、幽州范陽人、盧彥衡之女也、略渉書史、事舅姑甚得婦道、嘗夜有強盜數十人、持杖鼓譟、踰垣而入、家人悉奔竄、唯有姑獨在室、盧冒白刃往至姑側、爲賊搖擊之、幾至於死、賊去後、家人問曰、羣兇擾橫、人盡奔逃、何獨不懼、答曰、人所以異於禽獸者、以其仁義也……。

【《新唐書》列傳一百三十列女】鄭義宗妻盧者、范陽士族也、渉書史、事舅姑恭順、夜有盜持兵劫其家、人皆匿竄、惟姑不能去、盧冒刃立姑側、爲賊捽搖幾死、賊去、人問何爲不懼、答曰、人所以異鳥獸者、以其有仁義也……。

《列傳一百四十四突厥上》
【Ⅲ①Ａ突厥について仁友・突厥の仁はひくい・君は仁でも臣下はあずからない】毗伽可汗以開元四年即位、本蕃號爲小殺、性仁友、自以得國是闕特勒之功、固讓之、闕特勒不受、遂以爲左賢王、專掌兵馬、是時奚契丹相率來款塞、突騎施蘇祿自立爲可汗、突厥部落頗多携貳、乃召默啜時衙官暾欲谷爲謀主、初、默啜下衙官盡爲闕特勒所殺、暾欲谷以女爲小殺可敦、遂免死、廢歸部落、及復用、年已七十餘、蕃人甚敬伏之、俄……小殺又欲修築城壁、造立寺觀、暾欲谷曰、不可、突厥人戶寡少、不敵唐家百分之一、所以常能抗拒者、正以隨逐水草、居處無常、射獵爲業、又皆習武、強則進兵抄掠、弱則竄伏山林、唐兵雖多、無所施用、若築城而居、改變舊俗、一朝失利、必將爲唐所併、且寺觀之法、教人仁弱、本非用武爭強之道、不可置也、小殺等深然其策。

【《新唐書》列傳一百四十下突厥下】毗伽可汗默棘連、本謂小殺者、性仁友、自以立非己功、讓於闕特勒、特勒不敢受、遂嗣位、實開元四年、以特勒爲左賢王、專制其兵、初、默啜死、闕特勒盡殺其用事臣、惟暾欲谷者以女婆匐爲默棘連可敦、獨免、廢歸其部、後突騎施蘇祿自爲可汗、突厥部種多貳、默棘連乃召暾欲谷與謀國、年七十餘、衆尊畏之……默棘連既得降胡、欲南盜塞、暾欲谷曰、不可、天子英武、人和歲豐、未有間、且我兵新集、不可動也、默棘連又欲城所都、起佛老廟、暾欲谷曰、突厥衆不敵唐百分一、所能與抗者、隨水草射獵、居處無常、習於武事、彊則進取、弱則遁伏、唐兵雖多、無所用也、若城而居、戰一敗、必爲彼禽、且佛老教人仁弱、非武彊術、默棘連當其策、即遣使者請和、帝以不情、答而不許……明年、固乞和、請父事天子、許之、又連歲遣使獻方物求婚、是時天子東巡泰山、中書令張説謀益兵屯以備突厥、兵部郎中裴光庭曰、封禪以告成功、若復調發、不可謂成功者、説曰、突厥雖請和、難以信結也、且其可汗仁而愛人、下爲之用、闕特勒善戰、暾欲谷沈雄、愈老而智、李靖世勣流也、三虜方協、知我舉國東巡、有如乘間、何以禦之……。

【Ⅲ①Ａ】十三年、玄宗將東巡、中書令張説謀欲加兵以備突厥、兵部郎中裴光庭曰、封禪者告成之事、忽此徵發、豈非名實相乖、説曰、突厥比雖請和、獸心難測、且小殺者仁而愛人、衆爲之用、闕特勒驍武善戰、所向無前、暾欲谷深沉有謀、老而益智、李靖徐勣之流也。

【Ⅲ①Ａ突厥に仁獸があらわれることはない】玄宗發都……自是常令突厥入仗馳射、起居舍人呂向上疏曰、臣聞鴟梟不鳴、未爲瑞鳥、猛虎雖伏、豈齊仁獸、是由醜性毒行、久務常積故也、今夫突厥者、正與此類、安忍殘賊、莫顧君親、陛下持武義臨之、修文德來之、既慴威靈……。

【《新唐書》列傳一百二十七文藝中・突厥は豺虎雖伏より悪い】呂向字子回……玄宗開元十年、召入翰林、兼集賢院校理、侍太子及諸王爲文章、時帝歳遣使采擇天下姝好、内之後宮、號花鳥使、向因奏美人賦以諷、帝善之、擢左拾遺、天子數校獵渭川、向又獻詩規諷、進左補闕、帝自爲文、勒石西嶽、詔向爲鐫勒使、以起居舍人從帝東巡、帝引頡利發及蕃夷酋長入仗内、賜弓矢射禽、向上言、鴟梟不鳴、未爲瑞鳥、豺虎雖伏、弗曰仁獸、況突厥安忍殘賊、莫顧父子、陛下震以武義、來以文德、勢不得不廷、故稽顙稱臣、奔命遣使、陛下引内從官、陪封禪盛禮、使飛矢於前、同獲獸之樂、是狎昵大過、或荊卿詭動、何羅竊發、逼嚴蹕、冒清塵、縱醢單于、汙穹廬、何以塞責、帝順納、詔蕃夷出仗……。

【《新唐書》】上記【《新唐書》列傳二十高儉】參照。

資料Ⅰ 『史記』・『漢書』・『晉書』・『舊唐書』・『新唐書』・『明史』の「仁」・「天理」

《列傳一百四十六吐蕃上》
【Ⅲ① A 八荒の外に仁が及ぶ】時吐蕃南境屬國泥婆羅門等皆叛、贊普自衽討之、卒於軍中、諸子爭立……中宗率侍臣觀之、四年正月、制曰、聖人布化、用百姓爲心、王者垂仁、以八荒無外、故能光宅遐邇、裁成品物、由是隆周理歷、恢柔遠之圖、強漢乘時、建和親之議、斯蓋經寓長策、經邦茂範、朕受命上靈、克纂洪業、庶幾前烈、永致和平、睠彼吐蕃、僻在西服、皇運之始、早申朝貢。

《列傳一百四十六吐蕃下》
【Ⅲ① A】長慶元年六月……其詞曰……原夫昊穹上臨、黃祇下載、茫茫蠢蠢之類、必資官司、爲厥宰臣、苟無統紀、則相滅絶、中夏見管、維唐是君、西裔一方、大蕃爲主、自今而後、屏去兵革、宿忿舊惡、廓焉消除、追崇舅甥、曩昔結援、邊埸撤警、戍烽韜烟、患難相恤、暴掠不作、亭障甌脫、絶其交侵、襟帶要害、謹守如故、彼無此詐、此無彼虞、嗚呼、愛人爲仁、保境爲信、畏天爲智、事神爲禮、有一不至、搆災于躬、塞山崇崇、河水湯湯、日吉辰良、奠其兩疆、西爲大蕃、東實巨唐、大臣執簡、播告秋方。

《列傳一百四十九上東夷》
【Ⅲ① A 共に仁恕の道を弘む】高麗……其王高建武、即前王高元異母弟也……今二國通和、義無阻異、在此所有高麗人等、已令追括、尋即遣送、彼處有此國人者、王可放還、務盡撫育之方、共弘仁恕之道、於是建武悉捜括華人、以禮賓送、前後至者萬數、高祖大喜。

【Ⅲ① A】永徽元年、眞德大破百濟之衆、遣其弟法敏以聞、眞德乃織錦作五言太平頌以獻之、其詞曰、大唐開洪業、巍巍皇猷昌、止戈戎衣定、修文繼百王、統天崇雨施、理物體含章、深仁偕日月、撫運邁陶唐、幡旗既赫赫、鉦皷何鍠鍠、外夷違命者、翦覆被天殃、淳風凝幽顯、遐邇競呈祥、四時和玉燭、七曜巡萬方、維岳降宰輔、維帝任忠良、五三成一德、昭我唐家光、帝嘉之、拜法敏爲太府卿。

《列傳一百四十九下北狄》
【Ⅲ① A】二十年、太宗遣使江夏王道宗、左衛大將軍阿史那社爾爲瀚海道安撫大使……詔曰、惟天爲大合其德者弗違、謂地蓋厚體其仁者光被、故能彌綸八極、興葢二儀、振逸代之英聲、畢天下之能事、彼匈奴者、與開闢而俱生、奄有龍庭、共上皇而並列、僭稱驕子、分天街於紫宸、仰應旄頭、抗大禮於皇極、緬窺邃古、能無力制、自朕臨御天下、二紀於茲、粵以眇身、一匡寰宇……。

【Ⅲ① A】史臣曰、北狄密邇中華、侵邊葢有之矣、東夷隔礙瀛海、作梗罕常聞之、非惟勢使之然、抑亦禀於天性、太平之人仁、空峒之人武、信矣、隋煬帝縱欲無厭、興兵遼左、急斂暴欲、由是而起、亂臣賊子、得以爲資、不戰自焚、遂亡其國。

『新唐書』のみに見られる「仁」

【《新唐書》列傳二十三王珪】馬周字賓王、博州茌平人……周上疏曰……臣歷觀夏商周漢之有天下、傳祚相繼、多者八百餘年、少者猶四五百年、皆積德累業、恩結於人、豈無僻王、頼先哲以免、自魏晉逮周隋、多者五六十年、少者三二十年而亡、良由創業之君不務仁化、當時僅能自守、後無遺德可思、故傳嗣之主、其政少衰、一夫大呼、天下土崩矣、今陛下雖以大功定天下、而積德日淺、固當隆禹湯文武之道、使恩有餘地、爲子孫立萬世之基、豈特持當年而已、然自古明王聖主、雖因人設教、而大要節儉於身、恩加於人、故其下愛之如父母、仰之如日月、畏之如雷霆、卜祚遐長而禍亂不作也……。

【《新唐書》列傳二十五陳叔達】楊恭仁、隋觀王雄子也……蘇威曰、仁者必有勇、殆謂此邪……。

《列傳二十五蘇世長》

【《新唐書》列傳三十七王義方】韓思彥……琬……景雲初、上言……夫巧者知忠孝爲立身之階、仁義爲百行之本、託以求進、口是而心非、言同而意乖、陛下安能盡察哉……。

《列傳五十八韋見素》

【《新唐書》列傳四十一】杜景佺冀州武邑人……延載元年……衆賀曰、陛下德被草木、故秋再華、周家仁及行葦之比、景佺獨曰……。

【《新唐書》列傳四十三張廷珪】張廷珪、河南濟源人……張易之誅、議窮治黨與、廷珪建言、自古革命、務歸人心、則以刑勝治、今唐曆不移、天地復主、宜以仁化蕩宥、且易之盛時、趨附奔走半天下、盡誅則已暴、罰一二則法不平、宜一切洗貸、中宗納之。

【《新唐書》列傳四十三張廷珪・韓愈の遺書を紹介】李渤字濬之、魏橫野將軍申國公發之裔……元和初

133

第一章　正史を通して知る「仁」と「天理」

……洛陽令韓愈遺書曰、有詔河南敦諭拾遺公、朝廷士引頸東望、若景星、鳳鳥始見、爭先覩之爲快、<u>方今天子仁聖、小大之事皆出宰相</u>、樂善言如不得聞、自即大位、凡所出而施者無不得宜、<u>勤儉之聲、寬大之政</u>、幽閨婦女、草野小子飽聞而厭道之、愈不通於古、請問先生、茲非太平世歟、加又有非人力而至者、年穀屢熟、符貺委至、干紀之姦不戰而拘繫、彊梁之凶銷鑠縮栗、迎風而委伏、其有一事未就正、視若不成人、四海所環、無一夫甲而兵者、若此時也、拾遺公不疾起與天下士樂而享之、斯無時矣、昔孔子知不可爲而爲之不已、跡接於諸侯之國、<u>今可爲之時</u>、<u>自藏深山、牢關而固拒、即與仁義者異守矣</u>、想拾遺公冠帶就車、惠然肯來、舒所畜積、以補綴盛德之闕、利加于時、名垂將來、踴躍懷企、頃刻以冀、又竊聞朝廷議、必起拾遺公、使者往若不許、即河南必繼以行、拾遺徵若不至、更加高秩、如是辭少就多、傷於廉而害於義、拾遺公必不爲也、善人進、其類皆有望於公、公不爲起、是使天子不盡得良臣、君子不盡得顯位、人庶不盡被惠利、其害不爲細、必審察而諦思之、務使合於孔子之道乃善、

【《新唐書》列傳四十八李嶠】李嶠字巨山、趙州贊皇人……嶠在吏部時……曰……又易稱、<u>何以守位曰仁</u>、何以聚人曰財……。

【《新唐書》列傳五十四裴守真】裴守真、絳州稷山人、後魏冀州刺史叔業六世孫、父脊、隋大業中爲淮安司戶參軍、郡人楊琳田瓚等亂、劫吏多死、唯脊<u>以仁愛故、賊約其屬無敢害</u>、護送還鄉。

【《新唐書》列傳五十五裴漼】[裴]諝字士明……代宗幸陝……孟子曰、<u>治國者、仁義而已</u>、何以利爲……。

【《新唐書》列傳五十六李適之】李峴、吳王賀恪孫也……初、東京平……峴時爲三司、獨曰、法有首有從、情有重有輕、若一切論死、非陛下與天下惟新意、且羯胡亂常、誰不凌汙、衣冠奔亡、各顧其生、可盡責邪、陛下之親戚勳舊子若孫、一日皆血鈇砧、<u>尚爲仁恕哉</u>……。

【《新唐書》列傳五十七劉子玄】吳兢、汴州浚儀人……神龍中……陛下龍興、恩被骨肉、相王與陛下同氣、親莫加焉、今賊臣日夜陰謀、必欲寘之極法、<u>相王仁孝</u>、遭荼苦哀毀、以陛下爲命、而自託於手足……。

【《新唐書》列傳六十哥舒翰】哥舒翰、其先蓋突騎施酋長哥舒部之裔……久之……<u>翰嗜酒、極聲色、因風痺、體不仁</u>、既疾廢、遂還京師、闔門不朝請。

【《新唐書》列傳六十四房琯】[房]琯族孫式、擢進士第、累遷忠州刺史……博士李虞仲曰、始關反、爲其用者皆救死其頸、可盡被惡名乎、如式、<u>不能去、又不能死、可謂求生害仁者也</u>、闢走西山、召所疑畏者盡殺之、式在其間、會救得免、而曰大節已虧、近於溢言、謚乃定。

【《新唐書》列傳六十八高適】元結、後魏常山王遵十五代孫……結少不羈……乃上時議三篇、其一曰……其二曰……又聞曰、天下殘破、蒼生危窘、受賦輿役者、皆寡弱貧獨、流亡死徙、悲憂道路、蓋亦極矣、天下安、我等豈無畎畝自處、若不安、<u>我不復以忠義仁信方直死矣</u>、人且如此、奈何、對曰……其三曰……對曰、如天子所思、說者所異、非不知之、凡有詔令丁寧、事皆不行、空言一再、頗類諧戲、<u>今有仁郵之令</u>、憂勤之誥、人皆族立黨語、指而議之、天子不知其然、以爲言雖不行、猶足以勸、彼沮勸、在乎明審均當而必行也、天子能行已言之令、必將來之法、雜徭幣制、拘忌煩令、一切蠲蕩、任天下賢士、屏斥小人、<u>然後推仁信威令</u>、謹行不惑、此帝王常道、何爲不及……史思明亂……以討賊功遷監察御史裏行、荊南節度使呂諲請益兵拒賊、帝進結水部員外郎、佐諲府、又參山南東道來瑱府、時有父母隨子在軍者、結說瑱曰、<u>孝而仁者、可與言忠、信而勇者、可以全義</u>、渠有責其忠信義勇而不勸之孝慈邪……。

【《新唐書》列傳六十八高適】崔漢衡博州博平人……齊映劉滋執政……映等重其言、遷容管經略使、綏徠夷落、威名流聞、<u>其治清明仁恕</u>、多方略、故所至稱最……。

【《新唐書》列傳七十一李栖筠】贊曰、剛者天德、<u>故孔子稱、剛近仁</u>……。

【《新唐書》列傳七十五李揆】盧邁字子玄、河南河南人……邁每有功……時執政自以宰相尊、五服皆不過從問弔、而邁獨不徇時、<u>議者重其仁而亮云</u>。

【《新唐書》列傳八十四鮑防】吳湊章敬皇后弟也……湊才敏銳……湊建言、法有首從、從不應死、<u>一用極刑、虧德傷仁</u>、縉等繇是得減死、丁父喪解職、既除、拜右衛將軍。

【《新唐書》列傳八十八孔巢父】贊曰、巢父恃正義、觸犛不肖、謀不以權、遂喪其身、寧邪皆所謂邦之司直者、後世卒蕃衍、<u>公綽仁而勇</u>、於陵方重、總沈懿、皆有大臣風、才堪宰相而用不至、果時有不幸邪、穆崔柳代爲孝友勳家、君子之澤遠哉。

【《新唐書》列傳八十九盧景亮】盧景亮字長晦、幽州范陽人……<u>景亮善屬文、根於忠仁、有經國志</u>……。

資料Ⅰ 『史記』・『漢書』・『晉書』・『舊唐書』・『新唐書』・『明史』の「仁」・「天理」

【《新唐書》列傳八十九盧景亮】殷侑陳州人……同捷平、以侑嘗爲滄州行軍司馬、遂拜義昌軍節度使、於時瘨荒之餘、骸骨蔽野、墟里生荊棘、侑單身之官、安足粗淡、與下共勞苦、<u>以仁惠爲治</u>、歲中、流戶襁属而還、遂爲營田、丐耕牛三萬、詔度支賜帛四萬匹佐其市……。

【《新唐書》列傳九十鄭餘慶】權德輿字載之……董溪于皐薈以運糧使盜軍興、流嶺南、帝悔其輕、詔中使半道殺之、德輿諫、溪等方山東用兵、乾沒庫財、死不償責、陛下以流斥太輕、當責臣等謬誤、審正其罪、明下詔書、與衆同棄、則人人懼法、臣知己事不諍、然異時或有此比、要須有司論報、罰一勸百、孰不甘心、帝深然之、嘗問政之寬猛孰先、<u>對曰、唐家承隋苛虐、以仁厚爲先</u>、太宗皇帝見明堂圖、始禁鞭背、列聖所循、皆尚德教、故天寶大盜竊發、俄而夷滅、蓋本朝之化、感人心之深也、帝曰、誠如公言。

【《新唐書》列傳九十三韋執誼】柳宗元字子厚、其先蓋河東人……俄而叔文敗、貶邵州刺史、不半道、貶永州司馬、既竄斥、地又荒癘、因自放山澤間、其堙厄感鬱、一寓諸文、倣離騷數十篇、讀者咸悲惻、雅善蕭俛、詒書言情曰……宗元早歲與負罪者親善、始奇其能、<u>謂可以共立仁義</u>、<u>裨教化、過不自料</u>、勤勤勉勵、唯以忠正信義爲志、興堯舜孔子道、利安元元爲務、不知愚陋不可以彊、其素意如此也……宗元久汩振、其爲文、思益深、嘗著書一篇、號貞符、曰……孰稱……<u>於湯曰、克寬克仁</u>、章信兆民……積大亂至于隋氏……丕揚于後嗣、用垂于帝式、<u>土聖濟厥治、孝仁平寬</u>、惟祖之則、澤久而逾深、<u>仁增而益高</u>、人之戴唐、永永無窮、是故受命不于天、于其人、<u>休符不于祥、于其仁</u>、惟人之仁、<u>匪祥于天</u>、匪祥于天、茲爲貞符哉、<u>未有喪仁而久者也</u>、未有恃祥而壽者也、商之王以桑穀昌、以雉雊大、宋之君以法星壽、鄭以龍衰、魯以麟弱、白雉亡漢、黃犀死莽、惡在其符也、不勝唐德之代、光紹明濬、深鴻尨大、保人斯無疆、宜薦于郊廟、文之雅詩、祇告于德之休、帝則諶哉、乃黜休祥之奏、究貞符之奧、思德之所未大、<u>求仁之所未備</u>、以極于邦治、以敬于人事、其詩曰、於穆敬德、黎人皇之、惟貞厥符、浩浩將之、<u>仁函于膚</u>、刃莫畢屠、澤漫于藪、灉炎以漰、勃厥凶德、乃殿乃夷、懿其休風、是煦是吹、父子熙熙、相寧以嬉、賦徹而藏、厚我糗糧、刑輕以清、我完靡傷、貽我子孫、百代是康、<u>土聖嗣于治、仁后之子</u>、子思孝父、易患于已、拱之戴之、神其爾宜、載揚于雅、承天之嘏、<u>天之誠神、宜鑒于仁</u>、<u>神之曷依、宜仁之歸</u>、濮鉛于北、祝栗於南、幅員西東、祇一乃心、祝唐之紀、後天罔墜、祝皇之壽、與地咸久、曷徒祝之、心誠篤之、神協人同、道以告之、俾彌億萬年、不震不危、我代之延、永永毗之、<u>仁增以崇</u>、曷不爾思、有號于天、歛曰嗚呼、杳爾皇靈、無替厥符、宗元不得召、內閔悼、悁念侘傺、作賦自儆曰、懲咎愆以本始兮、孰非余心之所求、處卑汙以閔世兮、固前志之爲尤、始余學而觀古兮、怪今昔之異謀、惟聰明爲可考兮、追駿步而遐游、翳誠之既信直兮、<u>仁友藹而萃之</u>、日施陳以繫縻兮、邀堯舜禹之爲、上睢盱而混茫兮、下駁詭而懷私、旁羅列以交貫兮、求大中之所宜……。

【《新唐書》列傳一百四韋訓】王涯字廣津、其先本太原人、魏廣陽侯冏之裔、祖祚、武后時諫罷萬象神宮知名、<u>開元時、以大理司直馳傳決獄、所至仁平</u>……。

【《新唐書》列傳一百六陳夷行】陳夷行字周道……帝常怪天寶政事不善、問、姚元崇宋璟于時在否、李珏曰、姚亡而宋罷、珏因推言、玄宗自謂未嘗殺一不辜、而任李林甫、種夷數十族、不亦惑乎、夷行曰、陛下今亦宜戒以權屬人、嗣復曰、<u>夷行失言、太宗易暴亂爲仁義</u>、用房玄齡十有六年、任魏徵十有五年、未嘗失道、人主用忠良久益治、用邪佞一日多矣、時用郭薳爲坊州刺史、右拾遺宋邧論不可、薳果坐贓敗、帝欲賞邧、夷行曰……。

【《新唐書》列傳一百七李固言】趙隱字大隱、京兆奉天人……<u>性仁悌、不敢以貴權自處</u>……

【《新唐書》列傳一百十一周寶】楊晟不詳宗系……<u>晟有仁心、下懷其恩</u>……。

【《新唐書》列傳一百十三楊行密】楊行密字化源、廬州合淝人……贊曰、行密興賤微、及得志、<u>仁恕善御衆</u>、治身節儉、無大過失、可謂賢矣……。

【《新唐書》列傳一百十五劉建鋒・一代の仁】王潮字信臣、光州固始人、<u>五代祖曄、爲固始令、民愛其仁、留之、因家焉、世以貲顯</u>。

【《新唐書》列傳一百十九卓行】元德秀字紫芝、河南河南人……李華之兄事德秀……華曰、德秀志當以道紀天下、迅當以六經諧人心、穎士當以中古易今世、德秀欲齊愚智、迅感一物不得其正、穎士呼吸折節而獲重祿、不易一刻之安易、<u>於孔子之門、皆達者與、使德秀據師保之位、瞻形容、乃見其仁</u>、迅被卿佐服、居賓友、謀治亂根原、參乎元精、乃見其妙。

【《新唐書》列傳一百十九卓行・山の仁】甄濟字孟成、定州無極人……濟少孤、獨好學、以文雅稱、<u>居青</u>

第一章　正史を通して知る「仁」と「天理」

巌山十餘年、遠近伏其仁、環山不敢畋漁、採訪使苗晉卿表之、諸府五辟、詔十至、堅臥不起……濟生子、因其官字曰禮閣曰憲臺……而逢與元稹善、積移書於史館修撰韓愈曰、濟棄去祿山、及其反、有名號、又逼致之、執不起、卒不汙其名、夫辨所從於居易之時、堅秉操於利仁之世、而猶選儒者之所不爲、蓋怫人之心難、而害己之避深也、至天下大亂、死忠者不必顯、從亂者不必誅、而眷眷本朝、甘心白刃、難矣哉……。

【《新唐書》列傳一百二十孝友・子の道を行ふは仁】張琇河中解人……武后之時……后欲赦死、左拾遺陳子昂議曰……臣聞刑所以生、遏злнь亂也、仁所以利、崇德也、今報父之仇、非亂也、行子之道、仁也、仁而無利、與同亂誅、是曰能刑、未可以訓、然則邪由正生、治必亂作、故禮防不勝、先王以制刑也、今義元慶之節、則廢刑也、跡元慶所以能義動天下、以其忘生而趣其德也、若釋罪以利其生、是奪其德、虧其義、非所謂殺身成仁、全死忘生之節、臣謂宜正國之典、實之以刑、然後旌閭墓可也。

【《新唐書》列傳一百二十孝友】侯知道程俱羅者、靈州靈武人、居親喪、穿壙作冢、皆身執其勞、鄉人助者、即哭而卻之、廬壙次、哭泣無節、知道七年俱羅三年不止、知道垢塵積首、率夜半傅壙、踊而哭、鳥獸爲悲號、李華作二孝贊美其行曰、厥初生人、有君有親、孝親爲子、忠君爲臣、兆自天命、降及人倫、背死不義、忘生不仁、過及智就、爲之禮文、至哉侯氏、創巨病殷、手足胼胝、以成高墳、夜黑飈動、如臨鬼神、哭無常聲、迥徹蒼旻、苴斬三年、爾獨終身、嗟嗟程生、其哀也均、顧後絶配、瞻前無隣。

【《新唐書》列傳一百二十一隠逸】孫思邈、京兆華原人……照鄰曰、人事奈何、曰心爲之君、君尚恭、故欲小、詩曰、如臨深淵、如履薄冰、小之謂也、膽爲之將、以果決爲務、故欲大、詩曰、赳赳武夫、公侯干城、大之謂也、仁者靜、地之象、故欲方、傳曰、不爲利回、不爲義疚、方之謂也、智者動、天之象、故欲圓、易曰、見幾而作、不俟終日、圓之謂也、復問養性之要、答曰、天有盈虛、人有屯危、不自慎、不能濟也、故養性必先知自慎也、慎以畏爲本、故士無畏則簡仁義、農無畏則墮稼穡、工無畏則慢規矩、商無畏則貨不殖、子無畏則忘孝、父無畏則廢慈、臣無畏則勳不立、君無畏則亂不治、是以太上畏道、其次畏天、其次畏物、其次畏人、其次畏身、憂於身者不拘於人、畏於己者不制於彼、慎於小者不懼於大、戒於近者不侮於遠、知此則人事畢矣。

【《新唐書》列傳一百二十二循吏】韋丹字文明、京兆萬年人……丹蚤孤……始城州、周十三里、屯田二十四所、教種茶麥、仁化大行、遷河南少尹、未至、徙義成軍司馬、以諫議大夫召、有直名。

【《新唐書》列傳一百二十三儒學上】高祖始受命……嘗論之、武爲救世砭劑、文其膏粱歟、亂已定、必以文治之、否者、是病損而進砭劑、其傷多矣、然則武得之、文治之、不免霸且盜、聖人反是而王、故曰武創業、文守成、百世不易之道、若乃舉天下一之於仁義、莫若儒、儒待其人、乃能光明厥功、宰相大臣是已、至專誦習傳授無它大事業者、則次爲儒學篇。

【《新唐書》列傳一百二十八文藝下】吳武陵、信州人、元和初、擢進士第、淮西吳少陽聞其才、遣客鄭平邀之、將待以賓友、武陵不答、俄而少陽子元濟叛、武陵遺以書、自稱東吳王孫、曰、夫勢有不必得、事有不必疑、徒取暴逆之名、而殄物敗俗、不可謂智、一日亡破、平生親愛連頭就戮、不可謂仁、支屬繁衍、因緣磨滅、先魂傷餒、不可謂孝、數百里之内、拘若檻穽、常疑死於左右手、低回姑息、不可謂明、且三皇以來、數千萬載、何有勃理亂常而能自畢者哉……昔僕之師裴道明嘗言、唐家二百載有中興主、當其時、很傲者盡滅、河湟之地復矣、今天子英武任賢、同符太宗、寬仁厚物、有玄宗之度、罰無貸罪、賞無遺功……足下苟能挺知幾之烈、莫若發一介、籍士馬土疆、歸之有司、上以覆載之仁、必保納足下、滌垢洗瑕、以倡四海、將校官屬不失寵且貴、何哉、爲國者不以纖惡蓋大善也、且貳而伐、服而捨、寵榮可厚、骨肉可保、何獨不爲哉。

【《新唐書》列傳一百三十列女】于敏直妻張者、皖城公儉女也、生三歲、每父母病、已能晝夜省侍、顏色如成人、及長、愈恭順仁孝、儉病篤、聞之、號泣幾絶、儉死、一慟遂卒、高宗懿其行、賜物百段、以狀屬史官。

【《新唐書》列傳一百四十二上回鶻上】代宗即位、以史朝義未滅、復遣中人劉清潭往結好、且發其兵、比使者至、回紇已爲朝義所訹、曰、唐薦有喪、國無主、且亂、請回紇入收府庫、其富不貲、可汗即引兵南、寶應元年八月也、清潭齎詔至其帳、可汗曰、人言唐已亡、安得有使邪、清潭爲言、先帝雖棄天下、廣平王已即天子位、其仁聖英武類先帝、故與葉護收二京破安慶緒者、是與可汗素厚、且唐歲給回紇繒絹、豈忘之邪……德宗立……後三年……東收京師、約曰、土地、人衆歸我、玉帛子女予回紇、戰勝、葉護欲大

掠、代宗下馬拜之、回紇乃東向洛、臣猶恨以元帥拜葉護於馬前、爲左右過、然先帝曰、王仁孝、足辦朕事、下詔尉勉……。

【《新唐書》列傳一百四十二下回鶻下】贊曰、夷狄資悍貪、人外而獸内、惟剽奪是視、故湯武之興、未嘗與共功、蓋疏而不戚也、太宗初興、嘗用突厥矣、不勝其暴、卒縛而臣之、肅宗用回紇矣、至略華人、辱太子、笞殺近臣、求索無饜、德宗又用吐蕃矣、劫平涼、敗上將、空破西陲、所謂引外禍平内亂者也、夫用之以權、制之以謀、惟太宗能之、若二主懦昏、狃而狎之、烏勝其弊哉、彼親之則責償也多、慊而不滿則滋怨、化以仁義則頑、示以法則忿、熟我險易則爲患也博而慘、療饑以野葛、何時可哉、故春秋許夷狄者、不一而足、信矣。

【《新唐書》列傳一百四十五東夷】新羅弁韓苗裔也……高宗永徽元年、攻百濟、破之、遣春秋子法敏入朝、眞德織錦爲頌以獻、曰、巨唐開洪業、巍巍皇猷昌、止戈成大定、興文繼百王、統天崇雨施、治物體含章、深仁諧日月、撫運邁時康……贊曰……世稱周邵爲百代之師、周公擁孺子而邵公疑之、以周公之聖、邵公之賢、少事文王、老佐武王、能平天下、周公之心、邵公且不知之、苟有仁義之心、不資以明、雖邵公尚爾、況其下哉、嗟乎、不以怨毒相甚、而先國家之憂、晉有祈奚、唐有汾陽保皋、孰謂夷無人哉。

【《新唐書》列傳一百四十七上南蠻上】然吐蕃貢賦重數……遺皋帛書曰……今吐蕃委利羅式甲士六十侍衛、因知懷惡不謬、此一難忍也、吐蕃陰毒野心、輒懷搏噬、有如螈生、實污辱先人、辜負部落、此二難忍也、往退渾王爲吐蕃所害、孤遺受欺、西山女王、見奪其位、拓拔首領、並蒙誅刈、僕固志忠、身亦喪亡、每慮一朝亦被此禍、此三難忍也、往朝廷降使招撫、情心無二、詔函信節、皆送蕃廷、雖知中夏至仁、業爲蕃臣、吞聲無訴、此四難忍也……。

4-2：『舊唐書』・『新唐書』の「天理」

《本紀十一代宗》

【當左輔右弼之寄・代天理物】（大曆）二年……十一月庚申、改黄門侍郎依舊爲門下侍郎、詔曰、春秋以九命作上公、而謂之宰臣者、三公之職、漢制、中書令出納詔命、典司樞密、侍中上殿稱制、參議政事、魏晉已還、益重其任、職有關於公府、事不係於尚書、雖陳啓沃之謀、未專宰臣之稱、所以委遇斯大、品秩非崇、至于國朝、實執其政、當左輔右弼之寄、總代天理物之名、典領百寮、陶鎔景化、豈可瞻之地、命數不加、固當進以等威、副其斂屬、其侍中中書令宜昇入正二品、門下中書侍郎昇入正三品、壬戌夜、月暈南北河東井、鎭星入輿鬼、久之方散、甲子、月去軒轅一尺、己丑、率百官京城士庶出錢以助軍、壬申、京師地震、自東北來、其聲如雷。

【《新唐書》代宗、天理をめぐっての議論なし】

《志二禮儀二》

【皇帝・承天理物】時則天又於明堂後造天堂……左拾遺劉承慶上疏曰……自陛下承天理物、至道事神、美瑞嘉祥、洊臻狎委、非臣所能盡述、日者變生人火、損及神宮、驚惕聖心、震動黎庶、臣謹按左傳曰、人火曰火、天火曰災、人火因人而興、故指火體而爲稱、天火不知何、起直以所災言之、其名雖殊、爲害不別、又漢書五行志曰、火失性則自上而降、及濫欲妄起、災宗廟、燒宮館、自上而降、所謂天火、濫欲妄起、所謂人火、其來雖異、爲患實同、王者舉措營爲、必關幽顯、幽爲天道、顯爲人事、幽顯迹通、天人理合、今工匠宿藏其火、本無放燎之心、明堂教化之宮、復非延火之所、孽煴潛扇、倏忽成災、雖則因人、亦關神理、臣愚以爲火發既先從麻主、後及總章、意將所營佛舍、恐勞而無益、但崇其教、即是津梁、何假紺宮、方存汲引、既辟在明堂之後、又前逼牲牢之筵、兼以厭構架大、功多難畢、立像弘法、本擬利益黎元、傷財役人、却且煩勞家國、承前大風摧木、天誡已顯、今者毒燄冥熾、人孽復彰、聖人動作、必假天人之助、一興工役、二者俱違、厭應昭然、殆將緣此。

【《新唐書》、則天武后は列傳一后妃上にうつり、天理をめぐっての議論なし】

《志五禮儀五》

【皇帝補佐・代天理物】文明元年八月、奉高宗神主祔於太廟中、始遷宣皇帝神主於夾室、垂拱四年正月、又於東都立高祖太宗高宗三廟、四時享祀、如京廟之儀、別立崇先廟以享武氏祖考、則天尋又令所司議立崇先廟室數、司禮博士崇文館學士周悰希旨、請立崇先廟爲七室、其皇室太廟、減爲五室、春官侍郎賈大隱奏曰、臣竊準秦漢皇太后臨朝稱制、并據禮經正文、天子七廟、諸侯五廟、蓋百王不易之義、萬代常行

第一章　正史を通して知る「仁」と「天理」

之法、未有越禮違古而擅裁儀注者也、今周悰別引浮議、廣述異文、直崇臨朝權儀、不依國家常度、升崇先之廟而七、降國家之廟而五、臣聞皇圖廣闢、寔崇宗社之尊、帝業弘基、實等山河之固、伏以天步多艱、時逢迍密、代天理物、自古有之、伏惟皇太后親承顧託、憂勤黎庶、納孝慈之請、垂矜撫之懷、實所謂光顯大猷、恢崇聖載、其崇先廟室、合同諸侯之數、國家宗廟、不合輒有移變、臣之愚直、並依正禮、周悰之請、實乖古儀、則天由是且止。

【《新唐書》、天理をめぐっての議論なし】

《列傳二十五蘇世長》

【天子の左右史書・四時・代天理】孫伏伽、貝州武城人、大業末、自大理寺史累補萬年縣法曹、武德元年、初以三事上諫、其一曰、臣聞天子有諍臣……陛下貴爲天子、富有天下、動則左史書之、言則右史書之、既爲竹帛所拘、何可恣情不愼、凡有蒐狩、須順四時、既代天理、安得非時妄動、陛下二十日龍飛、二十一日有獻鷂鶵者、此乃前朝之弊風、少年之事務、何忽今日行之、又聞相國參軍事盧牟子獻琵琶、長安縣丞張安道獻弓箭、頻蒙賞勞、但、普天之下、莫非王土、率土之濱、莫非王臣、陛下必有所欲、何求而不得、陛下所少者、豈此物哉、願陛下察臣愚忠、則天下幸甚。

【《新唐書》孫伏伽、天理をめぐっての議論なし】

《列傳三十八韋思謙》

【宰相・代天理物】蘇瓌、字昌容、京兆武功人……景龍三年、轉尚書右僕射同中書門下三品、進封許國公、是歲、將拜南郊、國子祭酒祝欽明希庶人旨、建議請皇后爲亞獻、安樂公主爲終獻、瓌深非其議、嘗於御前面折欽明、帝雖悟、竟從欽明所奏、公卿大臣初拜官者、例許獻食、名爲燒尾、瓌拜僕射無所獻、後因侍宴、將作大匠宗晉卿曰、拜僕射竟不燒尾、豈不喜耶、帝默然、瓌奏曰、臣聞宰相者、主調陰陽、代天理物、今粒食踴貴、百姓不足、臣見宿衞兵至有三日不得食者、臣愚不稱職、所以不敢燒尾、是歲六月、與唐休璟並加監修國史。

【《新唐書》蘇瓌、天理をめぐっての議論なし】

《列傳四十王及善》

【宰相・助天理物】杜景儉、冀州武邑人也……天授中、與徐有功來俊臣侯思止專理制獄、時人稱云、遇徐杜者必生、遇來侯者必死、累遷洛州司馬、尋轉鳳閣侍郎同鳳閣鸞臺平章事、則天嘗以季秋內出梨花一枝示宰臣曰、是何祥也、諸宰臣曰、陛下德及草木、故能秋木再花、雖周文德及行葦、無以過也、景儉獨曰、謹按洪範五行傳、陰陽不相奪倫、漬之即爲災、又春秋云、冬無愆陽、夏無伏陰、春無淒風、秋無苦雨、今已秋矣、草木黃落、而忽生此花、漬陰陽也、臣慮陛下布教施令、有虧禮典、又臣等忝爲宰臣、助天理物、理而不和、臣之罪也、於是再拜謝罪、則天曰、卿眞宰相也。

【《新唐書》杜景佺、天理をめぐっての議論なし】

《列傳九十二李寶臣》

【逆天理】王廷湊、本廻鶻阿布思之種族……時朱克融囚張弘靖、廷湊殺弘正、合從構逆、謀拒王命、兩鎭併力、討除慮難應接、詔朝臣議其可否、東川節度使王涯獻狀曰、幽鎭兩州、悖亂天紀、迷亭育之厚德、肆狼虎之非心、囚繫鼎臣、戕賊戎帥、毒流州郡、釁及賓僚、凡在有情、孰不痛憤、伏以國家文德誕敷、武功繼立、遠無不伏、邇無不安、矧茲二方、敢逆天理、臣竊料詔書朝下、諸鎭夕驅、以貔貅問罪之師、當猖狂失節之寇、傾山壓卵、決河灌熒、勢之相懸、不是過也、但常山薊郡虞號相依、一時興師、恐費財力、罪有輕重、事有後先、譬之攻堅、宜從易者、如聞范陽肇亂、出自一時、事非宿謀、迹亦可驗、鎭州構禍、殊匪偶然、扇諸屬城、以兵拒境、如此則幽薊之衆、可示寬刑、鎭冀之戎、可資先討、兄廷湊闖茸、不席父祖之資、成德分離、又多迫脅之勢、今以魏博思復讐之衆、昭義願盡敵之師、參之晉陽、輔以滄德、掎角而進、實若建瓴、盡居其城、然後北首燕路、在朝廷不爲失信、於軍勢實得機宜、臣之愚誠、切在於此、臣又聞用兵若鬭、先拒其喉、今瀛鄭易定、兩賊之咽喉也、誠宜假之威柄、戍以重兵、俾其死生不相知、間諜無所入、而以大軍先進冀趙、次臨井陘、此一舉萬全之勢也。

【《新唐書》王廷湊、天理をめぐっての議論なし】

《列傳九十七杜黃裳》

【天理自然】高郢、字公楚、其先渤海蓨人……元和元年冬、復拜太常卿、尋除御史大夫、數月、轉兵部尚書、逾月、再表乞骸、不許、又上言曰、臣聞勞生佚老、天理自然、蠕動翾飛、日入皆息、自非貢禹之守經據

古、趙憙之正身匪懈、韓曁之志節高潔、山濤之道德模表、縱過常期、詎爲貪冒、其有當仁不讓、急病忘身、豈止君命、猶宜身舉、臣鄂不才、久辱高位、無任由衷瀝懇之至、乃授尚書右僕射致仕、六年七月卒、年七十二、贈太子太保、諡曰貞。
【《新唐書》鄭餘慶、天理をめぐっての議論なし】
《列傳一百一十九李訓》
【あえて天理に逆らわず】王涯、字廣津、太原人……長慶元年、幽鎭復亂、王師征之、未聞剋捷、涯在鎭上書論用兵曰、伏以幽鎭兩州、悖亂天紀、迷亭育之厚德、肆豺虎之非心、囚繫鼎臣、戕賊戎帥、毒流列郡、曁及寮僚、凡在有情、孰不扼腕、咸欲橫戈荷戟、問罪賊廷、伏以國家文德誕敷、武功繼立、遠無不服、邇無不安、矧茲二方、敢逆天理、臣竊料詔書朝下、諸鎭夕驅、以貔貅問罪之師、當猖狂失節之寇、傾山壓卵、決海灌熒、勢之相懸、不是過也。
【《新唐書》王涯、天理をめぐっての議論なし】
《列傳一百二十裴度》
【非代天理物之器】憲宗以淮西賊平、因功臣李光顏等來朝、欲開內宴、詔六軍使修麟德殿之東廊、軍使張奉國以公費不足、出私財以助用、訴於執政、度從容啓曰、陛下營造、有將作監等司局、豈可使功臣破產營繕、上怒奉國泄漏、乃令致仕、其浚龍首渠、起凝暉殿、雕飾綺煥、徙佛寺花木以植于庭、有程异皇甫鎛者、姦纖用事、二人領度支鹽鐵、數貢羨餘錢、助府營造、帝亦以异鎛平蔡時供饋不乏、二人並命拜同平章事、度延英面論曰、程异皇甫鎛、錢穀吏耳、非代天理物之器也、陛下徇耳目之欲、拔置相位、天下人騰口掉舌、以爲不可、於陛下無益、願徐思其宜、帝不省納、度三上疏論之、請罷己相、位上都不省、事見鎛傳。
《列傳一百二十一李渤》
【宰相・代天理物】李甘、字和鼎、長慶末進士擢第、又制策登科、太和中、累官至侍御史、鄭注入翰林侍講、舒元輿既作相、注亦求入中書、甘唱於朝曰、宰相者、代天理物、先德望而後文藝、注乃何人、敢茲叨竊、白麻若出、吾必壞之、會李訓亦惡注之所求、相注之事竟寢、訓不獲已、貶甘封州司馬。
【《新唐書》李甘、天理をめぐっての議論なし】
《列傳一百二十三鄭覃》
【宰臣・代天理物】李珏、字待價、趙郡人……文宗以杜悰領度支稱職、欲加戶部尚書、因紫宸言之、陳夷行曰、一切恩權、合歸君上、陛下自看可否、珏對曰、太宗用宰臣、天下事皆先平章、謂之平章事、代天理物、上下無疑、所以致太平者也、若拜一官、命一職、事事皆決於君上、即焉用彼相、昔隋文帝一切自勞心力、臣下發論則疑、凡臣下用之則宰相、不用則常僚、豈可自保、陛下常語臣云……。
【《新唐書》李珏、天理をめぐっての議論なし】
《列傳一百四十九東夷》
【皇帝が百済王に對し朕代天理物】百濟國、本亦扶餘之別種……高宗嗣位、永徽二年、始又遣使朝貢、使還、降璽書與義慈曰、至如海東三國、開基自久、並列疆界、地實犬牙、近代已來、遂搆嫌隙、戰爭交起、略無寧歲、遂令三韓之氓、命懸刀俎、尋戈肆憤、朝夕相仍、朕代天理物、載深矜憫、去歲王攻高麗新羅等使並來入朝、朕命釋茲讎怨、更敦款穆、新羅使金法敏奏書、高麗百濟、脣齒相依、競舉兵戈、侵逼交至、大城重鎮、並爲百濟所并、疆宇日蹙、威力並謝、乞詔百濟、令歸所侵之城、若不奉詔、即自興兵打取、但得故地、即請交和、朕以其言既順、不可不許、昔齊桓列土諸侯、尚存亡國、況朕萬國之主、豈可不卹危藩、王所兼新羅之城、並宜還其本國、新羅所獲百濟俘虜、亦遣還王、然後解患釋紛、韜戈偃革、百姓獲息肩之願、三蕃無戰爭之勞、比夫流血邊埸、積屍疆場、耕織並廢、士女無聊、豈可同年而語矣、王若不從進止、朕已依法敏所請、任其與王決戰、亦令約束高麗、不許遠相救恤、高麗若不承命、即令契丹諸蕃渡遼澤入抄掠、王可深思朕言、自求多福、審圖良策、無貽後悔。
【《新唐書》列傳一百四十五東夷傳百濟、文を簡略化し天理の議論なし】高宗立、乃遣使者來、帝詔義慈曰、海東三國、開基舊矣、地固犬牙、比者爭侵校無寧歲、新羅高城重鎮皆爲王并、歸địa于朕、丐王歸地、昔齊桓一諸侯、尚存亡國、況朕萬方主、可不卹其危邪、王所兼城宜還之、新羅所俘亦畀還王、不如詔者、任王決戰、朕將發契丹國、度遼深入、王可思之、無後悔。

第一章　正史を通して知る「仁」と「天理」

『新唐書』のみに見られる「天理」
《列傳三十二傅奕》
【極詆浮圖法・攘天理】武德七年、上疏極詆浮圖法曰、西域之法、無君臣父子、以三塗六道嚇愚欺庸、追既往之罪、窺將來之福、至有身陷惡逆、獄中禮佛、口誦梵言、以圖偷免、且生死壽夭、本諸自然、刑德威福、繋之人主、今其徒矯託、皆云由佛、攘天理、竊主權、書曰、惟辟作福、惟辟作威、惟辟玉食、臣有作福作威玉食、害于而家、凶于而國、五帝三王、未有佛法、君明臣忠、年祚長久、至漢明帝始立胡祠、然惟西域桑門自傳其教、西晉以上、不許中國髡髮事胡、至石苻亂華、乃弛厥禁、主庸臣佞、政虐祚短、事佛致然、梁武齊襄尤足爲戒、昔褒姒一女、熒惑幽王、能亡其國、況今僧尼十萬、刻繪泥像、以惑天下、有不亡乎、陛下以十萬之衆自相夫婦、十年滋産、十年教訓、兵農兩足、利可勝既邪、昔高齊章仇子他言僧尼塔廟、外見毀宰臣、内見疾妃嬪、陽讒陰謗、卒死都市、周武帝入齊、封寵其墓、臣竊賢之、又上十二論、言益痛切、帝下弈議有司、唯道源佐其請、中書令蕭瑀曰、佛、聖人也、非聖人者無法、請誅之、弈曰、禮、始事親、終事君、而佛逃父出家、以匹夫抗天子、以繼體悖所親、瑀非出空桑、乃尊其言、蓋所謂非孝者無親、瑀不答、但合爪曰、地獄正爲是人設矣、帝善弈對、未及行、會傳位止。【舊唐書】なし

《列傳五十七劉子元》
【天理欺】[劉]迅字捷卿、歷京兆功曹參軍事、常寢疾、房琯聞、憂不寐、曰、捷卿有不諱、天理欺矣、陳郡殷寅名知人、見迅歎曰、今黃叔度也、劉晏每聞其論、曰、皇王之道盡矣、上元中、避地安康、卒、迅續詩書春秋禮樂五説、書成、語人曰、天下滔滔、知我者希、終不以示人云。【舊唐書】なし

5－1：『明史』の「仁」
《本紀一太祖一》
【Ⅲ①A】太祖開天道肇紀立極大聖至神仁文義武俊德成功高皇帝、諱元璋、字國瑞、姓朱氏。[本書で對象外とした皇帝の稱號だが議論すべき言葉がある]
【Ⅲ①A】十九年春正月乙巳、太祖謀取浙東未下諸路、戒諸將曰、克城以武、戡亂以仁、吾比入集慶、秋毫無犯、故一舉而定。
《本紀三太祖三》
【Ⅲ①C】三十一年…閏月癸未……皇太孫允炆仁明孝友、天下歸心、宜登大位。
《本紀四恭閔帝》
【Ⅲ①C】恭閔惠皇帝諱允炆太祖孫懿文太子第二子也……初、太祖命太子省決章奏、太子性仁厚、於刑獄多所減省、至是以命太孫、太孫亦復佐以寬大、嘗請於太祖、遍考禮經、參之歷朝刑法、改定洪武律畸重者七十三條、天下莫不頌德焉。
【Ⅲ①A】贊曰、惠帝天資仁厚、踐阼之初、親賢好學、召用方孝孺等、典章制度、銳意復古、嘗因病晏朝、尹昌隆進諫、即深自引咎、宜其疏於中外。
《本紀五成祖一》
【Ⅲ①A】成祖啓天弘道高明肇運聖武神功純仁至孝文皇帝、諱棣、太祖第四子也。[本書で對象外とした皇帝の稱號だが、議論すべき言葉が凝縮されている]
《本紀八仁宗》
仁宗敬天體道純誠至德弘文欽武章聖達孝昭皇帝、諱高熾、成祖長子也、母仁孝文皇后……。[本書で對象外とした皇帝稱號と母]
【Ⅲ①C】永樂二年二月、始召至京、立爲皇太子、成祖數北征、命之監國、裁決庶政、四方水旱饑饉、輒遣振恤、仁聞大著、而高煦高燧與其黨日伺隙讒構、或問太子、亦知有讒人乎、曰、不知也、吾知盡子職而已……秋七月己巳、上尊諡、廟號仁宗、葬獻陵。
《本紀十四憲宗二》
【Ⅲ②D】秋七月庚戌、黑眚見、乙丑、躬禱天地於禁中、以用度不節工役勞民忠言不聞仁政不施四事自責、戊辰、遣使錄天下囚。
《本紀十五孝宗》

資料Ⅰ 『史記』・『漢書』・『晉書』・『舊唐書』・『新唐書』・『明史』の「仁」・「天理」

【Ⅲ① A、刑官】四年春正月癸未、以脩省罷上元節假、己丑、大祀天地於南郊、停慶成宴、二月己巳、敕法司曰、曩因天道示異、敕天下諸司審錄重囚、發遣數十百人、朕以爲與其寬之於終、孰若謹之於始、嗣後兩京三法司及天下問刑官、務存心仁恕、持法公平、詳審其情罪所當、庶不悖於古聖人欽恤之訓。

《志二十七禮五》

【Ⅲ① A】加上謚号……帝詣皇妣神御前、進宣册寶如前儀、册文曰、臣聞自古后妃、皆承世緒、僞訥嬪虞、發祥帝室、周姜輔治、肇基邦君、欽惟皇妣孝慈皇后以聖、輔聖同起側微、弘濟艱難、化家爲國、克勤克儉、克敬克誠、克孝克慈、以奉神靈之統、理萬物之宜、正位中宮十有五年、家邦承式、天下歸仁、謹奉册寶、上尊謚曰孝慈昭憲至仁文德承天順聖高皇后、伏惟聖靈陟降、膺慈顯名、日月光華、照臨永世、寶文如謚號、宣寶訖、帝復位、奏四拜、百官同、行祭禮如常儀、翌日、頒詔天下、以上謚禮成、賜陪祀執事官宴、餘官人賜鈔一錠。

《志二十八禮六》

【Ⅲ① A】獻皇帝廟……天啓元年、太常少卿李宗延奏祧廟宜議、言、睿宗入廟、世宗無窮之孝思也、然以皇上視之、則遠矣、俟光宗升祔時、或從舊祧、或從新議、蓋在孝子固以恩事親、而在仁人當以義率祖、章下禮部、卒不能從。

《志三十禮八》

【Ⅲ① A】皇太子皇子冠禮……皇太子跪、宣敕戒曰、孝事君親、友于兄弟、親賢愛民、居仁由義、毋怠毋驕、茂隆萬世、樂作、四拜興、樂止。

《志三十八樂二》

【Ⅲ① A】嘉靖十八年興都大饗樂章……徹饌、永和之曲、肅其具兮祀禮行、備彼儀兮樂舞張、退省進止兮臣疎且狂、沐含仁兮何以量。

【Ⅲ① A】嘉靖九年復分祀天神地祇樂章、迎天神、保和之曲、吉日良辰、祀典式陳、景雲甘雨、風雷之神、赫赫其靈、功著生民、參贊玄化、宣化蒼仁、爰茲報祀、鑒斯藻蘋。

【Ⅲ① A】洪武元年宗廟樂章……初獻、壽和之曲、德祖廟、初獻云、思皇高祖、穆然深元、其遠歷年、其神在天、尊臨太室、餘慶綿綿、歆於几筵、有永其傳、懿祖廟、初獻云、思皇曾祖、清勤純古、田里韜光、天篤其祜、佑我曾孫、宏開土宇、追遠竭虔、勉逼前矩、熙祖廟、初獻云、維我皇祖、淑後貽謀、盛德靈長、與泗同流、發於孫枝、明禋載修、嘉潤如海、恩何以酬、仁祖廟、初獻云、維我皇考、既淳且仁、弗耀其身、克開嗣人、子有天下、尊歸於親、景運維新、則有其因。

【Ⅲ① A】嘉靖十五年孟春九廟特享樂章……睿廟、迎神、太和之曲、於穆神皇、秉德凝道、仁厚積累、配於穹昊、流慶顯休、萃於眇躬、施於無窮、以似以續、以光紹我皇宗、維茲氣始、俎豆是供、循厥典禮、式敬式崇、神其至止、以鑒愚衷……終獻、寧和之曲、儀式弗踰、奠爵維三、樂舞雍容、以雅以南、仰仁源德澤、嶽崇海淵、願啓我子孫、緝熙光明、維兩儀是參。

【Ⅲ① A】嘉靖十年大褅樂章……亞獻、仁和之曲、中觴載升、於此瑶觥、小孫奉前、願歆其誠、樂無在列、庶職在庭、祖鑒孔昭、錫祐攸享……送神、永和之曲、禘祀分具張、佳氣分鬱昂、皇靈錫納分喜將、一誠通分萬載昌、祈鑒祐今天下康、仰源仁浩德分曷以量、小孫頓首分以望、遙瞻冉冉兮聖靈皇皇。

《志三十九樂三》

【Ⅲ① A】洪武二十六年定中宮正旦冬至千秋節朝賀樂章、中宮天香鳳韶之曲、寶殿光輝晴天映、懸玉鉤珍珠簾櫳、瑤觸舉時簫韶動、慶大筵、來儀鳳、昭陽玉帛齊朝貢、讚孝慈賢助仁風、歌謠正在昇平中、謹獻上齊天頌。

【Ⅲ① A】永樂十八年定宴饗樂律……四夷舞曲、其一、小將軍、順天心、聖德誠、化番邦、盡朝京、四夷歸伏、舞於龍廷、貢皇明、寶貝擎、其二、殿前歡、四夷率土歸王命、都來仰大明、萬邦千國皆歸正、現帝庭、朝仁聖、天階班列衆公卿、齊聲歌太平、其三、慶豐年、和氣增、鸞鳳鳴、紫霧生、祥雲朝霞映、蓺金爐、香味馨、列丹墀、御駕盈、絃管簫韶五音應、龍笛間鳳笙、其四、渤海令、金盃中、酒滿盛、御案前、列羣英、君德成、皇圖慶、嵩呼萬歲聲、其五、過門子、聖主興、顯威靈、蠻夷靜、至仁至德至聖明、萬萬年、帝業成。

《志四十四輿服四》

【Ⅲ① AC、諸侯を皇帝の子にみたてる】符牌、凡宣召親王、必遣官齎金符以往……其武臣懸帶金牌、則

第一章　正史を通して知る「仁」と「天理」

洪武四年所造……其扈駕金字銀牌、則洪武六年所造、尋改爲守衛金牌、以銅爲之、塗以金、高一尺、闊三寸、分字號凡五、仁字號、上鈒獨龍蟠雲花、公侯伯都督佩之、義字號、鈒伏虎盤雲花、指揮佩之、禮字號、鈒獬豸蟠雲花、千戸衛鎮撫佩之、智字號、鈒獅子蟠雲花、百戸所鎮撫佩之、信字號、鈒蟠雲花、將軍佩之、牌下鑄守衛、二篆字、背鑄凡守衛官軍懸帶此牌等二十四字、牌首竅貫青絲、鎮撫及將軍隨駕直衛者佩之、下直則納之、凡夜巡官、於尚寶司領令牌、禁城各門金吾等衛指揮千戸、分領申字號牌、午門自一至四、長安左右門東華門自五至八、西華門自九至十二、玄武門自十三至十六、五城兵馬指揮亦日領令牌、東西南北中城、分領木金火水土五字號。
【Ⅲ①C、皇帝の子】親王府制、洪武四年定、城高二丈九尺、正殿基高六尺九寸、正門前後殿四門城樓、飾以青綠點金、廊房飾以青黛、四城正門、以丹漆、金塗銅釘、宮殿窠栱攢頂、中畫蟠螭、飾以金、邊畫八吉祥花、前後殿座、用紅漆金蟠螭、帳用紅銷金蟠螭、座後壁則畫蟠螭彩雲、後改爲龍、立山川社稷宗廟於王城內、七年定親王所居殿、前日承運、中日圜殿、後日存心、四城門、南日端禮、北日廣智、東日禮仁、西日遵義。［本書で對象外とした城門だが、一例を擧げておく］
《志四十八職官一》
【Ⅲ①A、禮制】禮部……刊敝則換給之、凡祥瑞、辨其名物、無請封禪以蕩上心、以學校之政育士類、以貢舉之法羅賢才、以鄉飲酒禮教齒讓、以養老尊高年、以制度定等威、以恤貧廣仁政、以旌表示勸勵、以建言會議悉利病、以禁自宮遏奸民。
《志五十職官三》
【Ⅲ①C、諸侯を皇帝の子にみたてる】尚寶司、卿一人、少卿一人、司丞三人、掌寶璽、符牌、印章、而辨其所用、寶二十有四、舊寶十有七、嘉靖十八年增製者七、日皇帝奉天之寶、爲唐宋傳璽、祀天地用之……凡金牌之號五、以給勳戚侍衛之扈從及班直者、巡朝者、夜宿衛者、日仁、其形龍、公侯伯駙馬都尉佩之、日義、其形虎、勳衛指揮佩之、日禮、其形麟、千戸佩之、日智、其形獅、百戸佩之、日信、其形祥雲、將軍佩之、半字銅符之號四、以給巡城侍衛官、日承、日東、日西、日北、巡者左半、守者右半、合契而點察焉、令牌之號六、日申、以給金吾諸衛之警夜者、日木、日金、日土、日火、日水、以給五城之警夜者、銅牌之號一、以稽守卒、日勇、牙牌之號五、以察朝參、公侯伯日勳、駙馬都尉日親、文官日文、武官日武、教坊司日樂……。
【Ⅲ①C、諸侯を皇帝の子にみたてる。公侯伯蕃王一品二品用之〈八紘外の蕃王〉】中書科、中書舍人二十人、直文華殿東房中書舍人、直武英殿西房中書舍人、內閣誥敕房中書舍人、制敕房中書舍人、中書科舍人掌書寫誥敕制詔銀冊鐵券等事、凡草請諸翰林、寶請諸內府、左券及勘籍、歸諸古今通集庫、誥勅、勘合籍、初用二十八宿、後用急就章爲號、誥勅之號、曰仁義禮智、公侯伯蕃王一品二品用之、曰十二支、曰文行忠信、文官三品以下用之、曰千字文、武官續誥用之、皆以千號爲滿、滿則復始、王府及駙馬都尉不編號、土官以文武類編、凡大朝會、則侍班、東宮令節朝賀、則導駕侍班于文華殿、册封宗室、則充副使……。
《志五十二職官五》
【Ⅲ①A、刑官】中軍左軍右軍前軍後軍五都督府、每府左右都督、都督同知、都督僉事、其屬、經歷司、經歷、都事、各一人……二十三年陞五軍斷事官爲正五品、總治五軍刑獄、分爲五司、司設稽仁、稽義稽禮稽智稽信五人、各理其軍之刑獄、二十九年置五軍照磨所、專掌文牘、建文中、革斷事及五司官。
《志五十四食貨二》
【Ⅲ①A、仁政】至若賦稅蠲免……蓋二祖仁宣時、仁政亟行……。
《志五十八食貨六》
【Ⅲ①A、仁政】洪武時……少師蹇義等以爲仁宗在春宮久、深憫官員折俸之薄、故即位特增數倍、此仁政也、詎可違……。
《志六十一河渠三運河上》
【Ⅲ①A、壩の名として仁義禮智信】陳瑄之督運也、於湖廣江西造平底淺船三千艘、二省及江淅之米皆由江以入、至淮安新城、盤五壩過淮、仁義二壩在東門外東北、禮智信三壩在西門外西北、皆自城南引水抵壩口、其外即淮河。［本論は壩名を扱わないが仁義禮智信を一括扱うので擧げる］
《志六十五兵一》
【Ⅲ①A、軍制】侍衛上直軍之制、太祖即吳王位、其年十二月設拱衛司、領校尉、隸都督府、洪武二年改

142

資料Ⅰ 『史記』・『漢書』・『晉書』・『舊唐書』・『新唐書』・『明史』の「仁」・「天理」

親軍都尉府、統中左右前後五衛軍、而儀鑾司隷焉、六年造守衛金牌、銅塗金爲之、長一尺、闊三寸、以仁義禮智信爲號、二面倶篆文、一曰守衛、一曰隨駕、掌于尚寶司、衛士佩以上直、下直納之。

《志七十刑法三》

【Ⅲ①A、刑官・仁義と刑罰】有明一代刑法大概……然時引大體……眞州民十八人謀不軌、戮之、而釋其母子當連坐者、所用深文吏開濟詹徽陳寧陶凱輩、後率以罪誅之、亦數宣仁言、不欲純任刑罰……又嘗謂尚書劉惟謙曰、仁義者、養民之膏梁也、刑罰者、懲惡之藥石也、舍仁義而專用刑罰、是以藥石養人、豈得謂善治乎、蓋太祖用重典以懲一時、而酌中制以垂後世、故猛烈之治、寬仁之詔、相輔而行、未嘗偏廢也、建文帝繼體守文、專欲以仁義化民……至仁宗、性甚仁恕、甫即位……在位未一年、仁恩該洽矣……以帝之寬仁、而大臣有冤死者、此立法之弊也……夫原情以定律、祖宗防範至周、而法司乃抑輕從重至此、非所以廣聖朝之仁厚也、今後有妄援重律者、請以變亂成法罪之……。

【Ⅲ①A】孝宗初立、免應決死罪四十八人……帝頷之、明日疏下、遂如擬、前後所任司寇何喬新彭韶白昂閔珪皆持法平者、海内翕然頌仁德焉。

【Ⅲ①A】萬曆初、冬月……帝性仁柔、而獨惡言者……。

《志七十一刑法三》

【Ⅲ①A】東廠之設、始於世祖……然孝宗仁厚、廠衛無敢横、司廠者羅祥楊鵬、奉職而已。

《列傳一后妃一》

【Ⅲ①C、皇后】太祖孝慈高皇后馬氏、宿州人……后仁慈有智鑒、好書史、太祖有劄記、輒命后掌之。

【Ⅲ①CD、皇后、黄老何教也】后勤於内治、暇則講求古訓、告六宮、以宋多賢后、命女史錄其家法、朝多省覽、或言宋過仁厚、后曰、過仁厚、不愈於刻薄乎、一日、問女史、黄老何教也、而竇太后好之、女史曰、清淨無爲爲本、若絶仁棄義、民復孝慈、是其教矣、后曰、孝慈即仁義也、詎有絶仁義而爲孝慈者哉、后嘗誦小學、求帝表章焉。

【Ⅲ①B】成祖仁孝皇后徐氏中山王達長女也……又言、帝堯施仁自親始。

【Ⅲ①A、皇帝の仁政を補佐】仁宗誠孝皇后張氏、永城人……正統七年十月崩……遺詔勉大臣佐帝惇行仁政、語甚諄篤、上尊諡曰誠孝恭肅明德弘仁順天啓聖昭皇后、合葬獻陵、祔太廟。

《列伝二后妃二》

【Ⅲ①C、皇后】贊曰、高皇后從太祖備歴艱難、贊成大業、母儀天下、慈德昭彰、繼以文皇后仁孝寛和、化行宮壼、後世承其遺範、内治肅雍。

《列傳三興宗孝康皇帝・睿宗獻皇帝》[仁の限界]

【Ⅲ①A、刑官】興宗孝康皇帝標太祖長子也……又指道旁荊楚曰、古用此爲朴刑、以其能去風、雖傷不殺人、古人用心仁厚如此、兒念之。

【Ⅲ①C、太子】十年令自今政事並啓太子處分、然後奏聞、諭曰、自古創業之君……惟仁不失於疎暴、惟明不惑於邪佞、惟勤不溺於安逸、惟斷不牽於文法……二十四年八月……然一旬久陰不雨、占有陰謀、宜愼舉動、嚴宿衛、施仁布惠、以回天意、仍申諭從行諸臣以宿頓聞……太子爲人友愛……帝或以事督過之、太子輒告高后爲慰解、其仁慈天性然也……。

【Ⅲ①C、皇后】睿宗興獻皇帝祐杬憲宗第四子……皇后蔣氏、世宗之母也……三年乃上尊號曰本生章聖皇太后……七年上尊號曰慈仁……。

《列傳四諸王》

【Ⅲ①C、皇帝の子孫】西河王奇溯、定王曾孫……子表相嗣、亦以仁孝聞、與寧河王表楠河東嗣王竒淮並爲人所稱……。

【Ⅲ①CD、仁を嗣ぐがやがて死のかおり】新喋恭王七世孫、家汾州、崇禎十四年由宗貢生爲中部知縣……先是、土寇薄城縣丞光先與戰不勝、自焚死、新喋哭之慟、爲之誄曰、殺身成仁、雖死猶生、至是、新喋亦死難。

【Ⅲ①C、皇帝の子孫】楚昭王楨太祖第六子……子莊王……子憲王……弟康王……從子靖王……正德五年薨、子端王榮瀲嗣、以仁孝著稱、武宗表曰、彰孝之坊……。

《列傳六諸王三》

【Ⅲ①C、皇帝の子孫】瀋簡王模太祖第二十一子……子康王……子莊王……子恭王……孫允橒……無子再

第一章　正史を通して知る「仁」と「天理」

從第憲王……子宣王……弟安慶王……鎮康王……子定王玨嗣、仁孝恭愼……。
《列傳七諸王四》
【Ⅲ①Ａ 太守】壽定王祐楮……鵬日、太仁、爲民受過。
《列傳十一陳友諒》
【Ⅲ①Ａ】明玉珍……子昇嗣……洪武元年、太祖克元都、昇奉書稱賀、明年太祖遣使求大木、昇遂幷獻方物、帝答以璽書、其冬、遣平章楊璟諭昇歸命、昇不從、璟復遺昇書曰……我主上仁聖威武、神明響應……深仁厚德、所以待明氏者不淺、足下可不深念乎。
《列傳十六劉基》
【Ⅲ①Ａ 受命於其仁・君人者兼治教之責】宋濂字景濂、其先金華之潛溪人……帝剖符封功臣、召濂議五等封爵、宿大本堂、討論達旦、歷據漢唐故實、量其中而奏之、甘露屢降、帝問災祥之故、對曰、<u>受命不於天、於其人、休符不於祥、於其仁</u>、春秋書異不書祥、爲是故也……問三代歷數及封疆廣狹、既備陳之、復曰、<u>三代治天下以仁義、故多歷年所</u>、又問三代以上、所讀何書、對曰、上古載籍未立、人不專講誦、<u>君人者兼治教之責、率以躬行、則衆自化</u>……。
《列傳十七馮勝》
【Ⅲ①Ａ、天下不足定也】馮勝定遠人……太祖嘗從容詢天下大計、國用對曰、金陵龍蟠虎踞、帝王之都、先拔之以爲根本、<u>然後四出征伐、倡仁義、收人心、勿貪子女玉帛、天下不足定也</u>、太祖大悅……。
《列傳十八吳良》
【Ⅲ①Ｄ、後が續かなかった】良仁恕儉約、聲色貨利無所好……子高嗣侯……高已死、徙其家、會赦得釋、宣德十年、<u>子昇乞嗣、不許</u>。
《列傳二十三陳遇》
【Ⅲ①Ａ、項羽は不仁②Ｄ】孔克仁句容人……嘗閱漢書、濂與克仁侍、太祖曰、漢治道不純者何……太祖曰、<u>項羽南面稱孤、仁義不施</u>、而自矜功伐、<u>高祖知其然、承以柔遜、濟以寬仁</u>、卒以勝之、今豪傑非一、我守江左、任賢撫民、以觀天下之變、若徒與角力、則猝難定也。
《列傳二十五劉三吾》
【Ⅲ①Ａ、萬物一體の仁】汪叡字仲魯、婺源人……洪武十七年復召見、命講西伯戡黎篇、授左春坊左司直、常命續薫風自南來詩及他應制、皆稱旨、請春夏停決死罪、體天地生物之仁、從之……。
《列傳二十六陳修》
【Ⅲ③Ｄ、帝怒、遂賜死】楊靖字仲寧、山陽人……二十二年進尚書、明年五月詔在京官三年皆遷調、著爲令、乃以刑部尚書趙勉與靖換官、諭曰、愚民犯法、如嗜飲食、設法防之、<u>犯者益衆、推恕行仁</u>、或能感化、自今惟犯十惡並殺人者死、餘罪皆令輸粟北邊……二十六年兼太子賓客……三十年七月坐爲鄕人代改訴寃狀草、爲御史所劾、<u>帝怒、遂賜死</u>、時年三十八。
【Ⅲ③Ｄ】沈溍字尚賢、錢塘人……帝嘗諭致治之要、在進賢退不肖、溍因言、君子常少、小人常多、在上風厲之耳、<u>賢者舉而不仁者遠矣</u>、帝善其言、二十三年以溍與工部尚書奏遠換官、賜詰奬諭、尋復舊任、後以事免、明初、衛所世籍及軍卒勾補之法、皆溍所定、然名目瑣細、簿籍煩多、吏易爲奸、終明之世頗爲民患、而軍衛亦日益耗減、語詳兵志、潮州生陳質、父在戍籍、父没、質被勾補、請歸卒業、帝命除其籍、溍以缺軍伍、持不可、<u>帝曰、國家得一卒易、得一士難、遂除之</u>、然此皆特恩云。
《列傳二十七錢唐》
【Ⅲ①Ｂ、Ａ】葉伯巨、字居升、寧海人、通經術、以國子生授平遙訓導、洪武九年星變、詔求直言、伯巨上書、略曰、臣觀當今之事……昔者周自文武至於成康、而教化大行、漢自高帝至於文景、而始稱富庶、蓋天下之治亂、<u>氣化之轉移、人心之趨向、非一朝一夕故也</u>、今國家紀元、九年於茲、偃兵息民、天下大定、紀綱大正、法令修明、可謂治矣、而陛下切切以民俗澆漓、人不知懼、法出而奸生、令下而詐起、故或朝信而暮猜者有之、昨日所進、今日被戮者有之、乃至令下而尋改、已赦而復收、天下臣民莫之適從、臣愚謂天下之趨於治、猶堅冰之泮也、冰之泮、非太陽所能驟致、陽氣發生、土脉微動、然後得以融釋、聖人之治天下、亦猶是也、<u>刑以威之、禮以導之、漸民以仁、摩民以義、而後其化熙熙</u>、孔子曰、如有王者、必世而後仁、此非空言也……昔者宋有天下蓋三百餘年、其始以禮義教其民、當其盛時、閭閻里巷皆有忠厚之風、至於恥言人之過失、洎乎末年、忠臣義士視死如歸、婦人女子羞被汙辱、此皆教化之效也、元之有

資料Ⅰ 『史記』・『漢書』・『晉書』・『舊唐書』・『新唐書』・『明史』の「仁」・「天理」

國、其本不立、犯禮義之分、壞廉恥之防、不數十年、棄城降敵者不可勝數、雖老儒碩臣甘心屈辱、此禮義廉恥不振之弊、遺風流俗至今未革、深可怪也、臣謂莫若敦仁義、尚廉恥、守令則責其以農桑學校爲急、風憲則責其先教化、審法津、以平獄緩刑爲急、如此則德澤下流、求治之道庶幾得矣、郡邑諸生升於太學者、須令在學肄業、或三年、或五年、精通一經、兼習一藝、然後入選、或宿衞、或辦事、以觀公卿大夫之能、而後任之以政、則其學識兼懋、庶無敗事、且使知祿位皆天之祿位、而可以塞覬覦之心也、治道既得、陛下端拱穆清、待以歲月、則陰陽調而風雨時、諸福吉祥莫不畢至、尚何天變之不消哉、書上、帝大怒曰、小子間吾骨肉、速逮來、吾手射之、既至、丞相乘帝喜以奏、下刑部獄、死獄中。

【Ⅲ①B、A】周敬心山東人、太學生也、洪武二十五年詔求曉歷數者、敬心上疏極諫、且及時政數事、略曰、臣聞國祚長短……昔者三代不知有聖、仁爲之聖、故曰、聖人大寶曰位、何以守位曰仁、陛下奈何忽天下之大寶、而求漢唐宋之小寶也、方今力役過煩、賦斂過厚、教化薄而民不悦、法度嚴而民不從、昔汲黯言於武帝曰、陛下内多欲而外施仁義、奈何欲效唐虞之治乎……。
《列傳二十九齊泰》
【Ⅲ③D 先孝孺死】方孝孺字希直、一字希古、寧海人……五月、吳傑平安盛庸發兵擾燕餉道、燕王復遣指揮武勝上書伸前請、帝將許之、孝孺曰、兵罷、不可復聚、願毋爲所惑、帝乃誅勝以絶燕、未幾、燕兵掠沛縣、燒糧艘、時河北師老無功、而德州又饋餉道絶、孝孺深以爲憂、以燕世子仁厚、其弟高煦狡譎、有寵於燕王、嘗欲奪嫡、謀以計間之、使内亂、乃建議白帝、遣錦衣衞千戸張安齎璽書仕北平賜世子、世子得書不啓封、幷安送燕軍前、間不得行……孝孺有兄孝聞、力學篤行、先孝孺死、弟孝友與孝孺同就戮、亦賦詩一章而死、妻鄭及二子中憲中愈先自經死、二女投秦淮河死。
《列傳三十一王艮》
【Ⅲ③D、あとが悪い】黃鉞字叔揚、常熟人、少好學、家有田在葛澤陂、鉞父令督耕其中……鉞曰、三府唯鎮江最要害、守非其人、是撒垣而納盗也、指揮童俊狡不可任、奏事上前、視遠而言浮、心不可測也、蘇州知府姚善、忠義激烈、有國士風、然仁有餘而禦下寛、恐不足定亂、且國家大勢、當守上游、兵至江南、禦之無及也、孝孺乃因鉞附書於善、善得書、與鉞相對哭、誓死國、鉞至家、依父殯以居、燕兵至江上、善受詔統兵勤王、以書招鉞、鉞知事不濟、辭以營葬畢乃赴、既而童俊果以鎮江降燕、鉞聞國變、杜門不出、明年以戸科左給事中召、半途自投於水、以溺死聞、故其家得不坐。
【Ⅲ③D、あとが悪い】高巍、遼州人……帝壯其言、許之、巍至燕、自稱、國朝處士高巍再拜上書燕王殿下……願大王信巍言、上表謝罪、再修親好、朝廷鑒大王無他、必蒙寛宥、太祖在天之靈亦安矣、倘執迷不悟、舍千乘之尊、捐一國之富、恃小勝、忘大義、以寡抗衆、爲僥倖不可知之悖事、巍不知大王所税駕也、況大喪未終、毒興師旅、其與泰伯夷齊求仁讓國之義、不大逕庭乎、雖大王有肅清朝廷之心、天下不無篡奪嫡統之議、即幸而不敗、謂大王何如人……書數上、皆不報、已而景隆兵敗、巍自拔南歸、至臨邑、遇參政鐵鉉、相持痛哭、奔濟南、誓死拒守、屢敗燕兵、及京城破、巍自經死驛舎。
《列傳三十三姚廣孝》
【Ⅲ③D、仁だけではだめ】贊曰、恵帝承太祖遺威餘烈、國勢初張、仁聞昭宣、衆心悦附、成祖奮起方隅、冒不韙以爭天下、未嘗有萬全之計也、乃道衍首贊密謀、發機決策、張玉朱能之輩戮力行間、轉戰無前、隕身不顧、於是收勁旅、摧雄師、四年而成帝業、意者天之所與、羣策羣力、應時並濟、諸人之得爲功臣首也、可不謂厚幸哉。
《列傳四十五金純》
【Ⅲ①A、刑官・君子の定義】贊曰金純等黽勉奉公、當官稱職、加之禔躬清白、操行無虧、固列卿之良也、鄭辰之廉事、周瑄之治獄、皆有仁人之用心、君子哉。
《列傳四十六黃宗載》［子が身を愼む］
【Ⅲ①A、刑官、子が身を愼む】魏驥字仲房、蕭山人……驥居官務大體、在太常、山川壇獲雙白兎、坻内生瑞麥、皆却不進、在吏部、有進士未終制、求考功、同官將許之、驥持不可、法司因旱鄺刑、有王綱者、惡逆當辟、或憫其少、欲緩之、驥曰、此婦人之仁、天道不時、正此故也、獄決而雨……其子完以驥遺言詣闕辭葬、乞以其金振饑民、帝憮然曰、驥臨終遺命、猶恐勞民、可謂純臣矣、許之、蕭山民徳驥不已、詣闕請祀於徳恵祠、以配楊時、制曰可。
《列傳四十九周新》

第一章　正史を通して知る「仁」と「天理」

【Ⅲ①A、刑官、獄吏であり民の求めにより留任】羅以禮、桂陽人……莫愚、臨桂人、由鄉舉、以郎中出知常州、奏請減宜興歲進茶數、禁公差官凌虐有司、嚴核上官薦劾之實、皆報可、郡民陳思保年十二、世業漁、其父兄行劫、思保在舟中、有司以爲從論、當斬、愚疏言、小兒依其父兄、非爲從比、令全家舟居、將舉家坐耶、<u>宣宗命釋之、謂廷臣曰、爲守能言此、可謂有仁心矣</u>、正統六年秩滿、郡民乞留、巡撫周忱以聞、詔進二階復任。
《列傳五十尹隆昌》

【Ⅲ③D】劉球字廷振、安福人、永樂十九年進士、家居讀書十年、從學者甚衆、授禮部主事、胡濙薦侍經筵、與修宣宗實錄、改翰林侍講、從祉知莆田、遺一夏布、球封還、遺書戒之……<u>麓川連年用兵、死者十七八、軍貲爵賞不可勝計</u>、今又遣蔣貴遠征緬甸、責獻思任發、果禽以歸、不過梟諸通衢而已、緬將挾以爲功、必求與木邦共分其地、不與則致怒、與之則兩蠻坐大、是滅一麓川生二麓川也、設有蹉跎、兵事無已、<u>臣見皇上每錄重囚、多宥令從軍、仁心若此、今欲生得一失地之竄寇、而驅數萬無罪之衆以就死地、豈不有乖於好生之仁哉</u>、況思機發已嘗遣人來貢、非無悔過乞免之意、若敕緬斬任發首來獻、仍敕思機發盡削四境之地、分於各寨新附之蠻、則一方可寧矣。

【Ⅲ③A、孝】鍾同字世京、吉安永豐人……五年五月、同因上疏論時政、遂及復儲事、其署曰……又言、父有天下、固當傳之於子、乃者太子薨逝、足知天命有在、<u>臣竊以爲上皇之子、即陛下之子、沂王天資厚重、足令宗社有託、伏望擴天地之量、敦友于之仁、蠲吉具儀、建復儲位</u>、實祖宗無彊之休。
《列傳五十四韓觀》

【Ⅲ①A、官吏】王信字君實、南鄭人……十七年疏言、湖廣諸蠻雖腹心蠹、實無能爲、久不靖者、由我將士利其竊發以邀功也、選精銳、愼隄防、其患自息、荊襄流逋、本避徭役、濫誅恐傷天和、南畝之氓咸無蓄積、收穫未幾、餞糧已空、機杼方停、布縷何在、<u>乞選公正仁惠守令</u>、加意撫綏、濫授冗員、無慮千百、無一矢勞、冒崇階之賞、乞察勘削奪、部指揮劉斌張全智勇、力薦於朝、且云、英雄之士、處心剛正、安肯俯首求媚、若不加意延訪、則志士沉淪、朝廷安得而用之。
《列傳五十六陳循》

【Ⅲ①A】萬安字循吉、眉州人……初、孝穆皇太后之薨、內庭籍籍指萬貴妃、孝宗立、魚臺縣丞徐頊上書發其事、廷臣議逮鞫萬氏戚屬曾出入宮掖者、安驚懼不知所爲、曰、我久不與萬氏徃來矣、而劉吉先與萬氏姻、亦自危、其黨尹直尚在閣、共擬旨寢之、<u>孝宗仁厚</u>、亦置不問、安吉得無事。

【Ⅲ①A】劉吉字祐之、博野人……初、吉與萬安劉珝在成化時、帝失德、無所規正、時有、紙糊三閣老、泥塑六尚書、之謠、<u>至是見孝宗仁明</u>、同列徐溥劉健皆正人、而吉於閣臣居首、兩人有建議、吉亦署名、復時時爲正論、竊美名以自蓋。
《列傳五十九王驥》

【Ⅲ①A、軍制】楊善字思敬、大興人……明日謁也先……善曰、若齎貨來、人謂太師圖利、<u>今不爾、乃見太師仁義</u>、爲好男子、垂史策、頌揚萬世、也先笑稱善……。
《列傳六十羅亨信》

【Ⅲ③D】張驥、字仲德、安化人、永樂中舉於鄉、入國學、宣德初授御史、出按江西、慮囚福建、<u>有仁廉聲</u>……其秋景帝嗣位、<u>召驥還、卒於道、驥所至、咸有建樹、山東兩浙民久而思之</u>、鑑胡至京、帝宥不誅、更遇赦、釋充留守衛軍、也先入犯、鑑胡乘間亡、被獲、伏誅。
《列傳六十四李賢》

【Ⅲ①A、仁明武、仁勇】劉定之字主靜、永新人……景帝即位、復上言十事、曰……昔者漢圖恢復、所恃者諸葛亮、南宋禦金、所恃者張浚、彼皆忠義夙著、功業久立……<u>人主之德、欲其明如日月以察直枉、仁如天地以覆羣生、勇如雷霆以收威柄、故司馬光之告君、以仁明武爲言、即中庸所謂知仁勇也、知仁勇非學而能之哉</u>、夫經莫要于尚書春秋史莫正于通鑑綱目、陛下留心垂覽、其于君也、既知禹湯文武之所以興、又知桀紂幽厲之所以替、而趨避審矣、于馭內臣也、既知有呂強張承業之忠、又知有仇士良陳弘志之惡、於馭廷臣也、既知有蕭曹房杜之良、又知有李林甫楊國忠之奸、而用舍當矣、<u>如是則於知仁勇之德、豈不大有助哉</u>、苟徒如向者儒臣進講、誦述其善、諱避其惡、是猶恐道路之有陷窄、閉目而過之、其不至於冥行顚仆者幾何、今天下雖遭大創、尚如金甌之未缺、<u>誠能本聖學以見之政治、臣見國勢可强</u>、讐恥可雪、兄弟之恩可全、祖宗之制可復、亦何憚而不爲此。

資料Ⅰ 『史記』・『漢書』・『晉書』・『舊唐書』・『新唐書』・『明史』の「仁」・「天理」

《列傳六十五王翺》
【Ⅲ①A】王竑字公度、其先江夏人……明年二月上言……<u>仁愛施而實惠未溥</u>……。
《列傳六十六項忠》
【Ⅲ②D、羌叛、羌をまきこんで仁を語る】項忠字藎臣、嘉興人……七年以大理卿召、民乞留如前、遂改右副都御史、巡撫其地、洮岷羌叛、忠疏言、羌志在劫掠、<u>盡誅則傷仁、遽撫則不威</u>、請聽臣便宜從事、報可。
《列傳六十七羅倫》
【Ⅲ①B】章懋字德懋、蘭谿人……憲宗將以元夕張燈……<u>伏讀宣宗皇帝御製翰林箴有曰、啓沃之言、唯義與仁、堯舜之道、鄒魯以陳</u>……。
《列傳六十八張寧》
【Ⅲ①A】李俊字子英、岐山人……時汪直竊柄、陷馬文升牢俸遣戍……俊率六科諸臣上疏曰……<u>陝西河南山西赤地千里、屍骸枕藉、流亡日多、舊苻可慮、願體天心之仁愛、憫生民之困窮</u>、追錄貴倖鹽課、暫假造寺資財、移振饑民、俾苟存活、則流亡復而天意可回矣。
《列傳六十九徐溥》
【Ⅲ①A、儒臣】徐溥字時用、宜興人……帝自八年後……宋徽宗崇道教、科儀符籙最盛、卒至乘輿播遷、金石之藥、性多酷烈、唐憲宗信柳泌以殞身、其禍可鑒、<u>今龍虎山上清宮神樂觀祖師殿及內府番經廠皆焚燬無餘、彼如有靈、何不自保、天厭其穢、亦已明甚、陛下若親近儒臣、明正道、行仁政、福祥善慶、不召自至、何假妖妄之說哉</u>、自古奸人蠱惑君心者、必以太平無事爲言、唐臣李絳有云、憂先於事、可以無憂、事至而憂、無益於事、今承平日久、溺於晏安、目前視之、雖若無事、然工役繁興、科斂百出、士馬罷敝、閭閻困窮、愁歎之聲上干和氣、致熒惑失度、太陽無光、天鳴地震、草木興妖、四方奏報殆無虛月、將來之患灼然可憂、陛下高居九重、言官皆畏罪緘默、臣等若復不言、誰肯為陛下言者、帝感其言……溥性凝重有度、在內閣十二年、從容輔導、人有過悮、輒爲掩覆、曰、天生才甚難、不忍以微瑕棄也、屢遇大獄及逮繫言官、委曲調劑、<u>孝宗仁厚、多納溥等所言</u>、天下陰受其福、嘗曰、祖宗法度所以惠元元者備矣、患不能守耳、卒無所更置、性至孝、嘗再廬墓、自奉甚薄、好施予、置義田八百畝贍宗族、請籍記於官、以垂永久、帝爲復其徭役。
【Ⅲ①A】丘濬字仲深、瓊山人……明年濬上言、臣見成化時彗星三見、徧掃三垣、地五六百震、邇者彗星見天津、地震天鳴無虛日、異鳥三鳴於禁中、春秋二百四十年、書彗孛者三、地震者五、飛禽者二、<u>今乃屢見於二十年之間、甚可畏也、願陛下體上天之仁愛</u>、念祖宗之艱難、正身清心以立本而應務、謹好尚不惑於異端、節財用不至於耗國、公任使不失於偏聽、禁私謁、明義理、愼儉德、勤政務、則承風希寵左道亂政之徒自不敢肆其奸、而天災弭矣、因列時弊二十二事、帝納之、六年以目疾免朝參。
【Ⅲ①A】劉健字希賢、洛陽人……六月庚午復上言、近日以來、免朝太多、奏事漸晚、遊戲漸廣、經筵日講直命停止、臣等愚昧、不知陛下宮中復有何事急於此者、<u>夫濫賞妄費非所以崇儉德、彈射釣獵非所以養仁心</u>、鷹犬狐兔田野之物不可育於朝廷、弓矢甲冑戰鬥之象不可施於宮禁、今聖學久曠、正人不親、直言不聞、下情不達、而此數者雜交於前、臣不勝憂懼、帝曰、朕聞帝王不能無過、貴改過、卿等言是、朕當行之……。
《列傳七十王恕》
【Ⅲ①A、仁政と武備】馬文升字負圖、鈞州人……團營軍不足、請於錦衣及騰驤四衛中選補、已得請矣、中官甯瑾阻之、文升及兵科薛春等言詔旨宜信、不納、陝西地大震、文升言、此外寇侵凌之兆、今和碩方跳梁、<u>而海內民困財竭、將惰兵弱、宜行仁政以養民、講武備以固圉</u>、節財用、停齋醮、止售奉冗員、禁奏乞閑地、日視二朝、以勤庶政、且撤還陝西織造內臣、振邮被災者家、帝納其言、內臣立召還。
《列傳七十一何喬新》
【Ⅲ①A、法官の仁・子孫は問題なし】彭韶字鳳儀、莆田人……二十年擢右副都御史、巡撫應天、明年正月、星變、上言、<u>彗星示災</u>、見在歲暮、遂及正旦、<u>歲暮者、天道之終、正旦者、歲事之始、此天心仁愛、欲陛下善始善終也</u>、陛下嗣位之初、家禮正、防微周、儉德昭、用人愼、乃邇年以來、進奉貴妃、加於嫡后、褒寵其家、幾與先帝后家埒、此正家之道未終也……。
【Ⅲ①A】周經字伯常、刑部尚書瑄子也……明年、代葉淇為戶部尚書、<u>時孝宗寬仁</u>、而戶部尤奸蠹所萃、挾勢行私者不可勝紀……。

第一章　正史を通して知る「仁」と「天理」

【Ⅲ①A、法官】閔珪字朝瑛、烏程人……珪久爲法官、議獄皆會情比律、歸於仁恕……從孫如霖、南京禮部尚書、如霖曾孫洪學、吏部尚書、洪學從弟夢得、兵部戎政尚書、他爲庶僚者復數人。
《列傳七十四韓文》
【Ⅲ①A】楊守隨字維貞、鄞人……六年疏陳六事、言、郕王受命艱危時、削平禍亂、功甚大、歿乃謚以戾、公論不平、此非先帝意、權奸逞私憾者爲之也、亟宜改易、彰陛下親親之仁、尚書李秉効忠守法、一時良臣、爲蕭彥莊誣劾致仕、乞即召還……。
《列傳七十七李文祥》
【Ⅲ①A】羅僑字維升、吉水人……正德初、入爲大理右評事、五年四月、京師旱霾、上疏曰、臣聞人道理則陰陽和、政事失則災沴作、頃因京師久旱、陛下特沛德音、釋逋戍之囚、弛株連之禁、而齋禱經旬、雨澤尚滯、臣竊以爲天心仁愛未已也、陛下視朝、或至日昃、狎侮羣小、號呶達旦、其何以承天心基大業乎、文網日密、誅求峻急、盜賊白晝殺人、百姓流移載道、元氣索然、科道知之而不敢言、内閣言之而不敢盡、此壅蔽之大患也、古者進退大臣、必有體貌、黥劓之罪不上大夫、邇来公卿去不以禮、先朝忠藎如劉大夏者、謫戍窮邊、已及三載、陛下置之不問、非所以待耆舊、敬大臣也、本朝律例、參酌古今、足以懲奸而蔽罪、近者法司承望風旨、巧中善類、傳曰、賞僣則及淫人、刑濫則及善人、不幸而過、寧僣無濫、今之刑罰、濫孰甚焉、願陛下愼逸游、屏玩好、放棄小人、召還舊德、與在廷臣工、宵旰圖治、并勅法司愼守成律、即有律輕情重者、亦必奏請裁決、毋擅有輕重、庶可上弭天變、下收人心、時降士久以言爲諱、僑疏上、自擬必死、輿櫬待命、劉瑾大怒、矯中旨詰責數百言、令廷臣議罪、大學士李東陽力救、得改原籍教職、其秋、瑾敗、僑尋召復官、引病去、宸濠反、王守仁起兵吉安、僑首赴義。
《列傳八十楊愼》
【Ⅲ①A】張漢卿字元傑、儀封人……嘉靖元年冬、與同官上言、陛下軫念畿輔莊田之害、遣官會勘、敕自正德以後投獻及額外侵占者、盡以給民、王言一布、天下孰不誦陛下之仁、乃者給事中夏言御史樊繼祖主事張希尹勘上涿州薰皮廠安州鷹房草場、詔旨留用……。
《列傳八十三王守仁》〔仁に関する記載なし・念のため注記〕
《列傳八十五席書》
【Ⅲ①A】席書字文同、遂寧人……其年八月入朝、帝慰勞有加、踰月乃會廷臣大議、上奏曰……今陛下於獻帝章聖已去本生之稱、復下臣等大議、臣書臣璁臣蕚信獻夫及文武諸臣皆議曰、世無二道、人無二本、孝宗皇帝、伯也、宜稱皇伯考、昭聖皇太后、伯母也、宜稱皇伯母、獻皇帝、父也、宜稱皇考、章聖皇太后、母也、宜稱聖母、武宗仍稱皇兄、莊肅皇后宜稱皇嫂、尤願陛下仰遵孝宗仁聖之德、念昭聖擁翊之功、孝敬益隆、始終無間、大倫大統兩有歸矣、奉神主而別立禰室、於至親不廢、隆尊號而不入太廟、於正統無干、尊親兩不悖矣、一尊祖訓、允合聖經、復三代數千年未明之典禮、洗漢宋經違禮之陋、習非聖人其孰能之。
【Ⅲ①A】黃宗明字誠甫、鄞人……明年出爲吉安知府、遷福建鹽運使、六年召修明倫大典、以母憂歸、服闋、徵拜光祿卿、十一年擢兵部右侍郎、其冬、編修楊名以劾汪鋐下詔獄、詞連同官程文德、亦坐繫、詔書責主謀者益急、宗明抗疏救、且曰、連坐非善政、今以一人妄言、必究主使、廷臣孰不懼、況名榜掠已極、當嚴冬或困斃、將爲仁明累、帝大怒、謂宗明即其主使、並下詔獄、謫福建右參政、帝終念宗明議禮功、明年召拜禮部右侍郎。
《列傳八十七李鉞》
【Ⅲ①A、仁明武三言】胡世寧字永清、仁和人……居四年、宸濠果反、世寧起戍中爲湖廣按察使、尋擢右僉都御史巡撫四川、道聞世宗即位、疏以司馬光仁明武三言進、因薦魏校何瑭卲銳可講官、林俊楊一清劉忠林廷玉可輔弼、知府劉蒞徐鈺先爲諫官有直聲宜擢用……既免喪家居、朝廷方議大禮、異議者多得罪、世寧意是張璁等、疏乞早定追崇大禮、未上、語聞京師、既有議遷顯陵祔天壽山者、世寧極言不可、乃並前疏上之、帝深嘉歎、無何、聞廷臣伏闕爭、有杖死者、馳疏言、臣向以仁明武三言進、然尤以仁爲本、仁、生成之德、明、日月之臨、皆不可一日無、武則雷霆之威、但可一震而已、今廷臣忤旨、陛下赫然示威、辱以箠楚、體羸弱者輒斃、傳之天下、書之史册、謂鞭撲行殿陛、刑辱及士夫、非所以光聖德、新進非一言偶合、後難保必當、舊德老成一事偶忤、後未必皆非、望陛下以三無私之心、照臨於上、無先存適莫於中、帝雖不能從、亦不忤。
《列傳九十一鄭岳》

資料Ⅰ 『史記』・『漢書』・『晉書』・『舊唐書』・『新唐書』・『明史』の「仁」・「天理」

【Ⅲ①B】潘塤字伯和、山陽人……十一年正月、上書言、陛下始者血氣未定、禮度或踰、今春秋已盛、更紘易轍、此其時也、昔太甲居桐、處仁遷義、不失中興、漢武下輪臺之詔、年已七十、猶為令主、況陛下過未浮於太甲、悔又早於武帝、何慮不可蓋、何治不可建乎、時欲毀西安門外民居、有所興作、塤與御史熊相曹雷復切諫、皆不報。
《列傳九十四馬録》
【Ⅲ①A】顔頤壽、巴陵人……盧瓊、字獻卿、浮梁人、正德六年進士、由固始知縣入為御史、嘉靖改元、上言、景皇帝有撥亂大功、而實録猶稱郕戾王、敬皇帝深仁厚澤、而實録成於焦芳之手、是非顛倒、乞詔儒臣改撰、帝惟命史官正孝宗實録之不當者、然亦未有所正也。
《列傳九十五鄧繼曾》 皇仁
【Ⅲ①A】楊思忠字孝夫……世宗晩年……深大同人……深尋遷刑部右侍郎、齊康之劾徐階也、深劾康幷詆高拱、時登極詔書赦死罪以下囚、而流徒已至配者、所司拘律不遣、深言殊死猶赦、而此反不及、非所以廣皇仁、詔從其議、旋進左侍郎、罷歸。
《列傳九十七楊最芹》
【Ⅲ①A】贊曰、語有之、君仁則臣直、當世宗之代、何直臣多與、重者顯戮、次乃長繋、最幸者得貶斥、未有苟全者、然主威愈震、而士氣不衰、批鱗碎首者接踵而不可遏、觀其蒙難時、處之泰然、足使頑懦知所興起、斯百餘年培養之效也。
《列傳九十九馬永》
【Ⅲ①A、軍制・帝の仁を馬永がもたらす論理】馬永、字天錫、遷安人……永上書爲陸完請恤典、且乞宥議禮獲罪諸臣、帝大怒、奪永官、寄祿南京後府、巡撫御史丘養浩言、永仁以恤軍、廉以律己、固邊防、却強敵、軍民安堵、資彼長城、聞永去、遮道乞留、且攜子女欲遂逃移、夫陸完久死炎瘴、非有權勢可托、永徒感國士知、欲效區區之報、不負知己、寧負國家、祈曲賜優容、俾還鎮、順天巡撫劉澤及給事御史交章救之、俱被譴、永竟廢不用、永杜門讀書、清約如寒士、久之、用薦僉書南京前府、大同軍再亂、廷臣交薦、召至、已就撫、復還南京。
《列傳一百一徐階》
【Ⅲ①A】高拱字肅卿、新鄭人……三年冬……帝復然拱言、命減戌、拱之再出、專與階修郄、所論皆欲以中階重其罪、賴帝仁柔、弗之竟也、階子弟頗横郷里、拱以前知府蔡國熙爲監司、簿録其諸子、皆編戍、所以扼階者、無不至、逮拱去位、乃得解。
《列傳一百三王治》
【Ⅲ①A】李巳、字子復、磁人、嘉靖四十四年進士、除太常博士、擢禮科給事中、隆慶中、頻詔戸部有所徵索、尚書劉體乾輒執奏、巳每助之、以是積失帝意、及爭珍寶事、遂得禍、未幾、刑科給事中舒化等請釋巳、刑部尚書葛守禮等言因事、朝審時、重囚情可矜疑者、咸得末減、已及内犯張恩等十人、讞未定、不列朝審中、苟瘐死犴狴、將累深仁、帝乃釋巳、恩等繋如故、法司以恩等有内援、欲借以脱巳、及巳獨釋、衆翕然稱帝仁明。
《列傳一百四呉山》
【Ⅲ①A】馮琦字用韞、臨朐人……二十七年九月、太白太陰同見於午、又狄道山崩、平地湧大小山五、琦草疏、偕尚書戴上言……陛下試遣忠實親信之人、采訪都城内外、閭巷歌謡、令一一聞奏、則民之怨苦、居然可覩、天心仁愛、明示咎徵、誠欲陛下翻然改悟、坐弭禍亂……。
【Ⅲ①A、仁孝】劉日寧、字幼安、南昌人、萬暦十七年進士、改庶吉士、授編修、進右中允、直皇長子講幄、時册立未舉、外議紛紜、日寧旁慰曲喩、依於仁孝、光宗心識之……。
《列傳一百八萬士和》
【Ⅲ①A】舒化字汝德、臨川人……萬暦初、累擢太僕少卿、復以疾歸、由南京大理卿召拜刑部左侍郎、雲南緬賊平、帝御午門樓受俘、化讀奏詞、音吐洪亮、進止有儀、帝目屬之、會刑部缺尚書、手詔用化、化言、陛下仁心出天性、知府錢若賡知州方廷乾以殘酷死戌、請飭大小臣僚各遵律例毋淫刑、大明律一書、高皇帝揭之兩廡、手加更定、今未經詳斷者或命從重擬議、已經定議者又詔加等處斬、是謂律不足用也、去冬雨雪不時、災異頻見、咎當在此、帝優詔答之……。
【Ⅲ①A】趙世卿、字象賢歷城人……三十二年……世卿上疏曰……天子之令、信如四時、三載前嘗曰、朕

心仁愛、自有停止之時、今年復一年、更待何日、天子有戲言、王命委草莽、是爲詔令計、不可不罷者六。
《列傳一百十二嚴清》
【Ⅲ①B】楊時喬字宜遷、上饒人……時喬受業永豐呂懷、最不喜王守仁之學、闢之甚力、尤惡羅汝芳、官通政時具疏斥之曰、佛氏之學、初不溷於儒、乃汝芳假聖賢仁義心性之言、倡爲見性成佛之教、謂吾學直捷、不假修爲、於是以傳註爲支離、以經書爲糟粕、以躬行實踐爲迂腐、以綱紀法度爲桎梏、踰閑蕩檢、反道亂德、莫此爲甚、敕所司明禁、用彰風教、詔從其言。
《列傳一百十四海瑞》
【Ⅲ①A】海瑞字汝賢、瓊山人……時世宗享國日久、不視朝、深居西苑、專意齋醮、督撫大吏争上符瑞、禮官輒表賀、廷臣自楊最楊爵得罪後、無敢言時政者、四十五年二月、瑞獨上疏曰……昔漢文帝賢主也、賈誼猶痛哭流涕而言、非苟責也、以文帝性仁而近柔、雖有及民之美、將不免於怠廢、此誼所大慮也、陛下天資英斷、過漢文遠甚、然文帝能充其仁恕之性、節用愛人、使天下貫朽粟陳、幾致刑措……。
《列傳一百二十一姜應麟》
【Ⅲ①A】楊天民字正甫、山西太平人……天民言、平地成山、惟唐垂拱間有之、而唐遂易爲周、今虎狼之使吞噬無窮、狗鼠之徒攘奪難厭、不市而征稅、無礦而輸銀、甚且毁廬壞冢、籍人貲產、非法行刑、自大吏至守令、每被譴逐、郡邑不肖者、反助虐交歡、藉潤私橐、嗷嗷之衆、益無所歸命、懷樂禍心、有土崩之勢、天心仁愛、亟示譴告、陛下尚不覺悟、翻然與天下更始哉、不報、文選郎中梅守峻貪黷、將擢太常少卿、天民劾罷之、延綏總兵趙孟麟官濟師襲寇、以大捷聞、督撫李汶王見賓等咸進秩予廕、寇乃大入、殺軍民萬計、汶等又妄奏捷、天民再疏論之、奪見賓職、夢麟戍邊、汶亦被譴。
《列傳一百二十三王汝訓》
【Ⅲ①A】孟一脈、字淑孔、東阿人……隆慶五年進士、爲平遥知縣、以廉能擢南京御史、萬曆六年五月上言、近上兩宮徽號、覃恩内外、獨御史傅應禎、進士鄒元標、部郎艾穆沈思孝、投荒萬里、遠絶親闈、非所以廣錫類溥仁施也。
《列傳一百三十陳邦瞻》
【Ⅲ①A】洪文衡字平仲、歙人……文衡慮帝惑兆魁言、抗章申雪、因言、今兩都九列、強半無人、仁賢空虛、識者浩歎、所堪選擇而使者、祇此起廢一途、今憲成尚在田間、已嬰羅罔、俾聖心愈疑、連茹無望、貽禍賢者、流毒國家、實兆魁一疏塞之矣、尋進大理少卿、以憂去、泰昌元年……。
《列傳一百三十一趙南星》
【Ⅲ①A】高攀龍字存之、無錫人……孫慎行以紅丸事攻舊輔方從哲、下廷議……陛下念聖母則宣選侍之罪、念皇考則隆選侍之恩、仁之至義之盡也、而説者乃曰、爲聖母隱諱則爲孝、明如聖諭、目爲假託、忠如楊漣、謗爲居功……。
《列傳一百三十二楊漣》
【Ⅲ①A】周朝瑞字思永、臨清人……光宗嗣位、擢吏科給事中、疏請收録先朝遺直、俄陳慎初三要、曰信仁賢、廣德澤、遠邪佞、因請留上供金花銀、以左軍興、詞多斥中貴、中貴皆惡之、激帝怒、貶秩調外、時列諫垣甫四日也、未出都而僖宗立……。
《列傳一百三十三周起元》
【Ⅲ①B】黄尊素字真長、餘姚人……萬燝既廷杖、又欲杖御史林汝翥、諸言官詣閣争之、小璫數百人擁入閣中、攘臂肆罵、諸閣臣俯首不敢語、尊素厲聲曰、内閣絲綸地、即司禮非奉詔不敢至、若輩無禮至此、乃稍稍散去、無何、燝以創重卒、尊素上言、律例、非叛逆十惡無死法、今以披肝瀝膽之忠臣、竟殞於磨牙礪齒之兇豎、此輩必欣欣相告、吾儕借天子威柄、可鞭笞百僚、後世有秉董狐筆、繼朱子綱目者、書曰、某月某日、郎中萬燝以言事廷杖死、豈不上累聖德哉、進廷杖之説者、必曰祖制、不知二正之世、王振劉瑾爲之、世祖神宗之朝、張璁嚴嵩張居正爲之、奸人欲有所逞、憚忠臣義士掣其肘、必借廷杖以快其私、使人主蒙拒諫之名、已受乘權之實、而仁賢且有抱蔓之形、於是乎爲所欲爲、莫有顧忌、而禍即移之國家、燝今已矣、辱士殺士、漸不可開、乞復故官、破格賜卹、俾遺孤得扶櫬還鄉、燝死且不朽、疏入、益忤忠賢意。
《列傳一百三十四滿朝薦》
【Ⅲ①A、仁義孝慈】李希孔字子鑄、三水人……三年上折邪議、以定兩朝實録、疏言……抑猶有未盡者、神祖與先帝所以處父子骨肉之際、仁義孝慈、本無可以置喙、即當年母愛子抱、外議誼譁、然雖有城社媒

資料Ⅰ 『史記』・『漢書』・『晉書』・『舊唐書』・『新唐書』・『明史』の「仁」・「天理」

孼之奸、卒不以易祖訓立長之序、則愈足見神祖之明聖、與先帝之大孝、何足諱、何必諱、又何可諱、若謂言及鄭氏之過、便傷神祖之明、則我朝仁廟監國危疑、何嘗爲成祖之累……。

《列傳一百三十六梅之煥》
【Ⅲ③D】梅之煥字彬父、麻城人……莊烈帝即位、乃免徵、起故官、巡撫甘肅、大破套寇、斬首七百餘級、生得部長三人、降六百餘人、明年春、寇復大入、患豌豆瘡、環大黃山而病、諸將請掩之、之煥不可、曰、<u>幸災不仁、乘危不武、不如舍之、因以爲德焉</u>、遂不戰、踰月、羣寇望邊城搏頼涕泣而去……。

《列傳一百四十三劉宗周》
【Ⅲ①A】劉宗周字起東、山陰人……忠賢責以矯情厭世、削其籍、崇禎元年……<u>陛下求治之心、操之太急、醞釀而爲功利、功利不已、轉爲刑名、刑名不已、流爲猜忌、猜忌不已、積爲壅蔽、正人心之危、所潛滋暗長而不自知者、誠能建中立極、黙正此心、使心之所發、悉皆仁義之良、仁以育天下、義以正萬民、自朝廷達於四海、莫非仁義之化</u>、陛下已一旦躋於堯舜矣、帝以爲迂濶、然歎其忠。

【Ⅲ①A、一統之君臣】黃道周字幼平、漳浦人……崇禎二年起故官、進右中允、三疏救故相錢龍錫降調、龍錫得減死、五年正月方候補、遘疾求去、瀕行、<u>上疏曰、臣自幼學易、以天道爲準</u>、上下載籍二千四百年、考其治亂、百不失一、陛下御極之元年、正當師之上九、其爻云、大君有命、開國承家、小人勿用、陛下思賢才不邊得、懲小人不易絶、蓋陛下有大君之實、而小人懷干命之心、臣入都以來、所見諸大臣皆無遠猷、動尋苛細、治朝寧者以督責爲要談、治邊疆者以姑息爲上策、<u>序仁義道德、則以爲迂昧而不經、奉刀筆簿書、則以爲通達而知務</u>……九年用薦召、復故官、明年閏月、久旱修省、道周上言……又上疏曰、陛下宜弘宥、有身任重寄至七八載罔效、擁權自侈者、積漸以來國無是非……六月廷推閣臣……七月五日、道周復進曰……嗣昌出奏曰、臣不生空桑、豈不知父母、顧念君爲臣綱、父爲子綱、君臣固在父子前、況古爲列國之君臣、可去此適彼、<u>今則一統之君臣、無所逃於天地之間、且仁不遺親、義不後君</u>、難以偏重、臣四疏力辭、意詞臣中有如劉定之羅倫者、抗疏爲臣代請、得遂臣志、及抵都門、聞道周人品學術、爲人宗師、乃不如鄭鄤、帝曰、然朕正擬問之、乃問道周、古人心無所爲、今則各有所主、故孟子欲正人心、息邪說、古之邪說、別爲一教、今則直附於聖賢經傳中、係世道人心更大、且爾言不如鄭鄤、何也、對曰、匡章見棄通國、孟子不失禮貌、臣言文章不如鄭、帝曰、章子不得於父、豈鄭杖母者比、爾言不如、豈非朋比、道周曰、衆惡必察、帝、陳新甲何以走邪徑、託捷足、且爾言軟美容悅、叩首折枝者誰耶、道周不能對、但曰……。

【Ⅲ①A、殺身成仁】贊曰、劉宗周黃道周所指陳、深中時弊、其論守、別忠佞、足爲萬世龜鑑、而聽者迂而遠之、則救時濟變之説惑之也、傳曰、雖危起居、竟信其志、猶將不忘百姓之病也、二臣有焉、<u>殺身成仁</u>、不違其素、所守豈不卓哉。

《列傳一百四十六許譽卿》
【Ⅲ①A】章正宸、字羽侯、會稽人從學同里劉宗周、有學行、崇禎四年進士、由庶吉士改禮科給事中、<u>勸帝法周孔、黜管商、崇仁義、賤富強</u>。

【Ⅲ③A】姜埰字如農、萊陽人、崇禎四年進士……山陽武舉陳啓新者、崇禎九年詣闕上書、言、<u>天下三大病、士子作文、高談孝弟仁義、及服官、恣行奸慝、此科目之病也</u>、國初典史授都御史、貢士授布政、秀才授尚書、嘉靖時猶三途並用、今惟一途、舉貢不得至顯官、一舉進士、橫行放誕、<u>此資格之病也</u>、舊制、給事御史、教官得爲之、其後途稍隘、而舉人推官知縣猶與其列、今惟以進士選、彼受任時、先以給事御史自待、監司郡守承奉不暇、剝下虐民、恣其所爲、<u>此行取考選之病也</u>、請停科目以絀虚文、舉孝廉以崇實行、罷行取考選以除積橫之習、蠲災傷田賦以蘇民困、專拜大將以節制有司便宜行事……。

【Ⅲ①B】陳龍正字惕龍、嘉善人……十一年五月、熒惑守心、下詔修省、有哀懇上帝語、龍正讀之泣、上養和好生二疏、畧曰、回天在好生、好生無過減死、皋陶贊舜曰、罪疑惟輕、是聖人於折獄不能無失也、蓋獄情至隱、人命至重、故不貴專信、而取兼疑、不務必得、而甘或失、臣居家所見聞、四方罪犯、無甚窮凶奇謀者、及來京師、此等乃無虚月、且罪案一成、立就誅磔、亦宜有所懲戒、何犯者若此纍纍、<u>臣願陛下懷帝舜之疑、寧使聖主有過仁之擧、臣下獲不經之愆</u>、蓋陰指東廠事也、越數日果諭提督中官王之心不得輕視人命云。

《列傳一百四十七楊鎬》
【Ⅲ①A 蓋國典皇仁並行不悖理合如此】熊廷弼字飛百、江夏人……明年五月、大學士韓爌等言、廷弼遺

第一章　正史を通して知る「仁」と「天理」

骸至今不得歸葬、從來國法所未有、今其子疏請歸葬、臣等擬票許之、蓋國典皇仁、並行不悖、理合如此、若廷弼罪狀始末、亦有可言、皇祖朝、戊申己酉間、廷弼以御史按遼東、早以遼患爲慮、請核地界、飭營伍、聯絡南北關、大聲疾呼、人莫爲應……臣等平心論之、自有遼事以來、誣官營私者何算、廷弼不取一金錢、不通一饋問、焦脣敝舌、爭言大計、魏忠賢盜竊威福、士大夫靡然從風、廷弼以長繫俟決之人、屈曲則生、抗違則死、乃終不改其彊直自遂之性、致獨膺顯戮、慷慨赴市、耿耿剛腸猶未盡泯、今縱不敢深言、而傳首已踰三年、收葬原無禁例、聖明必當垂仁、臣所以娓娓及此者、以茲事雖屬封疆、而實陰繫朝中邪正本末、皇上天縱英哲、或不以臣等爲大謬也。

《列傳一百五十四馬世奇》

【Ⅲ①B】劉理順字復禮、杞縣人……賊犯京師急、守卒缺餉、陰雨饑凍、理順詣朝房語諸執政、急請帑、衆唯唯、理順太息歸、捐家貲犒守城卒、僚友問進止、正色曰、存亡視國、尚須商酌耶、城破、妻萬妾李請先死、既絕、理順大書曰、成仁取義、孔孟所傳、文信踐之、吾何不然、書畢投繯、年六十三。

《列傳一百五十七艾萬年》

【Ⅲ①A】艾萬年米脂人……八年二月上疏言……誠令附近村屯移入城郭、儲精兵大器以待之、賊衣食易盡、生理一絶、鳥驚鼠竄、然後選精銳、據要害以擊之、或體陛下好生之心、誅厥渠魁、宥其脅從、不傷仁、不損威、乃撫勦良策、帝深嘉之、下所司議行、然卒不能用其策也。

《列傳一百五十九賀世賢》

【Ⅲ①A、軍制、有勇】何可綱遼東人……關外總兵舊有朱梅祖大壽、梅已解任、宜併歸大壽、駐錦州、而以臣中軍何可綱專防寧遠、可綱仁而有勇、廉而能勤、事至善謀、其才不在臣下、臣向所建豎、實可綱力、請加都督僉事、仍典臣中軍。

《列傳一百六十七呂大器》

【Ⅲ①A、官吏】順治十一年三月也、居二載、定國竟奉前敕獲王入雲南、乃贈貞毓少師太子太師吏部尚書中極殿大學士、賜祭、諡文忠、廕子錦衣、世千戶、餘贈恤有差、已、建廟於馬場、勒碑大書、十八先生成仁處、以旌其忠。

《列傳一百六十九循吏》

【Ⅲ①A、官吏】貝秉彝名恒以字行上虞人……秉彝爲吏明察而仁恕、素善飲、已仕、遂已之、宣德元年卒官。

《列傳一百七十儒林一》

【Ⅲ①B、夫子之道忠恕而已、性即理也】胡居仁字叔心、餘干人……嘗作進學箴曰、誠敬既立、本心自存、力行既久、全體皆仁、舉而措之、家齊國治、聖人能事畢矣。

【Ⅲ①B】蔡烈字文繼、龍溪人……主簿詹道嘗請論心、烈曰、宜論事、孔門求仁、未嘗出事外也、堯舜之道、孝弟而已、夫子之道、忠恕而已。

【Ⅲ①B】曹端字正夫、澠池人……端嘗言、學欲至乎聖人之道、須從太極上立根脚、又曰、爲人須從志士勇士不忘上參取、又曰、孔顏之樂仁也、孔子安仁而樂在其中、顏淵不違仁而不改其樂、程子令人自得之、又曰、天下無性外之物、而性無不在焉、性即理也、理之別名曰太極、曰至誠、曰至善、曰大德、曰大中、名不同而道則一。

【Ⅲ③D】邵寶字國賢、無錫人……寶三歲而孤、事母過氏至孝、甫十歲、母疾、爲文告天、願減己算延母年、及終養歸、得疾、左手不仁、猶朝夕侍親側不懈、學以洛閩爲的、嘗曰、吾願爲眞士大夫、不願爲假道學。

【Ⅲ①A、喪】潘府字孔修、上虞人……府因上疏請行三年喪、略言、子爲父、臣爲君、皆斬衰三年、仁之至、義之盡也、漢文帝遺詔短喪、止欲便天下臣民、景帝遂自行之、使千古綱常一墜不振、晉武帝欲行而不能、魏孝文行之而不盡、宋孝宗銳志復古、易月之外、猶執通喪、然不能下之於下、未足爲聖王達孝也……。

【Ⅲ①A、官吏の心得、仁者人也禮則人之元氣而已】何瑭字粹夫、武陟人、年七歲、見家有佛像、抗言請去之、十九讀許衡薛瑄遺書、輒欣然忘寢食、弘治十五年成進士、選庶吉士、閣試克己復禮爲仁論、有曰、仁者、人也、禮則人之元氣而已、則見侵於風寒暑濕者也、人能無爲邪氣所勝、則元氣復、元氣復而其人成矣、宿學咸推服焉……是時、王守仁以道學名於時、瑭獨默如、嘗言陸九淵楊簡之學、流入禪宗、充塞仁義、後學未得游夏十一、而議論即過顏曾、此吾道大害也……。

《列傳一百七十一儒林二》

【Ⅲ①B窮理講學】湛若水字元明、增城人……嘉靖初、入朝、上經筵講學疏、謂聖學以求仁爲要、已、

資料Ⅰ 『史記』・『漢書』・『晋書』・『舊唐書』・『新唐書』・『明史』の「仁」・「天理」

復上疏言、陛下初政、漸不克終、左右近侍爭以聲色異教蠱惑上心、大臣林俊孫交等不得守法、多自引去、可爲寒心、亟請親賢遠奸、窮理講學、以隆太平之業。
【Ⅲ①B 其論性曰・居敬窮理】王時槐字子植、安福人……時槐師同縣劉文敏、及仕、徧質四方學者、自謂終無所得、年五十、罷官、反身實證、始悟造化生生之幾、不隨念慮起滅、學者欲識眞幾、當從愼獨入、其論性曰、孟子性善之説、決不可易、使性中本無仁義、則惻隱羞惡更何從生、且人應事接物、如是則安、不如是則不安、非善而何、又曰、居敬窮理、二者不可廢一、要之、居敬二字盡之、自其居敬之精明了悟而言、謂之窮理、即考索討論、亦居敬中之一事、敬無所不該、敬外更無餘事也、年八十四卒。
《列傳一百七十五文苑三》
【Ⅲ①A】田汝成字叔禾、錢塘人、嘉靖五年進士、授南京刑部主事、尋召改禮部、十年十二月上言、陛下以青宮久虛、祈天建醮、復普放生之仁、凡鷖蹄鍛羽禁在上林者、咸獲縱釋、顧使囹圄之徒久縲徽縲、衣冠之侶流竄窮荒、父子長離、魂魄永喪、此獨非陛下之赤子乎、望大廣皇仁、悉加寬宥、忤旨切、責停俸二月。
《列傳一百七十七忠義》
【Ⅲ①A】今就有明一代死義死事之臣、博采旁蒐、彙次如左……我太祖太宗忠厚開基、扶植名教、獎張銓之守義、釋張春而加禮、洪量同天地、大義懸日月、國史所載、煥若丹青、諸臣之遂志成仁、斯爲無忝、故備列焉。
【Ⅲ②D】易紹宗、攸人、洪武時、從軍有功、授象山縣錢倉所千戶、建文三年、倭登岸剽掠、紹宗大書於壁曰、設將禦敵、設軍衛民、縱敵不忠、棄民不仁、不忠不仁、何以爲臣、爲臣不職、何以爲人、書畢、命妻李具牲酒生奠之、訣而出、密令遊兵間道焚賊舟、賊驚救、紹宗格戰、追至海岸、陷淖中、手刃數十賊、遂被害、其妻攜孤奏於朝、賜葬祭、勒碑旌之。
《列傳一百八十一忠義五》
【Ⅲ③D】郯有陳心學者、授知縣、不謁選而歸、其友周卜歷舉鄉試、知内黄、以父喪歸里、自成陷郯、執兩人欲官之、心學不從被殺、自成謂卜曆曰、爲我執知縣來、可代汝死、曰、戕人以利己、仁者不爲、賊怒、并殺之。
《列傳一百八十三忠義七》
【Ⅲ①A 獄吏・忠】王勵精、蒲城人、崇禎中、由選貢生授廣西府通判、仁恕善折獄、歲凶、毀銀帶易粟、減價糶、富人聞之、爭出粟、價遂平、遷崇慶知州、多善政、十七年、張獻忠陷成都、州人驚竄、勵精朝服北面拜、又西向拜父母、從容操筆書文信國成仁取義四語於壁、登樓縛利刃柱間、而置火藥樓下、危坐以俟、俄聞賊騎渡江、即命舉火、火發觸刃貫胸而死、賊歎其忠、斂葬之、其墨迹久逾新、滌之不滅、後二十餘年、州人建祠奉祀、祀甫畢、壁即頹、遠近歎異。
《列傳一百八十五孝義二》
【Ⅲ①A】何麟、沁水人……上疏曰、陛下巡幸晉陽、司城門者實臣麟一人、他官無預也、臣不能啓門迎駕、罪當萬死、但陛下輕宗廟社稷而事巡游、且易服微行、無清道警蹕之詔、白龍魚服、臣何由辨焉、昔漢光武夜獵、至上東門、守臣至惲拒弗納、光武以惲能守法而賞之、今小臣欲守郅惲之節、而陛下乃有不敬之誅、臣恐天下後世以爲臣之不幸不若郅惲、陛下寬仁之量亦遠遜光武也、疏入、帝怒稍解、廷杖六十、釋還、餘不問、巡撫以下郊迎、禮敬之。
《列傳一百八十七方伎》
左氏載醫和緩梓愼神竈史蘇之屬、甚詳且核、下逮巫祝、亦往往張其事以神之、論者謂之浮夸、似矣、而史記傳扁鵲倉公、日者、龜策、至黄石赤松倉海君之流、近於神仙荒忽、亦備錄不遺、范蔚宗乃以方術名傳、夫藝人術士、匪能登乎道徳之途、然前民利用、亦先聖之緒餘、其精者至通神明、參造化、詎曰小道可觀已乎、明初、周顛張三丰之屬、踪蹟秘幻、莫可測識、而震動天子、要非妄誕取寵者所可幾、張中袁珙、占驗奇中、夫事有非常理所能拘者、淺見尠聞不足道也、醫與天文皆世業專官、亦本周官遺意、攻其術者、要必博極於古人之書、而會通其理、沈思獨詣、參以考驗、不爲私智自用、乃足以名當世而爲後學宗、今録其最異者、作方伎傳、眞人張氏、道家者流、而世蒙恩澤、其事蹟關當代典故、撮其大略附於篇。〔以上、下記に内容上関わるので示す〕
【Ⅲ①A 醫】戴思恭、字原禮、浦江人、以字行、受學於義烏朱震亨、震亨師金華許謙、得朱子之傳、又

第一章　正史を通して知る「仁」と「天理」

學醫於宋內侍錢塘羅知悌、知悌得之荊山浮屠、浮屠則河間劉守眞門人也、震亨醫學大行、時稱爲丹溪先生、愛思恭才敏、盡以醫術授之、洪武中、徵爲御醫、所療治立效、<u>太祖愛重之</u>、燕王患瘕、太祖遣思恭往治、見他醫所用藥良是、念何以不效、乃問王何嗜、曰、嗜生芹、思恭曰、得之矣、投一劑、夜暴下、皆細蝗也、晉王疾、思恭療之愈、已、復發、即卒、太祖怒、逮治王府諸醫、思恭從容進曰、臣前奉命視王疾、啓王曰、今即愈、但毒在膏肓、恐復作不可療也、今果然矣、諸醫由是免死、思恭時已老、風雨輒免朝、<u>太祖不豫、少間、出御右順門、逮諸醫侍疾無狀者、獨慰思恭曰、汝仁義人也、毋恐、已而太祖崩、太孫嗣位、罪諸醫、獨擢思恭太醫院使。</u>

《列傳一百九十列女二》
【Ⅲ②Ｄ家・更嫁】楊氏、桐城吳仲淇妻、仲淇卒、家貧、舅欲更嫁之、楊曰、即饑死、必與舅姑俱、舅不能奪、數年、家益貧、舅謀於其父母、將以償債、楊仰天呼曰、<u>以吾口累舅姑</u>、<u>不孝</u>、<u>無所助於貧</u>、<u>不仁</u>、<u>失節則不義</u>、吾有死而已、因咽髮而死。

《列傳一百九十三宦官二》
【Ⅲ①Ａ廠臣修德】魏忠賢、肅寧人……初、潘汝禎首上疏、御史劉之待會薹遲一日、即削籍、而薊州道胡士容以不具建祠文、遵化道耿如杞入祠不拜、皆下獄論死、故天下風靡、章奏無巨細、輒頌忠賢、宗室若楚王華燇中書朱愼鋈、勳戚若豐城侯李永祚、廷臣若尙書邵輔忠李養德曹思誠、總督張我續及孫國楨張翼明郭允厚楊維和李時馨汪若極何廷樞楊維新陳維新陳爾翼郭如闇郭希禹徐溶輩、佞詞累續、不顧羞恥、<u>忠賢亦時加恩澤以報之</u>、<u>所有疏</u>、<u>咸稱廠臣不名</u>、大學士黃立極施鳳來張瑞圖票旨、亦必曰、朕與廠臣、無敢名忠賢者、山東產麒麟、巡撫李精白圖象以聞、<u>立極等票旨云</u>、<u>廠臣修德</u>、<u>故仁獸至</u>、<u>其誣罔若此</u>、前後賜獎勅無算、誥命皆擬九錫文。

《列傳一百九十四閹黨》
【Ⅲ③Ａ獄吏】顧秉謙崑山人……楊漣等六人之逮也、廣微實與其謀、秉謙調嚴旨、五日一追比、尙書崔景榮懼其立死杖下、亟請廣微諫止、廣微不自安、疏言、漣等在今日、誠有罪之人、在前日實爲卿寺之佐、縱使贓私果眞、亦當轉付法司、據律論罪、豈可逐日嚴刑、令鎭撫追贓乎、身非木石、重刑之下、就死直須臾耳、<u>以理刑之職</u>、<u>使之追贓</u>、<u>官守安在</u>、<u>無論傷好生之仁</u>、<u>抑且違祖宗之制</u>、將朝政日亂、與古之帝王大不相侔矣、疏入、大忤忠賢意、廣微懼、急出景榮手書自明、而忠賢怒已不可解、乃具疏乞休、不許。

《列傳一百九十五佞倖》
【Ⅲ③Ａ獄吏】門達、豐潤人……千戶謝通者、浙江人也、<u>佐達理司事</u>、<u>用法仁恕</u>、<u>達倚信之</u>、<u>重獄多平反</u>、有罪者以下禁獄爲幸、故朝士翕然稱達賢、然是時英宗慮廷臣黨比、欲知外事、倚錦衣官校爲耳目、由是逯杲得大幸、達反爲之用。

【Ⅲ③Ａ】陶仲文、初名典眞、黃岡人……三十五年、上皇考道號爲三天金闕無上玉堂都仙法主玄元道德哲慧聖尊開眞仁化大帝、皇妣號爲三天金闕無上玉堂總仙法主元元道德哲慧聖母天后掌仙妙化元君、帝自號靈霄上淸統雷元陽妙一飛元眞君、後加號九天弘敎普濟生靈掌陰陽功過大道思仁紫極仙翁一陽眞人元虛圓應開化伏魔忠孝帝君、再號太上大羅天仙紫極長生聖智昭靈統元證應玉虛總掌五雷大眞人元都境萬壽帝君……隆慶元年坐與琱僞製藥物、下獄論死。［皇帝の稱號だが道教に關はるので例示］

【Ⅲ①Ａ士英は不仁】馬士英貴陽人……太子之來也……<u>陛下即位之初</u>、<u>恭儉明仁</u>、士英百計誑惑、進優童艷女、傷損盛德……。

《列傳一百九十七流賊》
【Ⅲ①Ａ】盜賊之禍、歷代恆有、至明末李自成張獻忠極矣、史冊所載、未有若斯之酷者也、永樂中、唐賽兒倡亂山東、厥後乘瑕弄兵、頻見竊發、然皆旋就撲滅、惟武宗之世、流寇蔓延、幾危宗社、而卒以掃除、莊烈帝勵精有爲、視武宗何啻霄壤、而顧失天下、何也、明興百年、朝廷之綱紀既肅、天下之風俗未澆、<u>孝宗選舉賢能</u>、<u>布列中外</u>、<u>與斯民休養生息者十餘年</u>、<u>仁澤深而人心固</u>、<u>元氣盛而國脈安</u>、雖以武之童昏、亟行稗政、中官倖夫、濁亂左右、而本根尙未盡撥、宰輔亦多老成、迨盜賊四起、王瓊獨典中樞、陸完彭澤分任閫帥、委寄專、旁撓絕少、以故危而不亡、莊烈帝承神熹之後、神宗怠荒棄政、熹宗暱近閹人、元氣盡澌、國脈垂絕、向使熹宗御宇復延數載、則天下之亡不再傳矣。

【Ⅲ③Ｄ】自成歸西安、復遣賊陷漢中、降總兵趙光遠、進署保寧、時獻忠以兵拒之、乃還、八月建祖禰廟成、將祔祀、忽寒慄不能就禮、<u>自成始以嚴言</u>、<u>謬爲仁義</u>、及嚴死、又屢敗、復強很自用、爲尙書張第元

資料Ⅰ 『史記』・『漢書』・『晉書』・『舊唐書』・『新唐書』・『明史』の「仁」・「天理」

耿始然皆以小忤死、制銅鎮、官吏坐賕、即鎮斬、民盜一雞者死、西人大懼。
《列傳二百四貴州土司》
【Ⅲ③D】貴陽府、舊爲程番長官司……初、應龍之祖以内難走水西、客死……然議者多右疆臣、尚書蕭大亨遂主巡按李時華疏、謂、征播之役、水西不惟假道、且又助兵、<u>刻失之土司、得之土司、播固輸糧、水亦納賦、不宜以土地之故傷字小之仁、地宜歸疆臣</u>、於是疆臣增官進秩、其母得賜祭、水西尾大之患、亦於是乎不可制矣。
《列傳二百七廣西土司三》
【Ⅲ①A】嘉靖十九年、總督張經以崖萬二州黎岐叛亂、攻逼城邑、請設參將一員、駐劄瓊州分守、二十八年、崖州賊首那燕等聚衆四千人爲亂、詔發兩廣官軍九千剿之、給事鄭廷鵠言……於是議者謂德霞地勢平衍、擬建城立邑、招新民耕守、業已舉行、中道而廢、旋爲賊資、以至復有今日、謹條三事……一、軍威既振、宜建參將府於德霞、各州縣許以便宜行事、以鎮安人心、其新附之民中有異志者、或遷之海北地方屯田、或編入附近衛所戍籍、<u>如漢徙渚山蠻故事、又擇仁明慈惠之長、久任而安輯之、則瓊人受萬世利矣</u>。疏下兵部議、詔悉允行。
《列傳二百八外國一朝鮮》
【Ⅲ①A 八紘中國外に仁を及ぼす】五月、玠條陳東征善後事宜十事……二十八年四月請將義州等倉遺下米豆運回遼陽、<u>戸部議、輸運艱棘、莫若徑與彼國、振其凋敝、以昭皇仁</u>、詔曰可。……時倭國内亂……且揚言秀吉……。
《列傳二百九外國二安南》
【Ⅲ①A 八紘中國外に同仁】洪武元年、王日煃聞廖永忠定兩廣、將遣使納款、以梁王在雲南未果、十二月、太祖命漢陽知府易濟招諭之、日煃遣少中大夫同時敏、正大夫阮悌黎安世等、奉表來朝、貢方物、明年六月達京師、帝喜、賜宴、命侍讀學士張以寧、典簿牛諒往封爲安南國王、賜駞紐塗金銀印、詔曰、咨爾安南國王陳日煃、惟乃祖父、<u>守境南陲、稱藩中國、克恭臣職、以永世封、朕荷天地之靈、肅清華夏、馳書往報、卿即奉表稱臣、專使來賀、法前人之訓、安退壤之民、睠茲勤誠、深可嘉尚</u>、是用遣使齎印、仍封爾爲安南國王、於戲、<u>視廣同仁、思效哲王之盛典、爵超五等、俾承奕葉之遺芳、益茂令猷、永爲藩輔</u>、欽哉、賜日煃大統歷織金文綺紗羅四十匹、同時敏以下皆有賜。
《列傳二百十外國三日本》
【Ⅲ①B】時良懷年少、有持明者、與之爭立、國内亂……十三年復貢、無表、但持其征夷將軍源義滿奉丞相書、書辭又倨、乃却其貢、遣使齎詔誚讓、十四年復來貢、帝再却之、命禮官移書責其王、幷責其征夷將軍、示以欲征之意、良懷上言、臣聞三皇立極、五帝禪宗、惟中華之有主、豈夷狄而無君、乾坤浩蕩、非一主之獨權、宇宙寬洪、作諸邦以分守、蓋天下者、乃天下之天下、非一人之天下也、臣居遠弱之倭、褊小之國、城池不滿六十、封疆不足三千、尚存知足之心、陛下作中華之主、爲萬乘之君、城池數千餘、封疆百萬里、猶有不足之心、常起滅絶之意、夫天發殺機、移星換宿、地發殺機、龍蛇走陸、人發殺機、天地反覆、<u>昔堯舜有德、四海來賓、湯武施仁、八方奉貢</u>、臣聞天朝有興戰之策、小邦亦有禦敵之圖、論文有孔孟道德之文章、論武有孫吳韜之之兵法、又聞陛下選股肱之將、起精銳之師、來侵臣境、水澤之地、山海之洲、自有其備、豈肯跪途而奉之乎、順之未必其生、逆之未必其死、相逢賀蘭山前、聊以博戲、臣何懼哉、倘君勝臣負、且滿上國之意、設臣勝君負、反作小邦之羞、自古講和爲上、罷戰為強、免生靈之塗炭、拯黎庶之艱辛、特遣使臣、敬叩丹陛、惟上國圖之、帝得表慍甚、終鑑蒙古之轍、不加兵也。
《列傳二百一十二外國五》
【Ⅲ①A 八紘中國の外を從わしむるに仁義をもってす】三佛齊、古名干陀利、劉宋孝武帝時、常遣使奉貢……三十年、禮官以諸蕃久缺貢、奏聞、帝曰、洪武、初諸蕃貢使不絶、邇者安南占城真臘暹羅瓜哇大琉球三佛齊浡泥彭亨等花蘇門答剌西洋等三十國、以胡惟庸作亂、三佛齊乃生間諜、紿我使臣至彼、瓜哇王聞知、遣人戒飭、禮送還朝、由是商旅阻遏、諸國之意不通、惟安南占城真臘暹羅大琉球朝貢如故、大琉球且遣子弟入學、凡諸番國使臣來者、皆以禮待之、我視諸國不薄、未知諸國心若何、今欲遣使爪哇、恐三佛齊中途沮之、聞三佛齊本爪哇屬國、可述朕意、移咨暹羅、俾轉達爪哇、於是部臣移牒曰、自有天地以來、即有君臣上下之分、中國四裔之防、我朝混一之初、<u>海外諸蕃</u>、莫不來享、豈意胡惟庸謀亂、三佛齊遂生異心、給我信使、肆行巧詐、<u>我聖天子一以仁義待諸蕃</u>、何諸蕃敢背大恩、失君臣之禮、倘天子

155

第一章　正史を通して知る「仁」と「天理」

震怒、遣一偏將將十萬之師、恭行天罰、易如覆手、爾諸蕃何不思之甚、我聖天子嘗曰、安南占城真臘暹羅大琉球皆修臣職、惟三佛齊梗我聲教、彼以蕞爾之國、敢倔強不服、自取滅亡、爾暹羅恪守臣節、天朝眷禮有加、可轉達瓜哇、令以大義告諭三佛齊、誠能省愆從善、則禮待如初。

《列傳二百一十三外國六》
【Ⅲ①Ａ 八紘中國の外に仁聲がおよぶ。同仁。外は慕う】浡泥、宋太宗時始通中國……初、故王言、臣蒙恩賜爵、臣境土悉屬職方、乞封國之後山爲一方鎮、新王復以爲言、乃封爲長寧鎮國之山、御製碑文、令謙等勒碑其上、其文曰、<u>上天佑啓我國家萬世無疆之基、誕命我太祖高皇帝全撫天下、休養生息、以治以教、仁聲義問、薄極照臨、四方萬國、奔走臣服、充湊於廷</u>、神化感動之機、其妙如此、朕嗣守鴻圖、率由典式、嚴恭祇畏、協和所統、無間內外、均視一體、遐邇綏寧、亦克承予意。乃者浡泥國王、誠敬之至、知所尊崇、慕尚聲教、益謹益虔、率其眷屬、陪臣、不遠、數萬里、浮海來朝、達其志、通其欲、稽顙陳辭曰、<u>遠方臣妾</u>、丕冒天子之恩、以養以息、既庶且安、思見日月之光、故不憚險遠、輒敢造廷、又曰、覆我者天、載我者地、使我有土地人民之奉、田疇邑井之聚、宮室之居、妻妾之樂、和味宜服、利用備器、以資我生、強罔敢侵、衆罔敢暴、實惟天子之賜、是天子功德所加、與天地並、然天仰則見、地蹐則履、惟天子遠而難見、誠有所不通、是以遠方臣妾、不敢自外、踰歷山海、躬詣闕廷、以伸其悃、<u>朕曰、惟天、惟皇考、付予以天下、子養庶民、天與皇考、視民同仁、予其承天與皇考之德、惟恐弗堪、弗若汝言</u>、乃又拜手稽首曰、自天子建元之載、臣國時和歲豐、山川之藏、珍寶流溢、草木之無葩蕚者皆華而實、異禽和鳴、走獸蹌舞、國之黃耆咸曰、中國聖人德化漸曁、斯多嘉應、臣土雖遠、實天子之氓、故奮然而來觀也、朕觀其言文貌恭、動不踰則、悅喜禮教、脫略夷習、非超然卓異者不能、稽之載籍、自古邈遠之國、奉若天道、仰服聲教、身致帝廷者有之、至於舉妻子、兄弟親戚陪臣頓首稱臣妾於階陛之下者、惟浡泥國王一人、西南諸蕃國長、未有如王賢者、王之至誠貫於金石、達於神明、而令名傳於悠久、可謂有光顯矣。茲特錫封王國中之山爲長寧鎮國之山、賜文刻石、以著王休、於昭萬年、其永無斁、<u>系之詩曰、炎海之墟、浡泥所處、煦仁漸義、有順無迕、懋懋賢王、惟化之慕、導以象胥、遹來奔赴、同其婦子兄弟陪臣、稽顙闕下、有言以陳、謂君猶天、遺以休樂、一視同仁、匪偏厚薄</u>、顧茲鮮德、弗稱所云、浪舶風穩、實勞懇勤、稽古遠臣、順來怒趄、以躬或難、矧曰家室、王心亶誠、金石其堅、西南蕃長、疇與王賢、矗矗高山、以鎮王國、鑱文於石、懋昭王德、王德克昭、王國攸寧、於萬斯年、仰我大明。……蘇門答剌在滿剌加之西……宣德元年遣使入賀、五年、帝以外蕃貢使多不至、遣和及王景弘遍歷諸國、頒詔曰、朕恭膺天命、祇承太祖高皇帝太宗文皇帝仁宗昭皇帝大統、<u>君臨萬邦、體祖宗之至仁</u>、普輯寧於庶類、已大赦天下、紀元宣德、爾諸蕃國、遠在海外、未有聞知、茲遣太監鄭和王景弘等齎詔往諭、其各敬天道、撫人民、共享太平之福、凡歷二十餘國、蘇門答剌與焉、明年遣使入貢者再、八年貢麟麟。

《列傳二百一十四外國七》
【Ⅲ①Ａ 八紘中國の外に仁聲がおよぶ。同仁】柯枝或言即古盤盤國……永樂元年……其詞曰、王化與天地流通、<u>凡覆載之內、舉納於甄陶者、體造化之仁也</u>、蓋天下無二理、生民無二心、憂戚喜樂之同情、安逸飽煖之同欲、奚有間於遐邇哉、任君民之寄者、當盡子臣之道、詩云、邦畿千里、惟民所止、肇域彼四海、書云、東漸於海、西被於流沙、朔南曁聲教、訖于四海、<u>朕君臨天下、撫治華夷、一視同仁</u>、無間彼此、推古聖帝明王之道、以合乎天地之心、遠邦異域、咸使各得其所、聞風嚮化者、爭恐後也。

《列傳二百一十九西域三》
【Ⅲ①Ａ 八紘中國外に仁を及ぼす】朶甘在四川徼外、南與烏斯藏鄰、唐吐番地……洪武二年……<u>萬里來朝、俟其再請、豈不負遠人歸嚮之心、遂皆授之、降詔曰、我國家受天明命、統御萬方、恩撫善良、武威不服、凡在幅員之內、咸推一視之仁</u>、乃者攝帝師蘭戩巴藏布率所舉故國公、司徒宣慰招討元帥萬戶諸人、自遠入朝、朕嘉其識天命、不勞師旅、共放職方之貢。

《列傳二百二十西域四》
【Ⅲ①Ａ 八紘中國外に仁が及ぶ】撒馬兒罕、即漢罽賓地、隋曰漕國、唐復名罽賓、皆通中國……二十七年八月、帖木兒貢馬二百、<u>其表曰、恭惟大明大皇帝受天明命、統一四海、仁德洪布</u>、恩養庶類、萬國欣仰、咸知上天欲平治天下、特命皇帝出膺運數、爲億兆之主、光明廣大、昭若天鏡、無有遠近、咸照臨之、<u>臣帖木兒僻在萬里之外</u>、恭聞聖德寬大、超越萬古、自古所無之福、皇帝皆有之、所未服之國、皇帝皆服之、遠方絕域、昏昧之地、皆清明之。

資料Ⅰ 『史記』・『漢書』・『晉書』・『舊唐書』・『新唐書』・『明史』の「仁」・「天理」

【Ⅲ①A 八紘中國外に仁が及ぶ。一視同仁。天は八紘の外に及ぶ】別失八里、西域大國也、南接于闐、北連瓦剌、西抵賽馬兒罕、東抵火州、東南距嘉峪關三千七百里、或曰焉耆、或曰龜茲、元世祖時設宣慰司、尋改為元帥府、其後以諸王鎮之……九月命主事寬徹、御史韓敬、評事唐鉦使西域、以書諭黑的兒火者曰、朕觀普天之下、后土之上、有國者莫知其幾、雖限山隔海、風殊俗異、然好惡之情、血氣之類、未嘗異也、皇天眷佑、惟一視之、故受天命為天下主者、上奉天道、一視同仁、俾巨細諸國、殊方異類之君民、咸躋乎仁壽、而友邦遠國、順天事大、以保國安民、皇天監之、亦克昌焉、曩者我中國宋君、奢縱怠荒、奸臣亂政、天監否德、於是命元世祖肇基朔漠、入統中華、生民賴以安靖七十餘年、至於後嗣、不修國政、任用非人、致紀綱盡弛、強陵弱、衆暴寡、民生嗟怨、上達於天、天用是革其命、屬之於朕、朕躬握乾符、以主黔黎、凡諸亂雄擅聲教違朕命者兵偃之、順朕命者德撫之、是以三十年間、諸夏奠安、外蕃賓服、惟元兇曼濟哈喇章等尚率殘衆、生釁寇邊、興師致討、勢不容已、兵至捕魚兒海、故元諸王、駙馬率其部屬來降、有撒瑪爾堪數百人以貿易來者、朕命官護歸已三年矣、使者還、王即遣使來貢、朕甚嘉之、王其益堅事大之誠、通好往來、使命不絕、豈不保封國於悠久乎、特遣官勞嘉、其悉朕意、徹等既至、王以其無厚賜、拘留之、敬鉦二人得還。

【Ⅲ①A 八紘中國外に仁が及ぶ。天下。一視同仁】哈烈一名黑魯、在撒瑪兒罕西南三千里、去嘉峪關萬二千餘里、西域大國也……撒瑪兒罕酋哈里者、哈里酋兒子也、二人不相能、數搆兵、帝因其使臣還、命都指揮白阿兒忻台齎敕諭之曰、天生民而立之君、俾各遂其生、朕統御天下、一視同仁、無間邇遐、屢嘗遣使諭爾、爾能虔修職貢、撫輯人民、安於西徼、朕甚嘉之、比聞爾與從子哈里搆兵相仇、朕為惻然、一家之親、恩愛相厚、足制外侮、親者尚爾乖戾、疎者安得協和、自今宜休兵息民、保全骨肉、共享太平之福、因賜綵幣表裏、并敕諭哈里罷兵、亦賜綵幣……今朕恭膺天命、即皇帝位、主宰萬方、紀元宣德、小大政務、悉體皇祖奉天恤民、一視同仁之心、前遣使臣齎書幣往賜、道阻而回、今已開通、特命內臣往諭朕意、其益順天心、永篤誠好、相與還往、同為一家、俾商旅通行、各遂所願、不亦美乎。

5-2：『明史』の「天理」

《志第一天文》
【星の名】恒星……又有古多今少、古有今無者、如紫微垣中六甲六星今止有一、華蓋十六星今止有四、傳舍九星今五、天厨六星今五、天牢六星今二、又如天理四勢五帝內座天柱天牀大贊府大理女御內廚、皆全無也。天市垣之市樓六星今二……。

《志三十六禮十四凶禮三》
【天理・人情】士庶人喪禮……服紀、明初頒大明令、凡喪服等差……先是貴妃孫氏薨、敕禮官定服制、禮部尚書牛諒等奏曰、周儀禮、父在、為母服期年、若庶母則無服、太祖曰、父母之恩一也、而低昂若是、不情甚矣、乃敕翰林院學士宋濂等曰、養生送死、聖王大政、諱亡忌疾、衰世陋俗、三代喪禮散失於衰周、厄於暴秦、漢唐以降、莫能議此、夫人情無窮、而禮為適宜、人心所安、即天理所在、爾等其考定喪禮、於是濂等考得古人論服母喪者凡四十二人、願服三年者二十八人、服期年者十四人、太祖曰、三年之喪、天下通喪、觀願服三年、視願服期年者倍、豈非天理人情之所安乎、乃立為定制、子為父母、庶子為其母、皆斬衰三年、嫡子衆子為庶母、皆齊衰杖期、仍命以五服喪制、并著為書、使內外遵守、其制服五、曰斬衰、以至粗麻布為之、不縫下邊、曰齊衰、以稍粗麻布為之、縫下邊、曰大功、以粗熟布為之、曰小功、以稍粗熟布為之、曰緦麻、以稍細熟布為之。

《志七十刑法二》
【滅絕天理】萬曆初、冬月、詔停刑者三矣、五年九月、司禮太監孫得勝復傳旨、奉聖母諭、大婚期近、命閣臣於三覆奏時、擬吉免刑、張居正言、祖宗舊制、凡犯死罪鞫問既明、依律棄市、嘉靖末年、世宗皇帝因齋醮、始有暫免不決之令、或間從御筆所勾、量行取決、此特近年姑息之弊、非舊制也、臣等詳閱諸囚罪狀、皆滅絕天理、敗傷彝倫、聖母獨見犯罪者身被誅戮之可憫、而不知彼所戕害者皆含冤蓄憤於幽冥之中、使不一雪其痛、怨恨之氣、上干天和、所傷必多。

《列傳五十八于謙》
【天の理】景泰元年三月、總兵朱謙奏敵二萬攻圍萬全、敕范廣充總兵官禦之、已而寇退、謙請即駐兵居庸、寇來則出關剿殺、退則就糧京師、大同叅將許貴奏、迤北有三人至鎮、欲朝廷遣使講和、謙曰、前遣指揮

季鐸岳謙徃、而額森隨入寇、繼遣通政王復、少卿趙榮、不見上皇而還、和不足恃、明矣、<u>况我與彼不共戴天、理固不可和</u>……。

《列傳六十七羅倫》
【心・天理】鄒智字汝愚、合州人……智既慷慨負奇……乃復因星變上書曰……<u>以陛下聰明冠世、豈不知刑臣不可委信、然而不免誤用者、殆正心之學未講也、心發於天理、則耳目聰明、言動中節、何宦官之能惑</u>、發於人欲、則一身無主、萬事失綱、投間抵隙、蒙蔽得施、雖有神武之資、亦將日改月化而寖失其初、欲進君子退小人、興天下之利、革天下之弊、豈可得哉。

《列傳七十八楊廷和》
【天理・人情】楊廷和字介夫新都人……五月、澄會廷臣議上、如廷和言、帝不悦、然每召廷和從容賜茶慰諭、欲有所更定、廷和卒不肯順帝指、乃下廷臣再議、廷和偕蔣冕毛紀奏言、前代入繼之君、追崇所生者、皆不合典禮、<u>惟宋儒程頤濮議最得義理之正、可爲萬世法</u>、至興獻王祀、雖崇仁王主之、他日皇嗣繁衍、仍以第二子爲興獻王後、<u>而改封崇仁王爲親王、則天理人情、兩全無失</u>、帝益不悦、命博考典禮、務求至當、廷和冕紀復言、三代以前、聖莫如舜、未聞追崇其所生父瞽瞍也、三代以後、賢莫如漢光武、未聞追崇其所生父南頓君也、惟皇上取法二君、則聖德無累、孝道有光矣、澄等亦再三執、奏帝留中不下。

《列傳九十六張芹》
【良知・天理】洪垣字峻之婺源人……垣同年呂懷、廣信永豐人、亦若水高弟子、由庶吉士授兵科給事中、改春坊左司直郎、歷右中允、掌南京翰林院事、<u>每言王氏之良知與湛氏體認天理同旨</u>、其要在變化氣質、作心統圖説以明之、終南京太僕少卿。

《列傳一百四十三劉宗周》
【天理・人欲】黃道周字幼平、漳浦人……七月五日召内閣及諸大臣於平臺、并及道周、帝與諸臣語所司事、久之、問道周曰、<u>凡無所爲而爲者、謂之天理、有所爲而爲者、謂之人欲</u>、爾三疏適當廷推不用時、果無所爲乎、道周對曰、臣三疏皆爲國家綱常、自信無所爲、帝曰……。

《列傳一百七十儒林》
【天理・良知】羅欽順字允升、泰和人……里居二十餘年、足不入城市、潛心格物致知之學、王守仁以心學立教、才知之士翕然師之、欽順致書守仁、略曰、聖門設教、文行兼資、博學于文、厥有明訓、如謂學不資于外求、但當反觀内省、則正心誠意四字亦何所不盡、必于入門之際、加以格物工夫哉、守仁得書、亦以書報、大略謂、理無内外、性無内外、故學無内外、講習討論、未嘗非内也、反觀内省、未嘗遺外也、反復二千餘言、欽順再以書辨曰、執事云、格物者、格其心之物也、格其意之物也、格其知之物也、正心者、正其物之心也、誠意者、誠其物之意也、致知者、致其物之知也、自有大學以來、未有此論、夫謂格其心之物、格其意之物、格其知之物、凡爲物也三、謂正其物之心、誠其物之意、致其物之知、其爲物也一而已矣、就三而論、以程子格物之訓推之、猶可通也以執事格物之訓推之、不可通也、就一物而論、則所謂物、果何物耶、如必以爲意之用、雖極安排之巧、終無可通之日也、又執事論學書有云、吾心之良知、即所謂天理、致吾心良知之天理于事物、則事事物物皆得其理矣、致吾心之良知者、致知也、事事物物各得其理者、格物也、審如所言、則大學當云、格物在致知、不當云、致知在格物、與物格而后知至矣、書未及達、守仁已歿。

《列傳一百七十一儒林二》
【天理・人欲】門人夏尚樸字敦夫、廣信永豐人……見劉瑾亂政慨然歎曰……吏部尚書方獻夫白其無私、尋引疾歸、<u>早年師諒、傳主敬之學、常言、纔提起、便是天理、纔放下、便是人欲</u>、魏校亟稱之、所著有中庸語東巖文集、王守仁少時、亦嘗受業於諒。

【良知・天理】湛若水字元明、增城人……若水生平所至、必建書院以祀獻章、年九十、猶爲南京之游、過江西、安福鄒守益、守仁弟子也、戒其同志曰、甘泉先生來、吾輩當憲老而不乞言、鎭毋輕有所論辨、<u>若水初與守仁同講學</u>、後各立宗旨、<u>守仁以致良知爲宗</u>、若水以隨處體驗天理爲宗、守仁言若水之學爲求之於外、若水亦謂守仁格物之説不可信者四、又曰、陽明與吾心不同、陽明所謂心、指方寸而言、吾之所謂心者、體萬物而不遺者也、故以吾説爲外、一時學者遂分王湛之學。

【天理・良知】蔣信字卿實、常德人……時宜興周衝、字道通、亦游王湛之門、由舉人授高安訓導、至唐府紀善、<u>嘗曰、湛之體認天理、即王之致良知也</u>、與信集師説爲新泉問辨錄、兩家門人各相非笑、衝爲疏通其旨焉。

資料Ⅱ 『後漢書』～『元史』の「仁」

以下について、檢討した。
　北史・南史の （外國） 等は、外國傳が立てられていないのに、實質立てられているかのようなまとめになっていることを示す。
　以下の部分の前については、皇帝關係（本紀等）のみ檢討。
　中華書局評點本を底本とするが、パソコン環境の事情により、用字は異なることがある。卷數の後に人名を附す場合、その卷の最初に扱われる人物である。

　　後漢書：循吏・酷吏・宦者・儒林・文苑・獨行・方術・逸民・列女・（外國）
　　三国志：魏書：方技・（外國）　蜀書・呉書はそれぞれの皇帝（王）を檢討
　　宋書：孝義・良吏・隱逸・恩倖・（外國）・二凶
　　魏書：外戚・儒林・文苑・孝感・節義・良吏・酷吏・逸士・術藝・列女・恩倖・閹官・（外國個人等）・（外國）
　　南齊書：文學・良政・高逸・孝義・倖臣・（その他）
　　梁書：孝行・儒林・文學・處士・止足・良吏・諸夷・海南諸國・東夷・西北諸戎・（その他）
　　陳書：孝行・儒林・文學・（その他）
　　北齊書：儒林・文苑・循吏・酷吏・外戚・方技・恩倖
　　周書：儒林・孝義・藝術・蕭督・異域
　　隋書：誠節・孝義・循吏・酷吏・儒林・文學・隱逸・藝術・外戚・列女・東夷・南蠻・西域・北狄・（その他外國）
　　北史：外戚・儒林・文苑・孝行・節義・循吏・酷吏・隱逸・藝術・僭僞附庸・（外國）・西域
　　南史：循吏・儒林・文學・孝義・隱逸・恩倖・（外國）
　　舊五代史：世襲・僭僞・外國
　　新五代史：世家・四夷
　　遼史：文學・能吏・卓行・列女・方技・伶官・宦官・姦臣・逆臣・二國外記
　　金史：忠義・文藝・孝友・隱逸・循吏・酷吏・佞幸・列女・宦者・方技・逆臣・叛臣・外國
　　宋史：循吏・道學・儒林・文苑・忠義・孝義・隱逸・方技・外戚・宦者・佞幸・姦臣・叛臣・世家・外國・蠻夷
　　元史：列女・釋老・方技・工藝・宦者・姦臣・叛臣・逆賊・外夷

1：『後漢書』［循吏より前の部分は、皇帝關係のみ檢討］

《光武帝紀一下》
【薄太后母德慈仁、孝文皇帝賢明臨國】中元元年……冬十月辛未……甲申、使司空告祠高廟曰、高皇帝與羣臣約、非劉氏不王、呂太后賊害三趙、專王呂氏、賴社稷之靈、禄産伏誅、天命幾墜、危朝更安、呂后不宜配食高廟、同祧至尊、<u>薄太后母德慈仁、孝文皇帝賢明臨國</u>、子孫賴福、延祚至今、其上薄太后尊號曰高皇后、配食地祇、遷呂太后廟主于園、四時上祭。

《章帝紀三》
【孝明皇帝・功烈光於四海仁風行於千載】肅宗孝章皇帝諱炟顯宗第五子也……十二月癸巳、有司奏言、<u>孝明皇帝聖德淳茂</u>、劬勞日昃、身御浣衣、食無兼珍、澤臻四表、遠人慕化、僬僥儋耳、款塞自至、克伐鬼方、開道西域、威靈廣被、無思不服、以烝庶爲憂、不以天下爲樂、備三雍之教、躬養老之禮、作登歌、正雅樂、博貫六蓺、不舍晝夜、聰明淵塞、著在圖讖、至德所感、通於神明、<u>功烈光於四海、仁風行於千載</u>、而深執謙謙、自稱不德、無起寢廟、掃地而祭、除日祀之法、省送終之禮、遂藏主於光烈皇后更衣別室、天下聞之、莫不悽愴、陛下至孝烝烝、奉順聖德、臣愚以爲更衣在中門之外、處所殊別、宜尊廟曰顯宗、其四時禘祫、於光武之堂、間祀悉還更衣、共進武德之舞、如孝文皇帝祫祭高廟故事、制曰可。

第一章　正史を通して知る「仁」と「天理」

【孔子曰・博學而篤志切問而近思仁在其中矣】[建初]四年……十一月壬戌、詔曰、蓋三代導人、教學爲本、漢承暴秦、襃顯儒術、建立五經、爲置博士、其後學者精進、雖曰承師、亦別名家、孝宣皇帝以爲去聖久遠、學不厭博、故遂立大小夏侯尚書、後又立京氏易、至建武中、復置顔氏嚴氏春秋、大小戴禮博士、此皆所以扶進微學、尊廣道蓺也、中元元年詔書、五經章句煩多、議欲減省、至永平元年、長水校尉儵、奏言、先帝大業、當以時施行、欲使諸儒共正經義、頗令學者得以自助、孔子曰、學之不講、是吾憂也、又曰、博學而篤志、切問而近思、仁在其中矣、於戲、其勉之哉、於是下太常、將大夫博士議郎郎官及諸生諸儒會白虎觀、講議五經同異、使五官中郎將魏應承制問、侍中淳于恭奏、帝親稱制臨決、如孝宣甘露石渠故事、作白虎議奏、是歲、甘露降泉陵洮陽二縣。

【朕聞明君之德・仁風翔于海表】章和元年……壬戌、詔曰、朕聞明君之德、啓迪鴻化、緝熙康乂、光照六幽、訖惟人面、靡不率俾、仁風翔于海表、威霆行乎鬼區、然後敬恭明祀、膺五福之慶、獲來儀之覩、朕以不德、受祖宗弘烈、乃者鳳皇仍集、麒麟並臻、甘露宵降、嘉穀滋生、芝草之類、歲月不絕、朕夙夜祇畏上天、無以彰于先功、今改元和四年爲章和元年。

《和殤帝紀四》

【孝和皇帝・海内歸仁爲羣賢首】孝和皇帝諱肇……庚戌、皇太后詔曰、先帝以明聖、奉承祖宗至德要道、天下清靜、庶事咸寧、今皇帝以幼年、夙夜在疚、朕且佐助聽政、外有大國賢王並爲藩屏、内有公卿大夫統理本朝、恭已受成夫何憂哉、然守文之際、必有內輔以參聽斷、侍中憲、朕之元兄、行能兼備、忠孝尤篤、先帝所器、親受遺詔、當以舊典輔斯職焉、憲固執謙讓、節不可奪、今供養兩宮、宿衛左右、厥事已重、亦不可復勞以政事、故太尉鄧彪、元功之族、三讓彌高、海内歸仁、爲羣賢首、先帝襃表、欲以崇化、今彪聰明康疆、可謂老成黃耇矣、其以彪爲太傅、賜爵關内侯、錄尚書事、百官總已以聽、朕庶幾得專心内位、於戲、羣公其勉率百僚、各修厥職、愛養元元、綏以中和、稱朕意焉。

《安帝紀五》

【安帝・篤學樂古仁惠愛下】恭宗孝安皇帝諱祐、肅宗孫也……八月、殤帝崩、太后與兄車騎將軍鄧騭定策禁中、其夜、使騭持節、以王青蓋車迎帝、齋于殿中、皇太后御崇德殿、百官皆吉服、羣臣陪位、引拜帝爲長安侯、皇太后詔曰、先帝聖德淑茂、早棄天下、朕奉皇帝、夙夜瞻仰日月、冀望成就、豈意卒然顚沛、天年不遂、悲痛斷心、朕惟平原王素被瘤疾、念宗廟之重、思繼嗣之統、唯長安侯祐質性忠孝、小心翼翼、能通詩論、篤學樂古、仁惠愛下、年已十三、有成人之志、親德係後、莫宜於祐、禮昆弟之子猶己子、春秋之義、爲人後者爲之子、不以父命辭王父命、其以祐爲孝和皇帝嗣、奉承祖宗、案禮儀奏、又作策命曰、惟延平元年秋八月癸丑、皇太后曰、咨長安侯祐、孝和皇帝懿德巍巍、光于四海、大行皇帝不永天年、朕惟侯孝章帝世嫡皇孫、謙恭慈順、在孺而勤、宜奉郊廟、承統大業、今以侯嗣孝和皇帝後、其審君漢國、允執其中、一人有慶、萬民賴之、皇帝其勉之哉、讀策畢、太尉奉上璽綬、即皇帝位、年十三、太后猶臨朝。

【詔・其務崇仁恕】[元初]四年春二月乙巳朔……京師及郡國十雨水、詔曰、今年秋稼茂好、垂可收穫、而連雨未霽、懼必淹傷、夕惕惟憂、思念厥咎、夫霖雨者、人怨之所致、其武吏以威暴下、文史妄行苛刻、郷吏因公生姦、爲百姓所患苦者、有司顯明其罰、又月令、仲秋養衰老、授几杖、行麋粥、方今案比之時、郡縣多不奉行、雖有麋粥、糠枇相半、長吏怠事、莫有躬親、甚違詔書養老之意、其務崇仁恕、賑護寡獨、稱朕意焉。

《循吏列傳六十六》

【並以仁信篤誠】初光武長於民間、頗達情僞、見稼穡艱難、百姓病害、至天下已定、務用安靜、解王莽之繁密、還漢世之輕法、身衣大練、色無重綵、耳不聽鄭衛之音、手不持珠玉之玩、宮房無私愛、左右無偏恩、建武十三年、異國有獻名馬者、日行千里、又進寶劍、賈兼百金、詔以馬駕鼓車、劍賜騎士、損上林池籞之官、廢騁望弋獵之事、其以手迹賜方國者、皆一札十行、細書成文、勤約之風、行于上下、數引公卿郎將、列于禁坐、廣求民瘼、觀納風謠、故能內外匪懈、百姓寬息、自臨宰邦邑者、競能其官、若杜詩守南陽、號爲杜母、任延錫光移變風俗、斯其績用之最章章者也、又第五倫宋均之徒、亦足有可稱談、然建武永平之間、吏事刻深、亟以謠言單辭、轉易守長、故朱浮數上諫書、箴切峻政、鍾離意等亦規諷殷勤、以長者爲言而不能得也、所以中興之美、蓋未盡焉、自章和以後、其有善績者、往往不絕、如魯恭吳祐劉寬及潁川四長、並以仁信篤誠、使人不欺、王堂陳寵委任賢良、而職事自理、斯皆可以感物而行化也、澄鳳延篤先後爲京兆尹、時人以輩前世趙張、又王渙任峻之爲洛陽令、明發姦伏、吏端禁止、然導德齊禮、有所未充、

資料Ⅱ 『後漢書』〜『元史』の「仁」

亦一時之良能也、今綴集殊聞顯迹、以爲循吏篇云。
【嘗安仁弘義】孟嘗字伯周、會稽上虞人也……桓帝時、尚書同郡楊喬上書薦嘗曰、臣前後七表言故合浦太守孟嘗、而身輕言微、終不蒙察、區區破心、徒然而已、嘗安仁弘義、耽樂道德、清行出俗、能幹絶羣、前更守宰、移風改政、去珠復還、饑民蒙活、且南海多珍、財産易積、掌握之内、價盈兼金、而嘗單身謝病、躬耕壟次、匿景藏采、不揚華藻、實羽翮之美用、非徒腹背之毛也……。
【以仁惠爲吏民所愛】劉寵字祖榮、東萊牟平人、齊悼惠王之後也、悼惠王子孝王將閭、將閭少子封牟平侯、子孫家焉、父丕、博學、號爲通儒、寵少受父業、以明經舉孝廉、除東平陵令、以仁惠爲吏民所愛、母疾、棄官去、百姓將送塞道、車不得進、乃輕服遁歸。
《酷吏列傳六十七》
【仁信道孚】論曰、古者敦厖、善惡易分、至於畫衣冠、異服色、而莫之犯、叔世偸薄、上下相蒙、德義不足以相洽、化導不能以懲違、遂乃嚴刑痛殺、隨而繩之、致刻深之吏、以暴理姦倚疾邪之公直、濟忍苛之虐情、漢世所謂酷能者、蓋有聞也、皆以敢悍精敏、巧附文理、風行霜烈、威譽諠赫、與夫斷斷守道之吏、何工否之殊乎、故嚴君蚩黃霸之術、密人笑卓茂之政、猛既窮矣、而猶或未勝、然朱邑不以笞辱加物、袁安未嘗鞫人臧罪、而猾惡自禁、人不欺犯、何者、以爲威辟既用、而苟免之行興、仁信道孚、故感被之情著、苟免者威隙則姦起、感被者人亡而思存、由一邦以言天下、則刑訟繁措可得而求乎。
【去殺由仁濟寬非虐】贊曰、大道既性、刑禮爲薄、斯人散矣、機詐萌作、去殺由仁、濟寬非虐、末暴雖勝、崇本或略。
《宦者列傳六十八》
【湯舉伊尹不仁者遠】曹節字漢豐、南陽新野人也……光和二年、司隷校尉陽球奏誅王甫及子長樂少府萌沛相吉、皆死獄中、時連有災異、郎中梁人審忠以爲朱瑀等罪惡所感、乃上書曰、臣聞理國得賢則安、失賢則危、故舜有臣五人而天下理、湯舉伊尹不仁者遠、陛下即位之初、未能萬機、皇太后念在撫育、權時攝政、故中常侍蘇康管霸應時誅殄、太傅陳蕃、大將軍竇武考其黨與、志清朝政、華容侯朱瑀知事覺露、禍及其身、遂興造逆謀、作亂王室、撞蹋省闥、執奪璽綬、迫脅陛下、聚會羣臣、離間骨肉母子之恩、遂誅蕃武及尹勳等、因共割裂城社、自相封賞、父子兄弟被蒙尊榮、素所親厚布在州郡、或登九列、或據三司、不惟祿重位尊之責、而苟營私門、多蓄財貨、繕修第舍、連里竟巷……。
【猶望其仁恩之惠】呂強字漢盛、河南成皋人也、少以宦者爲小黃門、再遷中常侍、爲人清忠奉公、靈帝時、例封宦者、以強爲都鄉侯、強辭讓懇惻、固不敢當、帝乃聽之、因上疏陳事曰……臣又聞後宮綵女數千餘人、衣食之費、日數百金、比穀雖賤、而戸有飢色、案法當貴而今更賤者、由賦發繁數、以解縣官、寒不敢衣、饑不敢食、民有斯戹、而莫之卹、宮女無用、填積後庭、天下雖復盡力耕桑、猶不能供、昔楚女悲愁、則西宮致災、況終年積聚、豈無憂怨乎、夫天生蒸民、立君以牧之、君道得、則民戴之如父母、仰之猶日月、雖時有征稅、猶望其仁恩之惠、易曰、悦以使民、民忘其勞、悦以犯難、民忘其死、儲君副主、宜諷誦斯言、南面當國、宜履行其事……。
《儒林列傳六十九上》
【昆爲政三年仁化大行・帝聞而異之】劉昆字桓公、陳留東昏人……先是崤黽驛道多虎灾、行旅不通、昆爲政三年、仁化大行、虎皆負子渡河、二十二年、徴代杜林爲光祿勳、詔問昆曰、前在江陵、反風滅火、後守弘農、虎北渡河、行何德政而致是事、昆對曰、偶然耳、左右皆笑其質訥、帝歎曰、此乃長者之言也、顧命書諸策、乃令入授皇太子及諸王小侯五十餘人、二十七年、拜騎都尉、三十年、以老乞骸骨、詔賜洛陽第舍、以千石祿終其身、中元二年卒。
【里落化其仁讓・相約不犯孫先生舍】孫期字仲彧、濟陰成武人也、少爲諸生、習京氏易古文尚書、家貧、事母至孝、牧豕於大澤中、以奉養焉、遠人從其學者、皆執經壟畔以追之、里落化其仁讓、黃巾賊起、過期里陌、相約不犯孫先生舍、郡舉方正、遣吏齎羊酒請期、期驅豕入草不顧、司徒黃琬特辟、不行、終於家。
《儒林列傳六十九下》
【然所談者仁義所傳者聖法也】蔡玄字叔陵、汝南南頓人也……論曰、自光武中年以後、干戈稍戢、專事經學、自是其風世篤焉、其服儒衣、稱先王、遊庠序、聚横塾者、蓋布之於邦域矣、若乃經生所處、不遠萬里之路、精廬暫建、贏糧動有千百、其耆名高義開門受徒者、編牒不下萬人、皆專相傳祖、莫或訛雜、至有分爭王庭、樹朋私里、繁其章條、穿求崖穴、以合一家之説、故楊雄曰、今之學者、非獨爲之華藻、又從而繡其鞶帨、

161

夫理書無二、義歸有宗、而碩學之徒、莫之或從、故通人鄙其固焉、又雄所謂譊譊之學各習其師也、且觀成名高第、終能遠至者、蓋亦寡焉、而迂滯若是矣、<u>然所談者仁義、所傳者聖法也</u>、故人識君臣父子之綱、家知違邪歸正之路。

《文苑列傳七十上》

【側身行仁】杜篤字季雅、京兆杜陵人也……昔在強秦、爰初開畔、霸自岐雍、國富人衍、卒以并兼、桀虐作亂、天命有聖、託之大漢、大漢開基、高祖有勳、斬白蛇、屯黑雲、聚五星於東井、提干將而呵暴秦、蹈滄海、跨崑崙、奮彗光、埽項軍、遂濟人難、蕩滌于泗沂、劉敬建策、初都長安、太宗承流、守之以文、躬履節儉、<u>側身行仁</u>、食不二味、衣無異采、賑人以農桑、率下以約已、曼麗之容不悅於目、鄭衛之聲不過於耳、佞邪之臣不列於朝、巧偽之物不鬻於市、故能理升平而刑幾措、富衍於孝景、功傳於後嗣。

【今國家躬修道德吐惠含仁‧雖有仁義】今天下新定、矢石之勤始瘳、而主上方以邊垂為憂、忽蕪萌之不柔、未遑於論都而遺思廱州也、方躬勞聖思、以率海內、廱撫名將、略地疆外、信威於征伐、展武乎荒裔、若夫文身鼻飲緩耳之主、椎結左衽鐻鍋之君、東南殊俗不羈之國、西北絕域難制之鄰、靡不重譯納貢、請為藩臣、上猶謙讓而不伐勳、意以為獲無用之虜、不如安有益之民、略荒裔之地、不如保殖五穀之淵、遠救於已亡、不若近而存存也、<u>今國家躬修道德、吐惠含仁</u>、湛恩沾洽、時風顯宣、徒垂意於持平守實、務在愛育元元、苟有便於王政者、聖主納焉、何則、物罔挹而不損、道無隆而不移、陽盛則運、陰滿則虧、故存不忘亡、安不諱危、<u>雖有仁義、猶設城池也</u>。

【扶君以仁】崔琦字子瑋涿、郡安平人……其辭曰、赫赫外戚、華寵煌煌、昔在帝舜、德隆英皇、周興三母、有莘崇湯、宣王晏起、姜后脫簪、齊桓好樂、衛姬不音、皆輔主以禮、<u>扶君以仁</u>、達才進善、以義濟身。

《文苑列傳七十下》

【昔原大夫‧傳稱其仁‧設囊之二人不遭仁遇神‧允所謂遭仁遇神】趙壹字元叔、漢陽西縣人也、體貌魁梧、身長九尺、美須豪眉、望之甚偉、而恃才倨傲、為鄉黨所擯、乃作解擯、後屢抵罪、幾至死、友人救得免、壹乃貽書謝恩曰、<u>昔原大夫贖桑下絕氣、傳稱其仁</u>、秦越人還號太子結脈、世著其神、<u>設囊之二人不遭仁遇神</u>、則結絕之氣竭矣、然而糒脯出乎車輪、鍼石運乎手爪、今所賴者、非直車輪之糒脯、手爪之鍼石也、乃收之於斗極、還之於司命、使乾皮復含血、枯骨復被肉、<u>允所謂遭仁遇神</u>、真所宜傳而著之、余畏禁、不敢班班顯言、竊為窮鳥賦一篇、其辭曰……。

【側聞仁者慇其區區‧實望仁兄‧仁君忽一匹夫】及西還、道經弘農、過候太守皇甫規、門者不即通、壹遂遁去、門吏懼、以白之、規聞壹名大驚、乃追書謝曰、蹉跌不面、企德懷風、虛心委質、為日久矣、<u>側聞仁者慇其區區</u>、冀承清誨、以釋遙悚、今旦外白有一尉兩計吏、不遠屈尊門下、更啟乃知已去、如印綬可投、夜豈待旦、惟君明叡、平其鳳心、寧當慢傲、加於所天、事在悖惑、不足具責、儻可原察、追修前好、則何福如之、謹遣主簿奉書、下筆氣結、汗流竟趾、壹報曰、君學成師範、縉紳歸慕、仰高希驥、歷年滋多、旋轅兼道、渴於言侍、沐浴晨興、昧旦守門、<u>實望仁兄</u>、昭其懸遲、以貴下賤、握髮垂接、高可敷翫墳典、起發聖意、下則抗論當世、消弭時災、豈悟君子、自生忘倦、失恂恂善誘之德、同亡國驕惰之志、蓋見幾而作、不俟終日、是以鳳退自引、畏使君勞、昔人或歷說而不遇、或思士而無從、皆歸之於天、不尤於物、今壹自譴而已、豈敢有猜、<u>仁君忽一匹夫</u>、於德何損、而遠辱手筆、追路相尋、誠足愧也、壹之區區、曷云量已、其嗟也可去、謝也可食、誠則頑薄、實識其趣、但關節疢動、膝灸懷潰、請俟它日、乃奉其情、輒誦來貺、永以自慰、遂去不顧。

【智及之仁不能守之】劉梁字曼山、一名岑、東平寧陽人也……夫知而違之、偽也、不知而失之、闇也、闇與偽焉、其患一也、患之所在、非徒在智之不及、又在及而違之者矣、故曰、<u>智及之仁不能守之</u>、雖得之、必失之也、夏書曰、念茲在茲、庶事恕施、忠智之謂矣。

【達皇佐之高勳兮馳仁聲之顯赫‧爾乃育之以仁】邊讓字文禮陳留浚儀人也……胄高陽之苗裔兮、承聖祖之洪澤、建列藩於南楚兮、等威靈於二伯、超有商之大彭兮、越隆周之兩虢兮、<u>達皇佐之高勳兮、馳仁聲之顯赫</u>、惠風春施、神武電斷、華夏肅清、五服攸亂、旦垂精於萬機兮、夕回輦於門館、設長夜之歡飲兮、展中情之嬿婉、竭四海之妙珍兮、盡生人之祕玩……爾乃清夜晨、妙技單、收尊俎、徹鼓盤、惘焉若醒、撫劍而歎、慮理國之須才、悟稼穡之艱難、美呂尚之佐周、善管仲之輔桓、將超世而作理、焉沈湎於此歡、於是罷女樂、墮瑤臺、思夏禹之卑宮、慕有虞之土階、舉英奇於仄陋、拔髦秀於蓬萊、君明哲以知人、官隨任而處能、百揆時敘、庶績咸熙、諸侯慕義、不召同期、繼高陽之絕軌、崇成莊之洪基、雖齊桓之一匡、豈足方於大持、

爾乃育之以仁、臨之以明、致虔報於鬼神、盡肅恭乎上京、馳淳化於黎元、永歷世而太平。
《獨行列傳七十一》
【歸心皇漢者實以聖政寬仁故也】索盧放字君陽、東郡人也、以尚書教授千餘人、初署郡門下掾、更始時、使者督行郡國、太守有事、當就斬刑、放前言曰、今天下所以苦毒王氏、歸心皇漢者、實以聖政寬仁故也、而傳車所過、未聞恩澤、太守受誅、誠不敢言、但恐天下惶懼、各生疑變、夫使功者不如使過、願以身代太守之命、遂前就斬、使者義而赦之、由是顯名。
【嘉從弟暢・性仁慈】周嘉字惠文、汝南安城人也……嘉從弟暢、字伯持、性仁慈、爲河南尹、永初二年、夏旱、久禱無應、暢因收葬洛城傍客死骸骨凡萬餘人、應時澍雨、歲乃豐稔、位至光祿勳。
【亭有鬼數殺過客・仁勝凶邪】王忳字少林、廣漢新都人也……仕郡功曹、州治中從事、舉茂才、除郿令、到官、至藥亭、亭長曰、亭有鬼、數殺過客、不可宿也、忳曰、仁勝凶邪、德除不祥、何鬼之避、即入亭止宿、夜中聞有女子稱冤之聲、忳咒曰、有何枉狀、可前求理乎、女子曰、無衣、不敢進、忳便投衣與之、女子乃前訴曰、妾夫爲涪令、之官過宿此亭、亭長無狀、枉殺妾家十餘口、埋在樓下、悉盜取財貨、忳問亭長姓名、女子曰、即今門下游徼者也、忳曰、汝何故數殺過客、對曰、妾不得白日自訴、每夜陳冤、客輒眠不見應、不勝感患、故殺之、忳曰、當爲汝理此冤、勿復殺良善也、因解衣於地、忽然不見、明旦召游徼詰問、具服罪、即收繫、及同謀十餘人悉伏辜、遣吏送其喪歸鄉里、於是亭遂清安。
《方術列傳七十二上》
【仁足濟時知周萬物】謝夷吾字堯卿、會稽山陰人也……舉孝廉、爲壽張令、稍遷荊州刺史、遷鉅鹿太守、所在愛育人物、有善績、及倫作司徒、令班固爲文薦夷吾曰、臣聞堯登稷契、政隆太平、舜用皋陶、政致雍熙、殷周雖有高宗昌發之君、猶賴傅說呂望之策、故能克崇其業、允協大中、竊見鉅鹿太守會稽謝夷吾、出自東州、厭土塗泥、而英資挺特、奇偉秀出、才兼四科、行包九德、仁足濟時、知周萬物、加以少膺儒雅、韜含六籍、推考星度、綜校圖錄、探賾聖祕、觀變歷徵、占天知地、與神合契、據其道德、以經王務、昔爲陪隸、與臣從事、奮忠毅之操、躬史魚之節、董臣嚴綱、勖臣懦弱、得以免戾、實賴厥勳、及其應選作宰、惠敷百里、降福彌異、流化若神、爰牧荊州、威行邦國、奉法作政、有周召之風、居儉履約、紹公儀之操……。
【國生像・像幼有仁心・子又不才不仁而富】折像字伯式、廣漢雒人也……國生像、國有貲財二億、家僮八百人、像幼有仁心、不殺昆蟲、不折萌芽、能通京氏易、好黃老言、及國卒、感多藏厚亡之義、乃散金帛資產、周施親疎、或諫像曰、君三男兩女、孫息盈前、當增益產業、何爲坐自殫竭乎、像曰、昔鬭子文有言、我乃逃禍、非避富也、吾門戶殖財日久、盈滿之咎、道家所忌、今世將衰、子又不才、不仁而富、謂之不幸、牆隙而高、其崩必疾也、智者聞之咸服焉。
《方術列傳七十二下》
【玉仁愛不矜】郭玉者、廣漢雒人也……玉仁愛不矜、雖貧賤廝養、必盡其心力、而醫療貴人、時或不愈、帝乃令貴人羸服變處、一針即差、召玉詰問其狀、對曰、醫之爲言意也、腠理至微、隨氣用巧、針石之間、毫芒即乖、神存於心手之際、可得解而不可得言也、夫貴者處尊高以臨臣、臣懷怖懾以承之、其爲療也、有四難焉、自用意而不任臣、一難也、將身不謹、二難也、骨節不彊、不能使藥、三難也、好逸惡勞、四難也、針有分寸、時有破漏、重以恐懼之心、加以裁愼之志、臣意且猶不盡、何有於病哉、此其所爲不愈也、帝善其對、年老卒官。
《逸民列傳七十三》
【志士懷仁】漢室中微、王莽篡位、士之蘊藉義憤甚矣、是時裂冠毀冕、相攜持而去之者、蓋不可勝數、揚雄曰、鴻飛冥冥、弋者何篡焉、言其違患之遠也、光武側席幽人、求之若不及、旌帛蒲車之所激賁、相望於巖中矣、若薛方逢萌聘而不肯至、嚴光周黨王霸至而不能屈、羣方咸遂、志士懷仁、斯固所謂、舉逸民天下歸心、者乎、肅宗亦禮鄭均而徵高鳳、以成其節、自後帝德稍衰、邪孽當朝、處子耿介、羞與卿相等列、至乃抗憤而不顧、多失其中行焉、蓋錄其絕塵不反、同夫作者、列之此篇。
【懷仁輔義天下悅】嚴光字子陵、一名遵、會稽餘姚人也……司徒侯霸與光素舊、遣使奉書、使人因謂光曰、公聞先生至、區區欲即詣造、迫於典司、是以不獲、願因日暮、自屈語言、光不答、乃投札與之、口授曰、君房足下、位至鼎足、甚善、懷仁輔義天下悅、阿諛順旨要領絕、霸得書、封奏之、帝笑曰、狂奴故態也、車駕即日幸其館、光臥不起、帝即其臥所、撫光腹曰、咄咄子陵、不可相助爲理邪、光又眠不應、良久、乃張目熟視、曰、昔唐堯著德、巢父洗耳、士故有志、何至相迫乎、帝曰、子陵、我竟不能下汝邪、於是

升輿歎息而去。
【仁義遜讓奈何棄之】高鳳字文通、南陽葉人也……鄰里有爭財者、持兵而鬬、鳳往解之、不已、乃脫巾叩頭、固請曰、仁義遜讓、奈何棄之、於是爭者懷感、投兵謝罪。
《列女傳七十四》
【古人・仁遠乎哉我欲仁而仁斯至矣】扶風曹世叔妻者、同郡班彪之女也……婦行第四、女有四行、一曰婦德、二曰婦言、三曰婦容、四曰婦功、夫云婦德、不必才明絕異也、婦言、不必辯口利辭也、婦容、不必顏色美麗也、婦功、不必工巧過人也、清閑貞靜、守節整齊、行已有恥、動靜有法、是謂婦德、擇辭而說、不道惡語、時然後言、不厭於人、是謂婦言、盥浣塵穢、服飾鮮潔、沐浴以時、身不垢辱、是謂婦容、專心紡績、不好戲笑、潔齊酒食、以奉賓客、是謂婦功、此四者、女人之大德、而不可乏之者也、然爲之甚易、唯在存心耳、古人有言、仁遠乎哉、我欲仁、而仁斯至矣、此之謂也。
【而穆姜慈愛溫仁・繼母慈仁・鄭獄】漢中程文矩妻者、同郡李法之姊也、字穆姜、有二男、而前妻四子、文矩爲安衆令、喪於官、四子以母非所生、憎毀日積、而穆姜慈愛溫仁、撫字益隆、衣食資供皆ьают倍所生、或謂母曰、四子不孝甚矣、何不別居以遠之、對曰、吾方以義相導、使其自遷善也、及前妻長子興遇疾困篤、母惻隱自然、親調藥膳、恩情篤密、興疾久乃瘳、於是呼三弟謂曰、繼母慈仁、出自天授、吾兄弟不識恩養、禽獸其心、雖母道益隆、我曹過惡亦已深矣、遂將三弟詣南鄭獄、陳母之德、狀已之過、乞就刑辟、縣言之於郡、郡守表異其母、蠲除家徭、遣散四子、許以脩革、自後訓導愈明、並爲良士。
【天屬綴人心・阿母常仁惻】陳留董祀妻者、同郡蔡邕之女也……後感傷亂離、追懷悲憤、作詩二章、其辭曰……天屬綴人心、念別無會期、存亡永乖隔、不忍與之辭、兒前抱我頸、問母欲何之、人言母當去、豈復有還時、阿母常仁惻、今何更不慈、我尚未成人、奈何不顧思、見此崩五内、恍惚生狂癡、號泣手撫摩、當發復回疑、兼有同時輩、相送告離別、慕我獨得歸、哀叫聲摧裂、馬爲立踟躕、車爲不轉轍、觀者皆歔欷、行路亦嗚咽、去去割情戀、遄征日遐邁、悠悠三千里、何時復交會、念我出腹子、匈臆爲摧敗、既至家人盡、又復無中外、城郭爲山林、庭宇生荊艾、白骨不知誰、從橫莫覆蓋、出門無人聲、豺狼號且吠、煢煢對孤景、怛咤糜肝肺、登高遠眺望、魂神忽飛逝、奄若壽命盡、旁人相寬大、爲復彊視息、雖生何聊賴、託命於新人、竭心自勗厲、流離成鄙賤、常恐復捐廢、人生幾何時、懷憂終年歲。
《東夷傳七十五》 秦并六國、其淮泗夷皆散爲民戶 武帝滅之、於是東夷始通上京
【夷・言仁而好生・故孔子欲居九夷也・偃王仁而無權】王制云、東方曰夷、夷者、柢也、言仁而好生、萬物柢地而出、故天性柔順、易以道御、至有君子不死之國焉、夷有九種、曰畎夷于夷方夷黄夷白夷赤夷玄夷風夷陽夷、故孔子欲居九夷也、昔堯命羲仲宅嵎夷、曰暘谷、蓋日之所出也、夏后氏太康失德、夷人始畔、自少康已後、世服王化、遂賓於王門、獻其樂舞、桀爲暴虐、諸夷内侵、殷湯革命、伐而定之、至于仲丁、藍夷作寇、自是或服或畔、三百餘年、武乙衰敝、東夷寖盛、遂分遷淮岱、漸居中土、及武王滅紂、肅愼來獻石砮楛矢、管蔡畔周、乃招誘夷狄、周公征之、遂定東夷、康王之時、肅愼復至、後徐夷僭號、乃率九夷以伐宗周、西至河上、穆王畏其方熾、乃分東方諸侯、命徐偃王主之、偃王處潢池東、地方五百里、行仁義、陸地而朝者三十有六國、穆王後得驥騄之乘、乃使造父御以告楚、令伐徐、一日而至、於是楚文王大舉兵而滅之、偃王仁而無權、不忍鬬其人、故致於敗、乃北走彭城武原縣東山下、百姓隨之者以萬數、因名其山爲徐山、厲王無道、淮夷入寇、王命虢仲征之、不克、宣王復命召公伐而平之、及幽王淫亂、四夷交侵、至齊桓脩霸、攘而卻焉、及楚靈會申、亦來豫盟、後越遷琅邪、與共征戰、遂陵暴諸夏、侵滅小邦、秦并六國、其淮泗夷皆散爲民戶、陳涉起兵、天下崩潰、燕人衛滿避地朝鮮、因王其國、百有餘歲、武帝滅之、於是東夷始通上京、王莽簒位、貊人寇邊、建武之初、復來朝貢、時遼東太守祭肜威讋北方、聲行海表、於是濊貊倭韓萬里朝獻、故章和已後、使聘流通、逮永初多難、始入寇鈔、桓靈失政、漸滋蔓焉、駮自中興之後、四夷來賓、雖時有乖畔、而使驛不絕、故國俗風土、可得略記、東夷率皆土著、憙飲酒歌舞、或冠弁衣錦、器用俎豆、所謂中國失禮、求之四者也、凡蠻夷戎狄總名四夷者、猶公侯伯子男皆號諸侯云。
《南蠻西南夷傳七十六》
【宜更選有勇略仁惠任將帥者】永和二年……九眞日南相去千里、發其吏民、猶尚不堪、何況乃苦四州之卒、以赴萬里之艱哉、其不可七也、前中郎將尹就討益州叛羌、益州諺曰、虜來尚可、尹來殺我、後就激還、以兵付刺史張喬、喬因其將吏、旬月之間、破殄寇虜、此發將無益之效、州郡可任之驗也、宜更選有勇略仁惠任將帥者、以爲刺史太守、悉使共住交阯、今日南兵單無穀、守既不足、戰又不能、可一切徙其吏民

資料Ⅱ 『後漢書』～『元史』の「仁」

北依交阯、事靜之後、乃命歸本、還募蠻夷、使自相攻、轉輸金帛、以爲其資、有能反間致頭首者、許以封侯列土之賞、故幷州刺史長沙祝良、性多勇決、又南陽張喬、前在益州有破虜之功、皆可任用、昔太宗就加魏尚爲雲中守、哀帝即拜龔舍爲太山太守、宜即拜良等、便道之官、四府悉從固議、即拜祝良爲九眞太守、張喬爲交阯刺史、喬至、開示慰誘、並皆降散、良到九眞、單車入賊中、設方略、招以威信、降者數萬人、皆爲良築起府寺、由是嶺外復平。

【米斛萬錢漸以仁恩】夜郎者……肅宗元和中、蜀郡王追爲太守、政化尤異、有神馬四匹出滇池河中、甘露降、白烏見、始興起學校、漸遷其俗、靈帝熹平五年、諸夷反叛、執太守雍陟、遣御史中丞朱龜討之、不能剋、朝議以郡在邊外、蠻夷喜叛、勞師遠役、不如弃之、大尉掾巴郡李顒建策討伐、乃拜顒益州太守、與刺史龐芝發板楯蠻擊破平之、還得雍陟、顒卒後、夷人復叛、以廣漢景毅爲太守、討定之、毅初到郡、米斛萬錢、漸以仁恩、少年間、米至數十云。

【大漢安樂攜負歸仁】莋都夷者、武帝所開……永平中……帝嘉之、事下史官、録其歌焉……蠻夷所處……荒服之外、土地墝埆、食肉衣皮、不見鹽穀、吏譯傳風、大漢安樂、攜負歸仁、觸冒險陜、高山岐峻、緣崖磻石、木薄發家、百宿到洛、父子同賜、懷抱匹帛、傳告種人、長願臣僕。

《西羌傳七十七》

【昔桓公伐戎而無仁惠】滇良者燒當之玄孫也……時燒何豪有婦人比銅鉗者、年百餘歲、多智筭、爲種人所信向、皆從取計策、時爲盧水胡所擊、比銅鉗乃將其衆來依郡縣、種人頗有犯法者、臨羌長收繫比銅鉗、而誅殺其種六七百人、顯宗憐之、乃下詔曰、昔桓公伐戎而無仁惠、故春秋貶曰、齊人、今國家無德、恩不及遠、羸弱何辜、而當并命、夫長平之暴、非帝者之功、咎由太守長吏妄加殘戮、比銅鉗尚生者、所在致醫藥養視、令招其種人、若欲歸故地者、厚遣送之、其小種若束手自詣、欲効功者、皆除其罪、若有逆謀爲吏所捕、而獄狀未斷、悉以賜有功者。

【孔子曰人而不仁】東號子麻奴立……四年……孔子曰、人而不仁、疾之已甚、亂也……。

《西域傳七十八》

【且好仁惡殺】論曰、西域風土之載、前古未聞也……漢自楚英始盛齋戒之祀、桓帝又脩華蓋之飾、將微義未譯、而但神明之邪、詳其清心釋累之訓、空有兼遣之宗、道書之流也、且好仁惡殺、蠲敝崇善、所以賢達君子多愛其法焉、然好大不經、奇譎無已、雖鄒衍衍談天之辯、莊周蝸角之論、尚未足以槩其萬一、又精靈起滅、因報相尋、若曉而昧者、故通人多惑焉、蓋導俗無方、適物異會、取諸同歸、措夫疑説、則大道通矣。

2：『三國志』〔方伎・（外國）以外は、皇帝關係のみ檢討〕

《武帝紀一》

【後生者不見仁義禮讓之風】八年……秋七月、令曰、喪亂已來、十有五年、後生者不見仁義禮讓之風、吾甚傷之、其令郡國各修文學、縣滿五百戸置校官、選其郷之俊造而教學之、庶幾先王之道不廢、而有以益於天下。

【而仁者豈樂之哉】十四年春三月、軍至譙、作輕舟、治水軍、秋七月、自渦入淮、出肥水、軍合肥、辛未、令曰、自頃已來、軍數征行、或遇疫氣、吏士死亡不歸、家室怨曠、百姓流離、而仁者豈樂之哉、不得已也、其令死者家無基業不能自存者、縣官勿絶廩、長吏存卹撫循、以稱吾意、置揚州郡縣長吏、開芍陂屯田、十二月軍還譙。

《方技傳二十九》

【殆非小心翼翼多福之仁】十二月二十八日、吏部尚書何晏請之、鄧颺在晏許、晏謂輅曰、聞君著爻神妙、試爲作一卦、知位當至三公不、又問、連夢見青蠅數十頭、來在鼻上、驅之不肯去、有何意故、輅曰、夫飛鴞、天下賤鳥、及其在林食椹、則懷我好音、況輅心非草木、敢不盡忠、昔元、凱之弼重華、宣惠慈和、周公之翼成王、坐而待旦、故能流光六合、萬國咸寧、此乃履道休應、非卜筮之所明也、今君侯位重山嶽、勢若雷電、而懷德者鮮、畏威者衆、殆非小心翼翼多福之仁、又鼻者艮、此天中之山、高而不危、所以長守貴也、今青蠅臭惡、而集之焉、位峻者顛、輕豪者亡、不可不思害盈之數、盛衰之期、是故山在地中曰謙、雷在天上曰壯、謙則裒多益寡、壯則非禮不履、未有損己而不光大、行非而不傷敗、願君侯上追文王六爻之旨、下思尼父彖象之義、然後三公可決、青蠅可驅也、颺曰、此老生之常譚、輅答曰、夫老生者見不生、常譚者見不譚、晏曰、過歲更當相見、輅還邑舍、具以此言語舅氏、舅氏責輅言太切至、輅曰、與死人語、

165

第一章　正史を通して知る「仁」と「天理」

何所畏邪、舅大怒、謂輅狂悖、歲朝、西北大風、塵埃蔽天、十餘日、聞晏颺皆誅、然後舅乃服。
《烏丸鮮卑東夷傳三十》［記載なし］
《劉二牧傳一》
【州大吏趙韙等貪璋溫仁】劉焉字君郎、江夏竟陵人也……焉意漸盛、造作乘輿車具千餘乘、荊州牧劉表表上焉有似子夏在西河疑聖人之論、時焉子範爲左中郎將、誕治書御史、璋爲奉車都尉、皆從獻帝在長安、惟小子別部司馬瑁素隨焉、獻帝使璋曉諭焉、焉留璋不遣、時征西將軍馬騰屯郿而反、焉及範與騰通謀、引兵襲長安、範謀泄、奔槐里、騰敗、退還涼州、範應時見殺、於是收誕行刑、議郎河南龐義與焉通家、乃募將焉諸孫入蜀、時焉被天火燒城、車具蕩盡、延及民家、焉徙治成都、既痛其子、又感祅災、興平元年、癰疽發背而卒、州大吏趙韙等貪璋溫仁、共上璋爲益州刺史、詔書因以爲監軍使者、領益州牧、以韙爲征東中郎將、率衆擊劉表。
《先主傳二》
【周成仁賢而四國作難】秋、羣下上先主爲漢中王、表於漢帝曰、平西將軍都亭侯臣馬超左將軍領長史鎭軍將軍臣許靖營司馬臣龐羲議曹從事中郎軍議中郎將臣射援軍師將軍臣諸葛亮盪寇將軍漢壽亭侯臣關羽征虜將軍新亭侯臣張飛征西將軍臣黃忠鎭遠將軍臣賴恭揚武將軍臣法正興業將軍臣李嚴等一百二十人上言曰、昔唐堯至聖而四凶在朝、周成仁賢而四國作難、高后稱制而諸呂竊命、孝昭幼沖而上官逆謀、皆馮世寵、藉履國權、窮凶極亂、社稷幾危、非大舜周公朱虛博陸、則不能流放禽討、安危定傾、伏惟陛下誕姿聖德、統理萬邦、而遭厄運不造之艱、董卓首難、盪覆京畿、曹操階禍、竊執天衡、皇后太子、鴆殺見害、剝亂天下、殘毀民物、久令陛下蒙塵憂厄、幽處虛邑、人神無主、遏絕王命、厭昧皇極、欲盜神器……
【仁覆積德】太傅許靖、安漢將軍糜竺軍師將軍諸葛亮太常賴恭光祿勳黃權少府王謀等上言、曹丕篡弒、湮滅漢室、竊據神器、刦迫忠良、酷烈無道、人鬼忿毒、咸思劉氏、今上無天子、海內惶惶、靡所式仰、羣下前後上書者八百餘人、咸稱述符瑞、圖讖明徵、間黃龍見武陽赤水、九日乃去、孝經援神契曰、德至淵泉則黃龍見、龍者、君之象也、易乾九五、飛龍在天、大王當龍升、登帝位也、又前關羽圍樊襄陽、襄陽男子張嘉王休獻玉璽、璽潛漢水、伏於淵泉、暉景燭燿、靈光徹天、夫漢者、高祖本所起定天下之國號也、大王襲先帝軌跡、亦興於漢中也、今天子玉璽神光先見、璽出襄陽、漢水之末、明大王承其下流、授與大王以天子之位、瑞命符應、非人力所致、昔周有烏魚之瑞、咸曰休哉、二祖受命、圖書先著、以爲徵驗、今上天告祥、羣儒英俊、並進河洛、孔子讖記、咸悉具至、伏惟大王出自孝景皇帝中山靖王之胄、本支百世、乾祇降祚、聖姿碩茂、神武在躬、仁覆積德、愛人好士、是以四方歸心焉、考省靈圖、啓發讖緯、神明之表、名諱昭著、宜即帝位、以纂二祖、紹嗣昭穆、天下幸甚、臣等謹與博士許慈議郎孟光、建立禮儀、擇令辰、上尊號、即皇帝位於成都武擔之南、爲文曰、惟建安二十六年四月丙午、皇帝備敢用玄牡、昭告皇天上帝后土神祇、漢有天下、歷數無疆、曩者王莽篡盜、光武皇帝震怒致誅、社稷復存、今曹操阻兵安忍、戮殺主后、滔天泯夏、罔顧天顯、操子丕、載其凶逆、竊據神器、羣臣將士以爲社稷墮廢、備宜修之、嗣武二祖、躬行天罰、備雖否德、懼忝帝位、詢于庶民、外及蠻夷君長、僉曰、天命不可以不答、祖業不可以久替、四海不可以無主、率土式望、在備一人、備畏天明命、又懼漢邦將湮於地、謹擇元日、與百寮登壇、受皇帝璽綬、修燔瘞、告類於天神、惟神饗祚于漢家、永綏四海。
【皇帝邁仁樹德】亮上言於後主曰、伏惟大行皇帝邁仁樹德、覆燾無疆、昊天不弔、寢疾彌留、今月二十四日奄忽升遐、臣妾號咷、若喪考妣、乃顧遺詔、事惟大宗、動容損益、百寮發哀、滿三日除服、到葬期復如禮、其郡國太守相都尉縣令長、三日便除服、臣竊覩遺敕、震畏神靈、不敢有違、臣請宣下奉行、五月、梓宮自永安還成都、諡曰昭烈皇帝、秋、八月、葬惠陵。
《吳主傳二》
【策・未可以爲仁也】五年、策薨、以事授權、權哭未及息、策長史張昭謂權曰、孝廉、此寧哭時邪、且周公立法而伯禽不師、非欲違父、時不得行也、況今姦宄競逐、豺狼滿道、乃欲哀親戚、顧禮制、是猶開門而揖盜、未可以爲仁也、乃改易權服、扶令上馬、使出巡軍、是時惟有會稽吳郡丹陽豫章廬陵、然深險之地猶未盡從、而天下英豪在州郡、賓旅寄寓之士以安危去就爲意、未有君臣之固、張昭周瑜等謂權可與共成大業、故委心而服事焉、曹公表權爲討虜將軍、領會稽太守、屯吳、使丞之郡行文書事、待張昭以師傅之禮、而周瑜程普呂範等爲將率、招延俊秀、聘求名士、魯肅諸葛瑾等始爲賓客、分部諸將、鎭撫山越、討不從命。

【呉王・聰明仁智雄畧之主也】二十五年春正月……是歳、劉備帥軍來伐、至巫山秭歸、使使誘導武陵蠻夷、假與印傳、許之封賞、於是諸縣及五谿民皆反爲蜀、權以陸遜爲督、督朱然潘璋等以拒之、遣都尉趙咨使魏、魏帝問曰、吳王何等主也、咨對曰、聰明仁智、雄畧之主也、帝問其狀、咨曰、納魯肅於凡品、是其聰也、拔呂蒙於行陣、是其明也、獲于禁而不害、是其仁也、取荊州而兵不血刃、是其智也、據三州虎視於天下、是其雄也、屈身於陛下、是其略也、帝欲封權子登、權以登年幼、上書辭封、重遣西曹掾沈珩陳謝、并獻方物、立登爲王太子。

3：『宋書』［孝義より前の部分は、皇帝關係のみ檢討］

《本紀二武帝中》

【然後率之以仁義鼓之以威武】臣荷重任、恥責實深、自非改調解張、無以濟治、夫人情滯常、難與慮始、所謂父母之邦以爲桑梓者、誠以生焉終焉、敬愛所託耳、今所居累世、墳塋成行、敬恭之誠、豈不與事而至、請準庚戌土斷之科、庶子本所弘、稍與事著、然後率之以仁義、鼓之以威武、超大江而跨黃河、撫九州而復舊土、則戀本之志、乃速由於當年、在始暫勤、要終所以能易。

【公遠齊伊宰納隍之仁】策曰……乃者桓玄肆僭……馬休魯宗阻兵內侮、驅率二方、連旗稱亂、公投袂星言、斫其上略、江津之師、勢踰風電、廻旆沔川、實繁震懾、二叛奔迸、荊雍來蘇、玄澤浸育、溫風潛被、此又公之功也、也永嘉不競、四夷擅華、五都輻裂、山陵幽辱、祖宗懷没世之憤、遺氓有匪風之思、公遠齊伊宰納隍之仁、近同小白滅亡之恥、鞠旅陳師、赫然大號、分命羣帥、北徇司兗、許鄭風靡鞏洛載清、偽牧逆藩、交臂請罪、百年榛穢、一朝掃滌、此又公之功也。

【冠德如仁】十三年正月、公以舟師進討、留彭城公義隆鎮彭城、軍次留城、經張良廟、令曰、夫建德不泯、義在祀典、微管之歎、撫事彌深、張子房道亞黃中、照隣殆庶、風雲言感、蔚爲帝師、大拯橫流、夷項定漢、固以參軌伊望、冠德如仁、若乃神交圯上、道契商洛、顯晦之間、窈然難究、源流淵浩、莫測其端矣、塗次舊沛、佇駕留城、靈廟荒殘、遺象陳昧、撫迹懷人、慨然永歎、過大梁者或佇想於夷門、遊九原者亦流連於隨會、可改構榱桷、脩飾丹青、蘋蘩行潦、以時致薦、以紓懷古之情、用存不刊之烈、天子追贈公祖爲太常、父爲左光祿大夫、讓不受。

【顯仁藏用之道】十月天子詔曰……朕以不德、遭家多難、雲雷作屯、夷羿竊命、失位京邑、遂播蠻荊、艱難卑約、制命凶醜、相國宋公、天縱睿望、命世應期、誠貫三靈、大節宏發、拯朕窮於巢幕、廻靈命於已崩、固已道窮北面、暉格八表者矣、及外積全國之勳、內累戡黎之伐、芟夷彊妖之始、蘊崇奸猾之源、顯仁藏用之道、六府孔脩之績、莫不雲行雨施、能事必舉、諒已方軌於三五、不容於典策者焉、自永嘉喪師、綿踰十紀、五都分崩、然正朔時暨、唯三秦懸隔、未之暫賓……。

【靡不謳歌仁德】又璽書曰、蓋聞天生蒸民……雖彝器所銘、詩書所詠、庸勳之盛、莫之與二也、遂偃武脩文、誕敷德政、八統以馭萬民、九職以刑邦國、思兼三王、以施四事、故能信著幽顯、義感殊方、自歷世所賓、舟車所曁、靡不謳歌仁德、抃舞來庭。

《本紀五文帝》

【詔・宜隼宣仁惠】三月丁巳、詔曰、朕違北京、二十餘載、雖云密邇、瞻塗莫從、今因四表無塵、時和歲稔、復獲拜奉舊塋、展罔極之思、饗讌故老、申追遠之懷、固以義兼於桑梓、情加於過沛、永言慷慨、感慰實深、宜隼宣仁惠、覃被率土、其大赦天下……。

《本紀六孝武帝》

【世祖流仁】二月甲寅、車駕巡南豫南兗二州……太宗燕故、晉陽洽恩、世祖流仁、濟畿暢澤、永言往歟、思廣前賁、可蠲歷陽郡租輸三年、遣使巡慰、問民疾苦、鰥寡孤老六疾不能自存者、厚賜粟帛、高年加以羊酒、凡一介之善、隨才銓貫、前國名臣及府州佐吏、量所沾錫、人身已往、施及子孫、壬申、車駕還宮。

《本紀七前廢帝》

【帝・汝不孝不仁本無人君之相】帝幼而狷急、在東宮每爲世祖所責……帝夢太后謂之曰、汝不孝不仁、本無人君之相、子尚愚悖如此、亦非運祚所及、孝武險虐滅道、怨結人神、兒子雖多、並無天命、大運所歸、應還文帝之子、其後湘東王紹位、果文帝子也、故帝聚諸叔京邑、慮在外爲患……。

《本紀八明帝》

【仁澤偏壅】泰始元年……己巳、以安西將軍南豫州刺史劉遵考爲特進右光祿大夫、輔國將軍歷陽南譙二郡

太守建平王景素爲南豫州刺史、庚午、以荊州刺史臨海王子頊爲鎭軍將軍、南徐州刺史永嘉王子仁爲中軍將軍、左衞將軍劉道隆爲中護軍、辛未、改封臨賀王子産爲南平王、晉熙王子輿爲廬陵王、壬申、以尚書左僕射王景文爲尚書僕射、新除中護軍劉道隆卒、癸酉詔曰、朕戡亂寧民、屬膺景祚、鴻制初造、革道惟新、而國故頻罹、<u>仁澤偏壅</u>、每鑒寐疚心、罔識攸濟、巡方問俗、弘政所先、可分遣大使、廣求民瘼、考守宰之良、採衡閭之善……。

【天道尚仁德刑並用】［二年］十二月己未、以尚書金部郎劉善明爲冀州刺史、乙丑、詔曰、近衆藩稱亂、多染釁科、或誠係本朝、事緣逼迫、混同誅錮、良以悵然、<u>夫天道尚仁、德刑並用</u>、雷霆時至、雲雨必解、朕眷言靜念、思弘風澤、凡應禁削、皆從原蕩、其文武堪能、隨才銓用、辛未、以新除廣州刺史劉勔爲益州刺史、前巴西梓潼二郡太守費混爲廣州刺史、劉勔克壽陽、豫州平……。

【宜修道布仁】［三年］八月丁酉、詔曰、古者衡虞置制、螻蚔不收、川澤産育、登薦進御、所以繁阜民財、養遂生德、頃商販逐末、競早爭新、折未實之菓、收豪家之利、籠非膳之翼、爲戲童之資、豈所以還風尚本、捐華務實、<u>宜修道布仁、以革斯蠹</u>、自今鱗介羽毛、殽核衆品、非時月可採、器味所須、可一皆禁斷、嚴爲科制……。

【以寬仁待物】泰豫元年春正月甲寅朔……帝少而和令、風姿端雅、早失所生、養於太后宮内、大明世、諸弟多被猜忌、唯上見親、常侍路太后醫藥、好讀書、愛文義、在藩時、撰江左以來文章志、又續衞瓘所注論語二」、行於世、<u>及即大位、四方反叛、以寬仁待物</u>、諸軍帥有父兄子弟同逆者、並授以禁兵、委任不易、故衆爲之用、莫不盡力、平定天下、逆黨多被全、其有才能者、並見授用、有如舊臣、才學之士、多蒙引進、參侍文籍、應對左右、於華林園芳堂講周易、常自臨聽、末年好鬼神、多忌諱、言語文書、有禍敗凶喪及疑似之言應回避者、數百千品、有犯必加罪戮、改騧爲馬邊爪、亦以騧字似禍字故也……。

《列傳五十一孝義》

【立人之道曰仁與義夫仁義者合君親之至理】易曰、<u>立人之道、曰仁與義、夫仁義者、合君親之至理</u>、實忠孝之所資、雖義發於心、情非外感、然企及之旨、聖哲詒言、至於風漓化薄、禮違道喪、忠不樹國、孝亦愆家、而一世之民、權利相引、仕以勢招、榮非行立、乏翺翔之感、棄舍生之分、霜露未改、大痛已忘於心、名節不變、戎車邊爲其首、斯並軌訓之理未弘、汲引之塗多闕、若夫情發於天、行成乎已、捐軀舍命、濟主安親、雖乖理闇至、匪由勸賞、而宰世之人、曾微誘激、乃至事隠閭閻、無聞視聽、故可以昭被圖篆、百不一焉、今采綴湮落、以備闕文云爾。

【仁厚之風】郭世道、會稽永興人也、生而失母、父更娶、世ити事父及後母、孝道淳備、年十四、又喪父、居喪過禮、殆不勝喪、家貧無產業、傭力以養繼母、婦生一男、夫妻共議曰、勤身供養、力猶不足、若養此兒、則所費者大、乃垂泣瘞之、母亡、負土成墳、親戚或共賻助、微有所受、葬畢、傭賃倍還先直、服除後、哀戚思慕、終身如喪者、以爲追遠之思、無時去心、故未嘗釋衣帢、<u>仁厚之風</u>、行於鄉黨、隣村小大、莫有呼其名者、嘗與人共於山陰市貨物、誤得一千錢、當時不覺、分背方悟、請其伴求以此錢追還本主、伴大笑不答、世道以己錢充數送還之、錢主驚嘆、以半直與世道、世道委之而去。

【深仁絶操追風曠古】太守王僧朗察孝廉、不就、太守蔡興宗臨郡、深加賞異、以私米饋原平及山陰朱百年妻、敎曰、秩年之賑、著自國書、飢貧之典、有聞甲令、況高柴窮老、萊婦屯暮者哉、永興郭原平世稟孝德、洞業儲靈、<u>深仁絶操、追風曠古</u>、棲貞處約、華耇方嚴、山陰朱百年道終物表、妻孔鼕齒孀居、寠廸殘日、欽風撫事……。

【曰義與仁・仁義伊在・吾實履仁】潘綜、吳興烏程人也……及將行設祖道、贈以四言詩曰……唐后明敷、漢宗蒲輪、我皇降鑒、思樂懷人、羣臣競薦、舊章惟新、余亦奚貢、<u>曰義與仁、仁義伊在</u>、惟吾惟潘、心積純孝、事著艱難、投死如歸、淑問若蘭、吾實履仁、心力倶單、固此苦節、易彼歲寒、霜雪雖厚、松栢丸丸……。

【少而仁厚】范叔孫、吳郡錢唐人也、<u>少而仁厚</u>、固窮濟急、同里范法先父母兄弟七人、同時疫死、唯餘法先、病又危篤、喪尸經月不收、叔孫悉備棺器、親爲殯埋、又同里施淵夫疾病、父母死不殯、又同里范苗父子並亡、又同里危敬宗家口六人倶得病、二人喪沒、親隣畏遠、莫敢營視、叔孫並殯葬、躬郰病者、並皆得全、鄉曲貴其義行、莫有呼其名者、世祖孝建初、除竟陵王國中軍將軍、不就。

《列傳五十二良吏》

【太祖幼而寬仁】高祖起自匹庶、知民事艱難、及登庸作宰、留心吏職、而王略外舉、未遑内務、奉師之費、

日耗千金、播茲寬簡、雖所未暇、而紬華屛欲、以儉抑身、左右無幸謁之私、閨房無文綺之飾、故能戎車歲駕、邦甸不擾、太祖幼而寬仁、入纂大業、及難興陝方、六戎薄伐、命將動師、經略司兗、費由府實、役不及民、自此區宇宴安、方内無事、三十年間、氓庶蕃息、奉上供徭、止於歲賦、晨出莫歸、自事而已……。

《列傳五十三隱逸》
【加以仁心内發義懷外亮】周續之字道祖、鴈門廣武人也……江州刺史劉柳薦之高祖曰……竊見處士鴈門周續之、清眞貞素、思學鈎深、弱冠獨往、心無近事、性之所遺、榮華與饑寒俱落、情之所慕、巖澤與琴書共遠、加以仁心内發、義懷外亮、留愛崑卉、誠著桃李、若升之宰府、必鼎味斯和、濯纓儒官、亦王猷退緝、臧文不知、失在降賢、言偃得人、功由升士、願照其丹欸、不以人廢言。

【於皇仁考】陶潛字淵明、或云淵明字元亮、尋陽柴桑人也……又爲命子詩以貽之曰、悠悠我祖、爰自陶唐、邈爲虞賓、歷世垂光、御龍勤夏、豕韋翼商、穆穆司徒、厥族以昌、紛紜戰國、漠漠衰周、鳳隱于林、幽人在丘、逸虬繞雲、奔鯨駭流、天集有漢、眷予愍侯、於赫愍侯、運當攀龍、撫劍風邁、顯茲武功、參誓山河、啟土開封、亹亹丞相、允廸前蹤、渾渾長源、蔚蔚洪柯、羣川載導、衆條載羅、時有默語、運固隆汙、在我中晉、業融長沙、桓桓長沙、伊勳伊德、天子疇我、專征南國、功遂辭歸、臨寵不惑、孰謂斯心、而可近得、肅矣我祖、慎終如始、直方二臺、惠和千里、於皇仁考、淡焉虛止、寄迹風雲、冥茲慍喜、嗟余寡陋、瞻望靡及、顧慚華鬢、負景隻立、三千之罪、無後其急、我誠念哉、呱聞爾泣、卜云嘉日、占爾良時、名爾曰儼、字爾求思、温恭朝夕、念茲在茲、尚想孔伋、庶其企而、厲夜生子、遽而求火、凡百有心、奚待于我、既見其生、實欲其可、人亦有言、斯情無假、日居月諸、漸免于孩、福不虛至、禍亦易來、夙興夜寐、願爾斯才、爾之不才、亦已焉哉、潛元嘉四年卒、時年六十三。

【少仁愛】沈道虔、吳興武康人也、少仁愛、好老易、居縣北石山下、孫恩亂後饑荒、縣令庾肅之迎出縣南廢頭里、爲立小宅、臨溪、有山水之玩、時復還石山精廬、與諸孤兄子共釜庾之資、困不改節、受琴於戴逵、王敬宏深敬之、郡州府凡十二命、皆不就。

《列傳五十四恩倖》
【遂恃朕仁弘】爰秉權日久、上昔在藩、素所不說、及景和世、屈辱卑約、爰禮敬甚簡、益銜之、泰始三年、詔曰……朕撥亂反正、勳濟天下、靈祇助順、羣逆必夷、況爰恩養、無所輸效、遂内挾異心、著於形迹、陽愚杜口、罔所陳聞、惰事緩文、庶申詭略、當今朝列賢彥、國無佞邪、而秉心弗純、累蠹時政、以其自告之辰、用賜歸老之職、榮禮優崇、寧非饕過、不謂潛怨斥外、進競不已、勤言託意、觸遇斯發、小人之情、雖所先照、猶許其當改、未忍加法、遂恃朕仁弘、必永容貸、昨因觸宴、肆意譏毀、謂制詔所爲、皆資傍說、又宰輔無斷、朝要非才、恃老與舊、慢戾斯甚、比邊難未靜、安衆以惠、戎略是務、政網從簡、故得使此小物、乘寬自縱、乃合投畀豺虎、以清王猷、但朽穎將盡、不足窮法、可特原罪、徙付交州。

《列傳五十五索虜》
【我朝廷仁弘・仁者之所不爲】其後燾又遣使通好、并求婚姻、太祖每依違之、十七年、燾號太平眞君元年、十九年、虜鎭東將軍武昌王宜勒庫莫提移書益梁二州、徃伐仇池、侵其附屬、而移書越詣徐州曰、我大魏之興、德配二儀、與造化並立、夏殷以前、功業尚矣、周秦以來、赫赫堂堂、垂耀先代、逮我烈祖、重之聖明、應運龍飛、廓清燕趙、聖朝承王業之資、奮神武之略、遠定三秦、西及葱嶺、東平遼碣、海隅服從、北暨鍾山、萬國納貢、威風所扇、想彼朝野、備聞威德、往者劉石苻姚、遞據三郡、司馬琅邪、保守揚越綿綿連連、綿歷年紀、數窮運改、宋氏受終、仍晉之舊、遠通聘享、故我朝廷解甲、息心東南之略、是爲不欲違先故之大信也、而彼方君臣、苞藏禍心、屢爲邊寇、去庚午年、密結赫連、侵我牢洛、致師徒喪敗、擧軍囚俘、我朝廷仁弘、不窮人之非、不遂人之過、與彼交和、前好無改、昔南秦王楊元識達天運、於大化未及之前、度越赫連、遠歸忠款、玄既即世、弟難當忠節愈固、上請納女、連婚宸極、任土貢珍、自比内郡、漢南白雉、登俎御羞、朝廷嘉之、授以專征之任、不圖彼朝計疆場之小疵、不相關移、竊興師旅、亡我賓屬、難當將其妻子、及其同義、告敗闕下、聖朝憮然、顧謂羣臣曰、彼之違信背和、與牢洛爲三、一之爲甚、其可再乎、是若可忍、孰不可忍、是以分命吾等磐磐之臣、助難當報復……若衆軍就臨、將令南海北汎、江湖南溢、高岸墊爲浦澤、深谷積爲丘陵、晉承黎民、將雲集霧聚、仇池之師、皷隘山谷之中、何能自固、彼之所謂肆忿於目前之小得、以至於敗亡之大失也、昔信陵君濟窮鳩之危、義士歸之、故我朝廷欲救難當投命之誠、爲此擧動、既而愛惜前好、猶復沈吟、多殺生生、在之一亡十、仁者之所不爲、吾等別愛後自馳檄相警書、若擁兵還反、復南秦之國、則諸軍同罷、好睦如初、若距我義言、狠愎遂徃、敗國亡身、必

成噬臍之悔、望所列上彼朝、惠以報告。
【仁義之道】二十三年、虜安南平南府又移書兗州、以南國僑置州、不依城土、多濫北境名號、又欲遊獵具區、兗州答移曰、夫皇極肇建、實膺神明之符、生民初載、實稟沖和之氣、故司牧之功、宣於上代、仁義之道、興自諸華、在昔有晉、混一區宇、九譯承風、遐戎嚮附、永嘉失御、天綱圮裂、石容苻姚、遙乘非據、或棲息趙魏、或保聚邠岐、我皇宋屬當歸曆、受終晉代、北臨河濟、西盡咸汧、弔民伐罪、流澤五都、魏爾時祗德悔禍、思用和輯、交通使命、以祈天衷、來移所謂分疆畫境、其志久定者也、俄而不恒其信、虞我國憂、侵牢及洛、至于清濟、徃歲入河、且欲綏理舊城、是以頓兵南滋、秋毫無犯、軍師不能奉遵廟算、保有成功、回施之日、重失司克。
【則自我國家所望於仁者之邦也】時疆埸之民、多相侵盜、二十五年、虜寧南將軍豫州刺史北井矦若庫辰樹蘭移書豫州曰……當今上國和通、南北好合、唯邊境民庶、要約不明、自古列國、封疆有畔、各自禁斷、無復相侵、如是可以保之長久、垂之永世、故上表臺閣、馳書明曉、自今以後、魏宋二境、宜使人迹不過、自非聘使行人、無得南北、邊境之民、烟火相望、雞狗之聲相聞、至老死不相往來、不亦善乎、又能此亡彼歸、彼亡此致、則自我國家所望於仁者之邦也。
《列傳五十七夷蠻》
【德合天心】呵羅單國治闍婆洲、元嘉七年、遣使獻金剛指鐶赤鸚鵡鳥天竺國白疊古貝葉波國古貝等物、十年、呵羅單國王毗沙跋摩奉表曰、常勝天子陛下、諸佛世尊、常樂安隱、三達六通、為世間道、是名如來、應供正覺、遺形舍利、造諸塔像、莊嚴國土、如須彌山、村邑聚落、次第羅匝、城郭館宇、如忉利天宮、宮殿高廣、樓閣莊嚴、四兵具足、能伏怨敵、國土豐樂、無諸患難、奉承先王、正法治化、人民良善、慶無不利、處雪山陰、雪水流注、百川洋溢、八味清淨、周匝屈曲、順趣大海、一切眾生、咸得受用、於諸國土、殊勝第一、是名震旦、大宋揚都、承嗣常勝大王之業、德合天心、仁廕四海、聖智周備、化無不順、雖人是天、護世降生、功德寶藏、大悲救世、為我尊主常勝天子、是故至誠五體敬禮、呵羅單國王毗沙跋摩稽首問訊、其後為子所篡奪、十三年、又上表曰。
【聖明仁愛・大王仁聖・仁澤普潤】天竺迦毗黎國、元嘉五年、國王月愛遣使奉表曰、伏聞彼國、據江傍海、山川周固、眾妙悉備、莊嚴清淨、猶如化城、宮殿莊嚴、街巷平坦、人民充滿、歡娛安樂、聖王出游、四海隨從、聖明仁愛、不害眾生、萬邦歸仰、國富如海、國中眾生、奉順正法、大王仁聖、化之以道、慈施羣生、無所遺惜、帝修淨戒、軌道不及、無上法船、濟諸沈溺、羣寮百官、受樂無怨、諸天擁護、萬神侍衛、天魔降伏、莫不歸化、王身莊嚴、如日初出、仁澤普潤、猶如大雲、聖賢承業、如日月天、於彼眞丹、最為殊勝。
【三遊本於仁義・仁義玄一者・夫道之以仁義者】慧琳者、秦郡秦縣人、姓劉氏、少出家、住冶城寺、有才章、兼外內之學、為廬陵王義眞所知、嘗著均善論、其詞曰、有白學先生、以為中國聖人、經綸百世、其德弘矣、智周萬變、天人之理盡矣、道無隱旨、教罔遺筌、聰叡廸哲、何負於殊論哉、有黑學道士陋之、謂不照幽冥之途、弗及來生之化、雖尚虛心、未能虛事、不逮西域之深也、於是白學訪其所以不逮云爾、白曰、釋氏所論之空、與老氏所言之空、無同異乎、黑曰、異、釋氏即物為空、空物為一、老氏有無兩行、空有為異、安得同乎、白曰、釋氏空物、物信空邪、黑曰、然、空又空、不翅於空矣、白曰、三儀靈長於宇宙、萬品盈生於天地、孰是空哉、黑曰、空其自性之有、不害因假之體也、今構羣材以成大廈、罔專寢之實、積一毫以致合抱、無檀木之體、有生莫俄頃之留、泰山蔑累息之固、興滅無常、因緣無主、所空在於性理、所難據於事用、吾以為惧矣、白曰、所言實相、空者其如是乎、黑曰、然、白曰、浮變之理、交於目前、視聽者之所同了邪、解之以登道場、重之以輕異學、誠未見其淵深、黑曰、斯理若近、求之實遠、夫情之所重者虛、事之可重者實、今虛其眞實、離其浮偽、愛欲之惑、不得不去、愛去而道場不登者、吾不知所以相曉也、白曰、今析豪空樹、無□乘蔭之茂、離材虛室、不損輪奐之美、明無常增其愒蔭之情、陳若徧篤其競辰之慮、貝錦以繁采發輝、和羹以鹽梅致旨、齊侯追爽鳩之樂、燕王無延年之術、恐和合之辯、危脆之教、正足戀其闕嗜好之欲、無以傾其愛競之感也、黑曰、斯固理絕於諸華、墳素莫之及也、白曰、山高累卑之辭、川樹積小之詠、舟壑火傳之談、堅白唐肆之論、蓋盈於中國矣、非理之奧、故不舉以為教本耳、子固以遺情遺累、虛心為道、而據事剖析者、更由指掌之間乎、黑曰、周孔為教、正及一世、不見來生無窮之緣、積善不過子孫之慶、累惡不過餘殃之辜、報效止於榮祿、誅責極於窮賤、視聽之外、冥然不知、良可悲矣、釋迦闡無窮之業、拔重關之險、陶方寸之慮、宇宙不足盈其明、設一慈之救、羣生不足勝其化、

叙地獄則民懼其罪、敷天堂則物歡其福、指泥洹以長歸、乘法身以遐覽、神變無不周、靈澤靡不覃、先覺翻翔於上世、後悟騰翥而不紹、坎井之局、何以識大方之家乎、白曰、固能大其言矣、今効神光無徑寸之明、驗靈變罔纖介之異、勤誠者不覩善救之貌、篤學者弗剋陵虛之實、徒稱無量之壽、孰見期頤之叟、咨嗟金剛之固、安觀不朽之質、苟於事不符、宜尋立言之指、遺其所寄之説也、且要天堂以就善、曷若服義而蹈道、懼地獄以敕身、孰與從理以端心、禮拜以求免罪、不由祇肅之意、施一以徹百倍、弗乘無慼之情、美泥洹之樂、生軏逸之慮、贊法身之妙、肇好奇之心、近欲未弭、遠利又興、雖言菩薩無欲、羣生固以有欲矣、甫救交敝之氓、永開利競之俗、澄神反道、其可得乎、黑曰、不然、若不示以來生之欲、何以權其當生之滯、物情不能頓至、故積漸以誘之、奪此俄頃、要彼無窮、若弗勤春稼、秋穡何期、端坐井底、而息意庶慮者、長淪於九泉之下矣、白曰、異哉、何所務之乖也、道在無欲、而以有欲要之、北行求郢、西征索越、方長迷於幽都、永謬滯於昧谷、遼遼閩楚其可見乎、所謂積漸者、日損之謂也、當先遺其所輕、然後忘其所重、使利欲自去、淳白自生耳、豈得以少要多、以粗易妙、俯仰之間、非利不動、利之所蕩、其有極哉、乃丹青眩媚綵之目、土木夸好壯之心、興糜廢之道、單九服之財、樹無用之事、割羣生之急、致營造之計、成私樹之權、務權化之業、結師黨之勢、苦節以要廣精之譽、護法以展陵競之情、悲矣、大道其安寄乎、是以周孔敦俗、弗關視聽之外、老莊陶風、謹守性分而已、黑曰、<u>三遊本於仁義</u>、盜跖資於五善、聖跡之敝、豈有内外、<u>且黄老之家</u>、<u>符章之僞</u>、<u>水祝之誣</u>、不可勝論、子安於彼、駭於此、玩於濁水、違於清淵耳、白曰、<u>有跡不能不敝</u>、<u>有術不能無僞</u>、<u>此乃聖人所以桎梏也</u>、今所惜在作法於貪、遂以成俗、不正其敝、反以爲高耳、至若滛妄之徒、世自近鄙、源流蔑然、固不足論、黑曰、釋氏之教、專救夷俗、便無取於諸華邪、白曰、曷爲其然、爲則開端、宜懷屬緒、愛物去殺、尚施周人、息心遺榮華之願、大士布救兼濟之念、<u>仁義玄一者</u>、何以尚之、惜乎幽旨不亮、末流爲累耳、黑曰、子之論善殆同矣、便事盡於生乎、白曰、<u>幽冥之理</u>、固不極於人事矣、周孔疑而不辨、釋迦辨而不實、將宜廢其顯晦之跡、存其所要之旨、請嘗言之、<u>夫道之以仁義者</u>、<u>服理以從化</u>、帥之以勸戒者、循利而遷善、故甘辭興於有欲、<u>而滅於悟理</u>、淡説行於天解、而息於貪僞、是以示來生者、蔽虧於道、釋不得已、杜幽闇者、冥符於姬、孔閉其兌、由斯論之、言之者未必遠、知之者未必得、不知者未必失、但知六度與五教並行、信順與慈悲齊立耳、殊塗而同歸者、不得守其發輪之轍也、論行於世。
【<u>斯固仁者之言矣</u>】史臣曰、漢世西譯邇通、兼途累萬、跨頭痛之山、越繩度之險、生行死徑、身牲魂歸、晉氏南移、河隴夐隔、戎夷梗路、外域天斷、若夫大秦天竺、迥出西溟、二漢衛役、特艱斯路、而商貨所資、或出交部、汎海陵波、因風遠至、又重峻參差、氏衆非一、殊名詭號、種別類殊、山琛水寳、由茲自出、通犀翠羽之珍、蛇珠火布之異、千名萬品、並世主之所虛心、故舟舶繼路、商使交屬、太祖以南琛不至、遠命師旅、泉浦之捷、威震滄溟、未名之寳、入充府實、夫四夷孔熾、患深自古、蠻僰殊雜、種衆特繁、依深傍岨、充積畿甸、咫尺華氓、易興狡毒、略財據土、歲月滋深、自元嘉將半、寇慝彌廣、遂盤結數州、搖亂邦邑、於是命將出師、恣行誅討、自江漢以北、廬江以南、搜山盪谷、窮兵罄武、繫頸囚俘、蓋以數百萬計、至於孩年齠齒、執訊所遺、將卒申好殺之憤、干戈窮酸慘之用、雖云積怨、爲報亦甚、張奐所云、流血于野、傷和致災、<u>斯固仁者之言矣</u>。
《列傳五十九二凶》
【<u>仁之所動</u>】世祖檄京邑曰、夫運不常隆、代有莫大之釁、爰自上葉、或因多難以成福、或階昏虐以兆亂、咸由君臣義合、<u>理悖恩離</u>、故堅氷之漸、每鍾澆末、未有以道御世、教化明厚、而當梟鏡反噬、難發天屬者也、先帝聖德在位、功格區宇、明照萬國、道洽無垠、風之所被、荒隅變識、<u>仁之所動</u>、木石開心、而賊劭乘藉冢嫡、凶蒙寵樹、正位東朝、禮絕君后、凶慢之情、發於齠齔、猜忍之心、成於幾立、賊濬險躁無行、自幼而長、交相倚附、共逞奸回、先旨以王室不造、家難亟結、故含蔽容隱、不彰其釁、訓誘啓告、冀能革音、何悟狂慝不悛、同惡相濟、肇亂巫蠱、終行弑逆、聖躬離荼毒之痛、社稷有翦墜之哀、四海崩心、人神泣血、生民以來、未聞斯禍、奉諱驚號、肝腦塗地、煩冤膈臆、容身無所、大將軍諸王幽閉窮省、存亡未測、徐僕射江尚書袁左率、皆當世標秀、一時忠貞、或正色立朝、或聞逆弗順、並橫分階闥、懸首都市、宗黨夷滅、豈伊一姓、禍毒所流、未知其極。

4：『魏書』［儒林より前の部分は、皇帝關係のみ檢討］

《帝紀第一序紀》

第一章　正史を通して知る「仁」と「天理」

【昭成皇帝・生而奇偉寛仁大度】昭成皇帝諱什翼犍立、平文之次子也、<u>生而奇偉、寛仁大度</u>、喜怒不形于色、身長八尺、隆準龍顏、立髮委地、臥則乳垂至席、烈帝臨崩顧命曰、必迎立什翼犍、社稷可安、烈帝崩、帝弟孤乃自詣鄴奉迎、與帝俱還、事在孤傳、十一月、帝即位於繁畤之北、時年十九、稱建國元年、是歲、李雄從弟壽殺期僭立、自號曰漢。

【帝雅性寛厚智勇仁恕】三十九年……十二月、至雲中、旬有二日、帝崩、時年五十七、太祖即位、<u>尊曰高祖、帝雅性寛厚、智勇仁恕</u>、時國中少繒帛、代人許謙盜絹二匹、守者以告、帝匿之、謂燕鳳曰、吾不忍視謙之面、卿勿泄言、謙或愧而自殺、爲財辱士、非也、帝嘗擊西部叛賊、流矢中目、賊破之後、諸大臣執射者、各持錐刀欲屠割之、帝曰、彼各爲其主、何罪也、乃釋之、是歲、苻堅滅張天錫。

《帝紀二太祖紀》

【陛下・仁風被於四海】閏月、左丞相驃騎大將軍衞王儀及諸王公卿士、詣闕上書曰、臣等聞宸極居中、則列宿齊其晷、帝王順天、則羣后仰其度、<u>伏惟陛下德協二儀、道隆三五、仁風被於四海</u>、盛化塞于大區、澤及昆蟲、恩霑行葦、謳歌所屬、八表歸心、軍威所及、如風靡草、萬姓顒顒、咸思係命、而躬履謙虛、退身後已、宸儀未彰、袞服未御、非所以上允皇天之意、下副樂推之心、宜光崇聖烈、示軌憲於萬世、臣等謹昧死以聞、帝三讓乃許之。

《帝紀三太宗紀》

【何暇及於仁義之事乎】［永興］三年春二月戊戌、詔曰、衣食足、知榮辱、夫人饑寒切已、唯恐朝夕不濟、所急者溫飽而已、<u>何暇及於仁義之事乎</u>、王教之多違、蓋由於此也、非夫耕婦織、內外相成、何以家給人足矣、其簡宮人非所當御及執作伎巧、自餘悉出以配鰥民、己亥、詔北新侯安同等持節循行并定二州及諸山居雜胡丁零、問其疾苦、察舉守宰不法、其冤窮失職、強弱相陵、孤寒不能自存者、各以事聞、昌黎遼東民二千餘家內屬、三月己未、詔侍臣常帶劍。

《帝紀五高宗紀》

【昔姬文葬枯骨天下歸仁】［興光］四年……冬十月甲戌、北巡、至陰山、有故塚毀廢、詔曰、<u>昔姬文葬枯骨、天下歸仁</u>、自今有穿毀墳壠者斬之、劉駿將殷孝祖修兩城於清水東、詔鎮西將軍天水公封勒文等擊之、辛卯、車駕次于車輪山、累石記行、十一月、詔征西將軍皮豹子等三將三萬騎助擊孝祖、車駕度漠、蠕蠕絕跡遠遁、其別部烏朱賀頹庫世頹率衆來降、十有二月、征東將軍中山王託眞薨。

《帝紀六顯祖紀》

【幼而有濟民神武之規仁孝純至】顯祖獻文皇帝、諱弘高宗文成皇帝之長子也、母曰李貴人、興光元年秋七月、生於陰山之北、太安二年二月、立爲皇太子、聰叡機悟、<u>幼而有濟民神武之規、仁孝純至</u>、禮敬師友。

《帝紀七高祖上》

【長而淵裕仁孝】高祖孝文皇帝、諱宏、顯祖獻文皇帝之長子、母曰李夫人、皇興元年八月戊申、生於平城紫宮、神光照於室內、天地氛氲、和氣充塞、帝生而潔白、有異姿、襁褓岐嶷、<u>長而淵裕仁孝</u>、綽然有君人之表、顯祖尤愛異之、三年夏六月辛未、立爲皇太子。

【牧守溫仁清儉】［延興二年］十有二月庚戌、詔曰、書云、三載一考、三考黜陟幽明、頃者已來、官以勞升、未久而代、牧守無恤民之心、競爲聚斂、送故迎新、相屬於路、非所以固民志、隆治道也、<u>自今牧守溫仁清儉、克己奉公者、可久於其任</u>、歲積有成、遷位一級、其有貪殘非道、侵削黎庶者、雖在官甫爾、必加黜罰、著之於令、永爲彝準、詔以代郡事同豐沛、代民先配邊戍者皆免之。

【朕屬百年之期當後仁之政思易質舊式昭惟新】冬十月戊午、皇信堂成、十有一月辛丑、蕭賾遣使朝貢、十有二月癸丑、詔曰、淳風行於上古、禮化用乎近葉、是以夏殷不嫌一族之婚、周世始絕同姓之娶、斯皆教隨時設、治因事改者也、皇運初基、中原未混、撥亂經綸、日不暇給、古風遺樸、未遑釐改、後遂因循、迄茲莫變、<u>朕屬百年之期、當後仁之政、思易質舊、式昭惟新</u>、自今悉禁絕之、有犯以不道論、庚午、開林慮山禁、與民共之、詔以州鎮十三民饑、開倉賑恤。

《帝紀七高祖紀下》

【古・故三五至仁尚有征伐之事・崇文以懷九服修武以寧八荒】十有六年……癸丑、詔曰、文武之道、自古並行、威福之施、必也相藉、<u>故三五至仁、尚有征伐之事</u>、夏殷明叡、未捨兵甲之行、然則天下雖平、忘戰者殆、不教民戰、可謂棄之、是以周立司馬之官、漢置將軍之職、皆所以輔文強武、威肅四方者矣、<u>國家雖崇文以懷九服、修武以寧八荒</u>、然於習武之方、猶爲未盡、今則訓文有典、教武闕然、將於馬射之前、先行講

武之式、可勅有司豫修場埒、其列陣之儀、五戎之數、別俟後勅、九月甲寅朔、大序昭穆於明堂、祀文明太皇太后於玄室、辛未、帝以文明太皇太后再周忌日、哭於陵左、絶膳二日、哭不輟聲、辛巳、武興王楊集始來朝。

【緣邊之蠻・有傷仁厚】十有八年……冬十月甲辰、以太尉東陽王丕爲太傅、戊申、親告太廟、奉遷神主、辛亥、車駕發平城宮、壬戌、次於中山之唐湖、乙丑、分遣侍臣巡問民所疾苦、己巳、幸信都、庚午、詔曰、比聞緣邊之蠻、多有竊掠、致有父子乖離、室家分絶、既虧和氣、有傷仁厚、方一區宇、子育萬姓、若苟如此、南人豈知朝德哉、可詔荊郢東荊三州勒勒蠻民、勿有侵暴、是月、蕭鸞廢殺其主蕭昭文、而僭立十有一月辛未朔、詔冀定二州民、百年以上假以縣令、九十以上賜爵三級、八十以上賜爵二級、七十以上賜爵一級、鰥寡孤獨不能自存者、賜以穀帛、孝義廉貞、文武應求者具以名聞、丁丑、車駕幸鄴、甲申、經比干之墓、傷其忠而獲戾、親爲弔文、樹碑而刊之……。

《帝紀八世宗紀》

【故暫抑造育之仁權緩肅姦之法・仁乖道政】[永平二年]夏四月己酉、詔以武川鎮饑開倉賑恤、甲子、詔曰、聖人濟世、隨物汙隆、或正或權、理無恒在、先朝以雲駕甫遷、嵩基始構、河洛民庶、徒舊未安、代來新宅、尚不能就、伊闕西南、羣蠻塡聚、泗陽賊城、連邑作戍、蠢爾愚巴、心未純款、故暫抑造育之仁、權緩肅姦之法、今京師天固、與昔不同、揚郢荊益、皆悉我有、保險諸蠻、罔不歸附、商洛民情、誠倍往日、唯樊襄已南、仁乖道政、被拘隔化、非民之咎、而無賴之徒、輕相劫掠、屠害良善、離人父兄、衍之爲酷、實亦深矣、便可放彼掠民、示其大惠、捨此殘賊、未令之怨、并勒緣邊州鎮、自今已後、不聽境外寇盜、犯者罪同境内、若州鎮主將、知容不糾、坐之如律、五月高麗國遣使朝獻、辛丑、帝以旱故、減膳徹懸、禁斷屠殺、甲辰、幸華林都亭、親錄囚徒、犯死罪已下降一等、六月、高昌國遣使朝獻、辛亥、詔曰、江海方同、車書宜一、諸州軌轍南北不等、今可申勅四方、使遠近無二。

《帝紀九肅宗紀》

【先賢・仁風盛德】[熙平元年]秋七月庚午、重申殺牛之禁、丙子、詔兵士征硤石者復租賦一年、傅堅眼大破張齊、齊遁走、乙酉、高昌國遣使朝獻、八月乙巳、以侍中中書監儀同三司安定郡開國公胡國珍爲都督涇州岐華東秦豳六州諸軍事驃騎大將軍開府儀同三司雍州刺史、丙午、詔曰、先賢列聖、道冠生民、仁風盛德、煥乎圖史、暨歷數永終……。

【頼皇太后慈仁】[神龜]二年春正月丁亥、詔曰、朕以沖眇、纂承寶位、夙夜惟寅、若涉淵海、頼皇太后慈仁、被以鳳訓、自臨朝踐極、歲將半紀、天平地成、四海寧乂、天道高遠、巍巍難名、猶以撝挹自居、稱號弗備、非所以崇奉坤元、允協億兆者也、宜遵舊典、稱詔宇內、以副黎蒸元元之望、是月、改葬文昭皇太后高氏……。

【宜敷仁惠以濟斯民】正光元年……夏四月丙辰、詔尚書長孫稚巡撫北藩、觀察風俗、五月辛巳、詔曰、朕以寡薄、運膺寶圖、雖未明求衣、惕懼終日、而闇昧多闕、炎旱爲災、在予之愧、無忘寢食、今刑獄繁多、囹圄尚積、宜敷仁惠、以濟斯民、八座可推鞫見囚、務申枉濫、癸未、詔曰、攘災招應、修政爲本、民乃神主、實宜率先……。

【世宗以下武經世・重以寬仁】武泰元年……癸丑、帝崩於顯陽殿、時年十九、甲寅、皇子即位、大赦天下、皇太后詔曰、皇家握歷受圖、年將二百、祖宗累聖、社稷載安、高祖以文思先天、世宗以下武經世、股肱惟良、元首穆穆、及大行在御、重以寬仁、奉養率由、溫明恭順、朕以寡昧、親臨萬國、識謝塗山、德慙文母……。

《列傳外戚七十一上》

【熙爲政不能仁厚】馮熙字晉昌、長樂信都人……高祖即位、文明太后臨朝、王公貴人登進者衆、高祖乃承旨皇太后、以熙爲侍中、太師中書監領祕書事、熙以頻履師殿、又中宮之寵、爲羣情所駭、心不自安、乞轉外任、文明太后亦以爲然、於是除車騎大將軍開府都督洛州刺史、侍中太師如故、洛陽雖經破亂、而舊三字石經宛然猶在、至熙與常伯夫相繼爲州、廢毀分用、大至頽落、熙爲政不能仁厚、而信佛法、自出家財、在諸州鎮建佛圖精舍、合七十二處、寫一十六部一切經、筵致名德沙門、日與講論、精勤不倦、所費亦不貲……。

【詔・善行仁德曰元】誕字思政……從駕南伐……詔曰、案諡法、善行仁德曰、元、柔克有光曰、懿、昔貞惠兼美、受三諡之榮、忠武雙徽、錫兩號之茂、式準前迹、宜契具瞻、既自少綢繆、知之惟朕、案行定名、

諡曰元懿、帝又親爲作碑文及挽歌、詞皆窮美盡哀、事過其厚……。
《帝紀十一前廢帝廣陵王紀》
【詔天下有德孝仁賢忠義志信者】［普泰元年］三月癸酉……庚寅、詔天下有德孝仁賢忠義志信者、可以禮召赴闕、不應召者以不敬論、丙申、劉靈助率衆次於安國城、定州刺史侯淵破斬之、傳首京師、戊戌、以使持節侍中車騎大將軍斛斯椿、侍中衛將軍元受、並特進儀同三司、詔曰、頃官方失序、仍令沙汰、定員簡剩、已有判決、退下之徒、微亦可愍、諸在簡下、可特優一級、皆授將軍、預叅選限、隨能補用。
《列傳儒林七十二梁越》
【門人感其仁化・在州郡以仁德爲先】張偉字仲業、小名翠螭、太原中都人也、高祖敏、晉秘書監、偉學通諸經、講授鄉里、受業者常數百人、儒謹汎納、勤於教訓、雖有頑固不曉、問至數十、偉告喩殷勤、曾無慍色、常依附經典、教以孝悌、門人感其仁化、事之如父、性恬平、不以夷嶮易操、清雅篤愼、非法不言、世祖時、與高允等俱被辟命、拜中書博士、轉侍郎大將軍樂安王範從事中郎馮翊太守、還、仍爲中書侍郎本國大中正、使酒泉、慰勞沮渠無諱、還、遷散騎侍郎、聘劉義隆還、拜給事中建威將軍、賜爵成皋子、出爲平東將軍營州刺史、進爵建安公、卒、贈征南將軍并州刺史、諡曰康、在州郡以仁德爲先、不任刑罰、清身率下、宰守不敢爲非。
【立人之道曰仁與義・仁義者人之性也】常爽字仕明、河内溫人……因教授之暇、述六經略注、以廣制作、甚有條貫、其序曰、傳稱、立天之道曰陰與陽、立地之道曰柔與剛、立人之道曰仁與義、然則仁義者人之性也、經典者身之文也、皆以陶鑄神情、啓悟耳目、未有不由學而能成其器、不由習而能利其業、是故季路勇士也、服道以成忠烈之概、審越庸夫也、講藝以全高尚之節、蓋所由者習也、所因者本也、本立而道生、身文而德備焉、昔者先王之訓天下也、莫不導以詩書、教以禮樂、移其風俗、和其人民、故恭儉莊敬而不煩者、教深於禮也、廣博易良而不奢者、教深於樂也、溫柔敦厚而不愚者、教深於詩也、疏通知遠而不誣者、教深於書也、潔靜精微而不賊者、教深於易也、屬辭比事而不亂者、教深於春秋也、夫樂以和神、詩以正言、禮以明體、書以廣聽、春秋以斷事、五者蓋五常之道相須而備、而易爲之源、故曰、易不可見則乾坤其幾乎息矣、由是言之、六經者先王之遺烈、聖人之盛事也、安可不遊心寓目、習性文身哉、頃因暇日、屬意藝林、略撰所聞、討論其本、名曰六經略注以訓門徒焉、其略注行於世。
【君若能入孝出悌忠信仁讓】劉獻之、博陵饒陽人也……時人有從獻之學者、獻之輒謂之曰、人之立身、雖百行殊途、準之四科、要以德行爲首、君若能入孝出悌、忠信仁讓、不待出戸、天下自知、儻不能然、雖復下帷針股、躡屩從師、正可博聞多識、不過爲土龍乞雨、眩惑將來、其於立身之道有何益乎、孔門之徒、初亦未悟、見皐魚之歎、方歸而養親、嗟乎先達、何自覺之晚也、束脩不易、受之亦難、敢布心腹、子其圖之、由是四方學者莫不高其行義而希造其門。
【服義履仁豈邀恩於没世】徐遵明字子判、華陰人也……永熙二年、遵明弟子通直散騎常侍李業興表曰、臣聞行道樹德、非求利於當年、服義履仁、豈邀恩於没世、但天爵所存、果致式閭之禮、民望攸屬、終有祠墓之榮、伏見故處士兗州徐遵明生在衡泌、弗因世族之基、長於原野、匪乘騅有之地、而託心淵曠、置情恬雅、處靜無悶、居約不憂、故能垂簾自精、下帷獨得、鑽經緯之微言、研聖賢之妙旨、莫不入其門戸、踐其堂奥、信以稱大儒於海内、擅明師於日下矣、是故眇眇四方、知音之類、延首慕德、跋踵依風……。
【召南仁賢之風繫之召公】李業興、上黨長子人也……蕭衍親問業興曰、聞卿善於經義、儒玄之中何所通達、業興曰、少爲書生、止讀五典、至於深義、不辨通釋、衍問詩周南、王者之風、繫之周公、召南、仁賢之風、繫之召公、何名爲繫、業興對曰、鄭注儀禮云、昔大王王季居於岐陽、躬行召南之教、以興王業、及文王行今周南之教以受命、作邑於酆、分其故地、屬之二公、名爲繫、衍又問、若是故地、應自統攝、何由分封二公、業興曰、文王爲諸侯之時所化之本國、今既登九五之尊、不可復守諸侯之位、故分封二公、衍又問、乾卦初稱潛龍、二稱見龍、至五飛龍、初可名爲虎、問意小乖……。
《列傳文苑七十三袁躍》
【敬憲世有仁義於鄉里】裴敬憲、字孝虞、河東聞喜人也、益州刺史宣第二子、少有志行、學博才清、撫訓諸弟、專以讀誦爲業、澹於榮利、風氣俊遠、郡徵功曹不就、諸府辟命、先進其弟、世人嘆美之、司州牧高陽王雍舉秀才、射策高第、除太學博士、性和雅、未嘗失色於人、工隷草、解音律、五言之作、獨擅當時、名聲甚重、後進共宗慕之、中山將之部、朝賢送於河梁、賦詩言別、皆以敬憲爲最、其文不能贍逸、而有清麗之美、少有氣病、年三十三卒、人物甚悼之、敬憲世有仁義於鄉里、孝昌中、蜀賊陳雙熾所過殘暴、至

資料Ⅱ 『後漢書』～『元史』の「仁」

敬憲宅、輒相約束、不得焚燒、爲物所伏如此、永興三年、贈中書侍郎、諡曰文。
《列傳孝感七十四趙琰》
【慮於父爲孝子於弟爲仁兄】長孫慮、代人也、母因飲酒、其父真呵叱之、誤以杖擊、便即致死、真爲縣囚執、處以重坐、慮列辭尚書云、父母忿爭、本無餘惡、直以謬誤、一朝橫禍、今母喪未殯、父命旦夕、慮兄弟五人、並各幼稚、慮身居長、今年十五、有一女弟、始向四歲、更相鞠養、不能保全、父若就刑、交墜溝壑、乞以身代老父命、使嬰弱衆孤得蒙存立、尚書奏云、慮於父爲孝子、於弟爲仁兄、尋究情狀、特可矜感、高祖詔特恕其父死罪、以從遠流。
【亦觀過而知仁矣】史臣曰、塞天地而橫四海者、唯孝而已矣、然則始敦孝敬之方、終極哀思之道、厥亦多緒、其心一焉、蓋上智稟自然之質、中庸有企及之義、及其成名、其美一也、趙琰等或出公卿之緒、藉禮教以資、或出茅簷之下、非獎勸所得、乃有負土成墳、致毀滅性、雖乖先王之典制、亦觀過而知仁矣。
《列傳節義七十五于什門》
【臨難如歸、殺身成仁】大義重於至聞自日人、慕之者蓋希、行之者實寡、至於輕生蹈節、臨難如歸殺身成仁、死而無悔、自非耿介苦心之人、鬱快激氣之士、亦何能若斯、僉列之傳、名節義云。
《列傳良吏七十六張恂》
【仁恕臨下】張恂、字洪讓、上谷沮陽人也、隨兄袞歸國、參代王軍事、恂言於太祖曰、金運失御、劉石紛紜、慕容竊號山東、苻姚盜器秦隴、遂使三靈乏饗、九域曠君、大王樹基玄朔、重明積聖、自北而南、化被燕趙、今中土遺民、望雲冀潤、宜因斯會、以建大業、太祖深器異、厚加禮焉、皇始初、拜中書侍郎、幃幄密謀、頗預參議、從將軍奚牧略地晉川、拜鎮遠將軍、賜爵平皋子、出爲廣平太守、恂招集離散、勸課農桑、民歸之者千戶、遷常山太守、恂開建學校、優顯儒士、吏民歌詠之、於時喪亂之後、罕能克厲、惟恂當官清白、仁恕臨下、百姓親愛之、其治爲當時第一、太祖聞而嘉歎、太宗即位、賜帛三百匹、徵拜太中大夫、神瑞三年卒、年六十九、恂性清儉、不營產業、身死之日、家無餘財、太宗悼惜之、贈征虜將軍并州刺史、平皋侯、諡曰宣。
【皆由仁覃千里化洽一邦】羊敦字元禮、太山鉅平人……武定初、齊獻武王以敦及中山太守蘇淑在官奉法、清約自居、宜見追襃、以厲天下、乃上言請加旌錄、詔曰、昔五袴興謠、兩岐致詠、皆由仁覃千里、化洽一邦、故廣平太守羊敦故中山太守蘇淑、並器業和隱、幹用貞濟、善政聞國、清譽在民、方藉良才、遂登高秩、先後凋亡、朝野傷悼、追旌清德、蓋惟舊章、可各賞帛一百匹穀五百斛、班下郡國、咸使聞知。
《列傳酷吏七十七于洛侯》
【爲吏罕仁恕之誡】淳風既喪、姦黠萌生、法令滋章、刑禁多設、爲吏罕仁恕之誡、當官以威猛爲濟、魏氏以戎馬定王業、武功平海內、治任刑罰、肅厲爲本、猛酷之倫、所以列之今史。
【穢負懷仁】羊祉字靈祐、太山鉅平人……太常少卿元端博士劉臺龍議諡曰、祉志埋埋輪、不避彊禦、及贊戎律、熊武斯裁、仗節撫藩、邊夷識важing、化沾殊類、穢負懷仁、謹依諡法、布德行剛曰景、宜諡爲景、侍中侯剛給事黃門侍郎元纂等駁曰、臣聞惟名與器、弗可妄假、定諡準行、必當其迹、按祉志性急酷、所在過威、布德罕聞、暴聲屢發、而禮官虛述、諡之爲景、非直失於一人、實毀朝則……。
【性猛酷少仁恕】崔暹字元欽、本云清河東武城人也、世家于滎陽潁川之間、性猛酷、少仁恕、姦猾好利、能事勢家、初以秀才累遷南兗州刺史、盜用官瓦、贓汙狼籍、爲御史中尉李平所糾、免官、後行豫州事、尋即真、坐遣子析戶、分隸三縣、廣占田宅、藏匿官奴、障客陂葦、侵盜公私、爲御史中尉王顯所彈、免官、後累遷平北將軍瀛州刺史、貪暴安忍、民庶患之、嘗出獵州北、單騎至於民村、井有汲水婦人、暹令飲馬、因問曰、崔瀛州何如、婦人不知其暹也……。
《列傳術藝七十九晁崇》
【穆等仁矜】殷紹長樂人也……又演隱審五藏六府心髓血脉、商功大算端部、變化玄象、土圭周髀、練精銳思、蘊習四年、從穆所聞、粗皆髣髴、穆等仁矜、特垂憂閔、復以先師和公所注黃帝四序經文三十六卷、合有三百二十四章、專說天地陰陽之本……。
【其仁厚若此】李脩字思祖、本陽平館陶人、父亮、少學醫術、未能精究、世祖時、奔劉義隆於彭城、又就沙門僧坦研習衆方、略盡其術、針灸授藥、莫不有效、徐兗之間、多所救恤、四方疾苦、不遠千里、竟往從之、亮大爲廳事以舍病人、停車輿於下、時有死者、則就而棺殯、親往弔視、其仁厚若此、累遷府參軍、督護本郡、士門宿官、咸相交昵、車馬金帛、酬賚無貲、脩兄元孫隨畢衆敬赴平城、亦遵父業而不及、以功賜爵義平子、

175

拜奉朝請。
【性仁恕】崔彧、字文若、清河東武城人、父勲之、字寧國、位夫司馬外兵郎、贈通直郎、彧與兄相如俱自南入國、相如以才學知名、早卒、彧少嘗詣青州、逢隠逸沙門、教以素問九卷及甲乙、遂善醫術、中山王英子略曾病、王顯等不能療、彧針之、抽針即愈、後位冀州別駕、累遷寧遠將軍、性仁恕、見疾苦、好與治之、廣教門生、令多救療、其弟子清河趙約勃海郝文法之徒咸亦有名。
《列傳列女八十崔覽妻封氏》
【老生不仁】涇州貞女兕先氏、許嫁彭老生爲妻、娉幣既畢、未及成禮、兕先率行貞淑、居貧常自春汲、以養父母、老生輒徃逼之、女曰、與君禮命雖畢、二門多故、未及相見、何由不稟父母、擅見陵辱、若苟行非禮、正可身死耳、遂不肯從、老生怒而刺殺之、取其衣服、女尚能言、臨死謂老生曰、生身何罪、與君相遇、我所以執節自固者、寧更有所邀、正欲奉給君耳、今反爲君所殺、若魂靈有知、自當相報、言終而絕、老生持女珠瓔至其叔宅、以告叔、叔曰、此是汝婦、奈何殺之、天不祐汝、遂執送官、太和七年、有司劾以死罪、詔曰、老生不仁、侵陵貞淑、原其彊暴、便可戮之、而女守禮履節、沒身不改、雖處草萊、行合古跡、宜賜美名、以顯風操、其摽墓旌善、號曰貞女。
《列傳八十三匈奴劉聰》
【屈孑天性不仁】屈孑、本名勃勃、太宗改其名曰屈孑、屈孑者、卑下也、太悉伏送之姚興、興高平公破多羅沒弈干妻之以女、屈孑身長八尺五寸、興見而奇之、拜驍騎將軍、加奉車都尉、常參軍國大議、寵遇踰於勲舊、興弟濟南公邕言於興曰、屈孑天性不仁、難以親育、寵之太甚、臣竊惑之、興曰、屈孑有濟世之才、吾方收其藝用、與之共平天下、有何不可、乃以屈孑爲安遠將軍、封陽川侯、使助沒弈干鎮高平、議以義城、朔方雜夷及衛辰部衆三萬配之、以候邊隙、邕固諫以爲不可、興曰、卿何以知其氣性、邕曰、屈孑奉上慢、御衆殘、貪暴無親、輕爲去就、寵之踰分、終爲邉害、興乃止、以屈孑爲持節安北將軍五原公、配以三交五部鮮卑二萬餘落、鎮朔方。
【承平則爲仁明之主處難則非濟世之雄】寶、字道祐、小字庫勾、垂之第四子也、少而輕果、無志操、好人佞已、及爲太子、砥礪自修、朝士翕然稱之、垂亦以爲克保家業、垂妻段氏謂垂曰、寶資質雍容、柔而不斷、承平則爲仁明之主、處難則非濟世之雄、今託之大業、未見克昌之美、遼西高陽、兒之賢者、宜擇一以樹之、趙王麟、姦詐負氣常有輕寶之心、恐必難作……。
《列傳八十六島夷蕭道成》
【仁壽之域・深仁厚德】島夷蕭衍字叔達、亦晉陵武進楚也……紹宗檄衍境內曰……運諸仁壽之域、納於福祿之林……夫安危有大勢、成敗有恒兆、不假離朱之目、不藉子野之聽、聊陳刺心之説、且吐伐謀之言、今帝道休明、皇猷允塞、四民樂業、百靈效祉、雖上相云亡、而伊陟繼事、秉文經武、虎視龍驤、驅日下之俊雄、收一世之英銳、擊刺猶雷電、合戰如風雨、控弦躍馬、固敵是求、蠕蠕昔遭離亂、輻分瓦裂、匹馬孤征、告困於我、國家敦鄰附、愍其入懷、盡憂人之禮、極繼絶之義、保衛出於故地、資給唯其多少、存其已亡之業、成其莫大之基、深仁厚德、鏤其骨髓、引領思報、義如手足、吐谷渾深執忠孝、膠漆不渝、萬里仰德、奏款屬路、並申以婚好、行李如歸、蠕蠕境斜界黃河、望通幽夏、飛雪千里、層冰洞積、北風轉勁、實筋角之時、冱寒方猛、正氈裘之利……。
《列傳八十七私署涼州牧張寔》
【陛下・仰荷愷悌之仁俯蹈康哉之詠】胡沮渠蒙遜、本出臨松盧水、其先爲匈奴左沮渠、遂以官爲氏……神䴥中、遣尚書郎宗舒左常侍高猛朝貢、上表曰、伏惟陛下天縱叡聖、德超百王、陶育齊於二儀、洪基隆於三代、然鍾運多難、九服紛擾、神旗暫輟、車書未同、上靈降祐、祚歸有道、純風一鼓、殊方革面、羣生幸甚、率土齊欣、臣誠弱才、效無可録、幸遇重光、思竭力命、自欣投老、得覩盛化、冀終餘年、憑倚皇極、前後奉表、貢使相望、去者杳然、寂無旋返、未審津塗寇險、竟不仰達、爲天朝高遠、未蒙齒録、屏營戰灼、無地自措、往年侍郎郭祇等還、奉被詔書、三接之恩始隆、萬里之心有賴、今極難之餘、開泰唯始、誘勸既加、引納彌篤、老臣見存、遐外無棄、仰荷愷悌之仁、俯蹈康哉之詠、然商胡後至、奉公卿書、援引歷數安危之機、厲以寶融知命之美、顧惟情願、實深悚惕、何者、臣不自揆、遠託大蔭、庶微誠上宣、天鑒下降……。
《列傳八十八高句麗》
【昔唐堯至聖・孟嘗稱仁・卿與高麗不穆屢致陵犯苟能順義守之以仁】百濟國其先出自夫餘……又云、今璉有罪、國自魚肉、大臣強族、戮殺無已、罪盈惡積、民庶崩離、是滅亡之期、假手之秋也、且馮族士馬、

有鳥畜之戀、樂浪諸郡、懷首丘之心、天威一舉、有征無戰、臣雖不敏、志效畢力、當率所統、承風響應、且高麗不義、逆詐非一、外慕隗囂藩卑之辭、內懷兇禍豕突之行、或南通劉氏、或北約蠕蠕、共相脣齒、謀陵王略、<u>昔唐堯至聖</u>、<u>致罰丹水</u>、<u>孟嘗稱仁</u>、<u>不捨塗罶</u>、涓流之水、宜早壅塞、今若不取、將貽後悔、去庚辰年後、臣西界小石山北國海中見屍十餘、并得衣器鞍勒、視之非高麗之物、後聞乃是王人來降臣國……顯祖以其僻遠、冒險朝獻、禮遇優厚、遣使者邵安與其使俱還、詔曰、得表聞之、無恙甚喜、卿在東隅、處五服之外、不遠山海、歸誠魏闕、欣嘉至意、用戢于懷、朕承萬世之業、君臨四海、統御羣生、今宇內清一、八表歸義、襁負而至者不可稱數、風俗之和、士馬之盛、皆餘禮等親所聞見、<u>卿與高麗不穆</u>、<u>屢致陵犯</u>、<u>苟能順義</u>、<u>守之以仁</u>、亦何憂於寇讎也、前所遣使、浮海以撫荒外之國、從來積年、往而不返、存亡達否、未能審悉、卿所送鞍、比校舊乘、非中國之物、不可以疑似之事、以生必然之過、經略權要、已具別旨、又詔……。

5:『南齊書』［文學より前の部分は、皇帝關係のみ檢討］
《本紀一高帝上》
【策命齊王・仁育羣生】壬辰、策命齊王曰……惟王聖哲淵明、榮鏡寓宙、體望日之威、資就雲之澤、臨下以簡、<u>御衆以寬</u>、<u>仁育羣生</u>、義征不譓、國塗荐阻、弘五慮而乂寧、皇緒將湮、秉六術以匡濟……。
《本紀二高帝下》
【宣禮明刑締仁緝義】建元元年、夏四月甲午、上即皇帝位於南郊、設壇紫燎告天曰、皇帝臣道成敢用玄牡、昭告皇皇后帝、宋帝陟鑒乾序、欽若明命、以命于道成、夫肇自生民、樹以司牧、所以閫極則天、開元創物、肆茲大道、天下惟公、命不于常、昔在虞夏、受終上代、粵自漢魏、揖讓中葉、咸炳諸典謨、載在方冊、水德既微、仍世多故、寔賴道成匡拯之功、以弘濟于厥艱、大造顚墜、再構區宇、<u>宣禮明刑</u>、<u>締仁緝義</u>、景緯凝象、川岳表靈、誕惟天人、罔弗和會、乃仰協歸運、景屬興能、用集大命于茲……。
《本紀四鬱林王》
【詔曰・撫辜興仁】鬱林王昭業字元尚、文惠太子長子也……八月壬午……詔曰、朕以寡薄、嗣膺寶政、對越靈命、欽若前圖、思所以敬守成規、拱揖羣后、哀荒在日、有慚大猷、宜育德振民、光昭睿範、凡逋三調及衆債、在今年七月三十日前、悉同蠲除、其備償封籍貨鬻未售、亦宜還主、御府諸署池田邸冶、興廢沿事本施一時、於今無用者、詳所罷省、公宜權禁、一以還民、關市征賦、務從優減、丙戌、詔曰、近北掠餘口、悉充軍實、刑故無小、罔或攸赦、<u>撫辜興仁</u>、事深睿範、宜從蕩宥、許以自新、可一同放遣、還復民籍、已賞賜者、亦皆爲贖、辛丑、詔曰、往歲蠻虜協謀、志擾邊服、羣帥授略、大殲凶醜、革城克捷、及舞陰固守、二處勞人、未有沾爵固賞者、可分遣選部、往彼序用。
《列傳三十四良政》
【論者以爲仁心所致也】虞愿字士恭、會稽餘姚人也……出爲晉平太守、在郡不治生產、前政與民交關、質錄其兄婦、愿遣人於道奪取將還、在郡立學堂教授、郡舊出髯虵膽、可爲藥、有餉愿虵者、愿不忍殺、放二十里外山中、一夜她還床下、復送四十里外山、經宿、復還故處、愿更令遠、乃不復歸、<u>論者以爲仁心所致也</u>、海邊有越王石、常隱雲霧、相傳云、清廉太守乃得見、愿徃觀視、清徹無隱蔽、後琅邪王秀之爲郡、與朝士書曰、此郡承虞公之後、善政猶存、遺風易遵、差得無事、以母老解職、除後軍將軍、褚淵常詣愿、不在、見其眠床上積塵埃、有書數袠、淵嘆曰、虞君之清、一至於此、令人掃地拂床而去。
【以必世之仁未及宣理】史臣曰、琴瑟不調、必解而更張也、魏晉爲吏、稍與漢乖、苟猛之風雖衰、而仁愛之情亦減、局以峻法、限以常條、<u>以必世之仁未及宣理</u>、<u>而朞月之望已求治術</u>、先公後私、在己未易、割民奉國、於物非難、期之救過、所利苟免、且目見可欲、嗜好方ропp、貪以敗官、取與違義、吏之不臧、罔非由此、擿奸辯僞、誠俟異識、垂名著績、唯有廉平、今世之治民、未有出於此也、贊曰、蒸蒸小民、吏職長親、<u>棼亂須理</u>、<u>卹隱歸仁</u>、枉直交督、寬猛代陳、伊何導物、貴在清身。
《列傳三十五高逸》
【解桎梏於仁義】易有君子之道四焉、語默之謂也、故有入廟堂而不出、狗江湖而永歸、隱避紛紜、情迹萬品、若義道內足、希微兩亡、藏景窮巖、蔽名愚谷、<u>解桎梏於仁義</u>、<u>示形神於天壤</u>、則名教之外、別有風猷、故堯封有非聖之人、孔門謬雞黍之客、次則揭獨徃之高節、重去就之虛名、激競違貪、與世爲異、或慮全後悔、事歸知始、或道有不申、行吟山澤、咸皆用宇宙而成心、借風雲以爲戒、果志達道、未或非然、含貞養素、

第一章　正史を通して知る「仁」と「天理」

文以藝業、不然、與樵者之在山、何殊別哉、故樊英就徵、不稱李固之望、馮恢下節、見陋張華之語、期之塵外、庶以弘多、若今十餘子者、仕不求聞、退不護俗、全身幽履、服道儒門、斯逸民之軌操、故綴爲高逸篇云爾。

【遠澤既灑仁規先著】劉虯字靈預、南陽涅陽人也……竟陵王子良致書通意、虯答曰、虯四節臥病、三時營灌、暢餘陰於山澤、託暮情於魚、鳥寧非唐虞重恩、周召宏施、虯進不研機入玄、無洙泗稷舘之辨、退不凝心出累、非冢間樹下之節、<u>遠澤既灑、仁規先著</u>、謹收樵牧之嫌、敬加軾蠹之義。

【儒家之教仁義禮樂仁愛義宜】史臣曰、顧歡論夷夏、優老而劣釋、佛法者、理寂乎萬古、迹兆乎中世、淵源浩博、無始無邊、宇宙之所不知、數量之所不盡、盛乎哉、眞大士之立言也、探機扣寂、有感必應、以大苞小、無細不容、<u>若乃儒家之教、仁義禮樂、仁愛義宜、禮順樂和而已</u>、今則慈悲爲本、常樂爲宗、施舍惟機、低舉成敬、儒家之教、憲章祖述、引古證今、於學易悟、今樹以前因、報以後果、業行交酬、連璅相襲、陰陽之教、占氣步景、授民以時、知其利害、今則耳眼洞達、心智他通、身爲奎井、豈俟甘石、法家之教、出自刑理、禁姦止邪、明用賞罰、今則十惡所墜、五及無聞、双樹劍山、焦湯猛火、造受自貽、罔或差貳、墨家之教、遵上儉薄、磨踵滅頂、且猶非吝、今則膚同斷瓠、目如井星、授子捐妻、在鷹庇鴿、從橫之教、所貴權謀、天口連環、歸乎適變……。

《列傳三十六孝義》

【故非内德者所以寄心懷仁者所以標物矣】子曰、父子之道、天性也、君臣之義也、人之含孝稟義、天生所同、淳薄因心、非俟學至、遲遇爲用、不謝始庶之法、驕慢之性、多慙水菽之享、夫色養盡力、行義致身、甘心壠畝、不求聞達、斯即孟氏三樂之辭、仲由負米之歎也、通乎神明、理緣感召、情澆世薄、方表孝慈、<u>故非内德者所以寄心、懷仁者所以標物矣</u>、埋名韜節、鮮或昭著、紀夫事行、以列于篇。

【少喪夫性仁愛】韓靈敏會稽剡人也……永明元年、會稽永興吳翼之母丁氏、<u>少喪夫、性仁愛</u>、遭年荒、分衣食以貽里中饑餓者、隣里求借、未嘗違、同里陳穰父母死、孤單無親戚、丁氏收養之、及長、爲營婚娶、又同里王禮妻徐氏、荒年客死山陰、丁爲買棺器、自徃歛葬、元徽末、大雪、商旅斷行、村里比屋饑餓、丁自出鹽米、計口分賦、同里左僑家露四喪、無以葬、丁爲辦塚槨、有三調不登者、代爲輸送、丁長子婦王氏守義執志不再醮、州郡上言、詔表門閭、蠲租税。

【性行仁義】江泌字士清、濟陽考城人也、父亮之、員外郎、泌少貧、晝日斫屩、夜讀書、隨月光握卷升屋、<u>性行仁義</u>、衣弊、恐虱饑死、乃復取置衣中、數日開、終身無復虱、母亡後、以生闕供養、遇鮭不忍食、食菜不食心、以其有生意也。

《列傳三十八魏虜》

【主上聖性寬仁】魏虜匈奴種也……上未遑外略、以虜旣摧破、且欲示以威懷、遣後軍參軍車僧朗北使、虜問僧朗曰、齊輔宋日淺、何故便登天位、僧朗曰、虞夏登庸、親當革禪、魏晉匡戰 [輔]、貽厥子孫、豈二聖促促於天位、兩賢謙虛以獨善、時宜各異、豈得一揆、苟曰事宜、故屈己應物、虜又問、齊主悉有何功業、僧朗曰、<u>主上聖性寬仁</u>、天識弘遠、少爲宋文皇所器遇、入參禁旅……。

《列傳三十九蠻》

【仰序陛下聖德仁治】扶南國……永明二年、闍邪跋摩遣天竺道人釋那伽仙上表稱扶南國王臣僑陳如闍耶跋摩叩頭啓曰、天化撫育、感動靈祇、四氣調適、伏願聖主尊體起居康（御）[豫]、皇太子萬福、六宮清休、諸王妃主内外朝臣普同和睦、隣境士庶萬國歸心、五穀豐熟、災害不生、土清民泰、一切安穩、臣及人民、國土豐樂、四氣調和、道俗濟濟、竝蒙陛下光化所被、咸荷安泰、又曰、臣前遣使齎雜物行廣州貨易、天竺道人釋那伽仙於廣州因附臣舶欲來扶南、海中風漂到林邑、國王奪臣貨易、并那伽仙私財、具陳其從中國來此、<u>仰序陛下聖德仁治</u>、詳議風化、佛法興顯、衆僧殷集、法事日盛、王威嚴整、朝望國軌、慈愍蒼生、八方六合、莫不歸伏、如聽其所説、則化隣諸天、非可爲喻、臣聞之、下情踊悦、若暨奉見尊足、仰慕慈恩、澤流小國、天垂所感、率土之民、竝得皆恩祐、是以臣今遣此道人釋那伽仙爲使、上表問訊奉貢、微獻呈臣等赤心、并別陳下情……。

【仁風化清皎】那伽仙詣京師、言其國俗事摩醯首羅天神、神常降於摩躭山、土氣恒暖、草木不落、其上書曰、吉祥利世間、感攝於羣生、所以其然者、天感化緣明、仙山名摩躭、吉樹敷嘉榮、摩醯首羅天、依此降尊靈、國土悉蒙祐、人民皆安寧、由斯恩被故、是以臣歸情、菩薩行忍、慈本迹起凡基、一發菩提心、二乘非所期、歷生積功業、六度行大悲、勇猛超劫數、財命捨無遺、生死不爲獸、六道化有緣、具脩於十地、遣果度人天、

178

功業既已定、行滿登正覺、萬善智圓備、惠日照塵俗、衆生感緣應、隨機授法藥、佛化遍十方、無不蒙濟擢、皇帝聖弘道、興隆於三寶、垂心覽萬機、感恩振八表、國土及城邑、<u>仁風化清皎</u>、亦如釋提洹、衆天中最超、陛下臨萬民、四海共歸心、聖慈流無疆、被臣小國深、詔報曰……。

6：『梁書』［孝行より前の部分は、皇帝關係のみ檢討］
《本紀一武帝上》
【勤行仁義可坐作西伯】高祖武皇帝諱衍字叔達……七月、仍授持節都督雍梁南北秦四州郢州之竟陵司州之隨郡諸軍事輔國將軍雍州刺史、其月、明帝崩、東昏即位、揚州刺史始安王遥光尚書令徐孝嗣尚書右僕射江祏右將軍蕭坦之侍中江祀衛尉劉暄更直内省、分日帖敕、高祖聞之、謂從舅張弘策曰、政出多門、亂其階矣、詩云、一國三公、吾誰適從、況今有六、而可得乎、嫌隙若成、方相誅滅、當今避禍、惟有此地、<u>勤行仁義、可坐作西伯</u>、但諸弟在都、恐罹世患、須與益州圖之耳。
【簡文以仁弱不嗣高宗襲統】戊戌、宣德皇后臨朝、入居内殿……詔曰……上天不造、難鍾皇室、元帝以休明早崩、<u>世宗以仁德</u>［注：各本……「世宗」作「簡文」……又「德」原作「弱」、據南史改］<u>不嗣、高宗襲統</u>、宸居弗永、雖夙夜劬勞、而隆平不洽、嗣君昏暴、書契未覩、朝權國柄、委之羣孽、勸戮忠賢、誅殘台輔、含冤抱痛、噍類靡餘、實繁非一、並專國命、嚬笑致災、睚眦及禍、嚴科毒賦、載離比屋、溥天熬熬、實身無所、寃頸引決、道樹相望、無近無遠、號天靡告、公藉昏明之期、因兆人之願、爰帥羣后、翊成中興、宗社之危已固、天人之望允塞、此實公紐我絕綱、大造皇家者也。
【夫大寶公器・當仁誰讓】高祖固辭、府僚勸進曰、伏承嘉命、顯至佇策、明公逵巡盛禮、斯實謙尊之旨、未窮遠大之致、何者、嗣君棄常、自絕宗社、國命民生、翦爲仇讐、折棟崩榱、壓焉自及、卿士懷脯斯之痛、黔首懼比屋之誅、明公亮格天之功、拯水火之切、再躔日月、重綴參辰、反龜玉於塗泥、濟斯民於阽岸、使夫匹婦童兒、羞言伊呂、鄉校里塾、恥談五霸、而位卑乎阿衡、地狹於曲阜、慶賞之道、尚其未洽、<u>夫大寶公器、非要非距、至公至平、當仁誰讓</u>、明公宜祇奉天人、允膺大禮、無使後予之歌、同彼胥怨、兼濟之人、飜爲獨善、公不許。
【與夫仁被行葦之時・仁信並行禮樂同暢】詔依高祖表施行、丙戌、詔曰……相國梁公、體茲上哲、齊聖廣淵、文敎内洽、武功外暢、推轂作藩、則威懷被於殊俗、治兵教戰、則霆雷赫於萬里、道喪時旻、言邪孔熾、豈徒宗社如綴神器莫主而已哉、至於兆庶殲亡、衣冠殄滅、餘類殘喘、指命崇朝、含生業業、投足無所、遂乃山川反覆、草木塗炭、<u>與夫仁被行葦之時</u>、信及豚魚之日、何其遼敻相去之遠歟、公命師鞠旅、指景長騖、而本朝危切、樊鄧遐遠、凶徒盤據、水陸相望、爰自始執、屆于夏首、嚴城勁卒、憑川爲固、公沿漢浮江、電激風掃、舟徒水覆、地險雲傾、藉茲義勇、前無彊陣、拯危京邑、清我帝畿、撲既燎於原火、免將誅於比屋、悠悠兆庶、命不在天、茫茫六合、咸受其賜、匡俗正本、人不失職、<u>仁信並行、禮樂同暢</u>、伊周未足方軌、桓文遠有慙德、而爵後藩牧、地終秦楚、非所以式酬光烈、允答元勳、寔由公履謙爲本、形於造次、嘉數未申、晦朔增佇、便宜崇斯禮秩、允副遐邇之望、可進梁公爵爲王、以豫州之南譙廬江江州之尋陽郢州之武昌西陽南徐州之南琅邪南東海晉陵揚州之臨海永嘉十郡、益梁國、并前爲二十郡、其相國揚州牧驃騎大將軍如故。
【仁無不被・仁風既被・仁爲己任】四月辛酉、宣德皇后令曰、西詔至、帝憲章前代、敬禪神器于梁、明可臨軒遣使、恭授璽紱、未亡人便歸于別宮、壬戌、策曰……惟王體茲上哲、明聖在躬、稟靈五緯、明並日月、彝倫攸序、則端冕而協邕熙、時難孔棘、則推鋒而拯塗炭、功踰造物、德濟蒼生、澤無不漸、<u>仁無不被</u>、上達蒼昊、下及川泉、文教與鵬翼齊舉、武功與日車並運、固以幽顯宅心、謳訟斯屬、豈徒桴鼓播地、卿雲叢天而已哉、至如畫觀爭明、夜飛枉矢、土淪彗刺、日既星亡、除舊之徵必顯、更姓之符允集、是以義師初踐、芳露凝甘、<u>仁風既被</u>、素文自擾、北闕藁街之使、風車火徹之民、膜拜稽首、願爲臣妾、鍾石畢變、事表於遷虞、蛟魚並出、義彰於事夏、若夫長人御衆、爲之司牧、本同已於萬物、乃因心於百姓、寶命無常主、帝王非一族、今仰祇乾象、俯藉人願、敬禪神器、授帝位於爾躬、大祚告窮、天祿永終、於戲、王允執其中、式遵前典、以副昊天之望、禋上帝而臨億兆、格文祖而膺大業、以傳無疆之祚、豈不盛歟。又璽書曰、夫生者天地之大德……巢幕累卵、方此非切、自非英聖遠圖、<u>仁爲己任</u>、則鴟梟廣吻、翦焉已及。
《本紀二武帝中》
【仁者用心】十一年春正月壬辰詔曰……四月戊子、詔曰、去歲朐山大殱醜類、宜爲京觀、用旌武功、但伐

第一章　正史を通して知る「仁」と「天理」

罪弔民、皇王盛軌、掩骼埋胔、仁者用心、其下青州悉使收藏、百濟扶南林邑國並遣使獻方物。
《本紀三武帝下》
【仁被動植】［普通］二年……五月癸卯、琬琰殿火、延燒後宮屋三千間、丁巳、詔曰、王公卿士、今拜表賀瑞、雖則百辟體國之誠、朕懷良有多愧、若其澤漏川泉、仁被動植、氣調玉燭、治致太平、爰降嘉祥、可無慙德、而政道多缺、淳化未凝、何以仰叶辰和、遠臻冥貺、此乃更彰寡薄、重增其尤、自今可停賀瑞。
【非仁人之心】［大同］七年……十一月丙子、詔停在所役使女丁、丁丑、詔曰、民之多幸、國之不幸、恩澤屢加、彌長姦盜、朕亦知此之爲病矣、如不優赦、非仁人之心、凡厥讐耗逋負、起自七年十一月九日昧爽以前、在民間無問多少、言上尚書督所未入者、皆赦除之……。
【仁威將軍】［大同］十年春正月、李賁於交阯竊位號、署置百官……癸卯、詔園陵職司、恭事勤勞、並錫位一階、并加沾賚、丁未、仁威將軍、南徐州刺史臨川王正義進號安東將軍、己酉、幸京口城北固樓、改名北顧、庚戌、幸回賓亭、宴帝鄕故老及所經近縣奉迎候者少長數千人、各賚錢二千。
《本紀五元帝》
【仁育蒼生】大寶三年……二月、王僧辯衆軍發自尋陽、世祖馳檄告四方曰、夫剝極生災、乃及龍戰、師貞終吉、方制猾豕、豈不以侵陽蕩薄、源之者亂階、定黿艱難、成之者忠義、故羿澆殲滅於前、莽卓誅於後、是故使桓文之勳、復興於周代溫陶之績、彌盛於金行、粵若梁興五十餘載、平壹宇內、德惠悠長、仁育蒼生、義征不服、左伊右瀍、咸皆仰化、濁涇清渭、靡不向風、建翠鳳之旗、則六龍驤首、擊靈鼉之鼓、則百神警肅、風牧方邵之賢、衛霍辛趙之將、羽林黃頭之士、虎賁緹騎之夫、叱咤則風雲興起、皷動則嵩華倒拔、自桐柏以北、孤竹以南、碣石之前、流沙之後、延頸舉踵、交臂屈膝、胡人不敢牧馬、秦士不敢彎弓、叶和萬邦、平章百姓、十堯九舜、曷足云也。
【兆庶何所歸仁】三月、王僧辯等平侯景、傳其首於江陵、戊子、以賊平告明堂太社、己丑、王僧辯等又奉表曰……日者……忠爲令德、孝實動天、加以英威茂略、雄圖武算、指麾則丹浦不戰、顧眄則阪泉自蕩、地維絕而重紐、天柱傾而更植、鑿門津於孟門、百川復啓、補穹儀以五石、萬物再生、縱陛下拂衣而遊廣成、登嶠山而去東土、羣臣安得仰訴、兆庶何所歸仁、況郊祀配天、疊筐禮曠、齋宮清廟、鮑竹不陳、仰望鑾輿、匪朝伊夕、瞻言法駕、載渴且飢、豈可久稽衆議、有曠彝則……。
【惟見聖人之不仁】八月、蕭紀率巴蜀大衆連舟東下、遣護軍陸法和屯巴峽以拒之、兼通直散騎常侍聘魏使徐陵於鄴奉表曰……伏願陛下因百姓之心、拯萬邦之命、豈可逡巡固讓、方求石戶之農、高謝君臨、徒引箕山之客、未知上德之不德、惟見聖人之不仁、率土翹翹、蒼生何望、昔蘇季張儀、違鄕負俗、尚復招三方以事趙、請六國以尊秦……。
《本紀六敬帝》
【夫子・經仁緯義】［太平］二年春正月壬寅、詔曰、夫子降靈體喆、經仁緯義、允光素王、載闡玄功、仰之者彌高、誨之者不倦、立忠立孝、德被蒸民、制禮作樂、道冠羣后、雖泰山頹、峻一簣、不遺而泗水餘瀾、千載猶在、自皇圖屯阻、祀薦不脩、奉聖之門、胤嗣殲滅、敬神之寢、簠簋寂寥、永言聲烈、寔兼欽憭、外可搜舉魯國之族、以爲奉聖後、并繕廟堂、供備祀典、四時薦秩、一皆遵舊、是日、又詔……。
【相國陳王・仁漸萬國】冬十月戊辰……辛未、詔曰……相國陳王、有縱自天、降神惟嶽、天地合德、晷曜齊明、拯社稷之橫流、提億兆之塗炭、東誅叛逆、北殲獫醜、威加四海、仁漸萬國、復張崩樂、重紀絕禮、儒館聿脩、戎亭虛候、雖大功在舜、盛績維禹、巍巍蕩蕩、無得而稱、來獻白環、豈直皇虞之世、入貢素雉、非止隆周之日……。
《列傳四十一孝行》
【當時以爲仁化所感】庾黔婁字子貞、新野人也、父易、司徒主簿、徵不至、有高名、黔婁少好學、多講誦孝經、未嘗失色於人、南陽高士劉虬宗測並歎異之、起家本州主簿、遷平西行參軍、出爲編令、治有異績、先是、縣境多虎暴、黔婁至、虎皆渡泩臨沮界、當時以爲仁化所感、齊永元初、除孱陵令、到縣未旬、易在家遘疾、黔婁忽然心驚、舉身流汗、即日棄官歸家、家人悉驚其忽至……。
【仁威南康王】何炯字士光廬江灊人也……還爲仁威南康王限內記室、遷治書侍御史……。
《列傳四十二儒林》
【性仁慈、好行陰德】嚴植之字孝源、建平秭歸人也……植之性仁慈、好行陰德、雖在闇室、未嘗忘也、少嘗山行、見一患者、植之問其姓名、不能荅、載與俱歸、爲營醫藥、六日而死、植之爲棺殮殯之、卒不知

何許人也、嘗緣柵塘行、見患人臥塘側、植之下車問其故、云姓黃氏、家本荊州、爲人傭賃、疾既危篤、船主將發、棄之於岸、植之心惻然、載還治之、經年而黃氏差、請終身充奴僕以報厚恩、植之不受、遺以資糧、遣之、其義行多如此、撰凶禮儀注四百七十九卷。

《列傳四十三文學上》
【方分肉於仁獸】肩吾字子愼……時太子與湘東王書論之曰……吾既拙於爲文、不敢輕有搞撼、<u>但以當世之作、歷方古之才人</u>、遠則楊馬曹王、近則潘陸顏謝、而觀其遣辭用心、了不相似、若以今文爲是、則古文爲非、若昔賢可稱、則今體宜棄、俱爲盡各、則未之敢許、又時有效謝康樂裴鴻臚文者、亦頗有惑焉、何者、謝客吐言天拔、出於自然、時有不拘、是其糟粕、裴氏乃是良史之才、了無篇什之美、是爲學謝則不屈其精華、但得其冗長、師裴則蔑絕其所長、惟得其所短、謝故巧不可階、裴亦質不宜慕、<u>故胸馳臆斷之侶、好名忘實之類、方分肉於仁獸</u>、逞郄克於邯鄲、入鮑忘臭、效尤致禍、決羽謝生、豈三千之可及、伏膺裴氏、懼兩唐之不傳、故玉徽金銑、反爲拙目所嗤、巴人下里、更合鄙中之聽、陽春高而不和、妙聲絕而不尋、竟不精討錙銖、覈量文質、有異巧心、終愧妍手、是以握瑜懷玉之士、瞻鄭邦而知退、章甫翠履之人、望閩鄉而歎息、詩既若此、筆又如之、徒以煙墨不言、受其驅染、紙札無情、任其搖襞、甚矣哉、文之橫流、一至於此。
【除仁威廬陵王記室】何遜字仲言、東海郯人也……天監中、起家奉朝請、遷中衛建安王水曹行參軍、兼記室、王愛文學之士、日與遊宴、及遷江州、遜猶掌書記、還爲安西安成王參事、兼尚書水部郎、母憂去職、服闋、<u>除仁威廬陵王記室</u>、復隨府江州、未幾卒、東海王僧孺集其文爲八卷。

《列傳四十四文學下》
【彼戎狄者・以烝報爲仁義・君子・如使仁而無報・修道德習仁義・禮樂・君子之所急】劉峻字孝標、平原平原人……峻乃著辨命論以寄其懷曰……夫靡顏膩理、哆噅顑頷、形之異也……橫謂廢興在我、無繫於天、其蔽五也、<u>彼戎狄者、人面獸心、宴安鴆毒、以誅殺爲道德、以烝報爲仁義</u>、雖大風立於青丘、鑿齒奮於華野、比于狼戾、曾何足蹟、自金行不競、天地版蕩、左帶沸脣、乘閒電發、遂覆瀍洛傾五都、居先王之桑梓、竊名號於中縣、與三皇競其氓黎、五帝角其區宇、種落繁熾、充牣神州、嗚呼、福善禍淫、徒虛言耳、豈非否泰相傾、盈縮遞運、而汩之以人、其蔽六也……善惡無徵、未治斯義、且于公高門以待封、嚴母掃墓以望喪、此君子所以自彊不息也、<u>如使仁而無報</u>、奚爲修善立名手、斯徑廷之辭也、夫聖人之言、顯而晦、微而婉、幽遠而難聞、河漢而不極……夫食稻粱、進芻豢、衣狐貉、襲冰執紈、觀窈眇之奇儛、聽雲和之琴瑟、此生人之所急、非有求而爲也、<u>修道德、習仁義、敦孝悌、立忠貞、漸禮樂之腴潤、蹈先王之盛則、此君子之所急、非有求而爲也</u>、然則君子居正體道、樂天知命、明其無可奈何、識其不由智力、逝而不召、來而不距、生而不喜、死而不戚、瑤臺夏屋、不能悅其神、土室編蓬、未足憂其慮、不充詘於富貴、不遑遑於所欲、豈有史公董相不遇之文乎。
【除仁威南康王記室】劉勰字彥和東莞莒人也……天監初、起家奉朝請、中軍臨川王宏引兼記室、遷車騎倉曹參軍、出爲太末令、政有清績、<u>除仁威南康王記室</u>、兼東宮通事舍人、時七廟饗薦已用蔬果、而二郊農社猶有犧牲、勰乃表言二郊宜與七廟同改、詔付尚書議、依勰所陳、遷步兵校尉、兼舍人如故、昭明太子好文學、深愛接之。

《列傳四十五處士》
【今者爲邦・好仁由已】胤字子季、點之弟也……永元中……既俯拾青組、又脫屨朱轂、但理存用捨、義貫隨時、往識禍萌、實爲先覺、超然獨善、有識欽嗟、<u>今者爲邦、貧賤咸恥、好仁由己、幸無凝滯</u>、比別具白、此未盡言、今遣候承音息、矯首還翰、慰其引領、胤不至。
【爲仁由已何關人世】阮孝緒字士宗、陳留尉氏人也……十二年、與吳郡范元琰俱徵、並不到、陳郡袁峻謂之曰、往者、天地閉、賢人隱、今世路已清、而子猶遁、可乎、答曰、昔周德雖興、夷齊不厭薇蕨、漢道方盛、黃綺無悶山林、<u>爲仁由已、何關人世</u>、況僕非往賢之類邪。
【探中途之旨則不仁不智之譏】劉歊字士光、訐族兄也……天監十七年、無何而著革終論、其辭曰……夫形慮合而爲生、魂質離而稱死、合則起動、離則休寂、當其動也、人皆知其神、及其寂也、物莫測其所趣、皆知則不言而義顯、莫測則逾辯而理微、是以勛華曠而莫陳、姬孔抑而不說、前達往賢、互生異見、季札云、骨肉歸於土、魂氣無不之、莊周云、生爲徭役、死爲休息、尋此二說、如或相反、何者、氣無不之、神有也、死爲休息、神無也、原憲云、夏后氏用明器、示民無知也、殷人用祭器、示人有知也、周人兼用之、示民疑也、

第一章　正史を通して知る「仁」と「天理」

考之記籍、驗之前志、有無之辯、不可歷言、若稽諸內教、判乎釋部、則諸子之言可尋、三代之禮無越、何者、神爲生本、形爲生具、死者神離此具、而卽非彼具也、雖死者不可復反、而精靈遞變、未嘗滅絕、當其離此之日、識用廓然、故夏后明器、示其弗反、卽彼之時、魂靈知滅、故殷人祭器、顯其猶存、不存則合乎莊周、猶存則同乎季札、各得一隅、無傷厥義、設其實也、則亦無、故周人有兼用之禮、尼父發遊魂之唱、不其然乎、若廢偏攝之論、探中途之旨、則不仁不智之譏、於是乎可息。夫形也者、無知之質也、神也者、有知之性也、有知不獨存、依無知以自立、故形之於神、逆旅之館耳、及其死也、神去此而適彼也、神已去此、館何用存、速朽得理也、神已適彼、祭何所祭、祭則失理、而姬孔之教不然者、其有以乎、蓋禮樂之興、出於澆薄、俎豆綴兆、生於俗弊、施靈筵、陳棺槨、設饋奠、建丘壠、蓋欲令孝子有追思之地耳、夫何補於已遷之神乎、故上古衣之以薪、棄之中野、可謂尊盧赫胥皇雄炎帝蹈於失理哉、是以子羽沉川、漢伯方壙、文楚黃壤、士安麻索、此四子者、得理也、忘教也、若從四子而遊、則平生之志得矣。

《列傳四十七良吏》
【力於仁義行已過人甚遠】孫謙字長遜、東莞莒人也……謙自少及老、歷二縣五郡、所在廉潔、居身儉素、牀施蘧蒢屛風、冬則布被莞席、夏日無幬帳、而夜臥未嘗有蚊蚋、人多異焉、年逾九十、強壯如五十者、每朝會、輒先衆到公門、力於仁義、行已過人甚遠、從兄靈慶常病寄於謙、謙出行還問起居、靈慶曰、向飮冷熱不調、卽時猶渴、謙退遣其妻、有彭城劉融者、行乞疾篤無所歸、友人輿之謙舍、謙開廳事以待之、及融死、以禮殯葬之、衆咸服其行義、十五年、卒官、時年九十二、詔賻錢三萬、布五十匹、高祖爲擧哀、甚悼惜之。

【仍爲仁威長史】何遠字義方、東海郯人也……遠在官……天監十六年、詔曰、何遠前在武康、已著廉平、復莅二邦、彌盡淸白、政先治道、惠留民愛、雖古之良二千石、無以過也、宜升內榮、以顯外績、可給事黃門侍郎、遠卽還、仍爲仁威長史、頃之、出爲信武將軍、監吳郡、在吳頗有酒失、遷東陽太守、遠處職、疾彊富如仇讐、視貧細如子弟、特爲豪右所畏憚、在東陽歲餘、復爲受罰者所謗、坐免歸。

《列傳四十八諸夷》
【伏承聖主至德仁治】丹丹國、中大通二年、其王遣使奉表曰、伏承聖主至德仁治、信重三寶、佛法興顯、衆僧殷集、法事日盛、威嚴整肅、朝望國執、慈愍蒼生、八方六合、莫不歸服、化隣諸天、非可言喩、不任慶善、若暨奉見尊足、謹奉送牙像及塔各二軀、幷獻火齊珠、古貝、雜香藥等、大同元年、復遣使獻金銀瑠琉雜寶香藥等物。

【大梁揚郡天子仁廕四海德合天心】干陁利國在南海洲上……天監元年、其王瞿曇脩跋陁羅以四月八日夢見一僧、謂之曰、中國今有聖主、十年之後、佛法大興……十七年、遣長史毗貟跋摩奉表曰、常勝天子陛下、諸佛世尊、常樂安樂、六通三達、爲世間尊、是名如來、應供正覺、遺形舍利、造諸塔像、莊嚴國土、如須彌山、邑居聚落、次第羅滿、城郭館宇、如忉利天宮、具足四兵、能伏怨敵、國土安樂、無諸患難、人民和善、受化正法、慶無不通、猶處雪山、流注雪水、八味淸淨、百川洋溢、周囘屈曲、順趣大海、一切衆生、咸得受用、於諸國土、殊勝第一、是名震旦、大梁揚郡天子、仁廕四海、德合天心、雖人是天、降生護世、功德寶藏、救世大悲、爲我尊生、威儀具足、是故至誠敬禮天子足下、稽首問訊、奉獻金芙蓉雜香藥等、願垂納受、普通元年、復遣使獻方物。

【大王・聖明仁愛・大王仁聖・王身・仁澤普潤】中天竺國在大月支東南數千里、地方三萬里……天監初、其王屈多遣長史竺羅達奉表曰、伏聞彼國據江傍海、山川周固、衆妙悉備、莊嚴國土、猶如化城、宮殿莊飾、街巷平坦、人民充滿、歡娛安樂、大王出遊、四兵隨從、聖明仁愛、不害衆生、國中舍民、循行正法、大王仁聖、化之以道、慈悲羣生、無所遺棄、常修淨戒、式導不及、無上法船、沉弱以濟、百官民庶、受樂無恐、諸天護持、萬神侍從、天魔降服、莫不歸仰、王身端嚴、如日初出、仁澤普潤、猶如大雲、於彼震旦、最爲殊勝、臣之所住國土、首羅天守守護、令國安樂、王王相承、未曾斷絕、國中皆七寶形像、衆妙莊嚴、臣自修檢、如化王法、臣名屈多、奕世王種、惟願大王聖體和平、今以此國羣臣民庶、山川珍重、一切歸屬、五體投地、歸誠大王、使人竺達多由來忠信、是故今遣、大王若有所須珍奇異物、悉當奉送、此之境土、便是大王之國、王之法令善道、悉當承用、願二國信使往來不絕、此信返還、願賜一使、具宣聖命、備勑所宜、款至之誠、望不空返、所白如允、願加採納、今奉獻瑠璃唾壺雜香吉貝等物。

《列傳四十九豫章王綜》
【仁威將軍】豫章王綜字世謙、高祖第二子也、天監三年、封豫章郡王、邑二千戶、五年、出爲使持節都督

南徐州諸軍事仁威將軍南徐州刺史、尋進號北中郎將。
《列傳五十侯景》
【位爲大寶守之未易仁誠重任終之實難】侯景字萬景、朔方人……魏既新喪元帥、景又舉河南内附、齊文襄慮景與西南合從、方爲已患、乃以書喩景曰、蓋聞位爲大寶、守之未易、仁誠重任、終之實難、或殺身成名、或去食存信、比性命於鴻毛、等節義於熊掌、夫然者、舉不失德、動無過事、進不見惡、退無謗言。

7：『陳書』［孝行より前の部分は、皇帝關係のみ檢討］
《本紀一高祖上》
【歸含靈於仁壽之域・顯仁藏用・仁惠爲基】策曰……公有濟天下之勳、重之以明德、凝神體道、合德符天、用百姓以爲心、随萬機而成務、恥一物非唐虞之民、歸含靈於仁壽之域、上德不德、無爲以爲、夏長春生、顯仁藏用、忠信爲寶、風雨弗愆、仁惠爲基、牛羊勿踐、功成治定、樂奏咸雲、安上治民、禮兼文質、物色丘園、衣裾里巷、朝多君子、野無遺賢、菽粟同水火之饒、工商咸頓跡之旅、是以天無藴寶、地有呈祥、濡露卿雲、朝團曉映、山車澤馬、服馭登閑、既景煥於圖書、方藏蕤於史牒、高勳蹤於象緯、積德冠於嵩華、固無德而稱者矣。
【仁漸萬國】辛未、梁帝禪位于陳、詔曰……相國陳王、有命自天、降神惟嶽、天地合德、暑曜齊明、拯社稷之橫流、提億兆之塗炭、東誅逆叛、北殲獯醜、威加四海、仁漸萬國、復張崩樂、重興絕禮、儒館聿脩、戎亭虛候、大功在舜、盛績惟禹、巍巍蕩蕩、無得而稱、來獻白環、豈直黃虞之世、入貢素雉、非止隆周之日、固以效珍川陸、表瑞烟雲、甘露醴泉、旦夕凝涌、嘉禾朱草、孳植郊甸、道昭於悠代、勳格於皇穹、明明上天、光華日月、革故著於玄象、代德彰於圖識、獄訟有歸、謳歌爰適、天之歷數、寔有攸在、朕雖庸貌、闇於古昔、永稽崇替、爲日已久、敢忘歷代之遺典、人祇之至願乎、今便遜位別宮、敬禪於陳、一依唐虞宋齊故事。
【仁霑葭葦】又璽書曰……惟王應期誕秀、開籙握圖、性道故其難聞、嘉庸已其被物、乾行同其燾覆、日御比其貞明、登承聖於復禹之功、樹鞠子於興周之業、滅陸渾於伊洛、殲驪戎於鎬京、大小二震之驍徒、東南兩越之勍寇、遄行天討、無遺神策、於是祖述堯舜、憲章文武、大樂與天地同和、大禮與天地同節、鼓之以雷霆、潤之以風雨、仁霑葭葦、信及豚魚、殷腜斯空、夏臺虛設、民惟大畜、野有同人、升平頌平、無偏無黨、固以雲飛紫蓋、水躍黃龍、東伐西征、晻映川陸、榮光曖曖、已冒郊塵、甘露瀼瀼、亟流庭苑、車轍馬跡、誰不率從、蟠水流沙、誰不懷德、祥圖遠至、非唯赤伏之符、靈命昭然、何止黃星之氣……。
《本紀二高祖下》
【博施之仁】夏閏四月庚寅、詔曰、開廩賑絕、育民之大惠、巡方恤患、前王之令典、朕當斯季俗、膺此樂推、君德未孚、民瘼尤甚、重茲多壘、彌疚納隍、良由四聰弗達、千里勿應、博施之仁、何其或爽、殘弊之軌、致此未康……。
《本紀三世祖》
【宜加寬仁】天嘉元年……戊戌、詔曰……今九罭既設、八紘斯掩、天網恢恢、吞舟是漏、至如伏波遊說、永作漢蕃、延壽脫歸、終爲魏守、器改秦虞、杵通晉楚、行藏用捨、亦豈有恒、宜加寬仁、以彰雷作、其衣冠士族、預在凶黨、悉皆原宥、將帥戰兵、亦同肆眚、並隨才銓引、庶收力用……。
《本紀第四廢帝》
【帝仁弱無人君之器】帝仁弱無人君之器、世祖每慮不堪繼業、既居冢嫡、廢立事重、是以依違積載、及疾將大漸、召高宗謂曰、吾欲遵太伯之事、高宗初未達旨、後寤、乃拜伏涕泣、固辭、其後宣太后乃詔廢帝焉、史臣曰、臨海雖繼體之重、仁厚懦弱、混一是非、不驚得喪、蓋帝摯漢惠之流也、世祖知神器之重、諒難負荷、深鑒堯旨、弗傳寶祚焉。
《列傳二十六孝行》
【趙王讀・帝奇王仁愛而遣之】謝貞字元正、陳郡陽夏人……初、貞在周嘗侍趙王讀、王即周武帝之愛弟也、厚相禮遇、王嘗聞左右說貞每獨處必晝夜涕泣、因私使訪問、知貞母年老、遠在江南、乃謂貞曰、寡人若出居藩、當請侍讀還家供養、後數年、王果出、因辭見、面奏曰、謝貞至孝而母老、臣願放還、帝奇王仁愛而遣之、因隨聘使杜子暉還國所有集、值兵亂多不存。
《列傳二十七儒林》

第一章　正史を通して知る「仁」と「天理」

【仁威臨賀王記室參軍】沈洙字弘道、吳興武康人也、祖休稚梁餘杭令、父山卿、梁國子博士中散大夫、洙少方雅好學、不妄交遊、治三禮春秋左氏傳、精識彊記、五經章句、諸子史書、問無不答、解巾梁湘東王國左常侍、轉中軍宣城王限內參軍、板仁威臨賀王記室參軍、遷尚書祠部郎中、時年蓋二十餘、大同中、學者多涉獵文史、不爲章句、而洙獨積思經術、吳郡朱异會稽賀琛甚嘉之、及异琛於士林館講制旨義、常使洙爲都講、侯景之亂、洙竄於臨安、時世祖在焉、親就習業、及高祖入輔、除國子博士、與沈文阿同掌儀禮。

【除仁武南康嗣王府長史】沈不害字孝和、吳興武康人也……五年除瀨令、入爲尚書儀曹郎、遷國子博士、領羽林監、勅治五禮、掌策文議、太建中、除仁武南康嗣王府長史、行丹陽郡事、轉員外散騎常侍光祿卿、尋爲戎昭將軍明威武陵王長史、行吳興郡事、俄入爲通直散騎常侍、兼尚書左丞、十二年卒、時年六十三。

《列傳二十八文學》

【仁威淮南王長史】褚玠字溫理、河南陽翟人也……時舍人曹義達爲高宗所寵、縣民陳信家富於財、諂事義達、信父顯文恃勢橫暴、玠乃遣使執顯文、鞭之一百、於是吏民股慄、莫敢犯者、信後因義達譖玠、竟坐免官、玠在任歲餘、守祿俸而已、去官之日、不堪自致、因留縣境、種蔬菜以自給、或嗤玠以非百里之才、玠答曰、吾委輸課最、不後列城、除殘去暴、姦吏局蹐、若謂其不能自潤脂膏、則如來命、以爲不達從政、吾未服也、時人以爲信然、皇太子知玠無還裝、手書賜粟米二百斛、於是還都、太子愛玠文辭、令入直殿省、十年、除電威將軍仁威淮南王長史、頃之、以本官掌東宮管記、十二年、遷御史中丞、卒於官、時年五十二。

《列傳二十九熊曇朗》

【仁武將軍】周迪、臨川南城人也……於是尚書下符曰……假節通直散騎常侍仁武將軍尋陽太守懷仁縣伯華皎、明威將軍廬陵太守益陽縣子陸子隆、竝破賊徒、剋全郡境、持節散騎常侍安西將軍定州刺史領豫章太守西豐縣侯周敷、躬扞溝壘、身當矢石、率茲義勇、以寡摧衆、斬馘萬計、俘虜千羣、迪方收餘燼、還固壠堞……。

《列傳三十始興王叔陵》

【不孝不仁】始興王叔陵字子嵩、高宗之第二子也……尚書八座奏曰、逆賊故侍中、中軍大將軍始興王叔、陵幼而狠戾、長肆貪毒、出撫湘南、及鎮九水、兩藩氓庶、掃地無遺、蜂目豺聲、狎近輕薄、不孝不仁、阻兵安忍、無禮無義、唯戮是聞、及居偏憂、婬樂自恣、產子就館、日月相接……。

8：『北齊書』［儒林より前の部分は、皇帝關係のみ檢討］

《帝紀二神武下》

【仁恕愛】神武性深密高岸、終日儼然、人不能測、機權之際、變化若神、至於軍國大略、獨運懷抱、文武將吏罕有預之、統馭軍衆、法令嚴肅、臨敵制勝、策出無方、聽斷昭察、不可欺犯、知人好士、全護勳舊、性周給、每有文教、常殷勤歉悉、指事論心、不尚綺靡、擢人授任、在於得才、苟其所堪、乃至拔於厮養、有虛聲無實者、稀見任用、諸將出討、奉行方略、罔不克捷、違失指畫、多致奔亡、雅尚儉素、刀劍鞍勒無金玉之飾、少能劇飲、自當大任、不過三爵、居家如官、仁恕愛士、始范陽盧景裕以明經稱、魯郡韓毅以工書顯、咸以謀逆見擒、並蒙恩有置之第館、教授諸子、其文武之士盡節所事、見執獲而不罪者甚多、故迥邇歸心、皆思効力、至南威梁國、北懷蠕蠕、吐谷渾阿至羅咸所招納、獲其力用、規略遠矣。

《帝紀四文宣》

【仁加水陸・深仁遠洽】夏五月辛亥……册命曰……王搏風初擧、建旗上地、庇民立政、時雨滂流、下識廉恥、仁加水陸、移風易俗、自齊變魯、此王之功也、仍攝天臺、總參戎律、策出若神、威行朔土、引弓竄跡、松塞無煙、此又王之功也、逮戎統前緒、持衡匡合、華戎混一、風海調夷、日月光華、天地清晏、聲接響隨、無思不偏、此王之功也、遂矣炎方、通違正朔、懷文曜武、授略申規、淮楚連城、灌然桑落、此又王之功也、關峴衿帶、跨蹴蕭條、腸胃之地、岳立鴟跱、偏師纔指、渙同冰散、此又王之功也……天平地成、率土咸茂、禎符顯見、史不停筆、既連百木、兼呈九尾、素過秦雀、蒼比周烏、此又王之功也、搜揚管庫、衣冠獲序、禮云樂云、銷沈俱振、輕徭徹賦、矜獄寬刑、大信外彰、深仁遠洽、此又王之功也、王有安日下之大勳、加以表明之盛德、宣贊洪猷、以左右朕言、昔旦奭外分、毛畢入佐、出內之任、王宜總之。

《帝紀五廢帝》

【寬厚仁智】帝聰慧夙成、寬厚仁智、天保間雅有令名、及承大位、楊愔燕子獻宋欽道等同輔、以常山王地

親望重、内外畏服、加以文宣初崩之日、太后本欲立之、故愔等竝懷猜忌、常山王憂悒、乃白太后誅其黨、時平秦王歸彦亦預謀焉、皇建二年秋、天文告變、歸彦慮有後害、仍白孝昭、以王當咎、乃遣歸彦馳驛至晉陽宮殺之、王薨後、孝昭不豫、見文宣爲祟、孝昭深惡之、厭勝術備設而無益也、薨三旬而孝昭崩……。

《列傳三十六儒林》

【司徒之官・仁義之風】班固稱、<u>儒家者流、蓋出於司徒之官</u>、助人君順陰陽、行敎化、者也、聖人所以明天道、正人倫、是以古先哲王率由斯道、高祖生於邊朔、長於戎馬之間、因魏氏喪亂之餘、屬尒朱殘酷之擧、文章咸蕩、禮樂同奔、弦歌之音且絶、俎豆之容將盡、及仗義建旗、掃淸區縣、以正君臣、以齊上下、至乎一人播越、九鼎潛移、文武神器、顧眄斯在、猶且援立宗支、重安社稷、<u>豈非跼名敎之地、漸仁義之風與</u>。

《列傳三十七文苑》

【承風而慕化・蹈德而詠仁】又問刑罰寬猛、遜對曰、臣聞惟王建國、刑以助禮、猶寒暑之贊陰陽、山川之通天地、爰自末葉、法令稍滋、秦篆無以窮書、楚竹不能盡載、有司因此、開以二門、高下在心、寒熱隨意、周官三典、棄之若吹毛、漢律九章、違之如覆手、遂使生平獄氣、得酒而後消、東海孝婦、因災而方雪、詔書挂壁、有善而莫遵、姦吏到門、無求而不可、皆由上失其道、民不見德、而議者守迷、不尋其本、鍾繇王朗追怨張蒼、祖訥梅陶共尤文帝、便謂化屍起傴、在復肉刑、致治興邦、無關周禮、伏惟陛下昧爽坐朝、留心政術、明罰以糾諸侯、申恩以孩百姓、黃旗紫蓋、已絶東南、白馬素車、將降軹道、若復峻典深文、臣實未悟、何則、人肖天地、俱稟陰陽、安național願存、擾則圖死、故王者之治、務先禮樂、如有未從、刑書乃用、寬猛兼設、水火俱陳、未有專任商、韓而能長久、昔秦歸士會、晉盜來奔、舜擧皐陶、不仁自遠、但令釋之、定國迭作理官、龔遂、文翁繼爲郡守、科閭律令、一此憲章、欣聞汲黯之言、泣斷昭平之罪、則天下自治、大道公行、乳獸含牙、蒼鷹垂翅、楚王錢府、不復須封、漢獄寃囚、<u>自然蒙理、後服之徒、既承風而慕化、有截之內、皆蹈德而詠仁</u>、號以成康、何難之有。

【獲仁厚之麟角・妄鎖義以羈仁】自太淸之内釁、彼天齊而外侵、始蹙國於淮滸、遂壓境於江潯、獲仁厚之麟角、剋儁秀之南金、爰衆旅而納主、車五百以叠臨、返季子之觀樂、釋鍾儀之鼓琴、竊聞風而淸耳、傾見日之歸心、試拂以貞筮、遇交泰之吉林、譬欲秦而更楚、假南路於東尋、乘龍門之一曲、歷砥柱之雙岑、冰夷風薄而雷响、陽度山載而谷沉、俾挈龜以憑溺、類斬蛟而赴深、昏揚舲於分陝、曙結纜於河陰、追風飈之逸氣、從忠信以行吟……予一生而三化、備荼苦而蓼辛、鳥焚林而鍛翮、魚奪水而暴鱗、嗟宇宙之遼曠、愧無所而容身、夫有過而自訟、始發矇於天眞、<u>遠絶聖而棄智、妄鎖義以羈仁</u>、擧世溺而欲拯、王道鬱以求申、既銜石以塡海、終荷戟以入秦、亡壽陵之故步、臨大行以逡巡、向使潛於草茅之下、甘爲畎畝之人、無讀書而學劍、莫抵掌以膏身、委明珠而樂賤、辭白璧以安貧、堯舜不能榮其素樸、桀紂無以汙其淸塵、此窮何由以至、兹辱安所自臻、而今而後、不敢怨天而泣麟也。

《列傳三十八循吏》

【在官寫書・觀過知仁】郎基字世業、中山人……後帶潁川郡、積年留滯、數日之中、剖判咸盡、而臺報下、並允基所陳、條綱既疎、獄訟淸息、官民遐邇、皆相慶悅、基性淸愼、無所營求、曾語人云、任官之所、木枕亦不須作、況重於此事、唯頗令寫書、潘子義曾遺之書曰、<u>在官寫書</u>、亦是風流罪過、基答書曰、<u>觀過知仁、斯亦可矣</u>、後卒官、柩將還、遠近送、莫不攀轅悲哭。

9：『周書』〔儒林より前の部分は、皇帝關係のみ檢討〕

《帝紀一文帝上》

【仁育萬物】時魏帝方圖齊神武、又遣徵兵、太祖乃令前秦州刺史駱超爲大都督、率輕騎一千赴洛、進授太祖兼尙書僕射關西大行臺、餘官封如故、太祖乃傳檄方鎭曰、蓋聞陰陽遞用、盛衰相襲、苟當百六、無聞三五、皇帝創歷、陶鑄蒼生、保安四海、<u>仁育萬物</u>、運距孝昌、屯沴屢起、隴冀騷動、燕河狼顧、雖靈命重啓、蕩定有期、而乘釁之徒、因生羽翼。

《帝紀四明帝》

【帝王之道以寬仁爲大】是日、即天王位、大赦天下……十一月庚子、祠太廟、丁未、祠圓丘、丁巳、詔曰、<u>帝王之道、以寬仁爲大</u>、魏政諸有輕犯未至重罪、及諸村民一家有犯乃及數家而被遠配者、並宜放還。

【遺仁爰被】〔二年〕八月甲子、羣臣上表稱慶、詔曰、夫天不愛寶、地稱表瑞、莫不威鳳巢閣、圖龍躍沼、豈直日月珠連、風雨玉燭、是以鈞命決曰、王者至孝則出、元命苞曰、人君至治所有、虞舜烝烝、來兹異趾、

周文翼翼、翔此靈禽、文考至德下覃、遺仁爰被、遠符千載、降斯三足、將使三方歸本、九州翕定、惟此大體、景福在民、予安敢讓宗廟之善、弗宣大惠、可大赦天下、文武官普進二級。

【唯冀仁兄冢宰・寬仁大度】［武成二年］夏四月……人生天地之間、稟五常之氣、天地有窮已、五常有推移、人安得долж存、是以生而有死者、物理之必、然處必然之理、修短之間、何足多恨、朕雖不德、性好典墳、披覽聖賢餘論、未嘗不以此自曉、今乃命也、夫復何言、諸公及在朝卿大夫士、軍中大小督將軍等、並立勳效、積有年載、輔翼太祖、成我周家、今朕纘承大業、處萬乘之上、此乃上不負太祖、下不負朕躬、朕得啓手啓足、從先帝於地下、實無恨於心矣、所可恨者、朕享大位、可謂四年矣、不能使政化循理、黎庶豐足、九州未一、二方猶梗、顧此懷恨、目用不瞑、唯冀仁兄冢宰、泊朕先正先父公卿大臣等、協和爲心、勉力相勸、勿忘太祖遺志、提挈後人、朕雖沒九泉、形體不朽、今大位虛曠、社稷無主、朕兒幼稚、未堪當國、魯國公邕、朕之介弟、寬仁大度、海內共聞、能弘我周家、必此子也、夫人貴有始終、公等事太祖、輔朕躬、可謂有始矣、若克念世道艱難、輔邕以主天下者、可謂有終矣、哀死事生、人臣大節、公等思念此言、令萬代稱歎。

【帝寬明仁厚・世宗寬仁遠度】帝寬明仁厚、敦睦九族、有君人之量、幼而好學、博覽群書、善屬文、詞彩溫麗、及即位、集公卿已下有文學者八十餘人於麟趾殿、刊校經史、又招採衆書、自羲農以來、訖於魏末、敍爲世譜、凡五百卷云、所著文章十卷、史臣曰、世宗寬仁遠度、叡哲聞、虔代邸之尊、實文昭之長、豹姿已變、龍德猶潛、而百辟傾心、萬方注意、及乎迎宣黜賀、入纂大宗、而禮貌功臣、敦睦九族、率由恭儉、崇尚文儒、蓋蓋焉其有君人之德者矣、始則權臣專制、政出私門、終乃鴆毒潛加、享年不永、惜哉。

《列傳三十七儒林》

【政要・彼行暴戾我則寬仁】樂遜字遵賢、河東猗氏人也……武成元年六月、以霖雨經時、詔百官上封事、遜陳時宜一十四條、其五條切於政要、其一……其四、重戰伐、曰、魏祚告終、天睠在德、而高洋稱僭、先迷未敗、擁逼山東、事切肘腋、譬猶棊劫相持、爭行先後、若一行非當、或成彼利、誠應捨小營大、先保封域、不宜貪利在邊、輕爲興動、捷則勞兵分守、敗則所損已多、國家雖彊、洋不受弱、詩云、德則不競、何憚於病、唯德可以庇民、非恃彊也、夫力均勢敵、則進德者勝、君子道長、則小人道消、故昔之善戰者、先爲不可勝、以待敵之可勝、彼行暴戾、我則寬仁、彼爲刻薄、我必惠化、使德澤旁流、人思有道、然後觀釁而作、可以集事。

《列傳三十八孝義》

【仁人君子所以興】然而淳源既往、澆風愈扇、禮不樹、廉讓莫脩、若乃綰銀黃、列鐘鼎、立於朝廷之間、非一族也、其出忠入孝、輕生蹈節者、則蓋寡焉、積龜貝、實倉廩、居於閭巷之、內非一家也、其悅禮敦詩、守死善道者、則又鮮焉、斯固仁人君子所以興歎、哲后賢宰所宜屬心如令明教化以救其弊、優爵賞以勸其善、布懇誠以誘其進、積歲月以求其終、則之所謂少者可以爲多矣、古之所謂難者可以爲易矣、故博採異聞、網羅遺逸、錄其可以垂範方來者、爲孝義篇云。

【若見而不收養無仁心也】張元字孝始、河北芮城人也、祖成、假平陽郡守、父延儁、仕州郡、累爲功曹、主簿、並以純至、爲郷里所推、元性謙謹、有孝行、微涉經史、然精脩釋典、年六歲、其祖以夏中熱甚、欲將元就井浴、元固不肯從、祖謂其貪戲、乃以杖擊其頭曰、汝何爲不肯洗浴、元對曰、衣以蓋形、爲覆其褻、元不能褻露其體於白日之下、祖異而捨之、南隣有二杏樹、杏熟、多落元園中、諸小兒競取而食之、元所得者、送還其主、村陌有狗子爲人所棄者、元見、即收而養之、其叔父怒曰、何用此爲、將欲更棄之、元對曰、有生之類、莫不重其性命、若天生天殺、自然之理、今爲人所棄而死、非其道也、若見而不收養、無仁心也、是以收而養之、叔父感其言、遂許焉、未幾、乃有狗母銜一死兔、置元前而去。

《列傳三十九藝術》

【虞舜選衆不仁者遠】黎景熙字季明、河間鄭人也……時豪富之家、競爲奢麗、季明又上書曰……臣又聞之、爲治之要、在於選舉、若差之毫釐、則有千里之失、後來居上、則致積薪之譏、是以古之善爲治者、貫魚以次、任必以能、爵人於朝、不以私愛、簡材以授其官、量能以任其用、官得其材、用當其器、六轡既調、坐致千里、虞舜選衆、不仁者遠、則庶事康哉、民知其化矣、帝覽而嘉之。

【仁義之於敎大矣】史臣曰、仁義之於敎、大矣、術藝之於用、博矣、狗於是者、不能無非、厚於利者、必有其害、詩書禮樂所失也淺、故先王重其德、方術技巧、所失也深、故往哲輕其藝、夫能通方術而不詭於俗、習技巧而必蹈於禮者、豈非大雅君子乎、姚僧垣診候精審、名冠於一代、其所全濟、固亦多焉、而弘茲義方、皆爲令器、故能享眉壽、縻好爵、老聃云、天道無親、常與善人、於是信矣。

《列傳四十蕭詧》
【夷齊之得仁】蕭詧字理孫、蘭陵人也……既而闔城長幼、被虜入關、又失襄陽之地、詧乃追悔曰、恨不用尹德毅之言、以至於是、又見邑居殘毀、干戈日用、恥其威略不振、常懷憂憤、乃著愍時賦以見意、其詞曰、嗟余命之舛薄、實賦運之逢屯、既殷憂而彌歲、復坎壈以相隣、晝營營而至晚、夜耿耿而通晨、望否極而云泰、何杳杳而無津、悲晉鼎之遷趙、痛漢鼎之移新、無田范之明畧、愧夷齊之得仁、遂胡顏而苟免、謂小屈而或申、豈妖沴之無已、何國步之長淪。
【歸孝悌慈仁】歸字仁遠、詧之第三子也……歸孝悌慈仁、有君人之量、四時祭享、未嘗不悲慕流涕、性尤儉約、御下有方、境內稱治、所著文集及孝經周易義記及大小乘幽微、並行於世、隋文帝又命其太子蕭琮嗣位、年號廣運。
【巖・性仁厚】巖字道遠、詧之長子也、母曰宣靜皇后、幼聰敏、有成人之量、詧之爲梁主、立爲世子、尋病卒、及詧稱帝、追諡焉、巖字道遠、詧第五子也、性仁厚、善於撫接、歷侍中荊州刺史尚書令太尉太傅、入陳、授平東將軍東揚州刺史、及陳亡、百姓推巖爲主、以禦隋師、爲總管宇文述所破、伏法於長安。

《列傳四十一異域上》
【民肖形天地・生其地者則仁義出焉】史臣曰、凡民肖形天地、稟靈陰陽、愚智本於自然、剛柔繫於水土、故雨露所會、風流所通、九川爲紀、五嶽作鎭、此之謂諸夏、生其地者、則仁義出焉、昧谷嵎夷孤竹北戶限以丹徼紫塞、隔以滄海交河、此之謂荒裔、感其氣者、則凶德成焉、若夫九夷八狄、種落繁熾、七戎六蠻、充牣邊鄙、雖風土殊俗、嗜欲不同、至於貪而無厭、狠而好亂、彊則旅拒、弱則稽服、其揆一也、斯蓋天之所命、使其然乎。

《列傳四十二異域下》
【反道德棄仁義・歐世仁壽】史臣曰、四夷之爲中國患也久矣、而北狄尤甚焉、昔嚴尤班固咸以周及秦漢未有得其上策、雖通賢之宏議、而史臣嘗以爲疑、夫步騾之來、綿自今古、澆淳之變、無隔華戎、是以反道德、棄仁義、凌替之風歲廣、至涇陽、入北地、充斥之釁日深、爰自金行、逮乎水運、戎夏離錯、風俗混并、夷裔之情僞、中國畢知之矣、中國之得失、夷裔備聞之矣、若乃不與約誓、不就攻伐、來而禦之、去而守之、夫然則敵有餘力、我無寧歲、將士疲於奔命、疆場苦其交侵、欲使偃伯靈臺、歐世仁壽、其可得乎、是知秩宗之雅旨、護軍之讜說、實有會於當時、而未允於後代也。

10：『隋書』［誠節より前の部分は、皇帝關係のみ檢討］

《帝紀一高祖上》
【公仁風德教】大定元年春二月壬子……甲寅、策曰……又加九錫、其敬聽朕後命、以公執律脩德、愼獄恤刑、爲其訓範、人無異志、是用錫公大輅、戎輅各一、玄牡二駟、公勤心地利、所保人天、崇本務農、公私殷阜、是用錫公袞冕之服、赤舃副焉、公樂以移風、雅以變俗、邇遐胥悅、天地咸和、是用錫公軒懸之樂、六佾之舞、公仁風德教、覃及海隅、荒忽幽遐、廻首內向、是用錫公朱戶以居、公水鏡人倫、銓衡庶職、能官流詠、遺賢必舉、是用錫公納陛以登、公執鈞於內、正性率下、犯義無禮、罔不屏黜、是用錫公武賁之士三百人、公是用錫公鈇鉞各一、公威嚴夏日、精勵秋霜、猾夏必誅、顧眄夫壤、掃清姦宄、折衝無外、是用各本闕錫公彤弓一彤矢百、盧弓十盧矢千、惟公孝通神明、肅恭祀典、尊嚴如在、情切幽明、是用錫公秬鬯一卣、珪瓚副焉、隋國置丞相以下、一遵舊式、往欽哉、其敬循往策、祗服大典、簡恤爾庶功、對揚我太祖之休命。
【詔・行仁蹈義】［開皇三年］秋七月辛丑、以豫州刺史周搖爲幽州總管、壬戌、詔曰、行仁蹈義、名教所先、厲俗敦風、宜見褒獎、往者、山東河表érc此妖亂、孤城遠守、多不自全、濟陰太守杜獸身陷賊徒、命懸寇手、郡省事范臺玫傾產營護、免其戮辱、睿言誠節、實有可嘉、宜超恒賞、用明沮勸、臺玫可大都督假湘州刺史、丁卯、日有蝕之。

《帝紀二高祖下》
【道德仁義】［仁壽］二年春二月辛亥……閏月甲申、詔尚書左僕射楊素與諸術者刊定陰陽舛謬、己丑、詔曰、禮之爲用、時義大矣、黃琮蒼璧、降天地之神、粢盛牲食、展宗廟之敬、正父子君臣之序、明婚姻喪紀之節、故道德仁義、非禮不成、安上治人、莫善於禮、自區宇亂離、綿歷年代、王道衰而變風作、微言絕而大義乖、與代推移、其變日甚、至於四時郊祀之節文、五服麻葛之隆殺、是非異說、踳駮殊塗、致使聖教凋訛、輕重無準、朕祇承天命、撫臨生人、當洗滌之時、屬干戈之代、克定禍亂、先運武功、刪正彝典、日不暇給、

今四海乂安、五戎勿用、理宜弘風訓俗、導德齊禮、綴往聖之舊章、興先王之茂則……。
【皇太子廣・仁孝著聞】秋七月乙未、日青無光……丁未、崩於大寶殿、時歳六十四、遺詔曰……人生子孫、誰不愛念、既爲天下、事須割情、勇及秀等、並懷悖惡、既知無臣子之心、所以廢黜、古人有言、知臣莫若於君、知子莫若於父、若令勇秀得志、共治家國、必當戮辱偏於公卿、酷毒流於人庶、今惡子孫已爲百姓黜屏、好子孫足堪負荷大業、此雖朕家事、理不容隱、前對文武侍衛、具已論述、皇太子廣、地居上嗣、仁孝著聞、以其行業、堪成朕志、但令内外羣官、同心戮力、以此共治天下、朕雖瞑目、何所復恨。
【無寬仁之】史臣曰、高祖龍德在田、奇表見異、晦明藏用、故知我者希……於是躬節儉、平徭賦、倉廩實、法令行、君子咸樂其生、小人各安其業、強無陵弱、衆不暴寡、人物殷阜、朝野歡娯、二十年間、天下無事、區宇之内晏如也、考之前王、足以參蹤盛烈、但素無術學、不能盡下、無寬仁之度、有刻薄之資、暨乎暮年、此風逾扇、又雅好符瑞、暗於大道、建彼維城、權侔京室、皆同帝制、靡所適從、聽哲婦之言、惑邪臣之說、溺寵廢嫡、託付失所、滅父子之道、開昆弟之隙、縱其尋斧、翦伐本枝、墳土未乾、子孫繼踵屠戮、松檟纔列、天下已非隋有、惜哉、迹其衰怠之源、稽其亂亡之兆、起自高祖、成於煬帝、所由來遠矣、非一朝一夕、其不祀忽諸、未爲不幸也。
《帝紀三煬帝上》
【當時稱爲仁孝】煬皇帝諱廣、一名英、小字阿㠕、高祖第二子也、母曰文獻獨孤皇后、上美姿儀、少敏慧、高祖及后於諸子中特所鍾愛、在周、以高祖勳、封鴈門郡公、開皇元年、立爲晉王、拜柱國并州總管、時年十三、尋授武衛大將軍、進位上柱國河北道行臺尚書令、大將軍如故、高祖令項城公歆安道公才李徹輔導之、上好學、善屬文、沉深嚴重、朝野屬望、高祖密令善相者来和徧視諸子、和曰、晉王眉上雙骨隆起、貴不可言、既而高祖幸上所居第、見樂器絃多斷絶、又有塵埃、若不用者、以爲不好聲妓、善之、上尤自矯飾、當時稱爲仁孝、嘗觀獵遇雨、左右進油衣、上曰、士卒皆霑濕、我獨衣此乎、乃令持去。
《帝紀四煬帝下》
【聖哲至仁・刑典】八年春正月辛巳、大軍集于涿郡、以兵部尚書段文振爲左候衛大將軍、壬午、下詔曰、天地大德、降繁霜於秋令、聖哲至仁、著甲兵於刑典、故知造化之有肅殺、義在無私、帝王之用干戈、蓋非獲已、版泉丹浦、莫匪龔行、取亂覆昏、咸由順動、況乎甘野誓師、夏開承大禹之業、商郊問罪、周發成文王之志、永監前載、屬當朕躬。
【用弘仁者之惠】十年春正月甲寅……二月辛未、詔百僚議伐高麗、數日無敢言者、戊子、詔曰、竭力王役、致身戎事、咸由狥義、莫匪勤誠、委命草澤、棄骸原野、興言念之、每懷惻惻、徃年出車問罪、將屆遼濱、廟算勝略、具有進止、而諒悋凶、罔識成敗、高熲愎佷、本無智謀、臨三軍猶兒戲、視人命如草芥、不遵成規、坐貽撓退、遂令死亡者衆、不及埋藏、今宜遣使人分道收葬、設祭於遼西郡、立道場一所、恩加泉壤、庶弭窮魂之冤、澤及枯骨、用弘仁者之惠、辛卯、詔曰……。
【無不稱其仁孝】二年三月……初、上自以藩王、次不當立、每矯情飾行、以釣虛名、陰有奪宗之計、時高祖雅信文獻皇后、而性忌妾媵、皇太子勇内多嬖幸、以此失愛、帝後庭有子、皆不育之、示無私寵、取媚於后、大臣用事者、傾心與交、中使至第、無貴賤、皆曲承顔色、申以厚禮、婢僕徃來者、無不稱其仁孝、又常私入宮掖、密謀於獻后、楊素等因機構扇、遂成廢立、自高祖大漸、暨諒闇之中、烝淫無度、山陵始就、即事巡游、以天下承平日久、士馬全盛、慨然慕秦皇、漢武之事……。
《列傳三十六誠節》
【聖人・仁・義】易稱、聖人大寶曰位、何以守位曰仁、又云、立人之道曰仁與義、然則士之立身成名、在乎仁義而已、故仁道不遠、則殺身以成仁、義重於生、則捐生而取義、是以龍逢投軀於夏癸、比干竭節於商辛、申蒯斷臂於齊莊、弘演納肝於衛懿、爰逮漢之紀信欒布、晉之向雄嵇紹、凡在立名之士、莫不庶幾焉、至於臨難忘身、見危授命、雖斯文不墜、而行之蓋寡、固知士之所重、信在茲乎、非夫内懷鐵石之心、外負凌霜之節、孰能安之若命、赴蹈如歸者也、皇甫誕等、當擾攘之際、踐必死之機、白刃臨頭、確乎不拔、可謂歳寒貞、柏我風勁草、千載之後、懍懍如生、豈獨聞彼伯夷懊夫立志、亦冀將來君子有所庶幾、故掇採所聞、爲誠節傳。
《列傳三十七孝義》
【論語・君子務本・其爲仁之本與】孝經云、夫孝、天之經也、地之義也、人之行也、論語云、君子務本、本立而道生、孝悌也者、其爲仁之本與、呂覽云、夫孝、三皇五帝之本務、萬事之綱紀也、執一術而百善

至、百邪去、天下順者、其唯孝乎、然則孝之爲德至矣、其爲道遠矣、其化人深矣、故聖帝明王行之於四海、則與天地合其德、與日月齊其明、諸侯卿大夫行之於國家、則永保其宗社、長守其禄位、匹夫匹婦行之於閭閻、則播徽烈於當年、揚休名於千載、此皆資純至以感物、故聖哲之所重。
【性仁孝】翟普林、楚丘人也、<u>性仁孝</u>、事親以孝聞、州郡辟命、皆固辭不就、躬耕色養、郷鄰謂爲楚丘先生、後父母疾、親易燥濕、不解衣者七旬、大業初、父母俱終、哀毀殆將滅性、廬於墓側、負土爲墳、盛冬不衣繒絮、唯著單縗而已、家有一烏犬、隨其在墓、若普林哀臨、犬亦悲號、見者嗟異焉、有一鵲巢其廬前柏樹、每入其廬、馴狎無所驚懼、大業中、司隷巡察、奏其孝感、擢授陽令。
【雖乖先王之制亦觀過以知仁矣】史臣曰、昔者弘愛敬之理、必藉王公大人、近古敦孝友之情、多茅屋之下、而彦師道贐、或家傳纓冕、或身誓山河、遂乃負土成墳、致毀滅性、<u>雖乖先王之制、亦觀過以知仁矣</u>、郎貴昆弟、爭死而身全、田翼夫妻俱喪而名立、德饒仁懷羣盗、德沼義感興王、亦足稱也、紐回劉焉之倫、翟林華秋之輩、或茂草嘉樹榮枯於庭宇、或走獸翔禽馴狎於廬墓、非夫孝悌之至、通於神明者乎。
《列傳三十八循吏》
【古之善牧人者養之以仁・終行仁恕】<u>古之善牧人者、養之以仁、使之以義、教之以禮</u>、隨其所便而處之、因其所欲而與之、從其所好而勸之、如父母之愛子、如兄之愛弟、聞其飢寒爲之哀、見其勞苦爲之悲、故人敬而悦之、愛而親之、若子産之理鄭國、子賤之居單父、賈琮之牧冀州、文翁之爲蜀郡、皆可以恤其災患、導以忠厚、因而利之、惠而不費、其暉映千祀、聲芳不絶、夫何爲哉、用此道也、然則五帝、三王不易人而化、皆在所由化之而已、故有無能之吏、無不可化之人……吏之清平、失其所欲、雖崇其賞、猶或不爲、況於上賞是姦、下得其欲、求其廉潔、不亦難乎、彦光等立嚴察之朝、屬昏狂之主、執心平允、<u>終行仁恕</u>、餘風遺愛、没而不忘、寛惠之音、足以傳於來葉、故列其行事、以繋循吏之篇爾。
【儉仁明著稱・獄訟者】柳儉字道約、河東解人也……及高祖受禪、擢拜水部侍郎、封率道縣伯、未幾、出爲廣漢太守、甚有能名、俄而郡廢、時高祖初有天下、勵精思政、妙簡良能、出爲牧宰、<u>以儉仁明著稱、擢拜蓬州刺史、獄訟者庭遣、不爲文書、約束吏史、從容而已</u>、獄無繋囚、蜀王秀時鎮益州、列上其事、遷卭州刺史、在職十餘年、蠻夷悦服、蜀王秀之得罪也、儉坐與交通、免職、及還郷里、乘敝車羸馬、妻子衣食不贍、見者咸歎服焉。
《列傳三十九酷吏》
【爲國之體・仁義】夫爲國之體有四焉、<u>一曰仁義、二曰禮制、三曰法令、四曰刑罰、仁義禮制、政之本也</u>、法令刑罰、政之末也、無本不立、無末不成、然教化遠而刑罰近、可以助化而不可以專行、可以立威而不可以繁用、老子曰、其政察察、其人缺缺、又曰、法令滋章、盗賊多有、然則令之煩苛、吏之嚴酷、不能致理、百代可知、考覽前載、有時而用之矣、昔秦任獄吏、赭衣滿道、漢革其風、矯枉過正、禁綱疎闊、遂漏吞舟、大姦巨猾、犯義侵禮、故剛克之吏、摧拉凶邪、一切禁姦、以救時弊、雖乖教義、或有所取焉。
《列傳四十儒林》
【重仁義・開政化之本源】儒之爲教大矣、其利物博矣、<u>篤父子、正君臣、尚忠節、重仁義、貴廉讓、賤貪鄙、開政化之本源</u>、鑿生民之耳目、百王損益、一以貫之、雖世或汙隆、而斯文不墜、經邦致治、非一時也、涉其流者、無禄而富、懷其道者、無位而尊、故仲尼頓挫於魯君、孟軻抑揚於齊后、荀卿見珍於強楚、叔孫取貴於隆漢、其餘處環堵以驕富貴、安陋巷而輕王公者、可勝數哉。
《列傳四十一文學》
【帝・狎仁馴德】虞綽字士裕、會稽餘姚人也……來蘇興怨、帝自東征、言復禹績、乃御軒營、六師薄伐、三韓肅清、龔行天罰、赫赫明明、文德上暢、靈武外薄、車徒不擾、苛慝靡作、凱歌載路、成功允鑠、反斾還軒、遵林並駕、停輿海滋、駐蹕嚴阯、窅想遐凝、窺屬千里、金臺銀闕、雲浮岳峙、有感斯應、靈禽效祉、飛來清漢、俱集華泉、好音玉響、皓質氷鮮、<u>狎仁馴德</u>、習習翩翩、絶迹無泯、於萬斯年。
【泉石瑩仁智之心・飛走懷仁・道德仁義・藏用顯仁・徽幸棲仁岳】潘徽字伯彦、吳郡人也……及陳滅、爲州博士、秦孝王俊聞其名、召爲學士……于時歳次鶉火、月躔夷則、駸駕務隙、靈光意靜、前臨竹沼、却倚桂巖、<u>泉石瑩仁智之心</u>、煙霞發文彩之致、賓僚霧集、教義風靡、乃討論羣藝、商略衆書、以爲小學之家、尤多舛雜、雖復周禮漢律、務искать、而巧説邪辭、遞生同異……徽業術已寡、思理彌殫、心若死灰、文憖生氣、徒以大馬識養、<u>飛走懷仁</u>、敢執顛沛之辭、遂操狂簡之筆、而齊魯富經學、楚鄭多良士、西河之彦、幸不諠於索居、東里之才、請能加於潤色……禮之爲用至矣、大與天地同節、明與日月齊照、源開

第一章　正史を通して知る「仁」と「天理」

三本、體合四端、巢居穴處之前、即萌其理、龜文鳥迹以後、稍顯其事、雖情存簡易、意非玉帛、而夏造殷因、可得知也、至如秩宗三禮之職、司徒五禮之官、邦國以和、人神惟敬、道德仁義、非此莫成、進退俯仰、去茲安適、若璽印塗、猶防止水、豈直譬彼耕耨、均斯粉澤而已哉……上柱國太尉揚州總管晉王握珪璋之實、履神明之德、隆化讚傑、<u>藏用顯仁</u>、地居周邵、業冠河楚、允文允武、多才多藝、戎衣而籠關塞、朝服而掃江湖、收杞梓之才、闢康莊之館……是知沛王通論、不獨擅於前修、寧朔新書、更追懟於往册、<u>徽幸棲仁岳</u>、忝遊聖海、謬承恩奬、敢叙該博之致云、煬帝嗣位、詔徽與著作佐郎陸從典太常博士褚亮歐陽詢等助越公楊素撰魏書、會素薨而止。

《列傳四十三藝術》
【以仁義教導】韋鼎字超盛、京兆杜陵人也……<u>開皇十二年、除光州刺史、以仁義教導、務弘清靜</u>、州中有土豪、外修邊幅、而内行不軌、常爲劫盜、鼎於都會時謂之曰卿是好人、那忽作賊、因條其徒黨謀議逗留、其人驚懼、即自首伏、又有人客遊、通主家之妾、及其還去、妾盜珍物、於夜亡、尋於草中爲人所殺……。
【皇后仁同地之載養】蕭吉字文休、梁武帝兄長沙宣武王懿之孫也、博學多通、尤精陰陽算術、江陵陷、遂歸于周、爲儀同、宣帝時、吉以朝政日亂、上書切諫、帝不納、及隋受禪、進上儀同、以本官太常考定古今陰陽書、吉性孤峭、不與公卿相沉浮、又與楊素不協、由是擯落於世、鬱鬱不得志、見上好徵祥之説、欲乾沒自進、遂矯其迹爲悦媚焉、開皇十四年上書曰、今年歲在甲寅、十一月朔旦、以辛酉爲冬至、來年乙卯、正月朔旦、以庚申爲元日、冬至之日、即在朔旦、樂汁圖徴云、天元十一月朔旦冬至、聖王受享祚、今聖主在位、居天元之首、而朔旦冬至、此慶一也、辛酉之日、即是至尊本命、辛德在丙、此十一月建丙子、西德在寅、正月建寅爲本命、與月德合、而居元朔之首、此慶二也、庚申之日、即是行年、乙德在庚、卯德在申、來年乙卯、是行年與歲合德、而在元旦之朝、此慶三也、陰陽書云、年命與歲月合德者、必有福慶、洪範傳云、歲之朝、月之朝、日之朝、主王者、經書並謂三長應之者、延年福吉、況乃甲寅部首、十一月陽之始、朔旦冬至、是聖王上元、正月是正陽之月、歲之首、月之先、朔旦是歲之元、月之朝、日之先、嘉辰之會、而本命爲九元之先、行年爲三長之首、並與歲月合德、所以靈寶經云、角音龍精、其祚日強、來歲年命納音俱角、歷之與經、如合符契、又甲寅、乙卯、天地合也、甲寅之年、以辛酉冬至、來年乙卯、以甲子夏至、冬至陽始、郊天之日、即是至尊本命、此慶四也、夏至陰始、祀地之辰、即是皇后本命、此慶五也、<u>至尊德並乾之覆育、皇后仁同地之載養</u>、所以二儀元氣、並會本辰、上覽之大悅、賜物五百段。

《列傳四十四外戚》
【仁不足以利物】歷觀前代外戚之家、乘母后之權以取高位厚秩者多矣、然而鮮有克終之美、必罹顛覆之患、何哉、皆由乎無德而尊、不知紀極、忽於滿盈之戒、罔念高危之咎、故鬼瞰其室、憂必及之、夫其誠著艱難、功宜社稷、不以謙沖自牧、未免顛躓之禍、<u>而況道不足以濟時、仁不足以利物、自矜於己、以富貴驕人者乎</u>、此吕霍上官閻梁竇鄧所以繼踵而亡滅者也。
【緯義經仁】獨孤羅字羅仁、雲中人也……及高祖爲丞相、拜儀同、常置左右、既受禪、下詔追贈羅父信官爵曰、褒德累行、往代通規、追遠慎終、前王盛典、故柱國信、風宇高曠、獨秀生民、叡哲居宗、清猷映世、<u>宏謀長策、道著於弼諧、緯義經仁、事深於拯濟</u>、方當宣風廊廟、亮采台階、而運屬艱危、功高弗賞、眷言令範、事切於心、今景運初開、椒闈肅建、載懷塗山之義、無忘褒紀之典、可贈太師上柱國冀定等十州刺史趙國公、邑萬戸、其諸弟以羅母沒齊、先無夫人之號、不當承襲、上以問后、后曰、羅誠嫡長、不可誣也、於是襲爵趙國公、以其弟善爲河内郡公、穆爲金泉縣公、藏爲武平縣公、陁爲武喜縣公、整爲千牛備身、擢拜羅爲左領左右將軍、尋遷左衛將軍、前後賞賜不可勝計、久而出爲梁州總管、進位上柱國、仁壽中、徵拜左武衛大將軍、煬帝嗣位、改封蜀國公、未幾、卒官、諡曰恭。
【性寬仁】琮字溫文、性寬仁、有大度、偶儻不羈、博學有文義、兼善弓馬、遣人伏地著帖、琮馳馬射之、十發十中、持帖者亦不懼、初封東陽王、尋立爲梁太子、及嗣位、上賜璽書曰、負荷堂構、其事甚重、雖窮憂勞、常須自力……。

《列傳四十五列女》
【溫柔仁之本也・成其仁】自昔貞專淑媛、布在方策者多矣、婦人之德、雖在於溫柔、立節垂名、咸資於貞烈、<u>溫柔、仁之本也、貞烈、義之資也、非溫柔無以成其仁、非貞烈無以顯其義</u>、是以詩書所記、風俗所在、圖像丹青、流聲竹素、莫不守約以居正、<u>殺身以成仁者也</u>、若文伯王陵之母、白公杞殖之妻、魯之義姑、梁之高行、衞君靈主之妾、夏侯文寧之女、或抱信以含貞、或蹈忠而踐義、不以存亡易心、不以盛衰改節、

其修名彰於既往、徽音傳於不朽、不亦休乎、或有王公大人之妃偶、肆情於淫僻之俗、雖衣繡衣、食珍膳、坐金屋、乘玉輦、不入彤管之書、不需良史之筆、將草木以俱落、與麋鹿而同死、可勝道哉、永言載思、實庶姬之恥也、觀夫今之靜女、各勵松筠之操、甘於玉折蘭摧、足以無絕今古、故述其雅志、以纂前代之列女云。
【馮氏・性仁愛・體備仁慈】陸讓母者、上黨馮氏女也、性仁愛、有母儀、讓即其孽子也、仁壽中、為番州刺史、數有聚歛、贓貨狼籍、為司馬所奏、上遣使按之皆驗、於是囚詣長安、親臨問、讓稱寃、上復令治書侍御史撫按之、狀不易前、乃命公卿百寮議之、咸曰、讓罪當死、詔可其奏……復下詔曰、馮氏體備仁慈、夙閑禮度、孽讓非其所生、往犯憲章、宜從極法、躬自詣闕、為之請命、匍匐頓顙、朕哀其義、特免死辜、使天下婦人皆如馮者、豈不閨門雍睦、風俗和平、朕每嘉歎不能已、宜標揚優賞、用章有德、可賜物五百段、集諸命婦、與馮相識、以寵異之。
《列傳四十六東夷》
【昔帝王作法仁信為先】高麗之先、出自夫餘……開皇初、頻有使入朝、及平陳之後、湯大懼、治兵積穀、為守拒之策、十七年、上賜湯璽書曰、朕受天命、愛育率土……朕於蒼生悉如赤子、賜王土宇、授王官爵、深恩殊澤、彰著遐邇、王專懷不信、恒自猜疑、常遣使人密覘消息、純臣之義豈若是也、蓋當由朕訓導不明、王之愆違、<u>一已寬恕</u>、今日已後、必須改革、守藩臣之節、奉朝正之典、自化爾藩、勿忤他國、則長享富貴、實稱朕心、彼之一方、雖地狹人少、然普天之下、皆為朕民、今若黜王、不可虛置、終須更選官屬、就彼安撫、王若洒心易行、率由憲章、即是朕之良臣、何勞別遣才彥也、<u>昔帝王作法、仁信為先</u>、有善必賞、有惡必罰、四海之內、具聞朕旨、王若無罪、朕忽加兵、自餘藩國謂朕何也、王必虛心納朕此意、慎勿疑惑、更懷異圖。
【東明之後・篤於仁信】百濟之先、出自高麗國、其國王有一侍婢、忽懷孕、王欲殺之、婢云、有物狀如雞子來感於我、故有娠也、王捨之、後遂生一男、棄之厠溷、久而不死、以為神、命養之、名曰東明、及長、高麗王忌之、東明懼、逃至淹水、夫餘人共奉之、<u>東明之後、有仇台者、篤於仁信</u>、始立其國于帶方故地、漢遼東太守公孫度以女妻之、漸以昌盛、為東夷強國、初以百家濟海、因號百濟、歷十餘代、代臣中國、前史載之詳矣、開皇初、其王餘昌遣使貢方物、拜昌為上開府、帶方郡公百濟王。
《列傳四十八西域》
【朕受命於天・以仁義相向・朕之撫育・以仁孝為本・叛夫背父・不仁】吐谷渾、本遼西鮮卑徒河涉歸子也……呂夸在位百年、屢因喜怒廢其太子而殺之、其後太子懼見廢辱、遂謀執呂夸而降、請兵於邊吏、秦州總管、河間王弘請將兵應之、上不許、太子謀洩、為其父所殺、復立其少子嵬王訶為太子、疊州刺史杜粲請因其釁而討之、上又不許、六年、嵬王訶復懼其父誅之、謀率部落萬五千人戶將歸國、遣使詣闕、請兵迎接、上謂侍臣曰、渾賊風俗、特異人倫、父既不慈、子復不孝、朕以德訓人、何有成其惡逆也、吾當教之以義方耳、乃謂使者曰、<u>朕受命於天、撫育四海、望使一切生人皆以仁義相向</u>、況父子天性、何得不相親愛也、吐谷渾主既是嵬王之父、嵬王是吐谷渾主太子、父有不是、子須陳諫、若諫而不從、當令近臣親戚內外諷諭、必不可、泣涕而道之、人皆有情、必當感悟、不可潛謀非法、受不孝之名、溥天之下、皆是朕臣妾、各為善事、即稱朕心、嵬王既有好意、欲來投朕、朕唯教嵬王為臣子之法、不可遠遣兵馬、助為惡事、嵬王乃止、八年、其名王拓拔木彌請以千餘家歸化、上曰、溥天之下、皆曰朕臣、雖復荒遐、未識風教、<u>朕之撫育、俱以仁孝為本</u>、渾賊悟狂、妻子懷怖、並思歸化、自救危亡、然叛夫背父、不可納也、又本其意、正自避死、<u>若今遣拒、又復不仁</u>、若更有意信、但宜慰撫、任其自拔、不須出兵馬應接之、其妹夫及甥欲來、亦任其意、不勞勸誘也、是歲河南王移茲裒死、高祖令其弟樹歸襲統其眾、平陳之後、呂夸大懼、遁逃保險、不敢為寇。
《列傳四十九北狄》
【突厥より上表・被霑德義仁化所及】時沙鉢畧既為達頭所困、又東畏契丹、遣使告急、請將部落度漠南、寄居白道川內、有詔許之、詔晉王廣以兵援之、給以衣食、賜以車服鼓吹、沙鉢畧因西擊阿波、破擒之、而阿拔國部落乘虛掠其妻子、官軍為擊阿拔、敗之、所獲悉與沙鉢畧、沙鉢畧大喜、乃立約、以磧為界、因上表曰……突厥自天置以來、五十餘載、保有沙漠、自王蕃隅、地過萬里、士馬億數、恒力兼戎夷、抗禮華夏、在於北狄、莫與為大、頃者氣候清和、風雲順序、意以華夏其有大聖興焉、<u>況今被霑德義、仁化所及、禮讓之風、自朝滿野</u>、竊以天無二日、土無二王、伏惟大隋皇帝、真皇帝也、豈敢阻兵恃險、偷竊名號、今便感慕淳風、歸心有道、屈膝稽顙、永為藩附、雖復南瞻魏闕、山川悠遠、北面之禮、不敢廢失、當今侍子入朝、神馬歲貢、朝夕恭承、唯命是視、至於削衽解辮、革音從律、習俗已久、未能改變、闔國同心、

第一章　正史を通して知る「仁」と「天理」

無不銜荷、不任下情欣慕之至、謹遣第七兒臣窟含真等奉表以聞。
【下詔・拔足歸仁】帝法駕御千人大帳、享啓民及其部落酋長三千五百人、賜物二十萬段、其下各有差、復下詔曰、德合天地、覆載所以弗遺、功格區宇、聲敎所以咸洎、至於梯山航海、請受正朔、襲冠解辮、同彼臣民、是故王會納貢、義彰前冊、呼韓入臣、待以殊禮、突厥意利珍寳啓民可汗志懷沈毅、世修藩職、往者挺身違難、拔足歸仁、先朝嘉此欸誠、授以徽號、資其甲兵之衆、收其破滅之餘、復祀於既亡之國、繼絕於不存之地、斯固施均亭育、澤漸要荒者矣、朕以薄德、祗奉靈命、思播遠猷、光融令緖、是以親巡朔野、撫寧藩服……。

　　11：『北史』［外戚より前の部分は、皇帝關係のみ檢討］
《魏本紀一》
【昭成皇帝・寬仁大度・其仁恕若此】昭成皇帝諱什翼犍、平文皇帝之次子也、生而奇偉、寬仁大度、身長八尺、隆準龍顏、立髮委地、臥則乳垂至席、烈帝臨崩、顧命迎帝、曰、立此人則社稷乃安、故帝弟孤自詣鄴奉迎、與帝俱還……帝性寬厚、時國少繒帛、代人許謙盜絹二疋、守者以告、帝匿之、謂燕鳳曰、吾不忍視謙之面、卿勿洩之、謙或慙而自殺、爲財辱士、非也、帝嘗擊西部叛賊、流矢中目、賊破後、諸大臣執射者、各持錐刀欲屠割之、帝曰、各爲其主、何罪也、釋之、其仁恕若此。
【太祖道武皇帝・仁風被於四海】太祖道武皇帝……天興元年……閏月、左丞相衞王儀及王公卿士詣闕上書曰、臣等聞宸極居中、則列宿齊其晷、帝王順天、則羣后仰其度、伏惟陛下德協二儀、道隆三五、仁風被於四海、盛化塞於天區、澤及昆蟲、恩需行葦、謳歌所屬、八表歸心、而躬履謙虛、退身後己、宸儀未彰、袞服未御、非所以上允皇天之意、下副樂推之心、臣等謹昧死以聞、帝三讓乃許之。
《魏本紀二》
【昔姬文・天下歸仁】［太安四年］冬十月甲戌、北巡、至陰山、有故冢毀廢、詔曰、昔姬文葬枯骨、天下歸仁、自今有穿墳隴者、斬之、辛卯、次于車輪山、累石記行、十一月、車駕渡漠、蠕蠕絕迹遠遁、十二月、中山王託眞薨。
【獻文皇帝・仁孝純至】［皇興］五年春二月乙亥……帝幼而神武、聰叡機悟、有濟人之規、仁孝純至、禮敬師友、及即位、雅薄時務、常有遺世之心、欲禪位於叔父京兆王子推、羣臣固請、乃止、丙午、使太保建安王陸馛太尉源賀奉皇帝璽綬、冊命皇太子升帝位、於是羣公奏上尊號太上皇帝、己酉、太上皇帝徙御崇光宮、采椽不斲、土階而已、國之大事咸以聞、承明元年、文明太后有憾、帝崩於永安殿、年二十三、上尊諡曰獻文皇帝、廟號顯祖、葬雲中金陵。
《魏本紀三》
【高祖孝文皇帝・長而弘裕仁孝】高祖孝文皇帝諱宏、獻文皇帝之太子也、母曰李夫人、皇興元年八月戊申、生於平城紫宮、神光照室、天地氛氳、和氣充塞、帝潔白有異姿、襁褓岐嶷、長而弘裕仁孝、綽然有人君之表、獻文尤愛異之、三年六月辛未、立爲皇太子、五年、受禪。
【詔・自今牧守温良仁儉克己奉公者】［延興］二年……十二月庚戌、詔曰、頃者以來、官以勞升、未久而代、牧守無恤人之心、競爲聚斂、送故迎新、相屬於路、非所以固人志隆政道也、自今牧守温良仁儉克己奉公者、可久於其任、歲積有成、遷位一級、其貪殘非道、侵削黎庶者、雖在官甫爾、必加黜爵、著之於令、以爲彝準、詔以代郡事同豐沛、代人先配邊戍者免之、是歲、高麗地豆干庫莫奚高昌等國並遣使朝貢。
《魏本紀四》
【皇子即位・重以寬仁奉養】武泰元年春正月乙丑、生皇女、祕言皇子、景寅、大赦、改元、丁丑、雍州人侯終德相率攻蕭寶夤、寶夤度渭走、雍州平、二月癸丑、帝崩於顯陽殿、時年十九、甲寅、皇子即位、大赦、皇太后詔曰、皇家握歷受圖、年將二百、祖宗累聖、社稷載安、高祖以文思先天、世宗以下武繼世、大行在御、重以寬仁奉養、率由温明恭順、實望穹靈降祐、麟趾衆繁、自潘充華有孕椒宮、冀誕儲兩、而熊羆無兆、維虺遂彰、于時直以國步未康、假稱統胤、欲以底定物情、係仰宸極、何圖一旦弓劍莫追、皇曾孫故臨洮王寳暉世子釗、體自高祖、天表卓異……。
《齊本紀上六》
【神武皇帝・仁恕愛士】齊高祖神武皇帝……神武性深密高岸、終日儼然、人不能測、機權之際、變化若神、至於軍國大略、獨運懷抱、文武將吏、罕有預之、經馭軍衆、法令嚴肅、臨敵制勝、策出無方、聽斷昭察、

不可欺犯、知人好士、全護勲舊、性周給、每有文教、常殷勤欵悉、指事論心、不尚綺靡、擢人授任、在於得才、苟其所堪、乃至拔於厮養、有虛聲無實者、稀見任用、諸將出討、奉行方略、罔不克捷、違失指畫、多致奔亡、雅尚儉素、刀劍鞍勒無金玉之飾、少能劇飲、自當大任、不過三爵、居家如官、仁恕愛士、始范陽盧景裕以明經稱、魯郡韓毅以工書顯、咸以謀逆見禽、並蒙恩置之第館、教授諸子、其文武之士、盡節所事見執獲而不罪者甚多、故遐邇歸心、皆思效力、至南和梁國、北懷蠕蠕、吐谷渾阿至羅咸所招納、獲其力用、規略遠矣。

《齊本紀中七》

【帝聰慧夙成寬厚仁智】廢帝殷字正道……乾明元年……帝聰慧夙成、寬厚仁智、天保間、雅有令名、及承大位、楊愔燕子獻宋欽道等同輔、以常山王地親望重、內外畏服、加以文宣初崩之日、太后本欲立之、故愔等竝懷猜忌、常山王憂恨、乃白太后、誅其黨、時平秦王歸彥亦預謀焉、皇建二年秋、天文告變、歸彥慮有後害、仍白孝昭、以王當咎、乃遣歸彥馳駟至晉陽害之、王薨後、孝昭不豫、見文宣為祟、孝昭深惡之、厭勝術備設而無益也、薨三旬而孝昭崩、大寧二年、葬於武寧之西北、謚閔悼王。

《周帝紀上九》

【齊神武・仁育萬物】時魏帝方圖齊神武、又遣激兵、帝乃令前秦州刺史駱超為大都督、率輕騎一千赴洛、魏帝進授帝兼尚書左僕射關西大行臺、餘官如故、帝乃傳檄方鎮曰、蓋聞陰陽遞用、盛衰相襲、苟當百六、無間三五、皇家創歷、陶鑄蒼生、保安四海、仁育萬物、運距孝昌、屯沴屢起、隴冀騷動、燕河狼顧、雖靈命重啓、蕩定有期、而乘釁之徒、因翼其羽。

【唯冀仁兄冢宰・朕之介弟寬仁大度・帝寬明仁厚】二年春正月癸丑朔、大會羣臣于紫極殿、始用百戲、三月辛酉、重陽閣成、會羣臣公侯列將卿大夫及突厥使於芳林園、賜錢帛各有差、夏四月、帝因食糖䊚遇毒、庚子、大漸、詔曰、人生天地之間、稟五常之氣、天地有窮已、五常有推移、人安得長在、是以有生有死者、物理之必然、處必然之理、脩短之間、何足多恨、朕雖不德、性好典墳、披覽聖賢餘論、未嘗不以此自曉、今乃命也、夫復何言、諸公及在朝卿大夫士軍中大小督將軍人等、並立勳効、積有年載、輔翼太祖、成我周家、令朕纘承大業、處萬乘之上、此上不負太祖、下不負朕躬、朕得啓手啓足、從先帝於地下、實無恨于心矣、所可恨者、朕享大位、可謂四年矣、不能使政化修理、黎庶豐足、九州未一、二方猶梗、顧此恨恨、目用不瞑、唯冀仁兄冢宰、迫朕末正先父公卿大臣等、協和為心、勉力相勸、勿忘太祖遺志、提挈後人、朕雖沒九泉、形骸不朽、今大位虛曠、社稷無主、朕兒幼少、未堪當國、魯國公邕、朕之介弟、寬仁大度、海內共聞、能弘我周家、必此子也、夫人貴有始終、公等事太祖、輔朕躬、可謂有始矣、若克念政道、顧其艱難、輔邕以王天下者、可謂有終矣、哀死事生、人臣大節、公等可思念此言、令萬代稱歎……謚曰明昊帝、廟號世宗……帝寬明仁厚、敦睦九族、有君人之量、幼而好學、博覽羣書、善屬文、詞彩溫麗、及即位、集公卿已下有文學者八十餘人、於麟趾殿刊校經史、又捃採眾書、自羲農已來、訖于魏末、敘為世譜、凡百卷、所著文章十卷。

《隋本紀上十一》

【詔・仁孝著聞】秋七月乙未……詔曰……人生子孫、誰不念愛、既為天下、事須割情、勇及秀等、並懷悖惡、既無臣子之心、所以黜廢、古人有云、知臣莫若君、知子莫若父、令勇秀得志、共理家國、亦當戮辱遍於公卿、酷毒流於人庶、今惡子孫已為百姓屏黜、好子孫足堪負荷大業、此雖朕家事、理不容隱、前對文武侍衛、具已論述、皇太子廣、地居上嗣、仁孝著聞、以其行業、堪成朕志、但念內外羣官、同心勠力、以此共安天下、朕雖瞑目、何所復恨。

【隋文帝・積德累仁・無寬仁之度・煬帝】論曰、隋文帝樹基立本、積德累仁、徒以外戚之尊、受託孤之任、與能之議、未有所許、是以周室舊臣、咸懷憤惋、既而王謙固三蜀之阻、不踰期月、尉遲迥舉全齊之眾、一戰而亡、斯乃非止人謀、抑亦天之所賛、乘茲機運、遂遷周鼎……而素無術業、不能盡下、無寬仁之度、有刻薄之資、暨乎暮年、此風愈扇、又雅好瑞符、暗於大道、建彼維城、權侔京室、皆同帝制、靡所適從、聽妬婦之言、惑邪臣之説、溺寵廢嫡、託付失所、滅父子之道、開昆弟之隙、縱其尋斧、翦伐本根、墳土未乾、子孫繼踵為戮、松檟纔列、天下已非隋有、惜哉、迹其衰怠之源、稽其亂亡之兆、起自文皇、成於煬帝、所由來遠矣、非一朝一夕、其不祀忽諸、未為不幸也。

《隋本紀下十二》

【高祖・當時稱為仁孝】煬皇帝諱廣、一名英、小字阿㦖、高祖第二子也……開皇元年、立為晉王、拜柱國

第一章　正史を通して知る「仁」と「天理」

幷州總管、時年十三、尋授武衛大將軍、進上柱國河北道行臺尚書令、大將軍如故、高祖令項城公歆安道公才李徹輔導之、上好學、善屬文、沉深嚴重、朝野屬望、高祖密令善相者來和徧視諸子、和曰、晉王眉上雙骨隆起、貴不可言、既而高祖幸上所居第、見樂器絃多斷絕、又有塵埃、若不用者、以爲不好聲妓之翫、上尤自矯飾、當時稱爲仁孝、嘗觀獵遇雨、左右進油衣、上曰、士卒皆霑濕、我獨衣此乎、乃令持去、六年、轉淮南道行臺尚書令、其年、徵拜雍州牧內史令。
【聖哲至仁】八年春正月辛巳、大軍集於涿郡、以兵部尚書段文振爲左候衛大將軍、壬午、下詔曰、天地大德、降繁霜於秋令、聖哲至仁、著兵甲於刑典、故知造化之有肅殺、義在無私、帝王之用干戈、蓋非獲已、版泉丹浦、莫匪龔行、取亂覆昏、咸由順動、況乎甘野誓師、夏啓承大禹之業、商郊問罪、周發成文王之志、永監載籍、屬當朕躬。
【用弘仁者之惠】十年春正月甲寅……戊子、詔曰、竭力王役、致身戎事、咸由徇義、莫非勤誠、委命草芥、暴骸原野、興言念之、每懷愍惻、徃年問罪、將屆遼濱、廟算勝略、具有進止、而諒愔凶、罔識成敗、高頴愎佷、本無智謀、臨三軍猶兒戲、視人命如草芥、不遵成規、坐貽撓退、遂令死亡者衆、不及埋藏、今宜遣使人、分道收葬、設祭於遼西郡、立道場一所、恩加泉壤、庶弭窮魂之寃、澤及枯骨、用弘仁者之惠、辛卯、詔曰。
【無不稱其仁孝】初、上自以蕃王、次不當立、每矯情飾行、以釣虛名、陰有奪宗之計、時高祖雅重文獻皇后、而性忌妾媵、皇太子勇內多嬖幸、以此失愛、帝後庭有子皆不育之、示無私寵、取媚於后、大臣用事者、傾心與交、中使至第、無貴賤、皆曲承顏色、申以厚禮、婢僕徃來者、無不稱其仁孝、又常私入宮掖、密謀於文獻后、楊素等因機構扇、遂成廢立。
《列傳六十八外戚》
【道不足以濟時・仁不足以利物・自矜於已・以富貴驕人者】夫左賢右戚、尚德尊功、有國者所以御天下也、殷肇王基、不藉莘氏爲佐、周成王業、未聞姒姓爲輔、然歷觀累代外威之家、乘母后之權以取高位厚秩者多矣、而鮮能有克終之美、必罹顛覆之患……夫誠著艱難、功宣社稷、不以謙沖自牧、未免顛蹶之禍、而況道不足以濟時、仁不足以利物、自矜於已、以富貴驕人者乎。
【文明太后之兄・爲政不能仁厚】馮熙字晉國、長樂信都人、文明太后之兄也……洛陽雖經破亂、而舊三字石經宛然猶在、至熙興057伯夫相繼爲州、廢毀分用、大至頽落、熙爲政不能仁厚、而信佛法、自出家財在諸州鎮建佛圖精舍、合七十二處、寫十六部一切經、延致名德沙門、日與講論、精勤不倦、所費亦不貲、而營塔寺多在高山秀阜、傷殺人牛……。
《列傳六十九儒林上》
【門人感其仁化・事之如父】張偉字仲業、太原中都人也、學通諸經、鄕里受業者、常數百人、儒謹汎納、雖有頑固、問至數十、偉告喩殷勤、曾無慍色、常依附經典、教以孝悌、門人感其仁化、事之如父、性清雅、非法不言、太武時、與高允等俱被辟命、授中書博士、累遷爲中書侍郎、本國大中正、使酒泉慰勞沮渠無諱、又使宋、賜爵成臯子、出爲營州刺史、進爵建安公、卒、贈幷州刺史、諡曰康。
【孔子・子若能入・忠信仁讓・天下自知】劉獻之、博陵饒陽人也、少而孤貧、雅好詩傳、曾受業於渤海程玄、後遂博觀衆籍、見名法之言、掩卷而笑曰、若使楊墨之流、不爲此書、千載誰知其小也、曾謂其所親曰、觀屈原離騷之作、自是狂人、死其宜矣、孔子曰、無可無不可、實獲我心、時人有從獻之學者、獻之輒謂之曰、人之立身、雖百行殊塗、準之四科、要以德行爲首、子若能入孝出悌、忠信仁讓、不待出戶、天下自知、儻不能然、雖復不帷針股、躡屬從師、正可博聞多識、不可爲土龍乞雨、眩惑將來、其於立身之道、有何益乎、孔門之徒、初亦未悟、見臯魚之嘆、方乃歸而養親、嗟乎、先達何自覺之晚也、由是四方學者、莫不高其行義、希造其門。
【召南仁賢之風・召公】李業興上黨長子人也……梁武問業興、詩周南、王者之風、繫之周公、召南、仁賢之風、繫之召公、何名爲繫、業興對曰、鄭注儀禮云、昔太王王季居于岐陽、躬行召南之以興王業、及文王行今周南之敎以受命、作邑於酆、文王爲諸侯之地所化之國、今既登九五之尊、不可復守諸侯之地、故分封二公、名爲繫、梁武又問、尚書、正月上日、受終文祖、此時何正、業興對曰、此夏正月、梁武言、何以得知、業興曰、案尚書中候運衡篇云、日月營始、故知夏正、又問、堯時以前、何月爲正、業興對曰、自堯以上、書典不載、實所不知、梁武又云、寅賓出日、即是正月、日中星鳥、以殷仲春、即是二月……。
《列傳七十儒林下》

【虞舜選衆・不仁者遠】黎景熙字季明、河間鄭人……臣又聞之、爲政之要、在於選舉、若差之毫釐、則有千里之失、後來居上、則致積薪之譏、是以古之善爲政者、貫魚以次、任必以能、爵人於朝、不以私愛、簡才以授其官、量能以任其用、官得其才、任當其用、六轡既調、坐致千里、<u>虞舜選衆、不仁者遠</u>、則庶事康哉、人知其化矣、帝覽而嘉之。

《列傳七十二孝行》

【論語・孝悌也者其爲仁之本歟】孝經云、夫孝、天之經也、地之義也、人之行也、<u>論語云、君子務本、本立而道生、孝悌也者、其爲仁之本歟</u>、呂覽云、夫孝、三皇五帝之本務、萬事之綱紀也、執一術而百善至、百邪去、天下順者、其唯孝乎、然則孝之爲德至矣、其爲道遠矣、其化人深矣、故聖帝明王行之於四海、則與天地合其德、與日月齊其明、諸侯卿大夫行之於國家、則永保其宗社、長守其祿位、匹夫匹婦行之於閭閻、則播徽烈於當年、揚休名於千載、是以堯舜湯武居帝王之位、垂至德以敦其風、孔墨荀孟禀聖賢之資、弘正道以勵其俗、觀其所由、在此而已矣。

【仁人君子所以興歎】且生盡色養之方、終極哀思之地、厭迹多緒、其心一焉、若乃誠達泉魚、感通鳥獸、事匪常倫、斯蓋希矣、至如溫淋、扇席、灌樹負土、苟或加人、咸爲疾俗、<u>斯固仁人君子所以興歎、哲后賢宰所宜屬心</u>、如令明教化以救其弊、優爵賞以勸其心、存懇誠以誘其進、積歲月以求其終、則今之所謂少者、可以爲多矣、古之所謂難者、可以爲易矣。

【尚書・於父爲孝子・於弟爲仁兄】長孫慮、代人也、母因飲酒、其父真呵叱之、誤以杖擊、便即致死、真爲縣囚執、處以重坐、慮列辭尚書云、父母忿爭、本無餘惡、直以謬誤、一朝橫禍、今母喪未殯、父命旦夕、慮兄弟五人並沖幼、慮身居長、今年十五、有一女弟、向始四歲、更相鞠養、不能保全、父若就刑、交墜溝壑、乞以身代老父命、使嬰弱衆孤、得蒙存立、<u>尚書奏云、慮於父爲孝子、於弟爲仁兄</u>、尋情究狀、特可矜感、孝文帝詔特恕其父死罪、以從遠流。

【今爲人所棄而死非其道也・若見而不收養無仁心也】張元字孝始、河北芮城人也……南隣有二杏樹、杏熟多落元園中、諸小兒競取而食之、元所得者、送還其主、村陌有狗子爲人所棄者、元即取而養之、其叔父怒曰、何用此爲、將欲更棄之、元對曰、有生之類、莫不重其性命、<u>若天生天殺、自然之理、今爲人所棄而死、非其道也、若見而不收養、無仁心也</u>、是以收而養之、叔父感其言、遂許焉、未幾、乃有狗母銜一死兔置元前而去。

【雖乖先王之典制亦觀過而知仁矣】論曰、塞天地而橫四海者、唯孝而已矣、然則孝始愛敬之方、終極哀思之道、厭亦多緒、其心一焉、若上智禀自然之質、中庸有企及之義、及其成名、其美一也、長孫慮等或出公卿之緒、藉禮教之資、或出茆簷之下、非獎勸所得、並因心乘理、不蹈禮教、感通所致、貫之神明、乃有負土成墳、致毀滅性、<u>雖乖先王之典制、亦觀過而知仁矣</u>。

《列傳七十三節義》

【易・立人之道曰仁與義・仁道不遠則殺身以狗】<u>易稱、立人之道、曰仁與義</u>、蓋士之成名、在斯二者、故古人以天下爲大、方身則輕、生爲重矣、比義則輕、然則死有重於太山、貴其理全也、生有輕於鴻毛、重其義全也、<u>故生無再得、死不可追、而仁道不遠、則殺身以狗</u>、義重於生、則捐軀似踐、龍逢殞命於夏癸、比干竭節於商辛、申蒯斷臂於齊莊、弘演納肝於衞懿、漢之紀信欒布、晉之向雄嵇紹、並不憚於危亡、以蹈忠貞之節、雖功未存於社稷、力無救於顛墜、然視彼苟免之徒、貫三光而洞九泉矣、凡在立名之士、莫不庶幾焉、然至臨難忘身、見危授命、雖斯文不墜、而行之蓋寡、固知士之所重、信在茲乎、非夫內懷鐵石之心、外負陵霜之節、孰能行之若命、赴蹈如歸者乎、自魏訖隋、年餘二百、若廼歲寒見松栢、疾風知勁草、千載之後、懍懍猶生、豈獨聞彼伯夷、懦夫立志、亦冀將來君子、有所度幾。

《列傳七十四循吏》

【帝・儉以仁明著稱】柳儉字道約、河東解人也、祖元璋、魏司州大中正相華二州刺史、父裕、周聞喜令、儉有局量、立行清苦、爲州里所敬、雖至親昵、無敢狎侮、仕周、歷宣納上士畿伯大夫、及隋文帝受禪、擢拜水部侍郎、封率道縣伯、未幾、出爲廣漢太守、甚有能名、俄而郡廢、<u>時帝勵精思政</u>、妙簡良能、出爲牧宰、<u>儉以仁明著稱</u>、擢拜蓬州刺史、獄訟者庭決遣之、佐吏從容而已、獄無繫囚、蜀王秀時鎭益州、列上其事、遷邛州刺史、在職十餘年、人夷悅服、蜀王秀之得罪也、儉坐與交通、免職、及還鄉、妻子衣食不贍、見者咸嘆伏焉。

【爲政之道・張膺等皆有寬仁之心】論曰、爲政之道、寬猛相濟、猶寒暑迭代、俱成歲功者也、然存夫簡久、

必藉寬平、大則致鼓腹之歡、小則有息肩之惠、故詩曰、雖無德與汝、式歌且舞、<u>張膺等皆有寬仁之心</u>、至誠待物、化行所屬、愛結人心、故得所去見思、所居而化、詩所謂、愷悌君子、人之父母、豈徒然哉。
《列傳七十五酷吏》
【仁義禮制教之本也・法令刑罰教之末也】<u>夫爲國之體有四焉、一曰仁義、二曰禮制、三曰法令、四曰刑罰、仁義禮制、教之本也、法令刑罰、教之末也</u>、無本不立、無末不成、然教化遠而刑罰近、可以助化而不可以專行、可以立威而不可以繁用、老子曰、其政察察、其人缺缺、又曰、法令滋章、盜賊多有、然則、令之煩苛、吏之嚴酷、不可致化、百世可知、考覽前載、有時而用之矣。
【性猛酷少仁恕・贓汚狼籍】崔暹字元欽、本云清河東武城人也、世家于滎陽潁川之間、<u>性猛酷、少仁恕</u>、姦猾好利、能事勢家、初以秀才累遷南兗州刺史、盜用官瓦、贓汚狼籍、爲御史中尉李平所糾、免官、後行豫州事、尋即眞、遣子析戶、分隸三縣、廣占田宅、藏匿官奴、障悋陂葦、侵盜公私、爲御史中尉王顯所彈、免官、後累遷瀛州刺史、貪暴安忍、人庶患之、嘗出獵州北、單騎至人村、有汲水婦人、暹令飲馬、因問曰、崔瀛州何如、婦人不知是暹、荅曰、百姓何罪、得如此癡兒刺史、暹默然而去、以不稱職、被解還京。
《列傳七十七藝術上》
【至尊德・皇后仁同地之載養】蕭吉字文休、梁武帝兄長沙宣武王懿之孫也……吉性孤峭……又甲寅乙卯、天地合也、甲寅之年、以辛酉冬至、來年乙卯、以甲子夏至、冬至陽始、郊天之日、即是至尊本命、此慶四也、夏至陰始、祀地之辰、即是皇后本命、此慶五也、<u>至尊德並乾之覆育、皇后仁同地之載養、所以二儀元氣、並會本辰</u>、上覽之悅、賜物五百段。
《列傳七十八藝術下》
【死者則就而棺殯・其仁厚若此】李脩字思祖、本陽平館陶人也、父亮、少學醫術、未能精究、太武時奔宋、又就沙門僧坦、略盡其術、針灸授藥、罔不有效、徐兗間、多所救恤、<u>亮大爲廳事、以舍病人、死者則就而棺殯、親往弔視、其仁厚若此</u>、累遷府參軍督護、本郡士門宿官、咸相交昵、車馬金帛、酬賚無貲。
《列傳七十九列女》
【婦人之德・溫柔仁之本・貞烈義之資】蓋婦人之德、雖在於溫柔、立節垂名、咸資於貞烈、<u>溫柔仁之本也、貞烈義之資也、非溫柔無以成其仁、非貞烈無以顯其義</u>、是以詩書所記、風俗所存、圖像丹青、流聲竹素、莫不守約以居正、殺身以成仁者也、若文伯王陵之母、白公ericht之妻、魯之義姑、梁之高行、衛君靈王之妾、夏侯文寧之女、或抱信以會眞、或蹈忠而踐義、不以存亡易心、不以盛衰改節、其佳名彰於既没、徽音傳於不朽、不亦休乎、或有王公大人之妃、偶肆情於淫僻之俗、雖衣文衣、食珍膳、坐金屋、乘玉輦、不入彤管之書、不霑青史之筆、將草木以俱落、與麋鹿而同死者、可勝道哉、永言載思、實庶姬之恥也。
【有司劾以死罪詔曰老生不仁・沒身不改】涇州貞女兒氏者、許嫁彭老生爲妻、娉幣既畢未及成禮……太和七年、有司劾以死罪、詔曰、老生不仁、侵陵貞淑、原其強暴、便可戮之、而女守禮履節、沒身不改、雖處草莽、行合古跡、宜賜美名、以顯風操、其標墓旌善、號曰貞女。
【陸讓母馮氏・性仁愛有母儀】陸讓母馮氏者、上黨人也、性仁愛、有母儀、讓即其孽子也、開皇末爲播州刺史……。
《列傳八十一僭僞附庸》
【屈丐天性不仁】屈丐本名勃勃、明元改其名曰屈丐、北方言屈丐者卑下也、太悉伏送之姚興、興高平公破多羅沒奕干妻之以女、屈丐身長八尺五寸、興見而奇之、拜驍騎將軍、加奉車都尉、常參軍國大議、寵遇踰于勳舊、興弟濟南公邕言于興曰、<u>屈丐天性不仁</u>、難以親育、寵之太甚、臣竊惑之、興曰、屈丐有濟世之才、吾方收其藝用、與之共平天下、有何不可、乃以屈丐爲安遠將軍、封陽川侯、使助沒奕干鎭高平、邕固諫以爲不可、興乃止、以屈丐爲持節安北將軍五原公、配以三交五部鮮卑二萬餘落、鎭朔方、道武末……。
【寶・垂之第四子・承平則爲仁明之主處難則非濟世之雄】<u>垂字道明晃第五子也</u>……垂憖忿嘔血、發病而還、<u>死于上谷、寶僭立、寶字道裕、垂之第四子也</u>、少輕果、無志操、好人佞已、爲太子、砥礪自修、垂妻段氏謂垂曰、<u>寶姿質雍容、柔而不斷、承平則爲仁明之主、處難則非濟世之雄</u>、今託以大業、未見克昌之美、遼西高陽、兒之俊賢者、宜擇一以樹之、趙王驕姦詐負氣、常有輕寶之心、恐難作、垂不納、寶聞、深以爲恨、寶既僭位、年號永康、遣驕逼其母段氏自裁、段氏怒曰、汝兄弟尚逼殺母、安能保社稷、吾豈惜死、遂自殺、寶議以后謀廢嫡、稱無母之道、不宜成喪、羣臣咸以爲然、寶中書令眭邃執意抗言、寶從之而止。

【巋孝悌慈仁有君人之量】巋字仁遠、詧之第三子也……巋孝悌慈仁、有君人之量、四時祭享、未嘗不悲慕流涕、性尤儉約、御下有方、境內安之、所著文集及孝經周易義記及大小乘幽微、並行于世、文帝又命其太子琮嗣位。
【巖字義遠詧第五子也性仁厚善撫接】詧子寮、追諡孝惠太子、巖、封安平王、岌、封東平王、岑、封河間王、後改封吳郡王……嶚字道遠、詧之長子也、母曰宣靜皇后、詧之爲梁王、立爲世子、尋病卒、及詧稱帝、追諡焉、巖字義遠、詧第五子也、性仁厚、善撫接、歷尚書令太尉太傅、入陳、授東陽州刺史、及陳亡、百姓推巖爲主、爲總管宇文述所破、伏法于長安。

《列傳八十二高麗》
【諸夏・則仁義所出】蓋天地之所覆載至大、日月之所照臨至廣、萬物之內、生靈寡而禽獸多、兩儀之間、中土局而殊俗曠、人寓形天地、禀氣陰陽、愚智本於自然、剛柔繫於水土、故霜露所會、風氣所通、九川爲紀、五岳作鎮、此之謂諸夏、生其地者、則仁義所出、昧谷嵎夷、孤竹北戶、限以丹徼紫塞、隔以滄海交河、此之謂荒裔、感其氣者、則凶德所稟、若夫九夷八狄、種落繁熾、七戎六蠻、充牣邊鄙、雖風土殊俗、嗜慾不同、至於貪而無厭、狠而好亂、強則旅拒、弱則稽服、其揆一也。
【東明之後有仇台、篤於仁信、始立國於帶方故地】百濟之國、蓋馬韓之屬也、出自索離國、出自索離國、其王出行、其侍兒於後妊娠、王還、欲殺之、侍兒曰、前見天上有氣如大雞子來降、感、故有娠、王捨之、後生男、王置之豕牢、豕以口氣噓之、不死、後徙於馬闌、亦如之、王以爲神、命養之、名曰東明、及長、善射、王忌其猛、復欲殺之、東明乃奔走、南至淹滯水、以弓擊水、魚鼈皆爲橋、東明乘之得度、至夫餘而王焉、東明之後有仇台、篤於仁信、始立國於帶方故地、漢遼東太守公孫度以女妻之、遂爲東夷強國、初以百家濟、因號百濟。
【獻文・與高麗不睦・苟能順義守之以仁】獻文以其僻遠、冒險入獻、禮遇優厚、遣使者邵安與其使俱還、詔曰、得表聞之無恙、卿與高麗不睦、致被陵犯、苟能順義、守之以仁、亦何憂於寇讎也、前所遣使、浮海以撫荒外之國、從來積年、往而不反、存亡達否、未能審悉、卿所送鞍、比較舊乘、非中國之物、不可以疑似之事、以生必然之過、經略權要、已具別旨、又詔曰、高麗稱藩先朝、供職日久、於彼雖有自昔之釁、於國未有犯令之愆、卿使命始通、便求致伐、尋討事會、理亦未周、所獻錦布海物、雖不悉達、明卿至心、今賜雜物如別、又詔璉護送安等、至高麗、璉稱昔與餘慶有讎、不令東過、安等於是皆還、乃下詔切責之、五年、使安等從東萊浮海、賜餘慶璽書、襃其誠節、安至海濱、遇風飄蕩、竟不達而還。

《列傳八十四氐》
【上謂其使者曰溥天之下皆是朕臣妾】吐谷渾……葉延少而勇果……葉延死、子碎奚立……奚遂以憂死、視連立……死……弟視羆立……弟烏紇提立……死、樹洛干立……樹洛干死、弟阿豺立……阿豺……言終而死、慕璝立……太延二年、慕璝死、弟慕利延立……慕利延死、樹洛干子拾寅立……太和五年、拾寅死、子度易侯立……易侯並奉詔、死、子伏連籌立……伏連籌死、子夸呂立……夸呂在位百年、屢因喜怒廢殺太子、其後太子懼殺、遂謀執夸呂而降、請兵於邊吏、秦州總管河間王計應之、上不許、太子謀泄、爲其父所殺、復立少子嵬王訶爲太子、疊州刺史杜粲請因其釁討之、上又不許、六年、嵬王復懼父誅、謀歸國、請兵迎接、上謂其使者曰、溥天之下、皆是朕臣妾、各爲善事、即朕稱心、嵬王既有好意、欲來投服、唯教嵬王爲臣子法、不可遠遣兵馬、助爲惡事、嵬王乃止、八年、其名王拓拔木彌請以千餘家歸化、上曰、叛天背父、何可收納、又其本意、正自避死、若今違拒、又復不仁、若有音信、宜遣慰撫、任其自拔、不須出兵馬應接、其妹夫及甥欲來、亦任其意、不勞勸誘也、是歲、河南王移茲襃死、文帝令其弟樹歸襲統其衆、平陳之後、夸呂大懼、逃遁險遠、不敢爲寇。

《列傳八十六蠕蠕》
【蠕蠕主存大國宿昔仁義・不仁不信宜見討伐】蠕蠕……阿那瓌女妻文帝者遇疾死、齊神武因遣相府功曹參軍張徽竈使於阿那瓌、間說之、云文帝及周文既害孝武、又殺阿那瓌之女、妄以疎屬假公主之號、嫁彼爲親、又阿那瓌度河西討時、周文燒草、使其馬饑、不得南進、此其逆詐反覆難信之狀、又論東魏正統所在、言其往者破亡餘命、魏朝保護、得存其國、以大義示之、兼詐阿那瓌云、近有赤鋪步落堅胡行於河西、爲蠕蠕主所獲、云蠕蠕主問之、汝從高王、爲從黑獺、一人言從黑獺、蠕蠕主殺之、二人言從高王、蠕蠕主放遣、此即蠕蠕主存大國宿昔仁義、彼女既見害、欺詐相待、不仁不信、宜見討伐、且守逆一方、未知歸順、朝廷亦欲加誅、彼若深念舊恩、以存和睦、當天子以懿親公主結成姻媾、爲遣兵將、伐彼叛臣、爲蠕蠕主雪恥報惡。

12：『南史』［循吏より前の部分は、皇帝關係のみ檢討］

《宋本紀上一》
【公遠齊阿衡納陞之仁】十二月壬申……策曰……今將授公典策……又公之功也、永嘉不競、四夷擅華、五都傾蕩、山陵幽辱、祖宗懷沒世之憤、遺甿有匪風之思、公遠齊阿衡納陞之仁、近同小白滅亡之恥、鞠旅陳師、赫然大號、分命犂帥、北徇司兗、許鄭風靡、鞏洛載清、百年榛穢、一朝掃滌、此又公之功也。

《宋本紀中二》
【宋太祖文皇帝・聰明仁厚】宋太祖文皇帝……帝聰明仁厚、雅重文儒、躬勤政事、孜孜無怠、加以在位日久、惟簡靖爲心、于時政平訟理、朝野悦睦、自江左之政、所未有也、又性存儉約、不好奢侈、車府令嘗以輦筆故、請改易之、又輦席舊以烏皮緣故、欲代以紫皮、上以竹箠未至於壞、紫色貴、並不聽改、其率素如此云。

【汝不仁不孝】正祖考武皇帝……帝鬢目鳥喙、長頸鋭下、幼而猖急、在東宮每爲孝武所責、孝武西巡、帝啓參承起居、書迹不謹、上詰讓之曰、書不長進、此是一條耳、聞汝比業都懈、猖戾日甚、何以頑固乃爾、初踐阼、受璽紱、傲然無哀容、蔡興宗退而歎曰、昔魯昭不戚、叔孫請死、國家之禍、其在此乎、帝始猶難詰大臣及戴法興等、既殺法興、諸大臣莫不震懼、於是又誅犂公、元凱以下、皆被毆搖牽曳、內外危懼、殿省騷然、太后疾篤、遣呼帝、帝曰、病人間多鬼、可畏、那可往、太后怒、語侍者曰、將刀來破我腹、那得生寧馨兒、及太后崩後數日、帝夢太后謂曰、汝不仁不孝、本無人君之相、子尚愚悖如此、亦非運祚所及、孝武陵虐滅道、怨結人神、兒子雖多、並無天命、大命所歸、應還文帝之子、故帝聚諸叔都下、慮在外爲患。

《齊本紀上四》
【宋帝・仁育犂生】辛卯、宋帝以歷數在齊、乃下詔禪位、是日遜于東邸、壬辰、遣使奉策曰、咨爾齊王、伊太古初陳、萬化紛綸、開曜靈以鑒品物、立元后以馭黎元、若夫容被大庭之世、伏義五龍之辰、靡得而詳焉、自軒黃以降、墳索所紀、略可言者、莫崇乎堯舜、披金繩而握天鏡、開玉匣而總地維、德之休明、宸居靈極、期運有終、歸禪與能、所以大唐遜位、謠然興歌、有虞揖讓、卿雲發采、遺風餘烈、光被無垠、漢魏因循、不敢失墜、爰逮自晉、亦遵前典、昔我祖宗英叡、旁格幽明、末葉不造、仍世多故、惟王聖哲欽明、榮鏡區宇、仁育犂生、義征不憓、聲化遠泊、荒服無虞、殊類同規、華戎一族、是以五色来儀於軒庭、九穗含芳於郊牧、象緯昭徹、布新之符已顯、圖讖彪煥、受終之義既彰、靈祇乃眷、兆庶引領。

《梁本紀上六》
【勤行仁義】梁皇祖武皇帝……先是、雍州相傳樊城有王氣、至是謡言更甚、及齊明崩、遺詔以帝爲都督雍州刺史、時揚州刺史始安王遥光尚書令徐孝嗣右僕射江祏右將軍蕭坦之侍中江祀衛尉劉暄更直內省、分日帖敕、世所謂、六貴、又有御刀茹法珍梅虫兒豐勇之等八人、號爲八要、及舍人王咺之等四十餘人、皆口擅王言、權行國憲、帝謂張弘策曰、政出多門、亂其階矣、當今避禍、惟有此地、勤行仁義、可坐作西伯、但諸弟在都、恐離時患、須與益州圖之耳、時上長兄懿罷益州還、仍行郢州事、乃使弘策詣郢、陳計於懿、語在懿傳、言既不從、弘策還、帝乃召弟偉及憺、是歲至襄陽、乃潛造器械、多伐竹木、沈於檀溪、密爲舟裝之備、時帝所住齋常有氣、五色回轉、狀若蟠龍、季秋出九臺、忽暴風起、煙塵四合、帝所居獨白日清朗、其上紫雲騰起、形如繖蓋、望者莫不異焉。

【世祖以休明早崩世宗以仁德不嗣】二年正月辛卯……策曰、上天不造、難鍾皇室、世祖以休明早崩、世宗以仁德不嗣、高宗襲統、宸居弗永、雖夙夜劬勞、而隆平不洽、嗣君昏暴、書契弗睹、朝權國柄、委之犂孼、勦戮忠賢、誅殘台輔、含冤抱痛、噍類靡餘、公藉昏明之期、因兆庶之願、爰率犂后、翊成中興、宗社之危已固、天人之望允塞、此實公紐我絶綱、大造皇家者也。

【裁翦有乖仁恕】十六年春正月辛未……三月丙子、敕太醫不得以生類爲藥、公家織官紋錦飾、並斷仙人鳥獸之形、以爲藝衣、裁翦有乖仁恕、於是祈告天地宗廟、以去殺之理、欲被之含識、郊廟牲牷、皆代以麵、其山川諸祀則否、時以宗廟去牲、則爲不復血食、雖公卿異議、朝野喧嚻、竟不從。

《梁本紀中七》
【然仁愛不斷】勤於政務、孜孜無怠、每冬月四更竟、即敕把燭看事、執筆觸寒、手爲皴裂、然仁愛不斷、親親及所愛愆犯多有縱捨、故政刑弛紊、每決死罪、常有哀矜涕泣、然後可奏。

【弛於刑典・追蹤徐偃之仁】論曰、梁武帝時逢昏虐、家遭冤禍、既地居勢勝、乘機而作、以斯文德、有此

198

武功、始用湯武之師、終濟唐虞之業、豈曰人謀、亦惟天命、及據圖錄、多歷歲年、制造禮樂、敦崇儒雅、自江左以來、年踰二百、文物之盛、獨美于茲、然先王文武並用、德刑備擧、方之水火、取法陰陽、爲國之道、不可獨任、而帝留心俎豆、忘情干戚、溺於釋教、弛於刑典、既而帝紀不立、悖逆萌生、反噬彎弧、皆自子弟、履霜弗戒、卒至亂亡、自古撥亂之君、固已多矣、其或樹置失所、而以後嗣失之、未有自己而得、自己而喪、<u>追蹤徐偃之仁</u>、以致窮門之酷、可爲深痛、可爲至戒者乎。

《梁本紀下八》

【兆庶何所歸仁】承聖元年……三月……日者、百司岳牧、仰祈宸鑒、以錫珪之功、既歸有道、當璧之、禮允屬聖明、而優詔謙沖、杳然凝邈、飛龍可躡、而乾爻在四、帝閽云叫、而門闈未開、謳歌再馳、是用翹首、所以越人固執、熏丹穴以求君、周人樂推、踰岐山而事主、漢王不即位、無以貴功臣、光武止蕭王、豈謂紹宗廟、黃帝迷於襄城、尚訪御人之道、放勛寂於姑射、猶使樽俎有歸、伊此儻來、豈聖人所欲、帝王所應、不獲已而然、伏讀璽書、尋諷制旨、領懷物外、未奉慈衷、<u>陛下日角龍顏之姿</u>、表於徇齊之日、彤雲素靈之瑞、基於應物之初、博學則大哉無所與名、深言則曄乎文章之觀、忠爲令德、孝實動天、加以英威茂略、雄圖武算、指麾則丹浦不戰、顧眄則阪泉自蕩、地維絶而重紐、天柱傾而更植、鑿河津於孟門、百川復啓、補穹儀以五石、萬物再生、縱陛下拂袗而游廣成、登崆山而去東土、群臣安得仰訴、<u>兆庶何所歸仁</u>、況郊祀配天、疊筐禮曠、齋宮清廟、匏竹不陳、仰望鸞輿、匪朝伊夕、瞻言法駕、載渴且飢、豈可久稽衆議、有曠彛則、舊邦凱復、函洛已平、高奴櫟陽、宮館雖毀、濁河清渭、佳氣猶存、皐門有伉、甘泉四敞、土圭測景、仙人承露、斯蓋九州之赤縣、六合之樞機、博士捧圖書而稍還、太常定儀其已立、豈得不揚清警而赴名都、具玉鑾而旋正寢、昔東周既遷、鎬京遂其不復、長安一亂、郊洛永以爲居、夏后以萬國朝諸侯、文王以六州匡天下、方之跡基百里、劍杖三尺、以殘楚之地、抗拒六戎、一旅之卒、剪夷三叛、坦然大定、御辯東歸、解五牛於冀州、秣六馬於譙郡、緬求前古、其可得歟、對揚天命、無所讓德、有理存焉、敢重祈奏。

【介冑仁義】論曰……善乎蕭文貞公論之曰、高祖固天攸縱、聰明稽古、道亞生知、學爲博物、允文允武、多藝多才、爰自諸生、有不羈之度、屬昏凶肆虐、天倫及禍、糾合義旅、將雪家冤、日紂可伐、不期而會、龍躍樊漢、電擊湘郢、窮離德如振槁、取獨夫如拾遺、其雄才大略、固無得而稱矣、既縣白旗之首、方應皇天之眷、布德施惠、悦近來遠、開蕩蕩之王道、革靡靡之商俗、大修文教、盛飾禮容、鼓扇玄風、闡揚儒業、<u>介冑仁義</u>、折衝尊俎、聲振寰宇、澤流遐裔、干戈載戢、凡數十年、濟濟焉、洋洋焉、魏晉以來、未有若斯之盛也……。

《陳本紀上九》

【策曰・顯仁藏用】九月辛丑、梁帝進帝位相國……策曰……公有濟天下之勳、重之以明德、凝神體道、合德符天、周百姓以爲心、隨萬機以成務、上德不德、無爲以爲、夏長春生、<u>顯仁藏用</u>、功成化洽、樂奏咸雲、安上御人、禮兼文質、是以天無蘊寶、地有呈祥、既景煥於圖書、方葳蕤於史牒、高勳踰於象緯、積德冠於嵩華、固無得而稱者矣、朕又聞之……。

【帝・性甚仁愛】［永定］三年……帝雄武多英略、性甚仁愛、及居阿衡、恒崇寬簡、雅尚儉素、常膳不過數品、私饗曲宴、皆瓦器蚌盤、肴核庶羞、裁令充足、不爲虛費、初平侯景及立敬帝、子女玉帛皆班將士、其充閫房者、衣不重采、飾無金翠、聲樂不列於前、踐阼之後、彌厲恭儉、故能隆功茂德、光於江左云。

【帝性仁弱・政刑皆歸冢宰】<u>廢帝</u>……<u>帝性仁弱、無人君之器、及即尊位、政刑皆歸冢室</u>、故宣太后稱文帝遺志而廢焉。論曰……。

《陳本紀下十》

【文帝知冢嗣仁弱】論曰、陳宣帝器度弘厚、有人君之量、<u>文帝知冢嗣仁弱</u>、早存太伯之心、及乎弗愈、咸已委託矣、至於續業之後、拓土開疆、蓋德不逮文、智不及武、志大不已、晚致呂梁之敗、江左日蹙、抑此之由也、後主因削弱之餘、鍾滅亡之運、刑政不樹、加以荒淫、夫以三代之隆、歷世數十、及其亡也、皆敗於婦人、況以區區之陳、外鄰明德、覆車之跡、尚且追蹤叔季、其獲支數年、亦爲幸也、雖忠義感慨、致慟井隅、何救麥秀之深悲、適足取笑乎千祀、嗟乎、始梁末童謡云、可憐巴馬子、一日行千里、不見馬上郎、但見黃塵起、黃塵汙人衣、皁莢相料理、及僧辯滅、群臣以謠言奏聞、曰、僧辯本乘巴馬以擊侯景、馬上郎、王字也、塵謂陳也、而不解皁莢之謂、既而陳滅於隋、説者以爲江東謂殺羊角爲皁莢、隋氏姓楊、楊羊也、言終滅於隋、然則興亡之兆、蓋有數云。

《列傳六十循吏》

第一章　正史を通して知る「仁」と「天理」

【宋・文帝幼而寛仁】宋武起自匹庶、知人事艱難、及登庸作宰、留心吏職、而王署外擧、未遑内務、奉師之費、日耗千金、播茲寛簡、雖所未暇、而黜已屏欲、以儉御身、左右無幸謁之私、閨房無文綺之飾、故能戎車歲駕、邦甸不擾、文帝幼而寛仁、入纂大業、及難興陝服、六戎薄伐、興師命將、動在濟時、費由府實、事無外擾、自此方内晏安、毗庶蕃息、奉上供徭、止於歲賦、晨出暮歸、自事而已……。

【有遺虞蛇者願不忍殺放二十里外山・論者以爲仁心所致】虞願字士恭、會稽餘姚人也……願以侍疾久、轉正員郎、出爲晉安太守、在都不事生業、前政與百姓交關、質錄其兒婦、願遣人於道奪取將還、在郡立學堂教授、郡舊出㲉蛇、膽可爲藥、有遺虞蛇者、願不忍殺、放二十里外山中、一夜蛇還牀下、復送四十里山、經宿復歸、論者以爲仁心所致、海邊有越王石、常隱雲霧、相傳云、清廉太守乃得見、願往就觀視、清徹無所隱蔽、後琅邪王秀之爲郡、與朝士書曰、此郡承虞公之後、善政猶存、遺風易遵、差得無事。

【力於仁義行已過人甚遠】孫謙字長遜、東莞莒人也……謙自少及老、歷二縣五郡、所在廉潔、居身儉素、牀施籧篨屏風、冬則布被莞席、夏日無幬帳、而夜卧未嘗有蚤蚋、人多異焉、年逾九十、強壯如五六十者、每朝會、輒先衆到公門、力於仁義、行已過人甚遠、從兄靈慶嘗病寄謙、謙請出、還問起居、靈慶曰、向飲冷熱不調、即時猶渴、謙退遣其妻、有彭城劉融行乞、疾篤無所歸、友人輿送謙舍、謙開聽事以受之、及融死、以禮殯葬、衆咸服其行義、末年、頭生二肉角、各長一寸。

《列傳六十一儒林》

【植之性慈仁好行陰德】嚴植之字孝源建平秭歸人也……植之性慈仁、好行陰德、在闇室未嘗怠也、少嘗山行、見一患者、問其姓名不能答、載與俱歸、爲營醫藥、六日而死、爲棺歛送之、卒不知何許人也、又嘗縁柵塘行、見患人卧塘側、問之、云姓、黃家本荆州、爲人傭賃、疾篤、船主將發、棄之於岸、植之惻然、載還療之、經年而愈、請終身充奴僕以報厚恩、植之不受、遺以資糧遣之、所撰凶禮儀注四百七十九卷。

【太子仁弱】顧越字允南、吳郡鹽官人也……紹泰元年、復徵爲國子博士、陳天嘉中、詔侍東宮讀、除東中郎將鄱陽王府諮議參軍、甚見優禮、尋領羽林監、遷給事中黃門侍郎、國子博士侍讀如故、時朝廷草創、疑議多所取決、咸見施用、每侍講東宮、皇太子常虛已禮接、越以宮僚未盡時彦、且太子仁弱、宣帝有奪宗之兆、内懷憤激、乃上疏曰、臣梁世薄宦、祿不代耕、季年板蕩、竄身窮谷、幸屬聖期、得奉昌運、朝廷以臣微涉藝學、遠垂徵引、擢臣以貴仕、資臣以厚秩、二宮恩遇、有異凡流、木石知感、犬馬識養、臣獨何人、罔懷報德……。

《列傳六十三孝義上》

【易・立人之道曰仁與義・夫仁義者合君親之至理實忠孝之所資】易曰、立人之道、曰仁與義、夫仁義者、合君親之至理、實忠孝之所資、雖義發因心、情非外感、然企及之旨、聖哲貽言、至於風離化薄、禮違道喪、忠不樹國、孝亦怠家、而一代之甿、權利相引、仕以勢招、榮非行立、乏翺翔之感、棄捨生之分、霜露未改、大痛已忘於心、名節不變、戎車遽爲其首、斯並軌訓之理未弘、汲引之塗多闕、若夫情發於天、行成乎己、捐軀捨命、濟主安親、雖乘理闇至、匪由勸賞、而宰世之人、曾微誘激、乃至事隱周閭、無聞視聽、考于載籍、何代無之、故宜被之圖篆、用存旌勸、今搜綴湮落、以備闕文云爾。

【仁孝之風行於郷黨】郭世通、會稽永興人也、年十四喪父、居喪殆不勝哀、家貧、傭力以養繼母、婦生一男、夫妻恐廢侍養、乃垂泣瘞之、母亡、負土成墳、親戚或共賙助、微有所受、葬畢、傭賃還先直、服除後、思慕終身如喪者、未嘗釋衣幘、仁孝之風、行於郷黨、隣村小大莫有呼其名者、嘗與人共於山陰市貨物、誤得一千錢、當時不覺、分背方悟、追還本主、錢主驚歎、以半直與之、世通委之而去、元嘉四年、大使巡行天下、散騎常侍袁愉表其淳行、文帝嘉之、勅榜表門閭、蠲其租調、改所居獨楓里爲孝行焉、太守孟顗察孝廉、不就。

【少而仁厚周窮濟急】范叔孫、吳郡錢唐人也、少而仁厚、周窮濟急、同里范法先父母兄弟七人同時疫死、唯餘法先、病又危篤、喪屍經日不收、叔孫悉備棺器、親爲殯埋、又同里施夫疾病、父死不殯、范苗父子並亡、范敬宗家口六人俱得病、二人喪没、親隣畏遠、莫敢營視、叔孫並爲殯瘞、躬邺病者、並皆得全、郷曲貴其義行、莫有呼其名者、宋孝武帝建初、除竟陵王國中軍、不就。

【性至孝居父喪哭輒吐血・性仁愛】蕭矯妻羊字淑禕、性至孝、居父喪、哭輒吐血……又會稽永興吳翼之母丁氏、少喪夫、性仁愛、遭年荒、分衣食以飴里中飢餓者、隣里求借未嘗違、同里陳攘父母死、孤單無親戚、丁收養之、及長爲營婚娶、又同里王禮妻徐氏、荒年客死山陰、丁爲買棺器、自徃歛葬、元徽末……。

【性行仁義】江泌字士清、濟陽考城人也、父亮之、員外郎、泌少貧、晝日斫屧爲業、夜讀書随月光、光斜

則握卷升屋、睡極墮地則更登、性行仁義、衣弊蝨多、綿裏置壁上、恐蝨飢死、乃復置衣中、數日間、終身無復蝨、母亡後、以生闕供養、遇鮭不忍食、菜不食心、以其有生意、唯食老葉而已、母墓爲野火所燒、依新宮災三日哭、涙盡繼之以血。
《列傳六十四孝義下》
【帝奇招仁愛】貞字元正幼聰敏有至性……初貞在周、嘗侍周武帝愛弟趙王招讀、招厚禮之、聞其獨處、必晝夜涕泣、私問知母在鄉、乃謂曰、寡人若出居藩、當遣侍讀還家、後數年、招果出、因辭、面奏請放貞還、帝奇招仁愛、遣隨聘使杜子暉歸國、是歲陳大建五年也。
《列傳六十五隱逸上》
【解桎梏於仁義・示形神於天壤】易有君子之道四焉、語默之謂也、故有入廟堂而不出、徇江湖而永歸、隱避紛紜、情迹萬品、若道義内足、希微兩亡、藏景窮巌、蔽名愚谷、解桎梏於仁義、示形神於天壤、則名教之外別有風猷、故堯封有非聖之人、孔門謬雞黍之客、次則揚獨徃之高節、重去終之虛名、或慮全後悔、事歸知殆、或道有不申、行吟山澤、皆用宇宙而成心、借風雲以爲氣、求志達遠、未必非然、故湏含貞養素、文以藝業、不爾、則與夫樵者在山、何殊異也、若夫陶潛之徒、或仕不求聞、退不護俗、或全身幽履、服道儒門、或遁迹江湖之上、或藏名巌石之下、斯並向時隱淪之徒歟、今並綴緝、以備隱逸篇焉、又齊梁之際、有釋寶誌者、雖處非顯晦、而道合希夷、求其行事、蓋亦俗外之徒也、故附之云。
【少仁愛】沈道虔、吳興武康人也、少仁愛、好老易、居縣北石山下、孫恩亂後飢荒、縣令庾肅之迎出縣南廢頭里、爲立宅臨溪、有山水之玩、時復還石山精廬、與諸孤兄子共釡庾之資、因不改節、受琴於戴逵、王敬弘深貴重之、郡州府凡十二命、皆不就。
《列傳六十六隱逸下》
【爲仁由已何關人世】阮孝緒字士宗、陳留尉氏人也……天監十二年、詔公卿舉士、祕書監傅照上疏薦之、與吳郡范元琰俱徵、並不到、陳郡袁峻謂曰、往者天地閉、賢人隱、今世路已清、而子猶遁、可乎、答曰、昔周德雖興、夷齊不厭薇蕨、漢道方盛、黃綺無悶山林、爲仁由已、何關人世、況僕非往賢之類邪、初、謝朏及伏晅應徵、天子以爲隱者苟立虛名、以要顯譽、故孝緒與何胤並得遂其高志。
《列傳六十七恩倖》
【仁者必有勇】司馬申字季和、河内温人也……梁元帝承制、累遷鎮西外兵記室參軍、及侯景寇郢州、申隨都督王僧辯據巴陵、每ideas策、皆見行用、僧辯歎曰、此生寔鞭汗馬、或非所長、若使撫衆守城、必有奇績、僧辯之討陸納也、于時賊衆奄至、左右披靡、申躬蔽僧辯、蒙楯而前、會裴之横救至、賊乃退、僧辯顧而笑曰、仁者必有勇、豈虛言哉。
《列傳七十賊臣》
【主上仁明何得廢之】是月、景乃廢簡文幽於永福省、迎豫章王棟即皇帝位、升太極前殿、大赦、改元爲天正元年、有迴風自永福省吹其文物皆倒折、見者莫不驚駭、初、景既平建鄴、便有篡奪志、以四方須定、故未自立、既而巴陵失律、江郢喪師、猛將外殲、雄心内沮、便欲速僭大號、又王偉云、自古移鼎必湏廢立、故景從之、其太尉郭元建聞之、自秦郡馳還諫曰、主上仁明、何得廢之、景曰、王偉勸吾、元建固陳不可、景意遂回、欲復帝位、以棟爲太孫、王偉固執不可、乃禪位于棟、景以哀太子妃賜郭元建、元建曰、豈有皇太子妃而降爲人妾、竟不與相見、景司空劉神茂儀同尹思合劉歸義王曄桑乾王元頵等據東陽歸順。

13：『舊五代史』［世襲より前の部分は、皇帝關係のみ檢討］
《梁書六太祖紀六》
【從臣以帝有仁惻之心皆相顧欣然】十月辛亥朔……癸亥、令諸軍指揮使及四蕃將軍賜食于行宮之外廡、戊辰、幸邑西之白龍潭以觀魚焉、既而漁人獲巨魚以獻、帝命放之中流、從臣以帝有仁惻之心、皆相顧欣然、是日名其潭曰萬歲潭、丙子、帝御城東教場閲兵、諸軍都指揮北面招討使太尉楊師厚總領鐵馬歩甲十萬、廣亘十數里陳焉、士卒之雄鋭、部隊之嚴肅、旌旗之雜遝、戈甲之照曜、屹若山岳、勢動天地、帝甚悦焉、即命丞相洎文武從臣列侍賜食、逮晩方歸。
《梁書七太祖紀七》
【國章所在亦務興仁】五月己卯朔……詔曰、生育之人、爰當暑月、乳哺之愛、方及薰風、儻肆意于封屠、豈推恩于長養、俾無殀暴、以助發生、宜令兩京及諸州府、夏季内禁斷屠宰及採捕、天民之窮、諒由賦分、

第一章　正史を通して知る「仁」と「天理」

國章所在、亦務興仁、所在鰥寡孤獨、廢疾不濟者、委長吏量加賑䘏、史載葬枯、用彰軫恤、禮稱掩骼、將致和平、應兵戈之地、有暴露骸骨、委所在長吏差人專功收瘞、國瘍之文、尚標七祀、良藥之市、亦載三醫、用憐無告之人、宜徵有喜之術、凡有疫之處、委長吏檢尋醫方、于要路曉示、如有家無骨肉兼困窮不濟者、即仰長吏差醫給藥救療之、辛卯、詔曰、亢陽滋甚、農事已傷、宜令宰臣于就嵩中嶽、杜曉赴西嶽、精切祈禱、其近京靈廟、宜委河南尹、五帝壇、風師雨師、九宮貴神、委中書各差官祈之。

《梁書十末帝紀下》
【撫俗當申於仁政‧姑務安仁】秋七月、陳州朱友能降、庚子、詔曰、朕君臨四海、子育兆民、唯持不黨之心、庶叶無私之運、其有齒予戚屬、雖深敦叙之情、干我國經、難固含弘之旨、須遵常憲、以示至公、特進檢校太傅使持節陳州刺史兼御史大夫上柱國食邑三千戸惠王友能、列爵爲王、頒條治郡、受元戎之寄任、處千里之封疆、就進官資、已登崇貴、時加錫賚、以表優隆、宜切知恩、合思盡節、撫俗當申於仁政、佐時期効於忠規、而狎彼小人、納其邪説、忽稱兵而向闕、敢越境以殘民、侵犯郊畿、驚撓輦轂、遠邇咸嫉、謀畫交陳、及興問罪之師、旋驗知非之狀、瀝懇繼陳於章表、束身願赴於闕庭、備述艱危、覬加寬恕、朕得不自爲屈已、姑務安仁、特施貸法之恩、蓋舉講親之律、詢於事體、抑有朝章、止行退責之文、用塞衆多之論、可降封房陵侯、於戲、君臣之體、彼有不恭、伯仲之恩、予垂立愛、顧茲輕典、豈稱羣情、凡在臣僚、當體朕意、甲辰、制以特進檢校太傅衡王友諒可封嗣廣王。
【末帝仁而無武‧雖天命之有歸亦人謀之所誤也】史臣曰、末帝仁而無武、明不照姦、上無積德之基可乘、下有弄權之臣爲輔、卒使勁敵奄至、大運俄終、雖天命之有歸、亦人謀之所誤也、惜哉。

《唐書六莊宗紀四》
【湯網垂仁‧舜刑投裔】庚辰、帝御玄德殿……詔曰、懲惡勸善、務振紀綱、激濁揚清、須明眞僞、蓋前王之令典、爲歷代之通規、必按舊章、以令多士、而有志朋僭竊、位忝崇高、累世官而皆受唐恩、貪爵祿而但從僞命、或居台鉉、或處權衡、或列近職而預機謀、或當秉秩而掌刑憲、事分逆順、理合去留、僞宰相鄭玨等十一人、皆本朝簪組、儒苑名流、雖博識多聞、備明今古、而修身愼行、頗負祖先、昧忠貞而不度安危、專利祿而全虧名節、合當大辟、無恕近親、朕以纘嗣丕基、初平巨憝、方務好生之道、在行含垢之恩、湯網垂仁、既務全族、舜刑投裔、兼貸一身、爾宜自新、我全大體、其爲顯列、不並庶僚、餘外應在周行、悉仍舊貫、凡居中外、咸體朕懷……。

《唐書十二明宗紀二》
【詔‧愛施解網之仁】癸未、詔辰州刺史豆盧革可責授費州司戸參軍、敍州刺史韋説可責授夷州司戸參軍、皆員外置同正員、仍令馳驛發遣、甲申、又詔曰、責授費州司戸參軍豆盧革夷州司戸參軍韋説等、自居台輔、累換歲華、負先皇倚注之恩、失大國爕調之理、朕自登宸極、常委鈞衡、略無謙遜之辭、但縱貪饕之意、除官受略、樹黨徇私、每虧敬于朕前、徒自尊於人上、道路之謗騰不已、諫臣之條疏頗多、罪狀顯彰、典刑斯舉、合從極法、以塞羣情、尚縁臨御之初、含弘是務、特軫墜泉之慮、愛施解網之仁、曲示優恩、俯寛後命、革可陵州長流百姓、説可合州長流百姓、仍委逐處長知所在、同州長春宮判官朝請大夫檢校尚書禮部郎中賜紫金魚袋豆盧昇、將仕郎守尚書屯田員外郎崇文館學士賜緋魚袋韋濤等、各因權勢、驟列班行、無才業以可稱、竊寵榮而斯久、比行貶謫、以塞尤違、朕以纂襲之初、含容是務、父既寛於後命、子宜示以特恩、並停見任、昇濤即革説之子也。

《唐書十四明宗紀四》
【帝仁慈素深】丁酉、僞吳楊溥遣移署右威衞將軍雷現貢端午禮幣、辛丑、以前利州節度使張敬詢爲雲州節度使、遣樞密使孔循赴荊南城下、時招討使劉訓有疾故也、甲辰、以戸部侍郎韓彥惲爲祕書監、是日、幸石敬瑭安重誨第、丙午、故振武節度使李嗣恩贈太尉、以司封郎中充樞密院直學士閭至爲左諫議大夫充職、右諫議大夫梁文矩上言、平蜀已來、軍人剽略到西川人口甚多、骨肉阻隔、恐傷和氣、請許收認、帝仁慈素深、因文矩之奏、詔河南河北舊因兵火攜隔者、並從識認、是日、鄆州進白鵲。

《唐書二十二末帝紀上》
【有寬仁之偉略‧皇帝陛下天資仁智】夏四月壬申、帝至蔣橋、文武百官立班奉迎……是日、監國在至德宮、宰臣馮道等先率百官班于宮門待罪、帝出于庭曰、相公諸人何罪、請復位、乃退、甲戌、太后令曰、先皇帝櫛風沐雨、平定華夷、嗣洪業于艱難、致蒼生于富庶、鄂王嗣位、奸臣弄權、作福作威、不誠不信、離間骨肉、猜忌磐維、鄂王輕捨宗祧、不克負荷、洪基大寶、危若綴旒、須立長君、以紹丕搆、皇長子潞王從珂、

日躋孝敬、天縱聰明、有神武之英姿、<u>有寬仁之偉略</u>、先朝經綸草昧、廓靜寰區、辛勤有百戰之勞、忠貞贊一統之運、臣誠子道、冠古超今、而又息已化民、推心撫士、率土之謳歌有屬、上蒼之睠命攸臨、一日萬幾、不可以暫曠、九州四海、不可以無歸、況因山有期、同軌斯至、永言嗣守、屬任元良、宜即皇帝位、乙亥、監國赴西宮、柩前告奠即位、攝中書令李愚冊書曰、維應順元年歲次甲午、四月庚午朔、六日乙亥、文武百寮、特進守司空兼門下侍郎同中書門下平章事充太微宮使弘文館大學士上柱國始平郡公食邑二千五百戶臣馮道等九千五百九十三人上言、帝王興運、天地同符、河出圖而洛出書、雲從龍而風從虎、莫不恢張八表、覆育兆民、立大定之基、保無疆之祚、人謠再洽、天命顯歸、須登宸極之尊、以奉祖宗之祀、<u>伏惟皇帝陛下、天資仁智</u>、神助機權、奉莊宗于多難之時、從先帝于四征之際、凡當決勝、無不成功、洎正皇綱、每嚴師律、為國家之志大、守臣子之道全、自泣遺弓、常悲易月、欲期同軌、親赴因山、而自鄂王承祧、奸臣擅命、致神祇之乏饗、激朝野以歸心、使屈者伸﹐令否者泰、人情大順、天象至明、聚東井以呈祥、拱北辰而應運、由是文武百辟、岳牧羣賢、至于比屋之倫、盡祝當陽之位、今則承太后慈旨、守先朝遠圖、撫四海九州、享千齡萬祀、臣等不勝大願、謹上寶册、稟太后令、奉皇帝踐祚、臣等誠慶誠忭、謹言、帝就殿之東楹受羣臣稱賀、

《唐書二十三末帝紀中》
【帝性仁恕】詔曰、卿等濟代英才、鎮時碩德、或締搆于興王之日、或經綸于纘聖之時、鹽梅之任俱崇、藥石之言並切、請復延英之制、以伸議政日規、而況列聖遺芳、皇朝盛事、載詳徵引、良切歎嘉、恭惟五日起居、先皇垂範、俟百寮之俱退、召四輔以獨昇、接以溫顏、詢其理道、計此時作事之意、亦昔日延英之流、朕叨獲嗣承、切思遵守、將成其美、不爽兼行、其五日起居、仍令仍舊、尋常公事、亦可便舉奏聞、或事屬機宜、<u>理當秘密</u>、量事緊慢、不限隔日、及當日便可于閤門祇候、且牓子奏聞、請面敷敭、即當盡屏侍臣、端居便殿、佇聞高議、以慰虛懷、朕或要見卿時、亦令當時宣召、但能務致理之實、何必拘延英之名、有事足可以討論、有言計可以陳述、宜以沃心為務、勿以逆耳為虞、勉罄謀猷、以裨寡昧、<u>帝性仁恕</u>、聽納不倦、嘗因朝會謂盧文紀等曰、朕在藩時、人說唐代為人主拱而天下治、蓋以外恃將校、內倚謀臣、故端拱而事辦、朕荷先朝鴻業、卿等先朝舊臣、每一相見、除承奉外、略無社稷大計一言相救、坐視朕之寡昧、其如宗社何、文紀等引咎致謝、因奏延英故事、故有是詔、

《晉書二高祖紀二》
【宜示深仁】四月癸未朔……河陽管內酒戶百姓、應欠天福元年閏十一月二十五日已前、不敷年額麴錢、並放、其諸處應經兵火者、亦與指揮、當罪即誅、式明常典、既往可憫、宜示深仁、偽清泰中、臣僚內有從誅戮者、並許收葬、天下百姓、有年八十以上者、與免一子差徭、仍逐處簡署上佐官、梁故滑州節度使王彥章、効命當時、致身所事、稟千年之生氣、流百代之令名、宜令超贈太師、子孫量才敍錄、應諸道州府營界、有自偽命抽點鄉兵之時、多是集劫結盜、因此畏懼刑章、藏隱山谷、宜令逐處曉諭招攜、各令復業、自今年四月五日已前為非者、一切不問、如兩月不歸業者、復罪如初……。

《晉書五高祖紀五》
【示以英仁・用廣崇仁之美】秋七月甲子朔……本國奏書于上國皇帝、曰、久增景慕、莫會光塵、但循戰國之規、敢預睦鄰之道、一昨安州有故、脫難相歸、邊校貪功、乘便據壘、矧機宜之孰在、顧茫昧以難申、否臧皆凶、乃大易之明義、進取不止、亦聖人之厚顏、適屬暑雨稍頻、江波甚漲、指揮未到、事實已違、今者猥沐睿旨、曲形宸旨、歸其俘獲、<u>示以英仁</u>、其如軍法朝章、彼此不可、揚名建德、曲直相懸、雖認好生、匪敢聞命、其杜光鄴等五百七人、已令却過淮北、帝復書曰、昨者災生安陸、釁接漢陽、當三伏之炎蒸、動兩朝之師旅、豈期邊帥、不稟上謀、洎復城池、備知本末、尋已捨卻俘執、還彼鄉閭、不惟念効命之人、兼亦敦善鄰之道、今承來旨、將正朝章、希循宥罪之文、<u>用廣崇仁之美</u>、其杜光鄴等再令歸復、尋遣使押光鄴等于桐墟渡淮、淮中有棹船、甲士拒之、南去不果、詔光鄴等京師、授以職秩、其戎士五百人、立為顯義都、

《晉書六高祖紀六》
【亦可謂仁慈恭儉之主也】史臣曰、晉祖潛躍之前、沈毅而已、及其為君也、旰食宵衣、禮賢從諫、慕黃老之教、樂清淨之風、以紵為衣、以麻為履、故能保其社稷、高朗令終、然而圖事之初、召戎為援、獫狁自茲而孔熾、黔黎由是以罹殃、迨至嗣君、兵連禍結、卒使都城失守、舉族為俘、亦猶決鯨海以救焚何逃沒溺、飲鴆漿而止渴、終取喪亡、謀之不臧、何至于是、儻使非由外援之力、自副皇天之命、以茲睿德、惠彼蒸民、雖未足以方駕前王、<u>亦可謂仁慈恭儉之主也</u>。

第一章　正史を通して知る「仁」と「天理」

《漢書二高祖紀下》
【不暇崇仁・未覩爲君之德也】史臣曰、在昔皇天降禍、諸夏無君、漢高祖肇起并汾、遄臨汴洛、乘虛而取神器、因亂而有帝圖、雖曰人謀、諒由天啓、然帝昔泣戎藩、素虧物望、洎登宸極、未厭人心、徒矜拯溺之功、莫契來蘇之望、良以急于止殺、不暇崇仁、燕薊降師、既連營而受戮、鄴臺判帥、因閉壘以偸生、蓋撫御以乖方、俾征伐之不息、及回鑾輅、尋墮烏號、故雖有應運之名、而未覩爲君之德也。

《周書十一恭帝紀》　今上於是詣崇元殿受命
【佐我高祖・逮事世宗・附于至仁・今上爲鄭王】顯德七年春正月辛丑朔、文武百僚進名奉賀、鎭定二州馳奏、契丹入寇、河東賊軍自土門東下、與蕃寇合勢、詔今上率兵北征、癸卯、發京師、是夕宿於陳橋驛、未曙、軍變、將士大譟呼萬歲、擐甲將叉、推戴今上陞大位、扶策升馬、擁廹南行、是日、詔曰、天生蒸民、樹之司牧、二帝推公而禪位、三王乘時以革命、其極一也、予末小子、遭家不造、人心已去、國命有歸、咨爾歸德軍節度使前都點檢趙、稟上聖之姿、有神武之略、佐我高祖、格于皇天、逮事世宗、功存納麓、東征西怨、厥績懋焉、天地鬼神、享于有德、謳謠獄訟、附于至仁、應天順民、法堯禪舜、如釋重負、予其作賓、嗚呼欽哉、祗畏天命、今上於是詣崇元殿受命、百官朝賀而退、制封周帝爲鄭王、以奉周祀、正朔服色一如舊制、奉皇太后爲周太后、皇朝開寶六年春、崩于房陵、今上聞之震慟、發哀成服于便殿、百僚進名奉慰、尋遣中使監護其喪、以其年十月、歸葬於世宗慶陵之側、詔有司定諡曰恭皇帝、陵曰順陵。

《世襲列傳二》
【多賢行仁孝】元瓘、鏐第五子也……及鏐病篤、召將吏謂之曰、余病不起、兒皆愚懦、恐不能爲爾帥、與爾輩決矣、帥當自擇、將吏號泣言曰、大令公有軍功、多賢行仁孝、已領兩鎭、王何苦言及此、鏐曰、此渠定堪否、曰、衆等願奉賢帥、卽出符鑰數筐于前、謂元瓘曰、三軍言爾可奉、領取此、鏐薨、遂襲父位。

《僭僞列傳三》
【施覆燾之仁】唐同光三年九月十日……是日、衍上表曰、臣衍先人建、久在坤維、受先朝寵澤、一開土宇、將四十年、頃以梁孽興災、洪圖板蕩、不可助逆、遂乃從權、勉狗衆情、止王三蜀、固非獲已、未有所歸、臣輒紹鎡基、且安生聚、臣衍誠惶誠恐、伏惟皇帝陛下、嗣堯舜之業、陳陽武之師、廓定寶區、削平兇逆、梯航坌集、文軌混同、臣方議改圖、便期納款、遽聞王師致討、實抱驚危、今則將千里之封疆、盡爲王土、冀萬家之臣妾、皆沐皇恩、必當輿櫬乞降、負荊請命、伏惟皇帝陛下、迴照臨之造、施覆燾之仁、別示哀矜、以安反側、儻墳壟而獲祀、實存沒以知歸、臣無任望恩龥禱之至、己酉年十一月日、臣王衍上表、其月二十七日、魏王至成都北五里昇仙橋、僞百官班於橋下、衍乘行輿至、素衣白馬、牽羊、草索係首、面縛啣璧、輿櫬而後、魏王下馬受其璧、及燔其櫬、衍率僞百官東北舞蹈謝恩、禮畢、拜魏王崇韜李嚴、皆答拜、二十八日、王師入成都、自起師至入蜀城、凡七十五日。

14：『新五代史』

《吳世家一》
【盜亦有道・寬仁雅信能得士心・區區詐力】嗚呼、盜亦有道、信哉、行密之書、稱行密爲人、寬仁雅信、能得士心、其將蔡儔叛於廬州、悉毀行密墳墓、及儔敗、而諸將皆請毀其墓以報之、行密嘆曰、儔以此爲惡、吾豈復爲邪、嘗使從者張洪、負劍而侍、洪拔劍擊行密、不中、洪死、復用洪所善陳紹負劍、不疑、又嘗罵其將劉信、信忿、奔孫儒、行密戒左右勿追、曰、信豈負我者邪、其醉而去、醒必復來、明日、果來、行密起於盜賊、其下皆驍武雄暴、而樂爲之用者、以此也、故二世四主垂五十年、及渥已下、政在徐溫、於此之時、天下大亂、中國之禍、篡弒相尋、而徐氏父子、區區詐力、裴回三主、不敢輕取之、何也、豈其恩威亦有在人者歟。

《南唐世家二》
【以寬仁爲政】李昇字正倫、徐州人也、世本微賤、父榮、遇唐末之亂、不知其所終、昇少孤、流寓濠泗間、楊行密攻濠州、得之、奇其狀貌、養以爲子、而楊氏諸子不能容、行密以乞徐溫、乃冒姓徐氏、名知誥、及壯身長七尺、廣顙隆準、爲人溫厚有謀、爲吳樓船軍使、以舟兵屯金陵、柴再用攻宣州、用其兵殺李遇、昇以功拜昇州刺史、時江淮初定、州縣吏多武夫、務賦斂爲戰守、昇獨好學、接禮儒者、能自勵爲勤儉、以寬仁爲政、民稍譽之、徐溫鎭潤州、以昇池等六州爲屬、溫聞昇理昇州有善政、往視之、見其府庫充實、城壁修整、乃徙治之、而遷昇潤州刺史、昇初不欲往、屢求宣州、溫不與、既而徐知訓爲朱瑾所殺、溫居金陵、

204

未及聞、昇居潤州、近廣陵、得先聞、即日以州兵渡江定亂、遂得政。
【煜爲人仁孝】景、初名景通、昇長子也……煜字重光、初名從嘉、景第六子也、煜爲人仁孝、善屬文、工書畫、而豐額、騈齒、一目重瞳子、自太子冀已上、五子皆早亡、煜以次封吳王、建隆二年、景遷南都、立煜爲太子、留監國、景卒、煜嗣立於金陵、母鍾氏、父名泰章、煜尊母曰聖尊后、立妃周氏爲國后、封弟從善韓王、從益鄭王、從謙宜春王、從度昭平郡公、從信文陽郡公、大赦境內、遣中書侍郎馮延魯修貢于朝廷、令諸司四品以下無職事者、日二員待制於內殿。
《楚世家第六》
【吾聞馬公仁者】馬殷字霸圖、許州鄢陵人也……梁太祖即位……楊行密袁州刺史慮師周來奔……師周益懼、謂其裨將綦母章曰、吾與楚人爲敵境、吾常望其營上雲氣甚佳、未易敗也、吾聞馬公仁者、待士有禮、吾欲逃死於楚可乎、章曰、公自圖之、章舌可斷、語不泄也、師周以兵獵境上、乃奔於楚、綦母章縱其家屬隨之、殷聞師周至、大喜曰、吾方南圖嶺表、而得此人足矣、以爲馬步軍都指揮使、率兵攻嶺南、取昭賀梧蒙龔富等州、殷表師周昭州刺史。

15：『**遼史**』［文學以下の部分に「仁」記事なし。文學以前は以下のとおり］
《本紀二太祖下》
【玄祖・仁民愛物】贊曰、遼之先、出自炎帝、世爲森吉國、其可知者蓋自奇首云、奇首生都菴山、徙潢河之濱、傳至雅里、始立制度、置官屬、刻木爲契、穴地爲牢、讓蘇爾瓜不肯自立、雅里生毗牒、毗牒生頦領、頦領生耨里思、大度寡欲、令不嚴而人化、是爲肅祖、肅祖生薩喇德、嘗與黃室韋挑戰、矢貫數札、是爲懿祖、懿祖生匀德實、始教民稼穡、善畜牧、國以殷富、是爲玄祖、玄祖生撒剌的、仁民愛物、始置鐵冶、教民鼓鑄、是爲德祖、即太祖之父也、世爲契丹遙輦氏夷離董、執其政柄、德祖之弟述瀾、北征于厥室韋南略易定奚霫、始興板築、置城邑、教民種桑麻、習織組、已有廣土衆民之志、而太祖受汗之禪、遂建國、東征西討、如折枯拉朽、東自海、西至於流沙、北絶大漠、信威萬里、歷年二百、豈一日之故哉、周公誅管蔡、人未有能非之者、刺葛安端之亂、太祖既貸其死而復用之、非人君之度乎、舊史扶餘之變、亦異矣夫。
《本紀三太宗上》
【太宗孝武惠文皇帝・貌嚴重而性寬仁】太宗孝武惠文皇帝、諱德光、字德謹、小字堯骨、太祖第二子、母淳欽皇后蕭氏、唐天復二年生、神光異常、獵者獲白鹿、白鷹、人以爲瑞、及長、貌嚴重而性寬仁、軍國事多所取決。
《志十七下百官志四》
【南面邊防官・然遼之邊防・卒之親仁善鄰】南面邊防官、三皇五帝寬柔之化、澤及漢唐、好生惡殺、習與性成、雖五代極亂、習於戰鬬者財幾人耳、宋以文勝、然遼之邊防猶重於南面、直以其地大民衆故耳、卒之親仁善鄰、桴鼓不鳴幾二百年、此遼之所以爲美也歟。
《列傳一后妃》
【道宗・仁慈淑謹】興宗仁懿皇后蕭氏……道宗即位……仁慈淑謹、中外感德、凡正旦生辰諸國貢幣、悉賜貧瘠、嘗夢重元曰、臣骨在太子山北、不勝寒栗、寤、即命屋之、慈憫類此。
《列傳三耶律曷魯》
【陛下聖德寬仁】三年七月、皇都既成、燕犒臣以落之、曷魯是月得疾薨、年四十七、既葬、賜名其阡宴答、山曰裕越峪、詔立石紀功、清寧間、命立祠上京、初、曷魯病革、太祖臨視、問所欲言、曷魯曰、陛下聖德寬仁、羣生咸遂、帝業隆興、臣既蒙寵遇、雖瞑目無憾、惟析迭刺部議未決、願亟行之、及薨、太祖流涕曰、斯人若登三五載、吾謀蔑不濟矣、後太祖二十一功臣、各有所儗、以曷魯爲心云、子惕剌撮剌俱不仕。
《列傳九室昉》
【景宗之世人望中興・所謂仁人之言】論曰、景宗之世、人望中興、豈其勤心庶績而然、蓋承穆宗嗜虐之餘、爲善易見、亦由羣臣多賢、左右弼諧之力也、室昉進無逸之篇、郭襲陳諫獵之疏、阿穆爾請免同氣之坐、所謂仁人之言、其利博哉、賢適忠介、亦近世之名臣、紐哩貪猥、後人所當取鑑者也。
《列傳二十五耶律弘古》
【又況乎仁者之無敵哉】論曰、遼自神冊而降、席富彊之勢、內修法度、外事征伐、一時將帥震揚威靈、風行電埽、討西夏、征党項、破阻卜、平敵烈、諸部震慴、聞鼙鼓而膽落股弁、斯可謂雄武之國矣、其戰勝攻取、

第一章　正史を通して知る「仁」と「天理」

必有奇謀秘計神變莫測者、將前史所載、未足以發之邪、抑天之所授、衆莫與爭而能然邪、雖然、兵者凶器、可戢而不可玩、爭者末節、可遏而不可召、此黃石公所謂柔能制剛、弱能制強也、又況乎仁者之無敵哉、遼之君臣智足守此、金人果能乘其敝而蹈其後乎、是以於耶律弘古簫諸將、不能無慨然也。

16：『金史』［忠義より前の部分は、皇帝關係のみ檢討］

《本紀六世宗上》
【胸間有七子如北斗形・性仁孝】世宗光天興運文德武功聖明仁孝皇帝、諱雍、本諱烏祿、太祖孫、睿宗子也、母曰貞懿皇后李氏、天輔七年癸外歲、生于上京、體貌奇偉、美鬚髯、長過其腹、胸間有七子如北斗形、性仁孝、沉靜明達、善騎射、國人推爲第一、每出獵、耆老皆隨而觀之。

《本紀八世宗下》
【正欲女直人知仁義道德所在耳】九月己巳、以同僉大宗正事方等爲賀宋生日使、宿直將軍完顏錫里庫爲夏國生日使、譯經所進所譯易書論語孟子老子楊子文中子劉子及新唐書、上謂宰臣曰、朕所以令譯五經者、正欲女直人知仁義道德所在耳、命頒行之、辛未、秋獵。

《本紀第十八哀宗下》
【世宗・以仁易暴】贊曰、金之初興、天下莫強焉、太祖太宗咸制中國、大槩欲效遼初故事、立楚立齊、委而去之、宋人不競、遂失故物、熙宗海陵濟以虐政、中原缺望、金事幾去、天厭南北之兵、挺生世宗、以仁易暴、休息斯民、是故金祚百有餘年、由大定之政有以固結人心、乃克爾也、章宗志存潤色、而秕政日多、誅求無藝、民力浸竭、明昌承安盛極衰始、至於衛紹、紀綱大壞、亡徵已見、宣宗南渡、棄厥本根、外狃餘威、連兵宋夏、内致困憊、自速土崩、哀宗之世無足爲者、皇元功德日盛、天人屬心、日出燭息、理勢必然、區區生聚、圖存於亡、力盡乃斃、可哀也矣、雖然、在禮、國君死社稷、哀宗無愧焉。

《本紀十九世紀補》
【世宗・帝天性仁厚不忍刑殺】［顯宗］帝天性仁厚、不忍刑殺、梁檀兒盜金銀葉、憐其母老、李福興盜段匹、値坤厚陵禮成、家令巴哩巴盜銀器、値萬春節、皆委曲全活之、亡失物者、責其償而不加罪、聞四方饑饉、輒先奏、加賑贍、因田獵出巡、所過問民間疾苦、敬禮大臣、友愛兄弟、葬明德皇后于坤厚陵、諸妃皆祔、自磐寧宮發引、趙王永中以其母轜車先發、令張黃蓋者前行、帝呼執蓋者不應、少府監張謹言欲奏其事、帝止之、嘗作重光座銘、及刻左右銘于小玉碑、并刻其碑陰、皆深有理致、最善射而不殫物、嘗奉詔拜陵、先獵、射一鹿獲之、即命罷獵、曰、足奉祀事、焉用多殺、好生蓋其天性云。

《列傳五十九忠義一》
【左傳・仁哉聖元之爲政也】欒共子曰、民生於三、事之如一、唯其所在則致死焉、公卿大夫居其位、食其祿、國家有難、在朝者死其官、守郡邑者死城郭、治軍旅者死行陣、市井草野之臣發憤而死、皆其所也、故死得其所、則所欲有甚於生者焉、金代褒死節之臣、既贈官爵、仍錄用其子孫、貞祐以來、其禮有加、立祠樹碑、歲時致祭、可謂至矣、聖元詔修遼金宋史、史臣議凡例、凡前代之忠於所事者請書之無諱、朝廷從之、烏虖、仁哉聖元之爲政也、司馬遷記豫讓對趙襄子之言曰、人主不掩人之美、而忠臣有成名之義、至哉斯言、聖元之爲政足爲萬世訓矣、作忠義傳。

《列傳六十忠義二》
【皇太子聰明仁孝】烏古論德升本名六斤、益都路猛安人……興定元年、大元兵急攻太原、糧道絶、德升屢出兵戰、糧道復通、詔遷官一階、德升上言、皇太子聰明仁孝、保訓之官已備、更宜選德望素著之士朝夕左右之、日聞正言見正行、此社稷之洪休生民之大慶也、宣宗嘉納之。

《列傳六十三文藝上》
【昉性仁厚】韓昉字公美燕京人……昉性仁厚、待物甚寬、有家奴誣告昉以馬資送叛人出境、考之無狀、有司以奴還昉、昉待之如初、曰、奴誣主人以罪、求爲良耳、何足怪哉、人稱其長者、昉雖貴、讀書未嘗去手、善屬文、最長於詔册、作太祖睿德神功碑、當世稱之、自使高麗歸、後高麗使者至必問昉安否云。

《列傳七十二外國上》
―外國傳になし―

17：『宋史』［循吏より前の部分は、皇帝關係のみ檢討］

《本紀三太祖三》
【考論聲明文物之治道德仁義之風】贊曰、昔者堯舜以禪代、湯武以征伐、皆南面而有天下、四聖人者往、世道升降、否泰推移、當斯民塗炭之秋、皇天眷求民主、亦惟責其濟斯世而已、使其必得四聖人之才、而後以其行事畀之、則生民平治之期、殆無日也、五季亂極、宋太祖起介冑之中、踐九五之位、原其得國、視晉漢周亦豈甚相絕哉、及其發號施令、名藩大將、俯首聽命、四方列國、次第削平、此非人力所易致也、建隆以來、釋藩鎭兵權、糸臟吏重法、以塞濁亂之源、州郡司牧、下令錄幕職、躬自引對、務農興學、愼罰薄歛、與世休息、迄於丕平、治定功成、制禮作樂、在位十有七年之間、而三百餘載之基、傳之子孫、世有典則、遂使三代而降、考論聲明文物之治、道德仁義之風、宋於漢唐、蓋無讓焉、烏虖、創業垂統之君、規模若是、亦可謂遠也已矣。

《本紀十二仁宗四》
【仁宗恭儉仁恕・爲人君止於仁】贊曰、仁宗恭儉仁恕、出於天性、一遇水旱、或密禱禁庭、或跣立殿下、有司請以玉清舊地爲御苑、帝曰、吾奉先帝苑囿、猶以爲廣、何以是爲、燕私常服澣濯、帷帟衾裯、多用繒絁、宮中夜饑、思膳燒羊、戒勿宣索、恐膳夫自此戕賊物命、以備不時之須、大辟疑者、皆令上讞、歲常活千餘、吏部選人、一坐失入死罪、皆終身不遷、每諭輔臣曰、朕未嘗罟人以死、況敢濫用辟乎。至於夏人犯邊、禦之出境、契丹渝盟、增以歲幣、在位四十二年之間、吏治若媮惰、而任事蔑殘刻之人、刑法似縱弛、而決獄多平允之士、國未嘗無弊倖、而不足以累治世之體、朝未嘗無小人、而不足以勝善類之氣、君臣上下惻怛之心、忠厚之政、有以培壅宋三百餘年之基、子孫一矯其所爲、馴至於亂、傳曰、爲人君、止於仁、帝誠無愧焉。

《本紀十九徽宗一》
【先帝嘗言端王有福壽且仁孝不同諸王】徽宗體神合道駿烈遜功聖文仁德憲慈顯孝皇帝、諱佶、神宗第十一子也……紹聖三年、以平江鎭江軍節度使封端王……皇太后又曰、先帝嘗言、端王有福壽、且仁孝、不同諸王、於是惇爲之默然、乃召端王入、即皇帝位、皇太后權同處分軍國事、庚辰、赦天下常赦所不原者、百官進秩一等、賞諸軍、遣宋淵告哀于遼、辛巳、尊先帝后爲元符皇后、癸未、追尊母貴儀陳氏爲皇太妃、甲申、命章惇爲山陵使、乙酉、出先帝遺留物賜近臣、丙戌、以申王佖爲太傅、進封陳王、賜贊拜不名……。

《本紀二十七高宗四》
【詔中外刑官各務仁平】三年春正月丁巳朔、帝在臨安、率百官遙拜二帝、不受朝賀、江西將李宗諒誘戍兵叛、寇筠州、統領趙進擊卻之、翟琮入西京、禽僞齊留守孟邦雄、命諸路憲臣兼提舉常平司、庚申、金人犯上津、李橫破穎順軍、僞齊知軍蘭和降、壬戌、金人犯金州洵陽縣、以仇悆爲福建兩浙淮東路沿海制置使、癸亥、陳顒寇潮州不下、引兵趨江西、甲子、李橫復穎昌府、乙丑、詔中外刑官各務仁平、臺憲檢察、月具所平反以聞、歲終考察殿最、金人陷金州、鎭撫使王彥焚積聚、退保西鄉、庚午、罷行在宗正司、命嗣濮王仲湜兼判大宗正事、辛未、震電雨雹、造渾天儀、李通爲其徒王全所殺、壬申、命西外宗正移司福州、癸酉、復祭大火、以湯東野爲淮東安撫使、乙亥、以李橫爲襄陽府鄧隨郢州鎭撫使、丁丑、登萊山砦統制范溫率部兵泛海來歸、庚辰、詔春秋望祭諸陵、張浚論奏王似不可爲副、因引罪求罷、不報、癸未、詔、民復業者、視墾田多寡定租額賦役、乙酉、減淮浙蠶鹽錢。

《本紀三十二高宗九》
【高宗恭儉仁厚】贊曰……高宗恭儉仁厚、以之繼體守文則有餘、以之撥亂反正則非其才也、況時危勢逼、兵弱財匱、而事之難處又有甚於數君者乎、君子於此、蓋亦有憫高宗之心、而重傷其所遭之不幸也。

《本紀三十五孝宗三》
【若仁宗之爲仁孝宗之爲孝】贊曰……然自古人君起自外藩、入繼大統、而能盡宮庭之孝、未有若帝、其間父子怡愉、同享高壽、亦無有及之者、終喪三年、又能却羣臣之請而力行之、宋之廟號、若仁宗之爲仁、孝宗之爲孝、其無愧焉、其無愧焉。

《本紀四十一理宗一》
【曰畏天悅親講學仁民】十一月甲子、右正言粲漂請承順東朝、繼志述事、壹以孝宗爲法、而新政之切者、曰畏天悅親講學仁民、上嘉納焉、癸未、以五月十六日爲皇太后壽慶節、丁亥、詔改明年爲寶慶元年、戊子、

第一章　正史を通して知る「仁」と「天理」

以葛洪爲端明殿學士同簽書樞院事、巳丑、詔以生日爲天基節。
《本紀四十七瀛國公》
【趙宋・功成治定之後以仁傳家・然仁之敝失於弱】贊曰、司馬遷論秦、趙世系同出伯益、夫稷契伯益其子孫皆有天下、至於運祚短長、亦係其功德之厚薄焉、趙宋雖起於用武、功成治定之後、以仁傳家、視秦宜有間矣、然仁之敝失於弱、即文之敝失於僿也、中世有欲自強、以革其敝、用乖其方、馴致棼擾、建炎而後、土宇分裂、猶能六主百五十年而後亡、豈非禮義足以維持君子之志、恩惠足以固結黎庶之心歟、瀛國四歲即位、而天兵渡江、六歲而羣臣奉之入朝、漢劉向言、孔子論詩至、殷士膚敏、裸將於京、喟然嘆曰、大哉天命、善不可不傳於後嗣、是以富貴無常、至哉言乎、我皇元之平宋也、吳越之民、市不易肆、世祖皇帝命征南之帥、輒以宋祖戒曹彬勿殺之言訓之、書曰、大哉王言、一哉王心、我元一天下之本、其在於茲。
《列傳一百八十五循吏》
【有司・[皇帝]上仁】張綸字公信、潁州汝陰人……居淮南六年、累遷文思使昭州刺史、契丹隆緒死、爲弔慰副使、歷知秦瀛二州、兩知滄州、再遷東上閤門使、眞拜乾州刺史、徙知潁州、卒、綸有材略、所至興利除害、爲人恕、喜施予、在江淮、見漕卒凍餒道死者衆、歎曰、此有司之過、非所以體上仁也、推奉錢市絮襦千數、衣不能自存者。
【[皇帝]仁恩】韓晉卿字伯修密州安丘人……諸州請讞大辟、執政惡其多、將劾不應讞者、晉卿曰、聽斷求所以生之、仁恩之至也、苟讞而獲譴、後不來矣、議者又欲引唐日覆奏、令天下庶戮悉奏決、晉卿言、可疑可矜者許上請、祖宗之制也、四海萬里、必須繫以聽朝命、恐自今瘐死者多於伏辜者矣、朝廷皆行其説、故士大夫間推其忠厚、不以法家名之、卒於官。
《列傳一百八十六道學一》
【聖人・中正仁義】周敦頤字茂叔、道州營道人……黃庭堅稱其、人品甚高、胸懷灑落、如光風霽月、廉於取名而銳於求志、薄於徼福而厚於得民、菲於奉身而燕及煢嫠、陋於希世而尚友千古……惟人也得其秀而最靈、形既生矣、神發知矣、五性感動而善惡分、萬事出矣、聖人定之以中正仁義而主靜、立人極焉、故聖人與天地合其德、日月合其明、四時合其序、鬼神合其吉凶、君子修之吉、小人悖之凶、故曰、立天之道、曰陰與陽、立地之道、曰柔與剛、立人之道、曰仁與義、又曰原始反終、故知死生之説、大哉易也、斯其至矣。
【天子・仁義】程頤字正叔、年十八、上書闕下、欲天子黜世俗之論、以王道爲心、游太學、見胡瑗問諸生以顏子所好何學、頤因答曰、學以至聖人之道也、聖人可學而至歟、曰、然、學之道如何、曰、天地儲精、得五行之秀者爲人、其本也真而靜、其未發也、五性具焉、曰仁義禮智信、形既生矣、外物觸其形而動其中矣、其中動而七情出焉、曰喜怒哀樂愛惡欲、情既熾而益蕩、其性鑿矣、是故覺者約其情使合於中、正其心、養其性、愚者則不知制之、縱其情而至於邪僻、梏其性而亡之、然學之道、必先明諸心、知所養、然後力行以求至、所謂自明而誠也、誠之道、在乎信道篤、信道篤則行之果、行之果則守之固、仁義忠信不離乎心、造次必於是、顛沛必於是、出處語默必於是、久而弗失、則居之安、動容周旋中禮、而邪僻之心無自生矣。
【害仁曰賊】呂大防薦之曰……大君者、吾父母宗子、其大臣、宗子之家相也、尊高年所以長其長、慈孤幼所以幼其幼、聖其合德、賢其秀也、凡天下疲癃殘疾、惸獨鰥寡、皆吾兄弟之顛連而無告者也、于時保之、子之翼也、樂且不憂、純乎孝者也、違曰悖德、害仁曰賊、濟惡者不才、其踐形惟肖者也。
《列傳一百八十七道學二》
【聖君・從欲之仁】尹焞字彥明、一字德充、世爲洛人……九年、以徽猷閣待制提擧萬壽觀兼侍講、又辭、且奏言……今臣年齒已及、加以疾病、血氣既衰、戒之在得、此當去者五也、臣聞聖君有從欲之仁、匹夫有莫奪之志、今臣有五當去之義、無一可留之理、乞檢會累奏、放歸田里。
【仁恕・聖賢】李侗字愿中、南劍州劍浦人、年二十四、聞郡人羅從彥得河洛之學、遂以書謁之、其略曰……其惟先生服膺龜山先生之講席有年矣、況嘗及伊川先生之門、得不傳之道於千五百年之後、性明而修、行完而潔、擴之以廣大、體之以仁恕、精深微妙、各極其至、漢唐諸儒無近似者、至於不言而飲人以和、與人並立而使人化、如春風發物、蓋亦莫知其所以然也、凡讀聖賢之書、粗有識見者、孰不願得授經門下、以質所疑、至於異論之人、固當置而勿論也。
《列傳一百八十八道學三》
【仁義忠孝・孔門論仁親切之旨】張栻字敬夫、丞相浚子也、潁悟夙成、浚愛之、自幼學、所教莫非仁義忠

孝之實、長師胡宏、宏一見、即以孔門論仁親切之旨告之、栻退而思、若有得焉、宏稱之曰、聖門有人矣、栻益自奮厲、以古聖賢自期、作希顏錄。

《列傳一百八十九道學四》
【仁・天理生生之全體】陳淳字安卿、漳州龍溪人……其言仁曰、仁只是天理生生之全體、無表裏、動靜隱顯精粗之間、惟此心純是天理之公、而絕無一毫人欲之、私乃可以當其名、若一處有病痛、一事有欠闕、一念有間斷、則私意行而生理息、即頑痺不仁矣。

《列傳一百九十儒林一》
【仁君好古誨人】崔頤正開封封丘人、與弟偓佺並舉進士、明經術、頤正雍熙中爲高密尉、秩滿、國子祭酒孔維薦之、以爲國學直講、遷殿中丞、太宗召見、令說莊子一篇、賜錢五萬、判監李至上言、本監先校定諸經音疏、其間文字訛謬尚多、深慮未副仁君好古誨人之意也、蓋前所遣官多專經之士、或通春秋者未習禮記、或習周易者不通尚書、至於旁引經史、皆非素所傳習、以是之故、未得周詳、伏見國子博士杜鎬直講崔頤正孫奭皆苦心彊學、博貫九經、問義質疑、有所依據、望令重加刊正、冀除舛謬、從之。

《列傳一百九十一儒林二》
【喜言仁義】高弁字公儀、濮州雷澤人、弱冠、徒步從种放學于終南山、又學古文于柳開、與張景齊名、至道中、以文謁王禹偁、禹偁奇之、舉進士、累官侍御史、諫修玉清昭應宮、降知廣濟軍、尋以戸部判官試開封府進士、私發糊名、奪二官、稍復知單州邢州鹽鐵判官、河決澶州、請弛隄防、縱水所之、可省民力、且以扼契丹南向、議寢、知陝州、卒、弁性孝友、所爲文章多祖六經及孟子、喜言仁義、有帝則三篇、爲世所傳、與李迪賈同陸參朱頤伊淳相友善、石延年劉潛皆其門人也。

《列傳一百九十二儒林三》
【君子長者仁人用心】邵伯溫字子文、洛陽人……伯溫嘗論元祐紹聖之政曰、公卿大夫、當知國體、以蔡確姦邪、投之死地、何足惜、然嘗爲宰相、當以宰相待之、范忠宣有文正餘風、知國體者也、故欲薄確之罪、言既不用、退而行確詞命、然後求去、君子長者仁人用心也、確死南荒、豈獨有傷國體哉、劉摯梁燾王巖叟劉安世忠直有餘、然疾惡已甚、不知國體、以貽後日縉紳之禍、不能無過也。

【法伸乎下・仁歸乎上】程大昌字泰之、徽州休寧人……進秘閣脩撰、召爲秘書少監、帝勞之曰、卿、朕所簡記、監司若人人如卿、朕何憂、兼中書舍人、六和塔寺僧以鎮潮爲功、求內降給賜所置田產仍免科徭、大昌奏、僧寺既違法置田、又移科徭於民、奈何許之、況自脩塔之後、潮果不齧岸乎、寢其命、權刑部侍郎、升侍講兼國子祭酒、大昌言、辟以止辟、未聞縱有罪爲仁也、今四方讞獄例擬貸死、臣謂有司當守法、人主察其可貸則貸之、如此、則法伸乎下、仁歸乎上矣、帝以爲然、兼給事中、江陵都統制率逢原縱部曲毆百姓、守帥辛棄疾以言狀徙帥江西、大昌因極論、自此屯戍州郡、不可爲矣……。

【仁者之勇】楊萬里字廷秀、吉州吉水人……洊入相、薦之朝、除臨安府教授、未赴、丁父憂、改知隆興府奉新縣、戢追胥不入鄉、民逋賦者揭其名市中、民謹趨之、賦不擾而足、縣以大治、會陳俊卿虞允文爲相、交薦之、召爲國子博士、侍講張栻以論張說出守袁、萬里抗疏留栻、又遺允文書、以和同之說規之、栻雖不果留、而公論偉之、遷太常博士、尋升丞兼吏部右侍郎官、轉將作少監、出知漳州、改常州、尋提舉廣東常平茶鹽、盜沈師犯南粵、帥師往平之、孝宗稱之曰、仁者之勇、遂有大用意、就除提點刑獄、請於潮惠二州築外砦、潮以鎮賊之巢、惠以扼賊之路、俄以憂去、免喪、召爲尚左郎官。

《列傳一百九十三儒林四》
【仁義紀綱】薛季宣字士龍、永嘉人……樞密使王炎薦于朝、召爲大理寺主簿、未至、爲書謝炎曰、主上天資英特、羣臣無將順緝熙之具、幸得遭時、不能格心正始、以建中興之業、徒僥倖功利、今言以眩俗、雖復中夏、猶無益也、爲今之計、莫若以仁義紀綱爲本、至於用兵、請俟十年之後可也。

《列傳一百九十四儒林五》
【屬縣官吏・慈祥仁惠】朱震字子發、荊門軍人……遷祕書少監兼侍經筵、轉起居郎……震曰、使居官廉而不擾、則百姓自安、雖誘之爲盜、亦不爲矣、願詔新太守、到官之日、條具本郡及屬縣官吏有貪墨無狀者、一切罷去、聽其自擇慈祥仁惠之人、有治效者優加奬勸、上從其言。

【中國・仁慈之道・君子長者之事】寅字明仲、安國弟之子也……自古中國彊盛如漢武帝唐太宗、其得志四夷、必併吞掃滅、極其兵力而後已、中國禮義所自出也、恃彊凌弱且如此、今乃以仁慈之道、君子長者之事、望於凶頑之粘罕、豈有是理哉、今日圖復中興之策、莫大於罷絕和議、以使命之幣、爲養兵之資、不然、

則僻處東南、萬事不競、納賂、則孰富於京室、納質、則孰重於二聖、反復計之、所謂乞和、決無可成之理。
【治天下有本、仁也。仁心也。陛下仁孝之志】宏字仁仲、幼事楊時、侯仲良、而卒傳其父之學、優游衡山下餘二十年、玩心神明、不舍晝夜、張栻師事之、紹興間上書、其略曰、<u>治天下有本、仁也、何謂仁、心也</u>、心官茫茫、莫知其鄉、若爲知其體乎、有所不察則不知矣、有所顧慮、有所畏懼、則雖有能知能察之良心、亦浸消亡而不自知、此臣之所大憂也、夫敵國據形勝之地、逆臣僭位於中原、牧馬駸駸、欲爭天下……昔舜以匹夫爲天子、瞽叟以匹夫爲天子父、受天下之養、豈不足於窮約哉……夫以疎賤、念此痛心、當食則噎、未嘗不投箸而起、思欲有爲、況陛下當其任乎、而在廷之臣、不能對揚天心、<u>充陛下仁孝之志</u>、反以天子之尊、北面讎敵、陛下自念、以此事親、於舜何如也。

《列傳一百九十五儒林六》
【天子‧仁義公恕‧陛下之仁‧仁愛足以結民心】陳亮字同父婺州永康人……先是、亮嘗圜視錢塘、喟然歎曰、城可灌爾、蓋以地下於西湖也、至是、當淳熙五年、孝宗即位蓋十七年矣、亮更名同、詣闕上書曰、<u>臣惟中國天地之正氣也、天命所鍾也、人心所會也、衣冠禮樂所萃也、百代帝王之所相承也</u>、挈中國衣冠禮樂而寓之偏方、雖天命人心猶有所係、然豈以是爲可久安而無事也、天地之正氣鬱遏而久不得騁、必將有所發泄、而天命人心固非偏方所可久係也、國家二百年太平之基、三代之所無也……唐自肅代以後、上失其柄、藩鎮自相雄長、擅其土地人民、用其甲兵財、賦官爵惟其所命、而人才亦各盡心於其所事、卒以成君弱臣彊、正統數易之禍、藝祖皇帝一興、而四方次第平定、藩鎮拱手以趨約束、使列郡各得自達於京師、以京官權知、三年一易、財歸於漕司、而兵各歸於郡、朝廷以一紙下郡國、如臂之使指、無有留難、自筦庫微職、必命於朝廷、而天下之勢一矣、故京師嘗宿重兵以爲固、而郡國亦各有禁軍、無非天子所以自守其地也、兵皆天子之兵、財皆天子之財、官皆天子之官、民皆天子之民、紀綱總攝、法令明備、郡縣不得以一事自專也、士以尺度而取、官以資格而進、不求度外之奇才、不慕絕世之篤功、天子蚤夜憂勤於其上、以義理廉恥嬰士大夫之心、<u>以仁義公恕厚斯民之生</u>、舉天下皆由於規矩準繩之中、而二百年太平之基從此而立……臣不佞、自少有驅馳四方之志、嘗數至行都、人物如林、其論皆不足以起人意、臣是以知陛下大有爲之志孤矣、辛卯壬辰之間、始退而窮天地造化之初、攷古今沿革之變、<u>以推極皇帝王伯之道</u>、而得漢魏晉唐長短之由、天人之際昭昭然可考而知也、始悟今世之儒士自以爲得正心誠意之學者、皆風痺不知痛癢之人也、舉一世安於君父之讎、而方低頭拱手以談性命、不知何者謂之性命乎、陛下接之而不任事、<u>臣於是服陛下之仁</u>、又悟今世之才臣自以爲得富國彊兵之術者、皆狂惑以肆叫呼之人也、不以暇時謀究立國之本末、而方揚眉伸氣以論富彊、不知何者謂之富彊乎、陛下察之而不敢盡用、臣於是服陛下之明、陛下厲志復讎足以對天命、<u>篤於仁愛足以結民心、而又明足以照臨羣臣一偏之論</u>、此百代之英主也、今乃委任庸人、籠絡小儒、以遷延大有爲之歲月、臣不勝憤悱、是以忘其賤而獻其愚、陛下誠令臣畢陳於前、豈惟臣區區之願、將天地之神祖宗之靈、實與聞之。
【義士仁人痛切心骨‧陛下】高宗崩、金遣使來弔、簡慢、而光宗由潛邸判臨安府、亮感孝宗之知、至金陵視形勢。復上疏曰……高宗與金有父兄之讎、生不能以報之、則死必有望於子孫、何忍以升遐之哀告諸讎哉、遺留報謝、三使繼遣、金帛寶貨、千兩連發、而金人僅以一使、如臨小邦、哀祭之辭寂寥簡慢、<u>義士仁人痛切心骨</u>、豈以陛下之聖明智勇而能忍之乎。

《列傳一百九十六儒林七》
【廉仁功勤‧僚屬】十五年、以寶謨閣待制湖南安撫使知潭州、<u>以廉仁功勤四字勵僚屬</u>、以周惇頤胡安國朱熹張栻學術源流勉其士、罷權酤、除斛面米、申免和糴、以甦其民、民艱食、既極力賑贍之、復立惠民倉五萬石、使歲出糶、又易穀九萬五千石、分十二縣置社倉、以徧及鄉落、別立慈幼倉、立義阡、惠政畢舉、月試諸軍射、捐其回易之利及官田租、凡營中病者死未葬者孕者嫁娶者、贍給有差、朝廷從壽昌朱橐請、以飛虎軍戍壽昌、併致其家口、力爭止之、江華縣賊蘇師入境殺劫、檄廣西共討平之、司馬遵守武岡、激軍變、劾遵而誅其亂者。
【天子‧方寸仁愛】王應麟字伯厚、慶元府人……馬廷鸞知貢舉、詔應麟兼權直、俄兼崇政殿說書、遷著作郎、守軍器少監、經筵值人日雪、帝問有何故事、應麟以唐李嶠李乂等應制詩對、因奏、<u>春雪過多、民生飢寒、方寸仁愛、宜謹感召</u>、遷將作監。

《列傳一百九十九文苑二》
【仁義之風】柳開字仲塗、大名人……又人情貪競、時態輕浮、雖骨肉之至親、臨勢利而多變、同僚之內、

多或不和、伺隙則至於傾危、患難則全無相救、仁義之風蕩然不復、欲望明頒告諭、各使改更、庶厚化原、永敦政本。
【良將・未有仁義・建仁爲旌・黃帝三苗・洞庭之波以仁不以亂】夏侯嘉正字會之、江陵人、少有俊才、太平興國中、舉進士、歷官至著作佐郎、使於巴陵、爲洞庭賦曰……因言曰……又若良將、以謀守邊、澎澎灕灕、浩爾一致、又若太始、未有仁義、沖沖漠漠、二氣交錯……臣又問曰、易稱王公設險、是澤之險可以爲固、而歷代興衰、其義安取、神曰、天道以順不以逆、地道以謙不以盈、故治理之世、建仁爲旌、聚心爲城、而弧不暇弦、矛不暇鋒、四海以之而大同、何必恃險阻、何必據要衝、若秦得百二爲帝、齊得十二而王、其山爲金、其水爲湯、守之不義、歘然而亡、水不在大、恃之者敗、水不在微、怙之者危、若漢疲於昆明、桀困於酒池、亦其類也、故黃帝張樂而興、三苗棄義而傾、則知洞庭之波以仁不以亂、以道不以賊、惟賢者觀其知而後得也。
《列傳二百文苑三》
【馬如有神知帝之仁】路振字子發、永州祁陽人……常作祭戰馬文曰…馬如有神、知帝之仁、嗚呼。
《列傳二百二文苑五》
【三代・仁義】蘇洵字明允、眉州眉山人……聖人之道、有經有權有機、是以有民、有羣臣而又有腹心之臣……後世見三代取天下以仁義、而守之以禮樂也、則曰聖人無機、夫取天下與守天下、無機不能、顧三代聖人之機、不若後世之詐、故後世不得見耳。
【仁義智信樂刑政】章望之字表民、建州浦城人……望之喜議論、宗孟軻言性善、排荀卿楊雄韓愈李翺之說、著救性七篇、歐陽修論魏梁爲正統、望之以爲非、著明統三篇、江南人李覯著禮論、謂仁義智信樂刑政皆出於禮、望之訂其說、著禮論一篇、其議論多有過人者、嘗北游齊趙南汎湖湘、西至汧隴、東極吳會、山水勝處、無所不歷、有歌詩雜文數百篇、集爲三十卷。
《列傳二百三文苑六》
【仁厚勇略吏】晁補之字無咎、濟州鉅野人……補之才氣飄逸、嗜學不知倦、文章溫潤典縟、其凌麗奇卓出於天成、尤精楚詞、論集屈宋以來賦詠爲變離騷等三書、安南用兵、著罪言一篇、大意欲擇仁厚勇略吏爲五管郡守、及修海上諸郡武備、議者以爲通達世務、從弟詠之。
《列傳二百四文苑七》
【仁孝學太子】葛勝仲字魯卿、丹陽人……宋自建隆至治平所行典禮、歐陽修嘗裒集爲書、凡百篇、號太常因革禮、詔勝仲續之、增爲三百卷、詔藏太常、及建春宮、以勝仲兼諭德、勝仲爲仁孝學三論獻之太子、復採春秋戰國以來歷代太子善惡成敗之迹、日進數事……。
《列傳第二百五忠義一》
【主上仁孝慈儉】李若水字清卿、洺州曲周人……後旬日、尼堪召計事、且問不肯立異姓狀、若水曰、上皇爲生靈計、罪已內禪、主上仁孝慈儉、未有過行、豈宜輕議廢立、尼堪指宋朝失信、若水曰、若以失信爲過、公其尤也、歷數其五事曰、汝爲封豕長蛇、眞一劇賊、滅亡無日矣……。
【主上仁聖】傅察字公晦、孟州濟源人……察曰、主上仁聖、與大國講好、信使往來、項背相望、未有失德、太子干盟而動、意欲何爲、還朝當具奏、幹里不曰、爾尚欲還朝邪……。
《列傳二百六忠義二》
【楚莊王・元帥之仁・國家・存社稷之德活生靈之仁】徐揆衢州人……其略曰、昔楚莊王入陳、欲以爲縣申叔時諫、復封之、後世君子、莫不多叔時之善諫、楚子之從諫、千百歲之下、猶想其風采、本朝失信大國、背盟致討、元帥之職也、都城失守、社稷幾亡而存、元帥之德也、兵不血刃、市不易肆、生靈幾死而活、元帥之仁也、雖楚之存陳之功、未能有過、我皇帝親屈萬乘、兩造轅門、越在草莽、國中喁喁、跂望屬車之塵者屢矣、道路之言、乃謂以金銀未足、故天子未返、揆竊惑之、今國家帑藏既空、編民一妾婦之飾、一器用之微、無不輸之公上、商賈絕迹、不來京邑、區區豈足以償需索之數、有存社稷之德、活生靈之仁、而以金帛之故、留質君父、是猶愛人之子弟、而辱其父祖、與不愛無擇、元帥必不爲也、願推惻隱之心、存始終之惠、反其君父、班師振旅、緩以時日、使求之四方、然後遣使人奉獻、則楚封陳之功不足道也、二酋見書、使以馬載揆至軍詰難、揆厲聲抗論、爲所殺、建炎二年、追錄死節、詔贈宣教郎、而官其後。
【陛下・原仁義之實】唐重字聖任、眉州彭山人、少有大志、大觀三年進士、徽宗親策士、問以制禮作樂、

第一章　正史を通して知る「仁」と「天理」

重對曰、事親從兄、爲仁義禮樂之實、陛下以神考爲父、哲宗爲兄、<u>蓋亦推原仁義之實而已</u>、何以制作爲、授蜀州司理參軍、改成都府府學教授、知懷安軍金堂縣、授辟雍祿。

《列傳二百十四忠義十》

【陛下・仁壽】華岳字子西、爲武學生、輕財好俠……臣願陛下除吾一身之外患、吾中國之外患既已除、然後公道開明、正人登用、法令自行、紀綱自正、豪傑自歸、英雄自附、侵疆自還、中原自復、天下自底於和平、<u>四海自躋於仁壽</u>、何俟乎兵革哉、不然、則亂臣賊子毀冕裂冠、哦九錫隆恩之詩、恃貴不可侔之相、私妾内姬、陰臣將相、魚肉軍士、塗炭生靈、墜百世之遠圖、虧十廟之遺業、陛下此時雖欲不與之偕亡、則禍廹於身、權出於人、俛首待終、何臍可噬。

《列傳二百十六隱逸上》

【眞有道仁聖之主】陳摶字圖南、亳州眞源人……太平興國中來朝、太宗待之……對曰、摶山野之人、於時無用、亦不知神仙黃白之事、吐納養生之理、非有方術可傳、假令白日沖天、亦何益於世、今聖上龍顏秀異、有天人之表、博達古今、深究治亂、<u>眞有道仁聖之主也</u>、正君臣恊心同德、興化致治之秋、勤行脩煉、無出於此、琪等稱善、以其語白上、上益重之、下詔賜號希夷先生、仍賜紫衣一襲、留摶闕下、令有司增葺所止雲臺觀、上屢與之屬和詩賦、數月放還山。

【仁聖之賜】种放字名逸、河南洛陽人也……方上言曰……又安敢碌碌而依違、嘿嘿而曠素、願且齒於諫署、庶少觀於朝制、斯亦苟能有適、名器無假、唯茲保全之惠、<u>仰繋仁聖之賜</u>。

【爲仁義】何羣字通夫、果州西充人、嗜古學、喜激揚論議、雖業進士、非其好也、慶歷中、石介在太學、四方諸生來學者數千人、羣亦自蜀至、方講官會諸講、介曰、生等知何羣乎、<u>羣曰思爲仁義而已</u>、不知饑寒之切己也、衆皆注仰之、介因舘羣于其家、使弟子推以爲學長、羣愈自克厲、著書數十篇、與人言未嘗下意曲從、同舍目羣爲白衣御史。

《列傳二百十七隱逸中》

【天子仁聖好賢】陳烈字季慈、福州侯官人……嘗以鄉薦試京師不利、即罷舉、或勉之求仕、則曰、伊尹守道、成湯三聘以幣、呂望既老、文王載之俱歸、<u>今天子仁聖好賢</u>、有湯文之心、豈無先覺如伊呂者乎、仁宗屢詔之不起、人問其故、應曰、吾學未成也、公卿大夫郡守鄉老交章稱其賢、嘉祐中、以爲本州教授、歐陽脩又言之、召爲國子直講、皆不拜。

【忘其仁義之大】章詧字隱之、成都雙流人……嘗訪里人范百祿、謂曰、子辟穀二十餘年、今強力尚足、子亦嘗知以氣治疾之說乎、百祿因從扣太玄、詧爲解述大旨、再復擩詞曰、人之所好而不足者、善也、所醜而有餘者、惡也、君子能強其所不足、而拂其所有餘、太玄之道幾矣、此子雲仁義之心、予之於太玄也、述斯而已、若苦其思、艱其言、<u>迂溺其所以爲數而忘其仁義之大</u>、是惡足以語夫道哉……。

《列傳二百十八隱逸下》

【元亨利貞・立人之道・仁與義之類】郭雍字子和、其先洛陽人……淳熙初、學者裒集程顥程頤張載游酢楊時及忠孝雍凡七家、爲大易粹言行于世、其述雍之說曰……乾、元亨利貞、初曰四德、後又曰乾元、始而亨者也、利牝馬貞、利君子貞、是以四德爲二義亦可矣、乾陽物也、坤、陰物也、由乾一卦論之、則元與亨陽之類、利與貞陰之類也、是猶春夏秋冬雖爲四時、由陰陽觀之、則春夏爲陽、秋冬爲陰也、天之所謂元亨利貞者、如立天之道、陰與陽之類也、地之所謂元亨利貞者、如立地之道、柔與剛之類也、<u>人之所謂元亨利貞者、如立人之道、仁與義之類也</u>。

《列傳二百二十方技上》

【殺身成仁】趙脩己、開封浚儀人……周祖鎭鄴、奏參軍謀、會隱帝誅楊邠史弘肇等、且將害周祖、脩己知天命所在、密謂周祖曰、釁發蕭墻、禍難斯作、公擁全師、臨巨屏、臣節方立、忠誠見疑、今幼主信讒、大臣受戮、公位極將相、居功高不賞之地、<u>雖欲殺身成仁</u>、何益於事、不如引兵南渡、詣闕自訴、則明公之命、是天所與也、天與不取、悔何可追、周祖然之、遂決渡河之計、即位、以爲殿中省尚食奉御、賜金紫、改鴻臚少卿、遷司天監、顯德中、累加檢校戶部尚書、嘗遣副翰林學士承旨陶穀、以御衣金帶戰馬器幣賜吳越錢俶。

《列傳二百三十姦臣一》

【先帝仁聖】呂惠卿字吉甫、泉州晉江人……惠卿見正人彙進……<u>賴先帝仁聖</u>、每事裁抑、不然、安常守道之士無噍類矣……。

資料Ⅱ 『後漢書』〜『元史』の「仁」

《列傳二百三十四叛臣上》
【先無仁心】宋失其政、金人乘之、俘其人民、遷其寶器、效遼故事、立其臣爲君、冠履易位、莫甚斯時、高宗南渡、國勢弗振、悍僕狂奴、欺主衰敗、易動於惡、兵雖凶器、尤忌殘忍、將用忍人、<u>先無仁心</u>、視背君親猶反掌耳、世將之子使握重兵、居之阨塞之地、豈非召亂之道乎、大義昭明、旋踵殄滅、蓋天道也、扶綱常、遏亂略、作叛臣傳。

《列傳二百三十七世家一》
【陛下・仁深】煜字重光、景第六子也……建隆二年……若曰稍易初心、輒萌異志、豈獨不遵於祖禰、實當受譴於神明、方主一國之生靈、退賴九天之覆燾、<u>況陛下懷柔義廣、煦嫗仁深、必假清光、更逾曩日</u>、遠憑帝力、下撫舊邦、克獲晏安、得從康泰……。

《列傳二百三十八世家二》
【陛下至仁・國家・體深仁於湯禹】昶又遣其弟贄詣闕上表言……<u>陛下至仁廣覆</u>、大德好生、顧臣假息於數年、所望全軀於此日、今蒙元戎慰恤、監護撫安、若非天地之乖慈、豈見軍民之受賜、臣亦自量過咎、尚切憂疑、謹遣親弟詣闕奉表、待罪以聞……國家乘乾撫運、括地開圖、稽至德於勛華、<u>體深仁於湯禹</u>、既定壺關之亂、復剪淮夷之凶、暨荊及衡、洗蕩逋穢、以爲君人之道、先德而後刑、王者之師、有征而無戰、兵威震疊、寰宇來同、以至薄伐兩川、徂征三峽。

《列傳二百三十九世家三》
【有婦人待前妻子不仁】惟濟字巖夫……以吉州防禦使留再任、遷虔州觀察使、知定州、<u>有婦人待前妻子不仁</u>、至燒銅錢灼臂、惟濟取婦人所生兒置雪中、械婦人往視兒死、其慘毒多此類、遷武昌軍節度觀察留後、改保靜軍留後。

《列傳二百四十世家四》
【南漢・求契親仁之願】南漢劉鋹其先蔡州上蔡人……先是……煜又遣其給事中龔慎儀遺書曰、昨以大朝南伐、圖復楚疆、交兵已來、遂成釁隙、詳觀事勢、深切憂懷、冀息大朝之兵、<u>求契親仁之願</u>、引領南望、于今累年、昨命使臣入貢大朝、大朝皇帝果以此事宣示曰……。

《列傳二百四十一世家五》
【不仁之甚】繼元本姓何……繼元性殘忍、在太原、凡臣下有忤意、必族其家、自太祖親征及遣將攻伐、因之殺傷不可勝紀、及窮蹙始降、太宗待遇終保全之、嘗謂近臣曰、晉司馬昭以劉禪思蜀之對、戲之云、何乃似郤正之言、<u>此不仁之甚也</u>、亡國之君皆暗懦所致、苟有遠識、豈至滅亡、此可愍傷、何反戲侮乎、劉繼元朕所虜者、待之若賓客、猶恐不慰其意爾。

《列傳二百四十六外國三》
【高麗・治尚仁恕】［高麗］詢孫徽嗣立是爲文王……六年、徽卒、在位三十八年、<u>治尚仁恕</u>、爲東夷良主、然猶循其俗、王女不下嫁臣庶、必歸之兄弟、宗族貴臣亦然、次子運諫、以爲既通上國、宜以禮革故習、徽怒、斥之於外、訃聞、天子閔焉、詔明州修浮屠供一月、遣楊景署王舜封祭奠、錢勰宋球弔慰、景署辭李之儀書狀、帝以之儀文稱不著、宜得問學博洽器宇整秀者召赴中書、試以文乃遣、又以遠服不責其備、諭使者以相見之所殿名鴟吻、皆聽勿避。

【高麗・仁賢好文】徽子順王勳嗣、百日卒、弟宣王運嗣、<u>運仁賢好文</u>、內行飭備、每賈客市書至、則潔服焚香對之。

【高麗・性仁柔惡殺】人首無枕骨、背扁側、男子巾幘如唐裝、婦人鬟髻垂右肩、餘髮被下、約以絳羅、貫之簪、旋裙重疊、以多爲勝、男女自爲夫婦者不禁、夏月同川而浴、婦人僧尼皆男子拜、樂聲甚下、無金石之音、既賜樂、乃分爲左右二部、左曰唐樂、中國之音也、右曰鄉樂、其故習也、堂上設席、升必脫屨、見尊者則膝行、必跪、應必唯、其拜無不答、子拜、父猶半答其禮、性仁柔惡殺、不屠宰、欲食羊豕則包以蒿而燔之。

《列傳二百四十八外國五》
【占城・臣之一國仰望仁聖】占城國……至道元年正月、其王遣使來貢、奉表言……臣生長外國、夐遠天都、竊承皇帝聖明、威德廣大、臣不憚介居海裔、遣使入朝、皇帝不棄蠻夷山國、曲加優賜、然臣自爲土長、聲勢尚卑、常時外國頗相侵撓、況以前民庶如芥、隨風星散、流離各不自保、近蒙皇帝賜臣內閑騘駿及旗幟兵器等、隣國聞之、知臣荷大國之寵、而各懼天威、不敢謀害、今臣一國安寧、流民來復、若非皇帝天德加護、何以至此、<u>臣之一國仰望仁聖</u>、覆之如天、載之如地、臣自思惟、鴻恩不淺、且自天子之都至臣

213

第一章　正史を通して知る「仁」と「天理」

所居之國、渉海綿邈、不啻數萬里、而所賜之馬及器械等並安全而至、皆聖德之所及也。
【注輦國・至仁不傷於行葦】注輦國……其國主表曰……臣伏聞人君之御統也、無遠不臻、臣子之推誠也、有道則服、伏惟皇帝陛下功超邃古、道建大中、衣裳垂而德合乾坤、劍戟鑄而範圍區宇、神武不殺、人文化成、廓廓明之德以臨御下民、懷翼翼之心以昭事上帝、至仁不傷於行葦、大信爰及於淵魚、故得天鑒孔彰、帝文有赫、顯今古未聞之事、保家邦大定之基。

《列傳二百四十九外國六》
【中國皇帝・仁宥萬國】大食國……淳化四年、又遣其副酋長李亞勿來貢、其國舶主蒲希密至南海、以老病不能詣闕、乃以方物附亞勿來獻、其表曰、大食舶主蒲希密上言、衆星垂象、回拱於北辰、百谷疏源、委輸於東海、屬有道之柔遠、罄無外以宅心、伏惟皇帝陛下德合二儀、明齊七政、仁宥萬國、光被四夷、虞歌洽擊壤之民、重譯走奉琛之貢、臣顧惟殊俗、景慕中區、早傾向日之心、頗孳朝天之願。

18：『元史』

《本紀一太祖》
【時帝功德日盛・見帝寬仁】時帝功德日盛、泰楚特諸部多苦其主非法、見帝寬仁、時賜人以裘馬、心悦之、若赤老溫若哲別若失力哥也不干諸人、若朵郎吉、若扎剌兒、若忙兀諸部、皆慕義來降。

《本紀四世祖一》
【世祖・及長仁明英睿】世祖聖德神功文武皇帝、諱忽必烈、睿宗皇帝第四子、母莊聖太后、怯烈氏、以乙亥歲八月乙卯生、及長、仁明英睿、事太后至孝、尤善撫下、納弘吉剌氏為妃。
【每存仁愛之念】夏四月戊戌朔……詔諭高麗國王倎、仍歸所俘民及其逃戸、禁邊將勿擅掠、辛丑、以即位詔天下、詔曰、朕惟祖宗肇造區宇、奄有四方、武功迭興、文治多闕、五十餘年於此矣、蓋時有先後、事有緩急、天下大業、非一聖一朝所能兼備也、先皇帝即位之初、風飛雷厲、將大有為、憂國愛民之心雖切於已、尊賢使能之道未得其人、方董夔門之師、遽遺鼎湖之泣、豈期遺恨、竟勿克終、肆予沖人、渡江之後、蓋將深入焉、乃聞國中重以斂軍之擾、黎民驚駭、若不能一朝居者、予為此懼、驛騎馳歸、目前之急雖紓、境外之兵未戢、乃會群議、以集良規、不意宗盟、輒先推戴、左右萬里、名王巨臣、不召而來者有之、不謀而同者皆是、咸謂國家之大統不可久曠、神人之重寄不可暫虛、求之今日、太祖嫡孫之中、先皇母弟之列、以賢以長、止予一人、雖在征伐之間、每存仁愛之念、博施濟衆、實可為天下主、天道助順、人謨與能、祖訓傳國大典、於是乎在、孰敢不從、朕峻辭固讓、至於再三、祈懇益堅、誓以死請、於是俛徇輿情、勉登大寶、自惟寡昧、屬時多艱、若涉淵冰、罔知攸濟、爰當臨御之始、宜新弘遠之規、祖述變通、正在今日、務施實德、不尚虛文、雖承平未易遽臻、而饑渴所當先務、嗚呼、歷數攸歸、欽應上天之命、勳親斯託、敢忘烈祖之規、體極建［極體建］元、與民更始、朕所不逮、更頼我遠近宗族中外文武、同心協力、獻可替否之助也、誕告多方、體予至意。
【詔・施仁發政】五月戊辰朔、詔燕帖木兒忙古帶節度黃河以西諸軍、丙戌、建元中統、詔曰、祖宗以神武定四方、淳德御群下、朝廷草創、未遑潤色之文、政事變通、漸有綱維之目、朕獲續舊服、載擴丕圖、稽列聖之洪規、講前代之定制、建元表歲、示人君萬世之傳、紀時書王、見天下一家之義、法春秋之正始、體大易之乾元、炳煥皇猷、權輿治道、可自庚申年五月十九日、建元為中統元年、惟即位體之始、必立經陳紀為先、故內立都省、以總宏綱、外設總司、以平庶政、仍以興利除害之事、補偏救弊之方、隨詔以頒、於戲、秉籙握樞、必因時而建號、施仁發政、期與物以更新、敷宣懇惻之辭、表著憂勞之意、凡在臣庶、體予至懷。

《本紀五世祖二》
【詔・溥施在宥之仁】［至元元年］八月壬寅朔……詔曰……比者星芒示儆、雨澤愆常、皆闕政之所繫、顧斯民之何罪、宜布惟新之令、溥施在宥之仁、據布拉噶呼察圖們阿爾察托果斯輩、搆禍我家、依照太祖皇帝扎撒正典刑訖、可大赦天下、改中統五年為至元元年、於戲、否往泰來、迓續亨嘉之會、鼎新革故、正資輔弼之良、咨爾臣民、體予至意。

《本紀七世祖四》
【太祖・尤切體仁之要】［八年］十一月辛酉朔……詔曰……我太祖聖武皇帝、握乾符而起朔土、以神武而膺帝圖、四震天聲、大恢土宇、輿圖之廣、歷古所無、頃者、耆宿詣庭、奏草申請謂、既成於大業、宜早定於鴻名、在古制以當然、於朕心乎何有、可建國號曰大元、蓋取易經乾元之義、茲大冶流形于庶品、孰

214

資料Ⅱ 『後漢書』～『元史』の「仁」

名資始之功、予一人底寧于萬邦、尤切體仁之要、事從因革、道協天人、於戲、稱義而名、固匪爲之溢美、孚休惟永、尚不負于投艱、嘉與敷天、共隆大號。
《本紀八世祖五》
【行中書省言・令彼知我寛仁】［十一年］八月甲辰朔、頒諸路立社稷壇壝儀式、丁未、史天澤言、今大師方興、荊湖淮西各置行省、勢位既不相下、號令必不能一、後當敗事、帝是其言、復改淮西行中書省爲行樞密院、癸丑、行中書省言、江漢未下之州、請令呂文煥率其麾下臨城諭之、令彼知我寛仁、善遇降將、亦策之善者也、從之、甲寅、弛河南軍器之禁、辛未、高麗王愖遣其樞密使朴璆來賀聖誕節、詔太原新簽軍遠戍兩川、誠可憫恤、諭樞密院遣使分括廩粟、給其家。
《本紀十七世祖十四》
【今乃知天子仁愛元元】［二十九年］二月甲子朔……庚辰、月兒魯等言、納速剌丁滅里折都王巨濟黨比桑哥、恣爲不法、楮幣銓選鹽課酒税、無不更張變亂之、銜命江南理算者、皆嚴急輸期、民至嫁妻賣女、禍及親隣、維揚錢塘、受害最慘、無故而陷其生五百餘人、其初士民猶疑事出國家、今乃知天子仁愛元元、而使民至此極者、實桑哥及其凶黨之爲、莫不願食其肉、臣等議、此三人既已伏辜、乞依條論坐以謝天下、從之……。
《本紀十八成宗一》
【太祖・厚澤深仁】夏四月壬午……詔曰、朕惟太祖聖武皇帝受天明命、肇造區夏、聖聖相承、光熙前緒、迨我先ልዴ帝體元居正以來、然後典章文物大備、臨御三十五年、薄海内外、罔不臣屬、宏規遠略、厚澤深仁、有以衍皇元萬世無疆之祚。
《本紀二十二武宗一》
【詔諭安南國曰・尚體同仁之視】［至大元年］秋七月庚申……壬申太白犯左執法、香山加太子太傅、遣塔察兒等九人使諸王寬闍、遣月魯等十二人使諸王脱脱、癸酉、詔諭安南國曰、惟我國家、以武功定天下、文德懷遠人、乃眷安南、自乃祖乃父、世修方貢、朕甚嘉之、邇者、先皇帝晏駕、朕方撫軍朔方、爲宗室諸王貴戚元勲所推戴、以朕乃世祖嫡孫、裕皇正派、宗藩効順於外、臣民屬望於下、人心所共、神器有歸、朕俯徇輿情、大德十一年五月二十一日即皇帝位於上都、今遣少中大夫、禮部尚書阿里灰、朝請大夫吏部侍郎李京、朝列大夫兵部侍郎高復禮諭旨、尚體同仁之視、益堅事大之誠、輯寧爾邦、以稱朕意、又以管祝思監爲禮部侍郎朶兒只爲兵部侍郎使緬國、遣脱里不花等二十人使諸王合兒班答、弛上都酒禁、壬午、置皇太子司議郎、秩正五品……。
《本紀二十七英宗一》
【至尊以仁慈御天下】七年春正月戊戌、仁宗不豫、帝憂形于色、夜則焚香、泣曰、至尊以仁慈御天下、庶績順成、四海清宴、今天降大厲、不如罰殛我身、使至尊永爲民主、辛丑、仁宗崩、帝哀毀過禮、素服寢于地、日歠一粥、癸卯、太陰犯斗、甲辰、太子太師特們德爾以太后命爲右丞相、丙午、遣使分蒞内外刑獄、戊申、賑通漷二州蒙古貧民、汰知樞密院事四員、禁巫祝、日者交通宗戚大官。
【先皇帝・至仁厚德】三月辛巳、以中書禮部領教坊司、壬午、賑陳州嘉定州饑、爪哇遣使入貢、戊子、太陰犯酒旗上星、熒惑犯進賢、徵諸王駙馬流竄者、給侍從、遣就分邑、庚寅、帝即位、詔曰、洪惟太祖皇帝膺期撫運、肇開帝業、世祖皇帝神機睿略、統一四海、以聖繼聖、迨我先皇帝、至仁厚德、涵濡羣生、君臨萬國、十年于茲、以社稷之遠圖、定天下之大本、協謀宗親、授予冊寶、方春宮之輿政、邐昭考之賓天、諸王貴戚、元勲碩輔、咸謂朕宜體先帝付托之重、皇太后擁護之慈、既深繫於人心、詎可虚于神器、合辭勸進、誠意交孚、乃于三月十一日、即皇帝位于大明殿、可赦天下。
《本紀三十一明宗》
【武皇・孝友仁文天下歸心】歲戊辰七月庚午、泰定皇帝崩于上都、倒剌沙專權自用、踰月不立君、朝野疑懼、時僉都密院事燕鐵木兒留守京師、遂謀舉義、八月甲午黎明、召百官集興聖宮、兵皆露刃、號於衆曰、武皇有聖子二人、孝友仁文、天下歸心、大統所在、當迎立之、不從者死、乃縛平章烏伯都剌伯顏察兒、以中書左丞朶朶參知政事王士熙等下于獄……。
《本紀三十二文宗一》
【武宗皇帝有聖子二人孝友仁文】八月甲午、黎明、百官集興聖宮、燕鐵木兒率阿剌鐵木兒孛倫赤等十七人、兵皆露刃、號於衆曰、武宗皇帝有聖子二人、孝友仁文、天下正統當歸之……。

第一章　正史を通して知る「仁」と「天理」

《本紀三十四文宗三》
【今皇太子仁孝聰睿】十二月戊申……監察御史言、昔裕宗由燕邸而正儲位、世祖擇耆舊老臣如王顒姚燧蕭𣂏等爲之師保賓客、今皇太子仁孝聰睿、出自天成、誠宜愼選德望老成學行純正者、俾之輔導於左右、以宏養正之功、實宗祀生民之福也、帝嘉納其言、詔、龍翔集慶寺工役佛事、江南行臺悉給之、戊午、以十月郊祀禮成、帝御大明殿受文武百官朝賀、大赦天下、癸亥、知樞密院事庫庫台兼大都留守、乙丑、遣集賢侍讀學士珠爾噶詣眞定、以明年正月二十日祀睿宗及后于玉華宮之神御殿……。

《本紀三十七寧宗》
【仁義之至】十月庚子、帝即位于大明殿、大赦天下、詔曰、洪惟太祖皇帝、啓闢疆宇、世祖皇帝、統一萬方、列聖相承、法度明著、庫魯克皇帝入纂大統、修擧庶政、動合成法、授大寶位于普顏篤皇帝以及格堅皇帝、歷數之歸、當在我忽都篤皇帝扎牙篤皇帝、而各播越遼遠、時則有若燕鐵木兒、建義效忠、戡平内難、以定邦國、協恭推戴扎牙篤皇帝、登極之始、即以讓兄之詔明告天下、隨奉璽紱、遠迓忽都篤皇帝、朔方言還、奄棄臣庶、扎牙篤皇帝、荐正宸極、仁義之至、視民如傷、恩澤旁被、無間遠邇、顧育眇躬、尤篤慈愛、賓天之日、皇后傳顧初於太師太平王右丞相答剌罕燕帖木兒、太保淡寧王知樞密院事伯顏等、謂聖體彌留、益推固讓之初志、以宗社之重、屬諸大兄忽都篤皇帝之世嫡……。

《本紀三十八順帝一》
【廣仁愛之心】［至元元年］九月庚辰朔、車駕駐扼狐嶺、丙戌、赦、丁亥、封知樞密院事闊里吉思爲宜國公、太保中書平章政事定住爲宣德王、夜、太陰犯斗宿、庚寅、太陰犯壘壁陣、庚子、加中書平章政事徹里帖木兒銀青榮祿大夫、命有司造太皇太后玉册玉寶、御史臺臣言、國朝初用宦官、不過數人、今内府執事不下千餘、乞依舊制、裁減冗濫、廣仁愛之心、省糜費之患、從之、丙午、詔以烏撒烏蒙之地隸四川行省、是月、耒陽常寧道州民饑、以米萬六千石并常平米賑糶之、車駕還自上都、以京畿鹽換羊二萬口。

【天心仁愛】［至元元年］十一月庚辰……辛丑、下詔改元、詔曰、朕祇紹天命、入纂丕緒、于今三年、夙夜寅畏、罔敢怠荒、茲者年穀順成、海宇清謐、朕方增修厥德、日以敬天恤民爲務、屬太史上言、星文示徵、將朕德菲薄、有所未逮歟、天心仁愛、俾予以治、有所告戒歟、弭災有道、善政爲先、更號紀年、實唯舊典、惟世祖皇帝、在位長久、天人協和、諸福咸至、祖述之志、良切朕懷、今特改元統三年仍爲至元元年、诞遵成憲、誕布寬條、庶格禎祥、永綏景祚、赦天下。

【恪遵仁讓之訓】十二月己酉朔……辛酉、太白犯壘壁陣、壬戌、撥廬州饒州牧地一百頃、賜宣讓王帖木兒不花、命四川雲南江西行省保選蠻夷官以俟銓注、乙丑、奉玉册玉寶、上太皇太后尊號曰贊天開聖徽懿宣昭貞文慈祐儲善衍慶福元太皇太后、詔曰、欽惟太皇太后、承九廟之托、啓兩朝之業、親以大寶、付之眇躬、尚依擁祐之慈、恪遵仁讓之訓、爰極尊崇之典、以昭報本之忱、庸上徽稱、宣告中外……。

《本紀四十四順帝七》
【高麗・親仁輔義宣忠奉國〔號だが内容をもってここに扱う〕】十一月甲申、熒惑犯氐宿、庚寅、塡星犯井宿、壬辰、親祀上帝於南郊、以皇太子愛猷識理達臘爲亞獻、攝太尉右丞相定住爲終獻、甲午、以太不花爲湖廣行省左丞相、總兵招捕湖廣沔陽等處、湖廣荊襄諸軍悉聽節制、給還元追奪河南行省丞相宣命、仍給以功賞宣勅金銀牌面、戊戌、介休縣桃杏花、己亥、太陰犯鬼宿、戊申、右丞相定住以病辭職、命以太保就第治病、庚戌、賊陷饒州路、辛亥、賜高麗國王伯顏帖木兒爲親仁輔義宣忠奉國彰惠靖遠功臣、是月、答失八都魯攻夾河賊、大破之、賊陷懷慶、命河南行省右丞不花討之、以湖廣歸州改隸四川行省。

《列傳九十五外夷一高麗》
【一視同仁】高麗……憲宗末、暾遣其世子倎入朝……四月、復降旨諭倎曰、朕祇若天命、獲承祖宗休烈、仰惟覆燾、一視同仁、無逾邇小大之間也、以爾歸款、既册爲王還國、今得爾與邊將之書、因知其上下之情、朕甚憫焉、倎求出水就陸、免軍馬侵擾、還被虜及逃民、皆從之、詔班師、乃赦其境内、六月、倎遣其子承安公僪判司宰事韓即入賀即位、以國王封册王印及虎符賜之、是月又下詔撫諭之。

【親仁善鄰・示之寬仁】日本……六年六月、命高麗金有成送還執者、俾中書省牒其國、亦不報、有成留其太宰府守護所者久之、十二月、又命秘書監趙良弼往使、書曰、蓋聞王者無外、高麗與朕既爲一家、王國實爲途鄰境、故嘗馳信使修好、爲疆場之吏抑而弗通、所獲二人、敕有司慰撫、俾齎牒以還、遂復寂無所聞、繼欲通問、屬高麗權臣林衍搆亂坐是弗果、豈王亦因此輟不遣使、或已遣而中路梗塞、皆不可知、不然、日本素號知禮之國、王之君臣寧肯漫爲弗思之事乎、近已滅林衍、復舊王位、安集其民、特命少中大夫秘

資料Ⅱ 『後漢書』～『元史』の「仁」

書監趙良弼充國信使、持書以往、如即發使與之偕來、親仁善鄰、國之美事、其或猶豫以至用兵、夫誰所樂爲也、王其審圖之、良弼將往、乞定與其王相見之儀、廷議與其國上下之分未定、無禮數可言、帝從之……九年二月、樞密院臣言、奉使日本趙良弼遣書狀官張鐸來言、去歲九月、與日本國人彌四郎至太宰府西守護所、守者云、曩爲高麗所紿、屢言上國來伐、豈期皇帝好生惡殺、先遣行人下示璽書、然王京去此尚遠、願先遣人從奉使回報、良弼乃遣鐸同其使二十六人至京師求見、帝疑其國主使之來、云守護所者詐也、詔翰林承旨和爾果斯以問姚樞許衡等、皆對曰、誠如聖算、彼懼我加兵、故發此輩伺吾強弱耳、宜示之寬仁、且不宜聽其入見、從之、是月高麗王禃致書日本、五月又以書往、令必通好大朝、皆不報。
《列傳九十七外夷三緬》
【一視同仁】緬國爲西南夷……十年二月、遣噶瑪拉實哩奇塔特托音等使其國、持詔諭曰、間者大理鄯闡等路宣慰司都元帥府差乞䚟脱因導王使价博詣京師、且言嚮至王國、但見其臣下、未嘗見王、又欲觀吾大國舍利、朕矜憫遠來、即使來使覲見、又令縱觀舍利、益詢其所來、乃知王有內附意、國雖云遠、一視同仁、今再遣勘馬拉失及禮部郎中國信使乞䚟脱因工部郎中國信副使小云失往諭王國、誠能謹事大之禮、遣其子弟若貴近臣一來、以彰我國家無外之義、用敦永好、時乃之休、至若用兵、夫誰所好、王其思之。

第一章　正史を通して知る「仁」と「天理」

資料Ⅲ　『後漢書』〜『元史』の「天理」

中華書局評點本を底本とするが、パソコン環境の事情により、用字は異なることがある。卷數の後に人名を附す場合、その卷の最初に扱われる人物である。

　　　後漢書　三國志
　　　宋書　魏書　南齊書　梁書　陳書
　　　北齊書　周書　隋書　北史　南史
　　　舊五代史　新五代史　遼史　金史　宋史　元史

1：『後漢書』

《安帝紀五》
【帝王・承天理民】［永初］二年春正月……秋七月戊辰、詔曰、昔在帝王、承天理民、莫不據璇璣玉衡、以齊七政、朕以不德、遵奉大業、而陰陽差越、變異並見、萬民饑流、羌貊叛戾、夙夜克己、憂心京京、閒令公卿郡國舉賢良方正、遠求博選、開不諱之路、冀得至謀、以鑒不逮、而所對皆循尚浮言、無卓爾異聞、其百僚及郡國吏人、有道術明習災異陰陽之度璇璣之數者、各使指變以聞、二千石長吏明以詔書、博衍幽隱、朕將親覽、待以不次、冀獲嘉謀、以承天誡。

《鄧寇列傳六》
【桓帝・陛下統天理物・先寬容後刑辟】榮少知名、桓帝時爲侍中、性矜絜自貴、於人少所與……乃自亡命中上書曰、臣聞天地之於萬物也好生、帝王之於萬人也慈愛、陛下統天理物、爲萬國覆、作人父母、先慈愛、後威武、先寬容、先刑辟、自生齒以上、咸蒙德澤、而臣兄弟獨以無辜爲專權之臣所見批抵、青蠅之人所共搆會、以臣婚姻王室、謂臣將撫其背、奪其位、退其身、受其埶、於是遂作飛章以被於臣、欲使墜萬仞之阬、踐必死之地、令陛下忽參母之仁、發投杼之怒、尚書背繩墨、案空劾、不復質确其過、實於嚴棘之下、便奏正臣罪、司隸校尉馮羨俟邪承旨、廢於王命、驅逐臣等、不得旋踵、臣奔走還郡、沒齒無怨、臣誠恐卒爲豺狼橫見噬食、故冒死欲詣闕、披肝膽、布腹心。

2：『三國志』

《魏書・諸夏侯曹傳九》
【王者體天理物・準度古法】夏侯尚字伯仁、淵從子也、文帝與之親友……子玄嗣……玄字太初……太傅司馬宣王問以時事、玄議以爲……又以爲、文質之更用、猶四時之迭учша也、王者體天理物、必因弊而濟通之、時彌質則文之以禮、時泰侈則救之以質、今承百王之末、秦漢餘流、世俗彌文、宜大改之以易民望、今科制自公列侯以下、位從大將軍以上、皆得服綾錦羅綺紈素金銀飾鏤之物、自是以下、雜綵之服、通于賤人、雖上下等級、各示有差、然朝臣之制、已得侔至尊矣、玄黃之采、已得通於下矣、欲使市不鬻華麗之色、商不通難得之貨、工不作雕刻之物、不可得也、是故宜大理其本、準度古法、文質之宜、取其中則、以爲禮度、車輿服章、皆從質樸、禁除末俗華麗之事、使幹朝之家、有位之室、不復有錦綺之飾、無兼綵之服、纖巧之物、自上以下、至於樸素之差、示有等級而已、勿使過一二之覺、若夫功德之賜、上恩所特加、皆表之有司、然後服用之、夫上之化下、猶風之靡草、樸素之教興於本朝、則彌侈之心自消於下矣。

《吳書・吳主五子傳十四》
【帝王之尊・所以承天理物】孫奮字子揚、霸弟也、母曰仲姬、太元二年、立爲齊王、居武昌、權薨、太傅諸葛恪不欲諸王處江濱兵馬之地、徙奮於豫章、奮怒、不從命、又數越法度、恪上牋諫曰、帝王之尊、與天同位、是以家天下、臣父兄、四海之內、皆爲臣妾、仇讎有善、不得不舉、親戚有惡、不得不誅、所以承天理物、先國後身、蓋聖人立制、百代不易之道也、昔漢初興、多王子弟、至於太彊、輒爲不軌、上則幾危社稷、下則骨肉相殘、其後懲戒、以爲大諱、自光武以來、諸王有制、惟得自娛於宮內、不得臨民、干與政事、其與交通、皆有重禁、遂以全安、各保福祚、此則前世得失之驗也、近袁紹劉表各有國土、土地非狹、人衆非弱、以適庶不分、遂滅其宗祀、此乃天下愚智、所共嗟痛、大行皇帝覽古戒今、防芽遏萌、慮於千載、是以寢疾之日、分遣諸王、各早就國、詔策殷勤、科禁嚴峻、其所戒勅、無所不至、誠欲上安宗廟、

下全諸王、使百世相承、無凶國害家之悔也、大王宜上惟太伯順父之志、中念河間獻王東海王彊恭敬之節、下當裁抑驕恣荒亂以爲警戒、而聞頃至武昌以來、多違詔勅、不拘制度、擅發諸將兵治護宮室、又左右常從有罪過者、當以表聞、公付有司、而擅私殺、事不明白、大司馬呂岱親受先帝詔勅、輔導大王、既不承用其言、令懷憂怖、華錡先帝近臣、忠良正直、其所陳道、當納用之、而聞怒錡、有收縛之語、又中書楊融、親受詔勅、所當恭肅、云、正自不聽禁、當如我何、聞此之日、大小驚怪、莫不寒心、里語曰、明鏡所以照形、古事所以知今、大王宜深以魯王爲戒、改易其行、戰戰兢兢、盡敬朝廷、如此則無求不得、若棄忘先帝法教、懷輕慢之心、臣下寧負大王、不敢負先帝遺詔、寧爲大王所怨疾、豈敢忘尊主之威、而令詔勅不行於藩臣邪、此古今正義、大王所照知也、夫福來有由、禍來有漸、漸生不憂、將不可悔、向使魯王早納忠直之言、懷驚懼之慮、享祚無窮、<u>豈有滅亡之禍哉</u>、夫良藥苦口、惟疾者能甘之、忠言逆耳、惟達者能受之、今者恪等慺慺欲爲大王除危殆於萌牙、廣福慶之基原、是以不自知言至、願蒙三思。

3：『宋書』

《志三歴下》

【天理ではないが關連するので示す】法興曰、日有八行、合成一道、月有一道、離爲九行、左交右疾、倍半相違、其一終之理、日數宜同、沖之通同與會周相覺九千四十、其陰陽七十九周有奇、遲疾不及一币、此則當縮反盈、應損更益、沖之曰、此議雖游漫無據、然言迹可檢、按以日八行譬月九道、此爲月行之軌、當循一轍、<u>環币於天、理無差動也</u>、然則交會之際、當有定所、豈容或斗或牛、同麗一度、去極應等、安得南北無常、若日月非例、則八行之說是衍文邪、左交右疾、語甚未分、爲交與疾對、爲舍交即疾、若舍交即疾、即交在平率入歷七日及二十一日是也、值交蝕既當在盈縮之極、豈得損益、或多或少、若交與疾對、則在交之衝、當爲遲疾之始、豈得入歷或深或淺、倍半相違、新故所同、復標此句、欲以何明、臣覽曆書、古今略備、至如此說、所未前聞、遠乖舊準、<u>近背天數</u>、求之愚情、竊所深惑、尋遲疾陰陽不相生、故交會加時、進退無常、昔術著之久矣、前儒言之詳矣、而法興云日數同、竊謂議者未曉此意、乖謬自著、無假騾辯、既云盈縮失衷、復不備記其數、或自嫌所執、故汎略其説乎、又以全爲率、當互因其分、法興所列二數皆誤、或以八十爲七十九、當縮反盈、應損更益、此條之謂矣、總檢其議、豈但臣曆不密、又謂何承天法乖謬彌甚、若臣歷宜棄、則承天術益不可用、法興所見既審、則應革創、至非景極、望非日衝、凡諸新説、必有妙辯乎。

《志十二樂四》

【文皇統百揆繼天理萬方】<u>文皇統百揆、古上陵行</u>、百揆、言文皇帝始統百揆、用人有序、以敦泰平之化也、<u>文皇統百揆、繼天理萬方</u>、武將鎮四宇、英佐盈朝堂、謀言協秋蘭、清風發其芳、洪澤所漸潤、礫石爲珪璋、大道俟五帝、盛德踰三王、咸光大、上參天與地、至化無内外、無内外、六合並康乂、並康乂、遷茲嘉會、在昔義與農、大晉德斯邁、鎮征及諸州、爲蕃衛、功濟四海、洪烈流萬世。

《列傳二十八武二王》

【天理ではない】大司馬江夏王義恭諸公王八座與荆州刺史朱修之書曰、義宣反道叛恩、自陷極逆、大義滅親、古今同准、無將之誅、猶或囚殺、況醜文悖志、宣灼退邇、鋒指絳闕、兵纏近郊、疊逼憂深、臣主旰食、賴朝略震明、祖宗靈慶、罪人斯得、七廟弗隳、司刑定罰、典辟攸在、而皇慈逮下、愍其愚迷、抑法申情、屢奏不省、人神悚遑、省心震愓、義宣自絶於天、理無容受、社稷之慮、臣子責深……。

《列傳四十孝武十四王》

【子尚頑凶極悖、行乖天理】豫章王子尚字孝師、孝武帝第二子也……初孝建中、世祖以子尚太子母弟、上甚留心、後新安王子鸞以母幸見愛、子尚之寵稍衰、既長、人才凡劣、凶戾有廢帝風、<u>太宗殞廢帝、稱太皇后令曰、子尚頑凶極悖、行乖天理</u>、楚玉姪亂縱慝、義絶人經、並可於第賜盡、子尚時年十六。

《列傳四十一劉秀之》

【天理ではない】問曰、清論光心、英辯溢目、求諸鄙懷、良有未盡、若動止皆運、<u>險易自天、理定前期</u>、靡非闇至、玉門犁丘、叡識弗免、豈非聖愚齊致、仁虐同功、昏明之用、將何施可。

4：『魏書』

《列傳三十一嚴稜》

219

第一章　正史を通して知る「仁」と「天理」

【人道承天天理應實】[房]法壽族子景伯……神龜元年、蕭衍龍驤将軍田甲能據東義陽城內屬、勅景先爲行臺、發二荊兵以援之、在軍遇疾而還、其年卒於家、時年四十三、贈持節冠軍将軍洛州刺史、諡曰文景、先作五經疑問百餘篇、其言該典、今行於時、文多、略舉其切於世教者、問王者受命、木火相生曰、五精代感、稟靈者興、金德方隆、禎發華渚、水運告昌、瑤光啓祚、<u>人道承天、天理應實</u>、受謝既彰、玄命若契、相生之義、有允不違、至如湯武革命、殺伐是用、水火爲次、遵而不改、既事乖代終、而數同納麓、逆順且殊、禎運宜異、而兆徵不差、有疑符應。

【豈天理是與】問禮記、生不及祖父母、父母稅喪、已則否曰、服以恩制、禮由義立、慈母三年、孫無緦葛者、以咸非天屬、報養止身、祖雖異域、恩不及已、但正體於下、可無服乎、且縞冠玄武、子姓之服、綀練之後、纏經已除、猶懷慘素、未忍從吉、況斬焉、初之創巨方始、復弔之賓、尚改緦襲、奉哀苦次、而無追變、孝子孝孫、<u>豈天理是與</u>。

《列傳四十二游雅》

【上表・數乖於天理事違於人謀】十四年秋聞上表曰……臣聞皇天無私、降鑒在下、休咎之徵、咸由人召、故帝道昌則九疇敘、君德衰而彝倫斁、休瑞並應、享以五福、則康于其邦、咎徵屢臻、罰以六極、則害于其國、斯乃洪範之實徵、神祇之明驗、及其厄運所纏、世鍾陽九、<u>數乖於天理、事違於人謀</u>、時則有之矣、故堯湯逢歷年之災、周漢遭水旱之患、然立功修行、終能弭息、今考治則有如此之風、計運未有如彼之害、而陛下殷勤引過、事邁前王……。

《列傳九十西域》

【世祖・朕承天理物】于闐國……眞君中、世祖詔高涼王那擊吐谷渾慕利延、慕利延懼、驅其部落渡流沙、那進軍急追之、慕利延遂西入于闐、殺其王、死者甚衆、顯祖末、蠕蠕冦於于闐、于闐患之、遣使素目伽上表曰、西方諸國、今皆已屬蠕蠕、奴世奉大國、至今無異、今蠕蠕軍馬到城下、奴聚兵自固、故遣使奉獻、延望救援、顯祖詔公卿議之、公卿奏曰、于闐去京師幾萬里、蠕蠕之性、惟習野掠、不能攻城、若爲所拒、當已旋矣、雖欲遣師、勢無所及、顯祖以公卿議示其使者、亦以爲然、於是詔之曰、<u>朕承天理物</u>、欲令萬方各安其所、應勅諸軍以拯汝難、但去汝遐阻、雖復遣援、不救當時之急、已停師不行、汝宜知之、朕今練甲養卒、一二歲間當躬率猛將、爲汝除患、汝其謹警候以待大舉、先是、朝廷遣使者韓羊皮使波斯、波斯王遣使獻馴象及珍物、經于闐、于闐中于王秋仁輒留之、假言慮有冦不達、羊皮言狀、顯祖怒、又遣羊皮奉詔責讓之、自後每使朝獻。

5：『南齊書』

—天理に關する記事なし—

6：『梁書』

《列傳四十二儒林》

【若陶甄稟於自然森羅均於獨化・乘夫天理】范縝字子眞、南鄉舞陰人也……著神滅論曰……問曰、知此神滅、有何利用邪、答曰、浮屠害政、桑門蠹俗、風驚霧起、馳蕩不休、吾哀其弊、思拯其溺、夫竭財以赴僧、破產以趨佛、而不恤親戚、不憐窮匱者何、良由厚我之情深、濟物之意淺、是以圭撮涉於貧友、吝情動於顏色、千鍾委於富僧、歡意暢於容髮、豈不以僧有多稌之期、友無遺秉之報、務施闕於周急、歸德必於在已、又惑以茫昧之言、懼以阿鼻之苦、誘以虛誕之辭、欣以兆率之樂、故捨逢掖、襲橫衣、廢俎豆、列缾鉢、家家棄其親愛、人人絕其嗣續、致使兵挫於行間、吏空於官府、粟罄於惰遊、貨殫於泥木、所以姦宄弗勝、頌聲尚擁、惟此之故、其流莫已、其病無限、<u>若陶甄稟於自然、森羅均於獨化</u>、忽焉自有、怳爾而無、來也不禦、去也不追、<u>乘夫天理、各安其性</u>、小人甘其壟畝、君子保其恬素、耕而食、食不可窮也、蠶而衣、衣不可盡也、下有餘以奉其上、上無爲以待其下、可以全生、可以匡國、可以霸君、用此道也、此論出、朝野諠譁、子良集僧難之而不能屈。

7：『陳書』

—天理に關する記事なし—

8：『北齊書』
―天理に關する記事なし―

9：『周書』
―天理に關する記事なし―

10：『隋書』
《志十四天文上》
【四曰伐星主天理伐無道】經星中宮……北斗七星、輔一星在太微北、七政之樞機、陰陽之元本也、故運乎天中、而臨制四方、以建四時、而均五行也、魁四星爲琁璣、杓三星爲玉衡、又象號令之主、又爲帝車、取乎運動之義也、又魁第一星曰天樞、二曰琁、三曰璣、四曰權、五曰玉衡、六曰開陽、七曰搖光、一至四爲魁、五至七爲杓、樞爲天、琁爲地、璣爲人、權爲時、玉衡爲音、開陽爲律、搖光爲星、石氏云、第一曰正星、主陽德、天子之象也、二曰法星、主陰刑、女主之位也、三曰令星、主禍害也、<u>四曰伐星、主天理、伐無道</u>、五曰殺星、主中央、助四旁、殺有罪、六曰危星、主天倉五穀、七曰部星、亦曰應星、主兵、又云、一主天、二主地、三主火、四主水、五主土、六主木、七主金、又曰、一主秦、二主楚、三主梁、四主吳、五主趙、六主燕、七主齊。

《列傳十文四子》
【滅天理逆人倫】庶人秀、高祖第四子也……上因下詔數其罪曰……包藏凶慝、圖謀不軌、<u>逆臣之迹也</u>、希父之災、以爲身幸、<u>賊子之心也</u>、懷非分之望、肆毒心于兄、<u>悖弟之行也</u>、嫉妬於弟、無惡不爲、<u>無孔懷之情也</u>、違犯制度、<u>壞亂之極也</u>、多殺不辜、<u>豺狼之暴也</u>、剝削民庶、<u>酷虐之甚也</u>、唯求財貨、市井之業也、專事妖邪、<u>頑囂之性也</u>、弗克負荷、<u>不材之器也</u>、<u>凡此十者、滅天理、逆人倫、汝皆爲之</u>、不祥之甚也、欲免禍患、長守富貴、其可得乎。

11：『北史』
《列傳五十九隋宗室諸王》
【滅天理・逆人倫・不祥】庶人秀開皇元年立爲越王……秀既幽逼……<u>凡此十者、滅天理、逆人倫、汝皆爲之、不祥之甚也</u>、欲免患禍、長守富貴、其可得乎。

《列傳八十五西域》
【北魏皇帝・朕承天理物】于闐國……眞君中、太武詔高凉王那擊吐谷渾慕利延、慕利延懼、驅其部落渡流沙、那進軍急追之、慕利延遂西入于闐、殺其王、死者甚衆、獻文末、蠕蠕寇于闐、于闐患之、遣使素目伽上表曰、西方諸國、今皆已屬蠕蠕、奴世奉大國、至今無異、今蠕蠕軍馬至城下、奴聚兵自固、故遣使奉獻、遙望救援、帝詔公卿議之、公卿奏曰、于闐去京師幾萬里、蠕蠕之性、唯習野掠、不能攻城、若爲害、當時已旋矣、雖欲遣師、勢無所及、帝以公卿議示其使者、亦以爲然、於是詔之曰、<u>朕承天理物、欲令萬方各安其所、應勑諸軍、以拯汝難</u>、但去汝遐阻、政復遣援、不救當時之急、是以停師不行、汝宜知之、朕今練甲養卒、一二歲間、當躬率猛將、爲汝除患、汝其謹警候、以待大舉。

12：『南史』
《列傳二十二張邵》
【天理ではない】融字思光弱冠有名……即位後、手詔賜融衣曰、見卿衣服粗故、誠乃素懷有本、交爾藍縷、亦虧朝望、今送一通故衣、意謂雖故、乃勝新也、是吾所著、已令裁減、稱卿之體、并履一量、高帝出太極殿西室、融入問訊、彌時方登階、及就席、上曰、何乃遲爲、對曰、<u>自地升天、理不得速</u>、時魏主至淮而退、帝問、何意忽來忽去、未有荅者、融時下坐、抗聲曰、以無道而來、見有道而去、公卿咸以爲捷。

13：『舊五代史』
―天理に關する記事なし―

第一章　正史を通して知る「仁」と「天理」

14：『新五代史』

《卷三十四一行傳第二十二》

【佛教と天理】處乎山林而羣麋鹿、雖不足以爲中道、然與其食人之祿、俛首而包羞、孰若無愧於心、放身而自得、吾得二人焉、曰鄭遨張薦明、勢利不屈其心、去就不違其義、吾得一人焉、曰石昂、苟利於君、以忠獲罪、而何必自明、有至死而不言者、此古之義士也、吾得一人焉、曰程福贇、五代之亂、君不君、臣不臣、父不父、子不子、至於兄弟、夫婦人倫之際、無不大壞、而天理幾乎其滅矣、於此之時、能以孝弟自修於一鄉、而風行於天下者、猶或有之、然其事跡不著、而無可紀次、獨其名氏或因見於書者、吾亦不敢沒、而其略可錄者、吾得一人焉、曰李自倫、作一行傳。

15：『遼史』

《志十八禮志一》

【徇情者・不中天理】理自天設、情緣人生、以理制情、而禮樂之用行焉、林豺梁獺、是生郊禘、窪尊燔黍、是生燕饗、藁桿瓦棺、是生喪葬、儷皮緇布、是生婚冠、皇造帝秩、三王彌文、一文一質、蓋本于忠、變通革弊、與時宜之、<u>惟聖人爲能通其意</u>、<u>執理者膠瑟聚訟</u>、<u>不適人情</u>、<u>徇情者稊稗綿蕝</u>、<u>不中天理</u>、<u>秦漢而降</u>、<u>君子無取焉</u>。

【太祖・天理・人情】吉儀……太宗幸幽州大悲閣、遷白衣觀音像、建廟木葉山、尊爲家神、於拜山儀過樹之後、增詣菩薩堂儀一節、然後拜神、非復和拉汗之故也、興宗先有事于菩薩堂及木葉山遼河神、然後行拜山儀、冠服節文多所變更、後因以爲常、神主樹木、懸牲告辦、班位奠祝、致嘏飲福、往往暗合于禮、天理人情、放諸四海而準、信矣夫、興宗更制、不能正以經術、無以大過於昔、故不載。

《列傳三十七列女》

【人心之天理】男女居室、人之大倫、與其得烈女、不若得賢女、天下而有烈女之名、非幸也、詩讚衛共姜春秋襃宋伯姬、蓋不得已、所以重人倫之變也、遼據北方、風化視中土爲疎、終遼之世、得賢女二、烈女三、<u>以見人心之天理有不與世道存亡者</u>。

16：『金史』

—「天理」に關する記事なし—

17：『宋史』

《志二天文二》

【北斗七星・爲時・主天理】<u>北斗七星</u>在太微北、杓攜龍角、衡殷南斗、魁枕參首、是爲帝車、運於中央、臨制四海、以建四時、均五行、移節度、定諸紀、乃七政之樞機、陰陽之元本也、<u>魁第一星曰天樞</u>、正星、主天、又曰樞爲天、主陽德、天子象、其分爲秦、漢志主徐州、天象占曰、天子不恭宗廟、不敬鬼神、則不明、變色、<u>二曰璇</u>、法星、主地、又曰璇爲地、主陰刑、女主象、其分爲楚、漢志主益州、天象占曰、若廣營宮室、妄鑿山陵、則不明、變色、<u>三曰璣</u>、爲人、主火、爲令星、主中禍、其分爲梁、漢志主冀州、若王者不恤民、驟征役、則不明、變色、<u>四曰權</u>、<u>爲時</u>、<u>主水</u>、<u>爲伐星</u>、<u>主天理</u>、<u>伐無道</u>、<u>其分爲吳</u>、漢志主荊州、若號令不順四時、則不明、變色、五曰玉衡、爲音、主土、爲殺星、主中央、助四方、殺有罪、其分爲燕、漢志主兗州、若廢正樂、務淫聲、則不明、變色、六曰闓陽、爲律、主木、爲危星、主天倉、五穀、其分爲趙、漢志主揚州、若不勸農桑、峻刑法、退賢能、則不明、變色、<u>七曰搖光</u>、爲星、主金、爲部星、爲應星、主兵、其分爲齊、漢志主豫州、王者聚金寶、不脩德、則不明、變色、又一至四爲魁、魁爲璇璣、五至七爲杓、杓爲玉衡、是爲七政、星明其國昌、<u>第八曰弼星</u>、<u>在第七星右</u>、<u>不見</u>、漢志主幽州、<u>第九曰輔星</u>、在第六星左、常見、漢志主并州、晉志、輔星傅乎闓陽、所以佐斗成功、丞相之象也、其色在春青黃、在夏赤黃、秋爲白黃、冬爲黑黃、變常則國有兵殃、明則臣強、斗傍欲多星則安、斗中星少則人恐、太陰犯之、爲兵、喪大赦、白暈貫三星、王者惡之、星孛于北斗、主危、彗星犯、爲易主、流星犯、主客兵、客星犯、爲兵、五星犯之、國亂易主。

《列傳二后妃下》

資料Ⅲ 『後漢書』～『元史』の「天理」

【父子・太上・天理】光宗慈懿李皇后安陽人……是時、帝久不朝太上、中外疑駭、紹熙四年九月重明節、宰執、侍從臺諫連章請帝過宮、給事中謝深甫言、父子至親、天理昭然、太上之愛陛下、亦猶陛下之愛嘉王、太上春秋高、千秋萬歲後、陛下何以見天下、帝感悟、趣命駕朝重華宮、是日、百官班列俟帝出、至御屏、后挽留帝入、曰、天寒、官家且飲酒、百僚、侍衛相顧莫敢言、中書舍人陳傳良引帝裾請毋入、因至屏後、后叱曰、此何地、爾秀才欲斫頭邪、傅良下殿慟哭、后復使人問曰、此何理也、傅良曰、子諫父不聽、則號泣而隨之、后益怒、遂傳旨罷還宮、其後孝宗崩、帝不能親執喪。
《列傳九十六范鎮》
【人倫・天理】范鎮字景仁、成都華陽人……舉蘇軾諫官、御史謝景溫奏罷之、舉孔文仲制科、文仲對策、論新法不便、罷歸故官、鎮皆力爭之、不報、即上疏曰、臣言不行、無顏復立於朝、請謝事、臣言青苗不見聽、一宜去、薦蘇軾孔文仲不見用、二宜去、李定避持服、遂不認母、壞人倫、逆天理、而欲以爲御史、御史臺爲之罷陳薦、舍人院爲之罷宋敏求呂大臨蘇頌、諫院爲之罷胡宗愈、王韶上書肆意欺罔、以興造邊事、事敗、則置而不問、反爲之罪帥臣李師中、及御史一言蘇軾、則下七路搞撼其過、孔文仲則遣之歸任、以此二人况彼二人、事理孰是孰非、孰得孰失、其能逃聖鑒乎、言青苗有見效者、不過歲得什百萬緡錢、緡錢什百萬、非出於天、非出於地、非出於建議者之家、蓋一出於民耳、民猶魚也、財猶水也、養民而盡其財、譬猶養魚而竭其水也。
《列傳一百十八李綱下》
【人事・天理】何謂務盡人事、天人之道、其實一致、人之所爲、即天之所爲也、人事盡於前、則天理應於後、此自然之符也、故創業中興之主、盡其在我、而已其成功歸之於天、今未嘗盡人事、敵至而先自退屈、而欲責功於天、其可乎、臣願陛下詔二三大臣、協心力、盡人事以聽天命、則恢復土宇、剪屠鯨鯢、迎還兩宮、必有日矣。
《列傳一百三十五常同》
【宰相代天理物】呂頤浩再相、同論其十事、且曰、陛下未欲遽罷頤浩者、豈非以其有復辟之功乎、臣謂功出衆人、非一頤浩之力、縱使有功、宰相代天理物、張九齡所謂不以賞功者也、頤浩罷相、論知樞密院宣撫川陝張浚喪師失地、遂詔浚福州居住、同與辛炳在臺同好惡、上皆重之。
《列傳一百四十六黃洽》
【宰相代天理物】黃洽字德潤、福州侯官人……除右諫議大夫、上方銳志肆武、洽因風諫、言、頤之大象、君子以慎言語、節飲食、言語飲食猶謹節之、况其他乎、凡筋力喘息之間、一有過差、皆非所以養其身也、上曰、卿言無非仁義忠孝、可爲萬世臣子之法、朕常念之、洽在經筵、言、宰相代天理物、要在爲國得人、人主之命相、任則勿疑、宰相重則朝廷尊、朝廷尊則廟社安、宰相掄才任職、當盡公心、君子進則庶職舉、庶職舉則天下治、上首肯再三、乃曰、卿如良金美玉、渾厚無瑕、天其以卿爲朕弼耶。
《列傳一百五十二彭龜年》
【人倫・天理】詹體仁、字元善、建寧浦城人……除太常少卿、陛對、首陳父子至恩之説、謂、易於家人之後次之以睽、睽之上九曰、見豕負塗、載鬼一車、先張之弧、後説之弧、匪寇婚媾、往、遇雨則吉、夫疑極而惑、凡所見者皆以爲寇、而不知實其親也、孔子釋之曰、遇雨則吉、羣疑亡也、蓋人倫天理、有間隔而無斷絶、方其未通也、湮鬱煩憒、若不可以終日、及其醒然而悟、泮然而釋、如遇雨焉、何其和悦而條暢也、伏惟陛下神心昭融、聖度恢豁、凡厥疑情、一朝渙然若揭日月而開雲霧、丕叙彝倫、以承兩宮之歡、以塞兆民之望……。
《列傳一百六十七吳昌裔》
【天理・天德・天命・天工・天職・天討】吳昌裔、字季永、中江人……端平元年、入爲軍器監簿、改將作監簿、改太常少卿、徐僑於人少許可、獨賢之、兼皇后宅教授、昌裔以祖宗舊典無以職事官充者、力辭、改吳益王府教授、轉對、首陳六事、其目曰、天理未純、天德未健、天命未畏、天工未亮、天職未治、天討未公、凡君臣之綱、兄弟之倫、舉世以爲大戒而不敢言者、皆痛陳之、至於遵臣玩令、陟罰無章、尤拳拳焉、拜監察御史、彈劾無所避、且曰、今之朝綱果無所撓乎、言之親故則爲之留中、言之私昵則爲之訖了、事有窒礙則節帖付出、情有嫌疑則調停寢行、今日遷一人、曰存近臣之體、明日遷一人、曰爲遠臣之勸、屈風憲之精采、徇人情之去留、士氣銷耎、下情壅滯、非所以糾正官衺、助國脉也。
《列傳一百七十二趙汝談》

【法・天理】趙與懽、字悅道、燕懿王八世孫……遷籍田令、久之、拜宗正寺簿、歷軍器監、司農寺丞、遷宗正丞兼權都官郎官、改倉部、權度支、以直寶章閣知安吉州、郡計仰榷酤、禁網峻密、與懽首捐以予民、設銅鉦縣門、欲愬者擊之、冤無不直、有富民愬幼子、察之非其本心、姑逮其子付獄、徐廉之、乃二兄強其父析業、與懽曉以法、開以天理、皆忻然感悟、又嫠媼僅一子、亦以不孝告、留之郡廳、日給饌、俾親饋、晨昏以禮、未周月、母子如初、二家皆畫像事之、喪母、朝廷屢起之、不可、議使守邊、授淮西提點刑獄、弗能奪、再期、以刑部郎官召、乞終䘮、奉祠、復半載、乃赴朝。
《列傳一百七十六喬行簡》
【天理・人情】又論、李全攻圍泰州、勦除之兵今不可已、此賊氣貌無以踰人、未必有長箠深謀、直剽捍勇決、能長雄於其黨耳、況其守泗之西城則失西城、守下邳則失下邳、守青社則失青社、既又降北、此特敗軍之將、十年之內、自白丁至三孤、功薄報豐、反背義忘恩、此天理人情之所共憤、惟決意行之、後皆如行簡所料、拜叅知政事兼知樞密院事、時議收復三京、行簡在告……。
【天理・天職・天討・天意】謝方叔字德方威州人……又言、崇儉德以契天理、儲人才以供天職、恢遠畧以需天討、行仁政以荅天意、帝悅、差知衡州、除宗正少卿、又除太常少卿兼國史編修實錄檢討。
《列傳一百七十七吳潛》
【仁・天理之正】論曰、自古志士、欲信大義於天下者、不以成敗利鈍動其心、君子命之曰仁、以其合天理之正、即人心之安爾、商之衰、周有代德、盟津之師不期而會者八百國、伯夷叔齊以兩男子欲扣馬而止之、三尺童子知其不可、他日、孔子賢之、則曰、求仁而得仁、宋至德祐亡矣、文天祥往來兵間、初欲以口舌存之、事既無成、奉兩孱王崎嶇嶺海、以圖興復、兵敗身執、我世祖皇帝以天地有容之量、既壯其節、又惜其才、留之數年、如虎兕在柙、百計馴之、終不可得、觀其從容伏質、就死如歸、是其所欲有甚於生者、可不謂之仁哉、宋三百餘年、取士之科、莫盛於進士、進士莫盛於倫魁、自天祥死、世之好爲高論者、謂科目不足以得偉人、豈其然乎。
《列傳一百八十三陸持之》
【天理民彝】趙逢龍字應甫、慶元之鄞人、刻苦自修、爲學淹博純實、登嘉定十六年進士第、授國子正太學博士、歷知興國信衢衡袁五州、提舉廣東湖南福建常平、每至官、有司例設供張、悉命撤去、日具蔬飯、坐公署、事至即面問決遣、爲政務寬恕、撫諭惻怛、一以天理民彝爲言、民是以不忍欺居官自常奉外、一介不取、民賦有逋負、悉爲代輸、尤究心荒政、以羨餘爲平糴本、遷将作監、拜宗正少卿兼侍講、凡道德性命之蘊、禮樂刑政之事、縷縷爲上開陳、疏奏甚衆、藁悉焚棄、年八十有八終于家。
【人心天理】徐元杰字仁伯、信州上饒人……丞相史嵩之丁父憂、有詔起復、中外莫敢言、惟學校叩閽力争、元杰時適輪對、言、臣前日晉侍經筵、親承聖問以大臣史嵩之起復、臣奏陛下出命太輕、人言不可沮抑、陛下自盡陛下之禮、大臣自盡大臣之禮、玉音賜俞、臣又何所容喙、今觀學校之書、使人感歎、且大臣讀聖賢之書、畏天命、畏人言、家庭之變、哀戚終事、禮制有常、臣竊料其何至於忽送死之大事、輕出以犯清議哉、前日昕庭出命之易、士論所以凛凛者、實以陛下爲四海綱常之主、大臣身任道揆、扶翊綱常者也、自聞大臣有起復之命、雖未知其避就若何、凡有父母之心者莫不失聲涕零、是果何爲而然、人心天理、誰實無之、興言及此、非可使聞於鄰國也、陛下烏得而不悔悟、大臣烏得而不堅忍、臣懇懇納忠、何敢詆訐、特爲陛下愛惜民彝、爲大臣愛惜名節而已、疏出、朝野傳誦、帝亦察其忠亮、每從容訪天下事、經筵益申前議、未幾、夜降御筆黜四不才臺諫、起復之命遂寝。
《列傳一百八十四劉應龍》
【吾心之天理・人欲】徐霖字景說、衢州西安人……丞相范鍾進所召試館職二人、上思霖之忠、親去其一、易霖名、及試、則曰、人主無自強之志、大臣有患失之心、故元良未建、凶姦未竄、是時、丞相杜範已薨、而鍾雖得位、畏姦人覆出爲已禍故也、擢祕書省正字、霖辭不獲命、遂就職、會日食、霖應詔上封事曰、日、陽類也、天理也、君子也、吾心之天理不能勝乎人欲、朝廷之君子不能勝乎小人、官闈之私暱未屛、瑣闥之姦蠧未辨、臺臣之討賊不決、精祲感沴、日爲之食、又數言建立太子、遷校書郎……。
《列傳一百八十六道學一》
【天理之根源・萬物之終始】周敦頤字茂叔、道州營道人……博學力行、著太極圖、明天理之根源、究萬物之終始、其說曰、無極而太極、太極動而生陽、動極而靜、靜而生陰、靜復動、一動一靜、互爲其根、分陰分陽、兩儀立焉、陽變陰合、而生水火木金土、五氣順布、四時行焉、五行一陰陽也、陰陽一太極也、

太極本無極也、五行之生也、各一其性、無極之眞、二五之精、妙合而凝、乾道成男、坤道成女、二氣交感、化生萬物、萬物生生、而變化無窮焉。
【人欲・天理】程顥字伯淳世居中山……顥之死、士大夫識與不識、莫不哀傷焉、文彦博采衆論、題其墓曰明道先生、其弟頤序之曰、周公沒、聖人之道不行、孟軻死、聖人之學不傳、道不行、百世無善治、學不傳、千載無眞儒、無善治、士猶得以明夫善治之道、以淑諸人、以傳諸後、無眞儒、則貿貿焉莫知所之、<u>人欲肆而天理滅矣</u>、先生生於千四百年之後、得不傳之學於遺經、以興起斯文爲己任、辨異端、闢邪説、使聖人之道煥然復明於世、蓋自孟子之後、一人而已、然學者於道不知所向、則孰知斯人之爲功、不知所至、則孰知斯名之稱情也哉。
《列傳一百八十七道學二》
【澄心・天理】李侗字愿中、南劍州劍浦人……其接後學、答問不倦、雖隨人淺深施教、而必自反身自得始、故其言曰、<u>學問之道不在多言、但默坐澄心、體認天理</u>、若是、雖一毫私欲之發、亦退聽矣、又曰、學者之病、在於未有洒然氷解凍釋處、如孔門諸子、羣居終日、交相切磨、又得夫子爲之依歸、日用之間觀感而化者多矣、恐於融釋而不脱落處、非言説所及也。
《列傳一百八十八道學三》
【天理・聖心】會浙東大饑、宰相王淮奏改熹提擧浙東常平茶鹽公事、即日單車就道、復以納粟人未推賞、辭職名、納粟賞行、遂受職名、入對、首陳災異之由與修德任人之説、次言、陛下即政之初、蓋嘗選建英豪、任以政事、不幸其間不能盡得其人、是以不復廣求賢哲、而姑取軟熟易制之人以充其位、於是左右私褻使令之賤、始得以奉燕間、備驅使、而宰相之權日輕、又慮其勢有所偏、而因重以壅已也、則時聽外廷之論、將以陰察此輩之負犯而操切之、<u>陛下既未能循天理、公聖心、以正朝廷之大體、則固已失其本矣</u>、而又欲兼聽士大夫之言、以爲駕馭之術、則士大夫之進見有時、而近習之從容無間、士大夫之禮貌既莊而難親、其議論又苦而難入、近習便嬖側媚之態既足以蠱心志、在胥吏狡獪之術又足以眩聰明……。
【天理・人欲】十五年、淮罷相、遂入奏、首言近年刑獄失當、獄官當擇其人、次言經總制錢之病民、及江西諸州科罰之弊、而其末言、陛下即位二十七年、因循荏苒、無尺寸之效可以仰酬聖志、嘗反覆思之、無乃燕閒蠖濩之中、虛明應物之地、<u>天理有所未純、人欲有所未盡</u>、是以爲善不能充其量、除惡不能去其根、一念之頃、公私邪正、是非得失之機、交戰於其中、故體貌大臣非不厚、而便嬖側媚得以深被腹心之寄、寤寐英豪非不切、而柔邪庸謬得以久竊廊廟之權、非不樂聞公議正論、而有時不容、非不聖譏異殄行、而未免誤聽、非不欲報復陵廟讐恥、而未免畏怯苟安、非不愛養生靈財力、而未免歎息愁怨、願陛下自今以徃、一念之頃必謹而察之、<u>此爲天理耶、人欲耶、果天理也</u>、則敬以充之、而不使其少有壅閼、果人欲也、則敬以克之、而不使其少有凝滯、推而至於言語動作之間、用人處事之際、無不以是裁之、則聖心洞然、中外融徹、無一毫之私欲得以介乎其間、而天下之事將惟陛下所欲爲、無不如志矣、是行也……。
【心・天理】張栻字敬夫、丞相浚子也……以廕補官、辟宣撫司都督府書寫機宜文字、除直秘閣、時孝宗新即位、浚起謫籍、開府治戎、參佐皆極一時之選、栻時以少年、內贊密謀、外參庶務、其所綜畫、幕府諸人皆自以爲不及也、間以軍事入奏、因進言曰、陛下上念宗社之讐恥、下閔中原之塗炭、惕然於中、而思有以振之、<u>臣謂此心之發、即天理之所存也</u>。願益加省察、而稽古親賢以自輔、無使其或少息、則今日之功可以必成、而因循之弊可革矣、孝宗異其言、於是遂定君臣之契。
《列傳一百八十九道學四》
【仁・天理、心・天理】陳淳字安卿、漳州龍溪人……其言仁曰、<u>仁只是天理生生之全體</u>、無表裏、動靜隱顯精粗之間、<u>惟此心純是天理之公</u>、而絶無一毫人欲之私、乃可以當其名、若一處有病痛、一事有欠闕、一念有間斷、則私意行而生理息、即頑痺不仁矣。
【天理・人欲、形氣之虛靈・天理之妙】其語學者曰、道理初無玄妙、只在日用人事間、但循序用功、便自有見、所謂下學上達者、須下學工夫到、乃可從事上達、然不可以此而安於小成也、夫盈天地間千條萬緒、是多少人事、聖人大成之地、千節萬目、是多少工夫、惟當開拓心胸、大作基址、須萬理明徹於胸中、將此心放在天地間一例看、然後可以語孔孟之樂、須明三代法度、通之於當今而無不宜、然後爲全儒、而可以語王佐事業、須運用酬酢、如探諸囊中而不匱、然後爲資之深、取之左右逢其原、而眞爲已物矣、<u>至於以天理人欲分數而驗賓主進退之機</u>、如好好色、惡惡臭、<u>而爲天理人欲強弱之證</u>、必使之於是是非非如辨黑白、如遇鎮鎚、不容有騎牆不決之疑、則雖艱難險阻之中、無不從容自適、夫然後爲知之至而行之盡、

第一章　正史を通して知る「仁」と「天理」

此語又中學者膏肓、而示以標的也。淳性孝、母疾亟、號泣於天、乞以身代、弟妹未有室家者、皆婚嫁之、葬宗族之喪無歸者、居郷不沽名狥俗、恬然退守、若無聞焉、然名播天下、世雖不用、而憂時論事、感慨動人、郡守以下皆禮重之、時造其廬而請焉、嘉定九年、待試中都、歸遇嚴陵郡守鄭之悌、率僚屬延講郡庠、淳歎張陸王學問無源、全用禪家宗旨、<u>認形氣之虛靈知覺爲天理之妙</u>、不由窮理格物、而欲徑造上達之境、反託聖門以自標榜、遂發明吾道之體統、師友之淵源、用功之節目、讀書之次序、爲四章以示學者……。
《列傳一百九十四儒林五》
【天理・屛欲・良心・立志、人欲・天理】［孔］宏字仁仲、幼事楊時、侯仲良、而卒傳其父之學、優游衡山下餘二十年、玩心神明、不舍晝夜、張栻師事之、紹興間上書、其略曰、治天下有本、仁也、何謂仁、心也、心官茫茫、莫知其郷、若爲知其體乎、有所不察則不知矣、有所顧慮、有所畏懼、則雖有能知能察之良心、亦浸消亡而不自知、此臣之所大憂也、夫敵國據形勝之地、逆臣僭位於中原、牧馬駸駸、欲爭天下、臣不是懼、而以良心爲大憂者、蓋良心充于一身、通于天地、宰制萬事、統攝億兆之本也、<u>察天理莫如屛欲、存良心莫如立志</u>、陛下亦有朝廷政事不干於慮、便嬖智巧不陳於前、妃嬪佳麗不幸於左右時矣、陛下試於此時沉思靜慮、方今之世、當陛下之身、事孰爲大乎、孰爲急乎、必有歉然而餒、惻然而痛、坐起彷徨不能自安者、則良心可察、而臣言可信矣……若猶習於因循、憚於更變、亡三綱之本性、昧神化之良能、上以利勢誘下、下以智術干上、是非由此不公、名實由此不核、賞罰由此失當、亂臣賊子由此得志、人紀由此不修、天下萬事倒行逆施、<u>人欲肆而天理滅矣</u>、將何以異於先朝、求救禍亂而致升平乎、末言……晉朝廢太后、董養游太學、升堂歎曰、<u>天人之理既滅、大亂將作矣</u>、則引遠而去、<u>今闔下目覩忘讎滅理</u>、北面敵國以苟宴安之事、猶偃然爲天下師儒之首、既不能建大論、<u>明天人之理以正君心</u>、乃阿諛柄臣、希合風旨、求擧太平之典、又爲之詞云云、欺天罔人孰甚焉、

18：『元史』
《本紀四十順帝三》
【天理・人倫】六月丙申、詔撤文宗廟主、徙太皇太后布達實哩東安州安置、放太子雅克特古斯於高麗、其略曰、昔皇祖武宗皇帝昇遐之後、祖母太皇太后惑於憸譣、俾皇考明宗皇帝出封雲南、英宗遇害、正統寖偏、我皇考以武宗之嫡、逃居朔漠、宗王大臣同心翊戴、肇啓大事、于時以地近、先迎文宗、暫總機務、<u>繼知天理人倫之攸當</u>、假讓位之名、以寶璽來上、皇考推誠不疑、即授以皇太子寶、文宗稔惡不悛、當躬迓之際、乃與其臣伊嚕布哈哩雅明埒克棟阿等謀爲不軌、使皇考飮恨上賓、歸而再御宸極、思欲自解於天下、乃謂夫何數日之間、宮車弗駕、海内聞之、靡不切齒。
《志二十三祭祀一》
【星としての天理】神位、昊天上帝位天壇之中、少北、皇地祇位次東、少却、皆南向、神席皆緣以繒、綾褥素座、昊天上帝色皆用青、皇地祇色皆用黃、藉皆以藁秸、配位居東、西向、神席綾褥錦方座、色皆用青、藉以蒲越……第二等内官位五十有四、鉤星天柱玄枵天廚柱史位于子、其數五、女史星紀御女位于丑、其數三、自子至丑、神位皆西上、帝座歳星大理河漢析木尚書位于寅、帝座居前行、其數六、南上、陰德大火天槍玄戈天床位于卯、其數五、北上、太陽守相星壽星輔星三師位于辰、其數五、南上、<u>天一太一内廚熒惑鶉尾勢星天理位于巳</u>、天一太一居前行、其數七、西上、北斗天牢三公鶉火文昌内階位于午、北斗居前行、其數六、填星鶉首四輔位于未、其數三、自午至未、皆東上、太白實沈位于申、其數二、北上、八穀大梁杠星華蓋位于酉、其數四、五帝内座、降婁六甲傳舍位于戌、五帝内座居前行、其數四、自酉至戌、皆南上、紫微垣辰星娵訾鉤陳位于亥、其數四、東上、神席皆藉以莞席、内壇外諸神位皆同。
《志二十七下祭祀六》
【天理・扶世教】至正十九年十一月……我朝崇儒重道之意、度越前古、既已加封先聖大成之號、又追崇宋儒周敦頤等封爵、俾從祀廟庭、報功示勸之道、可謂至矣、然有司討論未盡、尚遺先儒楊時等五人、未列從祀、遂使盛明之世、猶有闕典、惟故宋龍圖閣直學士、謚文靖龜山先生楊時、親得程門道統之傳、排王氏經義之謬、南渡後、朱張呂氏之學、其源委脈絡、皆出於時者也、故宋處士延平先生李侗、傳河洛之學、以授朱熹、凡集註所引師說、即其講之旨也、故宋中書舍人、謚文定胡安國、聞道伊洛、志在春秋、纂爲集傳、羽翼正經、<u>明天理而扶世教、有功於聖人之門者也</u>、故宋處士贈太師榮國公謚文正九峯先生蔡沈、從學朱子、親承指授、著書集傳、發明先儒之所未及、深有功於經者也、故宋翰林學士參知政事謚文忠西山先生眞德秀、

博學窮經、踐履篤實……。
《列傳七十一王都中》
【天理・人情】崔敬字伯恭、大寧之惠州人……六年、遷樞密院都事、拜監察御史、時既毀文宗廟主、削文宗后皇太后之號、徙東安州、而皇弟燕帖古思、文宗子也、又放之高麗、敬上疏、略曰、文皇獲不軌之愆、已徹廟祀、叔母有階禍之罪、亦削洪名、盡孝正名、斯亦足矣、惟皇弟燕帖古思太子、年方在幼、罹此播遷、<u>天理人情</u>、有所不忍……。
《列傳八十四孝友一》
【天理・民彝・人心】世言先王没、民無善俗、元有天下、其教化未必古若也、而民以孝義聞者、蓋不乏焉、<u>豈非天理民彝之存於人心者</u>、終不可泯斁、上之人、苟能因其所不泯者、復加勸獎而興起之、則三代之治、亦可以漸復矣。
《列傳八十六隱逸》
【天理不絶】杜瑛字文玉、其先霸州信安人……中統初、詔徵瑛、時王文統方用事、辭不就、左丞張文謙宣撫河北、奏爲懷孟彰德大名等路提舉學校官、又辭、遺執政書、其略曰、先王之道不明、異端邪説害之也、<u>橫流奔放、天理不絶如線</u>、今天子神聖、俊乂輻輳、言納計用、先王之禮樂教化、興明修復、維其時矣……。
《列傳八十八列女二》
【天理・人情】秦閏夫妻柴氏、晉寧人……至正十八年、賊犯晉寧、其長子爲賊驅迫、在圍中、既而得脱、初在賊時、有惡少與張福爲仇、徒滅其家、及官軍至、福訴其事、事連柴氏長子、法當誅、柴氏引次子詣官泣訴曰、往從惡者、吾次子、非吾長子也、次子曰、我之罪可加於兄乎、鞫之至死不易其言、官反疑次子非柴氏所出、訊之他囚、始得其情、官義柴氏之行、爲之言曰、婦執義不忘其夫之命、子趨死而能成母之志、<u>此天理人情之至也</u>、遂釋免其長子、而次子亦得不死、時人皆以爲難、二十四年、有司上其事、旌其門而復其家。

第一章　正史を通して知る「仁」と「天理」

資料Ⅳ　緯書の「仁」・「天理」

　安居香山・中村璋八『重輯緯書集成』（明徳出版社。卷四下は中村璋八）の卷數等は以下の通り。下記それぞれの引用資料に、明徳出版社本の頁數を附す。
　「天理」（そして關連する理）に關しては、【　】内に下線＿＿を附す。
　卷一上易上（1981 年 3 月）　易緯乾鑿度　易緯乾坤鑿度　易緯稽覽圖
　卷一下易下（1985 年 2 月）　易緯辨終備　易緯通卦驗　易緯是類謀　易緯坤靈圖　易緯
　卷二書・中候（1975 年 3 月）　尚書考靈曜　尚書帝命驗　尚書璇璣鈐　尚書刑德放　尚書緯　尚書中候　尚書中候考河命　尚書中候合符后
　卷三詩・禮・樂（1971 年 3 月）　詩緯　禮含文嘉　禮稽命澂　禮斗威儀　樂動聲儀　樂稽耀嘉　樂叶圖澂　樂緯
　卷四上春秋上（1978 年 2 月）　春秋演孔圖　春秋元命包　春秋文曜鉤　春秋運斗樞　春秋感精符
　卷四下春秋下（1992 年 2 月）　春秋合誠圖　春秋考異郵　春秋漢含孳　春秋佐助期　春秋潛潭巴　春秋説題辭
　卷五孝經・論語（1973 年 3 月）　孝經援神契　孝經鉤命決　孝經緯　論語比考　論語摘衰聖
　卷六河圖・洛書（1978 年 3 月）　河圖

《易緯乾鑿度》
23【萬物始出於震震・東方爲仁】孔子曰、八卦之序成立、則五氣變形、故人生而應八卦之體、得五氣、以爲五常、仁義禮智信是也、夫萬物始出於震、震、東方之卦也、陽氣始生、受形之道也、故東方爲仁、成於離、離、南方之卦也、陽得正於上、陰得正於下、尊卑之象定、禮之序也、故南方爲禮、入於兌、西方之卦也、陰用事、而萬物得其宜、義之理也、故西方爲義、漸於坎、坎、北方之卦也、陰氣形、盛陰陽氣含閉、信之類也、故北方爲信、夫四方之義、皆統於中央、故乾坤艮巽、位在四惟維、中央所以繩四方行也、智之決也、故中央爲智、故道興於仁、立於禮、理於義、定於信、成於智、五者道德之分、天人之際也、聖人所以通天意、理人倫、而明至道也、昔者聖人因陰陽、定消息立乾坤、以統天地也、夫有形於無形、乾坤安從生。
30【仁恩所加】萬物隨陽而出、故上六欲待九五、拘繫之、維持之、明被陽化、而陰陽隨也、譬猶文王之崇至德、顯中和之美、拘民以禮、係民以義、當此之時、仁恩所加、靡不隨從、咸悦其德、得用道之王、故言王用享於西山。
31【人有仁義・陽爻者制於天也陰爻者繫於地也・天動而施曰仁】孔子曰、易有六位三才、天地人道之分際也、三才之道、天地人也、天有陰陽、地有柔剛、人有仁義、法此三者、故生六位、六位之變、陽爻者制於天也、陰爻者繫於地也、天動而施曰仁、地靜而理曰義、仁成而上、義成而下、下者順從、正形於人、則道德立而尊卑定矣。
34【天子者繼天理物】天子者繼天理物、改一統、各得其宜、父天母地、以養萬民、至尊之號也、易曰、公用享于天子……孔子曰、既濟九三、高宗伐鬼方、三年剋之、高宗者、武丁也、陽之後有德之君也、九月之時、陽失正位、盛德既衰、而九三得正下陰、能終其道、濟成萬物、猶殷道中衰、王道陵遲、至於高宗、内理其國、以得民心、扶救衰微、伐征遠方、三年而惡消滅、成王道、殷人高而宗之、文王挺以校易勸德也。
52【代聖人者仁】代聖人者仁、繼之者庸人、仁世淫、庸世狠。
《易緯乾坤鑿度》
69【據理微萌】據理微萌、始有能氏。
《易緯稽覽圖》
108【理俾冥運】無懷氏曰、上聖頤天以盡象、頤物以盡源、頤事以盡情、而後天地成、萬穴效靈、五物枡行、三天不亂、聖與造游、理俾冥運、易動而敷、運化諸府、
111【曰仁者見爲仁幾之文】孔子曰、吾以觀之、曰仁者見爲仁幾之文、智者見爲智幾之問、聖者見爲神通

之文、仁者見之爲之仁、智者見之爲之智、隨仁智也。
139【君臣仁兵行・有侯少仁彊】艮、十二月君臣仁兵行、三月地動、其年旱、有人從東北來、長眉俾周鄭、漸、二月、有侯少仁彊、有外兵四方不死、地變、有大鳥東南歸。
《易緯辨終備》
21【仁聖出】日再中、烏連嬉、仁聖出、握知時。
《易緯通卦驗》
27【其理持義】法曰、乾其表握合元斗、執機運、元爲靈根、其德挺文、其理持義、招神布節建君、君道應因秉明權、巽布震……明機七、傑仁出。
《易緯是類謀》
96【師哲仁祖】皇象承、帝撣思、王倫圖、聖乾考神、摘且守文、師哲仁祖、雒書假驅、掇漸霸、考龜興之、物瑞駆駆。
111【仁義藏】有可以道消、力政勅德行、仁義藏。
《易緯坤靈圖》
122【萬事理】正其本、萬事理、差之毫釐、謬以千里、故君子必謹其始。
《易緯》
132【天子者繼天治物、改政一統】帝者、天號也、德配天地、不私公位、稱之曰帝、天子者繼天治物、改政一統、各得其宜、父天母地、以養生人、至尊之號也、大君者、君人之盛也。
134【東宮太子有人德】塡星入氐、東宮太子有人德、一曰、東宮有賜物。
《尚書考靈曜》
40【春行仁政】春佩蒼璧、乘馬以出游、發令於外、春行仁政、順天之常、以安國也。
47【春發令於外行仁政】春發令於外、行仁政、從天常、其時衣青、夏可以毀清銷銅、使備火、敬天之明、其時衣赤……。
《尚書帝命驗》
55【敬者萬世以仁得之以仁守之・其量百世以不仁得之以仁守之・其量十世以不仁得之不仁守之】季秋之月甲子、有赤爵、銜丹書入於酆、止於昌戶、其書云、敬勝怠者吉、怠勝敬者滅、義勝欲者從、欲勝義者凶、凡事不强則枉、不敬則不正、枉者廢滅、敬者萬世、以仁得之、以仁守之、其量百世、以不仁得之、以仁守之、其量十世、以不仁得之、不仁守之、不及其世。
《尚書璇璣鈐》
59【述堯理世】述堯理世、平制禮樂、放唐之文。
《尚書刑德放》
65【東方春蒼龍其智仁好生不賊】東方春、蒼龍、其智仁、南方夏、朱鳥、好禮、西方秋、白虎、執義、北方冬、玄龜、主信、會中央土之精。
《尚書緯》
69【東方春龍房位其規仁好生不賊】東方春龍、房位其規、仁好生不賊、其帝青、表聖明、行趣德也。
70【三王行仁】故先師準緯候之文、以爲三皇行道、五帝行德、三王行仁、五霸行義。
《尚書中候》
75【圓理平上】堯時、龍馬銜甲、赤文綠色、塩檀上、甲似龜背、廣袤九尺、圓理平上、五色文、有列星之分、斗正之度、帝王錄紀、興亡之數。
《尚書中候考河命》
96【舜曰朕維不仁】舜曰、朕維不仁、蛍莢浮着、百獸鳳晨、若稽古帝、舜曰重華、欽翼皇象、帝舜至于下稷、榮光休至、黄龍卷舒圖、出水壇畔、赤文綠錯。
《尚書中候合符后》
106【昭理四海】孟春五緯聚房、鳳凰銜書曰、殷帝無道、虐亂天下、世命已移、不得復久、靈祇遠離、百神歛去、五星聚房、昭理四海。
《詩緯》
44【木神則仁】木神則仁、金神則義、火神則禮、水神則信、土神則智。

第一章　正史を通して知る「仁」と「天理」

44【此仁道失類之應】歳星無光、進退無常、此仁道失類之應。

《禮含文嘉》

50【察地理】天子觀天文、察地理、和陰陽、揆星度、原神明之變、獲福于無方、得靈臺之禮、則五車三柱均明、不離其常、川原陸澤、年豐穰。

58【禮理起于太一】禮有三起、禮理起于太一、禮事起于遂皇、禮名起于黄帝。

《禮稽命澂》

67【貌恭體仁】古者以五靈配五方、龍木也、鳳火也、麟土也、白虎金也、神龜水也、其五行之序、則木熱生火、火炮生土、土甘生金、金澤生水、水液生木、五者修其母、則致其子、水官修龍至、木官修鳳至、火官修麟至、土官修白虎至、金官修神龜至、故曰、氏明體修、麒麟來游、思睿信立、白虎馴擾、言從文成、而神龜在沼、聽聰知正、而名川出龍、貌恭體仁、鳳凰棲桐。

《禮斗威儀》

78【君仁黄中而青外・當誅臣逆理進者】日青中黄外、是爲一不可……賢者不得爲輔……當誅臣逆理進者……。

《樂動聲儀》

88【仁義動君子】孔子曰く、簫韶者舜之遺音也、温潤以和、似南風之至、其爲音如寒如暑風雨之動物、如物之動人、雷動獸含、風雨動魚龍、仁義動君子、財色動小人、是以聖人努其本。

88【五臟肝仁・肝所以以仁者何・仁者好生】官有六府……脾之爲言辨也、所以積精稟氣也、五臟肝仁、肺義、心禮、賢智、脾信也、肝所以以仁者何、肝木之精也、仁者好生、東方者陽也、萬物始生、故肝象木……。

《樂稽耀嘉》

92【仁義所以爲王】德象天地爲帝、仁義所以爲王。

93【法物之始・法物之牙・法物之萌】夏以十三月爲正、息卦受泰、法物之始、其色尚黑、以平旦爲朔、殷以十二月爲正、息卦受臨、法物之牙、其色尚白、以鷄鳴爲朔、周以十一月爲正、息卦受復、法物之萌、其色尚赤、以夜半爲朔。

95【父子之仁】父子之仁、生于木、兄弟之序、生于火、夫婦之別、生于水、朋友之信、生于土。

95【仁者有惻隱之心】仁者有惻隱之心、本生於木。

《樂叶圖澂》

104【鸀鶄・嬰禮膺仁・發明・身仁戴智・焦明・身義戴信嬰仁膺智負禮・幽昌・身禮膺仁】五鳳皆五色、爲瑞者一、爲孽者四、似鳳有四、並爲妖、一曰鸀鶄、鳩喙圖目、身義戴信、嬰禮膺仁負智、到則旱役之感也、二曰發明鳥喙大頭、翼大大脛、身仁戴智、嬰義膺信負禮、至則喪之感也、三曰焦明、長喙疏翼圓尾、身義戴信、嬰仁膺智負禮、至則水之感也、四曰幽昌、兌目小頭、大身細足、頸若鱗葉、身禮膺仁、至則旱之感也。

105【身禮戴信嬰仁膺智負義】焦明南方之鳥也、狀似鳳凰、鳩喙踈翼負尾、身禮戴信嬰仁膺智負義、至則水之減、爲水備也。

105【身仁戴智嬰義膺信負禮】發明東方鳥也、狀似鳳皇、鳥喙大頸羽翼、又大足脛、身仁戴智嬰義膺信負禮、至則兵喪之感、爲兵備也。

105【身義戴信嬰仁膺智】鸀鶄西方之鳥也、狀似鳳皇、鳩喙專形、身義戴信嬰仁膺智、至則旱疫之減、爲旱備也。

105【身智戴義嬰信膺仁負禮】幽昌北方鳥也、狀似鳳皇、銳喙小頭、大身細足、肚翼若鄰葉、身智戴義嬰信膺仁負禮、至則旱之感、爲旱備也。

《樂緯》

110【角致發明身仁】角致發明身仁、徵致焦明身禮、商致鸀鶄身義、羽致幽昌身智、宮致鳳皇身信。

《春秋演孔圖》

10【顓帝戴干是謂崇仁】倉頡四目、是謂並明、顓帝戴干、是謂崇仁、帝佶戴干、是謂清明、堯眉八采、是謂通明、舜目重瞳、是謂玄景、禹耳三漏、是謂大通、湯臂三肘、是謂柳翼、文王四乳、是謂含良、武王駢齒、是謂剛強。

10【后稷植穀是謂僂仁】后稷植穀、是謂僂仁、司其所利、海内富明。

12【文王四乳是謂至仁】文王四乳、是謂至仁、天下所歸、百姓所親。
16【含仁義】有人……含仁義。
17【仁雄出】戴玉英、光中再、仁雄出、日角用。
《春秋元命包》
27【顓帝戴干是謂崇仁】顓帝戴干、是謂崇仁。
28【爲大理】堯爲天子、季秋下旬、夢白虎遺吾啄子、其母曰扶始、升高丘、曙白虎、上有雲、感已生皋陶、索扶始、問之、如堯言、明於刑法罪次終始、故立皋陶、爲大理。
36【施故仁仁故精】火精陽氣、故外熱內陰、象鳥也、日尊故滿、滿故施、施故仁、仁故精、精在外、在外故大、日外暑、外暑故陽精外吐、天有三百六十五度四分之一、布在西方、日日一麻無左遲、使四方合在一、故其宇四合一也。
36【施故仁仁故明】天尊精爲日、陽、以一起、日以發紀、尊故滿、滿故施、施故仁、仁故明、施故精、精故外光、故火在外景、陽精外吐。
56【下覃遺仁】人君至治所有、虞舜蒸蒸來慈異祉、周文翼翼翔比靈禽、文考至德、下覃遺仁、愛被遠符、千載降斯、三足將使、三方歸本、九州翕定、惟此大禮、景福在民、予安敢擾、宗廟之善、弗宣大惠、可大赦天下、文武官並遺進三級。
56【仁者情志・二人爲仁】仁者情志、好生愛人、故其爲仁以人、其立字、二人爲仁。
65【肝仁・肝所以爲仁者何肝木之精仁者好生・東方者陽也萬物始生】肝仁、肺義、心禮、腎智、脾信、肝所以爲仁者何、肝木之精、仁者好生、東方者陽也、萬物始生、故肝象木、東方者陽也、萬物始生、故肝象木、色青而有柔……。
67【肝者木之精也主仁・仁者不忍】膽者、肝之府也、肝者、木之精也、主仁、仁者不忍、故以膽斷也。
《春秋文曜鉤》
143【無仁義之廉・王者不用仁義爲政】王者失勢偏任……爲仁義之廉、則璣星低、低者樞璣星下移……一曰、王者不用仁義爲政、則佞臣熾、哲人消、羣姦之害、以圓爲方、以欺爲忠、朝廷閉塞、天下蔽壅、則杓仰……。
《春秋運斗樞》
167【陽氣爲仁】飛翔羽翩爲陽、陽氣爲仁、故鳥反哺。
《春秋感精符》
187【武而仁・仁而有慮】德及幽隱、不肖斥退、賢者在位、則至明于興衰、武而仁、仁而有慮、禽獸有陷穽、非時張獵、則去、明王動則有義、靜則有容、乃見。
189【君不仁】陰壓陽移、君淫民惡、陰精不舒、陽偏不施、在所以感之者、上奢求則、多則下竭、下竭則潰、君不仁。
《春秋合誠圖》
14【天理】天理、在斗中、司三公、如人喉在咽。以理舌語。
《春秋考異郵》
26【寬仁大度】赤帝之精、寬仁大度。
36【君不仁】陽偏民怨澂也……上奢則求多、求多則下竭、下竭則潰、君不仁。
48【日爲陽、月爲陰、一定之理】日爲陽、月爲陰、一定之理、惟星有水有火、兼陰陽而成體、靜則爲吉、動則成凶。
49【各急修仁德】天棓天槍爲妖、皆主兵革、其禍最重、若夭樓之屬、但主淫凶荒、其禍稍輕、人主及皇后大臣、各急修仁德、可以已之。
50【陰有仁氣】含牙戴角……飛翔羽翩、柔善之獸、皆爲陽也、陽有仁氣、無殺性也。
《春秋漢含孳》
57【仁且明】劉季握卯金刀、在軫北、字季、天下服、卯在東方、陽所立、仁且明、金在西方、陰所立、養成功。
《春秋佐助期》
69【一取仁】戰攻有四攻五良、四攻者、一攻天時、二攻地宜、三攻人德、四攻行利、五良者、一取仁、二取智、三取勇、四取材、五取藝、此九者、攻之所以致功也。

第一章　正史を通して知る「仁」と「天理」

《春秋潛潭巴》

83【仁義不明】甲子蝕、有兵敵強……癸未蝕、行義不明、乙酉蝕、仁義不明、賢人消……。

《春秋説題辭》

99【可放仁義】孔子曰、德合元者稱皇、皇象元、逍遙述無文字、德明謨、合天者稱帝、可洛受瑞、可放仁義、合者稱者符瑞應、天下歸往。

117【人者、仁也】人者、仁也、以心合也。

《孝經援神契》

30【人頭象天足方法地・肝仁肺義】人頭圓象天、足方法地、五藏象五行、四肢法四時、九竅法九分、目法日月、肝仁、肺義、腎志、心禮、膽斷、脾信、膀胱決難、髮法星辰、節法日歲、腸法鈴。

32【躬仁尚義】王德、珍文備象、連表萬精、曲飾題類、設述脩經、躬仁尚義、祖禮行信、握權仁智、順道形人、俱在至德。

56【肝仁故目視】肝仁故目視、肺義故鼻候、心禮故耳司、腎信故竅寫、脾智故口誨。

58【天理勅修】天理勅修、斜中情。

《孝經鉤命決》

65【天失仁】天失仁、太白經天。

70【聖主不孝四方抑怨仁政不施苛刑布偏】聖主不孝、四方抑怨、仁政不施、苛刑布偏、則四時聚彗、八節投蜺。

《孝經緯》

113【若木性則仁】性者生之質、若木性則仁、金性則義、火性則禮、水性則信、土性則知。

《論語比考》

119【仁義在身】仁義在身、行之可強。

《論語摘衰聖》

125【尚仁義】承進曰、帝不先義、任道德、王不先力、尚仁義、霸不先正、尚武力。

126【麟北方玄枵之獸西方之毛蟲中央之軒轅大角之神麕身牛尾狼項馬蹄・含仁懷義】麟北方玄枵之獸、西方之毛蟲、中央之軒轅大角之神、麕身牛尾狼項馬蹄、高六尺、身備五色、原下茄黃、角端帶肉、含仁懷義、居不群、行不侶、音中宮羽、步中規矩、不踐生蟲、不折生荓、不犯陷隩、不羅罟網、飲清池而游樂土、牡亡游聖、牝鳴歸和、春鳴扶幼、夏鳴養綏、秋鳴藏嘉、冬鳴思邊、食嘉禾、飲玉英、彬彬乎有文藻、申申乎有樂章、壽或一千、或三千、王其政太平則在郊。

《河圖》

165【仁慈惠施者肝之精】仁慈惠施者、肝之精、悲哀過度、則傷肝、肝傷令目視芒芒、禮操列眞、心之精、喜怒激切傷心、心傷則疾颭吐逆、和厚篤信者、脾之精、縱逸貪嗜、則傷脾、脾傷則蓄積不化、致否結之疾、義惠剛斷、肺之精、患憂憤勃、則傷肺、肺傷則致欬逆失音、智辨謀略、腎之精、勞欲憤滿、則傷腎、腎傷則喪精損命。

166【尚仁長皆象木也仁木性也】君承木而王、爲人青色、修頸美髮、其民長身廣肩、尚仁長、皆象木也、仁、木性也、善則時草豐茂、嘉穀幷生、鳥不胎傷、木氣盛也、失則列星滅、色亂、禾稼不登、民多厭死、木生而上出遇土、傷則青而不得起、故壓死、承火而王、爲人赤色、大目、離爲日、故大視明也、其人尖頭長腰、疾敏尚孝……。

第二章　先秦史料を通して知る「仁」とその原義

第一節　經典と「仁」

はじめに―「天理」と經典

　經典は多く先秦時代に作られ、漢代に整理され、後漢以後注釋が施されて現在にいたる。これは多くの論者が考えていることである。

　また多くの論爭は、その經典がまさしく先秦時代に作られたのか、あるいは漢代に言わば古きを稱しつつ僞作されたのかに關して爲されてきた。

　第一章において、「仁」と「天理」が正史にどう記されてきたかを、具體的に檢證した。そして『史記』以來『舊唐書』にいたるまで、「天理」と北斗七星が密接に結びつくこと、『晉書』から『舊唐書』にかけて「天理の物」が議論されて佛寺・道觀が念頭におかれることがわかった。ここで論じられる「天理」は「八紘」を念頭におくものであった。

　拙著『「八紘」とは何か』の檢討によってわかったことをあらためて述べておけば[1]、「八紘」は『淮南子』墬形訓から始まり、「八紘」内の最遠部を「八殥」と稱した。『史記』がこの「八殥」を「八荒」と言い換え、ここに「八紘」は「五服」論と結びついた。「八紘」内に「五服」がそっくりおさまる。この考え方が以後長く繼承された。この「八紘」と「五服」の結びつきは『明史』まで繼承される。この「八紘」は、面積をもって言えば「方萬里」とされ、その「方萬里」は「方一千里」十個分になっている。一邊の數値をもって面積の大小を示す。奇妙な樣だが、事實はそうなっている。これとは別に、「方一千里」二十五個分を使って「五服」を論じる說がある。その考え方は注釋中では空論扱いだったのだが、宋代以後むしろ「五服」論の主流の座を占めるようになる。「方一千里」十個分の「八紘」の外に擴大された領域、つまりを「方一千里」二十五個分を設定する。本書第一章に述べた點を關連づけて言えば、『新唐書』以後「仁」評價の場が「八紘」（「方一千里」十個分）の外に廣く擴大されたことと密接に關わるのであろう。

　最も早く「八紘」に言及した『淮南子』には、調べてみると「仁」の語がない。だから、そこで述べられた「八紘」は「仁」評價とは無緣であった。一方、すでに檢討したように、『史記』の「八紘」は「仁」評價と密接な關わりがある。言い換えれば、「八紘」と「仁」評價が合體したのは『史記』からだということになろう。

　くりかえしになるが、その「八紘」は「方萬里」の語をもって說明される。この「方萬里」を「方一千里」十個分とする考え方は、その先驅が『孟子』に示されている。『孟子』梁惠王上に「海内之地」（天下）は「方一千里」九つから成ることを述べている[2]。この考え方は『禮記』王制に繼承された[3]。ところが、『孟子』と『禮記』とでは、「方一千里」の中をどう說明するかが異なっている。『孟子』萬章下には、「方十里」十個分が「方百里」である内容が書かれている。當然「方百里」十個分が「方千里」である。「方」という表現は面積だということ以上の意味がない。一邊の自乘ではなく一邊そのもので「方」の大小を語る。これに對し、『禮記』王制では、「方十

第二章　先秦史料と通して知る「仁」とその原義

里」百個分が「方百里」、「方百里」百個分が「方千里」だという考え方を示している。こちらは一邊の自乘が面積だという説明になる。ただ、「方一千里」九つ分の説明だけは、『孟子』・『禮記』ともに一邊そのもので面積を表示している。以上は、戰國時代の面積論が古い都市の系譜を引く縣を基礎に議論され、春秋時代まで土地の開發が部分的であったので、道路を念頭においた距離で面積を表示したことに起因し、漢代になると鐵器の普及でその土地の開發が進みいわゆる面積計算により土地の大小を表示するようになったことに起因すると考えられた。『孟子』は戰國時代の成書であり、『禮記』は漢代の成書であると考えられた。面積論に關わる『孟子』の文章は、『禮記』に引用されているので、よく讀むと、『禮記』には面積論と引用された文章との間に矛盾が生じている。『禮記』はそれがわかりにくくなるよう、『孟子』の問題になる部分をいくつかに分割し、それら一つ一つを分けて相互に離して自らの文章に組み込み、そもそもの『孟子』の文脈がたどられないよう工夫している。こうした「さかしら」が見えることから、『禮記』の後代性がよくわかるのである。

　こういうことが、すでにわかっているので、以下には、この『孟子』・『禮記』兩者の「仁」評價を比較檢討することを一つの檢討課題とする。ただ、『禮記』と他の書物との關係、とくに『荀子』・『韓非子』との關係も從來の常識からして氣になるところである。そこで、以下『孟子』・『荀子』・『韓非子』・『禮記』の順に具體的に檢討してみることにしよう。

　以下に述べていくことをあらかじめ述べて恐縮だが、漢代の『禮記』には「天理」の語があり、戰國時代の『孟子』・『荀子』・『韓非子』には「天理」の語が見えない。『史記』以後の「天理」が「八紘」と結びついていることに關わる話題である。ただし、『史記』以後の「天理」がなぜ「仁」評價と結びつくのか。この點は恒に念頭において檢討が進められる。

　なお、第一章の最初に若干の檢討をほどこしたことを再度述べておくと、從來の「仁」に關する研究は、個々人の心の問題として「仁」を考える立場、萬物一體の「仁」を語る立場がある。「兩者」は、特に朱子學を論じるに當たっては、明確に意識されてきた。ところが、朱子學以前を論じる場合には、なぜか萬物一體の「仁」を語る意識が希薄であって、そのため、緯書が果たした役割が必ずしも明確にならなかった。しかしながら、二十四史の「仁」評價をつぶさに檢討してみると、明らかに萬物一體の「仁」を述べていて、しかもその立場を支えるものとして緯書が存在していた。

　以下に檢討していくのは、この萬物一體の「仁」がどのように遡れるかである。

　第一章の最初に述べたように、研究史的には、近代に個人が強烈に意識された結果、個々人の心の問題が熱心に議論されている。この視點を述べるのが歷史的實態に近いのか、あるいは、萬物一體の立場を遡るのが歷史的實態に近いのか。こうした點を詰める作業が進められる。

1.『孟子』の「仁」

　『孟子』の「仁」と第一章に檢討した歷代の「仁」を比較する場合、まず注目すべき點はどこにあるか。すでにわかっていることから述べていこう[4]。『孟子』梁惠王上によると、「仁」は天下(「海内」)を「方一千里」九つ分としたうちの、一つ分に行う(「發政施仁」)。これが王の政治である。これに對し、他の「方一千里」を治めるのは霸者である。公孫丑下によると、霸者は力を以て仁を假る者である(「以力假仁者霸」)。「仁を假る」とは、本物の「仁」ではない、という

ことである。これに對し、德を以て仁を行う者が王である(「以德行仁者王」)。こうした議論は、第一章に檢討した皇帝と外國君主との間の關係に類似する。『晉書』以前の外國君主である。

これもすでにわかっていることだが(5)、戰國時代の各國の論じた「中國」や「夏」等の用語は、對象とする地域がそれぞれ異なっている。こうした言わば特別領域に「仁」の政治を行うというのが王の議論し得る内容になる。漢代以後、始皇帝の統一した天下を基礎にして「八紘」を規定した。この「八紘」に比較すると、その何分の一かを特別領域とする。漢代以降の「八紘」の中に戰国時代の特別領域とそうでない領域があり、特別領域を王が治め、そうでない領域を霸者が治める。現實には、各國の王が並立しているのであるから、お互いに自分は本物で他は僞物だというしかない。それが上記の「仁を假る」という表現に論理の問題として示されているのである。

以下、必要に應じて解説を加えつつ、具體的に見てみよう。

梁惠王上には「亦有仁義而已矣」・「未有仁而遺其親者也、未有義而後其君者也、王亦曰仁義而已矣」・「是乃仁術也」・「今王發政施仁、使天下仕者皆欲立於王之朝」・「焉有仁人在位、罔民而可爲也」とある。この最後の一節をより長く引用すると「若民則無恒產因無恒心、苟無恒心、放辟邪侈、無不爲已、及陷於罪、然後從而刑之、是罔民也、焉有仁人在位、罔民而可爲也」とある。ここには、「仁人」が爲すべきものと對置されるものとして、「罪に陷らしむ」・「之を刑す」・「民を罔す」が擧げられている。これらは、二十四史の文脈では、皇帝の「仁」が刑官が關わる場において示されるか、刑官が罰を加えるかの選擇として語られていたものである。「民の若きは則ち恒產無ければ因て恒心無し」ということであるから、その「本」に立ち返って「恒產」がある狀況を作り出せというのが『孟子』の意見になっている。

梁惠王下には「齊宣王問曰、交鄰國有道乎、孟子對曰有、惟仁者爲能以大事小、是故湯事葛、文王事昆夷、惟智者爲能以小事大、故大王事獯鬻、句踐事吳、以大事小者、樂天者也、以小事大者、畏天者也、樂天者保天下、畏天者保其國」とある。武力だけをもつ相手と外交をもつ場合、自己が「仁」をもつ者であれば自己を「大」と認識する。武力だけをもつ相手と外交をもち相手を上に位置づける場合、自己の武力を「智」により分析して「小」と判斷するから自己を下に位置づけるのだ。この文章により、「仁」の政治を行う場が限られる一面があることを知る。續けて「老而無妻曰鰥、老而無夫曰寡、老而無子曰獨、幼而無父曰孤……文王發政施仁、必先斯四者」・「賊仁者謂之賊、賊義者謂之殘、殘賊之人、謂之一夫」とある。さらに「今燕虐其民……今又倍地而不行仁政、是動天下之兵也」とある。燕王は暴虐の政治を行っている。それを攻め滅ぼして齊の領域を倍にし「仁」の政治を行うべきである。それを行わないと天下の兵が齊を攻めることになる。ここでも「仁」の政治を行う場が限られる一面を述べている。同時に齊王の領域が「仁」の政治を行う場であって、その領域が倍になれば、「仁」の政治を行う場も倍になることを述べている。論理的には、齊が天下を統一すれば、天下に「仁」の政治を行うことになる。さらに「君行仁政、斯民親其上、死其長矣」とあり、また「二三子何患乎無君、我將去之、去邠踰梁山、邑于岐山之下居焉、邠人曰、仁人也、不可失也、從之者如歸市」とある。後者の前後を加えて解説すれば、昔大王は邠におり、狄の攻撃を防ごうとしたが、抗しきれず岐山に移った。邠人は土地を棄てて大王に從った。大王は「仁人であって失ってはならない」と述べたという。これは二つのことを我々に教える。「仁」は「仁人」がもたらすものであって、土地に附屬するものではないこと、そして「仁人」が移った先で「仁」の政治が行われたこと、である。

公孫丑上には「夏后殷周之盛、地未有過千里者也、而齊有其地矣……而齊有其民矣、地不改辟矣、民不改聚矣、行仁政而王、莫之能禦也……當今之時、萬乘之國行仁政、民之悦之、猶解倒懸也」とある。「夏・殷・周の盛時にあっても地は千里を越えることがなかった。齊はいまその千里の地を得ている。地を改め開くことなくとも民を改め集めなくとも"仁政"を行って王となった。今の世は萬乘の國に"仁政"を行う」。ここでも「仁」の政治を行う場が限られている。またここに「夏・殷・周」に言及することの意味であるが、これは、「仁政」を行う場が別地に移っていることにあろう。いまやその場が齊に移っていると述べていることになる。また「子貢曰、學不厭、智也、教不倦、仁也、仁且智、夫子既聖矣」とある。さらに「以力假仁者霸、霸必有大國、以德行仁者王、王不待大、湯以七十里、文王以百里、以力服人者、非心服也、力不贍也、以德服人者、中心悦而誠服也、如七十子之服孔子也」とある。「仁を假る者」（僞物）が霸者であり、大國を保有する。德をもって仁を行うのが王であり、王は大國保有を前提にしない。小國でもよい。力をもって人を服屬させても心から服してはいない。德をもって人を服屬させる場合は中心から喜び誠をもって服する。ここでも「仁」を行う場は限られている。さらに「仁則榮、不仁則辱、今惡辱而居不仁、是猶惡濕而居下也」・「惻隱之心、仁之端也、羞惡之心、義之端也、辭讓之心、禮之端也、是非之心、智之端也」・「孔子曰、里仁爲美、擇不處仁、焉得智、夫仁天之尊爵也、人之安宅也、莫之禦、而不仁、是不智也、不仁不智、無禮無義、人役也……矢人而耻爲矢也、如耻之、莫如爲仁、仁者如射、射者正已而後發、發而不中」とある。

公孫丑下には「齊人無以仁義與王言者、豈以仁義爲不美也、其心曰、是何足與言仁義也」・「曾子曰、晉楚之富、不可及也、彼以其富、我以吾仁、彼以其爵、我以吾義、吾何慊乎哉」・「周公使管叔監殷、管叔以殷畔、知而使之、是不仁也、不知而使之、是不智也、仁智周公未之盡也、而況於王乎」とある。

滕文公上には「滕文公問爲國、孟子曰、民事不可緩也……民之爲道也、有恆產者、有恆心、無恆產者、無恆心、苟無恆心、放僻邪侈、無不爲已、及陷乎罪、然後從而刑之、是罔民也、焉有仁人在位、罔民而可爲也」とある。同じ文脈の記述は梁惠王上にあった。「罪に陷るに及び、然る後從ひて之を刑す。是れ民を罔するなり」と、よりわかりやすい説明になっている。續いて「陽虎曰、爲富不仁矣、爲仁不富矣」とあるが、陽虎は滅亡の人である。「仁」評價を批判的に述べるのがよろしくないという含意があろう。二十四史に繼承される「滅亡の人の述べる『仁』」という「形」がすでにここに示されている。さらに「孟子曰、子之君將行仁政、選擇而使子、子必勉之、夫仁政必自經界始、經界不正、井地不均、穀祿不平……方里而井、井九百畝、其中爲公田、八家皆私百畝、同養公田……」・「踵門而告文公曰、遠方之人、聞君行仁政、願受一廛而爲氓」・「爲天下得人者、謂之仁」・「則孝子仁人之掩其親、亦必有道矣」とある。

滕文公下には「子何尊梓匠輪輿而輕爲仁義者哉」・「楊墨之道不息、孔子之道不著、是邪説誣民、充塞仁義也、仁義充塞、則率獸食人、人將相食」とある。

離婁上には「堯舜之道、不以仁政、不能平治天下、今有仁心仁聞、而民不被其澤、不可法於後世者、不行先王之道也」・「既竭心思焉、繼之以不忍人之政、而仁覆天下矣」・「孔子曰、道二、仁與不仁而已矣、暴其民甚、則身弑國亡」とある。「暴其民甚、則身弑國亡」に、上述した「滅亡の人」を相手にしない理由が示されている。これに關連づけて附言すれば、この「孔子曰く」の前には、「孟子曰く、規矩は方員の至なり。聖人は人倫の至なり」とある。本書下記の議論に關わるので、

ここに述べておく。『孟子』にはさらに「三代之得天下也以仁、其失天下也以不仁、國之所以廢興存亡者亦然、天子不仁、不保四海、諸侯不仁、不保社稷、卿大夫不仁、不保宗廟、士庶人不仁、不保四體、今惡死亡、而樂不仁、是由惡醉而強酒」とある。「其失天下也以不仁」は、國が滅亡した理由が示される。「天子不仁、不保四海、諸侯不仁、不保社稷、卿大夫不仁、不保宗廟、士庶人不仁、不保四體」というのも、滅亡の理由を述べている。天子と四海、諸侯と社稷、卿大夫と宗廟、士庶人と四體の對應は、「仁」の政治を行う場だけでなく、その影響が及ぶ場にも限りがあることを教える。先に述べたことを併せ考えてみると、「仁政」を「方一千里」に行えば四海が保てるということで、士庶人が注意すべきは四體の中の例えば肝腎等になるのだろう。『孟子』には續けて「愛人不親反其仁、治人不治反其智、禮人不答反其敬」・「天下有道、小德役大德、小賢役大賢、天下無道、小役大、弱役強、斯二者天也、順天者存逆天者亡……孔子曰、仁不可爲衆也、夫國君好仁、天下無敵、今也、欲無敵於天下、而不以仁、是猶執熱而不以濯也」とある。「順天者存逆天者亡」も滅びる理由（と存續する理由）を示している。『孟子』には「天理」の語はないわけだが、「天に順ふ」ことが肝要だと考えられている。「それ國君仁を好めば天下無敵なり」は、諸侯と「仁」の關係を言う。王が「仁政」を行い、諸侯はその「仁」を好む、という關係になる。この論理が「王」を「皇帝」に換えて二十四史に繼承されている。さらに「孟子曰、不仁者可與言哉、安其危而利其菑、樂其所以亡者、不仁而可與言、則何亡國敗家之有」とある。これも滅亡の理由が述べられている。「桀紂之失天下也、失其民也、失其民者、失其心也……民之歸仁也、猶水之就下、獸之走壙也」・「今天下之君有好仁者、則諸侯皆爲之敺矣」は、「仁」が高きから低きに向かうことを述べる。天下の君が仁を好めば諸侯はこれに先を爭って應じる。「不仁」であれば、滅亡を迎える。「苟不志於仁、終身憂辱以陷於死亡」も滅亡の理由を述べる。「自暴者、不可與有言也、自棄者、不可與有爲也、言非禮義、謂之自暴、吾身不能居仁由義、謂之自棄也、仁人之安宅也、義人之正路也、曠安宅而弗居、舍正路而不由、哀哉」には「仁人」と「安宅」が相應じる關係にあることが示されている。上記の公孫丑上に「孔子曰、里仁爲美、擇不處仁、焉得智、夫仁天之尊爵也、人之安宅也、莫之禦、而不仁、是不智也、不仁不智、無禮無義、人役也……矢人而恥爲矢也、如耻之、莫如爲仁、仁者如射、射者正己而後發、發而不中」とあった。この「夫仁天之尊爵也、人之安宅也」の「人」は「仁人」を言う。下記に扱う告子上に「有天爵者、有人爵者、仁義忠信、樂善不倦、此天爵也、公卿大夫、此人爵也、古之人、脩其天爵、而人爵從之、今之人、脩其天爵、以要人爵、既得人爵、而棄其天爵、則惑之甚者也、終亦必亡而已矣」とある。「仁義忠信、樂善不倦、此天爵也」が「夫仁天之尊爵也」を補足説明している。『孟子』には、さらに「君不行仁政而富之、皆棄於孔子者也」・「君仁、莫不仁、君義、莫不義、君正、莫不正、一正君而國定矣」・「仁之實事親是也、義之實從兄是也、智之實知斯二者弗去是也、禮之實節文斯二者是也、樂之實樂斯二者、樂則生矣、生則惡可已也、惡可已、則不知足之蹈之、手之舞之」とある。「仁之實事親是也」とあるのは、二十四史において皇帝の「仁」評價と「孝」が密接に結びついている議論の先驅と見なせる。王の「仁」を述べるものということである。『孟子』の「仁之實事親是也」は、嚴密に言えば王に限った言い方ではないが、續く「義」について、「義之實從兄是也」とある「義」は、二十四史では臣下のこととして論じられていた。『孟子』の「義」も同樣に考えてよかろう。

離婁下には「君仁莫不仁、君義莫不義」・「舜明於庶物、察於人倫、由仁義行、非行仁義也」・「君

子所以異於人者、以其存心也、君子以仁存心、以禮存心、仁者愛人、有禮者敬人、愛人者人恒愛之、敬人者人恒敬之、有人於此、其待我以橫逆、則君子必自反也、我必不仁也、必無禮也、此物奚宜至哉、其自反而仁矣、自反而有禮矣」・「若夫君子所患則亡矣、非仁無爲也、非禮無行也、如有一朝之患、則君子不患矣」とある。

萬章上には「舜流共工于幽州、放驩兜于崇山、殺三苗于三危、殛鯀于羽山、四罪而天下咸服、誅不仁也、象至不仁、封之有庳、有庳之人奚罪焉、仁人固如是乎、在他人則誅之、在弟則封之、仁人之於弟也、不藏怒焉、不宿怨焉、親愛之而已矣、親之欲其貴也、愛之欲其富也、封之有庳富貴之也、身爲天子弟爲匹夫、可謂親愛之乎」・「太甲顛覆湯之典刑、伊尹放之於桐三年、太甲悔過、自怨自艾於桐處仁遷義三年、以聽伊尹之訓己也、復歸于亳」とある。

告子上には「性猶杞柳也、義猶桮棬也、以人性爲仁義、猶以杞柳爲桮棬」・「率天下之人、而禍仁義者、必子之言夫」・「告子曰、性無善無不善也」・「惻隱之心、仁也、羞惡之心、義也、恭敬之心、禮也、是非之心、智也、仁義禮智非由外鑠我也」・「牛山之木嘗美矣、以其郊於大國也、斧斤伐之、可以爲美乎、是其日夜之所息、雨露之所潤、非無萌蘗之生焉、牛羊又從而牧之、是以若彼濯濯也、人見其濯濯也、以爲未嘗有材焉、此豈山之性也哉、雖存乎人者、豈無仁義之心哉」・「子曰、仁人心也、義人路也、舍其路而弗由、放其心而不知求、哀哉」・「有天爵者、有人爵者、仁義忠信樂善不倦、此天爵也、公卿大夫此人爵也、古之人、脩其天爵、而人爵從之、今之人、脩其天爵、以要人爵、既得人爵、而棄其天爵、則惑之甚者也」・「詩云、既醉以酒、既飽以德、言飽乎仁義也」・「仁之勝不仁也、猶水勝火、今之爲仁者、猶以一杯水救一車薪之火也、不熄則謂之水不勝火、此又與於不仁之甚者也、亦終必亡而已矣」・「五穀者種之美者也、苟爲不熟、不如荑稗、夫仁亦在乎、熟之而已矣」とある。

告子下には「小弁之怨親親也、親親仁也」・「是君臣父子兄弟終去仁義、懷利以相接、然而不亡者未之有也、先生以仁義說秦楚之王、秦楚之王悅於仁義而罷三軍之師、是三軍之士樂罷而悅於仁義也、爲人臣者、懷仁義以事其君、爲人子者、懷仁義以事其父、爲人弟者、懷仁義以事其兄、是君臣父子兄弟、去利懷仁義以相接也」・「夫子在三卿之中、名實未加於上下而去之、仁者固如此乎」・「三子者不同道其趨一也、一者何也、曰、仁也、君子亦仁而已矣」・「今魯方百里者五、子以爲、有王者作、則魯在所損乎、在所益乎、徒取諸彼、以與此、然且仁者不爲、況於殺人以求之乎、君子之事君也、務引其君以當道、志於仁而已」・「君不鄉道、不志於仁、而求富之、是富桀也、我能爲君約與國、戰必克、今之所謂良臣、古之所謂民賊也、君不鄉道、不志於仁、而求爲之強戰、是輔桀也」・「降水者洪水也、仁人之所惡也」とある。

盡心上には「強恕而行、求仁莫近焉」・「仁言不如仁聲之入人深也」・「親親仁也、敬長義也」・「君子所性、仁義禮智根於心」・「天下有善養老、則仁人以爲己歸矣」・「菽粟如水火、而民焉有不仁者乎」・「堯舜性之也、湯武身之也、五霸假之也」・「曰、何謂尚志、曰、仁義而已矣、殺一無罪、非仁也、非其有而取之、非義也、居惡在、仁是也、路惡在、義是也、居仁由義、大人之事備矣」・「君子之於物也、愛之而弗仁、於民也、仁之而弗親、親親而仁民、仁民而愛物」・「知者無不知也、當務之爲急、仁者無不愛也、急親賢之爲務、堯舜之知而不徧物、急先務也、堯舜之仁不徧愛人、急親賢也」とある。

盡心下には「不仁哉梁惠王也、仁者以其所愛、及其所不愛、不仁者以其所不愛、及其所愛」・「國君好仁、天下無敵焉」・「不信仁賢、則國空虛、無禮義、則上下亂、無政事、則財用不足」・「不仁

第一節　經典と「仁」

而得國者有之矣、不仁而得天下未之有也」・「仁也者人也、合而言之道也」・「仁之於父子也、義之於君臣也、禮之於賓主也、知之於賢者也、聖人之於天道也、命也、有性焉、君子不謂命也」・「人皆有所不忍、達之於其所忍、仁也、人皆有所不爲、達之於其所爲義也、人能充無欲害人之心、而仁不可勝用也、人能充無穿踰之心、而義不可勝用也」とある。

　以上、解説を敢えて加えないものまで含めて、具體的に述べてきた。梁惠王上の記述から、「仁人」が爲すべきものと對置されて、「罪に陷らしむ」・「之を刑す」・「民を罔す」が擧げられていることがわかる。これらは、二十四史の文脈では皇帝の「仁」が刑官所管の場において示されるか、刑官が罰を加えるかの選擇として語られていたものである。同じ文脈の文章は滕文公下にもある。また、いくつかの記述から、「仁」の政治を行う場が限られることがわかるが、その場を決めるのは聖人君主であって、その領域は大小ある。そして、その領域は聖人君主が移動することによって變化する。とくに梁惠王下から、齊王の領域が「仁」の政治を行う場であって、その領域が倍になれば、「仁」の政治を行う場も倍になると議論されているのは、いまや「仁」を語るべきなのが齊であり、その領域が擴大されることが議論されたのである。梁惠王上によると天下は「方一千里」九つ分あり、その一つ分が王の領域であり「仁政」が行われる。他はそれぞれの「方一千里」がそれぞれ霸者の領域になる。公孫丑上によると、「仁を假る者」（僞物）が霸者であり、大國を保有する。德をもって仁を行うのが王であり、王は大國保有を前提にしないという。本音は齊に對抗する「方一千里」それぞれの霸者は僞物だ（だから王ではない）という點にある。こうした考えは、二十四史に繼承されるのだが、「仁」評價を語る場は「皇帝」の統治領域たる「八絋」にまで擴大される。離婁上に「仁之實事親是也」とあるのは、二十四史において皇帝の「仁」評價と「孝」が密接に結びついている議論の先驅と見なせる。また、その離婁上等いくつかの部分に滅亡の人のことが議論になっている。滅亡の人が「仁」評價を語るのは結果が惡い（滕文公上）という話題や、天子であれ諸侯であれ「不仁」は滅びる（離婁上）話題などがある。こうした「仁」評價をめぐる體裁は、二十四史に繼承されている。そして、滅びる理由の中に、「順天者存逆天者亡」があるのは、二十四史において「天理」の議論として繼承されることが注目される。『孟子』には「天理」の語はないわけだが、「天に順ふ」ことが肝要だと考えられている。それが「天時」を意味するものでなさそうなことは、公孫丑下に「天時は地利に如かず、地利は人和に如かず」とあって、「天時」が最上として議論されていないことからもわかる。この點は別に檢討することにしよう。

2.『荀子』の「仁」

　著名なところでは、『孟子』の性善の説を、『荀子』が紹介して批判したことが知られている。常識的に語られる性善説、性惡説は、實は『孟子』にも『荀子』にも書かれていない[6]。『孟子』は、上記に述べた「仁」説を前提にして、その「仁」評價の對象となる者について、性善を述べる。「大者」という言葉を用いている。「大者」たる性善である[7]。以下、必要に應じて解説を加えつつ具體的に見てみよう

　梁惠王下に「齊宣王問曰、交鄰國有道乎、孟子對曰有、惟仁者爲能以大事小、是故湯事葛、文王事昆夷、惟智者爲能以小事大、故大王事獯鬻、句踐事吳、以大事小者、樂天者也、以小事大者、畏天者也、樂天者保天下、畏天者保其國」とあるのをすでに「仁」評價に關連づけて紹介した。

第二章　先秦史料と通して知る「仁」とその原義

天下の中に王と霸者の領域を設定し、王に「仁」評價を與える。これを「大者」とし、性善を論じる。

盡心上に「孟子曰、仲子不義與之齊國而弗受、人皆信之、是舍簞食豆羹之義也、人莫大焉亡親戚君臣上下、以其小者信其大者、奚可哉」とある。「親戚」・「君臣」・「上下」は必ずしも「仁」評價の對象となるわけではないが、評價の對象たり得ることも間違いない。それらが滅びるということになれば、「小者」をもって「大者」を信じるという霸者の論理もあやういものがある、ということで、これは上記の「大者」性善を補足する内容である。

告子上に「人之於身也、兼所愛、兼所愛、則兼所養也、無尺寸之膚不愛焉、則無尺寸之膚不養也、所以考其善不善者、豈有他哉、於已取之而已矣、體有貴賤、有小大、無以小害大、無以賤害貴、養其小者爲小人、養其大者爲大人……」とあるのは、「仁」評價を念頭においた「人」について述べている。天下を身體になぞらえ、「大者」と「小者」があることを述べる。「小者」を養うと「小人」となり、「大者」を養うと「大人」になる。天下を念頭に置くから、「兼所愛、則兼所養」や「體有貴賤」が議論されるのである。

だから、「仁」評價を念頭において論じるなら、上述したように、『孟子』では「仁人」が爲すべきものと對置されて、「罪に陷らしむ」・「之を刑す」・「民を罔す」が擧げられているのであって、『孟子』はそれらを「仁」評價の俎上に乘せない。

宇野哲人の言葉を借りれば(8)、『孟子』は「大者」の性善と「小者」の欲望を述べ、「小者」を統御すべきことを說いた。これに對し、「小者」を中心として說をなしたのが『荀子』の性惡說である。『孟子』が性善の議論の俎上に乘せなかった「小者」に視點を當てたのである。

具體的に見てみよう。勸學一には「學莫便乎近其人、學之經、莫速乎好其人、隆禮次之、上不能好其人、下不能隆禮、安特將學雜識志、順詩書而已耳、則末世窮年、不免爲陋儒而已、將原先王、本仁義、則禮正其經緯蹊徑也」・「百發一失、不足謂善射、千里蹞步不至、不足謂善御、倫類不通、仁義不一、不足謂善學、學也者、固學一之也」とある。

脩身二には「治氣養心之術……凡治氣養心之術、莫徑由禮、莫要得師、莫神一好、夫是之謂治氣養心之術也」・「君子之求利也、略、其遠思也、早、其避辱也、懼、其行道理也、勇」・「君子貧窮而志廣、隆仁也」とある。

不苟三には「君子養心莫善於誠、致誠則無他事矣、唯仁之爲守唯義之爲行、誠心守仁則形形則神神則能化矣、誠心行義則理則明明則能變矣、變化代興謂之天德」・「善之爲道者不誠則不獨、獨則不形、不形則雖作於心、見於色、出於言、民猶若未從也、雖從必疑、天地爲大矣」・「人之所惡者、吾亦惡之、夫富貴者、則類傲之、夫貧賤者、則求柔之、是非仁人之情也、是姦人將以盜名於晻世者也、險莫大焉」とある。

榮辱四には「仁義德行、常安之術也」・「今以夫先王之道、仁義之統、以相羣居」・「況夫先王之道、仁義之統、詩書禮樂之分乎……故仁人在上、則農以力盡田、賈以察盡財、百工以巧盡械器、士大夫以上、至於公侯、莫不以仁厚知能、盡官職、夫是之謂至平」とある。ここには、「仁人」が議論される階層が明言されている。「士大夫以上、至於公侯、莫不以仁厚知能、盡官職」とあって公侯から士大夫までの「仁厚知能」が議論される。「官職を盡す」とあるから官爵を得ている者を言う。そこで議論される「仁人」が上にあれば、下には「農」・「賈」・「百工」がいてそれぞれの分を盡す。その上で「先王之道、仁義之統」が議論される。王が念頭に置かれる。「仁義德行」

は「常安之術」である。

非相五には「葉公子高、入據楚、誅白公、定楚國、如反手耳、仁義功名、善於後世」・「知行淺薄、曲直有以縣矣、然而仁人不能推、知士不能明、是人之三必窮也」・「君子必辯、凡人莫不好言其所善、而君子爲甚焉、是以小人辯言險、而君子辯言仁也、言而非仁之中也、則其言不若其黙也、其辯不若吶也、言而仁之中也、則好言者上矣、不好言者下也故、仁言大矣、起於上所以道於下、正令是也、起於下、所以忠於上、謀救是也、故君子之行仁也無厭、志好之、行安之、樂言之、故言……小辯而察、見端、而明本分而理、聖人士君子之分具矣」とある。「君子」は必ず辨ずる。「人」はその善とするところを言うを好むが「君子」はそれが甚だしい。「小人」が辨ずると「險」を言い、「君子」が辨ずると「仁」を言う。そもそも言が「仁の中」でない場合は、だまっていた方がいい。辨は吶に及ばない。言が「仁の中」である場合は、言を好む者は上、言を好まない者は下となる。「仁言」は大である。「上」に起こるは「下」に「道」あらしむるゆえんである。正令がここにある。「下」の起こるは「上」に對し「忠」あらしむるゆえんである。謀救がここにある。

非十二子六には「是聖人之不得執者也、仲尼子弓是也、一天下財萬物、養長生民兼利天下、通達之屬、莫不服從、六説者立息、十二子者遷化、則聖人之得執者、舜禹是也、今夫仁人也、將何務哉、上則法舜禹之制、下則法仲尼子弓之義、以務息十二子之説、如是則天下之害除、仁人之事畢、聖王之跡著矣」とある。聖人を補佐し得るのは、仲尼・子弓である。天下を一にし萬物を財とする。仁民を養長し天下を兼利し、通達の屬たるべく從わない者はない。舜・禹も同樣である。今の仁人は上は舜・禹の制に法り、下は仲尼・子弓の義に法り、努めて十二子の説をやめさせる。こうして天下の害は除かれ、仁人の事おわり、聖王の跡があきらかになる。今の仁人の模範として舜・禹の制度と仲尼・子弓の義を擧げている。非十二子にはさらに「信信信也、疑疑亦信也、貴賢仁也、賤不肖亦仁也、言而當知也、黙而當亦知也、故知黙猶知言也、故多言而類、聖人也、少言而法君子也」とある。賢人を尊ぶは「仁」であり、「不肖」をいやしむも「仁」である。言が當たるのは「知」であり、黙して語らずとも當たるのもまた「知」である。辨ずればいいというものではない。聖人・君子・小人の差違は結果が物語る。

仲尼七には「然而仲尼之門人、五尺之豎子言羞稱乎五伯、是何也、曰然彼非本政教也、非致隆高也、非綦文理也、非服人心也、郷方略、審勞佚、畜積脩鬥、而能顛倒其敵者也、詐心以勝矣、彼以讓飾争、依乎仁而蹈利者也」・「通以爲仁、則必聖、夫是之謂天下之行術」とある。

儒效八には「先王之道、仁之隆也、比中而行之、曷謂中、曰禮義是也、道者非天之道、非地之道、人之所以道也、君子之所道也、君子之所謂賢者……君子之所謂知者……君子之所謂辯……君子之所謂察者」とある。先王の道は「仁」を尊ぶ。「中」に比して行う。非相五に「仁の中」に言及した。「中」とは禮義をいう。「道」は天の道でもなく、地の道でもなく、人が道とするゆえんをいう。君子の道とするところである。君子のいわゆる賢なる者、知なる者、辨なる者、察なる者、いずれも「人」がそれらについて爲し得るのではなく「正」とするところがある。續いて「俄而原仁義、分是非」・「苟仁義之類也、雖在鳥獸之中、若別白黒」・「聖人也者、本仁義、當是非、齊言行、不失毫釐、無他道焉、已乎行之矣」とある。

王制九には「彼王者不然、仁眇天下、義眇天下、威眇天下、仁眇天下、故天下莫不親也、義眇天下、故天下莫不貴也、威眇天下」・「案脩仁義、伉隆高」とある。「仁」は遠く天下に及び、「義」は遠く天下に及び、「威」は遠く天下に及ぶ。「仁」は遠く天下に及ぶので、天下に親しまない者

はいない。「義」は遠く天下に及ぶので、天下に尊ばない者はいない。「威」は遠く天下に及ぶので、天下に敵する者はいない。

　富國十には「萬物同宇、無宜而有用爲人、數也、人倫並處、同求而異道、同欲而異知、生也」とある。「八紘」と「仁」がまだ結びついていないので、萬物個々の違いが議論される。かつ「宇」すなわち後の「八紘」は萬物共存の場である。富國には續いて「故知節用裕民、則必有仁義聖良之名」・「人之生不能無羣羣、而無分則爭、爭則亂、亂則窮矣、故無分者、人之大害也、有分者、天下之本利也、而人君者、所以管分之樞要也……故使或美或惡、或厚或薄、或佚或樂、或劬或勞、非特以爲淫泰夸麗之聲、將以明仁之文、通仁之順也、故爲之彫琢刻鏤、黼黻文章、使足以辨貴賤而已、不求其觀、爲之鐘鼓管磬、琴瑟竽笙、使足以辨吉凶、合歡定和而已、不求其餘、爲之宮室臺榭、使足以避燥濕、養德辨輕重而已、不求其外……非特所以爲淫泰也、固以爲王天下、治萬變、材萬物、養萬民、兼制天下者、爲莫若仁人之善也夫、故其知慮足以治之、其仁厚足以安之、其德音足以化之」とある。人の生では、群れをなすので分が必要になる。これがないと爭い亂れ困窮する。だから人君は分を管理するのが要のこととなる。ただに淫泰夸麗の聲を爲すのに、仁の文を明らかにし、仁の順に通じようとするだけではない。だから、彫琢刻鏤・黼黻文章を爲すには、貴賤を辨ずればよく、見た目を求めない。鐘鼓管磬・琴瑟竽笙を爲すには、吉凶を辨じ歡を合し和を定めればよく、餘計な求めはしない。宮室臺榭を爲すには燥濕を避け德を養い輕重を辨じればよく、他は求めない。ただに淫泰を爲すゆえんではない。もとより天下に王たるには、萬變を治め、萬物を材にし、萬民を養い、天下を兼ね制するのだが、結局は「仁人の善」に及ばないと考えるからである。だから、知は治めるに足り、仁厚は安んずるに足り、德音は化するに足る。以上の見解で、「仁人の善」に言及している。『荀子』は性惡を述べるわけだが、その對極に「仁人の善」があるということだとすると、この立場そのものは、『孟子』と變わらない。『荀子』はさらに「萬變を治め、萬物を材にし、萬民を養い、天下を兼ね制する」ことに言及している。この點は、秦による天下統一の構想が深化した狀況下にあることを知らしめるものであり、『荀子』が『孟子』に比較して後代に屬し、天下統一の趨勢が見えている狀況下でできたことを示している。ただ、上記王制九に、仁・義・威について「眇天下」（遠く天下に及ぶ）と述べた部分もあって、その天下統一の趨勢が決定的だというまでには至っていない。これまでの常識に沿って解釋できるということでもある。『荀子』富國には、さらに「故仁人之用國、將脩志意、正身行、伉隆高、致忠信、期文理、布衣紃屨之士誠是……故仁人之用國、非特將持其有而已也、又將兼人」とある。「天理」ではなく「文理」に言及していることにも注意しておく。

　王霸十一には「故用國者、義立而王、信立而霸、權謀立而亡、三者明主之所謹擇也、仁人之所務白也、挈國以呼禮義、而無以害之、行一不義、殺一無罪、而得天下、仁者不爲也……是所謂義立而王也……故齊桓晉文楚莊吳闔閭越句踐是皆僻陋之國也、威動天下、彊殆中國、無他故焉略信也、是所謂信立而霸也」とある。王は「仁」を行うから、下はこれに「義」で應ずる。「信」は王と霸者の關係上必要なものである。だから、ここで述べているのは、霸者は王との關係があってはじめて存在の基礎ができるということである。だから、權謀が前面に出れば滅亡するしかない。春秋時代の霸者たちも、威が天下を動かし、中國を危ういものにしたのだが、信が立ったから霸者となったのである。『荀子』には續いて「三者明主之所謹擇也、仁人之所務白也」・「致忠信、著仁義、足以竭人矣、兩者合、而天下取、諸侯後同者先危」・「立隆政本朝而當、所使要百事

者、誠仁人也、則身佚而國治、功大而名美、上可以王、下可以霸」とある。
　君道十二には「仁厚兼覆天下而不閔、明達用天地、理萬變而不疑、血氣和平、志意廣大、行義塞於天地之間、仁知之極也、夫是之謂聖人、審之禮也」とある。ここで「仁厚兼覆天下」というのは、「兼覆」が鍵を握る。天下に複數の正統がいて、お互いに自己の正統を主張する。それぞれの正統が自らの「仁厚」が天下を覆うことを述べる。複數の「覆」が重なる狀況がある。自己の領域に「仁政」を行い、その影響が天下に及ぶ。それぞれの正統が「他に及ぶ」と述べる。意識として他の正統領域を念頭に置くから「兼」と述べるのである。君道十二には續けて「故知而不仁、不可、仁而不知、不可、既知且仁、是人主之寶也、而王霸之佐也、不急得不知、得而不用不仁、無其人而幸有其功、愚莫大焉」とある。
　臣道十三には「故仁者、必敬人、敬人有道」とある。
　議兵十五には「孫卿子曰、不然、臣之所道、仁人之兵、王者之志也」・「仁人之兵不可詐也」・「故仁人上下、百將一心、三軍同力」・「且仁人之用十里之國、則將有百里之聽」・「不可以敵湯武之仁義」とある。續けて「仁者愛人、義者循理」とある。ここに「仁」とともに「義」を論じ、「理にしたがう」と述べている。二十四史になると、「天理」と「八紘」が結びついて論じられている。「天理」は天の基準たる北斗七星を基準星とする。その廻りに多くの星があり、義が期待される士大夫等は、官吏や國内諸侯として上に屬しており、國は星座との關わりが議論されていた。だから、義が「理」にしたがうというのは、「天理」と無關係というわけではない。しかし、議兵には續けて「義者循理、循理故惡人之亂之也、彼兵者所以禁暴除害也、非爭奪也、故仁人之兵、所存者神、所過者化」とある。義は「理」にしたがい、惡人がその「理」を亂すのを恐れる。だから兵は暴を禁じて害を除き、爭奪しない。ゆえに仁人の兵は存立の基盤が神の下にあり、その領域を越えた部分はその「仁」に化される。この記述から、「仁」の政治が行われることを前提に「理」を論じているのがわかり、「天理」を論じていないことを知る。議兵にはさらに「此二帝四王、皆以仁義之兵、行於天下也、故近者親其善、遠方慕其德」・「李斯問孫卿子曰、秦四世有勝、兵彊海內、威行諸侯、非以仁義爲之也」とある。後者は、秦の兵力が強大であることを述べる。その上で、「仁義」をもってこれを爲したのではないと述べる。李斯の言である。孫卿子つまり荀子は、それは末世の兵であり、仁義の兵と異なる。世の亂れる所以であると述べた。
　彊國十六には「然則胡不毆此勝人之埶、赴勝人之道、求仁厚明通之君子、而託王焉、與之參國政、正是非、如是則國孰敢不爲義矣……苟得利而已矣是渠衝入穴而求利也、是仁人之所羞而不爲也」とある。
　正論十八には「不知其無益則不知、知其無益也、直以欺人、則不仁、不仁不知辱莫大焉」とある。
　解蔽二十一には「鮑叔甯戚隰朋、仁智且不蔽」・「召公呂望、仁智且不蔽」・「孔子仁智且不蔽、故學亂術足以爲先王者也」・「知道察、知道行、體道者也、虛壹而靜、謂之大清明、萬物莫形而不見、莫見而不論、莫論而失位、坐於室而見四海、處於今、而論久遠、疏觀萬物、而知其情、參稽治亂、而通其度、經緯天地、而材官萬物、制割大理而宇宙裏［裹］矣」・「思仁若是、可謂微乎」・「故仁者之行道也無爲也、聖人之行道也無彊也、仁者之思也恭、聖人之思也樂、此治心之道也」とある。
　正名二十二には「辭讓之節得矣、長少之理順矣、忌諱不稱、妖辭不出、以仁心説、以學心聽、以公心辯」とある。
　性惡二十三には「曰凡禹之所以爲禹者、以其爲仁義法正也、然則仁義法正、有可知可能之理、

第二章　先秦史料と通して知る「仁」とその原義

然而塗之人也、皆有可以知仁義法正之質、皆有可以能仁義法正之具、然則其可以爲禹明矣、今以仁義法正、爲固無可知可能之理邪、然則唯禹不知仁義法正、不能仁義法正也、將使塗之人固無可以知仁義法正之質、而固無可以能仁義法正之具邪、然則塗之人也、且内不可以知父子之義、外不可以知君臣之正、不然」・「今使塗之人者、以其可以知之質、可以能之具、本夫仁義之可知之理、可能之具、然則其可以爲禹明矣、今使塗之人伏術爲學、專心一志、思索熟察、加日縣久、積善而不息、則通於神明、參於天地矣」・「仁之所在無貧窮、仁之所亡無富貴」とある。

　君子二十四には「故仁者仁此者也、義者分此者也、節者死生此者也、忠者敦愼此者也」とある。

　成相二十五には「仁人糟糠」とある。

　賦二十六には「仁人絀約」とある。

　大略二十七には「使仁居守」・「人主仁心設焉、知其役也、禮其盡也、故王者先仁而後禮、天施然也」とある。

　大略二十七には「親親故故、庸庸勞勞、仁之殺也、貴貴尊尊、賢賢老老長長、義之倫也、行之得其節、禮之序也、仁愛也、故親、義理也、故行、禮節也故成、仁有里、義有門、仁非其里而虛之、非禮也、義非其門而由之、非義也、推恩而不理不成仁、遂理而不敢不成義、審節而不知、不成禮、和而不發、不成樂、故曰、仁義禮樂、其致一也、君子處仁以義、然後仁也、行義以禮、然後義也、制禮反本成末、然後禮也、三者皆通然後道也」・「管仲之爲人力功不力義、力知不力仁、野人也」・「似仁而非」・「仁義禮善之於人也」とある。

　子道二十九には「非仁人莫能行」・「言要則知、行至則仁」・「仁者使人愛己」・「仁者愛人」・「溫潤而澤仁也、縝栗而理知也」・「吾必不仁也」とある。

　哀公三十一には「孔子對曰、所謂君子者、言忠信而心不德、仁義在身」とある。

　堯問三十二には「仁者絀約」とある。

　以上、必要に應じて解説を加えつつ、「仁」についてどう議論されているかを具體的に見てきた。『荀子』の論じるところはこうなる。「仁人」が論じられる階層は「士大夫以上、至於公侯」であり、「仁厚知能」が議論される。「官職を盡す」とあるから官爵を得ている者を言う。この意味の「仁人」の下で「農」・「賈」・「百工」がそれぞれの分を盡し「先王之道、仁義之統」が議論される。「小人」は險を辨じ「君子」は善を辨じる。「人」は善を言うを好み「君子」はそれを甚だしく好む。「人」は「君子」と「小人」の間にあってまだ未定の段階である。その前提の下で『荀子』は性惡を述べる。「人」の性は惡であり、その善なるものは僞である。それ故いにしえの聖人は「人」の性が惡であって「偏險にして正しからず、悖亂にして治らず」の狀況であったとした。そして、禮儀を起こし法度を制して「人」の情性を矯正したのである。「人」にしてこうだから、「小人」はなおさらのことである。この分析視覺が『孟子』と異なっている。しかも「仁」を語る場も『孟子』より分析的である。しかし、「仁」を語る場を設定し他と分けるという發想は『孟子』を繼承する。この節の冒頭に述べたように、いわゆる性善說・性惡說は、史料的根據がない。「君子」まで含めて、場合により聖人まで念頭において『荀子』の性惡を論じるのは根據がないということである。換言すれば、『孟子』の性善說と『荀子』の性惡說は、根本的には矛盾しない。仁人も分析的に述べることができる。上は舜・禹の制に法り、下は仲尼・子弓の義に法り、努めて十二子の說をやめさせ天下の害を除く。賢人を尊ぶは「仁」であり、「不肖」をいやしむも「仁」である。言が當たるのは「知」であり、黙して語らずとも當たるのもまた「知」である。辨ずれ

ばいいというものではない。聖人・君子・小人の差違は結果が物語る。先王の道は「仁」を尊び「中」に比して行う。「中」とは禮義をいう。「仁」・「義」・「威」いずれも遠く天下に及ぶ（「眇天下」）。「仁」に親しまない者、「義」を尊ばない者、「威」に敵する者はいない。「八紘」という言葉がまだないので、「仁」との結びつもない。結果萬物個々の違いが議論され、「宇」すなわち後の「八紘」は萬物共存の場である。『荀子』には「天理」の語はないが、義は「理」にしたがい、惡人がその「理」を亂すのを恐れると述べる。兵は暴を禁じて害を除き、爭奪しない。領域内の仁人の兵は存立の基盤が神の下にあり、その領域を越えた部分はその「仁」に化される。ここに述べる「理」は「仁」の政治が行われる場（すなわち「義」の場）を前提にしていて、「天理」にはなっていない。「萬變を治め、萬物を材にし、萬民を養い、天下を兼ね制する」ことに言及し、秦による天下統一の構想が深化した状況が見えていて、『孟子』に比較して後代に屬することを教える。しかし「眇天下」（遠く天下に及ぶ）と述べるのは、その天下統一の趨勢がまだ決定的でないことをも教える。王と臣下とは別に「霸者」が存在する。王は「仁」を行い臣下はこれに「義」で應ずる。「信」は王と霸者の關係上必要なものである。霸者は王との關係があってはじめて存在の基礎ができる。だから、權謀が前面に出れば滅亡するしかない。春秋時代の霸者たちも、威が天下を動かし、中國を危ういものにしたのだが、信が立ったから霸者となったのである。戰國時代には、天下に複數の正統がいて、お互いに自己の正統を主張した。それぞれの正統が自らの「仁厚」が天下を覆うことを述べる。複數の「覆」が重なる狀況がある。自己の領域に「仁政」を行い、その影響が天下に及ぶ。それぞれの正統が「他に及ぶ」と述べる。意識として他の正統領域を念頭に置くから「兼」と述べるのである。

3.『韓非子』の「仁」

以下も必要に應じて解説を加えつつ、具體的に見てみよう。

難言一には「此十數人者、皆世之仁賢忠良、有道術之士也」とある。

有度四には「今夫輕爵祿、易去亡、以擇其主、臣不謂廉、詐說逆法、倍主強諫、臣不謂忠、行惠施利、收下爲名、臣不謂仁」とある。

姦劫弒臣十二には「世之學術者、說人主不曰乘威嚴之勢、以困姦衺之臣、而皆曰仁義惠愛而已矣、世主美仁義之名、而不察其實、是以大者國亡身死、小者地削主卑、何以明之、夫施貧困者、此世之所謂仁義、哀憐百姓、不忍誅罰者、此世之所謂惠愛也」とある。『韓非子』は、「名ばかりの議論」としてけなす意をこめているわけだが、世の「主」が「仁義惠愛」を論じていると述べる。さらに續けて「故聖人陳其所畏、以禁其衺、設其所惡、以防其姦、是以國安而暴亂不起、吾以是明仁義愛惠之不足用、而嚴刑重罰之可以治國也」と述べる。最初から「仁義愛惠」などと言わず「嚴刑重罰」をもってすれば、治安はいいのだ、という。「使民以功賞、而不以仁義賜、嚴刑重罰、以禁之」。民を使うのも同樣で、「仁義」を賜うのでなく「功賞」をもってするのである。

亡徵十三には「見大利而不趨、聞禍端而不備、淺薄於爭守之事、而務以仁義自飾者、可亡也」とある。

備內十五には「故輿人成輿、則欲人之富貴、匠人成棺、則欲人之夭死也、非輿人仁而匠人賊也」とある。

解老十八には「仁者謂其中心欣然愛人也、其喜人之有福、而惡人之有禍也、生心之所不能已也、

非求其報也、故曰、上仁爲之而無以爲也……故曰攘臂而仍之、道有積、而德有功、德者道之功、功有實、而實有光、仁者德之光、光有澤、而澤有事、義者仁之事也、事有禮、而禮有文、禮者義之文也、故曰失道而後失德、失德而後失仁、失仁而後失義、失義而後失禮、禮爲情貌者也、文爲質飾者也」とある。また「道者萬物之所然也、萬理之所稽也、理者成物之文也、道者萬物之所以成也、故曰、道理之者也、物有理、不可以相薄、物有理、不可以相薄、故理之爲物之制、萬物各異理、萬物各異理、而道盡稽萬物之理、故不得不化、不得不化、故無常操、無常操、是以死生氣禀焉、萬智斟酌焉、萬事廢興焉、天得之以高、地得之以藏、維斗得之以成其威、日月得之以恒其光、五常得之以常其位、列星得之以端其行、四時得之以御其變氣、軒轅得之以擅四方、赤松得之與天地統、聖人得之以成文章、道與堯舜俱智、與接輿俱狂、與桀紂俱滅、與湯武俱昌、以爲近乎、游於四極、以爲遠乎、常在吾側、以爲暗乎、其光昭昭、以爲明乎、其物冥冥、而功成天地、和化雷霆、宇内之物、恃之以成、凡道之情、不制不形、柔弱隨時、與理相應、萬物得之以死、得之以生、萬物得之以敗、得之以成、道譬之若水、溺者多飲之即死、渴者適飲之即生、譬之若劒戟、愚人以行忿則禍生、聖人以誅暴則福成、故得之以死、得之以生、得之以敗、得之以成、人希見生象也、而得死象之骨、案其圖以想其生也、故諸人之所以意想者、皆謂之象也、今道雖不可得聞見、聖人執其見功、以處見其形、故曰、無狀之狀、無物之象、凡理者、方圓短長、麤靡堅脆之分也、故理定而後可得道也、故定理有存亡、有死生、有盛衰、夫物之一存一亡、乍死乍生、初盛而後衰者、不可謂常、唯夫與天地之剖判也俱生、至天地之消散也、不死不衰者謂常、而常者無攸易、無定理、無定理、非在於常所、是以不可道也、聖人觀其玄虛、用其周行、強字之曰道、然而可論、故曰、道之可道非常道也。」とある。ここに長文として引用した部分には、道と理の關係が書いてある。道は萬物の然るところであり、萬里のそろうところである。理は物をなすの文であり、萬物のなるゆえんである。萬里は方萬里、すなわち後の「八紘」に當たる。是を以て死生の氣がそなわり、萬智は斟酌され萬事は廢興し、天はこれを得て高く地はこれを得て藏し、北斗はこれを得てその威をなし日月はこれを得てその光を永遠のものとし、五常はこれを得てその位を常とし、列星はこれを得てその行を端にし、四時はこれを得てその變氣を御し、軒轅はこれを得て四方をほしいままにし、赤松（雨師）はこれを得て天地と統あるものとなり、聖人はこれを得て文章をなす。ここには北斗（維斗）が顔を出していて、興味深いのであるが、「天理」の語に議論を集中させる二十四史の有り樣と、『韓非子』はまだ異なる狀況下にある。「功は天地をなし、和は雷霆を化し、宇内の物はこれを恃んでなる」とある「宇内の物」という表現についても同樣である。「理」とは方圓長短、大と細、堅と脆を分けるものである。この說明についても同樣である。「聖人その玄虛を見てその周行を用い、強いて表現して道と言っているのだ」という言い方も極めて興味深いのであるが、締めの言葉は「故に曰く、道の道とすべきは常の道にあらず」となっている。さらに「凡物之有形者、易裁也、易割也……輕重白黑之謂理、理定而物易割也……聖人盡隨於萬物之規矩」とある。

用人二十五には「故人主厲廉恥、招仁義、昔者介子推無爵祿、而義隨文公、不忍口腹、而仁割其肌」とある。

内儲說上七術二十八・參觀一には「成歡以太仁弱齊國、卜皮以慈惠亡魏王」とある。

内儲說上七術二十八・倒言七右經二には「成驩謂齊王曰、王太仁、太不忍人、王曰、太仁、太不忍人、非善名邪、對曰、此人臣之善也、非人主之所行也、夫人臣必仁而後可與謀、不忍人而後

可近也、不仁則不可與謀、忍人則不可近也、王曰、然則寡人安所太仁、安不忍人、對曰、王太仁於薛公、而太不忍於諸田、太仁薛公、則大臣無重、太不忍諸田、則父兄犯法、大臣無重、則兵弱於外、父兄犯法、則政亂於內、兵弱於外、政亂於內、此亡國之本也」とある。

　內儲説上七術二十八・倒言七右經三には「韓昭侯使人藏敝袴、侍者曰、君亦不仁矣」とある。

　外儲説左上三十には「道先王仁義、而不能正國者、此亦可以戲戲」・「宋襄公……此乃慕自親仁義之禍」とある。

　外儲説左下三十一右經一には「夫天性仁心固然也」・「夫以伯夷之賢、與其稱仁」とある。

　外儲説左下三十一右經三には「夫仁義者上所以勸下也、今昌好仁義、誅之不可」とある。

　外儲説上三十二右經一には「夫子疾由之爲仁義乎、所學於夫子者仁義也、仁義者與天下共其所有、而同其利者也」とある。

　外儲説右下三十五の二には「治強生於法、弱亂生於阿、君明於此、則正賞罰而非不仁也、爵祿生於功、誅罰生於罪、臣明於此、則盡死力而非忠君也、君通於不仁、臣通於不忠、則可以王矣」とある。

　外儲説右下三十三右經一には「簡公以齊民爲渴馬、不以恩加民、而田成恒以仁厚爲囿池也」とある。

　難一、三十四には「舜其信仁乎」・「萬乘之主不好仁義、亦無以下布衣之士」・「或曰、桓公不知仁義、夫仁義者、憂天下之害、趨一國之患、不避卑辱、謂之仁義、故伊尹以中國、爲亂道、爲宰干湯、百里奚以秦爲亂道、爲虜干穆公、皆憂天下之害、趨一國之患、不辭卑辱、故謂之仁義」・「忘民不可謂仁義、仁義者不失人臣之禮」・「今小臣在民萌之衆、而逆君上之欲、故不可謂仁義、仁義不在焉」とある。

　難二、三十五には「仲尼聞之曰、仁哉文王、輕千里之國、而請解炮烙之刑、智哉文王、出千里之地、而得天下之心」とある。

　難四、三十七には「千金之家、其子不仁」・「仁貪不同心」とある。

　問田四十には「仁智之行也、憚亂主闇上之患禍」とある。

　説疑四十二には「今世皆曰尊主安國者、必以仁義智能、而不知卑主危國者之必以仁義智能也、故有道之主、遠仁義、去智能、服之以法、是以譽廣而名威、民治而國安、知用民之法也」とある。有道の君主は仁義・知能を遠ざけ、法で服屬させる。これに對し、今の世は主を尊び國を安んじるのに仁義知能をもってし、その危險を察知しない。『韓非子』に多く語られるのは、この文脈である。

　詭使四十三には「寬惠行德、謂之仁、重厚自尊、謂之長者、私學成羣、謂之師徒、閒靜安居、謂之有思、損仁逐利、謂之疾險、躁佻反覆、謂之智、先爲人而後自爲類名號、言汎愛天下、謂之聖、言大不稱、而不可用、行而乖於世者、謂之大人、賤爵祿、不撓上者、謂之傑、下漸行如此、入則亂民、出則不便也、上宜禁其欲滅其迹、而不止也、又從而尊之、是教下亂上以爲治也」とある。ここに「寬惠をもって德を行うのは仁と謂える」とある。他のいろいろな事例を含め、こんな君主の權能を下の者にやらせるのは、下にどうやったら爲治を亂せるかを教えるようなものである。この議論を通して、二十四史の檢討に於いて、「寬仁」が皇帝の資質だと考えたのが間違いでなかったことが確認できる。裏を返せば、二十四史の「仁」評價の議論には、『韓非子』の教えが息づいている、ということにもなる。

第二章　先秦史料と通して知る「仁」とその原義

六反四十四には「此謂君不仁臣不忠、則不可以覇王矣」・「故法之爲道、前苦而長利、仁之爲道、偸樂而後窮、聖人權其輕重、出其大利、故用法之相忍、而弃仁人之相憐也、學者之言、皆曰輕刑、此亂亡之術也」とある。法の道たるや、先に苦しみ利を長からしめんとする。仁の道たるや後先を考えずに樂しみ後に苦しむ。聖人はその輕重を權能としその大利を出だす。法の相忍ぶを用い仁人の相憐れむを棄てるのである。學者がこぞって輕刑を述べるのは、亂亡の術である。

ここに參照したい（資料には擧げない）のは、『韓非子』揚權六に「天有大命、人有大命……事在四方、要在中央、聖人執要、四方來致、虛而待之、彼自以之、四海既藏、道陰見陽……聖人之道、去智與巧、智巧不去、難以爲常、民人用之、其身多殃、主上用之、其國危亡、因天之道、反形之理、督參鞠之、終則有始、虛以靜後、未嘗用已、凡人之患、必同其端、信而勿同、萬民一從、夫道者弘大而無形、德者覈理而普至、至於羣生、斟酌用之、萬物皆盛、而不與其寧、道者下周於事、因稽而命、與時生死、參名異事、通一同情、故曰、道不同於萬物、德不同於陰陽、衡不同於輕重、繩不同於出入、和不同於燥濕、君不同於羣臣、凡此六者道之出也、道無雙、故曰一、是故明君貴獨、道之容、君臣不同道、下以名禱、君操其名、臣效其形、形名參同、上下和調也」とあることである。聖人の道は、智と巧を去る。智と巧を去らないと常のものとならない。民人がこれを用いると災いが多く、主上がこれを用いると國は危殆に瀕する。天の道により形の理をふみ、これを考えしらべ極めて、ことごとにやり直す。虛にして靜をもって待ち、己を用いることがない。人の憂いは、その端を同じうするからである。信をもって同じうしてはならず、萬民一もて從わねばならぬ。そもそも道は広く大にして形がない。徳なるものは広く明らかにされた理（覈理）であって遍くいたる。羣生にいたるので斟酌して用いる。萬物みな盛んにしてその寧にはあずからない。道者は下にあって事にあまねく關わる。その命をより問うて考える。時により生死をわけることも氣にしない。名をしらべ判斷し事をそれぞれに分けて當たり、その上で通一して情を同じくする。故に道は萬物に同じくせず徳は陰陽に同じくせず、衡は輕重に同じくせず繩は出入に同じくせず、和は乾湿に同じくせず君は羣臣に同じくしない。凡そこれら六者は道の出である。道は二つはない。故に一という。この故に明君は獨を尊ぶのである。道にはかたち（容）があるわけだが、君臣それぞれ道を異にする。下は名をもってお願いする。君はその名を操り、臣はその形を致す。形名參同、上下和調である。

以上の説明で注目せざるを得ないのは、君と民の間に構想された仁人がいなくていい、という話になっていることである。その替わり「道者」が想定されている。仁人が「仁」の何たるかを知って行動する必要はなく、「道者」が千差万別の「道」を見極めて指導する。「天の道により形の理をふみ」とあるから、太陽・月・惑星の移動する道筋に根源を見いだそうとしていたのだろう。太陽の道たる黄道と天の赤道を區別しているかどうかはわからないし、惑星がどこをどう移動するかをどこまで理解しているかは不明だが、「形の理」という言い方は、北斗七星により時刻を判斷するなどの「形」を問題にしていることが想定できる。だから、二十四史に見えていた「形」としての「仁」評價と「天理」と北斗七星の關係が、ここに「仁」評價を「道」に交換して語られていることを知る。

おそらく、前漢武帝期以前に關して議論されている黄老道による政治は、上記の「形」を基礎に構想されているのであろう。現實には二十四史に議論された「仁」評價と刑罰とが議論される場について、「仁」評價を「道」に換える。この「道」は「天の道」を「人の道」にうつし換え

たもので、上記のように人ごとに異なる對應を求められる。

八説四十五には「以公財分施、謂之仁人……仁人者公財損也」・「高慈惠、而道仁厚」・「存國者非仁義也、仁者慈惠而輕財者也」・「故仁人在位、下肆而輕犯禁法」・「仁暴者、皆亡國者也」とある。

八經四十六類柄には「慈仁聽則法制毀」・「而上以法撓慈仁」とある。

五蠹四十七には「是以古之易財、非仁也」・「古者大王處豐鎬之間、地方百里、行仁義、而懷西戎、遂王天下、徐偃王處漢東、地方五百里、行仁義、割地而朝者三十有六國、荊文王恐其害己也、擧兵伐徐、遂滅之、故文王行仁義而王天下、偃王行仁義而喪其國、是仁義用於古、不用於今也、故曰、世異則事異、當舜之時、有苗不服、禹將伐之、舜曰、不可、上德不厚而行武、非道也、乃修教三年、執干戚舞、有苗乃服、共工之戰、鐵銛距者及乎敵、鎧甲不堅者傷乎體、是干戚用於古、不用於今也、故曰、事異則備變、上古競於道德、中世逐於智謀、當今爭於氣力、齊將攻魯、魯使子貢説之、齊人曰子言非不辯也、吾所欲者土地也、非斯言所謂也、遂擧兵伐魯、去門十里以爲界、故偃王仁義而徐亡、子貢辯智而魯削、以是言之、夫仁義辯智、非所以持國也、去偃王之仁、息子貢之智、循徐魯之力、使敵萬乘、則齊荊之欲、不得行於二國矣」とある。ここには、世が異れば事も異なることが書いてある。だから、周大王の「仁」はうまくいき、徐偃王の「仁」は滅亡を招いた。事が異なれば備も變わる。同じ舜も上德厚からざる狀況下では苗を伐つことなく、修養を積んだら干戚を手にとって舞うだけで苗は服屬し、共工の戰では鐵銛が敵におよんで相手を傷つけた。昔は干戚を用い今は用いないということであり、事が異なれば備えも異なるということである。上古は道德を競い、中世は智謀を競い、當今は氣力を爭う。だから徐の偃王は滅び、魯の子貢は智を辨じて魯の領土は削られた。それらを防ぐものでなかったからである。徐・魯の力に從い萬乘の國に敵するようしむけたら、防げたのである。

ここに注目できるのは、歷史的に遡って周の大王の「仁」を否定してはいないということである。いまそれを議論できる者がいない、と言っているだけである。「仁」そのものを否定しているのではなく、今は議論するに價しない、と述べているのである。

さらに「仲尼天下聖人也、脩行明道、以游海内、海内説其仁、美其義、而爲服役者七十人、蓋貴仁者寡、能義者難也、故以天下之大、而爲服役者七十人、而爲仁義者一人、魯哀公下主也、南面君國、境内之民莫敢不臣、民者固服於勢、勢誠易以服人、故仲尼反爲臣、而哀公顧爲君、仲尼非懷其義、服其勢也、故以義則仲尼不服於哀公、乘勢則哀公臣仲尼、今學者之説人主也、不乘必勝之勢、而務行仁義、則可以王、是求人主之必仲尼、而以世之凡民皆如列徒」とある。孔子は天下の聖人である。行をおさめ道に明らかにして海内を游んだ。海内はその仁をよろこびその義を美とし、服役を爲すものは七十人におよんだ。そもそも仁を尊ぶものは少ない。義をよくする者も得難い。だから天下の大なるをもってしても服役をする者は七十人しかいない。仁義を爲すものは孔子一人である。魯の哀公は下主である。南面して國に君となると境内の民は敢えて臣たらざるはない。民はもとより勢に服するのであり、孔子もだから本來のあり方と違って臣となっているのである。孔子がその義になついたのではない。その勢に服したのである。義をもってするなら孔子は哀公に服することはない。勢に乘じたから哀公は孔子を臣にし得たのである。

世の常識では、法家と儒家は對立しているのだから、當然孔子の評價は低くていいのだが、上記のように孔子は聖人とされている。しかも、どうして聖人であるのに一臣下の身分に甘んじたのかの理由まで示している。儒家が本來予想すらしなかった孔子の聖人化は、こうして法家の『韓

249

第二章　先秦史料と通して知る「仁」とその原義

非子』の下で示されることになった。この聖人孔子という位置づけが以後長く繼承される。

顯學四十八には「今或謂人曰、使子必智而壽、則世必以爲狂、夫智性也、壽命也、性命者非所學於人也、而以人之所不能爲説人、此世之所以謂之爲狂也、謂之不能、然則是諭也、夫諭性也、以仁義教人、是以智與壽説也、有度之主弗受也、故善毛嬙西施之美、無益吾面、用脂澤粉黛、則倍其初、言先王之仁義、無益於治、明吾法度、必吾賞罰者、亦國之脂澤粉黛也、故明主急其助、而緩其頌、故不道仁義……故明主舉實、事去無用、不道仁義者故、不聽學者之言」とある。あなたを智にして壽ならしめんとするなら、世は必ず狂と判斷するだろう。そもそも智は性である。壽は命である。性命なるものは人に學ぶものではない。人ができないことを人に説くのだから、狂だ、できないと言う。そもそも性を諭すというのは、仁義をもって人に教える。これは智と壽をもって説く。度有るの主は受けない。故に毛嬙・西施の美を善しとしてもわが面を益すことはないが、脂澤粉黛を用ればその初に倍にする。先王の仁義を言うは治に益するところがない。我が法度を明らかにし我が賞罰を確定するのは脂澤粉黛である。故に明主はその助に急にしてその頌を緩やかにする。故に仁義を言わない。……故に明主は實を擧げ、事は無用を去り仁義の故を言わず、學者の言を聽かない。

忠孝四十九には「放父殺弟、不可謂仁、妻帝二女而取天下、不可謂義、仁義無有、不可謂明」とある。

以上、『韓非子』につき、「仁」に焦點を當てて、何が議論されているかを見てきた。天理に關連して、天道に關わる議論を檢討してみた。『韓非子』の議論は、儒者が議論の根本に据えるところを否定し、道者をこれに換えている。治安は「仁義愛惠」などと言わず、「嚴刑重罰」をもってするのがよい。民にも、「仁義」を賜うのでなく「功賞」をもってする。『韓非子』は「仁」を言わないわけではないが、「道」を議論し「理」との關係を述べる。道は萬物の然るところであり、天下方萬里がそろうところである。理は物をなすの文であり萬物が「成る」ゆえんである。道・理を得て死生の氣がそなわり、萬智は斟酌され萬事は廢興し、天は高く地は藏し、北斗はその威をなし日月の光は永遠のものとなり、五常はその位を常のものとし、列星はその行を端にし、四時はその變氣を御し、軒轅は四方をほしいままにし、赤松（雨師）天地と統あるものとなり、聖人は文章をなす。ここには、「仁」を議論しない聖人が存在する。「天理」を議論する二十四史の有り樣とは異なっている。天の道により形の理をふみ、それを考えしらべる。ことあるごとにやり直す。君と民の間に構想された仁人に替わって、「道者」が想定される。仁人が「仁」の何たるかを知って行動する必要はなく、「道者」が千差万別の「道」を見極めて指導する。「天の道により形の理をふみ」とあるから、太陽・月・惑星の移動する道筋に根源を見いだそうとしていたのだろうと想定できる。「形の理」という言い方は、北斗七星により時刻を判斷するなどの「形」を問題にしていることが想定できる。だから、二十四史に見えていた「形」としての「仁」評價と「天理」と北斗七星の關係が、ここに「仁」評價を「道」に交換して語られていることがわかる。德なるものは遍くいたる。羣生にいたるので斟酌して用いる。道は萬物に同じくせず、德は陰陽に同じくせず、衡は輕重に同じくせず繩は出入に同じくせず、和は乾湿に同じくせず君は羣臣に同じくしない。凡そこれら六者は道の出である。道は二つはない。故に一という。この故に明君は獨を尊ぶのである。道にはかたち（容）があるわけだが、君臣それぞれ道を異にする。下は名をもってお願いする。君はその名を操り、臣はその形を致す。形名參同、上下和調である。「道者」

が具體的にどう見極めるかが、ここにやや詳しく示されている。『老子』の「道の道とすべきは常の道にあらず」というのは、常の道が「天道」、道の道とすべきは「道者」の四苦八苦する「人道」だという説明になる。『韓非子』は「宇内の物」をも論じ、「功は天地をなし、和は雷霆を化し、宇内の物はこれを恃んでなる」と言う。『韓非子』は「仁」についてまったく口をつぐんでいるのではなく、昔と今を分けて説明する。有道の君主は仁義・知能を遠ざけ、法で服屬させるが、今の世は主を尊び國を安んじるのに仁義知能をもってし、その危險を察知しないという。「寬惠をもって德を行うのは仁と謂える」とあり、こうした君主の權能を下の者にやらせるのは、下にどうやったら爲治を亂せるかを敎えるようなものである。この議論を通して、二十四史の檢討に於いて、「寬仁」が皇帝の資質だと考えたのが間違いでなかったことが確認できる。

世の常識では、法家と儒家は對立しているのだから、當然孔子の評價は低くていいのだが、『韓非子』では、孔子は聖人とされている。しかも、どうして聖人であるのに一臣下の身分に甘んじたのか、それは時の差違、勢の差違があるからだという理由を示している。儒家が本來豫想すらしなかった孔子の聖人化は、こうして法家の『韓非子』の下で示されることになった。この聖人孔子という位置づけが以後長く繼承される。

4.『禮記』の「仁」

以下も、必要に應じて解說を加えつつ、具體的に見てみよう。

曲禮上には「道德仁義」・「執友稱其仁也、交遊稱其信也」とある。檀弓上には「狐死正丘首、仁也」（丘の方に首を向けて死す）とある。檀弓下には「喪人無寶、仁親以爲寶」・「仁哉夫、公子重耳」とある。文王世子には「王乃命公侯伯子男及羣吏曰、反養老幼于東序、終之以仁也」・「聖人之記事也慮之以大、愛之以敬、行之以禮、脩之以孝養、紀之以義、終之以仁」とある。

禮運には「禹湯文武成王周公、由此其選也、此六君子者、未有不謹於禮者也、以著其義、以考其信、著有過、刑仁講讓、示民有常、如有不由此者、在埶者去、衆以爲殃、是謂小康」とある。「刑仁講讓、示民有常」の「刑仁」は、「仁にのっとる」と訓じたりするが、本書の議論を參照する限り、「刑仁」は刑罰を語る場において「刑」か「仁」かを論じる、と考えた方がよい。刑・仁を語る場において「讓」を講ずるのは、二十四史に普遍的に見られる見解であった。「是故禮者君之大柄也、所以別嫌明微儐鬼神、考制度、別仁義、所以治政安君也」とあるのは、禮は君の大權として機能することを述べている。鬼神に接し、制度を考え、仁義を分かち、治政安君をもたらす。禮として「仁」をからめるのは、「刑」と「仁」を語る場で「刑」が問題になるのと異なる。「故政者君之所以藏身也、是故夫政必本於天、殽以降命、命降于社、之謂殽地、降于祖廟、之謂仁義、降於山川、之謂興作、降於五祀、之謂制度、此聖人所以藏身之固也」とある。政は君の身を藏せしめるゆえんである。この故に政は天にもとづき、天にならって命をくだす。命は社より下る（社を通して民に傳わる）。これを地にならうと言う。祖廟より降るのを仁義と言う。山川より降るのを興作と言う。五祀より降るのを制度と言う。ここに聖人の身を藏することが堅固となる。聖人の祖廟について「仁義」を述べる。これは二十四史において「仁」評價と「孝」が結びついていることに通じる。「故用人之知、去其詐、用人之勇、去其怒、用人之仁、去其貪、故國有患、君死社稷、謂之義、大夫死宗廟、謂之變」とある。人の知を用いて詐を去り、人の勇を用いて怒を去り、人の仁を用いて貪を去る。國に憂いがある場合、君が社稷に死するのを義という。

第二章　先秦史料と通して知る「仁」とその原義

大夫が宗廟に死するのを變という。宗廟と社稷とを比較し、君と大夫の立場の違いを述べる。義は國家を場として議論し、「仁」は宗廟を場として議論する。君が國家の場に死ねば義になるが、大夫が宗廟の場で死ぬのは變としか言えない。「仁」を宗廟にからめるのは君の孝を議論するためで、大夫を議論するためではない。「何謂人情、喜怒哀懼愛惡欲、七者弗學而能、何謂人義父慈子孝、兄良弟弟、夫義婦聽、長惠幼順、君仁臣忠、十者謂之人義、講信脩睦、謂之人利、爭奪相殺、謂之人患、故聖人之所以治人七情、脩十義、講信脩睦、尚辭讓、去爭奪、舍禮何以治之」とある。人情とは喜怒哀懼愛惡欲である。この七者は學ばずして爲し得る。人の義とは、父については慈子は孝、兄については良弟は弟、夫については義婦は聽、長については惠幼は順、君については仁、臣については忠を論じる。この十者は人の義と言う。信を講じ睦を脩めることを人の利という。爭奪相殺すのを人の患という。聖人が人の七情を治め、十義を脩め、信を講じ、睦を脩め、辭讓をたっとび、爭奪を去るゆえんは、禮しかない。ここでも君について「仁」、臣について「忠」を論じている。「故祭帝於郊、所以定天位也、祀社於國、所以列地利也、祖廟所以本仁也、山川所以儐鬼神也、五祀所以本事也、故宗祝在廟、三公在朝、三老在學、王前巫而後史、卜筮瞽侑、皆在左右、王中心無爲也、以守至正」とある。帝を郊に祭るのは天位を定めるゆえんであり、社を國に祭祀するのは地利を列するゆえんであり、祖廟は「仁」にもとづくゆえんであり、山川は鬼神を儐する（むかえる）ゆえんであり、五祀は事にもとづくゆえんである。故に宗祝は廟にあり、三公は學にあり、王は巫を前にし史を後にし、卜筮瞽侑はみな左右にあり、王は中心にて爲すことがない。こうして至正を守るのである。ここにも、祖廟は「仁」にもとづくゆえん、とある。「故治國不以禮、猶無耜而耕也、爲禮不本於義、猶耕而弗種也、爲義而不講之以學、猶種而弗耨也、講之以學、而不合之以仁、猶耨而弗穫也、合之以仁、而不安之以樂、猶穫而弗食也、安之以樂而不達於順、猶食而弗越也」とある。國を治めるのに禮をもってしないのは、耜を使わずに耕すようなものである。禮を爲して義にもとづかないのは、耕して種をまかないようなものである。義を爲して學を講じないのは、種をまいて除草しないようなものである。學を講じてこれに「仁」を合わせないのは、除草して収穫しないようなものである。「仁」を合わせてこれを安んずるのに樂を用いないのは、収穫して食らわないようなものである。これを安んずるのに樂を用いてそのあるべき順序（三分損益など）に理解が及ばないのは、食らって太らないようなものである。「學を講じて仁をこれになじませられるようになり、さらに樂の本質たる順序に理解が及ぶようになる」というのは、二十四史の「仁」評價において、『史記』のみが特徴的に樂に言及することに通じる。「故聖王脩義之柄、禮之序、以治人情、故人情者聖王之田也、脩禮以耕之、陳義以種之、講學以耨之、本仁以聚之、播樂以安之、故禮也者義之實也、協諸義而協、則禮雖先王未之有、可以義起也、義者藝之分、仁之節也、協於藝、講於仁、得之者強、仁者義之本也、順之體也、得之者尊」とある。

禮器には「禮器、是故大備、大備盛德也、禮釋回、增美質、措則正、施則行、其在人也、如竹箭之有筠也、如松栢之有心也、二者居天下之大端也、故貫四時、而不改柯易葉、故君子有禮、則外諧、而内無怨、故物無不懷仁、鬼神饗德」とある。禮器は大いに備わる。大いに備わるのは盛德である。禮は回を釋て、美質を增す。措けばすなわち正しく、施せばすなわち行う。その人に在るや竹箭の筠（たけ）あるがごとく、松栢の心有るがごとく、この二者が天下の大端に居るや、四時を貫き柯を改め葉を替え、君子に禮があると、外はかない内は怨みがない。故に物は「仁」

第一節　經典と「仁」

になつかざるなく鬼神は德を受く。ここには、禮器という物を述べる。「仁」がまず物に及ぶので、その物を通して德が鬼神にもおよぶことになる。これは、禮が君の權能であることを述べている。「祀帝於郊、敬之至也、宗廟之祭、仁之至也、喪禮忠之至也、備服器仁之至也、賓客之用幣、義之至也、故君子欲觀仁義之道、禮其本也」とある。帝を郊に祭祀するのは敬の至りである。宗廟の祭は仁の至りである。賓客の幣を用いるのは義の至りである。故に君子が「仁義」の道を示そうとする場合、禮は根本である。ここにも「宗廟の祭は仁の至り」とある。

郊特牲には「饗農及郵表畷禽獸、仁之至、義之盡也」・「曰、土反其宅、水歸其壑、昆蟲母作、草木歸其澤、皮弁素服而祭、素服以送終也、葛帶榛杖喪殺也、蜡之祭、仁之至、義之盡也」とある。

大傳には「自仁率親、等而上之至于祖、名曰輕、自義率祖、順而下之至于禰、名曰重、一輕一重、其義然也」とある。「仁」をもって親にしたがい、等をもって遡って祖に至ることを輕と名づける。義をもって祖にしたがい順序をもってくだって禰にいたることを重と名づける。一輕一重、その義はこのようである。「仁」をもって祖に遡るのは、君の權能に關わる。「義」をもって父の廟までくだるのは、君と子孫の關係が「義」をもって規定されることを言う。「自仁率親、等而上之至于祖、自義率祖、順而下之至于禰、是故人道親親也」とあるのは、上記の祖と禰、「仁」と「義」の關係を基軸に、人の道は親を親とすることを述べるもの。

樂記には「樂者爲同、禮者爲異、同則相親、異則相敬、樂勝則流、禮勝則離、合情飾貌者、禮樂之事也、禮義立、則貴賤等矣、樂文同、則上下和矣、好惡著、則賢不肖別矣、刑禁暴、爵擧賢、則政均矣、仁以愛之、義以正之、如此則民治行矣」とある。樂なるものは同を爲し、禮なるものは異を爲す。同であれば相親しみ、異であれば相敬う。樂がまされば流れ、禮まされば離れる。情を合し貌を飾るのは禮樂のことである。禮義立てば貴賤に等級がある。樂の文が同じであれば、上下和す。好惡があらわれれば賢と不肖とが分けられる。刑が暴を禁じ、爵が賢を擧げれば、政は均しい。「仁」はもって愛し、「義」はもって正す。このようであれば、民治が行われる。ここでは樂と禮、同と異の關係を述べる。人も民も異をもって論じる。これは『韓非子』に述べた。「天高地下、萬物散殊、而禮制行矣、流而不息、合同而化、而樂興焉、春作夏長仁也、秋斂冬藏義也、仁近於樂、義近於禮、樂者敦和、率神而從天、禮者別宜、居鬼而從地、故聖人作樂以應天、制禮以配地、禮樂明備天地官矣」とある。天高く地低く、萬物は細かく分かれて禮制が行われる。流してやまず、合同して化す。そして樂が興る。春に生じ夏に長ずるのは「仁」である。秋におさまり冬に藏されるのは義である。「仁」は樂に近く、「義」は禮に近い。樂は和を敦くし神にしたがい天にしたがう。禮は宜を異にし鬼にしたがい地にしたがう。故に聖人は樂をおこして天に應じ、禮を制して地に配する。禮樂明らかに備わり天地に官おこる。

祭義には「曾子曰、孝有三、大孝尊親、其次弗辱、其下能養……仁者仁此者也、禮者履此者也、義者宜此者也、信者信此者也、強者強此者也、樂自順此生、刑自反此作、曾子曰、夫孝置之而塞乎天地、溥之而橫乎四海、施諸後世而朝夕、推而放諸東海而準、推而放諸西海而準、推而放諸南海而準、推而放諸北海而準」・「孝有三、小孝用力、中孝用勞、大孝不匱、思慈愛忘勞、可謂用力矣、尊仁安義、可謂用勞矣、博施備物、可謂不匱矣。父母愛之、喜而弗忘、父母惡之、懼而無怨、父母有過、諫而不逆、父母既没、必求仁者之粟、以祀之、此之謂禮終」とある。曾子が言うには、孝に三あり。大孝は親を尊ぶ。その次は辱めない。その下は養い得る。……「仁」とは此を「仁」とする。禮とはこれを踏む。義とはこれを宜しくする。信とは此を信にする。強とは此をつとめ

第二章　先秦史料と通して知る「仁」とその原義

る。樂は此に順序だてることより生じる。刑は此に反するよりおこる。曾子が言うには、そもそも孝を置くと天地に満ち、これを敷けば四海に横たわる。これを後世に施して朝夕なく、東海・西海・南海・北海にそれぞれ推して準據となる。……孝に三あり。小孝は力を用い、中孝は勞を用い、大孝はとぼしからず（四海におよぶ）。慈愛を思って勞を忘れるのは力を用いているのであり（小孝）、「仁」を尊び「義」に安んずるは勞を用いているのであり（中孝）、博く施し物を備えるのはとぼしからずである（大孝）。父母これを愛すれば忘れない。父母これを憎めば懼れて怨むことがない。父母に過失があれば誡めて逆らわない。父母がすでに没すれば仁者の粟を求めて祭祀する。此を禮終というのである。

以上の記述中「孝を置くと天地に満ち、これを敷けば四海に横たわる」という言い方は、皇帝にふさわしい。後世に施すのも同様であり、東海・西海・南海・北海に準據として擴がるのも天下を意識する。「仁」を尊び「義」に安んずるのは中孝だいうのも、皇帝が「仁」を寛めることを前提にする話題である。博く施し物を備えるのも同様である。

祭統には「夫祭有畀煇胞翟閣者、惠下之道也、唯有德之君、爲能行此、明足以見之、仁足以與之、畀之爲言與也」・「夫銘者壹稱而上下皆得焉耳矣、是故君子之觀於銘也、既美其所稱、又美其所爲、爲之者、明足以見之、仁足以與之、知足以利之、可謂賢矣、賢而勿伐可謂恭矣」・「子孫之守宗廟社稷者、其先祖無美而稱之是誣也、有善而弗知、不明也、知而弗傳、不仁也、此三者、君子之所恥也」とある。

經解には「天子者與天地參、故德配天地、兼利萬物、與日月並明、明照四海、而不遺微小、其在朝廷、則道仁聖禮義之序、燕處則聽雅頌之音、行步則有環佩之聲、升車則有鸞和之音、居處有禮、進退有度、百官得其宜、萬事得其序、詩云、淑人君子、其儀不忒、其儀不忒、正是四國、此之謂也、發號出令而民説、謂之和、上下相親、謂之仁、民不求其所欲而得之、謂之信、除去天地之害、謂之義、義與信、和與仁、霸王之器也、有治民之意、而無其器則不成」とある。天子は天地と對照される。德は天地に配し、萬物を兼ねて利を與え、日月と明を比較させ、その明は四海を照らして微少を殘さない。朝廷にあれば、仁・聖・禮・義の序により、燕處すれば雅頌の音を聽く。行步すれば環珮の聲がし、車に乘れば鸞和の音が聞こえる。居處には禮があり、進退には度がある。百官はその宜しきを得、萬事その序を得る。詩にある。淑人君子、その儀たがわず、その儀たがわず四國を正す、と。これを言うのである。號令を發して民よろこぶことを和という。上下相親しむのを「仁」という。民がもとめずしてその欲するところを得るのを信という。天地の害を除去することを義という。義と信、和と「仁」は、霸王の器である。民を治めるの意があってもその器がないと、事は成らない。

以上には、天子と霸王の微妙な關係が示されている。義と信、和と仁は、霸王の器である。號令を發する、上下相親しむの仁が特徴的である。これに對し、天子は德が天地および萬物に眼がいきとどく。日月と參照し得る光を四海に放つ。居處には禮があり、進退には度（天の運行のごとき秩序）がある。戰國までを霸王、漢代以後を天子として念頭に置くものである。

哀公問には「孔子蹴然辟席而對曰、仁人不過乎物、孝子不過乎物、是故仁人之事親也、如事天、事天如事親、是故孝子成身」とある。孔子は敬意を表して席をさけて答えた。仁人は物にあやまちがありません。孝子も物にあやまちがありません。是の故に仁人の親につかえるは、天につかえるがごとく、天につかえるは親につかえるがごとくである。故に孝子は自然身を成すことにな

る。ここにも、「仁」と孝の關係が書かれている。

仲尼燕居には「子曰、敬而不中禮、謂之野、恭而不中禮、謂之給、勇而不中禮、謂之逆、子曰、給奪慈仁」とある。孔子が言うには、敬して禮にあたらないのを野といい、恭しくして禮にあたらないのを給といい、勇にして禮にあたらないのを逆という。給は慈仁をみだすところがある。「子貢退、言游進曰、敢問、禮也者領惡而全好者與、子曰然、然則何如、子曰、郊社之義、所以仁鬼神也、嘗禘之禮、所以仁昭穆也、饋奠之禮、所以仁死喪也、射郷之禮、所以仁郷黨也、食饗之禮、所以仁賓客也」とある。子貢が質問した。禮なるものは惡をおさめて好を全くするものですか。孔子は答えた。そのとおりだ。郊社の義は鬼神に「仁」あらしむる（「いつくしむ」と訓ずることが多い）ゆえんであり、嘗禘の禮は昭穆に「仁」あらしむるゆえんであり、饋奠の禮は死喪に「仁」あらしむるゆえんであり、射郷の禮は郷黨に「仁」あらしむるゆえんであり、食饗の禮は賓客に「仁」あらしむるゆえんである。「子曰、愼聽之、女三人者、吾語女禮、猶有九焉、大饗有四焉、苟知此矣、雖在畎畝之中、事之聖人已、兩君相見、揖讓而入門、入門而縣興、揖讓而升堂、升堂、而樂闋、下管象武、夏籥序興、陳其薦俎、序其禮樂、備其百官、如此而后君子知仁、焉行中規、還中矩、和鸞中采齊、客出以雍、徹以振羽、是故君子無物而不在禮矣、入門而金作、示情也、升歌清廟、示德也、下而管象、示事也、是故古之君子、不必親相與言也、以禮樂相示而已。子曰禮也者理也、樂也者節也、君子無理不動、無節不作、不能詩、於禮繆、不能樂、於禮素、薄於德、於禮虛」とある。「君子無物而不在禮」は王と君子の違いを述べる。

中庸には「哀公問政、子曰、文武之政、布在方策、其人存則其政擧、其人亡則其政息、人道敏政、地道敏樹、夫政也者蒲盧也、故爲政在人、取人以身、脩身以道、脩道以仁、仁者人也、親親爲大、義者宜也、尊賢爲大、親親之殺、尊賢之等、禮所生也、在下位、不獲乎上、民不可得而治矣、故君子不可以不脩身、思脩身、不可不事親、思事親、不可以不知人、思知人、不可以不知天、天下之達道五、所以行之者三、曰君臣也、父子也、夫婦也、昆弟也、朋友之交也、五者天下之達道也、知仁勇三者、天下之達德也、所以行之者一也、或生而知之、或學而知之、或困而知之、及其知之一也、或安而行之、或利而行之、或勉強而行之、及其成功一也」とある。哀公が政を質問した。孔子が言うには、文武の政は方策を敷き、その人が存すれば政が成果をあげる。その人がなければその政は無策となる。人道は政をつとめ、地道は樹をつとめる。そもそも蒲盧（ヂバチが桑虫の子を捕りて自らの子となす説がある）のようなものである。故に政を爲すは人にある。人を取るには身をもってし、身を脩めるには道をもってし、道を脩めるには仁をもってする。「仁」は人である。親に親しむを大とする。義は宜である。賢を尊ぶを大とする。親に親しむのおとろえ、賢を尊ぶの等しさは禮の生むところである。下位にあれば上に獲られないので治める地位になってしまうことはない。君子は身を脩めないわけにはいかないし、身を脩めようと思うなら親に仕えなければならない。親に仕えようとするなら人を知らないわけにはいかない。人を知ろうとするなら天を知らないわけにはいかない。天下の達道は五、これを行う者は三である。君臣・父子・夫婦・昆弟・朋友の交わりの五者は天下の達道である。知・仁・勇の三者は天下の達德である。しかしてこれを行う者は一にすぎない。生まれながらにして知り、あるいは學んで知り、或いは困して知り、しかしてその知る者は一にすぎない。或いは安んじて行い或いは利もて行い、勉強して行い、その成功におよぶのは一にすぎない。「子曰、好學近乎知、力行近乎仁、知恥近乎勇、知斯三者、則知所以脩身、知所以脩身、則知所以治人、知所以治人、則知所以治天下國家矣」とある。孔子が

言うには、學を好むのは知に近く、つとめ行うのは「仁」に近く、恥を知るのは勇に近い。この三者を知れば身を脩めるゆえんを知る。それを知れば人を治めるゆえんを知る。それを知れば天下國家を治めるゆえんを知る。「誠者自成也、而道自道也、誠者物之終始也、不誠無物、是故君子誠之爲貴、誠誠者非自成已而己也、所以成物也、成己仁也、成物知也、性之德也、合外内之道也、故時措之宜也」とある。誠は自ら成す。道は自らみちびく。誠なるものは物の終始である。誠がなければ物はない。この故に君子は誠を尊ぶことをなす。誠なるものは自ら己をなすのみではない。物をなすゆえんは己をなして「仁」がある。物をなして知がある。性を德とするのは外内に合するの道である。故に時にこれを用いて宜なるものとなる。「唯天下至誠、爲能經綸天下之大經、立天下之大本、知天地之化育、夫焉有所倚、肫肫其仁、淵淵其淵、浩浩其天」とある。天下の至誠をもってすれば、天下の大經は經綸され、天下の大本は立てられ、天地の化育が知られる。かたよるところがなければ、肫々として「仁」あり、淵々として淵あり、浩々として天がある。

　表記には「子言之、仁者天下之表也、義者天下之制也、報者天下之利也、子曰、以德報德、則民有所勸、以怨報怨、則民有所懲、詩曰、無言不讎、無德不報、大甲曰、民非后、無能胥以寧、后非民、無以辟四方、子曰、以德報怨、則寬身之仁也、以怨報德、則刑戮之民也、子曰、無欲而好仁者、無畏而惡不仁者、天下一人而已矣、是故君子議道自己、而置法以民、子曰、仁有三、與仁同功而異情、與仁同功、其仁未可知也、與仁同過、然後其仁可知也、仁者安仁、知者利仁、畏罪者強仁、仁者右也、道者左也、仁者人也、道者義也、厚於仁者、薄於義、親而不尊、厚於義者、薄於仁、尊而不親、道有至、義有考、至道以王、義道以霸、考道以爲無失」とある。孔子が言うには、仁は天下の表である。義は天下の制である。報（禮）は天下の利である。德をもって德に報ずると民は勸めるところがある。怨をもって怨に報ずると民は懲らすところがある。詩に「こたえざる言はなく、報いざる恩はない」とある。太甲（大甲）によると、民は后ではないのであい安んじることなく、同じく四方に君たることはない。孔子が言うには、德をもって怨に報ずるは、寬身の仁である。怨をもって德に報ずるは、刑戮の民である。同じく孔子によれば、欲なくして仁を好む者と、懼れることなく不仁を憎む者とは、天下に一人しかいない。この故に君子が道を議するには己からし、法を置くには民をもってする。孔子が言うには、仁に三者あり、仁と功を同じくして情を異にする場合、仁と功を同じくしてその仁いまだ知るべからざる場合、仁とあやまちを同じくして、しかる後にその仁がわかる場合である。仁者は仁を安んじ、知者は仁を利とし、罪を懼れる者は仁につとめる（仁を強者とみなす）。仁者は右であり、道者は左である。仁なるものは人であり、道なるものは義である。仁にあつき者は義にうすく、親しみて尊ばず、義にあつき者は仁にうすく、尊びて親しまず。道に至るあり、義あり、考あり、至道はもって王たり、義道はもって霸たり、孝道はもって失うところなしと考える。

　ここには注目すべき記述が見える。「仁」に三者ありとし、いずれの場合も一般にはわかったことにならないと述べていることである。仁を情として語るか、結果が同じなのに仁がわかっていないか、間違った結果仁の効果がわかるかの三者になる。仁者と知者と罪を懼れる者に分けた場合、指導者は仁者と知者である。仁者は右、道者は左、仁なるものは人、道なるものは義である。仁にあついと義にうすく親しみて尊ばず、義にあついと仁にうすく尊びて親しまない。至道をもって王たり、義道をもって霸たり。この王霸の議論を通して、至道と仁者、義道と知者が結びつく。しかも王が上、霸が下なので、至道が上、義道が下と判断される。これらに當たらずさわらず、

第一節　經典と「仁」

孝道は失うところがない。『禮記』中庸に天道・地道・人道に分ける意見があった。人について道を語る場合、萬物の違いを考慮するという考えが『韓非子』にあった。ここに道を議論するにも至道と義道があると述べている。その至道に「仁者」が關わる。先に『韓非子』について檢討し、君と民の間に構想された仁人に替わって、「道者」が想定されることを述べた。「道者」が想定される。仁人が「仁」の何たるかを知って行動する必要はなく、「道者」が千差万別の「道」を見極めて指導する。「天の道により形の理をふみ」とあるから、太陽・月・惑星の移動する道筋に根源を見いだそうとしていたのだろうと想定できる。「形の理」という言い方は、北斗七星により時刻を判斷するなどの「形」を問題にしていることが想定できる。だから、二十四史に見えていた「形」としての「仁」評價と「天理」と北斗七星の關係が、「仁」評價を「道」に交換して語られている。德なるものは遍くいたる。羣生にいたるので斟酌して用いる。この構圖を變えて、「至道」を「仁者」に結びつけたのが『禮記』だと言うことができる。『韓非子』は「寬惠をもって德を行うのを仁と謂う」としてこうした君主の權能を下の者にやらせない議論の影にかくしてしまう。この道家的議論の根幹に位置づけられる「道」を君主の下の「仁者」に結びつけたのが『禮記』である。言い方を換えれば、前漢前期のいわゆる黃老思想の下で議論されていた「形」に儒家の議論を加え、儒家の「形」として組み直したのが『禮記』である。

　『荀子』儒效八に、先王の「道」は「仁」を尊び、「中」に比して行うとした。「中」とは禮義をいう。「道」は天の道でもなく、地の道でもなく、人が道とするゆえんをいう。君子の道とするところである。君子のいわゆる賢なる者、知なる者、辨なる者、察なる者、いずれも「人」がそれらについて爲し得るではなく「正」とするところがある。天の道の下にあった「人」の道としての先王の道という考えが、『韓非子』に繼承されて「仁」評價がなくなり、『禮記』で「仁」が復活した時には、「道」は「至道」として「仁者」に結びついた。つまり、『韓非子』を經由して、「道」と「仁」の上下關係が逆轉した。そして「天理」が議論されるにいたったということである。

　『禮記』表記には、續いて「子言之、仁有數、義有長短小大、中心憯怛、愛人之仁也、率法而強之、資仁者也、詩云、豐水有芑、武王豈不仕、詒厥孫謀、以燕翼子、武王烝哉、數世之仁也、國風曰、我今不閱、皇恤我後、終身之仁也」とある。孔子が言うには、仁には數がある。義には長短小大ある。……法に從いこれにつとめるのは、仁を資とするのである。詩にいう。豐水に芑（にがな）があり、武王は仕えさせて數世にわたり善謀とした。武王はこれをほめた。數世の仁である。國風にいう、わたくしすら入れられないのに我が後はどうしようもない。これは終身の仁である。」「子曰、仁之爲器重、其爲道遠、舉者莫能勝也、行者莫能致也、取數多者仁也、夫勉於仁者、不亦難乎、是故君子以義度人、則難爲人、以人望人、則賢者可知己矣、子曰、中心安仁者、天下一人而已矣、大雅曰、德輶如毛、民鮮克舉之、我儀圖之、惟仲山甫舉之、愛莫助之、小雅曰、高山仰止、景行行止、子曰、詩之好仁如此、鄉道而行、中道而廢、忘身之老也、不知年數之不足也、俛焉日有孳孳、斃而后已、子曰、仁之難成久矣、人人失其所好、故仁者之過易辭也、子曰、恭近禮、儉近仁、信近情、敬讓以行此、雖有過、其不甚矣、夫恭寡過、情可信、儉易容也、以此失之者、不亦鮮乎、詩云、溫溫恭人、惟德之基、子曰、仁之難成久矣、惟君子能之、故君子不以其所能者病人、不以人之所不能者愧人、是故聖人之制行也、不制以己、使民有所勸勉愧恥、以行其言、禮以節之、信以結之、容貌以文之、衣服以移之、朋友以極之、欲民之有壹也、小雅曰、不愧于人不畏于天、是故君子服其服、則文以君子之容、有其容則文以君子之辭、遂其辭則實以君子之德、是故

257

君子衰経、則有哀色、端冕則有敬色、甲冑則有不可辱之色、詩云、維鵜在梁、不濡其翼、彼其之子、不稱其服」とある。仁の器たるや重く、その道たるや遠い。その名をあげても堪える者はなく、行っても致すにいたらない。數を取ること多い者は仁である。そもそも仁に努めることは、難しい。この故に君子は義をもって人をはかるので、人になるのが難しい。人をもって人を望めば、賢者は必ず知れる。孔子が言うには、中心より仁を安んずる存在は天下に一人しかいない。大雅に言う。德は毛のように輕いが、民は持ち上げ得る者が少ない。我はたぐいもてはかる。仲山甫が持ち上げたが惜しいことに助けがなかった。小雅が言うには、高山仰ぎやめ景行を行うことやむ。孔子が言うには、詩の仁をよみすることはこのようである。道に向かっていく。中道にして廢する。身の老いるを忘れ、年數の足らざるを知らない。俛焉として孳々たり斃れてのちにやむ。孔子が言うには、仁のなり難いことは久しい。人ごとにその好するところを失う。故に仁者の過失は言葉としやすい。孔子が言うには、恭しさは禮に近く、儉は仁に近く、信は情に近く、敬讓もってこれを行えば、あやまちがあっても甚だしくない。そもそも恭は過ちなく、情は信なるべく、儉は容れやすい。これをもってこれを失う者は、少ない。詩に言う。溫々たる恭仁、德のもと。孔子が言うには、仁のなり難きこと久しい。君子だけができる。この故に君子はそのできるところをもってしないと、人を病ましめ、人のできないところをもってしないと、人を辱める。この故に聖人の行を制するや、己を制しない。民に勉しみを勸め恥じるところあり、その言を行わない。禮をもって節し、信をもって結び、容貌をもって飾り、衣服をもって移し、朋友をもって極め、民が一をもとめるようにする。小雅が言うには、人に恥じることなく天を懼れない。この故に君子がその服を服すると君子の容を飾り、その容があれば君子の辭をかざり、その辭があれば、君子の德をかざる。この故に君子は服を服してその容なきを恥じ、その容ありてその辭なきを恥じ、その辭ありてその德なきを恥じ、その德ありてその行いなきを恥じる。この故に君子は衰経すると哀色あり、端冕すると敬色あり、甲冑かぶると辱かしむべからざるの色がある、詩に言う。維鵜梁にあり、その翼をうるおさず、彼其の子、その服を稱せず。

　ここに「仁の器たるや重く、その道たるや遠い」以下に述べた部分は、「仁者」と「至道」が結びついた結果としての議論がまとめられている。

　さらに「子言之、君子之所謂義者、貴賤皆有事於天下、天子親耕、粢盛秬鬯、以事上帝、故諸侯勤以輔事於天子、子曰、下之事上也、雖有庶民之大德、不敢有君民之心、仁之厚也、是故君子恭儉以求役仁、信讓以求役禮、不自尚其事、不自尊其身、儉於位、而寡於欲、讓於賢、卑己而尊人、小心而畏義、求以事君」・「子言之、君子之所謂仁者、其難乎、詩云、凱弟君子、民之父母、凱以強教之、弟以説安之、樂而毋荒、有禮而親、威莊而安、孝慈而敬、使民有父之尊、有母之親、如此而后可以爲民父母矣、非至德其孰能如此乎」とある。孔子が言うには、君子にいわゆる義があれば、貴賤を問わず天下につかえることになる。天子はみずから耕す。器にもった穀物や秬鬯をもって上帝につかえ、諸侯はつとめて補佐して天子につかえる。孔子が言うには、下が上に仕えるには、民を庇護することを大德とするが、民に君たるの心をあえてもたず仁を厚くする。この故に君子は恭儉もって役仁を求め、信讓もって役禮を求める。自らはその事をたっとぶことなく、その身をたっとぶことなく、位に儉なるあり、欲に少なきあり、賢に讓るあり、己を卑しみ人を尊び、小心もて義を懼れ、求めて君に仕える。孔子が言うには、君子の所謂仁なるものは、難あり。詩にいう……。

第一節　經典と「仁」

「子曰、虞夏之道、寡怨於民、殷周之道、不勝其敝、子曰、虞夏之質、殷周之文至矣、虞夏之文、不勝其質、殷周之質、不勝其文、子言之曰、後世雖有作者、虞帝弗可及也已矣、君天下、生無私、死不厚其子、子民如父母、有憯怛之愛、有忠利之教、親而尊、安而敬、威而愛、富而有禮、惠而能散、其君子尊仁畏義、恥費輕實、忠而不犯、義而順、文而靜、寬而有辨、甫刑曰、德威惟威、德明惟明、非虞帝其孰能如此乎」とある。虞夏の道は民に怨まれることが少なかった。殷周の道はその敝にたえなかった。孔子が言うには、虞夏の質、殷周の文は至上であった。虞夏の文はその質にたえなかった。殷周の質はその文にたえなかった。孔子が言うには、後世になす者ありといえども、虞帝は及び得ずして終わった。天下に君となって生まれながらにして私なく、死してその子に厚くせず、民を子とすること父母のごとく、憯怛（かなしみいたむ）の愛あり、忠利の教えあり、親にして尊、安にして敬、威にして愛、富みて禮あり、惠ありて散ずるあり、その君子仁を尊び義を懼れ、費を恥じ實を輕んじ、忠にして犯さず。義ありて順、文ありて靜、寬なるありて辨がある。甫刑に言うには、德もて威を加えればおそれるだろう。德もって明らかにすれば、明らかなるあらん。虞帝でなければ、このようなことになろうか。

虞夏の道、殷周の道、いずれも「仁人」にからめることを念頭においた議論になる。時とともに、狀況が變化している。『韓非子』にどうして聖人孔子は哀公に從ったかの議論があった。

緇衣には「子曰下之事上也、不從其所令、從其所行、上好是物、下必有甚者矣、故上之所好惡、不可不愼也、是民之表也、子曰、禹立三年、百姓以仁遂焉、豈必盡仁。詩云、赫赫師尹、民具爾瞻、甫刑云、一人有慶、兆民賴之、大雅曰、成王之孚、下土之式」・「子曰、上好仁、則下之爲仁爭先人、故長民者、章志貞教尊仁、以子愛百姓、民致行己、以説其上矣、詩云、有梏德行、四國順之」とある。孔子が言うには、下が上に仕えるには、その令するところに從わずしてその行うところに從う。上がこの物を好めば、下は必ず甚だしくなる。故に上の好惡するところは、愼まないわけにはいかない。これ民の表である。孔子が言うには、禹が立って三年、百姓は仁をとげた。これは仁のみではない。詩にいう。赫赫たる師尹、民ともに汝をみる。甫刑に言うには、一人慶あれば、兆民これによると。大雅に言うには、王の孚（孚）となり、下土ののりとなる。孔子が言うには、上が仁を好めば下は先を爭って仁をなす。故に民に長たる者は、志を明らかにし、教えをただしくし、仁を尊び、そして百姓を子のように愛すれば、民は己のこととして心から行い、その上をよろこぶ。詩に言うには、梏たる德行、四國これに從うと。

ここに示された議論は、戰國時代、漢代いずれの時代に放り込んでもなじむ內容になっている。近年戰國時代の出土遺物として緇衣が出土しているが、それをもって『禮記』全體を戰國時代にもっていっては、漢代になじむ部分について矛盾が生じる。

儒行には「儒有忠信以爲甲胄、禮義以爲干櫓、戴仁而行、抱義而處、雖有暴政、不更其所、其自立有如此者」・「溫良者仁之本也、敬愼者仁之地也、寬裕者仁之作也、孫接者仁之能也、禮節者仁之貌也、言談者仁之文也、歌樂者仁之和也、分散者仁之施也、儒皆兼此而有之、猶且不敢言仁也、其尊讓有如此者」とある。儒者には忠・信を甲胄とし、禮・義を干櫓（大小の楯）とするところがある。仁をいだきて行き、義をいだきて處り、暴政があってもその所を改めない。その自立はこのようなものである。溫良は仁の本である。敬愼は仁の地である。寬裕は仁の作である。孫接は仁の能である。禮節は仁の貌である。言談は仁の文である。歌樂は仁の和である。分散は仁の施しである。儒者は以上を兼ねて世に出た。なおかつ敢えて仁を言わない。その尊讓はこのよう

第二章　先秦史料と通して知る「仁」とその原義

なものである。

　大學には「詩云、穆穆文王、於緝熙敬止、爲人君止於仁、爲人臣止於敬、爲人子止於孝、爲人父止於慈、與國人交、止於信」・「一家仁、則一國興仁、一家讓、一國興讓、一人貪戾、一國作亂、其機如此、此謂一言僨事、一人定國、堯舜率天下以仁、而民從之、桀紂率天下以暴、而民從之、其所令、反其所好、而民不從、是故君子有諸己、而后求諸人、無諸己、而后非諸人、所藏乎身不恕、而能喻諸人者、未之有也、故治國在齊其家」・「康誥曰、惟命不于常、道善則得之、不善則失之矣、楚書曰、楚國無以爲寶、惟善以爲寶、舅犯曰、亡人無以爲寶、仁親以爲寶、……唯仁人放流之、迸諸四夷、不與同中國、此謂唯仁人、爲能愛人、能惡人、見賢而不能舉、舉而不能先、命也、見不善而不能退、退而不能遠、過也、好人之所惡、惡人之所好、是謂拂人之性、菑必逮夫身、是故君子有大道、必忠信以得之、驕泰以失之、生財有大道、生之者衆、食之者寡、爲之者疾、用之者舒、則財恆足矣、仁者以財發身、不仁者以身發財、未有上好仁、而下不好義者也、未有好義、其事不終者也、未有府庫財非其財者也」とある。一家に仁あれば、一國に仁がある。一家に讓あれば、一國に讓がある。一人が利をむさぼれば、一國では亂がおきる。機（縁）はこういうものである。これを一言、事をやぶり、一人、國を定める、という。堯舜が天下を率いるには仁をもってし、民はこれに從い、桀紂が天下を率いるには暴をもってし、民が從うのは、その令するところであり、民の好むところに反していては民は從わない。この故に君子はこれを己に有して後にこれを人に求める。これを己に有することなしには後にこれを人にそしることとなり、身に藏するところが恕ならぬこととなる。これを人にさとす者などいない。故に國を治めるとは、その家をととのえることである。……康誥が言うには、命は常においてしない。善なれば得、不善だと失う。楚書に言うには、楚國は寶（寶）とするものがなく、ただ善のみを寶とした。舅犯に言うには、亡人は寶とするものがなく、仁親は寶となる……。仁人だけがこれを放流できる。これを四夷にしりぞけて、ともに中國と同じでないとする。これを仁人だけが人を愛し人をにくむことができると言うのである。賢を見て舉げることができず、舉げて先にすることができないのは、命である。不善を見て退くことができず、退いて遠ざけることができないのは、過ちである。人の惡むところを好み、人の好むところを憎む。これを人の性にもとるという。わざわいは必ずその身に及ぶ。この故に君子に大道あり、必ず忠信をもってこれを得て、驕泰だと失う。財を生じるにも大道あり、これを生じる者おおくして、これを食する者すくなくなるようにし、これを爲す者をなくなるようにし、これを用いる者が多くなるようにすれば、財は常に足りる。仁者は財をもって身をおこし、不仁なる者は身をもって財をおこす。上が仁を好み下が義を好まない者はいない。義を好みその事が終えないようにする者はいない。府庫の財がその財でない者はいない。

　ここにも君子に大道があると述べている。君子は仁人の最上に位置する。「人」がたびたび言及される。『荀子』以來の特別な階層を意識すると見て間違いない。

　郷飲酒義には「賓主象天地也、介僎象陰陽也、三賓象三光也、讓之三也、象月之三日而成魄也、四面之坐、象四時也、天地嚴凝之氣、始於西南、而盛於西北、此天地之尊嚴氣也、此天地之義氣也、天地溫厚之氣、始於東北、而盛於東南、此天地之盛德氣也、此天地之仁氣也、主人者尊賓、故坐賓於西北、而坐介於西南、以輔賓、賓者接人以義者也、故坐於西北、主人者接人以仁、以德厚者也、故坐於東南、而坐僎於東北、以輔主人也、仁義接、賓主有事、俎豆有數曰聖、聖立而將之以敬曰禮、禮以體長幼曰德、德也者、得於身也、故曰古之學術道者、將以得身也、是故聖人務焉」・「賓必南郷、

第一節　經典と「仁」

東方者春、春之爲言蠢也、産萬物者聖也、南方者夏、夏之爲言假也、養之長之假之仁也、西方者秋、秋之爲言愁也、愁之以時察守義者也、北方者冬、冬之爲言中也、中者藏也、是以天子之立也、左聖鄉仁、右義偝藏也」とある。賓主は天地にかたどる。介添えは陰陽にかたどる。三賓は三光にかたどる。讓ること三度するは、月の三日にして魄を成すにかたどる。四面の坐は、四時にかたどる。天地嚴凝の氣は、西南（坤）に始まり西北（乾）に盛んとなる。……天地温厚の氣は東北（艮）に始まり東南（巽）に盛んとなる。これが天子盛德の氣であり、天地の仁氣である。主人なる者は、賓を尊ぶ。ゆえに賓を西北に坐せしめて介添えを西南に坐せしめて賓を助けさせる。賓は人に接するに義をもってする。故に西北に坐するのである。主人は人に接するに人をもってし、德厚をもってする。故に東南に座す。その介添えを東北に坐せしめ主人を助けさせる。仁義の接は、賓主それぞれ事とするところがある。俎豆に數があるのを聖という。聖が立って敬をおこなうのを禮という。禮もって長幼を體するのを德という。德なる者は、身に得る。故に古の術道を學ぶ者は、身を得ようとした。この故に聖人はこれに努めたのである。……賓が必ず南鄉するのは、東方が春だからである。春を言葉にすれば、蠢である。萬物を産する者は聖である。南方は夏である。夏を言葉にすれば、假である。これを養い長ぜしめて、これをおおいにする（假）を仁という。西方は秋である。秋を言葉にすれば、愁である。これをおさめるのに時をもって察する。義を守るのである。北方は冬である。冬を言葉にすれば、中である。中は藏である。この故に天子が立つや、聖を左にし仁に向かい、義を右にし、藏にそむくのである。

　射義には「射者仁之道也、射求正諸己、己正而后發、發而不中、則不怨勝己者、反求諸己而已矣」とある。

　聘義には「子貢問於孔子曰、敢問、君子貴玉而賤碈者何也、爲玉之寡而碈之多與、孔子曰、非爲碈之多故賤之也、玉之寡故貴之也、夫昔者君子比德於玉焉、温潤而澤仁也、縝密以栗知也、廉而不劌義也、垂之如隊禮也、叩之其聲清越以長、其終詘然樂也、瑕不揜瑜、瑜不揜瑕忠也、孚尹旁達信也、氣如白虹天也、精神見于山川地也、圭璋特達德也、天下莫不貴者道也、詩云、言念君子、温其如玉、故君子貴之也」とある。

　喪服四制には「夫禮吉凶異道、不得相干、取之陰陽也、喪有四制、變而從宜、取之四時也、有恩有理、有節有權、取之人情也、恩者仁也、理者義也、節者禮也、權者知也、仁義禮知、人道具矣」・「比終茲三節者、仁者可以觀其愛焉、知者可以觀其理焉、強者可以觀其志焉、禮以治之、義以正之、孝子弟弟貞婦、皆可得而察焉」とある。そもそも禮は吉凶それぞれ道を異にする。相おかすことを得ざるのは陰陽より取っているからである。喪に四制あり、變じて宜しきに從うのは、四時に取っているからである。恩あり理あり、節あり權あり。これを人情に取る。恩は仁であり、理は宜であり、節は禮であり、權は知である。仁義禮知があれば人道が備わる。……この三節を終えるころおい、仁者はその愛を示す。知者はその理を示す。強者はその志を示す。禮はこれを治め、義はこれを正す。孝子弟弟貞婦、みな察するを得るべきである。

　ここには、「仁者」に「至道」が結びつけられたのを受けた議論が見える。『韓非子』の「道者」は、相互に異なる萬物に對處して判斷する。それを禮について吉凶それぞれ道を異にするとまとめている。仁義禮知があれば人道が備わるというのも、同じである。

　本章冒頭に「天理」が『禮記』に見えることを述べておいた。『孟子』・『荀子』・『韓非子』いずれにも、この「天理」の語は見えていない。すでに上記に説明してきたように、『禮記』の「仁」

261

第二章　先秦史料と通して知る「仁」とその原義

に關する記述は、漢代の天下を念頭においていて、それだけで『禮記』の後代性、漢代の成書が疑いないことはわかる。これに加え、「天理」の語が見えることで、その疑いなさは、より鞏固なものとなる。

樂記に「人生而靜、天之性也、感於物而動、性之欲也、物至知知、然後好惡形焉、好惡無節於內、知誘於外、不能反躬、天理滅矣、夫物之感人無窮、而人之好惡無節、則是物至而人化物也、人化物也者滅天理、而窮人欲者也、於是有悖逆詐僞之心、有淫泆作亂之事、是故強者脅弱、衆者暴寡、知者詐愚、勇者苦怯、疾病不養、老幼孤獨、不得其所、此大亂之道也」とある。人が生まれて靜であるのは、天の性である。物に感じて動くは性の欲である。物いたり知しる。しかる後に好惡が出現する。好惡は內に節なく、知が外に誘うとき、躬にかえすことができないと、天理が滅する。そもそも物の人に感じるや無窮、人の好惡は節なく、つまるところ物がいたりて人が物を化することになる。人が物を化すると天理が滅して人欲を極める。ここにおいて、悖逆詐僞の心が生じる。淫泆作亂の事がおこる。この故に強者は弱きを脅かし、衆は少なきを脅かし、知者は愚なる者をだまし、勇者は苦しみ怯える。疾病もて養うなく、老幼孤獨にして、その所を得ない。これが大亂の道である。さらに續けて「是故先王之制禮樂、人爲之節、衰麻哭泣、所以節喪紀也、鐘鼓干戚、所以和安樂也、昏姻冠笄、所以別男女也、射鄉食饗、所以正交接也、禮節民心、樂和民聲、政以行之、刑以防之、禮樂刑政、四達而不悖、則王道備矣」とある。この故に先王の禮樂を制するや、人これが爲に節あり、射鄉食饗する。喪紀に節あらしめるゆえんである。鐘鼓干戚は、安樂を和するゆえんである。昏姻冠笄は男女を分けるゆえんである。射鄉食饗は交接を正すゆえんである。禮節民心、樂和民聲は、政をもって行い、刑をもって防ぐ。禮樂刑政が四方に達して悖るところがなければ、王道が備わるのである。

人が物を化する狀況を正して、正常な狀況にするには、禮樂を制する。禮樂刑政が四方に達して悖るところがなければ、王道が備わる。ここに天理が存することになる。天理と「禮樂刑政」と「王道」がここに結びついている。「王」は天子として「仁」を寬める立場にある。上記において、「仁者」と「至道」が結びついていることを述べた。この「仁者」には「王」も含まれる。「禮樂刑政」をみずからの權能とするのは、「王」である。

こうした說明は、『史記』の「仁」評價に見えていた。その『史記』の「仁」評價から樂の強調が薄れてしまうのが『漢書』以後のことになる。そして緯書が「天理」と「仁」評價を理念的に支えることになる。

以上、『禮記』につき、「仁」に焦點を當てて、何が議論されているかを見てきた。『韓非子』の議論を受けて、「仁」に關わる限りにおいて「道」にも焦點を當てた。「天理」の語も『禮記』に見えている。

『禮記』には、先行する『孟子』・『荀子』・『韓非子』の議論が流れ込んでいる。そのうち特に注目されるのは、『孟子』以來の「仁」說が繼承される課程で、『荀子』の分析的思考が整備されたことである。「仁人」として「士大夫以上、至於公侯」の階層が議論され、それは官職を得た者（「官職を盡す」）であった。彼らは善を辨じる「君子」、險を辨じる「小人」、その間の「人」からなる。「人」の性は惡であり、善だというのは僞である。「君子」が「仁人」であり、「人」は言わば發展途上の存在である。この『荀子』を批判的に繼承した『韓非子』は、「仁」と「仁人」をすべて蚊帳の外に置き、世を導く者として「道者」を論じた。『韓非子』は階層を意識し

262

た議論としては、道家の議論を分析整備している。『荀子』の「仁」の分析的議論は、すべて「道」の分析的議論に置き換えられた。その『荀子』・『韓非子』の分析的議論を折衷繼承し、「仁」を基礎に議論を組み上げたのが『禮記』である。

　『韓非子』は「仁」説を排除して「道」の議論を組み上げ、天道に對する人道を實踐する場に、「道者」を置いた。『禮記』は「仁」説をあらためて述べて、「仁者」と「至道」を結びつけた。その上に聖人がいて「仁」を寛める。だから、『韓非子』の述べた「道」を「仁」の下位に位置づけたのである。本書で『老子』は檢討していないが、「道」とは何たるかがあちこちに論じられている。そして、著名な言い回しとして「大道廢れて仁義有り、知慧出でては大偽有り」がある。『老子』の所謂第十八章は續いて「六親和せずして孝慈有り、國家昏亂して忠臣有り」と述べる。ここに言う「孝慈」も「仁」・「義」も二十四史に「仁」評價として議論した要の用語であった。これらを否定して「道」を論じたのが『韓非子』であり、それは『老子』を受けたものであり、その議論を折衷して見せたのが『禮記』ということになる。

　天道が唯一なのに對し、人道は多樣である。『禮記』の述べる「同」と「異」はこの議論を受けている。樂は「同」、禮は「異」。帝を郊に祭祀するのは敬の至りである。宗廟の祭は仁の至りである（「同」）。賓客の幣を用いるのは義の至りである。故に君子が仁義の道を示そうとする場合、禮は根本である（「異」）。

　人が生まれて靜であるのは、天の性である。物に感じて動くは性の欲である。物いたり知しる。しかる後に好惡が出現する。好惡は内に節なく、知が外に誘うとき、躬にかえすことができないと、天理が滅する。そもそも物の人に感じるや無窮、人の好惡は節なく、つまるところ物がいたりて人が物を化することになる。人が物を化すると天理が滅して人欲を極める。禮節民心、樂和民聲は、政をもって行い、刑をもって防ぐ。禮樂刑政が四方に達して悖るところがなければ、王道が備わる。「天理」がここに存在する。「人」が物を化することはない。

　「至道」を「仁人」に結びつけた結果、天道をもって「仁」・「義」の政治に關連づける道筋は得られたのだが、君を至上に位置づける上で「天道」を語るには、『韓非子』流の「道者」論を展開する必要が生じた。「天道」と「人道」を分析的に論じる必要がある。それはできない中での一つの解決策として、「天理」の議論が活用されたように見える。「天理」を君の政に結びつける。「禮節民心、樂和民聲は、政をもって行い、刑をもって防ぐ。禮樂刑政が四方に達して悖るところがなければ、王道が備わる」という内容は、すでに檢討したように、二十四史に基本的に繼承された。

まとめ

　本第二章は、第一章の二十四史「仁」評價に關する檢討を受け、まずは、第一節として、『孟子』・『荀子』・『韓非子』・『禮記』それぞれの「仁」を檢討してみた。

　それぞれの書物の「仁」に關する檢討結果は、それぞれに示したので、それらを御覽いただくことにして、ここにこれらを通覽して何が言い得るかをまとめておくことにしよう。

　『禮記』には、先行する『孟子』・『荀子』・『韓非子』の議論が流れ込んでいる。そのうち特に注目されるのは、『孟子』以來の「仁」説が繼承される課程で、『荀子』の分析的思考が整備されたことである。「仁人」として「士大夫以上、至於公侯」の階層が議論され、それは官職を得

た者(「官職を盡す」)であった。彼らは善を辨じる「君子」、險を辨じる「小人」、その間の「人」からなる。「人」の性は惡であり、善だというのは僞である。「君子」が「仁人」であり、「人」は言わば發展途上の存在である。この『荀子』を批判的に繼承した『韓非子』は、「仁」と「仁人」をすべて蚊帳の外に置き、世を導く者として「道者」を論じた。『韓非子』は階層を意識した議論としては、道家の議論を分析整備している。『荀子』の「仁」の分析的議論は、すべて「道」の分析的議論に置き換えられた。その『荀子』・『韓非子』の分析的議論を折衷繼承し、「仁」を基礎に議論を組み上げたのが『禮記』である。

『禮記』が「至道」を「仁人」に結びつけた結果、天道をもって「仁」・「義」の政治に關連づける道筋は得られたのだが、君を至上に位置づける上で「天道」を語るには、『韓非子』流の「道者」論を展開する必要が生じた。「天道」と「人道」を分析的に論じる必要がある。『老子』・『韓非子』が「仁」を排除している以上、それはできない中で、一つの解決策として、「天理」の議論が活用されるにいたったのであろう。「天理」を君の政に結びつける。『禮記』の「禮節民心、樂和民聲は、政をもって行い、刑をもって防ぐ。禮樂刑政が四方に達して悖るところがなければ、王道が備わる」という内容は、二十四史に基本的に繼承された。

ただ、「仁」評價に關連づけて、ということではあるが、『禮記』において重視されている「樂」が、『史記』ではなお重視されているのに、『漢書』以後そうではなくなるという、すでに檢討ずみの事實は、なお心にとめつつ、議論を進めることにしよう。

第二節 『春秋』三傳と「仁」

はじめに

『春秋』三傳では、特に『左傳』に「仁」に關する記述が多いことが知られている。『公羊傳』には「人」に關する「仁」の記述が少ない。わずかな例と麟を仁獸とする例があるだけである。『穀梁傳』にも「仁」の記述はあるが、さほど多くない。したがって、戰國時代の「仁」を語るには、『左傳』は避けて通れない存在である。ところが、世の論者の中には、本章第一節に檢討した『孟子』・『荀子』・『韓非子』・『禮記』を橫目で見ながら、『左傳』を異質に見る者もいる[9]。これは、所謂今文古文論爭が近代まで及んだという側面もある。歷史的に深い論爭である。そのためもあり、以下に、『左傳』を第一節とは分けて議論することにした。

個人的には、拙著・拙稿[10]において、『公羊傳』は戰國齊で前4世紀後期に、『左傳』は同じ時期ながら『公羊傳』に後れて、さらに『穀梁傳』は同じ時期ながら『左傳』に後れて成書されたとの定見を得ている。にも拘わらず體裁上『孟子』等と分けたのは、『春秋』三傳が史書の先驅に當たっていることにもよる。

以下、資料Ⅵを參照されつつ讀み進まれたい。

1. 『左傳』の「仁」

『左傳』隱公六-Bには「五父諫曰、親仁善鄰、國之寶也」とある。說話である。一年前に鄭伯が陳に和睦を申し入れたのに、陳は從わなかった。その時の陳の臣下の發言である。これに從

第二節　『春秋』三傳と「仁」

わなかったため、この年鄭が陳を侵して戰利品を得た。善鄰は、鄭に對する言い方だが、「親仁」は、誰かの「仁」に親しむという言い方である。文脈上、鄭の「仁」に親しむという話になる。從わなかった結果、敗北をきっした。

『左傳』莊公二二－三には「君子曰、酒以成禮、不繼以淫、義也、以君成禮、弗納於淫、仁也」とある。陳の孔子完、すなわち後の田氏の祖先たる田敬仲が齊に亡命したときの説話である。君子の評價が附される。酒は禮を成す。田敬仲が酒宴を續けるのに淫をもってしなかったのは、義である。また君をもって禮を成し、その君を淫に導かなかったのは、「仁」である、と。この場合、「義」も「仁」も齊侯に對するものになっている。時の齊侯は霸者桓公である。

『左傳』僖公八－Ａには「宋公疾、大子茲父固請曰、目夷長且仁、君其立之、公命子魚、子魚辭曰、能以國讓、仁孰大焉。臣不及也、且又不順、遂走而退」とある。太子茲父（襄公）は兄に目夷（子魚）が仁ありとして國を讓ろうとしたが、兄の子魚は國を讓るのが最大の「仁」だとして退いた。宋の襄公は、有名な「宋襄の仁」のあの襄公である。すでに言及したが、『韓非子』外儲説左上三十が、「此乃慕自親仁義之禍」として否定的「仁」評價を加えた。

『左傳』僖公九－Ｃには「宋襄公即位、以公子目夷爲仁、使爲左師以聽政、於是宋治、故魚氏世爲左師」とある。宋襄公に「仁」があるのではなく、公子目夷に「仁」がある、という話になっている。見分不相應という話題ではない。

『左傳』僖公一四－Ａには「冬、秦饑、使乞糴于晉、晉人弗與、慶鄭曰、背施、無親、幸災、不仁、貪愛、不祥、怒鄰、不義、四德皆失、何以守國、虢射曰、皮之不存、毛將安傅、慶鄭曰、棄信背鄰、患孰恤之、無信、患作、失援、必斃、是則然矣、虢射曰、無損於怨、而厚於寇、不如勿與、慶鄭曰、背施幸災、民所棄也、近猶讎之、況怨敵乎、弗聽、退曰、君其悔是哉」とある。秦に飢饉が起こり、晉に援助を求めたが、晉は與えなかった。施しに背くは親がない。他の災いを自らの幸いとするのは、「不仁」である。愛を貪るは不祥、隣を怒らすは不義である。四德たる「親」・「仁」・「祥」・「義」をすべて失うと國を守れない。信を棄て隣に背くと患があっても憐れむ者がいない。信がなく患が起こると援助を失い必ず斃れる。怨みに損することなく寇を厚くするのは、與えないことに及ばない。……施しに背き災いを幸いとすることは民の棄てるところである。都市國家どうしの關係について「仁」を語る。

『左傳』僖公三〇－四には「子犯請擊之、公曰、不可、微夫人之力不及此。因人之力而敝之、不仁。失其所與、不知。以亂易整、不武。吾其還也」とある。九月に晉と秦が鄭を圍んだ時のことである。人の力によりて相手を倒すのは不仁である。晉について言う。都市國家（國）どうしの關係について「仁」を語る。

『左傳』僖公三三－七には「狄伐晉、及箕。八月戊子、晉侯敗狄于箕、郤缺獲白狄子……與之歸、言諸文公曰、敬、德之聚也、能敬必有德、德以治民、君請用之、臣聞之、出門如賓、承事如祭、仁之則也、公曰、其父有罪、可乎」とある。敬は德の集合である。敬することができれば德が生じる。德はもって民を治める。君はこれを用いようと願い、私はこれを聞く。門を出れば賓のごとし、事を承ければ祭のごとしというのは「仁」のきまりである。これも都市國家どうしの關係として「仁」を語る。

『左傳』文公二－六には「君子曰、禮、謂其后稷親而先帝也、詩曰、問我諸姑、遂及伯姉、君子曰禮、謂其姉親而先姑也、仲尼曰、臧文仲其不仁者三、不知者三、下展禽、廢六關、妾織蒲、三不仁也、

第二章　先秦史料と通して知る「仁」とその原義

作虚器、縦逆祀、祀爰居、三不知也」とある。君子は禮を言う。その后稷が親にして先帝であることを言う。詩に言う、我に諸姑を問い、ついに伯姉に及ぶと。君子は禮を言う。その姉親にして先姑であることを言う。孔子が言うには、臧文仲には不仁なるものが三つ、不知なるものが三つある。賢人展禽を下にしたこと、六關（六つの關所）を廃止したこと、家の妾が蒲を織ったこと、これらが三不仁である。虚器を作り、逆祀を行い、爰居（海鳥）を祭祀したこと、これらが三不知である。君子の見解に比較して、孔子の見解はずれたものになっている。

『左傳』宣公四－三には「君子曰、仁而不武、無能達也、凡弒君、稱君、君無道也、稱臣、臣之罪也、鄭人立子良、辭曰、以賢、則去疾不足、以順、則公子堅長、乃立襄公」とある。君子が言うには、「仁」にして武有がないのは、達することができないのである。およそ君を弒するのに、君を稱するのは、君が無道だからである。臣と稱するのは、臣の罪である。鄭人は子良（穆公庶子）を立てようとした。賢をもってするなら、子良は不足する。順序をもってするなら、公子堅長である。そこで襄公を立てた。「仁」と武有を述べるのは、都市國家どうしの關係として「仁」を語るためである。

『左傳』宣公一二－三には「隨武子曰、善、會聞用師、觀釁而動、德刑・政事・典禮、不易、不可敵也、不爲是征、楚君討鄭、怒其貳而哀其卑、叛而伐之、服而舍之、德刑成矣、伐叛、刑也、柔服、德也、二者立矣、昔歲入陳、今茲入鄭、民不罷勞、君無怨讟、政有經矣」とある。隨武子が言うには、よし、私が聞くところ軍を用いるのは、罪を見て動く。德刑・政事・典禮は變わらない。敵することはできないし、征してもいけない。楚君が鄭を伐つのであれば、その貳にらみを怒り、卑を哀しむ、叛けば伐ち、服すればこれを舍き、德刑成る。叛を伐つは刑である。柔服は德である。二つが立つ。昔、陳に入り、今、鄭に入る。民は勞をやめず、君は誹謗を怨むことがなく、政は常である。「蒍敖爲宰、擇楚國之令典、軍行、右轅、左追蓐、前茅慮無、中權後勁、百官象物而動、軍政不戒而備、能用典矣、其君之擧也、內姓選於親、外姓選於舊、擧不失德、賞不失勞、老有加惠、旅有施舍、君子小人、物有服章、貴有常尊、賤有等威、禮不逆矣、德立刑行、政成事時、典從禮順、若之何敵之」とある。蒍敖は宰となり、楚國の令典を擇び、軍行には右は轅、左は蓐を追う。前茅は無を慮り、中は權、後は勁。百官は物に象りて動き、軍政は戒めずして備え、典を用いることができる。その君の擧や、内姓は親に選び、外姓は舊に選び、擧は德を失わず、賞は勞を失せず、老は惠を加え、旅は施舍あり、君子・小人は、物に服章あり、貴に常尊あり、賤に等威あり、禮は不逆である。德立ち刑行われ、政成り時を事とし、典從い禮順い、これをどうして敵しようか。「伍參言於王曰、晉之從政者新、未能行令、其佐先縠剛愎不仁、未肯用命、其三帥者、專行不獲、聽而無上、衆誰適從、此行也、晉師必敗、且君而逃臣、若社稷何」とある。伍參は王に言いて曰く、晉の政に從う者は新たにして、令を行うことはできない、先縠ははおおいに不仁、用命を肯定しない。其三帥なる者は、行を專らにして獲ず、聽きて上なく、衆は誰が適從するのか。此の行である。晉の軍は必ず敗れ、且つ君にして臣を逃れれば、社稷を若何にしたらよかろう。

『左傳』成公五－Ａには「五年、春、原・屏放諸齊、嬰曰、我在、故欒氏不作、我亡、吾二昆其憂哉、且人各有能・有不能、舍我、何害、弗聽、嬰夢天使謂己、祭餘、余福女、使問諸士貞伯、貞伯曰、不識也、既而告其人曰、神福仁而禍淫、淫而無罰、福也、祭、其得亡乎、祭之、之明日而亡」とある。春、原同・屏季は趙嬰を齊にはなった。趙嬰が言うには、私がいたから欒氏は事を起こせ

第二節　『春秋』三傳と「仁」

なかった。私がいないとわが二昆（原同・屏季）は憂えることになろう。かつ人おのおの能不能がある。私をおいておいても害はないが、聽いてもらえなかった。私の夢に天が私に言わせている。私を祭れ。そうすれば汝に福があろう。人を介して士貞伯に質問すると、こう言った。私はわからない。すでにしかるべき人に告げたところ、こうだった。神は仁に福をもたらして淫に災いをもたらす。淫にして罰がくだらないのは、福があるということである。祭ったなら亡命することになろう。祭らせたところ、その翌日に亡命することになったのである。

『左傳』成公九－Bには「文子曰、楚囚、君子也、言稱先職、不背本也、樂操土風、不忘舊也、稱大子、抑無私也、名其二卿、尊君也、不背本、仁也、不忘舊、信也、無私、忠也、尊君、敏也、仁以接事、信以守之、忠以成之、敏以行之、事雖大、必濟、君盍歸之、使合晉・楚之成、公從之、重爲之禮、使歸求成」とある。晉侯が軍附において楚の捕虜の鍾儀を見かけ、話を聞いた。その時の發言である。文子が言うには、楚の捕虜は君子である。發言して祖先の職を述べるのは、本に背かないことを示す。その演奏する樂が土風を操るのは、舊を忘れていない。仕える楚の太子を稱えるのは私がない。その二卿の名を言うのは君を尊んでのことである。本に背かないのは仁である。舊を忘れないのは信である。私がないのは忠である。君を尊ぶのは敏である。仁をもって事に接し、信をもってこれを守り、忠をもってこれを成し、敏をもってこれを行えば、事は大だとしても必ず成る。殿、この捕虜を歸國させて晉楚の和議を取り結ばせるべきです。晉侯はこれに從い、重く禮を盡し、歸國させ和睦を結ばせた。

晉と楚の和睦に當たり、仁・信・忠・敏が話題になる。このうち、忠は臣の君に對するもの、敏は臣のこころえである。「仁」と信は、國どうしの關係を支える。

『左傳』襄公七－Aには「無忌不才、讓其可乎、請立起也、與田蘇游、而曰、好仁、詩曰、靖共爾位、好是正直、神之聽之、介爾景福、恤民爲德、正直爲正、正曲爲直、參和爲仁、如是則神聽之、介福降之、立之、不亦可乎、庚戌、使宣子朝、遂老、晉侯謂韓無忌仁、使掌公族大夫」とある。韓獻子が隱居する時の話。無忌は不才だから、他の可とすべき人物にした方がいい。韓起を立ててはどうだろうか。田蘇と游び、「仁」を好むという。詩に言うには、汝の位に安んじ、この正直を好むと、神が聽いて、汝の景福を大いにしてくれる。民をあわれみ安んずるを德とする。正直を正とし、曲を正すを直とし、參和を仁とする。このようであれば、神が聽いて介福が降り、これを立てることもできよう。庚戌、韓宣子を朝せしめて（宗主として）、韓獻子は隱居した。晉侯は韓無忌に仁があると言って、公族大夫とした。

ここには、「仁」を好むから韓宣子（韓起）を立てた、という話と、そのとき立てられなかった韓無忌を晉侯が「仁」ありとして公族大夫にした、という話が盛り込まれている。注目されるのは、德が民をあわれみ安んずる（恤民）こととされ、國内の議論になっていることが一つ、そして正直を正とし、曲を正すを直とするという一般論の後に、參和を「仁」としていることが一つである。「參和」は國と國の間の關係を意識しているようだ。

『左傳』襄公九－三には「穆姜薨於東宮、始往而筮之、遇艮之八䷳、史曰、是謂艮之隨䷐、隨、其出也、君必速出、姜曰、亡、是於周易曰、隨、元・亨・利・貞、無咎、元、體之長也、亨、嘉之會也、利、義之和也、貞、事之幹也、體仁足以長人、嘉德足以合禮、利物足以和義、貞固足以幹事、然、故不可誣也、是以雖隨無咎、今我婦人而與於亂、固在下位而有不仁、不可謂元、不靖國家、不可謂亨、作而害身、不可謂利、棄位而姣、不可謂貞、有四德者、隨而無咎、我皆無之、

267

第二章　先秦史料と通して知る「仁」とその原義

豈隨也哉、我則取惡、能無咎乎、必死於此、弗得出矣」とある。穆姜が東宮において亡くなった。そもそも行って筮し、艮が八䷇に變卦するのに遇った（九三と上九が‐‐に變わることを言うのだろう）。史が言うには、これは艮が隨䷐に變卦すると言うべきである。隨は出（閉じて固まるのではない）である。君は必ずすみやかに出でよ。姜が言うには、それはない。これは周易において「おおいに亨りて貞しきに利し」が咎がないと言うものである。元は體の長である。亨は嘉の會である。利は義の和である。貞は事の幹である。「仁」を體することは、もって人に長たるに足る。嘉德はもって禮を合するに足る。物を利するは、もって義を和するに足る。貞固はもって事を幹するに足る。こういうわけで、誣いてはならず、この故に隨といえども咎はない。今我は婦人にして亂にくみしているがもとより下位にある。しかして、また不仁であって元とは言ってはならない。國家を安んじないのは亨と言ってはならない。行って身を害するは、利と言ってはならない。位を棄ててみだすは貞と言ってはならない。四德がある者は、隨といえども咎がない。我はみなない。どうして隨であろうか。我は惡を取った。咎がないだろうか。必ずこれに死するだろう。出ざるを得ない。

『左傳』襄公一一－八・一〇には「晉侯以樂之半賜魏絳、曰、子教寡人和諸戎狄以正諸華、八年之中、九合諸侯、如樂之和、無所不諧、請與子樂之、辭曰、夫和戎狄、國之福也、八年之中、九合諸侯、諸侯無慝、君之靈也、二三子之勞也、臣何力之有焉、抑臣願君安其樂而思其終也、詩曰、樂只君子、殿天子之邦、樂只君子、福祿攸同、便蕃左右、亦是帥從、夫樂以安德、義以處之、禮以行之、信以守之、仁以厲之、而後可以殿邦國・同福祿・來遠人、所謂樂也」とある。晉侯は樂の半ばをもって魏絳に賜い言うには、汝は寡人に教え、諸戎狄と和し、もって諸華を正した。八年の中、諸侯を九合し、樂の和するがごとく、やわらがざる所がなかった。汝とこれを樂しみたいものだと。魏絳が辭して言うには、そもそも戎狄を和するは、國の福である。八年の中、諸侯を九合し、諸侯にわざわいがなかったのは、君の靈である。二三子の勞は、臣は何の力もない。抑も私が願うところ、君はその樂を安んじてその終を思うべきである。詩に言うには、樂旨の君子、天子の邦をしずむ。樂旨の君子、福祿のあつまるところ。便蕃たる左右、また是れ帥い從う。そもそも樂もって德を安んじ、義もってこれに處り、禮もってこれを行い、信もってこれを守り、仁もってこれを厲し、しかる後に可以邦國をおさめ、福祿をおさめ、遠人を來たす。所謂樂である。

「仁」もってこれを厲し、という「厲」は、とぐ、こする等の意味で「厲兵」（武器をとぐ）の「厲」とされる。すでに見てきた『左傳』の用例からしても、外に對して武威を示しての「仁」を述べるものであろう。國と國との關係で語る「仁」である。だから「遠人を來たす」という。上記の事例からすると「信」もこれに關連づけて論じるとよいようである。

『左傳』襄公二一－四には「初、叔向之母妬叔虎之母美而不使、其子皆諫其母、其母曰、深山大澤、實生龍蛇、彼美、余懼其生龍蛇以禍女、女敝族也、國多大寵、不仁人間之、不亦難乎、余何愛焉」とある。そもそもの經緯から言うと、叔向の母は叔虎の母の美をねたみ、夫の前で使わせなかった。其子たちは皆つぎつぎその母を諫めた。その母が言うには、深山大澤には實に龍蛇が生まれる。彼の女の美しさは、龍蛇を生みもってお前に災いをなすことを、私は懼れるのだ。お前が族を弱めると、國に大寵が多くなり、「不仁」の人が介在するようになる。やすやすとそうなる。だが、別に使わせないというのではない。

ここに言う「不仁」は、將來の不吉をもたらすものを述べるために使っている。國內のことだが「和」を亂す場合を想定している。

第二節 『春秋』三傳と「仁」

　『左傳』襄公三一－Hには「鄭人游于郷校、以論執政、然明謂子産曰、毀郷校何如、子産曰、何爲、夫人朝夕退而游焉、以議執政之善否、其所善者、吾則行之、其所惡者、吾則改之、是吾師也、若之何毀之、我聞忠善以損怨、不聞作威以防怨、豈不遽止、然猶防川、大決所犯、傷人必多、吾不克救也、不如小決使道、不如吾聞而藥之也、然明曰、蔑也今而後知吾子之信可事也、小人實不才、若果行此、其鄭國實頼之、豈唯二三臣、仲尼聞是語也、曰、以是觀之、人謂子産不仁、吾不信也」とある。鄭人が郷校に游び、執政を論じた。然明が子産に言うには、郷校を壊そうと思うがどうだろうかと。子産が言うには、どうしてできよう。人々が朝夕退きて游び、執政の善否を議論し、その善とする所を私は行う。その惡むところを私は改める。これ吾師のことだが、どうして壊せるだろうか。我が聞くところ、忠善もって怨を損し、聞かざるところ、威をなしてもって怨を防ぐ。どうして遽り止めないないのか。然れども川を防ぐがごとく、大に犯すところを決し、人を傷つくこと必ず多く、我は救うことができない。小決してゆかしむるに及ばない。我聞きてこれを藥とするに及ばない。然明が言うには、蔑や（私）今になって、今後吾が子（子産）の信につかえるべきを知った。小人（私）は實に不才である。もし果して此を行うなら、鄭國は實にこれを頼る。どうしてあの二三臣だけのことになろうか。仲尼はこれを聞いて語りて言うには、以上のことからすると、人は子産が不仁だと言うが、私は信じない。

　ここに書かれた内容からして、郷校を殘した子産は「仁」だという話になっている。餘計なことを述べれば、上記には「吾子」という表現が見える。これについては、拙著『左傳の史料批判的研究』の中で、『左傳』特有の微言を扱い[11]、「夫子」・「吾子」というのは、そもそもはひとかどの人物を稱する表現であること、これらを使った人物が必ず滅亡することを述べ、それぞれの表現を使うだけで滅亡のレッテル貼りが行われていることを述べた。ただ、例外は韓宣子と子産であり、そのことを擔保しているのは「君子」であることを述べた。「君子」は「遠き慮り」があるとされる。單なる「君子」ではなく、「君子」にして「吾子」、「君子」にして「夫子」という點が特別の存在であることを示している。孔子は、『左傳』では「君子」とはされない。孔子は誹謗される存在であって、孔子の豫言があると、必ず別人の豫言が附され、その別人の豫言が當たったという結果が別に記されることになる。ここでもこれに注意する必要があるわけだが、孔子の發言の後ろに別人の發言は記されていない。また、上記で話題にされているのは、子産の「仁」である。だから、この場合、孔子の發言内容は正しいとして判斷すればいいことになろう。

　どうして郷校を殘した子産が「仁」なのか。おそらく、郷校に別の國の人物が出入りするからではあるまいか。「今後吾が子（子産）の信につかえるべきを知った」と述べて「信」に言及することも、そのことに關係あろう。

　「小人」という表現も見えるが、「不才」という言い換えになっている。先に本章第二節のまとめで「『孟子』以來の『仁』説が繼承される課程で、『荀子』の分析的思考が整備されたことを述べた。『仁人』として『士大夫以上、至於公侯』の階層が議論され、それは官職を得た者（『官職を盡す』）であった。彼らは善を辨じる『君子』、險を辨じる『小人』、その間の『人』からなる。『人』の性は惡であり、善だというのは僞である。『君子』が『仁人』であり、『人』は言わば發展途上の存在である」ことを述べた。「君子」・「夫子」・「吾子」の議論からしても、『荀子』のごとき分析的議論が展開する前の、やや原始的議論と考えた方がいいようである。「夫子」・「吾子」などのおそらく地域的興望家を意味する表現を利用しつつ、「君子」が特別な存在になる過程で、「君

269

第二章　先秦史料と通して知る「仁」とその原義

子」・「夫子」・「吾子」の議論がおこり、これに對する「小人」や「不才」の表現が議論されていたのであろう。

『左傳』昭公一－二には「祁午謂趙文子曰、宋之盟、楚人得志於晉、今令尹之不信、諸侯之所聞也、子弗戒、懼又如宋、子木之信稱於諸侯、猶詐晉而駕焉、況不信之尤者乎、楚重得志於晉、晉之耻也、子相晉國、以爲盟主、於今七年矣、再合諸侯、三合大夫、服齊・狄、寧東夏、平秦亂、城淳于、師徒不頓、國家不罷、民無謗讟、諸侯無怨、天無大災、子之力也、有令名矣、而終之以耻、午也是懼、吾子其不可以不戒、文子曰、武受賜矣、然宋之盟、子木有禍人之心、武有仁人之心、是楚所以駕於晉也、今武猶是心也、楚又行僭、非所害也、武將信以爲本、循而行之、譬如農夫、是穮是蔉、雖有饑饉、必有豐年、且吾聞之、能信不爲人下、吾未能也、詩曰、不僭不賊、鮮不爲則、信也、能爲人則者、不爲人下矣、吾不能是難、楚不爲患」とある。祁午が趙文子に言うには、宋の盟に、楚人は志を晉に得た。今の楚の令尹に信がないことは、諸侯に聞こえている。あなたがこれを戒めないと、懼らくはまた宋に行くだろう。子木に信があることは諸侯に聞こえていたのだが、盟誓の際に晉をだまして上位についた。況んや信がない[12]ものの最たる場合はなおさらである。楚は重ねて志を晉に得た。晉の耻である。あなたは晉國に相となって、盟主となって今にいたること七年になる。再び諸侯を合し、大夫を三合し、齊・狄を服せしめ、東夏を寧んじ、秦の亂を平げ、淳于に城き、軍と徒は頓せず、國家は罷めず、民は謗讟するなく、諸侯は怨むことなく、天に大災がない、これらはあなたの力であり令名がある。しかしながら、これを終るに當たって耻をもってするのは、わたくし午はこれを懼れる、吾子よ誡めないわけにはいかないと。文子が言うには、わたくし武は賜を受けた。しかしながら宋の盟において、子木には禍人の心があり、私には「仁人」の心があった。これは楚が晉より上位に位置づけられたゆえんである。今わたくし武はなお心がある。楚はまた僭を行う。しかし害するところではない。わたくし武は信をもって本となすつもりだ。したがって行く。農夫のごとく、くさぎりつちかい、饑饉があっても、必ず豐年がある。且つ我聞くところ、信があるなら人の下にはならない。我はまだできない。詩に曰う、僭せず賊せず、則たらざるなしと。これは信である。人の則たり得るなら人の下とはならない。我はこれは難しいとは思わないし、楚は患をなさない。

文脈上、趙文子に「仁」があったので、外交はうまくいった、という話になっている。ここに見える「仁」も國と國との間の關係を前提にする。

なお、前年とこの年に趙文子の死去、韓宣子の「爲政」が話題になる。記事としては、この年の『左傳』昭公元年になっているが、その内容の中に「あなたは晉國に相となって、盟主となって今にいたること七年になる」とあるのは、この話題が、『左傳』襄公二十五年（二十五－Ｂ）に趙文子が「爲政」となって以來七年目の襄公三十一年であることを意味している。上記の文の前に、「尋宋之盟也」とある。これは、その前の部分の結びの句になっているのだが、その後の部分の前書きになっているとすると、「七年目」が説明できる。それを承けて、この年の續く記述に楚の令尹が趙文子を享した記事がある。そこで令尹は自ら「王」と稱したとある。上記の趙文子のおそらく前年の豫測は、この年に破られた、という内容になるのだろう。そして、ここにも「吾子」の微言がある。結果は趙文子の豫想に反したものになったということである[13]。

『左傳』昭公三－Ｃには「初、景公欲更晏子之宅、曰、子之宅近市、湫隘囂塵、不可以居、請更諸爽塏者、辭曰、君之先臣容焉、臣不足以嗣之、於臣侈矣、且小人近市、朝夕得所求、小人之

利也、敢煩里旅、公笑曰、子近市、識貴賤乎、對曰、既利之、敢不識乎、公曰、何貴、何賤、於是景公繁於刑、有鬻踊者、故對曰、踊貴、屨賤、既已告於君、故與叔向語而稱之、景公爲是省於刑、君子曰、仁人之言、其利博哉、晏子一言、而齊侯省刑、詩曰、君子如祉、亂庶遄已、其是之謂乎、及晏子如晉、公更其宅、反、則成矣、既拜、乃毀之、而爲里室、皆如其舊、則使宅人反之、曰、諺曰、非宅是卜、唯鄰是卜、二三子先卜鄰矣、違卜不祥、君子不犯非禮、小人不犯不祥、古之制也、吾敢違諸乎、卒復其舊宅、公弗許、因陳桓子以請、乃許之」とある。そもそもの話では、景公が晏子の宅を替えようと思って言うには、なんじの宅は市に近い。下小にして聲土なら、居住してはなるまい。これを明燥なる者にあらためてはどうか。晏子が辭して言うには、君の先臣たる我が祖先が住むにいたりました。臣はもってこれを嗣ぐに足りません。臣においてはこれでも奢侈です。且つ小人が市に近いのは、朝夕求められるところができます。小人の利は敢えて里旅を煩わします。公が笑って言うには、なんじは市に近いから、貴賤を知っているわけかな。答えて言うには、既にこれを利としております。知らないということはありません。公が言うには、何が貴く、何が賤しいのか。實のところ景公は刑を多くしていたので、踊を賣る者が出てきていた。故に答えて言うには、踊は貴く、屨は賤しいものがあります。すでに君に告げました。故に叔向と語りてこれを稱し、景公はこのために刑をゆるくした。君子が言うには、仁人の言は、その利は博い。晏子が一言して齊侯は刑をゆるくした。詩に言うには、君子が福を行えば、亂庶は止むに近づく。このことを言うのか。晏子が晉に行くに及び、公はその宅をあらため、反った時には、できあがっていた。晏子は既に拜して、それを壊してしまった。そして里室を作り、皆もとのままにするとして、もとの室にもどした。言うには、諺に「非宅を是れ卜するにあらず、唯だ鄰を是れ卜すと。二三子先に鄰を卜せり」とあります。卜に違うのは不祥、君子は非禮を犯さず、小人は不祥を犯さないのが古の制である。わたくしは敢えてこれに違うことはない。卒にその舊宅に帰った。公は許さず、陳桓子によって請うと、公はやっと許した。

やや長めに引用して文脈を追ったが、ここには「刑」と「仁」が顔をのぞかせている。しかし、ある案件について刑罰をくだすかゆるくするか、という話題ではない。「仁人の言は、その利は博い」とある。問題はここに議論される場が「市」ということにあるように見える。「市」には、いろいろな國の人間が行き交う。だから、「仁」が議論されるのだろう。

なお、餘計なことを言えば、「市」を論じるには、貨幣が使われていなければならない。貨幣の使用時期は、小型貨幣の使用により本格化し、その貨幣は、重量が決まったいくつかの數値に集中する。その集中する重量は、林巳奈夫[14]、松丸道雄[15]により議論された戰國時代の重量單位の換算重量に重なる。その換算は、九・六・八およびその倍數に規制されている。九・六・八の議論は、十二方位の生成と密接に關係する。十二方位は、前５世紀後期の曾侯乙墓出土編鐘の記述から三合と音との關係をもって始まる。この段階ではまだ十二方位の生成の議論になっていない。だから、『左傳』の上記の晏子の説話は、晏子の史實を述べるものではない。このこと自體は、理由を「戰國的表現」ということにして古くから議論されている[16]。

『左傳』昭公六 − Ａには「三月、鄭人鑄刑書、叔向使詒子産書、曰、始吾有虞於子、今則已矣、昔先王議事以制、不爲刑辟、懼民之有爭心也、猶不可禁禦、是故閑之以義、糾之以政、行之以禮、守之以信、奉之以仁、制爲祿位、以勸其從、嚴斷刑罰、以威其淫、懼其未也、故誨之以忠、聳之以行、教之以務、使之以和、臨之以敬、泣之以彊、斷之以剛、猶求聖哲之上・明察之官・忠信之長・

慈惠之師、民於是乎可任使也、而不生禍亂、民知有辟、則不忌於上、並有爭心、以徵於書、而徼幸以成之、弗可爲矣、夏有亂政、而作禹刑、商有亂政、而作湯刑、周有亂政、而作九刑、三辟之興、皆叔世也、今吾子相鄭國、作封洫、立謗政、制參辟、鑄刑書、將以靖民、不亦難乎」とある。三月、鄭人が刑書を鑄た。叔向は子産に書をおくらせて言うには、我はなんじにはかるところがあった。今はやんだ。昔、先王が事を議するのに制をもってし、刑のおきてを作らない。懼民の爭心をおこし、制御できなくなることを懼れるからである。この故にこれを閑めるに義をもってし、これを糾すに政をもってし、これを行うに禮をもってし、これを守るに信をもってし、これを奉るに仁をもってする。制して禄位をつくり、もってその從を勸め、嚴しく刑罰を斷じ、もってその淫を威し、その未だ行われていないことを懼れる。故にこれを誨るに忠をもってし、これを聳くに行をもってし、これを教えるに務をもってし、これを使うに和をもってし、これに臨むに敬をもってし、これに臨むに彊をもってし、これを斷つに剛をもってし、猶お聖哲之上・明察之官・忠信之長・慈惠之師を求めるがごとく、民はここに於いて任使すべからず、結果禍亂を生ぜず、民はおきてがあるのを知り、上に忌むことなく、並びて爭心をおこし、もって書に徵し、徼幸してもってこれを成し、治めることができない。夏王朝には亂政ありて禹刑を作り、商王朝には亂政ありて湯刑を作り、周王朝には亂政ありて九刑を作り、三つの法を興したのは皆叔世であった。今、吾子は鄭國に相となり、封洫を作り、謗政を立て、參辟を制し、刑書を鑄、もって民を靖じようとする。難しいことだ。

「この故にこれを閑めるに義をもってし、これを糾すに政をもってし、これを行うに禮をもってし、これを守るに信をもってし、これを奉るに仁をもってする」とある。義・政・禮は國内を問題にする。信・仁は國と國との關係に基礎を置く。

『左傳』昭公一二－九には「仲尼曰、古也有志、克己復禮、仁也、信善哉、楚靈王若能如是、豈其辱於乾谿」とある。孔子が言うには、むかしから志をもち、己に勝ち禮に復しようとするのは、「仁」である。信は善である。楚の靈王がこのようであったら、乾谿に辱めを受けることはなかったろう。

ここにおける「仁」は一見國の中のことのように見える。ところが「信は善だ」とある（「まことに善なり」では文脈がたどりにくい）。だから「仁」も上記の例の延長として、國と國の間の關係において述べるものだろう。だから、己に勝つという表現になる。相手があるからである。ただ、この復禮は、二十四史では、皇帝が代々寬仁を旨とする際に、想起される表現とされることになる。こちらの用例は國内というより天下の内のことである。

『左傳』昭公二〇－Bには「棠君尚謂其弟員曰、爾適吳、我將歸死。吾知不逮、我能死、爾能報、聞免父之命、不可以莫之奔也、親戚爲戮、不可以莫之報也、奔死免父、孝也、度功而行、仁也、擇任而往、知也、知死不辟、勇也」とある。棠君尚がその弟の員に言うには、爾は吳に行け。我は死に歸せんとする。我は及ばない。我は死ぬことができる。爾は報いることができる。免父の命を聞けば奔走するしかない。親戚が戮せらるとも、報いるしかない。死に奔り父を免れしむるは、孝である。功をはかりて行うは、「仁」である。任を擇びて往くは、知である。死を知りて辟けざるは、勇である。

「死に奔り父を免れしむる」のが孝であるのは、相手が父だからわかる。「功をはかりて行う」のが仁であるのはなぜか。通常の感覺ではわからない。しかし、この場合、楚から吳に亡命する

ことが議論されている。國と國との間の關係がある。

『左傳』昭公二七－Bには「楚郤宛之難、國言未已、進胙者莫不謗令尹、沈尹戌言於子常曰、夫左尹與中厩尹、莫知其罪、而子殺之、以興謗讟、至于今不已、戌也惑之、仁者殺人以掩謗、猶弗爲也、今吾子殺人以興謗、而弗圖、不亦異乎、夫無極、楚之讒人也、民莫不知、去朝吳、出蔡侯朱、喪大子建、殺連尹奢、屏王之耳目、使不聰明、不然、平王之溫惠共儉、有過成・莊、無不及焉、所以不獲諸侯、邇無極也、今又殺三不辜、以興大謗、幾及子矣、子而不圖、將焉用之」とある。楚の郤宛の難に、國言はやまなかった。胙を進む者はみな令尹を謗った。沈尹戌は子常に言った。そもそも左尹と中厩尹はともにその罪を知っていた。そしてあなたはこれを殺した。そして誹謗の言をおこして今もやまない。わたくし戌はこれに惑う。仁者は人を殺して誹謗を覆うが爲さざるがごとくである。今、吾が子は人を殺して誹謗を興し圖ることがない。仁者とは異なっている。そもそも無極なる者は、楚の讒人である。民はみな知っている。楚を去って吳に朝し、蔡侯朱を出し、大子建をうしない、連尹奢を殺し、王之耳目をさえぎり聰明ならざらしめた。そうでなければ、平王の溫惠は儉を共にし、成王・莊王に過ぐるところがあって、これに及ぶ者がなかったろう。諸侯を獲ざるゆえんは、無極を近づけたことにある。今また三不辜を殺して、もって大謗を興し、ほぼあなたに及ぼうとする。あなたにして圖ることなく、どうして用いるのか。

「仁者は人を殺して誹謗を覆うが爲さざるがごとくである」というのは、具體的には費無極を殺して誹謗を興すな、ということである。費無曲は、上記にあるように、複數の國で惡事をはたらいた。それをみとおすから「仁者」なのだろう。

『左傳』定公四－一四には「闔廬之弟夫概王、晨請於闔廬曰、楚瓦不仁、其臣莫有死志、先伐之、其卒必奔、而後大師繼之、必克、弗許」とある。吳王闔廬の弟の夫概王が、夜明けに闔廬に請うて言うには、楚の令尹子常は「不仁」です。その臣には死志ある者がなく、先ずこれを伐たば、その卒は必ず奔走するでしょう。その後に大軍をもってこれに續けば必ず勝てます。闔廬は許さなかった。

ここも楚と吳の戰いにおける「不仁」を問題にするものだろう。

『左傳』定公四－一五には「鄖公辛之弟懷將弑王、曰、平王殺吾父、我殺其子、不亦可乎、辛曰、君討臣、誰敢讎之、君命、天也、若死天命、將誰讎、詩曰、柔亦不茹、剛亦不吐、不侮矜寡、不畏彊禦、唯仁者能之、違彊陵弱、非勇也、乘人之約、非仁也、滅宗廢祀、非孝也、動無令名、非知也、必犯是、余將殺女」とある。鄖公辛の弟懷は王を弑せんとして言うには、平王はわが父を殺した。我はその子を殺したい。いいだろう。辛が言うには、君が臣を討つのは、誰も讎とは言わない。君命は天である。天命に死したのなら、誰も讎とはならない。詩に言う、柔なるもこれを食い込むことなく、剛なるも吐き出すことなく、矜寡の弱き者を侮らず、彊禦の強き者を畏れず、というのは、ただ「仁者」のみができる。強きをさけ弱きをしのぐのは、勇ではない。人の約に乘るは、「仁」ではない。宗を滅ぼし祀を廢するは、孝ではない。動きて令名がないのは、知ではない。必ずこれを犯すのなら、余がなんじを殺す。

ここも先の戰いの續きである。ただし、鄖公の立場を述べる弟と楚の立場を述べる兄との會話になっている。戰國的には國內問題だが、西周的には國と國との問題である。ただし、鄖公一族はもと楚の王族とされていて、楚による邑制國家の下の問題である。國と國との間の關係として怨みをはらそうという意見を、邑制國家內の問題としておさえた、という話題である。

第二章　先秦史料と通して知る「仁」とその原義

『左傳』定公九－三には「鮑文子諫曰、臣嘗爲隸於施氏矣、魯未可取也、上下猶和、衆庶猶睦、能事大國、而無天菑、若之何取之、陽虎欲勤齊師也、齊師罷、大臣必多死亡、己於是乎奮其詐謀、夫陽虎有寵於季氏、而將殺季孫以不利魯國、而求容焉、親富不親仁、君焉用之、君富於季氏、而大於魯國、茲陽虎所欲傾覆也、魯免其疾、而君又收之、無乃害乎、齊侯執陽虎、將東之陽、虎願東、乃囚諸西鄙、盡借邑人之車、鍥其軸、麻約而歸之、載葱靈、寢於其中而逃、追而得之、囚於齊、又以葱靈逃、奔宋、遂奔晉、適趙氏、仲尼曰、趙氏其世有亂乎」とある。鮑文子が諫めて言うには、わたくしが嘗て施氏のところで隸であったとき、魯には、まだ取るべしという議論がなかった。上下は和するがごとく、衆庶は睦まじきがごとく、大國につかえることができ、天災もなかった。どうして取るということが起こりえたろうか。陽虎は齊軍をいそがしくしようとしている。齊の軍がつかれると、大臣は必ず多く死亡するだろう。こう考えるだけでその詐謀は問題である。そもそも陽虎は季氏から寵愛されていた。しかるに季孫を殺して魯國に不利益をもたらそうとした。これを求めた。富に親みて仁に親まない。君はどうしてこれを用いられよう。君は季氏より富み、魯國において大である。ここに陽虎が欲するところは傾覆である。魯がその疾を免れ、君もまたこれを収めれば、害はない。齊侯は陽虎を捕らえようとした。陽虎はいつわって東の陽に行くことにし、東に生きたいと願い出た。しかし、これを西鄙にて捕らえた。ところが盡く邑人の車を借り受け、その軸に細工し、麻でごまかして歸した。霊柩車にり、その中に寝て逃れた。追ってこれを得、齊に虜囚としたが、また霊柩車により逃れた。そして宋に奔走し、遂に晉に奔走し、趙氏のところに行った。仲尼が言うには、趙氏は今の宗主の下で亂があろう。

陽虎は、「仁」に親しまなかった、ということを長々と説明している。その説明はつまるところ、問題をおこして多くの國を逃げてまわったということになる。

『左傳』哀公七－四には「季康子欲伐邾、乃饗大夫以謀之、子服景伯曰、小所以事大、信也、大所以保小、仁也、背大國、不信、伐小國、不仁、民保於城、城保於德、失二德者、危、將焉保」とある。季康子が邾を伐とうとした。大夫を饗してこれを謀った。子服景伯が言うには、小が大に仕えるゆえんは、信である。大が小を保つゆえんは、「仁」である。大國に背くのは、不信（信がない）である。小國を伐つのは、「不仁」である。民は城に保たれ、城は德に保たれる。信・「仁」の二德を失うと危うい。これらを保たないといけない。

ここには邑制國家の大國と小國の關係を述べ、小が大に仕えるのを信、大が小を保つのを「仁」で説明している。これらの反義語が不信・「不仁」である。これら信と「仁」を二德と言っている。

『左傳』哀公一六－Bには「六月、衛侯飲孔悝酒於平陽、重酬之、大夫皆有納焉、醉而送之、夜半而遣之、載伯姬於平陽而行、及西門、使貳車反祏於西圃、子伯季子初爲孔氏臣、新登于公、請追之、遇載祏者、殺而乘其車、許公爲反祏、遇之、曰、與不仁人爭明、無不勝、必使先射、射三發、皆遠許爲、許爲射之、殪、或以其車從、得祏於橐中、孔悝出奔宋」とある。六月、衛侯は平陽において孔悝に酒を飲ませた。重ねてこれに報酬を與えた。大夫は皆納めて、醉へばこれを送った。夜半にしてこれを遣り、伯姬を平陽で載せて行った者がいた。西門に及ぶと、貳車に西圃にて宗廟の木主を載せて反轉させた。子伯季子は初めは孔氏の臣だったが、新たに公のもとに登った。そこで追手とならんことを願い、木主を遇せた者に遭遇し、殺してその車に乗った。許公が木主取りだと判斷し、これに遇したのである。言うには、不仁の人と明を爭い、勝つたざることがなかった。必ず先射させ、射つこと三發、みな許爲から遠ざかった。許爲はこれを射ち、

殺した。その車從をつかわし、木主を槀中より得た。孔悝は宋に出奔した。

これは、國ごとに宗廟があり、そこに木主がおさめられていて、その木主を奪い取って辱めを與える行爲があったことを前提にする話であろう。國ごとにあるものを奪うのは、宗廟を異にする者のしわざである。明言はしていないが、國と國との關係を基礎とする。ここに宗廟が話題になることと、「仁」が孝と結びつくにいたることとは、關係があろう。

『左傳』哀公一六－Cには「楚大子建之遇讒也、自城父奔宋、又辟華氏之亂於鄭、鄭人甚善之、又適晉、與晉人謀襲鄭、乃求復焉、鄭人復之如初、晉人使諜於子木、請行而期焉、子木暴虐於其私邑、邑人訴之、鄭人省之、得晉諜焉、遂殺子木、其子曰勝、在呉、子西欲召之、葉公曰、吾聞勝也詐而亂、無乃害乎、子西曰、吾聞勝也信而勇、不爲不利、舍諸邊竟、使衞藩焉、葉公曰、周仁之謂信、率義之謂勇。吾聞勝也好復言、而求死士、殆有私乎、復言、非信也、期死、非勇也、子必悔之」とある。楚の太子建が讒言に遇い、城父より宋に奔走した。また華氏の亂を鄭に辟け、鄭人は甚だこれを善しとした。より說明すれば、晉にゆき、晉人と謀って鄭を襲い、もとに復せんことを求め、鄭人は本に復したのである。晉人は子木（太子建）に事情を聞こうと、行って期するところをしらべさせた。子木はその私邑においては暴虐で、邑人はこれを訴えていた。鄭人はこれを反省し、晉諜を得て、遂に子木を殺した。其子を勝という。呉にあり、子西はこれを召そうとした。葉公が言うには、我が聞くところ、勝は詐りて亂をおこしている。害があるのではないか。子西が言うには、我聞くところ、勝は信があり勇がある。爲さず利せず、諸邊の竟を舍き、藩にこれを衞らせた。葉公が言うには、「仁」を周らすことを信という。義を行うを勇という。我聞くところ勝は復言を好み、死士を求めたという。ほとんど私ありである。復言は信ではない。死を期するは、勇ではない。あなたは必ず後悔することになる。

「仁」をめぐらすことを信という、というのは、上記に檢討したことからすると、仁を語る場を考慮するという意味であろう。それが信だという。太子建も各國を轉々としている。

以上、『左傳』につき、「仁」に焦點を當てて、何が議論されているかを見てきた。共通して得られるのは、複數の「國」が關係する場において「仁」が語られるということである。國と國との關係は、邑制國家の大國小國連合内部の問題ともなる。同じ大國の王族や公族とされる者どうしでも、對立が生まれる。その對立を越えて「仁」が問題とされる。後代に關わる點としては、宗廟における「仁」がある。宗廟が複數の國や族が關係する場であることからくるのだが、後には、この宗廟を場として皇帝の「孝」が「仁」に結びつくこととなる。婦人の「仁」が話題になることもあった。婦人はもとより別の國から嫁いできた者である。婦人は、後代に皇帝の「孝」と「仁」が結びつく場で議論されることになる。「不仁」が上記の場をもって語られる。その滅亡が豫定される。この滅亡と「仁」の關係も、後代の場で話題になっている。二十四史では「一代限り」の「仁」を論じることになる。

2.『公羊傳』の「仁」

『公羊傳』には人以外の「仁」の記載が見える。本節の「はじめに」で述べたように、『公羊傳』は戰國齊で前4世紀後期に成書されたというのが、筆者の見解である。それに沿って述べれば、同じく齊で成書されたと古くから議論されている『管子』にも「仁」の記載がない。

このことは、この「仁」なる語が、地域的に限られた場をもって出現した一つの可能性を示し

第二章　先秦史料と通して知る「仁」とその原義

ている。これもあらかじめ述べておいたように、『穀梁傳』の「仁」も多いというわけではない。したがってこの限られた場とは、晉や中原である可能性が濃いことを示唆する。『左傳』の「仁」は、すでに述べたように、齊・楚・呉などにのびて語られている。しかし、その齊を含む地域を「中國」として議論する『公羊傳』の「仁」は下記のように、禁欲的記述になっているように見える。

さて、こうしたことが、まず想起されるのではあるが、以下には、『公羊傳』に關する後漢時代の注釋（何休注）を話題にしてみたい。多くの事例を檢討した結果として、私は『公羊傳』・『左傳』・『穀梁傳』等は、戰國時代に成書され、それぞれの成書國の地域性を反映していたと考えた。しかしながら、口頭によるご意見にすぎず論文の體裁をとった反論ではないのだが[17]、筆者の議論は「違う」という言い方が聞かれたりする。上記のように「違う」ということ自體は、筆者と全く同じ意見である。そして、從來の方法を踏襲して、後漢以後の見解を基礎に三傳を語るのみの議論だけが、今にいたっている。戰國時代の地域性ある議論内容をなくすようしくまれたのが、後漢時代の注釋であり、それを繼承して他の傳の注釋が附された。三傳まぜこぜにして、それぞれの特徴的記事の意味がわからなくなるようしくまれている。

『公羊傳』隱公元年の經文には「公子益師卒」とあり、その傳には「所見異辭、所聞異辭、所傳聞異辭」とあり、注には「夷狄進至於爵、天下遠近小大、若一用心尤深而詳、故崇仁義譏二名」とある。夷狄も爵位をもつにいたる。天下は遠近小大がある。一をもって心を用いるなら、このことが最も深く詳しい。故に「仁義」を尊んで二名を譏った。

『左傳』には見えていない「仁」評價が書かれている。これはまぎれもなく後漢時代の見解である。『公羊傳』隱公五年の傳には「始僭諸公昉、於此乎前此矣、前此則曷爲始乎此、僭諸公猶可言也、僭天子不可言也」とあり、その注釋の一部に「凡人之從上教也、皆始於音、音正則行正、故聞宮聲、則使人温雅而廣大、聞商聲、則使人方正而好義、聞角聲、則使人惻隱而好仁、聞徴聲、則使人整齊而好禮、聞羽聲、則使人樂養而好施、所以感蕩血脉、通流精神、存寧正性、故樂從中出禮、從外作也、禮樂接於身、望其容、而民不敢慢觀其色、而民不敢爭、故禮樂者、君子之深教也、不可須臾離也、君子須臾離禮、則暴慢襲之、須臾離、樂則姦邪入之、是以古者、天子諸侯、雅樂鍾磬、未曾離於庭、卿大夫、御琴瑟、未嘗離於前、所以養仁義而除淫辟也」とある。凡そ人が上教に從うや、皆音より始める。音が正しければ行いも正しい。故に宮聲を聞くと、人は温雅にして廣大となる。商聲を聞くと、人は方正にして好義となる。角聲を聞くと、人は惻隱にして好仁となる。徴聲を聞くと、人は整齊にして好禮となる。羽聲を聞くと、人は樂養にして好施となる。血脉を感蕩させ、精神を通流させ、正性を存寧あらしめるゆえんである。故に樂は中より禮に出で、外より作られる。禮樂は身に接し、その容を望み、民は敢えてその色を慢觀せず、民は敢えて爭わず、故に禮樂なる者は、君子の深教である。須臾も離れるべきではない。君子が須臾も禮を離れれば、暴慢がこれを襲う。須臾も離れれば、樂は姦邪がこれに入る。この故に古は、天子諸侯・雅樂鍾磬は、未だかつて庭より離れず、卿大夫、琴瑟を御し、いまだ嘗て前より離れたことがない。仁義を養い淫辟を除くゆえんである。

「仁」を語るのに禮樂を結びつけ、天子諸侯の「庭」を論じる。『史記』と『禮記』の議論を想起する。「仁義を養い淫辟を除く」は、「仁」評價の場において、「刑」が議論されていることを述べる。

『公羊傳』隱公十年の傳には「其言伐取之何、易也、其易奈何因其力也、因誰之力、因宋人蔡

第二節 『春秋』三傳と「仁」

人衞人之力也」とあり、注に「載屬爲上三國所伐、鄭伯無仁心、因其困而滅之、易若取邑、故言取、欲起其易因上伐力、故同其文言、伐就上載言取之也、不月者、移惡上三國」とある。記載は上三國の伐つところに屬す。鄭伯には仁心がなく、よってその困をもってこれを滅している。易きこと邑を取るがごときが故に、取と言い、その易きは上伐の力によるより説き起こそうとする。故にその文言を同じうした。伐は上に就きて載は之を取ると言う。月を述べないのは、惡を上三國に移すからである。

先に述べたように、『公羊傳』本文には、人に關して「仁」を述べない。注釋を見て人と「仁」評價が結びついていると勘違いしている現代の世の論者は、多いことが豫想されるので、ご參照いただくとよい。

『公羊傳』桓公元年の經文には「三月、公會鄭伯于垂」とあり、注には「桓公會皆月者、危之也、桓弒賢君、篡慈兄、專易朝宿之邑、無王而行、無仁義之心、與人交接、則有危也、故爲臣子憂之、不致之者、爲下去王、適足以起無王、未足以見無王罪之深淺、故復奪臣子辭、成誅文也」とある。桓公の會について皆月しているのは、これを危んでいるからである。「桓」が賢君を弒し、慈兄を篡し、專ら朝宿の邑を易え、王のことなくして行い、仁義の心がなく、人と交接する。これは危きを生じる。故に臣子としてこれを憂え、不致の者として、下に王を去るとした、無王より起すをもって適し足りるとし、未足以見無王の罪の深淺をしめすに足りないとした。故に復た臣子の辭を奪い、誅文を成したのである。

以上は、何休の注釋にこう書いてある、という話である。そもそも、この「三月、公會鄭伯于垂」という經文の『公羊傳』はない。事實として魯の桓公が鄭伯と垂に會盟した、と述べているだけである。ところが、何休の注釋を加えて解釋すると、上記のように、「王」が嚴然として存在する前提ができあがる。「王」とは周王である。そして、その周王を解釋する文章は、後漢時代の皇帝制を前提とする史觀に據るものとなっている。「賢君を弒し、慈兄を篡し、專ら朝宿の邑を易え、王のことなくして行い、仁義の心がなく、人と交接する」というのが、戰國時代の、場合によっては春秋時代の史實と勘違いする向きも出てくる。ところが、『公羊傳』の傳文を讀み通して得られる結論は、これと全く異なるものになっている。

『公羊傳』桓公七年の經には「春二月己亥焚咸上」とあり傳には「疾始以火攻也」とあり、注には「征伐之道、不過用兵、服則可以退、不服則可以進、火之盛炎、水之盛衝、雖欲服罪、不可復禁、故疾其暴、而不仁也、傳不託始者、前此未有無所託也」とある。征伐の道は、兵を用いるにすぎない。服すると退く。服さないなら進む。火の盛炎・水の盛衝は、罪に復そうとしても、ふたたび禁じてはならぬ。故にその暴を疾ましめるのは不仁である。傳に始を託さないのは、それは先にまだ託されていないからである。

『公羊傳』莊公三十年の經文には「秋七月、齊人降鄣」とあり、傳には「外取邑、不書此、何以書、盡也」とあり、注には「襄公服紀、以過而復、盡取其邑、惡其不仁之甚也、月者重於取邑」とある。襄公は紀を服し、過ぎたるをもって復した。盡くその邑を取り、その不仁の甚だしきを憎んだ。月を言っているのは、その甚だしさが邑を取るより重いからである。

注の文脈自體は、『左傳』の「仁」の用例を參照してのもののようである。ただ、桓公の判斷は、「不仁の甚だしきを憎んだ」のであって、「不仁を憎んだ」のではない。そして「その甚だしさ」が「邑を取る」より重い、と述べている。これは、不仁に溫情をもって接するもので、おそら

く下記の萬物一體の仁の考えに基づくものだろう。これは、漢代以後のものである。

同年の經文に「齊人伐山戎」とあり、傳に「此蓋戰也、何以不言戰、春秋敵者言戰、桓公之與戎狄驅之爾」とあり、注に「時桓公力但可驅逐之、而已戎亦天地之所生、而乃迫殺之、甚痛、故去戰、貶見其事惡不仁也、山戎者、戎中之別、名行進、故錄之」とある。時に桓公の力はただ驅逐するだけであった。しかしながら已に戎もまた天地の所生であり、迫ってこれを殺した。甚だ痛ましい。故に戰の語を去ったのである。貶してその事が不仁を憎むことを示すのである。山戎なる者は、戎と中國の別がある。名は行として實は進む。故にこれを錄したのである。

ここに注に示された議論は、萬物一體を天下に示し、山戎ですら一體の一部として議論する、ということのようである。これは『左傳』にない視點であり、漢代にはあった視點である。

『公羊傳』僖公二年の經文には、「虞師晉師滅夏陽」とあり、傳には「虞公抱寶牽馬而至、荀息見曰、臣之謀何如、獻公曰、子之謀、則已行矣、寶則吾寶也、雖然吾馬之齒、亦已長矣、蓋戲之也」とあり、注には「以馬齒長戲之、喩荀息之年老、傳極道、此者、以終荀息宮之奇言、且以爲戒、又惡獻公不仁、以滅人爲戲謔也、晉至此乃見者、著晉楚俱大國、後治同姓也、以滅人見義者、比楚先治大惡親疏之別」とある。馬齒の長をもって戲れるは、荀息の年老を喩えたものである。傳は道を極めている。これはもって荀息・宮之奇の言を終え、且つもって戒をなし、また獻公の不仁を憎む。人を滅ぼし戲謔をなすからである。晉はここにいたって世にあらわれてきた。晉楚がともに大國であることを明らかにした。後に同姓を治めるや、人を滅ぼすをもって義をしめすことになる。楚の先祖が大惡を治めるのに親疏をもってしたのに比較させたのである。

注の文脈は『左傳』の場合によく似ているが、邑制國家をほぼ領域國家として扱い、晉と楚を比較し、晉に「仁義」を議論する。

『公羊傳』僖公二十三年の經文には「春齊侯伐宋圍緡」とあり、傳には「邑不言圍、此其言圍何、疾重故也」とあり、注には「疾痛也、重故喩若重、故創矣、襄公欲行霸守正、履信屬爲楚所敗、諸夏之君、宜雜然助之、反因其困、而伐之痛與重、故創無異、故言圍、以惡其不仁也」とある。疾は痛である。重ねて重きがごときだと喩えた。これは傷である。襄公は霸を行い正を守ろうとした。信を履むの屬は楚のために敗られる。諸夏の君は、雜然としてこれを助けるべく、反ってその困により、これを伐って痛みと重きを覺えた。故に傷は異なるところがないので、圍むというのに、その不仁を憎むと述べたのである。

傳は、宋の小邑を圍むと述べた理由を述べ、普通は小邑ごときで圍むと言わないのに、ここでそれを述べたのは、重きをいたんだためだとした。注は、對立軸を晉と宋でなく晉と楚だと言い換えた。宋は仲間うちだから、不仁を憎んで伐ったのであり、それが痛みと重きを覺る理由になったと述べたのである。『左傳』の議論を知った上で、宋を仲間に組み入れた。これも「萬物一體の仁」を述べたいという理由によるのであろう。漢代の議論である。漢代は楚も中國の「內」に入れる。上記の注の「いたみ」の議論內容は、楚に及ぶ書き方になっている。

『公羊傳』僖公二十六年の經文には「冬楚人伐宋圍緡」とあり、傳には「邑不言圍、此其言圍何、刺道用師也」とあり、注には「時以師與魯、未至又道用之、於是惡其視百姓之命若草木、不仁之甚也、稱人者、楚未有大夫、未得稱師、楚自道用之、故從楚文」とある。時に軍を魯に與え、未だ至らずして軍をもちいたことを述べた。ここにおいて、百姓の命が草木のごときであるのを示すことを憎んだのは、不仁の甚だしきものである。人と稱するのは、楚に未だ大夫がおらず、未

第二節　『春秋』三傳と「仁」

だ軍を師と稱するを得ないのに、楚が自らこれを用いていると述べたからである。楚文に從ったのである。

　傳は「邑は圍と言わないのに、ここで言っているのはどうしてか、軍を用いていることを批判して述べたのである」という意味で書かれている。注になると、楚が不仁だという理由で批判したことになっている。この「不仁」の議論が注で加わっている。漢代の『史記』では楚は中國扱いになる。このことを知って、「楚にまだ大夫がいないから不仁」と述べているのである。「まだ」という議論が注で加わっている。注は漢代の議論を述べている。

　『公羊傳』僖公三十三年の經文には「夏四月辛巳晉人及姜戎敗秦于殽」とあり、傳の一部に「詐戰不日、此何以日」と質問があり、注に「据不言敗績、外詐、戰文也、詐卒也、齊人語也」とある。傳には屬けて答えとして「盡也」とあり、この注には「惡晉不仁」とある。秦が負けて退却したと言わないことで、外にむけた詐術を行った。戰の文であり軍卒をいつわったのである。これは齊人の語である。こうしたのは、晉が不仁になることを憎んだからである。

　傳は「詐戰は日を言わないのに、ここで日を言っているのはどうしてか」という質問になっている。注はこの「詐戰」を「戰爭の記録として退却の事實を隱した」と説明した。つまるところ、注では、この場合「退却」までさせるような戰爭は「不仁」になると言いたいのであって、晉に對する配慮の念がある（戰爭の實際は簡單に上記の部分の前の傳として記されている）。ここでも、上記に述べたのと同樣で、萬物一體の「仁」を述べている。漢代の議論としては、秦は中國の中だから、むしろ秦への配慮が必要だったのである。傳の「盡也」は、「單なる詐戰ではなかったから日を書いたのだ」と言う戰い方の意味で述べる。これを注で、「不仁」の議論に變更し、漢代の「中國」を意識させたのである。

　ちなみに、ここに「齊人の語」が話題にされている。漢代には揚雄『方言』が編纂されている。その意見としての「齊人の語」が『公羊傳』に見える、というのは、『公羊傳』が齊で成書されたという我が見解からすると、とても興味深い。

　『公羊傳』宣公六年の經文には「春晉趙盾衞孫免侵陳」とあり、傳には「吾不弑君、誰謂吾弑君者乎、史曰、爾爲仁爲義、人弑爾君、而復國不討賊、此非弑君而何」とあり、注には「復反也、趙盾不能復應者、明義之所責、不可辭」とある。「復は反（かえる）である。趙盾はかえって應ずることができないし、義の責める所を明らかにして辭することもできなかった」。

　傳には「我は君を弑していないのに、誰が君を弑したと言ったのか。史が言うには、汝は仁を爲し義を爲し、人が汝の君を弑した。しかるに復國して賊を討たないと、これは君を弑したことにしかならない」とあるので、注は、その狀況を補足説明している。ここに確認できるのは、傳に「仁を爲し義を爲し」とあり、「仁」と「義」がセットで明言されていることである。「仁」と「義」をセットで議論することは、『孟子』に多く確認できる。

　次に傳に「趙盾之復國奈何、靈公爲無道、使諸大夫皆内朝」とあり注に「禮公族朝於内朝親親也、雖有富貴者、以齒明父子也、外朝以官體異姓也、宗廟之中、以爵爲位崇德也、宗人授事以官尊賢也、升餕受爵以上、嗣尊祖之道也、喪紀以服之精粗、爲序不奪人之親也」とある。「禮として公族は内朝に朝して親に親しむ。富貴なる者があったとしても、齒位をもって（擬制的）父子關係を明らかにする。外朝は官をもって異姓を體する。宗廟の中は爵をもって位を爲し德を崇ぶ。宗人は事を授けるのに官をもって賢を尊ぶ。餕を升し爵を受けもってたてまつり、尊祖の道を嗣

279

第二章　先秦史料と通して知る「仁」とその原義

ぐ。喪の紀には服の精粗をもってする。序を爲し人の親を奪わない」。

傳には「趙盾の復國はどうだろう。靈公は無道であるから、諸大夫に皆内朝にあらしめた」とあるので、注はこれを補足説明しているだけである。

次に傳に「欲殺之、於是使勇士某者往殺之」とあり、注に「某者本有姓、字記傳者失之」とある。これも注が補足説明しているだけである。

次に傳に「勇士入其大門、則無人門焉者、入其閨、則無人閨焉者」とあり、注に「焉者於也、是無人於閨門守視者也」とある。これも注が補足説明しているだけである。

次に傳に「上其堂、則無人焉」とあり注に「但言焉、絶語辭堂、不設守視人、故不言堂焉者」とある。これも注が補足説明しているだけである。

次に傳に「俯而闚其戸」とあり、注に「俯挽頭戸室戸」とある。これも注が補足説明しているだけである。

次に傳に「方食魚飧、勇士曰、嘻子誠仁人也、吾入子之大門、則無人焉、入子之閨、則無人焉、上子之堂、則無人焉、是子之易也」とある。注に「易猶省也」とある。

ここにも「仁」の語が見える。上記の趙盾が「仁」を爲し「義」を爲したというのを受けて述べる。注は「易」を補足説明するだけである。

『公羊傳』宣公十五年の經文には「夏五月宋人及楚人平」とあり、傳には「司馬子反曰、然則君請處于此、臣請歸爾、莊王曰、子去、我而歸、吾孰與處于此、吾亦從子、而歸爾、引師而去之、故君子大其平乎巳也」とあり、注には「大其有仁恩」とある。

傳には「司馬子反が言うには、そうであるなら君は此に處らんことを請い、臣たる私は歸らんことを請うのみであります。莊王が言うには、なんじは去れ、我も歸らん。我はどうして此に處らんや。我もまたなんじに從いて歸るのみである。軍を引きてこれを去った。故に君子は（ここには書かないが傳文の上の方に書いてあるように）その「宋人」・「楚人」として名を記さない大夫たちが本來の目的を遂げられない狀況をゆるして和平に持ち込んだことを大いに評價したのである」とあり、この傳の最後の大いに評價の部分について、注は「その仁恩あるを大いに評價した」と述べた。これは注の見解としては、交渉役を「仁」として評價したということである。ここにも、宋という國と楚という國があるわけだが、注目できるのは、「恩」である。ここに「君」の存在を説明した。この「君」を強調する「形」は、『左傳』の「仁」には見えていないが、すでに檢討したように、『孟子』以後の「仁」說、二十四史の「仁」評價の基礎になる考え方である。

『公羊傳』成公十六年の經文には「曹伯歸自京師」とあり、傳には「公子喜時者仁人也、內平其國而待之」とあり、注には「和平其臣民、令專心于負芻」とある。傳は「公子喜時は仁人である。內はその國を平げてこれを待った」と述べ、注は「和もてその臣民を平げ、負芻に專心せしめた」と補足説明している。

ここにも、「仁人也」とある。ここには、「内はその國を平らげてこれを待った」とあるので、國（京師）と國（曹）との關係に目を向けている。『左傳』に展開された「仁」の考え方を知っている、ということであろう。

次に傳には「言甚易也、舍是無難矣」とあり、注には「言歸自京師者、與内据臣子致公同文、欲言甚易也、舍此所從還無危難矣、主所以見曹伯、歸本据喜時、平國反之、書非録京師有力也、執歸書者、賢喜時爲兄所篡、終無怨心、而復深推精誠、憂免其難、非至仁莫能行之、故書起其功也」

とある。注に「言うこころは、京師より歸る場合は、内々臣子に据り公に致すものと文を同じくし、甚しくた易いことを言おうとする。此の從う所を舍いて還りて危難がない。主が曹伯に會うゆえんは、歸るは本より喜時に据る。國を平げてこれに反る。非を書するのは、京師に力があるのを録するためである。執歸（捕らえられて歸る）の書は、喜時を賢とし兄の爲に篡され、終に怨心がない。復た深く精誠を推し、憂ありてその難を免ぜられる。至仁でなければこれを行えない。故に書してその功を起こすのである」と述べる。

注の「至仁」は上記の「仁人」を受けて言う。どうしてここに、傳にない「至仁」を持ち出したのかというと、「京師」に呼應した公子喜時の「仁」をただならぬものと評價するからである。後漢時代の見解として、『公羊傳』が至上の存在とするのは周だとの立場がある。すでに述べたように、『公羊傳』が至上の存在として語ろうとしているのは周王ではない。その主旨を變更させるために「至仁」の語を持ち出したのである。

同年の別の經文に「九月晉人執季孫行父舍之于招丘」とあり、その傳には「執未有言舍之者、此其言舍之何、仁之也、曰在招丘悕矣」とあり、注には「悕悲也、仁之者、若曰在招丘、可悲矣、閔錄之辭、執未有言仁之者、此其言仁之何、代公執也、其代公執奈何、前此者、晉人來乞師、而不與」とある。傳に「仁」に言及し、「季孫行父を執えた。この種の場合、これを舍くと言わないのに、ここにこれを舍くと言うのはどうしてか、これを仁とするからである。招丘にあって思うを言うからである」と述べる。そして注に「悲しきを思うのである。これを仁とするのは、若し招丘にあってとだけ言えば、悲むべきことになるからである。閔錄の辭では、執えておいてこれを仁とする事例はまだない。ここにこれを仁とすると言うのはどうしてか。公に代わって執えたからである。その公に代わって執えたというのはどうしてか、これより前にあるからである。晉人來たりて軍を乞うたのに、與えなかったのである」とある。

傳文の「仁」は、晉人が氣遣ったのは「仁」だと述べたものである。これに對し、注の「仁」は、「晉が關わる前に、魯公の意を受けて捕らえ、晉にはひきわたさなかった」と説明を換え、そこに「仁」評價を持ち出している。國と國とが關わるという意味では傳も注も同じであるが、評價の主體が異なる。ここでは、明言されているように、「招丘」が問題である。下記にまとめて述べるが、この「招丘」は「中國」に屬していて、晉は「中國」の外にある。傳は山東の齊と魯を「中國」とする文脈で述べ、注は、『史記』に示された「中國」を念頭において、周・魯中心の説明に變更した。つまり、注は「中國」の範圍が『公羊傳』のものでなく、漢代のものに變更されている、ということである。

『公羊傳』襄公十年の經文には「夏五月甲午遂滅偪陽、公至自會」とあり、注には「滅日者、甚惡諸侯不崇禮義、以相安反、遂爲不仁、開道彊夷滅中國、中國之禍、連蔓日及、故疾錄之、滅比于取邑、例不當書致書、致者深諱、若公與上會不與下滅」とある。滅について日を書くのは、諸侯が禮義を尊ばずもってたがいに反を安んじることを甚だ憎むからである。だから、ついに不仁だとした。道を開きて彊夷が中國を滅ぼす。これは中國の禍である。蔓を連ねて日及する。故に疾もてこれを録する。滅を取邑に比べると、例として書を致すを書するに當たらない。致す場合は深く諱む。公が上と會し下と滅ぼさないようなものである。

傳は「夏五月甲午に遂に偪陽を滅ぼした。魯公は會よりそこに至った」と述べる。「複數の國が關わる會からいっしょに至った」ことを述べるだけなのに、注は、禮義にかけるから「不仁」

とする。この經文に先んじて、經文として晉や魯や他の多くの諸侯が會したことが記される。周を中心とする話題にならないことを、注は述べたかもしれない。

『公羊傳』襄公二十九年の經文には「呉子使札來聘」とあり、傳には「故君子以其不受爲義、以其不殺爲仁」とあり、注には「故大其能去、以其不以貧賤、苟止、故推二事與之」とある。傳には「君子はその受けないことを義とし、その殺さないことを仁とした」と述べる。これは呉の季札についての記事である。傳文によると、季札は國を受けよと言われたのを受けず、延梁に去り、終身呉に入らなかった。注は「その能去（去ることができる）を大にし、貧賤を評價しなかった。いやしくも止められるのであれば、故より二事を推してこれに關わらせる」とある。

ここに傳に「仁」と「義」が持ち出されている。「受けない」というのは、呉の國君の地位を受けなかったことを言う。「殺さない」というのは、呉の即位爭いに加わってライバルを殺さなかったことを言う。ここで「殺さない」ことについて「仁」だと述べているのは、宗廟の場に多くの國が關わるのだろう。『左傳』に關してこの點を述べた。注は「去った」ことを評價している。これは、多くの國をいききすることを述べる。傳の議論は『左傳』になじみ、注の議論は、漢代の議論にもなじむ。

『公羊傳』昭公十一年の經文には「冬十有一月丁酉、楚師滅蔡執蔡世子有以歸用之」とあり、傳には「惡乎用之、用之防也、其用之防奈何、蓋以築防也」とあり、注には「持其足以頭築防惡不以道、孔子曰、人而不仁、疾之已甚亂也、日者疾譖滅人」とある。傳には「どこにこれを用いたのか。これを防に用いたのである、これを防に用いたのはどうしてか。防に築いたからであろう」と述べる。注は「その足を持するに頭をもってする。防に築くのにどうして道をもってしようか。孔子が言うには、人にして不仁ならば、これを疾ましめるのに已に甚だ亂れている。日者は疾譖（やましめいつわる）し人を滅ぼす」とある。

傳は蔡の世子をとらえて歸り犧牲として用いたことと、どこに用いたかを述べているのに、注は、用いたのは筋違いだとし、孔子を引用して「不仁」だと述べる。傳では話題になっていないことが、注では「不仁」だとして話題にされている。

『公羊傳』哀公三年の經文には「春齊國夏衞石曼姑帥師圍戚」とあり、傳の一部には「不以家事辭王事」とあり、その注には「以父見廢、故辭讓不立、是家私事」とある。「父をもって廢を示す。ゆえに辭讓して立たない。これは家の私事である」。傳に補足說明を加えただけである。

續いて傳に「以王事辭家事」とあり、注に「聽靈公命立、是王事公法也」とある。「靈公の命を聽いて立つ。これは王事公法である」。これも傳に補足說明を加えただけである。

さらに傳に「是上之行乎下也」とあり、注に「是王法行於諸侯雖得正非義之高者也、故冉有曰、夫子爲衞君乎、子貢曰、諾吾將問之入、曰、伯夷叔齊何人也、曰、古之賢人也、曰、怨乎、曰、求仁而得仁、又何怨出、曰、夫子不爲也、主書者善伯討」とある。「これは王法が諸侯に行われ正を得ても、義の高いものではないということである。故に冉有が言うには、夫子（孔子）は衞君の爲にせんか。子貢が言うには、諾、行き入る件を私が質問しよう。ということで言うには、伯夷叔齊はどういう人でしょうか。孔子が言うには、古の賢人である。言うには、怨あるかな。言うには、仁を求め仁を得た。何の怨が出でくるだろうか。言うには、夫子は爲さない。書を主る者は、"伯討"（霸者の討伐）を善とした」。傳は「上を（これ）下に行う」という（「之」を使った倒置文）。

『公羊傳』哀公十四年の經文には「春西狩獲麟」とあり、傳には「麟者仁獸也」とある。注には「狀如麕、一角而戴肉、設武備、而不爲害、所以爲仁也、詩云、麟之角、振振公族是也」とある。傳に「麟なるものは仁獸である」とあり、注はこれを補足説明する。「その狀は麕のようであり、一角にして肉を戴き、武備を設く。害をなさないのは、仁を爲すゆえんである。詩に、麟の角、公族を振振すと言うのは、このことである」。
　この麟という「仁獸」の出現については、私的檢討(18)をご參照願いつつ、ご確認いただくとよいのだが、上記の「麟者仁獸也」の前後の傳には、「仁獸」の傳としての補足説明と、麟が獲えられた事情、周圍の評價などが記されている。「十四年の春、西のかた狩をして麟を得た」【獲麟の事實】。どうしてこの記事を記すのか。「異」だからである。どうして「異」なのか。中國の獸ではないからである。であるなら、誰がこれを得たのか。薪をとる者である。薪をとる者だとすれば、「微」なる者を問題にするのに、どうして狩をしたと表現するのか。麟を得たことを「大」にするからである。どうして麟を得たことを「大にするのか」。麟なるものは「仁獸」であり、王者が出現すればいたり、出現しなけらばいたらないからである【麟出現の意味】。麕が出現した、角がはえている、と報告する者があった。孔子はおっしゃった。「どうして來たのか、どうして來たのか」と。そして袂で顔をぬぐい、涙が襟をうるおした。やがて顔淵が死去すると、先生は嗚咽しておっしゃった。「天はわれを失った」と。また子路が死去すると嗚咽しておっしゃった。「天はわれを斷った」と。西のかた狩をして麟を得た際、孔子はおっしゃった。「わが道はきわまった」と【獲麟と類似事例の比較】。『春秋』はどうして「隱」（隱公）から始まるのか。わが祖の聞き及ぶところ、所見の異辭、聞くところの異辭、傳えられた異辭がそこに見られるからである。どうして「哀」（哀公）の十四年で終わるのか。それがこの年までで備わるからである【獲麟によって『春秋』は備わる】。「君子」はどうして『春秋』を作ったのか。亂世をおさめてこれを正常にもどそうとするのに、『春秋』ほどの理想に近いものがなかったからである。理想を爲す方法は、まだわかっていなかった。諸「君子」が堯舜の道を樂しむというよりは、堯舜が「君子」を知るのだという事實を樂しむために、『春秋』の義を制して後聖の出現をまつことにしたのである。「君子」が『春秋』をお作りになったので、「君子」の道を知ることが樂しめるようになったのである【「君子」が『春秋』を作った意義】。
　『公羊傳』では、「獲麟」に據って『春秋』の「形」はおさまりがつくようになっている。『春秋』は「君子」の道を知るために作られた。「獲麟」について、孔子は「わが道はきわまった」と言う。『公羊傳』傳文は、「獲麟」は王者の出現を意味する、という。そして『公羊傳』によると、『春秋』はその義を制して後聖の出現をまつものである。
　『公羊傳』哀公十四年の傳文が、以上のように述べているのに對し、注は異なる見解を述べる。「その狀は麕のようであり、一角にして肉を戴き、武備を設く。害をなさないのは、仁を爲すゆえんである。詩に言うには、麟の角、公族を振振すと。このことである」としか述べない。この注を讀んだだけでは、上記の傳の文脈を讀みとることは不可能である。どうしてそうなるのかの答えは、『公羊傳』が豫言する「後聖」が誰になるかを詮索するとわかってくる。『公羊傳』傳文全文の文脈からして、『公羊傳』が豫言する「後聖」は、齊の威宣王（前356～320年在位。前338年稱王改元）である。この點につき、やや詳しく述べると、「この記事ではこれこれが中國」等の言い方で、どこが中國から分かり、その外について「この記事ではこれこれが夷狄」等の言

い方で、どこが夷狄かが分かる。山東を中心とする地域が「中國」である。この「中國」の中も、「中國」とされる者とそうでない者がいる。「地や物は中國に從い、邑や人の名は主人に從う」（昭公元年）等の議論により、地としては「中國」だが、率いている人間は「中國」には屬さない、としたりする[19]。「『春秋』はその國を内に位置づけ、『諸夏』を外に位置づけ、諸侯を内に位置づけ、夷狄を外に位置づける」等の議論[20]により、「諸夏」が「中國」と「夷狄」の中間に位置づけられることを論じる。さらに、「同姓の密通」の議論による姜齊の誹謗[21]、「同姓を弑する」の議論による魯君主の誹謗[22]等によって、「中國」の中で「中國」とされるのが、齊の田氏に絞られる「形」が作られている。

　このように、『公羊傳』哀公十四年の「獲麟」の「麟」が「仁獸」であることの意味が大きい、ということになると、『公羊傳』の他の傳文においては、「仁」は、どう意味づけられているだろうか。『公羊傳』宣公六年では、晉の趙盾について「仁を爲し義を爲す」としつつ、人が汝の君を弑したのだから、復國して賊を討たないと、弑君の汚名は趙盾がかぶることになる、と述べている。評價という點で「仁」を否定する。晉の趙盾は「諸夏」の人物である。『公羊傳』成公十六年では、京師から歸る曹伯と曹の國にいる公子喜時をとりあげ、公子喜時を「仁人」と述べる。これは、曹が「中國」に入り、そこに「仁人」がいる、という話題である。洛邑の周は「諸夏」にあって、「中國」の外にある。同年の別の經文に「九月晉人執季孫行父舍之于招丘」とあり、その傳には「執未有言舍之者、此其言舍之何、仁之也、曰在招丘悕矣」とあるのは、「招丘」が鍵を握る。晉は「中國」の外にあり、「招丘」は「中國」の内にある。だから、「招丘に舍く」をもって「仁」だと評價した。『公羊傳』襄公二十九年は、吳の季札を議論する。吳は中國の外にある。經文が來たるとのべる訪問先の魯は、中國の内にある。その外の君主を受けなかったことを「義」、中國の内に來聘したことにつき「仁を爲すを殺さず」と述べた。

　注の内容は、以上のような構造がわからなくなるようにしくまれている。すでに具體的に説明したように、漢代の廣めの中國を意識して附言し、「仁」と「義」の議論をその漢代の中國で議論しているような内容に作り替えている。

　先に檢討した『左傳』と比較すると、『左傳』の「仁」が國と國との關係が介在する場を意識して爲されているのに對し、『公羊傳』の「仁」は、中國内において議論されるものという前提で、ややひねった議論が爲される傾向をもつ。そして、もともと『公羊傳』の傳で「仁」を論じていない場合に、「仁」の議論を附加することが少なくない。矛盾がたやすく見破られないようになっている。

　先に述べた『左傳』の「仁」は、『左傳』の「形」である「夏」や「東夏」という特別地域の外についても議論されている。『左傳』の「形」は、これも私的檢討[23]をご參照願いつつ、ご確認いただくとよいのだが、冒頭と末尾に獨特の「形」を作り出す。末尾に「悼之四年」という特別の言い方を施し、冒頭に『春秋』經文になり惠公の記事を附加え、以後桓公二年の複數の「惠之〜年」以後、「某之何年」という特別の言い方で何に注目すべきかを讀者に知らせる。そして鄭の子産にいきつき、鄭の子産の嚴しい人物評價を示す。缺點のない人物として韓宣子が浮かび上がる。多くの事例に注記する「形」で、『左傳』は「夫子」・「吾子」が滅びる豫兆を帶びることを示す。そして、『左傳』は表面的には、美談にみえる説話にその滅びの豫兆を附加していく。傳の内容を通して「韓子」・「蓮（薳）子」・「魏子」等の表現が一人に代表させて歴代宗主を語る

ことを示し、その「魏子」に上記の「吾子」を附加して貶めたりする。『左傳』に述べる孔子は、誹謗の對象である。孔子の豫言は別の人物によって訂正される。豫言を受けて記される事實は訂正された見解が正しいことを示す。こうした誹謗の「形」により、「仁」とされた人物は、多くの場合評價に價しないのだということがわかるしかけになっている。本書に新たに檢討した「仁」に關わる人物だが、私的檢討における他の様々な「形」を加味して、最後に殘されるのは、鄭の子産と韓宣子である。そして、子産がほめちぎるのが韓宣子であった。

　こうした『左傳』の獨特の「形」があるため、「仁」を使っての議論そのものは、比較的原様に近い「形」が、『左傳』には殘されていると言うことができる。これも私的檢討をご參照いただきつつ述べるのがいい[24]のだが、韓宣子が「夏」と「東夏」を繼承する「形」が『左傳』には作られている。これら「夏」と「東夏」を「諸夏」とまとめる。そして「中國」が山東にあるという『公羊傳』の議論も追認しつつ、その「中國」は夷にも及ばないと論じたりする[25]。現實には無視してよい存在だということにする。このように『左傳』が『公羊傳』の議論を前提に組み上げた證據はあちこちに見えている。だから『公羊傳』の方が、成書時期としては『左傳』より前にある。しかし、材料である記録にどう手を加えるかという點からすると、『左傳』の「夫子」や「吾子」による貶めの「形」に、引用材料の原様は、比較的よく殘されている。「仁」が「中國」の中のみにおいて議論される、という『公羊傳』の「形」は、「仁」の原様を捨象してできあがったようだ。「仁」の原義を語るのであれば、『左傳』の方を重視すべきことがわかる。

　ただし、すでにお氣づきのことと思うが、二十四史に繼承されたのは、第一には『公羊傳』の「形」である。『公羊傳』の「中國」は、山東を中心とするごく限られた領域を設定し、天下のごく一部にすぎない。『史記』以後の「中國」は、當初は始皇帝が統一した天下であり、後にその始皇帝が擴大し、一度撤退し、武帝が再度掌握した天下を代々「中國」としたものである。議論される「中國」の領域は、小大確かに違うが、すでに二十四史に關して檢討したように、「仁」評價は「中國」の中を場として長く議論されることになるのである。そして、『左傳』の「形」の下の引用材料の多さ、という點は、一面において二十四史に繼承された。『史記』は『左傳』を多く引用し、「仁」もさまざまな材料を紹介したが、「一代限り」の「仁」として紹介する。この『史記』の「形」が以後長く繼承されたのである。

3.『穀梁傳』の「仁」

　『穀梁傳』隱公二年の經文には「春公會戎于潛」とあり、傳には「會者外爲主焉爾知者慮」とあり、注には「察安審危」とある。傳は「會なるものは、外に主となり、知者が慮る」とし、注は「安きを察し危うきを審らかにする」とする。注は補足説明しただけである。

　さらに傳に「義者行」とあり、注に「臨事能斷」とある。傳は「義者行う」とし、注は「事に臨んで斷ずることができる」とする。注は補足説明しただけである。

　さらに傳に「仁者守」とあり、注に「衆之所歸守必堅固」とある。傳は「仁者守る」とし、注は「衆の歸するところ、守りは必ず堅固である」とする。注は補足説明しただけである。

　さらに傳に「有此三者然後可以出會、會戎危公也」とあり、注に「無此三者不可以會而況會戎乎」とある。傳は「この三者ありしかる後に外に出て會することができる。戎に會するのは公を危うくする」とする。

第二章　先秦史料と通して知る「仁」とその原義

ここに傳が「仁」を議論するわけだが、「知者」が慮り、「義者」が行い、「仁者」が守る。「戎に會するのは公を危うくする」とあるから、戎は、「仁者」が守る場の外である。「仁」に關わる場が「中國」であることを前提にするものだろう。

『穀梁傳』隱公五年の經文には「宋人伐鄭圍長葛」とあり、傳には「伐國不言圍邑」とあり、注には「據莊二年、公子慶父帥師伐於餘邱、不言圍也、伐國不言圍邑、書其重也」とある。傳は「國を伐つのに、邑を圍むとは言わない」とし、注は「莊二年に據れば、公子慶父が師を帥いて於餘邱を伐ったが、圍むと言わなかった。國を伐つのに邑を圍むと言わない。その重きを書したのである」とする。

さらに傳に「此其言圍何也久之也」とあり、注に「宋以此冬圍之、至六年冬、乃取之、古者、師出不踰時、重民之命、愛民之財、乃暴師經年、僅而後克、無仁隱之心、而有貪利之行、故圍伐兼擧以明之」とある。傳は「ここにその圍むと言うのはどうしてか。これが久しいことを述べるためである」とし、注は「宋はこの冬をもってこれを圍み、六年冬に至る。そしてこれを取ることになる。古は、師が出て時を踰えず、民の命を重んじ、民の財を愛しんだので、軍を暴にし年を經れば、僅かにして後に克ったことにした。仁隱の心なく、貪利の行いがあった。故に圍み伐ち兼ねて擧げてもってこれらを明かにした」とする。

『穀梁傳』隱公十年の經文には「六月壬戌公敗宋師于菅」とあり、傳には「辛未取郜、辛巳取防、取邑不日、此其日何也、不正其乘敗人而深爲利、取二邑、故取而日之也」とあり、注には「禮不重傷、戰不逐北、公敗宋師于菅、復取其二邑、貪利不仁、故謹其日」とある。傳は「辛未に郜を取り、辛巳に防を取った。邑を取る場合は日を書かない。ここにその日はどうしてか。その乘を正さずして人を敗り、深く利を爲して二邑を取った。故に取ったことについて日を書いたのである」とし、注は「禮に傷を重ねず、戰は逐ににげたりしない。公は宋師を菅に敗り、復たその二邑を取った。利を貪るは不仁である。故にその日を謹む」とする。

ここに、話題にしたのは魯の隱公である。「不仁」という評價が示された。

『穀梁傳』桓公十八年の經文には「冬十有二月己丑葬我君桓公」とあり、傳には「知者慮、義者行、仁者守、有此三者備、然後可以會矣」とあり、注には「桓無此三者、而出會大國所以見殺」とある。傳は「知者が慮り、義者が行ない、仁者が守る。この三者が備わることになったら、しかる後に會することができる」とし、注に「桓にはこの三者がなかった、そして出て大國に會した。殺されるゆえんである」とする。

ここに話題にしたのは魯の桓公である。魯の桓公には知者も義者も仁者も備わっていなかった、という評價が示されている。

『穀梁傳』莊公二十七年の經文には「夏六月公會齊侯宋公陳侯鄭伯同盟于幽」とあり、傳には「同者有同也、同尊周也、於是而後授之諸侯也、其授之諸侯何也、齊侯得衆也、桓會不致安之也、桓盟不日、信之也、信其信仁其仁、衣裳之會十有一、未嘗有歃血之盟也、信厚也」とあり、注には「十三年會北杏、十四年會鄄、十五年又會鄄、十六年會幽、二十七年又會幽、僖元年會檉、二年會貫、三年會陽穀、五年會首戴、七年會寧母、九年會葵丘」とある。傳は「同とは同の狀況になることである。同となり周を尊ぶ。ここにおいて後にこれを諸侯に授ける。これを諸侯に授けるとはどういうことか。齊侯は衆を得、桓の會はこれを致し安んじない。桓の盟は日を書かない。これを信とするからである。その信を信とし、その仁を仁とする。衣裳の會は十一回あるが、未

だ嘗て歃血の盟はなかった。信が厚いからである」とし、注は「十三年北杏に會し、十四年鄄に會し、十五年また鄄に會し、十六年幽に會し、二十七年また幽に會し、僖元年に檉に會し、二年貫に會し、三年陽穀に會し、五年首戴に會し、七年寧母に會し、九年葵丘に會した」とする。注は傳の十一回を説明した。

　ここに話題にしたのは齊の桓公である。幽の盟を持ち出し、「その信を信とし、その仁を仁とする」という一般論と、「桓の盟は日を書かない。これを信とするからである」という齊の桓公についての評價を述べる。一見いい評價に見えるが、「仁に對して信で答える」という關係があることからすると、齊の桓公は「仁」に對し「信」で答えた、という意味になる。齊の桓公は盟の主ではない、という意味である。

　さらに傳に「兵車之會四、未嘗有大戰也、愛民也」とあり、注に「僖八年會洮、十三年會鹹、十五年會牡丘、十六年會淮、於末年、乃言之、不道侵、蔡伐楚者、方書其盛、不道兵車也、此則以兵車會、而不用征伐」とある。傳は「兵車の會は四回あったが、未だ嘗て大戰はなかった。民を愛するからである」とし、注は「僖八年に洮に會し、十三年鹹に會し、十五年牡丘に會し、十六年淮に會している。末年において、これを言う。侵すを言わない。蔡が楚を伐つならば、その盛を書くべきである。兵車を言わない。これ則ち兵車をもって會し、征伐を用いない」とする。

　『穀梁傳』莊公三十一年の經文には「六月齊侯來獻戎捷」とあり、これに注は「獻下奉上之辭也、春秋尊魯、故曰獻」と述べる。經文に關する傳には「齊侯來獻捷者、内齊侯也、不言使、内與同、不言使也」とあり、注には「泰曰、齊桓内救中國、外攘夷狄、親倚之情、不以齊爲異國、故不稱使、若同一國也」とある。傳は「齊侯來り捷を獻ずるというのは、齊侯を内にする。使（せしむ）と言わないのは、内は與にして同であり、使（せしむ）と言わないからである」とし、注は「おおいに言う。齊桓は内として中國を救った。外として夷狄を攘った。親倚の情があるので、齊を異國としない。故に使と稱さないのである。同一國のようなものである」とする。

　傳は「齊侯を内にする」と述べているのに、注は「齊を異國としない」と説明する。傳が述べるのは「中國の内にするか外にするか」の議論だが、注は「異國扱いにするかどうか」という議論に變更している。後漢の注としては、夷狄が中國に入りこんでいるので、それを外として攘った、と述べた。こうすることで、中國の範圍を『史記』に近づけようとしたのである。また、經文に注をつけ「獻は下より上を奉るの辭である。春秋は魯を尊ぶので獻と言ったのである」としているのは、上記の傳の内容が魯の隱公・桓公を明らかに批判しているので、魯を批判したのではない、という意見を述べたのである。

　『穀梁傳』僖公二年の經文には「二年春王正月城楚丘」とあり、傳には「楚丘者何、衛邑也、國而曰、城此邑也、其曰城、何也」とあり、注には「據元年、齊師宋師曹師城邢、邢國也」とある。さらに傳に「封衛也」とあり、注は「閔二年、狄入衛、遂滅」と述べる。さらに傳に「則其不言城衛何也、衛未遷也其不言衛之遷焉何也」とあり、注に「據元年、邢遷于夷儀、言遷也」とある。さらに傳に「不與齊侯專封也、其言城之者、專辭也、故非天子不得專封諸侯、諸侯不得專封諸侯、雖通其仁、以義而不與也」とあり、注に「存衛是桓之仁、故通令城楚丘、義不可以專封、故不言遷衛」とある。さらに傳に「故曰仁不勝道」とあり、注に「仁謂存亡國道、謂上下之禮」とある。「仁」に關わる部分を述べると、傳は「齊侯の封を專らにするに與しない。そのこれに城くと言うのは、專の辭を問題にする。もとより天子でなければ諸侯を封ずるを專らにすることができない。諸侯

は諸侯を封ずるを專らにすることができない。その仁に通じるといっても、義をもってして與しないのである」とあり、注に「衞を存したのは、桓の仁である。故に令を通して楚丘に城いたのである。義は封を專らにすることができない。故に衞を遷すと言わないのである」とある。さらに傳に「故に仁は道に勝らないと言う」とあり、注に「仁は國を存亡せしめる道を言う。上下の禮を言う」とある。

傳は、齊侯が衞の封を專らにしたことを批判する。その「『仁』に通じるといっても、義をもってして與しない」という言い方は、齊侯は「仁」に通じる存在にすぎないことを述べている。傳の立場としては「義」をもって與しない。これも齊侯の立場を「義」に置き換えて説明するものである。「仁は道に勝らない」というのは、道を仁より上位に置く。すでに檢討したことからすると、『韓非子』に似た立場が見える。この傳の立場に對し、注の立場は違っている。注は「衞を存したのは、桓の仁である」と明言していて、齊の桓公は「仁」評價の對象となる。同時に「義は封を專らにすることができない。故に衞を遷すと言わない」というのは、同時に、注の立場として、この場においては「義」を論じることを示す。注に「仁は國を存亡せしめるの道を言う。上下の禮を言う」というのは、道と仁を結びつけて議論するもので、『禮記』の記述を知って述べるものである。

『穀梁傳』僖公二十二年の經文には「冬十有一月己巳朔宋公及楚人戰于大泓」とあり、傳には「日事遇朔曰朔、春秋三十有四戰、未有以尊敗乎卑以師敗乎人者也、以尊敗乎卑以師敗乎人、則驕其敵、襄公以師敗乎人、而不驕其敵何也、責之也、泓之戰以爲復雩之恥也」とあり、注には「前年宋公爲楚所執」とある。さらに傳には「雩之恥、宋襄公有以自取之、伐齊之喪、執滕子、圍曹、爲雩之會、不顧其力之不足、而致楚成王、成王怒而執之、故曰禮人、而不答、則反其敬愛人、而不親則反其仁治人、而不治則反其知過、而不改又之」とあり、注には「又復」とある。この場合の注は、單なる補足説明になっている。傳は「事に日を書くに當たり朔になった場合は、朔と書く。『春秋』には三十四の戰いの記事があるが、尊をもって卑に敗れ、師をひきいて人に敗れた場合はない。尊をもって卑に敗れ、師をひきいて人に敗れると、その敵を驕らしめてしまう。宋の襄公は師をひきいて人に敗れ、その敵を驕らしめなかったのはどうしてか。これを責めたからである。泓の戰いは、雩の恥を復するとみなした」。「雩の恥は、宋襄公が自らこれを取ったことになる。齊の喪を伐ち、滕子を執え、曹を圍み、雩の會を爲し、その力の不足を顧みなかった。楚の成王にその力を致し、成王は怒りてこれを執えた。しかしなお、人に禮ありと言い答えなかったので、人を敬愛することに反った。親しまなかったので、その仁もて人を治めるに反った。治めないのでその知の過ちに反り、改めずして同じ過ちをおかしたのである」。

宋の襄公について、『穀梁傳』は批判する。襄公の自意識としては自分は「仁」評價の對象なのだが、客觀的には、その意識は「知の過ち」にすぎない。

『穀梁傳』僖公二十三年の經文には「夏五月庚寅宋公茲父卒」とあり、傳には「茲父之不葬何也、失民也、其失民何也、以其不教民、戰則是棄其師也、爲人君而棄其師、其民孰以爲君哉」とあり、注には「何休曰、所謂教民戰者、習之也、春秋貴偏戰、而惡詐戰、宋襄公所以敗于泓者、守禮偏戰也、非不教其民也、孔子曰、君子去仁惡乎、成名造次、必於是顚沛、必於是、未有守正以敗而惡之也、公羊以爲不書葬、爲襄公諱背殯出會、所以美其有承齊桓尊周室之美志、鄭君釋之曰、教民習戰、而不用、是亦不教也、詐戰謂不期也、既期矣、當觀敵爲策、倍則攻、敵則戰、少則守、

今宋襄公于泓之戰、違之又不用其臣之謀、而敗、故徒善不用賢良、不足以興霸主之功、徒言不知權譎之謀、不足以交鄰國會遠疆、故易譏鼎折足、詩刺不用良、此説善也」とある。傳は「茲父が葬られなかったのはどうしてか。民を失ったからである。その民を失ったというのはどうしてか。民を教えなかったことをもってそう言うのである。戰うとその師を棄て、人君となってはその師を棄て、その民は誰をも君にし得なかったのである」とし、注は「何休が言うには、所謂教民の戰とは、これを習うことである。春秋は偏戰を貴び、詐戰を惡む。宋の襄公が泓に敗れたゆえんは、禮を守り偏戰したからである。その民を教えなかったわけではない。孔子が言うのに（『論語』里仁）、君子が仁を去っては、名を成す場がない。造次（急遽）にも必ず是においてし、顚沛（つまづきたおれる）にも必ず是においてす。公羊は葬を書かないと見なした。襄公は殯を背にして出て會することを諱んだと見なした。齊桓が周室を尊ぶの美志を承けることになったのを美とするゆえんは、鄭君がこれを釋して言うには、教民と習戰は用いない。これも亦た教えないのである。詐戰は期せざるを言う。そして既に期したのである。敵に示すべく策を爲し、倍すれば攻め、敵すれば戰い、少なれば守る。今宋襄公の泓の戰におけるや、これに違いてまたその臣の謀を用いずして敗れた。故に徒らに善は賢良を用いず、霸主の功を興すに足らず、徒らに權譎の謀を知らざるを言う。鄰國に交り遠疆に會するに足らず、故に鼎を譏って足を折りやすく、詩刺は良を用いない。此の説は善である」とする。

　傳は、通常の感覺では不可思議に感じる理由をつけて説明した。宋の襄公が葬られなかったという、單に書かれていない事實を擧げて「それを書いてない」ということが意味があることにした。これに對し、『穀梁傳』は、宋の襄公は「禮を守り偏戰したからである」とした。「孔子が言うのに、君子が仁を去るのは惡である」として、その名を大切にするあまり、やり方を間違ったとした。常識的には注のように考える。では、どうして『穀梁傳』は、このような奇妙な言説を爲したのか。上記の僖公二十二年に『穀梁傳』は、宋の襄公を批判していることを述べたが、單に批判するだけでなく、「その民を失った」と述べたのである。傳の意圖は、宋に君がいない、という點にある。これについては、下記でまとめて述べることにしよう。

　『穀梁傳』文公六年の經文には「晉殺其大夫陽處父」とあり、傳には「夜姑之殺奈何、曰、晉將與狄戰、使狐夜姑爲將軍、趙盾佐之、陽處父曰、不可、古者、君之使臣也、使仁者佐賢者、不使賢者、佐仁者、今趙盾賢夜姑、仁其不可乎」とあり、注には「邵曰、賢者多才也、戰主于攻、伐仁者有惻隱之恩、不如多才者、有權略」とある。傳は「夜姑の殺はどうだろうか。言うには、晉は狄と戰おうとして、狐夜姑をして將軍たらしめ、趙盾がこれに佐となった。陽處父が言うには、いけない。古は、君の臣を使う場合、仁者に賢者を補佐させた。賢者に仁者を補佐させなかった。今趙盾は夜姑を賢としているのであって、仁は許されないのである」とあり、注は「邵が言うには、賢者は多才である。戰は攻に主となる。仁者を伐つと、惻隱の恩を生じる。多才者に權略を持たせるのに及ばない」

　傳は何が言いたいか。「今趙盾は夜姑を賢としているのであって、仁は許されないのである」が言いたいことである。晉の代表である趙盾には「仁」は許されない。

　『穀梁傳』文公十一年の經文には「冬十月甲午叔孫得臣敗狄于鹹」とあり、傳には「不言帥師而言敗何也」とあり、注には「據僖元年公子友帥師敗莒師于麗獲莒挐稱帥師」とある。さらに傳に「直敗一人之辭也、一人而曰敗何也、以衆焉言之也」とあり、注に「言其力足以敵衆」とある。

第二章　先秦史料と通して知る「仁」とその原義

さらに傳に「曰長狄也、弟兄三人、佚宕中國」とあり、注に「佚猶更也」とある。さらに傳に「瓦石不能害」とあり、注に「肌膚堅強瓦石打摘不能虧損」とある。さらに傳に「叔孫得臣冣善射者也、射其目、身横九畝」とあり、注に「廣一歩、長百歩、爲一畝、九畝五丈四尺」とある。さらに傳に「斷其首而載之、眉見於軾」とあり、注に「兵車之軾高、三尺三寸」とある。さらに傳に「然則何爲不言獲也」とあり、注に「據莒挐言獲」とある。さらに傳に「曰古者、不重創不禽二毛、故不言獲爲内諱也」とあり、注に「不重創恤病也、不禽二毛、敬老也、仁者造次、必於是顛沛、必於是故爲内諱也、既射其目、又斷其首、爲重創鬢髮白爲二毛」とある。「仁」に關わる部分にしぼって述べると、傳に「古者と言うのは、重ねて傷つけず二毛を禽にしない。故に獲ると言わず、内諱としたのである」とあり、注に「重ねて傷つけないというのは病を恤えるからである。二毛を禽にしないのは、敬老である。仁者は次を造り、必ずここにおいてつまづきたおれ、必ずここにおいて内諱を爲した。既にその目を射て、その首を斷ち、重ねて傷つけ鬢髮白くして二毛となる」

かくして、注は魯に關して「仁」を語る。

『穀梁傳』宣公九年の經文には「陳殺其大夫泄冶」とあり、傳には「稱國以殺其大夫、殺無罪也、泄冶之無罪、如何、陳靈公通于夏徵舒之家、公孫寧儀行父亦通其家」とあり、注には「二人陳大夫」と述べる。さらに傳に「或衣其衣、或衷其襦」とあり、注に「衷者襦在衷也、襦在衷也、以相戲於朝、泄冶聞之入、諫曰、使國人聞之、則猶可使、仁人聞之、則不可君、愧於泄冶、不能用其言而殺之」とある。傳は「國を稱してもってその大夫を殺すのは、無罪を殺すものである。泄冶を無罪とするのは、いかがであろう。陳の靈公は夏徵舒の家に通じ、公孫寧と儀行父も亦たその家に通じていた」とし、注は「二人は陳大夫である」と述べる。さらに傳に「或いはその衣を着、或いはその襦を衷（うち）にする」とあり、注に「衷とは襦が衷にあるものである。襦が衷にあり、もって朝に相戲する。泄冶はこれを聞いて入り、諫めて言うには、國人にこれを聞かせると使い人のごとくであり、仁人にこれを聞かせると君となってはいけないと言う。泄冶に恥を言われたのだが、その言を用いることもできないのでこれを殺した」とする。

かくして、注は陳に「仁人」がいることを述べる。

『穀梁傳』襄公二十七年の經文には「衛侯之弟專出奔晉」とあり、傳には「專之去合乎春秋」とあり、注には「何休曰、甯喜本弑君之家、獻公過而殺之、小負也、專以君之小負、自絶非大義也、何以合乎春秋、鄭君釋之曰、甯喜雖弑君之家、本專與約納、獻公爾公由喜得入、已與喜以君臣從事矣、春秋撥亂、重盟約、今獻公背之、而殺忠于已者、是獻公惡而難親也、獻公既惡而難親、專又與喜爲黨、懼禍、將及君子見幾、而作不俟終日、微子去紂、孔子以爲三仁、專之去衛、其心若此合于春秋、不亦宜乎」とある。傳は「專の去るは『春秋』に合する」とし、注は「何休が言うには、甯喜はもともと弑君の家の者であり、獻公は罪ありとしてこれを殺した。これは小負である。專は君の小負をもって、自ずから絶對に大義ではないとした。何をもって『春秋』に合すると言うのか。鄭君はこれを釋して言うには、甯喜は弑君の家の者だといっても、本もと專は約納に與かる。獻公は公となるのに喜により入るを得た。已にして喜と君臣の關係になった。春秋撥亂は、盟約を重んじる。今獻公はこれに背き、おのれに忠なる者を殺した。これは獻公惡にして親としがたいことになる。獻公既に惡にして親としがたいので、專もまた喜と黨をなし、禍を懼れ、まさに君子幾をしめすに及ぼうとした。そして事をおこして終日をまたなかった。微子は紂を去り、

孔子はもって三仁とした。專が衞を去るのは、その心としてかくのごとく『春秋』に合している。亦た宜なるかな」。

　注は、衞にいた「仁」の人物が衞を去ったことを述べる。そして、それが『春秋』に合すると表現する。『穀梁傳』が述べていないことを述べて、『春秋』に合するとする。

　『穀梁傳』昭公八年の經文に「秋蒐于紅」とあり、注に「紅魯地」とある。さらに傳に「正也」とあり、注に「常事不書、而此書者、以後比年大蒐失禮、因此以見正」とある。さらに傳に「因蒐狩、以習用武事、禮之大者也、艾蘭以爲防」とあり、注に「蘭香草也、防爲田之大限」とある。さらに傳に「置旃以爲轅門」とあり、注に「旃旌旗之名、周禮通帛旃轅門印車以其轅表門」とある。さらに傳に「以葛覆質以爲槷」とあり、注に「質椹也、槷門中臬、葛或作褐」とある。さらに傳に「流旁握御輠者不得入」とあり、注に「流旁握謂車兩轊頭、各去門邊空握握四寸也、輠挂則不得入門」とある。さらに傳に「車軌塵」とあり、注に「塵不出轍」とある。さらに傳に「馬候蹄」とあり、注に「發足相應遲疾相投」とある。さらに傳に「揜禽旅」とあり、注に「揜取衆禽」とある。さらに傳に「御者不失、其馳然後射者能中」とあり、注に「不失馳騁之節」とある。さらに傳に「過防弗逐不從奔之道也」とあり、注に「戰不逐奔之義」とある。さらに傳に「面傷不獻」とあり、注に「嫌誅降」とある。さらに傳に「不成禽不獻」とあり、注に「惡虐幼少」とある。さらに傳に「禽雖多、天子取三十焉、其餘與士衆以習射於射宮」とあり、注に「取三十以共乾豆、賓客之庖射宮澤宮」とある。さらに傳に「射而中田、不得禽、則得禽田、得禽而射、不中則不得禽、是以知古之貴仁義而賤勇力也」とあり、注に「射以不爭爲仁、揖讓爲義」とある。「仁」に關わるものを述べておくと、傳は「禽は多いといっても、天子は三十を取る。その餘は士衆に與えてもって射を射宮に習わせる」とし、注は「三十を取ってもって乾豆を共にし、賓客の庖は射宮澤宮においてする」とし、さらに傳は「射て田にあたり、禽を得ないと、あらためて禽田を得、禽を得て射る。あたらないと禽を得ない。このゆえにを仁義を尊び勇力を賤しむことで古を知ったことにするのである」とし、注は「射はもって仁を爲すを爭わず、禪讓を義とした」とする。

　ここに述べられた「仁」は、通常の感覺としては、腑に落ちるようで落ちにくいものがある。しかし、傳が言いたいことはわかる。ここで魯には「仁」と稱するものはあるが、形式に流れて、本來の體をなしていない、ということである。ここに上記の宋の襄公の事例において、傳が、何ゆえにしつこく「自己認識としての『仁』は、本來のものではない」ことを述べたのか。宋に「仁」がない、ということだけでなく、ここに、魯にも「仁」がない、ということを加えて言いたいからである。

　以上、『穀梁傳』の「仁」と、『穀梁傳』注の「仁」を檢討してみた。『穀梁傳』は、魯の隱公、桓公、齊の桓公、宋の襄公に「仁」がないことを述べている。晉については、趙盾を代表として扱い、彼に「仁」がないことを述べた。宋の襄公については、自己認識として「仁」があるのだが、客觀的にはなきものであることを述べ、同樣のことが魯についても言えることを述べる。『穀梁傳』は、「仁」は「中國」を場として議論することを述べている。こうなると、これも私的檢討をご參照いただきつつ述べるのがいい[26]のだが、『穀梁傳』には、「ここを中國とする」という內容の記事があちこちにある。それを總合すると、戰國中山國の前身である鮮虞を「中國」、これを攻擊した晉を「狄」とみなす記事があり、この中山と中原を含む地域を「中國」として論じている。この中に上記の魯、宋は入る。宋は殷の末裔であり、魯は孔子を生んだ國である。これらと別に、

第二章　先秦史料と通して知る「仁」とその原義

陳にも「仁」がないことを述べている。中國には、晉の領域の一部も入る。戰國時代、中山の南には趙が邯鄲を都とし、その南には殷虛の地があり、その南に洛邑がある。ということになると、『穀梁傳』の述べる「中國」の中で、「仁」がないと言われていないのは、中山と周だけになる。

戰國時代の各國の稱王に當たっては、踰年稱元法を採用し、曆として夏正を採用し、改元している。その「形」が示すのは、周王朝から新しい戰國王朝への權威の委讓である。

『穀梁傳』がこだわっている點として、もう一つ「桓公」がある。魯の桓公は「仁」がなく、齊の桓公にも「仁」がない。齊の桓公は、姜齊の桓公である。齊には戰國時代の田齊の桓公もいる。この田齊桓公の次代(27)、威宣王が稱王改元する。この田齊の桓公にやや先んじる年代に、中山の桓公がいる。中山は『穀梁傳』の「中國」の内にあり、齊は外にある。中山の稱王にいたる歷史は、不明の點が多いが、『穀梁傳』の「形」は、中山の影が色濃い。

以上の議論に對し、『穀梁傳』に附された注(28)は、魯に「仁」を語り、陳に「仁人」がいることを述べるなど、「仁」を語るべき「中國」がより擴大設定されている。この「中國」認識は、『史記』のものに近くなる。

まとめ

『公羊傳』・『左傳』・『穀梁傳』本文とその注釋は、見解が異なっている。本文と注釋の異なった見解のうち、注釋によって『公羊傳』・『左傳』・『穀梁傳』等を理解し、その理解を前提にして、現代の中國思想研究の基層が形成されている。この狀況は是正しなければならない。戰國時代の思想を述べているかに見えて、實際は後漢時代や晉代の見解を述べていたりする。一番の問題は、そうした時代層間の内容のずれに氣づいていないことである(29)。

戰國時代の『穀梁傳』の「仁」に關する「形」の主眼は、先行する『公羊傳』のものを繼承して、「中國」の中の唯一の正統に近づけて理解するものとなっている。これに對し、『左傳』の場合は、諸國の「仁」に關する考え方を紹介しつつ、どれが正しいかを判斷させる「形」をとる。こうした「形」をもったため、『左傳』には、他の二傳に比較して、「仁」に關する古い解釋が溫存された。

『左傳』に見える「仁」は、というより、『左傳』が引用した說話等に見える「仁」は、複數の「國」に關わることを前提としている。複數の「國」に關わる場は、樂を奏でる場であったり、場を語らぬまでも、複數の國が話題に上ったりする。

「國」と「國」との關係は、邑制國家の大國小國連合の内部の問題ともなる。同じ王族（小國を滅ぼした後に新たな統治者として乘り込んだ）とされる者どうしでも、對立が生まれる。その對立を越えて「仁」が問題とされる。後代に關わる點としては、宗廟における「仁」がある。宗廟が複數の國や族が關係する場（來客。小國が大國に赴く場合、宗廟に出向くから「仁」が話題になるのだろう）であることからくるのだが、後には、この宗廟を場として祖先祭祀の主たる皇帝の「孝」が「仁」に結びつくこととなる。婦人の「仁」が話題になることもあった。婦人はもとより別の國から嫁いできた者である。婦人は、後代に皇帝の「孝」と「仁」が結びつく場で議論されることになる。「不仁」が上記の場をもって語られる。その滅亡が豫定される。この滅亡と「仁」の關係も、後代の場で話題になっている。二十四史では「一代限り」を「仁」を論じることになる。滅亡とは必ずしも關わりないが、五胡十六國に關する話題などには、滅亡がまとわりついている。

『公羊傳』の特徵は、「仁」を、齊を中心に設定された「中國」に特徵的なものとした點にある。

そして曹の公子喜時の事例を擧げて「仁」をもちだし、周がその「中國」からはずれることを示した。周から離れ「中國」に入った場所で「仁」を語る。『公羊傳』の「中國」は、「この記事ではこれこれが中國」等の言い方によって示される。また「中國」の外の夷狄の地は、「この記事ではこれこれが夷狄」等の言い方によって示される。山東を中心とする地域が「中國」である。周はその「中國」の外にある。

　この「中國」の中も、「中國」とされる者とそうでない者がいる。「地や物は中國に從い、邑や人の名は主人に從う」（昭公元年）等の議論により、地としては「中國」だが、率いている人間は「中國」には屬さない、としたりする。「同姓の密通」によって誹謗される齊の君主は、田氏に代わられるべき存在であり、「同姓を弑する」によって誹謗される魯君主は、周公旦を繼承するに値しない存在である。『公羊傳』は「仁」を語るのに呉の季札をもちだした。呉は「中國」の外にある。經文が來たるとのべる訪問先の魯は、「中國」の内にある。その外たる呉の君主とならなかったことを「義」とし、「中國」の内に來聘したことにつき「仁を爲すを殺さず」と述べた。「仁」とまでは言わないが、言わば發展途上だという評價である。

　『春秋』は哀公十四年に「獲麟」の記事だけを擧げ、『公羊傳』はこれに解説を附けた。「獲麟」の記事は「異」だから記したとし、「異」である理由は、麟が中國の獸ではないからだと述べた。「獲麟」の年には、田氏の宗主たる田成子が齊の實權を握っている。この事件を特別に評價したものである。「中國の獸ではない」というのは、それが「中國」にやってきて王者の出現を豫言した、という理屈である。

　この時に主君の簡公を弑している。しかし、『公羊傳』はあちこち君に君主の殺害が正當化される事例を述べている(30)。事實としては特別の大夫が君主を弑したわけではないのに、筆法として、實際にその大夫が君主を弑したように書かれる場合もあると述べ(31)、煙幕張りに熱心に取り組んだりもしている。後に『公羊傳』を誹謗する「形」を作り出した『左傳』は、哀公十四年に、詳細に齊簡公弑殺の次第を説明している。そして賢人の名の下「隠す」場合もあることを暴露している(32)。ということで、『公羊傳』の文脈に據る限り（『左傳』・『穀梁傳』に據ってではなく）、正當な理由に據って無道の君主が殺害され、王者の出現が豫言されて「獲麟」が記された、という話になる。この「麟」は「仁獸」とされている。

　『穀梁傳』は、誹謗の「形」等から、『公羊傳』・『左傳』に後れる。その先行する二傳のうち、『穀梁傳』は『公羊傳』の「形」を主として繼承した。『穀梁傳』にも、「ここを中國とする」という内容の記事があちこちにある。それを總合すると、戰國中山國の前身である鮮虞を「中國」、これを攻擊した晉を「狄」とみなす記事があり、この中山と中原を含む地域を「中國」として論じている。そして晉の代表たる趙盾に「仁」がないことを述べている。「中國」には魯、宋が入るが、魯の隱公、桓公、齊の桓公、宋の襄公に「仁」がないことを述べた。宋は殷の末裔であり、魯は孔子を生んだ國である。これらと別に、陳にも「仁」がないことを述べている。中国には、晉の領域の一部も入る。戰國時代、中山の南には趙が邯鄲を都とし、その南には殷虛の地があり、その南に洛邑がある。ということになると、『穀梁傳』の述べる「中國」の中で、「仁」がないと言われていないのは、中山と周だけになる。その周について「仁」評價はなされない。

　『左傳』は、冒頭と末尾に「悼之四年」等の獨特の「形」を作り出す。この「形」により鄭の子産に注目させる。鄭の子産は嚴しい人物評價を示すのだが、缺點のない人物として韓宣子を語

る。多くの事例に注記する「形」で、「夫子」・「吾子」が滅びる豫兆を帶びることを示す。そして、『左傳』は表面的には、美談にみえる説話にその滅びの豫兆を附加していく。「韓子」・「蘧（蔫）子」・「魏子」等の表現で歴代宗主を象徴させ、上記の「吾子」を附加して貶める場合もある。孔子の場合は、その豫言を提示させ、その豫言を別の人物の豫言によって訂正し、その訂正が正しいことを通して、孔子を誹謗する。こうした貶しめの「形」により、「仁」とされた人物は、實は評價できないのだということがわかるしかけになっている。『左傳』において「仁」が議論された者のうち、誹謗の「形」を通り抜けて殘されたのは、鄭の子産と韓宣子である。その子産がほめちぎるのが韓宣子であった。

第三節　『論語』の「仁」と侯馬盟書

はじめに

　『左傳』に示された「仁」の原形は、複數の國に關わる場において、この語が議論されるということであった。注目されたのは、宗廟であった。宗廟以外に、この種の場として議論できるのは盟誓の場である。『春秋』や『左傳』には、少なからず中原を舞台とした霸者と諸侯との盟誓の記事が記されている。こうした盟誓と、基本的に同じ場で作成されたものでありながら、從來の經典解釋からして、異なる解釋がなされてきたのが、侯馬盟書である。

　周王は一つの邑制國家の大國小國連合を作っている。西周時代には陝西から河南の領域内の小諸侯の頂點に立った。東周時代になると陝西の地を放棄し、洛邑を據點とする。その周圍には、山西に晉を頂點とする邑制國家の大國小國連合、山東には齊を頂點とする邑制國家の大國小國連合、湖北湖南には楚を頂點とする邑制國家の大國小國連合があり、他に吳・越・燕などを頂點とする邑制國家の大國小國連合が議論し得る。周が放棄した陝西には、秦を頂點とする邑制國家ができあがった。侯馬盟書は、晉の中の有力者である趙簡子が主宰して擧行した盟誓で作成されたので、邑制國家の大國小國連合を構成するいくつかの小國と、その小國からの參加者が議論される。その意味では、『春秋』・『左傳』に少なからず記される盟誓と同種の盟誓として扱うことができる。ただ、參加者は、上記の意味における小國君主ではなく、小國君主の傘下にあった武人たちのようであり、出土盟書も極めて多數である。こうした事情を理解しつつ、以下、侯馬盟書を論じることにしよう。

1. 侯馬盟書との接點

　筆者は、侯馬盟書について、檢討したことがある。まずは、『春秋晉國『侯馬盟書』字體通覽—山西省出土文字資料—』[33]（以下『通覽』）を世に問うた。その内容は、基本的に1983年開催の國際アジア北アフリカ人文科學會議における口頭發表[34]をもとにしている。この口頭發表は、『通覽』所載の諸一覽表を部分的に作り上げた段階での成果を發表したもので、その時すでにどのような點が議論可能かはわかった。一覽表の殘りを作り上げ、運良く公表の機會を與えられたのが『通覽』であった。『通覽』出版時點で、參照した先行研究を盛り込んだのだが、盛り込むにいたらなかった研究があった。それをここで述べておけば、白鳥清『日本・中國古代法の

研究』⁽³⁵⁾と滋賀秀三『中國法制史論集』⁽³⁶⁾それぞれ所載の論文がある。盟を爲す際の歃血や殺牲・刑牲等の問題については、前者所收の「盟の形式より觀たる古代支那の羊神判」⁽³⁷⁾を參照するのが筋であった。口傳えにて念頭にあった内容や、當時參照し得た論文等を前に、上記の内容については、別論文を引用してすませていた⁽³⁸⁾。

さて、この書に收めた諸一覽表は、そもそも報告書『侯馬盟書』⁽³⁹⁾所載の摹本を底本とする。それらのコピーを作り、大きさをそろえて、同じ字が横並び一線になるようにまとめた。現實には、一覽表作成當時、鳥取大學教育學部に設置された縮小可能のコピー機を使って、大きな字を縮小して字をある程度そろえることにした⁽⁴⁰⁾。當初は原稿用紙に枠内に字を貼り込むことで作業を開始したのだが、開始後ほどなくして、報告書に提示された釋文が、各類各種の盟書それぞれについて、同じものにならないことがわかった。用意された釋文を前提にすれば、言わば餘計な字がしばしば出現した。用意された釋文の字が書かれない事例も少なくなかった。字蹟不明のものもかなりあった。以上の點がわかった段階で、最良の方法は、原稿用紙に字を貼り付けつつ、餘計な字が出てきた場合は、その原稿用紙部分に餘白を見いだして貼り付けることとし、字が書かれない場合は、「×」を貼り込むことにした。字蹟不明の場合は、何も貼り付けないことにした。

最後に、餘計な字も含めて一覽できるものに作り替える。原稿用紙を切って「別の用紙」に貼り付け、原稿用紙の格子をホワイトで消していった。この「別の用紙」の上方部分に、盟書の整理番號を貼り付けることにした。その最終的貼り付け作業の際、242頁について、文字貼り付け部分を右に1行分ずらして貼り付けてしまった⁽⁴¹⁾。ここに修正したい。

以上の一覽作成の途次、少なからざる發見があった。それについては、「序説—《侯馬盟書》について、附《侯馬盟書》關係文獻目録」、「《侯馬盟書》本文釋文・訓讀および考釋」に述べた。具體的には、それらをご參照いただくとよいのだが、27年經た今日の目から見ると、せっかくの發見が、世に知られていないように見えるので、いくつかをあらためてご紹介しなおしておくことにする。

基本的特質：1：盟書の書き手が字形を意識し、書體上一定のくせをもつこと。2：接續詞等の使用、省略も意識的であること。3：句點（、）を使用するものがあること。4：第三類（委質類）の字句には、配列位置が變わるものがあること。5：盟書の書き手が非常に多數であること。6：人名に用いられる字も、字形が多様であること。7：書き手の出身地は、比較的廣がりをもつと想定されること。

基本的特質として、以上7點をまとめた。このうち、3の句點は、その後竹簡等で多く檢出されるにいたり、いままで少なからざる論者によって議論されてきている。ところが、それらにおいて、『侯馬盟書』に言及するものはいない。そもそも報告書において、この句點が言及されていないので、拙著を見る機會のないまま現在にいたっているのではないかと想像される。下記引用の『通覽』93頁の上から2字目に句點があるので、ご參照いただきたい。盟書の文末にも同種の句點があり（48頁）、報告書はこれのみ意識し、他は句點だとの意識がなかった可能性もある。この句點の存在により、『通覽』93頁は、1字目と3字目の間で切って讀むことが明らかとなった。報告書はこの3字目の下で切って讀んでいる。句點の存在が、報告書の文章の切り方を是正した。

6に關連しては、『通覽』の諸一覽表作成の意味を再確認しておきたい。一般に、異體字が存在することはよく知られている。下記に引用した『通覽』4頁を見ても、「腹心」の「腹」は、「に

第二章　先秦史料と通して知る「仁」とその原義

「くづき」のつく「腹」以外に、「ぎょうにんべん」の「復」も使われている。繁體を用いる場合もあり、簡體を用いる場合もある。ところが、縦に使用される字を見ていくと、繁體を用いる盟書は、一貫して繁體を用いる傾向が強い。簡體を用いる盟書は、一貫して簡體を用いる傾向が強い。「盟」を用いる場合は「盟」、「明」を用いる場合は「明」を一環して用いる。だから、多くの人物が關わる場において、同じ意味の字として複数の字が用いられることがある、という説明は正しいのだが、同時に、個々の書き手は、複数の字を用いるのではなく、決まった字を用いる傾向が強い。この個々の書き手の問題は、見にくい状況になっているので、せっかく侯馬盟書のような出土文獻が出てきたのであるから、その問題を考えてみた方がよい。

その問題の延長上に、「丕顯■公」の「■」と「晉邦之地」の「晉」は、すべての盟書が別字とみなしている。過去の研究には、これらをともに「晉」だと論じた場合もあるが、それは『通覽』の諸一覽表作成によって、否定された。

『通覽』260頁の67-4に「麻〔滅〕夷非是」を「亡夷非是」とした後、やや下の「是」に續けて「麻」字を附け足した例がある。字を抜かして意味がとれない事例も少なくない。同じ意味の字として「遇」を用いる書き手と「見」を用いる書き手と「逢」を用いる書き手が確認できたりする。これらは發音が異なる。以上の諸事實を総合して、侯馬盟書は、いくつかの手本が作られ、それらを複数の書き手が圍んで書き寫す、という工程が組まれていたことが想定できる。臨書でなく、文章を暗記して盟書作りを進める。だから、ついつい書き手が習い覺えた字を書いてしまうのである。「麻」を書き足したのも、手本の「麻」を「亡」と書いてしまい、後で氣づいてやや下の「是」に續けて「麻」と書いたのだと判斷できる。習い覺えた字が相互に異なる狀況があるのは、書き手のくせの問題を考え合わせると、そして、第三類に「巫覡祝史」を「皇君■公」の下に集めることを内容としていることを考え合わせると、複数の文字教育の場が存在したためと判斷できる。「巫覡祝史」はいずれも神おろしの場にいて、「巫覡」が踊りなどにより神をおろし、「祝」が神の言葉を傳え、「史」がその言葉を文字化したものだろう。

『通覽』出版の際、盛り込めなかったものがあったことを、上記に述べた。盛り込むことを斷念した後、今にいたるまで、どうも議論されなくなってしまった表現がある。氣になっているので、ここに述べておくことにする。

侯馬盟書は、基本的に「吾〔盧〕君其盟殛視之麻夷非是」でしめる。この「麻夷非是」だが、『公羊傳』襄公二十七年に類似の表現がある。同年の條には「與之盟曰、苟有履衞地食衞粟者、昧雉彼視」とある。ここに見える盟の表現は、侯馬盟書によく似たところがあり、第二類に「而或有志復入～～于晉邦之地」、第三類に「敢或復入之晉邦之地」とある。「昧雉彼視」も「麻夷非是」に類似する。この類似は發音の近さによるもので、侯馬盟書公表後さほど時を經ていない頃、小倉芳彦先生からご教示を得た。これを思い出すまではよかったのだが、校正時に盛り込むにいたらなかった。

私見では、「麻夷非是」は、「滅夷して氏を非とせよ」となる。これに對し、「昧雉彼視」は、注釋では「昧割也、時割雉、以爲盟、猶曰視、彼、割雉負此盟、則如彼矣」と述べている。いま一つ意味が不明だった。小倉先生から「侯馬盟書により、不明の意味がわかる可能性がある」と教えていただいたのであった。ただ、注釋にある「鷄を割いてここに視す」というのも意味が通じないわけではない。また、「視す」は、侯馬盟書自體にもある表現であった。そこで比較し

て述べてみよう。氣遣うべきなのは、『通覽』48頁の200-11のように、「是」を「氏」とする事例があることである。周知のように、漢式鏡に「陳是作鏡」がある。他の事例からも、これが「陳氏作鏡」であることが知られている[42]。『通覽』48頁の200-11は「明極"視"之……非"氏"」と書いている。「視」は「氏」を部首とする。だから、一般論としては、「麻夷非是」の「是」は「視」だという議論があり得る。しかし、上記に再紹介したように、侯馬盟書の書き手には、教育に根ざしたくせがある。そして、簡體を使う場合はその書いた盟書を通して簡體を、また繁體を使う場合はその書いた盟書を通して繁體を用いるくせがある。この點から『通覽』48頁の200-11その他を檢討してみると、侯馬盟書の書き手は、明らかに「視」と「是」を書き分け、また「視」と「氏」を書き分けている。したがって、「麻夷非是」の「是」は「視」ではなく、「氏」だとすべきである。

とはいえ、發音してみると、誰しもが想起するのは「音が近い」という點である。陸氏音義に「昧雉彼視」について「昧舊音刎亡粉反、一音未、又音蔑、割也」とするので、「昧」は意味上「蔑」の音を議論する。董同龢『上古音韵表稿』[43]によれば祭部入聲合口に屬し、祭部入聲合口に屬する同音（聲調が異なる）に「滅」がある[44]。「雉」は脂部陰聲開口に屬し、脂部陰聲開口に屬する極めて近い音に「夷」がある[45]。「彼」は歌部合口に屬し、歌部合口に屬するやや近い音に「靡」がある[46]。「視」は脂部陰聲開口に屬し、脂部陰聲開口に屬するやや近い音に「氏」がある。

「麻夷非是」の「麻」は「亡」と書く事例も少なくない。「麻」は歌部合口に屬し[47]、「滅」と同音の議論はしにくいが、「亡」は滅びる意味である。「麻」も同じ意味のはずである。だから、發音ではなく意味の上で「麻」・「亡」と「滅」は結びつく。上記のように「夷」と「雉」は音が極めて近い。「非」は微部陰聲合口に屬する。「彼」と同音の議論はしにくい關係にあるが、「彼」と音が近い「靡」は「つくす、滅ぼす」の意味がある。意味の上で「非」と「靡」は結びつく。「是」・「氏」はいずれも佳部陰聲開口に屬し、「視」と同音關係を議論しにくいが[48]、『通覽』48頁を參照すればよくわかるように、「視」・「是」いずれも「氏」を部首としている。この「氏」で近い發音關係を云々し得る。

『公羊傳』の「昧雉彼視」と侯馬盟書の「麻夷非是」は、以上のように、發音の近さも議論し得る部分もあるし、全體として意味の上で通じているとすることもできる。侯馬盟書には、「麻夷非是」の上に、「吾君其盟極視之」と書かれる。だから、「視之」の表現が、まぎれこんで「彼視」となった可能性もある。

以上の點を念頭において、『侯馬盟書』各類各種の文例を列記すると以下のようになる。ただし、『通覽』作成時點では、まだ報告書を踏襲していた字釋で、後に別の字に改めたものがある。その改めた字に下線__を附しておく[49]。また、第三類において、人名とその子孫について、文章内の位置が定まらないところがある。問題となる人名とその子孫の部分に＿を附した。第一類と第五類は、釋文のみ。□は不明字。

第一類：十有一月甲寅朏乙丑、敢用元□□……丕顯皇君𡖄公、□余不敢惕怂□□……□憲定宮平時之命、女嘉之□□大夫□□……大夫□……之……怂……以自……不帥從□書之言……皇君……視之麻夷非……

第二類一種：「參盟人」、敢へて其の腹心をあきらかにして以て其の主に事へざらんや。もし敢へて盡く子趙孟［嘉］の盟、定宮及び平時の命に從はずんば、もし敢へて或ひは叝改し、助して

第二章　先秦史料と通して知る「仁」とその原義

奐するに及び、之を二宮に守らざらしめば、もし敢へて趙穆、及び其の子孫を、晉邦の地に復入せんと志すこと有らば、及び其の群もて虖し盟はば、廬が君其の盟殛もて之に睨（視）し、麻（滅）夷して氏を非とせよ。

第二類二種：「參盟人」、敢へて其の腹心をあきらかにして以て其の主に事へざらんや。もし敢へて趙歆及び其の子孫、史醜及び其の子孫を、晉邦の地に復入せんと志すこと有らば、及び其の群もて虖し盟はば、廬が君其の盟殛もて之に睨（視）し、麻夷して氏を非とせよ。

第二類三種：「參盟人」、敢へて其の腹心をあきらかにして以て其の主に事へざらんや。もし敢へて盡く嘉［子趙孟］の盟、定宮及び平時の命に從はずんば、もし敢へて或ひは戡改し、助して奐するに及び、之を二宮に守らざらしめば、もし敢へて趙穆及び其の子孫及び范克及び其の子孫及び范德及び其の子孫及び趙歆及び其の子孫及び史醜及び其の子孫を、晉邦の地に復入せんと志すこと有らば、及び其の群もて虖し盟はば、廬が君其の盟殛もて之に睨し、麻夷して氏を非とせよ。

第二類四種：「參盟人」、敢へて其の腹心をあきらかにして以て其の主に事へざらんや。もし敢へて盡く嘉［子趙孟］の盟、定宮及び平時の命に從はずんば、もし敢へて或ひは戡改し、助して奐するに及び、之を二宮に守らざらしめば、もし敢へて趙穆、及び其の子孫及び范克及び其の子孫及び范德及び其の子孫及び趙歆の其の子孫及び史醜及び其の子孫及び司寇鶩の子孫及び司寇結及び其の子孫を、晉邦の地に復入せんと志すこと有らば、及び其の群もて虖し盟はば、廬が君其の盟殛もて之に睨し、麻夷して氏を非とせよ。

第三類：「參盟人」、君の所に誓してより、もし敢へて愈きて趙穆の所、及び其の子孫、范克及び其の子孫及び其の子乙及び其の子孫及び其の伯父、叔父及び其の兄弟及び其の子孫、范德及び其の子孫、范鑿及び其の子孫、待及び其の子孫、范魯及び其の子孫、范廙及び其の子孫、中都の范強及び其の子孫、范木及び其の子孫、范魯及び其の子孫、范廙及び其の子孫、婁及び其の子孫及び其の新君弟及び其の子孫、陞及び其の新君弟及び其の子孫、趙朱及び其の子孫、邵城及び其の子孫、趙喬及び其の子孫、郲詨及び其の子孫、邯鄲郵政及び其の子孫、関舍及び其の子孫、関伐及び其の子孫、郵瘖及び其の子孫、史醜及び其の子孫、郵瘖及び其の子孫、邵城及び其の子孫、司寇鶩及び其の子孫、司寇結及び其の子孫、関伐及び其の子孫、郵瘖及び其の子孫、邵城及び其の子孫のところに出入し、及び群もて虖し盟はば、「參盟人」、敢えて嘉の身及び其の子孫を顆（没）えしめずんば、もし敢へて或ひは之を晉邦の地に復入せんとせば、及び群もて虖し盟はば、之に行道に遇ひて之を殺さざる所あらば、則ち廬が君其の盟殛もて之に視し、麻夷して氏を非とせよ。関伐及び其の子孫、既に誓するの後、もし敢へて或いは巫覡祝史をして之を皇君の所に敷し綂し繹せしめざる所あらば、則ち其の永殛もて之に視し、麻夷して氏を非とせよ。関伐及び其の子孫、「參盟人」、之に行道に遇ひて之を殺さざる所あらば、之を〜せざる所あらば、吾盟はば、廬が君其の盟殛もて之に視し、麻夷して氏を非とせよ（＿を附けたものは、盟辞上どこに記されるか、複数の場合がある）。

第四類：「參盟人」、今より以往、敢へて此の盟誓の言に逢從せざらんや。もし敢へて或ひは室を内れなば、もし或ひは宗人兄弟或ひは室を内るるを聞きてもし執へず獻ぜずんば、丕顯なる⚘公の大冢、盟殛もて之に視し、麻夷して氏を非とせよ。

第五類一種：□無郗之韓子所不□奉□□主而敢……之……愈出内于中行寅及范□之所……盟……爲……卑不利于……□□□□所敢行……□蟲……利于……。

第五類二種：而卑衆人窓死……之……所敢……見……之……。
第六類（卜筮類）一種：羊□……□筮□……以……。
第六類二種：癸二□五……卜以吉……筮□□……。
第六類三種：以是□□□……稷……用范克……筮……□……。
第七類一種：其腹心以……其主而敢不……者而敢有志……趙稷及其子孫……地者及群虜盟者盧君其□……其……□子勿遷兄弟勿……之命□其盟瘞視之麻……。

以上を通覽して、すぐに了解できるのは、人名を羅列するのに、「及び其の子孫」と述べることである。一族としてのまとまりが前提となっている。しかも、その一族は、さらに族的まとまりをもっている。第二類は一種から四種まで、そして第三類に、人名が增えていくが、增やし方は、核となる人物の後に關係ある人物をそれぞれまとめる。例えば第二類四種に「范克」とのみある人物の下に、第三類は「范乙・伯父・叔父・兄弟」を續ける[50]。

これらの人物のうち、敵方で筆頭に擧げられているのが「趙稷」であり、盟書文章內において、「子趙孟」・「嘉」という特別な稱謂をもって遇されているのが趙鞅（趙簡子）である。趙稷の下には、有力者として「范克」・「范德」・「䞋歀」・「史醜」・「司寇驀」・「司寇結」の名があり、范氏以外、「史氏」は「士氏」、「司寇氏」は范氏から分かれた「司功氏」であろうと想定された。また、當時の文獻記載を精査すると、同一人が複數の名をもつことが多いが、それらの名は相互に意味のにかよった字を用いる[51]。「䞋歀」の「歀」は「歀」・「呈」・「餩」等と書かれる。「呈」が共通する部首である。この字は[52]「通る、快くする」（『説文』逞）の意味がある。一方「寅」にも「進む」（『爾雅』釋詁「寅」）の意味がある。ということで、「䞋歀」は第五類一種にもその名が見える「中行寅」であろうと推定し得た。「䞋歀」は盟辭上の位置が、范氏に次ぐ地位になっていることも、その想定を支える。

そこで、あらためて注意すべき表現を列記すれば、「丕顯皇君☨公」（第一類）・「子趙孟［嘉］の盟、定宮及び平時の命」（第二類一種・三種・四種）・「盧（吾）が君其の盟瘞もて之に睨し」（第二類一種・二種・三種・四種、第三類）、「もし敢へて或いは巫覡祝史をして之を皇君の所に敵し縋し繹せしめざる所あらば」（第三類）、「敢えて嘉の身及び其の子孫を顙（没）えしめずんば」（第三類）、「丕顯なる☨公大冢、盟瘞もてこれに視せ」（第四類）等がある。

これらの前後の文脈から、「丕顯皇君☨公」が「盧（吾）が君」であり、「嘉」が「子趙孟」であり趙簡子であることがわかる。「嘉の身及び其の子孫を顙（没）えしめ」ることが、必要であることもわかる。そして「盧（吾）が君」すなわち「皇君☨公」は「盟瘞もて之に視す」力がある。第三類に「其の永瘞もて之に視し」とあるのも、この「盟瘞」であろう。第四類には、「丕顯☨公大冢盟瘞視之」とあるが、同種の表現ということでは、『通覽』に附載した「溫縣出土盟書」に「丕顯☨公大塚、惌惡視之」とある。こちらは「惌惡」と述べる。「盟瘞」・「永瘞」・「惌惡」相互に言い換えが可能ということだろう。

「丕顯皇君☨公」の「☨」は當初「晉」と釋されたが、江村治樹[53]により、そうではないと異論が出され、「☨」として字釋なしの字とされるようになった。『通覽』において「☨」と「晉」は明確に區別されていることを再確認している（下記圖2-3・2-7等參照）。近年魏克彬「侯馬與溫縣盟書中的"岳公"」[54]により、☨が「岳」に他ならないことが明らかにされた。根據は、『汗簡』（「華岳碑」）と『古文四聲韻』（「華岳碑」）である。筆者も同意する。

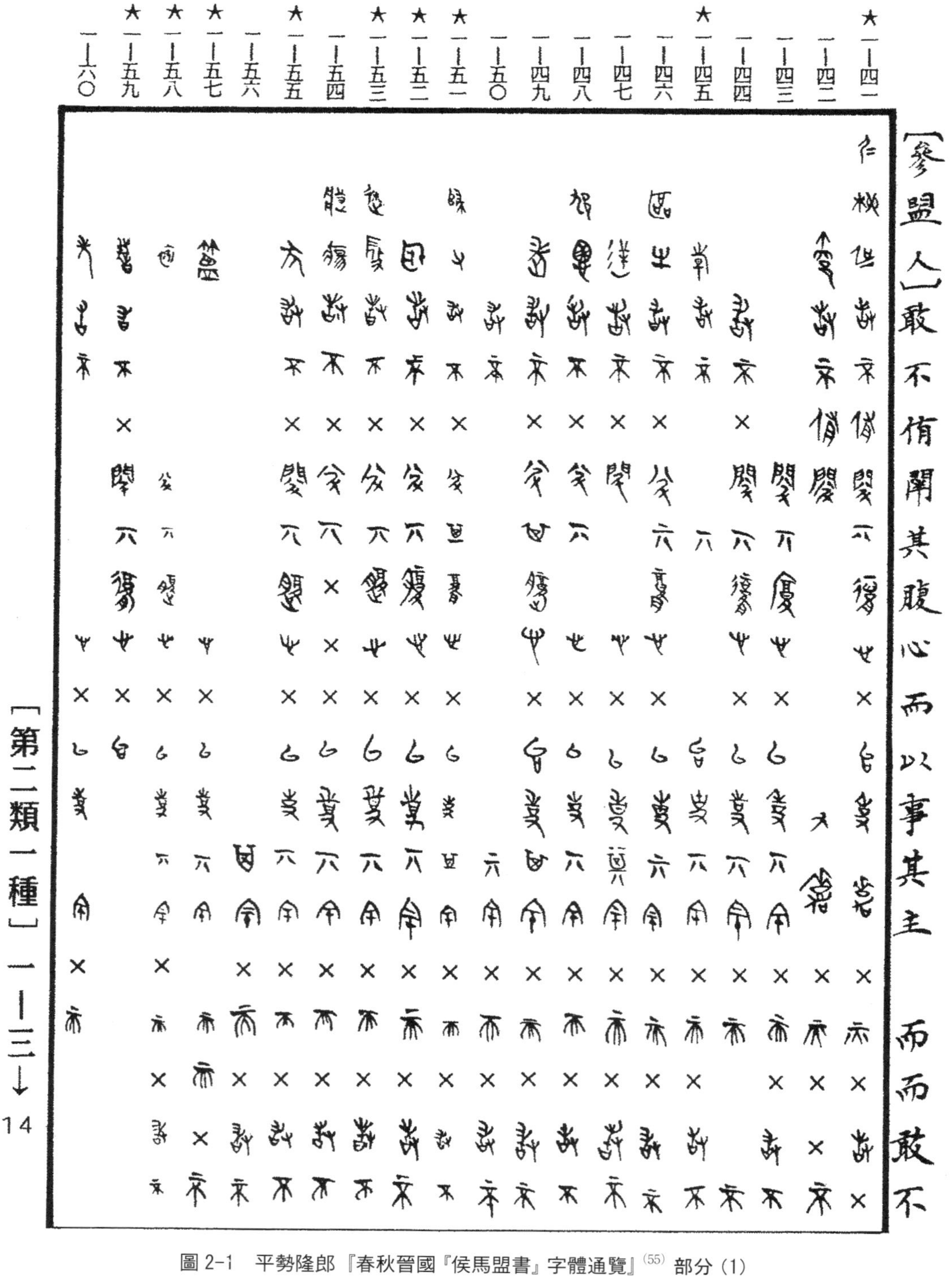

圖 2-1　平勢隆郎『春秋晉國『侯馬盟書』字體通覽』(55) 部分 (1)

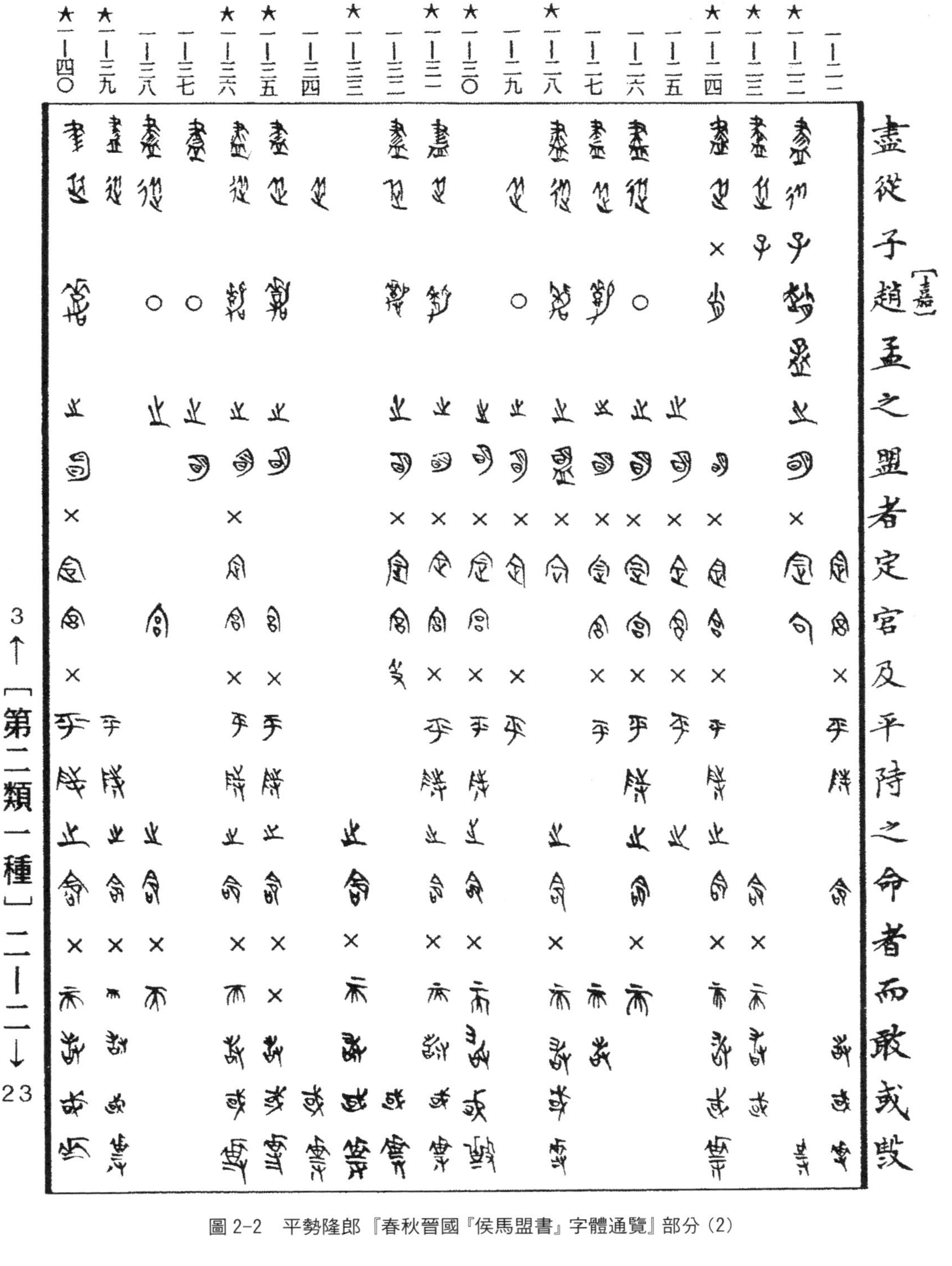

第三節 『論語』の「仁」と侯馬盟書

圖 2-2　平勢隆郎『春秋晉國『侯馬盟書』字體通覽』部分（2）

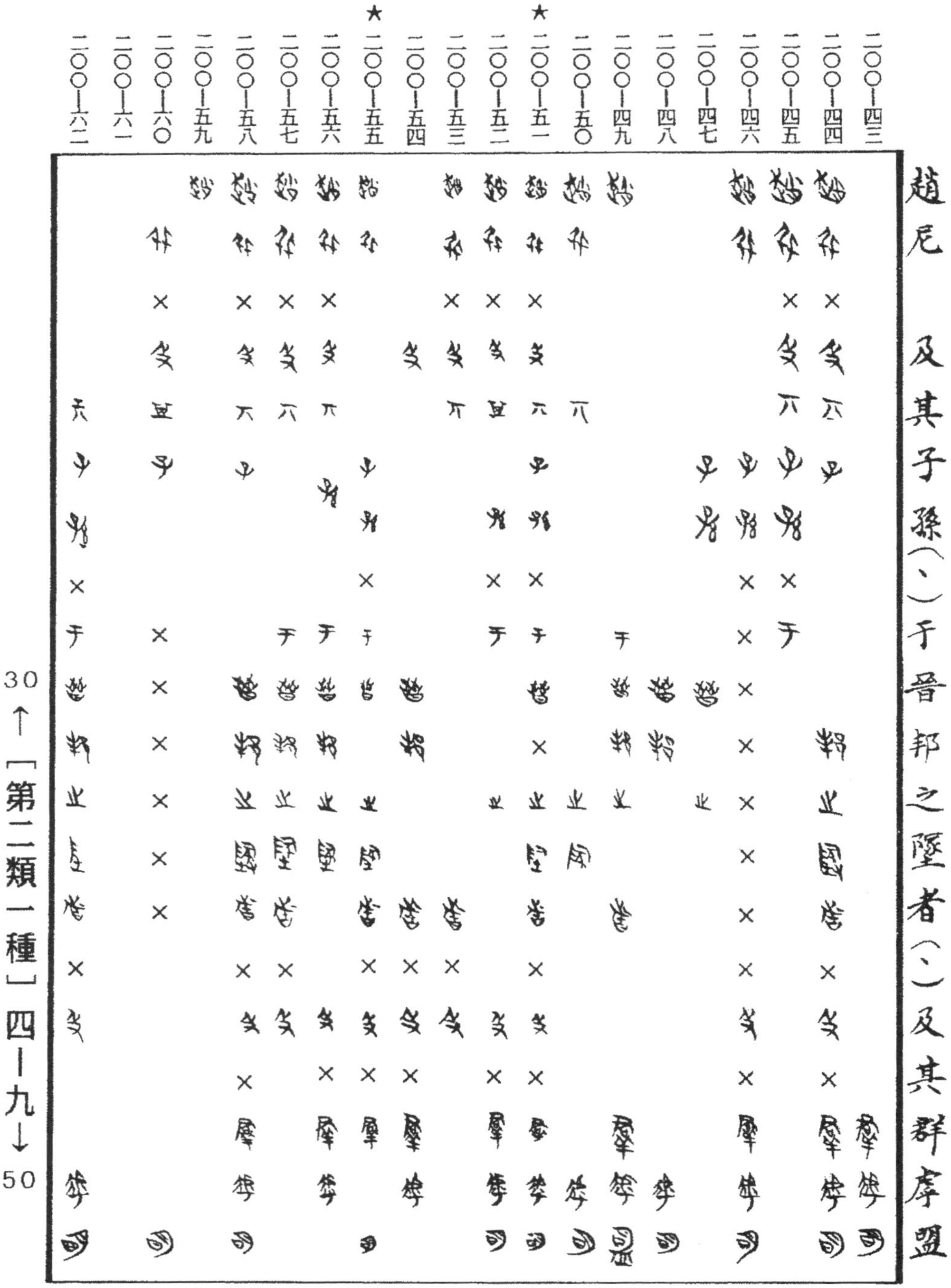

圖 2-3　平勢隆郎『春秋晉國『侯馬盟書』字體通覽』部分（3）

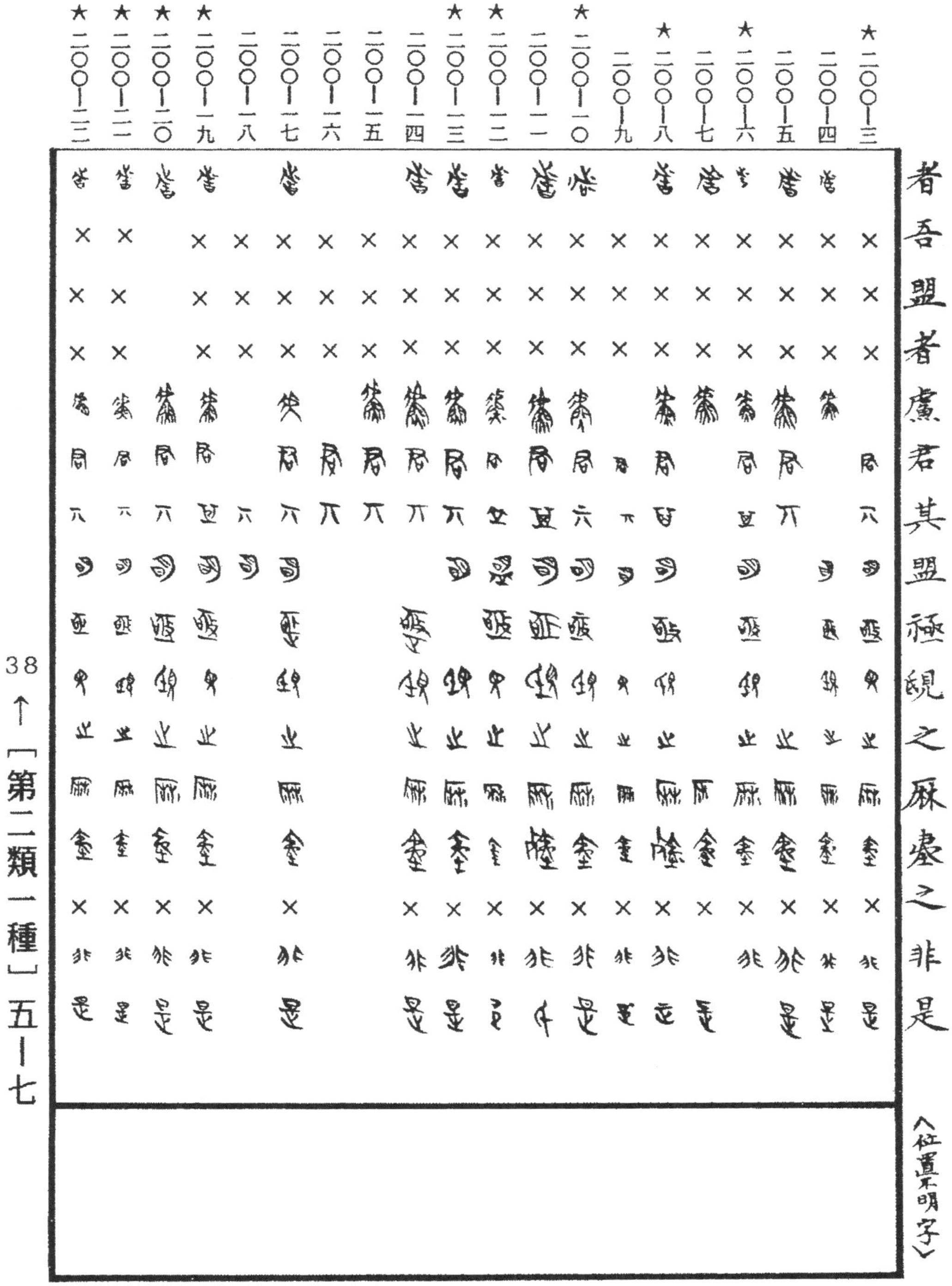

圖 2-4　平勢隆郎『春秋晉國『侯馬盟書』字體通覽』部分（4）

第二章　先秦史料と通して知る「仁」とその原義

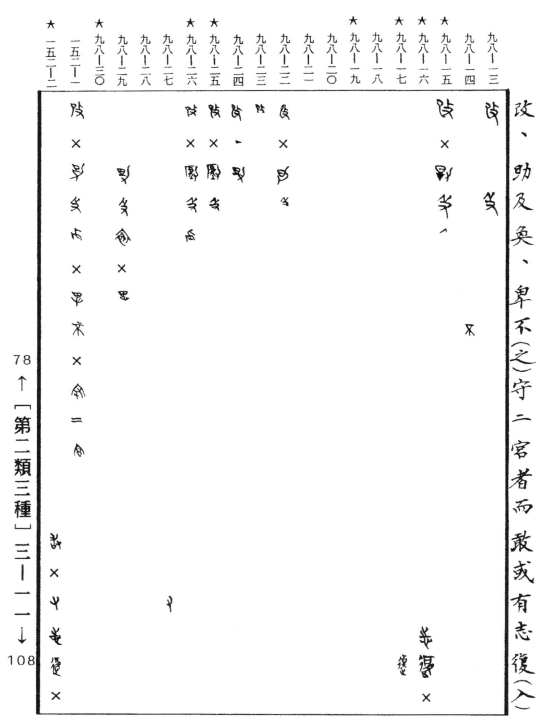

圖 2-5　平勢隆郎『春秋晉國『侯馬盟書』字體通覽』部分 (5)

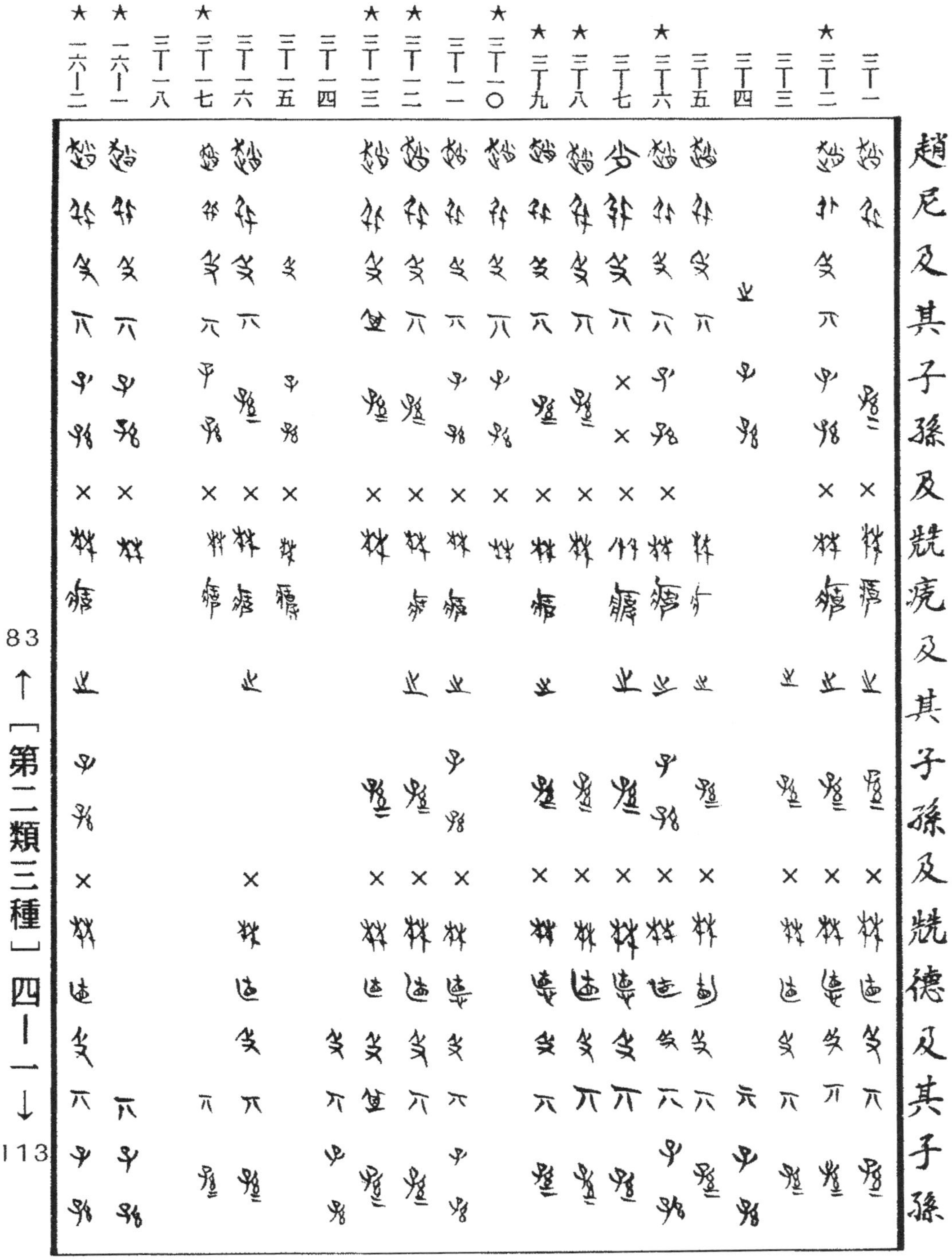

圖 2-6　平勢隆郎『春秋晉國『侯馬盟書』字體通覽』部分（6）

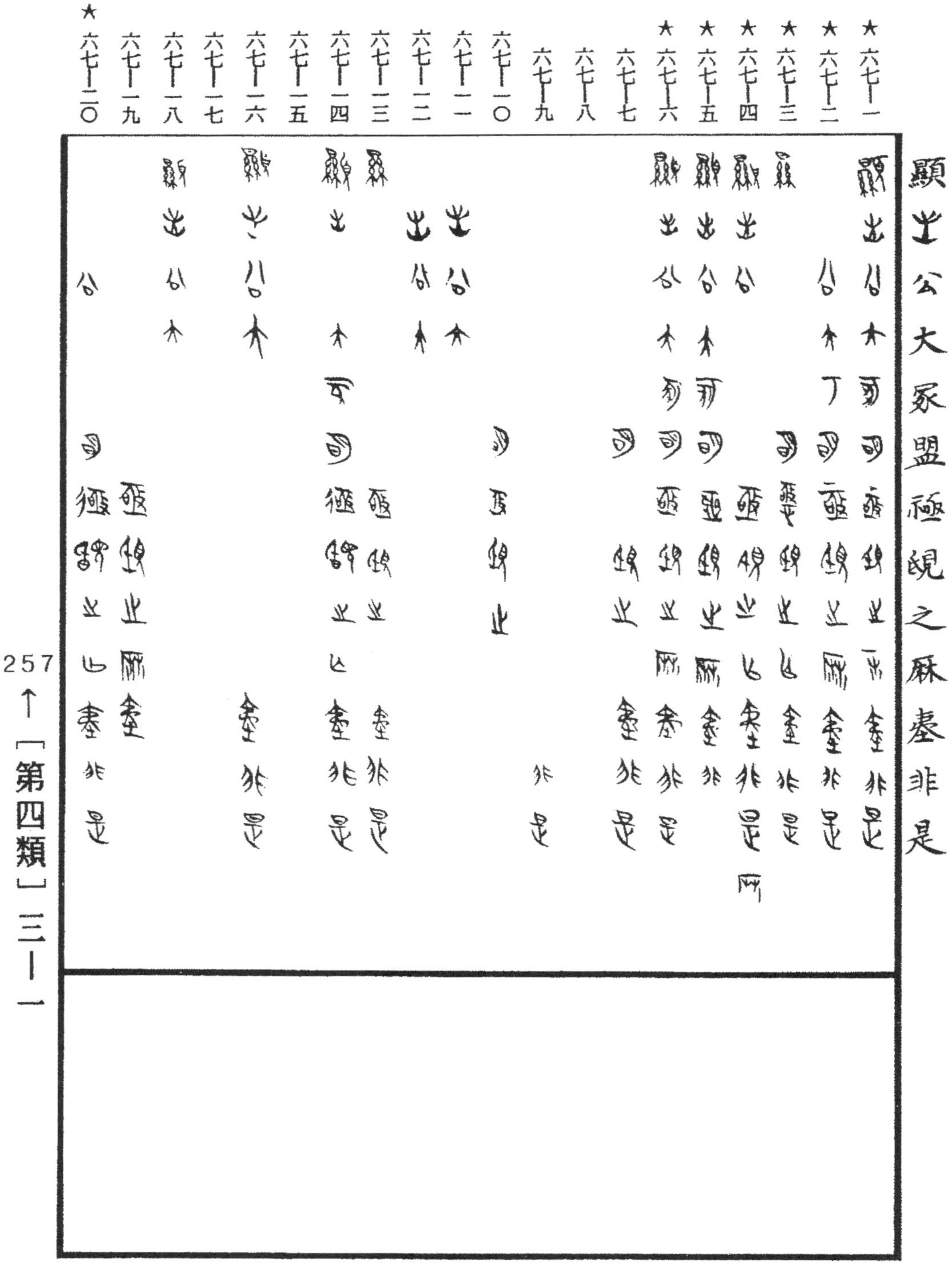

圖 2-7　平勢隆郎『春秋晉國『侯馬盟書』字體通覽』部分（7）

ここに見えているのは、「丕顯皇君岳公」すなわち「吾が君」が「盟殛」・「永殛」・「麃殛」を視す、と述べて、罰を降す存在だということである。この神罰の問題は、やがて法制度が整備されることで、法の運用という話題に切り替わって論じられることになる。この法の運用のことが二十四史には、「仁」評價に密接に關わることとして議論されていた。ということになると、「丕顯皇君岳公」すなわち「吾が君」とは別に議論されている「敢えて嘉の身及び其の子孫を没えしめ」るという「嘉」、「子趙孟［嘉］の盟、定宮及び平時の命」という「嘉」は、後々の君主に相當する何かとして議論すべきではないのか。そして、どうしてここに「嘉の身」が問題になるのか。

　場は盟誓の場である。そこに「嘉」とされる趙孟を頂點に戴く者たちが集まる。「丕顯皇君岳公」すなわち「吾が君」が「盟殛」・「永殛」・「麃殛」を視す、と述べる。罰を降す存在とその神罰を述べる。敵方に寝返ったり、敵方を「晉邦の地」に入れたりしない。そして「嘉の身」を没［顙］えしめる。

　この「身」に「心」を加えた字が、近年出土の竹簡に書かれている。これは、『汗簡』や『古文四聲韻』によって傳えられてきた字が竹簡の字として確認されたもので、「仁」である。すでに檢討したように、最も原初的意味の「仁」を記すと見られるのが『左傳』の説話であって、國と國が關わる場において議論されていた。盟誓は、この國と國が關わる儀式である。侯馬盟書の場合、趙簡子の下に參集した者たちは、趙氏が管領する都市に住む者たちとあらたに趙氏の傘下におさまった者たちである。これは、晉國をいくつかに分けた勢力である。晉國に多くの都市がある以上、晉の勢力は周王朝のそれに匹敵する。侯馬の盟誓に參加した者たちは、周王の下において諸侯とされている者やその配下に相當する。だから、侯馬の盟誓も、「複數の國が關わる場」において作成されたと言って差し支えない。つまり、『左傳』で話題にされた「仁」と同樣の場において、「嘉の身を没えしめる」ことが約束された、ということである。この「嘉の身」は、やはり複數の國が關わる場において、重視されている。「仁」に等しいかどうかは、不明であるとは言え、「嘉の身」の「身」は「仁」ととても關係性の深い言葉だとだけは言える。

　そこで、あらためて、『論語』に見える「仁」を檢討してみることにしよう。

2. 『論語』の「仁」

　『論語』は、孔子の死後、長い年月をかけて現在の體裁をもつにいたったと考えられている。本論は、その『論語』を分析し、篇ごと、文章ごとの時期區分を行うことを目的とはしていない。しかし、すでに檢討したように、二十四史から遡って經典を分析し、侯馬盟書にも及んだ。この目をもって、「仁」評價に焦點をしぼり、論を進めようとする。

　學而一には。「有子曰、其爲人也孝弟、而好犯上者鮮矣、不好犯上、而好作亂者、未之有也、君子務本、本立而道生、成孝弟也者、其爲仁之本與」とある。

　ここには、「君子は本を努める」とあるので、君子のことを述べている。「本が立って道が生じる」とあるので、君子から道が生じる可能性がある。「孝を成す」ことと「弟を成す」ことは「仁」を爲す本だという。ここに「成」と「爲」の違いがある。「孝を成す」は「孝」の行爲が見える。「弟を成す」は「弟」の行爲が見える。「仁を爲す」は「仁」が見えるわけではない。「仁」は行爲として認識できるわけではない。だから「仁を爲す本」という言い方になる。その人と爲りが孝弟であって、上を犯す者は少ない。上を犯すを好まずして亂をなすを好む者は、いたためしがない。

また「子曰、巧言令色鮮矣仁」とある。「仁」がないわけではないが、少ない。

また「子曰、弟子入則孝、出則弟、謹而信、汎愛衆、而親仁、行有餘力、則以學文」とある。「弟子」は家に入りては「孝」を成し、家から出ては「弟」を成し、愼んで「信」があり、ひろく衆を愛し、「仁」に親しみ、行いに餘力があると、文を學ぶ。

八佾三には「子曰、人而不仁、如禮何、人而不仁、如樂何」とある。「仁」と禮、「仁」と樂は、深く關わる。

里仁四には「子曰、里仁爲美、擇不處仁、焉得知」とある。「里仁」は通常「仁におる」と解釋するが、別解を示しておくと、「里」にまで「仁」がおよんでいるのはすばらしい。

また「子曰、不仁者不可以久處約、不可以長處樂、仁者安仁、知者利仁」とある。「仁者」と「知者」との關係が、ここに書かれる。上記のように、「孝弟なるものは仁を爲すの本」だとあり、「君子」には、「仁」を爲す可能性がある。この目に見える條件を勘案すれば、目に見える「知」をもとに判斷する「知者」は、間接的に「仁」を判斷し得る。だから、「知者」は「仁」を利用できる。「仁」がない「不仁」も判斷し得る。「不仁」は約束ごとに關與させてはならず、「樂」にも關與させてはならない。

また「子曰、惟仁者能好人、能惡人」とある。「仁者」のみが「人を好む」ことと「人を憎む」ことが理解でき實踐できる。

また「子曰、苟志於仁矣、無惡也」とある。「仁に志す」という段階では、「憎む」ことはやめておく。

また「子曰、富與貴、是人之所欲也、不以其道得之、不處也、貧與賤、是人之所惡也、不以其道得之、不去也、君子去仁、惡乎成名、君子無終食之間、違仁、造次必於是、顚沛必於是」とある。君子が「仁」を去っては、名を成す場がない。君子は食を終える間にも「仁」に違うことなく、造次（急遽）にも必ず是においてし、顚沛（つまづきたおれる）にも必ず是においてする。富と貴とは人の欲するところである。その道をもってこれを得ないと、居ることはない。貧と賤とは人の憎むところである。その道をもってこれを得ないと、去ることはない。

貧と賤は道をもって得る場合もある。その場合は、これを去ることになる。ここで問題になっているのは、「人」である。さらに「君子」は「仁」との關係が上記のようになる。

また「子曰、我未見好仁者、惡不仁者、好仁者無以尚之、惡不仁者其爲仁矣、不使不仁者加乎其身、有能一日用其力於仁矣乎、我未見力不足者、蓋有之矣、我未之見也」とある。孔子が言うには、まだ「仁」を好む者と「不仁」を憎む者を見たことがない。「不仁」を憎む者も「仁」を爲すことになる。「不仁」なるものをその身に加えしむるためである。一日その力を「仁」に使う者がいるかというと、力が不足している者を見たことはない。これは有るだろうが、私は見たことはない。

また「子曰、民之過也、各於其黨、觀過斯知仁矣」とある。民のあやまちは、その黨においてする。あやまちを見ると、「仁」を知ったことになる。上記の知者の立場を述べている。

公冶長五には「或曰、雍也仁而不佞、子曰、焉用佞、禦人以口給、屢憎於人、不知其仁、焉用佞」とある。ある人が言うには、仲弓は「仁」があるが佞ではない。孔子が言うには、佞など言う必要はない。人を御するのに口給をもってする。しばしば人に憎まれている。その「仁」を知らない。佞など言う必要がない。

ある人が「仁」だと述べたことを孔子が否定し、「知らない」と述べる。具體的形が見えない

ということである。

　また「孟武伯問、子路仁乎、子曰不知也、又問、子曰、由也千乘之國、可使治其賦也、不知其仁也、求也何如、子曰、求也、千室之邑、百乘之家、可使爲之宰也、不知其仁也、赤也何如、子曰、赤也束帶立於朝、可使與賓客言也、不知其仁也」とある。孟武伯が問うのに、子路には「仁」があるか。孔子が言うには、知らない。また問う。孔子が言うには、子路は千乘の國の管理を任せられるが、その「仁」は知らない。求はどうだろうかと問う。孔子が言うには、求は千室の邑、百家の家を任せられるのでその宰とすべきである。しかしその「仁」は知らない。赤はどうだろうかと問う。孔子が言うには、赤は束帶をもって朝に立ち、賓客と會話させるとよいのだが、その「仁」は知らない。

　ここでも、「仁」の有無を聞かれて、孔子が否定し、「知らない」と述べる。具體的形が見えないということである。

　また「子張問曰、令尹子文、三仕爲令尹、無喜色、三已之、無慍色、舊令尹之政、必以告新令尹、何如、子曰、忠矣、曰仁矣乎、曰未知、焉得仁、崔子弑齊君、陳文子有馬十乘、棄而違之、至於他邦則曰、猶吾大夫崔子也、違之、之一邦、則又曰、猶吾大夫崔子也、違之、何如、子曰、清矣曰、仁矣乎、曰未知、焉得仁」とある。子張が問うて言うには、令尹子文は三度令尹となったが喜色がなく、三度これをやめたが怨みの色もなかった。舊令尹の政は、必ず新令尹に告げているが、どうだろうか。孔子が言うには、これは忠である。「仁」ではないかと問うと、知らない、どうして「仁」があると言えようかと答える。崔子は齊君を弑し、陳文子は馬が十乘もいたが、棄てて去った。他邦に至ると吾が大夫崔子のごときものだと述べて去った。別の一邦も行くとまた吾が大夫崔子のごときものだと述べて去った。どうだろうか。孔子が言うには、清である。「仁」ではないかと問うと、知らない、どうして「仁」だと言えるだろうかと答える。

　ここでは、具體的形を述べて、「仁」ではないかと質問され、孔子がこれを否定する。具體的形が「忠」や「清」であって「仁」ではないとする。

　雍也六には「子曰、回也、其心三月不違仁、其餘則日月至焉而已矣」とある。孔子が言うには、顏回はその心が三ヶ月仁に違わなければ、その餘は日月をもって至るであろう。

　ここに述べるのは、顏回には「仁」が期待できる、ということである。

　また「樊遲問知、子曰、務民之義、敬鬼神而遠之、可謂知矣、問仁、曰、仁者先難而後獲、可謂仁矣」とある。樊遲が知を問う。孔子が言うには、民の義も務めて、鬼神を敬してこれを遠ざく。これは知と言うべきだ。「仁」を問う。孔子が言うには、「仁者」は難を先にして獲るを後にする。これは仁ありと言うべきだ。

　知者は、目に見えることで判斷する。鬼神は見えないので判斷しない、ということになる。「仁」はというと、見える見えないで判斷するのではない。ただ、難を先にし獲るを後にする、という形が見えれば、「仁」ありと考える。

　また「子曰、知者樂水、仁者樂山、知者動、仁者靜、知者樂、仁者壽」とある。孔子が言うには、知者は水を樂しみ、「仁者」は山を樂しむ。知者は動き、「仁者」は靜かである。知者は樂しみ、「仁者」はいのちがながい。

　知者と「仁者」の關係は、山と水との關係に置き換えられる。山には水が流れ泉が湧く。だから知者は動き、「仁者」はじっとしている。知者は水を樂しむ立場であり、「仁者」は水を與える

立場としていのちがながい。

　また「宰我問曰、仁者雖告之曰井有仁焉、其從之也、子曰、何爲其然也、君子可逝也、不可陷也、可欺也、不可罔也」とある。宰我が質問して言うには、仁者が告げて、井戸に「仁」があると述べたら、これに従うべきだろうか。孔子が言うには、どうしてその通りだということになろうか。君子はすておいて去るべきだ。民を陷らせてはいけない。民を欺くべきだ、民を罪してはいけない。

　また「子貢曰、如有博施於民而能濟衆、何如、可謂仁乎、子曰、何事於仁、必也聖乎、堯舜其猶病諸、夫仁者已欲立、而立人、已欲達、而達人、能近取譬、可謂仁之方也已」とある。子貢が言うには、もし民に博施し衆を救うことができるとすれば、どうだろうか。「仁」と言うべきだろうか。孔子が言うには、どうして「仁」を事としているだろうか。必ずや聖かと問うと、堯舜はこれに病めるがごときであった。そもそも「仁者」はすでに立とうとして、人を立てた。已に達しようとして人を達するようにし、近く譬を取ることができた。こういう場合、「仁」の方途と言うべきだろうか。このように答えた。

　述而七には「子曰、志於道、據於德、依於仁、游於藝」とある。道に志し、德に據り、「仁」に依り、藝に游ぶ。道・德・「仁」・藝いずれを取り上げても、自分はそれに従う存在だという場合、このように言うということだろう。示された道を前に志し、示された德を前に據り、示された「仁」を前に依り、示された藝を前にそれらを學び樂しむ。

　また「冉有曰、夫子爲衞君乎、子貢曰、諾吾將問之、入曰、伯夷叔齊何人也、曰古之賢人也、曰怨乎、曰求仁而得仁、又何怨乎、出曰、夫子不爲也」とある。冉有が言うには、夫子は衞君をたすけるだろうか。子貢が言うには、よし、私が問うてみよう。入りて言うには、伯夷叔齊はどんな人でしょうか。孔子が言うには、古の賢人である。問うて言うには、怨んだのでしょうか。孔子が言うには仁を求めて「仁」を得た。何の怨みがあろうか。出て言うには、夫子はたすけないだろう。伯夷・叔齊は傳説の孤竹君の二子である。國を讓って遠く去り、餓死した。『左傳』に見えた「仁」は複數の國をとりもつ德となっている。この場合、讓った國にも、餓死した國にも迷惑をかけていない、という意味だろう。

　また「子曰、仁遠乎哉、我欲仁、斯仁至矣」とある。孔子が言うには、「仁」は遠くない。私が「仁」を欲すると、「仁」が至るのだ。孔子は「仁」がわかるので、「仁」を呼び寄せることができる。目に見える形として「仁」の行動をとることができる。

　また「子曰、若聖與仁、則吾豈敢、抑爲之不厭、誨人不倦、則可謂云爾已矣、公西華曰、正唯、弟子不能學也」とある。孔子が言うには、聖と「仁」のごときは、みずから敢えてできるだろうか。抑もこれを爲して厭きることがない。人を教えて倦まない。とすると、このように言うと言うべきである。公西華が言うには、正にしかりである。弟子は學ぶことができない。聖も「仁」も、孔子だけがわかる、形にできる、というのが結論である。

　泰伯八には「子曰、恭而無禮則勞、愼而無禮則葸、勇而無禮則亂、直而無禮則絞、君子篤於親、則民興於仁、故舊不遺、則民不偸」とある。孔子が言うには、恭であって禮がないと勞ということになる。愼であって禮がないと葸ということになる。勇であって禮がないと亂ということになる。直にして禮がないと絞ということになる。君子は親に篤いので、民は「仁」より興る。故に舊が忘れられないと民は薄くならない。

君子の「仁」の下で、民は教化される。

また「曾子曰、士不可以不弘毅、任重而道遠、仁以爲己任、不亦重乎、死而後己、不亦遠乎」とある。曾子が言うには、士はもって弘毅でないわけにはいかない。任は重く道は遠い。「仁」もって己が任とするが、とても重い。死んで後にやむ。とても遠い。

士にとってみると、「仁」も「道」もとりかかれるものはない。

また「子曰、好勇疾貧亂也、人而不仁、疾之已甚亂也」とある。孔子が言うのに、勇を好み、貧を病むと、亂が起こる。人として「不仁」であり、これを病むこと甚だしいと、亂が起こる。學而一に、「君子は本を努める」とあった。その人と爲りが孝弟であって、上を犯す者は少ない。上を犯すを好まずして亂をなすを好む者は、いたためしがない、とあった。これを「不仁」に言い換えている。これ以外に「好勇疾貧」があるという。

子罕九には「子罕言利、與命與仁」とある。子罕が利と命と「仁」を述べた。

また「子曰、知者不惑、仁者不憂、勇者不懼」とある。孔子が言うには、知者は惑わない。「仁者」は憂えない。勇者は懼れない。知者は知を極めるので惑いのない狀況を作る。「仁者」は先を讀むので憂いのない狀況を作る。勇者は勇の使い方を知っているので畏れのない狀況を作る。

顏淵十二は「顏淵問仁、子曰、克己復禮、爲仁、一日克己復礼、天下歸仁焉、爲仁由已、而由人乎哉、顏淵曰、請問其目、子曰、非禮勿視、非禮勿聽、非禮勿言、非禮勿動、顏淵曰、回雖不敏、請事斯語矣」とある。顏淵が「仁」を問う。孔子が言うには、克己復禮を「仁」とする。一日己れに克ち禮に復するなら、天下は「仁」に歸する。「仁」を爲す場合は己に由る。人に由らんか。顏淵が言うには、その目を請問する。孔子が言うには、禮でなければ視てはいけない。禮でなければ聽いてはいけない。禮でなければ言ってはいけない。禮でなければ動いてはいけない。顏淵が言うには、わたくし回は敏でないといっても、この語を事としたいと思います。

また「仲弓問仁、子曰、出門如見大賓、使民如承大祭、己所不欲、勿施於人、在邦無怨、在家無怨、仲弓曰、雍雖不敏、請事斯語矣」とある。仲弓が「仁」を問う。孔子が言うには、門を出ては大賓を見るがごとく、民を使うには大祭を承けたるがごとくする。己の欲しないことは、人に施してはいけない。邦にあっては怨みなく、家にあっても怨みがない、仲弓が言うには、わたくし雍は敏ではないといっても、この語を事としたいと思います。

また「司馬牛問仁、子曰、仁者其言也訒、曰其言也訒、斯謂之仁已乎、子曰、爲之難言之得無訒乎」とある。司馬牛が「仁」を問う。孔子が言うには、「仁」なるものは、その言は訒（忍ぶ）である。問うて述べる、その言が訒だとこれを「仁」といってよろしいでしょうか。孔子が言うには、これを爲すことは難しい、これを言って訒なきを得てしまう。

司馬牛の質問に答え、「仁」を爲すことは難しいと述べる。

また「子張問、士何如斯可謂之達矣、子曰、何哉爾所謂達者、子張對曰、在邦必聞、在家必聞、子曰、是聞也、非達也、夫達也者、質直而好義、察言而觀色、慮以下人、在邦必達、在家必達、夫聞也者、色取仁、而行違、居之不疑、在邦必聞、在家必聞」とある。子張が問う。士はどのようにしてここにこれを達と言ったらよろしいでしょうか。孔子が言うには、何をもってあなたは達を述べようとするのか。子張が答えて言うには、邦にあっては必らず聞こえ、家にあっては必ず聞こえるということです。孔子が言うには、それは聞であって達ではない。そもそも達なるものは、質直にして義を好む。言を察して色を觀る。慮ってもって人に下る。邦にあっては必ず達

し、家にあっては必ず達する。そもそも聞なるものは、色について「仁」に取り、行いは違っている。これに居って疑うことがない。邦にあって必ず聞こえ、家にあって必ず聞こえる。

「達」と「聞」という知覺できる基準を使って、質問する。これに孔子は答え、「仁」とのずれを述べる。

また「樊遅問仁、子曰、愛人、問知、子曰、知人、樊遅未達、子曰、舉直錯諸枉、能使枉者直、樊遅退見子夏、曰郷也吾見於夫子而問知、子曰、舉直錯諸枉、能使枉者直、何謂也、子夏曰、富哉言乎、舜有天下、選於衆舉皋陶、不仁者遠矣、湯有天下、選於衆、舉伊尹、不仁者遠矣」とある。樊遅が「仁」を問う。孔子が言うには、人を愛することだ。知を問う。孔子が言うには、人を知ることだ。樊遅はまだ達の狀況になっていなかったので（わからない樣子だったので）、孔子が言うには、直を舉げてこれを曲がれるにおけば、曲がれるものを直にする。樊遅が退いて子夏に會見して言うには、先にわたくしは夫子にお會いして知を問うた。孔子が言うには、直を舉げてこれを曲がれるにおけば、曲がれるものを直にするとはどういうことか。子夏が言うには、お言葉は豊富だったね。舜が天下を有し、衆より選ぶのに皋陶を舉げた。そのため「不仁」なる者は遠ざかった。湯が天下を有すると、衆より選ぶのに伊尹を舉げた。そのため「不仁」なる者は遠ざかった。

樊遅が「仁」を質問したのに答え、孔子は直を選ぶことで曲がれるものを是正できるとする。こういう形が目に見える、ということである。子夏は人物を選ぶことで「不仁」が遠ざかると解説した。

また「曾子曰、君子以文會友、以友輔仁」とある。曾子が言うには、君子は文をもって友に會し、友をもって「仁」を輔ける。

子路十三には「子曰、如有王者、必世而後仁」とある。孔子が言うには、王者が出現する場合、必ず王者が世に出てから後に「仁」が問題となる。

ここには、二十四史の「仁」に通じる話題が示されている。王者の出現の後に「仁」が語られる。二十四史では皇帝が代々「仁」評價されるということであった。これも初代皇帝や、皇帝の祖先から「仁」評價が始まることに通じる話題になっている。

また「樊遅問仁、子曰、居處恭、執事敬、與人忠、雖之夷狄、不可棄也」とある。樊遅が「仁」を問う。孔子が言うには、居處にて恭、執事にて敬、人と關わって忠であるなら、夷狄に行くといっても、棄てることはできない。

樊遅が「仁」を質問したのに答え、孔子は「恭」・「敬」・「忠」を使って「形」を示した。夷狄にいったとしても、これらが備わっていたら、「仁」を議論する。

また「子曰、剛毅木訥近仁」とある。孔子が言うには、「剛毅木訥」は「仁」に近い。

これも質問に答えたものだろう。「仁」に近いというのは、「仁」そのものにはならない。

憲問十四には「憲問恥、子曰、邦有道穀、邦無道穀恥也、克伐怨欲不行焉、可以爲仁矣、子曰、可以爲難矣、仁則吾不知也」とある。原憲が恥を問う。孔子が答えて言うには、邦に道があれば穀する。邦に道がなくして穀するのは恥である。克・伐・怨・欲が行われないなら、「仁」と爲すべきである、と質問する。孔子が言うには、そういうのは難しい。「仁」とこれらとの關係を私は知らない。

質問に答え、「克・伐・怨・欲」が行われないことと「仁」とは、關わらせて議論できないこ

とを述べる。

　また「子曰、有德者必有言、有言者、不必有德、仁者必有勇、勇者不必有仁」とある。孔子が言うには、有德者は必ず言が有る。言が有るからといって、必ずしも德があるわけではない「仁者」は必ず勇がある。勇者が必ずしも「仁」があるわけではない。

　「仁者」と「勇者」の關係がここに述べられる。

　また「子曰、君子而不仁者有矣夫、未有小人而仁者也」とある。孔子が言うには、君子にして「不仁」なる者は出てくるが、小人にして「仁者」であるという者はあり得ない。

　「君子」も必ずしも「仁」ありということにならない。本章第二節において、『荀子』の性惡を述べ、「人」は「君子」と「小人」の間にあってまだ未定の段階であるとした。「人」の性は惡であり、その善なるものは僞である。それ故にいにしえの聖人は「人」の性が惡であって「偏險にして正しからず、悖亂にして治らず」の狀況であったとした。そして、禮儀を起こし法度を制して「人」の情性を矯正したのである。「人」にしてこうだから、「小人」はなおさらのことである。この分析視覺が『孟子』と異なっている。『孟子』の性善説と『荀子』の性惡説は、根本的には矛盾しないものであった。

　そうした完成された賢人である「君子」ではない「君子」がここに書かれている。『春秋』三傳の「君子」は完成された賢人であった。だから、ここにはより原始的な賢人である「君子」が議論されている。

　また「子路曰、桓公殺公子糾、召忽死之、管仲不死、曰未仁乎、子曰、桓公九合諸侯、不以兵車、管仲之力也、如其仁、如其仁」とある。子路が言うには、齊の桓公は公子糾を殺した。召忽はこれに際して死し、管仲は死ななかった。問うに、管仲はまだ「仁」ありとはいえないのではないでしょうか。孔子が言うには、桓公は諸侯を九合し、兵車をもってしたのでないのは、管仲の力である。その「仁」に及ぼうか。その「仁」に及ぼうか。

　ここで管仲の「仁」評價の基礎は、諸侯を九合せしめたことにある。『左傳』に見える複數の國に關わる「仁」である。

　また「子貢曰、管仲非仁者與、桓公殺公子糾、不能死、又相之、子曰、管仲相桓公霸諸侯、一匡天下、民到于今受其賜、微管仲、吾其被髮左衽矣、豈若匹夫匹婦之爲諒也、自經於溝瀆、而莫之知也」とある。子貢が言うには、管仲は「仁者」ではないでしょう。桓公は公子糾を殺し、死することもできなかった。それに相となったのだから。孔子が言うには、管仲は桓公に相となり諸侯に霸者となった。天下をととのえ正した。民は今に到るもその賜り物を得ている。管仲がなかったら、わたくしは被髮左衽の夷狄の俗に浴していただろう。匹夫匹婦の諒を爲し、自ら溝瀆にくびれて、知られることなきが如くなっていたら最惡だった。

　上記に述べた管仲を補足説明する。

　また「子曰、君子道者三、我無能焉、仁者不憂、知者不惑、勇者不懼、子貢曰、夫子自道也」とある。孔子が言うには、君子の道なるものは三つある。わたくしには三者の統合はできない。「仁者」は憂えず、「知者」は惑わず、「勇者」は畏れない。子貢が言うには、以上は夫子がみずからおっしゃったのだ。

　ここには、「君子」が「仁者」と「知者」と「勇者」の面があることを述べている。孔子が「できない」というのだから、三者の統合を述べるものであろう。上記に、「仁者」には必ず「勇」

313

第二章　先秦史料と通して知る「仁」とその原義

があるが、「勇者」には必ずしも「仁」がないとあった。また、「君子」には「不仁」なる者もいるという。『論語』の述べる「君子」には、『荀子』に述べられた「人」が言わば發展途上であるかの面が語られる。これは、上記に述べたように、『論語』が「君子」と「小人」を語り、『荀子』が「君子」と「人」と「小人」を語ることに關わる。發展途上の「君子」がいるという話題は、『春秋』三傳の「君子」が無謬であるのと異なっている。「知者」・「勇者」は「仁」評價の對象にならない。上記顏淵十二に「樊遲問仁、子曰、愛人、問知、子曰、知人」とあった。「君子」は統治者であって、「人」の上に立つ。「人」は「仁」がわからぬが、「仁」がわかる「君子」の下にいる。こうした『論語』の「人」が、『荀子』では發展途上の存在となり、性惡が語られることになる。「人」は「民」とは區別される階層である。その一部に「小人」がいて、「君子」の對極に位置づけられた。

衞靈公十五には「子曰、志士仁人、無求生以害仁、有殺身以成仁」とある。孔子が言うには、志士・「仁人」が、生を求めて仁を害することはない。身を殺して「仁」を成すことはある。

また「子貢問爲仁、子曰、工欲善其事、必先利其器、居是邦也、事其大夫之賢者、友其士之仁者」とある。子貢が「仁」を問う。孔子が言うには、工人がその事を善くしようと思えば、必ずその器を銳利にする。是の邦に居るや、その大夫の賢なる者に仕え、その士の「仁者」を友とする。

また「子曰、知及之、仁不能守之、雖得之、必失之、知及之、仁能守之、不莊以涖之、則民不敬、知及之、仁能守之、莊以涖之、動之不以禮、未善也」とある。孔子が言うには、知がこれに及んでも、「仁」はこれを守ることができない。これを得るといっても、必ずこれを失う。知がこれに及び「仁」がこれを守ることができても、莊をもってこれに涖まないと民は敬しない。知がこれに及び「仁」がこれを守ることができ、かつ莊をもってこれに涖んでも、これを動かすに禮をもってしないと、未善である。

また「子曰、民之於仁也、甚於水火、水火吾見蹈而死者矣、未見蹈仁而死者也」とある。孔子が言うには、民が仁を前にどういう狀況にあるかというと、水火よりも甚だしいとしか言えない。しかし水火は、わたくしは蹈んで死する者を見るが、「仁」を蹈んで死する者を見たことがない。

「仁」は大きな場で關わり、個々の民に關わるわけではない。だから、水火に直接關わって死ぬ者がいても、「仁」に觸れて死ぬような者はいない（「仁」は「形」の問題としては論じられない）。

また「子曰、當仁不讓於師」とある。孔子が言うには、「仁」を行うに當たっては、師にも讓ることはない。

陽貨十七には「陽貨欲見孔子、孔子不見、歸孔子豚、孔子時其亡也、而往拜之遇諸塗、謂孔子曰、來、予與爾言、曰、懷其寶而迷其邦、可謂仁乎、曰不可、好從事而亟失時、可謂知乎、曰不可、日月逝矣、歲不我與、孔子曰、諾吾將仕矣」とある。陽貨は孔子に會見しようとしたが、孔子は會見しようとしなかった。孔子に豚を贈ると、孔子は陽貨がいない時を選んで、行きて拜そうとし、道の途中で遭遇してしまった。孔子に對して言うには、わが家にどうぞ、わたくしはあなたと言葉を交わしたい。孔子は言う、その寶を懷いてその邦を迷わすのは、「仁」というべきでしょうか。答える、そうは言えない。問う、好んで事に從いしばしば時を失うのは、知というべきでしょうか。答える、そうは言えない。日月が行き去り歲はわたくしと關與しないのだ。孔子が言うには、よろしいでしょう。お仕えいたしましょう。

孔子らしからぬものいいになっているので、解釋に苦慮する向きが多いようだ。「懷其寶而迷其邦、可謂仁乎」というのは、孔子という才能をもし懷にした場合、政治に關與させないとした

ら「仁」にはならない、という意味で質問したのだとの解釋が、冨山房體系本頭注に見える。

また「子張問仁於孔子、孔子曰、能行五者於天下爲仁矣、請問之、曰、恭寬信敏惠、恭則不侮、寬則得衆、信則人任焉、敏則有功、惠則足以使人」とある。子張が「仁」を孔子に問うた。孔子が言うには、五者を天下に行えるとしたら、それは「仁」だと答える。それはどういうことですかと質問する。答えるには、恭・寬・信・敏・惠である。恭であると侮られない。寬であると衆を得る。信であると人はこれに任せる。敏であると功があがる。惠であるともって人を使うに足る。

ここでは「天下に行える」がミソである。天子やそれを補佐する人材でないと五者を天下に行うことはできない。とくに「寬」がそうである。二十四史に「寬仁」が皇帝の資質であることを普遍的に論じているのに通じる。「惠」もめぐみである。「信」はまことであり、盟誓において重視されたものである。「恭」は儀式において必須のものである。敏は中庸に「人道敏政、地道敏樹」とあり「敏」はつとめる意味であった。

また「子曰、由也女聞六言六蔽矣乎、對曰、未也、居、吾語女、好仁不好學、其蔽也愚、好知不好學、其蔽也蕩、好信不好學、其蔽也賊、好直不好學、其蔽也絞、好勇不好學、其蔽也亂、好剛不好學、其蔽也狂」とある。孔子が言うには、由や、なんじは六言の六蔽を聞いたことがあるか。答えて言うには、まだございません。居れ。わたくしはなんじに告げよう。「仁」を好み學を好まないとしたら、その蔽は愚である。知を好み學を好まないとしたら、その蔽は蕩である。信を好み學を好まないとしたら、その蔽は賊である。直を好み學を好まないとしたら、その蔽は絞である。勇を好み學を好まないとしたら、その蔽は亂である。剛を好み學を好まないとしたら、その蔽は狂である。

弟子の質問に對し、答える。「仁」を好み學を好まないとしたら、その蔽は愚である。

また「子曰、巧言令色鮮矣仁」とある。

また「宰我問、三年之喪、期已久矣、君子三年不爲禮、禮必壞、三年不爲樂、樂必崩、舊穀既沒、新穀既升、鑽燧改火、期可已矣、子曰、食夫稻、衣夫錦、於女安乎、曰安、曰女安則爲之、夫君子之居喪、食旨不甘、聞樂不樂、居處不安、故不爲也、今女安則爲之、宰我出、子曰、予之不仁也、子生三年、然後免於父母之懷、夫三年之喪、天下之通喪也、予也、有三年之愛於其父母乎」とある。宰我が問う。三年の喪は、期として長い。君子が三年の間禮を爲さないとしたら、禮は必ず崩壞しましょう。三年の間樂を爲さないとしたら、樂は必らず崩壞しましょう。舊穀が既になくなり、新穀がすでに滿ちて、燧をきって火を改めました。一年でやめてよろしいでしょうか。孔子が言うには、かの稻を食らい、かの錦を着る、なんじにあって安いか。答えて言うには、安いです。問う。なんじにおいて安いのであれば、これを行え。そもそも君子の喪に居るは、旨きを食らうも甘からずである。樂を聞くも樂しまず、居處は安からず、故に爲さない。今なんじにあって安ければ、これを行え。宰我は場を退いた。孔子が言うには、宰我は「不仁」である。子が生まれて三年、しかる後に、父母の懷から離れる。そもそも三年の喪は、天下の通喪である。その父母から三年の愛を受ける機會をなくすとは。

ここでは「仁」と三年の喪との關係が問題になっている。二十四史と比較して述べると、二十四史における「仁」評價では、孝が「仁」評價にからむのは、皇帝だけであった。ところが、ここでは、この孝の話題の一つとして「仁」が語られている。これを理解する鍵は、宰我にある。この人物は孔子の弟子として知られている。上記に孔子の弟子と「仁」が關わる事例を示したが、

第二章　先秦史料と通して知る「仁」とその原義

一人として「仁」ありとされた者はいない。ここも「不仁」が前提の話になっている。ただし、「仁」ありやなしやを議論される、というのもまぎれもない事實である。「君子」は「仁」ありとされる可能性が濃い。その「君子」は一定程度の地位をもっていたのではないか。『論語』のこの一節ができた段階で、どのレベルの人物について、「孝」と「仁」評價が關わると考えられていたか。この問題がここに示されている。例えば、「仁」評價が複數の國に關わるという點にあった場合、孔子の弟子は事實上そういう立場になかった、ということになり、君子のうちの「仁」ありとされる人たちは、この立場にあったということになるのではないか。

微子十八には「微子去之、箕子爲之奴、比干諫而死、孔子曰、殷有三仁焉」とある。微子は殷を去り、箕子は殷に殘って奴となり、比干は殷王を諫めて殺された。孔子が言うには、殷には「三仁」がいた。

ここでも、「三仁」とされる微子・箕子・比干は、殷と外との關係を憂えて行動を起こしている。しかも、王族や高位者であって、殷という邑制國家の中で國君に匹敵する地位にいる。

子張十九には「子夏曰、博學而篤志、切問而近思、仁在其中矣」とある。子夏が言うには、博學にして篤志、切に問いて近く思うなら、「仁」はその中にある。

この話には、上記に述べた「仁」を語る場合の前提が書かれていない。

また「子游曰、吾友張也、爲難能也、然而未仁」とある。子游が言うには、わが友の張は、できるとすら言えないものを爲す。しかしながらまだ「仁」ありという狀況になっていない。

ここでは「未仁」と言っている。他は「不仁」と語る。「爲難能也」は、「仁」に近いが違う、という判斷がある。

また「曾子曰、堂堂乎張也、難與並爲仁矣」とある。曾子が言うには、堂々たるかな張は。しかし「爲仁」と與かり並ぶことは難しい。

堯曰二十には「堯曰、咨爾舜天之曆數在爾躬、允執其中、四海困窮、天祿永終、舜亦以命禹、曰、予小子履、敢用玄牡、敢昭告于皇皇后帝、有罪不敢赦、帝臣不蔽、簡在帝心、朕躬有罪、無以萬方、萬方有罪、在朕躬、周有大賚、善人是富、雖有周親、不如仁人、百姓有過、在予一人、謹權量、審法度、修廢官、四方之政行矣、興滅國、繼絶世、擧逸民、天下之民歸心焉、所重民食喪祭、寛則得衆、信則民任焉、敏則有功、公則民説」とある。堯が言うには、ああなんじ舜よ、天の曆數はなんじの躬にある。まことにその中を執れ。四海は困窮するが、天祿は永く終えん［續くだろう］。舜もまたもって禹に命じて言うには、予小子履、敢えて玄牡を用い、敢えて皇皇たる后帝に昭告する。罪があれば敢えて赦さず、帝臣としてかくさず、選ぶは帝心にあり。朕が躬に罪有らば、萬方をひきいることはない。萬方に罪が有れば、その罪は朕が躬にある。周には大賚（天の賜物）があり、善人を富ませる。周親があるといっても、「仁人」には及ばない。百姓に過誤があれば、その罪は予一人にある。權量を謹しみ、法度を審らかにし、廢官を修め、四方の政が行われるようにする。滅國を興し、絶世を繼ぎ、逸民を擧げ、天下の民が心を歸するようにする。重んじるところは民食喪祭である。寛があれば衆を得る。信があれば民はこれに任せる。敏であれば功があがる。公であれば民がよろこぶ。

ここには「謹權量、審法度」とあるので、法度の議論が始まったとされる魏の文侯以後の文章としてよかろう。「權量」も度量衡ということであれば、この度量衡が九・六・八をもって議論整理されるにいたるのは、前434年（曾侯乙鎛「隹王五十又六祀」。楚惠王56年）の紀年銘をもつ

遺物を出土した曾侯乙墓より遲れる[56]。周親があるといっても、「仁人」には及ばない、というのは、賢人主義を述べている。「寬があれば衆を得る」というのも、「仁」と刑の對立を前提にするものであろう。

また「子張問於孔子曰、何如斯可以從政矣、子曰、尊五美、屛四惡、斯可以從政矣、子張曰、何謂五美、子曰、君子惠而不費、勞而不怨、欲而不貪、泰而不驕、威而不猛、子張曰、何謂惠而不費、子曰、因民之所利而利之、斯不亦惠而不費乎、擇可勞而勞之、又誰怨、欲仁而得仁、又焉貪、君子無衆寡、無小大、無敢慢、斯不亦泰而不驕乎、君子正其衣冠、尊其瞻視儼然、人望而畏之、斯不亦威而不猛乎、子張曰、何謂四惡、子曰、不敎而殺、謂之虐、不戒視成、謂之暴、慢令致期、謂之賊、猶之與人也、出納之吝、謂之有司」とある。子張が孔子に問う。どうしたら政に從うべきだという狀況になるでしょうか。孔子が言うには、五美を尊び、四惡をのぞけば、そうした狀況だと言えよう。子張が言うには、五美とは何でしょうか。孔子が言うには、君子に惠があって費やすことがなく、勞があって怨まれることなく、欲して貪ることなく、泰然として驕ることなく、威があって猛なることがない。以上を言う。子張が言うには、惠があって費さないと言うのは、どういうことでしょうか。孔子が言うには、民の利とする所によってこれを利とすれば、そう言ってよい。勞すべきを選擇してこれを勞する。誰も怨まない。「仁」を欲して「仁」を得る。貪ることはない。君子は衆寡なく、小大なく、敢えて慢なることがない。こうなったら泰然として驕ることがない、と言ってよい。君子がその衣冠を正し、その瞻視を尊くして儼然たり、人が望んでこれを畏れる。こういう狀況なら威ありて猛なることがない、と言ってよい。子張が言うには、四惡とは何を言うのでしょうか。孔子が言うには、敎えることなくして殺すを虐と言う。戒めることなくして成果を視るのを暴という。令を慢にして期を致すのを賊という。ひとしい狀況を作り出すのに人に與え、出納においておしむことがない。これを有司という。

ここにも、「君子」が議論されている。君子には「仁」がある。「惠」もある。二十四史において「仁」があってそれが皇帝の場合に代々繼承されることと「孝」とが結びついているのに比較すると、賢人主義により「孝」と結びつくことのない「惠」が「君子」とともにここにある。上記の「寬」も同樣である。

以上、『論語』の「仁」を檢討してみると、『左傳』の説話等に確認できた古い用例と、後代の經典や、さらには二十四史にも通じる「仁」の用例が、いずれも確認できることに氣づく。

3.『論語』の「仁」のまとめ

他と違って『論語』をまとめるには字數が必要である。以下、獨立させてまとめておく。

『論語』の「仁」の特色は、「君子」と結びつくことにある。學而一に「君子務本、本立而道生、成孝弟也者、其爲仁之本與、弟子入則孝、出則弟、謹而信、汎愛衆、而親仁、行有餘力、則以學文」とあった。二十四史において、皇帝と「仁」と孝が結びついていたのと比較できる。『論語』の「仁」は「君子」と「仁」と「孝」と「弟」と「信」が結びつく。「弟」は邑制國家の大國小國連合を構成する都市國家（邑制國家）どうしの交わりを表現する。周王に對し、まるで弟であるかのように對應する。だから「出則弟」となる。都市國家どうし、邑制國家の大國小國連合どうしの交わりは、盟誓においてもなされた。この場合、「信」が強調される。だから「謹而信」となる。「君子」は君主としての一面もある。だから、「汎愛衆」となる。以上「弟」・「信」は皇帝の下の

第二章　先秦史料と通して知る「仁」とその原義

管領制度に變化し、君主の下の衆に關わる場は、その管領による法治が貫徹されるべきものとなる。唯一、「孝」が議論される場は、皇帝の宗廟として、二十四史の時代に繼承された。「君子」は君主としての一面があるとはいえ、その一面が示される場は、都市國家（邑制國家）である。

　憲問十四には、「子曰、君子而不仁者有矣夫、未有小人而仁者也」とある。孔子が言うには、君子にして「不仁」なる者は出てくるが、小人にして「仁者」であるという者はあり得ない。『荀子』は性惡を述べて、「人」は「君子」と「小人」の間にあってまだ未定の段階であるとした（本章第二節）。その「人」の性は惡であり、その善なるものは僞である。この『荀子』の説と違って、『論語』の説は「君子」と「小人」の對立であり、より原始的である。

　同じ憲問十四には、「子曰、君子道者三、我無能焉、仁者不憂、知者不惑、勇者不懼」とある。君子の道なるものは三つある。仁者は憂えず、知者は惑わず、勇者は畏れない。「君子」は「仁者」と「知者」と「勇者」からなる。孔子がこの點につきできないと述べているので、三者の統合を述べるものだろう。上記に、「仁者」には必ず「勇」があるが、「勇者」には必ずしも「仁」がないとあった。また、「君子」には「不仁」なる者もいるという。『論語』の述べる「君子」には、『荀子』に述べられた「人」が言わば發展途上であるかの面が語られる。これは、上記に述べたように、『論語』が「君子」と「小人」を語り、『荀子』が「君子」と「人」と「小人」を語ることに關わる。發展途上の「君子」がいるという話題は、『春秋』三傳の「君子」が無謬であるのと異なっている。「知者」・「勇者」だけでは「仁」評價の對象にならない。上記顏淵十二に「樊遲問仁、子曰、愛人、問知、子曰、知人」とあった。「君子」は統治者であって、「人」の上に立つ。「人」は「仁」がわからぬが、「仁」がわかる「君子」の下にいる。こうした『論語』の「人」が、『荀子』では發展途上の存在となり、性惡が語られることになる。「人」は「民」とは區別される階層である。その一部に「小人」がいて、「君子」の對極に位置づけられた。

　以上の「君子」の問題について、『孟子』は別の議論をしている。この點について、上記の「孟子」の「仁」に關して述べなかった點を、ここにコメントとして加える。

　『孟子』離婁下には「君仁莫不仁、君義莫不義」・「君子所以異於人者、以其存心也、君子以仁存心、以禮存心、仁者愛人、有禮者敬人、愛人者人恆愛之、敬人者人恆敬之」とある。君は必ず「仁」があり、義がある。「君子」が「人」と異なるのは、「心」を存するからであり（これを性善とする。梁惠王下「大者」性善）、禮をもって心を存する。「仁」があるから人を愛し、禮があるから人を敬い、人を愛するから人から常に愛される（梁惠王上に「仁人」が示されるように、『孟子』では「仁者」は「仁人」と言い方が變化している）。ここには、「君子」が「君」の下にあり、かつ「仁者」であることが書かれている。『論語』で必ずしも「仁者」でなかった「君子」は「仁」があることが明言された。『荀子』はこれを受けて上記を述べた。

　さて、『論語』は、この「君子」が「仁者」たり得ることを前提とし、さまざまな人物について、評價を述べ、「仁」を理解していないことを述べている。孔子の弟子たちは、のきなみ「仁」がわかっていない。例外的に評價が高いのは顏淵であるが、まだ「仁」がわかったとは言われない。雍也六には「子曰、回也、其心三月不違仁、其餘則日月至焉而已矣」とある。顏回はその心が三ヶ月仁に違わなければ、その餘は日月をもって至るであろう。顏回には「仁」が期待できる、ということである。

　憲問十四には、「子曰、君子道者三」は、それに續いて「我無能焉」と述べ、さらに、このこ

とは夫子（孔子）みずからがおっしゃったのだと、子貢が述べている。その子貢には、「仁」がわかっていないから、「夫子がおっしゃったのだ」ということになる。この「我無能焉」を「仁者」だけに特化してのべると、そのままできない、としていいかに見えるのだが、實際は「知者」・「勇者」にも言及している。これは單に「できない」という意味で述べているのではない。「三」について、何ができないのか。妥當なところを詮索するなら、子貢に對し、「仁がわからぬ君に、説明するのは難しい。そこを曲げて目に見えることでいうとこうなるね」という意味ではあるまいか。

同じ憲問十四に、齊の桓公と管仲のことを述べ、管仲に「仁」を議論するのは、「桓公は諸侯を九合し、兵車をもってしたのでない」ためである。ここには、『左傳』において確認できた「仁」の意味が内包されている。複数の國に關わるという點である。この「諸侯を九合」は、當然ながら盟誓である。

雍也六に、上記の顔回を述べた後、「知者は水を樂しみ、仁者は山を樂しむ。知者は動き、仁者は靜かである。知者は樂しみ、仁者はいのちがながい」と述べる。知者と仁者の關係は、山と水との關係に置き換えられる。山には水が流れ泉が湧く。だから知者は動き、仁者はじっとしている。知者は水を楽しむ立場であり、仁者は水を與える立場としていのちがながい。また宰我の「仁者が告げて、井戸に仁があると述べたら、これに從うべきだろうか」という質問に答え、「君子はすておいて去るべきだ。民を陥らせてはいけない。民を欺くべきだ、民を罪してはいけない」と述べた。ここには、宰我は「仁」がわかっていないから的外れの質問をしている、ということが述べられたのだろう。宰我が「仁者がこう述べたら」と言っているが、そんなことを述べるはずがない、と答え、ついでに君子がどう處方するかを説明した。君子はそれをもって民をまきこまないようにする。

侯馬盟書を想起してみると、皇君岳公と嘉の身が注目された。岳公大冢（塚）とは、「岳」とされる高山を神の家にみたてたものである。その山から流れる水に譬えて、井戸に仁があるかと質問したのに對し、孔子は、そうではないと答えている。「君子はすておいて去るべきだ。民を陥らせてはいけない。民を欺くべきだ、民を罪してはいけない」とも述べている。ここには、民をさばく立場に山は存在することを述べている。侯馬盟書には、「丕顯なる岳公の大冢、盟殛もてこれに視し、麻夷して氏を非とせよ」とあった。岳公の大冢は盟殛を視し罰を降す。『論語』はこの侯馬盟書の立場と通じる。そして、その岳公大冢が盟殛を視す場に、「仁」はないとしたのである。

とすれば、侯馬盟書において注目された皇君岳公と嘉の身のうち、残された嘉の身と「仁」との關係をさぐるのが筋だ、ということになる。すでに多くの論者の知るところとなっているが、出土竹簡に書かれる「仁」は「身」と「心」の合字である。

堯曰二十に、「ああなんじ舜よ、天の暦數はなんじの躬にある」と言い、「朕が躬に罪有らば、萬方をひきいることはない。萬方に罪が有れば、その罪は朕が躬にある」とあった。ここに述べる「身」（躬）は、天の暦數を受けるもので、暦數が議論されて以後の見解となっている。孔子の時代のものではない。しかし、「身」と萬方との關係が書かれている。言うまでもなく複数の國が關わる場がここにある。だから、「周親があるといっても、仁人には及ばない」とも述べられるのである。堯曰二十の時期は、暦數が議論される戰國時代の中期以後の内容ではあるが、「身」は「仁」と同じく複数の國が關わる場にあって語られる。侯馬盟書の場合も、晉を頂點と

する邑制國家の下の盟誓であるとはいえ、言わば複數の都市（國家）が關わっていることは事實である。從って、「嘉の身」の「身」について、堯曰篇の舜の身と「仁」を參照することは許されよう。

　『論語』の立場は、侯馬盟書に近接する。侯馬盟書の年代としては、第一類の「十一月甲寅朒乙丑」がユリウス暦の前496年12月27日から始まる月の第2日（12月28日）だと推定される(57)。また、同種の盟誓の際に作られた溫縣盟書も「十五年十二月乙未朔」がユリウス暦の前498年12月20日だと推定される(58)。いずれも、前479年死去（『左傳』哀公十六年）の孔子が生きていた時である。

　ついでに述べておけば、「知者は水を樂しみ、「仁者」は山を樂しむ。知者は動き、仁者は靜かである。知者は樂しみ、仁者はいのちがながい」として知者と仁者の關係が山と水との關係に置き換えられたことと、「仁者が告げて、井戶に仁があると述べたら、これに從うべきだろうか」と發問されたことについて、少なからざる讀者が道家の道を想起したに相違ない。『老子』において「水」を用いて展開される自然觀が、その基礎となる。すでに本章第一節において、『韓非子』を扱い、『荀子』の「仁人」にかわって「道者」が想定されることを述べた。「道者」が千差万別の「道」を見極めて指導する。「天の道により形の理をふみ」とあるから、太陽・月・惑星の移動する道筋に根源を見いだそうとしていたのだろうと想定できる。「形の理」という言い方は、北斗七星により時刻を判斷するなどの「形」を問題にしていることが想定できる。だから、二十四史に見えていた「形」としての「仁」評價と「天理」と北斗七星の關係が、ここに「仁」評價を「道」に交換して語られている。『老子』の「道の道とすべきは常の道にあらず」というのは、常の道が「天道」、道の道とすべきは「道者」の四苦八苦する「人道」だということが推定された。上記の堯曰篇において、暦數が議論される戰國時代の中期以後の內容ではあることを述べたことに關わるが、天地の密接な關係を述べるにいたるのは、その暦數が議論された後である。その議論における天道は、太陽の道たる黃道をイメージしたものだろうと想定できる。「仁」に關する議論が侯馬盟書の「嘉の身」に遡るのに對し、天道の議論は、侯馬盟書の「皇君岳公」に遡るはずである。二十四史の「仁」評價においては、「仁」と刑罰をどう選擇するかの議論があった。『韓非子』は「仁」を除いて、道を述べた。さらに遡った侯馬盟書において、「皇君岳公」は盟殛を視す。刑罰の祖型である。戰國時代末の「仁者」と「道者」の對峙が、侯馬盟書の「嘉の身」と「皇君岳公」に遡って議論できることを、念頭に置いておくとよい。

4.『尚書』と『毛詩』

　本章の最初に、研究史的には、近代に個人が强烈に意識された結果、個々人の心の問題が熱心に議論されていることを述べた。より具體的に述べると、例えば、土田健次郎『儒教入門』(59)に、「仁」が解說されている。竹內照夫『仁の古義の研究』(60)を引用しつつ、"仁"は『詩經』や『書經』に見える古い用例からすると、もとは外見の見榮えのよさをあらわす語であったが（竹內）、それが孔子の場合は內面化されているのである。これはやはり孔子が德の高い人の意味で使用した"君子"という語が、もとは身分をあらわしていたのと類似する。つまり孔子はそれまで外面的意味で使用されていた語を內面の問題に引き入れているのである。孔子が說く仁とは、自分の心內の欲求を自覺し、それをもとに他者の心中を思いやることである。……」と述べている(61)。ここに述べる「孔子の內面化」は「自分の心內の欲求を自覺」するものであって、本論に述べる「仁」

の場、すなわち複數の國が介在する場を檢討するのとは、次元が異なる議論をしている。このことは、言うを俟たないであろう。
　いわゆる原義についての議論(62)も、「仁」の場を論じてはいない。だから、本論の志向するところと根本において異なっている。
　以上、議論の當初から誤解が介在するのを避けて、贅言してみたのだが、その意味において次元の異なる「孔子の内面化」が語られる場合においても、『詩經』や『書經』に見える古い用例が議論されている。
　これらについて、以下に具體的に檢討してみよう。
　まずは『尚書』である。
　「仲虺之誥」には「惟王不邇聲色、不殖貨利、德懋懋官、功懋懋賞、用人惟己、改過不吝、克寬克仁、彰信兆民……」とある。「貨利」は貨幣を前提とする言い方であり、德のさかんなるは官をさかんにし、功のさかんなるは賞をさかんにす、というのは、官僚制度を前提に、賞罰を行うことを述べている。信を兆民にあきらかにする、というのは、『左傳』の「信」にも通じるが、寬を克くし仁を克くす、というのは、仁を廣めるという二十四史において皇帝の資質とされた言い方に通じ、さほど時代を遡ることはできない。
　「太甲」には「伊尹申誥于王曰、嗚呼惟天無親、克敬惟親、民罔常懷、懷于有仁、鬼神無常享、享于克誠……」とある。民は常になつくわけではないが、「仁」あるになつく。鬼神はつねに祭祀をうけるわけではないが、誠をつくす場合にはうける。
　「泰誓」には「天其以予乂民、朕夢協朕卜、襲于休祥、戎商必克、受有億兆夷人、離心離德、予有亂臣十人、同心同德、雖有周親、不如仁人……」とある。周親ありといっても、「仁人」には及ばない。似た表現が、『論語』堯曰にあった。
　「武成」には「今商王受無道、暴殄天物、害虐烝民、爲天下逋逃主、萃淵藪、予小子、既獲仁人、敢祇承上帝、以遏亂略、華夏蠻貊罔不率俾、恭天成命……」とある。われは小子にしてすでに「仁人」を得、あえてみずから上帝に承け、亂略をたった。華夏蠻貊罔はひきい從わない者はなく、天の成命をうやうやしくした。ここに示された文脈は、「中國」または「華夏」もその外も「仁人」を得たことで從った、ということである。この文脈は、戰國稱王時に意味をもつ。
　「金縢」には「既克商二年、王有疾弗豫、二公曰、我其爲王穆卜、周公曰、未可以戚我先王、公乃自以爲功、爲三壇同墠、爲壇於南方北面周公立焉、植璧秉珪乃告大王王季文王、史乃册祝曰、惟爾元孫某、遘厲虐疾、若爾三王、是有丕子之責于天、以旦代某之身、予仁若考、能多材多藝、能事鬼神、乃元孫、不若旦多材多藝、不能事鬼神、乃命于帝庭、敷佑四方、用能定爾子孫于下地、四方之民、罔不祇畏、嗚呼、無墜天之降寶命、我先王亦永有依歸……」とある。すでに殷王朝に勝利して二年、王は病を得てすぐれなかった。周公・召公の二公が言うには、王のために占おう。周公が言うには、まだわが先王を憂えさせてはならぬ。周公は自らもって事をなし、三壇をつくり地を祓い、壇を南方につくり、北面して周公が立った。碧玉を置き、珪をとり、大王・王季・文王に告げた。史は册を作って言葉を告げて言うには、これなんじ元孫某（武王）よ、なんじは危うき深刻な病を得た。もしなんじら三王丕いなる子の責めを天に生じた場合は、周公旦をもって武王の身に替えよ。周公の「仁」は父文王に從い（予仁若考）、多材多藝たることができ、鬼神につかえることができる。武王がこれらのことができなくなった場合は、天帝の庭に命じ、四

第二章　先秦史料と通して知る「仁」とその原義

方を敷佑してもってなんじの子孫を下地に定めさせよう。四方の民はつつしみ畏れない者はいない。ああ天の降す寶命をおとしめることなく、わが先王もまた永く依り歸することになろう。

「金縢」は、今文とはされていない。古來、漢代から見ても後代性が懸念されるものの一つである。この一節は、侯馬盟書の研究上も重視されている。報告書[63]をまとめた張頷（長甘）氏は、「嘉」を尊稱とし主盟者と考えたが、上記金縢の「某」を参照している。この一節にも「某の身」とあり、「嘉の身」を考える上で示唆に富む。それだけでなく、「周公の仁は父文王に従い（予仁若考）」とあることから、「仁」の繼承と孝の問題が、ここに話題にされていることもわかる。しかも、周公という賢人の代表を卷き込んでの「仁」繼承である。そして、「四方を敷佑してもってなんじの子孫を下地に定めさせよう」というのは、その「仁」の繼承をもって、代々確認されることであったこともわかるのである。こうした内容をもつ上記「金縢」の成立時期は、どんなに遡っても戰國稱王の時期、あるいは漢代にもってくるのが妥當である。

以上、『尚書』に見える「仁」説は、たとえば「太甲」に「民は常になつくわけではないが、仁あるになつく。鬼神はつねに祭祀をうけるわけではないが、誠をつくす場合にはうける」とあるように、鬼神を「仁」の場である宗廟と分ける意識が見えていて、なおかつ「誠」という盟誓をにおわす語を用いて、それは受けるとしている。「仲虺之誥」に「信」を示すという盟誓にも通じる言い方を用いつつ、「寬を克くし仁を克くす」として仁を廣めるという二十四史において皇帝の資質とされた言い方に通じる言い方を使ったりする。總じて、『左傳』説話に見えるような、古い用例に比較すると、やや新しい内容をもっている。「金縢」に「武王の身」に言及して、侯馬盟書以來の「身」の表現を繼承するが、「周公の仁は父文王に従い（予仁若考）」として「仁」の繼承と孝の問題を提示し、周公という賢人の代表を卷き込みつつ、「四方を敷佑してもってなんじの子孫を下地に定めさせよう」と述べて、「仁」の繼承を代々確認することを述べるなど、二十四史において長く繼承された「仁」評價に近い考え方が示されたりしている。戰國稱王以後に意味をもつ内容を含んでいるので、戰國稱王時期に近い時期に作られた文章に「仁」が用いられていると見てよい。

『毛詩』については、資料VI附2をご參照いただくとよいのだが、「詩」そのものというより、「序」や「毛傳」という、後代成立の部分において、「仁」が語られる。

「齊風・盧令」には「盧令令、其人美且仁」とあり、「毛傳」には「盧田犬、令令纓環聲、人君能有美德、盡其仁愛、百姓欣而奉之、愛而樂之、順時遊田、與百姓共其樂、同其獲、故百姓聞而説之其聲令令然」とある。「毛傳」は、「其人美且仁」について、「人君は美德をあらわしてその仁愛を盡くすので、百姓はよろこんでこれを奉じ、愛をもってこれに樂する」と述べる。これに據っても、ここに述べる「仁」は樂を奏する場であって、各國の客人をもてなす場であろう。複數の國が關わる場において「仁」が話題になっているのである。

順序逆になるが、「鄭風・叔于田」に「叔于田、巷、無居人、處豈無居人、不如叔也、洵美且仁」とある。この「洵美且仁」は上記に述べた表現にほぼ等しい。

この「洵美且仁」について、武内照夫は、鄭玄等をも參照しつつ、「つまり、美且仁・鬢・偲の句を、外形ノミナラズ内面的ニモリッパダの趣旨に取らねばならぬという理由はなく、外面的ニリッパダ、という外形美の贊辭と見る方が正解であるかもわからぬ」と述べ、「孔子の場合は内面化され」たことと對照させようとの意圖が見えている。しかし、むしろ、「仁」を論じる「場」

を念頭において、個々人の心の問題に入り込むことに愼重になった方が「仁」の古い用例の説明としては適切な結果が得られる。その古い用例は、『左傳』說話に類例があった。『論語』にも通じるものがあった。そして、そのような場は、侯馬盟書においても想定されるものであった。「内面」の問題を詰めるには、第三章の檢討を進める必要があると考えるので、いまは、以上を述べるにとどめて、論を進めることにしよう。

まとめ

　以上、侯馬盟書、『論語』の「仁」、『尚書』・『毛詩』の「仁」に分け、檢討を進めてきた。それぞれについてのまとめは、それぞれの末尾をご參照いただくことにして、節として、どんなことが確認できるかを簡單にまとめておこう。

　侯馬盟書については、「皇君岳公」と「嘉の身」が注目された。「嘉の身」は、『論語』堯曰篇の「舜の身」を遡らせて議論すべきであり、曆數が議論される戰國時代の中期以後の内容を除くことに注意する必要がある。天地の密接な關係を述べるにいたるのは、その曆數が議論された後である。『韓非子』に「仁者」をのけて「道者」を述べるが、その道家的考え方をも含みつつ、刑罰の議論を遡ると、「皇君岳公」が視す「盟殛」にいきつく。

　こうして言わば「後代的」と見なさざるを得なくなった「仁者」や「道者」の議論をのけていくと、複數の國に關わる場で議論される原初的「仁」にいきつく。この「仁」は、言わば「仁の原義」を論じるものになるが、過去の研究においてなされたものとは、大いに樣相の異なるものになる。從來の原義の議論が、「仁」の個人的心の問題にどうしても關わってしまうためである。侯馬盟書を虛心に檢討して得られる結果を反映させることが、肝要である。

　周以外にも複數存在した邑制國家、大國小國連合それぞれの内にあって、何が議論され得たか。「仁」の原義は、そこに存在する。

小　結

　本章は、第一章における二十四史の「仁」評價と「天理」觀を基礎とし、それらの先驅的議論がどうたどれるかを檢討した。二十四史の「仁」評價の場では、皇帝の「仁」を官僚が傳え、「仁」を重視するか皇帝の示す刑罰を科すかが議論された。

　侯馬盟書に見える「嘉の身」と「皇君岳公」と、二十四史の「仁」評價と「天理」觀とを結ぶ議論が、第一節の『禮記』・『韓非子』・『荀子』・『孟子』、第二節の『左傳』・『公羊傳』・『穀梁傳』、そして第三節の『論語』・『尚書』・『毛詩』について確認できる。

　それぞれの節のまとめを參照しつつ述べれば、『禮記』・『韓非子』・『荀子』・『孟子』について、戰國時代の議論としての「仁」を高く評價する考え方と、これを無視・否定して「道」を高く評價する考え方の對峙の狀況が見えている。『左傳』・『公羊傳』・『穀梁傳』について、漢代から遡り得る『公羊傳』・『穀梁傳』の「仁」と、それとは異質の『左傳』說話の「仁」が見えてくる。『左傳』については、「仁」の原義が議論できる。『論語』・『尚書』・『毛詩』については、その『左傳』說話の「仁」に通じる議論が指摘できる。『論語』には、戰国以後の議論と、『左傳』說話に通じる議論が混在する。

第二章　先秦史料と通して知る「仁」とその原義

　侯馬盟書の「嘉之身」は『論語』堯曰の「舜之身」から遡れる。二十四史の刑罰の議論は、侯馬盟書の「皇君岳公」が視す「盟殛」にいきつく。「嘉之身」に體現された「仁」は、『左傳』説話や『論語』の古層から、「複數の國が關わる場において示される他國の祭祀の場に對する思いやり」になっている。それを『公羊傳』が「中國」特有の德だとし、戰国時代の王の特別性を説明したことが、二十四史に繼承された。春秋時代の祭祀は、各國の君が主宰していたが、戰国時代には、その主宰の役割は領域国家中央の宗廟の場に集中され、「仁」は官僚を通して舊小國にもたらされることになった。

　この官僚制度の進展を歡迎する國（中原の韓魏趙や山東の齊のように下位身分の者が侯さらには王にのしあがった国）では、「仁」評價がもてはやされ、この官僚制度の進展に懷疑的な國（楚や秦のように春秋以來王であったり春秋の侯が王になった國）では、「仁」を否定したり低い評價を與えたりし、「道」の議論をその上においたことの一端が見えている。「仁」の體現者である「仁者」・「仁人」を高く評價する儒家は、その體現者とその他を分析的に論じ、道家はその「體現者」を低く評價しつつ、その役割を演じる「道者」を分析的に論じるにいたる。その「道者」高評價の議論の下に、いわゆる黄老道の統治が進められたことの一端が見えてきた。

　以下は、こうした點を念頭におきつつ、筆者が長年檢討してきた數理の問題を、あらためて俎上にのせてみよう。

注
（1）平勢隆郎『「八紘」とは何か』（東京大學東洋文化研究所・汲古書院、2012 年）15 頁以下。
（2）前掲書 313 頁。同 317 頁に「公孫丑章句上」とあるのは、「梁惠王章句上」。
（3）前掲書 317 頁。
（4）前掲書 313 頁、315 頁。
（5）前掲書 348 頁以下。
（6）宇野哲人『支那哲學概論』（中文館書店、1929 年）。平勢隆郎「孟子の性善説」・「荀子の性惡説」（歴史學研究會編『世界史史料・東アジア内陸アジア東南アジアⅠ』、岩波書店、2009 年）に、この宇野を紹介しつつ解説した部分がある。
（7）以下、文章を列記する。梁惠王下「齊宣王問曰、交鄰國有道乎、孟子對曰有、惟仁者爲能以大事小、是故湯事葛、文王事昆夷、惟智者爲能以小事大、故大王事獯鬻、句踐事吳、以大事小者、樂天者也、以小事大者、畏天者也、樂天者保天下、畏天者保其國、詩云、畏天之威、于時保之、王曰、大哉言矣、寡人有疾、寡人好勇、對曰、王請、無好小勇、夫撫劍疾視、曰彼惡敢當我哉、此匹夫之勇、敵一人者也、王請大之、詩云、王赫斯怒、爰整其旅、以遏徂莒、以篤周祜、以對于天下、此文王之勇也、文王一怒、而安天下之民、書曰、天降下民、作之君、作之師、惟曰其助上帝、寵之四方、有罪無罪惟我在、天下曷敢有越厥志、一人衡行於天下、武王恥之、此武王之勇也、而武王亦一怒而安天下之民、今王亦一怒而安天下之民、民惟恐王之不好勇也」、告子上「孟子曰、人之於身也、兼所愛、兼所愛、則兼所養也、無尺寸之膚不愛焉、則無尺寸之膚不養也、所以考其善不善者、豈有他哉、於已取之而已矣、體有貴賤、有小大、無以小害大、無以賤害貴、養其小者爲小人、養其大者爲大人……」、盡心上「孟子曰、仲子不義與之齊國而弗受、人皆信之、是舍簞食豆羹之義也、人莫大焉亡親戚君臣上下、以其小者信其大者、奚可哉」。
（8）上揭宇野書。
（9）飯島忠夫『支那曆法起原考』（東洋文庫論叢第五、1925 年、岡書院、1930 年、第一書房、1979 年）、津田左右吉『左傳の思想史的研究』（東洋文庫論叢第二十二、財團法人東洋文庫、1935 年）。
（10）平勢隆郎『新編史記東周年表—中國古代紀年の研究序章—』（東京大學東洋文化研究所・東京大

學出版會、1995 年）、平勢隆郎『中國古代紀年の研究—天文と曆の檢討から—』（東京大學東洋文化研究所・汲古書院、1996 年）、平勢隆郎『左傳の史料批判的研究』（東京大學東洋文化研究所・汲古書院、1998 年）、平勢隆郎「戰國中期から漢武帝にいたるまでの曆」（『史料批判研究』3、1999 年）、平勢隆郎「戰國中期より遡上した曆と『春秋』三傳」（『史料批判研究』4、2000 年）、平勢隆郎『中國古代の豫言書』（講談社、2000 年）、平勢隆郎『『春秋』と『左傳』—戰國の史書が語る史實・正統・國家領域觀—』（中央公論新社、2003 年）。

(11) 前掲『左傳の史料批判的研究』第一章。

(12) 「不信」の訓讀は「信あらず」である。

(13) 前掲『左傳の史料批判的研究』第二章第二節の表39 において、韓宣子が「爲政」になった年を『左傳』襄公三十一年とした。『左傳』は明言していないので、このままでいい可能性もあるが、昭公元年の記事に、欒桓子が趙文子の「相」として楚との會盟にのぞんだことが記されているので、韓宣子「爲政」の年を『左傳』昭公元年に修正したい。

(14) 林巳奈夫「戰國時代の重量單位」（『史林』51、1986 年）。

(15) 松丸道雄「西周時代の重量單位」（『東洋文化研究所紀要』117、1992 年）。

(16) 小野澤精一『中國古代說話の思想史的考察』（汲古書院、1982 年）は、「春秋」時代を前期・後期に分け、『左傳』說話を分析している（「春秋說話の思想史的考察」）。『左傳』說話をそのまま「春秋」時代として論じる缺點がある一方、戰國時代の『荀子』・『韓非子』との比較分析など、本書に述べた「戰國前期」を念頭におく檢討に通じるものがある。その「春秋後期」說話に、晏子を議論したものがある。分析法の檢討に參照されるとよい。

(17) 蛇足のおしかりを覺悟の上で申し上げておくと、私の見解を曲げて紹介した上で、私の見解の一部を抜き取って自己の見解に作り替えたり、私の見解が示される前の論者の見解を自己の見解に作り替えたりするような議論は、研究對象とみなさないことにしてきている。

(18) 前掲。とくに平勢隆郎『中國古代の豫言書』（講談社、2000 年）、平勢隆郎『『春秋』と『左傳』—戰國の史書が語る史實・正統・國家領域觀—』（中央公論新社、2003 年）。

(19) 前掲平勢隆郎『『春秋』と『左傳』』138 頁等。

(20) 前掲平勢隆郎『『春秋』と『左傳』』143 頁等。

(21) 前掲平勢隆郎『『春秋』と『左傳』』100 頁等。

(22) 前掲平勢隆郎『『春秋』と『左傳』』106 頁等。

(23) 前掲平勢隆郎『『春秋』と『左傳』』。

(24) 前掲平勢隆郎『『春秋』と『左傳』』。

(25) 前掲平勢隆郎『『春秋』と『左傳』』307 頁。その上で、『左傳』は「夏」・「東夏」の周圍に、東の「東夷」、西の「西戎」、南の「蠻夷」、北の「狄」という夷狄名稱を論じる。

(26) 前掲平勢隆郎『『春秋』と『左傳』』321 頁。前掲平勢隆郎『「八紘」とは何か』352 頁。及び下記の表Ⅶ。

(27) 前掲平勢隆郎『新編史記東周年表』156 頁以下に田齊桓公の記事がある。154～155 頁に中山桓公の記事がある。

(28) 前掲平勢隆郎『『春秋』と『左傳』』が『穀梁傳』の「中國」とその注釋の「中國」は對象と領域が異なっていることを述べた後、その異なることを前提の議論は、なされてきていない。岩本憲司『春秋穀梁傳范甯集解』（汲古書院、1988 年）は、平勢隆郎『『春秋』と『左傳』』が刊行される以前に整理刊行されたもので、當然平勢の議論は反映されていない。しかし、膨大な經傳の譯出作業を進めた大作であり、今後も參照したい一書である。ただ、本書の作業を具體的に檢討していただければ自明のことになるが、經の文脈と傳の文脈と注釋の文脈は異なる場合が少なくない。この基本構造は、岩本書をご利用の際は、常に念頭におかれることをお勸めする。岩本憲司『春秋公羊傳何休解詁』（汲古書院、1993 年）も同樣である。岩本憲司『春秋左氏傳杜預集解』（汲古書院、2001～2006 年）は『『春秋』と『左傳』』刊行後の著作だが、平勢の見解は反映されていないので、同樣の配慮が要請される。

(29) この點については、すでに紹介した拙著拙稿に述べたわけだが、具體的にどの研究を指していう

第二章　先秦史料と通して知る「仁」とその原義

か、というご議論もあろう。例外なく、とだけ申し述べておく。これまでのところ、傳本文と注釋が同じであって、それ以上の議論は必要ない、という網羅的具體事例つきのご意見は寄せられていない。

(30)　前掲平勢隆郎『『春秋』と『左傳』』76頁。
(31)　前掲平勢隆郎『『春秋』と『左傳』』86頁。
(32)　前掲平勢隆郎『『春秋』と『左傳』』90頁。
(33)　平勢隆郎『春秋晉國『侯馬盟書』字體通覽—山西省出土文字資料—』（東京大學東洋文化研究所附屬東洋學文獻センター叢刊別集15、1988年）。
(34)　HIRASE Takao 'The Unnoted Characteristics of "Alliance Pacts" Unearthed at Hou-Ma', Proceedings of the Thirty-First International Congress of Human Sciences in Asia and North Africa, TOKYO=KYOTO, 31st August-7th September, 1983 Ⅱ, Edited by YAMAMOTO Tatsuo, THE TOHO GAKKAI, Tokyo,1984, pp. 962-963.
(35)　白鳥清『日本・中國古代法の研究』（柏書房、1972年）。
(36)　滋賀秀三『中國法制史論集』（創文社、2003年）。
(37)　白鳥清「盟の形式より觀たる古代支那の羊神判」（『史苑』11-3・4、1938年）。
(38)　そもそも平勢隆郎『春秋晉國『侯馬盟書』字體通覽』は、自費の簡單な體裁にて配布資料を作る豫定にし、自分ペースで對處していたところ、幸いにも東京大學東洋文化研究所附屬東洋學文獻センター叢刊別集の刊行物として採用されることとなり、さらにその申請のためにまとめた内容の不備を補うにも、當時奉職していた鳥取大學から上京中の限られた時間を使うことになってしまった。その申請用にまとめた内容を修正するのに、字數上の制限が生じたので、滋賀秀三「中國上代の刑罰についての一考察—誓と盟とを手がかりとして—」（『石井良助先生還暦祝賀法制史論集』、創文社、1976年。上記滋賀秀三『中國法制史論集』所収）を引用文獻に擧げて最小限の修正をおこなった。なお、松丸道雄先生からは、内容のみならず、體裁上の貴重なご助言もいただいた。また、當時、東洋文化研究所助手であった谷豊信氏からも、貴重な助言をいただいている。結果的には補える字數だったが、上記の事情がからんで、助言をいただいたことを盛り込まずじまいとなった。もとより、自分の準備不足がもたらした事態だが、ここに不備の存在を述べることにした次第である。私的なうっかりを附け足しておくと、上記引用部分にも見えている字釋の筆字は、父平勢雨邨の手になる。これも注記しそびれている。
(39)　山西省文物管理委員會編『侯馬盟書』（文物出版社、1976年）。
(40)　報告書の寫眞版をトレースして利用するのが、本來の筋であることは、松丸道雄先生よりご教示いただいたが、トレースに必要な時間を考慮した場合、現實的選擇ではないと判斷した。
(41)　このことは、曾志雄氏からご教示を得た。氏からは、曾志雄『侯馬盟書研究』（Submitted by Tsing Chi-hung, For the Degree of Doctor of Philosophy, Supervised by Dr. C. Y. Sin, June 1993）を頂戴した。拙著一覽に關しては、形式の貴重なご意見以外、實質的ご批判はいただかなかったと了解している。
(42)　自らが關わったものとして紹介すると、岡村秀典監修・宮石知美編『「小校經閣金文拓本」所載漢式鏡銘文一覽』（三月書房、1992年）がある。筆者が序文を書いた。宮石氏は鳥取大學において指導した學生であり、丹念に一覽を作成したので、九州大學赴任後、同僚となった岡村氏に監修をお願いし、出版したものである。
(43)　董同龢『上古音韵表稿』（中央研究院歴史語言研究所單刊甲種之二十一、1944年）。
(44)　ただし、滅は「ịwăt」、茂は「iwăt」。董同龢書196頁。
(45)　ただし、雉は「d'ịed」、夷は「died」。董同龢書223頁。
(46)　ただし、彼は「pịwa」、「靡」は「mịwa」。董同龢書188頁。
(47)　ただし、麻は「mwa」。董同龢書187頁。
(48)　ただし、是は「żieg」、氏は「ĥịeg」または「jịeg」。董同龢書173頁。
(49)　前掲平勢隆郎『左傳の史料批判的研究』第三章第一節（修正を施してあるが、原載は平勢隆郎「侯

馬盟書"斜"・"桬"の字釋とその關連問題——趙"稷"・"范"氏なる字釋による時期決定の檢討を基礎として——」『史淵』128、1991年）。趙尼→趙稷（色）、犺氏→范氏。

(50) 前掲平勢隆郎『左傳の史料批判的研究』380頁。
(51) 前掲平勢隆郎『左傳の史料批判的研究』384頁等の段階では、周法高『周秦名字解詁彙釋補編』（中華叢書、臺灣書店、1964年）や方炫琛『左傳人物名號研究』（國立政治大學中國文學研究所博士論文、1983年）を參照しつつ、いわゆる「あざな」と「名」の關係において、相似た意味の字が用いられることを話題にした。その後、出版は先んじる前掲平勢隆郎『新編史記東周年表』作成の際に必要上まとめることになった越の系譜などを見ていて、氣づいたことがあった。言わば万葉假名のような用例をもって書かれる人名も、同一人につき複數のものが用いられている事例がある。越の王制に中原的要素を見いだすのは、相當愼重でなければならない。夏正・踰年稱元法をもって、後代に繼承される王や皇帝の制度が整ったことを考えると、「あざな」の制度も、愼重に檢討する必要が生じよう。例えば、生稱と死後の稱、あるいは子供の時と成年後の稱等、種々の可能性を考えて論じる必要がある。
(52) 前掲平勢隆郎『左傳の史料批判的研究』384頁。
(53) 江村治樹「侯馬盟書叢考」（『内田吟風博士頌壽記念東洋史論集』同朋社、1978年）。
(54) 魏克彬「侯馬與溫縣盟書中的"岳公"」（『文物』2010年10期）。
(55) 前掲平勢隆郎『春秋晉國『侯馬盟書』字體通覽——山西省出土文字資料——』。
(56) 前掲平勢隆郎『中國古代紀年の研究——天文と暦の檢討から』第二章第二節および横組表VI。
(57) 前掲平勢隆郎『新編史記東周年表』124頁繋年根據前496年。
(58) 同上122頁繋年根據前498年。
(59) 土田健次郎『儒教入門』（東京大學出版會、2011年）25頁以下。
(60) 竹内照夫『仁の古義の研究』（明治書院、1964年）。
(61) 前掲竹内照夫『仁の古義の研究』は、土田のように理解しやすくまとめられてはいない。
(62) 例えば加藤常賢「仁の語義について」（『斯文』4、1951年）。
(63) 前掲山西省文物管理委員會編『侯馬盟書』

第二章　先秦史料と通して知る「仁」とその原義

資料Ⅴ　『論語』・『孟子』・『荀子』・『韓非子』・『禮記』の「仁」

冨山房漢文體系本を底本とするが、パソコン環境の事情により、用字が異なることがある。

1：『論語』の「仁」
《學而一》
【成孝弟也者其爲仁之本與】有子曰、其爲人也孝弟、而好犯上者鮮矣、不好犯上、而好作亂者、未之有也、君子務本、本立而道生、成孝弟也者、其爲仁之本與。
【鮮矣仁】子曰、巧言令色鮮矣仁。
【而親仁】子曰、弟子入則孝、出則弟、謹而信、汎愛衆、而親仁、行有餘力、則以學文。
《八佾三》
【人而不仁・禮と樂】子曰、人而不仁、如禮何、人而不仁、如樂何。
《里仁四》
【里仁・處仁】子曰、里仁爲美、擇不處仁、焉得知。
【不仁・仁者安仁・利仁】子曰、不仁者不可以久處約、不可以長處樂、仁者安仁、知者利仁。
【惟仁者能好人】子曰、惟仁者能好人、能惡人。
【苟志於仁矣】子曰、苟志於仁矣、無惡也。
【君子去仁・違仁】子曰、富與貴、是人之所欲也、不以其道得之、不處也、貧與賤、是人之所惡也、不以其道得之、不去也、君子去仁、惡乎成名、君子無終食之間、違仁、造次必於是、顚沛必於是。
【好仁者・惡不仁者・用其力於仁】子曰、我未見好仁者、惡不仁者、好仁者無以尚之、惡不仁者其爲仁矣、不使不仁者加乎其身、有能一日用其力於仁矣乎、我未見力不足者、蓋有之矣、我未之見也。
【觀過斯知仁】子曰、民之過也、各於其黨、觀過斯知仁矣。
《公冶長五》［仁だという評価を否定］
【雍也仁而不佞・不知其仁】或曰、雍也仁而不佞、子曰、焉用佞、禦人以口給、屢憎於人、不知其仁、焉用佞。
【子路も求も赤も不知其仁也】孟武伯問、子路仁乎、子曰不知也、又問、子曰、由也千乘之國、可使治其賦也、不知其仁也、求也何如、子曰、求也、千室之邑、百乘之家、可使爲之宰也、不知其仁也、赤也何如、子曰、赤也束帶立於朝、可使與賓客言也、不知其仁也。
【令尹子文も陳文子も仁矣乎曰未知焉得仁】子張問曰令尹子文、三仕爲令尹、無喜色、三已之、無慍色、舊令尹之政、必以告新令尹、何如、子曰、忠矣、曰仁矣乎、曰未知、焉得仁、崔子弑齊君、陳文子有馬十乘、棄而去之、至於他邦則曰、猶吾大夫崔子也、違之、之一邦、則又曰、猶吾大夫崔子也、違之、何如、子曰、清矣、曰仁矣乎、曰未知、焉得仁。
《雍也六》
【回也其心三月不違仁】子曰、回也、其心三月不違仁、其餘則日月至焉而已矣。
【仁者先難而後獲】樊遲問知、子曰、務民之義、敬鬼神而遠之、可謂知矣、問仁、曰、仁者先難而後獲、可謂仁矣。
【仁者樂山・仁者靜・仁者壽】子曰、知者樂水、仁者樂山、知者動、仁者靜、知者樂、仁者壽。
【仁者雖告之曰井有仁焉】宰我問曰、仁者雖告之曰井有仁焉、其從之也、子曰、何爲其然也、君子可逝也、不可陷也、可欺也、不可罔也。
【夫仁者已欲立而立人已欲】子貢曰、如有博施於民而能濟衆、何如、可謂仁乎、子曰、何事於仁、必也聖乎、堯舜其猶病諸、夫仁者已欲立、而立人、已欲達、而達人、能近取譬、可謂仁之方也已。
《述而七》
【依於仁】子曰、志於道、據於德、依於仁、游於藝。
【伯夷叔齊・曰求仁而得仁】冉有曰夫子爲衛君乎、子貢曰、諾吾將問之、入曰、伯夷叔齊何人也、曰古之賢人也、曰怨乎、曰求仁而得仁、又何怨乎、出曰、夫子不爲也。

資料Ⅴ 『論語』・『孟子』・『荀子』・『韓非子』・『禮記』の「仁」

【我欲仁斯仁至矣】子曰、仁遠乎哉、我欲仁、斯仁至矣。
【若聖與仁則吾豈敢】子曰、若聖與仁、則吾豈敢、抑爲之不厭、誨人不倦、則可謂云爾已矣、公西華曰、正唯、弟子不能學也。
《泰伯八》
【君子篤於親則民興於仁】子曰、恭而無禮則勞、愼而無禮則葸、勇而無禮則亂、直而無禮則絞、君子篤於親、則民興於仁、故舊不遺、則民不偸。
【仁以爲己任】曾子曰、士不可以不弘毅、任重而道遠、仁以爲己任、不亦重乎、死而後已、不亦遠乎。
【人而不仁】子曰、好勇疾貧亂也、人而不仁、疾之已甚亂也。
《子罕九》
【言利與命與仁】子罕言利、與命與仁。
【仁者不憂】子曰、知者不惑、仁者不憂、勇者不懼。
《顔淵十二》
【克己復禮爲仁】顔淵問仁、子曰、克己復禮、爲仁、一日克己復礼、天下歸仁焉、爲仁由己、而由人乎哉、顔淵曰、請問其目、子曰、非禮勿視、非禮勿聽、非禮勿言、非禮勿動、顔淵曰、回雖不敏、請事斯語矣。
【出門如見大賓使民如承大祭】仲弓問仁、子曰、出門如見大賓、使民如承大祭、己所不欲、勿施於人、在邦無怨、在家無怨、仲弓曰、雍雖不敏、請事斯語矣。
【仁者其言也訒】司馬牛問仁、子曰、仁者其言也訒、曰其言也訒、斯謂之仁已乎、子曰、爲之難言之得無訒乎。
【夫聞也者色取仁而行違】子張問、士何如斯可謂之達矣、子曰、何哉爾所謂達者、子張對曰、在邦必聞、在家必聞、子曰、是聞也、非達也、夫達也者、質直而好義、察言而觀色、慮以下人、在邦必達、在家必達、夫聞也者、色取仁、而行違、居之不疑、在邦必聞、在家必聞。
【樊遲問仁子曰愛人・不仁者遠矣】樊遲問仁、子曰、愛人、問知、子曰、知人、樊遲未達、子曰、舉直錯諸枉、能使枉者直、樊遲退見子夏、曰郷也吾見於夫子而問知、舉直錯諸枉、能使枉者直、何謂也、子夏曰、富哉言乎、舜有天下、選於衆舉皐陶、不仁者遠矣、湯有天下、選於衆、舉伊尹、不仁者遠矣。
【以友輔仁】曾子曰、君子以文會友、以友輔仁。
《子路十三》
【必世而後仁】子曰、如有王者、必世而後仁。
【居處恭執事敬與人忠雖之夷狄不可棄也】樊遲問仁、子曰、居處恭、執事敬、與人忠、雖之夷狄、不可棄也。
【剛毅木訥】子曰、剛毅木訥近仁。
《憲問十四》
【可以爲難矣仁則吾不知也】憲問恥、子曰、邦有道穀、邦無道穀恥也、克伐怨欲不行焉、可以爲仁矣、子曰、可以爲難矣、仁則吾不知也。
【勇者不必有仁】子曰、有德者必有言、有言者、不必有德、仁者必有勇、勇者不必有仁。
【君子而不仁者】子曰、君子而不仁者有矣夫、未有小人而仁者也。
【管仲之力也如其仁如其仁】子路曰、桓公殺公子糾、召忽死之、管仲不死、曰未仁乎、子曰、桓公九合諸侯、不以兵車、管仲之力也、如其仁、如其仁。
【管仲非仁者與】子貢曰、管仲非仁者與、桓公殺公子糾、不能死、又相之、子曰、管仲相桓公霸諸侯、一匡天下、民到于今受其賜、微管仲、吾其被髮左衽矣、豈若匹夫匹婦之爲諒也、自經於溝瀆、而莫之知也。
【仁者不憂知者不惑勇者不懼】子曰、君子道者三、我無能焉、仁者不憂、知者不惑、勇者不懼、子貢曰、夫子自道也。
《衛靈公十五》
【志士仁人有殺身以成仁】子曰、志士仁人、無求生以害仁、有殺身以成仁。
【事其大夫之賢者友其士之仁者】子貢問爲仁、子曰、工欲善其事、必先利其器、居是邦也、事其大夫之賢者、友其士之仁者。
【仁不能守之必失之・仁能守之でも條件あり】子曰、知及之、仁不能守之、雖得之、必失之、知及之、仁能守之、不莊以涖之、則民不敬、知及之、仁能守之、莊以涖之、動之不以禮、未善也。
【民之於仁也・未見蹈仁而死者也】子曰、民之於仁也、甚於水火、水火吾見蹈而死者矣、未見蹈仁而死者也。

【不讓於師】子曰、當仁不讓於師。
《陽貨十七》
【可謂仁乎・日月逝矣歲不我與】陽貨欲見孔子、孔子不見、歸孔子豚、孔子時其亡也、而往拜之遇諸塗、謂孔子曰、來、予與爾言、曰、懷其寶而迷其邦、<u>可謂仁乎</u>、曰不可、好從事而亟失時、<u>可謂知乎</u>、曰不可、<u>日月逝矣、歲不我與</u>、孔子曰、諾吾將仕矣。
【能行五者於天下爲仁矣・恭寬信敏惠】子張問仁於孔子、孔子曰、能行五者於天下爲仁矣、請問之、曰、恭寬信敏惠、恭則不侮、寬則得衆、信則人任焉、敏則有功、惠則足以使人。
【好仁不好學其蔽也愚】子曰、由也女聞六言六蔽矣乎、對曰、未也、居、吾語女、<u>好仁不好學、其蔽也愚</u>、<u>好知不好學</u>、其蔽也蕩、<u>好信不好學</u>、其蔽也賊、<u>好直不好學</u>、其蔽也絞、<u>好勇不好學</u>、其蔽也亂、<u>好剛不好學</u>、其蔽也狂。
【鮮矣仁】子曰、巧言令色鮮矣仁。
【予之不仁也・有三年之愛於其父母乎】宰我問、三年之喪、期已久矣、君子三年不爲禮、禮必壞、三年不爲樂、樂必崩、舊穀既沒、新穀既升、鑽燧改火、期可已矣、子曰、食夫稻、衣夫錦、於女安乎、曰安、曰女安則爲之、夫君子之居喪、食旨不甘、聞樂不樂、居處不安、故不爲也、今女安則爲之、宰我出、子曰、<u>予之不仁也</u>、子生三年、然後免於父母之懷、夫三年之喪、天下之通喪也、予也、<u>有三年之愛於其父母乎</u>。
《微子十八》
【殷有三仁焉】微子去之、箕子爲之奴、比干諫而死、孔子曰、<u>殷有三仁焉</u>。
《子張十九》
【仁在其中矣】子夏曰、<u>博學而篤志、切問而近思、仁在其中矣</u>。
【然而未仁】子游曰、吾友張也、爲難能也、<u>然而未仁</u>。
【難與並爲仁矣】曾子曰、堂堂乎張也、<u>難與並爲仁矣</u>。
《堯曰二十》
【咨爾舜天之曆數在爾躬・雖有周親不如仁人】堯曰、<u>咨爾舜、天之曆數在爾躬</u>、允執其中、四海困窮、天祿永終、舜亦以命禹、曰、予小子履、敢用玄牡、敢昭告于皇皇后帝、有罪不敢赦、帝臣不蔽、簡在帝心、朕躬有罪、無以萬方、萬方有罪、在朕躬、周有大賚、善人是富、<u>雖有周親、不如仁人</u>、百姓有過、在予一人、謹權量、審法度、修廢官、四方之政行矣、興滅國、繼絕世、舉逸民、天下之民歸心焉、所重民食喪祭、寬則得衆、信則民任焉、敏則有功、公則民説。
【欲仁而得仁】子張問於孔子曰、何如斯可以從政矣、子曰、尊五美、屏四惡、斯可以從政矣、子張曰、<u>何謂五美</u>、子曰、<u>君子惠而不費、勞而不怨、欲而不貪、泰而不驕、威而不猛</u>、子張曰、何謂惠而不費、子曰、因民之所利而利之、斯不亦惠而不費乎、擇可勞而勞之、又誰怨、<u>欲仁而得仁</u>、又焉貪、君子無衆寡、無小大、無敢慢、斯不亦泰而不驕乎、君子正其衣冠、尊其瞻視儼然、人望而畏之、斯不亦威而不猛乎、子張曰、<u>何謂四惡</u>、子曰、不教而殺、<u>謂之虐</u>、不戒視成、<u>謂之暴</u>、慢令致期、<u>謂之賊</u>、猶之與人也、出納之吝、<u>謂之有司</u>。

2-1：『孟子』の「仁」

《梁惠王上》
【亦有仁義而已矣】孟子見梁惠王、王曰、叟不遠千里而來、亦將有以利吾國乎、孟子對曰、王何必曰利、<u>亦有仁義而已矣</u>、王曰何以利吾國、大夫曰何以利吾家、士庶人曰何以利吾身、上下交征利、而國危矣、萬乘之國、弑其君者、必千乘之家、千乘之國、弑其君者、必百乘之家、萬取千焉千取百焉、不爲不多矣、苟爲後義而先利、不奪不饜、未有仁而遺其親者也、<u>未有義而後其君者也</u>、<u>王亦曰仁義而已矣</u>、何必曰利。
【是乃仁術也】齊宣王問曰、齊桓晉文之事、可得聞乎……王曰、然、誠有百姓者、齊國雖褊小、吾何愛一牛、即不忍其觳觫若無罪而就死地、故以羊易之也、曰、王無異於百姓之以王爲愛也、以小易大、彼惡知之、王若隱其無罪而就死地、則牛羊何擇焉、王笑曰、是誠何心哉、我非愛其財而易之以羊也、宜乎、百姓之謂我愛也、曰、無傷也、<u>是乃仁術也</u>、見牛未見羊也、君子之於禽獸也、見其生、不忍見其死、聞其聲、不忍食其肉、是以君子遠庖廚也。
【今王發政施仁】<u>今王發政施仁、使天下仕者皆欲立於王之朝</u>、耕者皆欲耕於王之野、商賈皆欲藏於王之市、

資料Ⅴ 『論語』・『孟子』・『荀子』・『韓非子』・『禮記』の「仁」

行旅皆欲出於王之塗、天下之欲疾其君者、皆欲赴愬於王、其若是、孰能禦之。
【焉有仁人在位罔民而可爲也】王曰、吾惛不能進於是矣、願夫子輔吾志、明以教我、我雖不敏、請嘗試之、
曰無恆產而有恆心者、惟士爲能、若民則無恆產因無恆心、苟無恆心、放辟邪侈、無不爲已、及陷於罪、
然後從而刑之、是罔民也、焉有仁人在位、罔民而可爲也、是故明君制民之產、必使仰足以事父母、俯足
以畜妻子、樂歲終身飽、凶年免於死亡、然後驅而之善、故民之從之也輕。
《梁惠王下》
【惟仁者爲能以大事小】齊宣王問曰、交鄰國有道乎、孟子對曰有、惟仁者爲能以大事小、是故湯事葛、文
王事昆夷、惟智者爲能以小事大、故大王事獯鬻、句踐事吳、以大事小者、樂天者也、以小事大者、畏天者也、
樂天者保天下、畏天者保其國、詩云、畏天之威、于時保之。
【文王發政施仁、必先斯四者】齊宣王問、曰人皆謂我毀明堂、毀諸已乎……老而無妻曰鰥、老而無夫曰寡、
老而無子曰獨、幼而無父曰孤、此四者、天下之窮民、而無告者、文王發政施仁、必先斯四者。
【賊仁者謂之賊】齊宣王問曰、湯放桀、武王伐紂、有諸、孟子對曰、於傳有之、曰、臣弑其君、可乎、曰、
賊仁者謂之賊、賊義者謂之殘、殘賊之人、謂之一夫、聞誅一夫紂矣、未聞弑君也。
【今又倍地而不行仁政是動天下之兵也】齊人伐燕取之……天下固畏齊之彊也、今又倍地而不行仁政、是動
天下之兵也、王速出令、反其旄倪、止其重器、謀於燕衆、置君而後去之、則猶可及止也。
【君行仁政斯民親其上】鄒與魯鬨、穆公問曰、吾有司死者三十三人、而民莫之死也、誅之則不可勝誅、不
誅則疾視其長上之死、而不救、如之何則可也、孟子對曰、凶年饑歲、君之民、老弱轉乎溝壑、壯者散而
之四方者、幾千人矣、而君之倉廩實、府庫充、有司莫以告、是上慢而殘下也、曾子曰、戒之戒之、出
乎爾者反乎爾者也、夫民今而後得反之也、君無尤焉、君行仁政、斯民親其上、死其長矣。
【仁人也不可失也從之者如歸市】滕文公問曰、滕小國也、竭力以事大國、則不得免焉、如之何則可、孟子
對曰、昔者太王居邠、狄人侵之、事之以皮幣、不得免焉、事之以犬馬、不得免焉、事之以珠玉不得免焉、
乃屬其耆老而告之曰、狄人之所欲者吾土地也、吾聞之也、君子不以其所以養人者害人、二三子何患乎無君、
我將去之、去邠踰梁山、邑于岐山之下居焉、邠人曰、仁人也、不可失也、從之者如歸市、或曰、世守也、
非身之所能爲也、效死勿去、君請擇於斯二者。
《公孫丑上》
【行仁政而王莫之能禦也・萬乘之國行仁政民之悅之・萬乘之國と地千里は中領域】公孫丑問曰、夫子當路
於齊、管仲晏子之功可復許乎……夏后殷周之盛、地未有過千里者也、而齊有其地矣、雞鳴狗吠、相聞而
達乎四境、而齊有其民矣、地不改辟矣、民不改聚矣、行仁政而王、莫之能禦也、且王者之不作、未有疏
於此時者也、民之憔悴於虐政、未有甚於此時者也、飢者易爲食、渴者易爲飲、孔子曰、德之流行、速於
置郵而傳命、當今之時、萬乘之國行仁政、民之悅之、猶解倒懸也、故事半古之人、功必倍之、惟此時爲然。
【其爲氣也配義與道無是餒也・子貢曰學不厭智也教不倦仁也・仁且智夫子既聖矣】公孫丑問曰、夫子加齊
之卿相、得行道焉、雖由此霸王、不異矣、如此、則動心否乎……昔者曾子謂子襄曰、子好勇乎、吾嘗聞
大勇於夫子矣、自反而不縮、雖褐寬博吾不惴焉、自反而縮、雖千萬人吾往矣、孟施舍之守氣、又不如曾
子之守約也……夫志氣之帥也、氣體之充也、夫志至焉、氣次焉、故曰持其志、無暴其氣、既曰、志至焉、
氣次焉、又曰、持其志、無暴其氣者、何也、曰、志壹則動氣、氣壹則動志、今夫蹶者趨者、是氣也、而
反動其心、敢問夫子惡乎長、曰、我知言、我善養吾浩然之氣、敢問何謂浩然之氣、曰難言也、其爲氣也、
至大至剛、以直養而無害、則塞于天地之間、其爲氣也、配義與道無是餒也、是集義所生者、非義襲而取
之也、行有不慊於心則餒矣、我故曰、告子未嘗知義、以其外之也、必有事焉、而勿正心、勿忘、勿助長也、
無若宋人然宋人有閔其苗之不長、而揠之者、芒芒然歸謂其人曰、今日病矣、予助苗長矣、其子趨而往視之、
苗則槁矣、天下之不助苗長者寡矣、以爲無益而舍之者、不耘苗者也、助之長者、揠苗者也、非徒無益而
又害之、何謂知言、曰詖辭知其所蔽、淫辭知其所陷、邪辭知其所離、遁辭知其所窮、生於其心、害於其政、
發於其政、害於其事、聖人復起、必從吾言矣、宰我、子貢善爲說辭、冉牛閔子顏淵善言德行、孔子兼之、
曰我於辭命則不能也、曰、惡是何言也、昔者子貢問於孔子、曰、夫子聖矣乎、孔子曰、聖則吾不能、我
學不厭、而教不倦也、子貢曰、學不厭、智也、教不倦、仁也、仁且智、夫子既聖矣、夫聖孔子不居、是
何言也……。
【以力假仁者霸】孟子曰、以力假仁者霸、霸必有大國、以德行仁者王、王不待大、湯以七十里、文王以百里、

以力服人者、非心服也、力不贍也、以德服人者、中心悅而誠服也、如七十子之服孔子也、詩云、自西自東、自南自北、無思不服、此之謂也。
【仁則榮不仁則辱】孟子曰、<u>仁則榮、不仁則辱、今惡辱而居不仁、是猶惡濕而居下也</u>、如惡之、莫如貴德而尊士、賢者在位、能者在職、國家閒暇、及是時、明其政刑、雖大國必畏之矣。
【惻隱之心仁之端也】孟子曰、<u>人皆有不忍人之心</u>、先王有不忍人之心、斯有不忍人之政矣、以不忍人之心、行不忍人之政、治天下可運之掌上、所以謂人皆有不忍人之心者、今人乍見孺子將入於井、皆有怵惕惻隱之心、非所以內交於孺子之父母也、非所以要譽於鄉黨朋友也、非惡其聲而然也、由是觀之、無惻隱之心、非人也、無羞惡之心、非人也、無辭讓之心、非人也、無是非之心、非人也、<u>惻隱之心、仁之端也、羞惡之心、義之端也、辭讓之心、禮之端也、是非之心、智之端也</u>、人之有是四端也、猶其有四體也、有是四端而自謂不能者、自賊者也、謂其君不能者、賊其君者也、凡有四端於我者、知皆擴而充之矣、若火之始然、泉之始達、苟能充之、足以保四海、苟不充之、不足以事父母。
【矢人豈不仁於函人哉・里仁爲美・夫仁天之尊爵也人之安宅也・莫之禦而不仁是不智也・不仁不智】孟子曰、<u>矢人豈不仁於函人哉</u>、矢人惟恐不傷人、函人惟恐傷人、巫匠亦然、故術不可不慎也、<u>孔子曰、里仁爲美、擇不處仁、焉得智、夫仁天之尊爵也、人之安宅也、莫之禦、而不仁、是不智也、不仁不智</u>、無禮無義、人役也、人役而恥爲役、由弓人而恥爲弓、<u>矢人而恥爲矢也、如恥之、莫如爲仁、仁者如射、射者正已而後發</u>、發而不中、不怨勝已者、反求諸已而已矣。

《公孫丑下》
【齊人無以仁義與王言者・彼以其富我以吾仁】孟子將朝王、王使人來曰……景子曰、內則父子、外則君臣、人之大倫也、父子主恩、君臣主敬、丑見王之敬子也、未見所以敬王也、曰、惡是何言、<u>齊人無以仁義與王言者、豈以仁義爲不美也、其心曰、是何足與言仁義也</u>、云爾、則不敬莫大乎是、我非堯舜之道、不敢以陳於王前、故齊人莫如我敬王也、景子曰、否、非此之謂也、禮曰、父召無諾、君命召、不俟駕、固將朝也、聞王命、而遂不果、宜與夫禮若不相似然、曰、豈謂是與、曾子曰、晉楚之富、不可及也、<u>彼以其富、我以吾仁、彼以其爵、我以吾義</u>、吾何慊乎哉、夫豈不義而曾子言之、是或一道也、天下有達尊三、爵一、齒一、德一、朝廷莫如爵、鄉黨莫如齒、輔世長民莫如德、惡得有其一以慢其二哉、故將大有爲之君、必有所不召之臣、欲有謀焉、則就之、其尊德樂道不如是、不足與有爲也……。
【知而使之是不仁也・仁智周公未之盡】燕人畔、王曰、吾甚慙於孟子、陳賈曰、王無患焉、王自以爲與周公孰仁且智、王曰、惡是何言也、曰、<u>周公使管叔監殷、管叔以殷畔、知而使之、是不仁也、不知而使之、是不智也、仁智周公未之盡也</u>、而況於王乎、賈請見而解之、見孟子問曰、周公何人也、曰古聖人也、曰、使管叔監殷、管叔以殷畔也、有諸、曰然、曰、周公知其將畔而使之與、曰不知、然則聖人、且有過與、曰、周公弟也、管叔兄也、周公之過、不亦宜乎、且古之君子、過則改之、今之君子、過則順之、古之君子、其過也如日月之食、民皆見之、及其更也、民皆仰之、今之君子、豈徒順之、又從而爲之辭。

《滕文公上》
【焉有仁人在位罔民而可爲也・爲富不仁矣爲仁不富矣・夫仁政必自經界始】滕文公問爲國、孟子曰、民事不可緩也、詩云、晝爾于茅、宵爾索綯、亟其乘屋、其始播百穀、民之爲道也、有恆產者、有恆心、無恆產者、無恆心、苟無恆心、放辟邪侈、無不爲已、及陷乎罪、然後從而刑之、是罔民也、<u>焉有仁人在位、罔民而可爲也</u>、是故賢君必恭儉禮下、取於民有制、<u>陽虎曰、爲富不仁矣、爲仁不富矣</u>、夏后氏五十而貢、殷人七十而助、周人百畝而徹、其實皆什一也、徹者徹也、助者藉也……<u>孟子曰、子之君將行仁政</u>、選擇而使子、子必勉之、<u>夫仁政必自經界始</u>、經界不正、井地不均、穀祿不平……方里而井、井九百畝、其中爲公田、八家皆私百畝、同養公田……。
【遠方之人聞君行仁政・ここに言う中國は禹時・爲天下得人者謂之仁・從許子之道相率而爲僞者也惡能治國家】有爲神農之言者許行、<u>自楚之滕</u>、踵門而告文公曰、<u>遠方之人、聞君行仁政</u>、願受一廛而爲氓、文公與之處、其徒數十人、皆衣褐、捆屨織席、以爲食、<u>陳良之徒陳相</u>、與其弟辛負耒耜、<u>而自宋之滕</u>、曰聞君行聖人之政、是亦聖人也、願爲聖人氓、陳相見許行而大悅、盡棄其學而學焉、<u>陳相見孟子</u>、道許行之言、曰滕君則誠賢君也、雖然未聞道也、賢者、與民並耕而食、饔飧而治、今也滕有倉廩府庫、則是厲民而以自養也、惡得賢、孟子曰、許子必種粟而食乎、曰然、許子必織布而後衣乎、曰否、許子衣褐、許子冠乎、曰冠、曰奚冠、曰冠素、曰自織之與、曰否、以粟易之、曰許子奚爲不自織、曰害於耕、曰許

資料Ⅴ 『論語』・『孟子』・『荀子』・『韓非子』・『禮記』の「仁」

子以釜甑爨以鐡耕乎、曰然、自爲之與、曰、否以粟易之、以粟易械器者、不爲厲陶冶、陶冶亦以其械器易粟者、豈爲厲農夫哉、且許子何不爲陶冶、舍皆取諸其宮中而用之、何爲紛紛然與百工交易、何許子之不憚煩、曰、百工之事、固不可耕且爲也、然則治天下、獨可耕且爲與、有大人之事、有小人之事、且一人之身、而百工之所爲備、如必自爲而後用之、是率天下而路也、故曰、或勞心、或勞力、勞心者、治人、勞力者、治於人、治於人者、食人、治人者、食於人、天下之通義也、當堯之時、天下猶未平、洪水橫流、氾濫於天下、草木暢茂、禽獸繁殖、五穀不登、禽獸偪人、<u>獸蹄鳥跡之道、交於中國</u>、堯獨憂之、舉舜而敷治焉、舜使益掌火、益烈山澤而焚之、禽獸逃匿、禹疏九河、瀹濟漯、而注諸海、決汝漢、排淮泗、而注之江、<u>然後中國可得而食也</u>、當是時也、禹八年於外、三過其門、而不入、雖欲耕得乎、后稷敎民稼穡、樹藝五穀、五穀熟而民人育、人之有道也、飽食煖衣、逸居而無敎、則近於禽獸、聖人有憂之、使契爲司徒、敎以人倫、父子有親、君臣有義、夫婦有別、長幼有序、朋友有信、放勳曰、勞之、來之、匡之、直之、輔之、翼之、使自得之、又從而振德之、聖人之憂民如此、而暇耕乎、堯以不得舜、爲已憂、舜以不得禹皐陶爲已憂、夫以百畝之不易爲已憂者、農夫也、分人以財、謂之惠、敎人以善、謂之忠、<u>爲天下得人者、謂之仁</u>、是故以天下與人易、爲天下得人難、孔子曰、大哉堯之爲君、惟天爲大、惟堯則之、蕩蕩乎、民無能名焉、君哉舜也、巍巍乎有天下、而不與焉、堯舜之治天下、豈無所用其心哉、亦不用於耕耳、吾聞用夏變夷者、未聞變於夷者也、<u>陳良楚産也、悅周公仲尼之道、北學於中國</u>、北方之學者、未能或之先也、彼所謂豪傑之士也、子之兄弟、事之數十年、師死而遂倍之、昔者、孔子没、三年之外、門人治任將歸、入揖於子貢、相嚮而哭、皆失聲、然後歸、子貢反築室於場、獨居三年、然後歸、他日、子夏、子張、子游、以有若似聖人、欲以所事孔子事之、彊曾子、曾子曰、不可、江漢以濯之、秋陽以暴之、皜皜乎不可尚已、今也南蠻鴃舌之人、非先王之道、子倍子之師、而學之、亦異於曾子矣、吾聞出於幽谷遷于喬木者、未聞下喬木而入于幽谷者、魯頌曰、戎狄是膺、荊舒是懲、周公方且膺之子是之學、亦爲不善變矣、<u>從許子之道、則市賈不貳、國中無僞</u>、雖使五尺之童適市、莫之或欺、布帛長短同、則賈相若、麻縷絲絮輕重同、則賈相若、五穀多寡同、則賈相若、屨大小同、則賈相若、<u>曰夫物之不齊、物之情也</u>、或相倍蓰、或相什百、或相千萬、子比而同之、<u>是亂天下也</u>、巨屨小屨同賈、人豈爲之哉、<u>從許子之道相率而爲僞者也</u>、惡能治國家、

【則孝子仁人之掩其親亦必有道矣】墨者夷之、因徐辟而求見孟子……他日過之、狐狸食之、蠅蚋姑嘬之、其顙有泚、睨而不視、夫泚也、非爲人泚、中心達於面目、蓋歸反虆梩而掩之、掩之誠是也、<u>則孝子仁人之掩其親、亦必有道矣</u>、徐子以告夷子、夷子憮然爲間、曰命之矣。
《滕文公下》
【輕爲仁義者】彭更問曰後車數十乘……於此有人焉、入則孝、出則悌、守先王之道、以待後之學者、而不得食於子、<u>子何尊梓匠輪輿而輕爲仁義者哉</u>……。
【是邪説誣民充塞仁義也】公都子曰、外人皆稱夫子好辯、敢問何也……楊墨之道不息、孔子之道不著、<u>是邪説誣民、充塞仁義也、仁義充塞、則率獸食人、人將相食</u>、吾爲此懼、閑先聖之道、距楊墨、放淫辭、邪説者不得作……。
《離婁上》
【堯舜之道不以仁政不能平治天下・今有仁心仁聞而民不被其澤不可法於後世者・聖人の目でみる形式の規矩・聖人の耳で聽く形式の六律・聖人の心思を竭くした結果天下を覆う仁・惟仁者宜在高位・上無道揆也下無法守也・上無禮下無學・道二仁與不仁而已】孟子曰、離婁之明、公輸子之巧、不以規矩、不能成方員、師曠之聰、不以六律、不能正五音、<u>堯舜之道、不以仁政、不能平治天下、今有仁心仁聞、而民不被其澤、不可法於後世者、不行先王之道也</u>、故曰徒善、不足以爲政、徒法不能以自行、詩云、不愆不忘、率由舊章、遵先王之法、而過者未之有也、<u>聖人既竭目力焉</u>、繼之以規矩準繩、以爲方員平直、不可勝用也、<u>既竭耳力焉</u>、繼之以六律、正五音、不可勝用也、<u>既竭心思焉、繼之以不忍人之政、而仁覆天下矣</u>、故曰爲高必因丘陵、爲下必因川澤、爲政不因先王之道、可謂智乎、是以<u>惟仁者、宜在高位、不仁而在高位、是播其惡於衆也</u>、<u>上無道揆也、下無法守也</u>、朝不信道、工不信度、君子犯義、小人犯刑、國之所存者幸也、故曰、城郭不完、兵甲不多、非國之災也、田野不辟、貨財不聚、非國之害也、<u>上無禮、下無學</u>、賊民興喪無日矣……。
【道二仁與不仁而已矣・暴其民甚,則身弒國亡】孟子曰、規矩方員之至也、<u>聖人人倫之至也</u>、欲爲君盡君道、欲爲臣盡臣道、二者皆法堯舜而已矣、不以舜之所以事堯事君、不敬其君者也、不以堯之所以治民治

333

民、賊其民者也、孔子曰、<u>道二、仁與不仁而已矣、暴其民甚、則身弒國亡</u>、不甚則身危國削、名之曰幽厲、雖孝子慈孫、百世不能改也、詩云、殷鑒不遠、在夏后之世、此之謂也。

【三代之得天下也以仁・其失天下也以不仁・天子不仁・諸侯卿大夫士庶人不仁・樂不仁】孟子曰、<u>三代之得天下也以仁、其失天下也以不仁</u>、國之所以廢興存亡者亦然、<u>天子不仁、不保四海、諸侯不仁、不保社稷、卿大夫不仁、不保宗廟、士庶人不仁、不保四體、今惡死亡、而樂不仁、是由惡醉而強酒</u>。

【愛人不親反其仁】孟子曰、<u>愛人不親反其仁、治人不治反其智、禮人不答反其敬</u>、行有不得者皆反求諸己、其身正而天下歸之……。

【天下有道小德役大德小賢役大賢・仁不可爲眾也・夫國君好仁天下無敵・欲無敵於天下而不以仁】孟子曰、<u>天下有道、小德役大德、小賢役大賢、天下無道、小役大、弱役強、斯二者天也、順天者存逆天者亡</u>……孔子曰、<u>仁不可爲眾也、夫國君好仁、天下無敵</u>、今也、<u>欲無敵於天下、而不以仁</u>、是猶執熱而不以濯也……。

【不仁者可與言哉】孟子曰、<u>不仁者可與言哉</u>、安其危而利其菑、樂其所以亡者、<u>不仁而可與言</u>、則何亡國敗家之有……。

【民之歸仁也猶水之就下獸之走壙也・今天下之君有好仁者則諸侯皆爲之敺矣・苟不志於仁終身憂辱以陷於死亡】孟子曰、<u>桀紂之失天下也、失其民也、失其民者</u>、失其心也、得天下有道、得其民斯得天下矣、得其民有道、得其心斯得民矣、得其心有道、所欲與之聚之、所惡勿施爾也、<u>民之歸仁也、猶水之就下、獸之走壙也</u>、故爲淵敺魚者獺也、爲叢敺爵者鸇也、<u>爲湯武敺民者桀與紂也、今天下之君有好仁者、則諸侯皆爲之敺矣</u>、雖欲無王不可得已、今之欲王者、猶七年之病求三年之艾也、苟爲不畜、終身不得、<u>苟不志於仁、終身憂辱以陷於死亡</u>……。

【吾身不能居仁由義謂之自棄也・仁人之安宅也】孟子曰、自暴者、不可與有言也、自棄者、不可與有爲也、言非禮義、謂之自暴也、吾身不能居仁由義、謂之自棄也、<u>仁人之安宅也、義人之正路也</u>、曠安宅而弗居、舍正路而不由、哀哉。

【君不行仁政而富之皆棄於孔子者也】孟子曰、求也爲季氏宰、無能改於其德、而賦粟倍他日、孔子曰、求非我徒也、小子鳴鼓、而攻之可也、由此觀之、<u>君不行仁政而富之、皆棄於孔子者也</u>、況於爲之強戰、爭地以戰、殺人盈野、爭城以戰、殺人盈城、此所謂率土地、而食人肉、罪不容於死、故善戰者服上刑、連諸侯者次之、辟草萊任土地者次之。

【君仁、莫不仁】孟子曰、人不足與適也、政不足間也、惟大人爲能格君心之非、<u>君仁、莫不仁、君義、莫不義、君正、莫不正</u>、一正君而國定矣。

【仁之實事親是也】孟子曰、<u>仁之實事親是也</u>、義之實從兄是也、智之實知斯二者弗去是也、禮之實節文斯二者是也、樂之實樂斯二者、樂則生矣、生則惡可已也、惡可已、則不知足之蹈之、手之舞之。

《離婁下》

【君仁莫不仁】孟子曰、<u>君仁莫不仁、君義莫不義</u>。

【人之所以異於禽獸者君子存之・由仁義行非行仁義也】孟子曰、<u>人之所以異於禽獸者</u>、幾希、庶民去之、<u>君子存之</u>、舜明於庶物、察於人倫、<u>由仁義行、非行仁義也</u>。

【君子以仁存心以禮存心・仁者愛人有禮者敬・非仁無爲也】孟子曰、君子所以異於人者、以其存心也、<u>君子以仁存心、以禮存心、仁者愛人、有禮者敬人</u>、愛人者人恆愛之、敬人者人恆敬之、有人於此、其待我以橫逆、<u>則君子必自反也、我必不仁也、必無禮也</u>、此物奚宜至哉、其自反而仁矣、自反而有禮矣、其橫逆由是也、君子必自反也、我必不忠、自反而忠矣、其橫逆由是也、君子曰、此亦妄人也已矣、如此則與禽獸奚擇哉、於禽獸又何難焉、是故君子有終身之憂、無一朝之患也、乃若所憂則有之、舜人也、我亦人也、舜爲法於天下、可傳於後世、我由未免爲鄉人也、是則可憂也、憂之如何、如舜而已矣、若夫君子所患則亡矣、<u>非仁無爲也、非禮無行也</u>、如有一朝之患、則君子不患矣。

《萬章上》

【誅不仁也・象至不仁・仁人在弟則封之・仁人之於弟也不藏怒焉・身爲天子弟爲匹夫可謂親愛之乎】萬章問曰、象日以殺舜爲事、立爲天子則放之何也、孟子曰、封之也、或曰放焉、萬章曰、舜流共工于幽州、放驩兜于崇山、殺三苗于三危、殛鯀于羽山、四罪而天下咸服、誅不仁也、象至不仁、封之有庳、有庳之人奚罪焉、<u>仁人固如是乎、在他人則誅之、在弟則封之、仁人之於弟也、不藏怒焉、不宿怨焉、親愛之而已矣</u>、親之

欲其貴也、愛之欲其富也、封之有庳富貴之也、身爲天子弟爲匹夫、可謂親愛之乎、敢問、或曰放者、何謂也、曰、象不得有爲於其國、天子使吏治其國、而納其貢税焉、故謂之放、豈得暴彼民哉、雖然欲常常而見之、故源源而來、不及貢、以政接于有庳、此之謂也。
【自怨自艾於桐處仁遷義】萬章問曰、人有言、至於禹而德衰、不傳於賢而傳於子、有諸……伊尹相湯以王於天下、湯崩、太丁未立、外丙二年、仲壬四年、太甲顚覆湯之典刑、伊尹放之於桐三年、太甲悔過、自怨自艾於桐處仁遷義三年、以聽伊尹之訓己也、復歸于亳。

《告子上》
【以人性爲仁義・禍仁義者必［告］子之言夫】告子曰、性猶杞柳也、義猶桮棬也、以人性爲仁義、猶以杞柳爲桮棬、孟子曰、子能順杞柳之性、而以爲桮棬乎、將戕賊杞柳、而後以爲桮棬也、如將戕賊杞柳、而以爲桮棬、則亦將戕賊人、以爲仁義與、率天下之人、而禍仁義者、必子之言夫。
【食色性也仁内也非外也・何以謂仁内義外也】告子曰、食色性也、仁内也、非外也、義外也、非内也、孟子曰、何以謂仁内義外也、曰、彼長而我長之、非有長於我也、猶彼白而我白之、從其白於外也、故謂之外也、曰、異於白馬之白也、無以異於白人之白也、不識長馬之長也、無以異於長人之長與、且謂長者義乎、長之者義乎、曰吾弟則愛之、秦人之弟則不愛也、是以我爲悦者也、故謂之内、長楚人之長、亦長吾之長、是長爲悦者也、故謂之外也、曰耆秦人之炙、無以異於耆吾炙、夫物則亦有然者也、然則耆炙亦有外與。
【惻隱之心仁也・仁義禮智由外鑠我也】公都子曰、告子曰、性無善無不善也、或曰、性可以爲善、可以爲不善、是故文武興則民好善、幽厲興則民好暴、或曰、有性善、有性不善、是故以堯爲君而有象、以瞽瞍爲父而有舜、以紂爲兄之子且以爲君、而有微子啓王子比干、今曰、性善、然則彼皆非與、孟子曰、乃若其情則可以爲善矣、乃所謂善也、若夫爲不善、非才之罪也、惻隱之心、人皆有之、羞惡之心、人皆有之、恭敬之心、人皆有之、是非之心、人皆有之、惻隱之心、仁也、羞惡之心、義也、恭敬之心、禮也、是非之心、智也、仁義禮智非由外鑠我也、我固有之、弗思耳矣、故曰、求則得之、舍則失之、或相倍蓰而無算者、不能盡其才者也、詩曰、天生蒸民、有物有則民之秉夷、好是懿德、孔子曰、爲此詩者、其知道乎、故有物必有則、民之秉夷也、故好是懿德。
【雖存乎人者豈無仁義之心哉】孟子曰、牛山之木嘗美矣、以其郊於大國也、斧斤伐之、可以爲美乎、是其日夜之所息、雨露之所潤、非無萌蘖之生焉、牛羊又從而牧之、是以若彼濯濯也、人見其濯濯也、以爲未嘗有材焉、此豈山之性也哉、雖存乎人者、豈無仁義之心哉、其所以放其良心者、亦猶斧斤之於木也、旦旦而伐之、可以爲美乎、其日夜之所息、平旦之氣、其好惡與人相近也者幾希、則其旦晝之所爲、有梏亡之矣、梏之反覆、則其夜氣不足以存、夜氣不足以存、則其違禽獸不遠矣、人見其禽獸也、而以爲未嘗有才焉者、是豈人之情也哉、故苟得其養、無物不長、苟失其養、無物不消、孔子曰、操則存、舍則亡、出入無時、莫知其鄕、惟心之謂與。
【仁人心也・學問之道無他求其放心而已矣】孟子曰、仁人心也、義人路也、舍其路而弗由、放其心而不知求、哀哉、人有雞犬放、則知求之、有放心而不知求、學問之道無他、求其放心而已矣。
【仁義忠信樂善不倦此天爵也】孟子曰、有天爵者、有人爵者、仁義忠信樂善不倦、此天爵也、公卿大夫此人爵也、古之人、脩其天爵、而人爵從之、今之人、脩其天爵、以要人爵、既得人爵、而棄其天爵、則惑之甚者也。
【言飽乎仁義也】孟子曰、欲貴者人之同心也、人人有貴於己者、弗思耳、人之所貴者、非良貴也、趙孟之所貴、趙孟能賤之、詩云、既醉以酒、既飽以德、言飽乎仁義也、所以不願人之膏粱之味也、令聞廣譽施於身、所以不願人之文繡也。
【仁之勝不仁也】孟子曰、仁之勝不仁也、猶水勝火、今之爲仁者、猶以一杯水救一車薪之火也、不熄則謂之水不勝火、此又與於不仁之甚者也、亦終必亡而已矣。
【夫仁亦在乎熟之而已矣】孟子曰、五穀者種之美者也、苟爲不熟、不如荑稗、夫仁亦在乎、熟之而已矣。
《告子下》
【親親仁也】公孫丑問、曰、高子曰、小弁小人之詩也、孟子曰、何以言之、曰怨、曰、固哉高叟之爲詩也、有人於此、越人關弓而射之、則己談笑而道之、無他、疏之也、其兄關弓而射之、則己垂涕泣而道之、無他、戚之也、小弁之怨親親也、親親仁也、固矣夫、高叟之爲詩也、曰凱風何以不怨、曰、凱風親之過小者也、小弁親之過大者也、親之過大而不怨、是愈疏也、親之過小而怨、是不可磯也、愈疏不孝也、不可磯亦不孝也、

孔子曰、舜其至孝矣、五十而慕。
【是君臣父子兄弟終去仁義懷利以相接然而不亡者未之有也・先生以仁義説秦楚之王・是三軍之士・爲人臣者・爲人子者・爲人弟者・是君臣父子兄弟去利懷仁義以相接也】宋牼將之楚、孟子遇於石丘、曰先生將何之……曰、先生之志則大矣、先生之號則不可、先生以利説秦楚之王、秦楚之王悅於利以罷三軍之師、是三軍之士樂罷而悅於利也、爲人臣者、懷利以事其君、爲人子者、懷利以事其父、爲人弟者、懷利以事其兄、是君臣父子兄弟終去仁義、懷利以相接、然而不亡者未之有也、先生以仁義説秦楚之王、秦楚之王悅於仁義而罷三軍之師、是三軍之士樂罷而悅於仁義也、爲人臣者、懷仁義以事其君、爲人子者、懷仁義以事其父、爲人弟者、懷仁義以事其兄、是君臣父子兄弟、去利懷仁義以相接也、然而不王者未之有也何必曰利。
【夫子在三卿之中名實未加於上下而去之仁者固如此乎・三子者不同道其趨一也一者何也曰仁也・君子亦仁而已矣】淳于髡曰、先名實者、爲人也、後名實者、自爲也、夫子在三卿之中、名實未加於上下而去之、仁者固如此乎、孟子曰、居下位、不以賢事不肖者、伯夷也、五就湯、五就桀者、伊尹也、不惡汙君、不辭小官者、柳下惠也、三子者不同道其趨一也、一者何也、曰、仁也、君子亦仁而已矣、何必同、曰、魯繆公之時、公儀子爲政、子柳子思爲臣、魯之削也滋甚、若是乎、賢者之無益於國也、曰、虞不用百里奚而亡、秦繆公用之而霸、不用賢則亡、削何可得歟……。
【今魯方百里者五然且仁者不爲・君子之事君也志於仁而已】魯欲使愼子爲將軍、孟子曰、不教民而用之、謂之殃民、殃民者、不容於堯舜之世、一戰勝齊、遂有南陽、然且不可、愼子勃然不悅曰、此則滑釐所不識也、曰、吾明告子、天子之地方千里、不千里不足以待諸侯、諸侯之地方百里、不百里、不足以守宗廟之典籍、周公之封於魯、爲方百里也、地非不足而儉於百里、太公之封於齊也、亦爲方百里也、地非不足也、而儉於百里、今魯方百里者五、子以爲、有王者作、則魯在所損乎、在所益乎、徒取諸彼、以與此、然且仁者不爲、況於殺人以求之乎、君子之事君也、務引其君以當道、志於仁而已。
【不志於仁・是富桀也・是輔桀也】孟子曰、今之事君者皆曰、我能爲君辟土地充府庫、今之所謂良臣、古之所謂民賊也、君不鄉道、不志於仁、而求富之、是富桀也、我能爲君約與國、戰必克、今之所謂良臣、古之所謂民賊也、君不鄉道、不志於仁、而求爲之強戰、是輔桀也、由今之道、無變今之俗、雖與之天下、不能一朝居。
【降水者洪水也仁人之所惡也】白圭曰、丹之治水也、愈於禹、孟子曰、子過矣、禹之治水、水之道也、是故禹以四海爲壑、今吾子以鄰國爲壑、水逆行謂之降水、降水者洪水也、仁人之所惡也、吾子過矣。
《盡心上》
【強恕而行、求仁莫近焉】孟子曰、萬物皆備於我矣、反身而誠、樂莫大焉、強恕而行、求仁莫近焉。
【仁言不如仁聲之入人深也】孟子曰、仁言不如仁聲之入人深也、善政不如善教之得民也、善政民畏之、善教民愛之、善政得民財、善教得民心。
【親親仁也】孟子曰、人之所不學而能者、其良能也、所不慮而知者、其良知也、孩提之童、無不知愛其親也、及其長也、無不知敬其兄也、親親仁也、敬長義也、無他、達之天下也。
【君子所性仁義禮智根於心・四體不言而喻】孟子曰、廣土衆民、君子欲之、所樂不存焉、中天下而立、定四海之民、君子樂之、所性不存焉、君子所性、雖大行不加焉、雖窮居不損焉、分定故也、君子所性、仁義禮智根於心、其生色也、睟然見於面、盎於背、施於四體、四體不言而喻。
【天下有善養老則仁人以爲已歸矣】孟子曰、伯夷辟紂、居北海之濱、聞文王作興、曰盍歸乎來、吾聞、西伯善養老者、太公辟紂、居東海之濱、聞文王作興、曰盍歸乎來、吾聞、西伯善養老者、天下有善養老、則仁人以爲已歸矣、五畝之宅、樹墻下以桑、匹婦蠶之、則老者足以衣帛矣、五母雞二母彘、無失其時、老者足以無失肉矣、百畝之田、匹夫耕之、八口之家、可以無饑矣、所謂西伯善養老者、制其田里、教之樹畜、導其妻子、使養其老、五十非帛不煖、七十非肉不飽、不煖不飽、謂之凍餒、文王之民、無凍餒之老者、此之謂也。
【菽粟如水火而民焉有不仁者乎】孟子曰、易其田疇、薄其稅斂、民可使富也、食之以時、用之以禮、財不可勝用也、民非水火不生活、昏暮叩人之門戸、求水火、無弗與者、至足矣、聖人治天下、使有菽粟如水火、菽粟如水火、而民焉有不仁者乎。
【仁の語はないが議論の必要上ここに示す】孟子曰、堯舜性之也、湯武身之也、五霸假之也、久假而不歸、惡知其非有也。

資料Ⅴ 『論語』・『孟子』・『荀子』・『韓非子』・『禮記』の「仁」

【曰何謂尚志曰仁義而已矣】王子墊問曰、士何事、孟子曰尚志、曰、何謂尚志、曰、仁義而已矣、殺一無罪、非仁也、非其有而取之、非義也、居惡在、仁是也、路惡在、義是也、居仁由義、大人之事備矣。
【君子之於物也愛之而弗仁・於民也仁之而弗親・親親而仁民仁民而愛物】孟子曰、君子之於物也、愛之而弗仁、於民也、仁之而弗親、親親而仁民、仁民而愛物。
【仁者無不愛也急親賢之爲務】孟子曰、知者無不知也、當務之爲急、仁者無不愛也、急親賢之爲務、堯舜之知而不徧物、急先務也、堯舜之仁不徧愛人、急親賢也、不能三年之喪、而緦小功之察、放飯流歠、而問無齒決、是之謂不知務。
《盡心下》
【不仁哉梁惠王也・仁者以其所愛及其所不愛】孟子曰、不仁哉梁惠王也、仁者以其所愛、及其所不愛、不仁者以其所不愛、及其所愛、公孫丑問曰何謂也、梁惠王以土地之故、糜爛其民而戰之、大敗、將復之、恐不能勝、故驅其所愛子弟、以殉之、是之謂以其所不愛、及其所愛也。
【仁人無敵於天下】孟子曰、盡信書則不如無書、吾於武成取二三策而已矣、仁人無敵於天下、以至仁伐至不仁、而何其血之流杵也。
【國君好仁天下無敵焉】孟子曰、有人、曰、我善爲陳、我善爲戰、大罪也、國君好仁、天下無敵焉、南面而征、北夷怨、東面而征、西夷怨、曰奚爲後我、武王之伐殷也、革車三百兩、虎賁三千人、王曰、無畏寧爾也、非敵百姓也、若崩厥角稽首、征之爲言正也、各欲正己也、焉用戰。
【不信仁賢、則國空虛】孟子曰、不信仁賢、則國空虛、無禮義、則上下亂、無政事、則財用不足。
【不仁而得國・不仁而得天下】孟子曰、不仁而得國者有之矣、不仁而得天下未之有也。
【仁也者人也・道也】孟子曰、仁也者人也、合而言之道也。
【仁之於父子也・聖人之於天道也】孟子曰、口之於味也、目之於色也、耳之於聲也、鼻之於臭也、四肢之於安佚也、性也、有命焉、君子不謂性也、仁之於父子也、義之於君臣也、禮之於賓主也、知之於賢者也、聖人之於天道也、命也、有性焉、君子不謂命也。
【達之於其所忍仁也】孟子曰、人皆有所不忍、達之於其所忍、仁也。人皆有所不爲、達之於其所爲義也、人能充無欲害人之心、而仁不可勝用也、人能充無穿踰之心、而義不可勝用也、人能充無受爾汝之實、無所往而不爲義也、士未可以言而言、是以言餂之也、可以言而不言、是以不言餂之也、是皆穿踰之類也。

2-2：『孟子』に「天理」なし［注釋にあり］

《盡心上》
【孟子の場合、天理の語は後漢の趙岐の注になってから】桃應問曰、舜爲天子、皋陶爲士、瞽瞍殺人、則如之何、孟子曰、執之而已矣、然則舜不禁與、曰夫舜惡得而禁之、夫有所受之也＜注、夫辭也、孟子曰、夫舜惡得禁之、夫天下乃受之於堯、當爲天理民、王法不曲、豈得禁之也＞、然則舜如之何、曰、舜視棄天下、猶棄敝蹝也、竊負而逃、遵海濱而處、終身訢然樂而忘天下。

3：『荀子』の「仁」［「理」を語る部分を示す場合、下線~を附す］

《勸學一》
【將原先王本仁義則禮正其經緯蹊徑也】故曰、學莫便乎近其人、學之經、莫速乎好其人、隆禮次之、上不能好其人、下不能隆禮、安特將學雜識志、順詩書而已耳、則末世窮年、不免爲陋儒而已、將原先王、本仁義、則禮正其經緯蹊徑也、若挈裘領、詘五指而頓之、順者不可勝數也……。
【倫類不通仁義不一不足謂善學】百發一失、不足謂善射、千里蹞步不至、不足謂善御、倫類不通、仁義不一、不足謂善學、學也者、固學一之也、一出焉一入焉、塗巷之人也、其善者少、不善者多、桀紂盜跖也、全之盡之、然後學者也、君子知夫不全不粹之不足以爲美也、故誦數以貫之、思索以通之、爲其人以處之、除其害者、以持養之、使目非是無欲見也、使耳非是無欲聞也、使口非是無欲言也、使心非是無欲慮也、及至其致好之也、目好之五色、耳好之五聲、口好之五味、心利之有天下、是故權利、不能傾也、羣衆不能移也、天下不能蕩也、生乎由是、死乎由是、夫是之謂德操、德操然後能定、能定然後能應、能定能應、夫是之謂成人、天見其明、地見其光、君子貴其全也。
《脩身二》

第二章　先秦史料と通して知る「仁」とその原義

【仁を語らぬ部分だが議論の參考として示しておく・治氣養心之術】<u>治氣養心之術</u>、血氣剛彊、則柔之以調和、知慮漸深、則一之以易良、勇膽猛戾、則輔之以道順、齊給便利、則節之以動止、狹隘小、則廓之以廣大、卑濕重遲貪利、則抗之以高志、庸衆駑散、則刦之以師友、怠慢僄弃、則炤之以禍災、愚款端慤、則合之以禮樂、通之以思索、<u>凡治氣養心之術、莫徑由禮、莫要得師、莫神一好</u>、夫是之謂治氣養心之術也。
【其行道理也勇】君子之求利也、略、其遠恥也、早、其避辱也、懼、<u>其行道理也、勇</u>。
【君子貧窮而志廣隆仁也】君子貧窮而志廣、富貴而體恭、安燕而血氣不惰、勞勌而容貌不枯、怒不過奪、喜不過予、<u>君子貧窮而志廣</u>、<u>隆仁也</u>、富貴而體恭殺勢也、安燕而血氣不惰柬理也、勞勌而容貌不枯好交也、怒不過奪喜不過予法勝私也、書曰、無有作好、遵王之道、無有作惡、遵王之路、此言君子之能以公義勝私欲也。

《不苟三》
【唯仁之爲守唯義之爲行・誠心守仁則形形則神神則能化矣・仁義と神明・善之爲道者不誠則不獨】君子養心莫善於誠、致誠則無他事矣、<u>唯仁之爲守唯義之爲行、誠心守仁則形形則神神則能化矣</u>、誠心行義則理理則明明則能變矣、變化代興謂之天德、天不言、而人推高焉、地不言、而人推厚焉、四時不言、而百姓期焉、夫此有常以至其誠者也、君子至德、嘿然而喩、未施而親、不怒而威、夫此順命、以愼其獨者也、<u>善之爲道者不誠則不獨</u>、獨則不形、不形則雖作於心、見於色、出於言、民猶若未從也、雖從必疑、天地爲大矣、不誠則不能化萬物、聖人爲知矣、不誠則不能化萬民、父子爲親矣、不誠則踈、君上爲尊矣、不誠則卑、夫誠者君子之所守也、而政事之本也、唯所居以其類至、操之則得之、舍之則失之、操而得之則輕、輕則獨行、獨行而不舍則濟矣、濟而材盡、長遷而不反其初、則化矣。
【仁を語らぬ部分だが議論の參考として示しておく・誠信生神】<u>公生明</u>、偏生闇、端慤生通、詐僞生塞、<u>誠信生神</u>、夸誕生惑、此六生者、君子愼之、而禹桀所以分也。
【是非仁人之情也】人之所惡者、吾亦惡之、夫富貴者、則類傲之、夫貧賤者、則求柔之、<u>是非仁人之情也</u>、是姦人將以盜名於晻世者也、險莫大焉、故曰、盜名、不如盜貨、田仲史鰌、不如盜也。

《榮辱四》
【仁義德行常安之術也】夫天生蒸民、有所以取之……故熟察小人之知能、足以知其有餘可以爲君子之所爲也、譬之越人安越、楚人安楚、君子安雅、是非知能材性然也、是注錯習俗之節異也、<u>仁義德行、常安之術也</u>、然而未必不危也、汙僈突盜、常危之術也、然而未必不安也、故曰君子道其常而小人道其怪。
【今以夫先王之道仁義之統以相羣居】凡人有所一同、飢而欲食、寒而欲煖、勞而欲息、好利而惡害、是人之所生而有也……今使人生而未嘗睹芻豢稻粱也、惟菽藿糟糠之爲睹、則以至足爲在此也、俄而粲然有秉芻豢稻粱而至者、則瞲然視之、曰此何怪也、彼臭之而無嗛於鼻、嘗之而甘於口、食之而安於體、則莫不弃此而取彼矣、<u>今以夫先王之道、仁義之統、以相羣居</u>、以相持養、以相藩飾、以相安固邪、以夫桀跖之道、是其爲相縣也、幾直夫芻豢之縣糟糠爾哉……。
【況夫先王之道仁義之統詩書禮樂之分乎・故仁人在上・士大夫以上至於公侯莫不以仁厚知能盡官職】人之情、食欲有芻豢、衣欲有文繡、行欲有輿馬、又欲夫餘財蓄積之富也……今夫偸生淺知之屬、曾此而不知也、糧食大侈、不顧其後、俄則屈安窮矣、是其所以不免於凍餓、操瓢囊爲溝壑中瘠者也、<u>況夫先王之道、仁義之統、詩書禮樂之分乎</u>、彼固天下之大慮也、將爲天下生民之屬、長慮顧後、而保萬世也、其㴉長矣、其溫厚矣、其功盛姚遠矣、非熟脩爲之君子莫之能知也、故曰、短綆不可以汲深井之泉、知不幾者、不可與及聖人之言、夫詩書禮樂之分、固非庸人之所知也、故曰一之而可再也、有之而可久也、廣之而可通也、慮之而可安也、反鈆察之而俞可好也、以治情則利、以爲名則榮以羣則和以獨則足、樂意者其是耶、夫貴爲天子、富有天下、是人情之所同欲也、然則從人之欲、則勢不能容、物不能贍也、故先王案爲之制禮義以分之、使有貴賤之等、長幼之差、知賢愚能不能之分、皆使人載其事、而各得其宜、然後使慤祿多少厚薄之稱、是夫羣居和一之道也、<u>故仁人在上</u>、<u>則農以力盡田</u>、<u>賈以察盡財</u>、<u>百工以巧盡械器</u>、<u>士大夫以上</u>、<u>至於公侯</u>、<u>莫不以仁厚知能</u>、<u>盡官職</u>、夫是之謂至平、故或祿天下、而不自以爲多、或監門御旅、抱關擊柝、而不自以爲寡、故曰、斬而齊、枉而順、不同而一、夫是之謂人倫、詩曰、受小共大共、爲下國駿蒙、此之謂也。

《非相五》
【葉公子高仁義功名善於後世】葉公子高、微小短瘠、行若將不勝其衣、然白公之亂也、令尹子西司馬子期

資料Ⅴ 『論語』・『孟子』・『荀子』・『韓非子』・『禮記』の「仁」

皆死焉、葉公子高、入據楚、誅白公、定楚國、如反手耳、仁義功名、善於後世、故事不揣長、不揳大、不權輕重、亦將志乎心耳。
【然而仁人不能推知士不能明】人有三不祥、幼而不肯事長、賤而不肯事貴、不肖而不肯事賢、是人之三不祥也、人有三必窮、爲上則不能愛下、爲下則好非其上、是人之一必窮也、鄉則不若、偕則謾之、是人之二必窮也、知行淺薄、曲直有以縣矣、然而仁人不能推、知士不能明、是人之三必窮也、人有此三數行者、以爲上則必危、爲下則必滅、詩曰、雨雪瀌瀌、宴然聿消、莫肯下隧、式居婁驕、此之謂也……。
【君子辯言仁也・非仁之中・仁之中・仁言大・故君子之行仁也無厭】君子必辯、凡人莫不好言其所善、而君子爲甚焉、是以小人辯言險、而君子辯言仁也、言而非仁之中、則其言不若其黙也、其辯不若吶也、言而仁之中、則好言者上矣、不好言者下也故、仁言大矣、起於上所以道於下、正令是也、起於下、所以忠於上、謀救是也、故君子之行仁也無厭、志好之、行安之、樂言之、故言、君子必辯、小辯不如見端、見端、不如見本分、小辯而察、見端、而明本分而理、聖人士君子之分具矣、有小人之辯者、有士君子之辯者、有聖人之辯者、不先慮、不早謀、發之而當、成文而類、居錯遷徙、應變不窮、是聖人之辯者也、先慮之、早謀之、斯須之言而足聽、文而致實博、而黨正、是士君子之辯也、聽其言則辭辯而無統、用其身、則多詐而無功、上不足以順明王、下不足以和齊百姓、然而口舌之均、噡唯則節、足以爲奇偉偃却之屬、夫是之謂姦人之雄、聖王起、所以先誅也、然後盗賊次之、盗賊得變此不得變也。

《非十二子六》
【聖人之不得埶者也仲尼子弓是也・舜禹是也・今夫仁人也將何務哉・仁人之事畢聖王之跡著矣】假今之世、飾邪説文姦言以梟亂天下、欺惑愚衆矞宇嵬瑣……然而其持之有故其言之成理足以欺惑愚衆、是它囂魏牟也……陳仲史鰌也……墨翟宋鈃也……慎到田駢也……惠施鄧析也……案飾其辭而祗敬之曰此眞先君子之言也、子思唱之孟軻和之、世俗之溝猶瞀儒、嚾嚾然不知其所非也、遂受而傳之、以爲仲尼子游爲茲厚於後世、是則子思孟軻之罪也、若夫總方略、齊言行、壹統類、而羣天下之英傑、而告之以太古、教之以至順、奧窔之間、簟席之上、斂然聖王之文章具焉、佛然平世之俗起焉、則六説者不能入也、十二子者不能親也、無置錐之地、而王公不能與之爭名、在一大夫之位、則一君不能獨畜、一國不能獨容、成名況乎諸侯、莫不願以爲臣、是聖人之不得埶者也、仲尼子弓是也、一天下財萬物、養長生民兼利天下、通達之屬、莫不服從、六説者立息、十二子者遷化、則聖人之得埶者、舜禹是也、今夫仁人也、將何務哉、上則法舜禹之制、下則法仲尼子弓之義、以務息十二子之説、如是則天下之害除、仁人之事畢、聖王之跡著矣。
【信と仁・貴賢仁也賤不肖亦仁也】信信信也、疑疑亦信也、貴賢仁也、賤不肖亦仁也、言而當知也、黙而當亦知也、故知黙猶知言也、故多言而類、聖人也、少言而法君子也、多少無法、而流湎、然雖辯小人也……。
【仁ではないが關連して示す】兼服天下之心……脩長幼之義……脩告導寬容之義……恢然如天地之苞萬物。

《仲尼七》
【非綦文理也・彼以讓飾爭依乎仁而蹈利者也】仲尼之門人……然而仲尼之門人、五尺之豎子言羞稱乎五伯、是何也、曰然彼非本政教也、非致隆高也、非綦文理也、非服人心也、鄉方略、審勞佚、畜積脩鬪、而能顛倒其敵者也、詐心以勝矣、彼以讓飾爭、依乎仁而蹈利者也、小人之傑也、彼固曷足稱乎大君子之門哉、彼王者則不然、致賢而能以救不肖、致彊而能以寬弱、戰必能殆之、而羞與之鬪、委然成文、以示之天下、而暴國安自化矣、有災繆者然後誅之、故聖王之誅也綦省矣……。
【以爲仁則必聖】天下之行術、以事君則必通、以爲仁則必聖、立隆而勿貳也、然後恭敬以先之、忠信以統之、愼謹以行之、端愨以守之、頓窮則從之疾力以申重之、君雖不知、無怨疾之心、功雖甚大、無伐德之色、省求多功、愛敬不勌、如是則常無不順矣、以事君則必、通以爲仁、則必聖、夫是之謂天下之行術。

《儒效八》
【仁ではないが關連して示す】大儒之效、武王崩、成王幼、周公屛成王、而及武王、以屬天下、惡天下之倍周也、履天下之籍、聽天下之斷、偃然如固有之、而天下不稱貪焉、殺管叔、虛殷國、而天下不稱戾焉、兼制天下、立七十一國、姬姓獨居五十三人、而天下不稱偏焉……。
【先王之道仁之隆也・道は人之所以道にして君子之所以道・言必當理】先王之道、仁之隆也、比中而行之、曷謂中、曰禮義是也、道者非天之道、非地之道、人之所以道也、君子之所道也、君子之所謂賢者、非能徧能人之所能之謂也、君子之所謂知者、非能徧知人之所知之謂也、君子之所謂辯者、非能徧辯人之所辯

之謂也、君子之所謂察者、非能偏察人之所察之謂也、有所正矣……言必當理、事必當務、是然後、君子之所長也。
【仁ではないが關連して示す・有益於理者】凡事行有益於理者立之、無益於理者廢之、夫是之謂中事、凡知說有益於理者爲之、無益於理者舍之、夫是之謂中說、事行失中、謂之姦事、知說失中謂之姦道、姦事姦道、治世之所棄、而亂世之所從服也、若夫充虛之相施易也……。
【俄而原仁義】我欲賤而貴、愚而智、貧而富可乎……俄而原仁義、分是非、圖回天下於掌上、而辯白黑、豈不愚而知矣哉……。
【仁ではないが關連して示す・井井兮其有理也】以從俗爲善、以貨財爲寶、以養生爲己至道、是民德也……如是、則可謂聖人矣、井井兮其有理也……。
【苟仁義之類也】造父者天下之善御者也……知之曰知之、不知曰不知、內不自以誣、外不自以欺、以是尊賢畏法、而不敢怠傲、是雅儒者也、法先王、統禮義、一制度、以淺持博、以古持今、以一持萬、苟仁義之類也、雖在鳥獸之中、若別白黑、倚物怪變、所未嘗聞也、所未嘗見也、卒然起一方、則舉統類而應之、無所儗怎、張法而度之、則晻然若合符節、是大儒者也……。
【聖人也者本仁義】不聞不若聞之、聞之不若見之、見之不若知之、知之不若行之、學至於行之而止矣、行之明也、明之謂聖人、聖人也者、本仁義、當是非、齊言行、不失毫釐、無他道焉、已乎行之矣、故聞之而不見雖博必謬、見之而不知雖識必妄、知之而不行雖敦必困、不聞不見則雖當非仁也……。

《王制九》
【仁眇天下】王奪之人、霸奪之與、彊奪之地……彼王者不然、仁眇天下、義眇天下、威眇天下、仁眇天下、故天下莫不親也、義眇天下、故天下莫不貴也、威眇天下、故天下莫敢敵也、以不敵之威、輔服人之道、故不戰而勝、不攻而得、甲兵不勞、而天下服、是知王道者也、知此三具者、欲王而王、欲霸而霸、欲彊而彊矣。
【案脩仁義】具具而王、具具而霸、具具而存、具具而亡……案平政教、審節奏、砥礪百姓、爲是之日、而兵剸天下勁矣、案脩仁義、伉隆高、正法則、選賢良、養百姓、爲是之日、而名聲剸天下之美矣、權者重之、兵者勁之、名聲者美之、夫堯舜者一天下也、不能加毫末於是矣。

《富國十》
【故知節用裕民則必有仁義聖良之名】足國之道、節用裕民、而善藏其餘、節用以禮、裕民以政、彼裕民、故多餘、裕民則民富、民富則田肥以易、田肥以易、則出實百倍、上以法取焉、而下以禮節用之、餘若丘山、不時焚燒、無所藏之、夫君子奚患乎無餘、故知節用裕民、則必有仁義聖良之名、而且有富厚邱山之積矣……。
【將以明仁之文通仁之順也・爲莫若仁人之善也夫・其仁厚足以安之・故仁人在上百姓貴之如帝】人之生不能無羣羣、而無分則爭、爭則亂、亂則窮矣、故無分者、人之大害也、有分者、天下之本利也、而人君者、所以管分之樞要也、故美之者、是美天下之本也、安之者、是安天下之本也、貴之者、是貴天下之本也、古者先王分割、而等異之也、故使或美或惡、或厚或薄、或佚或樂、或劬或勞、非特以爲淫泰夸麗之聲、將以明仁之文、通仁之順也、故爲之彫琢刻鏤、黼黻文章、使足以辨貴賤而已、不求其觀、爲之鐘鼓管磬、琴瑟竽笙、使足以辨吉凶、合歡定和而已、不求其餘、爲之宮室臺榭、使足以避燥濕、養德辨輕重而已、不求其外、詩曰、彫琢其章、金玉其相、亹亹我王、綱紀四方、此之謂也、若夫重色而衣之、重味而食之、重財物而制之、合天下而君之、非特所以爲淫泰、固以爲王天下、治萬變、材萬物、養萬民、兼制天下者、爲莫若仁人之善也夫、故其知慮足以治之、其仁厚足以安之、其德音足以化之、得之則治、失之則亂、百姓誠賴其知也、故相率而爲之勞苦、以務佚之、以養其知也、誠美其厚也、故爲之出死斷亡、以覆救之、以養其厚也、誠美其德也、故爲之彫琢刻鏤、黼黻文章、以藩飾之、以養其德、故仁人在上、百姓貴之如帝、親之如父母、爲之出死斷亡而不愉者……。
【故仁人之用國】凡攻人者……故仁人之用國、將脩志意、正身行、伉隆高、致忠信、期文理、布衣紃屨之士誠是……人皆亂、我獨治、人皆危、我獨安、人皆失喪之、我獨按起而制之、故仁人之用國、非特將持其有而已也、又將兼人、詩曰、淑人君子、其儀不忒、其儀不忒、正是四國、此之謂也。

《王霸十一》
【仁人之所務白也・仁者不爲也・湯武のとき諸侯爲臣・然而天下之理略奏矣・非綦文理也・是所謂信立而霸也・

資料Ⅴ 『論語』・『孟子』・『荀子』・『韓非子』・『禮記』の「仁」

故道王者之法與王者之人爲之則亦王】國者天下之制利用也……故人主天下之利勢也、然而不能自安也、安之者必將道也、故用國者、義立而王、信立而霸、權謀立而亡、三者明主之所謹擇也、仁人之所務白也、挈國以呼禮義、而無以害之、行一不義、殺一無罪、而得天下、仁者不爲也、櫟然扶持心國、且若是其固也、之所與爲之者、之人則舉義士也、之所以爲布陳於國家刑法者、則舉義法也、主之所極然帥羣臣而首嚮之者、則舉義志也、如是則下仰上以義矣、是綦定也、綦定而國定、國定而天下定、仲尼無置錐之地、誠義乎志意、加義乎身行、著之言語、濟之日不隱乎天下、名垂乎後世、今亦以天下之顯諸侯、誠義乎志意、加義乎法、則度量、著之以政事、案申重之、以貴賤殺生、使襲然終始猶一也、如是、則夫名聲之部發於天地之間也、豈不如日月雷霆然矣哉、故曰、以國齊義、一日而白、湯武是也、湯以亳、武以鄗、皆百里之地、天下爲一、諸侯爲臣、通達之屬、莫不從服、無它故焉、以濟義矣、是所謂義立而王也、德雖未至也、義雖未濟也、然而天下之理略奏矣、刑賞已諾、信乎天下矣、臣下曉然皆知其可要也、政令已陳、雖覩利敗、不欺其民、約結已定、雖覩利敗、不欺其與、如是、則兵勁城固、敵國畏之、國一綦明、與國信之、雖在僻陋之國、威動天下、五伯是也、非本政教也、非致隆高也、非綦文理也、非服人之心也、鄉方略、審勞佚、謹畜積、修戰備、齺然上下相信、而天下無之敢當、故齊桓晉文楚莊吳闔閭越句踐是皆僻陋之國也、威動天下、彊殆中國、無他故焉略信也、是所謂信立而霸也、挈國以呼功利、不務張其義、齊其信、唯利之求、内則不憚詐其民、而求小利焉、外則不憚詐其與、而求大利焉、内不修正其所以有、然常欲人之有、如是、則臣下百姓、莫不以詐心、待其上矣、上詐其下、下詐其上、則是上下析也、如是則敵國輕之、與國疑之、權謀日行、而國不免危削、綦之而亡、齊閔薛公是也、故用彊齊、非以修禮義也、非以本政教也、非以一天下也、綿綿常以結引馳外爲務、故彊足以破楚、西足以詘秦、北足以敗燕、中足以舉宋、及以燕趙起而攻之、若振槀然、而身死國亡、爲天下大戮、後世言惡、則必稽焉、是無他故焉、唯其不由禮義、而由權謀也、三者明王之所謹擇也、仁人之所務白也、善擇者制人、不善擇者、人制之、國者天下之大器也、重任也、不可不善爲擇所而後錯之、錯險則危、不可不善爲擇道然後道之、塗藏則塞、危塞則亡、彼國錯者、非封焉之謂也、何法之道、誰子之與也、故道王者之法、與王者之人爲之、則亦王、道霸者之法、與霸者之人爲之、則亦霸、道亡國之法、與亡國之人爲之、則亦亡、三者明主之所謹擇也、而仁人之所務白也、故國者、重任也、不以積持之、則不立、故國者、世所以新者也、是憚憚非變也、改王改行也、故一朝之日也、一日之人也、然而厭焉有千歲之固何也、曰、援夫千歲之信法、以持之也、安與夫千歲之信士爲之也、人無百歲之壽、而有千歲之信士何也、曰以夫千歲之法、自持者、是乃千歲之信士矣、故與積禮義之君子爲之、則王、與端誠信全之士爲之、則霸、與權謀傾覆之人爲、之則亡、三者明主之所謹擇也、仁人之所務白也、善擇之者、制人、不善擇之者、人制之、彼持國者、必不可以獨也、然則彊固榮辱、在於取相矣、身能相能、如是者王、身不能、知恐懼而求能者、如是者彊、身不能不知恐懼而求能者、安唯便僻左右親比己者之用、如是者危削、綦之而亡、國者、巨用之則大、小用之則小、綦大而王、綦小而亡、小巨分流者存、巨用之者、先義而後利、安不恤親、疎不恤貴賤、唯誠能之求、夫是之謂巨用之、小用之者、先利而後義、安不恤是非、不治曲直、唯便僻親比己者之用、夫是之謂小用之、巨用之者、若彼小用之者、若此、小巨分流者、亦一若彼也、亦一若此也、故曰、粹而王、駁而霸、無一焉而亡、此之謂也。

【致忠信、著仁義、足以竭人矣】國危則無樂君、國安則無憂民……以是、縣天下、一四海、何故必自爲之、爲之者役夫之道也墨子之說也、論德使能、而官施之者、聖王之道也、儒之所謹守也……故百里之地、其等位爵服、足以容天下之賢士矣、其官職事業、足以容天下之能士矣、循其舊法、擇其善者、而明用之、足以順服好利之人矣、賢士一焉、能士官焉、好利之人服焉、三者具而天下盡、無有是其外矣、故百里之地、足以竭勢矣、致忠信、著仁義、足以竭人矣、兩者合、而天下取、諸侯後同者先危、詩曰、自西自東自南自北、無思不服、一人之謂也。

【而制之以禮上之於下如保赤子・立隆政本朝而當所使要百事者誠仁人也・上可以王下可以霸】上莫不致愛其下、而制之以禮、上之於下、如保赤子……故君人者、立隆政本朝而當、所使要百事者、誠仁人也、則身佚而國治、功大而名美、上可以王、下可以霸、立隆正本朝而不當所要百事者非仁人也、則身勞而國亂、功廢而名辱、社稷必危、是人君者之樞機者也……。

《君道十二》
【仁厚兼覆天下而不閔明達用天地理萬變而不疑・血氣和平志意廣大・仁知之極也・聖人】請問爲人君、曰以禮分施、均徧而不徧……其於天地萬物也、不務説其所以然、而致善用其材、其於百官之事、伎藝之人

341

第二章　先秦史料と通して知る「仁」とその原義

也、不與之爭能、而致善用其功、其侍上也、忠順而不懈、其使下也、均徧而不偏、其交遊也、緣義而有類、其居鄉里也、容而不亂、是故窮則必有名、達則必有功、<u>仁厚兼覆天下而不閔、明達用天地、理萬變而不疑</u>、<u>血氣和平、志意廣大</u>、<u>行義塞於天地之間、仁知之極也</u>、夫是之謂聖人、審之禮也。

【知而不仁と仁而不知は不可・既知且仁は人主之寶・得而不用不仁】爲人主者、莫不欲彊而惡弱、欲安而惡危、欲榮而惡辱、是禹桀之所同也、要此三欲、辟此三惡、果何道而便、曰、在愼取相、道莫徑是矣、<u>故知而不仁、不可、仁而不知、不可、既知且仁、是人主之寶也</u>、而王霸之佐也、<u>不急得不知、得而不用不仁</u>、無其人而幸有其功、愚莫大焉、今人主有六患、使賢者爲之、則與不肖者規之、使知者慮之、則與愚者論之、使修士行之、則與汙邪之人疑之、雖欲成立得乎哉、譬之是猶立直木、而恐其景之枉也、惑莫大焉、語曰、好女之色、惡者之孽也、公正之士、衆人之痤也、循乎道之人、汙邪之賊也……。

《臣道十三》

【故仁者必敬人・賢者と不肖と敬し方に差あり・<u>倫類以爲理</u>・恭敬禮也調和樂也・謹愼利也鬭怒害也は太史公自序班固敍傳の發憤と對比できる】仁者必敬人、凡人非賢、則案不肖也、人賢而不敬、則是禽獸也、人不肖而不敬、則是狎虎也、禽獸則亂、狎虎則危、災及其身、詩曰、不敢暴虎、不敢馮河、人知其一、莫知其它、戰戰兢兢、如臨深淵、如履薄冰、此之謂也、<u>故仁者、必敬人</u>、敬人有道、賢者則貴而敬之、不肖者則畏而敬之、賢者則親而敬之、不肖者則疏而敬之、其敬一也、其情二也、若夫忠信端慤、而不害傷、則無接而不然、是仁人之質也、<u>忠信以爲質、端慤以爲統、禮義以爲文、倫類以爲理</u>、喘而言、臑而動、而一可以爲法則、詩曰、不僭不賊、鮮不爲則、此之謂也、<u>恭敬禮也、調和樂也、謹愼利也、鬭怒害也</u>、故君子安禮樂、利謹愼、而無鬭怒、是以百舉不過也、小人反是。

《議兵十五》

【仁人之兵王者之志也・仁人之兵不可詐也・仁人上下・仁人之用十里之國・不可以敵湯武之仁義】臨武君與孫卿子、議兵於趙孝成王前、王曰、請問兵要、臨武君對曰、<u>上得天時、下得地利、觀敵之變動、後之發、先之至、此用兵之要術也</u>……孫吳用之、無敵於天下、豈必待附民哉、孫卿子曰、不然、<u>臣之所道、仁人之兵、王者之志也</u>、君之所貴、權謀勢利也、所行攻奪變詐也、諸侯之事也、<u>仁人之兵不可詐也</u>、彼可詐者、怠慢者也、路亶者也、君臣上下之間、滑然有離德、故以桀詐桀、猶巧拙有幸焉、以桀詐堯、譬之若以卵投石、以指撓沸、若赴水火、入焉焦沒耳、<u>故仁人上下、百將一心、三軍同力</u>、臣之於君也、下之於上也、若子之事父、弟之事兄、若手臂之扞頭目、而覆胃腹也、詐而襲之、與先驚而後擊之一也、<u>且仁人之用十里之國、則將有百里之聽</u>、用百里之國、則將有千里之聽、用千里之國、則將有四海之聽、必將聰明警戒、和傳而一、<u>故仁人之兵</u>、聚則成卒、散則成列、延則若莫耶之長叉、嬰之者斷、兌則若莫耶之利鋒、當之者潰、圜居而方止、則若盤石、然觸之者、角摧、案角鹿埵隴種東籠而退耳、且夫暴國之君、將誰與至哉、彼其所與至者、必其民也、而其民之親我、歡若父母、其好我芬若椒蘭、彼反顧其上、則若灼黥、若仇讎、人之情、雖桀跖、豈又肯爲其所惡、賊其所好者哉、是猶使人之子孫、自賊其父母也、彼必將來告之、夫又何可詐也、故仁人用國日明、諸侯先順者安、後順者危、慮敵之者削、反之者亡、詩曰、武王載發、有虔秉鉞、如火烈烈、則莫我敢遏、此之謂也……故齊之技擊、不可以遇魏氏之武卒、魏氏之武卒、不可以遇秦之銳士、秦之銳士、不可以當桓文之節制、桓文之節制、<u>不可以敵湯武之仁義</u>、有遇之者、若以焦熬投石焉……。

【仁者愛人義者循理・故仁人之兵所存者神所過者化・此二帝四王皆以仁義之兵行於天下也・故近者親其善遠方慕其德】陳囂問孫卿子曰、先生議兵、常以仁義爲本、<u>仁者愛人、義者循理</u>。然則又何以兵爲、凡所爲有兵者、爲爭奪也、孫卿子曰、非女所知也、<u>彼仁者愛人</u>、愛人故惡人之害之也、<u>義者循理</u>、循理故惡人之亂之也、彼兵者所以禁暴除害也、非爭奪也、<u>故仁人之兵、所存者神、所過者化</u>、若時雨之降、莫不說喜、是以堯伐驩兜、舜伐有苗、禹伐共工、湯伐有夏、文王伐崇、武王伐紂、<u>此二帝四王、皆以仁義之兵、行於天下也</u>、<u>故近者親其善、遠方慕其德</u>、兵不血刃、遠邇來服、德盛於此、施及四極、詩曰、淑人君子、其儀不忒、此之謂也。

【秦の勝利は非以仁義爲之也・吾所謂仁義者大便之便也・此所謂仁義之兵也】李斯問孫卿子曰、<u>秦四世有勝、兵彊海內、威行諸侯、非以仁義爲之也</u>、以便從事而已、孫卿子曰、非女所知也、女所謂便者、不便之便也、<u>吾所謂仁義者、大便之便也</u>、彼仁義者、所以修政者也、政修則民親其上、樂其君而輕爲之死、故曰、凡在於軍、將率末事也、秦四世有勝、諰諰然常恐天下之一合而軋己也、此所謂末世之兵、未有本統也、故

342

湯之放桀也、非其逐之鳴條之時也、武王之誅紂也、非以甲子之朝而後勝也、皆前行素修也、此所謂仁義之兵也、今女不求之於本、而索之於末、此世之所以亂也。

《彊國十六》
【求仁厚明通之君子・仁人之所羞而不爲也】荀子説齊相曰、處勝人之執、行勝人之道、天下莫忿、湯武是也、處勝人之執不以勝人之道、厚於有天下之執、索爲匹夫、不可得也、桀紂是也、然則得勝人之執者、其不如勝人之道遠矣、夫主相者、勝人以執也、是爲是、非爲非、能爲能、不能爲不能、併己之私欲、必以道夫公道通義之可以相兼容者、是勝人之道也、今相國上則得專主、下則得專國、相國之於勝人之執、宣有之矣、然則胡不毆此勝人之執、赴勝人之道、求仁厚明通之君子、而託王焉、與之參國政、正是非、如是則國孰敢不爲義矣⋯⋯苟得利而已矣是渠衝入穴而求利也、是仁人之所羞而不爲也⋯⋯。

《正論十八》
【知其無益也直以欺人則不仁】子宋子曰⋯⋯不知其無益則不知、知其無益也、直以欺人、則不仁、不仁不知辱莫大焉、將以爲有益於人耶、則與無益於人也、則得大辱而退耳、説莫病是矣、子宋子曰、見侮不辱、應之曰、凡議必將立隆正、然後可也、無隆正、則是非不分、而辯訟不決、故所聞曰、天下之大隆、是非之封界、分職名象之所起、王制是也⋯⋯。

《解蔽二十一》
【鮑叔甯戚隰朋仁智且不蔽・召公呂望仁智且不蔽・孔子仁智且不蔽故學亂術足以爲先王者也・經緯天地而材官萬物制割大理而宇宙裏矣・精於物者以物精於道者兼物物・壹於道則正以贊稽物則察・思仁若是可謂微乎・夫微者至人也・聖人縱其欲兼其情而制焉者理矣・故仁者之行道也無爲】故爲蔽⋯⋯昔人臣之蔽者、唐鞅奚齊是也、唐鞅蔽於欲權、而逐載子、奚齊蔽於欲國、而罪申生、唐鞅戮於宋、奚齊戮於晉、逐賢相、而罪孝兄、身爲刑戮、然而不知、此蔽塞之禍也、故以貪鄙背叛爭權、而不危辱滅亡者、自古及今、未嘗有之也、鮑叔甯戚隰朋、仁智且不蔽、故能持管仲而名利福祿與管仲齊、召公呂望、仁智且不蔽、故能持周公而名利福祿與周公齊、傳曰、知賢之謂明、輔賢之謂能、勉之彊之、其福必長、此之謂也、此不蔽之福也。昔賓孟之蔽者、亂家是也、墨子蔽於用、不知文、宋子蔽於欲、而不得得、慎子蔽於法、而不知賢、申子蔽於執、而不知知、惠子蔽於辭、而不知實、莊子蔽於天、而不知人、故由用謂之道、盡利也、由俗謂之道、盡嗛也、由法謂之道、盡數矣、由執謂之道、盡便矣、由辭謂之道、盡論矣、由天謂之道、盡因矣、此而數具者、皆道之一隅也、夫道者體常而盡變、一隅不足以舉之、曲知之人、觀於道之一隅、猶未之能識也、故以爲足而飾之、內以自亂、外以惑人、上以蔽下、下以蔽上、此蔽塞之禍也、孔子仁智且不蔽、故學亂術足以爲先王者也、一家得周道、舉而用之、不蔽於成積也、故德與周公齊、名與三王並、此不蔽之福也、聖人知心術之患、見蔽塞之禍、故無欲無惡、無始無終、無近無遠、無博無淺、無古無今、兼陳萬物、而中懸衡焉、是故眾異不得相蔽以亂其倫也、何謂衡、曰、道、故心不可以不知道、心不知道、則不可道而可非道、人孰欲得恣、而守其所不可、以禁其所可、以其不可道之心、取人則必合於不道人、而不知合於道人、以其不可道之心、與不可道之人論道人亂之本也、夫何以知、曰、心知道、然後可道、可道然後能守道、以禁非道、以其可道之心、取人則合於道人、而不合於不道之人矣、以其可道之心、與道人論非道治之要也、何患不知、故治之要、在於知道、人何以知道、曰心、心何以知、曰虛壹而靜、心未嘗不臧也、然而有所謂虛、心未嘗不滿也、然而有所謂一、心未嘗不動也、然而有所謂靜、人生而有知、知而有志、志也者臧也、然而有所謂虛、不以所已臧害所將受、謂之虛、心生而有知、知而有異、異也者同時兼知之、同時兼知之兩也、然而有所謂一、不以夫一害此一、謂之壹、心臥則夢、偷則自行、使之則謀、故心未嘗不動也、然而有所謂靜、不以夢劇亂知、謂之靜、未得道而求道者、謂之虛一而靜、作之則、將須道者之虛、則入、將事道者之壹、則盡、將思道者靜則察、知而察、知道行、體道者也、虛壹而靜、謂之大清明、萬物莫形而不見、莫見而不論、莫論而失位、坐於室而見四海、處於今、而論久遠、疏觀萬物、而知其情、參稽治亂、而通其度、經緯天地、而材官萬物、制割大理而宇宙裏矣、恢恢廣廣、孰知其極、睪睪廣廣、孰知其德、涫涫紛紛、孰知其形、明參日月、大滿八極、夫是之謂大人、夫惡有蔽矣哉、心者形之君也、而神明之主也、出令而無所受令、自禁也、自使也、自奪也、自取也、自行也、自止也、故口可劫而使墨云、形可劫而使詘申、心不可劫而使易意、是之則受、非之則辭、故曰、心容、其擇也無禁、必自見其物也雜博、其情之至也不貳、詩云、采采卷耳、不盈頃筐、嗟我懷人、寘彼周行、頃筐易滿也、卷耳易得也、然而不可以貳周行、故曰、心枝則無知、傾則不精、貳則疑惑、以贊稽之、萬物

可兼知也、身盡其故、則美、類不可兩也、故知者擇一、而壹焉、農精於田、而不可以爲田師、賈精於市、而不可以爲賈師、工精於器、而不可以爲器師、有人也、不能此三技、而可使治三官、曰精於道者也、<u>精於物者也、精於物者</u>、以物物、精於道者、兼物物、故君子壹於道、而以贊稽物、壹於道則正、以贊稽物則察、以正志行察論、則萬物官矣……空石之中有人焉、其名曰觙、其爲人也、善射以好思、耳目之欲接、則敗其思、蚊蝱之聲聞、則挫其精、是以闢耳目之欲、而遠蚊蝱之聲、閑居靜思則通、<u>思仁若是、可謂微乎</u>、孟子惡敗而出妻、可謂能自彊矣、有子惡臥而焠掌、可謂能自忍矣、未及好也、闢耳目之欲、可謂能自彊矣、未及思也、蚊蝱之聲、聞則挫其精、可謂危矣、未可謂微也、<u>夫微者至人也</u>、至人也、何彊何忍何危、故濁明外景、清明內景、聖人縱其欲、兼其情、而制焉者、理矣、夫何彊何忍何危、<u>故仁者之行道也無爲也</u>、<u>聖人之行道也無彊也</u>、仁者之思也恭、聖人之思也樂、此治心之道也。

《正名二十二》

【辭讓之節・<u>長少之理</u>・以仁心說】<u>辭讓之節得矣、長少之理順矣</u>、忌諱不稱、妖辭不出、以仁心說、以學心聽、以公心辯……。

《性惡二十三》

【凡禹之所以爲禹者以其爲仁義法正也・然則仁義法正有<u>可知可能之理</u>・本夫仁義之可知之理・聖可積而致・仁之所在無貧窮仁之所亡無富貴】塗之人可以爲禹、曷謂也、曰<u>凡禹之所以爲禹者、以其爲仁義法正也</u>、<u>然則仁義法正、有可知可能之理</u>、然而塗之人也、皆有可以知仁義法正之質、皆有可以能仁義法正之具、然則其可以爲禹明矣、今以<u>仁義法正</u>、爲固<u>可知可能之理</u>邪、然則唯禹不知仁義法正、不能仁義法正也、將使塗之人固無<u>可以知仁義法正之質</u>、而固無<u>可以能仁義法正之具</u>邪、然則塗之人也、且內不可以知父子之義、外不可以知君臣之正、不然、今塗之人者、皆內可以知父子之義、外可以知君臣之正、然則其可以知之質、可以能之具、其在塗之人明矣、今使塗之人者、以其可以知之質、可以能之具、<u>本夫仁義之可知之理</u>、可能之具、然則其可以爲禹明矣、今使塗之人伏術爲學、專心一志、思索熟察、加日縣久、積善而不息、則通於神明、參於天地矣、故聖人者人之所積而致也、曰、<u>聖可積而致</u>、<u>然而皆不可積、何也</u>、曰、可以而不可使也、故小人可以爲君子、而不肯爲君子、君子可以爲小人、而不肯爲小人、小人君子者、未嘗不可以相爲也、然而不相爲者、可以而不可使也、故塗之人、可以爲禹則然、塗之人能爲禹、未必然也、雖不能爲禹、無害可以爲禹、足可以徧行天下、然而未嘗有能徧行天下者也、夫工匠農賈、未嘗不可以相爲事也、然而未嘗能相爲事也、用此觀之、然則可以爲未必能也、雖不能無害可以爲、然則能不能之與可不可、其不同遠矣、其不可以相爲明矣、堯問於舜曰、人情何如、舜對曰、人情甚不美、又何問焉、妻子具、而孝衰於親、嗜欲得、而信衰於友、爵祿盈、而忠衰於君、人之情乎、人之情乎、甚不美、又何問焉、唯賢者爲不然、有聖人之知者、有士君子之知者、有小人之知者、有役夫之知者、多言則文而類、終日議、<u>其所以言之、千舉萬變、其統類一也、是聖人之知也</u>、少言則徑而省、論而法、若佚之以繩、是士君子之知也、其言也諂、其行也悖、其舉事多悔、是小人之知也、齊給便敏而無類、雜能旁魄而無用、折速粹熟而不急、不恤是非、不論曲直、以期勝人爲意、是役夫之知也、有上勇者、有中勇者、有下勇者、天下有中、敢直其身、先王有道、敢行其意、上不循於亂世之君、下不俗於亂世之民、<u>仁之所在無貧窮、仁之所亡無富貴</u>、天下知之、則欲與天下同苦樂之、天下不知之、則傀然獨立天地之間而不畏、是上勇也、禮恭而意儉、大齊信焉、而輕貨財、賢者敢推而尚之、不肖者敢援而廢之、是中勇也、輕身而重貨、恬禍而廣解、苟免不恤是非然不然之情、以期勝人爲意、是下勇也、繁弱鉅黍、古之良弓也、然而不得排撒、則不能自正、桓公之葱、太公之闕、文王之錄、莊君之曶、闔閭之干將莫邪、鉅闕辟閭、此皆古之良劒也、然而不加砥礪、則不能利、不得人力則不能斷、驊騮騹驥、纖離綠耳、此皆古之良馬也、然而前必有銜轡之制、後有鞭策之威、加之以造父之馭、然後一日而致千里也、夫人雖有性質美、而心辯知必將求賢師而事之、擇賢友而友之、得賢師而事之、則所聞者、堯舜禹湯之道也……。

《君子二十四》

【故仁者仁此者也】天子無妻、告人無匹也……<u>故仁者仁此者也、義者分此者也、節者死生此者也、忠者敦慎此者也</u>、兼此而能之備矣、<u>備而不矜一自善也謂之聖</u>、不矜矣夫故天下不與爭能而致善用其功、有而不有也夫故爲天下貴矣……。

《成相二十五》

【世無王なら仁人糟糠】凡成相、辨法方……世無王、窮賢良、暴人芻豢、仁人糟糠、禮樂滅息、聖人隱伏、

資料Ⅴ 『論語』・『孟子』・『荀子』・『韓非子』・『禮記』の「仁」

墨術行、治之經、禮與刑、君子以修百姓寧、明德慎罰、國爭既治、四海平……。
《賦二十六》
【仁人絀約】天下不治請陳佹詩……仁人絀約、敖暴擅彊……仁人絀約、暴人暴矣……
《大略二十七》
【使仁居守】諸侯相見卿爲介、以其教出畢行、使仁居守。
【人主仁心設焉・故王者先仁而後禮】人主仁心設焉、知其役也、禮其盡也、故王者先仁而後禮、天施然也。
【仁之殺也・仁愛也故親義理也故行・仁有里義有門・推恩而不理不成仁遂理而不敢不成義・仁義禮樂其致一也・君子處仁以義然後仁也】親親故故、庸庸勞勞、仁之殺也、貴貴尊尊、賢賢老老長長、義之倫也、行之得其節、禮之序也、仁愛也、故親、義理也、故行、禮節也故成、仁有里、義有門、仁非其里而虛之、非禮也、義非其門而由之、非義也、推恩而不理不成仁、遂理而不敢不成義、審節而不知、不成禮、和而不發、不成樂、故曰、仁義禮樂、其致一也、君子處仁以義、然後仁也、行義以禮、然後義也、制禮反本成末、然後禮也、三者皆通然後道也。
【管仲之爲人力知不力仁野人也】子謂子家駒、續然大夫、不如晏子、晏子功用之臣也、不如子産、子産惠人也、不如管仲、管仲之爲人力功不力義、力知不力仁、野人也、不可以爲天子大夫。
【似仁而非】藍苴路作、似知而非、懦弱易奪、似仁而非、悍戇好鬭、似勇而非。
【仁義禮善之於人也】仁義禮善之於人也、辟之若貨財粟米之於家也、多有之者富、少有之者貧、至無有者窮、故大者不能、小者不爲、是棄國損身之道也。
《子道二十九》
【非仁人莫能行】入孝出弟人之小行也……災禍患難、而能無失其義、則不幸不順見惡、而能無失其愛、非仁人莫能行、詩曰、孝子不匱、此之謂也。
【言要則知行至則仁・既知且仁・仁者愛人】子路盛服見孔子、孔子曰、由是裾裾何也……故君子知之曰知之、不知曰不知、言之要也、能之曰能之、不能曰不能、行之至也、言要則知、行至則仁、既知且仁、夫惡有不足矣哉。
【仁者若何・仁者使人愛己・仁者自愛】子路入、子曰、由知者若何、仁者若何、子路對曰、知者使人知己、仁者使人愛己、子曰、可謂士矣、子貢入、子曰、賜、知者若何、仁者若何、子貢對曰、知者知人、仁者愛人、子曰、可謂士君子矣、顏淵入、子曰、回知者、若何仁者若何、顏淵對曰、知者自知、仁者自愛、子曰、可謂明君子矣。
《法行三十》
【溫潤而澤仁也・縝栗而理知也】子貢問於孔子曰、君子之所以貴玉而賤珉者何也、爲夫玉之少而珉之多邪、孔子曰、惡賜、是何言也、夫君子豈多而賤之、少而貴之哉、夫玉者君子比德焉、溫潤而澤仁也、縝栗而理知也、剛而不屈義也、廉而不劌行也、折而不撓勇也、瑕適並見情也、扣之其聲清揚而遠聞、其止輟然辭也……。
【吾必不仁也】曾子曰、同遊而不見愛者、吾必不仁也……。
《哀公三十一》
【所謂君子者言忠信而心不德仁義在身】孔子曰、人有五儀……孔子對曰、所謂君子者、言忠信而心不德、仁義在身、而色不伐、思慮明通、而辭不爭、故猶然如將可及者、君子也……。
【益於仁乎・仁の意味は人とも】魯哀公問於孔子曰、紳委章甫有益於仁乎、孔子蹴然曰、君號然也、資衰苴杖者、不聽樂、非耳不能聞也、服使然也、黼衣黻裳者、不茹葷、非口不能味也、服使然也、且丘聞之、好肆不守折、長者不爲市、竊其有益與其無益、君其知之矣。
《堯問三十二》
【仁者絀約】爲説者曰、孫卿不及孔子、是不然也、孫卿迫於亂世、鰌於嚴刑、上無賢主、下遇暴秦、禮義不行、教化不成、仁者絀約、天下冥冥、行全刺之、諸侯大傾、當是時也、知者不得慮、能者不得治、賢者不得使、故君上蔽而無視、賢人距而不受、然則孫卿將懷聖之心、蒙佯狂之色、視天下以愚……。

4:『韓非子』の「仁」「「理」を語る部分を示す場合、下線＿を附す。篇數は版本によりずれるものがある。]

《難言一》

第二章　先秦史料と通して知る「仁」とその原義

【皆世之仁賢忠良】此十數人者、<u>皆世之仁賢忠良</u>、有道術之士也、不幸而遇悖亂闇惑之主而死、然則雖賢聖不能逃死亡、避戮辱者何也、則愚者難説也、故君子難言也、且至言忤於耳而倒於心、非賢聖莫能聽、願大王熟察之也。

《有度四》
【臣不謂仁】今夫輕爵祿、易去亡、以擇其主、臣不謂廉、詐説逆法、倍主強諫、<u>臣不謂忠</u>、行惠施利、收下爲名、<u>臣不謂仁</u>、離俗隱居、而以非上、<u>臣不謂義</u>、外使諸侯、内耗其國、伺其危險之陂、以恐其主、曰交非我不親、怨非我不解、而主乃信之、以國聽之、卑主之名、以顯其身、毀國之厚、以利其家、<u>臣不謂智</u>、此數物者、險世之説也、而先王之法所簡也……。

《姦劫弑臣十二》
【仁義惠愛・世主美仁義之名・夫施貧困者此世之所謂仁義・吾以是明仁義愛惠之不足用而嚴刑重罰之可以治國也・使民以功賞而不以仁義賜】世之學術者、説人主不曰乘威嚴之勢、<u>以困姦衺之臣、而皆曰仁義惠愛而已矣</u>、<u>世主美仁義之名、而不察其實</u>、是以大者國亡身死、小者地削主卑、何以明之、<u>夫施貧困者、此世之所謂仁義</u>、<u>哀憐百姓、不忍誅罰者</u>、<u>此世之所謂惠愛也</u>、夫有施與貧困、則無功者得賞、不忍誅罰、則暴亂者不止、國有無功得賞者、則民不外務當敵斬首、内不急力田疾作、皆欲行貨財、事富貴、爲私善、立名譽、以取尊官厚俸、故姦私之臣愈衆、而暴亂之徒愈勝、不亡何待、夫嚴刑者民之所畏也、重罰者民之所惡也、故聖人陳其所畏、以禁其衺、設其所惡、以防其姦、是以國安而暴亂不起、<u>吾以是明仁義愛惠之不足用、而嚴刑重罰之可以治國也</u>、無捶策之威、銜橛之備、雖造父不能以服馬、無規矩之法、繩墨之端、雖王爾不能以成方圓、無威嚴之勢、賞罰之法、雖堯舜不能以爲治、今世主皆輕釋重罰嚴誅、行愛惠而欲霸王之功、亦不可幾也、故善爲主者、明賞設利、以勸之、<u>使民以功賞</u>、<u>而不以仁義賜</u>、嚴刑重罰、以禁之、使民以罪誅、而不以愛惠免、是以無功者不望、而有罪者不幸矣、託於犀車良馬之上、則可以陸犯阪阻之患、乘舟之安、持楫之利、則可以永絶江河之難、操法術之數、行重罰嚴誅、則可以致霸王之功……。

《亡徵十三》
【而務以仁義自飾者】見大利而不趨、聞禍端而不備、淺薄於爭守之事、<u>而務以仁義自飾者</u>、<u>可亡也</u>、<u>不爲人主之孝、而慕匹夫之孝</u>、不顧社稷之利、而聽主母之令、女子用國、刑餘用事者、可亡也……。

《備内十五》
【非輿人仁而匠人賊也】故輿人成輿、則欲人之富貴、匠人成棺、則欲人之夭死、<u>非輿人仁而匠人賊也</u>……。

《解老十八》
【仁者謂其中心欣然愛人也・上仁爲之而無以爲也・仁者德之光・義者仁之事也・失德而後失仁】<u>仁者謂其中心欣然愛人也</u>、其喜人之有福、而惡人之有禍也、生心之所不能已也、非求其報也、故曰、<u>上仁爲之而無以爲也</u>、義者君臣上下之事、父子貴賤之差也、知交朋友之接也、親疎内外之分也、臣事君宜、下懷上、子事父宜、賤敬貴宜、知交友朋之相助也、宜親者内而疎者外宜、<u>義者謂其宜也</u>、宜而爲之、故曰、上義爲之而有以爲也、<u>禮者所以情貌也</u>、羣義之文章也、君臣父子之交也、貴賤賢不肖之所以別也、中心懷而不諭、故疾趨卑拜而明之、實心愛而不知、故好言繁辭以信之、禮者外節之所以諭内也、故曰禮者所以情貌也……故曰攘臂而仍之、道有積、而德有功、德者道之功、功有實、而實有光、<u>仁者德之光</u>、光有澤、而澤有事、<u>義者仁之事也</u>、事有禮、而禮有文、禮者義之文也、<u>故曰失道而後失德</u>、<u>失德而後失仁</u>、<u>失仁而後失義</u>、<u>失義而後失禮</u>、禮爲情貌者也、文爲質飾者也……。

【道者萬物之所然也萬理之所稽也理者成物之文也・萬物各異理・維斗得之以成其威・聖人得之以成文章・凡道之情與理相應・道譬之若水・凡理者方圓短長麤靡堅脆之分也・故理定而後可得道也】<u>道者萬物之所然也</u>、<u>萬理之所稽也</u>、<u>理者成物之文也</u>、道者萬物之所以成也、故曰、<u>道理之者也</u>、物有理、不可以相薄、物有理、不可以相薄、故理之爲物之制、<u>萬物各異理</u>、萬物各異理、<u>而道盡稽萬物之理</u>、<u>故不得不化</u>、不得不化、故無常操、無常操、<u>是以死生氣禀焉</u>、萬智斟酌焉、萬事廢興焉、<u>天得之以高</u>、<u>地得之以藏</u>、<u>維斗得之以成其威</u>、日月得之以恒其光、五常得之以常其位、列星得之以端其行、<u>四時得之以御其變氣</u>、軒轅得之以擅四方、赤松得之與天地統、<u>聖人得之以成文章</u>、道與堯舜俱智、與接輿俱狂、與桀紂俱滅、與湯武俱昌、以爲近乎、游於四極、以爲遠乎、常在吾側、以爲暗乎、其光昭昭、以爲明乎、其物冥冥、而功成天地、和化雷霆、宇内之物、恃之以成、<u>凡道之情</u>、<u>不制不形</u>、<u>柔弱隨時</u>、<u>與理相應</u>、萬物得之以死、得之以生、

資料Ⅴ 『論語』・『孟子』・『荀子』・『韓非子』・『禮記』の「仁」

萬物得之以敗、得之以成、<u>道譬之若水</u>、溺者多飲之即死、渇者適飲之即生、譬之若劍戟、愚人以行忿則禍生、聖人以誅暴則福成、故得之以死、得之以生、得之以敗、得之以成、人希見生象也、而得死象之骨、案其圖以想其生也、故諸人之所以意想者、皆謂之象也、今道雖不可得聞見、聖人執其見功、以處見其形、故曰、無狀之狀、無物之象、<u>凡理者、方圓短長、麤靡堅脆之分也、故理定而後可得道也</u>、故定理有存亡、有死生、有盛衰、夫物之一存一亡、乍死乍生、初盛而後衰者、不可謂常、唯夫與天地之剖判也俱生、至天地之消散也、不死不衰者謂常、而常者無攸易、無定理、無定理、非在於常所、是以不可道也、聖人觀其玄虚、用其周行、強字之曰道、然而可論、故曰、道之可道非常道也。
<u>理定而物易割也</u>】凡物之有形者、易裁也、易割也、何以論之、有形則有短長、有短長則有小大、有小大則有方圓、有方圓則有堅脆、有堅脆則有輕重、有輕重則有白黒、短長大小、方　堅脆、輕重白黒之謂理、<u>理定而物易割也</u>、故議於大庭而後言、則立權議之士知之矣、故欲成方圓而随其規矩、則萬事之功形矣、而萬物莫不有規矩、議言之士、計會規矩也、<u>聖人盡随於萬物之規矩</u>、故曰不敢爲天下先、不敢爲天下先、則事無不事、功無不功、而議必蓋世、欲無處大官、其可得乎、處大官之謂爲成事長、是以故曰、不敢爲天下先、故能爲成事長。
《用人二十五》
【故明主厲廉恥招仁義】聞之、曰舉事無患者堯不得也、而世未嘗無事也、君人者、不輕爵祿、不易富貴、不可與救危國、<u>故人主厲廉恥、招仁義</u>、昔者介子推無爵祿、而義随文公、<u>不忍口腹、而仁割其肌</u>、故人主結其德、書圖著其名、人主樂乎使人以公盡力、而苦乎以私奪威、人臣安乎以能受職、而苦乎以一負二、故明主除人臣之所苦、而立人主之所樂、上下之利莫長於此、不察私門之内、輕慮重事、厚誅薄罪、久怨細過、長侮偸快、數以德追禍、是斷手而續以玉也、故世有易身之患。
《内儲説上七術二十八・參觀一》
【成歓以太仁弱齊國・卜皮以慈惠亡魏王】愛多者則法不立、威寡者則下侵上、是以刑罰不必、則禁令不行、其説在董子之行石邑、與子産之教游吉也、故仲尼説隕霜、而殷法刑棄灰、將行去樂池、而公孫鞅重輕罪、是以麗水之金不守、而積澤之火不救、<u>成歓以太仁弱齊國</u>、<u>卜皮以慈惠亡魏王</u>、管仲知之、故斷死人、嗣公知之、故買胥靡。
《内儲説上七術二十八・倒言七右經二》
【王太仁・非人主之所行也・夫人臣必仁而後可與謀】成驩謂齊王曰、<u>王太仁、太不忍人</u>、王曰、<u>太仁、太不忍人</u>、非善名邪、對曰、<u>此人臣之善也、非人主之所行也、夫人臣必仁而後可與謀</u>、不仁人而後可近也、<u>不仁則不可與謀</u>、忍人則不可近也、王曰、然則寡人安所<u>太仁</u>、安不忍人、對曰、<u>王太仁</u>於薛公、而太不忍於諸田、<u>太仁</u>薛公、則大臣無重、太不忍諸田、則父兄犯法、大臣無重、則兵弱於外、父兄犯法、則政亂於内、兵弱於外、政亂於内、此亡國之本也。
《内儲説上七術二十八・倒言七右經三》
【君亦不仁矣】韓昭侯使人蔵敝袴、侍者曰、<u>君亦不仁矣</u>、敝袴不以賜左右、而蔵之、昭侯曰、非子之所知也、吾聞明主之愛一嚬一笑、嚬有爲嚬、而笑有爲笑、今夫袴豈特嚬笑哉、袴之與嚬笑遠矣、吾必待有功者、故收蔵之、未有與也。
《外儲説左上三十右經二》
【道先王仁義】夫嬰兒相與戯也、以塵爲飯、以塗爲羹、以木爲胾、然至日晩必歸饟者、塵飯塗羹可以戯、而不可食也、夫稱上古之傳、頌辯而不慤、<u>道先王仁義、而不能正國者</u>、此亦可以戯、而不可以爲治也、夫慕仁義而弱亂者三晉也、不慕而治強者秦也、然而秦強而未帝者、治未畢也。
《外儲説左上三十右經五》
【宋襄公・此乃慕自親仁義之禍】<u>宋襄公</u>、與楚人戰於涿谷上、宋人既成列矣、楚人未及濟、右司馬購強、趨而諫曰、楚人衆而宋人寡、請使楚人半涉、未列成而撃之必敗、襄公曰、寡人聞、君子曰、不重傷、不擒二毛、不推人於險、不迫人於阨、不鼓不成列、今楚未濟、而撃之害義、請使楚人畢渉成陣、而後鼓士進之、右司馬曰、君不愛宋民、腹心不完、特爲義耳、公曰、不反列且行法、右司馬反列、楚人已成列撰陣矣、公乃鼓之、宋人大敗、公傷股、三日而死、<u>此乃慕自親仁義之禍</u>、夫必恃人主之自躬親、而後民聽從、是則將令人主耕以爲上、服戰鴈行也、民乃肯耕戰、則人主不泰危乎、而人臣不泰安乎。
《外儲説左下三十一右經一》

【夫天性仁心固然也】孔子相衛、弟子子皐爲獄吏、刖人足、所刖者守門、人有惡孔子於衛君者、曰尼欲作亂、衛君欲執孔子、孔子走、弟子皆逃、子皐從出門、刖危引之而逃之門下室中、吏追不得、夜半、子皐問刖危曰、吾不能虧主之法令、而親刖子之足、是子報仇之時也、而子何故乃肯逃我、我何以得此於子、刖危曰、吾斷足也、固吾罪當之、不可奈何、然方公之欲治臣也、公傾側法令、先後臣以言、欲臣之免也甚、而臣知之、及獄決罪定、公憱然不悦、形於顏色、臣見又知之、非私臣而然也、<u>夫天性仁心固然也</u>、此臣之所以悦而德公也。

【夫以伯夷之賢與其稱仁】秦韓攻魏、昭卯西説而秦韓罷、齊荊攻魏、卯東説而齊荊罷、魏襄王養之以五乘將軍、卯曰、伯夷以將軍葬於首陽山之下、而天下曰、<u>夫以伯夷之賢、與其稱仁</u>、而以將軍葬、是手足不掩也、今臣罷四國之兵、而王乃與臣五乘、此其稱功、猶羸勝而履蹻。

《外儲説左下三十一右經三》

【夫仁義者上所以勸下也】費仲説紂曰、西伯昌賢、百姓悦之、諸侯附焉、不可不誅、不誅必爲殷患、紂曰、子言義主、何可誅、費仲曰、冠雖穿弊、必戴於頭、履雖五采、必踐之於地、今西伯昌人臣也、修義而人向之、卒爲天下患、其必昌乎、人人欲以其賢爲其主、非可不誅也、且主而誅臣、焉有過、紂曰、<u>夫仁義者上所以勸下也、今昌好仁義、誅之不可</u>、三説不用、故亡。

《外儲説右上三十三右經一》

【夫子疾由之爲仁義乎】季孫相魯、子路爲郈令、魯以五月起衆、爲長溝、當此之爲、子路以其私秩粟爲漿飯、要作溝者五父之衢而飡之、孔子聞之、使子貢後覆其飯、擊毀其器、曰魯君有民、子奚爲乃飡之、子路怫然怒、攘肱而入、請曰、<u>夫子疾由之爲仁義乎、所學於夫子者仁義也、仁義者與天下共其所有</u>、而同其利者也、今以由之秩粟而飡民、不可何也、孔子曰、由之野也、吾以女知之、女徒未及也、女故如是之不知禮也、女之飡之、爲愛之也、夫禮、天子愛天下、諸侯愛境內、大夫愛官職、士愛其家、過其所愛曰侵、今魯君有民、而子擅愛之、是子侵也、不亦誣乎、言未卒、而季孫使者至讓曰、肥也起民而使之、先生使弟子令徒役而飡之、將奪肥之民耶、孔子駕而去魯、以孔子之賢、而季孫非魯君也、以人臣之資假人主之術、蚤禁於未形、而子路不得行其私惠、而害不得生、況人主乎、以景公之勢、而禁田常之侵也、則必無劫弒之患矣。

《外儲説右下三十五の二》

【則正賞罰而非不仁也・君通於不仁】治強生於法、弱亂生於阿、君明於此、<u>則正賞罰而非不仁也</u>、爵祿生於功、誅罰生於罪、臣明於此、則盡死力而非忠君也、<u>君通於不仁、臣通於不忠</u>、則可以王矣、昭襄知主情、而不發五苑、田鮪知臣情、故教田章、而公儀辭魚。

《外儲説右下三十五右經一》

【而田成恒以仁厚爲圃池也】簡公在上位、罰重而誅嚴、厚賦歛、而殺戮民、田成恒設慈愛、明寬厚、簡公以齊民爲渴馬、不以恩加民、<u>而田成恒以仁厚爲圃池也</u>、一曰、造父爲齊王駙駕、以渴服馬、百日而服成、服成請效駕齊王、王曰、效駕於圃中、造父驅車入圃、馬見圃池而走、造父不能禁、造父以渴服馬久矣、今馬見池、駻而走、雖造父不能治、今簡公之法、禁其衆久矣、而田成恒利之、是田成恒傾圃池而示渴民也、一曰、王子於期爲宋君、爲千里之逐、已駕、察手吻、文且發矣、驅而前之、輪中繩、引而卻之、馬掩迹、拊而發之、麋逸出於竇中、馬退而卻、笶不能進前也、馬駻而走、轡不能正也、一曰、司城子罕謂宋君曰、慶賞賜予者、民之所好也、君自行之、誅罰殺戮者、民之所惡也、臣請當之、於是戮細民而誅大臣、君曰、與子罕議之、居期年、民知殺生之命制於子罕也、故一國歸焉、故子罕劫宋君而奪其政、法不能禁也、故曰、子罕爲出彘、而田成恒爲圃池也、今令王良造父共車、人操一邊轡、而入門閭、駕必敗、而道不至也、今田連成竅共琴、人撫一絃而揮、則音必敗、曲不遂矣。

《難一、三十四》

【舜其信仁乎】歷山之農者侵畔、舜往耕焉、朞年甽畝正、河濱之漁者爭坻、舜往漁焉、朞年而讓長、東夷之陶者器苦窳、舜往陶焉、朞年而器牢、仲尼歎曰、耕漁與陶、非舜官也、而舜往爲之者、所以救敗也、<u>舜其信仁乎</u>、乃躬耕處苦、而民從之、故曰聖人之德化乎。

【萬乘之主不好仁義亦無以下布衣之士・桓公不知仁義・不辭卑辱故謂之仁義・忘民不可謂仁義・仁義者不失人臣之禮・而逆君上之欲故不可謂仁義・桓公不能領臣主之理】齊桓公時有處士、曰小臣稷、桓公三往而弗得見、桓公曰、吾聞、布衣之士、不輕爵祿、無以易萬乘之主、<u>萬乘之主不好仁義、亦無以下布衣之</u>

資料Ⅴ 『論語』・『孟子』・『荀子』・『韓非子』・『禮記』の「仁」

士、於是五往乃得見之、或曰、桓公不知仁義、夫仁義者、憂天下之害、趣一國之患、不避卑辱、謂之仁義、故伊尹以中國、爲亂道、爲宰干湯、百里奚以秦爲亂道、爲虜干穆公、皆憂天下之害、趣一國之患、不辭卑辱、故謂之仁義、今桓公以萬乘之勢、下匹夫之士、將與欲憂齊國、而小臣不行、見小臣之忘民也、忘民不可謂仁義、仁義者不失人臣之禮、不敗君臣之位者也、是故四封之内、執會而朝、名曰臣、臣吏分職受事、名曰萌、今小臣在民萌之衆、而逆君上之欲、故不可謂仁義、仁義不在焉、桓公又從而禮之、使小臣有智能而遁桓公、是隠也、宜刑、若無智能而虛驕矜桓公、是誣也、宜戮小臣之行、非刑則戮、桓公不能領臣主之理、而禮刑戮之人、是桓公以輕上侮君之俗、教於齊國也、非所以爲治也、故曰桓公不知仁義。
《難二、三十五》
【仁哉文王】昔者文王侵孟、更莒、舉酆、三舉事、而紂惡之、文王乃懼、請入洛西之地、赤壤之國、方千里、以請解炮烙之刑、天下皆説、仲尼聞之曰、仁哉文王、輕千里之國、而請解炮烙之刑、智哉文王、出千里之地、而得天下之心。
《難四、三十七》
【千金之家其子不仁】或曰、千金之家、其子不仁、人之急利甚也、桓公五伯之上也、爭國而殺其兄、其利大也、臣主之間、非兄弟之親也、劫殺之功、制萬乘而享大利、則羣臣孰非陽虎也、事以微巧成、以踈拙敗、羣臣之未起難也、其備未具也、羣臣皆有陽虎之心、而君上不知、是微而巧也、陽虎貪於天下、以欲攻上、是踈而拙也、不使景公加誅於拙臣、是鮑文子之説反也、臣之忠詐在君所行也、君明而嚴、則羣臣忠、君懦而闇、則羣臣詐、知微之謂明、無救赦之謂嚴、不知齊之巧臣、而誅魯之成亂、不亦妄乎。
【仁貪不同心】或曰、仁貪不同心、故公子目夷辭宋、而楚商臣弑父、鄭去疾予弟、而魯桓弑兄、五伯兼并、而以桓律人、則是皆無貞廉也、且君明而嚴、則羣臣忠、陽虎爲亂於魯、不成而走入齊、而不誅是承爲亂也、君明則知誅陽虎之可以濟亂也、此見微之情也、語曰、諸侯以國爲親、君嚴則陽虎之罪不可失、此無救赦之實也、則誅陽虎、所以使羣臣忠也、未知齊之巧臣、而廢明亂之罰、責於未然、而不誅昭昭之罪、此則妄矣、今誅魯之罪亂、以威羣臣之有姦心者、而可以得季孟叔孫之親、鮑文之説、何以爲反。
《問田四十》
【仁智之行也憚亂主闇上之患禍】堂谿公謂韓子曰……韓子曰、臣明先生之言矣、夫治天下之柄、齊民萌之度、甚未易處也、所以廢先生之教、而行賤臣之所取者、竊以爲立法術、設度數、所以利民萌、便衆庶之道、故不憚亂主闇上之患禍、而必思以齊民萌之資利者、仁智之行也、憚亂主闇上之患禍、而避乎死亡之害、知明而不見民萌之資夫利身者、貪鄙之爲也、臣不忍嚮貪鄙之爲、不敢傷仁智之行、先生有幸臣之意、然有大傷臣之實。
《説疑四十二》
【不知卑主危國者之必以仁義智能也】凡治之大者、非謂其賞罰之當也、賞無功之人、罰不辜之民、非所謂明也、賞有功、罰有罪、而不失其當、乃在於人者也、非能生功止過者也、是故禁姦之法、太上禁其心、其次禁其言、其次禁其事、今世皆曰尊主安國者、必以仁義智能、而不知卑主危國者之必以仁義智能也、故有道之主、遠仁義、去智能、服之以法、是以譽廣而名威、民治而國安、知用民之法也。
《詭使四十三》
【寛惠行德謂之仁・損仁逐利謂之疾險】寛惠行德、謂之仁、重厚自尊、謂之長者、私學成羣、謂之師徒、閒靜安居、謂之有思、損仁逐利、謂之疾險、躁佻反覆、謂之智、先爲人而後自爲類名號、言汎愛天下、謂之聖、言大不稱、而不可用、行而乖於世者、謂之大人、賤爵祿、不撓上者、謂之傑、下漸行如此、入則亂民、出則不便、上宜禁其欲滅其迹、而不止也、又從而尊之、是教下亂上以爲治也……。
《六反四十四》
【此謂君不仁臣不忠則不可以霸王矣】今學者之説人主也、皆去求利之心、出相愛之道、是求人主之過父母之親也、此不熟於論恩詐而誣也、故明主不受也、聖人之治也、審於法禁、法禁明著、則官法、必於賞罰、賞罰不阿、則民用官、官治則國富、國富則兵強、而霸王之業成矣、霸王者人主之大利也、人主挾大利、以聽治、故其任官者當能、其賞罰無私、使士民明焉、盡力致死、則功伐可立、而爵祿可致、爵祿致而富貴之業成矣、富貴者人臣之大利也、人臣挾大利、以從事、故其行危至死、其力盡而不望、此謂君不仁臣不忠、則不可以霸王矣。
【仁之爲道偸樂而後窮・故用法之相忍而弃仁人之相憐也】今家人之治產也、相忍以饑寒、相強以勞苦、雖

第二章　先秦史料と通して知る「仁」とその原義

犯軍旅之難、饑饉之患、温衣美食者、必是家也、相憐以衣食、相惠以佚樂、天饑歲荒、嫁妻賣子者、必是家也、故法之爲道、前苦而長利、仁之爲道、偸樂而後窮、聖人權其輕重、出其大利、故用法之相忍、而弃仁人之相憐也、學者之言、皆曰輕刑、此亂亡之術也、凡賞罰之必者、勸禁也、賞厚則所欲之得也、疾罰重則所惡之禁也急……。

《八説四十五》
【以公財分施謂之仁人・仁人者公財損也】爲故人行私、謂之不弃、以公財分施、謂之仁人、輕祿重身、謂之君子、枉法曲親、謂之有行、弃官寵交、謂之有俠、離世遁上、謂之高傲、交爭逆令、謂之剛材、行惠取衆、謂之得民、不弃者吏有姦也、仁人者公財損也、君子者民難使也、有行者法制毀也、有俠者官職曠也、高傲者民不事也、剛材者令不行也、得民者君上孤也、此八者匹夫之私譽、人主之大敗、反此八者、匹夫之私毀、人主之公利也、人主不察社稷之利害、而用匹夫之私譽、索國之無危亂、不可得矣。
【高慈惠而道仁厚】揹笏干戚、不適有方鐵銛……古者人寡而相親、物多而輕利易讓、故有揖讓而傳天下者、然則行揖讓、高慈惠、而道仁厚、皆推政也、處多事之時、用寡事之器、非智者之備也、當大爭之世、而循揖讓之軌、非聖人之治也、故智者不乘推車、聖人不行推政、難法所以制事、事所以名功也、法立而有難、權其難而事成則立之、事成而有害權其害而功多則爲之……。
【故存國者非仁義也・慈惠則不忍・仁暴者皆亡國者也】慈母之於弱子也、愛不可爲前……子母之性愛也、臣主之權筴也、母不能以愛存家、君安能以愛持國、明主者、通於富強、則可以得欲矣、故謹於聽治、富強之法也、明其法禁、察其謀計、法明則内無變化之患、計得則外無死虜之禍、故存國者非仁義也、仁者慈惠而輕財者也、暴者心毅而易誅者也、慈惠則不忍、輕財則好與、心毅則憎心見於下、易誅則妄殺加於人、不忍則罰多宥赦、好與則賞多無功、憎心見則下怨其上、妄誅則民將背叛、故仁人在位、下肆而輕犯禁法、偸幸而望於上、暴人在位、則法令妄而臣主乖、民怨而亂心生、故曰、仁暴者、皆亡國者也。

《八經四十六類柄》
【慈仁聽則法制毀・而上以法撓慈仁】行義示則主威分、慈仁聽則法制毀、民以制畏上、而上以勢卑下、故下肆狠觸、而榮於輕君之俗、則主威分、民以法難犯上、而上以法撓慈仁、故下明愛施、而務賕紋之政……。

《五蠹四十七》
【文王行仁義而王天下・偃王行仁義而喪其國・是仁義用於古不用於今也・夫仁義辯智、非所以持國也】上古之世、人民少而禽獸衆……是以古之易財、非仁也、財多也、今之爭奪、非鄙也、財寡也、輕辭天子、非高也、勢薄也、重爭土橐、非下也、權重也、故聖人議多少、論薄厚、爲之政、故罰薄不爲慈、誅嚴不爲戾、稱俗而行也、故事因於世、而備適於事、古者大王處豐鎬之間、地方百里、行仁義、而懷西戎、遂王天下、徐偃王處漢東、地方五百里、行仁義、割地而朝者三十有六國、荊文王恐其害己也、舉兵伐徐、遂滅之、故文王行仁義而王天下、偃王行仁義而喪其國、是仁義用於古、不用於今也、故曰、世異則事異、當舜之時、有苗不服、禹將伐之、舜曰、不可、上德不厚而行武、非道也、乃修教三年、執干戚舞、有苗乃服、共工之戰、鐵銛距者及乎敵、鎧甲不堅者傷乎體、是干戚用於古、不用於今也、故曰、事異則備變、上古競於道德、中世逐於智謀、當今爭於氣力、齊將攻魯、魯使子貢説之、齊人曰子言非不辯也、吾所欲者土地、非斯言所謂也、遂舉兵伐魯、去門十里以爲界、故偃王仁義而徐亡、子貢辯智而魯削、以是言之、夫仁義辯智、非所以持國也、去偃王之仁、息子貢之智、循徐魯之力、使敵萬乘、則齊荊之欲、不得行於二國矣。
【夫垂泣不欲刑者仁也・民者固服於勢・故行仁義者非所譽・故舉先王言仁義者盈廷・其學者則稱先王之道以藉仁義】夫古今異俗、新故異備……今先王之愛民、不過父母之愛子、子未必不亂也、則民奚遽治哉、且夫以法行刑、而君爲之流涕、此以效仁、非以爲治也、夫垂泣不欲刑者仁也、然而不可不刑者法也、先王勝其法、不聽其泣、則仁之不可以爲治亦明矣、且民者固服於勢、寡能懷於義、仲尼天下聖人也、脩行明道、以游海内、海内説其仁、美其義、而爲服役者七十人、蓋貴仁者寡、能義者難也、故以天下之大、而爲服役者七十人、而爲仁義者一人、魯哀公下主也、南面君國、境内之民莫敢不臣、民者固服於勢、勢誠易以服人、故仲尼反爲臣、而哀公顧爲君、仲尼非懷其義、服其勢也、故以義則仲尼不服於哀公、乘勢則哀公臣仲尼、今學者之説人主也、不乘必勝之勢、而務行仁義、則可以王、是求人主之必及仲尼、而以世之凡民皆如列徒……雖有十黃帝、不能治也、故行仁義者非所譽、譽之則害功、工文學者非所用、用之

則亂法……是以天下之衆、其談言者、務爲辯、而不周於用、故擧先王言仁義者盈廷、而政不免於亂……是故亂國之俗、其學者則稱先王之道以藉仁義、盛容服而飾辯說、以疑當世之法、而貳人主之心……。
《顯學四十八》
【言先王之仁義無益於治・故不道仁義・不道仁義者故】世顯學儒墨也……今或謂人曰、使子必智而壽、則世必以爲狂、夫智性也、壽命也、性命非所學於人也、而以人之所不能爲說人、此世之所以謂之爲狂也、謂之不能、然則是諭也、夫諭性也、以仁義敎人、是以智與壽說也、有度之主弗受也、故善毛嬙西施之美、無益吾面、用脂澤粉黛、則倍其初、言先王之仁義、無益於治、明吾法度、必吾賞罰者、亦國之脂澤粉黛也、故明主急其助、而緩其頌、故不道仁義……故明主擧實、事去無用、不道仁義者故、不聽學者之言……。
《忠孝四十九》
【放父殺弟不可謂仁・仁義無有不可謂明】天下皆以孝悌忠順之道爲是也……放父殺弟、不可謂仁、妻帝二女而取天下、不可謂義、仁義無有、不可謂明、詩云、普天之下莫非王土、率土之濱、莫非王臣……。

5-1:『禮記』の「仁」

《曲禮上》
【道德仁義】道德仁義、非禮不成、敎訓正俗、非禮不備、分爭辯訟、非禮不決、君臣上下、父子兄弟、非禮不定、宦學事師、非禮不親、班朝治軍、涖官行法、非禮威嚴不行、禱祠祭祀、供給鬼神、非禮不誠不莊。
【執友稱其仁也】夫爲人子者、三賜不及車馬、故州閭鄕黨稱其孝也、兄弟親戚稱其慈也、僚友稱其弟也、執友稱其仁也、交遊稱其信也。
《檀弓上》
【丘の方に首を向けて死す】太公封於營丘、比及五世、皆反葬於周、君子曰、樂樂其所自生、禮不忘其本、古之人有言、曰、狐死正丘首、仁也。
【之死は父母死す・これらを知らぬものとするのは不仁】孔子曰、之死而致死之、不仁而不可爲也、之死而致生之、不知而不可爲也。是故竹不成用、瓦不成味、木不成斲、琴瑟張而不平、竽笙備而不和、有鐘磬而無簨虡、其曰明器、神明之也。
《檀弓下》
【仁親以爲寶・則愛父也】晉獻公之喪秦穆公使人弔公子重耳、且曰寡人聞之亡國恒於斯得國恒於斯、雖吾子儼然在憂服之中、喪亦不可久也、時亦不可失也、以告舅犯、舅犯曰、孺子其辭焉、喪人無寶、仁親以爲寶、父死之謂何、又因以爲利、而天下其孰能說之、孺子其辭焉、公子重耳對客曰、君惠弔亡臣重耳、身喪父死、不得與於哭泣之哀、以爲君憂、父死之謂何、或敢有他志以辱君義、稽顙而不拜、哭而起、起而不私、子顯以致命於穆公、穆公曰、仁哉夫、公子重耳、夫稽顙而不拜、則未爲後也、故不成拜、哭而起、則愛父也、起而不私則遠利也。
《文王世子》
【王乃命公侯伯子男及羣吏曰・終之以仁也】天子視學、大昕鼓徵、所以警衆也、衆至然後天子至、乃命有司行事、興秩節、祭先師先聖焉、有司卒事反命、始之養也、適東序釋奠於先老、遂設三老五更羣老之席位焉、適饌省醴養老之珍具、遂發詠焉、退修之以孝養也、反登歌清廟、旣歌而語以成之也、言父子君臣長幼之道、合德音之致禮之大者也、下管象舞大武、大合衆以事、達有神興有德也、正君臣之位、貴賤之等焉、而上下之義行矣、有司告以樂闋、王乃命公侯伯子男及羣吏曰、反養老幼于東序、終之以仁也。
【聖人・終之以仁也】是故聖人之記事也、慮之以大、愛之以敬、行之以禮、脩之以孝養、紀之以義、終之以仁、是故古之人、一擧事、而衆皆知其德之備也、古之君子、擧大事、必愼其終始、而衆安得不喩焉、兌命曰、念終始典于學。
《禮運》
【刑仁講讓示民有常】禹湯文武成王周公、由此其選也、此六君子者、未有不謹於禮者也、以著其義、以考其信、著有過、刑仁講讓、示民有常、如有不由此者、在埶者去、衆以爲殃、是謂小康。
【別嫌明微儐鬼神考制度別仁義】是故禮者君之大柄也、所以別嫌明微儐鬼神、考制度、別仁義、所以治政安君也。
【[命]降于祖廟之謂仁義・聖人】故政者君之所以藏身也、是故夫政必本於天、殽以降命、命降于社、之謂殽地、

降于祖廟、之謂仁義、降於山川、之謂興作、降於五祀、之謂制度、此聖人所以藏身之固也。
【用人之仁去其貪】故用人之知、去其詐、用人之勇、去其怒、用人之仁、去其貪、故國有患、君死社稷、謂之義、大夫死宗廟、謂之變。
【君仁臣忠】何謂人情、喜怒哀懼愛惡欲、七者弗學而能、何謂人義父慈子孝、兄良弟弟、夫義婦聽、長惠幼順、君仁臣忠、十者謂之人義、講信脩睦、謂之人利、爭奪相殺、謂之人患、故聖人之所以治人七情、脩十義、講信脩睦、尚辭讓、去爭奪、舍禮何以治之。
【祖廟所以本仁也】故祭帝於郊、所以定天位也、祀社於國、所以列地利也、祖廟所以本仁也、山川所以儐鬼神也、五祀所以本事也、故宗祝在廟、三公在朝、三老在學、王前巫而後史、卜筮瞽侑、皆在左右、王中心無爲也、以守至正。
【仁者義之本也順之體也】故聖王脩義之柄、禮之序、以治人情、故人情者聖王之田也、脩禮以耕之、陳義以種之、講學以耨之、本仁以聚之、播樂以安之、故禮也者義之實也、協諸義而協、則禮雖先王未之有、可以義起也、義者藝之分、仁之節也、協於藝、講於仁、得之者強、仁者義之本也、順之體也、得之者尊。
【合之以仁】故治國不以禮、猶無耜而耕也、爲禮不本於義、猶耕而弗種也、爲義而不講之以學、猶種而弗耨也、講之以學、而不合之以仁、猶耨而弗穫也、合之以仁、而不安之以樂、猶穫而弗食也。安之以樂而不達於順、猶食而弗肥也。
《禮器》
【故物無不懷仁鬼神饗德】禮器、是故大備、大備盛德也、禮釋回、增美質、措則正、施則行、其在人也、如竹箭之有筠也、如松栢之有心也、二者居天下之大端也、故貫四時、而不改柯易葉、故君子有禮、則外諧、而內無怨、故物無不懷仁、鬼神饗德。
【宗廟之祭仁之至也・備服器仁之至也】祀帝於郊、敬之至也、宗廟之祭、仁之至也、喪禮忠之至也、備服器仁之至也、賓客之用幣、義之至也、故君子欲觀仁義之道、禮其本也。
《郊特牲》
【饗農及郵表畷禽獸、仁之至】饗農及郵表畷禽獸、仁之至、義之盡也。
【蜡之祭仁之至】曰、土反其宅、水歸其壑、昆蟲毋作、草木歸其澤、皮弁素服而祭、素服以送終也、葛帶榛杖喪殺也、蜡之祭、仁之至、義之盡也。
《大傳》
【自仁率親等而上之至于祖】自仁率親、等而上之至于祖、名曰輕、自義率祖、順而下之至于禰、名曰重、一輕一重、其義然也。
《樂記》
【樂者爲同禮者爲異・仁以愛之】樂者爲同、禮者爲異、同則相親、異則相敬、樂勝則流、禮勝則離、合情飾貌者、禮樂之事也、禮義立、則貴賤等矣、樂文同、則上下和矣、好惡著、則賢不肖別矣、刑禁暴、爵舉賢、則政均矣、仁以愛之、義以正之、如此則民治行矣。
【仁近於樂義近於禮】天高地下、萬物散殊、而禮制行矣、流而不息、合同而化、而樂興焉、春作夏長仁也、秋斂冬藏義也、仁近於樂、義近於禮、樂者敦和、率神而從天、禮者別宜、居鬼而從地、故聖人作樂以應天、制禮以配地、禮樂明備天地官矣。
《祭義》
【仁者仁此者也・禮者・義者・信者】曾子曰、孝有三、大孝尊親、其次弗辱、其下能養……仁者仁此者也、禮者履此者也、義者宜此者也、信者信此者也、強者強此者也、樂自順此生、刑自反此作、曾子曰、夫孝置之而塞乎天地、溥之而橫乎四海、施諸後世而朝夕、推而放諸東海而準、推而放諸西海而準、推而放諸南海而準、推而放諸北海而準。
【父母既没必求仁者之粟】孝有三、小孝用力、中孝用勞、大孝不匱、思慈愛忘勞、可謂用力矣、尊仁安義、可謂用勞矣、博施備物、可謂不匱矣。父母愛之、喜而弗忘、父母惡之、懼而無怨、父母有過、諫而不逆、父母既没、必求仁者之粟、以祀之、此之謂禮終。
《祭統》
【仁足以與之】夫祭有畀煇胞翟閽者、惠下之道也、唯有德之君、爲能行此、明足以見之、仁足以與之、畀之爲言與也、能以其餘畀其下者也、煇者甲吏之賤者也、胞者肉吏之賤者也、翟者樂吏之賤者也、閽者守

門之賤者也、古者不使刑人守門、此四守者、吏之至賤者也、尸又至尊、以至尊既祭之末、而不忘至賤、而以其餘畀之、是故明君在上、則竟内之民無凍餒者矣、此之謂上下之際。
【仁足以與之】夫銘者壹稱而上下皆得焉耳矣、是故君子之觀於銘也、既美其所稱、又美其所爲、爲之者、明足以見之、仁足以與之、知足以利之、可謂賢矣、賢而勿伐可謂恭矣。
【其先祖無美而稱之是誣也・知而弗傳不仁也】子孫之守宗廟社稷者、其先祖無美而稱之是誣也、有善而弗知、不明也、知而弗傳、不仁也、此三者、君子之所恥也。
《經解》
【上下相親謂之仁】天子者與天地參、故德配天地、兼利萬物、與日月並明、明照四海、而不遺微小、其在朝廷、則道仁聖禮義之序、燕處則聽雅頌之音、行歩則有環佩之聲、升車則有鸞和之音、居處有禮、進退有度、百官得其宜、萬事得其序、詩云、淑人君子、其儀不忒、其儀不忒、正是四國、此之謂也、發號出令而民說、謂之和、上下相親、謂之仁、民不求其所欲而得之、謂之信、除去天地之害、謂之義、義與信、和與仁、霸王之器也、有治民之意、而無其器則不成。
《哀公問》
【仁人不過乎物・仁人之事親也】公曰寡人憃愚冥煩、子志之心也、孔子蹴然辟席而對曰、仁人不過乎物、孝子不過乎物、是故仁人之事親也、如事天、事天如事親、是故孝子成身。
《仲尼燕居》
【子曰給奪慈仁】子貢越席而對曰、敢問何如、子曰、敬而不中禮、謂之野、恭而不中禮、謂之給、勇而不中禮、謂之逆、子曰、給奪慈仁。
【仁鬼神・以仁昭穆・仁死喪・仁郷黨】子貢退、言游進曰、敢問、禮也者領惡而全好者與、子曰然、然則何如、子曰、郊社之義、所以仁鬼神也、嘗禘之禮、所以仁昭穆也、饋奠之禮、所以仁死喪也、射郷之禮、所以仁郷黨也、食饗之禮、所以仁賓客也。
【君子知仁】子曰、愼聽之、女三人者、吾語女禮、猶有九焉、大饗有四焉、苟知此矣、雖在畎畝之中、事之聖人已、兩君相見、揖讓而入門、入門而縣興、揖讓而升堂、升堂、而樂闋、下管象武、夏籥序興、陳其薦俎、序其禮樂、備其百官、如此而后君子知仁、焉行中規、還中矩、和鸞中采齊、客出以雍、徹以振羽、是故君子無物而不在禮矣、入門而金作、示情也、升歌清廟、示德也、下而管象、示事也、是故古之君子、不必親相與言也、以禮樂相示而已。子曰禮也者理也、樂也者節也、君子無理不動、無節不作、不能詩、於禮繆、不能樂、於禮素、薄於德、於禮虚。
《中庸》
【脩道以仁・知仁勇三者天下之達德也】哀公問政、子曰、文武之政、布在方策、其人存則其政舉、其人亡則其政息、人道敏政、地道敏樹、夫政也者蒲盧也、故爲政在人、取人以身、脩身以道、脩道以仁、仁者人也、親親爲大、義者宜也、尊賢爲大、親親之殺、尊賢之等、禮所生也、在下位、不獲乎上、民不可得而治矣、故君子不可以不脩身、思脩身、不可以不事親、思事親、不可以不知人、思知人、不可以不知天、天下之達道五、所以行之者三、曰君臣也、父子也、夫婦也、昆弟也、朋友之交也、五者天下之達道也、知仁勇三者、天下之達德也、所以行之者一也、或生而知之、或學而知之、或困而知之、及其知之一也、或安而行之、或利而行之、或勉強而行之、及其成功一也。
【力行近乎仁】子曰、好學近乎知、力行近乎仁、知恥近乎勇、知斯三者、則知所以脩身、知所以脩身、則知所以治人、知所以治人、則知所以治天下國家矣。
【成己仁也】誠者自成也、而道自道也、誠者物之終始也、不誠無物、是故君子誠之爲貴、誠誠者非自成已而已也、所以成物也、成己仁也、成物知也、性之德也、合外内之道也、故時措之宜也。
【肫肫其仁】唯天下至誠、爲能經綸天下之大經、立天下之大本、知天地之化育、夫焉有所倚、肫肫其仁、淵淵其淵、浩浩其天。
《表記》
【仁者天下之表也・寬身之仁也・無欲而好仁者・無畏而惡不仁者・與仁同功・與仁同過・仁者安仁知者利仁・畏罪者強仁・仁者と道者・厚於仁と薄於仁】子言之、仁者天下之表也、義者天下之制也、報者天下之利也、子曰、以德報德、則民有所勸、以怨報怨、則民有所懲、詩曰、無言不讎、無德不報、大甲曰、民非后、無能胥以寧、后非民、無以辟四方、子曰、以德報怨、則寬身之仁也、以怨報德、則刑戮之民也、子曰、

無欲而好仁者、無畏而惡不仁者、天下一人而已矣、是故君子議道自己、而置法以民、子曰、仁有三、與仁同功而異情、與仁同功、其仁未可知也、與仁同過、然後其仁可知也、仁者安仁、知者利仁、畏罪者強仁、仁者右也、道者左也、仁者人也、道者義也、厚於仁者、薄於義、親而不尊、厚於義者、薄於仁、尊而不親、道有至、義有考、至道以王、義道以霸、考道以爲無失。

【仁有數・愛人之仁也・資仁者也・數世之仁也・終身之仁也】子言之、仁有數、義有長短小大、中心憯怛、愛人之仁也、率法而強之、資仁者也、詩云、豐水有芑、武王豈不仕、詒厥孫謀、以燕翼子、武王烝哉、數世之仁也、國風曰、我今不閱、皇恤我後、終身之仁也。

【仁之爲器重・取數多者仁也・夫勉於仁者不亦難乎・中心安仁者天下一人而已矣・詩之好仁如此・仁之難成久矣・仁者之過易辭也・恭近禮儉近仁信近情】子曰、仁之爲器重、其爲道遠、舉者莫能勝也、行者莫能致也、取數多者仁也、夫勉於仁者、不亦難乎、是故君子以義度人、則難爲人、以人望人、則賢者可知己矣、子曰、中心安仁者、天下一人而已矣、大雅曰、德輶如毛、民鮮克舉之、我儀圖之、惟仲山甫舉之、愛莫助之、小雅曰、高山仰止、景行行止、子曰、詩之好仁如此、鄉道而行、中道而廢、忘身之老也、不知年數之不足也、俛焉日有孳孳、斃而后已、子曰、仁之難成久矣、人人失其所好、故仁者之過易辭也、子曰、恭近禮、儉近仁、信近情、敬讓以行此、雖有過、其不甚矣、夫恭寡過、情可信、儉易容也、以此失之者、不亦鮮乎、詩云、温温恭人、惟德之基、子曰、仁之難成久矣、惟君子能之、故君子不以其所能者病人、不以人之所不能者愧人、是故聖人之制行也、不制以己、使民有所勸勉愧恥、以行其言、禮以節之、信以結之、容貌以文之、衣服以移之、朋友以極之、欲民之有壹也、小雅曰、不愧于人不畏于天、是故君子服其服、則文以君子之容、有其容則文以君子之辭、遂其辭則實以君子之德、是故君子衰絰、則有哀色、端冕則有敬色、甲胄則有不可辱之色、詩云、維鵜在梁、不濡其翼、彼其之子、不稱其服。

【下之事上也仁之厚也・君子恭儉以求役仁・信讓以求役禮】子言之、君子之所謂義者、貴賤皆有事於天下、天子親耕、粢盛秬鬯、以事上帝、故諸侯勤以輔事於天子、子曰、下之事上也、雖有庇民之大德、不敢有君民之心、仁之厚也、是故君子恭儉以求役仁、信讓以求役禮、不自尚其事、不自尊其身、儉於位、而寡於欲、讓於賢、卑己而尊人、小心而畏義、求以事君。

【仁者其難乎】子言之、君子之所謂仁者、其難乎、詩云、凱弟君子、民之父母、凱以強教之、弟以説安之、樂而毋荒、有禮而親、威莊而安、孝慈而敬、使民有父之尊、有母之親、如此而后可以爲民父母矣、非至德其孰能如此乎。

【其君子尊仁畏義】子曰、虞夏之道、寡怨於民、殷周之道、不勝其敝、子曰、虞夏之質、殷周之文至矣、虞夏之文、不勝其質、殷周之質、不勝其文、子言之曰、後世雖有作者、虞帝弗可及也已矣、君天下、生無私、死不厚其子、子民如父母、有憯怛之愛、有忠利之教、親而尊、安而敬、威而愛、富而有禮、惠而能散、其君子尊仁畏義、耻費輕實、忠而不犯、義而順、文而靜、寬而有辨、甫刑曰、德威惟威、德明惟明、非虞帝其孰能如此乎。

《緇衣》

【百姓以仁遂焉豈必盡仁】子曰下之事上也、不從其所令、從其所行、上好是物、下必有甚者矣、故上之所好惡、不可不慎也、是民之表也、子曰、禹立三年、百姓以仁遂焉、豈必盡仁。詩云、赫赫師尹、民具爾瞻、甫刑云、一人有慶、兆民賴之、大雅曰、成王之孚、下土之式。

【上好仁則下之爲仁爭先人】子曰、上好仁、則下之爲仁爭先人、故長民者、章志貞教尊仁、以子愛百姓、民致行已、以説其上矣、詩云、有梏德行、四國順之。

《儒行》

【戴仁而行抱義而處】儒有忠信以爲甲冑、禮義以爲干櫓、戴仁而行、抱義而處、雖有暴政、不更其所、其自立有如此者。

【仁之本・地・作・能・貌・文・和・施・儒皆兼此而有之】温良者仁之本也、敬慎者仁之地也、寬裕者仁之作也、孫接者仁之能也、禮節者仁之貌也、言談者仁之文也、歌樂者仁之和也、分散者仁之施也、儒皆兼此而有之、猶且不敢言仁也、其尊讓有如此者。

《大學》

【爲人君止於仁・人臣の敬・人子の孝・人父の慈・與國人交の信】詩云、穆穆文王、於緝熙敬止、爲人君止於仁、爲人臣止於敬、爲人子止於孝、爲人父止於慈、與國人交、止於信。

資料Ⅴ 『論語』・『孟子』・『荀子』・『韓非子』・『禮記』の「仁」

【一家仁則一國興仁】一家仁、則一國興仁、一家讓、一國興讓、一人貪戾、一國作亂、其機如此、此謂一言僨事、一人定國、堯舜率天下以仁、而民從之、桀紂率天下以暴、而民從之、其所令、反其所好、而民不從、是故君子有諸己、而后求諸人、無諸己、而后非諸人、所藏乎身不恕、而能喻諸人者、未之有也、故治國在齊其家、詩云、桃之夭夭、其葉蓁蓁、之子于歸、宜其家人、宜其家人、而后可以教國人、詩曰、宜兄宜弟、宜兄宜弟、而后可以教國人、詩云、其儀不忒、正是四國、其爲父子兄弟足法、而后民法之也、此謂治國在齊其家。所謂平天下……。

【仁親以爲寶・唯仁人放流之・仁者以財發身・未有上好仁而下不好義者也】康誥曰、惟命不于常、道善則得之、不善則失之矣、楚書曰、楚國無以爲寶、惟善以爲寶、舅犯曰、亡人無以爲寶、仁親以爲寶、……唯仁人放流之、迸諸四夷、不與同中國、此謂唯仁人、爲能愛人、能惡人、見賢而不能舉、舉而不能先、命也、見不善而不能退、退而不能遠、過也、好人之所惡、惡人之所好、是謂拂人之性、菑必逮夫身、是故君子有大道、必忠信以得之、驕泰以失之、生財有大道、生之者衆、食之者寡、爲之者疾、用之者舒、則財恒足矣、仁者以財發身、不仁者以身發財、未有上好仁、而下不好義者也、未有好義、其事不終者也、未有府庫財非其財者也。

《鄉飲酒義》
【此天地之仁氣也と易八方位】賓主象天地也、介僎象陰陽也、三賓象三光也、讓之三也、象月之三日而成魄也、四面之坐、象四時也、天地嚴凝之氣、始於西南、而盛於西北、此天地之尊嚴氣也、此天地之義氣也、天地溫厚之氣、始於東北、而盛於東南、此天地之盛德氣也、此天地之仁氣也、主人者尊賓、故坐賓於西北、而坐介於西南、以輔賓、賓者接人以義者也、故坐於西北、主人者接人以仁、以德厚者也、故坐於東南、而坐僎於東北、以輔主人也、仁義接、賓主有事、俎豆有數曰聖、聖立而將之以敬曰禮、禮以體長幼曰德、德也者、得於身也、故曰古之學術道者、將以得身也、是故聖人務焉。

【夏之爲言假也養之長之假之仁也・假の意味・冬之爲言中也中者藏也是以天子之立也左聖郷仁右義偕藏也】賓必南鄉、東方者春、春之爲言蠢也、產萬物者聖也、南方者夏、夏之爲言假也、養之長之假之仁也、西方者秋、秋之爲言愁也、愁之以時察守義者也、北方者冬、冬之爲言中也、中者藏也、是以天子之立也、左聖郷仁、右義偕藏也。

《射義》
【射者仁之道也】射者仁之道也、射求正諸己、己正而后發、發而不中、則不怨勝己者、反求諸己而已矣。

《聘義》
【温潤而澤仁也】子貢問於孔子曰、敢問、君子貴玉而賤珉者何也、爲玉之寡而珉之多與、孔子曰、非爲珉之多故賤之也、玉之寡故貴之也、夫昔者君子比德於玉焉、温潤而澤仁也、縝密以栗知也、廉而不劌義也、垂之如隊禮也、叩之其聲清越以長、其終詘然樂也、瑕不揜瑜、瑜不揜瑕忠也、孚尹旁達信也、氣如白虹天也、精神見于山川地也、圭璋特達德也、天下莫不貴者道也、詩云、言念君子、温其如玉、故君子貴之也。

《喪服四制》
【恩者仁也・仁義禮知】夫禮吉凶異道、不得相干、取之陰陽也、喪有四制、變而從宜、取之四時也、有恩有理、有節有權、取之人情也、恩者仁也、理者義也、節者禮也、權者知也、仁義禮知、人道具矣。

【仁者可以觀其愛焉】比終茲三節者、仁者可以觀其愛焉、知者可以觀其理焉、強者可以觀其志焉、禮以治之、義以正之、孝子弟弟貞婦、皆可得而察焉。

5-2：『禮記』の「天理」

《樂記》
【天理滅矣】人生而靜、天之性也、感於物而動、性之欲也、物至知知、然後好惡形焉、好惡無節於內、知誘於外、不能反躬、天理滅矣、夫物之感人無窮、而人之好惡無節、則物至而人化物也、人化物也者滅天理、而窮人欲者也、於是有悖逆詐僞之心、有淫泆作亂之事、是故強者脅弱、衆者暴寡、知者詐愚、勇者苦怯、疾病不養、老幼孤獨、不得其所、此大亂之道也。

第二章　先秦史料と通して知る「仁」とその原義

資料Ⅵ　『春秋』三傳の「仁」―附：『尚書』と『毛詩』の「仁」等

『左傳』・『公羊傳』・『穀梁伝』の順に示す。
『左傳』本文には、「仁」の記述が少なくないので、本文のみ示す。
『公羊傳』は、本文には「仁」の記述が少なく、後漢時代の注釋に仁の記述があるので、注釋を併せ示す。
『穀梁傳』は、本文に「仁の」記述が少ないと言えないわけではないが、『左傳』に比較すれば少ない。後漢時代の注釋に仁の記述があるので、注釋を併せ示す。
『左傳』について、紀元前の西曆年を附す。【君子曰】【説話】等は平勢隆郎『左傳の史料批判的研究』（東京大學東洋文化研究所・汲古書院、1998年）に沿う。
『左傳』は冨山房漢文大系本を底本とし、『公羊傳』・『穀梁傳』は十三經注疏本（清嘉慶刊本、阮元校刻）を底本とするが、パソコン環境の事情により、用字が異なることがある。

1：『左傳』の「仁」

《717 左傳隱公六－B》
【親仁善鄰國之寶也】【説話】五月庚申、鄭伯侵陳、大獲。往歲、鄭伯請成于陳、陳侯不許。五父諫曰「親仁善鄰、國之寶也。君其許鄭」。陳侯曰「宋・衞實難、鄭何能爲」。遂不許。【君子曰】君子曰「善不可失、惡不可長、其陳桓公之謂乎。長惡不悛、從自及也。雖欲救之、其將能乎。商書曰、『惡之易也、如火之燎于原、不可郷邇、其猶可撲滅』。周任有言曰、『爲國家者、見惡如農夫之務去草焉、芟夷蘊崇之、絶其本根、勿使能殖、則善者信矣』。」
《672 左傳莊公二二－三》
【以君成禮弗納於淫仁也】【經文換言・説話】二十二年、春、陳人殺其大子御寇。【説話】陳公子完與顓孫奔齊。顓孫自齊來奔。齊侯使敬仲爲卿。辭曰「羈旅之臣幸若獲宥、及於寬政、赦其不閑於教訓、而免於罪戾、弛於負擔、君之惠也。所獲多矣、敢辱高位以速官謗。請以死告。《詩》曰、『翹翹車乘、招我以弓。豈不欲往。畏我友朋』。」使爲工正。飲桓公酒、樂。公曰「以火繼之」。辭曰「臣卜其晝、未卜其夜、不敢」。【君子曰】君子曰「酒以成禮、不繼以淫、義也。以君成禮、弗納於淫、仁也」。【説話】初、懿氏卜妻敬仲。其妻占之、曰「吉。是謂『鳳皇于飛、和鳴鏘鏘。有媯之後、將育于姜。五世其昌、並于正卿。八世之後、莫之與京』。」陳厲公蔡出也、故蔡人殺五父而立之。生敬仲。其少也、周史有以《周易》見陳侯者、陳侯使筮之、遇觀▆之否▆。曰「是謂『觀國之光、利用賓于王』。此其代陳有國乎。不在此、其在異國。非此其身、在其子孫。光、遠而自他有耀者也。坤、土也。巽、風也。乾、天也。風爲天於土上、山也。有山之材、而照之以天光、於是乎居土上、故曰『觀國之光、利用賓于王』。庭實旅百、奉之以玉帛、天地之美具焉、故曰『利用賓于王』。猶有觀焉、故曰其在後乎。風行而著於土、故曰其在異國乎。若在異國、必姜姓也。姜、大嶽之後也。山嶽則配天。物莫能兩大。陳衰、此其昌乎」。及陳之初亡也、陳桓子始大於齊。其後亡也、成子得政。
《652 左傳僖公八－A》
【目夷長且仁、君其立之、仁孰大焉】【説話】宋公疾、大子茲父固請曰「目夷長且仁、君其立之」。公命子魚。子魚辭曰「能以國讓、仁孰大焉。臣不及也、且又不順」。遂走而退。
《651 左傳僖公九－C》
【以公子目夷爲仁】【説話】宋襄公即位、以公子目夷爲仁、使爲左師以聽政。【説解】於是宋治。故魚氏世爲左師。
《646 左傳僖公一四－A》
【幸災、不仁】【説話】冬、秦饑、使乞糴于晉、晉人弗與、慶鄭曰「背施、無親、幸災、不仁、貪愛、不祥、怒鄰、不義、四德皆失、何以守國」。虢射曰「皮之不存、毛將安傅」。慶鄭曰「棄信背鄰、患孰恤之、無信、患作。失援、必斃、是則然矣」。虢射曰「無損於怨、而厚於寇、不如勿與」。慶鄭曰「背施幸災、民所棄也。近猶讎之、況怨敵乎」。弗聽、退曰「君其悔是哉」。

356

《630 左傳僖公三〇－四》
【因人之力而敝之不仁】【説話】九月甲午、晉侯・秦伯【經文引用】圍鄭、【經解】以其無禮於晉、且貳於楚也。【説話】晉軍函陵、秦軍氾南。佚之狐言於鄭伯曰「國危矣、若使燭之武見秦君、師必退」。公從之。辭曰「臣之壯也、猶不如人。今老矣、無能爲也已」。公曰「吾不能早用子、今急而求子、是寡人之過也。然鄭亡、子亦有不利焉」。許之。夜、縋而出。見秦伯曰「秦・晉圍鄭、鄭既知亡矣。若亡鄭而有益於君、敢以煩執事。越國以鄙遠、君知其難也、焉用亡鄭以陪鄰。鄰之厚、君之薄也。若舍鄭以爲東道主、行李之往來、共其乏困、君亦無所害、且君嘗爲晉君賜矣、許君焦・瑕、朝濟而夕設版焉、君之所知也。夫晉、何厭之有。既東封鄭、又欲肆其西封。不闕秦、將焉取之。闕秦以利晉、惟君圖之」。秦伯説、與鄭人盟、使杞子・逢孫・楊孫戍之、乃還。子犯請擊之。公曰「不可。微夫人之力不及此。<u>因人之力而敝之、不仁。失其所與、不知。以亂易整、不武。吾其還也</u>」。亦去之。初、鄭公子蘭出奔晉、從於晉侯伐鄭、請無與圍鄭。許之、使待命于東。鄭石甲父・侯宣多逆以爲大子、以求成于晉、晉人許之。

《627 左傳僖公三三－七》
【出門如賓承事如祭仁之則也】【説話】狄伐晉、及箕。八月戊子、晉侯敗狄于箕。郤缺獲白狄子。先軫曰「匹夫逞志於君、而無討、敢不自討乎」。免冑入狄師、死焉。狄人歸其元、面如生。初、臼季使、過冀、見冀缺耨、其妻饁之、敬、相待如賓。與之歸、言諸文公曰「<u>敬、德之聚也。能敬必有德。德以治民、君請用之。臣聞之、出門如賓、承事如祭、仁之則也</u>」。公曰「其父有罪、可乎」。對曰「舜之罪也殛鯀、其舉也興禹。管敬仲、桓之賊也、實相以濟。《康誥》曰、『父不慈、子不祇、兄不友、弟不共、不相及也』。《詩》曰、『采葑采菲、無以下體』。君取節焉可也」。文公以爲下軍大夫。反自箕、襄公以三命命先且居將中軍、以再命命先茅之縣賞胥臣、曰「舉郤缺、子之功也」。以一命命郤缺爲卿、復與之冀、亦未有軍行。

《625 左傳文公二－六》
【不仁者三不知者三】【經文引用】秋、八月丁卯、大事於大廟、躋僖公。【經解】逆祀也。【説話】於是夏父弗忌爲宗伯、尊僖公、且明見曰「<u>吾見新鬼大、故鬼小。先大後小、順也。躋聖賢、明也。明・順、禮也</u>。【君子】《會話の一部》君子以爲失禮【君子】ここまで》。<u>禮無不順。祀、國之大事也、而逆之、可謂禮乎</u>。子雖齊聖、不先父食久矣。故禹不先鯀、湯不先契、文・武不先不窋。宋祖帝乙、鄭祖厲王、猶上祖也。是以魯頌曰『春秋匪解、享祀不忒、皇皇后帝、皇祖后稷』。【君子曰】《會話の一部》君子曰『禮』【君子曰】ここまで》。謂其后稷親而先帝也。《詩》曰『問我諸姑、遂及伯姊』。【君子曰】《會話の一部》君子曰『禮』【君子曰】ここまで》。謂其姊親而先姑也」。仲尼曰「<u>臧文仲其不仁者三、不知者三。下展禽、廢六關、妾織蒲、三不仁也。作虚器、縱逆祀、祀爰居、三不知也</u>」。

《605 左傳宣公四－三》
【仁而不武無能達也】【説話】楚人獻黿於鄭靈公。公子宋與子家將見。子公之食指動、以示子家、曰「他日我如此、必嘗異味」。及入、宰夫將解黿、相視而笑。公問之、子家以告。及食大夫黿、召子公而弗與也。子公怒、染指於鼎、嘗之而出。公怒、欲殺子公。子公與子家謀先。子家曰「畜老、猶憚殺之、而況君乎」。反譖子家。子家懼而從之。【經文換言・説話】夏、弑靈公。【經文引用】書曰「鄭公子歸生弑其君夷」。【經解】權不足也。【君子曰】君子曰「<u>仁而不武、無能達也</u>」。【凡例】凡弑君、稱君、君無道也。稱臣、臣之罪也。【説話】鄭人立子良。辭曰「以賢、則去疾不足。以順、則公子堅長」。乃立襄公。襄公將去穆氏、而舍子良。子良不可、曰「穆氏宜存、則固願也。若將亡之、則亦皆亡、去疾何爲」。乃舍之、皆爲大夫。

《597 左傳宣公一二－三》
【德刑・叛而伐之服而舍之德刑成矣・舉不失德・德立刑行・由我失霸不如死・先穀剛愎不仁未肯用命・折馘・執俘而還・不穀不德而貪・我求懿德肆于時《夏》・武有七德】【説話】夏、六月、晉師救鄭。荀林父將中軍、先縠佐之。士會將上軍、郤克佐之。趙朔將下軍、欒書佐之。趙括・趙嬰齊爲中軍大夫、鞏朔・韓穿爲上軍大夫、荀首・趙同爲下軍大夫。韓厥爲司馬。及河、聞鄭既及楚平、桓子欲還、曰「無及於鄭而勦民、焉用之。楚歸而動、不後」。隨武子曰「善、會聞用師、觀釁而動。<u>德刑・政事・典禮、不易、不可敵也、不爲是征</u>。楚君討鄭、怒其貳而哀其卑。<u>叛而伐之、服而舍之、德刑成矣</u>。伐叛、刑也。柔服、德也。二者立矣。昔歲入陳、今茲入鄭、民不罷勞、君無怨讟、政有經矣。荊尸而舉、商農工賈、不敗其業、而卒乘輯睦、事不奸矣。蔿敖爲宰、擇楚國之令典。軍行、右轅、左追蓐、前茅慮無、中權後勁。百官象物而動、軍政不戒而備、能用典矣。「<u>其君之舉也、内姓選於親、外姓選於舊、舉不失德、賞不失勞。老有加</u>

第二章　先秦史料と通して知る「仁」とその原義

惠、旅有施舍、君子小人、物有服章、貴有常尊、賤有等威、禮不逆矣。德立刑行、政成事時、典從禮順、若之何敵之。見可而進、知難而退、軍之善政也。兼弱攻昧、武之善經也。子姑整軍而經武乎。猶有弱而昧者、何必楚。仲虺有言曰、『取亂侮亡』、兼弱也。《汋》曰、『於鑠王師。遵養時晦』、耆昧也。《武》曰、『無競惟烈』。撫弱耆昧、以務烈所、可也」。彘子曰「不可。晉所以霸、師武・臣力也。今失諸侯、不可謂力。有敵而不從、不可謂武。由我失霸、不如死。且成師以出、聞敵強而退、非夫也。命爲軍帥、而卒以非夫、唯羣子能、我弗爲也」。以中軍佐濟。知莊子曰「此師殆哉。《周易》有之、在師䷆之臨䷒、曰、『師出以律、否臧、凶』。執事順成爲臧、逆爲否。衆散爲弱、川壅爲澤。有律以如己也、故曰律。否臧、且律竭也。盈而以竭、夭且不整、所以凶也。不行之謂臨、有帥而不從、臨孰甚焉。此之謂矣。果遇、必敗、彘子尸之、雖免而歸、必有大咎」。韓獻子謂桓子曰「彘子以偏師陷、子罪大矣。子爲元帥、師不用命、誰之罪也。失屬亡師、爲罪已重、不如進也。事之不捷、惡有所分。與其專罪、六人同之、不猶愈乎」。師遂濟。楚子北、師次於郔。沈尹將中軍、子重將左、子反將右、將飲馬於河而歸。聞晉師既濟、王欲還、嬖人伍參欲戰。令尹孫叔敖弗欲、曰「昔歲入陳、今茲入鄭、不無事矣。戰而不捷、參之肉其足食乎」。參曰「若事之捷、孫叔爲無謀矣。不捷、參之肉將在晉軍、可得食乎」。令尹南轅・反旆、伍參言於王曰「晉之從政者新、未能行令。其佐先縠剛愎不仁、未肯用命。其三帥者、專行不獲。聽而無上、衆誰適從。此行也、晉師必敗。且君而逃臣、若社稷何」。王病之、告令尹改乘轅而北之、次于管以待之。晉師在敖・鄗之間。鄭皇戌使如晉師、曰「鄭之從楚、社稷之故也、未有貳心。楚師驟勝而驕、其師老矣、而不設備。子擊之、鄭師爲承、楚師必敗」。彘子曰「敗楚服鄭、於此在矣。必許之」。欒武子曰「楚自克庸以來、其君無日不討國人而訓之于民生之不易・禍至之無日・戒懼之不可以怠。在軍、無日不討軍實而申儆之于勝之不可保・紂之百克而卒無後、訓之以若敖・蚡冒篳路藍縷以啓山林。箴之曰、『民生在勤、勤則不匱』。不可謂驕。先大夫子犯有言曰、『師直爲壯、曲爲老』。我則不德、而徼怨于楚。我曲楚直、不可謂老。其君之戎分爲二廣、廣有一卒、卒偏之兩。右廣初駕、數及日中、左則受之、以至于昏。內官序當其夜、以待不虞。不可謂無備。子良、鄭之良也。師叔、楚之崇也。師叔入盟、子良在楚、楚・鄭親矣。來勸我戰、我克則來、不克遂往、以我卜也。鄭不可從」。趙括・趙同曰「率師以來、唯敵是求。克敵・得屬、又何俟。必從彘子」。知季曰「原・屏、咎之徒也」。趙莊子曰「欒伯善哉。實其言、必長晉國」。楚少宰如晉師、曰「寡君少遭閔凶、不能文。聞二先君之出入此行也、將鄭是訓定、豈敢求罪于晉。二三子無淹久」。隨季對曰「昔平王命我先君文侯曰、『與鄭夾輔周室、毋廢王命』。今鄭不率、寡君使羣臣問諸鄭、豈敢辱候人。敢拜君命之辱」。彘子以爲諂、使趙括從而更之曰「行人失辭。寡君使羣臣遷大國之迹於鄭、曰、『無辟敵』。群臣無所逃命」。楚子又使求成于晉、晉人許之、盟有日矣。楚許伯御樂伯、攝叔爲右、以致晉師。許伯曰「吾聞致師者、御靡旌摩壘而還」。樂伯曰「吾聞致師者、左射以菆、代御執轡、御下、兩馬・掉鞅而還」。攝叔曰「吾聞致師者、右入壘、折馘・執俘而還」。皆行其所聞而復。晉人逐之、左右角之。樂伯左射馬、而右射人、角不能進。矢一而已。麋興於前、射麋麗龜。晉鮑癸當其後、使攝叔奉麋獻焉、曰「以歲之非時、獻禽之未至、敢膳諸從者」。鮑癸止之、曰「其左善射、其右有辭、君子也」。既免。晉魏錡求公族未得、而怒、欲敗晉師。請致師、弗許。請使、許之。遂往、請戰而還。楚潘黨逐之、及熒澤、見六麋、射一麋以顧獻、曰「子有軍事、獸人無乃不給於鮮。敢獻於從者」。叔黨命去之。趙旃求卿未得、且怒於失楚之致師者、請挑戰、弗許。請召盟、許之、與魏錡皆命而往。郤獻子曰「二憾往矣、弗備、必敗」。彘子曰「鄭人勸戰、弗敢從也。楚人求成、弗能好也。師無成命、多備何爲」。士季曰「備之善。若二子怒楚、楚人乘我、喪師無日矣、不如備之。楚之無惡、除備而盟、何損於好。若以惡來、有備不敗。且雖諸侯相見、軍衛不徹、警也」。彘子不可。士季使鞏朔・韓穿帥七覆于敖前、故上軍不敗。趙嬰齊使其徒先具舟于河、故敗而先濟。潘黨既逐魏、趙旃夜至於楚軍、席於軍門之外、使其徒入之。楚子爲乘廣三十乘、分爲左右。右廣雞鳴而駕、日中而說。左則受之、日入而說。許偃御右廣、養由基爲右。彭名御左廣、屈蕩爲右。乙卯、王乘左廣以逐趙旃。趙旃棄車而走林、屈蕩搏之、得其甲裳。晉人懼二子之怒楚師也、使軍逆之。潘黨望其塵、使騁而告曰「晉師至矣」。楚人亦懼王之入晉軍也、遂出陳。孫叔曰「進之。寧我薄人、無人薄我。《詩》云、『元戎十乘、以先啓行』、先人也。軍志曰、『先人有奪人之心』、薄之也」。遂疾進師、車馳・卒奔、乘晉軍。桓子不知所爲、鼓於軍中曰「先濟者有賞」。中軍・下軍爭舟、舟中之指可掬也。晉師右移、上軍未動。工尹齊將右拒卒以逐下軍。楚子使唐狡與蔡鳩居告唐惠侯曰「不穀不德而貪、以遇大敵、不穀之罪也。然楚不克、君之羞也。敢藉君靈、以濟楚師」。使潘黨率游闕四十乘、從唐侯以爲左拒、以從上軍。駒伯曰「待諸乎」。隨季曰「楚師方壯、若萃於

358

資料Ⅵ 『春秋』三傳の「仁」―附:『尚書』と『毛詩』の「仁」等

我、吾師必盡、不如收而去之。分謗・生民、不亦可乎」。殿其卒而退、不敗。王見右廣、將從之乘。屈蕩戶之、曰「君以此始、亦必以終」。自是楚之乘廣先左。晉人或以廣隊不能進、楚人惎之脫扃。少進、馬還、又惎之拔旆投衡、乃出。顧曰「吾不如大國之數奔也」。趙旃以其良馬二濟其兄與叔父、以他馬反。遇敵不能去、棄車而走林。逢大夫與其二子乘、謂其二子無顧。顧曰「趙傁在後」。怒之、使下、指木曰「尸女於是」。授趙旃綏、以免。明日、以表尸之、皆重獲在木下。楚熊負羈囚知罃、知莊子以其族反之、廚武子御、下軍之士多從之。每射、抽矢、、納諸廚子之房。廚子怒曰「非子之求、而蒲之愛、董澤之蒲、可勝既乎」。知季曰「不以人子、吾子其可得乎。吾不可以苟射故也」。射連尹襄老、獲之、遂載其尸。射公子穀臣、囚之。以二者還。及昏、楚師軍於邲。晉之餘師不能軍、宵濟、亦終夜有聲。丙辰、楚重至於邲、遂次于衡雍。潘黨曰「君盍築武軍而收晉尸以爲京觀。臣聞克敵必示子孫、以無忘武功」。楚子曰「非爾所知也。夫文、止戈爲武。武王克商、作頌曰、『載戢干戈、載櫜弓矢。我求懿德、肆于時《夏》、允王保之』。又作《武》、其卒章曰、『耆定爾功』。其三曰、『鋪時繹思、我徂維求定』。其六曰、『綏萬邦、屢豐年』。夫武、禁暴・戢兵・保大・定功・安民・和衆・豐財者也、故使子孫無忘其章。今我使二國暴骨、暴矣。觀兵以威諸侯、兵不戢矣。暴而不戢、安能保大。猶有晉在、焉得定功。所違民欲猶多、民何安焉。無德而強爭諸侯、何以和衆。利人之幾、而安人之亂、以爲己榮、何以豐財。武有七德、我無一焉、何以示子孫。其爲先君宮、告成事而已、武非吾功也。古者明王伐不敬、取其鯨鯢而封之、以爲大戮、於是乎有京觀以懲淫慝。今罪無所、而民皆盡忠以死君命、又可以爲京觀乎」。祀于河、作先君宮、告成事而還。是役也、鄭石制實入楚師、將以分鄭、而立公子魚臣。辛未、鄭殺僕叔及子服。【君子曰】君子曰「史佚所謂『毋怙亂』者、謂是類也。《詩》曰、『亂離瘼矣、爰其適歸』、歸於怙亂者也夫」。

《586 左傳成公五－Ａ》
【不識也・神福仁而禍淫】【説話】五年、春、原・屏放諸齊。嬰曰「我在、故欒氏不作。我亡、吾二昆其憂哉。且人各有能・有不能、舍我、何害」。弗聽。嬰夢天使謂己、「祭餘、余福女。使問諸士貞伯。貞伯曰「不識也。既而告其人曰「神福仁而禍淫。淫而無罰、福也。祭、其得亡乎」。祭之、之明日而亡。

《582 左傳成公九－Ｂ》
【不背本仁也・仁・信・忠・敏】【説話】晉侯觀于軍府、見鍾儀。問之曰「南冠而縶者、誰也」。有司對曰「鄭人所獻楚囚也」。使稅之。召而吊之。再拜稽首。問其族。對曰「泠人也」。公曰「能樂乎」。對曰「先人之職官也、敢有二事」。使與之琴、操南音。公曰「君王何如」。對曰「非小人之所得知也」。固問之。對曰「其爲大子也、師・保奉之、以朝于嬰齊而夕于側也。不知其他」。公語范文子。文子曰「楚囚、君子也。言稱先職、不背本也。樂操土風、不忘舊也。稱大子、抑無私也。名其二卿、尊君也。不背本、仁也。不忘舊、信也。無私、忠也。尊君、敏也。仁以接事、信以守之、忠以成之、敏以行之、事雖大、必濟。君盍歸之、使合晉・楚之成」。公從之、重爲之禮、使歸求成。

《566 左傳襄公七－Ａ》
【豢和爲仁】【説話】冬、十月、晉韓獻子告老、公族穆子有廢疾、將立之。辭曰「《詩》曰、『豈不夙夜。謂行多露』。又曰、『弗躬弗親、庶民弗信』。無忌不才、讓其可乎。請立起也。與田蘇游、而曰『好仁』。《詩》曰、『靖共爾位、好是正直、神之聽之、介爾景福』。恤民爲德、正直爲正、正曲爲直、參和爲仁。如是則神聽之、介福降之。立之、不亦可乎」。庚戌、使宣子朝、遂老、晉侯謂韓無忌仁、使掌公族大夫。

《564 左傳襄公九－三》
【固在下位而有不仁不可謂元】【經文換言・説話】穆姜薨於東宮。【説話】始往而筮之、遇艮之八䷳。史曰「是謂艮之隨䷐。隨、其出也。君必速出」。姜曰「亡。是於《周易》曰、『隨、元・亨・利・貞、無咎』。元、體之長也、亨、嘉之會也、利、義之和也、貞、事之幹也、體仁足以長人、嘉德足以合禮、利物足以和義、貞固足以幹事、然、故不可誣也、是以雖隨無咎、今我婦人而與於亂、固在下位而有不仁、不可謂元、不靖國家、不可謂亨、作而害身、不可謂利、棄位而姣、不可謂貞、有四德者、隨而無咎。我皆無之、豈隨也哉。我則取惡、能無咎乎。必死於此、弗得出矣」。

《562 左傳襄公一一－八・一〇》
【夫樂以安德義以處之禮以行之信以守之仁以厲之・有金石之樂禮也】【經文換言・説話】九月、諸侯悉師以復伐鄭。【説話】鄭人使良霄・大宰石㚟如楚、告將服于晉、曰「孤以社稷之故、不能懷君。君若能以玉帛綏晉、不然、則武震以攝威之、孤之願也」。楚人執之。【經文引用】書曰「行人」。【經解】言使人也。【説話】

第二章　先秦史料と通して知る「仁」とその原義

諸侯之師觀兵于鄭東門。鄭人使王子伯騈行成。甲戌、晉趙武入盟鄭伯。冬、十月丁亥、鄭子展出盟晉侯。十二月戊寅、會于蕭魚。庚辰、赦鄭囚、皆禮而歸之。納斥候。禁侵掠。晉侯使叔肸告于諸侯。公使臧孫紇對曰「凡我同盟、小國有罪、大國致討、苟有以藉手、鮮不赦宥、寡君聞命矣」。鄭人賂晉侯以師悝・師觸・師蠲。廣車・軘車淳十五乘、甲兵備、凡兵車百乘。歌鐘二肆、及其鎛・磬。女樂二八。晉侯以樂之半賜魏絳、曰「子教寡人和諸戎狄以正諸華、八年之中、九合諸侯、如樂之和、無所不諧、請與子樂之」。辭曰「夫和戎狄、國之福也。八年之中、九合諸侯、諸侯無慝、君之靈也、二三子之勞也、臣何力之有焉。抑臣願君安其樂而思其終也。《詩》曰、『樂旨君子、殿天子之邦。樂旨君子、福祿攸同。便蕃左右、亦是帥從』。夫樂以安德、義以處之、禮以行之、信以守之、仁以厲之、而後可以殿邦國・同福祿・來遠人、所謂樂也。書曰、『居安思危』。思則有備、有備無患。敢以此規」。公曰「子之教、敢不承命。抑微子、寡人無以待戎、不能濟河。夫賞、國之典也、藏在盟府、不可廢也。子其受之」。魏絳於是乎始有金石之樂、【說解】禮也。
《552 左傳襄公二一－四》
【不仁人】【說話】欒桓子娶於范宣子、生懷子。范鞅以其亡也、怨欒氏、故與欒盈爲公族大夫而不相能。桓子卒、欒祁與其老州賓通、幾亡室矣。懷子患之。祁懼其討也、愬諸宣子曰「盈將爲亂、以范氏爲死桓主而專政矣、曰、『吾父逐鞅也、不怒而以寵報之、又與吾同官而專之。吾父死之益富。死吾而專於國、有死而已、吾蔑從之矣』。其謀如是、懼害於主、吾不敢不言」。范鞅爲之徵。懷子好施、士多歸之。宣子畏其多士也、信之。懷子爲下卿、宣子使城著而遂逐之。【經文引用】秋、欒盈出奔楚。【說話】宣子殺箕遺・黃淵・嘉父・司空靖・邴豫・董叔・邴師・申書・羊舌虎・叔羆、囚伯華・叔向・籍偃。人謂叔向曰「子離於罪、其爲不知乎」。叔向曰「與其死亡若何。《詩》曰、『優哉游哉、聊以卒歲』、知也」。樂王鮒見叔向、曰「吾爲子請」。叔向弗應。出、不拜。其人皆咎叔向。叔向曰「必祁大夫」。室老聞之、曰「樂王鮒言於君、無不行、求赦吾子、吾子不許。祁大夫所不能也、而曰必由之、何也」。叔向曰「樂王鮒、從君者也、何能行。祁大夫外舉不棄讎、內舉不失親、其獨遺我乎。《詩》曰、『有覺德行、四國順之』。夫子覺者也」。晉侯問叔向之罪於樂王鮒。對曰「不棄其親、其有焉」。於是祁奚老矣、聞之、乘馹而見宣子、曰「《詩》曰、『惠我無疆、子孫保之』。書曰、『聖有謨勳、明徵定保』。夫謀而鮮過・惠訓不倦者、叔向有焉、社稷之固也、猶將十世宥之、以勸能者。今壹不免其身、以棄社稷、不亦惑乎。鯀殛而禹興。伊尹放大甲而相之、卒無怨色。管・蔡爲戮、周公右王。若之何其以虎也棄社稷。子爲善、誰敢不勉。多殺何爲」。宣子說、與之乘、以言諸公而免之。不見叔向而歸、叔向亦不告免焉而朝。初、叔向之母妬虎之母美而不使、其子皆諫其母。其母曰「深山大澤、實生龍蛇。彼美、余懼其生龍蛇以禍女。女敝族也。國多大寵、不仁人間之、不亦難乎。余何愛焉」。使往視寢、生叔虎、美而有勇力、欒懷子嬖之、故羊舌氏之族及於難。欒盈過於周、周西鄙掠之。辭於行人曰「天子陪臣盈得罪於王之守臣、將逃罪。罪重於郊甸、無所伏竄、敢布其死、昔陪臣書能輸力於王室、王施惠焉。其子屬不能保任其父之勞。大君若不棄書之力、亡臣猶有所逃。若棄書之力、而思屬之罪、臣戮餘也、將歸死於尉氏、不敢還矣。敢布四體、唯大君命焉」。王曰「尤而效之、其又甚焉」。使司徒禁掠欒氏者、歸所取焉、使候出諸轘轅。
《548 左傳襄公二五－Ｅ》
【見不仁者・今吾見其心矣】【說話】晉程鄭卒、子產始知然明、問爲政焉。對曰「視民如子。見不仁者、誅之如鷹鸇之逐鳥雀也」。子產喜、以語子大叔、且曰「他日、吾見蔑之面而已、今吾見其心矣」。子大叔問政於子產。子產曰「政如農功、日夜思之、思其始而成其終、朝夕而行之。行無越思、如農之有畔、其過鮮矣」。
《542 左傳襄公三一－Ｈ》
【仲尼聞是語・若果行此其鄭國實賴之・不仁・子產に吾子】【說話】鄭人游于鄉校、以論執政。然明謂子產曰「毀鄉校何如」。子產曰「何爲。夫人朝夕退而游焉、以議執政之善否。其所善者、吾則行之。其所惡者、吾則改之、是吾師也。若之何毀之。我聞忠善以損怨、不聞作威以防怨。豈不遽止。然猶防川。大決所犯、傷人必多、吾不克救也。不如小決使道、不如吾聞而藥之也」。然明曰「蔑也今而後知吾子之信可事也。小人實不才、若果行此、其鄭國實賴之、豈唯二三臣」。仲尼聞是語也、曰「以是觀之、人謂子產不仁、吾不信也」。
《541 左傳昭公一－二》
【[趙]武有仁人之心】【說話】元年、春、楚公子圍聘于鄭、且娶於公孫段氏。伍舉爲介。將入館、鄭人惡

之、使行人子羽與之言、乃館於外。既聘、將以衆逆。子産患之、使子羽辭曰「以敝邑褊小、不足以容從者、請墠聽命」。令尹命大宰伯州犂對曰「君辱貺寡大夫圍、謂圍將使豐氏撫有而室。圍布几筵、告於莊・共之廟而來。若野賜之、是委君貺於草莽也、是寡大夫不得列於諸卿也。不寧唯是、又使圍蒙其先君、將不得爲寡君老、其蔑以復矣。唯大夫圖之」。子羽曰「小國無罪、恃實其罪。將恃大國之安靖己、而無乃包藏禍心以圖之。小國失恃、而懲諸侯、使莫不憾者、距違君命、而有所壅塞不行是懼。不然、敝邑、館人之屬也、其敢愛豐氏之祧」。伍舉知其有備也、請垂橐而入。許之。正月、乙未、入、逆而出。遂【經文引用】會於虢。【經解】尋宋之盟也。【説話】祁午謂趙文子曰「宋之盟、楚人得志於晉。今令尹之不信、諸侯之所聞也。子弗戒、懼又如宋。子木之信稱於諸侯、猶詐晉而駕焉、況不信之尤者乎。楚重得志於晉、晉之恥也。<u>子相晉國、以爲盟主、於今七年矣。再合諸侯、三合大夫、服齊・狄、寧東夏、平秦亂</u>、城淳于、師徒不頓、國家不罷、民無謗讟、諸侯無怨、天無大災、子之力也。有令名矣、而終之以恥、午也是懼、吾子其不可以不戒」。文子曰「武受賜矣。然宋之盟、<u>子木有禍人之心、武有仁人之心</u>、是楚所以駕於晉也。今武猶是心也、楚又行僭、非所害也。<u>武將信以爲本、循而行之</u>。譬如農夫、是穮是蔉。雖有饑饉、必有豐年。且吾聞之、能信不爲人下、吾未能也。《詩》曰、<u>『不僭不賊、鮮不爲則』</u>、信也。能爲人則者、不爲人下矣。吾不能是難、楚不爲患」。楚令尹圍請用牲讀舊書加于牲上而已、晉人許之。三月甲辰、盟。楚公子圍設服離衞。叔孫穆子曰「楚公子美矣、君哉」。鄭子皮曰「二執戈者前矣」。蔡子家曰「蒲宮有前、不亦可乎」。楚伯州犂曰「此行也、辭而假之寡君」。鄭行人揮曰「假不反矣」。伯州犂曰「子姑憂子皙之欲背誕也」。子羽曰「當璧猶在、假而不反、子其無憂乎」。齊國子曰「吾代二子愍矣」。陳公子招曰「不憂何成。二子樂矣」。衞齊子曰「苟或知之、雖憂何害」。踞宋合左師曰「<u>大國令、小國共、吾知共而已</u>」。晉樂王鮒曰「《小旻》之卒章善矣、吾從之」。退會、子羽謂子皮曰「叔孫絞而婉、宋左師簡而禮、樂王鮒字而敬、子與子家持之、皆保世之主也。齊・衞・陳大夫其不免乎。國子代人憂、子招樂憂、齊子雖憂弗害、夫弗及而憂、與可憂而樂、與憂而弗害、皆取憂之道也、憂必及之。《大誓》曰、『民之所欲、天必從之』。三大夫兆憂、憂能無至乎。言以知物、其是之謂矣」。

《539 左傳昭公三－Ｃ》
【仁人之言其利博哉・君子不犯非禮】【説話】初、景公欲更晏子之宅、曰「子之宅近市、湫隘囂塵、不可以居、請更諸爽塏者」。辭曰「君之先臣容焉、臣不足以嗣之、於臣侈矣。且小人近市、朝夕得所求、小人之利也、敢煩里旅」。公笑曰「子近市、識貴賤乎」。對曰「既利之、敢不識乎」。公曰「何貴。何賤」。於是景公繁於刑、有鬻踊者、故對曰「踊貴、屨賤」。既已告於君、故與叔向語而稱之。景公爲是省於刑。【君子曰】君子曰「<u>仁人之言、其利博哉。晏子一言、而齊侯省刑</u>。《詩》曰、『君子如祉、亂庶遄已』、其是之謂乎」。【説話】及晏子如晉、公更其宅。反、則成矣。既拜、乃毀之、而爲里室、皆如其舊、則使宅人反之、曰、「諺曰、『非宅是卜、唯鄰是卜』。二三子先卜鄰矣。<u>違卜不祥。君子不犯非禮、小人不犯不祥、古之制也</u>。吾敢違諸乎」。卒復其舊宅、公弗許。因陳桓子以請、乃許之。

《536 左傳昭公六－Ａ》
【奉之以仁・儀式刑文王之德・儀刑文王】【説話】三月、鄭人鑄刑書。叔向使詒子産書、曰「始吾有虞於子、今則已矣。昔先王議事以制、不爲刑辟、懼民之有爭心也。<u>猶不可禁禦、是故閑之以義、糾之以政、行之以禮、守之以信、奉之以仁</u>、制爲祿位、以勸其從。嚴斷刑罰、以威其淫。懼其未也、故誨之以忠、聳之以行、教之以務、使之以和、臨之以敬、涖之以彊、斷之以剛。猶求聖哲之上・明察之官・忠信之長・慈惠之師、民於是乎可任使也、而不生禍亂。民知有辟、則不忌於上。並有爭心、以徵於書、而徼幸以成之、弗可爲矣。夏有亂政、而作禹刑。商有亂政、而作湯刑。周有亂政、而作九刑。三辟之興、皆叔世也。今吾子相鄭國、作封洫、立謗政、制參辟、鑄刑書、將以靖民、不亦難乎。《詩》曰、<u>『儀式刑文王之德、日靖四方』</u>。又曰、<u>『儀刑文王、萬邦作孚』</u>。如是、何辟之有。民知爭端矣、將棄禮而徵於書、錐刀之末、將盡爭之。亂獄滋豐、賄賂並行。終子之世、鄭其敗乎。肸聞之、<u>『國將亡、必多制』</u>、其此之謂乎」。復書曰「若<u>吾子</u>之言。僑不才、不能及子孫、吾以救世也。既不承命、敢忘大惠」。士文伯曰「火見、鄭其火乎。火未出、而作火以鑄刑器、藏爭辟焉。火如象之、不火何爲」。

《530 左傳昭公一二－九》
【克己復禮仁也】【説話】楚子狩于州來、次于潁尾、使蕩侯・潘子・司馬督・囂尹午・陵尹喜帥師圍徐以懼吳。楚子次于乾谿、以爲之援。雨雪、王皮冠、秦復陶、翠被豹舄、執鞭以出。僕析父從。右尹子革夕、王見之、

第二章　先秦史料と通して知る「仁」とその原義

去冠・被、舍鞭、與之語曰「昔我先王熊繹與呂伋・王孫牟・燮父・禽父並事康王、四國皆有分、我獨無有。今吾使人於周、求鼎以爲分、王其與我乎」。對曰「與君王哉。昔我先王熊繹辟在荊山、篳路藍縷以處草莽、跋涉山林以事天子、唯是桃弧棘矢以共禦王事。齊、王舅也。晉及魯・衞、王母弟也。楚是以無分、而彼皆有。今周與四國服事君王、將唯命是從、豈其愛鼎」。王曰「昔我皇祖伯父昆吾、舊許是宅。今鄭人貪賴其田、而不我與。我若求之、其與我乎」。對曰「與君王哉。周不愛鼎、鄭敢愛田」。王曰「昔諸侯遠我而畏晉、今我大城陳・蔡・不羹、賦皆千乘、子與有勞焉、諸侯其畏我乎」。對曰「畏君王哉。是四國者、專足畏也。又加之以楚、敢不畏君王哉」。工尹路請曰「君王命剝圭以爲鏚柲、敢請命」。王入視之。析父謂子革、「吾子、楚國之望也。今與王言如響、國其若之何」。子革曰「摩厲以須、王出、吾刃將斬矣」。王出、復語。左史倚相趨過、王曰「是良史也、子善視之。是能讀三墳・五典・八索・九丘」。對曰「臣嘗問焉、昔穆王欲肆其心、周行天下、將皆必有車轍馬跡焉。祭公謀父作《祈招》之詩以止王心、王是以獲沒於祇宮。臣問其詩而不知也。若問遠焉、其焉能知之」。王曰「子能乎」。對曰「能。其詩曰、『祈招之愔愔、式昭德音。思我王度、式如玉、式如金。形民之力、而無醉飽之心』」。王揖而入、饋不食、寢不寐、數日、不能自克、以及於難。仲尼曰「古也有志、『克己復禮、仁也』。信善哉。楚靈王若能如是、豈其辱於乾谿」。

《522 左傳昭公二〇-B》
【彼仁必來・度功而行仁也・孝・仁・知・勇】【説話】費無極言於楚子曰「建與伍奢將以方城之外叛、自以爲猶宋・鄭也、齊・晉又交輔之、將以害楚、其事集矣」。王信之、問伍奢。伍奢對曰「君一過多矣、何信於讒」。王執伍奢、使城父司馬奮揚殺大子。未至、而使遣之。三月、大子建奔宋。王召奮揚、奮揚使城父人執己以至。王曰「言出於余口、入於爾耳、誰告建也」。對曰「臣告之。君王命臣曰、『事建如事余』。臣不佞、不能苟貳。奉初以還、不忍後命、故遣之。既而悔之、亦無及已」。王曰「而敢來、何也」。對曰「使而失命、召而不來、是再奸也。逃無所入」。王曰「歸、從政如他日」。無極曰「奢之子材、若在吳、必憂楚國、盍以免其父召之。彼仁、必來。不然、將爲患」。王使召之曰「來、吾免而父」。棠君尚謂其弟員曰「爾適吳、我將歸死。吾知不逮、我能死、爾能報。聞免父之命、不可以莫之奔也。親戚爲戮、不可以莫之報也。奔死免父、孝也。度功而行、仁也。擇任而往、知也。知死不辟、勇也。父不可棄、名不可廢、爾其勉之。相從爲愈」。伍尚歸。奢聞員不來、曰「楚君・大夫其旰食乎」。楚人皆殺之。員如吳、言伐楚之利於州于。公子光曰「是宗爲戮、而欲反其讎、不可從也」。員曰「彼將有他志、余姑爲之求士、而鄙以待之」。乃見鱄設諸焉、而耕於鄙。

《515 左傳昭公二七-B》
【進胙者莫不謗令尹・仁者殺人以掩謗猶弗爲也】【説話】楚郤宛之難、國言未已、進胙者莫不謗令尹。沈尹戌言於子常曰「夫左尹與中廐尹、莫知其罪、而子殺之、以興謗讟、至于今不已。戌也惑之、仁者殺人以掩謗、猶弗爲也。今吾子殺人以興謗、而弗圖、不亦異乎。夫無極、楚之讒人也、民莫不知。去朝吳、出蔡侯朱、喪大子建、殺連尹奢、屏王之耳目、使不聰明。不然、平王之溫惠共儉、有過成・莊、無不及焉。所以不獲諸侯、邇無極也。今又殺三不辜、以興大謗、幾及子矣。子而不圖、將焉用之。夫鄢將師矯子之命、以滅三族。三族國之良也、而不愬位。吳新有君、疆場日駭。楚國若有大事、子其危哉。知者除讒以自安也、今子愛讒以自危也、甚矣、其惑也」。子常曰「是瓦之罪、敢不良圖」。九月己未、子常殺費無極與鄢將師、盡滅其族、以說于國。謗言乃止。

《506 左傳定公四-一四》
【不仁其臣莫有死志】【説話】伍員爲吳行人以謀楚。楚之殺郤宛也、伯氏之族出。伯州犂之孫嚭爲吳大宰以謀楚。楚自昭王即位、無歲不有吳師、蔡侯因之、以其子乾與其大夫之子爲質於吳。冬、蔡侯・吳子・唐侯伐楚。舍舟于淮汭、自豫章與楚夾漢。左司馬戌謂子常曰「子沿漢而與之上下、我悉方城外以毀其舟、還塞大隧・直轅・冥阨。子濟漢而伐之、我自後擊之、必大敗之」。既謀而行。武城黑謂子常曰「吳用木也、我用革也、不可久也、不如速戰」。史皇謂子常、「楚人惡子而好司馬。若司馬毀吳舟于淮、塞城口而入、是獨克吳也。子必速戰。不然、不免」。乃濟漢而陳、自小別至于大別。三戰、子常知不可、欲奔。史皇曰「安、求其事。難而逃之、將何所入。子必死之、初罪必盡說」。十一月庚午、二師陳于柏擧。闔廬之弟夫概王晨請於闔廬曰「楚瓦不仁、其臣莫有死志。先伐之、其卒必奔。而後大師繼之、必克」。弗許。夫概王曰「所謂『臣義而行、不待命』者、其此之謂也。今日我死、楚可入也」。以其屬五千先擊子常之卒。子常之卒奔、楚師亂、吳師大敗之。子常奔鄭。史皇以其乘廣死。

資料Ⅵ 『春秋』三傳の「仁」―附:『尚書』と『毛詩』の「仁」等

《506 左傳定公四－一五》
【唯仁者能之・乘人之約非仁也・非孝・非知・夷德無厭】【説話】吳從楚師、及清發、將擊之。夫　王曰「困獸猶鬭、況人乎。若知不免而致死、必敗我。若使先濟者知免、後者慕之、蔑有鬭心矣。半濟而後可擊也」。從之、又敗之。楚人爲食、吳人及之、奔。食而從之、敗諸雍澨。五戰、及郢。己卯、楚子取其妹季芈畀我以出、涉睢。鍼尹固與王同舟、王使執燧象以奔吳師。【經文引用】庚辰、吳入郢。【説話】以班處宮。子山處令尹之宮、夫槩王欲攻之、懼而去之、夫槩王入之。左司馬戌及息而還、敗吳師于雍澨、傷。初、司馬臣闔廬、故恥爲禽焉、謂其臣曰「誰能免吾首」。吳句卑曰「臣賤、可乎」。司馬曰「我實失子、可哉」。三戰皆傷、曰「吾不可用也已」。句卑布裳、刭而裹之、藏其身、而以其首免。楚子涉睢、濟江、入于雲中。王寢、盜攻之、以戈擊王、王孫由于以背受之、中肩。王奔鄖、鍾建負季芈以從。由于徐蘇而從。鄖公辛之弟懷將弑王、曰「平王殺吾父、我殺其子、不亦可乎」。辛曰「君討臣、誰敢讎之。君命、天也。若死天命、將誰讎。《詩》曰、『柔亦不茹、剛亦不吐。不侮矜寡、不畏彊禦』、唯仁者能之。違彊陵弱、非勇也。乘人之約、非仁也。滅宗廢祀、非孝也。動無令名、非知也。必犯是、余將殺女」。鬭辛與其弟巢以王奔隨。吳人從之、謂隨人曰「周之子孫在漢川者、楚實盡之。天誘其衷、致罰於楚、而君又竄之、周室何罪。君若顧報周室、施及寡人、以獎天衷、君之惠也。漢陽之田、君實有之」。楚子在公宮之北、吳人在其南。子期似王、逃王、而己爲王、曰「以我與之、王必免」。隨人卜與之、不吉、乃辭吳曰「以隨之辟小、而密邇於楚、楚實存之。世有盟誓、至于今未改。若難而棄之、何以事君。執事之患不唯一人、若鳩楚竟、敢不聽命」。吳人乃退。鑢金初官於子期氏、實與隨人要言。王使見、辭、曰「不敢以約爲利」。王割子期之心以與隨人盟。初、伍員與申包胥友。其亡也、謂申包胥曰「我必復楚國」。申包胥曰「勉之。子能復之、我必能興之」。及昭王在隨、申包胥如秦乞師、曰「吳爲封豕・長蛇、以荐食上國、虐始於楚。寡君失守社稷、越在草莽、使下臣告急、曰、夷德無厭、若鄰於君、疆場之患也。逮吳之未定、君其取分焉。若楚之遂亡、君之土也。若以君靈撫之、世以事君」。秦伯使辭焉、曰「寡人聞命矣。子姑就館、將圖而告」。對曰「寡君越在草莽、未獲所伏、下臣何敢即安」。立、依於庭牆而哭、日夜不絕聲、勺飲不入口七日。秦哀公爲之賦《無衣》。九頓首而坐。秦師乃出。

《501 左傳定公九－三》
【親富不親仁】【説話】夏、陽虎歸寶玉・大弓。【經文引用】書曰「得」。【經解】器用也。【凡例】凡獲器用曰「得」、得用焉曰「獲」。【説話】六月、伐陽關。陽虎使焚萊門。師驚、犯之而出奔齊、請師以伐魯、曰「三加、必取之」。齊侯將許之。鮑文子諫曰「臣嘗爲隸於施氏矣、魯未可取也。上下猶和、衆庶猶睦、能事大國、而無天菑、若之何取之。陽虎欲勤齊師也、齊師罷、大臣必多死亡、已於是乎奮其詐謀。夫陽虎有寵於季氏、而將殺季孫以不利魯國、而求容焉。親富不親仁、君焉用之。君富於季氏、而大於魯國、茲陽虎所欲傾覆也。魯免其疾、而君又收之、無乃害乎」。齊侯執陽虎、將東之。陽虎願東、乃囚諸西鄙。盡借邑人之車、鍥其軸、麻約而歸之。載蔥靈、寢於其中而逃。追而得之、囚於齊。又以蔥靈逃、奔宋、遂奔晉、適趙氏。仲尼曰「趙氏其世有亂乎」。

《488 左傳哀公七－四》
【信と仁・大所以保小仁也・伐小國不仁・失二德者危】【説話】季康子欲伐邾、乃饗大夫以謀之。子服景伯曰「小所以事大、信也。大所以保小、仁也。背大國、不信。伐小國、不仁。民保於城、城保於德。失二德者、危、將焉保」。孟孫曰「二三子以爲何如。惡賢而逆之」。對曰「禹合諸侯於塗山、執玉帛者萬國。今其存者、無數十焉、唯大不字小・小不事大也。知必危、何故不言。魯德如邾、而以衆加之、可乎」。不樂而出。秋、伐邾、及范門、猶聞鐘聲。大夫諫、不聽。茅成子請告於吳、不許、曰「魯擊柝聞於邾。吳二千里、不三月不至、何及於我。且國內豈不足」。成子以茅叛。師遂【經文引用】入邾。【説話】處其公宮。衆師晝掠、邾衆保于繹。師宵掠、以邾子益來、獻于亳社、囚諸負瑕、負瑕故有繹。邾茅夷鴻以束帛乘韋自請救於吳、曰「魯弱晉而遠吳、馮恃其衆、而背君之盟、辟君之執事、以陵我小國。邾非敢自愛也、懼君威之不立。君威之不立、小國之憂也。若夏盟於鄫衍、秋而背之、成求而不違、四方諸侯何以事君。且魯賦八百乘、君之貳也。邾賦六百乘、君之私也。以私奉貳、唯君圖之」。吳子從之。

《479 左傳哀公一六－B》
【與不仁人爭明無不勝・附いていく者がいない】【説話】六月、衛侯飲孔悝酒於平陽、重酬之。大夫皆有納焉。醉而送之、夜半而遣之。載伯姬於平陽而行、及西門、使貳車反祏於西圃。子伯季子初爲孔氏臣、新登于

363

第二章　先秦史料と通して知る「仁」とその原義

公、請追之、遇載祐者、殺而乘其車。許公爲反祐、遇之、曰「與不仁人爭明、無不勝」。必使先射、射三發、皆遠許爲。許爲射之、殪。或以其車從、得祐於橐中。孔悝出奔宋。

《479 左傳哀公一六－Ｃ》
【周仁之謂信】【説話】楚大子建之遇讒也、自城父奔宋。又辟華氏之亂於鄭。鄭人甚善之。又適晉、與晉人謀襲鄭、乃求復焉。鄭人復之如初。晉人使諜於子木、請行而期焉。子木暴虐於其私邑、邑人訴之。鄭人省之、得晉諜焉、遂殺子木。其子曰勝、在吳、子西欲召之。葉公曰「吾聞勝也詐而亂、無乃害乎」。子西曰「吾聞勝也信而勇、不爲不利。舍諸邊竟、使衞藩焉」。葉公曰「周仁之謂信、率義之謂勇。吾聞勝也好復言、而求死士、殆有私乎。復言、非信也。期死、非勇也。子必悔之」。弗從、召之、使處吳竟、爲白公。請伐鄭、子西曰「楚未節也。不然、吾不忘也」。他日、又請、許之、未起師。晉人伐鄭、楚救之、與之盟。勝怒、曰「鄭人在此、讎不遠矣」。勝自厲、子期之子平見之、曰「王孫何自厲也。曰「勝以直聞、不告女、庸爲直乎。將以殺爾父」。平以告子西。子西曰「勝如卵、余翼而長之。楚國第、我死、令尹・司馬、非勝而誰」。勝聞之、曰「令尹之狂也。得死、乃非我」。子西不悛。勝謂石乞曰「王與二卿士、皆五百人當之、則可矣」。乞曰「不可得也」。曰「市南有熊宜僚者、若得、可以當五百人矣」。乃從白公而見之。與之言、説。告之故、辭。承之以劍、不動。勝曰「不爲利諂、不爲威惕、不洩人言以求媚者、去之」。吳人伐慎、白公敗之。請以戰備獻、許之、遂作亂。秋七月、殺子西・子期于朝、而劫惠王。子西以袂掩面而死。子期曰「昔者吾以力事君、不可以弗終」。抉豫章以殺人而後死。石乞曰「焚庫・弒王。不然、不濟」。白公曰「不可。弒王、不祥。焚庫、無聚、將何以守矣」。乞曰「有楚國而治其民、以敬事神、可以得祥、且有聚矣、何患」。弗從。葉公在蔡、方城之外皆曰「可以入矣」。子高曰「吾聞之、以險徼幸者、其求無饜、偏重必離」。聞其殺齊管脩也、而後入。白公欲子閭爲王、子閭不可、遂劫以兵。子閭曰「王孫若安靖楚國、匡正王室、而後庇焉、啓之願也、敢不聽從。若將專利以傾王室、不顧楚國、有死不能」。遂殺之、而以王如高府。石乞尹門。圉公陽穴宮、負王以如昭夫人之宮。葉公亦至、及北門、或遇之、曰「君胡不胄。國人望君如望慈父母焉、盜賊之矢若傷君、是絶民望也、若之何不胄」。乃胄而進。又遇一人曰「君胡胄。國人望君如望歲焉、日日以幾、若見君面、是得艾也。民知不死、其亦夫有奮心、猶將旌君以徇於國。而又掩面以絶民望、不亦甚乎」。乃免胄而進。遇箴尹固帥其屬、將與白公。子高曰「微二子者、楚不國矣。棄德從賊、其可保乎」。乃從葉公。使與國人以攻白公、白公奔山而縊。其徒微之。生拘石乞而問白公之死焉。對曰「余知其死所、而長者使余勿言」。曰「不言將亨」。乞曰「此事克則爲卿、不克則亨、固其所也、何害」。乃亨石乞。王孫燕奔頯黃氏。沈諸梁兼二事、國寧、乃使寧爲令尹、使寬爲司馬、而老於葉。

２：『公羊傳』の「仁」

《隱公元年》
公子益師卒……所見異辭、所聞異辭、所傳聞異辭。
　　注：夷狄進至於爵、天下遠近小大、若一用心尤深而詳、故崇仁義譏二名。
《隱公五年》
始僭諸公昉、於此乎前此矣、前此則曷爲始乎此、僭諸公猶可言也、僭天子不可言也。
　　注：傳云、爾者、解不託始也、前僭八佾於惠公廟、大惡不可言也、還從僭六佾議、本所當託者、非但六也、故不得復傳上也、加初者以爲常也、獻者下奉上之辭、不言六佾者、言佾則干舞在其中、明醒人無武事、獨奏文、樂羽者鴻羽也、所以象文德之風化疾也、夫樂本起於和順、和順積於中、然後英華發於外、是故八音者、德之華也、歌者德之言也、舞者德之容也、故聽其音、可以知其德察、其詩可以達其意論、其數可以正其容、薦之宗廟、足以享鬼神、用之朝廷、足以序羣臣、立之學官、足以協萬民、凡人之從上教也、皆始於音、音正則行正、故聞宮聲、則使人溫雅而廣大、聞商聲、則使人方正而好義、聞角聲、則使人惻隱而好仁、聞徵聲、則使人整齊而好禮、聞羽聲、則使人樂養而好施、所以感蕩血脉、通流精神、存寧正性、故樂從中出禮、從外作也、禮樂接於身、望其容、而民不敢慢觀其色、而民不敢爭、故禮樂者、君子之深教也、不可須臾離也、君子須臾離禮、則暴慢襲之、須臾離、樂則姦邪入之、是以古者、天子諸侯、雅樂鍾磬、未曾離於庭、卿大夫、御琴瑟、未嘗離於前、所以養仁義而除淫辟也、魯詩傳曰、天子食日舉樂、諸侯不釋、縣大夫士日琴瑟、王者治定制禮、功成作樂、未制作之時取先王之禮樂、宜於今者用之、堯曰大章、舜曰簫韶、夏曰大夏、殷曰大護、周曰大武、

各取其時民所樂者名之、堯時民樂其道章明也、舜時民樂其修紀堯道也、夏時民樂大其三聖相承也、殷時民樂大其護已也、周時民樂其伐紂也、蓋異號而同意、異歌而同歸、失禮鬼神、例日、此不日者、嫌獨考宮以非禮書故、從末言初可知。

《隱公十年》
其言伐取之何、易也、其易奈何因其力也、因誰之力、因宋人蔡人衛人之力也。
　　注：載屬爲上三國所伐、<u>鄭伯無仁心</u>、因其困而滅之、易若取邑、故言取、欲起其易因上伐力、故同其文言、伐就上載言取之也、不月者、移惡上三國。

《桓公元年》
三月、公會鄭伯于垂。
　　注：桓公會皆月者、危之也、桓弒賢君、篡慈兄、專易朝宿之邑、無王而行、<u>無仁義之心</u>、與人交接、則有危也，故爲臣子憂之、不致之者、爲下去王、適足以起無王、未足以見無王罪之深淺、故復奪臣子辭、成誅文也。

《桓公七年》
春二月己亥、焚咸上……疾始以火攻也。
　　注：征伐之道、不過用兵、服則可以退、不服則可以進、火之盛炎、水之盛衝、雖欲服罪、不可復禁、故疾其暴、<u>而不仁也</u>、傳不託始者、前此未有無所託也。

《莊公三十年》
秋七月、齊人降鄣……外取邑、不書此何以書、盡也。
　　注：襄公服紀、以過而復、盡取其邑、<u>惡其不仁之甚也</u>、月者重於取邑。
齊人伐山戎……此蓋戰也、何以不言戰、春秋敵者言戰、桓公之與戎狄驅之爾。
　　注：時桓公力但可驅逐之、而已戎亦天地之所生、而乃迫殺之、甚痛、故去戰、<u>貶見其事惡不仁也</u>、山戎者、戎中之別、名行進、故録之。

《僖公二年》
虞師晉師滅夏陽……虞公抱寶牽馬而至、荀息見曰、臣之謀何如、獻公曰、子之謀、則已行矣、寶則吾寶也、雖然吾馬之齒、亦已長矣、蓋戲之也。
　　注：以馬齒長戲之、喻荀息之年老、傳極道、此者、以終荀息宮之奇言、且以爲戒、<u>又惡獻公不仁</u>、以滅人爲戲譴也、晉至此乃見者、著晉楚俱大國、後治同姓也、以滅人見義者、比楚先治大惡親疏之別。

《僖公二十三年》
春齊侯伐宋圍緡……邑不言圍、此其言圍何、疾重故也。
　　注：疾痛也、重故喻若重、故創矣、襄公欲行霸守正、履信屬爲楚所敗、諸夏之君、宜雜然助之、反因其困、而伐之痛與重、故創無異、故言圍、<u>以惡其不仁也</u>。

《僖公二十六年》
冬楚人伐宋圍緡……邑不言圍、此其言圍何、刺道用師也。
　　注：時以師與魯、未至又道用之、於是惡其視百姓之命若草木、<u>不仁之甚也</u>、稱人者、楚未有大夫、未得稱師、楚自道用之、故從楚文。

《僖公三十三年》
夏四月辛巳晉人及姜戎敗秦于殽……詐戰不日、此何以日。
　　注：據不言敗績、外詐、戰文也、詐卒也、齊人語也。
盡也。
　　注：<u>惡晉不仁</u>。

《宣公六年》
春趙盾衛孫免侵陳……吾不弒君、誰謂吾弒君者乎、史曰、<u>爾爲仁爲義</u>、人弒爾君、而復國不討賊、<u>此非弒君而何</u>。
　　注：復反也、趙盾不能復應者、明義之所責、不可辭。
趙盾之復國奈何、靈公爲無道、使諸大夫皆內朝。

第二章　先秦史料と通して知る「仁」とその原義

　　注：禮公族朝於内朝親親也、雖有富貴者、以齒明父子也、外朝以官體異姓也、宗廟之中、以爵爲位崇德也、宗人授事以官尊賢也、升餕受爵以上、嗣尊祖之道也、喪紀以服之精粗、爲序不奪人之親也。

欲殺之、於是使勇士某者往殺之。
　　注：某者本有姓、字記傳者失之。

勇士入其大門、則無人門焉者、入其闥、則無人闥焉者。
　　注：焉者於也、是無人於闥門守視者也。上其堂則無人焉。

上其堂無人焉。
　　注：但言焉、絶語辭堂、不設守視人、故不言堂焉者。

俯而闚其戶。
　　注：俯挽頭戶室戶。

方食魚飧、勇士曰、嘻子誠仁人也、吾入子之大門、則無人焉、入子之闥、則無人焉、上子之堂、則無人焉、是子之易也。
　　注：易猶省也。

《宣公十五年》
夏五月宋人及楚人平……司馬子反曰、然則君請處于此、臣請歸爾、莊王曰、子去、我而歸、吾孰與處于此、吾亦從子、而歸爾、引師而去之、故君子大其平乎已也。
　　注：大其有仁恩。

此皆大夫也其稱人何貶曷爲貶。
　　注：据大其平。

平者在下也。
　　注：言在下者譏二子、在君側、不先以便宜反報歸美于君、而生事專平、故貶稱人等不勿貶、不言遂者、在君側、無遂道也、以主坐在君側、遂爲罪也、知經不以文實貶也、凡爲文實貶者、皆以取專事爲罪、月者專平不易。

《成公八年》
秋七月天子使召伯來錫公命……其餘皆通矣。
　　注：其餘謂不繫于元年者、或言王或言天王或言天子、皆相通矣、以見刺譏是非也、王者號也、德合元者、稱皇、孔子曰、皇象元逍遙術、無文字德明謚、德合天者、稱帝、河洛受瑞、可放、仁義合者、稱王、符瑞應天下、歸往天子者、爵稱也、聖人受命、皆天所生、故謂之天子、此錫命稱天子者、爲王者長愛幼少之義、欲進勉幼君、當勞來與賢師良傅如父教子、不當賜也、月者例也、爲魯喜錄之。

《成公十六年》
曹伯歸自京師……公子喜時者仁人也、内平其國而待之。
　　注：和平其臣民、令專心于負芻。

言甚易也、舍是無難矣。
　　注：言歸自京師者、與内据臣子致公同文、欲言甚易也、舍此所從還無危難矣、主所以見曹伯、歸本据喜時、平國反之、書非錄京師有力也、執歸書者、賢喜時爲兄所簒、終無怨心、而復深推精誠、憂免其難、非至仁莫能行之、故書起其功也。

九月晉人執季孫行父舍之于招丘……執未有言舍之者、此其言舍之何、仁之也、曰在招丘悕矣。
　　注：悕悲也、仁之者、若曰在招丘、可悲矣、閔錄之辭。

執未有言仁之者、此其言仁之何、代公執也、其代公執奈何、前此者、晉人來乞師、而不與。
　　注：不書者不與無惡。

《襄公十年》
夏五月甲午遂滅偪陽、公至自會。
　　注：滅日者、甚惡諸侯不崇禮義、以相安反、遂爲不仁、開道彊夷滅中國、中國之禍、連蔓日及、故疾錄之、滅比于取邑、例不當書致書、致者深諱、若公與上會不與下滅。

《襄公二十九年》
吳子使札來聘……故君子以其不受爲義、以其不殺爲仁。

注：故大其能去、以其不以貧賤、苟止、故推二事與之。
《昭公十一年》
冬十有一月丁酉、楚師滅蔡執蔡世子有以歸用之……惡乎用之、用之防也、其用之防奈何、蓋以築防也。
　　　注：持其足以頭築防惡不以道、孔子曰、<u>人而不仁</u>、疾之已甚亂也、曰者疾譏滅人。
《哀公三年》
春齊國夏衛石曼姑帥師圍戚……不以家事辭王事。
　　　注：以父見廢、故辭讓不立、是家私事。
以王事辭家事。
　　　注：聽靈公命立、是王事公法也。
是上之行乎下也。
　　　注：是王法行於諸侯雖得正非義之高者也、故冉有曰、夫子爲衛君乎、子貢曰、諾吾將問之入、曰、
　　　　伯夷叔齊何人也、曰、古之賢人也、曰、怨乎、曰、求仁而得仁、又何怨出、曰、夫子不爲也、主
　　　　書者善伯討。
《哀公十四年》
春西狩獲麟……<u>麟者仁獸也</u>。
　　　注：狀如麕、一角而戴肉、設武備、而不爲害、<u>所以爲仁也</u>、詩云、麟之角、振振公族是也。

3：『穀梁傳』の「仁」

《隱公二年》
春公會戎于潛……會者外爲主焉爾知者慮。
　　　注：察安審危。
義者行
　　　注：臨事能斷。
<u>仁者守</u>
　　　注：衆之所歸守必堅固。
有此三者然後可以出會、會戎危公也。
　　　注：無此三者不可以會而況會戎乎。
《隱公五年》
宋人伐鄭圍長葛……伐國不言圍邑。
　　　注：據莊二年、公子慶父帥師伐於餘邱、不言圍也、伐國不言圍邑、書其重也。
此其言圍何也久之也。
　　　注：宋以此冬圍之、至六年冬、乃取之、古者、師出不踰時、重民之命、愛民之財、乃暴師經年、僅而後克、
　　　　無仁隱之心、而有貪利之行、故圍伐兼舉以明之。
《隱公十年》
六月壬戌公敗宋師于菅……辛未取郜、辛巳取防、取邑不日、此其日何也、不正其乘敗人而深爲利、取二邑、
故取而日之也。
　　　注：禮不重傷、戰不逐北、公敗宋師于菅、復取其二邑、貪利不仁、故謹其日。
《桓公十八年》
冬十有二月己丑葬我君桓公……<u>知者慮、義者行、仁者守</u>、有此三者備、然後可以會矣。
　　　注：桓無此三者、而出會大國所以見殺。
《莊公二十七年》
夏六月公會齊侯宋公陳侯鄭伯同盟于幽……同者有同也、同尊周也、於是而後授之諸侯也、其授之諸侯何也、
齊侯得衆也、桓會不致安之也、<u>桓盟不日、信之也、信其信仁其仁</u>、衣裳之會十有一、未嘗有歃血之盟也、
信厚也。
　　　注：十三年會北杏、十四年會鄧、十五年又會鄧、十六年會幽、二十七年又會幽、僖元年會檉、二年會貫、
　　　　三年會陽穀、五年會首戴、七年會寧母、九年會葵丘。

第二章　先秦史料と通して知る「仁」とその原義

兵車之會四、未嘗有大戰也、愛民也。
　　注：僖八年會洮、十三年會鹹、十五年會牡丘、十六年會淮、於末年、乃言之、不道侵、蔡伐楚者、方書其盛、不道兵車也、此則以兵車會、而不用征伐。

《莊公三十一年》
六月齊侯來獻戎捷。
　　注：獻下奉上之辭也、春秋尊魯、故曰獻。
齊侯來獻捷者、內齊侯也、不言使、內與同、不言使也。
　　注：泰曰、齊桓內救中國、外攘夷狄、親倚之情、不以齊爲異國、故不稱使、若同一國也。

《僖公二年》
二年春王正月城楚丘……楚丘者何、衞邑也、國而曰、城此邑也、其曰城、何也。
　　注：據元年、齊師宋師曹師城邢、邢國也。
封衞也。
　　注：閔二年、狄入衞、遂滅。
則其不言城衞何也、衞未遷也其不言衞之遷焉何也。
　　注：據元年、邢遷于夷儀、言遷也。
不與齊侯專封也、其言城之者、專辭也、故非天子不得專封諸侯、諸侯不得專封諸侯、雖通其仁、以義而不與也。
　　注：存衞是桓之仁、故通令城楚丘、義不可以專封、故不言遷衞。
故曰仁不勝道。
　　注：仁謂存亡國道、謂上下之禮。

《僖公二十二年》
冬十有一月己巳朔宋公及楚人戰于大泓……日事遇朔曰朔、春秋三十有四戰、未有以尊敗乎卑以師敗乎人者也、以尊敗乎卑以師敗乎人、則驕其敵、襄公以師敗乎人、而不驕其敵何也、責之也、泓之戰以爲復雩之恥也。
　　注：前年宋公爲楚所執。
雩之恥、宋襄公有以自取之、伐齊之喪、執滕子、圍曹、爲雩之會、不顧其力之不足、而致楚成王、成王怒而執之、故曰禮人、而不答、則反其敬愛人、而不親則反其仁治人、而不治則反其知過、而不改又之。
　　注：又復。

《僖公二十三年》
夏五月庚寅宋公茲父卒……茲父之不葬何也、失民也、其失民何也、以其不教民、戰則是棄其師也、爲人君而棄其師、其民孰以爲君哉。
　　注：何休曰、所謂教民戰者、習之也、春秋貴偏戰、而惡詐戰、宋襄公所以敗于泓者、守禮偏戰也、非不教其民也、孔子曰、君子去仁惡乎、成名造次、必於是顛沛、必於是、未有守正以敗而惡之也、公羊以爲不書葬、爲襄公諱背殯出會、所以美其有承齊桓尊周室之美志、鄭君釋之曰、教民習戰、而不用、是亦不教也、詐戰謂不期也、既期矣、當觀敵爲策、倍則攻、敵則戰、少則守、今宋襄公于泓之戰、違之又不用其臣之謀、而敗、故徒善不用賢良、不足以興霸主之功、徒言不知權譎之謀、不足以交鄰國會遠疆、故易謢鼎折足、詩刺不用良此說善也。

《文公六年》
晉殺其大夫陽處父……夜姑之殺奈何曰、晉將與狄戰、使狐夜姑爲將軍、趙盾佐之、陽處父曰、不可、古者、君之使臣也、使仁者佐賢者、不使賢者佐仁者、今趙盾賢夜姑、仁其不可乎。
　　注：邵曰、賢者多才也、戰主于攻、伐仁者、有惻隱之恩、不如多才者、有權略。

《文公十一年》
冬十月甲午叔孫得臣敗狄于鹹……不言帥師而言敗何也。
　　注：據僖元年公子友帥師敗莒師于麗獲莒挐稱帥師。
直敗一人之辭也、一人而曰敗何也、以衆焉言之也。
　　注：言其力足以敵衆。
曰長狄也、弟兄三人、佚宕中國。

368

注：佚猶更也。
瓦石不能害。
　　　注：肌膚堅強瓦石打摘不能虧損。
叔孫得臣寂善射者也、射其目、身横九畝。
　　　注：廣一步、長百步、爲一畝、九畝五丈四尺。
斷其首而載之、眉見於軾。
　　　注：兵車之軾高、三尺三寸。
然則何爲不言獲也。
　　　注：據莒挐言獲。
曰古者、不重創不禽二毛、故不言獲爲内諱也。
　　　注：不重創恤病也、不禽二毛、敬老也、仁者造次、必於是顚沛、必於是故爲内諱也、既射其目、又斷其首、
　　　　爲重創鬢髮白爲二毛。
《宣公九年》
陳殺其大夫泄冶……稱國以殺其大夫、殺無罪也、泄冶之無罪、如何、陳靈公通于夏徵舒之家、公孫寧儀
行父亦通其家。
　　　注：二人陳大夫。
或衣其衣、或衷其襦。
　　　注：衷者襦在衷也、襦在衷也。
以相戲於朝、泄冶聞之入、諫曰、使國人聞之、則猶可使、仁人聞之、則不可君、愧於泄冶、不能用其言而殺之。
《襄公二十七年》
衞侯之弟專出奔晉……專之去合乎春秋。
　　　注：何休曰、甯喜本弑君之家、獻公過而殺之、小負也、專以君之小負、自絶非大義也、何以合乎春秋、
　　　　鄭君釋之曰、甯喜雖弑君之家、本專與約納、獻公爾公由喜得入、已與喜以君臣從事矣、春秋撥亂、
　　　　重盟約、今獻公背之、而殺忠于已者、是獻公惡而難親也、獻公既惡而難親、專又與喜爲黨、懼禍、
　　　　將及君子見幾、而作不俟終日、微子去紂、孔子以爲三仁、專之去衞、其心若此合于春秋、不亦宜乎。
《昭公八年》
秋蒐于紅。
　　　注：紅魯地。
正也。
　　　注：常事不書、而此書者、以後比年大蒐失禮、因此以見正。
因蒐狩、以習用武事、禮之大者也、艾蘭以爲防。
　　　注：蘭香草也、防爲田之大限。
置旃以爲轅門。
　　　注：旃旌旗之名、周禮通帛旃轅門印車以其轅表門。
以葛覆質以爲槷。
　　　注：質椹也、槷門中臬、葛或作褐。
流旁握御鼙者不得入。
　　　注：流旁握謂車兩轊頭、各去門邊空握握四寸也、鼙挂則不得入門。
車軌塵。
　　　注：塵不出轍。
馬候蹄。
　　　注：發足相應遲疾相投。
揜禽旅。
　　　注：揜取衆禽。
御者不失、其馳然後射者能中。
　　　注：不失馳騁之節。

第二章　先秦史料と通して知る「仁」とその原義

過防弗逐不從奔之道也。
　　注：戰不逐奔之義。
面傷不獻。
　　注：嫌誅降。
不成禽不獻。
　　注：惡虐幼少。
禽雖多、天子取三十焉、其餘與士衆以習射於射宮。
　　注：取三十以共乾豆、賓客之庖射宮澤宮。
射而中田、不得禽、則得禽田、得禽而射、不中則不得禽、是以知古之貴仁義而賤勇力也。
　　注：射以不爭爲仁、揖讓爲義。

4：『公羊傳』の「中國」と『左傳』の「夏」

具體的記事を譯出し解説を加えたものとして、平勢隆郎『『春秋』と『左傳』』（中央公論新社、2003年）がある。

5：『穀梁傳』の「中國」

上掲平勢隆郎『『春秋』と『左傳』』に一部を扱い、解説を加えた（「結びにかえて」）。紙幅の都合上、具體的に述べればあまりに字數が増えてしまうという理由によって、『穀梁傳』を『公羊傳』・『左傳』と同じレベルで具體的に檢討する作業は、割愛した。
以下に、『穀梁傳』に中國を扱う部分を列記する。

《隱公二年》
無侅帥師入極。
　　注：二千五百人爲師。
入者内弗受也、極國也。
　　注：諱滅同姓、故變滅言入、傳例曰、滅國有三術、中國日、卑國月、夷狄時、極蓋卑國也、内謂所入之國、非獨魯也。
《隱公七年》
冬天王使凡伯來聘。
　　注：凡氏伯字上大夫也。
戎伐凡伯于楚丘以歸、凡伯者何也、天子之大夫也、國而曰伐、此一人而曰、伐何也。大天子之命也。
　　注：伐一人而同一國、尊天子之命。
戎者衞也、戎衞者、爲其伐天子之使、貶而戎之也、楚邱衞之邑也、以歸猶愈乎執也。
　　注：夫天子之使過諸侯、諸侯當候在疆場、膳宰致飧、司里授館、猶懼不敬、今乃執天子之使、無禮莫大焉、昭十二年晉伐鮮虞、傳曰、晉狄之也、今不曰、衞伐凡伯、乃變衞爲戎者、伐中國之罪輕、故稱國以狄、晉執天子之使罪重、故變衞以戎之、以一人當一國、譏執、言以歸皆尊尊之正義、春秋之微旨。
《桓公二年》
夏四月取郜大鼎于宋、戊申納于太廟。
　　注：傳例曰、納者内不受也、日之明惡甚也、太廟周公廟。
桓内弒其君、外成人之亂、受略而退、以事其祖、非禮也、其道以周公爲弗受也、郜鼎者、郜之所爲也、曰宋取之宋也。
　　注：此鼎本郜國所作、宋後得之。
以是爲討之鼎也。
　　注：討宋亂、而更受其略鼎。
孔子曰、名從主人、物從中國、故曰郜大鼎也。
　　注：主人謂作鼎之主人也、故繫之、郜物從中國、謂是大鼎。

《莊公十年》
秋九月荊敗蔡師于莘。
　　注：莘蔡地。
以蔡侯獻武歸、荊者楚也、何爲謂之荊、狄之也、何爲狄之、聖人立、必後至、天子弱、必先叛、故曰、荊狄之也、蔡侯何以名也。
　　注：據僖十五年、秦獲晉侯、不名。
絕之也、何爲絕之獲也、中國不言敗。
　　注：據宣十二年晉荀林父帥師及楚子戰于邲晉師敗績、不言敗晉師。
此其言敗何也、中國不言敗、蔡侯其見獲乎其言敗、何也、釋蔡侯之獲也以歸、猶愈乎執也。
　　注：爲中國諱見執、故言以歸音。

《莊公二十六年》
曹殺其大夫、言大夫而不稱名姓、無命大夫也、無命大夫而曰、大夫賢也、爲曹羈崇也。
　　注：徐邈曰、于時微國衰陵不能以禮、其大夫降班失位、下同於士、故略稱人、而傳謂之無命大夫也、莒慶、莒挐、郳庶、其郳快皆特以事書、非實能貴、故略名、而已楚雖荊蠻漸自通於諸夏、故莊二十三年書、荊人來聘、文九年又褒、而書名國、轉疆大書之、益詳、然當僖公文公之世、楚猶未能自同于列國、故得臣及椒、並略名、惟屈完來會諸侯、以殊禮成之、楚莊王之興、爲江漢盟主、與諸夏之君權行抗禮、其勢疆于當年、而事交於內外、故春秋書之、遂從中國之例、夫政俗隆替、存乎其人、三后之姓、日失其序、而諸國乘間、與之代、興因詳略之、文則可以見時事之實矣、秦爵伯也、上據西周班列中、夏故得稱師、有大夫、其大夫當名氏、而文十二年秦術略名、蓋于時晉主魯盟、而秦方敵、晉則魯之于秦、情好疏矣、禮以飾情、情疏則禮略、春秋所以略文乎、又吳札不書氏、以成尊于上也、宋之盟、叔孫豹不書氏、以著其能恭、此皆因事而爲義。

《莊公二十七年》
冬杞伯姬來。
　　注：歸寧。
莒慶來逆叔姬。
　　注：慶名也、莒大夫也、叔姬莊公女、禮檀弓記曰、陳莊子死、赴於魯、魯人欲勿哭、繆公召縣子、而問焉、縣子曰、古之大夫、束脩之問、不出、竟雖欲哭之、安得而哭之、今之大夫、交政於中國、雖欲勿哭安得、而勿哭則大夫越竟、逆女、非禮也、董仲舒曰、大夫無束脩之、餽無諸侯之交、越竟逆女、紀罪之。

《閔公二年》
十有二月狄入衛。
　　注：僖公二年城楚丘、以封衛、則衛爲狄所滅明矣、不言滅、而言入者、春秋爲賢者諱齊桓公不能攘夷、狄救中國、故爲之諱。

《僖公二年》
秋九月齊侯宋公江人黃人盟于貫。
　　注：貫宋地。
貫之盟、不期、而至者、江人黃人也、江人黃人者、遠國之辭也、中國稱齊宋遠國、稱江黃以爲諸侯、皆來至也。

《僖公四年》
楚屈完來盟于師盟于召陵。
　　注：屈完來、如陘師盟、齊桓以其服義爲退一舍、次于召陵、而與之盟、召陵楚地。
楚無大夫。
　　注：無命卿也。
其曰屈完何也、以其來會、桓成之、爲大夫也。
　　注：尊齊桓不欲令與卑者盟。
其不言使權在屈完也。
　　注：邵曰齊桓威陵、江漢楚人、大懼未能量敵、遣屈完如師、完權事之、宜以義、郤齊遂得、與盟以安竟內、

第二章　先秦史料と通して知る「仁」とその原義

　　　　功皆在完、故不言使。
則是正乎、曰非正也。
　　　　注：臣無自專之道。
以其來、會諸侯重之也。
　　　　注：重其宗中國歸有道。
《僖公十八年》
冬邢人狄人伐衛、狄其稱人何也、善累而後進之。
　　　　注：累積。
伐衛所以救齊也。
　　　　注：何休曰、即伐衛救齊、當兩舉、如伐楚救江矣、又傳、以爲江遠楚近、故伐楚救江、今狄亦近衛而遠、齊其事一也、義異何也、鄭君釋之曰、文三年、冬晉陽處父帥師伐楚救江、兩舉之者、以晉未有救江、文故明言之、今此春宋公曹伯衛人邾人伐齊夏狄救齊、冬邢人狄人伐衛爲其救齊、可知故省文耳、事同義又何異。
功近而德遠矣。
　　　　注：伐衛功近耳、夷狄而憂中國、其德遠也。
《僖公二十一年》
楚人使宜申來獻捷。
　　　　注：楚稱人者、爲執宋公貶。
捷軍得也、其不曰宋捷、何也。
　　　　注：據莊三十一年、齊侯來獻戎捷。
不與楚捷於宋也。
　　　　注：不與夷狄捷中國。
《僖公二十七年》
冬楚人陳侯蔡侯鄭伯許男圍宋、楚人者楚子也、其曰人何也、人楚子所以人諸侯也、其人諸侯何也、不正其信夷狄而伐中國也。
　　　　注：何休曰、哀元年、楚子陳侯隨侯許男圍蔡、不稱人明、不以此故也、鄭君釋之、曰時晉文爲賢伯故、譏諸侯不從而信夷狄也、哀元年、時無賢伯又何據、而當貶之耶、甯謂定哀之世、楚彊盛、故諸侯不得不從耳、江熙曰、夫屈信理對言信、必有屈也、宋楚戰于泓、宋以信義、而敗未有闕也、楚復圍之夫三人行、必有我師諸侯、不能以義相師、反信楚之曲屈宋之直、是義所不取、信曲屈直、猶不可況、乃華夷乎、楚以亡義見貶、則諸侯之不從不待、貶而見也、然則四國信楚、而屈宋、春秋屈其信、而信其屈貶、楚子于兵首、則彼碌碌者、以類見矣、故曰人楚子、所以人諸侯。
《僖公二十八年》
六月衛侯鄭自楚復歸于衛、自楚楚有奉焉爾復者復中國也。
　　　　注：中國猶國中也。
衛元咺自晉復歸于衛、自晉、晉有奉焉、爾復者、復中國也、歸者、歸其所也。
曹伯襄復歸于曹。
　　　　注：三月爲晉侯所執、今方歸。
復者復中國也、天子免之、因與之會、其曰復、通王命也。
　　　　注：免之于宋、身未反國、因會于許、即從反國之辭、通王命。
《文公元年》
冬十月丁未楚世子商臣弑其君髠。
　　　　注：鄭嗣曰、商臣繆王也、髠文王之子、成王也、不言其父、而言其君者、君之於世子、有父之親、有君之尊、言世子所以明其親也、言其君所以明其尊也、商臣於尊親盡矣。
日髠之卒、所以謹商臣之弑也、夷狄不言正不正。
　　　　注：徐乾曰、中國君卒、正者例曰篡立、不正者不曰夷狄君卒、皆畧而不曰、所以殊夷夏也、今書曰、謹識商臣之大逆爾、不以明髠正與不正。

《文公十年》
楚殺其大夫宜申。
　　注：僖四年、傳曰楚無大夫、而今云殺其大夫者、楚本祝融之後、季連之胄也、而國近南蠻、遂漸其俗、故棄而夷之、今知內附、中國亦轉強大故進之。
《文公十一年》
冬十月甲午叔孫得臣敗狄于鹹、不言帥師而言敗何也。
　　注：據僖元年公子友帥師敗莒師于酈獲莒挐稱帥師。
直敗一人之辭也、一人而曰敗何也、以眾焉言之也。
　　注：言其力足以敵眾。
曰長狄也、弟兄三人、佚宕中國。
　　注：佚猶更也。
瓦石不能害。
　　注：肌膚堅強瓦石打摘不能虧損。
叔孫得臣最善射者也、射其目、身橫九畝。
　　注：廣一步、長百步、爲一畝、九畝五丈四尺。
斷其首而載之、眉見於軾。
　　注：兵車之軾高、三尺三寸。
《宣公元年》
宋公陳侯衛侯曹伯會晉師于棐林伐鄭。
　　注：棐林鄭地。
列數諸侯而會晉趙盾大趙盾之事也。
　　注：大其衛中國、攘夷狄。
其曰師何也。
　　注：據言會晉師、不言會趙盾。
以其大之也。
　　注：以諸侯大趙盾之事、故言師師者眾大之辭。
《宣公十一年》
冬十月楚人殺陳夏徵舒……丁亥楚子入陳、入者內弗受也、日入惡入者也、何用弗受也、不使夷狄、爲中國也。
　　注：楚子入陳、納淫亂之人、執國威柄、制其君臣、儹倒上下、錯亂邪正、是以夷狄爲中國。
《宣公十五年》
六月癸卯晉師滅赤狄潞氏以潞子嬰兒歸、滅國有三術。
　　注：術猶道也。
中國謹日卑國月夷狄不日。
　　注：卑國謂附庸之屬襄六年、傳曰、中國日、卑國月、夷狄時、此謂三術。
其曰潞子嬰兒賢也。
《宣公十八年》
甲戌楚子呂卒。
　　注：商臣子莊王。
夷狄不卒、卒少進也、卒而不日、日少進也、日而不言正、不正簡之也。
　　注：中國君、日卒正也、不日不正也、今進夷狄、直舉其日、而不論正之與不正。
《成公九年》
楚公子嬰齊帥師伐莒、庚申莒潰、其日莒雖夷狄猶中國也。
　　注：莒雖有夷狄之行、猶是中國。
大夫潰莒、而之楚、是以知其上爲事也。
　　注：臣以叛君爲事明君臣無道。
惡之故謹而日之也。

第二章　先秦史料と通して知る「仁」とその原義

　　　　注：潰例月、甚之、故日。
《成公十二年》
秋晉人敗狄于交剛。
　　　　注：交剛某地。
中國與夷狄不言戰、皆曰敗之。
　　　　注：不使夷狄敵中國。
夷狄不日。
《成公十四年》
春王正月莒子朱卒。
　　　　注：徐邈曰、傳稱莒、雖夷狄猶中國也、言莒本中國末、世衰弱遂行夷、禮葬皆稱諡、而莒君無諡、
　　　　　　諡以公配、而吳楚稱王、所以終春秋、亦不得書葬。
《襄公二年》
冬仲孫蔑會晉荀罃齊崔杼宋華元衛孫林父曹人邾人滕人薛人小邾人于戚、遂城虎牢、若言中國焉、内鄭也。
　　　　注：虎牢、鄭邑、鄭服罪、内之、故爲之、城不繫虎牢於鄭者、如中國之邑也、僖二年城楚丘、傳曰、
　　　　　　楚丘者何、衛之邑、國曰城、此邑也、其曰城、何、封衛也、然則非魯邑、皆不言城中國、猶國中也。
《襄公五年》
仲孫蔑衛孫林父會吳于善稻。
　　　　注：善稻吳地。
吳謂善伊謂稻緩、號從中國、名從主人。
　　　　注：夷狄所號地形及物類、當從中國言之、以教殊俗、故不言伊緩、而言善稻、人名當從其本俗言。
公會晉侯宋公陳侯衛侯鄭伯曹伯莒子邾子滕子薛伯齊世子光吳人鄫人于戚。
　　　　注：鄫以外甥、爲子曾夷狄之不若、故序吳下所以不復、殊外吳者、以其數會中國故。
公會晉侯宋公衛侯鄭伯曹伯莒子邾子滕子薛伯齊世子光救陳、十有二月公至自救陳、善救陳也。
　　　　注：楚人伐陳公能救中國、而攘夷狄、故善之、善之謂以救陳致。
《襄公六年》
莒人滅鄫。
　　　　注：莒是鄫甥、立以爲後、非其族類、神不歆其祀、故言滅。
非滅也。
　　　　注：非以兵滅。
中國日、卑國月、夷狄時、鄫中國也、而時非滅也、家有既亡、國有既滅。
　　　　注：滅猶亡、亡猶滅家、立異姓爲後、則亡國立異姓爲嗣、則滅既盡也。
滅而不自知、由別之而不別也。
　　　　注：鄫不達滅亡之義、故國滅而不知。
莒人滅鄫、非滅也、立異姓、以苟祭祀、滅亡之道也。
《襄公七年》
未見諸侯、丙戌卒于操。
　　　　注：操鄭地。
未見諸侯、其曰如會、何也、致其志也、禮諸侯不生名、此其生名、何也、卒之名也、卒之名。則何爲加之、如會之、上見以如會、卒也、其見以如會卒、何也、鄭伯將會中國、其臣欲從楚不勝、其臣弒而死、其不言弒、何也、不使夷狄之民、加乎中國之君也。
　　　　注：邵曰以其臣、欲從楚、故謂夷狄之民、不欲使夷狄之臣、得弒中國之君、故去弒、而言卒、使若正卒然。
其地於外也、其日未踰竟也、日卒時葬正也。
　　　　注：未踰竟音境。
陳侯逃歸、以其去諸侯故逃之也。
　　　　注：鄭伯欲從中國、而罹其凶禍、諸侯莫有討心、於是懼而去之、背華即夷、故書逃以抑之。
《襄公十年》

夏五月甲午遂滅傅陽、遂直遂也、其日遂何、不以中國從夷狄也。
　　注：言時實吳會諸侯、滅傅陽、恥以中國之君從夷狄之主、故加甲午、使若改日、諸侯自滅傅陽、滅卑國月、此日、蓋爲遂耳。
公至自會、會夷狄不致、惡事不致。
　　注：夷狄不致、恥與同惡事不致、恥有惡。
此其致何也。
　　注：會吳會夷狄也、滅傅陽惡事也、據不應致。
存中國也。
　　注：以中國之君、從夷狄之主、而滅人之邑也、此即夷狄爾、是無中國也、故加甲午、使若改日、諸侯自滅傅陽、爾不以諸侯從夷狄也、滅中國雖惡事、自諸侯之一眚、爾從夷狄而滅人、則中國不復存矣。
中國有善事則并焉。
　　注：若中國有善事、則不復言會諸侯、改日遂滅傅陽、如僖四年、諸侯侵蔡、蔡潰、遂伐楚、是并焉。
無善事、則異之、存之也。
　　注：諸侯會吳于柤甲午遂滅傅陽、是則若會與遂異人。
汲鄭伯。
　　注：汲猶引也、鄭伯髠原爲臣所弒、而不書弒、此引而致於善事。
逃歸陳侯。
　　注：鄢之會、陳侯不會、其爲楚、故言逃歸、汲音急。
致柤之會、存中國也。戍鄭虎牢。
　　注：不稱其人、則魯戍也、猶戍陳。
其曰鄭虎牢、決鄭乎虎牢也。
　　注：二年鄭去楚、而從中國、故城虎牢不言鄭、使與中國無異、自爾已來、數反覆、無從善之意、故繫之於鄭、決絕而棄外。

《襄公十一年》
公會晉侯宋公衛侯曹伯齊世子光莒子邾子滕子薛伯杞伯小邾子伐鄭會于蕭魚。
　　注：蕭魚鄭地。
公至自會、伐而後會、不以伐鄭、致得鄭伯之辭也。
　　注：鄭與會而服中國、喜之、故以會致。

《襄公三十年》
夏四月蔡世子般弒其君固、其不日子奪父政是謂夷之。
　　注：比之夷狄、故不日也、丁未楚世子商臣弒其父、傳曰、日髡之卒、所以謹商臣之弒也、楚公子比弒其君、傳曰、不日比不弒般弒、不日而夷之、何也、徐乾曰、凡中國君正、卒皆書日、以錄之、夷狄君卒、皆不日、以略之、所以別中國與夷狄、夷狄弒君而日者、閔其爲惡之甚、謹而錄之、中國君卒、例日、不以弒與不弒也、至于卒、而不日者、乃所以略之與夷狄同例。
晉人齊人宋人衛人鄭人曹人莒人邾人滕人薛人杞人小邾人會于澶淵、宋災故、會不言其所、爲其日宋災故、何也、不言災、故則無以見其善也、其曰人、何也、救災以衆、何救焉、更宋之所喪財也。
　　注：償其所喪財、故雖不及災、時而猶ु救災。
澶淵之會中國不侵、伐夷狄、夷狄不入中國、無侵伐、八年善之也、晉趙武楚屈建之力也。

《昭公元年》
晉荀吳帥師敗狄于大原。
　　注：大原地。
中國曰大原、夷狄曰大鹵、號從中國、名從主人。
　　注：襄五年注詳矣。

《昭公五年》
秋七月公至自晉、戊辰叔弓帥師敗莒師于賁。

注：賁泉魯地。
狄人謂賁泉失台、號從中國、名從主人。
《昭公十一年》
夏四月丁巳、楚子虔誘蔡侯般殺之于申、何爲名之也。
　　　注：據諸侯不生名。
夷狄之君誘中國之君而殺之、故謹而名之也、稱時、稱月、稱日、稱地、謹之也。
　　　注：蔡侯般弒父之賊、此人倫之所不容、王誅之、所必加禮、凡在官者、殺無赦、豈得惡、楚子殺般乎、若謂夷狄之君、不得行禮于中國者、理既不通、事又不然、宣十一年、楚人殺陳夏徵舒、不言入、傳曰、明楚之討有罪也、似若上下違反、不兩立之說、嘗試論之、曰夫爵不及嗣、先王之令典、懷惡而討丈夫之醜行、楚虔滅人之國、殺人之子、伐不以罪、亦已明矣、莊王之討徵舒、則異於是矣、凡爵當其理、雖夷必申、苟違斯道、雖華必抑、故莊王得爲伯討、齊侯不得滅紀、趙盾救陳、則稱師以大之、靈王誘蔡、則書名以惡之、所以情理俱暢善惡兩顯、豈直惡、夷狄之君討中國之亂哉、夫楚靈王之殺蔡般、亦猶晉惠之戮里克、雖伐弒逆之、國誅有罪之人、不獲討賊之美、而有累謹之名者、良有以也。
《昭公十二年》
晉伐鮮虞、其曰晉狄之也、其狄之何也、不正其與夷狄交伐中國、故狄稱之也。
　　　注：鮮虞姬姓白狄也、地居中山、故曰中國、夷狄謂楚也、何休曰、春秋多與夷狄並伐、何以不狄也、鄭君釋之曰、晉不見、因會以綏諸夏、而伐同姓、貶之可也、狄之大重晉、爲厥憖之會、實謀救蔡、以八國之師、而不救楚、終滅蔡、今又伐徐晉、不糾合諸侯、以遂、前志舍而伐鮮虞、是楚而不如也、故狄稱之、焉厥憖之會、穀梁無傳鄭君之說、似依左氏、甯所未詳、是穀梁意非。
《昭公十三年》
冬十月葬蔡靈公、變之不葬有三。
　　　注：變之謂改常禮、春秋之常、小國夷狄不葬。
失德不葬。
　　　注：無道君。
弒君不葬。
　　　注：謂不討賊如無臣子。
滅國不葬。
　　　注：無臣子也。
然且葬之不與楚滅且成諸侯之事也。
　　　注：蔡靈公弒逆、無道以致、身死國滅、不宜書葬、書葬者、不令夷狄加乎中國、且成諸侯興。滅繼絕之善、故葬之。
《昭公十五年》
秋晉荀吳帥師伐鮮虞。
《昭公十六年》
楚子誘戎蠻子殺之。
　　　注：楚子不名、戎蠻子非中國。
《昭公十七年》
楚人及吳戰于長岸。
　　　注：長岸楚地。
兩夷狄曰敗。
　　　注：夷狄不能結日成陳、故曰、敗於越、敗吳於檇李、是也。
中國與夷狄亦曰敗。
　　　注：晉荀吳敗狄于大鹵、是也。
楚人及吳戰于長岸、進楚子、故曰戰。
《昭公二十三年》

秋七月莒子庚輿來奔、戊辰吳敗頓胡沈蔡陳許之師于雞甫。
　　注：雞甫楚地。
胡子髠沈子盈滅。
　　注：國雖存君死曰滅。
中國不言敗、此其言敗何也。
　　注：據宣十二年、晉荀林父及楚子戰于邲、晉師敗績不言楚敗晉師。
中國不敗胡子髠、沈子盈其滅乎其言敗、釋其滅也。
　　注：若師不敗則君無由滅也賢胡沈之君死社稷。

《昭公二十五年》
有鸜鵒來巢、一有一亡曰、有來者來中國也。
　　注：鸜鵒不渡濟、非中國之禽、故曰來。
鸜鵒穴者、而曰巢。
　　注：劉向曰、去穴而巢此、陰居陽位、臣逐君之象也。
或曰增之也。
　　注：如增言巢爾、其實不巢也、雍曰、凡春秋記災異、未有妄加之文、或說非也。

《昭公三十年》
春王正月公在乾侯、中國不存公、存公故也。
　　注：中國猶國中也。

《定公四年》
晉士鞅、衛孔圉帥師伐鮮虞。
冬十有一月庚午蔡侯以吳子及楚人戰于伯舉、楚師敗績、吳其稱子何也、以蔡侯之以之、舉其貴者也。
　　注：貴謂子也。
蔡侯之以之、則其舉貴者、何也、吳信中國、而攘夷狄、吳進矣、其信中國、而攘夷狄、奈何、子胥父誅于楚也。
　　注：子胥父伍奢也、爲楚平王所殺。
挾弓持矢而干闔廬。
　　注：見不以禮曰、干欲因闔廬復父之讎。
闔廬曰、大之甚、勇之甚。
　　注：子胥匹夫、乃欲復讎於國君、其孝甚大其心甚勇。
爲是欲興師、而伐楚子、胥諫曰、臣聞之、君不爲匹夫興師、且事君、猶事父也、虧君之義復父之讎、臣弗爲也、於是止蔡昭公朝於楚、有美裘、正是日囊瓦求之。
　　注：正是日、謂昭公始朝楚之日。
昭公不與爲是拘昭公於南郢。
　　注：南郢楚郡。
數年然後得歸、歸乃用事乎漢。
　　注：用事者禱漢水神。
曰苟有諸侯、有欲伐楚者、寡人請爲前列焉、楚人聞之、而怒爲是興師、而伐蔡、蔡請救于吳子、胥曰、蔡非有罪、楚無道也、君若有憂中國之心、則若此時可矣、爲是興師、而伐楚何以不言救也。
　　注：據實救蔡。
救大也。
　　注：夷狄漸進、未同於中國。

《定公五年》
於越入吳。
　　注：舊說於越夷言也、春秋即其所以自稱者、書之、見其不能慕中國、故以本俗名自通。
冬晉士鞅帥師圍鮮虞。

《哀公四年》
春王二月庚戌盜弒蔡侯申、稱盜、以弒君、不以上下、道道也。

377

第二章　先秦史料と通して知る「仁」とその原義

　　注：以上下道道者、若衞祝吁弑其君、完之類是、直稱盗、不在人倫之序。
内其君、而外弑者、不以弑道道也。
　　注：襄七年、鄭伯將會中國、其臣欲從楚、不勝其臣、弑而死、不使夷狄之民加乎中國之君、故曰、鄭伯髡原如會、未見諸侯、丙戌卒于操、是不以弑道道也。
春秋有三盗、微殺大夫謂之盗。
　　注：十三年冬盗殺陳夏區夫是。
非所取、而取之、謂之盗。
　　注：定八年、陽貨取寶玉大弓是。
辟中國之正道、以襲、利謂之盗。
　　注：卽殺蔡侯申者、是非微者也。

《哀公六年》
晉趙鞅帥師伐鮮虞。

《哀公十三年》
公會晉侯及吳子于黃池。
　　注：及者、書尊及卑也、黃池某地。
黃池之會、吳子進乎哉、遂子矣。
　　注：進遂稱子。
吳夷狄之國也祝髮文身。
　　注：祝斷也、文身刻畫其身、以爲文也、必自殘毀者、以辟蛟龍之害。
欲因魯之禮、因晉之權、而請冠端、而襲。
　　注：襲衣冠端玄端。
其藉于成周。
　　注：藉謂貢獻。
以尊天王吳進矣、吳東方之大國也、累累致小國、以會諸侯、以合乎中國。
　　注：累累猶數數也。
吳能爲之、則不臣乎。
　　注：言其臣也。
吳進矣王尊稱也、子卑稱也、辭尊稱、而居卑、稱以會乎諸侯、以尊天王、吳王夫差曰好冠來、孔子曰、大矣哉夫差、未能言冠、而欲冠也。
　　注：不知冠有差等、唯欲好冠。

《哀公十四年》
春西狩獲麟。
　　注：杜預曰、孔子曰、文王既没、文不在茲乎此、制作之本旨、又曰鳳鳥不至河、不出圖、吾已矣、夫斯不王之明文矣、夫關雎之化、王者之風、麟之趾、關雎之應也、然則斯麟之來、歸於王德者矣、春秋之文、廣大悉備義、始於隱公、道終於獲麟。
引取之也。
　　注：言引取之、解經言獲也、傳例曰、諸獲者、皆不與也、故今言獲麟、自爲孔子來、魯引而取之、亦不與魯之辭也。
狩地不地、不狩也、非狩、而曰狩大獲麟、故大其適也。
　　注：適猶如也之也、非狩而言狩大得麟、故以大所如者、名之也、且實狩當言冬不當言春。
其不言來、不外麟於中國也、其不言有不使麟、不恒於中國也。
　　注：雍曰中國者、言禮義之郷、聖賢之宅、軌儀表於遐荒、道風扇於不朽、麒麟步郊、不爲暫有鸞鳳棲林、非爲權來、雖時道喪、猶若不喪、雖麟一降、猶若其常鸎鴿、非魯之常禽、蚤蟻非祥瑞之嘉蟲、故經書其有以非常、有此所以取貴于中國、春秋之意義也。

附1：『尚書』の「仁」

《仲虺之誥》
惟王不邇聲色、不殖貨利、德懋懋官、功懋懋賞、用人惟己、改過不吝、<u>克寬克仁</u>、彰信兆民……。

《太甲》
伊尹申誥于王曰、嗚呼惟天無親、克敬惟親、民罔常懷、<u>懷于有仁</u>、鬼神無常享、享于克誠……。

《泰誓》
天其以予乂民、朕夢協朕卜、襲于休祥、戎商必克、受有億兆夷人、離心離德、予有亂臣十人、同心同德、<u>雖有周親、不如仁人</u>……。

《武成》
今商王受無道、暴殄天物、害虐烝民、爲天下逋逃主、萃淵藪、<u>予小子、既獲仁人</u>、敢祗承上帝、以遏亂略、華夏蠻貊罔不率俾、恭天成命……。

《金縢》
既克商二年、王有疾弗豫、二公曰、我其爲王穆卜、周公曰、未可以戚我先王、公乃自以爲功、爲三壇同墠、爲壇於南方北面周公立焉、植璧秉珪乃告大王王季文王、史乃册祝曰、惟爾元孫某、遘厲虐疾、若爾三王、是有丕子之責于天、以旦代某之身、<u>予仁若考</u>、能多材多藝、能事鬼神、乃元孫、不若旦多材多藝、不能事鬼神、乃命于帝庭、敷佑四方、用能定爾子孫于下地、四方之民、罔不祗畏、嗚呼、無墜天之降寶命、我先王亦永有依歸……。

附2：『毛詩』の「仁」〔序と毛傳を加えて示す〕

《周南・螽斯》
【詩】螽斯羽、詵詵兮、宜爾子孫、振振兮。【毛傳】<u>振振仁厚也</u>。

《召南・騶虞》
【序】騶虞、鵲巢之應也、鵲巢之化行、人倫既正、朝廷既治、天下純被文王之化、則庶類蕃殖、蒐田以時、<u>仁如騶虞</u>、則王道成也。

《邶・柏舟》
【序】柏舟、<u>言仁而不遇也</u>、衞頃公之時、<u>仁人不遇、小人在側</u>。

《邶・旄丘》
【詩】何其處也、必有與也。【毛傳】<u>言與仁義也</u>。

《王・黍離》
【詩】彼黍離離、彼稷之苗、行邁靡靡、中心搖搖、知我者、謂我心憂、不知我者、謂我何求、悠悠蒼天、此何人哉。【毛傳】悠悠遠意、蒼天以體言之、尊而君之、則稱皇天、<u>元氣廣大、則稱昊天、仁覆閔下</u>、則稱旻天、自上降鑒、則稱上天、據遠視之蒼蒼然、則稱蒼天。

《鄭・叔于田》【詩】叔于田、巷、無居人、豈無居人、不如叔也、<u>洵美且仁</u>。

《齊・盧令》
【詩】盧令令、<u>其人美且仁</u>。【毛傳】盧田犬、令令纓環聲、<u>人君能有美德、盡其仁愛</u>、百姓欣而奉之、愛而樂之、順時遊田、與百姓共其樂、同其獲、故百姓聞而說之其聲令令然。

《小雅・伐木》
【詩】伐木許許、釃酒有藇、既有肥羜、以速諸父……。【毛傳】羜未成羊也、天子謂同姓諸侯、諸侯謂同姓大夫、皆曰諸父、異姓則稱舅、<u>國君友其賢臣、大夫士友其宗族之仁者</u>。

《小雅・小弁》
【詩】莫高匪山、莫浚匪泉。【毛傳】浚深也。【詩】君子無易由言、耳屬于垣、無逝我梁無發我笱、我躬不閱遑恤我後。【毛傳】念父孝也、高子曰、小弁小人之詩也、孟子曰、何以言之曰、怨乎、孟子曰、固哉夫高叟之爲詩也、有越人於此、關弓而射之、我則談笑而道之、無他、疏之也、兄弟關弓而射之、我我則垂涕泣而道之、無他、戚之也、然則小弁之怨、親親也、<u>親親仁也</u>、固哉夫高叟之爲詩也、曰、凱風何以不怨、曰、凱風親之過小者也、小弁親之過大者也、親之過大而不怨、是愈疏也、親之過小而怨、是不可磯也、愈疏、

不孝也、不可磯、亦不孝也、孔子曰、舜其至孝矣、五十而慕。
《小雅・緜蠻》
【序】緜蠻、微臣刺亂也、大臣不用仁心、遺忘微賤、不肯飲食敎載之、故作是詩也。【詩】緜蠻黃鳥、止於丘阿、【毛傳】興也、緜蠻小鳥貌、丘阿曲阿也、鳥止於阿、人止於仁。【詩】道之云遠、我勞如何、飲之食之、敎之誨之、命彼後車、謂之載之。
《大雅・緜》
【詩】古公亶父、陶復陶穴、未有家室。【毛傳】古公亶公也、古言久也、亶父字、或殷以名言、質也、古公處豳、狄人侵之、事之以皮幣、不得免焉、事之以犬馬、不得免焉、事之以珠玉、不得免焉、乃屬其耆老、而告之曰、狄人之所欲吾土地、吾聞之、君子不以其所養人而害人、二三子何患無君、去之蹤梁山、邑乎岐山之下、豳人曰、仁人之君、不可失也、從之如歸市、陶其土而復之、陶其壤而穴之、室內曰家、未有寢廟、亦未敢有家室也。【詩】虞芮質厥成、文王蹶厥生、【毛傳】質成也、成平也、蹶動也、虞芮之君、相與爭田、久而不平、乃相謂曰、西伯仁人也、盍往質焉、乃相與朝周、入其竟、則耕者讓畔、行者讓路、入其邑、男女異路、班白不提挈、入其朝、士讓爲大夫、大夫讓爲卿、二國之君、感而相謂曰、我等小人、不可以履君子之庭、乃相讓以其所爭田、爲閒田而退、天下聞之、而歸者四十餘國。
《大雅・行葦》
【序】行葦、忠厚也、周家忠厚、仁及草木、故能内睦九族、外尊事黃耇、養老乞言、以成其福祿焉。
《大雅・卷阿》
【詩】鳳凰于飛、翽翽其羽、亦集爰止、【毛傳】鳳凰靈鳥、仁瑞也、雄曰鳳、雌曰凰、翽翽衆多也。
《大雅・抑》
【詩】辟爾爲德、俾臧俾嘉、淑愼爾止、不愆于儀、不僭不賊、鮮不爲則、【毛傳】女爲善、則民爲矣、止至也、爲人君止於仁、爲人臣止於敬、爲人子止於孝、爲人父止於慈、與國人交止於信、僭差也。
《大雅・召旻》
【詩】維昔之富、不如時、【毛傳】往者富仁賢、今也富讒佞。

附３：『左傳』の「鬼神」
《720 左傳隱公三－Ａ》
【説話】鄭武公・莊公爲平王卿士、王貳于虢、鄭伯怨王、王曰、無之、故周・鄭交質、王子狐爲質於鄭、鄭公子忽爲質於周、王崩、周人將畀虢公政、四月、鄭祭足帥師取溫之麥、秋、又取成周之禾、周・鄭交惡、【君子曰】君子曰、信不由中、質無益也、明恕而行、要之以禮、雖無有質、誰能間之、苟有明信、澗・谿・沼・沚之毛、蘋・蘩・薀藻之菜、筐・筥・錡・釜之器、潢・汙・行潦之水、可薦於鬼神、可羞於王公、而況君子結二國之信、行之以禮、又焉用質、風有采蘩・采蘋、雅有行葦・泂酌、昭忠信也。
《712 左傳隱公一一－三》
【説話】鄭伯將伐許、五月、甲辰、授兵於大宮、公孫閼與潁考叔爭車、潁考叔挾輈以走、子都拔棘以逐之、及大逵、弗及、子都怒、【經文換言・説話】秋、七月、公會齊侯・鄭伯伐許、【説話】庚辰、傅于許、潁考叔取鄭伯之旗蝥弧以先登、子都自下射之、顚、瑕叔盈又以蝥弧登、周麾而呼曰、君登矣、鄭師畢登、壬午、遂【經文引用】入許、【説話】許莊公奔衞、齊侯以許讓公、公曰、君謂許不共、故從君討之、許既伏其罪矣、雖君有命、寡人弗敢與聞、乃與鄭人、鄭伯使大夫百里奉許叔以居許東偏、曰、天禍許國、鬼神實不逞于許君、而假手于我寡人、寡人唯是一二父兄不能共億、其敢以許自爲功乎、寡人有弟、不能和協、而使餬其口于四方、其況能久有許乎、吾子其奉許叔以撫柔此民也、吾將使獲也佐吾子、若寡人得沒于地、天其以禮悔禍于許、無寧茲許公復奉其社稷、唯我鄭國之有請謁焉、如舊昏媾、其能降以相從也、無滋他族實偪處此、以與我鄭國爭此土也、吾子孫其覆亡之不暇、而況能禋祀許乎、寡人之使吾子處此、不唯許國之爲、亦聊以固吾圉也、乃使公孫獲處許西偏、曰、凡而器用財賄、無寘於許、我死、乃亟去之、吾先君新邑於此、王室而既卑矣、周之子孫日失其序、夫許、大岳之胤也、天而既厭周德矣、吾其能與許爭乎、【君子】君子謂鄭莊公於是乎有禮、禮、經國家、定社稷、序民人、利後嗣者也、許無刑而伐之、服而舍之、度德而處之、量力而行之、相時而動、無累後人、可謂知禮矣、【説話】鄭伯使卒出豭、行出犬・鷄、以詛射潁考叔者、【君子】君子謂鄭莊公失政刑矣、政以治民、刑以正邪、既無德政、又無威刑、是以及邪、邪而詛

之、將何益矣。
《706 左傳桓公六－A》
【説話】楚武王侵隨、使薳章求成焉、軍於瑕以待之、隨人使少師董成、鬭伯比言于楚子曰、吾不得志於漢東也、我則使然、我張吾三軍、而被吾甲兵、以武臨之、彼則懼而協以謀我、故難間也、漢東之國、隨為大、隨張、必棄小國、小國離、楚之利也、少師侈、請羸師以張之、熊率且比曰、季梁在、何益、鬭伯比曰、以為後圖、少師得其君、王毀軍而納少師、少師歸、請追楚師、隨侯將許之、季梁止之、曰、天方授楚、楚之羸、其誘我也、君何急焉、臣聞小之能敵大也、小道大淫、所謂道、忠於民而信於神也、上思利民、忠也、祝史正辭、信也、今民餒而君逞欲、祝史矯舉以祭、臣不知其可也、公曰、吾牲牷肥腯、粢盛豐備、何則不信、對曰、夫民、神之主也、是以聖王先成民、而後致力於神、故奉牲以告曰"博碩肥腯"、謂民力之普存也、謂其畜之碩大蕃滋也、謂其不疾瘯蠡也、謂其備腯咸有也、奉盛以告曰、"絜粢豐盛"、謂其三時不害而民和年豐也、奉酒醴以告曰"嘉栗旨酒"、謂其上下皆有嘉德而無違心也、所謂馨香、無讒慝也、故務其三時、修其五教、親其九族、以致其禋祀、於是乎民和而神降之福故動則有成、今民各有心、而鬼神乏主、君雖獨豐、其何福之有、君姑修政、而親兄弟之國、庶免於難、隨侯懼而修政、楚不敢伐。
《684 左傳莊公一〇－一、「神」は「神明」》
【説話】十年、春、齊師伐我、公將戰、曹劌請見、其鄉人曰、肉食者謀之、又何間焉、劌曰、肉食者鄙、未能遠謀、乃入見、問何以戰、公曰、衣食所安、弗敢專也、必以分人、對曰、小惠未徧、民弗從也、公曰、犧牲玉帛、弗敢加也、必以信、對曰、小信未孚、神弗福也、公曰、小大之獄、雖不能察、必以情、對曰、忠之屬也、可以一戰、戰、則請從、公與之乘、戰于長勺、公將鼓之、劌曰、未可、齊人三鼓、劌曰、可矣、【經文換言・説話】齊師敗績、【説話】公將馳之、劌曰、未可、下、視其轍、登軾而望之、曰、可矣、遂逐齊師、既克、公問其故、對曰、夫戰、勇氣也、一鼓作氣、再而衰、三而竭、彼竭我盈、故克之、夫大國、難測也、懼有伏焉、吾視其轍亂、望其旗靡、故逐之。
《662 左傳莊公三二－A、神降・明神・聽於神・神居》
【説話】秋、七月、有神降于莘、惠王問諸內史過曰、是何故也、對曰、國之將興、明神降之、監其德也、將亡、神又降之、觀其惡也、故有得神以興、亦有以亡、虞・夏・商・周皆有之、王曰、若之何、對曰、以其物享焉、其至之日、亦其物也、王從之、內史過往、聞虢請命、反曰、虢必亡矣、虐而聽於神、神居莘六月、虢公使祝應・宗區・史嚚享焉、神賜之土田、史嚚曰、虢其亡乎、吾聞之、國將興、聽於民、將亡、聽於神、神、聰明正直而壹者也、依人而行、虢多涼德、其何土之能得。
《655 左傳僖公五－八》
【説話】晉侯復假道於虞以伐虢、宮之奇諫曰、虢、虞之表也、虢亡、虞必從之、晉不可啓、寇不可翫、一之謂甚、其可再乎、諺所謂"輔車相依、唇亡齒寒"者、其虞・虢之謂也、公曰、晉、吾宗也、豈害我哉、對曰、大伯・虞仲、大王之昭也、大伯不從、是以不嗣、虢仲・虢叔、王季之穆也、為文王卿士、勳在王室、藏於盟府、將虢是滅、何愛於虞、且虞能親於桓・莊乎、其愛之也、桓・莊之族何罪、而以為戮、不唯偪乎、親以寵偪、猶尚害之、況以國乎、公曰、吾享祀豐絜、神必據我、對曰臣聞之、鬼神非人實親、惟德是依、故周書曰、"皇天無親、惟德是輔"、又曰、"黍稷非馨、明德惟馨"、又曰、"民不易物、惟德繄物"、如是、則非德、民不和・神不享矣、神所馮依、將在德矣、若晉取虞、而明德以薦馨香、神其吐之乎、弗聽、許晉使、宮之奇以其族行、曰、虞不臘矣、在此行也、晉不更舉矣、八月甲午、晉侯圍上陽、問於卜偃曰、吾其濟乎、對曰、克之、公曰、何時、對曰、童謠云、"丙之晨、龍尾伏辰、均服振振、取虢之旂、鶉之賁賁、天策焞焞、火中成軍、虢公其奔"、其九月・十月之交乎、丙子旦、日在尾、月在策、鶉火中、必是時也、冬、十二月丙子、朔、晉滅虢、虢公醜奔京師、師還、館于虞、遂襲虞、滅之、執虞公及其大夫井伯、以媵秦穆姬、而修虞祀、且歸其職貢於王、【經文引用】故書曰、晉人執虞公、【經解】罪虞、且言易也。
《650 左傳僖公一〇－A、神》
【説話】晉侯改葬共大子、秋、狐突適下國、遇大子、大子使登、僕、而告之曰、夷吾無禮、余得請於帝矣、將以晉畀秦、秦將祀余、對曰、臣聞之、神不歆非類、民不祀非族"、君祀無乃殄乎、且民何罪、失刑・乏祀、君其圖之、君曰、諾、吾將復請、七日、新城西偏將有巫者而見我焉、許之、遂不見、及期而往、告曰、帝許我罰有罪矣、敝於韓。
《648 左傳僖公一二－B・C、「神」は「鬼神」》

381

第二章　先秦史料と通して知る「仁」とその原義

【説話】王以戎難故、討王子帶、秋、王子帶奔齊、冬、齊侯使管夷吾平戎于王、使隰朋平戎于晉、王以上卿之禮饗管仲、管仲辭曰、臣、賤有司也、有天子之二守國・高在、若節春秋來承王命、何以禮焉、陪臣敢辭、王曰、舅氏、余嘉乃勳、應乃懿德、謂督不忘、往踐乃職、無逆朕命、管仲受下卿之禮而還、【君子曰】君子曰、管氏之世祀也宜哉、讓不忘其上、《詩》曰、"愷悌君子、神所勞矣"。

《641 左傳僖公一九ー三》
【説話】夏、宋公使邾文公用鄫子于次雎之社、欲以屬東夷、司馬子魚曰、古者六畜不相爲用、小事不用大牲、而況敢用人乎、祭祀以爲人也、民、神之主也、用人、其誰饗之、齊桓公存三亡國以屬諸侯、義士猶曰薄德、今一會而虐二國之君、又用諸淫昏之鬼、將以求霸、不亦難乎、得死爲幸。

《634 左傳僖公二六ー五、祈禱と効能》
【説話】夔子不祀祝融與鬻熊、楚人讓之、對曰「我先王熊摯有疾、鬼神弗赦、而自竄于夔、吾是以失楚、又何祀焉、【經文換言・説話】秋、楚成得臣鬪宜申帥師、【經文引用】滅夔、以夔子歸。

《632 左傳僖公二八ー七、作王宮于踐土・策命晉侯爲侯伯・明神殛之》
【説話】晉師三日館、穀、及癸酉而還、甲午、至于衡雍、作王宮于踐土、郷役之三月、鄭伯如楚致其師、爲楚師既敗而懼、使子人九行成于晉、晉欒枝入盟鄭伯、五月丙午、晉侯及鄭伯盟于衡雍、丁未、獻楚俘于王、駟介百乘、徒兵千、鄭伯傅王、用平禮也、己酉、王享醴、命晉侯宥、王命尹氏及王子虎・内史叔興父策命晉侯爲侯伯、賜之大輅之服・戎輅之服、彤弓一・彤矢百、弓矢千、秬鬯一卣、虎賁三百人、曰「王謂叔父、敬服王命、以綏四國、糾逖王慝」、晉侯三辭、從命、曰「重耳敢再拜稽首、奉揚天子之丕顯休命」、受策以出、出入三覲、衛侯聞楚師敗、懼、出奔楚、遂適陳、使元咺奉叔武以受盟、癸亥、王子虎盟諸侯于王庭、要言曰、皆獎王室、無相害也、有渝此盟、明神殛之、俾隊其師、無克祚國、及而玄孫、無有老幼、【君子】君子謂是盟也信、謂晉於是役也、能以德攻。

《632 左傳僖公二八ー五、河神・非神敗令尹》
【説話】初、楚子玉自爲瓊弁・玉纓、未之服、先戰、夢河神謂己曰、畀余、余賜女孟諸之麋、弗致也、大心與子西使榮黄諫、弗聽、榮季曰、死而利國、猶或爲之、況瓊玉乎、是糞土也、而可以濟師、將何愛焉、弗聽、出、告二子曰、非神敗令尹、令尹其不勤民、實自敗也、既敗、王使謂之曰、大夫若入、其若申・息之老何、子西・孫伯曰、得臣將死、二臣止之曰、"君其將以爲戮"、及連穀而死、晉侯聞之而後喜可知也、曰、莫餘毒也已、蒍呂臣實爲令尹、奉己而已、不在民矣。

《632 左傳僖公二八ー一〇、大神・明神》
【説話】或訴元咺於衛侯曰、立叔武矣、其子角從公、公使殺之、咺不廢命、奉夷叔以入守、【經文換言・説話】六月、晉人復衛侯、【説話】甯武子與衛人盟于宛濮曰、天禍衛國、君臣不協、以及此憂也、今天誘其衷、使皆降心以相從也、不有居者、誰守社稷、不有行者、誰扞牧圉、不協之故、用昭乞盟于爾大神以誘天衷、自今日以往、既盟之後、行者無保其力、居者無懼其罪、有渝此盟、以相及也、明神先君、是糾是殛、國人聞此盟也、而後不貳、衛侯先期入、甯子先、長牂守門、以爲使也、與之乘而入、公子歂犬・華仲前驅、叔孫將沐、聞君至、喜、捉髮走出、前驅射而殺之、公知其無罪也、枕之股而哭之、歂犬走出、公使殺之、【經文引用】元咺出奔晉。

《629 左傳僖公三一ー六》
【經文引用】冬、狄圍衛、衛遷于帝丘、【説話】卜曰三百年、衛成公夢康叔曰、相奪予享、公命祀相、甯武子不可、曰、鬼神非其族類、不歆其祀、杞・鄫何事、相之不享於此久矣、非衛之罪也、不可以間成王・周公之命祀、請改祀命。

《625 左傳文公二ー六、仁と知》
【經文引用】秋、八月丁卯、大事於大廟、躋僖公、【經解】逆祀也、【説話】於是夏父弗忌爲宗伯、尊僖公、且明見曰、吾見新鬼大、故鬼小、先大後小、順也、躋聖賢、明也、明・順、禮也、【君子】君子以爲失禮、禮無不順、祀、國之大事也、而逆之、可謂禮乎、子雖齊聖、不先父食久矣、故禹不先鯀、湯不先契、文・武不先不窋、宋祖帝乙、鄭祖厲王、猶上祖也、是以魯頌曰、春秋匪解、享祀不忒、皇皇后帝、皇祖后稷、【君子曰】君子曰禮、謂其后稷親而先帝也、詩曰、問我諸姑、遂及伯姊、【君子曰】君子曰禮、謂其姊親而先姑也、仲尼曰、臧文仲其不仁者三、不知者三、下展禽、廢六關、妾織蒲、三不仁也、作虛器、縱逆祀、祀爰居、三不知也。

《618 左傳文公九－一一、神は鬼神》
【經文換言・説話】冬、楚子越椒來聘、【經解】執幣傲、【説話】叔仲惠伯曰、<u>是必滅若敖氏之宗、傲其先君、神弗福也</u>。
《612 左傳文公一五－五、神》
【經文引用】六月辛丑朔、日有食之、鼓・用牲于社、【經解】非禮也、日有食之、天子不舉、伐鼓于社、<u>諸侯用幣于社、伐鼓于朝、以昭事神・訓民・事君、示有等威、古之道也</u>。
《606 左傳宣公三－三、神》
【經文引用】楚子伐陸渾之戎、【説話】遂至於雒、觀兵于周疆、定王使王孫滿勞楚子、楚子問鼎之大小・輕重焉、對曰、在德不在鼎、昔夏之方有德也、遠方圖物、貢金九牧、鑄鼎象物、<u>百物而爲之備、使民知神・姦</u>、故民入川澤・山林、不逢不若、螭魅罔兩、莫能逢之、用能協于上下、以承天休、桀有昏德、鼎遷于商、載祀六百、商紂暴虐、鼎遷於周、德之休明、雖小、重也、其姦回昏亂、雖大、輕也、天祚明德、有所厎止、成王定鼎于郟鄏、卜世三十、卜年七百、天所命也、周德雖衰、天命未改、鼎之輕重、未可問也。
《605 左傳宣公四－A》
【説話】初、楚司馬子良生子越椒、子文曰、必殺之、是子也、熊虎之狀而豺狼之聲、弗殺、必滅若敖氏矣、諺曰、狼子野心、是乃狼也、其可畜乎、子良不可、子文以爲大慼、及將死、聚其族、曰、椒也知政、乃速行矣、無及於難、且泣曰、<u>鬼猶求食、若敖氏之鬼不其餒而</u>、及令尹子文卒、鬭般爲令尹、子越爲司馬、蔿賈爲工正、譖子揚而殺之、子越爲令尹、己爲司馬、子越又惡之、乃以若敖氏之族、圍伯嬴於轑陽而殺之、遂處烝野、將攻王、王以三王之子爲質焉、弗受、師于漳澨、秋七月戊戌、楚子與若敖氏戰于皋滸、伯棼射王、汰輈及鼓跗、著於丁寧、又射、汰輈、以貫笠轂、師懼、退、王使巡師曰、吾先君文王克息、獲三矢焉、伯棼竊其二、盡於是矣、鼓而進之、遂滅若敖氏、初、若敖娶於䢵、生鬭伯比、若敖卒、從其母畜於䢵、淫於䢵子之女、生子文焉、䢵夫人使棄諸夢中、虎乳之、䢵子田、見之、懼而歸、夫人以告、遂使收之、楚人謂乳穀、謂虎於菟、故命之曰鬭穀於菟、以其女妻伯比、實爲令尹子文、其孫箴尹克黃使於齊、還及宋、聞亂、其人曰、不可以入矣、箴尹曰、棄君之命、獨誰受之、君、天也、天可逃乎、遂歸、復命、而自拘於司敗、王思子文之治楚國也、曰、子文無後、何以勸善、使復其所、改命曰生。
《594 左傳宣公一五－三、神人》
【説話】潞子嬰兒之夫人、晉景公之姊也、酆舒爲政而殺之、又傷潞子之目、晉侯將伐之、諸大夫皆曰、不可、酆舒有三儁才、不如待後之人、伯宗曰、必伐之、狄有五罪、儁才雖多、何補焉、不祀、一也、耆酒、二也、棄仲章而奪黎氏地、三也、虐我伯姬、四也、傷其君目、五也、怙其儁才而不以茂德、茲益罪也、<u>後之人或者將敬奉德義以事神人、而申固其命、若之何待之</u>、不討有罪、曰、將待後、後有辭而討焉、毋乃不可乎、夫恃才與衆、亡之道也、商紂由之、故滅、天反時爲災、地反物爲妖、民反德爲亂、亂則妖災生、故文、反正爲乏、盡在狄矣、晉侯從之、六月癸卯、晉荀林父敗赤狄于曲梁、辛亥、【經文換言・説話】滅潞、【説話】酆舒奔衞、衞人歸諸晉、晉人殺之。
《590 左傳成公一－A、神人》
【説話】元年、春、晉侯使瑕嘉平戎於王、單襄公如晉拜成、劉康公徼戎、將遂伐之、叔服曰、<u>背盟而欺大國、此必敗、背盟、不祥、欺大國、不義、神・人弗助、將何以勝</u>、不聽、遂伐茅戎、三月癸未、敗績於徐吾氏。
《586 左傳成公五－A、神・福・仁》
【説話】五年、春、原・屛放諸齊、嬰曰、我在、故欒氏不作、我亡、吾二昆其憂哉、且人各有能・有不能、舍我、何害、弗聽、嬰夢天使謂己、祭餘、余福女、使問諸士貞伯、貞伯曰、不識也、<u>既而告其人曰、神福仁而禍淫、淫而無罰、福也、祭、其得亡乎</u>、祭、之明日而亡。
《582 左傳成公九－二、明神以要之柔服而伐貳》
【説話】爲歸汶陽之田故、諸侯貳於晉、晉人懼、【經文引用】會於蒲、【經解】以尋馬陵之盟、【説話】季文子謂范文子曰「德則不競、尋盟何爲」、范文子曰「<u>勤以撫之、寬以待之、堅彊以御之、明神以要之、柔服而伐貳、德之次也</u>」、是行也、將始會吳、吳人不至。
《579 左傳成公一二－二、明神殛之》
【説話】宋華元克合晉・楚之成、夏、五月、晉士燮會楚公子罷・許偃、癸亥、盟于宋西門之外、曰、凡晉・楚無相加戎、好惡同之、同恤菑危、備救凶患、若有害楚、則晉伐之、在晉、楚亦如之、交贄往來、道路無壅、

第二章　先秦史料と通して知る「仁」とその原義

謀其不協、而討不庭、有渝此盟、明神殛之、俾隊其師、無克胙國、鄭伯如晉聽成、【經文引用】會于瑣澤、【經解】成故也。

《578 左傳成公一三－二ａ、君子勤禮・敬在養神・神之大節》
【經文引用】三月、公如京師、【説話】宣伯欲賜、請先使、王以行人之禮禮焉、孟獻子從、王以爲介而重賄之、公及諸侯朝王、遂從劉康公・成肅公會晉侯伐秦、成子受脤于社、不敬、劉子曰、吾聞之、民受天地之中以生、所謂命也、是以有動作禮義威儀之則、以定命也、能者養以之福、不能者敗以取禍、是故君子勤禮、小人盡力、勤禮莫如致敬、盡力莫如敦篤、敬在養神、篤在守業、國之大事、在祀與戎、祀有執膰、戎有受脤、神之大節也、今成子惰、棄其命矣、其不反乎。

《575 左傳成公一六－六、神》
【説話】戊寅、晉師起、鄭人聞有晉師、使告于楚、姚句耳與往、楚子救鄭、司馬將中軍、令尹將左、右尹子辛將右、過申、子反入見申叔時、曰「師其何如」、對曰、德・刑・詳・義・禮・信、戰之器也、德以施惠、刑以正邪、詳以事神、義以建利、禮以順時、信以守物、民生厚而德正、用利而事節、時順而物成、上下和睦、周旋不逆、求無不具、各知其極、故詩曰、立我烝民、莫匪爾極、是以神降之福、時無災害、民生敦厖、和同以聽、莫不盡力以從上命、致死以補其闕、此戰之所由克也、今楚内棄其民、而外絶其好、瀆齊盟、而食話言、奸時以動、而疲民以逞、民不知信、進退罪也、人恤所厎、其誰致死、子其勉之、吾不復見子矣、姚句耳先歸、子駟問焉、對曰、其行速、過險而不整、速則失志、不整、喪列、志失列喪、將何以戰、楚懼不可用也……。

《573 左傳成公一八－二、神・福》
【經文換言・説話】十八年、春、王正月庚申、晉欒書・中行偃使程滑弒厲公、【説話】葬之于翼東門之外、以車一乘、使荀罃・士魴逆周子于京師而立之、生十四年矣、大夫逆于清原、周子曰、孤始願不及此、雖及此、豈非天乎、抑人之求君、使出命也、立而不從、將安用君、二三子用我今日、否亦今日、共而從君、神之所福也、對曰、羣臣之願也、敢不唯命是聽、庚午、盟而入、館于伯子同氏、辛巳、朝于武宮、逐不臣者七人、周子有兄而無慧、不能辨菽麥、故不可立。

《566 左傳襄公七－Ａ、神》
【説話】冬、十月、晉韓獻子告老、公族穆子有癈疾、將立之、辭曰、詩曰、豈不夙夜、謂行多露、又曰、弗躬弗親、庶民弗信、無忌不才、讓其可乎、請立起也、與田蘇游、而曰、好仁、詩曰、靖共爾位、好是正直、神之聽之、介爾景福、恤民爲德、正直爲正、正曲爲直、參和爲仁、如是則神聽之、介福降之、立之、不亦可乎、庚戌、使宣子朝、遂老、晉侯謂韓無忌仁、使掌公族大夫。

《564 左傳襄公九－五・六、盟書内容を会話で解説》
【經文換言・説話】冬十月、諸侯伐鄭……十一月己亥、【經文引用】同盟于戲、【經解】鄭服也、【説話】將盟、鄭六卿公子騑・公子發・公子嘉・公孫輒・公孫蠆・公孫舍之及其大夫、門子、皆從鄭伯、晉士莊子爲載書曰、自今日既盟之後、鄭國而不唯晉命是聽、而或有異志者、有如此盟、公子騑趨進曰、天禍鄭國、使介居二大國之間、大國不加德音、而亂以要之、使其鬼神不獲歆其禋祀、其民人不獲享其土利、夫婦辛苦墊隘、無所厎告、自今日既盟之後、鄭國而不唯有禮與彊可以庇民者是從、而敢有異志者、亦如之、荀偃曰、改載書、公孫舍之曰、昭大神要言焉、若可改也、大國亦可叛也、知武子謂獻子曰、我實不德、而要人以盟、豈禮也哉、非禮、何以主盟、姑盟而退、修德息師而來、終必獲鄭、何必今日、我之不德、民將棄我、豈唯鄭、若能休和、遠人將至、何恃於鄭、乃盟而還、晉人不得志於鄭、以諸侯復伐之、十二月癸亥、門其三門、閏月戊寅、濟于陰阪、侵鄭、次於陰口而還、子孔曰、晉師可擊也、師老而勞、且有歸志、必大克之、子展曰、不可。

《564 左傳襄公九－七、神弗臨・明神不蠲要盟》
【經文引用】楚子伐鄭、【説話】子駟將及楚平、子孔・子蟜曰、與大國盟、口血未乾而背之、可乎、子駟・子展曰、吾盟固云、唯彊是從、今楚師至、晉不我救、則楚彊矣、盟誓之言、豈敢背之、且要盟無質、神弗臨也、所臨唯信、信者、言之瑞也、善之主也、是故臨之、明神不蠲要盟、背之、可也、乃及楚平、公子罷戎入盟、同盟于中分、楚莊夫人卒、王未能定鄭而歸。

《563 左傳襄公一〇－二、鬼神》
【經文換言・説話】晉荀偃・士匄請伐偪陽、【説話】而封宋向戌焉……五月庚寅、荀偃・士匄帥卒攻偪陽、

資料Ⅵ 『春秋』三傳の「仁」―附：『尚書』と『毛詩』の「仁」等

親受矢石、甲午、滅之、【經文引用】書曰、遂滅偪陽、【經解】言自會也、【説話】以與向戌、向戌辭曰、君若猶辱鎮撫宋國、而以偪陽光啓寡君、羣臣安矣、其何貺如之、若專賜臣、是臣興諸侯以自封也、其何罪大焉、敢以死請、乃予宋公、宋公享晉侯於楚丘、請以桑林、荀罃辭、荀偃・士匄曰、諸侯宋、魯、於是觀禮、魯有禘樂、賓祭用之、宋以桑林享君、不亦可乎、舞、師題以旌夏、晉侯懼而退入于房、去旌、卒享而還、及著雍、疾、卜、桑林見、荀偃・士匄欲奔請禱焉、荀罃不可、曰、我辭禮矣、彼則以之、猶有鬼神、於彼加之、晉侯有間、以偪陽子歸、獻于武宮、【説解】謂之夷俘、偪陽、妘姓也、【説話】使周内史選其族嗣、納諸霍人、【説解】禮也、【説話】師歸、孟獻子以秦堇父爲右、生秦丕茲、事仲尼。

《562 左傳襄公一一－五、羣神・明神》
【經文引用】秋、七月、同盟于亳、【説話】范宣子曰「不愼、必失諸侯、諸侯道敝而無成、能無貳乎」、乃盟、載書曰「凡我同盟、毋薀年、毋壅利、毋保姦、毋留慝、救災患、恤禍亂、同好惡、獎王室、或間茲命、司愼・司盟、名山・名川、羣神・羣祀、先王・先公、七姓十二國之祖、明神殛之、俾失其民、隊命亡氏、踣其國家」。

《559 左傳襄公一四－四、この「神」は「鬼神」》
【説話】衛獻公戒孫文子・甯惠子食、皆服而朝、日旰不召、而射鴻於囿、二子從之、不釋皮冠而與之言、二子怒、孫文子如戚、孫蒯入使、公飲之酒、使大師歌、巧言之卒章、大師辭、師曹請爲之、初、公有嬖妾、使師曹誨之琴、師曹鞭之、公怒、鞭師曹三百、故師曹欲歌之、以怒孫子、以報公、公使歌之、遂誦之、蒯懼、告文子、文子曰、君忌我矣、弗先、必死、并帑於戚而入、見蘧伯玉、曰、君之暴虐、子所知也、大懼社稷之傾覆、將若之何、對曰、君制其國、臣敢奸之、雖奸之、庸知愈乎、遂行、從近關出、公使子蟜・子伯・子皮與孫子盟于丘宮、孫子皆殺之、四月己未、子展奔齊、公如鄄、使子行請於孫子、孫子又殺之、【經文換言・説話】公出奔齊、【説話】孫氏追之、敗公徒于河澤、鄄人執之、初、尹公佗學射於庾公差、庾公差學射於公孫丁、二子追公、公孫丁御公、子魚曰、射爲背師、不射爲戮、射爲禮乎、射兩軥而還、尹公佗曰、子爲師、我則遠矣、乃反之、公孫丁授公轡而射之、貫臂、子鮮從公、及竟、公使祝宗告亡、且告無罪、定姜曰、無神、何告、若有、不可誣也、有罪、若何告無、舍大臣而與小臣謀、一罪也、先君有冢卿以爲師保、而蔑之、二罪也、余以巾櫛事君、而暴妾使余、三罪也、告亡而已、無告無罪……。

《559 左傳襄公一四－C、神明・神之主・寘神乏祀・大夫有貳宗・史爲書》
【説話】師曠侍於晉侯、晉侯曰、衛人出其君、不亦甚乎、對曰、或者其君實甚、良君將賞善而刑淫、養民如子、蓋之如天、容之如地、民奉其君、愛之如父母、仰之如日月、敬之如神明、畏之如雷霆、其可出乎、夫君、神之主而民之望也、若困民之主、匱神乏祀、百姓絕望、社稷無主、將安用之、弗去何爲、天生民而立之君、使司牧之、勿使失性、有君而爲之貳、使師保之、勿使過度、是故天子有公、諸侯有卿、卿置側室、大夫有貳宗、士有朋友、庶人・工商・皁隸・牧圉皆有親暱、以相輔佐也、善則賞之、過則匡之、患則救之、失則革之、自王以下各有父兄子弟以補察其政、史爲書、瞽爲詩、工誦箴諫、大夫規誨、士傳言、庶人謗、商旅于市、百工獻藝、故夏書曰、遒人以木鐸徇於路、官師相規、工執藝事以諫、正月孟春、於是乎有之、諫失常也、天之愛民甚矣、豈其使一人肆於民上、以從其淫、而棄天地之性、必不然矣。

《555 左傳襄公一八－三、神主・神羞・有神裁之》
【經文引用】秋、齊侯伐我北鄙、【説話】中行獻子將伐齊、夢與厲公訟、弗勝、公以戈擊之、首隊於前、跪而戴之、奉之以走、見梗陽之巫皋、他日、見諸道、與之言、同、巫曰、今茲主必死、若有事於東方、則可以逞、獻子許諾、晉侯伐齊、將濟河、獻子以朱絲繫玉二、而禱曰、齊環怙恃其險、負其衆庶、棄好背盟、陵虐神主、曾臣彪將率諸侯以討焉、其官臣偃實先後之、苟捷有功、無作神羞、官臣偃無敢復濟、唯爾有神裁之、沈玉而濟。

《553 左傳襄公二〇－A、宣公4と同じ》
【説話】衛甯惠子疾、召悼子曰「吾得罪於君、悔而無及也、名藏在諸侯之策、曰『孫林父・甯殖出其君』、君入、則掩之、若能掩之、則吾子也、若不能、猶有鬼神、吾有餒而已、不來食矣」、悼子許諾、惠子遂卒。

《548 左傳襄公二五－九、獻捷は成公2にある、楚語「武丁之神明」、神明》
【説話】鄭子產獻捷于晉、戎服將事、晉人問陳之罪、對曰、昔虞閼父爲周陶正、以服事我先王、我先王賴其利器用也、與其神明之後也、庸以元女大姬配胡公、而封諸陳、以備三恪、則我周之自出、至于今是賴、桓公之亂、蔡人欲立其出、我先君莊公奉五父而立之、蔡人殺之、我又與蔡人奉戴厲公、至於莊・宣皆我

385

第二章 先秦史料と通して知る「仁」とその原義

之自立、夏氏之亂、成公播蕩、又我之自入、君所知也、今陳忘周之大德、蔑我大惠、棄我姻親、介恃楚衆、以憑陵我敝邑、不可億逞、我是以有往年之告、未獲成命、則有我東門之役、當陳隧者、井堙木刊、敝邑大懼不競而恥大姬、天誘其衷、啓敝邑心、陳知其罪、授手于我、用敢獻功……。

《546 左傳襄公二七－二・五》
【説話】宋向戌善於趙文子、又善於令尹子木、欲弭諸侯之兵以爲名、如晉、告趙孟、趙孟謀於諸大夫、韓宣子曰、兵、民之殘也、財用之蠹、小國之大也、將或弭之、雖弗可、必將許之、弗許、楚將許之、以召諸侯、則我失爲盟主矣、晉人許之、如楚、楚亦許之、如齊、齊人難之……【説話】晉・楚爭先、晉人曰、晉固爲諸侯盟主、未有先晉者也、楚人曰、子言晉・楚匹也、若晉常先、是楚弱也、且晉・楚狎主諸侯之盟也久矣、豈專在晉、叔向謂趙孟曰、諸侯歸晉之德只、非歸其尸盟也、子務德、無爭先、且諸侯盟、小國固必有尸盟者、楚爲晉細、不亦可乎、乃先楚人、【經解】書先晉、晉有信也、【説話】壬午、宋公兼享晉・楚之大夫、趙孟爲客、子木與之言、弗能對、使叔向侍言焉、子木亦不能對也、乙酉、宋公及諸侯之大夫盟于蒙門之外、子木問於趙孟曰、范武子之德何如、對曰、夫子之家事治、言於晉國無隱情、其祝史陳信於鬼神無愧辭、子木歸以語王、王曰、尚矣哉、能歆神人、宜其光輔五君以爲盟主也、子木又語王曰、宜晉之伯也、有叔向以佐其卿、楚無以當之、不可與爭、晉荀盈遂如楚涖盟。

《541 左傳昭公一－Ｃ、神》
【説話】天王使劉定公勞趙孟於穎、館於雒汭、劉子曰、美哉禹功、明德遠矣、微禹、吾其魚乎、吾與子弁冕端委、以治民・臨諸侯、禹之力也、子盍亦遠續禹功而大庇民乎、對曰「老夫罪戾是懼、焉能恤遠、吾儕偸食、朝不謀夕、何其長也」、劉子歸、以語王曰、諺所謂老將知而耄及之者、其趙孟之謂乎、爲晉正卿、以主諸侯、而儕於隸人、朝不謀夕、棄神・人矣、神怒・民叛、何以能久、趙孟不復年矣、神怒、不歆其祀、民叛、不即其事、祀・事不從、又何以年。

《541 左傳昭公一－Ｇ、參神・汾神・山川之神・日月星辰之神・山川・星辰之神・節宣其氣・内官不及同姓》
【説話】晉侯有疾、鄭伯使公孫僑如晉聘、且問疾、叔向問焉、曰、寡君之疾病、卜人曰、實沈・臺駘爲祟、史莫之知、敢問此何神也、子産曰、昔高辛氏有二子、伯曰閼伯、季曰實沈、居于曠林、不相能也、日尋干戈、以相征討、后帝不臧、遷閼伯于商丘、主辰、商人是因、故辰爲商星、遷實沈于大夏、主參、唐人是因、以服事夏・商、其季世曰唐叔虞、當武王邑姜方震大叔、夢帝謂己、余命而子曰虞、將與之唐、屬諸參、而蕃育其子孫、及生、有文在其手曰虞、遂以命之、及成王滅唐、而封大叔焉、故參爲晉星、由是觀之、則實沈、參神也、昔金天氏有裔子曰昧、爲玄冥師、生允格・臺駘、臺駘能業其官、宣汾・洮、障大澤、以處大原、帝用嘉之、封諸汾川、沈・姒・蓐・黄實守其祀、今晉主汾而滅之矣、由是觀之、則臺駘、汾神也、抑此二者、不及君身、山川之神、則水旱癘疫之災、於是乎禜之、日月星辰之神、則雪霜風雨之不時、於是乎禜之、若君身、則亦出入・飲食・哀樂之事也、山川・星辰之神又何爲焉、僑聞之、君子有四時、朝以聽政、晝以訪問、夕以脩令、夜以安身、於是乎節宣其氣、勿使有所壅閉湫底以露其體、茲心不爽、而昏亂百度、今無乃壹之、則生疾矣、僑又聞之、内官不及同姓、其生不殖、美先盡矣、則相生疾、君子是以惡之、故志曰、買妾不知其姓、則卜之、違此二者、古之所愼也、男女辨姓、禮之大司也、今君内實有四姬焉、其無乃是也乎、若由是二者、弗可爲也已、四姬有省猶可、無則必生疾矣、叔向曰、善哉、肸未之聞也、此皆然矣、叔向出、行人揮送之、叔向問鄭故焉、且問子皙、對曰、其與幾何、無禮而好陵人、怙富而卑其上、弗能久矣、晉侯聞子産之言、曰、博物君子也、重賄之。

《541 左傳昭公一－Ｈ》
【説話】晉侯求醫於秦、秦伯使醫和視之、曰、疾不可爲也、是謂近女室、疾如蠱、非鬼非食、惑以喪志、良臣將死、天命不佑」、公曰「女不可近乎」、對曰「節之、先王之樂、所以節百事也、故有五節、遲速本末以相及、中聲以降、五降之後、不容彈矣、於是有煩手淫聲、慆堙心耳、乃忘平和、君子弗聽也、物亦如之、至于煩、乃舍也已、無以生疾、君子之近琴瑟、以儀節也、非以慆心也、天有六氣、降生五味、發爲五色、徵爲五聲、淫生六疾、六氣曰陰・陽・風・雨・晦・明也、分爲四時、序爲五節、過則爲菑、陰淫寒疾、陽淫熱疾、風淫末疾、雨淫腹疾、晦淫惑疾、明淫心疾、女、陽物而晦時、淫則生内熱惑蠱之疾、今君不節・不時、能無及此乎」、出、告趙孟、趙孟曰「誰當良臣」、對曰「主是謂矣、主相晉國、於今八年、晉國無亂、諸侯無闕、可謂良矣、和聞之、國之大臣、榮其寵祿・任其大節、有菑禍興、而無改焉、必受其咎、今君至於淫以生疾、將不能圖恤社稷、禍孰大焉、主不能禦、吾是以云也」、趙孟曰「何謂蠱」、對

曰「淫溺惑亂之所生也、於文、皿蟲爲蠱、穀之飛亦爲蠱、在《周易》、女惑男・風落山謂之蠱■■、皆同物也」、趙孟曰「良醫也」、厚其禮而歸之。

《538 左傳昭公四－A、晉・楚唯天所相・修德音以亨神人》

【説話】四年、春、王正月、許男如楚、楚子止之、遂止鄭伯、復田江南、許男與焉、使椒舉如晉求諸侯、二君待之、椒舉致命曰、寡君使舉曰、日君有惠、賜盟于宋、曰、晉・楚之從交相見也、以歲之不易、寡人願結驩於二三君、使舉請間、君若苟無四方之虞、則願假寵以請於諸侯、晉侯欲勿許、司馬侯曰、不可、楚王方侈、天或者欲逞其心、以厚其毒、而降之罰、未可知也、其使能終、亦未可知也、晉・楚唯天所相、不可與争、君其許之、而修德以待其歸、若歸於德、吾猶將事之、況諸侯乎、若適淫虐、楚將棄之、吾又誰與争、公曰、晉有三不殆、其何敵之有、國險而多馬、齊・楚多難、有是三者、何郷而不濟、對曰、恃險與馬而虞鄰國之難、是三殆也、四嶽・三塗・陽城・大室・荊山・中南、九州之險也、是不一姓、冀之北土、馬之所生、無興國焉、恃險與馬、不可以爲固也、從古以然、是以先王務修德音以亨神人、不聞其務險與馬也、鄰國之難、不可虞也、或多難以固其國、啓其疆土、或無難以喪其國、失其守宇、若何虞難、齊有仲孫之難、而獲桓公、至今賴之、晉有里・丕之難而獲文公、是以爲盟主、衛・邢無難、敵亦喪之、故人之難、不可虞也、恃此三者而不修政德、亡於不暇、又何能濟、君其許之、紂作淫虐、文王惠和、殷是以隕、周是以興、夫豈争諸侯……。

《535 左傳昭公七－A、共神・僕區之法》

【説話】楚子之爲令尹也、爲王旌以田、芋尹無宇斷之、曰、一國兩君、其誰堪之、及即位、爲章華之宮、納亡人以實之、無宇之閽入焉、無宇執之、有司弗與、曰、執人於王宮、其罪大矣、執而謁諸王、王將飲酒、無宇辭曰、天子經略、諸侯正封、古之制也、封略之内、何非君土、食土之毛、誰非君臣、故詩曰、普天之下、莫非王土、率土之濱、莫非王臣、天有十日、人有十等、下所以事上、上所以共神也、故王臣公、公臣大夫、大夫臣士、士臣皁、皁臣輿、輿臣隸、隸臣僚、僚臣僕、僕臣臺、馬有圉、牛有牧、以待百事、今有司曰、女胡執人於王宮、將焉執之、周文王之法曰、有亡、荒閲、所以得天下也、吾先君文王作僕區之法、曰、盜所隱器、與盜同罪、所以封汝也、若從有司、是無所執逃臣也、逃而舍之、是無陪臺也、王事無乃闕乎、昔武王數紂之罪以告諸侯曰、紂爲天下逋逃主、萃淵藪、故夫致死焉、君王始求諸侯而則紂、無乃不可乎、若以二文之法取之、盜有所在矣、王曰、取而臣以往、盜寵、未可得也、遂赦之。

《535 左傳昭公七－二》

【説話】楚子成章華之臺、願與諸侯落之、大宰薳啓彊曰、臣能得魯侯、薳啓彊來召公、辭曰、昔先君成公命我先大夫嬰齊曰、吾不忘先君之好、將使衡父照臨楚國、鎭撫其社稷、以輯寧爾民、嬰齊受命于蜀、奉承以來、弗敢失隕、而致諸宗祧、曰我先君共王引領北望、日月以冀、傳序相授、於今四王矣、嘉惠未至、唯襄公之辱臨我喪、孤與其二三臣悼心失圖、社稷之不皇、況能懷思君德、今君若親步玉趾、辱見寡君、寵靈楚國、以信蜀之役、致之嘉惠、是寡君既受貺矣、何蜀之敢望、其先君鬼神實嘉頼之、豈唯寡君、君若不來、使臣請問行期、寡君將承質幣而見于蜀、以請先君之貺、公將往、夢襄公祖、梓愼曰、君不果行、襄公之適楚也、夢周公祖而行、今襄公實祖、君其不行、子服惠伯曰、行、先君未嘗適楚、故周公祖以道之、襄公適楚矣、而祖以道君、不行、何之、【經文引用】三月、公如楚、【説話】鄭伯勞于師之梁、孟僖子爲介、不能相儀、及楚、不能答郊勞。

《535 左傳昭公七－D》

【説話】鄭子産聘于晉、晉侯有疾、韓宣子逆客、私焉、曰、寡君寢疾、於今三月矣、並走羣望、有加而無瘳、今夢黄熊入于寢門、其何厲鬼也、對曰、以君之明、子爲大政、其何厲之有、昔堯殛鯀于羽山、其神化爲黄熊、以入于羽淵、實爲夏郊、三代祀之、晉爲盟主、其或者未之祀也乎、韓子祀夏郊、晉侯有間、賜子産莒之二方鼎。

《535 左傳昭公七－F、伯有至矣・神明・猶能爲鬼・人生始化曰魄既生魄陽曰魂》

【説話】鄭人相驚以伯有、曰、伯有至矣、則皆走、不知所往、鑄刑書之歲[前年]二月、或夢伯有介而行、曰、壬子、余將殺帶也、明年壬寅、余又將殺段也、及壬子、駟帶卒、國人益懼、齊・燕平之月、壬寅、公孫段卒、國人愈懼、其明月、子産立公孫洩及良止以撫之、乃止、子大叔問其故、子産曰、鬼有所歸、乃不爲厲、吾爲之歸也、大叔曰、公孫洩何爲、子産曰、説也、爲身無義而圖説、從政有所反之、以取媚也、不媚、不信、不信、民不從也、及子産適晉、趙景子問焉、曰、伯有猶能爲鬼乎、子産曰、能、人生始化

第二章　先秦史料と通して知る「仁」とその原義

曰魄、既生魄、陽曰魂、用物精多、則魂魄強、是以有精爽至於神明、匹夫匹婦強死、其魂魄猶能馮依於人、以爲淫厲、況良霄、我先君穆公之冑・子良之孫・子耳之子・敝邑之卿・從政三世矣、鄭雖無腆、抑諺曰、蕆爾國、而三世執其政柄、其用物也弘矣、其取精也多矣、其族又大、所馮厚矣、而強死、能爲鬼、不亦宜乎。

《535 左傳昭公七－八》
【説話】衞襄公夫人姜氏無子、嬖人婤姶生孟縶、孔成子夢康叔謂己、立元、余使羈之孫圉與史苟相之、史朝亦夢康叔謂己、余將命而子苟與孔烝鉏之曾孫圉相元、史朝見成子、告之夢、夢協、晉韓宣子爲政聘于諸侯之歲、婤姶生子、名之曰元、孟縶之足不良能行、孔成子以周易筮之、曰、元尚享衞國、主其社稷、遇屯䷂、又曰、余尚立縶、尚克嘉之、遇屯䷂之比䷇、以示史朝、史朝曰、元亨、又何疑焉、成子曰、非長之謂乎、對曰、康叔名之、可謂長矣、孟非人也、將不列於宗、不可謂長、且其繇曰、利建侯、嗣吉、何建、建非嗣也、二卦皆云、子其建之、康叔命之、二卦告之、筮襲於夢、武王所用也、弗從何爲、弱足者居、侯主社稷、臨祭祀、奉民人、事鬼神、從會朝、又焉得居、各以所利、不亦可乎、故孔成子立靈公、
【經文引用】十二月癸亥、葬衞襄公。

《529 左傳昭公一三－三、先神命之・獲神・以神所命》
【説話】觀從謂子干曰……子干歸、韓宣子問於叔向曰「子干其濟乎」、對曰「難」、宣子曰「同惡相求、如市賈焉、何難」、對曰「無與同好、誰與同惡、取國有五難、有寵而無人、一也、有人而無主、二也、有主而無謀、三也、有謀而無民、四也、有民而無德、五也、子干在晉、十三年矣、晉・楚之從、不聞達者、可謂無人、族盡親叛、可謂無主、無釁而動、可謂無謀、爲羇終世、可謂無民、亡無愛徵、可謂無德、王虐而不忌、楚君子干、涉五難以弒舊君、誰能濟之、有楚國者、其棄疾乎、君陳蔡、城外屬焉、苛慝不作、盜賊伏隱、私欲不違、民無怨心、先神命之、國民信之、羋姓有亂、必季實立、楚之常也、獲神、一也、有民、二也、令德、三也、寵貴、四也、居常、五也、有五利以去五難、誰能害之、子干之官、則右尹也、數其貴寵、則庶子也、以神所命、則又遠、其貴亡矣、其寵棄矣、民無懷焉、國無與焉、將何以立」、宣子曰、齊桓晉文不亦是乎……。

《529 左傳昭公一三－五、尋盟・昭明於神・旬服・鄭伯男也》
【説話】晉人將尋盟、齊人不可、晉侯使叔向告劉獻公曰、抑齊人不盟、若之何、對曰、盟以底信、君苟有信、諸侯不貳、何患焉、告之以文辭、董之以武師、雖齊不許、君庸多矣、天子之老請帥王賦、元戎十乘、以先啓行、遲速唯君、叔向告于齊曰、諸侯求盟、已在此矣、今君弗利、寡君以爲請、諸侯討貳、則有尋盟、若皆用命、何盟之尋、叔向曰、國家之敗、有事而無業、事則不經、有業而無禮、經則不序、有禮而無威、序則不共、有威而不昭、共則不明、不明棄共、百事不終、所由傾覆也、是故明王之制、使諸侯歲聘以志業、間朝以講禮、再朝而會以示威、再會而盟以顯昭明、志業於好、講禮於等、示威於衆、昭明於神、自古以來、未之或失也、存亡之道、恆由是興、晉禮主盟、懼有不治、奉承齊犧、而布諸君、求終事也、君曰、余必廢之、何齊之有、唯君圖之、寡君聞命矣、齊人懼、對曰、小國言之、大國制之、敢不聽從、既聞命矣、敬共以往、遲速唯君、叔向曰、諸侯有閒矣、不可以不示衆……。

《529 左傳昭公一三－一一》
【經文引用】吳滅州來、【説話】令尹子旗請伐吳、王弗許、曰、吾未撫民人、未事鬼神、未修守備、未定國家、而用民力、敗不可悔、州來在吳、猶在楚也、子姑待之。

《526 左傳昭公一六－C》
【説話】三月、晉韓起聘于鄭、鄭伯享之、子產戒曰……宣子有環、其一在鄭商、宣子謁諸鄭伯、子產弗與、曰「非官府之守器也、寡君不知」、子大叔・子羽謂子產曰「韓子亦無幾求、晉國亦未可以貳、晉國・韓子不可偷也、若屬有讒人交鬬其間、鬼神而助之以興其凶怒、悔之何及、吾子何愛於環、其以取憎於大國也、盍求而與之」、子產曰「吾非偷晉而有二心、將終事之、是以弗與、忠信故也、僑聞君子非無賄之難、立而無令名之患、僑聞爲國非不能事大字小之難、無禮以定其位之患、夫大國之人令於小國、而皆獲其求、將何以給之、一共一否、爲罪滋大、大國之求、無禮以斥之、何饜之有、吾且爲鄙邑、則失位矣、若韓子奉命以使而求玉焉、貪淫甚矣、獨非罪乎、出一玉以起二罪、吾又失位、韓子成貪、將焉用之、且吾以玉賈罪、不亦銳乎」、韓子買諸賈人、既成賈矣、商人曰「必告君大夫」、韓子請諸子產曰「日起請夫環、執政弗義、弗敢復也、今買諸商人、商人曰『必以聞』、敢以爲請」、子產對曰「昔我先君桓公與商人皆出自周、

庸次比耦、以艾殺此地、斬之蓬・蒿・藜・藿、而共處之、世有盟誓、以相信也、曰『爾無我叛、我無強賈、毋或匄奪、爾有利市寶賄、我勿與知』、恃此質誓、故能相保以至于今、今吾子以好來辱、而謂敝邑強奪商人、是敎敝邑背盟誓也、毋乃不可乎、吾子得玉、而失諸侯、必不爲也、若大國令、而共無藝、鄭鄙邑也、亦弗爲也、僑若獻玉、不知所成、敢私布之」、韓子辭玉、曰「起不敏、敢求玉以徹二罪、敢辭之」……。

《522 左傳昭公二〇－D》
【說話】齊侯疥、遂痁、期而不瘳、諸侯之賓問疾者多在、梁丘據與裔款言於公曰、吾事鬼神豐、於先君有加矣、今君疾病、爲諸侯憂、是祝・史之罪也、諸侯不知、其謂我不敬、君盍誅於祝固・史嚚以辭賓、公說、告晏子、晏子曰、日宋之盟、屈建問范會之德於趙武、趙武曰、夫子之家事治、言於晉國、竭情無私、其祝史祭祀、陳信不愧、其家事無猜、其祝・史不祈、建以語康王、康王曰、神人無怨、宜夫子之光輔五君以爲諸侯主也、公曰、據與款謂寡人能事鬼神、故欲誅於祝・史、子稱是語、何故、對曰、若有德之君、外內不廢、上下無怨、動無違事、其祝・史薦信、無愧心矣、是以鬼神用饗、國受其福、祝・史與焉、其所以蕃祉老壽者、爲信君使也、其言忠信於鬼神、其適遇淫君、外內頗邪、上下怨疾、動作辟違、從欲厭私、高臺深池、撞鐘舞女、斬刈民力、輸掠其聚、以成其違、不恤後人、暴虐淫從、肆行非度、無所還忌、不思謗讟、不憚鬼神、神怒民痛、無悛於心、其祝・史薦信、是言罪也、其蓋失數美、是矯誣也、進退無辭、則虛以求媚、是以鬼神不饗其國以禍之、祝・史與焉、所以夭昏孤疾者、爲暴君使也、其言僭嫚於鬼神、公曰、然則若之何、對曰、不可爲也、山林之木、衡鹿守之、澤之萑蒲、舟鮫守之、藪之薪蒸、虞候守之、海之鹽蜃、祈望守之、縣鄙之人、入從其政、偪介之關、暴征其私、承嗣大夫、強易其賄、布常無藝、徵斂無度、宮室日更、淫樂不違、內寵之妾、肆奪於市、外寵之臣、僭令於鄙、私欲養求、不給則應、民人苦病、夫婦皆詛、祝有益也、詛亦有損、聊・攝以東、姑・尤以西、其爲人也多矣、雖其善祝、豈能勝億兆人之詛、君若欲誅於祝・史、修德而後可、公說、使有司寬政、毀關、去禁、薄斂、已責。

《516 左傳昭公二六－三》
【說話】夏、齊侯將納公、命無受魯貨、申豐從女賈、以幣錦二兩、縛一如瑱、適齊師、謂子猶之人高齮、「能貨子猶、爲高氏後、粟五千庾」、高齮以錦示子猶、子猶欲之、齮曰「魯人買之、百兩一布、以道之不通、先入幣財」、子猶受之、言於齊侯曰「群臣不盡力于魯君者、非不能事君也、然據有異焉、宋元公爲魯君如晉、卒於曲棘、叔孫昭子求納其君、無疾而死、不知天之棄魯邪、抑魯君有罪於鬼神故及此也、君若待於曲棘、使群臣從魯君以卜焉、若可、師有濟也、君而繼之、茲無敵矣、若其無成、君無辱焉」、齊侯從之……。

《516 左傳昭公二六－七、不穀は王子朝の自稱・神聖》
【說話】冬、十月丙申、王起師于滑、辛丑、在郊、遂次于尸、十一月辛酉、晉師克鞏、召伯盈逐王子朝、王子朝及【經文換言・說話】召氏之族・毛伯得・尹氏固【說話】・南宮嚚奉周之典籍以【經文引用】奔楚、【說話】陰忌奔莒以叛、召伯逆王于尸、及劉子・單子盟、遂軍圉澤、次于隄上、癸酉、【經文換言・說話】王入于成周、【說話】甲戌、盟于襄宮、晉師使成公般戍成周而還、十二月癸未、王入于莊宮、王子朝使告于諸侯……曰、周其有頿王、亦克能修其職、諸侯服享、二世共職、王室其有閒王位、諸侯不圖、而受其亂災、至于靈王、生而有頿、王甚神聖、無惡於諸侯、靈王景王克終其世、今王室亂、單旗・劉狄剝亂天下、壹行不若、謂先王何常之有、唯余心所命、其誰敢討之、帥羣不弔之人、以行亂于王室、侵欲無厭、規求無度、貫瀆神、慢棄刑法、倍奸齊盟、傲很威儀、矯誣先王、晉爲不道、是攝是贊、思肆其罔極、茲不穀震盪播越、竄在荊蠻、未有攸底、若我一二兄弟甥舅獎順天法、無助狡猾、以從先王之命、毋速天罰、赦圖不穀、則所願也、敢盡布其腹心及先王之經、而諸侯實深圖之、昔先王之命曰……。

《515 左傳昭公二七－A、この一節の後に「知者、除讒以自安也」とある》
【說話】孟懿子・陽虎伐鄆、鄆人將戰、子家子曰「天命不慆久矣、使君亡者、必此衆也、天既禍之、而自福也、不亦難乎、猶有鬼神、此必敗也、嗚呼、爲無望也夫、其死於此乎」、公使子家子如晉、公徒敗于且知。

《513 左傳昭公二九－B、龍見・畜龍・龍一雌死・潛醢以食夏后・祀爲貴神・社稷五祀》
【說話】秋、龍見于絳郊、魏獻子問於蔡墨曰「吾聞之、蟲莫知於龍、以其不生得也、謂之、信乎」、對曰「人實不知、非龍實知、古者畜龍、故國有豢龍氏、有御龍氏」、獻子曰「是二氏者、吾亦聞之、而不知其故、是何謂也」、對曰「昔有飂叔安、有裔子曰董父、實甚好龍、能求其耆欲以飲食之、龍多歸之、乃擾畜龍、以服事帝舜、帝賜之姓曰董、氏曰豢龍、封諸鬷川、鬷夷氏其後也、故帝舜氏世有畜龍、及有夏孔甲、擾于有帝、帝賜之乘龍、河・漢各二、各有雌雄、孔甲不能食、而未獲豢龍氏、有陶唐氏既衰、其後有劉累、

第二章　先秦史料と通して知る「仁」とその原義

學擾龍于豢龍氏、以事孔甲、能飲食之、夏后嘉之、賜氏曰御龍、以更豕韋之後、龍一雌死、潛醢以食夏后、夏后饗之、既而使求之、懼而遷于魯縣、范氏其後也」、獻子曰「今何故無之」、對曰「夫物、物有其官、官修其方、朝夕思之、一日失職、則死及之、失官不食、官宿其業、其物乃至、若泯棄之、物乃隕伏、鬱湮不育、故有五行之官、是謂五官、實列受氏姓、封爲上公、祀爲貴神、社稷五祀、是尊是奉、木正曰句芒、火正曰祝融、金正曰蓐收、水正曰玄冥、土正曰后土、龍、水物也、水官棄矣、故龍不生得、不然……。

《512＊左傳昭公三〇－四》
【説話】吳子使徐人執掩餘、使鍾吾人執燭庸、二公子奔楚。楚子大封、而定其徙、使監馬尹大心逆吳公子、使居養、莠尹然・左司馬沈尹戌城之。取於城父與胡田以與之、將以害吳也。子西諫曰「吳光新得國、而親其民、視民如子、辛苦同之、將用之也。若好吳邊疆、使柔服焉、猶懼其至。吾又彊。其讎、以重怒之、無乃不可乎。吳、周之胄裔也、而棄在海濱、不與姬通、今而始大、比于諸華。光又甚文、將自同於先王。不知天將以爲虐乎。使翦喪吳國而封大異姓乎。其抑亦將卒以祚吳乎。其終不遠矣。我盡姑億吾鬼神、而寧吾族姓、以待其歸、將焉用自播揚焉」……。

《509 左傳定公一－一》
【説話】元年、春、王正月辛巳、晉魏舒合諸侯之大夫于狄泉、將以城成周。魏子涖政。衛彪傒曰、將建天子、而易位以令、非義也。大事奸義、必有大咎。晉不失諸侯、魏子其不免乎、是行也、魏獻子屬役於韓簡子及原壽過、而田於大陸、焚焉、還、卒於甯、范獻子去其柏槨、以其未復命而田也。孟懿子會城成周、庚寅、栽。宋仲幾不受功、曰、滕・薛・郳、吾役也、薛宰曰、宋爲無道、絶我小國於周、以我適楚、故我常從宋、晉文公爲踐土之盟、曰、凡我同盟、各復舊職、若從踐土、若從宋、亦唯命、仲幾曰、踐土固然、薛宰曰、薛之皇祖奚仲居薛、以爲夏車正、奚仲遷于邳、仲虺居薛、以爲湯左相、若復舊職、將承王官、何故以役諸侯、仲幾曰、三代各異物、薛焉得有舊、爲宋役、亦其職也、士彌牟曰、晉之從政者新、子姑受功、歸、吾視諸故府、仲幾曰、縱子忘之、山川鬼神其忘諸乎、士伯怒、謂韓簡子曰、薛徵於人、宋徵於鬼、宋罪大矣、且已無辭、而抑我以神、誣我也、啓寵納侮、其此之謂矣、必以仲幾爲戮、乃【經文換言・説話】執仲幾以歸、【説話】三月、歸諸京師、城三旬而畢、乃歸諸侯之戍、齊高張後、不從諸侯、晉女叔寬曰、周萇弘・齊高張皆將不免、萇叔違天、高子達人、天之所壞、不可支也、衆之所爲、不可奸也。

《500 左傳定公一〇－二、孔丘相・於神爲不祥》
【經文換言・説話】夏、公會齊侯于祝其、【經解】實夾谷、【説話】孔丘相、犁彌言於齊侯曰、孔丘知禮而無勇、若使萊人以兵劫魯侯、必得志焉、齊侯從之、孔丘以公退、曰、士兵之、兩君合好、而裔夷之俘以兵亂之、非齊君所以命諸侯也、裔不謀夏、夷不亂華、俘不干盟、兵不偪好、於神爲不祥、於德爲愆義、於人爲失禮、君必不然、齊侯聞之、遽辟之、將盟、齊人加於載書曰、齊師出竟而不以甲車三百乘從我者、有如此盟、孔丘使茲無還揖對、曰、而不反我汶陽之田、吾以共命者亦如之、齊侯將享公、孔丘謂梁丘據曰、齊・魯之故、吾子何不聞焉、事既成矣、而又享之、是勤執事也、且犧・象不出門、嘉樂不野合、饗而既具、是棄禮也、若其不具、用秕稗也、用秕稗、君辱、棄禮、名惡、子盍圖之、夫享、所以昭德也、不昭、不如其已也、乃不果享。

《483 左傳哀公一二－三、明神》
【經文引用】公會吳于橐皋、【説話】吳子使大宰嚭請尋盟、公不欲、使子貢對曰、盟、所以周信也、故心以制之、玉帛以奉之、言以結之、明神以要之、寡君以爲苟有盟焉、弗可改也已、若猶可改、日盟何益、今吾子曰、必尋盟、若可尋也、亦可寒也、乃不尋盟。

《481 左傳哀公一四－七》
【説話】宋桓魋之寵害於公、公使夫人驟請享焉、而將討之、未及、魋先謀公、請以鞌易薄、公曰、不可、薄、宗邑也、乃益鞌七邑、而請享公焉、以日中爲期、家備盡往、公知之、告皇野曰、余長魋也、今將禍余、請即救、司馬子仲曰、有臣不順、神之所惡也、而況人乎、敢不承命、不得左師不可、請以君命召之、左師每食、擊鐘、聞鐘聲、公曰、夫子將食、既食、又奏、公曰、可矣、以乘車往、曰、迹人來告曰、逢澤有介麋焉、公曰、雖魋未來、得左師、吾與之田、若何、君憚告子、野曰、嘗私焉、君欲速、故以乘車逆子、與之乘、至、公告之故、拜、不能起、司馬曰、君與之言、公曰、所難子者、上有天、下有先君、對曰、魋之不共、宋之禍也、敢不唯命是聽、司馬請瑞焉、以命其徒攻桓氏、其父兄故臣曰、不可、其新臣曰、從吾君之命、遂攻之、子頎騁而告桓司馬、司馬欲入、子車止之曰、不能事君、而又伐國、民不與也、取死焉、

【經文引用】向魋遂入于曹以叛。
《479 左傳哀公一六－C、以敬事神》
【説話】楚大子建之遇讒也、自城父奔宋、又辟華氏之亂於鄭、鄭人甚善之、又適晉、與晉人謀襲鄭、乃求復焉、鄭人復之如初、晉人使諜於子木、請行而期焉、子木暴虐於其私邑、邑人訴之、鄭人省之、得晉諜焉、遂殺子木、其子曰勝、在吳、子西欲召之……吳人伐慎、白公敗之、請以戰備獻、許之、遂作亂、秋七月、殺子西・子期于朝、而劫惠王、子西以袂掩面而死、子期曰「昔者吾以力事君、不可以弗終」、抉豫章以殺人而後死、石乞曰、焚庫・弒王、不然、不濟、白公曰、不可、弒、王、不祥、焚庫、無聚、將何以守矣、乞曰、<u>有楚國而治其民、以敬事神、可以得祥、且有聚矣、何患</u>、弗從、葉公在蔡、方城之外皆曰、可以入矣……乃從葉公、使與國人以攻白公、白公奔山而縊、其徒微之、生拘石乞而問白公之死焉、對曰、余知其死所、而長者使余勿言、曰、不言將烹、乞曰、此事克則爲卿、不克則烹、固其所也。

第三章　古代の數理

第一節　三正説と數理

はじめに

　第二章において、侯馬盟書については、「皇君岳公」と「嘉の身」が注目された。「嘉の身」は、『論語』堯曰篇の「舜の身」を遡らせて議論すべきであり、曆數が議論される戰國時代の中期以後の内容を除くことに注意する必要があることに言及した。

　この曆數の問題は、筆者は過去に幾度となく話題にしている。しかし、そもそもその曆數を問題にする理由は、一般にあまり理解されていないように見える。曆數そのものに興味のある人々は別として、實はこの曆數の問題が、中國古代の思想史上の大きな問題に關わっていることは、必ずしも理解されてきていない。思想史に興味をもつ人々は、往々にして、曆數の話題に立ち入ろうとしない。曆數そのものに理解を示す人々も、同樣往々にして、中國古代の思想史上の大きな問題に、關わろうとはしない。だから、曆數とその大きな問題をとり結ぶことは、實はさほどたやすいことではない。そのことがあるから、今日までそれらが乖離していたのだとも言える。

　しかし、『論語』堯曰篇には、「舜の身」と「曆數」がセットで議論されている。これは嚴然たる事實である。本來このセットを（侯馬盟書出土後すら）無視してきたのが、（學問的には）異常なのである。

　そこで、以上のべたような困難な状況下ではあるが、極力意を盡くして、以下、作業を進めたい。まず檢討するのは、三正説である。

1. 曆と三正説

　近年太陽曆のみを使って生活するようになったため、舊曆については、全く知らないという人々がかなり増えた。一昔前は、太陽曆の中に小さく舊曆が記され、占いに用いられるような注記も示されたりしていたので、曆の説明は敢えてする必要もなかった。そのこともあって、一昔前の論文も、敢えてする必要のない説明は、しないという前提で書かれている。現在と比較して、格段に多くの論者が、常識的に舊曆を知っていた。

　だから、舊曆の十一月に冬至が含まれるという話も、常識として知っていたし、月の盈ち虧けと太陽曆の關係が毎年違っているということも、常識として知っていた。月の盈ち虧けは約29.5日なので、3年もすると（2年の時もある）まるまる一ヶ月餘分な月、つまり閏月を置くことも、常識として知っていた。

　この「常識で理解可能な舊曆」の祖先は、前4世紀ごろ始まったことがわかっている。學問的にこれを明らかにしてみせたのが新城新藏『東洋天文學史研究』であった[1]。中國には、經典として『春秋』という年代記がある。そこに記された曆日を檢討すると、舊曆の祖先にはならないことがわかる。上記に「舊曆の十一月に冬至が含まれる」ことを述べたが、『春秋』の曆はそう

第三章　古代の數理

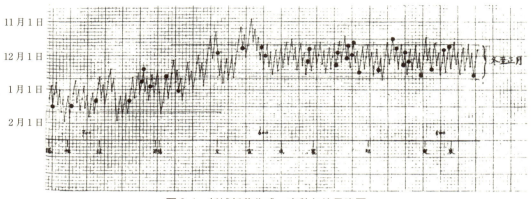

圖 3-1　新城新藏作成・春秋年始早晚圖
（新城新藏『東洋天文學史研究』315 頁前挿圖に 11 月 1 日等〔太陽曆〕を加筆）

なっていないのである。
　圖として示したのは新城の「春秋年始早晚圖」である（圖3-1）。圖の左端が前722年、右端が前481年である。『春秋』の扱う年代である。「冬至正月」と書いてあるのが、冬至を含む月、すなわち今いうところの舊曆の十一月に當たる。注釋等には、周の曆を「周正」と稱し、舊曆の十一月が周正の正月だと説明してある。ところが、「春秋年始早晚圖」を見れば明らかなように、『春秋』に記されたデータは、周正のものではないことがわかるのである。『春秋』の始めは全く違う曆のものであり、途中から周正に近いデータを示すようになる。しかし、「近い」のであって、舊曆十一月の外にはみ出してしまうデータも結構目につく。
　新城は、この「春秋年始早晚圖」を作成するに當たり、『春秋』所載の曆日データをつぶさに檢討した。それを俯瞰できるように作成したのが、『東洋天文學史研究』附載の「春秋長曆圖」である。『春秋』曆日を使って組み上げられているので、今日的データとして比較檢討できるものになっている。
　新城は、「春秋年始早晚圖」を何を基準に作成したのか。その答えもこの圖に示されている。小さな「●」が示されている。これは、この年の正月朔日を示している。この「●」を附した年には、『春秋』に日食の記事がある。何月何日という具體的月と日干支が示される。この日食が、西曆では何月何日になるかも、オッポルツェルによって一覽にされている[(2)]。新城はこれを使い、日食が西曆何年何月何日で、『春秋』に何年何月何日と記されるかを求め、比較して正月一日が西曆何年何月何日になるかをつきとめた。そしてそれを基準として、日食と日食の間の曆日を繋いでいき、日食のない年の正月一日を推定した。それを一覽にしたのが「春秋年始早晚圖」である。
　この「春秋年始早晚圖」を見ただけで、『春秋』に示された曆が舊曆（の先祖）十一月を正月とする周正でもなく、舊曆（の先祖）十二月を正月とする殷正でもなく、舊曆（の先祖）の翌年正月を正月とする夏正でもないことがわかる。だから、筆者は個人的に、この新城書が出版された後も、今にいたるまで、夏正・殷正・周正の議論がなくならない現實を不思議に思っていた。
　さて、新城は「春秋年始早晚圖」の後半に、周正に近いデータが示されることに大いに興味を抱いたようである。そして、閏月を年中に適宜配置したのだと考えた。
　筆者は、出土遺物などを參考にし、閏月は年末に置くべきだと考えたので、新城の『東洋天文學史研究』附載の「春秋長曆圖」を作り直す必要を感じ、新城の作業をすべてやりなおした（『中

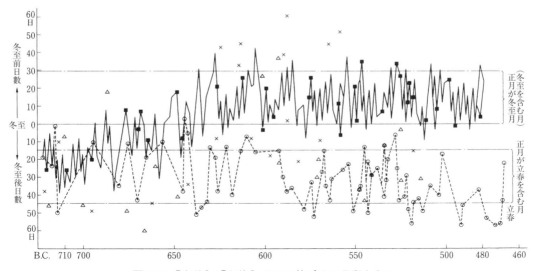

図 3-2　『春秋』・『左傳』暦日に基づく正月朔と冬至
(平勢隆郎『中國古代紀年の研究』表Ⅰの「凡例」を修正。当該書表Ⅰは基礎データの一覧。■を附した年に日食がある)

國古代紀年の研究』横組表Ⅰ[3]。そして、『春秋』の「月」と往々にしてずれた「月」を記す(『春秋』十一月の記事を『左傳』において九月と記す類)『左傳』データを加えた。現在にいたるまで、この種の作業を進めた論者は新城・平勢以外皆無である[4]。

2. 三正説が始まって以後の暦の一覧

　この種の一覧を、近代以後の知見をもとに最初に作ったのは、新城新藏である。『東洋天文學史研究』附載の「戰國秦漢長暦圖」がそれである。第八篇「戰國秦漢の暦法」に議論がまとめられる。おおよそを述べておけば、前四世紀半ばごろにこの種の暦法が始まり、朔日干支の求め方は、下記のようであり、冬至から冬至まで(太陽暦の1年)を365.25日とし、その計算的ずれが漢代に表面化して、漢初における日食が、本來の朔日ではなく「晦」や「先晦一日」に起こったことが記録されるにいたった、ということになる。そのずれた漢代から逆算してどこまで遡ったら、ずれがなくなるかを論じた。

　冬至から冬至まで(太陽暦の1年)を365.25日とし、これに月の盈ち虧けを組み合わせると、圖3-3の大月・小月配列となる。新城は、76年周期の大月・小月配列を想定した。76年で月の盈ち虧けが235回起こる。76年分の日數を計算し、これを235で割れば、1ヶ月は、約29.53日になる。30日に満たないので、29日(小月)から始めることにし、以下大月・小月がどのように連續するかを一覧にすると、右のようになる。

　漢初の日食のずれから、この76年周期の起點として、新城は前366年の夏正正月朔日に注目している[5]。そして、「戰國秦漢長暦圖」

17 17 15	17 17 15 17 15	17 17 15 17 15
17 17 15 17 15	17 17 15 17 15	17 17 15 17 15
17 17 15 17 15	17 17 15 17 15	17 17 15 17 15
17 17 15 17 15	17 17 15 17 15	17 17 15 17 15
17 小大小大小大小大小大小大小大大		
15 小大小大小大小大小大小大大		

圖 3-3　新城新藏想定の76年間の大月・小月配列
(『東洋天文學史研究』523頁)

第三章　古代の數理

を組み上げたのであるが、この一覧には、現實に諸史料に殘されている曆日が、うまく收まってはくれなかった（實際に檢討されたのは、戰國秦の曆と武帝までの漢の曆）。

そこで、うまくいかない原因を探ってみると、新城が起點として注目した前336年夏正正月朔日は、漢書の日食のずれ具合からすると、そして新城の想定に沿ってみると、すでに半日ずれているような狀況が引き起こされていた[6]ことに氣づかされる。それを受けて、わが腦裏には、ならば、その半日をあらかじめ足して、大月から始めてみてはどうかという發想がわいた。1ヶ月約29.53日で、30日に滿たないから、小月（29日）から始めるというのは、言わば現代的發想であって、戰國時代當時の人々は、大月（30日）から始めたかもしれない。

ということで、大月・小月を入れ替えて假に作ってみたのが、わが大月・小月配列である（圖3-4）[7]。そして、一七ヶ月と一五ヶ月の交替を「17 15 17 15 17」のグループのくりかえしとし、最後を「17 15 17」にした。

新城が、常識的な配列を示してくれている。それによると、前年末に連大があることとし、一七ヶ月、一五ヶ月ごと、それぞれ小月から始め最後が連大になるとして、上記の配列を考える。

これに對し、これでうまくいかないのだから、ということで、一七ヶ月、一五ヶ月ごと、それぞれ大月から始まり大月で終わることとし、以下のような配列になると考えてうまくいくかを檢討したわけである。

あくまで結果どうなるかを考えてみた、ということで、うまくいってしまった。

補足して述べておくと、新城と筆者の一覧は、一見原理が違うものどうしのように見えているが、内實は同じものである。どういうことかというと、下記は新城の大月小月配列に■を入れている。

この大月小月配列を途中で切って、下記の■のところから始めることにする。そして、17ヶ月は「小大小大小大小大小大小大小大小大◆大」、15ヶ月は「小大小大小大小大小大小大小大◆大」であって（◆をいれてみた）、大大がそれぞれの最後にきているわけだが、ここも切り方を變えて、◆までで切ることにし、それぞれ前月の最後の「大」をつけ加えることにすると、17ヶ月は「大小大小大小大小大小大小大小大小大」、15ヶ月は「大小大小大小大小大小大小大小大」ということになる。

以上、■と◆で切り方を變えるだけであって、大月小月配列の全體としての關係は變わらない。

結果がうまくいかないのであれば、こういう一見無謀な想定はしないものだが、結果として、すべての曆日が放り込めてしまった。

贅言を弄しておくと、歷代の學者も同じ大月小月配列を檢討の俎上にのせ、起點をさまざまに論じて、つまり76年周期を前にずらせたり後ろにずらせたりして、どういう大月小月配列がいいのかを檢討してきた。結果として、冬至を起點とし、實際上の問題として私の配列に近いもの

17 15 17 15 17	17 15 17 15 17	17 15 17 15 17		17 17 15	17 ■ 17 15 17 15	17 17 15 17 15
17 15 17 15 17	17 15 17 15 17	17 15 17 15 17		17 17 15 17 15	17 17 15 17 15	17 17 15 17 15
17 15 17 15 17	17 15 17 15 17	17 15 17 15 17		17 17 15 17 15	17 17 15 17 15	17 17 15 17 15
17 15 17 15 17	17 15 17 15 17	17 15 17		17 17 15 17 15	17 17 15 17 15	17 17 15 17 15

圖3-4　平勢想定の76年間の大月・小月配列　　圖3-5　新城想定配列のどこから平勢配列が始まるか

を前366年立春朔甲寅からはじめる暦を提示して、かなり説得性のある結果を得たのであった。それでも、過去の研究は一部に不具合を生じていたから、筆者は上記のように發想をかえて、筆者が想定したような大の日から始まる大月小月配列をもって、前366年立春朔甲寅や、その他のしかるべき冬至を起點として再配列してはどうか、と問題提起したのである。

そして、結果はうまくいったのである。扱うべき暦日は、次々に収まっていった。新城は、上記の過去の研究と同じくうまくいかない部分ができたので、「半日借りる」などの過去の論者が提示した改暦まがいの想定を組み入れて、なんとか説明できるものを組み上げていたわけである。

それだけでなく、この平勢想定[8]が示された1996年以後、出土した戰國秦漢暦の暦日は、すべて収まっている[9]。

こうした事實のもつ重みからして、以下の平勢想定は、もはや事實として扱ってしかるべきかと考える。

・上記の平勢想定の76年の大月・小月配列をもって對處する。
・戰國秦から漢武帝までの暦は、連續する。
・戰國の秦以外の國家の暦は、秦とは以下のいずれかが異なっている。つまり76年周期の起點（前366年立春朔甲寅、前351年前年末冬至［と見なす］丁亥、前351年前年末冬至［と見なす］戊子のいずれか）、閏月の置き方（冬至月を夏正として十一月に固定するか、正月を冬至月翌々月に固定するか）、夏正にするか殷正（冬至月を十二月として固定するか、冬至月翌月を正月として固定するか）、周正（冬至月を正月として固定）、楚正（冬至月を二月として固定）、顓頊暦（楚正正月を十月として、その十月を年初とする）にするか。
・議論すべき材料が不足するが、楚漢紛爭時期の各國の暦も、秦と異なる可能性がある。

以上のとおりだとすると、「17 15 17 15 17」のまとまりは、合計81ヶ月である。これは9の2乗である。このまとまりの最後は「17 15 17」となって、他と比較して日数が少ないが、これをふくめて、各まとまりは、合計12個ある。この12は6の倍数である。九・六・八は、『漢書』律暦志によっても明解にわかる「暦數」の基礎的數値である（三分損益法により九の2/3は六、六の4/3は八。九は天、六は地、八は人）。つまり、「暦數」の議論がいつ始まったかを考えるのに、76年周期の起點（前366年立春朔甲寅、前351年前年末冬至［と見なす］丁亥、前351年前年末冬至［と見なす］戊子のいずれか）は、重要な指標たり得る、ということである。

上記に、筆者想定の大月・小月配列は「うまくいってしまった」と結果を述べたわけだが、うまくいった理由は、前4世紀當時の暦を論じた學者たちが、すでに暦數の議論をしていたからだ、その議論を反映させた暦を考えたからだ、ということになる。暦數とはそういうものだ、ということである。

3. 度量衡に見える暦數

筆者は、この問題につき、『中國古代紀年の研究』[10]に一覧をまとめている（下記に一部を示す）。これは、林巳奈夫「戰國時代の重量單位」[11]所載の「戰國時代重量分銅表」を參照しつつ、汪慶正主編・馬承源校閲『中國歷代貨幣大系』[12]所載の貨幣の重量データを一覧にしたものである。

後掲表 3-2 林表を通覧すればわかるように、各國の重量單位は、九・六・八の倍数で繰り上がる（例えば漢兩銖制で24銖〈8と6の倍数〉が1兩になる）。そして、それらがあちこちで換算でき

第三章　古代の數理

表 3-1　戰國貨幣と重量（部分）（平勢隆郎『中國古代紀年の研究』157 頁橫組表Ⅵ）

「重量目安」は表 3-2 林巳奈夫による。重量は汪慶正主編・馬承源校閲『中國歷代貨幣大系』により、半泥・有泥のもの、拓本から判斷して一部欠損するものは、除外した（他の換算用と思われるものもある）。

貨幣名稱	重量目安	重量（頁）
節墨之大化(背上)		62g(602),62.5g(602)
節墨之大化(背大昌)		60g(609),59g(610),59.8g(612)
節墨之大化(背安邦)		60g(616),58.5g(617)
節墨之大化(背闢邦)		58.1g(612),58.7g(613)
齊大化(背行)		59g(653)
安陽之大化(背屮)	56g	56.5g(596)
安陽之大化(背上)		56g(598)
節墨之大化(背亻)		57.5g(600),55g(600)
節墨之大化(背大行)		57g(607)
節墨之大化(背大昌)		57g(609),56.6g(611)
節墨之大化(背日)		55g(605),55g(605),58g(606)
節墨之大化(背吉)		56.4g(606)
節墨之大化(背安邦)		55.5g(615),55g(616),54.8g(617)
齊大化(背陽)		56g(671)
安陽之大化(背亻)	53.2g	51g(595),53g(596)
節墨之大化(背工)		53g(603)
節墨之大化(背大昌)		54g(610)
節墨之大化(背化)		54g(601)
節墨之大化(背闢邦)		53.3g(614)
安陽之大化(背屮)	48g	50g(597)
安陽之大化(背化)		48g(597),49.5g(598)
安陽之大化(背日)		47g(599)
節墨之大化(背屮)		45g(604),48g(604)
節墨之大化(背大昌)		46.7g(611)
齊之大化(背亻)		46g(590)
齊之大化(背上)		45g(591)
齊之大化(背大昌)		46.5g(594)
齊之大化(背化)		45.5g(592),50g(592),50g(593)
齊之大化(背日)		50.5g(593)
齊大化(背萬)		47.2g(654),48.8g(654)
齊大化(背上)		47g(642),49g(643),48.5g(643),46.5g(644)
齊大化(背卜)		45.7g(637)
齊大化(背大)		47g(659),50.4g(659)
齊大化(背亻)		45.5g(638),46.5g(638)
齊大化(背匕)		49.5g(639),47.5g(639),45g(640),49g(640)

貨幣名稱	重量目安	重量（頁）
齊大化(背工)		45.5g(645),49.5g(646)
齊大化(背士)		45.5g(646),46.5g(647)
齊大化(背之)		48.5g(650)
齊大化(背屮)		48g(650),46.5g(651),48g(651)
齊大化(背化)		45.5g(641),46.5g(641)
齊大化(背日)		45g(655),45g(656),46.5g(656),45.5g(657),48g(657),48g(658)
齊大化(背生)		45g(649),48.5g(649)
齊大化(背正)		49.5g(665)
齊大化(背央)		47.8g(665)
齊大化(背且)		46g(669),45.7g(669)
齊大化(背年)		51.2g(652)
齊大化(背行)		46g(653)
齊大化(背吉)		48.5g(662),48g(662)
齊大化(背昌)		46g(660),47.5g(660),44.5g(661)
齊大化(背□)		45.5g(661)
齊大化(背□)		48.7g(663)
齊大化(背□)		49.5g(666)
齊造邦㡇大化		45.5g(629)
齊造邦㡇大化(背上)		47g(632),48.5g(633)
齊造邦㡇大化(背化)		50.9g(634)
節墨大化(背九)	42.6g	42.2g(620)
齊之大化(背亻)		44g(591)
齊大化(背上)		42g(624)
齊大化(背大昌)		44.5g(594)
齊大化(背日)		43g(593)
齊大化(背化)		43.5(642)
齊大化(背□)		42.9g(645)
齊大化(背□)		44g(663)
齊大化(背□)		42.5g(664)
齊大化(背□)		44.5g(667)
節墨大化	40g	41g(618)
節墨大化(背□)		39g(623)
節墨大化(背□)		39.5g(626)
齊大化(背六)		39.4g(636)
節墨大化(背六)	36g	33.9g(619)

表 3-2　林巳奈夫「戰國時代重量分銅表」
（平勢隆郎『中國古代紀年の研究』146 頁）

環鈞制	受鈞制	(中原) 鎰鈞制	(齊) 鋝鍰制	秦權	漢兩銖制	gの目安
					1 鼓（4 石）	120kg
					1 石（4 鈞）	30kg
12 環		20 鎰		30 斤	1 鈞（30 斤）	7.5kg
				24 斤	24 斤	6 kg
				20 斤	20 斤	5 kg
				16 斤	16 斤	4 kg
				12 斤	12 斤	3 kg
				8 斤	8 斤	2 kg
12 環	1 受（50 鈞）				5 斤	1.25kg
					4 斤	1 kg
6 環				2 斤	2 斤	0.5 kg
		1 鎰（32 鋝）			1.5 斤（24 兩）	384g
3 環					1.25 斤（20 兩）	320g
				1 斤	1 斤（16 兩）	256g
		16 鋝			12 兩	192g
1 環 2 鈞					8 兩	128g
1 環（10 環）						106.6g
9 環		8 鋝	12 垸（1 鍰?）		6 兩	96g
6 鈞			8 垸		4 兩	64g
		4 鋝	6 垸		3 兩	48g
4 鈞						42.6g
			5 垸			40g
3 鈞 6 銖						36g
3 鈞			4 垸		2 兩	32g
2 鈞 4 銖	1 鈞	2 鋝	3 垸		1.5 兩	24g
1 鈞半			2 垸		1 兩（24 銖）	16g
1 鈞 2 銖		1 鋝			18 銖	12g
1 鈞（16 銖）					16 銖	10.6g
			1 垸		12 兩	8 g
		半鋝			9 銖	6g
8 銖					8 銖	5.3g
					6 銖	4 g
		4 分			4.5 銖	3 g
					3 銖	2g
2 銖					2 銖	1.33g
1 銖					1 銖	0.66g

るようになっている。

　また、戰國貨幣は、この林表で問題になる重量になるよう鑄造されている（上掲平勢表）。つまり、戰國貨幣は、重量を勘案して大小いくつかのものが作られ、うまく組み合わせると、各國の貨幣と簡單に換算できるようにしくまれていた。つまり、戰國貨幣は秤量貨幣であるとともに、その價値が天下共通になっており、一見ばらばらの各國貨幣は、容易に他國の貨幣に換金できたのである。事實上戰國貨幣は統一されていたといってよい。だから、始皇帝の統一の施策の中に、「貨幣の統一」を示す文言はない。この點、抜き差し難い誤解が蔓延しているので注意する必要がある[13]。

　さて、この種の重量單位に基づく網の目狀構造の換算一覽は、ある意味異様な樣相を呈している。計算しにくいこと甚だしいものがある。この言わば缺點と言うべきやりにくさを押して、どうしてこの種の數值にこだわったのか。理由は、暦數である。上記のように、換算の數值は、九・六・八の倍數になっている。これは暦數の基礎的數値である。

　松丸道雄[14]によると、西周の重量單位は青銅のインゴット（銅餅）に基づき、それを 10 進法によって分割した數値の重量が、戰國時代の洛陽附近で用いられている。それを基礎として、戰國時代の網の目狀換算構造が形成される[15]。

　年代として注目されるのは、中原の影響を受けて秦が實施した前 335 年の「行錢」[16]である。これに先行して、中原地域で網の目狀換算構造が形成されたと見てよい。度量衡に暦數が反映さ

れるようになった時期は、上記において新しい曆數を反映した曆が議論されるにいたった時期、つまり前4世紀に重なる。

4. 十二方位と樂と曆數

十二方位には、地の方位、天の方位、季節方位、時刻方位がある。これらが同じ十二方位上に重ねて議論される。他に、音樂で問題になるのは、ドレミに相當する12の相對音程と、イロハに相當する12の絕對音高であり、いずれも12あるため、十二方位に重ねて議論される。

そもそも新石器時代から相對音程は存在したようで、3音程度は、常識的に作り出していたことが想像できる。これが複雜化して十二音ができあがる。複雜化を目に見える形で知らしめてくれるのは、筆者の檢討によれば、編鐘の大小配列である。

そもそも、筆者の實驗によれば[17]、編鐘個々の鐘の音の高低を決めるのは、開口部附近の肉厚が第一である。開口部の形狀も關係が深い。開口部の裏面に切れ込みを入れるのは、その切れ込みの表側に打點があり、その打點位置をわかりやすく決める效果があるためである。見た目の大小で音を決めるのではなく、實際に模を作り、開口部の形狀と肉厚を調整して音を調整する（いわゆる調律）。模は陶模が一般的で、鉛の模もあるかもしれない。それらの模が、青銅器になる。材質が違うと、出音も異なってくる。だから、經驗的に出音がどの程度ずれるかを知り、その經驗から調整時の音を判斷する。

こうした造り方をするので、極端に言えば、大小關係なく、肉厚だけを調整して編鐘を構成することすら可能である。そうした中、現實の編鐘を檢討すると、春秋中期から大小配列に美しさを意識するようになる。見た目として、大から小へと直線的に變化するように氣づかうようになる（Ⅰ）。開口部の幅なども、寸きざみで大小變化するようになる。前5世紀後半を境に、大小變化は直線的でなく曲線を描くように變化するようになる（Ⅱ）。前4世紀半ば以後は、形狀は胴太となり、小型化が進む（Ⅲ）。春秋以後の大小變化では、一般に例えば開口部の銑間徑（開口部の長い方の徑）を比較すると、最大鐘とその2/3の徑をもつ鐘の間に1オクターブの音の開きを造り出す。

Ⅰの始まりが、メロディの複雜化を意味することは、容易に想定される。『左傳』において詩が樂の音とともに話題になることからして、詩が樂の音に乗って歌われるようになったのであろう。ⅠとⅡの時期は、縣の制度が進展する。とくにⅡにおいてそれが著しいことが想定される。Ⅲの時期には、各國で王の制度が整ってくる。

ⅠとⅡの境目に位置づけられるのが、湖北省隨州出土の曾侯乙墓編鐘である。Ⅰ型、Ⅱ型が混在する。このころ、魏の李悝が法刑を議論している。この曾侯乙墓からは、二十八宿圖が出土している。この圖は衣装ケースの蓋の表側にあしらわれている。見上げた圖であり、二十八

図3-6　曾侯乙墓出土二十八宿圖

宿の配列と方位との關係も後のものとは異なっている。最大の違いは、曾侯乙墓出土二十八宿圖が見上げた夜空で、それが反點して蓋の表面に描かれていることである。後の二十八宿は、見下ろした夜空になっている。見下ろした圖にしないと、地の方位の東西南北との比較ができない。北を頭にして見上げれば左手が東、右手が西だが、見下ろした圖では、右手が東、左手が西になる。

こうした二十八宿圖が書かれた曾侯乙墓のころは、まだ夜空を見下ろすことを知らなかった可能性が濃厚である。

夜空を見下ろすことを知ると、天の方位と地の方位を比較し統合的に議論できるようになるわけで、まだそういう考え方は出ていない、ということである。曾侯乙墓の年代としては、出土鎛鐘に「隹王五十又六祀」(楚の惠王56年。前434年) が見える。

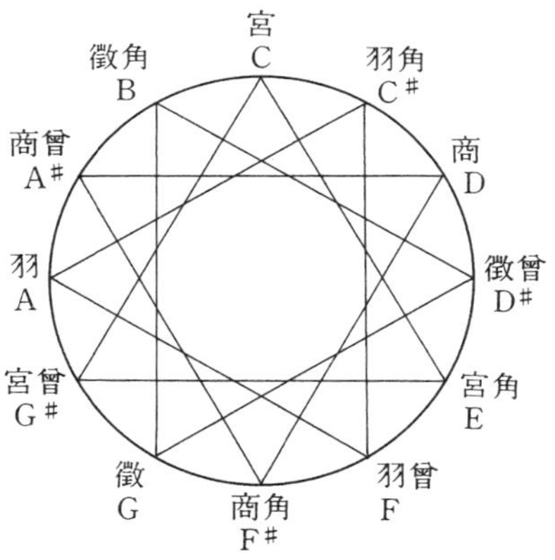

圖3-7 程貞一想定・曾侯乙編鐘階名と三合
C、C# 等は絕對音高 (西洋音名)。宮、羽角等は曾侯乙編鐘相對音程 (西洋階名)。十二方位の正三角形の頂點が階名として關連する (程貞一)。三分損益法による生成では、C→G→D→A→E→B→F#→C#→G#→D#→A#→F→Cとなるので、この生成と十二方位はまだ結びついていない。
(平勢隆郎『中國古代紀年の研究』136頁)

曾侯乙墓出土編鐘には、長文の銘文があり、曾・楚、その他各國の絕對音高と相對音程が比較對照されている。その記述から、程貞一[18]は、「曾侯乙編鐘階名と三合」に示したような相對音程と十二方位との關係が想定できる。三分損益法による音の生成と十二方位は、まだ結びついていない。

この三分損益法と音の生成が十二方位と結びつく時期は、曆と曆數、度量衡と曆數が結びつく時期に近づきそうである。これらが結びつく時期には、當然、曆數たる九・六・八をもって、音の生成を議論することになる。

5. 三正と易

確實なところから押さえておくと、董仲舒『春秋繁露』には、曾侯乙墓出土編鐘銘文から導かれた十二方位中の4つの正三角形と三正説との融合の議論が見られる[19]。子方位から十二方位を三分損益法で生成する。一方位生成する度に正三角形を作り出すと、その正三角形の頂點の一つは、必ず「子→亥→寅→丑→」をくりかえすことになる。董仲舒『春秋繁露』は、十二方位の生成につき寅から始めるやり方をもって説明を加えた。その生成に「頂點の一つが必ず子→亥→寅→丑→をくりかえすこと」を念頭におき、その頂點の一つを ( ) 内に入れて示すと、寅 (寅) →酉 (丑) →辰 (子) →亥 (亥) →午 (寅) となる。十二方位を季節方位とすると、冬至を含む月を子月とし、右廻りに十二支を配當する。こうすると、寅月正月は寅方位、丑月正月は丑方位、子月正月は子方位、として議論できる。だから、「寅 (寅) →酉 (丑) →辰 (子) →亥 (亥) →午 (寅)」は「夏正→殷正→周正→楚正→夏正」という曆の交替を議論することになる。

董仲舒『春秋繁露』は、この「寅 (寅) →酉 (丑) →辰 (子) →亥 (亥) →午 (寅)」に、五德終始説を重ねて論じた。「寅＝木 (寅) →酉＝金 (丑) →辰● (子) →亥＝水 (亥) →午■ (寅)」において、一部は木・金・火・水・土を説明しえたが、●と■はうまく説明できない。そこで、

第三章　古代の數理

■は正三角形の頂點の一つである戌（土は中央だが、丑・辰・未・戌に分在させる）、●は、別に議論のあった正三角形の對向方位（三邊の一つを選擇）の一つとして午を議論することにした。この種の方法は、前漢末の劉歆の五德終始說として、より整った形が提示されることになる。この劉歆說があるから、この種の說明が是であることを議論することができる。こうした方位生成を知って『春秋繁露』を讀むと、その意味するところを深く理解することができる[20]。

この董仲舒說も、前漢末の劉歆說も、『史記』・『漢書』といった史書に示された考え方の基礎の上に提示されている。つまり、これらには、天理という考え方の裏付けがある。その裏付けの下、五德終始說が議論された。では、天理という考え方が示されていない戰國時代（本書第二章）にあっては、どのような考え方が基礎にあるのだろうか。

上記の董仲舒說は、劉歆の整理が整っているのに比較して、ややごつごつした感じを與える。そのごつごつ感を作り出している最大の理由は上記●や■で說明した部分、とくに■で說明した正三角形の對向方位である。では、何故に、對向方位なのか。

雲夢睡虎地十一號墓出土の戰國秦簡『日書』甲種の五九壹～六二正にこう書いてある[21]。①「正月（寅月）・五月（午月）・九月（戌月）は北に移ると大吉、東北は小吉である」、②「二月（卯月）・六月（未月）・十月（亥月）は東に移ると大吉、東南は小吉である」、③「三月（辰月）・七月（申月）・十一月（子月）は南に移ると大吉、西南は小吉である」、④「四月（巳月）・八月（酉月）・十二月（丑月）は西に移ると大吉、西北は小吉である」。ここに示された關係は、十二方位の正三角形に對向する方位が問題になる場合（①③）と、その對向する方位のさらに反對方位が問題になる場合（②④）があることを教えてくれる。こうした場合分けができるのは、太陽の一日の道筋を考えた場合、東と西は地平が問題になるのに、南は天上、北は地下が問題になるからだろう。南中が問題になる場合と北の地下が問題になる場合は、正三角形の反對方位が論じられ、東と西の地平が問題になる場合は、對向方位のさらに反對方位が論じられた。

また、同墓出土の同『日書』乙種の八三貳・八五貳・八七貳には[22]、それぞれ「丑巳［酉］金、金勝木」、「未亥［卯］木、木勝土」、「辰申［子］水、水勝火」とある。

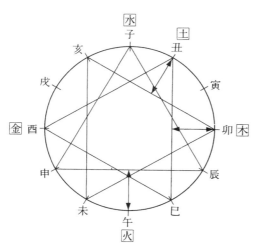

圖 3-8　雲夢睡虎地十一號墓出土の戰國秦簡『日書』乙種の八三貳・八五貳・八七貳
（平勢隆郎『中國古代紀年の研究』140 頁）

ここには、上記のような水・火・木・金・土と十二方位、正三角形の關係が議論されている。先に話題にした「中央の土を丑・辰・未・戌に分在させる」議論もここに示されている。

こうした十二方位に先行するものとして、注目されるのは、いわゆる後天八卦方位である。この八卦方位は、後代性の強い說卦傳に說かれていて[23]、さらに、これに先天八卦方位が加わる。

後天八卦方位を考える上で、まず目につくのは、乾が北西（戌亥）、坤が南西（未申）に配當される點である。これは圖 3-9 のような宇宙觀が想定される[24]。

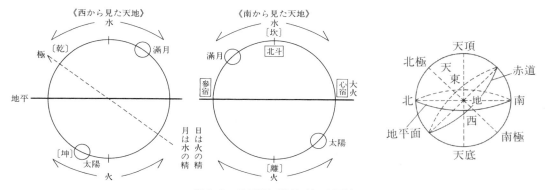

圖 3-9　冬至頃（滿月時）の天地
左圖は極軸に注目。中圖は冬至の夜明け前心宿が東、參宿が西、北斗が北に見える。
（平勢隆郎『中國古代紀年の研究』138 頁圖に加筆）

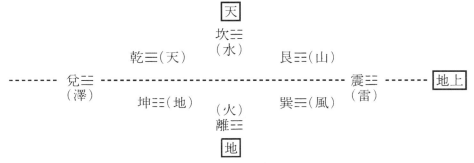

圖 3-10　後天八卦方位と天地（平勢隆郎『左傳の史料批判的研究』31 頁）

　上記の暦數が議論されるにいたる過程で、十二方位と三分損益法が結びつき、見上げる夜空から見下ろす夜空への宇宙觀の轉換があった。こうした宇宙觀の轉換があれば、上記のような西からみた天地も、南から見た天地も當然議論される。そうだとすると、方位に水（滿月）・火（太陽）・天地（天頂・天底）が配當される理由も理解できる。

　この圖に近いのが、圖 3-10 の後天八卦方位である[25]。こうした圖ができる背景として、陽爻は天に向かい、陰爻は地に向かうという性格がある。「地天泰」はもっとも安定する六十四卦の一であり、「天地否」がもっとも危うい六十四卦の一になるのも、この陽爻・陰爻の性格による[26]。

　筆者は、『左傳の史料批判的研究』の中で[27]、『左傳』にみえる「之卦」を論じ、「之卦」の説明に八卦方位を使っていることを述べた[28]。例えば、『左傳』僖公一五－一二 a に「震の離に之く、亦た離の震に之く、雷爲り火爲り」とあるのは、震を雷、離を火と見なすものである。だから、後天八卦方位は、確かに『左傳』の時期に遡るのである。

　さらに、こういう意味をもつ『左傳』の八卦は、六十四卦を話題にして之卦を語るのだが、それらをつぶさに檢討すると、上記の事例のように（六十四卦上下に分けた）八卦の變化を問題にしている。そして「之卦」を語る場合の八卦方位は、天から地へ、地から天へ、地上から天もしくは地へ、天もしくは地から地上へという變化のパターンが見られるものの、天から天へ、地から地へという變化は見られない。この『左傳』の「之卦」に對し、虞翻の易注に見える「之卦」の場合は、（六十四卦上下に分けた）八卦の變化は、天から天へ、地から地へのパターンが見られる。これは、之卦の説明が、戰國時代と虞翻の時代とで根本的に變わったことを意味している。

圖 3-11 包山楚簡
239 簡
右の下半は離→震を
示す。

　筆者は、さらに加えて包山楚簡を檢討した。包山楚簡には、いわゆる數字卦が記されている。この數字卦が、實は「之卦」の符號である陽爻→陰爻の變化を示す符號（①）、陰爻→陽爻の變化を示す符號（②）、そして陽爻の符号（③）と陰爻の符號（④）の四者を基礎とする（變化を示す符號の變形も考慮）と想定した⁽²⁹⁾。數字卦の「九」と「七」は②、同じく「八」は①、同じく「六」は④、同じく「五」は③②、同じく「一」は③と判斷した。甲骨文に遡って確認できるいわゆる數字卦は、こうした「爻變」を示すものと考えた。つまり、包山楚簡に示されたいわゆる數字卦は、すでに六十四卦としての體裁をもっており、その「之卦」を『左傳』のように文章で説明するのでなく、符號で説明したものだということである。ちなみに、包山楚簡に示される曆日は、前 320 年、前 317 年のものである⁽³⁰⁾。
　『周易』は、陽爻を「九」（數字卦でない）で説明し、陰爻を「六」（同上）で説明し、この「九」と「六」を三本重ねて八卦とし、八卦を二つ重ねて六十四卦とする。ここには、明らかに「九」・「六」・「八」の曆數が反映されている。だから、八卦を議論し始めたのは、曆數が議論されるにいたった後だと言うことができる。いわゆる數字卦は、甲骨文に遡って確認できる。だから八卦にはならないが、一爻一爻が獨立し、上記のような「爻變」を符號によって示したものと想定できた。いわば下駄うらない（表か裏か右横か左横か）を何回か重ねた符號である。
　さて、その後、出土簡ではなくいわゆる骨董簡であるが、上海博物館に所藏された戰國竹簡として『周易』が確認された⁽³¹⁾。そこには、陽爻が「一」、陰爻が「六」で書かれていて、上記の筆者の想定は、正しかったことが明らかとなった。
　さらにその後、これもいわゆる骨董簡として、精華大學に所藏された竹簡に『筮法』として公表されるにいたったものがある⁽³²⁾。ここにも、いわゆる數字卦が示されているが、これも「之卦」と考えた方がよい。なぜなら、ここには、いわゆる後天八卦方位も示され、それらは、明らかに上海博物館藏『周易』と同じ符號を用いているからである。かつて筆者が「符號の變形」と見なしていた數字もあるのだが、『筮法』をみると、この「變形」もあらためて確認できたので、「之卦」の符號については、上記に加え、「四」とされる符號は、「陽爻から陰爻への變爻のきざしが見えたが結果變化しなかったもの」、「九」・「七」のうち、「九」は、「陰爻から陽爻への變爻のきざしが見えたが結果變化しなかったもの」と、現在は考えている。「八」は「陽爻から陰爻への變爻」、「七」は「陰爻から陽爻への變爻」それぞれを示す符號である。
　現行『左傳』は「之卦」を「水の火に適くに遇ふ」とか「泰の需に之くに遇ふ」などの説明をしているわけだが、この部分は、あるいは、上記のような、具體的には包山楚簡に示されたような「之卦」の符號によって示されていたのを、『左傳』傳承の過程で文章に直したものかもしれない。
　以上、『左傳』の「之卦」に見える天から地へ、地から天へ（地上を天地兩樣の性格をもつと考えて）という變化を檢討してみると、この考え方を基礎に三正をどう説明できるかを檢討するとよいことがわかる。天理はまだ議論されていないが、後天八卦方位がすでに議論されている。天意は、この方位に示された考え方により、地上に反映されるのであろう。

6. 中原の三正と楚正

　董仲舒の語る曆は、夏正・殷正・周正と顓頊曆である。顓頊曆は、内實は楚正であり、楚の正

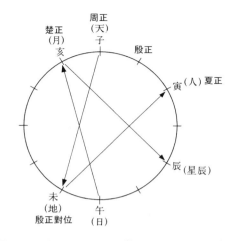

圖3-12　中原の天地人と楚の日月星辰の生成
（平勢隆郎『中國古代紀年の研究』143頁圖に加筆）

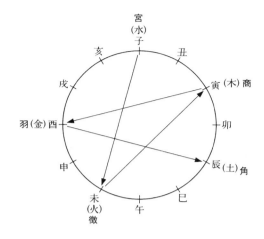

圖3-13　洪範五行水火木金土の生成
（平勢隆郎『中國古代紀年の研究』139頁圖に加筆）

月を十月と言い換えたものである。楚正年末十二月は顓頊暦年末九月である。つまり、董仲舒『春秋繁露』は、表面上夏正・殷正・周正を語って、その夏正と同じ月を用いる顓頊暦を語っているふりをしながら、實際上は楚正まで組み入れて議論を展開している。だから、十二方位と正三角形を組み合わせて音の生成に沿って夏正→殷正→周正→顓頊暦→夏正となるような説明にしている。この説明の背景には、天理の反映があった。その天理があるから、十二方位、音の生成、正三角形を重ね、暦の交替を語り、五德終始まで重ねることができた。天理がなければ、それに替わる何かを重ねる必要が生じたはずである。

天理が反映される前、天→地、地→天の交替を語る易の理論があった。この易の理論に正三角形を反映させた痕跡は見いだせない。

ところが、三正に限って述べると、十二方位と音の生成を組み合わせた説明が可能である。後天八卦方位の天には水、地には火が配され、天地の境は地上になっている。この地上には、當然ながら人が生き、萬物が生きている。これを意識して、子を天、未を地、寅を人、として、十二方位における音の生成（三分損益法）、子→未→寅を語ることができる（圖3-12）⁽³³⁾。ついでに述べると、この生成をさらに續けて子→未→寅→酉→辰まで生成すると、それは宮→徵→商→羽→角の生成に重なり、後天八卦方位に重ねて言えば、水→火→木→金→土の生成となる。「金→土」は、季節方位を重ねたもので、金も土もたしかに地上で得られる。これが『尚書』洪範に見える五行生成説である（圖3-13）。

天→地→人の生成において、子は周正正月、未は丑の對抗方位、寅は夏正正月である。この圖は、周正から夏正が生ずることを示すものとして使える。つまり、夏正（夏王朝・寅月正月）→殷正（殷王朝・丑月正月）→周正（周王朝・子月正月）と暦の交替が起こった後、どうして再度夏正の世がおとずれるかを説明することができる。新たな夏は、特別な夏正になる。

各國が稱王するころ、熱心に議論されたのが、賢人補佐である。傳説的に話題にされたのが、周公旦・召公奭による補佐であった。現實の問題としても、西周金文の曆日を配列すると⁽³⁴⁾、武王死去の後、周公の治世があり、それを經て成王の即位がある。共伯和の治世もある。そうした現實に存在した補佐時期（西周を中心とする邑制國家における）を、賢人による補佐（管領制度

下における）として再評價する。

　この賢人補佐を經て新たな王が即位するという圖式は、周王からの權威の委讓を劃策する者としては、とても魅力的だったようだ。そして、現實に行われたのが、稱王改元である(35)。この場合、まずは侯として即位し在位年を重ね、途中で稱王し踰年して元年を稱する。そして、王としての在位年を重ねる。この侯の時期が、傳説の周公補佐や共伯和補佐時期になぞらえられることになる。現實には、形だけなのだが、説明上は賢人の補佐を受けたことになり、その賢人のお墨付きを得て、王として即位する。

　だから、上記の天（子・周正）→地（未）→人（寅・夏正）の生成における地（未）の存在は、好都合であった。これを賢人補佐になぞらえれば、新たな意味をもつ王（新たな夏正を用いる）の誕生を語ることができる。

　このように中原の議論が進むと、すでに王と稱していた周や楚はこまることになる。彼らは、邑制國家としてすでに王となっていて、賢人補佐などという説明自體が邪魔なのである。そこで楚正を構想することになる。

　この楚正については、上記の午→亥→辰の生成、というより、方向的には逆生成を使う。これは、『尚書』洪範の子（水）→未（火）→寅（木）→酉（金）→辰（土）の生成をさらに續けて、辰→亥→午までの生成を考える（その逆生成）。これに後天八卦方位を重ねると、午に日、亥に月を議論することができる。天の生成は、日・月・星辰の順序で語られているから、辰に星辰を當てる。ここに星辰の「辰」と十二方位の「辰」が重なる。

　星辰という言葉だが、これについて念頭に置かれているのは、『左傳』を管見する限り、心宿（アンタレス）と參宿（オリオン三つ星）である。これについては、冬至の夜明け前の夜空は、東に心宿、天頂に北斗、西に參宿が見えている。この心宿・北斗・參宿を「大辰」と稱する。「辰」の原義は、「唇」・「震」・「晨」などから推して、「近接」であろう。西周金文銘文に見える「辰」は、「辰在干支」の文構造をもっていて、月が太陽に重なって朔になる直前の、夜明け前に光の筋をみせる狀態を言うもののようだ(36)。その「大辰」の一つである心宿は、冬至の夜明け前の辰方位に見えている。おそらくこのことがあったため、天の十二方位は、辰を起點として角宿を配當し、左廻りに二十八宿を配當したのであろう(37)。こうすると、また音の生成において、子（宮）→未（徵）→寅（商）→酉（羽）→辰（角）となるため、「辰」方位と「角」宿と「角」の音が重なることになる。

　こうした重なり合いは、決して偶然の所産ではない。

　かくして、午（日）→亥（月）→辰（星辰）の生成を考え、夏正・殷正・周正に近く、傳統的に使用してきた曆（太陽の高さをもって季節調整する曆）に近い正月を求めると、亥月正月が殘される。これをもって楚正を語ることにしたものであろう。包山楚簡の曆日は、この楚正によって説明できる(38)。

　以上、中原の三正も、楚正も、後天八卦方位をもって議論することができた。

7. 中原の三正と楚正が議論される前の狀況

　本書第二章において、侯馬盟書を檢討した。この盟書個々の同内容の字を比較對照することで、前5世紀初めごろ、晉を頂點とする邑制國家にあっては、都市間にすでに漢字教育の場が複數で

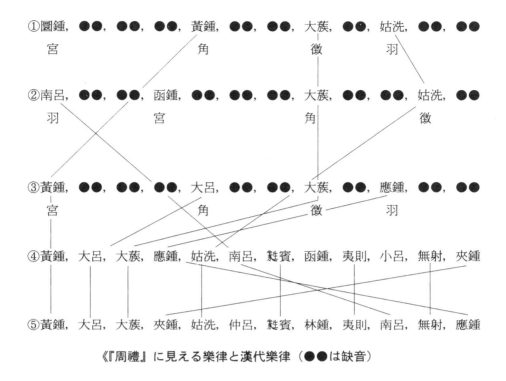

《『周禮』に見える樂律と漢代樂律（●●は缺音）》

《曾侯乙墓出土編鐘に見える各國樂律（●●は缺音）》

圖 3-14　①『周禮』春官大司樂天神、②同地示、③同人、④同大師、⑤漢代十二律の相互關係
　　　　他は曾侯乙墓出土編鐘銘文。（平勢隆郎「『周禮』の構成と成書國」195 頁）

第三章　古代の數理

きあがっていることが想定できた。似た表現であっても、用字用語が異なるものがいくつか確認できたからである。

これと同じ狀況を檢出できるのが『周禮』春官大司樂所載の複數の樂律である[39]。そこに記された複數の樂律は、それぞれ同じ國で使用されていたとは言い難い相違がある。附記した相對音程を見ても、同樣にばらばらと言ってよい。これらに、曾侯乙墓出土編鐘銘文[40]に記された複數の樂律を加えて比較することができるが、ばらばらの狀況には拍車が掛かる。

そもそも、絕對音程は、ばらばらだった相對音程を、領域國家化が進む邑制國家の頂點の大國において、統一基準を作り出す過程でできあがってきた。だから、曾侯乙墓出土編鐘の銘文において、相對音程だけでなく、絕對音高が確認された時、人々は大きな衝擊を受けたのである。そうした、「とりまとめの結果」の意味をもつ絕對音高が、圖3-14のようにばらばらであるというのも、要檢討の事實である。

曾侯乙墓出土編鐘銘文に見える國は、周・楚・晉・齊と申・曾である。周・楚・晉・齊は、領域國家化する邑制國家の頂點たる大國であり、申・曾はそのうち楚に從う國である。そして、曾の位置は、曾と周の境にある。

以上から、想定を重ねてこう言えそうだということをまとめると以下のようになる。これには、編鐘の大型化・小型化、編鐘個々の大小の變化のさせ方にどう氣づかうか[41]、等も關わる。

西周の音名は、相對音程だけ、しかも「宮・商・角・徵・羽」の五音程度のものだった。だから、編鐘も大小の釣り合いに氣を廻すこともなかった。春秋中期になると、編鐘個々の大小の變化に氣をつかうようになり、メロディも複雜化したことが考えられる。このころ、漢字圏は擴大し、あちこちで西周の音の地方化がおこった。「宮・商・角・徵・羽」の五音は、三分損益により十二方位において宮→徵→商→羽→角という具合に生成される。この五音のどれを基準にし、どう生成するかは、種々の形ができたようである（上揭圖3-14の「『周禮』に見える樂律と漢代樂律」）。それらの相違をあれこれ捨象して統一する。邑制國家の大國を頂點とする領域國家化がその動きを加速させる。しかし、領域國家化は、複數の大國の下で進められた。相對音程の統一だけでなく、絕對音高の創出もなされた。しかしまとめ役が複數あったので、「とりまとめ」の形にも、いくつかのものができあがった。それが曾侯乙編鐘銘文に反映された各國の樂律である。春秋中期から戰國中期は、編鐘が大型化した時期で、戰國後期になると、小型化が進む。

小型化が進んだのは、上記の「曆數」が議論されるにいたった後に當たる。官僚制度が整備され、各國が相繼いで稱王したころである。

「曆數」が議論される前に大型編鐘の時代があるということである。まだ十二方位と三分損益法による音の生成は重ねられていないが、曾侯乙墓出土編鐘銘文に見えるような音名の檢討を通して、十二方位の祖型ができあがり、正三角形が描かれて音名がきめられるような動きはあったころである。孔子の生きた時代をそうした時代として檢討することができる、ということである。

おそらくいくつかの邑制國家が並立する中で、大國と小國が宗廟などの場で會合を重ねることは度々あり、その場で樂が奏でられた。その場にあって、莊嚴な雰圍氣をかもしだす大型編鐘は、なくてはならぬ存在だったであろう。そこでは詩も歌われた。そうした複數の國が關わる場において、大切にされたのは、國の垣根を越えて「思いやる氣持ち」・「場の雰圍氣を理解する力」だったのではないか。それが孔子の時代に直接「仁」と稱されたかどうかは、史料としてははっきり

しないが、稱された可能性は濃いと見たい。その「仁」の用例が『左傳』に記される。そして、そうした場において必要な心得が、『論語』以下の儒教の經典として整備されていくのだと考えられる。そして『詩』には、儒教特有の解説が附されていくのだろう。

一方において、國際關係をとりもつ場として、盟誓は機能を發揮した。侯馬盟書や溫縣盟書に見られる「岳公」は罰を降す存在であった。この神の罰が、儒教經典に組み入れられるとともに、後に後天八卦方位と結びついて、やがて儒教とは異なる考え方として、『老子』や『莊子』の思想を生み出していくのであろう。

8. 董仲舒と劉歆の圖式

すでに説明したところを簡筆にまとめておくと、董仲舒[42]は、それまでの議論を総合し、十二方位、樂律の生成、正三角形、五德終始説を重ねて論じている。

中原の三正、楚の三正の議論が夏正（寅）、殷正（丑）、周正（子）、楚正（亥）を論じたのを受け、正三角形の一つの頂點が、この寅・丑・子・亥のいずれかになることをもって、曆の交替を論じている。五德終始は、五德相勝説である。

王莽[43]は、劉歆の議論を採用し、同樣の圖式を作り出した。自分たる王莽までの生成だけでなく、圖式上未來に豫想される方位を知り、それを未來から逆に自分に至るような、かなり恣意的な議論を行った。古來の議論として皇帝の地位が自己に至り、未來からの逆順は宰相をもって、自己に至る議論にしている。五德終始は、五德相生説である。

議論上のことだから、「こう説明できる」ということで納得しないと、史料の意味するところも理解不能になる。この種の議論がすべてそうだ、とも言えるが、とりわけ董仲舒から王莽への圖式の變化には、注意が必要である。

王莽時期は、木星運行も利用している。

そもそも木星紀年は、戰國各國の稱王の議論の中で起こったようだ。冬至の太陽が天の丑方位にあるので、これを基準にする（現代天文學で遡って得られる）。丑方位に木星がある年を基準にすると[44]、前353年から83年間で左廻りに7廻轉する。以下7廻轉ごとの年代を擧げると、前270年、前187年、前104年となる。十二方位を毎年1方位ずつ移動するわけだが、段々ずれが生じて、12×7=84年のところ、83年でもとにもどってしまう。だから、この前353年、前270年、前187年、前104年において、丑方位であることを、83年ごとに言わば特別に確認する。十二方位で木星の位置を示す結果として、この83年ごとの確認の年に1方位分（83年と84年の差）とばされる「事實」を、「超辰」と稱する。前353年からの83年間より、「超辰」を知らずに、木星を12年1周天として遡ると『左傳』の木星方位が得られる。上記の83年7周天をもって遡った年代と2〜3年分の差が生じている（前519年以後について2年分、それより前について3年分、前602年より前については、木星紀年の記事がない）。

王莽は、上記のように現實の記錄ではない『左傳』の木星紀年の記事を、「眞實」なものとした。そして、自己の時期の木星の位置と、その『左傳』の木星記事の木星位置を連續させた。そんな僞の計算とは無關係に、木星は83年7廻轉するので、そのやり方は、破綻する。

王莽の圖式は、基本的に繼承され、後漢の圖式ができあがる。後漢では、上記の王莽の「新」以下を削除した。そして、遡って五帝以來の五德終始を述べることになる。

第三章　古代の數理

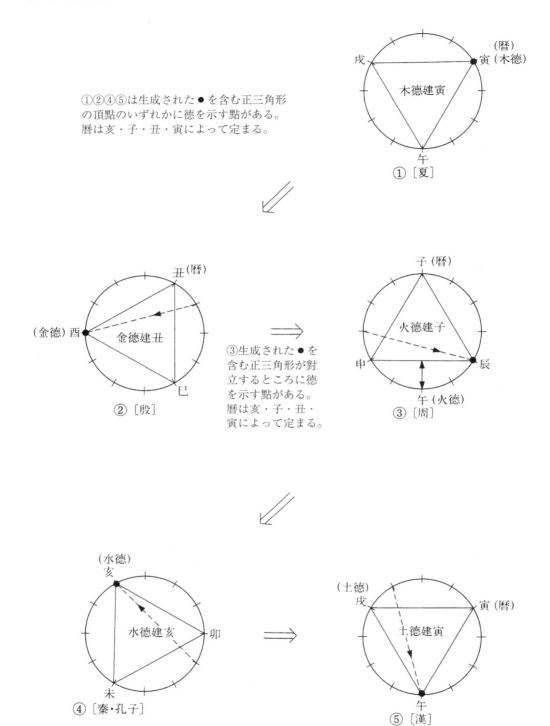

圖 3-15　董仲舒の五德終始説における十二方位の生成・正三角形と五德・曆
(平勢隆郎『中國古代紀年の研究』167 頁圖に加筆)

第一節　三正説と数理

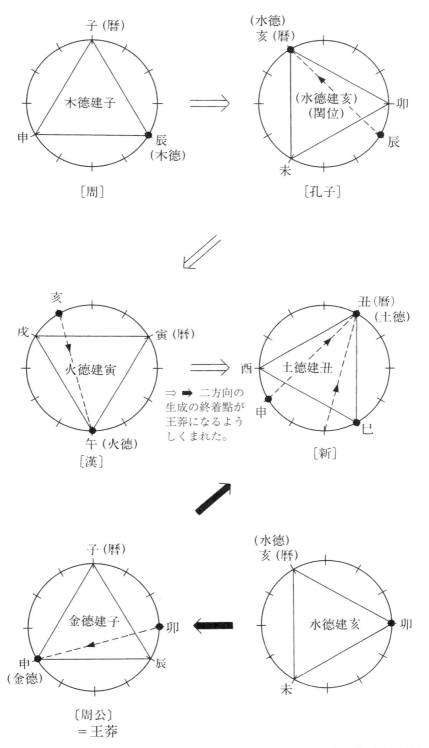

図 3-16　王莽の五德終始説における十二方位の生成（●が生成方位）と五德・暦（部分）
（平勢隆郎『中國古代紀年の研究』171 頁圖に加筆）

ただし、この種の方法もこれまでである。上記のように、僞の計算による無理がたたって、木星紀年の利用が破綻すると、この圖式も意味をなくすことになる。

以後、魏のときに夏正の漢に替わって、魏は殷正にすべきだという議論が巻き起こる。この時の曆の議論が、『魏志』倭人傳の議論にも關係する。

9. 木星と太歳

上記に木星紀年を話題にした。代表的典籍である『左傳』に書いてあるのは、木星紀年である。しかし、木星の運行は、天の十二方位を逆向き（反時計廻り）に移動する。移動の順序は丑→子→亥→戌→酉→申→未→午→巳→辰→卯→寅→丑となる。これは、おそらく扱いにくいということであろうが、時計廻りに移動する架空の惑星を作り出した。それを太歳という。木星（歲星）と太歲は、丑で交會する。だから、太歲も83年で7周天する。

木星が前353年、前270年、前187年、前104年でそれぞれ「超辰」することはすでに述べたが、太歲も、これらの歲で「超辰」する。太歲は前270年からの83年間の時期に出現したようだ[45]。以後、占いの世界でも活躍するようになる。この木星と太歲の交會については、新城新藏が時期の違う木星と太歲を比較してしまったことを、筆者は別に明らかにしている[46]。『漢書』天文志は前270年から83年間の木星位置と前187年から83年間の太歲位置を比較している。これを新城は、同じ時期の比較と勘違いして議論した。新城に提供された文獻の議論が、太歲の「超辰」を何とかごまかせないかと苦勞して說明しているのを（圖3-17）眞に受けたためである。

ごまかしについて、補足しておこう。圖3-17の上圖と下圖について述べる。木星（●左廻り）と太歲（×右廻り）は丑で交會する（上圖）。前104年、實歲に「超辰」が起こると（下圖）、說明に窮したわけだが、前漢の前104年時點では「超辰」した。後漢時代に、劉歆の僞の計算を用いてそれを再議論し、右廻りに「嬴」（進む）と「縮」（後れる）の用語をもちいてごまかすことにした。『左傳』のずれた木星紀年と接合した結果、この年に「超

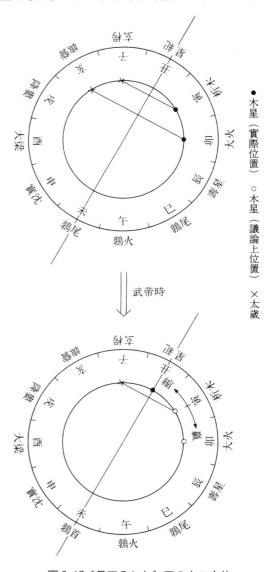

圖3-17［見下ろした］天の十二方位
歲星（木星）は左廻り、太歲は右廻り、縮嬴の間が正位置。
（平勢隆郎『中國古代紀年の研究』90頁）

辰」しないことになった。ところが、實歲の木星は、觀測されるものとしては、すでに「縮」位置にある。「縮」でも「贏」でもない位置であるはずの木星と太歲が「丑」で理論上交會することになるしかなかった。後漢時代にまた「超辰」の年となり、木星の「宿」がさらにずれると、ごまかしきれなくなる。木星・太歲が「丑」方位で交會する原則も破綻し、太歲は木星と無關係、「超辰」なしとなった次第である。

かくして、王莽以後は、木星はさておき、太歲は「超辰」しないことになった。「丑」方位で交會、という原則は忘却され、今にいたる。人々は「(十二支の)何歲」ということは知っているが、それが太歲の位置だということ、しかも交會の原則が曲げられた後のものだ(木星と關係なくなった後と説明してもいいのだが)ということとは、通常知らない。

戰國時代までの木星紀年は、後天八卦方位や三正説と關連づけて論じられることはなかった。十二方位を考慮しつつ太歲が出現しても、同じだった。ところが、漢代に天理が議論されるにいたると、上述したように、太歲位置が三正説に組み込まれた。そして、王莽(劉歆がブレーン)の無理な木星紀年利用が破綻すると、木星紀年を利用しようとする形は場を違えることになる。

ちなみに、ということで述べておこう。議論されることになったのは、「超辰」しなくなった架空の惑星太歲である。木星が利用される以前から、十二方位の中で、「辰」方位は、天の十二方位の二十八宿の配列が始まる方位であり、特別視されていた。その「辰」歲に暦元をもつ暦が議論される[47]。

董仲舒の時期は、木星紀年が三正説の十二方位における生成に關わることはなかったのだが、前漢武帝の太初暦は、前年末冬至の日が甲子の日になるよう、無理な調整がなされていた。この種の言わば縁起担ぎが、「辰」方位の暦元という形になったということもできる。この「辰」方位重視の一件を別の事例から再確認してみよう。

| 236年 | 子月 | 丑月 | | 寅月* | 閏月 | 卯月 | 辰月 | 巳月 | 午月 | 未月 | 申月 | 酉月 | 戌月 | 亥月 |
| 237年 | 子月 | 丑月** | 寅月 | 卯月 | 辰月 | 巳月 | 午月 | 未月 | 申月 | 酉月 | 戌月 | 亥月 | | |

圖 3-18 西暦 236 年と 237 年の月の配列

現在一般に議論される景初元年は、紀元後 237 年の丑月(**)を正月とする。それまでの青龍四年は寅月(*)を正月とするので、本來は一ヶ月不足することになるが、236 年には閏月がある。だから閏月を卯月と讀みかえ、その讀みかえをずらせていくと、子月は丑月の十二月となり、めでたく一ヶ月不足することのない青龍四年ができあがる。ということなら、236 年の丑月を閏月と讀みかえ、寅月(*)を丑月とし、閏月をあらためて寅月とすると、以下切れ目なく月を數えることができる。つまり、この方策により、寅月(*)正月の青龍四年はまるまる丑月(**)正月の歲に生まれ變わることになる。で、この 236 年が問題の「辰」歲なのである。

そこで、この青龍四年を、まるまる削除して景初元年にしたとすると、景初元年は 236 年となる。景初は四年まであったことになる。だから、福知山氏廣嶺 15 號墳から昭和 61 年 (1986) に出土した「景初四年銘盤龍鏡」および辰馬考

	236 (辰)	237 (巳)	238 (午)	239 (未)	230 (申)
	景初元年	景初2年	景初3年	景初4年	正始元年
		景初元年	景初2年	景初3年	正始元年
	青龍四年				

圖 3-19 書き換え前と書き換え後の年號對比

第三章 古代の數理

古資料館の同范鏡の景初四年は、魏に確かに存在した年號である。ただし、青龍四年あらため景初元年だから、年代合算の際は、兩者を合算してはいけない。ところが、後にこうした事情がわからぬまま合算してしまうようなことがおこると、當然１年分多い、という話になる。

『梁書』倭傳には、「魏の景初三年に至り、公孫淵誅せられし後、卑彌呼始めて遣使朝貢す」、眞僞のほどをめぐって議論のある南宋本『太平御覽』引く『魏志』に「景初三年公孫淵死し、倭女王大夫難昇米等を遣はし、云々」とある。『三國志』魏書東夷傳倭人條は、卑彌呼の遣使を「景初二年」とする。これらはすべて上記の年代關係から正しいと判斷できる記述だということになる。公孫淵の滅亡も、卑彌呼の遣使も、238年だったということである。

公孫淵滅亡については、公孫淵傳に「始めて度の中平六年を以て遼東に據りてより、淵に至るまで三世、凡そ五十年にして滅ぶ」とある。公孫度が遼東に據った中平六年は189年であるから、それから49年目が238年であって、50年目ではない。問題の「１年多い」がここにある。

また、『三國志』明帝紀の明帝36歳死去について、裴松之が注して「魏の武帝が建安九年八月に鄴を定めた後、文帝が甄皇后を娶った（后傳に關連記事あり）とすれば、明帝は翌年の十年（205）に生まれたに違いない。とすれば景初三年（239）正月の死去まで數えて三十六歳ということにならない（三十五歳）」という意味のことを述べている。ここにも、問題の「１年多い」がある[48]。

晉の泰始暦は、魏の景初暦と計算定數が同じことがわかっている。だから、晉としては、景初改暦がすばらしい形を殘すことを避ける必要があったのであろう。結果上記のような關係を基に、青龍四年を復活し、景初は三年までだったことにした（景初元年は巳歳だったことにした）のであろう。「景初四年」銘の鏡が出土するのに、文獻にその「景初四年」が記されていない背景がここにある[49]。鍵を握るのは「辰」歳である。研究史上、閏月一ヶ月の存在を想定し、その一ヶ月だけが「景初四年」だという議論があることは知っている（枚擧に遑がない）が、その場合、景初元年は「巳」歳のままである。そして上記の「１年多い」の議論は手つかずじまいである。

まとめ

本書第二章の檢討の結果、前漢時代の『淮南子』にいたって「天理」の語が現れ、『禮記』や『史記』において、「仁」評價と「天理」が結び着くにいたったことを述べておいた。その『史記』の「仁」評價では、「樂」の位置づけが比較的高いことに氣づかされる。『禮記』はより顯著である。この「樂」に端を發して、音樂理論たる三分損益法や、それと關連づけて筆者がこれまで議論してきた後天八卦方位、十二方位と正三角形、樂音の生成などをまとめてみると、戰國時代においては、前４世紀半ば以後、暦數が議論されるようになり、十二方位と結びついて樂音の生成を語っていることと、それらを關連づけて議論できることが再確認できる。その議論は漢代に「仁」評價が「天理」と結びついた後も、しばらく關連する議論の要に位置づけられている。

以上のことを知って、『左傳』の説話の「仁」を檢討すると、複數の國が關わる場において、樂の音にのせて詩が賦されていることを確認する。さらに遡って春秋時代末の考古遺物たる侯馬盟書を檢討すると、盟誓の場が複數の國が關わる場であることをあらためて知ることになる。從來の言い方でなく、筆者の言い方を交えて述べれば、春秋時代には、周を頂點とする邑制國家の他、晉を頂點とする邑制國家、楚を頂點とする邑制國家、齊を頂點とする邑制國家、吳を頂點とする邑制國家、越を頂點とする邑制國家、秦を頂點とする邑制國家、燕を頂點とする邑制國家等

第一節　三正説と数理

があり、それぞれに小國を從えていた。その小國たる都市から代表が參加し、複數の都市を配下におく趙簡子を頂點として擧行されたのが、侯馬盟書である。この侯馬盟書の銘文中に、「嘉の盟」を話題にし、その「嘉の身」およびその子孫（の身）を守ることが誓約されている。これとは別に、盟誓内容に違った場合、「丕顯なる岳公大冢が盟殛をくだし、氏を滅ぼす」ことが議論されている。『論語』堯曰（篇）を參照すると聖人たる「舜の身」が議論されていて、「嘉の身」は後に「仁」評價の要たる聖人の身として議論される。その「身」の先驅が話題にされていることを知る。そして、「丕顯なる岳公大冢が盟殛を降すこと」は、王の下の管領制度下にあって、律令を使って民に罰する法制へと變化する。『論語』の議論は、その岳公大冢を象徴する山から水がしみ出す狀況を話題にして「仁」評價とは異なることを擧げており、類推を働かせることで、天道の反映の議論がやがて關わることになることが推測できた。

その曆數が出現した後の議論を支えるのが、後天八卦方位と十二方位における樂音の生成である。八卦方位は、地上を天地兩樣の性質をもつと考えて、易の八卦について天→地、地→天の變化を語る基礎となっている。この後天八卦方位と十二方位における樂音の生成を理念的背景として、中原において、周正王朝から夏正王朝が出現し賢人宰相が關わることが議論された。こうした賢人重視とその理念的背景は、夏正・踰年稱元法という王や皇帝の制度の根幹の「形」の下、「仁」に重きを置く儒家思想の基礎となった。

一方、これを是としない國では、日→月→星辰の生成を論じて、楚正の楚王朝が、後天八卦方位の天に位置づけられることを論じたようだ。その日・月・星辰は、天道を移動する。『老子』や『韓非子』などの議論の基礎になったことが想定できる。

後天八卦方位と十二方位における樂音の生成は、漢王朝になって「天理」が重要な位置づけをもつようになっても、なお議論の要として機能していた。しかし、後天八卦方位と十二方位の結びつきは、「仁」評價との關わりにおいて、次第に存在を薄めていった[50]。

曆數が出現する前は、三分損益法を驅使して造りだされれる編鐘が重厚な場をもりあげ、樂の音に合わせて詩が賦される。こうして、複數の國が關わる宗廟の場などが、編鐘活躍の舞臺となった。侯馬盟書に記された「嘉の身」が重視される。複數の國が介在する場においては、自分とは異なる國の樂演奏の場を「思いやる」ことが當然の約束事となったであろう。この「思いやり」こそが、「仁」の原義だろうと想定できる。

かくして孔子は、こうした「仁」の原義を論じた人だったと言うことができる。

現行『論語』は、こうした孔子が生きた時代を反映するものと、曆數が出現した後の議論が反映されているものが混在する。しかし、現行のその讀み方は、二十四史の時代になってからの「天理」を背景にもつ「仁」評價を基礎にする。「八紘」と「天理」が結びついていた唐代までと、その結びつきがなくなった宋代以後とに分けられるが、漢代以後の讀み方である。しかし、あらためて孔子が生きた時代の議論、曆數が出現した後の議論を念頭に置いてみると、そうした從來氣づかれなかった理念を背景として『論語』を讀む作業は、なされてきていない。「仁」の原義を念頭においた讀み方が、工夫されてもいい。

第三章　古代の數理

第二節　天理の物と建築

はじめに

　本章第一節において、後天八卦方位、十二方位と樂音の生成、正三角形を重ねて議論していたことを檢討した。漢王朝が成立した後、これに「天理」が加わる。加わる前は、後天八卦方位における八卦の天→地、地→天の變化（地上を天地兩樣の性格をもつと見る）が「天理」の替わりをしていた。この變化に法則性を與えるのは、十二方位と樂音の生成である。中原の三正は、周正（子）から夏正（寅）が生成される。經由する方位（未）は、賢人による補佐と説明された。
　これとは別に、楚の三正は、日（午）から月（亥）を經て辰（星辰）が生成される。これに後天八卦方位を重ねる。月（亥）が子の隣にあり、これを楚正とする。
　「天理」が議論されるようになると、正三角形を十二方位に重ねて音の生成と夏正・殷正・周正・楚正の交替を法則的に説明できるようにしている。
　こうした「天理」の下の三正は、景初改暦をもって交替の終焉を迎える。景初改暦以後、代々夏正を使用することになった。
　この夏正襲用の世に、佛教が普及してくる。佛教に對抗して五斗米道等から發展した道教も勢力を増してくる。これら佛教寺院の伽藍や道教の道觀は廣大な境内に展開される。いま確認できるところ、佛教寺院の伽藍配置は、圖形的に特別のつりあいを持っている。西歐において、ギリシア建築に關して議論されたこの種の「つりあい」、平面構成や立面構成を、戰前の日本の學者が熱心に議論している。
　筆者は、この議論的繼承をテーマとして、日本の古代に殘る石造建築を檢討したことがある。平面構成・立面構成の議論としては、確かにそう言える、という話である。ところが、それを歴史の中に位置づける時、樂音の生成と暦數、度量衡の變化と傳統尺の墨守の問題が見えたのだが、歴史記述との關連づけにいま一つ説得性を持ち得ないままであった。にも拘わらず、本書第一章において二十四史における「仁」評價と「天理」の關係を檢討した結果、以下の點を確認するにいたった。
　『舊唐書』までの「天理」は「八紘」を基礎に議論される。『晉書』以後「天理の物」として佛寺伽藍や道觀が念頭におかれるようである。『史記』以後『舊唐書』まで「八紘」を念頭におき、北斗七星が年間を通して時刻・季節の基準となる點に基準をおく。『三國史』・『後漢書』にも「天理の物」が見えているが、時（天時）を知ることが念頭にあるようである。ただ、「仁」を語る場は、『舊唐書』になって「八紘」の外に擴大される。「仁友」という用語が端的に示すように、「八紘」を基礎にして、その外に「仁」の理解者が存在するという「形」が示されている。唐になって、統一帝國と外國との册封關係が鞏固な「形」を作り上げた現實があり、それが「仁」評價に反映されたと見なすことができる。この評價は『新唐書』に繼承される。
　ここに注目されるのが、「『晉書』以後"天理の物"として佛寺伽藍や道觀が念頭におかれるようだ」ということと、「『三國史』・『後漢書』にも"天理の物"が見えているが、時（天時）を知ることが念頭にあるようだ」ということである。「"天理の物"として佛寺伽藍や道觀が念頭にお

かれる」ことを示す物證として、當該時期の建築の平面構成・立面構成が使えないか。本論は、以下、この問題を詰めてみたいと思う。

1. 岡益石堂

　鳥取市には、奇妙な石造建築が現存する。岡益石堂という。古くから安德天皇傳説と結びつき、明治になってから陵墓參考地に指定され、現在に至る。

　この岡益石堂を學問的に調査研究した最初の人物は、地元の研究者川上貞夫であった[51]。

　川上貞夫は、1897年生まれで、中學校卒業後、京都高等工藝學校に入り、建築學者武田五一の薫陶を受けた。鳥取に歸郷後、教員となり、帝展（現日展）に作品が入選するなど活躍が顯著であった。そして、地元に残る特異な建築遺構、岡益石堂の研究を進めることになった。1977年死去[52]。

　武田五一は、京都帝國大學建築學科の創立時の教授になった人物である。

　川上貞夫『岡益の石堂』[53]の序文に、京都大學工學部教授福山敏男が以下のように記している。

　「本書の著者川上貞夫さんにはじめてお會いしたのは昭和三十年のことである。東京國立文化財研究所の若い研究員たちと、島根・鳥取・岡山の古い佛像などを調査してまわったときに、一夕、鳥取の旅宿に川上さんが訪ねてこられ、戰前では近づきにくかったため、いまだに學界に認知されていない岡益の石堂の寫眞や實測圖面や拓本などを示され、くわしく説明をして下さった。それらの資料を見、お話を聞いて私は大きなショックを受けた。いままで滋賀の石塔寺や大阪府の鹿谷寺の石塔などで頭に入っていた日本の石造建築のあり方とは、ひどくかけ離れているのに驚かされたのである。その石のブロックで積み上げた構造であることが大陸や朝鮮半島の石室や石塔の類を連想させるし、中心の太い圓柱の胴部のふくらみも古式であり、柱の上の方形石版の下面の忍冬文樣浮彫の雄大さも大同や龍門の石窟寺院に見るものを思い出させる。これは意外に古いな、というのが、私の第一印象であった。……」

　戰前云々というくだりは、この岡益石堂の現在の管理者と關わりがある。現在、この石堂は、安德天皇陵墓參考地として宮内廳の管理下にある。以下に述べていくように、石堂は安德天皇の

圖3-20　川上貞夫撮影・石堂全景（左）、円柱エンタシス（中）、石塔部竿（右）

第三章 古代の數理

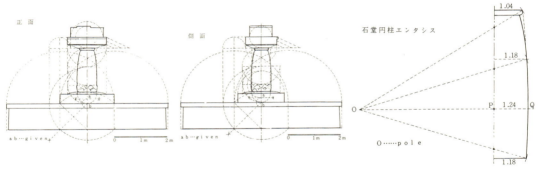

圖 3-21 川上貞夫實測作成・石堂石塔部（左：正面・中：側面）と竿のエンタシス（右）[54]

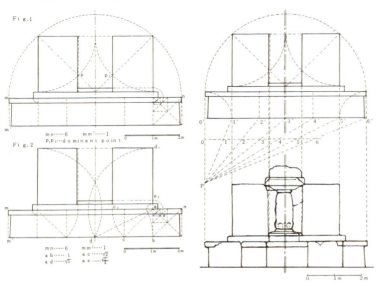

圖 3-22 川上貞夫實測作成・石堂正面（東面）、立面構成

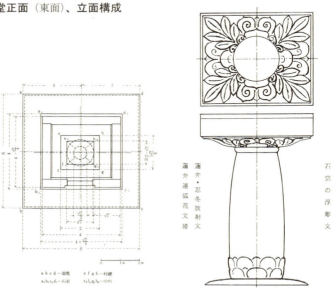

圖 3-23 川上貞夫實測作成・平面構成（左）、
　　　　川上貞夫實測作成・石塔部竿と中臺（右）

時代とは合わないわけだが、戰前この石堂を管理していた長通寺の住職が、東京に日参し、傳説として殘されていた安德天皇の陵墓參考地に加えていただいたよしである。

上揭川上書より、岡益石堂の寫眞と川上の研究を象徵すると思われる圖を、紹介しておこう（圖3-20～23）。

2. 伊東忠太の研究

こうした平面構成・立面構成についての考え方は、川上貞夫の獨想ではない。また、中臺下部の文樣は、忍冬紋であるが、これについても先行研究がある。

まず忍冬紋とエンタシスであるが、これは西歐の研究を我國に傳えた人物から説き起こすことができる。かつて人々の心を強く捉えた話題があり、それは、ギリシア建築の知識が、シルクロードを通って、日本にいたったというものであった。

忍冬紋（パルメット紋樣）は、エジプト起源のロータス（蓮）紋がギリシアに傳わってパルメット紋樣となったとされる。シルクロードを通って中國にいたり、朝鮮半島を經由して日本にいたった。天女が天空を舞う畫像の中に、その周圍に舞うように描かれたものが有名である。

この忍冬紋といっしょに日本にいたったのが、法隆寺のエンタシスの柱である。忍冬紋を含めての建築史上の總合的檢討を進め、その上でエンタシスの柱に注目したのが、日本近代の建築史の草分けである伊東忠太であった。伊東忠太の議論は、『伊東忠太建築文獻』[55]に抜粹された過去の業績がまとめられ、卷1に論文一覽が付されている。そのうち『伊東忠太建築文獻』卷2所載の「法隆寺建築論」と「古代建築論」にエンタシスの議論がある[56]。

「古代建築論」において、伊東は玉虫厨子のパルメットについて「文樣は、所謂忍冬文唐草の變形であることは既に周知の事實である。忍冬の起源は今日研究の結果に由れば、すでに古代埃及（エジプト）に於いて其の發祥を見、バビロニア、アッシューリア、波斯（ペルシャ）に於いても頻りに賞味され、希臘（ギリシア）に於いては縱橫自在に運用され、羅馬（ローマ）及び東羅馬に於いても猶其の餘勢の衰へざることを見るのである。此の忍冬文樣が如何にして東漸し、如何にして我が國に傳來し、如何にして飛鳥時代の特殊文樣となつたかは、未だ充分に解釋されてをらぬのである」と述べ、傳來の經路について、二つの可能性を述べている。一つは「忍冬文樣の大成したのは希臘であるが、歷山（アレクサンダー）大王の東征に伴ひ、希臘文化が中央亞細亞及び西北印度に波及すると共に、忍冬文樣も亦同地方に傳はつた。其の後希臘の植民國なる大夏が中亞に興り、大月氏がこれに代つて希臘文化を繼承すると同時に印度から佛教文化を攝取し、茲に希臘印度文化を混成した。それから佛教と共にこれを支那に傳へ、支那から三韓を經由して日本に傳へられたので、忍冬文樣も終始これに随伴してきたのである」というものである。またもう一つは、「（希臘系の土器類の發見により中國塞外の地方には古くから希臘系の民族が移住していたらしいなどの理由や）忍冬文樣が先づ漢土の北境なる山西省の大同付近の雲崗の石窟寺、即ち北魏の首都なりし平城に於いて現れてゐる事實より暗示を得て、忍冬文樣は大夏、大月氏の系統を引いて來たのではなくして、却つてそれよりも以前に直接に希臘から塞外に傳へ、それから中國に入り込んだ」というものである。

また「法隆寺建築論」において、伊東は法隆寺中門建築中のエンタシスの柱について「其の輪郭は下部より柱長三分の一に當れる所を起點として、上下に向ひて同一なる曲線を畫くものにし

て、上部長く延びて『大斗』に至り、下部は短く地盤に畢る。これ『クラシック』建築の所謂エンタシスと相均しからざる所以なり。然れども更に一歩を進めて考ふれば、彼の『エンタシス』と唱ふるものは、數學の所謂『コンコイド、オブ、ニコミデス』或はハイポボラに近似の線にして、法隆寺中門の柱の輪郭も亦、これと同性質の曲線より成るものと認めて可なるものなり。只東西の人の嗜好の異なるよりして、此の曲線の係數に些少の才を生じたるに過ぎざるなり」と述べている[57]。

エンタシスの傳來にいたるまでについては、「古代建築論」に述べたところがある。「予輩の知る範圍に於いては、支那に於いてエンタシスの現れたる實例の最古のものは、北魏の大作として知られたる山西省の雲崗の石窟寺の手法である。此の方法は蓋し燉煌の石窟寺から傳來したものであり、燉煌の建築は更に遠き西域から傳來したものと推斷される。勿論その具體的の證明は、今日の處未だ之を擧ぐるまでに進んでおらぬが、此の推斷を措いて、他に適當なる考察を下すことは不可能であると想ふ」。

伊東の興味は、エンタシスそのものに限らず、エンタシスを含めての構成美にあった。建築には軒に斗拱（カエルマタ）があるが、その斗拱とエンタシスが作り出す構成の問題にも言及している。そして斗拱の淵源を漢代にまでたどっている。

3. 米田美代治と朝鮮建築

伊東忠太の研究は、後進たちに大きな影響を残した。そもそも伊東は、建築學者として、建築に見えるエンタシスや斗拱について記述し、建築の平面構成（プラン）や立面構成（プロポーション）について述べつつギリシア文化の東漸を述べたのであった。そこに示されたエンタシスの形狀は、他の研究者にギリシア建築への興味を覺えさせた。そして、建築の平面プランから發展させ、さらに伽藍構成の美を研究する者が現れた。伊東自身は、例えば建築の平面プランについても、礎石の間の寸法をどう解釈するかについても、かなり愼重な姿勢を見せている。ところが、その後繼者たちは、伽藍構成についても、圖形的な構成美を論じるにいたるのである。

その代表として、米田美代治の名を擧げることができる[58]。

そもそも伊東等多くの研究者が共有していたのは、ギリシア文化が佛教とともに中國にいたり、それが日本にいたったという基本線である。米田もこの基本線の下に考察をめぐらした。しかし、米田自身は、佛教文化に融合した中國古代の文化要素に興味があったようである。そのため、その伽藍構成の來源を中國古典に求め、上記の論文名にも見える「天文思想」を論じている。

米田美代治は、『朝鮮上代建築の研究』[59]の村田治郎の「跋」によると、1932年に日本大學專門部工科建築科を出た後、朝鮮総督府博物館の嘱託になった。そして同博物館にあって研究を續けた。

同書の藤田亮策の序文によると、朝鮮建築史研究を關野貞[60]より説き始め、米田の事蹟に及んでいる。關野貞は、すでに紹介した伊東忠太にやや遅れて帝國大學助教授となり、日本各地の文化財保護行政を軌道にのせるだけでなく、朝鮮半島や中國大陸各地を踏査し、建築史上に多大な貢獻をした。朝鮮総督府博物館に活動の場を得たということは、その關野の影響下で活動を始めた人々とともにあったということになる。關野は昭和10（1935）年に死去している。

米田の研究を象徴すると思われる圖をいくつか紹介しておこう。いずれも『朝鮮上代建築の研

第二節　天理の物と建築

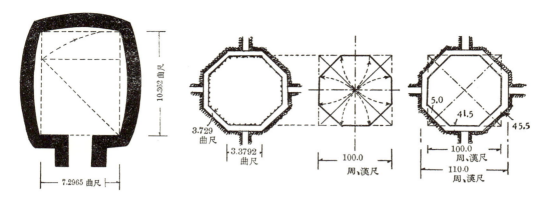

圖 3-24　米田美代治想定・助王里 69 號墳の平面構成（左）、平壤清岩里遺址八角塔の平面構成（右）

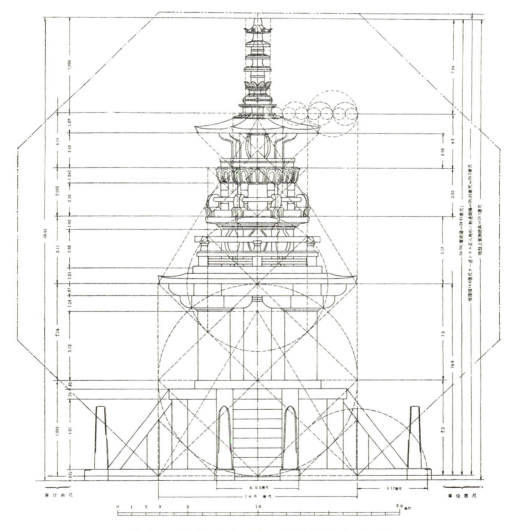

圖 3-25　米田美代治作成[61]・佛國寺多寶塔立面構成

第三章　古代の數理

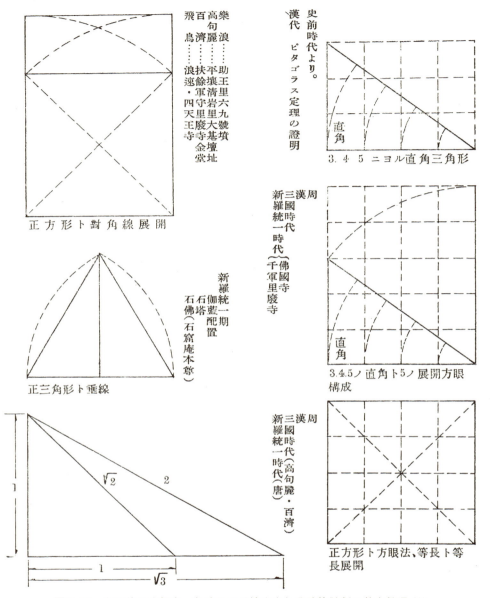

圖3-26　米田美代治想定・各時代より摘出される建築計劃の基本數理（1）

究』所載のものである。

　上記にいくつかの圖を連ねた、そのうち米田美代治の圖として、佛國寺多寶塔の立面プロポーションがある（圖3-25）。正八角形と正方形（ひし形）を基本として組み上げている。圖3-26は1：√2が簡單な操作により作成できることを述べ、現實の古墳の平面プランにそれが認められることを述べたものがある。同じく米田圖としては、正八角形とその内接圓を交互に組み合わせて構成が作れることを述べたものがある（圖3-27）。石窟庵の立面プロポーションの構成と、平面プランの構成もある（圖3-28）。この種の立面構成・平面構成を想定する上での、基礎的數理を、時系列でまとめたものもある。

第二節　天理の物と建築

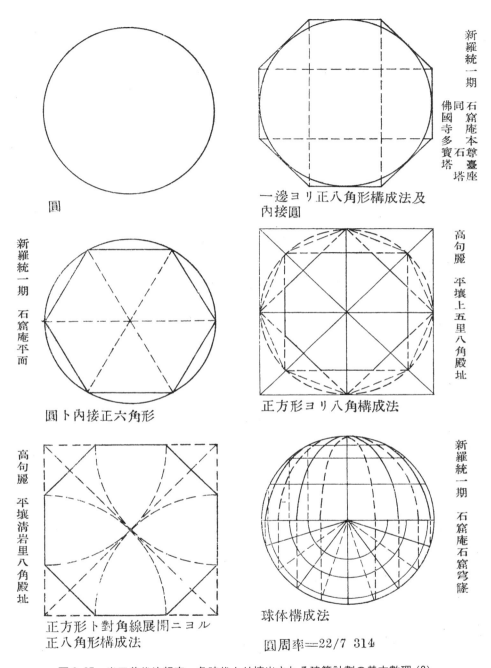

圖 3-27　米田美代治想定・各時代より摘出される建築計劃の基本數理（2）

　先に述べたように、米田自身は、その立面構成・平面構成が中國古來の知識に基づくことを追究した面がある。私も下記において、それを試みてみようと思う。米田を繼承しつつ、論を進める。川上も、同じく立面構成・平面構成を論じているが、直接的にギリシア的構成を追究しすぎたきらいがある。下記にいくつかの類例を檢討するのだが、それらに共通する圖形單位は何かと檢討を重ねた結果、川上よりも米田を繼承すべきだとの結論にいたった。

第三章　古代の數理

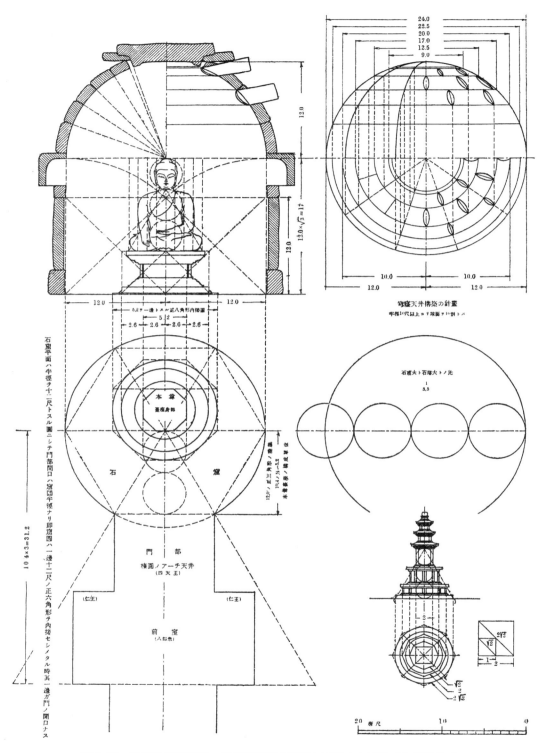

圖 3-28　米田美代治想定・慶州石窟庵の石窟と石塔の立面構成と平面構成

筆者も、そして他の先人も、伊東忠太を繼承して「ギリシア文化の東漸」という共通理解を基礎としようとする。また、米田の「朝鮮上代の建築と伽藍配置に及ぼせる天文思想の影響」・「同補遺」⁽⁶²⁾の前者に質問した村田治郎が、後者の末尾によせたコメントが、私の通常主張する内容に近いもの、本書においてすでに述べてきた内容に近いものをもっている。

簡單に述べるにとどめるが、米田は宮室の中樞建築の配置は五行思想の配置によっていること、秦漢時代の宮室建築について天文的な説明がなされていること、五星座配置と王座配置の同一性の問題などがあること等を論じている。これに對する村田のコメントは、論據たる『周禮』考工記の後代性、五行思想の後代性を指摘して、米田が「周代」を論じることに疑念を呈し、一方で『史記』より窺える天文裝飾の話題などの檢討を促したりしている。建築史畑の米田に對し、思想史に明るい村田がコメントしている。

私は、近著『「八紘」とは何か』⁽⁶³⁾や本書において、中國の諸典籍に「書いてある」ことを確認した。その「書いてある」ことから、「こう推論できる」ことも述べた。こうした方法によれば、米田が「周代」として論じた書物内容は、多くは漢代以後に下げて論じられる。それでも、米田が漢代まで遡れる點を論じたり、六朝まで遡れることを論じたりする姿勢が汲み取れるのは、米田がそれだけ普段の調査に忠實だったことの反映であろう。

ともあれ、以下、米田の基本を繼承しつつ、論を進める。上記の村田治郎のコメントの目も溫かい（上記のように『朝鮮上代建築の研究』の「拔」も書いている）。

そして、この米田の研究手法が、戰後、鳥取の川上貞夫によって、獨自の展開をとげたことを、ここに再確認しておきたい。

4. 私的檢討と古代燈籠

伊東忠太も氣にかけた具體的事例の有無の問題を、私も岡益石堂の檢討において氣にかけた。そして、岡益石堂の石塔部の形狀が、燈籠に似ていることが、とても氣になった。

そもそも、私が岡益石堂を知るにいたったのは、1981年に鳥取大學教育學部に助手として採用された後である。當地において、川上貞夫の岡益石堂研究を知るにいたった⁽⁶⁴⁾。

そして、燈籠が氣になったので、調べてみることにした。しかし、それまで燈籠については私自身全く檢討したことがない。周圍の人々もこの問題を理解していない。そもそも世の中にどんな燈籠が存在するのかすら、私も周圍も知らなかった。郷里の茨城縣坂東市には、墓地に燈籠を置く風習はなかった。ところが、鳥取では、墓という墓すべてと言っていいほど燈籠がおかれている。地域性が強いテーマであることはわかったが、まずはやみくもに調査を進めることにした。大學構内の遺跡調査も担當することになり⁽⁶⁵⁾、そこから調査當時としてはめずらしい方形周溝をもつ中世墓（火葬墓）も出土してきていたので、その類例探しもかねて、あちこちでかけていった。これも一つの縁で、江戸時代の鳥取藩主池田氏の墓地の墓石が龜趺をあしらっていることを知り、この龜趺もついでに調査することにした。そうこうしているうち、奈良縣橿原市で、石谷石材店に氣づき、ぶしつけにもお邪魔して、社長の石谷久義氏にいろいろ教えていただいた。石谷氏は、愛知縣の岡崎に行けという。そこに燈籠造りの本山ともいうべき場所があると。そこで、そのまま岡崎に向かい、燈籠造りのノウハウを教えていただいた。福地謙四郎『日本の石灯籠』（理工學社、1978年）⁽⁶⁶⁾も購入した。

第三章 古代の數理

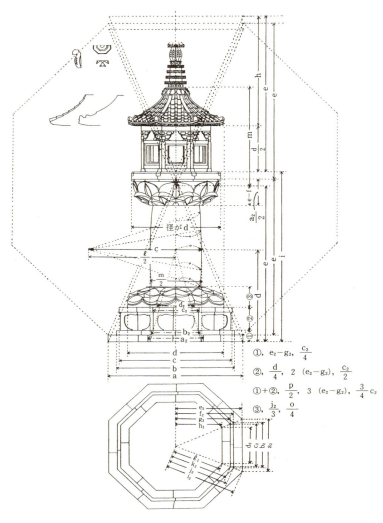

圖 3-29　上京龍泉府古寺石燈籠立面構成と平面構成[68]に特殊な圖形
この特殊な圖形から東アジア古代燈籠の平面・立面の構成單位が作り出される。

そうした調査の過程で、次第に日本の古代燈籠には、ある共通した特徴があることがわかってきた。先に紹介した米田美代治の研究のうち、佛國寺多寶塔の立面構成において、正八角形が畫かれていた。この正八角形そのものではないのだが、正八角形の外接円の中心と正八角形の各頂點を結ぶと、八つの二等邊三角形ができる。頂角は45°になる。この頂角45°の二等邊三角形が、燈籠の立面構成に畫けることがわかってきた[67]。

先行研究をしらべるうちに、上京龍泉府古寺址の石燈籠[69]については、圖3-29のように、立面構成に正八角形が畫けることを想定した研究がある[70]こともわかった。一見して、米田美代治の佛國寺多寶塔についての研究を援用したことがわかる。

ただ、上京龍泉府古寺址の石燈籠の平面構成を見ていると、特異な圖形が構成されているのがわかる（圖3-29）。筆者はこれを「單位圖形」と稱することにした。「考えすぎ」があってはならないが、この特異な圖形が作り出すいくつかの邊のうち、「a：b」という比は、この圖形を前提にしないと想定不能である。ところが、この「a：b」の比が、岡益石堂の平面構成と日本最古の燈籠である當麻寺石燈籠の平面構成において確認できるのである（圖3-32・34）。

このことから、筆者は、この單位圖形が意味あるものだと考えた。當麻寺石燈籠の平面構成では、基礎が楕圓に内接するがごとき八角形になっていて、その長徑と短徑の比が「a：b」となっている。岡益石堂の平面構成では、石塔部の基礎が長方形になっていて、その長徑と短徑の比が「a：b」となっている。あるいは、當麻寺石燈籠の平面構成は、當初長方形で、その一部が缺けたために現在のような形状に再成形された可能性もある。

さて、單位圖形が意味あるものだったとして話を進めると、古代燈籠は、大佛殿の前に一基

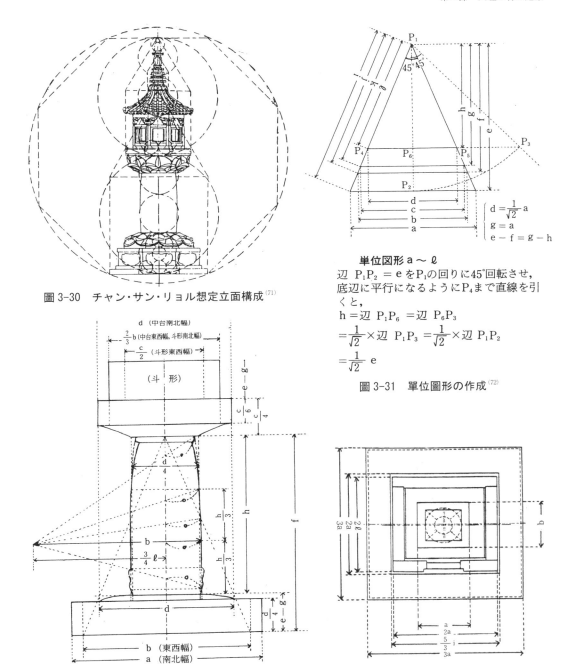

圖 3-30　チャン・サン・リョル想定立面構成[71]

圖 3-31　單位圖形の作成[72]

単位図形 a～ℓ

辺 $P_1P_2 = e$ を P_1 の回りに45°回転させ，底辺に平行になるように P_4 まで直線を引くと，

$$h = 辺\ P_1P_6 = 辺\ P_6P_3$$
$$= \frac{1}{\sqrt{2}} \times 辺\ P_1P_3 = \frac{1}{\sqrt{2}} \times 辺\ P_1P_2$$
$$= \frac{1}{\sqrt{2}}\,e$$

圖 3-32　岡益石堂の立面構成（左圖）と平面構成（右圖）（川上貞夫作成圖に加筆）[73]

置かれる。當麻寺金堂前石灯籠（現在の金堂の正面は 90°ずれている）がほぼ原形をとどめており、東大寺大佛殿前金銅燈籠も原形をとどめていた。他に發掘報告を調べてみると、飛鳥寺金堂前石燈籠など、正八角形の基礎が確認されているものも少なくない。

ところが、遣唐使の廢止などに象徴される國風文化の始まりとともに、神佛習合も顯著となる中、燈籠は神社に進出していく。そして、社殿前の參道の左右に１對２基置かれるようになる。そして、平面構成にも變化が生じ、正六角形を基調とするようになる。こうなると、單位圖形は

第三章　古代の數理

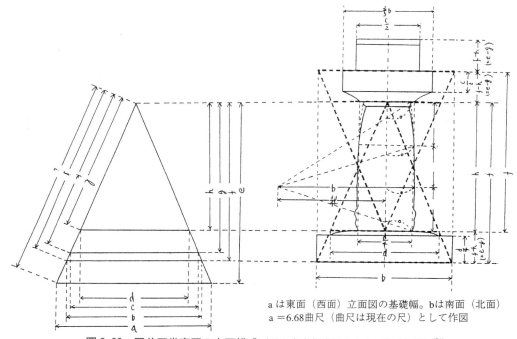

aは東面（西面）立面圖の基礎幅。bは南面（北面）
a＝6.68曲尺（曲尺は現在の尺）として作圖

圖 3-33　岡益石堂南面の立面構成（川上貞夫作成圖をもとに作成加筆）[74]

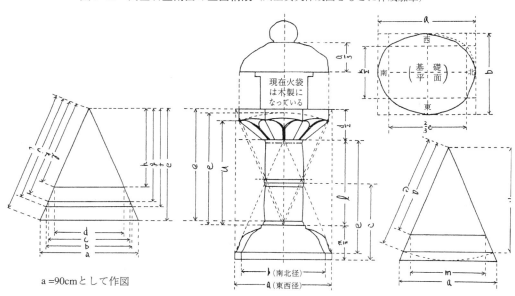

a＝90cmとして作圖

圖 3-34　當麻寺金堂前石燈籠の平面構成と立面構成
（天沼俊一作成圖をもとに作成[75]。基礎は筆者が測量〔天沼圖作成時點は大部分地中に埋まっていた〕し加筆）

もとより、上記の頂角 45°の二等邊三角形を立面構成の中に畫くこともできなくなるようである。
　以上から推論できることは、日本の飛鳥時代から平安時代にかけてのいわゆる國家佛教の時期にあっては、燈籠の立面構成・平面構成いずれにも正八角形の要素が顯著に示されるということである。そして、その檢討結果は、米田美代治が朝鮮建築に關して想定した佛教關連遺構の立面構成・平面構成に關する想定に通じるものがあるということである。

5. 小泉袈裟勝の度量衡研究

　上記の圖形要素の檢討の際、説明せずにすませたものがある。モノサシの問題である。伊東忠太や關野貞等が法隆寺再建論・非再建論を語る中で、このモノサシの問題が熱心に討論された。米田美代治が伽藍配置や塔の立面構成・平面構成を論じるについても、このモノサシの問題を論じている。そして、川上貞夫も、同様にモノサシの問題を論じた。

　そこで討論されたのは、使用されるモノサシの違いと時代差の問題であった。モノサシを漢語で「尺」というが、高麗尺と称されるモノサシと、唐大尺と稱されるモノサシを持ち出し、建築の早晩を決めようとした。

　その討論の際の共通理解は、日本人にあっては、江戸時代の學者以來の度量衡研究になっている。

　そこで討論された内容は、近代にもたらされた西歐の度量衡に對する東洋の度量衡という意識に基づく。あくまで、モノサシ・マス・ハカリの基準を論じている。ところが、中國の『漢書』律暦志にまとめられた議論では、これらモノサシ・マス・ハカリが、ある特定の數値をもって、有機的に結びついている。獨特の數理の世界を作り出しているのである。

　『漢書』律暦志の紹介を通して、この獨特の世界を紹介したのが、小泉袈裟勝である。小泉袈裟勝は、大正7年（1918）年長野県生まれ。三十年ほど計量研究所において度量衡および測量の研究に従事するかたわら、度量衡の歴史を調べ、『歴史の中の單位』・『ものさし』[76]などを著述した。

　度量衡の歴史を語る上で小泉『歴史の中の單位』が特に注目しているのが、狩谷棭齋『本朝度量權衡攷』[77]である。参照すべき現代書として、寶月圭吾『中世量制史の研究』、高田誠二『單位の進化』を挙げ[78]、「参考にした文献が多い」と述べてた上で、狩谷棭齋を特筆した。

　小泉袈裟勝は述べる。「狩谷棭齋、名は望之、三右衛門と称した。三州の刈谷の人、数代の先祖が江戸に移り、狩谷姓を名のった。律令の學にこころざし、廣汎な和漢の古書を研究し、多くの注釋書をあらわしている。古器、古錢を愛し、またその研究も徹底したものだったらしい。古錢については著書『錢幣考遺』がある。『本朝度量權衡攷』は、中國および日本の度量衡の歴史の最高のものと思う。その考證態度は他の學者と異なり、きわめて科学的かつ實證的である。彼の古代標準ことに中國のそれの考證結果は最近の中國における實査結果ときわめてよく一致するものが多い。天保六年（1835）六一才で江戸で没したというから、生年は安永四年（1775）である」。

　小泉袈裟勝は、上記にいう「中國のそれの考證結果」に關連して、その著『ものさし』の中で、羅福頤の『傳世歴代古尺圖録』[79]（文物出版社、1957年）を紹介している（圖3-35）。度量衡の中の「度」つまりものさしの圖録である。ここに紹介された歴代の尺（尺＝ものさし）の一覧は、ことの本質を理解するのにきわめて有益である。

　この羅氏の圖録によれば、一目瞭然、殷代のものさしだけが例外的であって、戰國時代より王莽の時代にいたるまで、ほぼ同一のものさし（尺）が用いられている。そして、徐々にものさしの一尺の長さがのびていき、唐代にいたる。

　小泉袈裟勝以外の度量衡研究をひもといてみると、この羅氏の書に増補した形の具體例の提供があるのだが、最近の日中の研究にいたるまで、多くは『漢書』律暦志の世界を顧みようとしな

図 3-35　羅福頤『傳世歴代古尺圖録』末尾の図

い基本スタンスをもっている。つまり、現代提供されている度量衡の解説書は、有益な知識を得る面がある一方、それを讀んだだけでは、本書で述べる意味において肝腎の説明を得ることなく度量衡の議論に入るという缺陷をもっている。

そこで、以下、まずは『漢書』律暦志に何が書いてあるかを再確認することから始めて、出土遺物の實際に即してどう説明されるべきかを考えてみることにしよう。

6.『漢書』律暦志と度量衡

『漢書』律暦志は、度量衡のことわりを述べている。

『漢書』律暦志の冒頭に「一に曰く、備數、二に曰く、和聲、三に曰く、審度、四に曰く、嘉量、五に曰く、權衡」とある。一は「備」という動詞を使いつつ、「數」のことわりを述べ、二は「和」という動詞を使いつつ「聲」のことわりを述べることを、最初に提示するものである。同じく三は「度」(ものさし。動詞は「審」)、四は「量」(マス。動詞は「嘉」)、權衡(權は分銅、衡ははかり)それぞれのことわりを述べることを、最初に提示する。だから、総じていわゆる度量衡のことわりを述べるものだということがわかる。そして度量衡のことわりを述べるに當たっては、「數」と「聲」のことわりを述べねばならないと言っていることもわかる。

では「數」のことわりとは何か。まず述べていることは、十進法である。「一、十、百、千、萬」のことを言うのだという。つぎに、基準が特別の笛によっていることを述べる。基準の笛の長さ

を九とみなして出發點とする。三分損益法という方法により、九とその半分の數の間に12個の數を作り出す。そして、これからさまざまな數を作り出す。

「聲」のことわりとは何か。宮（ド）・商（レ）・角（ミ）・徵（ソ）・羽（ラ）を言う。これを奏でる八つの樂器を「八音」と言う。土の樂器を塤といい、匏の樂器を笙といい、皮の樂器を鼓といい、竹の樂器を管といい、絲の樂器を絃といい、石の樂器を磬といい、金の樂器を鐘といい、木の樂器を柷という。五聲と八音により樂が成り立つ。このことを基礎にさまざまな議論ができあがる。

五聲のもとは、數のことわりでも述べた特別の笛より生じる音をいう。假に九寸の管より生じる音を宮として説明を始めると、三分損益（2/3と4/3）をもちいて以下のように、つぎつぎと音を作り出すことができる。九の2/3（三分損）で六をつくり（徵）、六の4/3（三分益）で八をつくり（商）、八の2/3で16/3をつくり（羽）、16/3の4/3で64/9をつくり（角）、以下損益をくりかえして12の聲を作り出す。ここで話題にする九寸管などは、長さがきまるため、それらから作られる音もきまる。これらの音については、現代的表現でいう振動數が決まるので、絶對音高（日本語でイロハ〜、英語でABC〜）を得ることになる。これを「律」と稱する。これに對し、上記の宮（ド）・商（レ）・角（ミ）・徵（ソ）・羽（ラ）などは、現代でいう相對音程である。ここに、相對音程たる五聲（二つふやせば七聲）と絶對音高たる十二律を議論する。

絶對音高を作り出す基準中の基準である黃鐘管の九寸は特別の數を提供する。九から始めると、九の2/3（三分損）の六、六の4/3（三分益）の八までが整數で、三分損益をくりかえすと以下分數になる。そこで、九を「天」の數、六を「地」の數、八を「人」の數として特別に扱う。そして「天施・地化・人事」のことわりを「三統」と稱する。

三正とは、天正・地正・人正をいう。すでに具體的に檢討したことだが、十二律を十二方位に配當し、九寸の黃鐘を子と決める。これを天正とする。六寸の林鐘（未）の反對方位である丑を地正とし、八寸の太簇の方位である寅を人正とする。夏王朝は寅月を一月とする夏正を用い、殷王朝はこれを改めて丑月を一月とする殷正を用い、周王朝はこれを改めて子月を一月とする周正を用いた。秦は水德を得たと自稱して夏正の十月を年頭とする（十月からはじまって九月に終わる）曆を用い、漢王朝は時きたらずとして秦の曆を踏襲したのだが、武帝の御代にいたって、夏正に復歸することになった。

こうしてさまざまな制度を語る上での基礎ができあがる。

話を度量衡にもどすと、「度」（モノサシの長さ）は、分・寸・尺・丈・引である。基準は黃鐘管の長さにあり、その長さを九寸とする。分から上位の單位へは十進法でくりあがる。十分が一寸、十寸が一尺、十尺が一丈、十丈が一引である。

「量」は龠・合・升・斗・斛である。基準は黃鐘管にあり、その體積を龠と規定する。實際には、竹の管の太さにはばらつきがあるので、「こういうものだ」という説明である。龠を二倍した體積を合とする。合から上位の單位へは十進法でくりあがる。十合が一升、十升が一斗、十斗が一斛である。

「衡權」は「衡」と「權」であり、「衡」はてんびん、「權」は重量である。「權」は銖・兩・斤・鈞・石である。重量の單位は天地人の數値である九・六・八の倍數をもってくりあがる。基準は黃鐘管にあり、上記の一龠（黃鐘管の体積）に一千二百粒の黍を入れ、その重さを十二銖とする。こ

第二節　天理の物と建築

れを二倍にして兩とする（二十四銖が一兩）。十六兩が一斤、三十斤が一鈞、四鈞（百二十斤）が一石である。

四百八十兩が六旬八節の象徴とされたり、三十斤つまり一鈞が一ヶ月の象徴（一ヶ月は三十日だったり二十九日だったりするが、そのうち三十日を問題にする）とされたりするなど、制度と社會とが數値をもってつながっていることを説明する。

『漢書』律暦志に示される度量衡の有機的つながりは、漢代のモノサシ・マス・重量をもって説明することができるわけだが、上記においてモノサシの長さが變化することを述べたように、モノサシ・マス・重量は、それぞれ別に變化してしまう。そうなると、時代がくだるほどに、『漢書』律暦志の説明と現實に用いる度量衡との間に龜裂が廣がることになる。そこで、たびたび議論されたのが、漢代の制度への復歸であった。例えば、モノサシについて言うと、唐代には、漢代のモノサシへの復古がはかられた。現實に用いるモノサシ（尺）を大尺と規定し、復古尺を小尺と規定した。小尺は儀禮用である。儀禮用のモノサシを使えば、『漢書』律暦志の制度が語れるということである[80]。

ま と め

本節に述べた點は、大きく分けて二つある。一つは、戰國時代の十二方位と結びついた樂論（三分損益法）が、どう發展し、どう繼承されたかの問題である。そしてもう一つは、その繼承の時期にギリシア起源の建築基準の考え方が流入し、「天理の物」の圖形要素に組み込まれたことである。

後者は、戰前の法隆寺研究から始まり、伊東忠太・關野貞らの影響を受けた人々が、獨自の研究を進めている。特筆されるのが、伊東らの研究を鳥取の岡益石堂に當てはめ、福山敏男らを驚かせた川上貞夫、そして、その川上に先んじ、戰前にあって、伊東・關野に加えて正八角形の圖形要素を追究した米田美代治である。

これらの研究と前者の研究を結びつける役割を果たしたのが、モノサシの研究である。モノサシの研究も長い研究史をもつ。それらを繼承したものとして、極めて異彩を放つのが小泉袈裟勝である。小泉は、『漢書』律暦志に注目した。そして、『漢書』重視と復古の議論が關わることを述べている。

筆者は、小泉の研究に觸發されて、『漢書』律暦志の度量衡權の統合的説明と、その背後にある十二方位と樂論（三分損益法）の結びつきを檢討するにいたった。そして、その目をもって、米田美代治の提起した圖形要素を檢討し、正八角形を八等分した頂角45°の二等邊三角形が、日本の古代の八角燈籠（平面構成が正八角形の基礎〈臺石〉をもつ）に廣く用いられていることを確認した。この日本の古代八角燈籠は、中國の六朝時代から唐代の影響を受けている。米田が確認した朝鮮半島の佛塔の正八角形の圖形要素も、中國では唐代のものであって、筆者の檢討に合致する。すべて佛教に關わる。中國については、現存する遺物から確認することはできない現状ではあるが、伊東らの研究により、エンタシスの東傳が蹟づけられている。

つまり、この正八角形の圖形要素は、中國史書において議論されていた「天理の物」を規制するものであった可能性が濃厚である。

小　結

　本章は、第一節において、三正説を述べた。論文の他、著書として發刊した内容も少なからず再説している。第一章・第二章において、「仁」評價の場を檢討した。その結果を受けて、論じた點も少なくない。

　筆者が述べてきた點は、筆者の控えめな姿勢がわざわいしたせいか、客觀的に見た場合、學界で議論されることは極めて少ないようである。その點を氣に懸けつつ、實は本書のような文脈におさまることを、筆者なりにまとめなおしてみた。

　筆者は、新城の76年周期の大小月配列を使い、その配列の途中から76年周期の大小月配列を始めることにした。そして、大月と小月の順序を入れ替え、新城の配列の最後を次の配列の最初にもっていくことにした。だから、新城の配列案と筆者の配列案とで、共通して生きている論點もある。新城の配列案の76年間を、そのまま年月を遡ってずらせると筆者の配列案となる[81]。

　そして、この配列案を公表してこのかた、出土してきた暦日材料は、實はすべて収まっている。

　三正説と十二方位と樂論が結びつく時期を判定する基準は、編鐘個々の大小の形狀の有り樣の變化と曾侯乙墓出土編鐘の狀況、および戰國時代の金屬貨幣の重量と重量單位のくりあがり、換算との關係に求められる[82]。

　十二方位と天を外から眺める視點の始まりとの關係も、曾侯乙墓出土の二十八宿圖が鍵の一つを握っている。この圖は、見上げた夜空を衣裝箱の蓋の表に表現（裏返して）し、十二方位との關わりも定まっていない。

　天を外から眺める視點として、後天八卦方位を擧げることができる。

　結果、前4世紀半ばごろに、十二方位・三正説・後天八卦方位の重なりの議論が始まったのだろうと想定できた。

　その後、この重なりの議論は繼承される。その繼承時期を第二節が扱った。前漢武帝の時に『史記』が世に出、「仁」評價と「天理」の議論が重なった。そして、佛教が傳わり、六朝時代には、「天理の物」として正八角形の圖形要素が共通して認められるようになるらしい。その背後には、「八紘」をもって天地を論じる考え方がある。「八紘」は天下である。天下が「八紘」の外に廣がると、「八紘」の觀念もすたれていく。そのころ、大佛殿（大雄殿）の前の一基の八角燈籠は姿を消し、日本では建物前の對をなす六角燈籠が、また中國では香炉が主流になる。

　嚴密に言えば、建築の平面構成・立面構成について、確認できるのは中國の事例でなく、朝鮮半島と日本の事例である。しかも、朝鮮半島については「八紘」觀を確認し得る證左もない。しかし、幸いにも日本には、みずからを「八紘」と見なした記録（『日本書記』神武天皇）が残されている[83]。これを基礎として、『唐書』の「仁友」の語から、朝鮮半島に「八紘」ないしそれに類似の觀念があったことが議論可能である。そのため、日本や朝鮮半島について確認し得る平面構成・立面構成の正八角形の圖形要素は、中國にも存在したに違いないと考えることができる。

　本章に檢討した數理の問題は、思想史上頻繁に話題にされる諸問題の歷史的時期を知る上で、貴重な標準を與えてくれるようだ。

第三章　古代の數理

注
（１）　新城新藏『東洋天文學史研究』（弘文堂、1928 年）
（２）　THEODOR RITTER Von OPPOLZER, CANON DER FINSTERNISSE, Wien. Aus Der Kaiserlich-Koniglichen Hof-Und Staatsdruckerei. In Commisission Bei Karl Gerold's Sohn, Buchhändler Der Kaiserlichen Akademie Der Wissenschaften, 1887.　Translated by OWEN GINGERICH, with a preface by DONALD H. MENZEL and OWEN GINGERICH, CANON OF ECLIPSES, Harvard College Observatory, DOVER Publications, Inc. 1962.
（３）　平勢隆郎『中國古代紀年の研究―天文と暦の檢討から―』（東京大學東洋文化研究所・汲古書院、1996 年）。
（４）　新城「春秋年始早晩圖」および平勢「『春秋』・『左傳』暦日に基づく正月朔と冬至」の基礎データを、これらの圖にするには、上記のごとく日食を基準にするわけだが、日食には、われわれ專門外の者には、やっかいな事情がひかえている。上記 OPPOLZER の研究が出されたころは、地球の自轉は一定不變と考えられていた。ところが、第二次世界大戰後、實はその自轉が一定でないことがわかってきた。自轉が時々刻々早くなったりゆっくりになったりしながら今日にいたっている。日食の復元は、「一定だった」という前提でなされたので、その復元圖は、そのままでは使えないことがわかったわけである。こうなると專門外には打つ手なしである。この地球自轉の事情については、東京大學東京天文臺（現國立天文臺）退官後女子美術大學教授となっておられた古川麒一郎氏にご教示いただいた。また、その古川氏のご教示により、（地球自轉の事情を論じる前に）複雜な日食計算については、國立天文臺の相馬充氏に據るのがいいことを知った。平勢隆郎『「八紘」とは何か』（東京大學東洋文化研究所・汲古書院、2012 年）の 603 頁以下に日食の食帶に言及した際、谷川淸隆・相馬充を引用し、地球自轉の事情（古川氏ご教示）に言及したのは、こうした事情による。ついでに述べておくと、渡邊敏夫『日本・朝鮮・中國日食月食寶典』（雄山閣出版、1979 年）、齊藤國治・小澤賢二『中國古代の天文記錄の檢證』（雄山閣出版、1992 年）、F.R.Stephenson and M.A.Houlden, Atkas of Historical Eclips Maps, East Asia 1500BC-AD1900, Cambridge University Press, Cambridge, London, New York, New Rchelle, Melbourne, Sydney, 1986 は、我々が今後も活用すべき貴重な研究だが、三書とも、上記の地球自轉の事情は反映されていない。日食の始まる時間、終了する時間、どこでおこるかに違いが出るので、圖に示された食帶を東西にずらして、地球自轉の時間的有り様を前後させ、自己の檢討に支障がないかどうか注意するとよい。ちなみにということで述べると、『春秋』の日食には、現代の天文學をもって逆算し、確かに存在する日食だけでなく、一部存在しないものもある。これを「非食」として議論する。王韜『春秋日食辨正』（淞隱廬、1889 年のものがある）は、宣公十七年の日食を「非食」とするだけでなく、錯簡を指摘する。新城新藏前掲書 294 頁がこの王韜を議論し、その前後に錯簡・誤記・誤傳を議論している。齊藤・小澤書もこれを繼承議論し、相馬充作成の計算ソフト（あるいは齊籐との共同作業による計算そのもの）を活用した議論が見える。この場合も、相馬が「複雜な日食計算を正確に進める」ということ（地球自轉の事情を考慮しないか、考慮するにしても對象ごとに地球自轉の基準をもとめて計算する。基準が一つにならない）と、地球自轉の事情がある（古川による）、という話は次元違いのものとして分けて論じる必要がある。何が氣になるかというと、渡邊書が日食に日出と日入のものがあることを述べ、その場合は食分が小さい場合でも（まぶしくないので）食を判斷することができることに言及していることである。この種の問題に言及したのは、我々が目にするものとしては、渡邊が最初のようだ。未知の日出・日入の日食を檢討し、これではないかと述べる檢討が可能であるが、その場合は、皇帝や王の名は違うが月日が同じだとか、日干支が同じだとか、何らかの一致點をさぐる必要が生じる。この種の方法は、可能性を探るものとして魅力的であるが、地球自轉の事情を恣意的に操作する懸念と表裏する。古川麒一郎氏より、市販の天文ソフトは、どんなデータをどのように使って得た結果が示されているかが不明の場合が多いので、使用には愼重に、とアドバイスを受けた。ただ、上記の地球自轉の事情がある以上、市販の天文ソフトで可能性の有無を檢

討することは許されそうである。筆者は、『中國古代紀年の研究』執筆時點で、市販の天文ソフトを入手し、相馬充氏のソフトは入手していなかった（現在も入手していない）。その上で古川麒一郎氏のアドバイスを受け、地球自轉の事情は承知していた。そのため、「『春秋』・『左傳』曆日に基づく正月朔と冬至」の作成に當たっては、「非食」を扱わないことを明言して、確實と思われるデータのみを基準にした。ただ、表Ⅰには、王韜・新城あるいはそれより劣るかもしれぬデータを基にする可能性はあったが、市販の天文ソフトを使って得た「非食」錯簡の可能性を附記しておいた。また、これら『春秋』の「非食」とは別に、從來錯簡が議論されていない漢代の日食中の「非食」について、錯簡の可能性を獨自に一覽にした（『中國古代紀年の研究』43頁）。この場合日食の年月日については、F.R.Stephenson and M.A.Houlden書を參照した。

（5）前揭新城新藏『東洋天文學史研究』553頁。
（6）同前。
（7）前揭平勢隆郎『中國古代紀年の研究』13頁。
（8）前揭平勢隆郎『中國古代紀年の研究』第一章第二節および横組表Ⅱ、および平勢隆郎「戰國中期から漢武帝にいたるまでの曆」（『史料批判研究』三、汲古書院扱い、1999年）。前揭『「八紘」とは何か』428頁以下を參照されるとよい。
（9）例えば里耶秦簡曆日も適宜收まる。別に公表したので、ここには扱わない。
（10）前揭平勢隆郎『中國古代紀年の研究』第二節および表Ⅴ。
（11）林巳奈夫「戰國時代の重量單位」（『史林』51、1986年）
（12）汪慶正主編・馬承源校閲『中國歴代貨幣大系』（上海人民出版社編集、東方書店、1988年）。
（13）この誤解に關連するものでもあるが、今日にいたるまで、例えば「戰國貨幣は秤量貨幣なのか」という疑問が提示されたり、換算の事實が無視されたりしてきている。不思議なことに、筆者の横組表Ⅵ「戰國貨幣と重量」と林巳奈夫「戰國時代重量分銅表」が紹介されることがない。
（14）松丸道雄「西周時代の重量單位」（『東洋文化研究所紀要』117、1992年）。
（15）前揭平勢隆郎『中國古代紀年の研究』148頁。ついでに述べておけば、秦の圓錢は、さまざまな重量をもつが、戰國時代の網の目狀換算構造にそったものとなっている。すべて「半兩」となっている。「兩」は重量單位なので、「半兩」の「半」は1/2ではない。「分ける」という意味である。この點も紹介されることがない。
（16）平勢隆郎『新編史記東周年表―中國古代紀年の研究序章―』（東京大學東洋文化研究所・東京大學出版會、1995年）170頁。
（17）前揭平勢隆郎『中國古代紀年の研究』第二章第一節（後揭「鐘的設計與尺寸以及三分損益法」）。
（18）程貞一「曾侯乙編鐘在聲學史中的意義」（湖北省博物館・アメリカカリフォルニア大學サンディエゴ校・湖北省對外交流協會『曾侯乙編鐘研究』湖北省博物館叢書、湖北人民出版社、1992年）。この『曾侯乙編鐘研究』には、平勢隆郎「鐘的設計與尺寸以及三分損益法」が録入されている。この拙稿は、前揭平勢隆郎『中國古代紀年の研究』第二章第一節「編鐘と三分損益法」の元原稿にもなっている。
（19）前揭平勢隆郎『中國古代紀年の研究』167頁。
（20）前揭平勢隆郎『中國古代紀年の研究』167頁。前揭平勢隆郎『「八紘」とは何か』153頁。
（21）睡虎地秦墓竹簡整理小組『睡虎地秦墓竹簡』（文物出版社、1990年）189頁。前揭平勢隆郎『「八紘」とは何か』153頁。
（22）前揭睡虎地秦墓竹簡整理小組『睡虎地秦墓竹簡』239頁。前揭平勢隆郎『左傳の史料批判的研究』176頁。
（23）鈴木由次郎『漢易研究』（明德出版社、舊版1963年、新版1974年）246頁（新版）。
（24）前揭平勢隆郎『左傳の史料批判的研究』28頁。
（25）前揭平勢隆郎『左傳の史料批判的研究』31頁。
（26）高田眞治・後藤基巳譯『易經』〈上・下〉（岩波文庫、1969年）の上の75頁を參照。
（27）前揭平勢隆郎『左傳の史料批判的研究』28頁。

第三章　古代の數理

(28) 同前、30 頁。
(29) 同前、26・33 頁。
(30) 前掲平勢隆郎『中國古代紀年の研究』橫組表Ⅱ、46 頁。
(31) 馬承源主編『上海博物館戰國楚竹書（三）』（上海古籍出版社、2003 年）の濮茅左釋文考釋『周易』。
(32) 精華大學出土文獻研究與保護中心編・李學勤主編『精華大學藏戰國竹簡（肆）』（中西書局、2013 年）。この報告書と李學勤「精華大學『筮法』與數字卦問題」（『文物』2013 年 8 期）、廖名春「精華簡『筮法』篇與『說卦傳』」（同上）は、いずれも數字卦という前提を崩していない。廖名春は「（『筮法』は）周易とは別系のもの」としている。筆者は同系か別系かの區別はつけないでおく。ただ、下記の前掲平勢隆郎『左傳の史料批判的研究』で陰陽の符號を議論するに當たっては、本來江陵王家臺 15 號秦墓出土の『歸藏』を議論しておくべきだった。この書は、上記の「周易とは別系統」が議論されるに當たって念頭に置かれるもので、『玉函山房輯佚書』に所載の輯佚書である。この輯佚書には、符號が見えていないが、『文物』1995 年 1 期所收の荊州地區博物館「江陵王家臺 15 號秦墓」に、寫眞版が一部紹介されており、そこに符號が見えている。王明欽「試論『歸藏』的幾個問題」（古方・徐良高・唐際根編『一劍集』、1996 年）もその符號を紹介する。出土『歸藏』（はたして『歸藏』であるか否かの議論はあるが）の卦の符號は、いわゆる數字卦ではなく、陰陽の卦（出土『周易』で確認できる符號）であることの說明がある。出土『歸藏』の陰陽符號は縱に六爻が並び六十四卦の體例をなしている。包山 2 號墓出土楚簡の符號は、この六爻が二列並ぶが、いわゆる數字卦が示されている。近藤浩之「王家臺秦墓竹簡『歸藏』の研究」（郭店楚簡研究會『楚地出土資料と中國古代文化』〈汲古書院、2002 年〉）に先行研究の紹介とやや詳しい議論が見える。
(33) 前掲平勢隆郎『左傳の史料批判的研究』177 頁。
(34) 前掲平勢隆郎『中國古代紀年の研究』橫組表Ⅲおよび第一章第三節。
(35) 前掲平勢隆郎『新編史記東周年表』表Ⅱ、前 338 年（齊）・前 334 年（魏）・前 326 年（韓）・前 324 年（秦）。趙は前 325 年肅侯死去を受け、翌前 324 年に踰年稱元。
(36) 前掲前掲平勢隆郎『中國古代紀年の研究』橫組表Ⅲにおいても、この前提で適宜曆日が收まった。
(37) 上述したように曾侯乙墓出土二十八宿圖では、まだ天の方位に二十八宿を配當した狀況になっていない。しかし、見上げた夜空の右廻り配當ではあるものの、二十八宿の「角宿」の前が空いていて、この「角」宿から始めて二十八宿を議論することが、すでに始まっていたことを知る。
(38) 前掲平勢隆郎『中國古代紀年の研究』橫組表Ⅱ 46 頁。
(39) 平勢隆郎「『周禮』の構成と成書國」（『東洋文化』81、2001 年）。
(40) 湖北省博物館『隨縣曾侯乙墓』（文物出版社、1980 年）。饒宗頤・曾憲通『隨縣曾侯乙墓鐘磬銘辭研究』（中文大學出版社、1985 年）。
(41) 前掲平勢隆郎『「八紘」とは何か』547 頁以下、および 567 頁以下。
(42) 前掲平勢隆郎『中國古代紀年の研究』167 頁。前掲平勢隆郎『左傳の史料批判的研究』186 頁。
(43) 前掲平勢隆郎『中國古代紀年の研究』171 頁。前掲平勢隆郎『左傳の史料批判的研究』40 頁。
(44) 前掲平勢隆郎『中國古代紀年の研究』橫組表Ⅴ 136 頁。そもそも 1 年を決めるのは太陽の高さである。その太陽と木星は 12 年で 11 回交會する（地球からの觀測でそう見える。それぞれ季節が違う）。基準とし得るのは冬至點に近いところである。冬至のころに木星と太陽が交會するのを基準とするということである。こうすることで、12 年ごとの基準の年が決まり、それが 7 回目を數えるのに 83 年かかる。これは 12 の 7 倍の 84 年より 1 年少ないので、十二方位を使って木星の位置を示していると、1 年（1 方位分）先にとばす結果が得られることになる。この結果として見られる「事實」（想定ではない。多くの讀者がおそらく誤解している）を「超辰」と稱する。
(45) 前掲平勢隆郎『中国古代紀年の研究』橫組表Ⅲ、88 頁。
(46) 前掲平勢隆郎『中国古代紀年の研究』橫組表Ⅴ 138 頁。
(47) 平勢隆郎「景初の年代に關する試論」（池田温編『日中律令制の諸相』東方書店、2002 年）。
(48) この種の年代ずれは、前例がある。これについては、前掲「景初の年代に關する試論」。

(49) 實際に『三國志』毋丘儉傳、公孫淵傳に見える記事がどう落ち着くかについては、前掲「景初の年代に關する試論」。
(50) 數學に詳しい論者が、中國古典に明るい場合、こんな推論を重ねるという興味深い事例がある。米田美代治『朝鮮上代建築の研究』(秋田屋、1944年)の134頁に、こうある。「太一陰陽の哲學的思想が數學と共に展開したのが易學の理論であり、天文學的方面に發達したのが所謂陰陽五行說となつたのである。本稿の問題とするところは、この陰陽五行說であつて、天地の諸現象は相反映すと言ふ根本思想から、國家社會や人間の吉凶禍福の運命は天地の諸現象を觀察して豫想するが故に、天體の觀測に必要な日月星辰の諸現象を規定する星座星宿の理論を成立したのである。そして日月星辰の運行の觀測に依り曆法が成立し、十干・十二支・二十八宿等が數學的に割出されたのであつて、之等が占星術の基礎となつた。吾々は支那のみで無く、バビロンやエヂプト等の天文學にも、副產物に占星術の發生を見た事を知つて居る」。ここに紹介した米田の見解と筆者の見解が異なるのは、易學の發展において、「太一陰陽の哲學的思想」でなく、後天八卦方位が大きな意味をもつことを述べる點にある。ここに天文學方面の發達がある。陰陽五行說は、後天八卦方位および十二方位における音の生成に結びついた結果として、天文學に結びつくとしないと通常の理解は及ばなくなる。「天地の諸現象は相反映する」という點は、本書においては後天八卦方位に關連づけて述べた。十干・十二支は殷代からある。二十八宿は曆法の發展と密接に關わるが、曆法として通常想起される三正說(前4世紀半ば)は、二十八宿(前5世紀後半曾侯乙墓鐸鐘)よりかなり後れる。蛇足を述べておけば、後天八卦方位に關する本書の檢討(十二方位・後天八卦方位・三正說と楚正・九六八と貨幣重量)が否定できないと、漢代における易學と天文學との結びつきをこの種の議論の嚆矢とする見解も否定される。
(51) 川上貞夫『岡益の石堂』(矢谷印刷所、1966年。復刻牧野出版、1997年)。近年の調査としては、宮内廳書陵部陵墓課「宇倍野陵墓參考地内「岡益の石堂」の保存處理・調査報告:平成9年度陵墓關係調査報告」(『書陵部紀要』50、1999年)、鳥取縣岩美郡國府町『岡益廢寺・重要遺跡確認緊急調査事業に伴う埋藏文化財發掘調査報告書』(鳥取縣埋藏文化財センター、2000年)。
(52) 以上、前掲川上貞夫『岡益の石堂』復刻牧野出版、1997年の牧野和春作成「川上貞夫略年譜」。矢谷印刷所1966年には略年譜はない。
(53) 上掲川上貞夫『岡益の石堂』。本文所載の川上撮影寫眞・川上圖は同書に據る。
(54) サオ(円柱)のエンタシスについては、現狀崩落が進み、コンコイド曲線であることの確認はできないようである(前掲調査報告)。しかし、古い時期の寫眞からは、エンタシスとして檢討してよいと判斷した(圖3-20)。なお、そもそもという話で言えば、川上の圖を見れば明らかなように、石堂石塔部のサオのエンタシスコンコイド曲線は、最上部についてだけは、削り込まれていることを前提としての議論になっている。このあたり、崩落の議論と混同しての議論は避けたい。
(55) 伊東忠太『伊東忠太建築文獻』(1936〜1937年、龍吟社。全6巻)。
(56) 「法隆寺建築論」は、原載が『建築雜誌』(明治26〈1893〉年11月)、「古代建築論」は同じく『考古学講座』(昭和5〈1930〉年8月)である。
(57) ここまで述べると、周知の事實を、とおっしゃる向きもあるかもしれない。しかし、同じことは音樂理論たる三分損益法についても、言われたことがある。同業の人々からわかりにくい、難しいと言われてきているので、少々おつきあい願えると有り難い。
(58) 米田美代治について、筆者が直接ご敎示いただいたのは、國際佛敎大學の藤澤一夫名譽敎授である。記憶によれば、昭和58年(1983)のことである。友人で當時東京大學東洋文化研究所助手であった谷豊信氏の紹介で藤澤敎授に面會した。
(59) 前掲米田美代治『朝鮮上代建築の研究』。本文所載の米田圖は同書に據る。
(60) 關野貞については、龜趺碑についての先行研究者として、前掲平勢隆郎『「八紘」とは何か』等(原載情報、他の拙著論文もこれに記述)に述べたところがある。また筆者が關わった近年の著作中でも、關野貞の調査寫眞を論じている。平勢隆郎・塩沢裕仁『關野貞大陸調査と現在』(東京大學東洋文化研究所、2012年)、平勢隆郎・塩沢裕仁・關紀子・野久保雅嗣編『東方文化學院旧

藏建築寫眞目錄』（東京大學東洋文化研究所附屬東洋學研究情報センター叢刊 17、2014 年）、平勢隆郎・塩沢裕仁『關野貞大陸調査と現在Ⅱ』（東京大學東洋文化研究所、2014 年）、田良島哲・平勢隆郎・三輪紫都香『東京國立博物館所藏竹島卓一舊藏「中國史蹟寫眞」目錄』（東京大學東洋文化研究所附屬東洋學研究情報センター叢刊 18、2015 年）。

(61) 前揭米田美代治『朝鮮上代建築の研究』に據ると、大正年間に朝鮮総督府が多額の費用を投じて根本的修築工事を施した際の竣工實測圖を借用し、米田自身が下部を實測したものを併せた圖である。なお、關野貞が調査した河北省石家莊の廣專寺花塔は金代の修復のようだが、立面・平面の兩構成が佛國寺多寶塔に似ている。注意しておいてよい。第一章に述べた唐文化の周邊國における繼承を論じる材料となる可能性がある。

(62) 米田美代治「朝鮮上代の建築と伽藍配置に及ぼせる天文思想の影響」（『建築學會論文集』21、日本建築学会、1941 年）・「同補遺」（同 23、1944 年）。いずれも前揭米田美代治『朝鮮上代建築の研究』所収。

(63) 前揭平勢隆郎『「八紘」とは何か』。

(64) ご令嬢の川上純子氏を訪ね、拓本や寫眞を直に拝見する機會にもめぐまれた。

(65) 豊島吉則・平勢隆郎『大熊段遺跡 G 區發掘調査報告書』（鳥取大學、1985 年）、平勢隆郎・豊島吉則「"濃山古墳群" とその環境—航空寫眞による鳥取大學校内古墳群の豫察的研究—」（『鳥取大學教育學部研究報告』人文社會科學 37-1、1986 年）、豊島吉則・平勢隆郎・久保穰次朗・原田雅弘「鳥取大學校内出土の遺物」（『鳥取大學教育學部研究報告』人文社會科學 40-2、1989 年）。

(66) 福地謙史郎『日本の石燈籠』（理工學社、1978 年）。

(67) 平勢隆郎「岡益石堂の設計・建築基準單位—石燈籠のモジュールを求める單位圖形」（『鳥取大學教育學部研究報告』人文社會科學 36、1985）。

(68) 前揭「平勢隆郎「岡益石堂の設計・建築基準單位」。東亞考古學會編『東京城：渤海國上京龍泉府址の發掘調査』（東亞考古學會、1939 年。復刊雄山閣、1981 年）の圖に加筆。

(69) 前揭東亞考古學會編『東京城』。

(70) 장상렬張相烈「발해상경등의 째임새（渤海上京石燈の比例構成）」（『考古民俗』1967 年 3 號）。

(71) 前揭장상렬「발해상경등의 째임새」。

(72) 前揭「平勢隆郎「岡益石堂の設計・建築基準單位」。

(73) 前揭「平勢隆郎「岡益石堂の設計・建築基準單位」。實測値も川上貞夫により、對應一覽を作成した。

(74) 平勢隆郎「因幡古代の石造技術」（昭和 61 年度特定研究經費教育學部研究報告書『山陰地方の地域産業振興に關する基礎的研究』（鳥取大學、1987 年）、平勢隆郎「數の秩序と九・六・八」（『考古學ジャーナル』500、2003 年）。

(75) 同上。前揭「平勢隆郎「岡益石堂の設計・建築基準單位」には、鄭明鎬「長興天冠寺新羅石燈」（『考古美術』138・139—蕉雨黄壽永博士華甲紀年論文集—、韓國美術史學會、1978 年）により加筆した圖を示した。實測値も川上貞夫により、對應一覽を作成した。また、他に東大寺大佛殿前青銅燈籠の圖と實測値との對應一覽もしめしたが、いずれも割愛。

(76) 小泉袈裟勝『歷史の中の單位』（総合科學出版、1974 年）、同『ものさし』（法政大學出版局、1977 年）。

(77) 狩谷棭齋『本朝度量權衡攷』（紹介書籍がいくつかあるが、平凡社東洋文庫、冨谷至校注、1991〜1992 年等）。

(78) 寶月圭吾『中世量制史の研究』（吉川弘文館、1961 年）、高田誠二『單位の進化』（講談社、1970 年）。

(79) 羅福頤『傳世歷代古尺圖錄』（文物出版社、1957 年）。

(80) 度量衡は、現在世界共通の單位が使われている（傳統的な單位も併存し、かつそれを主とする場合も少なくないのではあるが）。18 世紀にフランスで定められたのが元になっている。モノサシの基準であるメートルは、地球の子午線の北極から赤道までの長さの 1000 万分の 1 が元になっている。現在はこの長さを元にして、光が眞空中を傳わる距離として再定義され、1 秒の 299 792 458 分の 1 の時間に光が眞空中を傳わる距離と規定されている。マスの基準であるリットル

は、10 センチメートル（1 メートルの 10 分の 1）立方と規定される。重量の基準であるキログラムは水の質量がもとになっている。水は液温摂氏四度で密度が最大になることを知って、その最大密度における、10 センチメートルの立方體分の蒸留水の質量を、當初キログラムと規定した。現在は、こうして作られた原器をもとに再定義がなされている。前掲小泉袈裟勝『歴史の中の單位』參照。

(81) 風聞によると、筆者の配列案は、閏月の入れ方がおかしいという意見もあるらしい。新城配列案については、閏月の入れ方は正しいとされているから、筆者のそれも正しいということになる（のでご注意）。

(82) この貨幣重量と重量單位のくりあがり、換算との關係を知らないまま、戰國貨幣の檢討を進めると、戰國貨幣と三正説との關係に目がいかなくなる（從徠の戰國貨幣研究）。編鐘研究や、編鐘と三分損益法との關係にも目がいかなくなる（同上）。

(83) 前掲平勢隆郎『「八紘」とは何か』24 頁。

終章　先行研究とどう關わるか

はじめに

　本論に述べてきた點を簡明に述べる場合、いくつかの鍵をにぎる言葉に言及することになるが、その言葉の一つは、當然「仁」評價であり、「仁」に關わる「孝」であり、「八紘」という言葉を通してであるが、「萬物一體」の考え方であり、「天理」であり、「後天八卦方位」である。

　こうして並べてみて明らかになるのは、池田知久『道家思想の新研究』[1]に、本書と接點ある内容が少なからず議論されていることである。

　本書は二十四史の「仁」評價を主として論じた上で議論を進めた。世のこの種の研究は、經典とそれに附された注釋、および注釋者の論著を通してなされてきた。だから、所謂儒家思想の根本として論じられる「仁」を檢討するのに、本書と比較して基礎とする議論内容に差違が生じている。本書は、戰國時代の經典等を論じるに及ぶや、さらに『韓非子』、關連づけて『老子』にも言及することになった。これらを論じた池田の見解は、本書と、いかなる點が關わるだろうか。

　以下、この池田知久の研究から始め、本書の論點は、研究史上の諸問題とどう關わるか、順を追って述べることにしたい。

1. 侯馬盟書以來の議論として何が言えるか

　まず、池田知久『道家思想の新研究』との立場の違いが鮮明になる點から説き起こすことにしよう。

　本書に明らかにした内容として、侯馬盟書が「嘉の身を没へしむ」と「丕顯なる岳公大冢（あるいは"わが君"）、盟殛もて之に視し、麻夷して氏を非とせよ」に論及する點が、後の「仁」評價と法律による刑の執行の先驅となることがある。「嘉の身を没へしむ」は、盟誓や宗廟の場等、複數の國が關わる場において、他を「思いやる」力を問題にするものであり、「仁」の原義がそこにあると考えられた（下記の「2. 鬼神との關わり」に言及する『左傳』昭公七年の「君の嘉惠」も參照できる）。また、「丕顯なる岳公大冢、盟殛もて之に視し、麻夷して氏を非とせよ」は、神罰を問題にする。「丕顯なる岳公大冢の盟殛」は、後の刑罰の祖として機能する。これらは、二十四史において刑罰を科する場合に、「仁」・「恕」をもって臨むか、嚴格なる法律と刑罰をもって對處するかの議論として、同じ場に存在するものである。相互に相排斥する關係にあるのではない。

　その「丕顯なる岳公大冢」は、神格化された大山である。山には水が流れ、下流に進む。その水を、道と關連づけたのが、『老子』の思想ということができる。『論語』の中に、「井戸に仁があると述べる者がいるが、從うべきか」と發問し、否定する一節がある。これは、『論語』の立場としては、「仁」は、この大山の水に譬えられるべきものではなく、他を「思いやる」力だということを示すものである。

　だから、後代の議論としては、刑罰を嚴格にしすぎると、「思いやる」心に缺けるところができ、「思いやる」心に重心を移すと刑罰がないがしろにされ、治安がみだれることになる、ということになっているのであって、同じ場に二つの立場が存在する。

終章　先行研究とどう關わるか

　後天八卦方位における天から地へ、地から天へ（地上を天地兩者の性格をもつものとする）という變化は、陰陽を基礎に組み上げられた易論であって、この易論の基礎の上に、十二方位における三正交代の議論がある。天（子）→地（未）→人（寅）の交替は、天（周正）→地（賢人補佐）→人（夏正）の交替に讀みかえられた。賢人主義を標榜する議論であり、彼らは「仁」を重んじた。一方、日（午）→月（亥）→星達（辰）の交替は、一見天における交替だが、後天八卦方位を關わらせると、日は地、月は天にある視點が話題となった。結果、亥に正月をおく楚正を支える議論となった。こちらは賢人主義を批判する立場を釀成する。『左傳』に見える易の卦變は、天から地へ、地から天へ（地上を天地兩者の性格をもつものとする）という變化を論じていて、夏正を作り出す三正論に關わる。

　『論語』において「仁」とは異なる立場だとされた「井戸に仁があると述べる者がいる」は、水を論じつつ、天の太陽の道たる黃道を念頭におく「道」の議論と結びつく。これが楚正を支える三正説とさらに結びついた。

　以上のようなことなので、「仁」を述べる議論と「道」を述べる議論は、先驅的議論から説き起こして二十四史の時代まで繼承された場の共有という現象がある。

　後の議論で言うところの「仁」と刑罰の祖がたどれ、共通の場をもつ。そして、刑罰の祖として「丕顯なる岳公大家の盟㽥」が議論でき、そこに天道の議論が重なってくる。「仁」の祖として「嘉の身」に象徴される「他を思いやる」力が議論できる。いずれも、前４世紀半ば以後、後天八卦方位と十二方位・音の生成を重ね合わせるところに、議論の根幹を置いている。

　だから、『史記』太史公自序において、「太史公、天官を唐都に學び、易を楊何より受け、道論を黃子に習ふ」と述べ、「易大傳、天下一致して百慮し、同歸して塗を殊にす。夫れ陰陽、儒、墨、名、法、道德は、此に務めて治を爲す者なり。直ちに從言する所の異略にして、省と不省と有るのみ」と述べるのである（天官は三正説、易は後天八卦方位を念頭に置く）。そして、「陰陽四時、八位、十二度、二十四節、各々教令あり。之に順ふ者は昌んとなり、之に逆らふ者は死せずんば亡ぶ。未だ必ずしも然らずや、故に曰く、人をして拘りて畏れ多からしむ。夫れ春生じ、夏長じ、秋收め、冬藏す。此れ天道の大經なり。順はずんば以て天下の綱紀爲るは無し。故に四時の大順、失ふべからず」と述べる。

　池田知久[2]は、「道家思想が、儒家の"仁義""禮樂"などに對して次第に宥和的肯定的になっていき、結局のところそれらを復權させるに至ったことについては、ある文章群が關係している。その文章群とは、"天"や"道"を重んずる立場から"仁義""禮樂"などを否定してはいるけれども、同時に逆に"仁義""禮樂"などの肯定に轉ずることを可能にするロジックを胚胎している、といった趣の文章群である。―『老子』第三十八章がその代表に他ならない。……［『老子』第三十八章引用］……これは荀子の"禮"の思想を主なターゲットに定めて書かれた文章であって、それが窮極的根源的な"道"から出て、道→德→仁→義→禮のように展開した系列の末に位置する、"道"を去ること最も遠い下等な論理でしかないと言って否定している。ところで、この文章の中の"道"が疎外されて"德"が生じたという"道→德"は單なる修辭であって實際には上述のように一體と考えているに違いないが、しかし、"仁→義→禮"は、"仁"を"道德"の疎外の提訴の小さいもの、"義"を疎外の程度の大きくないもの、と見なしているのであるから、作者は頭から否定した"道"の鬼子"禮"にしても、それが"道"から生まれたものであり、多少

なりとも"道"を含有しているのだとすれば、從來の否定的な評價から肯定的な評價に轉ずることも、『老子』第三十八章に含まれているロジックの上では可能ではなかろうか」と述べている。

筆者が述べた場の共有という言い方ではないのだが、この場の共有とほぼ同じ内容を池田は述べている。ただ、筆者と異なっているのは、祖形を遡っても場の共有があるとする筆者と異なって、「仁」を否定する立場から始まり、「"仁義""禮樂"などの肯定に轉ずること」を述べている點である。實は、この立場は、筆者にとっても微妙な問題を含んでいる。

本書に述べたように、筆者は中原の三正と楚正があることを述べた。中原の三正は、周正から夏正への交替を後天八卦方位に重ねるものであり、楚正は日月星辰の生成（逆方向）を後天八卦方位に重ねるものであった。前者は賢人による補佐と新王の資質判定を「形」にしている。この圖式の下で「仁」評價が發展した。これに對し、後者は賢人による補佐と新王の資質判定の「形」を否定している。だから、「仁」評價に對しては否定的立場で臨むことになる。

だから、上記のように楚正を語る場合は、「仁」評價に對して、基本的に否定的立場をとる。いわゆる床屋談義のレベルでは、儒家を中原的、道家を楚的な思想として語る場合がある。しかし、その場合、上記に話題にした後天八卦方位の介在を議論することはない。つまり、理念的背景に天道と地道と人道があることまでは想起できても、それらの關係はよくわからない議論のままになっている。しかも、後天八卦方位の介在を通して、易理論が重なるという議論にもなっていない。假にその介在を通した議論になっているなら、漢初のいわゆる黃老思想の先驅として、楚正を支えた思想を語る立場に氣づいたであろう。

その意味からすると、池田知久の議論は、非常に興味深いものとなっている。ただし、後天八卦方位を重ねる議論にはなっていなかったため、その殷・周・春秋まで遡った議論[3]は、從來より論じられてきた天命の問題に言及し、孔子についても、その基礎の上に「孔子の歩み始めた呪術・宗教の乗り越え」を問題にするにとどまる。本書は、後天八卦方位を重ねる議論を進めた結果、侯馬盟書に見える「嘉の身を没へしむ」や「丕顯なる岳公大冢、その盟䞉もて之に視し、麻夷して氏を非とせよ」の表現中に、「仁」の祖形や法律的刑罰の祖形を見いだした。そして、當時の複數の國が介在する場において、樂が奏でられ、詩が賦されたことが、春秋中期以來の編鐘の大型化に密接に關わることを述べることになったのである。

戰國中期以後の後天八卦方位を論じるか否かが、孔子評價の本書と池田との差違となって現れた。

2. 鬼神との關わり

議論を混亂させないため、禁欲的に對處し、論じるのを極力避けてきた話題がある。それは、『論語』と鬼神との關わりである。雍也六に「樊遲問知,子曰,務民之義,敬鬼神而遠之,可謂知矣,問仁,曰,仁者先難而後獲,可謂仁矣」とある。樊遲が知を問う。孔子が言うには、民の義も務めて、鬼神を敬してこれを遠ざく。これは知と言うべきだ。「仁」を問う。孔子が言うには、仁者は難を先にして獲るを後にする。これは仁ありと言うべきだ。知者は、目に見えることで判斷する。鬼神は見えないので判斷しない、ということになる。「仁」はというと、見える見えないで判斷するのではない。ただ、難を先にし獲るを後にする、という形が見えれば、「仁」ありと考える。

また「子曰,知者樂水,仁者樂山,知者動,仁者靜,知者樂,仁者壽」とある。孔子が言うには、

終章　先行研究とどう關わるか

「知者」は水を樂しみ、「仁者」は山を樂しむ。「知者」は動き、「仁者」は靜かである。「知者」は樂しみ、「仁者」はいのちがながい。「知者」と「仁者」の關係は、山と水との關係に置き換えられる。山には水が流れ泉が湧く。だから知者は動き、仁者はじっとしている。「知者」は水を楽しむ立場であり、「仁者」は水を與える立場としていのちがながい[4]。

その上で、解釋できるのが顔回評價である。「子曰、回也、其心三月不違仁、其餘則日月至焉而已矣」とある。孔子が言うには、顔回はその心が三ヶ月「仁」に違わなければ、その餘は日月をもって至るであろう。顔回には「仁」（認識）が期待できる、ということである。

だから、『論語』において「仁者」は「知者」より上位に位置づけられている。顔回は、その「仁者」になることが期待された、ということを述べている。その「知者」について「鬼神を敬してこれを遠ざく。これは知と言うべきだ」と述べたのであるから、それは當然「仁者」の立場ではない。

『論語』の「仁」についての言及は、徹底して「よくわからない」というに等しい。だから、「仁者」については、「知者」の立場からする外形で判斷する手法をとっている。そういう手法に據った場合、上記のように「鬼神は見えないので判斷しない」ということになる。これは、「判斷しない」のであって、「認めない」と言っているのではない。ところが、近代以後になると、この「知者」の立場が幅をきかせるようになった。すべて「知者」の立場から判斷する。わからないものはないとすら考えた氣味がある。しかし、現代は「わからない」立場も尊重するようになったようにも見える。

「孔子の歩み始めた呪術・宗教の乗り越え」という見方は、上記の意味における「知者」の立場であり、近代以後幅をきかせた立場である。だから勢い、それが『論語』の中心テーマであるかのように誤解した。しかし、『論語』にあっても、「わからない」ところに主眼があるのであって、だから、それを「學ぶ」のが重要であって、「學を好む」のが「仁者」にいたる外形的理想だということになったのである。

だから、「孔子の歩み始めた呪術・宗教の乗り越え」という言い方は、「仁者」の立場から言い直す必要がある。「仁者」は聖人を含めて小數者を言う。「知者」も多くはないが、「仁者」に比較すれば多い。だから、その「知者」の立場に立って、理解者を増やしておく、というのが『論語』の立場である。「敬して遠ざく」のであるから、無視するのではない。「わからないこと」は「仁者」に任せておく、というのが『論語』の立場である。

近代的視點をもって、評價するということなら、こうした「仁者」と「知者」の別を述べて、現代に通じる問題對處法を議論した、というところに先進性を認めるのがよい。「乗り越え」てはいない。

3.『左傳』と鬼神

ということで、鬼神に關し、比較的多くの記述を殘す『左傳』について、鬼神と「仁」評價の關わりを見てみよう。

隱公三年に「君子曰、信不由中、質無益也、明恕而行、要之以禮、雖無有質、誰能間之、苟有明信、澗・谿・沼・沚之毛、蘋・蘩・蘊藻之菜、筐・筥・錡・釜之器、潢・汙・行潦之水、可薦於鬼神、可羞於王公、而況君子結二國之信、行之以禮、又焉用質、風有采蘩・采蘋、雅有行葦・泂酌、昭忠信也」とある。君子が言うには、信が中より出るものでないと、質も益するところがない。明

恕ありて行い、これを要するに禮をもってすれば、質がないといっても、誰も邪魔するものがない。いやしくも明信があるなら、澗・谿・沼・沚之毛、蘋・蘩・薀藻之菜、筐・筥・錡・釜之器、潢・汙・行潦之水も、すべて鬼神にすすむべく、王公にすすむべきである。ましてや君子が二國の信を取り結び、これに禮を行う場合はなおさらである。質を用いる必要もなく、風にのせて詩の采蘩・采蘋を賦し、雅やかに詩の行葦・泂酌が奏される。ここに忠信（宗廟における忠と兩國相互の信）を明らかにする。

　ここには、信がたっているなら、人質を交換する必要もなく、交換する物産もそのまま鬼神にすすめてよく、王公にすすめてよいとする。そして、そういう場合、詩を賦することもそのまま自然である。ここには、「仁」の語は見えていないが、君子と信と質が問題になっていることからも、盟誓が念頭にあることは明らかである。そして、鬼神と王公が並列されている。ここに言う鬼神は、單なる鬼神ではない。王公に並列して述べるべき存在である。二國が問題になっているから、兩國それぞれの鬼神が問題になっているのだろう。その場では物産が備えられ、詩が賦される。當然樂が奏されたはずである。

　侯馬盟書においては、「盟誓の言」という盟辭がある[5]。この「盟」は侯馬盟書の事例として「明」と書かれることも多い。後の明器の明に通じるものであって、降靈の對象となる神靈をいうのであろう。明恕の明、明信の明、いずれも同じである。また「盟誓」の「誓」は古文字の字形上「質」に通じる。「質」の「貝」を「心」に作ったのが「誓」である。拙著『通覽』を見れば明らかなように、「貝」に作る事例、「心」に作る事例、いずれも存在する。「質」には「まこと」という意味がある。『左傳』にいう「明信」を論じている。

　『左傳』僖公十九年には、「夏、宋公使邾文公用鄫子于次睢之社、欲以屬東夷、司馬子魚曰、古者六畜不相爲用、小事不用大牲、而況敢用人乎、祭祀以爲人也、民、神之主也、用人、其誰饗之、齊桓公存三亡國以屬諸侯、義士猶曰薄德、今一會而虐二國之君、又用諸淫昏之鬼、將以求霸、不亦難乎、得死爲幸」とある。宋公が鄫子を次睢之社の生け贄にした。これについて、人を用いるのはいけないとし、「祭祀は人の爲にする。民は神を主とする（守る）ものであるから、人を用いても誰も饗應しない」と言う。ここには、「人」が「民」とは區別される存在で、祭祀は「人」によってなされることが書かれている。桓公六年にも、「夫民、神之主也」とある。そもそも、「人」が「民」と區別されることは、松本光雄「中國古代の邑と民・人との關係」[6]に論じられている。「人」とは「邑」組織の中心をなしたもの、「民」は統治されている人間を意味するとされた。『左傳』等が史料的根據であって、そのことを、ここに神を論じつつ再確認したことになる。神は、この區別される「人」が祭祀するものである[7]。

　本書第二章において、『荀子』の分析的思考を述べた。すなわち『孟子』以來の「仁」説が繼承される課程で、『荀子』の分析的思考が整備された。「仁人」として「士大夫以上、至於公侯」の階層が議論され、それは官職を得た者（「官職を盡す」）であった。彼らは善を辨じる「君子」、險を辨じる「小人」、その間の「人」からなる。「人」の性は惡であり、善だというのは偽である。「君子」が「仁人」であり、「人」は言わば發展途上の存在である。上記の松本が論じた「人」は、『荀子』によって「君子」・「人」・「小人」に分類された。『荀子』の分析的思考によれば、性惡を議論されたのは「君子」・「人」・「小人」に分類されたうちの「人」である（松本の分類と異なる部分がある）。

　『荀子』を批判的に繼承した『韓非子』は、「仁」と「仁人」をすべて蚊帳の外に置き、世を導

終章　先行研究とどう關わるか

く者として「道者」を論じた。『韓非子』は階層を意識した議論としては、道家の議論を分析整備している。『荀子』の「仁」の分析的議論は、すべて「道」の分析的議論に置き換えられた。その『荀子』・『韓非子』の分析的議論を折衷繼承し、「仁」を基礎に議論を組み上げたのが『禮記』である。ということなので、上記に述べたように、池田知久が、『老子』第三十八章について、「荀子の"禮"の思想を主なターゲットに定めて書かれた文章」と述べたのは、『孟子』以來の「仁」說が繼承される課程で、『荀子』の分析的思考が整備されたことを重視したものと言っていいのだろう。『老子』の物言いの中に、『荀子』なみの分析的思考を讀みとろうとする。筆者は、すでに曾侯乙編鐘銘文が作られた段階で十二方位が構想され、やがて十二方位に三正論が重なり、後天八卦方位がこれに重なること、夏正踰年稱元法をもって稱王するにいたったのが齊の威宣王（前338）であり、以後諸國が續いたこと、その先驅的儀式を行ったのが魏の惠成王（前342）であったこと等を考慮すると、『孟子』の段階で、すでに相當高度な分析がなされていたと考える。池田が『老子』について分析性を考える程度には、それがあっただろう。筆者が述べるまでもなく、池田知久は、その點はわかっていて[8]、『老子』第三十八章と同じ文章が『莊子』知北游編知北游章に含まれることを述べ、『老子』第三十八章・四十八章・五十六章が「黃帝」の話した言葉の中に引用されていることを話題にして、原本『老子』があったことを述べ、それがまだ「老子」の作とされる以前のものとしている。この原本『老子』という考え方は、基本的に繼承すべきもので、現行『老子』とは章だて等が異なるものが議論できる。その後の竹簡の出土例の中に『老子』の一部の文章が含まれていたことは、池田の見解に沿って解釋することができる。ただ、その意を汲めば、「荀子の"禮"の思想を主なターゲットに定めて書かれた文章」は「現行『荀子』に流れ込んだ"禮"の思想を主なターゲットに定めて書かれた文章」の方がよかろう。

そう言えるとすると、『老子』の文章を、楚正に絡めて議論する基礎ができる。池田が論じることのなかった『左傳』易と後天八卦方位との重なりを認めた上でのことである[9]。

『左傳』僖公三十一年には「鬼神非其族類、不歆其祀」とある。「族を異にする場合は、その祭祀をうけない」。この鬼神は、「族類」を問題にする。必ずしも國君という話題ではないが、この文脈は、衞が狄に圍まれて帝丘に遷った時の話になっている。だから、實際は國の祭祀である。

『左傳』文公九年に「是必滅若敖氏之宗、傲其先君、神弗福也」とある。「若敖氏の宗を滅ぼすのは、その先君をないがしろにするから、神は福をもたらさない」。この場合は、若敖氏の宗と神の關係だが、先君が話題にされる。先君とは楚の先君であり、若敖氏は楚の王族出身である。結局のところ、國と神の關係になる。蛇足を述べれば、若敖氏は單なる氏族ではなく、楚の名族である。關わる都市は複數ある[10]ので、「若敖氏の宗」だけで、實質楚を頂點とする邑制國家の大國小國連合（下記に松丸道雄の議論を檢討）を構成する國の話題とみなすことができる。

『左傳』成公元年には「背盟而欺大國、此必敗、背盟、不祥、欺大國、不義、神・人弗助、將何以勝」とある。「盟誓に背いて大國をあざむくと、必ず敗戰する。盟にそむくのは不祥、大國をあざむくのは不義である。神も人も助けないから、勝ち目はない」。ここには、「不祥」と「不義」が並列してあって、「仁」と「義」の並列にはなっていない。やや古い議論かもしれないが、どこまで遡っていいかはよくわからない。盟誓にそむくのが「不祥」というのは、盟誓が複數の國が關わる場だからであろう。この盟誓の場において、盟誓に背くのは、神の助けがないから「不祥」。これは神に關わることである。大國を欺くのは「不義」、これは、國と國との國際關係であ

る。主として關わるのは「人」である。大國を問題にするのは、當時の國際關係を作り出しているのが、大國を頂點とする邑制國家連合（下記に松丸道雄の議論を檢討）だからである。

『左傳』成公五年には「既而告其人曰、神福仁而禍淫、淫而無罰、福也」とある。「神は仁に福をもたらし、淫に禍をもたらす。そして罰がないのは福ありとすべきである」とする。前後の文脈は省略する。ここには、「仁」と「淫」が並列して語られ、神は「仁」に福を、また「淫」に禍をもたらす。前後の文脈には、晉の趙嬰・趙同が亡命するくだりが語られる。複數の國が關わる場である。罰がくだることなく、晉から齊に亡命できた、という話である。齊の神を祭祀する場が、彼らを受け入れた。「仁」があるからだということになろう。「仁」は「神」に密接に關わる言葉である。

『左傳』成公九年には「勤以撫之、寬以待之、堅彊以御之、明神以要之、柔服而伐貳、德之次也」とある。「勤をもって慰撫し、寬をもって待し、堅彊をもって御す。明神は以上をもとめる。その上で服屬するのをやすんじ、裏切りを伐つ。德を示す段階がある」。明神が力を示す前に、「人」がやることをやる必要がある。

『左傳』成公十二年には「有渝此盟、明神殛之、俾隊其師、無克胙國」とある。「この盟誓に違うことがあったら、明神は罰をくだし、その軍をうしなわせ、國に胙あることなからしむ」。胙は、「文武の胙」が有名である。文王武王の祭肉であり、王權の繼承儀禮に意味をもったようだ(11)。この場合も、「無克胙國」は國の權威繼承を許さないという意味であろう。明神の罰は、軍という人の作ったものと、國の繼承という仁知を越えたものと、兩つに作用する。

『左傳』成公十三年には「君子勤禮、小人盡力、勤禮莫如致敬、盡力莫如敦篤、敬在養神、篤在守業、國之大事、在祀與戎、祀有執膰、戎有受脤、神之大節也」とある。「君子は禮をつとめ、小人は力をつくす。禮をつとめるには、敬を致すのが一番である。力をつくすには、敦篤が一番である。敬は神を養うことの上にある。篤は業をまもることの上にある。國の大事は祭祀と軍事にある。祭祀には祭肉（膰）をとる。軍事には祭肉（脤）を受ける。神と交わる上での大節である」。ここには、君子と小人の別が述べられ、前者に「神をやしなう」、後者に「力をつくす」という説明が附されている。この説明は、『荀子』において善を辨じる「君子」、險を辨じる「小人」、その間の「人」を論じ、「人」の性は惡であり、善だというのは偽であるとしたのに比較すると、古く先行する議論としてよい。

『左傳』成公十六年には「德・刑・詳・義・禮・信、戰之器也、德以施惠、刑以正邪、詳以事神、義以建利、禮以順時、信以守物、民生厚而德正、用利而事節、時順而物成、上下和睦、周旋不逆、求無不具、各知其極、故詩曰、立我烝民、莫匪爾極、是以神降之福、時無災害、民生敦厖、和同以聽、莫不盡力以從上命、致死以補其闕、此戰之所由克也」とある。「德・刑・詳・義・禮・信は戰の器である。德は惠を施し、刑は邪を正し、詳は神につかえ、義は利を建て、禮は時に順い、信は物を守る。民生厚くして德正し、利を用いて節を事とし、時順にして物成り、上下和睦して、周旋して逆わず、求めて具わらざるなく、各々其極を知る。故に詩に言う。我が烝民を立て、爾の極にあらざるなしと。このゆえに、神がこれに福を降し、時に災害なく、民生は敦く厖大であり、和同してもって聽く、力をつくして上命に從わざるなく、死を致してその闕を補う。此に戰の由りて克つ所がある」。德・刑・詳・義・禮・信は戰の器であって、それをそなえて神が福を降す。人が爲すべきことをやって、神の福がくだされる。

『左傳』成公十八年には「抑人之求君、使出命也、立而不從、將安用君、二三子用我今日、否亦今日、共而從君、神之所福也」とある。「そもそも人が君に求めるのは、命を出してもらうことである。君を立てて從わないというのでは、君の用いようがない。二三子よ、我を用いるなら今日だし、用いないのも今日だ。共同して君に從うのは、神の福をもたらすところである」。神の福がほしければ、まず君に從って命を出してもらうことだ、という。神は、君を通して福をもたらす。

『左傳』襄公七年に「詩曰、靖共爾位、好是正直、神之聽之、介爾景福、恤民爲德、正直爲正、正曲爲直、參和爲仁、如是則神聽之、介福降之、立之、不亦可乎」とある。「詩にある。なんじの位にともに安んじ、この正直を好むと、神がこれを聽き、なんじの景福をおおいにするだろう。民をやすんじるのを德とし、正直を正とし、曲を正すを直となし、參和を仁となす。このようであれば、神はこれを聽き、介福してこれに降る。これを立ててよいか」。この部分の後に、韓宣子が「仁」ありと晉侯に認められ、公族大夫になった。『左傳』が特別視する韓宣子に關わることだから、詩の內容も戰國中期に近づけて解釋する必要はあるが、それでも「參和爲仁」とあるのは、注目すべきである。複數の國が關わる場で「思いやる」力という、「仁」の原義がそこに見えている。そして「仁」が見えれば、神がこれを聽いて福を降す。二十四史において、「仁」が皇帝によって寬められるものである、という論理ではなく、「仁」は神が聽く、という論理がある。

『左傳』襄公九年には「天禍鄭國、使介居二大國之間、大國不加德音、而亂以要之、使其鬼神不獲歆其禋祀、其民人不獲享其土利、夫婦辛苦墊隘、無所底告」とある。「天が鄭國に禍をくだして、二大國の間に介在し、大國は德音を加えず、兵亂をおこさせて強要しているので、その鬼神はその禋祀をうけることができず、その民はその土の利をうけることができず、夫婦の辛苦は到り告げることができない」。「天の禍」が、具體的に鬼神にどう影響を與えるかが、ここに書かれている。

『左傳』襄公九年には、また「盟誓之言、豈敢背之、且要盟無質、神弗臨也、所臨唯信、信者、言之瑞也、善之主也、是故臨之、明神不蠲要盟、背之、可也」とある。「盟誓の言には、背いてはならない。かつ盟を要して質がないと、神は臨まない。臨むところはただ信あるだけである。信なるものは言の符節（瑞）である。善の主である。是の故に神はこれに臨む。明神が「要盟」についていさぎよしとしないなら、これに背いてもよい」。盟誓において、人の側がちゃんと信を示す「形」を示さないと、神も「形」を示すことはない。これを「臨まない」と述べる。

『左傳』襄公十年には「我辭禮矣、彼則以之、猶有鬼神、於彼加之」とある。「われは禮を辭し、彼は用いる。さらに鬼神（の福）があれば、彼はこれを加えるべきである」。禮という「形」を用いているだけでは、鬼神は福をもたらさない。「仁」が必要だという含意であろう。

『左傳』襄公十一年には「凡我同盟、毋蘊年、毋壅利、毋保姦、毋留慝、救災患、恤禍亂、同好惡、獎王室、或間茲命、司愼・司盟、名山・名川、群神・羣祀、先王・先公、七姓十二國之祖、明神殛之、俾失其民、隊命亡氏、踣其國家」とある。盟辭にいわゆる神が列記されている。司愼・司盟は、天神である。名山・名川は地上の神である。群神・羣祀は、その他のさまざまな神格であろう。先王・先公は、周の先王と周公旦・召公奭である。七姓十二國の祖は、當時の漢字圈を構成する國々の有力國とそれらの國の姓を言う。つまりは諸侯の祖先である。それらの意を汲んで、盟誓の神たる明神が罰を與える。その民を失わせ、命をおとし氏を滅ぼし、その國家をたおす。神と盟誓內容との關係は、「みのりをつむことなく、利をふさがず（司愼・司盟）、罪人を藏

するなく、隱惡（慝）をすみやかに去り（名山・名川）、災患を救い、禍亂をあわれみ（先王・先公）、好惡を同じくし（七姓十二國之祖）」となる。だから、「それらの意を汲んで明神が罰をくだす」という説明になる。ここに見える盟辭は、侯馬盟書の「丕顯なる岳公大冢（あるいは"わが君"）、盟槩もて之に視し、麻夷して氏を非とせよ」という盟辭を基礎に、諸々の神の關わりを附加したものになっている。「國家」も戰國的表現である。おそらく群小の國が滅ぼされて「家」が議論されるだけになった後、大國が中央となってそうした「家」を支配する「形」が意識され、「國家」（竹簡や戰國青銅器銘文にみえるのは「邦家」。漢代に劉邦の「邦」を忌んで「國」とした）という用語ができたのであろう。

『左傳』襄公十四年に「及竟、公使祝宗告亡、且告無罪、定姜曰、無神、何告、若有、不可誣也」とある。この前の部分に、衞君の亡命に關わる話題が記される。形式的に儀禮を行って罪はないことにしたのを受けて、上記がある。「神がなければ不問に附していいが、神がいる以上、ないがしろにはできない」。國の境において、神に罪がないと報告しなければならない、ということは、國の境を越えると、別の國の神の地に踏み込むということである。國境は、二つの國の神が關わる場になっている。

同じく『左傳』襄公十四年に「民奉其君、愛之如父母、仰之如日月、敬之如神明、畏之如雷霆、其可出乎、夫君、神之主而民之望也、若困民之主、匱神乏祀、百姓絶望、社稷無主、將安用之、弗去何爲、天生民而立之君、使司牧之、勿使失性、有君而爲之貳、使師保之、勿使過度」とある。「民はその君を奉じ、これを愛すること父母のごとく、これを仰ぐこと日月のごとく、これを敬うこと神明のごとく、これを畏れること雷霆のごとし。だから出してはいけない。そもそも君は、神を守するものであり、民の望である。だから、民が神を守するのを苦しめ、神の祭祀を乏しくし、百姓が絶望し、社稷に主がないということであれば、君は用いようがない。去らせるしかない。天は民を生じ、これに君を立てて政治を行わせ、性を失わせることはない。君が立つと補佐を決め、これを助けさせ、度を過ごさないようにする」。『左傳』僖公十九年には、「祭祀は人の爲にする。民は神を主とする（守る）ものであるから、人を用いても誰も饗應しない」とあった。それを言い換えて君と神の關係に言及する。君と民は、神を同じくする。ただし、君は、用いようがなければ、追い出される。「仁」があれば、複數の神に關わることになる。

『左傳』襄公十八年には「獻子許諾、晉侯伐齊、將濟河、獻子以朱絲繫玉二、而禱曰、齊環怙恃其險、負其衆庶、棄好背盟、陵虐神主、曾臣彪將率諸侯以討焉、其官臣偃實先後之、苟捷有功、無作神羞、官臣偃無敢復濟、唯爾有神裁之、沈玉而濟」とある。「晉侯が齊を伐ち、河をわたろうとした時、中行獻子が禱った。"齊の靈公はその險をたのみ、その衆庶をたのみにして、よしみを棄て、盟に背き、神主を陵虐した。かつて晉の平公は諸侯をひきいて討伐しようとし、その官臣であるわたくしは、まことにこれに從った。勝利して功績あらしめ、神の恥をなすことがあってはならない。官臣のわたくしは、以上ができなければ、再び河を渡らぬ覺悟である。河の神よ、現れてこれを裁け"。こう禱ると玉を沈めて河を渡った」。滋賀秀三[12]が「中國上代の刑罰についての一考察」の中で、「"誓某""盟某"とて誓・盟の字が特定の人名を目的語にとるとき、ちかって某人と絶交するという意味をもつこと」を檢討している。文體上、誓約内容が引用されるという點において、この「誓某」によく似た文章構造を上記の「禱」はもっている。しかも、通常は盟誓をおこなうに當たって、罪をくだすことを期待する明神に對し、「禱る」ものとなっている。

終章　先行研究とどう關わるか

これも國と國の境で行っている。場として複數の國に關わるものになる。盟誓内容の再確認の意味をもっている。

『左傳』襄公二十五年には「我先王賴其利器用也、與其神明之後也、庸以元女大姬配胡公、而封諸陳、以備三恪」とある。「わが先王は、その器用を利あらしめることと、その神明の後たることをたのんで、元女大姬を胡公に嫁がせた。そして諸陳を封じて三恪（聖人の子孫をもてなす）に備えたのである」。祖先神を「神明」と述べている。

『左傳』襄公二十七年には「子木問於趙孟曰、范武子之德何如、對曰、夫子之家事治、言於晉國無隱情、其祝史陳信於鬼神無愧辭、子木歸以語王、王曰、尚矣哉、能歆神人、宜其光輔五君以爲盟主也」とある。「子木が趙孟に問うて言うには、范武子の德はどうだろうか。答えて言うには、夫子（范武子）の家は事が治まり、晉國において發言あり隱情がない。其の祝史は信を鬼神に陳ねて辭を愧ずるところがない。子木は歸って王に語った。王が言うには、尚なるかな。神・人によろこばれる。その五君を光輔して盟主たらしめたのもよくわかる」。「其の祝史は信を鬼神に陳ねて辭を愧ずるところがない」というのが、范武子と神との關わりを具體的に述べる。祝史が鬼神に信をつらねる。范氏の鬼神は、范氏がとりしきる。「范氏」が國扱いされている（後代の認識としては有力な家系ということになっただろうが）。

『左傳』昭公元年には「劉子歸、以語王曰、諺所謂老將知而耄及之者、其趙孟之謂乎、爲晉正卿、以主諸侯、而儕於隸人、朝不謀夕、棄神・人矣、神怒・民叛、何以能久、趙孟不復年矣、神怒、不歆其祀、民叛、不即其事、祀・事不從、又何以年」とある。「劉子が歸り、周王に語って言うには、ことわざに老いては知あらんとすと言うが、年老いてこれに及ぶ者と言えば、趙孟がこれにあたる。晉の正卿となり、諸侯をつかさどったのだが、今や隸人に等しい振る舞いで、朝に夕べを謀ることはしないし、神人を棄て、神は怒り民はそむいている。もう長くありません。趙孟は年を越さずに死ぬでしょう。神が怒るとその祭祀を受けません。民がそむけば軍事につかず從いません。年を越さないでしょう」。ここでは晉の趙氏（宗主が趙孟）が國扱いされている。

同じく昭公元年には「昔高辛氏有二子、伯曰閼伯、季曰實沈」・「遷實沈于大夏、主參、唐人是因、以服事夏・商、其季世曰唐叔虞」・「及成王滅唐、而封大叔焉、故參爲晉星、由是觀之、則實沈、參神也、昔金天氏有裔子曰昧、爲玄冥師、生允格・臺駘、臺駘能業其官、宣汾・洮、障大澤、以處大原、帝用嘉之、封諸汾川、沈・姒・蓐・黃實守其祀、今晉主汾而滅之矣、由是觀之、則臺駘、汾神也、抑此二者、不及君身、山川之神、則水旱癘疫之災於是乎禜之、日月星辰之神、則雪霜風雨之不時、於是乎禜之、若君身、則亦出入・飮食・哀樂之事也、山川・星辰之神又何爲焉、僑聞之、君子有四時」とある。「昔、高辛氏に二子があった。一番上を閼伯といい、末を實沈と言った」・「實沈を大夏に遷し、參宿を主どらせ、唐人は是に因って、夏・商に服事した。その季世が唐叔虞である」・「周の成王にいたった唐を滅ぼし、大叔（唐叔虞）を封じた。故に參宿は晉の星となった。以上から見ると、實沈は參宿の神である。昔、金天氏の子孫に昧という者がいた。玄冥の師となり、允格・臺駘を生んだ。臺駘はその能力をもって其官を業とし、汾水と洮水を通し、大澤に堤防を築いて、大原に處した。帝はこれを嘉みし、これを汾川に封じ、沈・姒・蓐・黃の國が實にその祀を守った。いま晉は汾水をつかさどってこれらを滅ぼした。以上から見れば、臺駘は汾水の神である。そもそもこの二者は、君の身に及ばなかったので、山川の神は水旱癘疫の災をなし、ここに禜の祈禱が必要になった。日月星辰の神は、雪霜風雨を時ならずおこしたので、ここに禜

の祈禱が必要になった。君の身のごときは、出入・飲食・哀樂を事とする。山川・星辰の神は何をなしましょうや（晉君の病氣は關係ありません）」。以上は、晉君の病氣の原因をさぐって話題にされている。山川の神は水旱癘疫の災いをなし、祈禱が必要である。日月星辰の神は雪霜風雨の時ならざる災いをなすので、祈禱が必要である。君の身は、複數の國の關わる場で出入・飲食・哀樂のことにあたる。晉君の病氣の原因は別にある。晉君には、同じ姫姓の妻が四人もいるのが原因だと議論され、さらに詮索される。以上に加え、この一節には、興味深い内容が滿載である。一般に治水は禹がなしたとされているが、ここには、汾水と洮水の治水は、臺駘であることが述べられる。また、天と人との關係が、高辛氏の子孫の實沈を例に語られる。實沈は參宿をつかさどって夏・商に服事し、その子孫の唐叔虞が周の成王によって封建された。鬼神が人であったときに、星宿を主どる。これによって、星宿の守りが定められた。天神と鬼神との關係である。

　上記において言及しなかった部分には、「昔、高辛氏に二子があった。一番上を閼伯といい、末を實沈と言った」續いて「居于曠林、不相能也、日尋干戈、以相征討、后帝不臧、遷閼伯于商丘、主辰、商人是因、故辰爲商星」とある。「兩者は曠林に居り、仲がよくなかった。日々干戈をまじえ征討しあった。后帝はよくないことだと考え、閼伯を商丘に遷し、辰をつかさどらせた。商人はこれによった。故に辰は商星となった」。商（殷）の星は辰である。『左傳』では、昭公十七年に「心宿」を「大辰」とした事例がある[13]。また、『公羊傳』の昭公十七年には「大火爲大辰、伐爲大辰、北極亦大辰」とあり、何休の注釋に「大火謂心星、伐謂參星、大火興伐、所以示民時之早晚」とある[14]。つまり、商（殷）の星たる「心宿」と晉の星たる「參宿」が並列されているわけである。これは、晉が山西から河南にかけての小國をまとめる邑制國家連合（下記に松丸道雄の議論を檢討）の頂點にあることと無關係ではない。

　『左傳』昭公元年には續いて「疾不可爲也、是謂近女室、疾如蠱、非鬼非食、惑以喪志、良臣將死、天命不佑」とある。晉侯は病氣の原因を探るべく、秦醫に相談した。「疾はなおすことができない。女室を近づけ蠱のごとき病を得ている。鬼神ではなく、食でもなく、女色にまよって志を失っている。良臣は死のうとしており、天の助けも獲られない」。

　『左傳』昭公四年には「晉・楚唯天所相、不可與爭」・「若歸於德、吾猶將事之、況諸侯乎」・「是以先王務修德音以亨神人」とある。「晉・楚はたがいに爭ってはならない」……「このゆえに、先王は德音を修めて神人を通じさせた」。樂を演奏するのは、神人を通じさせるためである。

　『左傳』昭公七年には「天有十日、人有十等、下所以事上、上所以共神也、故王臣公、公臣大夫、大夫臣士、士臣皁、皁臣輿、輿臣隸、隸臣僚、僚臣僕、僕臣臺」とある。「天には十の太陽がある。人には十の等級がある。下が上につかえるゆえんは、上が神につかえる（饗応する）ゆえんである。故に王の臣は公、公の臣は大夫、大夫の臣は士、士の臣は皁、皁の臣は輿、輿の臣は隸、隸の臣は僚、僚の臣は僕、僕の臣は臺である」。上下の秩序の基は、上が神につかえることにある。

　『左傳』昭公七年には、また「今君若親歩玉趾、辱見寡君、寵靈楚國、以信蜀之役、致君之嘉惠、是寡君既受貺矣、何蜀之敢望、其先君鬼神實嘉頼之、豈唯寡君」とある。これは、楚が章華臺を造った時の一節にある。「いま君は、もし親しく玉趾（足）を歩ませ、かたじけなくも我が君[15]に會い、靈を楚國に寵して、蜀の役を信にし、君の嘉惠をいたすとすれば、わが君はすでに祝いを得ているようなもの。蜀を望むことはしない。その先君鬼神は、實に嘉もてこれを頼みとするだろう。我が君だけのことではない」。楚と魯について、楚の君が「靈を楚國に寵して、蜀の役を信にし、

終章　先行研究とどう關わるか

君の嘉惠をいたす」ので、魯の先君も鬼神も、その嘉を賴みとする。「君の嘉惠」は、侯馬盟書の「嘉の身」を檢討する上でとても興味深い表現である。そして「君も鬼神も、その嘉を賴みとする」という表現についても、同樣のことが言える。

　同じく『左傳』昭公七には「今夢黄熊入于寢門、其何厲鬼也、對曰、以君之明、子爲大政、其何厲之有、昔堯殛鯀于羽山、其神化爲黄熊、以入于羽淵、實爲夏郊、三代祀之、晉爲盟主、其或者未之祀也乎、韓子祀夏郊、晉侯有閒、賜子産莒之二方鼎」とある。鄭の子産が晉にまねかれた時、晉侯は病を得、韓宣子が應對した。「いま夢に黄熊が寢門に入った。何の厲鬼だろうか、と韓宣子が問うと、子産が答えて謂う、君の明をもって、あなたが大政を爲している。厲ということはない。むかし堯は鯀を羽山に殛した。その神は化して黄熊となり、羽淵に入った。實に夏郊である。三代はこれを祀ったが、晉が盟主となり、まだ祀っていないのではないか。そこで、韓宣子が夏郊を祀ると、晉侯の病は癒えた。子産に莒の二方鼎を賜った」。神々がおちついていないから、韓宣子が夏郊を祭祀した。すると、おちついた、という話題である。韓宣子には、三代の王と等しい力がある、ということを述べている。

　『左傳』昭公七年には、さらに「鄭人相驚以伯有、曰、伯有至矣、則皆走、不知所往、鑄刑書之歲［前年］二月、或夢伯有介而行、曰、壬子、余將殺帶也、明年壬寅、余又將殺段也、及壬子、駟帶卒、國人益懼、齊・燕平之月、壬寅、公孫段卒、國人愈懼、其明月、子産立公孫洩及良止以撫之、乃止、子大叔問其故、子産曰、鬼有所歸、乃不爲厲吾爲之歸也、大叔曰、公孫洩何爲、子産曰、說也、爲身無義而圖說、從政有所反之、以取媚也、不媚、不信、不信、民不從也、及子産適晉、趙景子問焉、曰、伯有猶能爲鬼乎、子産曰、能、人生始化曰魄、既生魄、陽曰魂、用物精多、則魂魄強、是以有精爽至於神明、匹夫匹婦強死、其魂魄猶能馮依於人、以爲淫厲、況良霄、我先君穆公之冑・子良之孫・子耳之子・敝邑之卿・從政三世矣、鄭雖無腆、抑諺曰、蕞爾國、而三世執其政柄、其用物也弘矣、其取精也多矣、其族又大、所馮厚矣、而強死、能爲鬼、不亦宜乎」とある。「鄭人が伯有の幽靈の出現におどろいた。伯有がきたといっては、にげるので、往く所がわからない。刑書を鑄るの歲（前年）二月、或る人が夢みるに、伯有が甲を介して行く。曰く、壬子の日、余は帶を殺そうと思う。明年の壬寅の日、余はまた段を殺そうと思う、と。壬子の日になると、駟帶が卒した。國人は益すます懼れた。齊・燕平ぐの月、壬寅の日、公孫段が卒した。國人は愈よいよ懼れた。その明月、子産は公孫洩と［伯有の子の］良止を立てて靈を撫した。すると騷ぎは止んだ。子大叔がその故を問うと、子産が言うには、鬼に歸するところがあれば、厲［たたり］をなすことはない。だから吾はこれが爲に歸するところを作っ［てなだめ］たのだ。大叔が言うには、公孫洩はどうするのか。子産が言うには、說をなしたのだ［なだめ役にした］。身のためには、義はなくても說を圖る。政に從うには、これに反して媚を取る所がある。媚がないと、信じない。信がないと、民は從わない［だから說をなす形を作ったのだ］。子産が晉に行くにおよび、趙景子がこれを問ていうには、伯有はまだ鬼となり得るだろうか。子産が言うには、あり得る。人が生まれ始めて化すると魄という。既に魄を生じて、陽を魂という。物を用いて［祭祀して］精多ければ、魂魄は強くなる。このゆえに精爽なるありて神明にいたる。匹夫匹婦も強死すれば、その魂魄は人に馮依して淫厲となる。ましてや、良霄は我先君穆公の冑、子良之孫、子耳之子、敝邑の卿、政に從うこと三世だからなおさらだ。鄭は腆［土地廣大］なるはないといっても、抑も諺に言う、小さくても國であり、三世にわたってその政柄を執った。その物を用いる

や弘い。その精を取るや多い。其族はまた大である。馮る所は厚い。しかも強死して、厲鬼になることができる。無理もない」。ここには、たたりをなす「厲鬼」と、魂魄のことが書いてある。いま風に言えば、魂は火の玉、魄は幽霊であろう（既に魄を生じて、陽を魂という）(16)。これらは祭祀することで強くなり、神明になる。だから、祭祀する必要がある。祭祀するのは子孫であるから、世嗣を作った。また、周圍を納得させるための「おてもり」も必要だから、別に人を立てた。この「周圍」は、たたりがおそれられる人を社會的に評價し、一族として頼る人々を言う。魂魄は人に馮依して淫厲となるとあるから、厲鬼は必ずしも見えていない。

『左傳』昭公七年には、さらに「二卦皆云、子其建之、康叔命之、二卦告之、筮襲於夢、武王所用也、弗從何爲、弱足者居、侯主社稷、臨祭祀、奉民人、事鬼神、從會朝、又焉得居、各以所利、不亦可乎、故孔成子立靈公」とある。世嗣をどうするかを易で占った。その解釋の最後にこう述べる。「二卦はともにいう、子はこれを建てよ。康叔はこれに命じ、二卦をもってこれに告げた。筮が夢に合致した場合、武王はこれを用いた。從わずしてどうしよう。弱足者は居る。侯は社稷を主どり、祭祀に臨み、民人を奉じ、鬼神に事え、會朝に從う。またどうして居るを得ようか。各々利する所をもってするのも、また可ならずや。故に孔成子は靈公を立てた」。「侯は社稷を主どり、祭祀に臨み、民人を奉じ、鬼神に事え、會朝に從う」とある。諸侯は鬼神を事とする。

『左傳』昭公十三年には「吾未撫民人、未事鬼神、未修守備、未定國家、而用民力、敗不可悔」とある。呉が州來を滅ぼしたので、これを伐とうという意見が楚で起こった。楚王は言う、「吾はまだ民人を撫していない。未だ鬼神に事えていない。未だ守備を修めていない。未だ國家を定めていない。而るに民力を用いる。敗れても悔いてはならぬ」。君主は「民人を撫し、鬼神に事え、守備を修め、國家を定める」。君は鬼神を事とする。

『左傳』昭公十三年には、また「有楚國者、其棄疾乎、君陳蔡、城外屬焉、苟慝不作、盜賊伏隱、私欲不違、民無怨心、先神命之、國民信之、羋姓有亂、必季實立、楚之常也、獲神、一也、有民、二也、令德、三也、寵貴、四也、居常、五也、有五利以去五難、誰能害之」とある。「楚國に王となるのは棄疾だろう。陳蔡に君となり、城外はこれに屬した。苟慝はおこらず、盜賊は伏隱し、私欲は違わず、民は怨心なく、先神はこれに命じ、國民はこれを信じた。羋姓に亂があれば、必ず季が實立するのは、楚の常である。神を獲るは一である。民あるは二である。令德は三である。寵貴は四である。常に居るは五である。五利があって五難を去る、誰がこれを害し得よう」。楚の棄疾について述べる。「陳蔡に君となり、城外はこれに屬した」というのは、複數の國の神を事としてうまく治めたということである。先神はこれに命じたというのは、楚の祖先神の加護があったということである。

『左傳』昭公十三年には、さらに「志業於好、講禮於等、示威於衆、昭明於神、自古以來、未之或失也、存亡之道、恆由是興」とある。「業を好にしるし、禮を［班爵長幼の］等に講じ、威を衆に示し、明［盟］を神に昭らかにするは、古より以來、未だこれを失わないことがあれば、存亡の道は、恆にこれより興る」。

『左傳』昭公十六年には「子大叔・子羽謂子産曰、韓子亦無幾求、晉國亦未可以貳、晉國・韓子不可偸也、若屬有讒人交鬭其間、鬼神而助之以興其凶怒、悔之何及」とある。「子大叔・子羽が子産に言うには、韓子もまた幾くかの求めもない。晉國もまた二股外交をしかける國ではない。晉國・韓子はないがしろにしてはならぬ。もしたまたま讒人ありて其間に交鬭し、鬼神これを助

終章　先行研究とどう關わるか

けてその凶怒を興すようなことがあったら、悔いても及ばない」。「讒人ありて其間に交鬭し、鬼神これを助けてその凶怒を興すようなことがあったら」とあるから、鬼神は讒言にのる場合もある。

『左傳』昭公二十年には「齊侯疥、遂痁、期而不瘳、諸侯之賓問疾者多在、梁丘據與裔款言於公曰、吾事鬼神豐、於先君有加矣、今君疾病、爲諸侯憂、是祝・史之罪也、諸侯不知、其謂我不敬、君盍誅於祝固・史嚚以辭賓、公説、告晏子、晏子曰、日宋之盟、屈建問范會之德於趙武、趙武曰、夫子之家事治、言於晉國、竭情無私、其祝史祭祀、陳信不愧、其家事無猜、其祝・史不祈、建以語康王、康王曰、神人無怨、宜夫子之光輔五君以爲諸侯主也、公曰、據與款言寡人能事鬼神、故欲誅于祝・史、子稱是語、何故、對曰、若有德之君、外内不廢、上下無怨、動無違事、其祝・史薦信、無愧心矣、是以鬼神用饗、國受其福、祝・史與焉、其所以蕃祉老壽者、爲信君使也、其言忠信於鬼神、其適遇淫君、外内頗邪、上下怨疾、動作辟違、從欲厭私、高臺深池、撞鐘舞女、斬刈民力、輸掠其聚、以成其違、不恤後人、暴虐淫從、肆行非度、無所還忌、不思謗讟、不憚鬼神、神怒民痛、無悛於心、其祝・史薦信、是言罪也、其蓋失數美、是矯誣也、進退無辭、則虛以求媚、是以鬼神不饗其國以禍之、祝・史與焉、所以夭昏孤疾者、爲暴君使也、其言僭嫚於鬼神、公曰、然則若之何、對曰、不可爲也、山林之木、衡鹿守之、澤之萑蒲、舟鮫守之、藪之薪蒸、虞候守之、海之鹽蜃、祈望守之、縣鄙之人、入從其政、偪介之關、暴征其私、承嗣大夫、強易其賄、布常無藝、徵斂無度、宮室日更、淫樂不違、内寵之妾、肆奪於市、外寵之臣、僭令於鄙、私欲養求、不給則應、民人苦病、夫婦皆詛、祝有益也、詛亦有損、聊・攝以東、姑・尤以西、其爲人也多矣、雖其善祝、豈能勝億兆人之詛、君若欲誅於祝・史、修德而後可、公説、使有司寛政、毀關、去禁、薄斂、已責」とある。「齊侯は疥癬を病み、遂におこりを起こした。まる一年いえなかった。諸侯の疾を賓問する者が多く、梁丘據と裔款が公にのべるには、吾は鬼神に事えること豐かであり、先君において加えるところがある。いま君の疾病は、諸侯の憂となる。これは祝・史の罪である。諸侯が不知（知ることなし）だと、我を不敬と言うだろう。君はどうして祝固・史嚚について誅を論じて（誅あらしめて）賓に辭さないのか。公はよろこび晏子に告げた。晏子が言うには、先に宋の盟では、屈建が范會の德を趙武に問うた。趙武が言うには、夫子(17)の家は治を事とする。晉國について言えば、情を竭くして私なく、その祝史の祭祀は、信を陳べて愧じるところがない。その家事は猜なく、その祝・史は祈らない。太子建は康王に語る。康王が言うには、神人は怨みなく、夫子の光輔を宜しくし五君が諸侯の主となった。公が言うには、據と款とが寡人に言うには、鬼神に事えることができるとのことだった。故に祝・史に誅あらしめんとすることにつき、なんじが是の語を稱するのはどうしてか。答えていうには、もし有德の君が、外内廢れず、上下怨みなく、動いて違事なく、その祝・史が信を薦め、愧心がない。この故に鬼神は饗を用いて、國はその福を受け、祝・史はこれに與かる。その蕃祉老壽なるゆえんの者は、信君のために使われる。その言は鬼神に忠信がある。その適きて淫君に遇い、外内頗る邪にして、上下怨疾あり、動作違し、欲を縱にし私に厭き（私情厭足し）、高臺深池、鐘を撞き女を舞わせ、民力を斬刈し、その聚を輸掠して、その違を成し、後人をうれえず、暴虐淫從、ほしいままに非度を行い、還忌するところなく、謗讟を思わず、鬼神を憚らず、神怒り民痛み、心にあらためるところがなく、その祝・史が信を薦める。これは罪と言う。失をおおって美を數えるのは、矯誣である。進退に辭なければ、虛もって媚を求める。この故に鬼神はその國に饗うけずして禍をくだす。祝・史がこれに與る。

夭昏孤疾あるゆえんは、暴君のために使われて、その言が鬼神に僭嫚だからである。公が言うには、そうであるのなら、どうしたらよかろう。答えて言うには、やりようがない。山林の木は、衡鹿が守り、澤の雚蒲は、舟鮫が守り、藪の薪蒸は、虞候が守り、海の鹽蜃は、祈望が守る。縣鄙の人、入りてその政に従い、偪介〔隔〕の關は、その私を暴征し、承嗣大夫は、強いてその賄を易え、常を布くに蓺〔法制〕なく、徵歛に度なく、宮室日々更め、淫樂さらず、内寵の妾、ほしいままに市に奪い、外寵の臣、ほしいままに鄙に令し、私欲養求して、給しないと、應じて民人は苦病あり、夫婦皆詛す。祝することが益あるからである。詛することが損うところがあれば、聊・攝より以東、姑・尤より以西、その人と爲るや多い。善く祝するといっても、億兆人の詛にはまさらない。君がもし祝・史に誅あらしめんとするなら、まずみずから德を修めてしかる後に可となる。公はよろこび、有司に政を寬めさせ、關を毀ち、禁を去り、歛を薄くし、責めをやめさせた」。君の側に誤りがある場合、祝・史に罪をなすりつけることはできない。その誤りの中には、鬼神を憚らず、その言が鬼神に僭嫚であることが含まれる。しかし、その誤りがありながら祝・史がおべっかを使う場合は、祝・史の罪になる。

　『左傳』昭公二十六年には「群臣不盡力于魯君者、非不能事君也、然據有異焉、宋元公爲魯君如晉、卒於曲棘、叔孫昭子求納其君、無疾而死、不知天之棄魯邪、抑魯君有罪於鬼神故及此也、君若待于曲棘、使群臣從魯君以卜焉、若可、師有濟也、君而繼之、玆無敗矣、若其無成、君無辱焉」とある。「群臣が魯君に力をつくさないのは、君に仕えることができないわけではない。しかしながら據るところに怪しむところがある。宋の元公は魯君のために晉に行き、曲棘に卒した。叔孫昭子はその君をいれることを求めたのだが、その昭子が疾なくして死去した。天が魯を棄たてのだろうか。そもそも魯君には鬼神に罪がある。故にこの結果におよんだのだ。君がもし曲棘に待つということなら、群臣に命じて魯君に從い卜させよう。もし可ならば、軍は濟ることとなり、君にしてこれを繼ぐのに、敗れることはない。若し成がなくても、君に辱はない」。

　『左傳』昭公二十六年には、また「王甚神聖、無惡於諸侯、靈王景王克終其世」とある。周の王子朝の亂の記事だが、周の先王に言及し「王は甚だ神聖なるものがあり、諸侯に惡まれることなく、靈王・景王は其世を終えることができた」と述べる。「神聖」の語が注目される。天理を背景とする「神聖」ではない。君が鬼神を事とする、という意味における「神聖」である[18]。

　『左傳』昭公二十七年には「天命不慆久矣、使君亡者、必此衆也、天既禍之、而自福也、不亦難乎、猶有鬼神、此必敗也、嗚呼、爲無望也夫、其死於此乎」とある。「天命が慆ならざること久しい。君を亡ぼすものは、必ずこの衆であろう。天は既にこれに禍をくだした。而るに自ら福だとしている。滅びる運命だ。鬼神があったとしても、必ず敗れる。ああ、望なきかな。ここに死ぬことになろう」。鬼神よりも天が優先する。天が禍をくだした以上、鬼神は守れない。

　『左傳』昭公二十九年には「秋、龍見于絳郊」・「人實不知、非龍實知、古者畜龍」・「乃擾畜龍、以服事帝舜」・「龍一雌死、潛醢以食夏后」・「故有五行之官、是謂五官、實列受氏姓、封爲上公、祀爲貴神、社稷五祀、是尊是奉、木正曰句芒、火正曰祝融、金正曰蓐收、水正曰玄冥、土正曰后土、龍、水物也、水官棄矣、故龍不生得」とある。「秋、龍が絳の郊にあらわれた」・「人はまことに不知である。龍がまことに知ということではない。古は龍を畜った」・「龍を馴らし畜い、帝舜に服事した」・「龍一雌が死んだので、醢づけにして夏后に食させた」・「故に五行の官があり、これを五官という。實に列して氏姓を受け、封ぜられて上公となり、祭祀されて貴神となり、社稷五

終章　先行研究とどう關わるか

祀とされ、尊ばれ奉つられた。木正を句芒といい、火正を祝融といい、金正を蓐收といい、水正を玄冥といい、土正を后土という。龍は水物である。水官はすたれる。だから龍は生得できなかった」。「水官はすたれる」は、『左傳』の文脈だから一應おくとして、「祭祀されて貴神となり」とある。その前に「列して氏姓を受け、封ぜられて上公となり」とあるのが、鬼神と國との關わりを説明する。五行の木・火・金・水・土という順序は、季節方位である。この季節方位は、十二方位の議論が進んで、地の方位、天の方位、時刻の方位、季節の方位がそれぞれ重ねて議論されたときに、意味を持つ。木星紀年が始まった前4世紀半ば以後、という内容の後代性が指摘できる。

『左傳』定公元年には「晉文公爲踐土之盟、曰、凡我同盟、各復舊職、若從踐土、若從宋、亦唯命、仲幾曰、踐土固然」・「仲幾曰、縱子忘之、山川鬼神其忘諸乎、士伯怒、謂韓簡子曰、薛徵於人、宋徵於鬼、宋罪大矣、且已無辭、而抑我以神、誣我也、啓寵納侮、其此之謂矣、必以仲幾爲戮」とある。「晉文公が踐土の盟をなして言うには、凡そ我が同盟、各々舊職を復し、もしくは踐土に從わんか。もしくは宋に從わんか。また唯だ命のままなり。仲幾が言うには、踐土もとより然り」・「仲幾が言うには、縱いなんじがこれを忘れても、山川鬼神は忘れない。士伯が怒って韓簡子に言うには、薛は人に徵し、宋は鬼に徵した。宋の罪は大きい。且つ己れ辭なくして、我を抑えるのに神をもってし、我を誣いたのである。寵をひらき侮を納れるとは、このことを言うのだ。必ず仲幾を戮する」。仲幾が「山川鬼神は忘れない」と言ったが、士伯は自分を誣するものとして「我を抑えるのに神をもってした」と述べた。

『左傳』定公十年には「裔夷之俘以兵亂之、非齊君所以命諸侯也、裔不謀夏、夷不亂華、俘不干盟、兵不偪好、於神爲不祥、於德爲愆義、於人爲失禮、君必不然」とある。魯と齊が和平を結び、夾谷に會し、孔子が會盟の相となった際の記事である。「遠い夷の俘が兵をもって亂した。齊君の諸侯に命ずるゆえんではなかった。裔は夏を謀らず、夷は華を亂さず、俘は盟をおかさず、兵は好みを偪らない。だから、現狀は神において不祥であり、德において義を失い、人において禮を失う。これは君のしからしめるところではあるまい」。「神において」・「德において」・「人において」現狀分析を行い、「君のしからしめるところではない」という。「君」は「神」・「德」・「人」すべてに關わる。

『左傳』哀公十二年には「盟、所以周信也、故心以制之、玉帛以奉之、言以結之、明神以要之」とある。魯が呉と盟誓をおこなうにあたり、魯公がそれを欲せず、つたえた內容。「盟は信を固めるものである。ゆえに心よりこれを制する。玉帛をもって奉じ、言をもって結び、明神をもって禍福を求める」。複數の國が關わる盟誓において、「玉帛をもって奉じ、言をもって結び、明神をもって禍福を求める」と述べる。侯馬盟誓遺址において、玉製・石製の圭形の板に盟辭を書き、盟（明）神の殛に言及する。

『左傳』哀公十四年には「有臣不順、神之所惡也、而況人乎、敢不承命、不得左師不可、請以君命召之」・「逢澤有介麋焉」・「所難子者、上有天、下有先君」とある。「臣にして不順なる者が出てくるのは、神の惡むところである。いわんや人はなおさらである。敢えて命を承けないだろう。左師を得ないのはいけない。君命をもって召しかかえていただきたい」・「逢澤に介麋が現れた」・「なんじに難あらしめる者は、上に天がある。下には先君がある」。「臣にして不順なる者が出てくるのは、神の惡むところである。いわんや人はなおさらである」というのは、「臣」と「人」

を分ける議論である[19]。

『左傳』哀公十六年には「有楚國而治其民、以敬事神、可以得祥、且有聚矣、何患」とある。「楚國を有してその民を治め、神に敬事する。祥を得たと言うべきだ。且つ物資の集積もある。患いはない」。君は「民を治め、神に敬事する」。

以上、『左傳』の「鬼神」や「神」について具體的に檢討してみると、鬼神・神が關わるのは、個人ではない。國である。そしてその神に關わるのは、君である。だから、一般に「人」はこのことに關わらない。關わらないが、その鬼神・神のことがわかる特別の人が存在する。それが「仁者」だということである。だから、「知者」は「神については、敬して遠ざく」と述べるにとどめるのである。すでに述べたように、鬼神・神を無視するのではない。「わからないこと」は「仁者」に任せておく、というのが『論語』の立場である。この立場と『左傳』の鬼神觀・神觀は、矛盾しない[20]。

4. 池田知久の述べる天人關係論

池田知久は、その著『道家思想の新研究』の中で、天人關係論と題した章をもうけ、以下のように述べている[21]。「道家思想が"天"を重んずる立場に立っていたことは、だれでもよく知っていることである。しかしながら、中國の諸思想は、古代の西周時代の金文から現代の新儒家の思想家たちに至るまで、ほとんど例外なく"天"を重んじているので（例外は戰國時代末期の儒家の荀子と、その弟子の法家の韓非ぐらいのものであろうか）……」とし、馮友蘭[22]の「物質之天」・「主宰之天」・「運命之天」・「自然之天」・「義理之天」の五分類、重澤俊郎[23]の「宗教的立場」・「哲學的立場」・「科學的立場」の三分類を參照しつつ、池田は天を「第一に、呪術的宗教的な主宰者もしくは神格としての"天"」・「第二に、哲學的倫理的な規範もしくは理法としての"天"」・「第三に、科學的物理的な天空もしくは法則としての"天"」の三つに分類した。そして、道家思想の言う「天」は第二のタイプに當たることを述べている。

以上に紹介した部分に端的に示されているのが、「例外なく"天"を重んじているので（例外は戰國時代末期の儒家の荀子と、その弟子の法家の韓非ぐらいのものであろうか）」である。荀子と韓非が「天」を重んじていない、と述べているわけではないが、少なくとも冷淡だと言いたいのだと思う。

すでに述べたように、松本光雄が述べた「人」（「民」と區別される）を、『荀子』は「君子」・「人」・「小人」に分類し、「人」に發展途上の存在を設定して、「性惡」を論じた。『荀子』を批判的に繼承した『韓非子』は、「仁」と「仁人」をすべて蚊帳の外に置き、世を導く者として「道者」を論じた。『韓非子』は階層を意識した議論としては、道家の議論を分析整備している。『荀子』の「仁」の分析的議論は、すべて「道」の分析的議論に置き換えられた。『論語』が知者の立場から、種々議論を組み上げ、「仁者におまかせ」の立場を示すのを承けて、『荀子』の「仁」の分析的議論は、基本的に「知者」の立場からなされている。そのため、勢い『韓非子』の論じた「道者」も、「知者」の物言いとなった。しかし、「道者」は「天道」を地上に體現させる者たちで、論じる對象ごとに、議論内容を變えるなど分析的思考が生きている。

くりかえすようだが、『老子』の物言いの中に、『荀子』なみの分析的思考を讀みとろうとすると、すでに曾侯乙編鐘銘文が作られた段階で十二方位が構想され、やがて十二方位に三正論が

重なり、後天八卦方位がこれに重なること、夏正・踰年稱元法をもって稱王するにいたったのが齊の威宣王（前338）であり、以後諸國が續いたこと、その先驅的儀式を行ったのが魏の惠成王（前342）であったこと等が考慮できる。池田が「荀子の"禮"の思想を主なターゲットに定めて書かれた文章」と述べたところは、「現行『荀子』に流れ込んだ"禮"の思想を主なターゲットに定めて書かれた文章」の方がよかろうと、上記に述べておいた。

夏正・踰年稱元法の背景として、十二方位・三正論・後天八卦方位がある。また楚正・立年稱元法の背景としても、十二方位・三正論・後天八卦方位がある。だから、池田の分類に言うところの「天の理法」は、強烈に意識されていると言った方がよい。ただ、儒家としては「知者」の立場からする分析が精緻になっているだけであって、そしてその「知者」を道家は「道者」といっているだけであって、「議論はおまかせ」の姿勢があるだけである。

その上で述べれば、『左傳』の鬼神・神の議論から見えているのは、後天八卦方位の議論が始まる前、鬼神・神を共有する場として「國」があり、その「國」が複數關わる場において「仁」が話題にされることである。この種の「仁」ならば、道家としても批判する必要はない。この種の「仁」も、「道者」は心得ているとされたのであろう。「仁」とは言わないけれど。儒家の「知者」の立場からすれば、「仁者」については「おまかせ」である。だから、道家としては、「道者」にまかせればよい、ということになる。だから、そもそも、「仁」を熱心に議論してその「仁」については、「説明はおまかせ」という儒家の立場と、その「仁」については「説明しない」という道家の立場は、實はとても近い。

その兩者の立場の混在が可能な場に、十二方位・三正論・後天八卦方位の議論が入ってくると[24]、夏正・踰年稱元法を是とする立場において、賢人主義が熱心に議論される。これに対し、楚正・立年稱元法を是とする立場では、賢人主義が否定される。この段階で、「仁」と「仁者」は強烈な批判の対象となる。

この「仁者」批判が引き起こされた時期、何が進行していたかというと、官僚制度の進展である。これはつまるところ、上記の「鬼神」・「神」を君が祭祀するとされていた場である「國」が次々に消滅した、ということである。その結果、『左傳』昭公七年に見えているような幽霊騒ぎがおきる。その霊障をおさえるため、祭祀の繼承が可能な施策をほどこす。これは「國」の復活という話にはなっていないので、以後、「國」ではなく、有力者の祭祀という話になるのだろう。後代の「家」の祭祀である。

このように理解できるので、政治の世界からは（あくまで政治の世界）、「鬼神」・「神」の祭祀は姿を消していくことになる。殘っていくのは、戰國時代に存續した國家中央の祖先神たちである。これらは、禮の名の下で祭祀が制度化されていく。宗廟における複數の國の交流の場は、中央官僚の政廳に變貌する。

官僚制度が進展する中で、「仁」の意味も複數の「國」が關わる場における「思いやる」力、から、盟誓の場を起源とする刑罰をくだす場における判斷力、に力點が移っていくようである。

5. 天命と「理法」に關わる研究

さて、池田知久の見解を遡って、西周金文の天命に視點をうつしてみよう。

これについては、まず二つの論文に注目することから始めたい。ひとつは松丸道雄[25]の邑制

國家に關する研究である。松丸は、その中で、「殷代においては、その王室は、その基層をなした諸族の連合體的性格を強くもっていたと考えられ、したがってその構造は、著しく複雑なものがあった。元來、獨立的な多數の邑制國家が、その連合としての王朝を構成する際の、それは不可避な形態であったともいえよう。しかし、この邑制國家群のなかから成長してついに殷に替った西周王朝においてとられた王室の構造は、もはや明瞭に異なったものであり、その王の繼承法に端的に見られるように、嫡長子によって相續された一線的な王統による支配體制を理念とするものであった。王朝の體制の浸透を阻もうとする力が作用するのであるが、しかもなお、王と諸侯を結びつける理念としての宗法觀念が、周代における國家支配體制の基本的秩序として成立し、周室側の要請として、その秩序の邑制國家への浸透と存續が企てられたというべきであろう。その意味では、近年の研究によって否定されることの多い、王國惟氏の殷周兩王朝の國家制度の差違を強調するあの古典的な見解もまた、改めて再考されるべき內容をもつものといえよう。またこの問題は、西周期に入って王を天子とみなす觀念が急速に成立してくることとも、無關係ではありえないであろう」。

王國惟について、引用されるのは、「殷周制度論」[26]、西周期に入って王を天子とみなす觀念について引用されているのは、山田統「天下と天子」[27]である。

松丸が慎重に述べているところを勘案して述べれば、殷も周も同じく邑制國家であり、その王朝構造は「邑制國家の連合」の形をとる。殷・周は大國、從う國は小國として議論できる。「邑制國家群のなかから成長してついに殷に替った西周王朝」とあるように、殷に對抗した勢力も、周に對抗した勢力も、大勢力である場合は同じく邑制國家の連合の形をとっていた。ただ、松丸がここに言及する西周の獨自性は、「王を天子とみなす觀念」であり、この觀念は、西周金文に記されている。

その觀念について具體的に論じたのが高山節也[28]「西周國家における"天命"の機能」である。「西周金文における天命は、周室が殷室にかわって天下[29]を支配する實際的政策面において、輔翼、加護といった恩寵として認識された。そしてその恩寵は天命と同一のパターンで、王室から諸侯に德[30]として下賜されることになった。しかも同時に極めて西周的概念としての休[賜り物]の思考が現れ、それが概ね西周秩序の維持と承認への期待と表裏して下賜された恩寵、あるいは恩賞の概念であったことは、西周全體の秩序の基底に恩寵の發想が存在したことを推測せしめるのであり、その淵源は、やはり天命であったと思われる」と述べる。天命の具體事例は、例えば、大盂鼎に「丕顯なる文王、天の有する大命を授けられ……」とある。

池田[31]は「文王の賛美は、"天""鬼神"の進行だけによるのではない人間の知からの普遍的な意義を顯彰することであり、"天""鬼神"の信仰を次第に背後におしやることになった」と述べているが、『左傳』に述べる「鬼神」・「神」の記事からすると、それぞれの國が「鬼神」・「神」に事える場であって、邑制國家の大國小國連合の頂點にあった周王朝も、小國の下の「鬼神」・「神」の祭祀に介入はしていない(國を滅ぼすなどを除いて。邑制國家維持の上では)。くりかえすようだが、『論語』の記述は、こうした事實を否定しない(「知者」の立場として、敬して遠ざけているだけである)。『論語』先進に「季路問事鬼神、子曰、未能事人、焉能事鬼、曰敢問死、曰未知生、焉知死」とあるのも、後半は、まさに「知」をもちだして、死の問題は「知」の立場からはわからない、と述べたものであり、前半は、「人につかえないように、鬼につかえない」と言ったのである。そ

終章　先行研究とどう關わるか

の意味は、つかえるのは「君」だということと、その君がつかえるのが「鬼神」だということである。分不相應だと述べただけで、鬼神と關わらないと述べたのではない。

　池田が述べる「孔子に始まる"天"の理法化」は、上記の「知者」の立場を、孔子の立場とし、その判斷の下で提示されている。そして、「天命」について、『論語』先進の「顏淵死、子曰、噫、天喪予、天喪予」をその「天命」を口にしたものと解釋する。そして、同じく先進に「德行顏淵・閔子騫・冉伯牛・仲弓」とある「德行」と關連づけ、子罕篇の「天」は「文」に關するもの、憲問篇の「命」は「道」に關するものとして、孔子の「天命」は「德行」・「文」・「道」などが展開する背後にある原理を指すと考えた。

　ところが、子罕篇は「子畏於匡、曰、文王既沒、文不在茲乎、天之將喪斯文也、後死者不得與於斯文也、天之未喪斯文也、匡人其如予何」とある。ここに言うのは、文王が天命を受けた後、それは文王の死とともになくなったのか、という問いかけ（『論語』に書かれているのではないが）に對する答えである。文王の死後も周に繼承されているのであり、だから、「後に死んだ者も、それにあずかってきた。予もその一人なのだから、匡の人もどうしようもあるまい」と述べたのである。この一節は、上記の高山に沿って解釋することができる。天命の繼承が、おそらく「君が鬼神につかえる」ことによってなされることを述べるものである。豊田久[32]「周王朝の君主權の構造について」に「文王ないし文・武という特定の"人間"が受けた天命は、又同時に"有周"即ち周邦（國）が受命したと考えられていたと思える。そうすると、この周邦の君が、現實に氏族的紐帶をもって世襲されていた以上、周邦が天命を受けたという考え方は、この血統による世襲制と結びつけられ、こうして"天命の膺受"者即ち"上下"祭祀の主體者と"萬邦"の膺受者としての地位は、周邦の君の世襲する道が開かれていたのではないかと思われるのである」と述べているのが參照できる。

　また、『論語』憲問に「憲問恥、子曰、邦有道穀、邦無道穀、恥也」・「子曰、邦有道危言危行、邦無道危行言孫」・「子曰、有德者必有言、有言者不必有德、仁者必有勇、勇者不必有仁」とある。ここに話題になっている「道」と「德」は、『論語』の個々の部分の成立年代に合わせて議論することができる。十二方位・三正論・後天八卦方位の重なりができあがった後は、「道」は天道の地上における反映として議論することができるし、「德」は賢人主義をもって理解することができる。しかし、さらに遡った時期については、君が鬼神につかえ、國として交流の場をつくることをもって、理解すべきだと思う。だから、池田のように「天命」を人間・社會の根底に作用している「理法」とするのには、躊躇を覺える。「道」も「德」も、遡り得るのであれば、常識的に議論されている內容ではなく、躊躇を覺えさせないものに説明しなおす必要がある。

　ここで考慮する必要があるのは、曾侯乙墓出土二十八宿圖である。同墓からは楚惠王56年（前434）の紀年を記した青銅鎛鐘が出土している。この二十八宿は、確認された最古のものだが、二十八宿は、月の公轉周期が二十八日であることから選ばれている。天に對する認識が確實に詳細になっている。しかし、新石器時代以來、農業をしてきた以上、季節を知る手懸かりを得ていたのであって、それは一年を通して太陽がどこから昇るかによって判斷していたことは間違いない。その太陽や月について、分析が詳細になった。

　その太陽や月の公轉軌道を「道」と呼んだかどうか。

　そこで參照し得るのが、面積單位に關わる記述の有り樣である[33]。面積は縱×橫で算定される。

ところが、『孟子』では、距離の長短で面積を表す。それが是正されるのは、漢代の『禮記』になってからである。天下を「方萬里」という場合、十分の一の面積は明代まで「方（一）千里」であって、『孟子』のやり方が踏襲されている。『禮記』で變化したのは、「方千里」の中をどう算定するかであった。この距離の長短で面積を表す方法は、國と國とをつないでいるのが「道」であり、その「道」に沿って平坦地に農地が作られていた現實を反映したのだろう。これが、『孟子』でさえ變更しなかった「道」認識である。その地上の「道」から發想して太陽の道、月の道として「天道」という言葉ができあがるには、公轉がより可視的に理解される必要がある。筆者の脳裏にあっては、十二方位・三正説・後天八卦方位が重なることが必要である。天を立體的に、しかも外から眺める視點がほしい[34]。したがって、『論語』の「道」が時代を遡って議論できるとする場合、「天道」とは結び着かない説明を考える必要がある。

　例えば、國と國を結びつけるのが「道」であるから、複數の國が關わる場において、互いに結びついていることを認識するための基礎について、「道」を使って表現する、などは考えてよい。

　ということなので、池田が道家思想を念頭に遡上して述べた「孔子に始まる"天"の理法化」は、戰國中期の前４世紀半ば以後、十二方位・三正論・後天八卦方位の重なりができあがった後に議論された内容とする必要があろう。實在した孔子は、そのような意味での「理法」とは無縁だったと考える。

6. 三分損益法の「理法」化

　では、「理法」と呼べるものはないのだろうか。筆者はあったと考える。それは三分損益法であり、それが編鐘の構成と結びついて精緻化されたことが檢證できることに求められる[35]。

　殷代の編鐃と春秋中期にいたるまでの編鐘は、大きな鐘がさほど差を考慮することなく複數ならべられ、がくんと小さな鐘が附加されたりするなどのことがあり、一個一個の鐃や鐘の文様も獨立的に作られる傾向がある（①とする）。ところが、春秋中期以後は、大小の鐘の變化に氣を遣うようになる。言わば、寸きざみで大きさを縮小するようになる（②とする）。戰國前期後半ごろから[36]、大小の鐘を横に並べた時に變化の樣は曲線を描くようになる。最大鐘を基準として、その幅の2/3の幅をもつ鐘と最大鐘との間に、一オクターブの内の音が表現されるよう調整するようになる（③とする）。戰國中期になると、③を繼承しつつ一部に胴太で小型の編鐘が作られるようになり（④とする）、漢代中期まで繼承される。

　①②③④は、まず①と②③④に分けられる。この②が始まるころ、メロディが複雜化したことが想定される。その複雜化は、樂にあわせて詩を賦すことが始まったことを想定させる。孔子の時代は、この②の時代である。②③の時期は、大型編鐘が作られている。祭祀がもっとも莊嚴さをもった時期と見なすことができる。つまり、邑制國家の中の國と國との間の往來の中で、それら複數の國が關わる場が形成され、その場で樂が演奏され、詩が賦されたと考えられる。その莊嚴さを演出した編鐘の大小配列について、②の時期から大小變化に氣を遣うようになった。②と③では、③の方がより三分損益法への思い入れが強いと判斷できるが、いずれにしても、メロディの複雜化は、三分損益法を驅使して多くの音を作り出すことと一體の變化であるから、それに寸きざみの變化を想定したということがわかるだけで、當時の人々の三分損益法の「形式化」の努力をくみ取ることができる。この「形式化」の努力は、「理法」と稱することが可能である。筆

461

者が「理法」と呼べるものがある、と考えているのは、このことを述べている。

④の時代に編鐘が小型化するのは、言わば象徴的變化であって、この④の時代の開始は、十二方位・三正論・後天八卦方位の重なりができあがった時期に當たる。新たな、というより、本格的な「理法」の時代が到來し、それまでの原始的「理法」は、首座を明け渡したと言うことができる。

第一章において、二十四史に通底する議論とは別に、『史記』にあってはなお樂を重んじる姿勢が強く示され、その姿勢が『漢書』ではなくなることを述べておいた。上記④の時代が終焉を迎えるのが、『史記』編纂のころである。だから、『史記』には上記の姿勢が見えていて、はるかに下った『漢書』ではそれが見えていないのである[37]。

7. 世襲と「孝」

本書第二章第一節で『孟子』を扱い、離婁上に「仁之實事親是也」とあるのは、二十四史において皇帝の「仁」評價と「孝」が密接に結びついている議論の先驅と見なせることを述べた。『孟子』の「仁之實事親是也」は、嚴密に言えば王に限った言い方ではないが、續く「義」について、「義之實從兄是也」とある「義」は、二十四史では臣下のこととして論じられていた。『孟子』の「義」も同様に考えてよかろう。

上記において、池田の議論に導かれつつ、天命に言及し、豊田久「周王朝の君主權の構造について」に「文王ないし文・武という特定の"人間"が受けた天命は、又同時に"有周"即ち周邦（國）が受命したと考えられていたと思える。そうすると、この周邦の君が、現實に氏族的紐帯をもって世襲されていた以上、周邦が天命を受けたという考え方は、この血統による世襲制と結びつけられ、こうして"天命の膺受"者即ち"上下"祭祀の主體者と"萬邦"の膺受者としての地位は、周邦の君の世襲する道が開かれていたのではないかと思われるのである」と述べているのを參照した。ここに議論されていたのは、「天命」が文王に降された後、それが世襲されることをいかに説明するかであった。

同じ要請は、「仁」についても言える。二十四史において、「寬仁」の用語をしばしば用いて、皇帝の資質として「仁」をひろめることが議論された。「仁」の原義は、複數の國が介在する場において「思いやる」力であり、その場は、國の君として世襲されることが、いわば前提的議論となっていた。しかし、「仁」に賢人主義が加わると、その前提が崩れてくる。賢人主義は革命を引き起こすだけでなく、多くの小國の滅亡を是認したからである。賢人主義の擡頭は、「仁」を語る場が中央に集中する動きと連動している。

では、いかにして「仁」は世襲されるのか。明言はされていないのだが、原義が威力を發揮する場は、唯一殘された。皇帝の祖先祭祀の場である。その祭祀の場が「仁」の力が發する場に違いない。だから、「ひろめる」ことが皇帝の資質として議論されたのである。『孟子』の上記の離婁上「仁之實事親是也」は、祭祀の場が「仁」の力が發する場であることを「事親」の語をもって説明したものである。第二章に述べたように、『孟子』の段階では、「天理」はまだ議論されていない。十二方位・三正説・後天八卦方位が重ねられて議論された。その三正説は、中原にあっては夏正・踰年稱元法を述べるもので、革命を論じていた。

だから、孔子の段階で、邑制國家の大國小國連合をまとめるための「仁」が詩・樂をもって議

論されたのを受け、賢人主義を一方で進めつつ皇帝が「仁」を世襲する場を特別に定め、それを論じる基礎として「孝」を議論したのだと考えられる。賢人主義がもたらす世襲否定の論理を「仁」の世襲の論理によって緩和しようとする。道家はその賢人主義を否定して世襲を否定させないようにしたのだと考えられる。一見相反することを述べているようでいて、現實に存在する王朝の世襲を否定させないようにしくんでいる。

　かくして確立されてくるのが、いわゆる、つまり經典にまとめられるところの「禮制」である。その議論的先驅は、戰國中期の諸國稱王の時期に遡り、それが統合されて統一帝國の皇帝の制度として繼承された。經典に組み込まれた詩の解説（序等）や『左傳』の解説にあるように、詩は本來樂と深く結びつく。經典として繼承された詩そのものが樂と詩の統合體である。その樂と詩の統合が「鐵器時代に入った邑制國家の大國小國連合」の時代に議論できる（後に詩が經典となった後、樂書が缺けているのは、そもそも樂書なるものがなかったためである）。その時の儀禮は、まだ禮制として後に繼承される內容になっていないというのが本書の檢討內容になる。西周からさらに遡る邑制國家の大國小國連合の時代の儀禮は、なおのこと「禮制」と稱して議論してはならない。

　すでに述べたように、三正説には楚正・立年稱元法を述べるものもあった。こちらは、賢人主義を否定する。革命はもってのほかである。こちらの立場をとる場合でも、現實には、國はつぎつぎに滅ぼされ、舊來の「仁」を語る場は消滅していった。この立場にあって、國家を支える理念として擡頭してきたのが、「道」であろうと考える。中原で「仁」が賢人主義と結びついたため、「仁」を否定して「道」ですべてを語っていこうとする。『論語』のところでも述べた原義としての「道」から始まり、十二方位・三正説・後天八卦方位が重ねられた中での議論として、「天道」も出現する。中原の「仁者」に對し、「道者」が議論される。實質原義としての「仁」は、この「道者」が「道」の名の下に擔うことになったのだと考える。「仁」にまとわりついてしまった賢人主義を論じないから、中原と違って、「仁」の世襲を論じる必要性も生じなかった。

　ということだとすると、『老子』に「大道廢、有仁義、智慧出、有大僞、六親不和、有孝慈、國家昏亂、有忠臣」（第十八章）とあるのは、確かに「孝」に言及して否定的に扱ってはいるが、「孝」の否定に主眼があるのではない。"道"をないがしろにするから"仁義"などを論じることになる。智慧をふりかざすから"大僞"が生じてきた。六親が不和だから"孝慈"などを論じることになった。……」と譯してみると、確かに「孝」そのものを否定していない。「孝慈」は、二十四史では皇帝の資質として議論される「寬仁」に通じるものをもっている。一般の「孝」を議論したものではない。

　池田知久が、『老子』・『莊子』に現れる二種類の「孝」を論じている[38]。否定的評價と肯定的評價である。『老子』における前者は、上記の第十八章であり、後者は、第十九章である。第十九章には「絶聖棄智、民利百倍、絶仁棄義、民復孝慈、絶功棄利、盜賊無有此三者以爲文不足、故令有所屬、見素抱樸、少私寡欲」とある。後者は確かに肯定的評價の「孝」が書いてある。しかし、上記の筆者の文脈そのものにもなっている。この一節の文脈は、「此三者」とあるのが「絶聖棄智、民利百倍」・「絶仁棄義、民復孝慈」・「絶功棄利、盜賊無有」である。批判の對象は、「絶聖棄智」・「絶仁棄義」・「絶功棄利」の三者で語られる。それらを實踐すれば、「民利百倍」・「民復孝慈」・「盜賊無有」という結果が得られるということである。「孝」は批判の主眼ではなく、「仁」に關わらない場合は、批判されない。「仁」や「義」を捨て去れば、民に「孝慈」が復する、と

終章　先行研究とどう關わるか

述べているのは、「孝慈」が民から奪われているという意味である。本來人倫の問題であるはずなのに、それが「君」の「仁」の繼承の論理に組み込まれている。それをやめなければならない、というのが主張内容である。

　池田が『莊子』の「孝」を二種に分け、否定的評價について「世界の窮極的根源者であり、人類にとっての理想狀態である"道"や"德"が、何らかの原因によって損なわれ始め、また歷史の退步が積み重なったその後に、ここにその空欠を彌縫するための代替物、その疎外された形態として"孝"を始めとする種々の儒敎倫理が作り出されたのであるが、それだけでなく"孝"などの儒敎倫理は上述の"道"や"德を"、現在もさらに疎外し續け、現在もさらに歷史的に退步させつつある惡德に他ならない、という主張である。したがって、『莊子』における"孝"に對する價値評價は、こうした反疎外論或いは退步史觀による否定が、その主流であり中心であると言っても、決して誤りではない」と述べ、肯定的評價については「全く疑問の餘地のないものはただ漁父篇の一例だけであって……漁父篇以外のいくつかの例は、肯定されているけれども消極的肯定、低い肯定であるか、それとも"否定的評價"の中に入れるべきものであるか、のどちらかである」と述べる。池田が「漁父篇の例は、"眞者、精誠之至也"という倫理が、"事親"という"人倫"において作用する場合に"孝"となって現れる、というものである」と述べているように、『莊子』にあっても、批判の矛先が「孝」に向かっているのではなく、むしろ、「仁」の介在のない場合に「眞者、精誠之至也」という倫理が意味をもつことを述べている。「仁」などを述べるから君主だけに「孝」を語りたくなる。人倫の問題として「孝」を語ればよい。「眞者、精誠之至也」という倫理により、君主の世襲は意味を附與される。

　池田の「二種の評價がある」ということは、論理の立て方による。何ゆえに二種あるのかは、池田のように反疎外論或いは退步史觀という言葉で說明するのではなく、十二方位・三正說・後天八卦方位の重なりを基礎にし、三正說に夏正・踰年稱元法と楚正・立年稱元法の對立があって、前者が「仁」の語を象徵的に用いる賢人主義を述べ、後者が「道」の語を象徵的に用いて賢人主義を否定する立場にあったことを述べた方がよいというのが、本書の立場である。道家の立場として、「仁」に關わる「孝」を否定して述べた、ということだと思う。

　池田は、新出土の竹簡を檢討しつつ、「『老子』・『莊子』を始めとする道家の思想は、"孝"に對する價値評價に關して、反疎外論・退步史觀による古い否定から、自然の本來性に基づいた新しい肯定へと、大きな轉換を經驗した」と述べた。池田が扱った出土竹簡は、馬王堆漢墓帛書『五行篇』[39]、郭店楚簡『語叢一』・『語叢三』[40]である。池田は「儒家文獻である『語叢一』と『語叢三』の"孝"は、『莊子』漁父編が道家にあってその肯定を開花させたのと、ほぼ同じ段階にあるものと認めて差し支えない」とも述べる。筆者には、本書に述べた『韓非子』における儒家・道家の思想的統合の模索[41]、それを引き繼いだ『禮記』の思想的統合の模索[42]が念頭に浮かぶ。言うまでもなく、いわゆる儒家・道家は、對立無緣であったのではなく、相互に影響しあっていた。道家の立場として、「仁」に關連するものとして「孝」を否定して述べた（否定はしないが、論じる必要などない。さかしらを働かすからろくなことにならない）。彼らには人倫としての「孝」を否定するものではないという觀點があったわけだが、池田の論據とされる竹簡を讀むと、この觀點が、あらためて儒家文獻なりに確認できるようだ。

　上記の出土竹簡の思想史的位置づけについては、本書で話題にした問題をさらに細部にわたっ

て分析檢討する必要があると考えるので、現狀は、なお禁欲的なままでいたいと思う。無論、侯馬盟書の「嘉の身」(盟誓主宰)と「丕顯なる岳公大冢、盟烝もて之に視し、麻夷して氏を非とせよ」(罰を降す)、孔子のころの複數の國が介在する宗廟や盟誓祭祀の場と「仁」の議論、そして青銅編鐘による演奏と三分損益法の理念と詩の結合、前4世紀半ば以後の十二方位・三正説・後天八卦方位の重なり、三正説の夏正・踰年稱元法と賢人主義の重なりと「仁」、三正説の楚正・立年稱元法と賢人主義否定の重なりと「天道」、等を念頭においてのことである[43]。

8. 萬物と自然

　この「萬物」と「自然」が注目を集めるのは、一つに朱子學において「萬物一體の仁」が議論されることによる。第一章において、この「萬物一體の仁」に大いに關わる用語として「八紘」があること、「八紘」すなわちいわゆる天下が世の論者の共通認識であった時代は「天理」を緯書が支えたこと(『史記』～『舊唐書』)、いわゆる征服王朝が「八紘」の外から「八紘」を支配する時代になると、「天理」も「八紘」のくびきをときはなたれて朱子學の論じる意味に變貌することを述べた。こうした論點は、二十四史に書かれている「仁」と「天理」をめぐる議論から明らかになったことである。

　いわゆる「訓詁」という物言いは、本質を論じていないという含意がある。その含意が後代の議論として成り立つかに見えるのは、一に緯書の上記の位置づけに氣づいていないことから起こる[44]。

　朱子學は「天理」を述べたが、戰國時代の儒家經典や『韓非子』、道家典籍いずれにおいても「天理」の語はない。だから、本來ないものを附加して述べたのである。そこに意義を見いだそうとする。その「天理」が緯書にある、ということを述べたのでは、その舌鋒も著しくにぶることになる。だから述べないことにする。そして意味のなくなった緯書は、この世から姿を消していく、ということだと考える。

　ただ、緯書が日本において流行したこと[45]には、注意しておいた方がよかろう。中國と同じ狀況を設定するわけにはいかない。律令時代には、佛教が「鎭護國家」を教是としている。それを受けた時期に緯書が流行する。上記のような「天理」の意義が意義たりえるのは、唐王朝において、緯書が重視されている點に求めることができる。その影響が日本に及んだ。そして、宋代に相當する時期にも、日本では緯書がなお影響を殘している。これについては、「天理」ぬきの緯書に關する議論が、當てはまる。「天理」の議論はできるわけだが、現實の日本の政治狀況には合っていない。緯書逸文が日本において多く殘され、緯書研究が進んだ結果として、日本的な緯書觀が主流になってしまったということであれば、それは當然のことと言える。

　「仁」評價を語る場が、『舊唐書』まで「八紘」である。「仁友」という言葉を使い、「仁」を語る場が擴大されるのも『舊唐書』である。その「八紘」は天下であり、天時を知らせ季節を知らしめるのは北斗であり、北斗の一角に「天理」の星が存在する。その「北斗」の「天理」が緯書に書かれている。「萬物一體の仁」[46]が宋學で強調されるにいたる。その先驅として莊子や六朝時代の僧肇が議論される。しかし、それよりも、強調指摘しなければならなかったのは、緯書の「天理」である。

　こうした解釋史ができあがった背景としても、戰國時代について、上記のような儒家・道家が

終章　先行研究とどう關わるか

相互に影響しあっていたことの檢討がなかったことが影響しているように見える。

　緯書の「天理」を遡ると『禮記』の「天理」がある。この『禮記』の「天理」は、『韓非子』の「道者」論を（用語を換えて）實質的に展開し、「天道」と「人道」を分析的に論じ（用語を換えて）事實上反映させるためにもちだされた。本書第二章でこう述べた。「『禮記』が"至道"を"仁人"に結びつけた結果、天道をもって"仁"・"義"の政治に關連づける道筋は得られたのだが、君を至上に位置づける上で"天道"を語るには、『韓非子』流の"道者"論を展開する必要が生じた。"天道"と"人道"を分析的に論じる必要がある。『老子』・『韓非子』が"仁"を排除している以上、それはできない中で、一つの解決策として、"天理"の議論が活用されるにいたったのであろう。"天理"を君の政に結びつける。『禮記』の"禮節民心、樂和民聲は、政をもって行い、刑をもって防ぐ。禮樂刑政が四方に達して悖るところがなければ、王道が備わる"という内容は、二十四史に基本的に繼承された」。

　これも、第二章に述べたことを再說すれば、『韓非子』の「天道」と「人道」は、道家の「道」の議論を受け、『荀子』の「君子」・「人」・「小人」の分析的議論を折衷させている。「人」の性は惡であり、その善なるものは僞である。聖人・君子・小人の差違は結果が物語る。先王の道は「仁」を尊び「中」に比して行う。「中」とは禮義をいう。「仁」・「義」・「威」いずれも遠く天下に及ぶ（「眇天下」）。「仁」に親しまない者、「義」を尊ばない者、「威」に敵する者はいない。「八紘」という言葉がまだないので、「仁」との結びつもない。結果萬物個々の違いが議論され、「宇」すなわち後の「八紘」は萬物共存の場である。『荀子』には「天理」の語はないが、義は「理」にしたがい、惡人がその「理」を亂すのを恐れると述べる。

　つまり、儒者の側でも、萬物個々の違いが議論されている。

　上記において、すでに「天人相關」について、述べたところがあった。十二方位・三正說・後天八卦方位の重なりによって、再檢討すべきことを述べた。池田知久は『老子』の成立を比較的遅く考え、戰國末ということを述べた[47]。これは現行本という觀點と、思想内容と言う觀點が混在する。少なくとも、思想内容上は、十二方位・三正說・後天八卦方位の重なりが議論できる前4世紀以後をより分析的に論じることになろう。

　その『老子』に始まり、『莊子』・『韓非子』・『淮南子』の事例を引きつつ、池田知久[48]は、「以上に舉げた"自然"は、みな"萬物之自然"・"物自然"・"才自然"・"天下之自然"・"天地之自然"の例であって、ここから一般的な結論を導き出すならば、"自然"とは、"聖人"という主體、"汝"という主體、"水"という主體、"天地四時"という主體などにとって、客體である"萬物"・"百姓"のあり方（存在樣式や運動形態）に關して言う言葉である」ことを述べた。

　先に「道」の原義を遡り、邑制國家の大國小國連合において複數の國をつなぐ「道」のはたした役割等を參照すべきことを述べた。この種の原義が、十二方位・三正說（夏正・踰年稱元法と楚正・立年稱元法）・後天八卦方位の重なりの結果、立體的天を語る狀況の下で、變貌をとげた。この立體的天は、後の「八紘」の先驅として位置づけられる。その時期、樣々に萬物や自然が議論された。池田の議論内容は、十二方位・三正說（夏正・踰年稱元法と楚正・立年稱元法）・後天八卦方位の重なりの議論を加えて、再解釋することができる（ただし、主宰神の議論をどう絡めるかではなく、上記の重なりをどう關連づけるかを念頭において。鬼神は、複數の國が關係する場を論じ、丕顯岳公大冢などの極を語る。天命も國を基礎にして論じる）。

9. 詩の繼承と説明變化

　複數の國が關わる場において、樂が奏でられ、詩が賦された。三分損益法と編鐘がセットになった場である。そこで禮制が整備された。その禮制は繼承されるが、一方において、春秋時代まで普遍的に存在した國は、滅ぼされて消滅していく。つまり、數多の樂を奏でる場、詩を賦す場が消滅する。國は縣になる。ただし、一部の縣には、封君が置かれた。漢代には列侯となる。戰國時代の六國に相當するものとしては、その六國を分割した領域の諸侯王がつくられた。ということなので、樂が奏でられ、詩が賦される場そのものは、數を減少させながら、一定數は存續することになる。

　これを研究史の上では「封建」の語で論じている(49)。自覺されることは、むしろ希かもしれないが、この「封建」の世は、二つの時代に分けられる。第一は邑制國家の大國小國連合の時代、第二は領域國家の時代である。上記においては、第二の時代を象徴する戰國王朝の出現のときを境に、十二方位・三正説・後天八卦方位の重なりが議論できることを述べてきた。從って、樂が奏でられ詩が賦される場も、第一の時期と第二の時期に分けて議論できる。

　ただし、第一の時期も、春秋中期以後は、縣の設置が進行する。この縣の設置と、國の存續（國替えを行う）が同時並行で進むのもこの時期である(50)。邑制國家が複數並存するわけだが、それぞれを構成する國は、頻繁に國替えを經驗することになる。その春秋中期以後の邑制國家の大國小國連合の一部に縣設置が進む時期、三分損益法と編鐘のセットが複數の國が關わる場を席卷していた。それが第二の時期に繼承され、一方で十二方位・三正説・後天八卦方位の重なりが議論された。

　第一の時期と第二の時期が大きく異なるのは、前者においては盟誓の場があり、後者においては律文が整備されていくということである。第一の時期は「仁」の場も意味も古いものがあり、第二の時期は「仁」の場も意味も新しくなる。第一の時期は宗廟が情報交換の場として機能したはずだが、第二の時期は、その場が政廳になる。

　第一の時期は、複數の國が關わる場に人が集まった。そこが情報交換の場となった。孔子と弟子たちの會話もその場でなされた。だから、『論語』に記される弟子たちの國も比較的廣がりをもっている。その廣がりがあったから、孔子もあちこち亡命生活をおくることができたのだろう。いわゆる私塾のはしりには違いない(51)。しかし、この頃はまだ小型貨幣は流通していない。小型貨幣は九・六・八の倍數で重量のくりあがりが規制されている。こうした貨幣は十二方位・三正説・後天八卦方位の重なりが議論される時期になってはじめて出現する。現狀確認される戰國小型貨幣のほとんどは、この時期のものである(52)。

　孔子のころの情報交換の場は、複數の國が介在する場であり、樂の知識と詩の知識が必要であった。そして、禮とは何かが熱心に議論された。こうした情報交換は、複數の國それぞれがそれぞれの必要から作り出していたものである。樂・詩の知識も、それら國の必要によって教育された。おそらくこのような場において、亡國の情報もやりとりされたのだと思う。そして、そうした情報交換の中から、説話が作られ、滅亡の次第が議論される。『左傳』に多く引用される説話は、こうして複數の國が介在する場において作り出されたのだろう。『左傳』に見える「仁」を語る場が、比較的古いものをもっているのも、このような経緯があるためと考えられる。

詩もかくして、複數の國が介在する場で作られていったと考えられる。ところが、それらの詩は、第二の時期に經典として整理される。その段階になると、新たな解說が附加されていく。だから、今の眼からして、首をかしげるような意味づけがなされているのだろう。ふるくから繼承された『詩』が、その後も繼承されていく。

なお、楚地にあっては、『楚辭』にまとめられる詩群が作られている。上記に述べてきた祭祀の場と詩の關係は、『楚辭』にもあてはまる。では『楚辭』はいつごろ作られたのか。筆者が注目しているのは、曾侯乙墓出土の編鐘に示された律名・階名である。第三章に述べたように、西周には、簡單な階名があった。それが、春秋時代に各國に傳播し、階名の並び方や階名の順序に差違が生じた。その後、複數の中央において、滅國の樂が集められ、整理される過程で絕對音高たる律名が整備される。その整理が複數あった中央それぞれにおいて、ばらばらになされたので、それぞれの律名にもかなりの差違が生じている。特に全く異なっているのが楚の律名である。これは偶然そうなったというより、意圖的にそうしたと考えた方がよい。そうした獨自の律名が作られるということは、それに合わせて賦される詩にも、同樣の獨自性が要求されることを意味する。こうした經緯で、獨自色の濃い『楚辭』の一部等が作られたのではあるまいか。楚侯乙墓出土編鐘が作られた段階で、獨自色の濃い『楚辭』の一部等の詩の作成が始まっていたであろう。

10. いわゆる史官の役割

以上詩と樂に關して確認した內容を基礎に述べたいのが、高木智見の研究である。高木の研究は、本書に述べるいくつかの議論と接點をもっている。それは、多くの場合、高木が『左傳』を用いて論を展開するために引き起こされる。本書と高木の見解の差違がどこに出てくるかは、その『左傳』觀に集約される。

高木の『左傳』觀は、「春秋左氏傳—歷史と法の源流—」(53) にこう示される。「私はこれまでに、主に『左傳』に依據して、當時の人的結合を支えた結盟習俗、戰闘の場面にみられる軍禮、諸侯間の外交活動としての聘禮などを可能な限り復元し、それらに結晶化している觀念を共感的に理解すべく研究を進めてきた。その結果、そうした儀禮や習俗の背後に、強固な祖先觀念の存在を見出し、いかも祖先神と人々の關係は、神・人共同體なる語をもって形容するに足るほど現實的な意味を持っていたことを明らかにした。注目すべきは、そうした儀禮や習俗は、戰國時代に至ると軌を一にして衰退、形骸化、消滅し、それらを支える祖先觀念も同樣の過程をたどったことである。要するに、『左傳』からは戰國以降とは全く異なった狀況を讀みとることができ、そのことは、逆に『左傳』が全體として春秋時代を反映した書物であることを物語っているのである」。

この「そうした儀禮や習俗は、戰國時代に至ると軌を一にして衰退、形骸化、消滅し、それらを支える祖先觀念も同樣の過程をたどった」ということについて、上記に「詩の繼承と說明變化」として述べてみた。そして、「軌を一にして衰退、形骸化、消滅」したのではなく、國が滅亡し數多の樂を奏でる場、詩を賦す場が消滅するのと併行して、領域國家の中央に祭祀の場が殘され、また一部の縣には、封君が置かれ、漢代には列侯となる。戰國時代の六國に相當するものとしては、その六國を分割した領域の諸侯王がつくられた。ということなので、樂が奏でられ、詩が賦される場そのものは、數を減少させながら、一定數は存續することになることを述べた。しいて言えば、高木の「形骸化」がそれに當たるかもしれない。しかし、その「形骸化」がすなわち儒

家が熱心に議論した禮の中身である。「それらを支える祖先觀念も同樣の過程をたどった」のではなく、祖先觀念はそれを語る場が變化したことを述べた。それがいわゆる中央集權化の意味するところである。そして、十二方位・三正説・後天八卦方位の重なりの議論をもって、天人相關に關する議論が始まる。『左傳』に易が少なからず引用されることはよく知られていて、これに絡んだ議論は、『左傳』の全體を規制する勢いがある。

高木の述べる「神・人共同體」については、複數の國が介在する場において、意見の交換がなされ、國の祭祀は「君が神に事える」ことであったことを述べた。

一般に『左傳』の成立時期は、明確に語られることがないが、筆者[54]は、韓の宣惠王が前326年に稱王改元したことに象徴的に示される時期を考えている。同樣に『公羊傳』については、齊の威宣王が前338年に稱王改元したことに象徴的に示される時期、『穀梁傳』については、前323年ごろに中山王が稱王改元したことに象徴的に示される時期を、それぞれ考えている。これらに加え、魏の惠成王は、前324年に稱王改元しているが、實はそもそものこととしては、前343年に一度稱王改元（翌年）しようとし、齊に敗戰し（孫賓に馬陵で敗れた）斷念していたものである。魏の惠成王は、前350年に夏王を稱したこともある。こうした事例を參照し曾侯乙墓出土編鐘銘文の律名・階名の檢討しつつ、十二方位・三正説・後天八卦方位の重なりの議論が開始された時期を前4世紀半ばと述べている。

『左傳』には、説話がある。この説話は、上記に言及したように、複數の國が介在する場において、滅國、滅氏族（實質は國として議論できた）の事情が議論され殘されたものであろう。そこに賢人たちの發言も示されている。『左傳』には、これ以外に「君子曰」や「凡例」がある。これらは、十二方位・三正説・後天八卦方位の重なりの議論が開始された時期のものである。

つまり、總じて言えば、『左傳』に示された内容は、當然ということでもあるが、古い時期の内容（複數の國が介在する場で作られた説話）と、新しい時期の内容（十二方位・三正説・後天八卦方位の重なりの議論が開始された時期のもの）が明らかに混在する。

一般に（高木がということではなく）「史官」が語られる場合は、『史記』の太史公が念頭におかれることが多い。彼は「史官」をたばねる立場にある。その立場をもって、『史記』を編纂した。これに對し、複數の國が介在する場が問題になる時期は、「巫覡祝史」という熟語が、「史」の役割を端的に物語る。この語は、侯馬盟書に見られる。第三類に「巫覡祝史を集める」内容が記されている[55]。

侯馬盟書第三類の内容からすると、「巫覡祝史」は盟誓の祭祀に關わる。降靈を行い、それを發言し、文字に書き取る。巫覡が舞い、祝がノリトをあげ、降靈後に祝が言葉にする。史はそれを文字化する。祝と史が靈と人を結ぶ。この盟誓を主宰するのが「嘉」であり、「嘉の身」が議論される。盟誓に違反した場合に罰を降すのが「丕顯なる皇君岳公」である。この文脈からすると、太史公は「嘉」の役割を繼承する。降される罰は、やがて律や令となる。そして、兩者の役割を統べる王が登場する。「嘉」の役割に「仁」による官僚制の體系化を進めたのが儒家であり、「仁」を批判して「道」による官僚制の體系化を進めたのが道家と法家である。だから、「史」は、盟書が作られる時期には、盟誓の主宰者に助言する立場であり、官僚制が整備されると、中央の禮制に助言する立場である。

だから、春秋以前を可能な限り扱った『史記』において、編纂者は「太史公」とされているが、

終章　先行研究とどう關わるか

『漢書』以後は、官僚の「氏名」が話題になる。

　高木は「史官」について、こう述べる⁽⁵⁶⁾。「周知のごとく史官に關する研究は、史は"事を記す者なり。又に從い、中を持つ（ママ）。中は正なり"とする『説文解字』の、とりわけ"中は正なり"という後漢特有の抽象性を克服して、如何なる解釋を提出するかということを中心として進められてきた。その結果、"中"について、筆、簿書、簡冊、盛算之器（射禮において的中を數える算を入れる容器）、占卜のために龜甲を穿鑿する弓鑽（弓型ドリル）、祭祀用の火をおこす鑽燧（火錐）、狩獵用の網から打擊具が出ている形、祝告の辭を簿冊にして収めた器など、樣々な説が續出し止まるところを知らない（以上①）。しかし、要するにそれらは原義の字形的究明に終始し、當時における史官の實態に即してその歴史的な意味を問おうとはしていない。たとえ實態に言及している場合でも、原義が示す職掌に加え、他の職務が派生したといった形式的な理解に止まっている。必要なことは、字形から原義を云々するのではなく、具體的な事實に基づいた考察である。つまり前述のように、當時の史官は、王公の身邊に影のごとく寄り添い、彼らのあらゆる行動や判斷を助け、同時に文字や口頭傳承でその言動を記録しようとしていたか、そうした史官の本質的な性格とは如何なるものであったのか。一切を記録する史官は、何故に、また何のために存在したのか。あれほど普遍的な存在を示した以上、當時の社會構造自體に踏み込んで考えなければならない（以上②）」。①は、盟書が作られる時期の「史」に言及したものである。それを承けて、②では「しかし、要するにそれらは原義の字形的究明に終始し、當時における史官の實態に即してその歴史的な意味を問おうとはしていない」と述べている。筆者は、上記において、「當時における史官の實態に即してその歴史的な意味を問おう」としたと自認するが、いかがだろうか。

　高木は續けてこう述べる。「まず、盟府、周府などに保管されて"覆視"でき（定4）、あるいは口頭で傳えられた史官の記録、すなわち歴史が、如何なる機能を果たしたのか知りたい。最初に想起されるのは、"諸侯の爲、日、君側に在り。其の善を以て行い、其の惡を以て誡む"（晉7）、"人、多く善敗を聞くを求むるは、以て監戒せんとすればなり"（楚下）とあるような、教訓としての歴史である」。「口頭で傳えられた史官の記録、すなわち歴史」とあるが、『左傳』の原文からするとここで問題になっているのは「載書」（盟書）である。だから、「盟府、周府」が話題になっている。また、「諸侯の爲、日、君側に在り」は、『春秋』を話題にする。しかし、これを述べたのは樂夫である。そして、『春秋』は、もともとの魯の記録、そしておそらくはもともとの齊の記録を合わせ、他の記録といっしょにまとめたもので、踰年稱元法で配列されているから、前4世紀半ばごろにできたはずである。春秋時代の話ならば、盟書の記録や、青銅器銘文の記録、そして、複數の國が介在する場におけるメモであろう。このメモでは、當然どこの國から誰がきた、とか、どこの國に誰を派遣した、とかの記事が記されたはずである。現行『春秋』に記された記事の多くもそうなっている。さらには、國が滅亡する次第を述べた説話や、その説話の意味づけを述べる「語」がまとめられたであろう。「語」をまとめたものは、『論語』のようなものになったはずである。高木の述べたことが、「違う」とまでは言えないのだが、多分に「十二方位・三正説・後天八卦方位の重なり」が議論された後の雰圍氣がただよっている。高木は他の事例を述べた後、さらにこう述べる。「……こうした意味に理解できる。いみじくも『漢書』藝文志・諸子略・道家に"古今の成敗存亡禍福の道を歷記し、然る後に要を秉り本を執ることを知る"とあるように、史官による記録は、過去を教訓として生かすために爲されたのである」。ここに

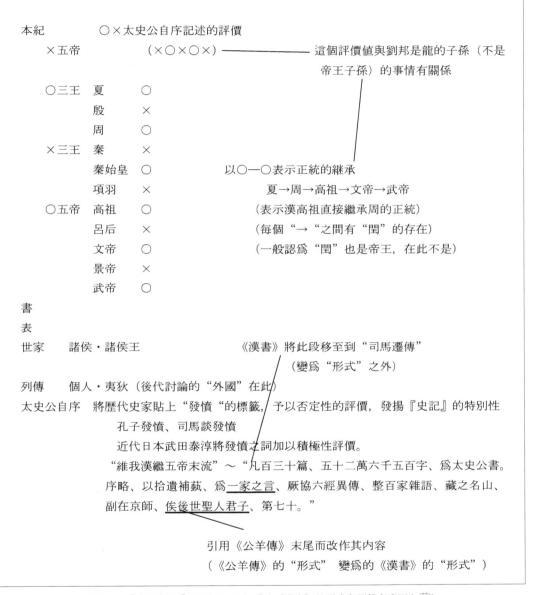

図 4-1 『史記』の「形」（平勢隆郎「論《漢書》的形式與編纂者班固」(57)）

は、「十二方位・三正説・後天八卦方位の重なり」が議論が引用されている。そして續けて「次に史官や賢人大夫が王侯に諫言する場合、史官の記録はしばしば説得力ある論據となった」とあって、「賢人大夫」が明言される（三正説の夏正・踰年稱元法と賢人主義）。「十二方位・三正説・後天八卦方位の重なり」が議論された時期であることを高木自ら述べるものとなっている。

ちなみに圖 4-1、圖 4-2 として擧げたのは、平勢隆郎「論《漢書》的形式與編纂者班固」(58) に使用したものである。『史記』太史公の立場は、太史公自序に示されている。その決めぜりふ

> 《漢書》沒有先秦時期的歷史編目。古今人表提示先秦的"形式"。律曆志表明《漢書》的眼目就在東漢光武帝。班固敍傳將歷代史家加以"發憤"的否定性評價，發揚《漢書》的特別性。
>
> 帝紀
> 表　　古今人表　將古今之人加以九等的評價
> 　　　　　　　　下面是"上上聖人"
> 　　　　　　　　　太昊宓羲氏
> 　　　　　　　　　炎帝神農氏
> 　　　　　　　　　黄帝軒轅氏
> 　　　　　　　　　少昊帝金天氏　　　　下面（　）内有古今人表的含意
> 　　　　　　　　　顓頊高陽氏　　　　　（漢高祖繼承上上聖人君主的正統）
> 　　　　　　　　　帝嚳高辛氏　　　　　（直接繼承周文王武王的正統）
> 　　　　　　　　　帝堯陶唐氏　　　　　（賢人中，周公、孔子有特別的地位）
> 　　　　　　　　　帝舜有虞氏
> 　　　　　　　　　帝禹夏后氏
> 　　　　　　　　　帝湯殷商氏
> 　　　　　　　　　文王周氏
> 　　　　　　　　　武王
> 　　　　　　　　　周公
> 　　　　　　　　　仲尼
> 志　　　　　　律曆志　　"自漢元年訖更始二年、凡二百三十歲。光武皇帝、著紀以景帝
> 　　　　　　　　　　　　後高祖九世孫受命中興復漢、改元曰建武、歲在鶉尾之張度、建武三十一
> 　　　　　　　　　　　　年、中元二年、即位三十三年"　　　（光武帝是有特別性的存在）
> 傳　　　　　　個人・夷狄（後代討論的"外國"在此）
> 敍傳（班固）　將歷代史家加以"發憤"的否定性評價，發揚《漢書》的特別性
> 　　　　　　　（司馬遷發憤――他在此不是肯定性史家）

図 4-2　『漢書』の「形」(平勢隆郎「論《漢書》的形式與編纂者班固」(57))

「俟後世聖人君子」は、『公羊傳』の末尾に示された決めぜりふ「制春秋之義以俟後聖、以君子之爲有樂乎此也」を改變したものである。『漢書』はその『史記』の決めぜりふ（太史公の立場）を、『漢書』の傳のひとつである「司馬遷傳」（個人の立場）におしこめてしまった。『公羊傳』には説話が少なく、『春秋』經の意義内容を説明した部分が大半を占めるが、『左傳』は、説話を多用し、おりに觸れて「君子曰く」を差し挾む。「君子」は『公羊傳』に言及が少なく『左傳』に多いが、いずれの「君子」も賢人の代表格である。特に、『公羊傳』の末尾では、「君子」は「聖人」についで言及される存在である。

『論語』「君子務本本立而道生、孝悌也者其爲仁之本與」の「君子」も、賢人の代表であって、これは「十二方位・三正説・後天八卦方位の重なり」が議論された時期の記事である。『論語』には、盟誓の時代（複數の國が介在する場の時代）のものと「十二方位・三正説・後天八卦方位の

重なり」が議論された時期のものが混在する。

　高木の述べる「史官」は、「賢人」(「十二方位・三正説・後天八卦方位の重なり」が議論された時期)と言い換えた方がよい場合が多い。

11. 天道論の爲された時期

　高木はまた、『先秦の社會と思想』[59]の中で、「このような理由で、天文觀測・時間の管理を職掌とする史官は、同時に人間の歴史に携わっていた。彼らは、天の觀察者、記録者として、次々と生起する一切の現象の觀察と記録をつかさどる特殊な存在であった」と述べる。ここには、上記の「史官」觀が、示されている。しかし、青銅器時代の陶寺遺跡[60]から天文觀測遺構が發見されていて、太陽の高低（どこから太陽が昇るか）を判斷し、季節を知るものである。戰國中期に官僚制が整備されてはじめて時間の管理が始まるのであり、春秋時代はまだ季節を知るのが天文觀測の目的である。高木の想定は春秋時代の史を述べるものではない。

　上記の「侯馬盟書以來の議論として何が言えるか」において、こう述べた。「後の議論で言うところの"仁"と刑罰の祖がたどれ、共通の場をもつ。そして、刑罰の祖として"丕顯なる岳公大冢の盟極"が議論でき、そこに天道の議論が重なってくる。"仁"の祖として"嘉の身"に象徴される他を"思いやる"力が議論できる」。前4世紀半ば以後、後天八卦方位と十二方位・三正説（音の生成）を重ね合わせる議論が始まって、賢人主義と結びついた「仁」の議論も、賢人主義を嫌う「天道」の議論もともに始まると言ってよい。それよりさらに「道」の議論を遡るには、地上の「道」が複數の「國」を結びつけるという視點から、原義を考える必要がある。

　曾侯乙墓出土の二十八宿圖の段階では、天を見下ろす視點もまだできあがっていない。毎日の時間と、季節を分析しつつ「天道」を語るには、まだ時期が早い。その分析には、天を立體的に觀察する視點が必要である。

　高木はこう述べる[61]。「史官は、天人の一切の現象を觀察していく過程で、しだいにそれらの現象に一定の規則性を見出し、いわば通天の能力を保有するようになる。たとえば『左傳』昭公一七年には、この年の冬、ほうき星が大辰（大火）の位置に現れ、西にのびて銀河にまで達した。この現象について魯の史官、申須は、"ほうき星は、舊きを除き、新しきを布く。そもそも天事（天が引き起こす大事）には、常に象徴的な現象が發生して、人に對する豫告がなされるもの。いまは大火の星が見えぬが、今度現れれば、必ず災厄をもたらすであろう。諸侯の國にきっと火災がおこる"と解釋した……同じ意味のことを、周の内史過は"天事には常に象あり"（『國語』周語上）と表し、同樣に晉の文公の高臣、孤偃も"天事には必ず象あり"（『國語』晉語四）と述べている」。ここに言う「天人の一切の現象を觀察」は後天八卦方位の成立をもって可能となる。「大辰」は冬至の夜明け前の夜空にいっせいに現れている。東の心宿、天頂の北斗、西の參宿である。季節方位という十二方位と時刻方位すなわち地の方位としての十二方位を想起させる記述である。さらに、高木は[62]「このように現存史料では、天道について充分に考察することはできない。しかし上述の如く、それは天文・自然現象に加えて、人間世界の諸現象の觀察と歸納とによって得られたのであり、史官の目は、太陽の生滅、誕生と死亡といった最も根源的な現象に向けられていたに違いない。したがって、それらを貫く法則としての天道とは、循環、廻歸、反復などであったことは容易に想像される」と述べる。「太陽の生滅、誕生と死亡といった最も根源的な現象」

終章　先行研究とどう關わるか

とあるが、これは、農業を開始した新石器時代以來、氣が遠くなるほどの時をとおして、くりかえし確認してきたことである。そのまま「天道」の發想にいたるわけではない。「天文・自然現象に加えて、人間世界の諸現象の觀察と歸納とによって得られた」は、天地兩者の關係を問うということは、「後天八卦方位」の存在を前提とする。高木の想定は、議論の時期をとり違えている。

　高木はその上で[63]「一方、『老子』の道については、一、物事が崩して頂點に達すれば、衰えて元に歸る、二、物事には二面性があり、時に現象が轉化して、逆の結果をもたらすことがありうる、三、水や赤子、女性など、柔らかく弱い者が常に勝つという三つの法則にまとめることができたが、これらは明らかに上に記した天道（循環、廻歸、反復）を基盤にしている」と述べる。「時に現象が轉化して、逆の結果をもたらす」は、まさに易の説明である。本書第三章において、『左傳』にみえる後天八卦方位の卦變を述べた。だから、筆者の論點からする文脈上は、上記の高木の論述自體はとても興味深いものがある。しかし、すでに再三再四述べてきたように、それは「十二方位・三正説・後天八卦方位の重なり」の議論を基礎に語り得る内容である。その開始時期（前4世紀半ば）に『左傳』のこの種の議論ができあがった[64]ことを再確認するものである。ここにも髙木想定の「時期のとり違え」が見える。

12. 天理の物

　上記「萬物と自然」において、「仁」評價を語る場が、『舊唐書』まで「八紘」であることを述べた。「八紘」は天下であり、天時を知らせ季節を知らしめるのは北斗であり、北斗の一角に「天理」の星が存在する。その「北斗」の「天理」が緯書に書かれている。「萬物一體の仁」が宋學で強調されるにいたるし、その先驅として莊子や六朝時代の僧肇が議論されるのだが、それよりも、強調しなければならないのは、緯書の「天理」である。

　この時期、「天理の物」が議論され、具體的に道觀や寺院建築が念頭に置かれた。本書第三章において、その寺院建築の平面構成や立面構成に、正八角形とそれを八分割した頂角45°の二等邊三角形が用いられることを述べた。建築については、一般にモノサシをもってはかる尺度が基準とされることが論じられてきている。西洋起源の建築學が我國にもたらされ、モドゥルスなどの用語が用いられた。立面構成の一部として、柱の膨らみをエンタシスの用語をもって議論し、今にいたる。

　これらとは別に、日本にもたらされたのが圖形要素をもって平面構成・立面構成を檢討する議論である。それを熱心に論じたのが米田美代治であり、その餘波が川上貞夫に及んだ。これらの議論は、今も繼承されている。佛像の立面構成につき、格子をきって議論されることがある。川上の檢討も、これに沿っている。ところが、米田美代治の示した正八角形という圖形要素は、おそらく異樣の感をもって迎えられたのではないかと想像する。

　筆者は、その異樣の感をもたらした可能性のある正八角形の一部である頂角45°の二等邊三角形が、古代日本の石燈籠に普遍的に用いられていたらしいことを述べた。別にチャン・サン・リョルによって、渤海東京龍泉府の石燈籠の平面構成と立面構成に正八角形が使われていることを内容とする論文があることを、米田の影響下になされたものとして紹介した。

　從って、この言わば「普遍性」が擔保された圖形要素をもって、さらに何が議論可能かを詰めておく必要がある。

「天理の物」という用語が關係するとすれば、ここには「天理」が示されている。その「天理」は、緯書に記されている。その要の議論は、「天理星」が北斗の一角に決められていることにもとめられる。この北斗から言えるのは、一日の時間の目安であり、日没後に見える北斗の向きと季節との關係である。冬至のころの夜明け前には、東に心宿、天頂に北斗、西に參宿が見える。この「心宿」・「北斗」・「參宿」は「大辰」と呼ばれる。北斗は「北辰」とも呼ばれる。三つの「大辰」はやはり季節を知るてがかりとなり、冬至が特別であることを教える。

周知のように、天については、渾天説・蓋天説・宣夜説がある。このうちの蓋天説を語り、八本の綱（八紘）が天と地を結ぶとするのが、八紘の意味である。だから、蓋天説においては、正八角形は、想起しやすい圖形である。その蓋天には、太陽の道筋たる黄道と、惑星の道筋たる赤道がある。その天蓋を地上にかぶせる。

ということであれば、正八角形にこだわるのは、八紘の原義たる八本の綱にこだわったからだと言ってよかろう。八紘へのこだわりは、佛教に限ったことではない。というより、そもそも、天は圓であり地は方である。三分損益法により天を九とすれば、地は六であり、人は八である。だから、人の八と天を結びつけた表現が「八紘」と言ってよい。これは、易の考え方である。陽爻を九、陰爻を六とし、八卦を構成する。

以上述べたことは、本書第三章にも述べた米田美代治の論法と少々ずれている。米田は、簡単な圖形から始めて、どのような圖形がどんな遺構のどんな構成要素になっているかを時系列に沿ってまとめている。正八角形はどう作られたか、どう使われたかは、物に即して想定できる。ただ、これでは、どうしてそれが「天理の物」になるのかの説明が難しい。

その意味では、米田の研究を評價するに當たっては、上記に述べたように、緯書の「天理」と、易の考え方を加えるのがよい。

13. モノサシの研究

日本建築史において、法隆寺の再建・非再建問題は、大きな注目をあびた。その際、熱心に議論されたのは、いわゆる高麗尺と唐尺、いずれを用いているかであった。

このためもあって、モノサシの史的檢討は、着實に進んできた。そもそも、江戸時代から、度量衡の研究は進んできている[65]。その延長上に、建築學研究者の發言が提示されている。米田美代治の研究にあっても、『朝鮮上代建築の研究』[66]において、百濟の建築に關して、飛鳥時代の諸建築の造營に、關野貞の「高麗尺すなわち東魏尺が使用されていた」とする研究があること、新羅の建築として皇龍寺寺址を例に、小川敬吾・藤島亥次郎らが東魏尺の使用を想定していること等が紹介されている。

以上とは別に異彩をはなっているのが、小泉袈裟勝の研究[67]である。小泉の研究の特徴は、度量衡の基準として、『漢書』律暦志の記事を紹介していることである。度量衡の基準はすべて九寸管に歸着する。この管の容積がマスの基準となり、その九寸がモノサシの基準となり、その管にクロキビをつめて水でみたし、重量の基準にする。これらは基準が不變であることによって繼承される。ところが、實際には度量衡はそれぞれ別々に變化してしまう。そうなると、『漢書』律暦志が説明できなくなる。そこで復古尺が議論される。

小泉が慎重に述べているのだが、漢代の尺の$\sqrt{2}$倍が東魏尺になる。漢尺の裏尺が東魏尺だと

終章　先行研究とどう關わるか

いう話題である。

　計算の手間を考えれば、合理的なのは10進法である。ところが『漢書』律暦志で議論されたのは、三分損益法の最初の三つであった。九寸の2/3は六寸であり、六寸の4/3は八寸になる。九を天の數とし、六を地の數とし、八を人の數とする。この計算にはとても不便な數を、マスと重量の基準に用いている。

　さすがにモノサシは10進法でないとまずいと判斷したようである。これだけは三分損益法の適用を免れた。

　こうした言わば異常な數理觀をもって、暦も作られた。それが夏正・殷正・周正である。天（子）→地（未）→人（寅）の生成をもって、周正の世から夏正の世に替わり、賢人主義が貫徹されることを述べた。これに對し、楚正（亥）は、日（午）→月（亥）→星辰（辰）の生成をもって、楚正が唯一の暦であることを述べる。こうした二つの三正説の基礎として、十二方位・後天八卦方位の重なりが想定議論された。

　その易説の影響が、八紘の具體化たる正八角形の使用という形で、佛教建築の平面構成・立面構成を規制した。小泉の研究は、書名からして「モノサシ」の研究のように見えているが、實質は度量衡（權）の研究であり、「十二方位・三正説・後天八卦方位の重なり」の議論を反映させた研究であった。日本において、いわゆる國風文化の進展とともに、金堂前の八角燈籠が神社建築前の對になった六角燈籠に變化する。これは、「八紘」觀念の衰退が中國で進んだのと、決して無關係ではない。

14. 易緯乾鑿度の注釋の議論

　鈴木由次郎『漢易研究』[68]には、本書第三章で述べた『左傳』易の卦變に關わる議論が見える。『易緯乾鑿度』の注釋（鄭注）[69]に、太一の巡行の順序を述べる。太一は中央の常居を出て九宮を順次に巡行するのである。「天數大分、以陽出、以陰入、陽起於子、陰起於午、是以太一下九宮、從坎宮始、坎中男、始亦言無適也、自此而從於坤宮、坤母也、又自此而從震宮、震長男也、又自

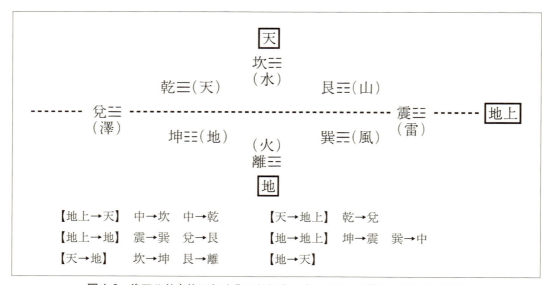

圖 4-3　後天八卦方位における天から地、地から天への變化（圖3-10參照）

此而從巽宮、巽長女也、所行者半矣、還息於中央之宮、既又自此而從乾宮、乾父也、自此而從兌宮、兌少女也、又自此從於艮宮、艮少男也、又自此從離宮、離中女也、行則周矣、上遊息於天一太一之宮、而反於紫宮、行從坎宮、終於離宮」これは卦變ではなく、太一の巡行である。しかし、後天八卦方位のどの方位の宮からどの方位の宮に行くかとまとめてみると、上掲のようになる。

これは、「中」を地上に位置づけた上で、「地上→天」・「天→地上」・「地上→地」・「地→地上」・「天→地」という移動が議論されているということである。これらは、『左傳』易の卦變において論じた方位（どこの方位の卦がどこの方位の卦に變化するか）と同じである。「天人相關」の文脈で理解できることを述べたわけだが、同じ議論が、太一の巡行の順序に見える、ということである。この場合は、太一の天方位における移動であろう。

以上は、方位を後天八卦方位として議論するものである。

これに對し、先天八卦方位が別にある。一般に北宋の邵康節が主唱したことをもって議論する。「八紘」觀がうすれてから議論が活發化した、と言えるようだ[70]。鈴木由次郎によれば[71]「漢代に八卦方位は説卦傳に見えるような後天方位が一般に行われていたが、その外、先天方位、納甲方位、及び辟卦方位もまた併び説かれていたのである」。このことについて、關連するかもしれない議論を、筆者は四神に關して述べたことがある[72]。

前漢の四神は、『淮南子』天文訓・『禮記』曲禮上では五惑星の守護をもって前後左右に配され、『史記』天官書でも周知の四神が完備していない。にも拘わらず、前漢陽陵の「羅經石」遺址の四神は、方形の建築の入り口の敷居に畫像石をはめ込む。その建築の周圍を色土で圍み、東が青、南が赤、西は白、北は黒の帶になっている。一見後代の四神の樣式に見えながら、同時代の史料が符合しない。問題解決の鍵は、四周の土帶の色を「季節方位」と解釋することである。十二方位は、地の方位・天の方位・時間の方位・季節の方位に分けて議論できる。後代の四神は天の方位にして地の方位を表現しているが、「羅經石」遺址の四神は、春（青）・夏（赤）・秋（白）・冬（黒）を表現している。これは五惑星を季節配當したものである。

後漢の四神は、後天八卦方位と同じく、地軸の傾きを表現する。南が高く、北が低い。そのため、朱雀は上に、また玄武は下に表現される。陝西綏德出土後漢四神墓門、陝西三原出土隋開皇二年李和石棺（南が大きく北が小さい）、四川雅安後漢高頤碑、四川雅安後漢樊敏碑、四川郫縣出土後漢永建三年王孝淵碑、四川渠縣趙家村無銘闕（東闕現存のものと西闕現存のもの）、四川渠縣趙家村沈俯君闕等が、具體例である。

有光教一[73]によれば、高句麗古墳は、（A）人物・風俗畫を主題とする壁畫、（B）人物・風俗畫と四神圖が並存する壁畫、（C）四神圖を主題とする壁畫という三種の題材が描かれる。（B）に屬する雙楹塚（5世紀末）では、南の朱雀を上、玄武をそれより下に表現する。これより古い古墳も同樣であり、玄武は明確に下に表現する。これらに對し、湖南里四神塚、江西大墓・江西中墓では、朱雀を上に表現する意識がなくなる。これと同樣の變化が中國にある。高松塚古墳・キトラ古墳の四神は、この朱雀を上にする意識のないものが表現される。

この高松塚古墳やキトラ古墳等の墓室の天井部はドーム狀になっており、その中央が北極になる。これは、言わば先天八卦方位と同じである。つまり、言わば後天八卦方位から先天八卦方位への變化がおこっている、とも言えるのである。

以上、前漢時代の四神と、5世紀末以後の古墳墓室内の四神表現に、四神に上下表現の別が

ない。この狀況からして、先天八卦方位そのものもしくはそれに類似の發想があったとしても、それは怪しむに足りない。

ただし、緯書の「天理」觀が優勢な時代には、後天八卦方位が主流だったということのようである。

15. 文武の繼承の議論と戰國時代

『左傳』や『論語』に關して議論できる複數の國が關わりをもつ場の時代から、十二方位・三正說・後天八卦方位の重なりが議論される時代への過渡期ともいうべき時期を設定した方が、よいように見える問題がある。

それが文武の繼承の議論である。

そもそも文武の繼承は、西周金文に少なからず話題にされている。周王朝として、文王・武王の偉業をいかに繼承するか、という問題意識からする。上述した天命の繼承が、おそらく「君が鬼神につかえる」ことによってなされることを述べるものである。豊田久[74]「周王朝の君主權の構造について」に「文王ないし文・武という特定の"人間"が受けた天命は、又同時に"有周"即ち周邦（國）が受命したと考えられていたと思える。そうすると、この周邦の君が、現實に氏族的紐帶をもって世襲されていた以上、周邦が天命を受けたという考え方は、この血統による世襲制と結びつけられ、こうして"天命の膺受"者即ち"上下"祭祀の主體者と"萬邦"の膺受者としての地位は、周邦の君の世襲の君の世襲する道が開かれていたのではないかと思われるのである」と述べているのが參照できることを述べた。

こうした周王朝の議論とは全く別次元のこととして、戰國時代になると、周王朝からの權威の委讓を熱心に議論するようになる。この議論は、一般には、十二方位・三正說・後天八卦方位の重なりが議論される時代になって爲されている。「形」としては、①周の文王・武王を、戰國時代の成王の名をもって繼承する、②周の文王を、戰國時代の武王の名をもって繼承する、③周の文王・武王・成王を、戰國時代のあらたな文王をもって繼承する、④周の中興の祖である宣王にちなんで、戰國時代の宣王の名をもって繼承する、⑤その他、が考えられる。

例えば[75]、齊の田氏の場合、威宣王が前338年に稱王改元し、湣宣王がこれを繼承する。「威」は「武」と同じ意味である。「湣」は「閔」とも書かれ、「文」に通じる。魏の場合、惠成王が前334年に稱王改元する。秦の場合、前324年に惠文王が稱王改元する。

これらは、夏正・踰年稱元法がセットで議論され、周の成王を周公旦が補佐した時期は、理想化されて賢人による新王の養育時期とされるにいたる。その評價が自己に反映されることを當て込んで、まずは侯として即位し、中途で稱王改元する。

この文王・武王の繼承の「形」において、魏の場合は、特別の「形」が見えている。惠成王の父は武侯であり、武侯の父は文侯である。つまり、魏の世系としても、文・武・成の繼承の「形」が作られているのである。ここでさらに注目されるのが、魏の文侯がそこにいるということである。この文侯は、『法經六篇』を作ったことが議論されている。この『法經六篇』の實在を疑問視してきた後、湖北省雲夢睡虎地秦簡が出土し、「法經の名もその篇目の名も一切現れない、しかし何らか存在したに違いない刑法典をテキストとして、問答形式でそれを注釋したとみえる一群の竹簡」（「法律答問」）をどう解釋するかで、その實在につき、肯定的・否定的兩樣の見解

がある(76)。

　筆者が、この魏の文侯について、注目するのは、『竹書紀年』における晉の文侯と魏の武侯の扱いである。周知のように、『竹書紀年』は、五帝紀・夏紀・殷紀・周紀・晉紀・魏紀から成る。周紀から晉紀への轉換年は、周幽王3年にして晉文侯元年（前779）にある。兩者は同年である。それまでの紀年は立年稱元法による（それを索隱は踰年稱元法によると解釋）。晉紀から魏紀への轉換年は晉惠哀侯13年にして魏武侯元年（前395）にある。この兩者も同年である。この場合も、それまでの君主の在位はすべて立年稱元法による（それを索隱は踰年稱元法によると解釋）。つまり、『竹書紀年』においては、魏紀は武侯から始まるということである。これは、「周文王・武王→晉文侯→魏武侯・惠成王」という「形」を作り出すからに他ならない。ということになると、『竹書紀年』は、惠成王が最初に作ったとも考えられるし、武侯が最初に作ったとも言い得る。無論『竹書紀年』に採用された年代記は、別に入手されていて、それを基に『竹書紀年』が作られた、という前提でこう述べている。

　こう言い得るということになると、もう一つ注目されるのが、楚の世系である(77)。古くから知られる『詛楚文』には、「昔我先君穆公及楚成王是繆力同心」・「兼倍十八世之詛盟」の表現があり、誰がこの『詛楚文』を作ったかが議論されている(78)（秦の穆公と楚の成王は疑いようがない）。筆者は、銘文に「秦嗣王敢用吉玉宣璧使其宗祝……以底楚王熊相之多辜」とある「秦嗣王」は惠文君、「楚王熊相」は楚威王熊商だと考えた。問題の根幹は、戰國時代の秦の「嗣王」が「十八世の詛盟」をもって楚王の罪を呪うということにある。この「十八世」が楚の成王以來を言う。楚の成王は秦の穆公と在位が重なる(79)。しかし、それだけで詛呪というのは、理屈が通らない。楚の世系を遡ってたどると、『史記』などに紹介されるところ(80)、成王の前は杜敖（莊敖）が君であり、その前は文王、さらにその前は武王である。つまり「王」の號が途切れている。このことは、武王・文王が追號であることを暗示する。そうすると、成王が楚で始めて王を稱した人物だということになる。秦ではこの成王の名があってはならぬものだったようだ。「嗣王」が秦の惠文王なら、その次は悼武王、その次は昭襄王、さらに即位まもなく死去した孝王をはさんで、莊襄王が即位する。文→武→襄の繼承を「形」にし、「成」を「襄」に言い換えている。周の文王・武王を繼承するのに、秦の惠文王の「文」をもって「形」とした。以上、秦は「成」の名を嫌っている。

　以上、戰國時代の各國の稱王改元のころは、周の文王・武王を、どのような「形」で繼承しようとしたか、様々に議論したことがうかがえる。楚の成王の號は、例えば越王句踐の名と比較して、誰がみても西周風である。この西周風の王號のみが史書に殘されていて、本來の「越王句踐」のような名がひきあいに出されることはないので、楚の王號は意外に古いかもしれない。そして、楚の武王・文王の追號の仕方を見ても、文・武を逆轉させたりしているので、周にならうという發想よりは、對抗意識の方が勝っているようだ。

　この狀況下で、魏は惠成王の稱王改元を模索することになるわけだが、その前代は武侯である。踰年稱元法が始まる前は、君主號は普遍的に生號である。そもそも諡号は「賢人が死去した君主の事蹟を評價してつける」。だから、賢人主義が制度化される前の時期には、なじまない。楚は項羽・劉邦がまつりあげた懷王が途中で義帝になるが、いずれも生號である(81)。楚が模倣した周の王號も生號である。いずれも立年稱元法を用いていた(82)。

　ということになると、その父は武侯であり、さらにその父は文侯だというのは、偶然とは言い

479

終章　先行研究とどう關わるか

索隱解釋表（部分）（平勢隆郞『新編史記東周年表―中國古代紀年の研究序章―』(79) 582頁）

* 索隱言及年次・同言及卒　　　# 他注釋言及年次　　　[ ] 實際の年次および補說　　　凡例詳細次頁

西曆前	索隱	竹書紀年	秦	魏・晉	韓	趙	越	燕	齊	田齊	宋
477	476	晉定公36							平公4[5]		
476	475	晉定公37							平公5[6]		
〃	475	晉出公1							平公6[6]		
475	474	晉出公2							平公7		
474	473	晉出公3							平公8		
473	472	晉出公4							平公9		
472	471	晉出公5#							平公10		
471	470	晉出公6#							平公11		
470	469	晉出公7							平公12		
469	468	晉出公8							平公13		
468	467	晉出公9							平公14		
467	466	晉出公10*					句踐卒*		平公15		
466	465	晉出公11					鹿郢1[2]		平公16		
465	464	晉出公12					鹿郢2		平公17		
464	463	晉出公13					鹿郢3		平公18		
463	462	晉出公14					鹿郢4		平公19		
462	461	晉出公15					鹿郢5		平公20		
461	460	晉出公16					鹿郢6*卒[7]		平公21		
460	459	晉出公17					不壽1[2]		平公22		
459	458	晉出公18					不壽2[3]		平公23[平公25卒を23に讀み換え,三と五の字形類似]		
454・458	457	晉敬公1・出公19#					不壽3[8・4]		宣公1[4・24]		
453・457	456	晉敬公2・出公20					不壽4[9・5]		孝公卒[の記事ありく晉敬公2〉]	宣公2[5・25,1][索隱解釋六國齊表平公25卒]		
452・456	455	晉敬公3・出公21					不壽5[10・6]		成公1[2]	宣公3[6・2]		
451*・455*	454	晉敬公4・出公22*#					不壽6[11・7]		成公2*[3]	宣公4[7・3]		
450・454	453	晉敬公5・出公23*					不壽7[12・8]		成公3	宣公5[8・4]		
449	452	晉敬公6					不壽8[13]		成公4	宣公6[9]		
448	451	晉敬公7					不壽9		成公5	宣公7		
447	450	晉敬公8					不壽10*見殺[15]		成公6	宣公8		
446	449	晉敬公9					朱句1[2]		成公7	宣公9		
445	448	晉敬公10					朱句2		成公8	宣公10		
444	447	晉敬公11					朱句3		成公9	宣公11		
443	446	晉敬公12					朱句4		成公10	宣公12		
442	445	晉敬公13		魏文子1[1]			朱句5		成公11	宣公13		
441	444	晉敬公14		魏文子2			朱句6		成公12	宣公14		
440	443	晉敬公15		魏文子3			朱句7		成公13	宣公15*[18]	莊子卒*	
439	442	晉敬公16		魏文子4			朱句8		成公14	宣公16	悼子1	
438	441	晉敬公17		魏文子5			朱句9		成公15卒*[16]	宣公17	悼子2	
437	440	晉敬公18*		魏文侯6稱侯*1[6・1]			朱句10		文公1[2]	宣公18	悼子3	

> 索隱解釋表凡例
> （平勢隆郎『新編史記東周年表―中國古代紀年の研究序章―』581頁。「表Ⅰ」・「表Ⅱ」・「本書」は同書）
> 1：本表は、『史記索隱』に示された唐司馬貞の古本『竹書紀年』解釋を復原して、一覽にする。
> 1：西曆は、十二諸侯年表・六國年表に通常附されている年代（具體的には中華書局本に附されている）、および表Ⅰ・表Ⅱ年代との比較に便ならしめるために附したもの。
> 1：彼の解釋は、踰年法に據り、配列上生じたぶつきは、晉出公19～23と晉哀公1～5年とをそれぞれぶつかせることで解消している。
> 1：晉以外の國（曲沃を含む）の君主年次は、卒年を用いて踰年法計算している。
> 1：索隱言及年次および同言及君主卒記事については、＊を表中に附した。
> 1：同樣の紀年配列は、索隱以外からも讀み取れ、索隱が言及しない時期を埋める。現狀では相互に矛盾しないので、索隱に準じて示し、＃を表中に附した。嚴密に述べれば、「附」の部分には、索隱言及年次に示されていないが、本書8頁に示した年表骨格を參照しつつ年次解釋を復原し、欄名には「索隱等」を用いた。
> 1：索隱およびその他注釋引用の古本『竹書紀年』については、上記中華書局本『史記』の他、方詩銘・王修齡『古本竹書紀年輯證』（上海古籍出版社、上海、1981年2月）を參照した。
> 1：本書の檢討で明らかにされた實年次を［　］中で補ったので、併せ參照されたい。

難いものがある。楚の場合に對抗意識がしからしめたのとは別に、戰國時代になって、十二方位・三正説・後天八卦方位の重なりが議論される前に、文・武・成の繼承が議論された可能性がある。

16. 周王の自稱と『尚書』

　西周時代の王の自稱は後代に大きな影響を殘している。これに關する材料は、白川靜『金文通釋』[83]の索引を參照することで、その概要をつかむことができる[84]。

　これを活用すると、周王の自稱には、「我」、「吾」、「余」、「朕」の四者があることが知られる。「吾」は、「我」と同じ意味のようである。春秋時代の遺物である侯馬盟書に用いられる一人稱は「我（虞）」だが、その「我」を「吾」と書く事例が一點ある[85]。この「我」と「吾」の違いは地域の相違に關わることが想定された。侯馬盟書は、趙氏の一族が盟誓をとりかわした際に作られたものだと考えられる。だから、ここで一人稱として「我」が確認され、一部にその字を「吾」と書く者がいるという事實は、侯馬盟書が西周文化を繼承した地域の一つで作られたことをもってしても、西周から春秋にかけて、「我（吾）」が廣く一般に用いられる一人稱だったことを教えてくれる。

　西周金文において、「我」（小數ながら「吾」）が王の自稱として用いられるのは、王も一般的一人稱を用いることを意味する。とすると、「余」、「朕」が周王の特別な一人稱ではないかと容易に想定できる。

　その「特別」な用法は、大盂鼎[86]にて檢討できる。「……我聞、殷遂令、隹殷邊侯田雩殷正百辟、率肆于酉、古喪自、已、女、妹辰又大服、余隹即朕小學、女勿盅余乃辟一人、今我隹即井禀(?)、于玫王正德、若玫王令二三正、今余隹令女盂醽燊、……雩我其遹省先王受民受疆土……」。

　この文章から、歸納的に論じ得るのは、「我其遹省先王受民受疆土」とあるように、軍事行動の場合には「我」を用い、「我聞」という通常の知覺の場合にも「我」を用い、「余乃辟一人」、「余隹令女盂醽燊」というように、儀式の場においては「余」を用いるらしいということである。他の青銅器銘文に見える我・余の用例も、この基本義をもって解釋することができる。「余」が使われた場合、何らかの儀式が介在するようだということである。

　また、同じく上文中にある「即朕小學」の「朕」の場合、他の青銅器銘文の事例を參照して推

測することができる。

「朕皇考」など、「朕」の直後に祖考の意の語がくるものは少なくない[87]。そこで「朕」が「われわれの偉大な」という意味だと假定してみると、意味が通じる。「朕吾考」は「われわれの偉大な我が父」である。「朕皇考」もこの意味に沿って理解できる。白川靜の上掲索引に紹介された個々の事例も、この意味に沿って理解できる。

次に、『尚書』について檢討[88]する。★を附したものは、周公・召公等の自稱である（【　】內に誰の自稱かを示す）。「→」を附したものは、下記において特記して論じる。

《今文（眞古文）》
　　　→【牧誓】今予發
　　　→【洪範】我聞
　　【金縢　★二公・周公】★我　★予仁　★我先王　★今我命于元龜　★爾之許我我其以璧與珪歸俟爾命　★予小子　惟朕小子　我國家
　　【大誥】予惟小子　我惟往求朕攸濟　予不敢閉于天降威用　我國　我有大事休　朕卜幷吉　肆予得吉卜　予惟以爾庶邦　越予小子　肆予沖人　予造天役　越予沖人　綏予曰　予惟小子　我小邦周　弼我丕丕基　予不敢不～　肆予大化誘我友邦君　予曷敢不～　若昔朕其逝朕言艱日思　予有後　肆曷敢不～　予永念曰　肆朕誕以爾東征
　　【康誥】朕其弟小子封　我聞　朕心朕德　惟朕憝　其爾典聽朕教　我聞　予不惟若茲多誥
　　　→【召誥　★召公】我有周御事　我不可～　我不敢知　我不敢知　我不敢知　我不敢知　知今我初服　我受天命　★予小臣
　　【洛誥　★周公】★朕復子明辟　★予乃胤保　★予惟乙卯朝至于洛師　★我卜　★我又卜　視予卜休恒吉　★予齊百工　★予惟曰　★及撫事如予　★乃惟孺子頒朕不暇聽朕教汝于棐民彝　★罔不若予　★茲予其明農哉　★我民　予小子　予沖子　予小子　予往已　★王命予來　★弘朕恭　★考朕昭子刑　★予旦已多子越御事　★乃命寧予　★予不敢宿　★其永觀朕子懷德
　　【多士】我下民　今惟我周王　惟我事　惟爾王家我適　予其曰　我不爾動　予亦念予惟時其～　非我一人奉德　朕不敢有後　予一人　肆予敢求　予惟率肆　昔朕來自奄予大降爾四國民命　臣我宗　今予惟～　今朕作大邑　予惟四方罔攸賓　臣我　予亦致天之罰　時予乃言
　　　→【無逸　★周公】★我聞　★我周太王　★我聞　★我周文王
　　　→【君奭　★周公・召公】★我有周　★我不敢知　★我亦不敢知　★時我我亦不敢～　★我後嗣子孫　★我小子旦　★我聞　★我有夏　★予小子旦　★予往　★我受命　★以予監于殷喪大否　★予不允　★予惟曰　★我二人　★予不惠　★予惟用
　　　→【多方】我周王　敎我用休　今我曷敢多誥　我惟大降爾四國民命　我周王　我有周　我監　我有周　我命　我不惟多誥　無我怨
　　　→【立政　★周公】★乃俾我有夏　★我其立政　★相我受民　★和我庶獄庶愼　★我則末惟成德之彥　★父我受民　★予旦　★我周文王

→【康王之誥】予一人　我後之人　今我一二伯父
→【呂刑】我一人
→【文侯之命】予小子　我國家
→【秦誓　★秦穆公】★我士　★予誓告　★我心之憂　★我子孫　★我子孫
《古文（僞古文）》
【泰誓】我友邦　我文考　予小子　吾有民　予有臣三千　予小子　予一人　天其以予乂民　予一人　今朕必往　我武　予小子　我文考　予克受非予武惟朕文考無罪受克予非朕文考有罪惟予小子無良
【武成】我文考文王　予小子　予小子　肆予東征
→【蔡仲之命】惟予命爾　予一人
→【周官】今予小子　我有官君子
→【君陳】予一人
→【畢命】予一人　予小子　今予祇命公　予小子
→【君牙】予小子
→【冏命】惟予　惟予一人

以上の具體例の中で、「→」を附したものは、先に述べた西周金文の事例に沿って理解できる用例である。★を附した事例も混じるが、これらは、本來西周金文において、王がどんな自稱を用いていたかを知って、それを援用したもののように見える。

ところが、附さなかったものは、朕の用例が、西周金文と異なっている。西周金文の場合は、一人稱としても理解できるだけでなく、「われわれの偉大な」という意味におきかえて、前後の文意が通じるものであった。上記に示した事例は、まさに一人稱の「われ」になっている。特に注目すべきは、軍事行動について、西周金文は「我」を用いているのに、上記の事例では「朕」を用いているということである。

これは、予を周公・召公や、秦穆公が用いる文章にした結果、周王を特別に位置づける必要から生じた現象と理解できる。

以上に確認できる現象は、虞書・夏書・商書についても言える[89]。

『國語』に見える周王・楚王・吳王・越王の自稱を檢討すると[90]、「朕」が出てこない。つまり、西周時代からこの説話の時代にいたるまでに、周王に用いられていた「朕」は、楚・吳・越の自稱としては、繼承されることがなかったらしいということである

以上から、あらためて言えることは、『尚書』は西周時代のものではないということである。しかも、周公や召公を特別に位置づけただけでなく、さらに秦の穆公を特別視した可能性も出てきた。楚・吳・越の王の制度でないということは、西周から春秋時代の周王の制度として、これらの國に影響を與えた内容ではないということであろう。

ではこれらを作ったのはどこか。秦の穆公のことが出てくるので、現行本に最終的に秦の情報が入った可能性はあるが、その秦に影響を與えたのは、魏である。そして、秦では上述したように、稱王した時點で、文・武・成の「成」を用いる欲求が薄かったように見える。とすると、ここでも、文・武・成の繼承に興味をもつ魏の存在が浮かび上がってくる。

『尚書』がいつできたか、という大きな問題に、西周時代ではないということ以外、これ以上近づく材料はないが、魏の文侯・武侯から惠成王の時期は、要注意である。十二方位・三正説・後天八卦方位の重なりが議論される時期と固定するよりは、その時期にいたる準備の時期の「賢人重視」を愼重に議論した方がいいように見える。

17. 奉職循理

木下鐵矢[91]が、本書に關わる内容として、「奉職循理」を論じている。ここで問題にしたいのは、この木下の論法において、基礎となるのが朱子學的素養なのか、本書に明らかにした緯書の「天理」や二十四史の「仁」評價まで理解した上でのいわゆる「訓詁學」なのか、この種の意味における「訓詁學」から遡った『孟子』や『荀子』なのか、または別の何かなのか、である。

木下は「奉職循理」について「（循吏・酷吏）兩列傳の冒頭、それぞれの序説の部分を見比べるだけでも、兩者が對比的に立てられていることがよくわかる。"吏治"すなわち民政（民を治める）のワザにおける對比的なありかたとして、『史記』の著者は"循吏""酷吏"という概念を提出しているのである。その一方の"循吏"について、"奉職循理"という。"職"を朱熹の哲學的ヴィジョンを理解する際のキー・タームとして追蹟してきた視點から云うならば、その"職"字が、朱熹の中心的なタームである"理"字とここで關連して出ていることに注目したい」と述べている。

本書で述べたように、『荀子』（仁人・人・小人。發展途上の「人」の性は惡）の分析的視覺が顯著で、これを『韓非子』が承け（道者）、それを『禮記』が承けた。この『禮記』で「天理」の語が出てくる。これは『淮南子』において「天理」と「八紘」が議論されるのと關連する。そもそも盟誓を主宰する「嘉」の「身」が議論される。盟誓に違反した場合に罰を降すのが「丕顯なる皇君岳公」である。太史公は「嘉」の役割を繼承する。降される罰は、やがて律や令となる。そして、兩者の役割を統べる王が登場する。「嘉」の役割に「仁」による官僚制の體系化を進めたのが儒家であり、「仁」を批判して「道」による官僚制の體系化を進めたのが道家と法家である。だから、「史」は、盟書が作られる時期には、盟誓の主宰者に助言する立場であり、官僚制が整備されると、中央の禮制に助言する立場である。

二十四史の「仁」評價では、「萬物一體の仁」が念頭におかれ、これは「天理」を受ける。皇帝の資質として、「仁」を寛めることが強調される。その皇帝の手足となるのが官僚であり、實際に法律を執行するのも彼らである。その官僚について、「循吏」と「酷吏」を議論する。そこで「理」が問題になるとすれば、それは「天理」を念頭に置く。これは直接的には皇帝の「仁」である。「天理」の前身は「天道」である。『韓非子』によれば、「天道」は一つであり、「人道」は場により異なる。それを「道者」が判斷する。『禮記』は、この「道者」を「仁人」に言い換えた。その上で"至道"を"仁人"に結びつけた。

『禮記』が"至道"を"仁人"に結びつけた結果、天道をもって"仁"・"義"の政治に關連づける道筋は得られたのだが、君を至上に位置づける上で"天道"を語るには、『韓非子』流の"道者"論を展開する必要が生じた。そのための議論が「酷吏」と「循吏」の議論ということができる。その「天道」が「天理」にかわったので、末端である「酷吏」と「循吏」について、「理」が議論できることになった。以上は、漢皇帝以後の話題である。

だから、この二十四史の時代の議論を先秦時代に遡るには、上記の意味における『荀子』・『韓

非子』・『禮記』を念頭においた工夫が必要である。「酷吏」と「循吏」の議論を先秦時代に遡るには、「理」を遡るのではなく、侯馬盟書の「丕顯皇君岳公大冢」の「盟殛」まで遡る論の筋からして、「道」の議論を遡ることが必要である。

　木下鐵矢は、『説文』の「理」の段玉裁の注を引き、「ここから一般的に、それぞれの、手を入れる行爲の對象にぴたりの"しかた"を得てその對象に手を入れて行くことを"理"と云う。そして"天理"や"條理"と云われる名詞としての"理"が指し示すのは、このような手を入れる行爲がそのそれぞれの相手とちぐはぐにならずにうまく行くという實際の"理める"行爲が行われる過程を經たのちに獲得される對象の實情にぴたり寄り添った仕方、手順のことである」と述べる。そして「『荀子』"議兵"篇のテキストにもどると、"人のこれ（理）を亂すを惡む""暴を禁じ"と云うから、そこに云う"理"も、要は、ことが平穩に治まり行く"順"なる筋立てということになろう。したがって、"循理（理に循う）"とは、ことが平穩に治まり行く、そのことの實情に寄り添った筋立てをあらがうことなく素直に辿り行くということになるだろう」と述べる。やや長く引用したが、最後の「そのことの實情に寄り添った筋立てをあらがうことなく素直に辿り行く」というところが、法を執行する場に合致する部分なので、そこまで含めて紹介した。この論法は、段玉裁の解釋を基礎とするものになっている。

　ただ、本書第二章において『荀子』議兵の當該部分を扱ったのだが、論法としての筋立ては木下どおりに進むわけではない。『荀子』議兵は「"仁"とともに"義"を論じ、"理にしたがう"」こと、「義が期待される士大夫等は、官吏や國内諸侯として上に屬しており、國は星座との關わりが議論されていたので、義が"理"にしたがうというのは、"天理"と無關係というわけではない」ことを述べている。そして、議兵には續けて「義者循理、循理故惡人之亂之也、彼兵者所以禁暴除害也、非爭奪也（義は「理」にしたがい、惡人がその「理」を亂すのを恐れる。だから兵は暴を禁じて害を除き、爭奪しない）、故仁人之兵、所存者神、所過者化（仁人の兵は存立の基盤が神の下にあり、その領域を越えた部分はその"仁"に化される）」とあり、「"仁"の政治が行われることを前提に"理"を論じているのがわかり、"天理"を論じていないことを知る」。したがって、木下の方法の前提、すなわち「天理」を前提とし、後漢時代の『説文』の本文と段玉裁の注を用いて議論を進めるのを止める必要がある。

　『荀子』議兵において注目すべきは、「義が期待される士大夫等は、官吏や國内諸侯として上に屬しており、國は星座との關わりが議論されていたので、義が"理"にしたがうというのは、"天理"と無關係というわけではない」という點である。だから、木下の着目した「職」に視點をすえて議論を進めるには、最後の「そのことの實情に寄り添った筋立てをあらがうことなく素直に辿り行く」というところが、法を執行する場には、おおいに合致することを確認しておかねばならない。

　上記に、二十四史の時代の議論を先秦時代に遡るには、『荀子』・『韓非子』・『禮記』を念頭においた工夫が必要だとし、「理」を遡るのではなく、「道」を遡ることに注意を喚起した。『韓非子』揚權六には、「凡此六者道之出也、道無雙、故曰一、是故明君貴獨、道之容、君臣不同道、下以名禱、君操其名、臣效其形、形名參同、上下和調也（凡そこれら六者は道の出である。道は二つはない。故に一という。この故に明君は獨を尊ぶのである。道にはかたち（容）があるわけだが、君臣それぞれ道を異にする。下は名をもってお願いする。君はその名を操り、臣はその形を致す。形名參同、

上下和調である）」とある。道にはかたちがあって、君臣それぞれ道を異にする。この議論を『荀子』に遡ると、『荀子』の分析的視覺「仁人・人・小人（人は發展途上の存在で性惡）」にあって、「"仁"の政治の下で、義が"理"にしたがう」とある。この論理は、義が期待される「士大夫」が「仁」の政治の下にあることを前提にする。『韓非子』の君の道は、『荀子』の「仁」の政治を嫌って、「道」をいい、『荀子』の「仁」の政治の下の實踐の場に換わって、臣の道を述べた。その『韓非子』の道を再度「仁」を上位において言い直したのが『禮記』である。

　道は、そもそも、國と國を結ぶ道路であり、その形狀は、さながら、玉にあらわれる「理」のごとくである。だからこそ、『荀子』は「理」の語を使って議論したのだと考える。

　一方、侯馬盟書に見える「丕顯皇君岳公の大冢」が罰を降す存在であり、やがて「天道」が語られることになる。『韓非子』の言い方から推すと、『老子』の「道の道とすべきは常の道にあらず」というのは、常の道が「天道」、道の道とすべきは「道者」の四苦八苦する「人道」だという説明になる。山から水が流れる樣は、まさに川が道の形狀を爲している。この川は罰を降す場に流れ、「國」と「國」を結ぶ「道」は「仁」をもたらす。

　原始的「道」の概念から始まり、「丕顯皇君岳公の大冢」が罰を降す川の流れのごときものと、「國」と「國」とを結ぶ「仁」がもたらされる「道」のごときものが、法を語る場に繼承される。儒家の「仁」と、「仁」の賢人主義を嫌う道家の「道」、それぞれに法を語る場まで降ってみた場合、玉の「理」のごとき道筋が見えた。いずれも「もたらされる」という特徴がある。だから、木下の「そのことの實情に寄り添った筋立てをあらがうことなく素直に辿り行く」という表現自體は、當たっている。しかし、木下が、その表現にたどり着く論理は、先秦のものではなく朱子學のものである。『荀子』を使っているが、解釋は先秦時代のものではない。異なった理由は、本書の立場、すなわち盟書の時代から説き起こし、『論語』・『孟子』・『老子』を語り、『荀子』・『韓非子』を檢討し『禮記』を論じるという議論の流れとは別の議論をしてしまったからである。

　結果として、『荀子』・『韓非子』・『禮記』の多くの記述を無視することになったことをここに述べる必要から、上記を論じてみた。これは、朱子學が先秦時代研究について內包する問題として檢討することができる。木下だけでなく、「八紘」觀を論じない「天理」の議論は、本論に述べた緯書を背景とする「天理」には關わらないので、從來の論理から「訓詁學」の世について儒教の「天理」を語ることもない。

　以上から、初步的に言えることがある。木下は、朱子學の檢討を進める中で『史記』に言及し、「"職"を朱熹の哲學的ヴィジョンを理解する際のキー・タームとして追蹟してきた視點から云うならば、その"職"字が、朱熹の中心的なタームである"理"字とここで關連して出ていることに注目したい」と述べたわけだが、朱子學を含めた宋代以後の儒學の先秦經典に關する解釋には、この漢代の『史記』を無意識に介在させてしまうという、木下と同様の論理がありそうだ、ということである。筆者のように先秦時代の『荀子』・『韓非子』を檢討し、漢代の『禮記』を論じた結果として、「こう書いてある」と述べた意見に對し、「そんなはずはない」という意見が提示される際の根深い問題意識は、この「無意識」に密接に關わっている。

18. 歐譯された「仁」

　そもそも、本書の檢討は、「仁」が語られる場を確認することから始めている。二十四史の時

代は、一貫して皇帝の資質としての「仁」評價と、皇帝を補佐する人物の「仁」評價とがなされる場としての「八紘」、皇帝の「仁」が寬められる場としての刑罰をくだす場、が問題になった。分裂時期の君主や人物は、皇帝を補佐する人物になぞらえて評價される。そして、叛亂した者等皇帝の「仁」評價になじまない者たちは「不仁」のレッテルが貼られる。外國は「仁」を語らず、語れば「不仁」となり、やがて周圍の國家について「仁友」を議論することとなり、『宋史』以後は、「八紘」の外に「仁」評價の場が擴大された。その意味での「擴大」の後、宋學が興る。二十四史の前の時代は、非常に限られた地域として議論された「天下」（方一千里三個分程度）が次第に擴大され始皇帝統一の「天下」（方一千里九個分）になる戰國時代と、その前の春秋時代が檢討對象となる。

春秋戰國時代については、春秋中期から戰國前期にいたる三分損益法と編鐘がセットになる時代（邑制國家の大國小國連合の一部に縣が設置されていく新たな時代、すなわち鐵器時代にはいった後の邑制國家の大國小國連合の時代）と、戰國中期以後の十二方位・三正説・後天八卦方位の重なりが議論される時代（領域國家の時代）に分けることができる。

本書の「仁」解釋とそれに關連する議論は、上記の「場」を踏み外さないことを大前提として組み上げられている。上記において、先行研究と本書との違いを指摘するに當たっては、以上を基準として確認作業を進めてきた。だから、本書の指摘について、違いを明確にし、本書の見解を批判する道筋も、明確に示されている。

以上を前提とし、下記に、上記の「根深い」問題について、附け加えの議論を進めることにしよう。

「そんなはずはない」という意見が、宋代以後の研究者や、漢唐間の研究者、および近代以後の想念によってもたらされるとすれば、譯語によって一般の解釋がもたらされる歐米の場合は、同樣に「そんなはずはない」という意見が、出てくるのが自然である。

このような關心からすると、歐譯された經典において、どのような譯語が用いられているかは、ぜひとも檢討すべきことは明らかである。

この種の檢討を進めるのに、基礎的情報を提供しているのが、山口察常『仁の研究』である[92]。山口は、「歐譯せられたる仁」において、經典の翻譯をした人物の譯語を紹介している。

スートヒル[93]、ライアル[94]、レッグ[95]、ジェニングス[96]、ジャイルス[97]、ウィルヘルム[98]を紹介し、「以上援引せる諸家の譯語を見るに、何れも概ね仁の隨所に於て適宜に譯語を下し、必ずしも一語を以てせざるは、蓋し本書の意に副へるものといふべし。然れども仁の如き語は到底之を完全に譯出し得べきにあらず、寧ろそのまゝ之を出して、別語を以て代へざるを以て、原意を傷はざる措置なりと信ず」と述べる。

レッグについて「ベネヴォレンス（Venevolence）を以て、仁を譯出せるが如し」とし、ジェニングスについて「仁を譯するに多く説明的なり……仁を意譯し去れり」とし、ジャイルスについて、「Hence it is sometime best translated 'loving-kindness' or 'charity' in the biblical sense, though in many cases a more convenient, if vaguer, rendering is 'Virtue', 'Moral virtue' or even as in Legge 'Perfect virtue'」と述べているのを紹介する。

山口察常は、『論語』學而「孝悌也者」に關してウィルヘルムが「仁」に附したコメントを紹介している（（　）内に和譯を附す）。ウィルヘルムは「Pietät und Gehorsam（崇敬と服從）：

終章　先行研究とどう關わるか

das sind die Wurzeln des Menschenzum（それは有るべき人間性に根付いている）. Das chinesische Wort Jen ist eines schwierigsten, aber auch wichtigsten（中國語の仁という用語は、難解ではあるが重要でもある）. Es bezeichnet subjective Humanität im Sinn unserer KLassischen Zeit, die Entfaltung dessen was man sein muss, um Mensch im vollen Sinn heissen zu können（それは、われわれの古典期の意味における主觀的人間性を言い、人をめぐって述べ得るすべての意味において、「展開」であり、人はその展開の何かでなければならぬ）. Man kann es oft fast mit der neutestamentlichen $αγαπη$ gleichsetzen（新約聖書的な「人が神に、神が人に示す愛」と同等視することができる）.」とする。また、山口は、ウィルヘルムが『論語』顏淵「克己復禮云々」章を譯して「Sich selbst überwinden und sich den Gesetzen den Schönheit zuwenden: dadurch bewirkt man Sittlichkeit（己に打ち勝ち、禮という戒律すなわち美麗に向きを變えること〈それに人は道德的影響を受ける〉）」と述べ、さらに彼が中國人辜鴻銘を引用していることを紹介して、「禮を以て 'Schönheit' となせるは、亦一種の見解といふべきなり」と附け足す。

　ウィルヘルムが「仁」を語るに際して新訳聖書やギリシア語を持ち出しているわけだが、このことは、經典に沿って考えれば自然とそうなる、ということ以上の意味をもっている。ウィルヘルムの立場は、山口が言及したように「禮」に關連づけられた「仁」ということだろうが、上記に『左傳』の鬼神に言及しつつ、「鬼神・神のことがわかる特別の人が存在する。それが"仁者"だということである。だから、"知者"は"神については、敬して遠ざく"と述べるにとどめるのである」と述べた。近代以來の日本や中國の研究者が、宋學以來の合理に力點をおいて言わば戰國以後の「知者」の立場を再理解し重視したのに對し、近代歐州の學者は、經典を譯出する中で、この「知者」の立場より戰國以後の「仁者」の立場を詮索しつつ見解を述べているように見える。同じく朱子學を基礎としつつ、生じているこの種の差違は興味深い。山口も禮に言及しながら「Schönheit」を持ち出して「知者」的形式に意を盡した。

　山口は「乍併歐米の諸家が假令多少の見解の差誤あるにもせよ、之が譯出に努力して、幾分にても吾が仁の意義を闡明敷演するに至りしは、大に之を多とせざるべからず。如上の譯語が果して適當なりや、邊に斷定し難し」と述べている。山口の立場が「知者」に近く、これに對する近代歐州學者の立場が「仁者」に近いことを、山口自らが述べたものと理解できる。

　こうした點をいくばくかも確認するため、レッグの譯を何例か檢討してみることにしよう。

　『論語』學而[99]に「君子務本、本立而道生、孝弟也者、其爲仁之本與」とある。これについてのレッグの譯は「The superior man bends his attention to what is radical. That being established, all practical courses naturally grow up. Final piety and fraternal submission ! —— are they not the root of all benevolent actions ?」とある。君子を「The superior man」とし、注釋で「I translate here —— 'a man of complete virtue.' Literally, it is 'a princely man.' See on 子, above. It is a technical term in Chinese moral writers, for which there is no exact correspondency in English. And which cannot be rendered always in the same way. See Morrison's Dictionary, character 子, Its opposite is 小人, 'a small, mean man.'」……「君子 has a less intense signification here than in the last chapter. I translate——'The superior man,' for want of a better term. 本,'the root,' 'what is radical,' is here said of final and fraternal duties, and 道,'ways' or'courses,' of all that is intended by 爲（= 行）仁, below. The particles 也者 resume the discourse about 孝弟, and introduce some further description of them. See Prémare, p.158. 與, in the second tone, in half interrogative, an answer in the affirmative being implied. 仁 is explained here as 'the principle of love,' 'the virtue of the heart.' Mencius says 一仁也者人也, '仁 is man,' in accordance with which Julian translates it by humanities. Benevolence often comes near it, but, as has been said before of 君子, we cannot give a uniform rendering of the term.」と述べている。

　レッグの翻譯と注釋で注目できるのは、『孟子』の「仁」と『論語』の「仁」を分けて論じる點である。そもそも文脈を見て、考えようとするので、それらを「仁」という漢字を書いてすませている漢字圏とは異なる對應である。筆者は、春秋中期から戰國前期について、複数の「國」が介在する場において「思いやり」力と解釋しておいた。「孝」が問題になるのは、戰國中期以後のことで、賢人主義によって領域國家の「王」の世襲が擔保されなくなることを補う意味がある。十二方位・三正説・後天八卦方位の重なりが議論される時代である。「道」もこの時代からである。「弟」に言及するのは、戰國中から前漢前期、つまり二十四史の時代の前の時代の特徴と言える。領域國家でありながら、その前の時代を繼承する面があり、編鐘がまだ生きていた時代である。複數の「國」が介在する場は極端にせばまり、王權中央の祭祀の場たる宗廟において、皇帝一族が「孝」をとなえ、その情報を寛める。しかし、複數の「國」が介在する場があったことの記憶はあるので、かつての「國」を念頭において、「弟」を述べる。だから、同じ學而に「弟子、入則孝、出則弟、汎愛衆、而親仁」と述べる。「出」というのは、「弟」が宗廟の場の外に出ることを意味している。この戰國中期から前漢前期という時代に、この文章を置いた場合、「仁」の意味としてもっとも妥當なのは、レッグの譯たる「Benevolence」であるが、そのことが上記に記されている。

　ついで、レッグが「仁」の意味が違うとした『孟子』の「仁也者人也」について言えば、この場合の「人」は、一般に想起する「人」とは異なる存在でなければならない。『荀子』は「仁人、人、小人」に分けて「人」の性惡を述べ、「仁人」として「士大夫以上、至於公侯」の階層を議論している。議兵十五に「仁者愛人、義者循理」と述べていて、仁について「愛人」とする。一方、『孟子』離婁上は、「仁之實事親是也」・「義之實從兄是也」と述べ、「仁人」を「人」と述べることが少なくない。その意味の「人」の性が善である。ということなので、「人」は、上位の階層に屬する。いずれにしても、レッグ引くジュリアンの「humanities」は、譯として適切ではない。

　本書において提示した、「仁」を語る場という基準は、歐譯された「仁」の檢討にも有效である。

　『論語』里仁[100]には、「子曰、里仁爲美、擇不處仁、焉得知、子曰、不仁者、不可以久處約、不可以長處樂、仁者安仁、知者利仁」とある。これについてのレッグの譯は「The Master said, 'It is Virtuous manners which constitute the excellence of a neighborhood. If a man in selecting a residence, do not fix on one where such prevail, how can he be wise?' The Master said, 'Those who are without virtue cannot abide long either in a condition of poverty and hardship, or in a condition of enjoyment. The virtuous rest in virtue; the wise desire virtue.'」となっている。ここでの注目點は、「Virtuous manners」である。「里仁」は「里におる」とすることが多い。この「Virtuous manners」という譯は、仁が里に及んでいる、という意味をもつ。これは筆者の譯と同じである。複數の「國」が介在する場において論じる「仁」は、「里」に及ぶ議論はおこらない。これに對し、「仁者」・「仁人」という特別の存在が關わる「仁」は、「里」に及ぶ。しか

るに及んだ「仁」が見えるわけではない。だから、目に見える「manners」が問題になる。「The virtuous rest in virtue; the wise desire virtue」というのは、「仁者」が「知者」より上位にあることを述べ、「仁者」は「仁」がわかる、「知者」をその「仁者」を目にして理解しようとする、という狀況を述べている。ここに示された「仁」は、十二方位・三正説・後天八卦方位の重なりが議論された後のものである。「poverty and hardship」は、「不仁」の立場に踏み込んで譯出している。上記のように、『孟子』の「仁」と分ける意識があるにも拘わらず、結局は十二方位・三正説・後天八卦方位の重なりが議論された時期を遡ることができない。

『論語』雍也[101]には「樊遲問知、子曰、務民之義、敬鬼神而遠之、可謂知矣、問仁、曰仁者先難而後獲、可謂仁矣」とある。これについてのレッグの譯は「Fan Ch'ih asked about what constituted wisdom. The Master said, 'To give one's self earnestly to the duties due to men, and, while respecting spiritual beings, to keep aloof from them, may be called wisdom.' He asked about perfect virtue. The Master said, 'The man of virtue makes the difficulty *to be overcome* his first business, and success only a subsequent consideration; ——this may be called perfect virtue.'」となっている。レッグは「知」を「constituted wisdom」とする。仁者について「先難」を「makes the difficulty *to be overcome* his first business」とし、「後獲」を「success only a subsequent consideration」とする。「知者」は「while respecting spiritual beings」であるのに、「鬼神を遠ざける」と述べた後に「仁」を議論し、上記のように述べる。おそらく「仁者」は「spiritual beings」（鬼神）を遠ざけないとい含意があるのであろう。これは筆者の解釋と同じものがある。レッグは、上記のように十二方位・三正説・後天八卦方位の重なりが議論された後の議論をするので、上記の「仁者」の立場は、禮の世界との關わりを念頭において述べるのだろう。この禮の世界は、複數の「國」が介在する場の時代に遡ると、その場において、それぞれの「國」の鬼神に關わる。まさに「spiritual beings」（鬼神）に關わる。レッグが、「先」・「後」についての注釋で、「先 and 後 are, as frequently verbs. 'put first,' 'put last.' The old interpreters take them differently, but not so well.」と述べるのは、一般の譯において、上記の觀點がないことを述べるのだろう。

同じく『論語』雍也[102]に「子曰、知者樂水、仁者樂山、知者動、仁者靜、知者樂、仁者壽」とある。これについてのレッグの譯は「The Master said, 'The wise find pleasure in water; the virtuous find pleasure in hills. The wise are active; the virtuous are tranquil. The wise are joyful; the virtuous are long-lived.'」となっている。この部分、レッグの注釋は「CONTRASTS OF THE WISE AND THE VIRTUOUS. The two first 樂 are read *âo*, 4th tone, = 喜好, 'to find pleasure in' The wise or knowing are active and restless, like the waters of a stream, ceaselessly flowing and advancing. The virtuous are tranquil and firm, like the stable mountains. The pursuit of knowledge brings joy. The life of the virtuous may be expected to glide calmly on and long. After all, the staying is not very comprehensible.」となっている。筆者はこの一節を、複數の「國」が介在する場をもとに解釋した。盟誓の場において「嘉」の「身」と「丕顯岳公大冢」の罰が問題となり、前者から「仁」、後者から後代の「道」それぞれの議論が出てくることを述べ、象徵的山からがわき出てくる水の流れが「道」の概念形成に影響を與えたことを述べた。この前提で、レッグの解釋はなじむものとなっているが、レッグ自身は、筆者のような想定をめぐらしていたわけではない。

同じく『論語』雍也(103)に「宰我問曰、仁者雖告之曰、井有人焉、其從之也、子曰、何爲其然也、君子可逝也、不可陷也、可欺也、不可罔也」とある。これについてのレッグの譯は「Tsâi Wo asked, saying, 'A benevolent man, though it be told him,――'There is a man in the well,' will go in after him, I suppose.' Confucius said, 'Why should he do so? A superior man may be to *go to the well*, but he cannot be made to go down into it. He may be imposed upon, but he cannot be befooled.'」となっている。この部分、レッグの注釋は「THE BENEVOLENT EXERCISE THEIR BENEVOLENCE WITH PRUDENCE. Tsâi Wo could see no limitation to acting on the impulses of benevolence. We are not to suppose with modern scholars that he wished to show that benevolence impracticable. 雖 belongs to the whole following clause, especially to the mention of a well. The 仁 of 仁焉 should be 人. This happy correction of the text is due to a contemporary and teacher of Chû Hsî whom he calls Liu P'ing-chün. 其…也 indicate some doubt in Wo's mind. Observe the *hophal* force of 逝 and 陷 .」となっている。「君子可逝也」を「will go in after him」と譯しているのは、「逝」が井戸にいくことを述べ、孔子はそうしてはならぬと述べたとするものである。しかし、筆者は、レッグと違って「去らせる（關わらないようにする）」と解釋した。君子は、複數の「國」が介在する場にあって「仁」（複數の「國」の鬼神に思いやる力）を發揮する。罪を降すのは、山の神たる大家の仕事である。だから、「去らせる」とした。第二章第三節に述べた筆者の譯はこうなっている。「宰我が質問して言うには、仁者が告げて、井戸に仁があると述べたら、これに從うべきだろうか。孔子が言うには、どうしてその通りだということになろうか。君子はすておいて去るべきだ。民を陷らせてはいけない。民を欺くべきだ、民を罪してはいけない」。こうせず「逝」を井戸に行く、という話にすると、井戸に行って、落ちた人を見るだけにしろ、ということになって、話の落ち着きが悪い。この一節は、話自體古い内容を繼承しているのに、歷代の論者は、戰國以後の新しい「仁」說をもってこの一說を解釋しようとして、うまくいっていない。レッグもその例外ではない。

同じく雍也(104)に「子貢曰、如有博施於民而能濟衆、如何、可謂仁乎、子曰、何事於仁、必也聖乎、堯舜其猶病諸、夫仁者己欲立、而立人、己欲達、而達人、能近取譬、可謂人之方也已」とある。これについてのレッグの譯は「Tsze-kung said, 'Suppose the case of a man extensively conferring benefits on the people, and able to assist all, what would you say of him? Might he be called perfectly virtuous?' The Master said, 'Why speak only of virtue in connexion with him? Must he not have the qualities of a sage? Even Yâo and Shun were still solicitous about this.' 'Now the man of perfect virtue, wishing to be established himself, seeks also to establish others; wishing to be enlarged himself, he seeks also to enlarge others.' 'To be able to judge of others by what is nigh in ourselves;――this may be called the art of virtue.'」となっている。譯が直譯調になっている。筆者の第二章第三節の譯は「子貢が言うには、もし民に博施し衆を濟うことができるとすれば、どうだろうか。仁と言うべきだろうか。孔子が言うには、どうして仁を事としているだろうか。必ずや聖かと問うと、堯舜はこれに病めるがごときであった。そもそも仁者はすでに立とうとして、人を立てた。已に達しようとして人を達するようにし、近く譬を取ることができた。こういう場合、仁の方途と言うべきだろうか。このように答えた」とした。この一節には、「仁者」が賢人であることが說明されている。「賢者」は統治者としての

終章　先行研究とどう關わるか

「王」を立てる必要がある、という文意である。「王」が賢人であるのは、大前提である。一般に賢人主義を語るのに、賢人を主人公として語りやすい。しかしながら、論ずべき主人公は「王」である。こうした前提があるから、道家は「仁者は不要」だと議論したのである。レッグの注釋に「This is the description of 仁者之心體 ,'the mind of the perfectly virtuous man' as void of all selfishness.」とある。朱子「以己及人、仁者之心也、於此觀之、可以射天理之周流而無閒矣、狀仁之體、莫切於此」を參照しているのがわかるが、朱子は聖人との對照から論じ「王」の存在を前提とする。レッグの譯には、その前提が見えない。ここに述べる「仁」は、仁者として「仁」であり、十二方位・三正説・後天八卦方位の重なりが議論された後の時代のものである。

『論語』述而(105)に「子曰、志於道、據於德、依於仁、遊於藝」とある。これについてのレッグの譯は「The Master said, 'Let the will be set on the path of duty.' 'Let every attainment in what is good be firmly grasped.' 'Let perfect virtue be accorded with.' 'Let relaxation and enjoyment be found in the polite arts.'」となっている。文法を違えて工夫しながら、道を「the path of duty」、德を「what is good」、仁を「perfect virtue」、藝を「the polite arts」と表現する。これについてのレッグの注釋に「RULES FOR THE FULL MATURING OF CHARACTER. 德 might be translated virtue, but 仁='perfect virtue' following, we require another term.」とある。歷代注釋が「藝」について具體的にそして比較的詳細に説明するのを受け、レッグも以下「藝」について長めの注釋をつけているが割愛する。文脈上「德」は「仁」の上位にある。これにレッグは氣附いていて、德を「Virtue」、仁を「Perfect Virtue」と譯し、レッグ自身の他の譯と矛盾しないよう注釋を入れている。しかし、矛盾は解消されていない。解消されない理由は、上記に述べた點にある。主人公を「仁」者とするから、「仁」を「Perfect Virtue」と譯す必要が生じる。そして、戰國時代における道家との理論的相互乘り入れを自覺しないから、道・德が仁の上位にくる文章を見て、思考が混亂する。主人公を「王」とし、それを補佐する賢人として「仁」を語ればよい。第二章第三節に筆者の意見を述べた際は、直譯を附しただけなので、ここに補足しておこう。「道」は天道、「德」は聖人の德、仁は「仁者」の仁、つまり、天、聖人、仁人の順に論じて「藝」にいたる。「藝」は「仁人」になりきれていない「人」について言うものであろう。つまり、この文章には、道家の議論が影響を與えていて、道が最上位にある。しかも、「天道」である。「人」は仁人と違って、知覺できるものしかわからない。だから「藝」が問題になる。いわゆる六藝である。ここに見えているのも、十二方位・三正説・後天八卦方位の重なりが議論された後の時代のものである。

實は、「藝」がなければ、原初的「道」、古來の「德」そして「仁」という議論も可能である。つまり神としての「丕顯岳公大冢」から議論される「道」、周に傳えられてきた「德」、そして「嘉」の「身」から議論される「仁」である。

同じく『論語』述而(106)には「子不語怪力亂神」とある。これについてのレッグの譯は「The subjects on which the Master did not talk, were——extraordinary things, feats of strength, disorder, and spiritual beings.」となっている。これについてのレッグの注釋は「CONFUCIUS'S KNOWLEDGE NOT CONNATE, BUT THE RESULT OF HIS STUDY OF ANTIQUITY. Here again, according to the commentators, is a wonderful instance of the sage's humility disclaiming what really had. The comment of a Mr. Yin, subjoined to Chû Hsî's own, is to the effect that the knowledge born with a man is only 義 and 理, while ceremonies, music, names of things, history, etc., must be learned. This would make what we may call connate or innate knowledge the moral sense, and those intuitive principles of reason, on and by which all knowledge is built up. But Confucius could not mean to deny his being possessed of these. 'I love antiquity;' i.e. the ancients and all their works.」となっている。この一節は、上記の池田知久の見解に關して筆者の見解を述べる中で、こう言及している。「『左傳』の「鬼神」や"神"について具體的に檢討してみると、鬼神・神が關わるのは、個人ではない。國である。そしてその神に關わるのは、君である。だから、一般に"人"はこのことに關わらない。關わらないが、その鬼神・神のことがわかる特別の人が存在する。それが"仁者"だということである。だから、"知者"は"神については、敬して遠ざく"と述べるにとどめるのである。すでに述べたように、鬼神・神を無視するのではない」。レッグの「But Confucius could not mean to deny his being possessed of these.」は、朱子がこの「鬼神・神を無視するのではない」ということを述べている。實際朱子その他の注釋を參照すると、例えば朱子には「怪異勇力、悖亂之事、非理之正、固聖人所不語、鬼神造化之迹、雖非不正、然非窮理之至、有未易明者、故亦不輕以語人也」とある。『論語』集解は「孔子曰、未能事人、焉能事鬼、是不答也」と述べる。『論語』の立場が「關わらない」ということであって、「無視するのではない」ということは、言わば常識的見解を述べたものである。「is a wonderful instance of the sage's humility disclaiming what really had」という表現にも注意しておく。

　同じく述而(107)に「子曰、仁遠乎哉、我欲仁、斯仁至矣」とある。レッグの譯は「The Master said, 'Is virtue a thing remote? I wish to be virtuous, and lo! Virtue is at hand.'」となっている。レッグの注釋は「VIRTUE IS NOT FAR TO SEEK. 哉, after 乎, implies the negative answer to be given.」となっている。筆者は、第二章第三節で「孔子は"仁"がわかるので、"仁"を呼び寄せることができる。目に見える形として"仁"の行動をとることができる」と述べておいた。『論語』は一般に仁者・知者のうち知者の立場でものを述べる。しかし、孔子自身は仁者である。ということで、上記のように譯した。レッグを含め、論者は「『論語』は一般に仁者・知者のうち知者の立場でものを述べる」という意識がない。そうであっても、上記のように、知者の立場の向こうに、仁者を理解しようとする意識があることを、レッグは述べているし、朱子も述べている。「『論語』は一般に仁者・知者のうち知者の立場でものを述べる」ことが自覺されれば、譯も変わると考える。

　同じく述而(108)に「子曰、若聖與仁、則吾豈敢、抑爲之不厭、誨人不倦、則可謂云爾已矣、公西華曰、正唯、弟子不能學也」とある。レッグの譯は「The Master said, 'The sage and the man of perfect virtue;——how dare I rank myself with them? It may simply be said of me, that I strive to become such without satiety, and teach others without weariness.' Kung-hsî Hwâ said, 'This is just what we, the disciples, cannot imitate you in.'」となっている。レッグの注釋は「WHAT CONFUCIUS DECLINED TO BE CONSIDERED, AND WHAT BE CLAIMED. 若 and 抑 are said to be correlatives, in which case they = our 'although' and 'yet.' More naturally, we may join 若 directly with 聖與仁, and take 抑 as = our 'but.' 云爾, see chap. xⅷ. 已矣, added to 云爾, increases its emphasis, = 'just this and nothing more.' Kung-hsî Hwâ, see vvii'4.」となっている。筆者は第二章第三節において「孔子が言うには、聖と仁のごときは、みずから敢えてできるだろ

終章　先行研究とどう關わるか

うか。抑もこれを爲して厭きることがない。人を教えて倦まない。とすると、このように言うと言うべきである。公西華が言うには、正にしかりである。弟子は學ぶことができない」と譯し、「聖も仁も、孔子だけがわかる、形にできる、というのが結論である」と述べた。わかりにくいレッグの直譯（そもそもの文章がわかりにくい）と注釋に對し、筆者の觀點をいれれば、理解しやすくなろう。聖人と仁人と弟子をそれぞれレベルが異なることを述べているのであって、弟子は結局のところ知者にすぎないので、その立場にたてば、こう言うしかない、という文意である。

　『論語』述而(109)には、續けて「子疾病、子路請禱、子曰、有諸、子路對曰、有之、誄曰、禱爾于上下神祇、子曰、丘之禱久矣」とある。レッグの譯は「The Master being very sick, Tsze-lû asked leave to pray for him. He said, 'May such a thing be done?' Tsze-lû replied, 'It may.' In the Eulogies it is said, 'Prayer has been made for thee to the spirits of the upper and lower worlds.' The Master said, 'My praying has been for a long time.'」となっている。レッグの注釋は、「CONFUCIUS DEVLINES TO BE PRAYED FOR. 疾病 together mean 'very sick.' 有諸：──諸 is interrogative, as we find it frequently in Mencius. 誄, 'to write a eulogy, and confer the posthumous honography title'; also, 'to eulogize in prayer,' i.e. to recite one's excellences as the ground of supplication. Lêi is a special form of composition corresponding to the French *éloge*, specimens of which are to be found in the Wǎn Hsüan（文選）, of prince Hsiâo Tung. Wylie, 'Notes on Chinese Literature,' p. 192, calles them 'obituaries.' Tsze-lû must have been referring to some well-known collection of such compositions. In 禱爾, 爾 may be taken as the pronoun. 上下 = heaven and earth, 神 being the appropriate designation of the spirits of the former, and 祇 of the latter. ── Chû Hsî says, 'Prayer is the expression of repentance and promise of amendment, to supplicate the help of the spirits. If there be not those things, then there is no need for praying. In the case of the sage, he had committed no errors, and admitted of no amendment. In all his conduct he had been in harmony with the spiritual intelligences, and therefore he said, ── *my praying has been for a long time*.' We must demur to some of these expressions; but the declining to be prayed for, and the concluding remark, seem to indicate the satisfaction of Confucius with himself, We wish that our information about him were not so stinted and fragmentary.」となっている。この一節には「仁」の語がないため、筆者は第二章第三節で扱わなかった。しかし、ここには、孔子とその弟子の鬼神對應がわかりやすく示されている。鬼神に對して禱っている。そして注目されるのは、「In all his conduct he had been in harmony with the spiritual intelligences, and therefore he said, ── *my praying has been for a long time*.」と述べていることである。これは、『集解』および安井息軒(110)に「孔安國曰、孔子素行、合於神明、故曰丘之禱久矣」とあるのを參照することができる。ここには、筆者が複數の「國」が介在する場において、原初的「仁」が議論できることを述べたのに通じる釋義が示されている。今ここに論じることは、孔安國にも、そして安居息軒についても言える、ということである。

　そこで、上記に言及した『左傳』の鬼神と「仁」との關係のうち、「仁」に言及する部分を再度話題にしてみよう。

　『左傳』成公五年には「既而告其人曰、神福仁而禍淫、淫而無罰、福也」とある。「神は仁に福をもたらし、淫に禍をもたらす。そして罰がないのは福ありとすべきである」とあった（前後の

494

文脈は省略)。ここには、「仁」と「淫」が並列して語られ、神は「仁」に福を、また「淫」に禍をもたらす。前後の文脈には、晉の趙嬰・趙同が亡命するくだりが語られる。複數の國が關わる場である。罰がくだることなく、晉から齊に亡命できた、という話であった。齊の神を祭祀する場が、彼らを受け入れた、「仁」があるからだということになろうと述べた。「仁」は「神」に密接に關わる言葉である。これについてのレッグ[111]の譯は、「Afterwards, however, he [Probably Ching-pi] told it to one of his followers, who said, "Spirits bless the virtuous, and send calamity on the lewd. When one guilty of lewdness escape without punishment, he is blessed"」となっている。ここには、「Spirits bless the virtuous, and send calamity on the lewd.」という興味ある解釋が見えるのだが、すでにレッグの譯について檢討してきたのと同じで、複數の「國」が介在する場における「仁」という發想が示されるわけではない。

『左傳』襄公七年に「詩曰、靖共爾位、好是正直、神之聽之、介爾景福、恤民爲德、正直爲正、正曲爲直、參和爲仁、如是則神聽之、介福降之、立之、不亦可乎」とあった。「なんじの位にともに安んじ、この正直を好むと、神がこれを聽き、なんじの景福をおおいにするだろう。民をやすんじるのを德とし、正直を正とし、曲を正すを直となし、參和を仁となす。このようであれば、神はこれを聽き、介福してこれに降る。これを立ててよいか」。この部分の後に、韓宣子が仁ありと晉侯に認められ、公族大夫になった。『左傳』が特別視する韓宣子に關わることだから、詩の內容も戰國中期に近づけて解釋する必要はあるが、それでも「參和爲仁」とあるのは、注目すべきである。複數の國が關わる場で「思いやる」力という、「仁」の原義がそこに見えていた。そして「仁」が見えれば、神がこれを聽いて福を降す。二十四史において、「仁」が皇帝によって寬められるものである、という論理ではなく、「仁」は神が聽く、という論理があった。これについてのレッグ[112]の譯は、「The ode says (She, Ⅱ. ⅵ. Ode Ⅲ. ⅴ.) : ── 'Quietly fulfil the duties of your office, Loving the correct and upright. So shall the Spirits hearken to you, And increase your brilliant happiness.' A compassionate attendance to the business of the people is goodness. The rectification of one's-self is real rectitude. The straightening of others crookedness is real correctness. These three things in harmony constitute virtue. To him who has such virtue, the Spirits will listen, and they will send down on him bright happiness. Would it not be well to appoint such an one?」となっている。この場合も、「the Spirits will listen, and they will send down on him bright happiness.」という興味深い解釋が見えるのだが、複數の「國」が介在する場における「仁」という發想が示されるわけではない。

『左傳』の「鬼神」や「神」について具體的に檢討してみると、鬼神・神が關わるのは、個人ではなく國であった。そしてその神に關わるのは、君であった。だから、一般に「人」はこのことに關わらない。關わらないが、その鬼神・神のことがわかる特別の人が存在する。それが「仁者」だということであった。だから、「知者」は「神については、敬して遠ざく」と述べるにとどめるのであって、鬼神・神を無視するのではなかった。「わからないこと」は「仁者」に任せておく、というのが『論語』の立場であり、この立場と『左傳』の鬼神觀・神觀は、矛盾しないわけだが、この立場は、レッグには見えていない[113]。

以下、レッグの『論語』譯については、同樣の指摘がさらにできるわけだが、割愛することにしたい[114]。

495

終章　先行研究とどう關わるか

まとめ

　以上、本書に述べてきた點と、學説史との接點を探ってみた。その結果、あらためて、次の點が明らかになったと言える。
　１：レッグの譯と筆者の譯を比較した結果にも端的に示されるように、本書の檢討が、「仁」評價の「場」に基準を定めたことが、先行研究との大きな違いを生んでいる。
　２：宋學の特徴として議論されることが多い「萬物一體の仁」と「天理」は、二十四史に通底する問題であることが確認でき、訓詁學の時代にあっては、緯書が大きな役割を果たしていたことが考えられた。
　３：緯書の「天理」と密接に關わるのは周易の「八卦方位」であり、『左傳』の星宿の分野説以來の天と地上の國の關係を繼承しつつ、「八紘」の「紘（つな）」と地上の關係を論じ、佛教が傳來すると、「天理の物」に理念的反映を「形」として殘すにいたった。それが、本書に議論した佛塔や八角燈籠の平面構成と立面構成である。正八角形とその八分割した二等邊三角形が基準となっている。そして、その基準を使用するに際してのモノサシは、『漢書』律暦志に議論した度量衡のそれである。「古代の數理」が、歴史學的・思想史的議論に年代的基礎を與える[115]。
　４：その檢討結果をもって、漢代の『禮記』や、先秦時代の『韓非子』・『荀子』・『孟子』・『論語』を遡って檢討すると、「萬物一體の仁」と「天理」について、その先行する議論が確認でき、その議論を通して、儒家と道家が相互に影響を及ぼしつつ議論が緻密になっていく過程を追うことができた。儒家のように「仁」を「道」の上に置くか、道家のように「道」を「仁」の上に置いて「仁」を無視するかの違いができたとして、相互の議論内容の影響がたどれる。
　５：「仁」は賢人主義の象徴的用語であり、これを最重視する儒家と、それを否定する道家の立場は、三正説の相違を生み、前者の夏正・踰年稱元法、後者の楚正・立年稱元法という目に見える制度の相違を生んだ。
　６：本書の議論が先行研究と大きく異なる結果をもたらしているのは、こうした視點の基礎として、數理の展開を蹊づけたことである。池田知久と異なるのも、滋賀秀三と異なるのも、高木智見と異なるのも、そして他の研究者と異なるのも、戰國中期以後、「十二方位・三正説・後天八卦方位の重なりを議論する時代」を論じたためである。そして、春秋中後期から戰國前期にかけて、「三分損益法と編鐘との結合の時代」を論じたためである。單に駄言を提示するにすぎないが、本書にも引用した筆者の過去の研究において、戰國時代の金屬貨幣の重量を統計的に一覽にしたものがある。その一覽によって判明するのは、九・六・八の倍數を使った換算の體系である。殷代以來の十進法による重量の繰り上がりが九・六・八の倍數によって爲されるにいたる。これに二十八宿出現の狀況を勘案して、三正説と後天八卦方位の出現を述べている。
　７：また、出土史料たる侯馬盟書の盟辭の中に、「嘉の身」と「丕顯岳公大冢の罰」の記述を見出し、それらが、複數の「國」が介在する場における「仁」評價と、同じ場において、超自然的にもたらされる罰の存在を語ることができることを述べた點も、大きい。春秋中後期から戰國前期にかけての「三分損益法と編鐘との結合の時代」は、鐵器時代に突入した「邑制國家の大國小國連合」の時代である[116]。その時代に、後の「仁」評價の先驅と、天道論の先驅を見出した。
　８：この種の發想なく、戰國中期以後の「十二方位・三正説・後天八卦方位の重なりを議論す

る時代」の議論を遡るから、從來の議論では侯馬盟書が浮いた存在になっている。

　9：また、戰國中期以後の「十二方位・三正說・後天八卦方位の重なりを議論する時代」が終焉する時に、『史記』が作られたことを想起することなく、『史記』の議論をもって先秦時代に遡るから、漢代の『禮記』や、先秦時代の『韓非子』・『荀子』・『孟子』・『論語』、さらには、『春秋』三傳の實際の記述と齟齬が生じる。

　10：同じく、戰國中期以後の「十二方位・三正說・後天八卦方位の重なりを議論する時代」を議論しないために、『左傳』の時期を誤る[117]。

　11：以上を確認して述べたいと思ったため、禁欲的に記述してきたところがあるが、本書冒頭に「仁」に關する研究史を簡單にひもとき、服部宇之吉の見解を示した。そこに「所が宋に至つて一つ非常に違つた說が現れてきた、愛を離れて仁を說かうとする考が現はれてきた。何故愛を離れて仁を說かうといふことになつたかというに、是は宋學の哲學から生じた結果であらうが、仁と愛といふものを二つ並べて見ると仁は本體で愛は作用である」とあった。ここには、上記からして二つの誤りが潛んでいる。一つは孔子が「人を愛す」と述べた「人」は、實は「民」の上に位置づけられた特別の階層であることである。この論點は『荀子』に明確に示されている。「三分損益法と編鐘との結合の時代」に遡って議論すると、複數の「國」が介在する場にあって「人」は參加者である。そこには異國の「人」も混じる。だから、「人」を愛することを重視し、異國の神についても「思いやる」力が必要とされる。『論語』は、知者の立場、しかも「國」の內にあっての發言として、目の前の「人」を愛せと述べた。この「人」を、服部は近代的意味においての「人」に置き換えた。もう一つの誤りは、服部は、『史記』から『舊唐書』まで、緯書によって「萬物一體の仁」と「天理」を論じていたことに氣づいていない點である。先秦時代は、まだ「天理」の語がなく、宋學の立場からは、その緯書を除くことで、訓詁學を否定する論理が立ちやすい現狀があった。服部は、言わばその術中にはまってしまったと言える。

　本書は、少なからざる紙幅を割いて、思想史的先行研究との接點を論じることになった。しかし、上記に述べたように、その基礎を提供するのは二十四史であり、數理の檢討である。

　そして、孔子の時代、すなわち新しい邑制國家の大國小國連合の時代（鐵器時代に入った邑制國家の大國小國連合の時代）を議論する基礎が、侯馬盟書という考古史料であり、古い文體を殘す『左傳』說話であることが、明らかになったと言える。これらの時期的關係を探る上でも、數理の檢討が大きな意味を持った。

　以上、筆者の見解の是非を檢討する道筋は、極めて明確に示されていると考える。

　本書に禁欲的に述べた點は、言うまでもなく、過去になされた研究のごく一部を扱うに過ぎない。筆者の理解するところ、例えば、宋學の根幹をなす議論には、本書は敢えて立ち入っていない[118]。宋學の見解で先秦に立ち入ってはいけない、と述べたことに通じる結果でもある。

　本書に述べてきたところでは、〖A〗殷・西周時代から春秋前期（〜前7世紀半ば）、〖B〗春秋中期から戰國前期（〜前4世紀前半）、〖C〗戰國中期から漢初の經典等の見方、〖D〗『史記』の見方、〖E〗『漢書』から『舊唐書』の見方、〖F〗『新唐書』から『明史』の見方を問題にした。

　宋學が關わるのは〖F〗である。緯書が關わるのは〖E〗である。後天八卦方位が大きく關わるのは〖C〗〖D〗〖E〗である。緯書に關わる以前の後天八卦方位は〖C〗〖D〗で議論され、この時期、樂の位置づけが後に比較して大きいものがある。「天理」が關わるのは〖D〗〖E〗〖F〗だ

が(『禮記』は《D》に位置づけられる)、そのうち「八紘」が「仁」評價の場であるのは《D》《E》であり、「仁」評價の場がその外に擴大されたのが《F》である。《E》の後半には、周邊國家における漢字の定着を基礎として外國君主に「仁友」を議論するようになる。《F》の前半には、《E》時期の宇宙觀の繼承が指摘できる。元以後に宋學が天下の教えとなることに關わる。

《C》時期は「天理」がまだ議論されていない。この時期「後天八卦方位」と三正説・種々の十二方位との重なりの議論が、「天理」に相當する理念的支えとなった。《B》時期は、編鐘の緻密な編成・大型化と三分損益法の重なりが大きな意味をもち、原始『詩經』と樂理論が大國・小國それぞれの祭祀の場で用いられた。孔子はその整理者である。

《A》時期は、《B》の變化がまだ起こっていない。《A》《B》いずれも邑制國家の大國小國關係が議論できるが、《A》は青銅器時代、《B》は鐵器時代に屬する。《B》にはいわゆる縣の前身の設置が始まる。《B》の最後に魏の文侯等による書物の整理があり、『尚書』の原形はこのころできあがる(西周金文と『尚書』それぞれの周王の自稱には相違がある)。

後天八卦方位が大きく關わる《C》《D》《E》のうち、《E》の時期に、佛教が傳來し道教(ないしその前身)が起こる。佛教とともに傳來した建築基準は、後天八卦方位と結びつき、正八角形およびその分割形たる頂角45°の二等邊三角形を組み合わせた平面構成・立面構成が流行した。漢字の定着に併行して、朝鮮半島や日本にもその基準がもたらされている。現狀その日本や朝鮮半島の事例なくして、失われた中國の狀況を復元することはできない。それらに關する研究を進めた戰前戰後の日本の研究者たちに、いまあらためて目を向ける必要がある。

近代以來の仁説は、レッグの譯に見えるものと、明治に歐化を進めた日本の仁説とが、議論される。レッグの譯に神に對する配慮が見えるのに比較して、日本の仁説は神を否定した側面が強い(江戸時代に神道の形が整うことと關係があろう)。いずれも《F》の宋學の説を基礎にして《E》《D》《C》を遡る。しかし、《E》について緯書の萬物一體説と「八紘」の關係を見落とし、《D》《C》のその先驅的議論を見落としているのは是正されなければならない。そして《B》の存在にも氣づいてこなかった點も同様に是正される必要がある。概して以上の是正なく《E》を「訓詁」にすぎないと誹謗し、《D》《C》について宋學の素養を持ち込んだ。そしてその素養をもって《B》さらには《A》に遡っている。だから、西周時代について、無批判に「禮制」を論じたりした。經典的意味の「禮制」は《E》について緯書の「萬物一體説」を介在させての説明が爲され、《D》《C》にその先驅的説明が漢王朝や戰國諸王朝それぞれの宗廟祭祀の場において爲され、《B》の時期、大國小國それぞれの祭祀の場において「仁」が話題にされ、孔子のころに原始『詩經』と樂の整理がなされ、その死後魏の文侯のころに『尚書』(西周金文と周王の自稱に違いがある)の骨格ができたことが論じられねばならない。西周時代にいわゆる經典的「禮制」を論じるのは間違いであり、先驅的儀禮を邑制國家の大國小國それぞれの祭祀の場において(考古學的に、そして經典等を無批判に使用することなく)議論しなおす必要がある。

くりかえすようだが本書を通讀していただけば自ずと明らかなように、本書は、世の研究者が多く研究對象としてきた朱子學や陽明學の諸問題には、あまり立ち入っていない。「先學を語る―島田虔次先生―」(小野和子・狹間直樹・三浦國雄・森紀子・吉川忠夫出席、『東方学』125、2013年)に、標題の島田虔次の教養形成、研究遂行の上で關わりのあった多くの先人たちや、山下龍二・溝口雄三等の研究者への言及がある。近代まで視野に入れたこれらの議論を參照しつつ、身の程をわ

きまえた。

　最後に贅言しておけば、本書を一言で述べると、「殷周春秋時代の考古學を檢討するための基礎」を提示すべく四苦八苦した書物ということになろうと思う。通常、これらの時代を古典や『史記』を用いて論じて終わり、という事例は枚擧に遑がない。古文字史料を用いていても、事態は變わりがない。考古學の名の下に、なぜか古典や『史記』の内容が跋扈する。この時代を研究し始めて以來、ずっと腦裏を離れなかった研究方法の基礎が、はたして提示しえたかどうか。識者の叱正を期待する。

注

（1）池田知久『道家思想の新研究―《莊子》を中心として―』（汲古書院、2009年）。
（2）前掲池田知久『道家思想の新研究』450頁。
（3）前掲池田知久『道家思想の新研究』426頁。
（4）桑原武夫『論語』（筑摩書房、中國詩文選4、1974年。單行本、1983年。筑摩文庫、1985年）が「子曰、知者樂水、仁者樂山、知者動、仁者靜、仁者壽」について、「きわめてポエティックな象徵的な章であって、さかしらな注解を加えれば恥をかくばかりであろう」と述べ、すこし後の部分の「宰我問曰、仁者雖告之曰井有仁焉、其從之也、子曰、何爲其然也、君子可逝也、不可陷也、可欺也、不可罔也」について、「困難な章である。前半の質問句は十分に理解できない」と述べ、代々話題になっているわりには、意味が把握しきれないことを述べたのが、これらの一節である。水と山を語るのは、通常の理解では道家の立場であるのに、それが『論語』の中にある。しかも「仁者」という儒家特有の用語にからめた話題になっている。これについては、本書は本書としての立場から言及しているわけだが、一般には『論語』好きでも敬して遠ざけるのが普通だろう。本書のように、時代ごとの用語認識の差違や、水と山ということで道家思想に關する研究史に氣づかうなど、面倒な手續きをめざしていると、ついつい言及するのも面倒ということになりかねない。その意味から、時代ごとの差違といっても現代に近い立場を想定し得る宋代以後の中國の文人の立場にたって、『論語』雍也のこの一文を話題にした場合、どう議論できるか。この筆者の本書における檢討根據を一應おいて、山水畫の「山水」に視座を定め、『論語』や『左傳』に見える記述を追ってみた場合、こうまとまるという意味で、とても興味深い見解がある。上記の『論語』雍也の連續する二つの部分のうち前者（「きわめてポエティックな象徵的な章」）を扱う。許永畫『讀畫稿』（一般財團法人文人畫研究會、2015年）の一節である。「『論語』（雍也）に「知者は水を樂しみ、仁者は山を樂しむ」という孔子（前552〜479）の辭が載っているが、ここにいう"知者"とは、動的な水の流れを好み、積極的に動くような"賢人"をいう。一方"仁者"というのは、靜的な山を好んで閑靜な地に暮らす人物のことで、それは暗に儒教で理想とされる"聖人"を指している」とし、「人の一生は"知者は水を樂しみ、仁者は山を樂しむ"という、この孔子のことばに凝縮されているように思う。人は知惠をはたらかせて活動的に歩き廻る時もあれば、自然を眺めて靜かに瞑想する時もある。しかもそれを自ら選べるわけでもなく、何か眼に見えない力に引きずられ、行動せざるを得ないこともある。そうした己の生涯を振り返るとき、ふと眺めるものが山水なのだ、と孔子は述べているのである」と述べ、「そういうわけで、"仁者"は自然の調和を象徵する靜的な山を好み、閑靜な處で暮らし、天壽をまっとうすることを選ぶ、と孔子は説くのである。孔子や顏回は平生より山中を彷徨い歩き、自然の中からさまざまな法則をみつけて民衆を指導した。何故なら當時、日月星辰の働きや四季の移り變わりといった自然の現象は、天の秩序が人の目にみえる形をとったもの、と考えられていたからである。つまり孔子の生きていた紀元前に、すでに山水（自然）を崇拜する思想は存在したのである」とする。さらに桑原武夫が扱わなかった部分について、「孔子の門人の宰我が"鬼神"について師に尋ねると、孔子は、"人には生まれつき氣が備わっていて、魂と魄とを持っている。魂は神（陽神）が盛んなもので

あり、魄は鬼（陰神）が盛んなものである。すべての生き物は必ず死に、死んでしまえば必ず土（陰地）に戻ってしまう……"……つまり、孔子は"人"を天と地とが交錯して天地間に生みだしたもの、と考えていることが解る。人が生きている間は、その精神をつかさどる"魂"と肉體をつかさどる"魄"とが合致しているが、死亡すると魂魄が分離し、魂は天へ、魄は地へ歸ってゆくのである。そこで儒者は冠（加冠儀禮）・昏（婚姻儀禮）・喪（葬送儀禮）・祭（祖先の祭祀）といった通過儀禮を大切にし、天や地が人に送ってくる伝言ともいうべき"象"を、天空に耀く日月星辰や山水（自然）の中に讀みとろうとしたのである。これこそ孔子以來の儒者が大切にする"易"であった」とする。最後の「易」に關する記述は、後天八卦方位を念頭におかないと意味がよくわからない。また「天地人の世界觀」という言い方もある。こうしたことからもすぐ想起されるように、許氏は筆者の知人である（論文や專門書として世に問うというものではないこの書物の體裁上、他の研究者や筆者の名は出ていない）。近代人としての思惟から、本書のような内容は、どう理解されやすいか、という興味もあり、筆者の論じるところと關係するところもあるので、ここにコメントすることにした。筆者が懇切丁寧には説明したことがない内容で、あのわかりにくい圖やわが説明を參照しただけなのに、上記のようなまとめは、感心するものがあった。他の論者が見向きもしなかった「日月星辰」・「天地人」・「易」をうまくまとめている。ただ、以上を見てわかるように、視座は近代的な解釋上の「人」にある。そして該書は前掲池田知久『道家思想の新研究』を參照しないなど過去の研究にはこだわっていないので、本書の筆者の視座とはかなり違っている（桑原武夫が「困難な章である」と述べた部分を扱うと、許永書のような言い廻しは難しくなる。内容上「仁者を議論すべきものではないよ」といっている井戸について、仁者を聖人に言い換えてしまうことになるからである。また、『荀子』の分析的思考にいたる前史が考慮されないこともある）。しかし、本書に二十四史の記述を追い、「仁」評價を丹念にまとめて、遡った際に參照しえた『論語』の記述や、易などが言及されていて、私的にはめずらしく一服の清涼劑となった。魂魄は、今風に述べる場合は、魂は「火の玉」ないし「オーブ」、魄は「幽霊」と述べることもできよう。本書の下記に『左傳』の鬼神に言及する。また、孔子を聖人とするのは、『韓非子』以後であること、本書第二章に述べた。

（5）平勢隆郎編『春秋晉國「侯馬盟書」字體通覽—山西省出土文字資料—』（東京大學東洋文化研究所附屬東洋學文獻センター叢刊別輯15、1988年）38頁等。

（6）松本光雄「中國古代の邑と民・人との關係」（『山梨大學學藝學部研究報告』3、1952年）。

（7）前掲松本光雄「中國古代の邑と民・人との關係」の文脈は、『左傳』の當該議論をもって、春秋時代の分析を進めている。筆者は、そうした分析が可能かどうかを檢討した上で、分析していいものは分析し、後代性の強いものは後代の議論として分析する。判斷の基準は、第一に考古史料（例えば曾侯乙編鐘銘文、例えば侯馬盟書、例えば包山楚簡、例えば雲夢秦簡）、第二に『左傳』の新舊層位の分類（小倉芳彦研究以來）、第三に『荀子』を基準に（これは池田知久と同じ）先行する『孟子』と後の『韓非子』を考える。その上で『左傳』易と後天八卦方位との重なりを認め、さらに檢討を進める。

（8）前掲池田知久『道家思想の新研究』477頁注43。

（9）前掲池田知久『道家思想の新研究』の議論を參照しつつも、『老子』に見える極端な「仁」否定そのものが、議論の主眼でないと、筆者は考える。「仁」批判を通して、賢人主義を批判し、夏正・踰年稱元法と十二方位の重なりの中に易姓革命の議論が作り出されていることを否定する、というのが、議論の主眼であろう。そうしないと、楚王の權威は、その革命を經ていないことをもって、完全否定されるからである。周王の場合は、戰國中原王朝の下、周公補佐の時期と共和の時期を、賢人主義をもって再解釋する議論が進み、理想的前例に生まれ變わっている。侯馬盟書に見えている山の神の靈力が、天道と結びついて、楚王の權威を保證する、という論理が楚王の周圍で議論されていたのではないか。この論理を説明するには、先天八卦方位と十二方位の重なりが必要である。くりかえすようだが、「仁」批判は本質ではなく、賢人主義批判に本質がある。

（10）平勢隆郎『左傳の史料批判的研究』（東京大學東洋文化研究所・汲古書院、1998年）227頁。

(11) 現象面としては、戰國時代の稱王改元時期の記事として、「胙」のことが集中して出てくる。平勢隆郎『新編史記東周年表―中國古代紀年の研究序章―』(東京大學東洋文化研究所・東京大學出版會、1995 年) 34 頁。文武の胙について言及した研究として豊田久「周天子と"文武の胙"の賜與について―成周王朝とその儀禮その意味―」(『史觀』127、1992 年) がある。これは豊田久「周王朝の君主權の構造について―"天命の膺受"者を中心に―」(松丸道雄編『西周青銅器とその國家』東京大學出版會、1980 年) の議論と對になる。後者が檢討したのは、周の文王ないし文王・武王が受けた「天」は、同時に「有周」すなわち周邦が受命したと考えられていたことである。「文王・武王」の權威の繼承を問題にしている。「周天子と"文武の胙"の賜與について」では、文王・武王の權威の繼承として、後代の文獻に見える「文武の胙」を論じ、越王句踐が文武の胙を得たことに言及、周天子と霸者の關係について、「胙」を論じている。ところが、筆者の檢討によるところ、「胙」は周王から戰國王への權威の委讓を問題にする場で議論されているようだ。一般に、戰國稱王によって王となった者が眞の王であり、それまでに存在した有力國については「霸者」のレッテルを貼っている。春秋時代に稱王した楚王・吳王・越王は「霸者」にすぎないとされている。その越王への胙の賜與は、文武の胙をみずからの稱王に際して利用することができなかった者が、先行する戰國稱王國をくさすために作り出した話題だと考える。

(12) 滋賀秀三「中國上代の刑罰についての一考察」(『石井良助先生還暦祝賀法制史論集』創文社、1976 年。滋賀秀三『中國法制史論集・法典と刑罰』所收、創文社、2003 年)。

(13) より詳しく述べると、「大辰」に言及し、「火」を話題にするので、それが「大火」であることがわかる、という文脈になっている。

(14) 新城新藏『東洋天文學史研究』(弘文堂、1928 年) 6 頁に言及する。また、『左傳』昭公元年の一節を引用し、參が首として三晉地方で辰とされていたと推定。

(15) 原文は「寡君」とある。「寡人」という戰國時代の謙讓表現を言い換えたもの。「寡人」は謙讓の自稱だが、「寡君」は他稱である。明らかにくさしの表現(德の少ないわが君)である。このくさしは、直接は魯の君主を誹謗する。しかし、その「德の少ないわが君」の發言は間違いだということになるので、話題が楚をほめていても實は違うということになる。つまり、話の内容をまるごと逆轉させるための用語である。平勢隆郎『「八紘」とは何か』(東京大學東洋文化研究所・汲古書院、2012 年) 496 頁。

(16) 前掲許永畫『讀畫稿』に關して、話題にした。

(17) 「夫子」も、前掲「寡君」と同じく「くさし」の表現である。この「夫子」および「吾子」のレッテルが貼られた者は、『左傳』にあっては、本人や子孫が必ず滅亡する。例外は韓宣子であり、「君子にして夫子」・「君子にして吾子」という存在で特別である。前掲『左傳の史料批判的研究』352 頁、前掲平勢隆郎『「八紘」とは何か』480 頁。

(18) 細かい話だが、ここに「鬼神」・「神」について『左傳』がどう話題にしているかを列記している。その内容からして、こうだと述べておいた。

(19) 前掲松本光雄「中國古代の邑と民・人との關係」の議論參照。松本の議論からすると、「人」と「民」との別がある。その「人」の下に「臣」がある。ここに見えているのは古い議論だろう。奴隷身分に「隷臣」・「隷妾」がある。

(20) 吾妻重二『朱子學の新研究―近世士大夫の思想史的地平―』(創文社、東洋學叢書、2004 年) 220 頁に、「さて鬼神論の發展においてまず注意すべきことは、孔子や孟子に代表される原始儒教において、鬼神とは何かが問われていなかったことである。孔子は、右の泰伯篇の引用からも知られるように、鬼神の祭祀を重視してはいたが、鬼神とはいかなるものかに關しては『論語』に何の説明も見えない……孔子は鬼神を敬いつつも、その靈妙不可思議さをめぐって議論するのを愼重に避けていた。『孟子』に至っては、鬼神という語自體がない。ただし、その萬章篇上に……とあるので、孟子が鬼神の祭祀を重視していたことは明らかである」と述べている。上記において、池田知久の見解として紹介した「"孔子の歩み始めた呪術・宗教の乗り越え"という見方」とともに、この吾妻の見解が、現代の一般的孔子の鬼神觀と考えられる。しかし、『論語』において「仁者の

終章　先行研究とどう關わるか

議論は仁者にまかせ、知者の立場を越えては敢えて言及しない」という立場が示されていることは、一般には氣づかれていない。無視したくない事例を擧げておくと、江戸時代の山片蟠桃が『夢ノ代』の中で「無鬼」を議論している（水田紀久・有阪隆道『富永仲基・山片蟠桃』日本思想體系43、岩波書店、1973年。山片は有阪の校注）。近代的鬼神論の先驅として興味深い見解を示している。その見解は無神論として議論されているが、具にその見解を見てみると、『禮記』について「シカレバ則チ天地・日月星辰ヲ祭ルハ、天子ニ限リテ、諸侯トイヘドモ祭ルベカラズ。況ヤ大夫・士・庶人ニヲイテヲヤ」（上掲書496頁）、『孟子』について「"聖而不可知之、之謂神"。コレハ聖人ノ德ヲサシ、ソノ知ノ妙ナル處ヲサシテ云。聖スナハチ神也。ユヘニ聖神ト云、神聖ト云。易ニハ多クコレヲ云也。スベテ孟子ノ語ハ的實正當ニシテ苟モ妄誕ナシ」（上掲書502頁）、日本と中國を比較しつつ「我日本上古ヨリ、神ニ祈リ、吉凶禍福ヲ問ヒ、祈禱シテ太平ヲ求ムルコト、ソノ風習ナリ。日本紀ヲヨミテ辨フベシ。然ルニ佛法渡リテ以來ミナ佛者ニ混ゼラレ、習合セラレテ、伊勢・加茂トイヘドモシラ［ズシテ、ツイニ半ハコレガ爲ニ誤ラル。八幡・春日ノゴトキハ僧徒ヲ以テ社務ニ預ル。ツイニミナ習合セラルルナリ。］基本ハミナ鬼神アリトシテ畏ルル心ヨリ、カクナリユクモノニテ、邪僧其處ヘ附コミテ僞妄ヲ恣ニシ、邪説ニ溺ラスモノナリ。漢土代々ノ儒トイヘドモ、聖人ノ鬼神ヲ尊敬シ玉フヲ以テ、鬼神ト云コトヲ云出ス人ナシ。」（上掲書558頁）、「日本ノ中興ヨリ鬼ノ妄説アリ。」（上掲書568頁）、「今ノゴトク混亂歸スル處ナキユヘニ、民免レテ恥ルコトナキニ至ルナリ。況ンヤ孔孟ツイニ鬼神アリトイハザルヲヤ。ソレヲ以テ思ヒ合スベシ。家語ノ文ハ後世ノ僞作、カナラズシモ迷フ事ナカレ。」（上掲書575頁）等とあるので、山片の見解は「無神」ではなく『夢ノ代』中の標題のごとく「無鬼」である（筆者本書は宋學の議論には基本として立ち入らないが、山片は宋學を基礎に述べている。（島田虔次『朱子學と陽明學』〈岩波書店、1967年〉89頁に「安田二郎氏はかくて、朱子の理は存在としては無、意味としては有、と規定せられた」とある前後等を參照されるとよい）。「鬼」を前提とする佛教も否定對象である。ただし、本書に述べたような「仁評價の場」は念頭に置かれていない。本書では、大國小國の「仁評價の場」で國の鬼神が議論され、その國が滅ぼされて縣となり、「仁評價」の議論の場が大國中央のみに集約されたことを論じている。山片の基本的立場は、言わば『論語』の知者の立場に立脚して、『論語』が敬して遠ざけた世界に禁欲的に言及するという意味で、筆者のそれと通じるところがある。しかし、山片は本書で述べた「仁評價の場」の問題に氣づいていない。山片が「漢土聖賢ノ鬼神ヲ祭ルノ法ハ、諸書ニ溢ブレテ、悉クコレヲ考フニ、上代・中古・當今ノ祭法、漸漸ニ變レリ」（上掲書578頁）と述べるように、『論語』が「敬して遠ざく」とした世界は、議論する内容が代々異なってきている。そもそも、①鐵器時代に入った後の邑制國家の大國小國連合の時代（春秋中期以後）の「仁」を語る場と國ごとの鬼神祭祀の場、②「十二方位・三正論・後天八卦方位の重なり」ができあがった後（戰國中期以後）に領域國家の中央に集中された國家祭祀の場と「仁をひろめる」考え方、その下の人や民について巫に委ねられた鬼神の議論の場、③國家祭祀が皇帝祭祀に集中された後（漢代以後）の八紘を基礎とする「仁をひろめる」考え方、その下の人や民について巫に委ねられた鬼神の議論の場（A）、佛教・道教・巫に委ねられた鬼神議論の場（B。佛教傳來以後）、④八紘の基礎が消えた宋學の考え方、その下の人や民について仏教・道教・巫に委ねられた鬼神の議論の場、⑤近代以後「無神」が議論された後、以上に分けて議論する必要がある。山片蟠桃は、④の宋學の考え方を述べているのであって、③の八紘を基礎とする「仁をひろめる」考え方は述べるにいたらず、②の「十二方位・三正論・後天八卦方位の重なり」も述べるにいたらず、①は丸々述べていない。山片は宋學に足場を置き、④のBの鬼神觀を語ってはならないとし、①②でも鬼神など「無」で望むべきだという立場と見なせる。これに對し、近代以後の山片蟠桃解釋では、⑤の「無神」が言わば勝手に重ね論じられている。池田知久は⑤の「無神」は述べていないし①も丸々述べていないし②の「十二方位・三正論・後天八卦方位の重なり」も述べていないが、鬼神を述べてはならぬとも言っていない。ただ、「宗教」という言葉を使うのは、佛教・道教の議論を念頭においてのことに違いない。以上、山片蟠桃とその現代解釋と池田知久の議論にそれぞれの違いがあることを指摘してみた。加藤常

賢が『中國原始觀念の發達』(青龍社、1951年)の中で、「概して儀禮の文獻所載の型體の者は、謂はば春秋戰國頃の殊に貴族社會に妥當した型式なのであるから、其型式に從つて其意味を説明した文獻が最も多く殘つて居る。であるから、多くの人は禮の意味の説明に直ちにそれを採り來つて、それぞれの禮の意を説明して、其意を得たりとして居るが、それは恰も説文解字に於て許愼が篆體に本づいて文字を説明して居るが、其悉くが其文字の眞の意味を説明し得て居ないと同樣であつて、禮の眞の意味を説明し得て居ない場合がある」(同書48頁)と述べている部分は、參照できる。

(21) 前揭池田知久『道家思想の新研究』419頁。池田の「天人關係論」という用語は、いわゆる災異説が漢代以後について議論されているのと關係する。「天人相關」ではこの點がぼやけてしまうからである。小島毅「宋代天譴論の政治理念」(『東洋文化研究所紀要』107、1988年)は、瑞祥による推奬、災異による懲罰のうち、後者の議論を「天譴論」と言い換え、影山輝國「漢代における災異と政治―宰相の災異責任を中心として」(『史學雜誌』90-8、1981年)を引きつつ「天譴論は素朴な形ではおそらく"天"の信仰と同じ頃生まれたのであろうが、理論的に整備されるのは漢代になってからである」と述べる。そして「間に六朝隋唐七百年の時間を隔てて宋代にむしろ天譴論が強化したかの觀があるのはなぜなのか。本稿の目的はこの現象を説明することにある」とする。この立場が有辨に物語るように、「天人關係」は、災異に焦點を當てて檢討されてきている。本書は、祥瑞の背後に天の秩序があって、それが緯書に示されたことを述べている。その秩序に違うことによって災異がもたらされるという關係がある。その天の秩序に視點を當てた結果として、戰國時代の「後天八卦方位」・三正説・各種十二方位の重なりを論じ、さらに遡って春秋時代の三分損益法を論じている。

(22) 馮友蘭『中國哲學史』(上海商務印書館、1934年。他)。

(23) 重澤俊郎『周漢思想研究』(弘文堂、1943年)・『中國哲學史研究―唯心主義と唯物主義の抗爭史―』(法律文化社、1964年)の王戎。池田の荀子評價については、兩著の荀子參照。

(24) 戸川芳郎『漢代の學術と文化』(研文出版、2002年)95頁以下に、「天人相關の考え方」がまとめられる。97頁に「"春秋"の自然天道の法則を重視し、王者の統治行爲をその天道に則らしめる思想、その春秋陰陽説というべき思想を、"易"の象數がもつ數理的な合則性に結びつけたのは、前漢末期の劉歆たちである(池田知久『道家思想の新研究』607頁には「董仲舒學派に先だつ先秦時代以來の天人關係論を吸收し、かつそれに對抗して打ち立てられた、その総決算的な新しい思想であった。彼らが思想活動を開始したのは、春秋末期～前漢初期の諸子百家のオリジナルな思想がすべて出現し終えた後の景帝期・武帝期以降であり……」とある)。孟喜・京房または劉歆らによって"易"の數理と律曆が結びつけられ、政治・人事上のあらゆる現象が、自然を媒介として"易"の象徵と數理つまり"象數"に豫見される」とある。これが世に重視される觀點かと思う。しかし、本書第三章に述べたように、この種の議論は、戰國中期の十二方位・三正説・後天八卦方位を重ね合わせた議論からはじまり、前漢中期の董仲舒において、十二方位圓に正三角形を重ねて五德終始を語るにいたる。その基礎の上に、劉歆の同樣の議論が展開される。從來「十二方位圓に正三角形を重ねて五德終始を語る」という「形」が理解されていなかったため、董仲舒『春秋繁露』の議論が正しく理解されなった。前揭平勢隆郎『「八紘」とは何か』158頁參照。そして、戰國中期の十二方位・三正説・後天八卦方位を重ね合わせた議論にも思い至ることがなかった。前揭平勢隆郎『左傳の史料批判的研究』(東京大學東洋文化研究所・汲古書院、1998年)25頁、177頁參照。

(25) 松丸道雄「殷周國家の構造」(『岩波講座世界歷史』4、1970年)。

(26) 王國維「殷周制度論」(『觀堂集林』10、1923年)。

(27) 山田統「天下と天子」(『國學院大學紀要特集號・國體論纂』上、1963年)。

(28) 高山節也「西周國家における"天命"の機能」(松丸道雄編『西周青銅器とその國家』〈東京大學出版會、1980年〉)。

(29) 念のために述べておくと、「天下」は、一般に西周金文には見えない語である。また、五服の檢

討によれば、五服論の當初に想定されている「天下」は、中原を中心とするごく限られた範圍であり、その認識が『論語』に示されている。『史記』では始皇帝が統一した天下、それを擴大した天下、漢高祖が再統一した天下、それを武帝が擴大した天下が示されている。前掲平勢隆郎『「八紘」とは何か』第一章第四節。新出夨公盨の銘文（『夨公盨』保利博物館、綫裝書局、2002 年）にも「天下」の語が見える。この青銅器が西周時代のものとすれば、そして、文章の切り方が「……天、下……」とならないという前提で述べるなら、ここにいう「天下」の規模は、殷王・周王が進めた征伐範圍になる。『「八紘」とは何か』396 頁參照。いずれにせよ、殷王・周王それぞれを頂點とする邑制國家の大國小國連合の範圍が「天下」として議論されている、ということである。この出土地不明の器の年代について、西周ではなく時代を下げて論じる場合は、それぞれの時代に合わせて議論内容も變わる。

(30) 小倉芳彦『中國古代思想研究』（青木書店、1970 年）Ⅰ「『左傳』における霸と德―「德」概念の形成と展開―」に、「春秋中期以降を境として社會的變動が一段と激化するという見通しのもとで"德"字を分析した結果は、やはり春秋と戰國との社會政治の樣相にかなりの變貌があったのではないか、という推論に達した。だとすれば、戰國期においてそのような"德"概念の變化をもたらした歷史的背景は何であったかが、より徹底的に究明されねばならぬ。"德"と"得"とが通用しえた條件としては、増淵氏の指摘するような社會的要因が考えられるが、それを、より複雑な内容をもって展開する"德"のすべてにまで及ぼして考えるにはどうしたらよいか。大きな意味では漢代に儒學が公認され、〈德治主義〉が政治のたてまえとして確立する過程に問題はつながるであろう。しかし漢代をも含めた中國古代政治思想の歷史については、他日の究明を待たねばならぬ」（上掲書 79 頁）とある。高山の説明は、戰國的「德」概念で説明しているので、注意が必要。

(31) 前掲池田知久『道家思想の新研究』422 頁。

(32) 前掲豊田久「周王朝の君主權の構造について」443 頁。

(33) 前掲平勢隆郎『「八紘」とは何か』175 頁。

(34) 本書第二章第一節の中で、『禮記』に關して下記のように述べ、天道が唯一なのに對し、人道は多樣である點に言及した。だから、ここに、この「多樣」から「唯一」を發想するには、立體的視點が必要だと述べたのである。本書第二章第一節では、「『禮記』には、先行する『孟子』・『荀子』・『韓非子』の議論が流れ込んでいる。そのうち特に注目されるのは、『孟子』以來の"仁"説が繼承される課程で、『荀子』の分析的思考が整備されたことである。"仁人"として"士大夫以上、至於公侯"の階層が議論され、それは官職を得た者（"官職を盡す"）であった。彼らは善を辨じる"君子"、險を辨じる"小人"、その間の"人"からなる。"人"の性は惡であり、善だというのは僞である。"君子"が"仁人"であり、"人"は言わば發展途上の存在である。この『荀子』を批判的に繼承した『韓非子』は、"仁"と"仁人"をすべて蚊帳の外に置き、世を導く者として"道者"を論じた。『韓非子』は階層を意識した議論としては、道家の議論を分析整備している。『荀子』の"仁"の分析的議論は、すべて"道"の分析的議論に置き換えられた。その『荀子』・『韓非子』の分析的議論を折衷繼承し、"仁"を基礎に議論を組み上げたのが『禮記』である。『韓非子』は"仁"説を排除して"道"の議論を組み上げ、天道に對する人道を實踐する場に、"道者"を置いた。『禮記』は"仁"説をあらためて述べて、"仁者"と"至道"を結びつけた。その上に聖人がいて"仁"を寬める。だから、『韓非子』の述べた"道"を"仁"の下位に位置づけたのである。本書で『老子』は檢討していないが、"道"とは何たるかがあちこちに論じられている。そして、著名な言い回しとして"大道廢れて仁義有り、知慧出でては大僞有り"がある。『老子』の所謂第十八章は續いて"六親和せずして孝慈有り、國家昏亂して忠臣有り"と述べる。ここに言う"孝慈"も"仁"・"義"も二十四史に"仁"評價として議論した要の用語であった。これらを否定して"道"を論じたのが『韓非子』であり、それは『老子』を受けたものであり、その議論を折衷して見せたのが『禮記』ということになる。天道が唯一なのに對し、人道は多樣である。『禮記』の述べる"同"と"異"はこの議論を受けている。樂は"同"、禮は"異"。帝を郊に祭祀するの

は敬の至りである。宗廟の祭は"仁"の至りである（"同"）。賓客の幣を用いるのは義の至りである。故に君子が仁義の道を示そうとする場合、禮は根本である（"異"）」と述べた。

(35) 前掲平勢隆郎『「八紘」とは何か』477頁。

(36) この時期區分は、湖北省隨州市曾侯乙墓出土の複數の編鐘の檢討から明らかとなる。この墓から出土した複數の編鐘は、①に分類されるものと、②に分類されるものが混在している。この頃が、①から②へと變化する過渡期であったことを教える。平勢隆郎『中國古代紀年の研究―天文と暦の撿討から―』（東京大學東洋文化研究所・汲古書院、1996年）99頁。

(37) 本書と違って、「仁」評價の場に視點を置いたわけでもなく、また鐵器時代に入った邑制國家の大國小國連合に焦點を當てたわけでもないが、『論語』の新舊の層を分析して興味深い見解を提示しているのが、武内義雄『論語の研究』（岩波書店、1939年。『武内義雄全集』1、角川書店、1978年）である。「尚書で孝友と呼ばれた德目は孔子の時代には孝悌と稱されている」（上掲角川書113頁）、「孔子の門人曾子は夫子の道は忠恕のみといい、孔子自らは人にして信なくんばその可なるを知らずといって忠信を尊重している。忠信とは一言でいえば誠の道であって、詩の精神である」（同上）と述べ、「孔子は詩によって忠信の情操を養い、書によって孝悌の行を教えたのであって、孝悌と忠信とはすなわち詩書の義である」（同上）とする。『論語』の古層に『詩』と『尚書』があることを述べるもので、本書に述べた『史記』にいたるまでの『詩』と『尚書』の位置づけ（『尚書』については下記に扱う）を考える上で示唆に富む。貝塚茂樹『孔子』（岩波書店、1951年）が「小都市國家が次第に併合されて、都市國家の連盟から、領土國家が生れ出る過程」に關心を示しつつ（同書203頁）、上記武内の見解を紹介している。

(38) 前掲池田知久『道家思想の新研究』896頁。

(39) 池田知久『馬王堆漢墓帛書五行篇研究』（汲古書院、1993年）。

(40) 東京大學郭店楚簡研究會編『郭店楚簡の思想史的研究』（東京大學思想文化學研究室、1999年。池田知久監修卷3・卷4・卷5・卷6）。前掲池田知久『道家思想の新研究』920頁。

(41) 常識的に述べられる『荀子』の『韓非子』への影響という話題はもとより念頭におくべきだが、本書第二章第一節において、『韓非子』を扱い、『韓非子』の「仁」に焦點を當てて、何が議論されているかを見たところ、天理に關連して、天道に關わる議論が檢討できた（ちなみに『莊子』外篇に「天地」・「天道」・「天運」三篇がある。内山俊彦『中國古代思想史における自然認識』〈創文社、1987年〉187頁）。『韓非子』の議論は、儒者が議論の根本に据える「仁者」・「仁人」を否定し、「道者」をこれに換えている。理は物をなすの文であり萬物が「成る」ゆえんである。道・理を得て死生の氣がそなわり、萬智は斟酌され萬事は廢興し、天は高く地は藏し、北斗はその威をなし日月の光は永遠のものとなり、五常はその位を常のものとし、列星はその行を端にし、四時はその變氣を御し、軒轅は四方をほしいままにし、赤松（雨師）天地と統あるものとなり、聖人は文章をなす。ここには、「仁」を議論しない聖人が存在する。「天理」を議論する二十四史の有り樣とは異なっている。天の道により形の理をふみ、それを考えしらべる。ことあるごとにやり直す。君と民の間に構想された仁人に替わって、「道者」が想定される。仁人が「仁」の何たるかを知って行動する必要はなく、「道者」が千差万別の「道」を見極めて指導する。「天の道により形の理をふみ」とあるから、太陽・月・惑星の移動する道筋に根源を見いだそうとしていたのだろうと想定できる。「形の理」という言い方は、北斗七星により時刻を判斷するなどの「形」を問題にしていることが想定できる。だから、二十四史に見えていた「形」としての「仁」評價と「天理」と北斗七星の關係が、ここに「仁」評價を「道」に交換して語られていることがわかる。『老子』の「道の道とすべきは常の道にあらず」というのは、常の道が「天道」、道の道とすべきは「道者」の四苦八苦する「人道」だという説明になると考えられた（上記に「ちなみに」として引用した内山俊彦『中國古代思想史における自然認識』の193頁は、「天地・天道・天運三篇の思想内容が、内篇のそれと異質な要素を含んでいることは、以上のごとくであるが、こうした異質な要素は、先にも觸れたように、學派的には、儒家・法家などの影響に據るものである」と述べている。ここに言う「法家」はさらに分析檢討の要がある）。

(42) 前掲注(34)に、本書第二章第一節の『禮記』に關する言及をあらためて述べた(『韓非子』は階層を意識した議論としては、道家の議論を分析整備している。『荀子』の"仁"の分析的議論は、すべて"道"の分析的議論に置き換えられた。その『荀子』・『韓非子』の分析的議論を折衷繼承し、"仁"を基礎に議論を組み上げたのが『禮記』である)。これを參照。

(43) 孝の問題は、『孝經』を抜きに議論することはできない。この『孝經』の成立に關しては、渡邊信一郎『中國古代國家の思想構造』(校倉書房、1994年)の第五章「『孝經』の國家論」に朱子以來の先行研究を手際よく纏めた部分がある。『孝經』の中に古い部分と新しい部分があることに言及し、古い部分は先秦時代に遡る議論があることを紹介する。その渡邊が同書第六章にとりあげたのが「仁孝」である。「それは概ね"仁孝"と熟して用いられ、皇太子—次代の皇帝たるべきものの資質を表すものとして使用されている」(上掲書259頁)とし、「六朝から唐初にかけて、仁を施與の意味に限定するの感があるほどである。山口察常氏などは、このような六朝人の人に對する解釋を"竟に人を以て、財物施與の義となすもの膚淺なるに似たり"と嘆息するほどである。我われは、むしろここにこそ六朝隋唐期における人の特異な歴史的性格を見いだすのである」(上掲書264頁)、「仁あるいは"仁孝"が士人の理想的人格と國家の政治理念とを表現するとともに、その理念實現の担い手として"仁孝"なる士人が官僚として組織されだすのである。かくして我われは、國家の農民救濟—再生産保護のあり方を、士人富豪層のそれとの關連を問題にしながら考察することになる。それはまた、"仁孝"なる德目を皇帝たるべきものの資質とする六朝隋唐期の國家の特質の解明へとつながってゆくであろう」(281頁)と述べる。この渡邊の見解は、本書が禮制の成立過程に注目し、「仁評價」の場が皇帝の統治域である「八紘」に擴大し、萬物一體の議論を底流として「仁」の世襲を論じ「孝」を論じていると考えるのと矛盾するものではない。本書の議論内容に通じる面が少なくないが、なにゆえに「仁」と「孝」が熟語として結合しているかを直接的に論じるものとはなっていない。なお、本書のどこに言及すべきかを考えた場合、ここに注記するのがよいとの判斷から、附言しておくと、渡邊信一郎が提示した「仁孝」の話題は、本書に述べたように、「仁」を語る場が、春秋時代の「國」の祭祀の場から、戰國時代の王の宗廟へと集中されたことをもって説明可能となる。春秋時代の「國」の祭祀の場が、その君の祖先祭祀を行っていた傳統が繼承され、代々の祭祀者たる「王」や「皇帝」の「孝」が議論された。だから、「仁孝」という熟語ができあがる。渡邊が『中國古代の王權と天下秩序—日中比較史の視點から—』(校倉書房、2003年)の第二章に『孝經』の聖治を引用し、「受命者たる天子は、天に對しては子の立場にあり、父あるいは祖先に對しては子孫の立場にある……」と述べるのは、具體的記事を紹介したものである。そこに、上記の場の變化の事情が秘められている。しかし、從來の研究では、この場の變化に理解が及ばなかったので、「孝の實踐を媒介にして天下の絶對的公共性と私的血統原理とに由來する二つの王權の矛盾」(渡邊)という考え方が前提とされてきている。上記の場の變化から浮かび上がるのは、「私的血統原理」ではなく、國という言わば公的な場における祖先祭祀が、繼承されて「孝」という言葉で議論されていることである。佐川英治「漢六朝的郊祀與城市規定」(余欣主編『中古時代的禮儀、宗教與制度』上海古籍出版社、2012年)が、渡邊も注目していた南郊の祖先祭祀の側面を見て、皇帝最高の祭祀への上昇に注意をはらったことを受け、三浦雄城「兩漢期における儒家的符瑞思想の展開」(『東洋學報』98-1、2016年)が「孝による誠の取り込み」を提起しているのは、本書の議論との關わりから興味深い。すでに本章の「3.『左傳』と鬼神」に述べたように、『左傳』には、「仁」評價の場たる國の宗廟と、他國との關係を確認する盟誓の場があり、盟誓の場では「信」や「質」(いずれも「まこと」)が議論されていた。この盟誓の場は、「仁」を語る場と別に設定されていて、「郊外」においてなされている。盟誓において確認されていた事項は、戰國時代に律によって規定される官僚統治に繼承される。だから、その機能が繼承され、南郊の祭祀に結びついたとすれば、とても理解しやすいこととなる。以上、從來の議論から抜き出して、本書の議論の根幹に關係するものについて、初歩的に言及してみた。本文中(この注釋に後れた部分などに)唯一的「天道」とさまざまな「人道」を述べている。この「天道」を語る次元と、さまざまな「人道」を語る次

元では、議論内容が異なる。皇帝の「孝」は前者、一般的「孝」は後者に關連づけて議論される。從來、一般的「孝」が前提とされて、議論の本質が見にくいものとなっている。

(44) 緯書の研究は、今日的には安居香山・中村璋八『重修緯書集成』（明德出版社、全6巻8册、1971～1992年。『緯書集成』漢魏文化研究會、1959～1964年）を基礎に進められる。兩氏には安居香山・中村璋八『緯書の基礎的研究』（漢魏文化研究會、1976年。國書刊行會、1976年）、安居香山・中村璋八『緯書の成立とその展開』（國書刊行會、1979年）がある。兩著については、戸川芳郎の書評（戸川芳郎『漢代の學術と文化』〈研文出版、2002年〉「帝紀と生成論」）があり役立つ。前者について戸川は「緯書の成立に關する重要な指摘—易鈎命決の存在、河圖・洛書の緯書や孝經緯の重視などの説明がみられるが、第二章"各緯"における諸問題の各項で重複する場合もあり、すこしく整理を要するが、ともかくわが國の律令國家、王朝時代にいかに夥しい讖緯書が齎され、その思想内容が支配層知識階級に意圖的に利用されたかをも、この資料紹介ふうの論考から窺い知ることができる。近時、日本漢文學ことに奈良平安朝から五山文學に至る、中國の思想・文學との比較交渉を論じた研究をまま見受ける。言語・成句の出典しらべから一歩進んで、當時の、わが國に受容されやすい狀態にあった、この融通のきいた通俗的な讖緯思想について、日本文學・思想史研究の專家において、關心の昂らんことを望む次第である」（147頁）とする。また「數術にたけ、譴祥災異の言を善くした方士やその影響下にあった前漢末の儒家が、さまざまの民間習俗風の生活技術にからまる神秘的な技法を採用し、政略運動から政術運用に及ぶ強大な効力を發揮したこと。そして後漢の禮教國家體制のイデオロギーとして經學が成立し、それを思想的に貫通する緯書という補強工作法に刺激されて、經學解釋の技術面にもこれら諸技法が導入されたと思われること（例えば訓詁に見える夥しい聲訓法など）。また一般に、自然科學上の諸技術の發展に數術家の影響が多大であったこと。これらのことも間接には緯書思想の形成に考慮されるべき事がらと思われる」（158頁）と述べる。ここに示されているのは、「訓詁」は悪い意味でとらえてはならない、という見方であり、「訓詁にこそ事の本質が示されている」ということである。ということであれば、當時の國家にとって、「訓詁」のもつ意味は何であったか。ここに示されているのは、「さまざまの民間習俗風の生活技術にからまる神秘的な技法を採用し、政略運動から政術運用に及ぶ強大な効力を發揮したこと」であり、「經學解釋の技術面にもこれら諸技法が導入された」ことである。以上は、今や常識として繼承議論される内容と言えるが、宋學からする「訓詁」批判に答えるには、じみなものとなっている。そう述べるよりは、本書第一章に具體例をもって示したように、儒家經典に缺けていた「天理」の觀點を提供したことを述べた方が、批判に耐える。なお、下記において、先天八卦方位に關連して、邵康節に言及する。さて、ここに緯書思想と「天理」の關係が氣づかれていないこと述べたわけだが、この種の意味をもつ「天理」は、上記の戸川芳郎が述べた「わが國の律令國家、王朝時代に」「夥しい讖緯書が齎され」た事實をもって議論できる。この時期「天理」は「八紘」觀と密接に結びついている。だから、「八紘」に施行された律令について「理」が議論された場合、當然「八紘」に結び着いた「天理」が基礎にある。本書第一章の小結において「二十四史の「仁」と「天理」を檢討したことで明らかになるのは、「天理」に象徴される宇宙觀をもって皇帝權力を理念的に支えた緯書の存在である。一角を支えるということであるが、その意味を讀みとれなかった原因に朱子學が關わることは、今後樣々に議論すべきである」と述べておいた。高明士『律令法與天下法』（上海古籍出版社、2013年）の第八章に唐律に見える「理」の話題が見える（該書304頁）。律文に「情輕者、笞四十、事理重者、杖八十」とある。該書は『舊唐書』までと『新唐書』以後の「八紘」觀の質的變化に氣づかぬままの議論がなされているが、本書に述べた「仁」評價の場と「天理」が具體的にどう關わるかを檢討する上で、實に貴重な材料となる「理」に言及しているので、ここに注記する。

(45) 前掲の戸川のまとめを參照されたい。
(46) 島田虔次『中國古代思想史の研究』（『東洋史研究叢刊之五十九』、京都大學出版會、2002年）第一部「中國近世の主觀唯心論について—萬物一體の仁の思想—」。島田は「私は（程）明道が莊

終章　先行研究とどう關わるか

子・僧肇に、特に莊子に何らかの指唆をうけたであろうことは充分ありうると考える。しかしその場合でも、その萬物一體が後者と同じ性格のものであったとは考えることができない」と述べている。また前掲島田虔次『朱子學と陽明學』の 45 頁に、「萬物一體という説そのものは、けっして宋代、程明道によってはじめて唱えられたものではない。はやく六朝時代にかの鳩摩羅什の高弟で、當時、佛教哲學界の第一人者といわれた僧肇法師（374 頃～414 年）が"天地は我と同根、萬物は我と一體"といっているし、さらにさかのぼれば、かの莊子がその"物を齊しくするの論"において、"天地ハ我ト並ビ生キ、萬物ハ我ト一タリ"という有名なテーゼを主張している。しかしながら……莊子においても僧肇においても、萬物一體とは、大小、壽夭（時間の大小）、生むを撥無するところにたてられた、知的な、論理的な命題であった。明道の萬物一體も、これらの先人に負うところがなかったといは言えないかもしれない。多くの宋學反對者は、その語が莊子や僧肇に出ることを得々として指摘してきた」と述べ、多くの論者が、萬物一體の思想が道家や佛教の影響を受けていることを述べている。

(47) 前掲池田知久『道家思想の新研究』607 頁。
(48) 前掲池田知久『道家思想の新研究』617 頁。
(49) 前掲平勢隆郎『「八紘」とは何か』第二章第二節 308 頁。
(50) 前掲平勢隆郎『左傳の史料批判的研究』第二章第一節、とくに「七、楚の屬國と縣」（231 頁）・「八、"許胡沈道房申を荊に遷す"の意義」（246 頁）。
(51) 前掲平勢隆郎『「八紘」とは何か』472 頁。そこで、筆者は「私塾」に言及したが、それは第二の時期についてであった。孔子の門人について想定した。時期はやや降る。澤田多喜男『『論語』考索』（知泉書館、2009 年）は、「『論語』に"子所雅言、詩、書、執禮、皆雅言也"（述而）とあるのは、當時、就職するためにはこれらの知識がなければ貴族たちに採用されなかったことを暗示する」と述べている。同書は、『左傳』について新舊の層があることを述べつつこう述べている。おそらく、一般的な理解がここに示されているのだろうと考える。しかし、『「八紘」とは何か』に述べたように、春秋時代の情報交換は、それぞれの國が「行人」を派遣して行われた。戰國時代に各國が稱王することになって、縱橫家が出現する。小型貨幣も次第に普及し、その富を背景に人集めもできるようになる。齊の稷下の學もこうしてできあがる。春秋時代の行人の派遣は、國ごとに行なう。情報を受ける場は複數の國が介在する場であろう。このような場は確かに、詩・書の知識がないと場がもたない。しかし、それは確かに私塾のはしりになるが、嚴密に言えば私塾ではなく國ごとの必要に應じて教育がなされる場である。ところが第二の時期になると、澤田『『論語』考索』が想定するような私塾が小型貨幣の普及を背景に成立してくる。同書が『詩』・『書』禮について、『荀子』を引用しつつ「まだ經典ではないがそれに準ずるものと考えていたといえる」といった評價は、とても魅力的であるが、社會構造の違いを前提に説明した方がよい。
(52) 本書第三章で扱った。前掲平勢隆郎『中國古代紀年の研究』146 頁および橫組表 VI。
(53) 高木智見「春秋左氏傳—歷史と法の源流—」（滋賀秀三編『中國法制史—基本史料の研究—』〈東京大學出版會、1993 年〉）73 頁。
(54) 以下、前掲『新編史記東周年表』。
(55) 前掲平勢隆郎『春秋晉國『侯馬盟書』字體通覽—山西省出土文字資料—』15・24 頁。
(56) 前掲高木智見「春秋左氏傳—歷史と法の源流—」74 頁。
(57) 平勢隆郎「論《漢書》的形式與編纂者班固」（右編纂組編『紀念方詩銘先生學術論文集・史林揮塵』〈上海古籍出版社、2014 年〉）。
(58) 前掲平勢隆郎「論《漢書》的形式與編纂者班固」。
(59) 高木智見『先秦の社會と思想—中國文化の核心—』（創文社、2001 年）。
(60) 中國社會科學院考古研究所山西隊他「山西襄汾縣陶寺城址祭祀區大型建築基址二〇〇三年發掘簡報」『考古』二〇〇四年七期。
(61) 前掲高木智見『先秦の社會と思想』321 頁。
(62) 前掲高木智見『先秦の社會と思想』327 頁。

(63) 前掲高木智見『先秦の社會と思想』328 頁。
(64) 加えて述べておけば、第三章において、木星紀年の出現時期についても述べておいた。『左傳』の木星紀年は、前 353 年から始まる 83 年間の位置を記している。前掲『中國古代紀年の研究』横組表Ⅴおよび第一章第五節。
(65) 狩谷棭斎『本朝度量權衡攷』（冨谷至校注、平凡社、1991 年）等を參照されるとよい。
(66) 前掲米田美代治『朝鮮上代建築の研究』105 頁。
(67) 小泉袈裟勝『歴史の中の單位』（総合科學出版社、1974 年）、小泉袈裟勝『ものさし』（法政大學出版局、1977 年）。樂律について附言すると、我國には雅樂があり、繼承された知識がある。例えば濱田耕作解説『陳氏舊藏十鐘』（泉屋清賞別集、1922 年序言）の附録に「エリス氏の明治初年日本雅樂十二律の測定により製作せられたる音叉の振動數」が示されている。十二律の理解につき研究者一般に便宜を與えたのは、内藤戊申「漢代の音樂と音樂理論」（『東方学報京都』46、1974 年）であり、わかりやすい圖が附されている。中國思想史の分野で、その後樂律論が議論されている。小島毅「宋代の樂律論」（『東洋文化研究所紀要』109、1989 年）の注 1 に、呉南薰『律樂會通』（科学出版社、1964 年）、楊蔭瀏『中國古代音樂小史稿』（人民音樂出版社、1981 年）、堀池信夫「京房の六十律―兩漢經學の展開と律暦學」（『日本中國學會報』31、1979 年）、同「何承天の新律―音樂音響樂における古代の終焉と中世の開幕―」（『筑波中國文化論叢』1、1981 年）、川原秀城「三統暦の世界―經學成立の一側面」（『中國思想史研究』1、1977 年）、同「中國聲律小史」（山田慶兒編『新發現中國科學史史料の研究（論考篇）』、1985 年）、兒玉憲明「劉歆の樂律論」（『待兼山論叢（哲學篇）』15、1982 年）、同「荀勖と泰始笛律」（『人文科學研究（新潟大學）』67、1985 年）の簡單なまとめと紹介がある。これらによって、樂律論の深化が檢討できるが、本書は、小泉袈裟勝を承けて『漢書』律暦志に示された基本的樂律論と度量衡との有機的關係を論じた。そして、戰國以來の「後天八卦方位」や三正説・各種十二方位との關わりを論じている。
(68) 鈴木由次郎『漢易研究』（明徳出版社、1963 年、増補版、1974 年）161 頁。
(69) 安居香山・中村璋八編『重修緯書集成・卷一上・易上』（明徳出版社、1981 年）41 頁に示されている。同書の解説に、現行本と歴代の書物に引く同書の記述が説明されている。
(70) 前掲島田虔次『朱子學と陽明學』71 頁に「宋學におよぼした道家―道教的なものの影響として、それの一種の宇宙的な情感、宇宙の造化の機を奪取しようという志向、をあげておいたが、そのような道家的な系統の思想家のもっとも有名なものとして、邵雍、すなわち邵康節（1011～77、洛陽の人）をあげることができる。彼は宋初の有名な道師（陳希夷）の系統を引く學者で、道家に傳わる"圖書先天象數の學"を學んだ。圖書とは、河圖洛書、つまり大昔に黄河と洛水とから出現したところの形而上學的なダイヤグラム、先天とは、易の哲理の解釋に先天説・後天説というのがある、その先天、象數というのは、易解釋學のうち圖象的方法による象學と一種の數理哲學による數學、要するに易の宇宙理論あるいは宇宙時間理論のきわめて密教的なものであって、道家・道士の間に綿々と傳えられてきたものである」とある。この説明にあるように、學説史上、緯書の易説が道家的影響として認識されている。このことが、緯書の影響全體を道家的に解釋する傾向を生み、引いては、儒家と緯書の關係、とりわけ緯書の天理説のことについて、從來議論されるのを阻んできたように見える。本書本文に述べたように、易の八卦方位は、後天説・先天説いずれも議論されていたようである。そして、一般的認識としては、邵康節の先天八卦方位の開陳に、皆がおどろいたということのようだ。
(71) 前掲鈴木由次郎『漢易研究』246 頁。
(72) 前掲平勢隆郎『「八紘」とは何か』121 頁。
(73) 有光教一「高松塚古墳と高句麗壁畫古墳―四神圖の比較―」（『佛教藝術』87、1972 年）。
(74) 前掲豊田久「周王朝の君主權の構造について」443 頁。
(75) 前掲平勢隆郎『新編史記東周年表』629 頁以下。
(76) 前掲滋賀秀三『中國法制史論集―法典と刑罰―』33 頁。滋賀は、『法經六篇』の實在に肯定的である。これに對し、廣瀬薫雄『秦漢律令研究』（汲古書院、2010 年）は、否定的である。

(77)『詛楚文』については、郭沫若『石鼓文・詛楚文考釋』（中國社會科學院考古研究所考古學專刊甲種 11 號、科學出版社、1982 年）。前掲平勢隆郎『新編史記東周年表』は、隨處で『竹書紀年』を利用しているが、系図もその例外ではない。その意味から述べておくと、邵東方『竹書紀年研究（1980-2000）』（廣西師範大學出版社、2015 年）は、書名に示された年代の『竹書紀年』關係の論文を集めるが、平勢隆郎『新編史記東周年表』の「索隱解釋表」とその關連説明（1～12 頁）は、「索隱」という用語からして扱われるべきところ、漏れているので注意されたい。邵東方該書には、平勢隆郎「今本《竹書紀年》之特點」（原載『九州大學東洋史論集』20「今本『竹書紀年』の性格」、1992 年）は掲載されている。

(78) 前掲平勢隆郎『新編史記東周年表』38・50 頁。

(79) 前掲平勢隆郎『新編史記東周年表』629・637 頁。

(80)『史記』は多くの材料をもって成る。その材料の中に『世本』があったことが知られる。

(81) 論理的に懷王は生きて義帝になるので、懷王は諡號ではありえない。

(82) この前提で紀年配列して、膨大な矛盾を解消することができた（前掲平勢隆郎『新編史記東周年表』）。

(83)『金文通釋』は、そもそも『白鶴美術館誌』として刊行されたものを、合本にした際に附けられた名稱である。以下引用に際しては『白鶴美術館誌』の刊年等のみ注記する。『白鶴美術館誌』第 55 輯（白鶴美術館、1983 年）に金文通釋索引、同第 56 輯（白鶴美術館、1984 年）が本文篇索引になっている。無論、他の方法により、檢索をかけることもできる。各自試みられたい。

(84) 以下、平勢隆郎「戰國楚王之自稱」（羅運環主編『楚簡楚文化與先秦歷史文化國際學術研究討會論文集』〈湖北教育出版社、2013 年〉）に述べた。この論文は、2011 年に武漢で擧行された書名の學術研討會における發表論文を中國語にて掲載したものだが、前掲平勢隆郎『「八紘」とは何か』618 頁（注 77）に概要を述べた。白川索引に言及したのは、これを使って誰もが檢討できることを述べたもの。

(85) 前掲平勢隆郎『春秋晉國『侯馬盟書』字體通覽—山西省出土文字資料—』44 頁、一－五七（第二類一種）。

(86) 白川靜『白鶴美術館誌』第 12 輯（白鶴美術館、1965 年）61。

(87)『也殷』（白川靜『白鶴美術館誌』第 15 輯〈白鶴美術館、1966 年〉78 に「邵告朕吾考」という表現がある。この「朕吾」について、吳闓生『吉金文禄』三一三五に「商乍父丁吾尊」の例をあげて「吾」を「寶」の異文とする。郭沫若『兩周金文辭大系圖録考釋』の考釋四六もこの「吾」を「寶」の異文とする説を是とする。こうした意見が出てくるのは、「朕吾」という表現が落ち着かないからである。ここでも言及するにとどめておく。白川靜は、『也殷』の「朕吾」は、複語にすぎないと述べていて、「朕」も「吾」も同じ意味だと述べているのだが、この説は、なにゆえに「朕」が「我」とは別に使用されるのか、という素朴な疑問に答えるものとなっていない。

(88)『尚書』には、古文（僞古文）と今文（眞古文）がある。2000 年の傳統的論爭があるので、これを無視することは許されない。古文の周紀年と今文の周紀年は矛盾する。一方が是なら他方は非という關係にある。兩者とも是ということはあり得ない。前掲平勢隆郎『新編史記東周年表』において、『史記』に見える膨大な紀年矛盾を解消し、『竹書紀年』、西周金文、甲骨文それぞれの膨大な材料がこの矛盾解消と連係して存在することを歸納的に述べた。この結果は、今文（眞古文）『尚書』の周紀年と矛盾せず、古文（僞古文）『尚書』の周紀年と矛盾する。これは古文（僞古文）『尚書』の後代性を示す（後代性のこと自體は、歷代の常識的觀點であるが）。

(89) 前掲平勢隆郎「戰國楚王之自稱」。

(90) 前掲平勢隆郎「戰國楚王之自稱」。

(91) 木下鐵矢『朱子—〈はたらき〉と〈つとめ〉の哲學—（書物誕生—あたらしい古典入門）』（岩波書店、2009 年）82 頁。

(92) 山口察常『仁の研究』（岩波書店、1941 年）480 頁「歐譯せられたる仁」。

(93) 前掲山口察常『仁の研究』481 頁。W.E.Soothill は『論語』の全譯をなす。

（94）Lyall, Leonard A., The Saying of Confucius, Longmans, Green, London, 1909.
（95）Legge, James, The Chinese Classics, with a Translation, Critical and Exegetical Notes, Prolegomena, and Copious Indexes, H. Frowde, London, 1861.
（96）Jennings, William, The Confucian Analects, a Translation, with Annotations and an Introduction, G. Routledge, London, 1895.
（97）Giles, Lionel, The Saying of Confucius, a New Translation of the Greater Part of the Confucian Analects, J.Murray, London, 1907.
（98）Wilhelm, Richard, Kungfutse, Gespräche（Lunyu）/ Aus dem Chinesischen verdeutscht und erläutert von Richard Wilhelm, Diederichs, Jena, 1910.
（99）前掲 Legge, Confucian Analects, pp. 138-139.
（100）前掲 Legge, Confucian Analects, p. 165.
（101）前掲 Legge, Confucian Analects, pp. 191-192.
（102）前掲 Legge, Confucian Analects, p. 192.
（103）前掲 Legge, Confucian Analects, pp. 192-193.
（104）前掲 Legge, Confucian Analects, p. 194.
（105）前掲 Legge, Confucian Analects, p. 196.
（106）前掲 Legge, Confucian Analects, p. 201.
（107）前掲 Legge, Confucian Analects, p. 204.
（108）前掲 Legge, Confucian Analects, p. 206.
（109）同上。
（110）冨山房漢文大系『論語集説』巻2、85頁。
（111）前掲 Legge, VOL ⅳ, The ch'un Ts'ew, with the Tso Chuan, p. 357.
（112）前掲 Legge, VOL ⅴ, The ch'un Ts'ew, with the Tso Chuan, p. 432.
（113）レッグの譯以外に、我々は例えば Lyall, Leonard A., The Saying of Confucius, Longmans, Green, London, 1909（前掲）等を參照することができる。しかし、上記の山口察常『仁の研究』「歐譯せられたる仁」の言及を越える事實は引き出せないようだ。いずれにしても筆者の述べた「この種の議論」は歐譯された「仁」に關して見えていない。こう述べた場合、歐米と同樣氣になるのが、日本の古學の解釋であろう。伊藤仁齋の『語孟字義』（吉川幸次郎・清水茂『伊藤仁齋・伊藤東涯』所収〈日本思想體系33、岩波書店、1974年〉）は「仁義禮智およそ十四條」について「慈愛の德、遠近内外、充實通徹、到らずということろ無き、これを仁と謂う。その當にすべきところをして、その當にすべからざるところをせず、これを義と謂う……仁義禮智の理、學者當に孟子の論をもって本字註脚と作して看るべし」等と述べている。「この種の議論」は見えていない。『論語古義』（服部宇之吉・安井小太郎・島田鈞一『日本名家四書註全書・論語部壹』所収〈東洋圖書刊行會、1922年〉）について「知者樂水、仁者樂山」等を見ても、仁齋の關心は薄いようである。ただ、子罕に「子欲居九夷」とある一節について、仁齋は「況朴則必忠、華則多僞、宜夫子之欲居之也」と述べていて、孔子が日本の「朴則必忠」に魅力を見出している（前掲平勢隆郎『「八紘」とは何か』262頁に言及した）、という見解を示している。これは、上記のように、筆者のような『左傳』説話の檢討や、「知者樂水、仁者樂山」等の考察からするものではなく、「巧言令色鮮矣仁」等の言説からするものと想像されるが、『論語』中に、より原始的な言説をたどろうとする姿勢が見えていて、興味深い。また、荻生徂徠についても、『辨名』（吉川幸次郎・丸山真男・西田太一郎・辻達也『荻生徂徠』所収〈日本思想體系36、岩波書店、1973年〉）81頁に、「仁・義並べ稱するは、六經・論語に、この言あることなし……それ先王の道は博しといへども、民を安んずるに歸せざる者なし……」とある等、やはり、「この種の議論」は見えていない。本書に述べた點に沿って、研究史のどこまでどのように目配りするかは、難しい點を内包することは言うまでもないが、本書に『論語』を檢討した目をもって、最後に言及しておきたいのは、合山究『論語解釋の疑問と解明』（明德出版社、1980年）の例えば218頁である。これは、合山が

江戸期の日本の儒學者に目配りしていることに根ざすのだが、『論語』顏淵の「顏淵問仁、子曰、克己復禮爲仁、一日克己復禮、天下歸仁焉」について、「感化されて天下の氣風が仁になる」・「天下中がその人に歸服するようになる」の兩說を述べ、猪飼敬所と安井息軒を引用する。猪飼は「天下仁に歸するは、一日の能くする所に非ず。故に先儒の解說は、皆妥からず」とし、安井も同じ主旨のことを言い方を換えて述べている。本書に話題にした孔子の弟子への對應は、「顏淵が破格に優秀なのに比して、他は仁が理解できる器ではない」という言い方に終始している。弟子の質問に「わからない」とだけ答えている。それに對し、顏淵には、わかるはずだという含意で述べているところがある。猪飼や安井は、顏淵も弟子の一人として「わからない」一人だと考えているのであり、その意味で、孔子が「わからない」と繰り返していることを眞摯に受け止めているのである。顏淵は優秀だが、孔子は少し突き放した言い方をしている。合山が「從來の解釋は、仁の行いの影響・感化によって、天下を仁にする、という考え方で捉えているが、これは少しおかしい。むしろ本章の趣旨は、天下が仁に化するには、その影響がゆきわたるなどということは殆ど考えずに、まず各人が自ら克己復禮せよ、ということだと思う」と述べているのは、從來の解釋が朱子學の世の皇帝の仁を述べ、合山が孔子の弟子に對する配慮に遡って述べているものと言うことができる。「諸君にはわからないだろうが、顏淵はわかっているから、こういう風に言っておいた。そこから自ら何を行うべきか考えてみたまえ」という配慮と考える。『論語』の讀み方として、もう少し顏淵評價を見直す必要がありそうである。合山の見解は、本書に述べてきたところと異なるわけだが、その中に、こうした注目すべき見解が見えている。

(114) 上揭山口察常『仁の研究』(1941 年) の紹介以後、「仁」の歐譯がどうなっているかというと、例えば、楊伯峻『論語 =Confucius: the analects』(劉殿爵英譯、聯經出版、2009 年) の英譯では、基本的に「仁」を benevolence と譯出しているのは、山口が「レッグについて"ベネヴォレンス (Venevolence) を以て、仁を譯出せるが如し"とし、ジェニングスについて"仁を譯するに多く說明的なり……仁を意譯し去れり"」と說明しているのを繼承すると言ってよい。レッグなどが筆者の本書におけるのと同樣の檢討の愼重さを示しているのに比較すると、機械的に benevolence を用いる傾向がある。E. Bruce Brooks and A. Taeko Brooks, The original analects : sayings of Confucius and his successors, a new translation and commentary, Columbia University Press, New York, 1998 は、『論語』20 篇の一部順序を入れかえ、それぞれの篇に見だしをつけ、篇内をいくつかに分けて小見出しをつけている。その里仁第四の小見出しに「The cardinal Virtue Rvn」と述べ、譯文は「Rvn」を使用する。「元德」と和譯したらいいのだろう。この場合もレッグ等を繼承して解說を附しつつ、譯語としての「仁」は朱子學的に固定化されている。新儒學と稱される杜維明の場合は、『詮譯《論語》「克己復禮爲仁」章方法的反思』(中央研究院中國文哲研究所、2015 年) は、この方法的再認識について、要約の中で「首先論述了仁與禮的關係、指出仁所代表的主體性賦予以內在價值、因此無仁之禮、一定變質爲形式主義、從而糾正了一些學者偏重從社會性解釋仁與禮之關係的看法」と述べている。ここには、新しい解釋を示すとの立場の上に、本書で述べた「仁者」(仁、內在價値) と「知者」(禮、形式) との違いに目配りしていることが明示されている。本書と異なって「仁」評價の場を議論しているわけではないが、本書と研究上の基礎を共有する。なお、歐文への譯出ということで付け加えておけば、二十四史の譯 (全譯はないようだ) については、中原道子「西歐語譯二十四史」(早稻田大學文學部東洋史研究室編『中國正史の基礎的研究』〈早稻田大學出版部、1994 年〉) を參照するとよい。一例を示せば、Homer H. Dubs, The history of the Former Han Dynasty, by Pan Ku, a Critical Translation with annotations, Kegan Paul, Trench, Trubner, London, 1938 の 29 頁に高祖本紀の「高祖……寬仁愛人」について、He was kindly disposed to others, benevolent, and liked people. と譯している。Edited by Denis Twitchett and Michael Loewe, The Cambridge History of China, Vol. I The Ch'in and Han Empires, 221 B.C.-A.D.200, Cambridge Univeresity Press, 1986 の 705 頁 は、The Expression Include the All-Important Jen, Veriously Rendered as 'Humanity,' 'Benevolence,' or 'Philanthropy'; which is the Nearest Term in Chinese to Approximate to the

European Concept of Justice. と述べている。レッグを念頭においてのコメントのようであるが、本書に論じた場の問題を加えると、本書に通じる意識があり、多くの事例に當たってのコメントであることがわかる。

(115) 『漢書』律曆志に天（九）・地（六）・人（八）の議論が凝縮して示されている。このことを度量衡の統合的説明として學問的に取り上げた最初は、本書で紹介した小泉袈裟勝（前揭『歷史の中の單位』および『ものさし』）である。この議論をもたらしたのは、戰前以來の我國における古代のものさしに對する強い關心である。法隆寺の再建非再建論爭が、高麗尺（東魏尺）への關心を呼び起こした（關野貞・伊東忠太以來の論爭に近年の考古發掘の成果を加えてわかりやすく研究史をまとめたものとして藤井惠介「最新調査が解き明かす・法隆寺の伽藍配置には先例があった」〈朝日ビジュアルシリーズ『週刊日本の名寺をゆく佛教新發見』01、2015年〉がある）。その關心は、戰前の米田美代治の朝鮮古代建築研究（前揭『朝鮮上代建築の研究』等）や戰後の鳥取岡益石堂研究（前揭川上貞夫『岡益の石堂』）にも繼承されている。この高麗尺は、『漢書』律曆志にのべる漢尺（戰國以來の尺）の$\sqrt{2}$倍の長さをもつ。漢尺の裏尺である。筆者は、これらに「八卦方位」の議論を重ね、別に進めてきた「八卦方位」と三正說の重なりの議論に接續議論できることを論じた。その議論の基礎が、儒教經典に缺けていて、緯書に示されることになった。そして、佛教傳來とともに、その議論内容が緯書理解に重ねられることになった。

(116) この時代については、縣制の發展に關する學說史を述べておく必要がある。古來の議論を含め、この要請に對應するのはまず增淵龍夫「先秦時代の封建と郡縣」（『中國古代の社會と國家』〈弘文堂、1960年、新版岩波書店、1996年〉）である。この增淵のまとめた學說史に增淵の問題點をみすえたまとめは、平勢隆郎「楚王と縣君」（『史學雜誌』90-2, 1981年）および前揭平勢隆郎『左傳の史料批判的研究』の第二章第一節「楚國の縣」に示した。「楚王と縣君」以後の拙稿は、「楚國の縣」に再錄の上加筆した（自己の呉起變法研究を考慮し、そちらに移して議論すべく結果として削除した部分もある）。增淵は古來の研究を根本から改め、縣が設置されるだけではその縣の内實が國と變わらないことを明らかにし、春秋時代の縣が一般に世襲されると述べた。平勢はこれを修正し、春秋時代の縣は、確かに世襲されているように見えるが、それは晉國や楚國の滅びた氏族の事例であって、晉國の魏氏・韓氏・趙氏や楚王の下では、縣の世襲は否定されていくこと述べた。晉國の魏氏・韓氏・趙氏や楚王の下の世族は、一方においてその領有する都市を移動しながら存續し、言わば君主身分だけは世襲して國の組織を温存する。それを否定したのが呉起變法である（これについては、史學會大會口頭發表「楚國世族の邑管領と呉起變法」〈『史學雜誌』91-12, 1982年〉に述べて以來論文にする機會がなかったが、平勢隆郎『都市國家から中華へ』〈講談社、2005年、中國語譯廣西師範大學出版社、2014年〉の「楚國變法」に概要を述べている）。この筆者の見解は、增淵が「春秋の縣が變質していわゆる縣になるには、戰國時代に貨幣經濟の進展し山林藪澤があらたな意味を附與されることが必要だ」という旨述べた、この「變質」の問題を詳しく檢討したものになっている。拙稿以來今日まで、春秋の縣を檢討の俎上に載せたと覺しきものが存在することは承知しているが、せっかくの增淵の見解も、またその見解を發展させた筆者の見解も未檢討のままである。少なくとも筆者の見解まで遡って檢討されることをお勸めする。そうしないと呉起變法に關して殘された記事（『韓非子』喩老「（楚國の法は）再世にして地を收む」『韓非子』和氏「（呉起變法は）三世にして爵祿を收む」）も理解不能となる（研究史上、議論の後退狀況を生む）。以上の他、春秋時代の楚の屬國も縣と同レベルの遷徙が爲されていたことがわかっている。こうした屬國・縣の春秋時代における狀況を勘案して、本書において「鐵器時代に突入した邑制國家の大國小國連合の時代」という表現を用いている。

(117) 2007年9月26日、臺灣の佛光大學において「『左傳』所載故事的成立與展開」という講演を行った。その際、圖4-4の樣な圖を使用した（圖4-4では中國語を日本語に修正し補正を加える）。『左傳』は、文體を加味して說話・古い文體の記事・賢人の語に分けることができる。說話も古い文體の記事・賢人の語に分けることができる。『左傳』の材料の來歷をたどるのは嚴密には困難なところがあるが、文體の新古をもって形式的に分類するのは比較的簡單である。この簡單な分類

終章　先行研究とどう關わるか

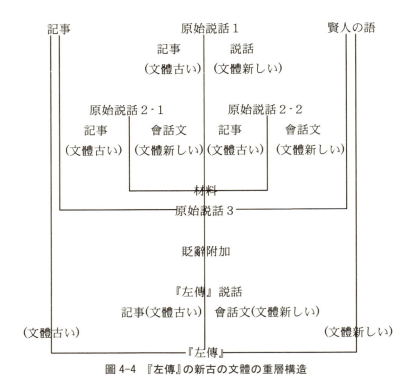

圖 4-4　『左傳』の新古の文體の重層構造

を示したのが前掲平勢『左傳の史料批判的研究』の「附：春秋左氏傳の內容分類」（485～675 頁）である。『左傳の史料批判的研究』では、この新古の文體を考慮して用語の用例を一覽にした場合に、卿・大夫・士等の用例に顯著な差が生じることを明らかにしている。このことから、會話や賢人の語を含む說話は、古い文體と新しい文體をいずれも含む材料であって、成立は戰國時代であろうと判斷できる。「十二方位・三正說・後天八卦方位の重なり」という新しい議論は、新しい文體の部分の中にある。しかし一方、その新しい文體部分の中には、また「仁」評價の場を論じる一時代前の議論も繼承されている、ということを述べた次第である。このことは、『左傳』が戰國中期の成書であって漢代に降るものではないことを述べる一つの根據になっている。

(118) 諸賢の中には、本書において墨家に言及しないことを氣にかける向きも生じよう。これも、周知のように墨家の言說に新舊の層が見えている。貝塚茂樹『諸子百家』（岩波新書、1961 年）を見るだけでも、『墨子』に關して「故にわれ曰く、天下の君子仁を知らざるは、その名のゆえにあらずして、えらびのゆえにありと」を話題にしたり（つまり『論語』に仁の內容を明言しないことをここに話題にしている）、「墨子が孔子の仁を擴大した"兼く愛して交あい利するの法"つまり賢愛說の汎愛主義については、宗族制は次第に沒落解體の途上にあったが、まだ遺制として相當强く生きのこっていた」點に言及する（つまり『論語』・『左傳』に見える「仁」から『孟子』以後の「仁」に變化する視座を必要とし、かつ前者の「仁」の立場を守ろうとしている）など、本書の檢討內容と關わりが深い內容に滿ちている。つまるところ、『墨子』には、小國の間に存在した「仁」評價の場を普遍的に容認する（特別の「人」を兼ね愛する）という姿勢を通して、滅び行く小國の立場を論じている、ということなのだが、この種の檢討には、本書で後日の課題とした出土史料との關わりにも目配りが必要になる。周知のように『韓非子』顯學に儒・墨を顯學と紹介する。仁の原義を變更して儒家のように「發展」させるか、墨家のように原義を比較的溫存させるかが、「顯學」というくくりの前提にあるようだ。本書に述べた儒家の仁と道家の道いずれを高位に置くかの爭いとは別次元の問題である。『孟子』公孫丑下に「天時は地利にしかず、地利は人和にしかず」という著名な句があるが、この「人和」の高い位置づけにも關わる問

514

題である（同時に『孟子』の時期を議論する上でも重要な指標の一つとなる）。同様に微妙な問題を含むのが「寡人」と「不穀」という戰國王の自稱がいつ出現したかの問題である。前掲平勢隆郎「戰國楚王之自稱」にこれを話題にしている。この論文では、「不穀」が戰國時代楚王の自稱であることを述べた。そもそも西周金文と『尚書』とで周王の自稱に差違が生じている。その差違の存在を受けて「寡人」という戰國時代の王の自稱が出現する。戰國楚の制度を繼承した漢代の南越では、西周以來の王の自稱の影響を殘して南越帝（王）が「吾」を使用している。だから當面、「不穀」は戰國楚王の自稱として論じるにとどめる（話題は越でも最終的成書は楚の場合）のが妥當である。本書に言及したように、『尚書』の成立時期については、戰國魏の文侯時期等に焦點が當たる。賢人主義がないと「寡人」は意味をもたない。これに對抗して楚で使用されたのが「不穀」である可能性を詰める。『國語』中の戰國後期の越語に「不穀」を「寡人」に言い換えている部分があることから見ても、本書で論じた儒家の仁、道家の道、いずれを上位に置くかの論爭が、戰國王の自稱に關わっていそうである。これを檢討するにも、出土史料のより緻密な檢討が必要である。筆者はまた、包山楚簡から出土した『太一生水』について、'The Ch'u Bamboo-Slip T'ai-i sheng shui from Kuo-tien Considered in Light of the Emerging Debate about T'ai-sui', ACTA Asiatica80, 2001 に檢討したことがある。この篇は冒頭太一（大一）が水を生ぜしめ、太一と水から天が生じ地が生じ、天地から陰陽が生じることを述べる。陰陽以後の生成は從來の書に見えるが、その陰陽が生じる前について「知らぬ」とせずに説明している。筆者は太一・水・天地について、卵の殼（天）と黄身（大地）と白身（水）の關係を設定した。この宇宙觀は渾天説と蓋天説の共通の祖先として位置づけ得るかどうか。そして儒家の仁、道家の道、いずれを上位に置くかの論爭のどこに位置づけ得るか。これらを檢討するにも、出土史料のより緻密な檢討が必要である。貝塚茂樹『諸子百家』（108 頁・110 頁）が劉節・郭末若を引用しつつ宋鈃・尹文子に言及し「莊子はさらに語をついで、宋鈃が "萬物に接するには宥〈＝囿〉を脱却するのが手はじめであると考え、そこで心の容〈欲〉について語り、その篇に『心の行く方』と名をつけた " と言っている。この宋鈃がいかにして欲望を抑制するか、その心のもち方を述べた篇がとりもなおさず『管子』の心術篇にあたるのである。宋子の學説は儒・墨・道三家の折衷派といわれる。……」と述べている問題意識等を繼承しつつ、出土史料の活用を述べた次第である。出土史料には、いわゆる骨董簡も加えて檢討することは言うまでもない。眞贋を愼重に判斷しながら、檢討の俎上に載せる。精華大學出土文獻研究與保護中心編・李學勤主編『成果大學藏戰國竹簡伍』（中西書局、2015 年）所收の『楚居』には「徙」と字釋される字があるが、これは前掲平勢隆郎『左傳の史料批判的研究』第三章（375 頁等）において「色」と字釋した字（討論對象は侯馬盟書と郭店楚簡）を偏旁にもつもので（横の筆劃のふぞろい具合に注目）、おそらく釋字は「遙［邋］」である。『楚居』の該字は「遙於京宗」という用例もあり、「徙」では意味が通じない。『楚居』は①「季繏［連］初降於鄝山，氐空窮［窮］」で始まり、「氐［至］今日楚人」で終わる段落、②「氐今日柰，柰扎［在］夜」で終わる段落、③「氐今日郢」で終わる段落、④以下の段落の四つの段落に分けて議論できる。①は季連が天より降って鄝山に立ったことと、「楚人」という稱謂の由來を述べ、②は「柰」が夜に行う儀式で楚王と屈氏が關わることを述べ、③は「郢」という稱謂の由來を述べている。文脈上「徙」とされてきた「遙」字は、「社稷」の「稷」に關わる儀式のようであり、この「稷」は穀物神としての基本義がある。上述した楚王の自稱「不穀」の「穀」を考える上で示唆的な表現である。天から降る、という説明も、本書に述べた侯馬盟書から道家の道への議論を念頭に置きつつ、檢討を進めるべきである。以上言い出せば切りのないところがある。すべて今後の課題とすることをご容赦賜れば幸いである。

「仁」的原義與古代的數理
──以二十四史所見的「仁」評價與「天理」觀爲基礎──

摘　　要

　　這本書討論二十四史中「仁評價」有効範圍,即是「八紘」(『舊唐書』以前)及「擴大八紘之外」(『新唐書』以後)。至今不僅沒有研究者藉此理解仁的起源,而且沒有研討過「仁評價」範圍本身。根據這個視點導致的事實,今後不少學説需要修正。

　　一般討論的仁概念就是「親愛」,「慈善」,「美德」,「道德」,「善德」等。這些是近代學者離雅各Legge等所談到的。但是根據二十四史,這個詞彙有「歷代皇帝的完全美德」的意味。假使皇帝喪失這個美德,帝國就會滅亡。一般人物沒有這個德。宰相,即是君子,與其他特別人物與這個德有關。即使有了這個德,也僅限於這個人的一生而已。皇帝與其宰相有向天下推廣特別之德「仁」的能力,在此活用他們的官僚。官僚們具有將皇帝之德「仁」對罪人推廣,或者對罪人加以懲罰的機會。

　　天下就是「八紘」。「八紘」是漢族王朝的領土,其中不包含西域。這是從『史記』到『舊唐書』的狀況。從『新唐書』到『明史』,天下擴大到「八紘」之外。

　　皇帝的特別德受天理的控制。到『舊唐書』爲止,天理的控制領域是「八紘」。「八紘」的「紘」是「綱」,即是「八條的綱」。這些「紘」結合天地。天時々刻々廻轉,帶來了天時。直到『舊唐書』的時代,皇帝的特別德都在天時的控制下。

　　『新唐書』以後,天下擴大。皇帝的特別德「仁」與天時分離。

　　『史記』以後,「萬物一體的仁」成爲皇帝的特別德。從『史記』到『舊唐書』的「仁」討論是在天時下的。

　　一般説來,「萬物一體的仁」與宋學有關。宋學發生以前,儒教沒有「萬物一體的仁」的概念。但其實宋學發生以前,儒家已經有其他經典討論過「萬物一體」,即是緯書。宋學的影響下,學者們將舊來的儒教蔑視爲「訓詁學」而隱蔽其性質。

　　近代以來,學者們沒有理解過上述緯書的効能。

　　始皇帝統一以前(先秦時代),沒有經典提到天理。西漢時期成書的『禮記』和『淮南子』則説到天理。根據「説到天理」之處,可以確認這兩本書成立在西漢。

　　但是秦始皇帝統一天下以前,已有「萬物一體的仁」的先行想法。「仁」與三分損益法,三正,『周易』的宇宙觀有關。在此時期,道也開始與這些新的想法有關。儒家重視「仁」,將「道」置於「仁」之下。與此相反,道家重視「道」,將「仁」置於「道」之下,極度否認「仁」的存在。在此種歷史背景下,導致『孟子』,『荀子』和『韓非子』的新的分析。在這些書中,儒家討論君子,即是特別的人,仁者,即是仁人,人和小人。道家討論道者,刻意不説「仁」而將「仁」置於「道」之下,否認「仁」與「仁者」。儒家所謂君子與仁者的義務,對道家來説,就是「道者」的。

　　之後將討論春秋晚期的『侯馬盟書』涉及1:「没嘉之身」,與2:「丕顯皇君岳公大冢,盟殛視之,麻夷非氏」。1是「君子」及「仁有効(中國,夏)的範圍」的起源。2是「天道」及「4世紀戰國時期中期的神罰」的起源。在漢代,1變爲皇帝之仁有効(萬物一體)的範圍(八紘),2變爲皇

517

中文概要

帝制度下官僚的懲罰。

第一章　二十四史「仁評價」的有效範圍

1：皇帝以仁繼承其正統，而寬仁（擴大「仁」）。在皇帝繼承其正統的前提下，史書討論皇帝的孝（仁孝）。

2：可以討論「仁」的存在是宰相賢人。但是他們的「仁」限於自身一代。例如伯夷叔齊，他們的評價特別高，稱爲「仁人」，但限於他們一代。

3：更有「不仁」的人物。例如暴虐滅國的桀紂，作爲《漢書》中外國代表的閩越王。正相對前者，皇帝代々稱有「仁」評價，互相有表裏的關係。後者作爲外國，與皇帝的「中國」有相反的關係。

4：在中華，皇帝使用官僚，特別是巧妙使用其刑官。刑官有在皇帝「仁」控制下的倫理性，他們執行皇帝施行的刑罰。皇帝以官僚代替自己而進行政治。這是將「萬物一體的仁」作爲具體的「形式」。

5：上述 3 與 4 所討論的部分，在征服王朝出現以後有了變化。『舊唐書』與『新唐書』之間有了明確的區別。

6：到『晉書』爲止的正史，外國是「八紘之外」的場所，不會討論「仁」。「八紘」之外是外國，西域也基本上相當於外國。漢族以外的民族王朝在「八紘」之內建國，或侵入「八紘」之內，則有「八紘」之內的評價。

7：直到『舊唐書』，「天理」以「八紘」爲基礎來討論。其中『晉書』以後以「天理之物」討論佛寺，道觀。從『史記』到『舊唐書』將時刻，季節之基準定爲北斗七星，作爲「八紘」的「紘」廻轉的象徵。『三國志』，『後漢書』中有「天理之物」，是爲了認識天時討論的。但是對於討論「仁」的範圍，從「仁友」之語可以發現，『舊唐書』已部分擴大到「八紘」之外（但是限於朝鮮百濟及越南，即是漢代設置郡縣之地）。唐帝國體系性建立冊封外交關係。這是外國自己需要漢字的結果。在此以前，外國不一定需要漢字。在這些情況下，其影響來到外國。『新唐書』亦繼承其情況，「八紘」之外擴大的範圍較大。

8：『新唐書』以後，通過『遼史』，『金史』，『元史』，『明史』與『宋史』，討論「天理」的繼承與「仁」評價的地理範圍擴大。這是就皇帝與其官僚之間的關係討論的。「仁恕」評價範圍擴大到外國君主。這情況意味著官僚性「仁評價」被擴大到「八紘」之外（與上述的「仁友」不同之處）。還有「天理」的基礎在北斗七星「伐星」的討論，但是與此有關的「八紘」已經與此討論分離。到『明史』有了「昔有天理星，但現在沒有」的討論。

9：從前的研究看來，朱子學的「天理」與北斗七星沒有直接的關係。朱子學與「八紘」之間幾乎無關。在朱子學的強大影響下，過去的研究中看不到緯書的上述效能。如上所述，從參照朱子學就弄清的事情來說，原來沒有與天理，北斗直接有關的中國經典。但是我們根據緯書可以找到其有關記述。根據從注釋輯逸的緯書，僅研討「仁」而已，很容易就能找到其與北斗有密接的關係性。根據『舊唐書』以前的正史，特別是「仁」與天理的記載，可以發現緯書具有支持中國皇帝的理念性。

第二章　先秦史料中所見的「仁」與其原義

這裡我們首先研討『孟子』，『荀子』，『韓非子』，『禮記』。其次研討『左傳』，『公羊傳』，『穀

梁傳』。最後研討『論語』與『侯馬盟書』。

1：『孟子』，『荀子』，『韓非子』的討論流注到『禮記』。特別要注目的是繼承『孟子』以來的「仁」理論的過程中，『荀子』的分析性思考被整理。『荀子』對於士大夫以上，公侯以下的官人，討論「仁人」。官人分爲辨善的「君子」，辨險的「小人」，其中間的「人」。「人」是性惡。將之作爲性善是僞（據『孟子』說，分爲「君子」，「小人」兩個之中的「君子」是性善）。「君子」是「仁人」。「人」是有可能性的存在。『韓非子』批判性地繼承『荀子』的意見，嫌厭「仁人」，却討論「道者」。『韓非子』對於階層，分析討論道家的意見。『荀子』對「仁」的分析性見解，在此都變爲「道」的事情。『禮記』加以整理而繼承『荀子』，『韓非子』的分析性見解。但是將之作爲或變爲「仁」的討論。

2：『禮記』結合「至道」與「仁人」，出現將天道與「仁」，「義」連結討論的方針。爲了天道的至上化，他們討論『韓非子』式道家的見解，分析性討論「天道」與「人道」。在『老子』，『韓非子』否認「仁」的情況下，他們要繼承其討論，却不能否認「仁」，恐怕活用部分相當於道討論的「天理」。他們將「天理」連結王的政治。『禮記』樂記「禮節民心樂和民聲，政以行之，刑以防之，禮樂刑政四達而不悖，則王道備矣」由二十四史所繼承。

在這樣的背景下，『禮記』所重視的「樂」在『史記』仍受重視。但是『漢書』以後變得不受重視。

3：就『左傳』的「仁評價」來說，其「仁」在複數「國」有關的場所被討論。「國」與「國」之間的關係也是邑制國家的大國小國關係内部的問題。所謂王族之内也會發生鬥爭。在這樣的鬥爭下，要討論「仁」的問題。與後代有關的事情來說，我們要討論宗廟的「仁」。宗廟是複數的國與族建立關係的場所。後來這場所變爲戰國王與帝國皇帝的「孝」與「仁」有關的場所。夫人的「仁」也被討論。夫人是從別的國家嫁來的，在與戰國王，帝國皇帝的「孝」，「仁」結合的場所被討論。『左傳』提示的「不仁」豫定其滅亡。二十四史則提示「限於一代的仁」。

4：與『左傳』的「仁」在複數「國」介在的場所被討論相反，『公羊傳』的「仁」在中國之内被討論。『公羊傳』的「中國」僅是比戰國齊國大一點的領域而已。蓋『左傳』的「仁説」大概在『公羊傳』裡不以「仁」的部分討論。『公羊傳』的成書比『左傳』早，但是『左傳』的材料却比『公羊傳』早。『左傳』的編纂方法是將採用的材料加以說明而作成襃貶的形式，例如將「夫子」，「吾子」貼附來表示要受侮辱評價的人。所以『左傳』的材料本身保存原樣而比較古老。『公羊傳』「仁」在「中國」之内被討論的形式不是「仁」的原樣。要討論「仁」的原樣，就要重視『左傳』材料的故事。

5：『穀梁傳』記述「中國」的「仁」評價。其傳文中提到「這個地方是中國」與否。整體而言，「中國」包含鮮虞，即是戰國中山國的前身，攻擊鮮虞的晉被認爲狄。將包含這中山與中原的地域稱爲「中國」。『穀梁傳』記述的「中國」地域之内，不說沒有「仁」的僅是鮮虞與周而已。「中國」地域内有魯，宋，但是兩國沒有「仁」。『穀梁傳』執著地追究「桓公」問題。魯「桓公」沒有「仁」。春秋時期姜齊「桓公」沒有「仁」。齊「桓公」還有戰國時期的田齊「桓公」。這田齊「桓公」之子威宣王稱王改元。在田齊「桓公」以前，有中山「桓公」。中山在『穀梁傳』所謂「中國」之中，齊在其「中國」之外。因此根據『穀梁傳』的「形式」，戰國田齊沒有「仁」。中山的歷史，特別是到稱王以前並不清楚。但是如上所述，『穀梁傳』對中山很有特殊的視點。所以筆者認爲『穀梁傳』是在中山成書的。與此相反，『穀梁傳』的注釋認識到魯國的「仁」，陳的「仁人」。其注釋的「中國」比『穀梁傳』傳文的「中國」大，「仁」認識與『史記』接近。現況下的一般意見使用『穀梁傳』注釋，但却沒有使用『穀梁傳』傳文本身。

6：在作成侯馬盟書的盟誓之場，將「嘉」趙孟作爲首領的人們集合。「丕顯皇君岳公」，即是

「我君」,「視盟極(永殛)」,「麻夷非是」(滅掉其氏族)。在此言及下罰的存在與其神罰。參加者不敢造反,不敢引導敵人入到「晉邦之地」,成就「嘉之身」的有終之美。

近年出土竹簡上,「仁」寫作「身」加以「心」的字。這在宋代『汗簡』,『古文四聲韻』中也可確認,就是「仁」字。現況下有原初意味的最古事例是『左傳』引用故事的「仁」,在複數「國」有關的場所被討論。盟誓是有關於複數「國」的儀式。就侯馬盟書來說,趙簡子之下參加的是住在趙氏管領的城市,與集合到趙氏影響下的人們。這是將晉國分爲幾個的力量。晉國有很多城市,其力量相當於周王朝。參加侯馬盟誓的人們,相當於周王之下的諸侯或者其陪臣。所以侯馬盟書可謂在「複數國有關的場所」作成的。在與『左傳』所討論的「仁」相同的場所討論成就「嘉之身」的有終之美。因此我們可以看到「嘉之身」與「仁」有密切的關係,從侯馬盟書「丕顯皇君岳公」「我君」「視盟極(永殛)」「麻夷非是」的内容與「嘉之身」的併稱可以看出「嘉之身」包含「仁」之心的文脈。

7:『論語』的「仁」有與「君子」結合的特色。學而一「君子務本,本立而道生,成孝弟也者,其爲仁之本與,弟子入則孝,出則弟,謹而信,汎愛衆,而親仁,行有餘力,則以學文」。二十四史中皇帝的「仁」與孝結合。兩者的「仁」可以對比。『論語』的「仁」與「孝」,「弟」,「信」結合。「弟」表示邑制國家大國小國連合内外的複數「國」之間的擬制性關係,即是某國將自己作爲弟,將周國作爲兄的外交關係。所以作爲「出則弟」。邑制國家大國小國連合内外的複數「國」之間的外交在盟誓的場所也進行。在此強調「信」。所以作爲「謹而信」。「君子」也有君主的一面。所以作爲「汎愛衆」。上述的「弟」,「信」成爲皇帝之下的官僚制度。君主之下的與「衆」有關的場所成爲官僚貫徹執行法治的場所。只有討論「孝」的場所被繼承,作爲二十四史時期皇帝的宗廟。

8:『論語』的「君子」有比『荀子』的「君子」更古老的理論形式。『荀子』在「仁人」的「君子」與「不仁」的「小人」之間討論「人」。「人」是性惡的,可謂有待發展的存在。與此相反,『論語』討論「君子」與「小人」的對照,「君子」不必是「仁人」。『荀子』的有待發展的「人」是『論語』的「君子」的一部分。將『荀子』的「君子」加以『左傳』故事的「仁」,我們可以討論孔子時期的「仁」與「仁者」。『論語』的「君子」有「仁者」,「知者」與「勇者」的三條道路。有與「小人」不同,但還留在「知者」,「勇者」的人。『論語』的「仁」說貫徹討論「知者」的立場,因爲記述孔子的弟子不了解「仁」。將這個「不了解」作爲前提而討論靠近「仁」的「知」。『論語』雍也第六「敬鬼神而遠之」也根據一樣的理論。「仁」與「鬼神」有關。

9:前文注意到侯馬盟書的「皇君岳公」與「嘉之身」,岳公大冢(塚)是將稱作「岳」的高山視爲神之家。大概設譬於這種神山流下來的水,『論語』雍也說「宰我問,曰仁者雖告之曰井有人焉,其從之也,子曰,何爲其然也,君子可逝也,不可陷也,可欺也,不可罔也」。這裡說的是山的裁處民的立場。根據侯馬盟書「丕顯岳公大冢,盟極視之,麻夷非氏」,岳公大冢發盟殛而發罰。『論語』雍也的上述文章與侯馬盟書的立場相通。可謂『論語』說岳公大冢發盟殛的場所裡沒有「仁」(何爲其然也)。

10:『論語』雍也還記述「智者樂水,仁者樂山,智者動,仁者靜,智者樂,仁者壽」。這裡將知者與仁者的關係換爲山與水之間的關係。雍也還有「仁者雖告之曰,井有仁者焉,其從之與」的發問。不少讀者在此會想起道家的道,因爲『老子』有以「水」展開的自然觀。『韓非子』揚權「因天之道,反形之理」讓我們想起這裡有太陽,月,行星移動的道路根源。「形之理」應是根據北斗七星判斷時刻的「形式」。所以在此可謂後代二十四史(到『舊唐書』爲止)所見的「仁」評價,「天理」與北斗七星之間的關係,將「仁評價」換爲「道」,不從「天理」來討論。『老子』「道可道非常道」,

其「常道」應是「天道」,「道可道」應是「道者」煞費苦心的「人道」。

11：從侯馬盟書裡所注目的「皇君岳公」與「嘉之身」來看，其中的「嘉之身」應該從『論語』堯曰篇的「舜之身」上遡討論。在此要注意戰國中期以後的『論語』內容反映曆數的討論。天地之間的密切關係本身在曆數以前就被討論。『左傳』故事與『論語』雍也等的一部分比較早,『論語』其他部分與『老子』比較晚。

第三章　古代的數理（三分損益法與漢唐之間的建築基準）

戰國中期出現了三分損益法。三国時代出現了中國式建築基準。我討論過這些問題，但是並未受到廣汎理解。

這問題與古代中國思想有關，但是數學研究者不一定了解中國古代思想問題。與此相反，中國思想研究者不一定了解這種數學問題。所以將這兩個問題一起討論相當困難。下面我將扮演唐吉訶德。

1：西漢時期的『淮南子』出現了「天理」一詞。『禮記』與『史記』中出現「仁」評價與「天理」的結合。根據『史記』的「仁」評價，「樂」的位置比較高。『禮記』亦有顯著的相同評價。從這些「樂」的討論出發，全面研討音樂理論的三分損益法，與此有關的後天八卦方位，十二方位與正三角形，樂音的產生等，可以發現戰國時期公元前4世紀中半以後開始討論曆數問題，將之結合十二方位來討論樂音的產生。漢代的「仁」評價與「天理」結合起來以後，樂的綜合討論仍是有關討論中的核心。後天八卦方位有將天地從西地平與從南地平重疊的特點。十二方位則有將天方位，地方位，時間方位，季節方位重疊的特點。這裡出現立體觀察性的討論，是公元前434年曾侯乙墓出土二十八宿圖以後的事情。

2：在這樣的背景下，檢討『左傳』故事，唱詩歌演奏樂器的是在複數國有關的場所。上遡春秋晚期，檢討考古遺物的侯馬盟書，也可發現進行盟誓的是複數國有關的場所。不從從來的説法，從筆者的説法而言，春秋時期有複數的邑制國家。春秋中期以後鐵器開始普及，邑制國家產生新的形式。頂點之國有周，晉，楚，齊，吳，越，秦，燕。各國率領自己之下的小國。晉國分爲幾個有力氏族勢力。侯馬盟書是趙簡子率領的。這個盟誓是從相當於小國的城市來到的代表參加的。趙簡子率領其複數的城市。侯馬盟書的「嘉之身」是後代聖人的「身」的先驅，聖人是後代「仁」評價的核心。「丕顯岳公大冢盟殛視之」的事情變爲後代的罰則法制。在王之下的官僚制度下將民以律令發罰。『論語』討論將岳公大冢作爲象徵的山裡湧出水的情況，與「仁」評價不同。可以推測以後帶來天道的反映。

3：公元前4世紀在中國獨特的三分損益法出現以後（將原始性三分損益法加上中國思想性數字秩序＜九天，六地，八人＞以後），後天八卦方位（先天八卦法是後代才被討論）與十二方位的樂論的產生成爲主要的討論內容。八卦方位分爲兩個，即是上位方位與下位方位。上位方位有天的意味，下位方位有地的意味，兩者之間可以討論天地兩意的大地。對於周易與其八卦方位，可以討論從天到地，從地到天的方位變化，即是卦變。後天八卦方位與樂音的產生導致戰國時期從周王朝產生新的夏王朝的觀念性討論。周王朝在上位方位中的子方位（天），賢人宰相在下位方位中的未方位（地），新夏王朝在中間方位的寅方位（人）。通過夏王朝的夏正（一月在寅），殷王朝的殷正（一月在丑），周王朝的周正（一月在子），新的夏王朝，即是在賢人宰相的幫助下產生的新的王朝，使用夏正。在這種想法下，出現中國式曆法的夏正與踰年稱元法。夏正與踰年稱元法是戰國王朝制度的核心。中國

皇帝繼承了使用夏正的制度。踰年稱元法是賢人宰相政治的象徵。在翌年的一月，即是新年開始時，新的王的元年開始。以之作爲基礎，儒家的原始性「仁」觀念出現，以後變爲皇帝官僚制度之下的「仁」觀念。

　　4：相對地，爲了否定上述的制度與想法，幾個國家開始討論日，月，星辰的產生。這與從天到地，從地到天的天地之間的方位轉換不同，只是天方位之中的轉換。他們採用另一種中國式曆法——楚正。與踰年稱元法相反，他們採用立年稱元法。在這曆法下，王崩御以後，新王立即即位稱元。在此不討論賢人宰相的政治。以曆數知識觀察日，月，星辰在天中移動，即發現天道。這種想法成爲『老子』，『韓非子』的理論基礎。

　　5：漢王朝以後，天理成爲重要的想法，後天八卦方位與從十二方位產生的樂音仍是主要的議論內容。但是這與「仁」評價的關係逐漸減弱。

　　6：如上所述中國式三分損益法與從十二方位產生的樂音結合以前，三分損益法是與編鐘結合的。春秋中期以後，在與複數國有關的宗教性場所，比如宗廟等地，編鐘進行大型化與配列上的規則化。他們使用編鐘唱宗教性詩歌，即是原始詩經。我們重視侯馬盟書的「嘉之身」。在與複數國有關的場所，容易感覺到對外國演奏宗教性音樂的場所的共同感性。這種共同感性應該就是原始性的「仁」。孔子大概曾經討論這種原始性「仁」。他將附帶音樂的原始詩經加以整理（後代作成樂經）。

　　7：現行『論語』分爲兩種。一是反映孔子生前的部分。另一是戰國中期以後，即是中國式三分損益法與從十二方位產生的樂音結合以後的部分。現在的『論語』理解基於二十四史的帝國時期。這是根據天理的「仁」評價的時期。這時期分爲兩個。一是到『舊唐書』爲止的，即是八紘與天理結合的時期。另一則是『新唐書』以後的，即是其結合逐漸消滅的時期。但是一般不從孔子生前的討論內容與後代的中國式三分損益法來理解『論語』，所以不了解『論語』裡有的原貌。讀者應該根據原貌的「仁」理解來讀『論語』。

　　8：漢唐之間的討論分爲兩項。一是中國式三分損益法如何結合十二方位，後代又如何展開。另一是接着前項討論，希臘起源的建築基準如何進入中國而成爲「天理之物」的圖形基準的問題。伊東忠太，關野貞等學者透過研究法隆寺，開始討論希臘起源的建築基準。在他們的影響下，第二次世界大戰以後，比如說，川上貞夫繼承其研究的手法，研討「岡益石堂」。福山敏男高度評價他的研究成果。在此之前，第二次世界大戰以前，米田美代治已研究佛國寺多寶塔，並發現新的建築基準，即是正八角形。

　　米田，川上兩者與伊東，關野兩者的研究皆與建築基準尺有關。這種研究有很長的研究史，其中較爲特別的學者是小泉袈裟勝。小泉注意『漢書』律曆志，與漢唐之間的學者重視『漢書』的背景有關。『漢書』律曆志對東漢時期度量衡，以數值上的特別關係——九爲天，六爲地，八爲人的關係爲基礎，解說相互之間的有機性。與此相反，六朝以後的度量衡個別發生了數值上的變化，導致了上述數值上的關係性消失。爲了守護『漢書』律曆志的理想，王朝學者在他們時代進行度量衡的變化下，復古東漢時期的度量衡，將之在宗教性的場所使用下去。

　　我在小泉袈裟勝的影響下，開始研討十二方位，中國式三分損益法與『漢書』律曆志之間的整體性說明。通過這種看法，檢討米田美代治的建築基準圖形，將之加以自己的分析而提出將頂角45°的等邊三角形，即是正八角形的八分之一作爲建築基準圖形的看法。這種建築基準圖形在日本相當於六朝隋唐時期，廣汎使用於八角燈籠（平面形是正八角形）。日本古代的八角燈籠受到中國六朝隋唐時期的影響。米田提出的朝鮮半島新羅佛塔的正八角形是相當於中國唐代的圖形元素，將筆

者提出的其八分之一的基準圖形加以米田的基準圖形的發展形，亦可以說明。關野貞可能對河北廣惠寺金代花塔有興趣。但是無法確認使用上述建築基準的中國唐代建築實例。伊東忠太等學者在日本古代佛寺發現希臘圓柱收分曲線（entasis）。米田美代治提出的正八角形應該就是將中國史書討論的「天理之物」加以控制的圖形元素。

附章　先行研究與本書之間的關係

本書的檢討與先行研究有什麼關係？　本書與學說史之間的接點整理如下。

1：僅比較理雅各（Legge）的翻譯與筆者的翻譯而已，也容易了解本書在研討上將「仁」評價的有效範圍作爲基準，與先行研究之間有很大的差異。

2：宋學特有的「萬物一體之仁」與「天理」，實際上是二十四史共同的關鍵詞，在所謂訓詁學的時代，緯書對這種討論的重要性不被認識。

3：以上述内容作爲基礎，得知漢代『禮記』，先秦時期的『韓非子』，『荀子』，『孟子』與『論語』裡，已有「萬物一體之仁」與「天理」的先行性討論。透過其討論内容，可以了解儒家與道家互相影響及其討論細緻化的過程。

4：本書的討論與先行研究的最大差異在於以這種視點爲基礎，探尋其數理性的展開。之所以與池田知久，滋賀秀三，高木智見及其他研究者相異，是因爲本書討論戰國中期以後的「十二方位，三正說，後天八卦方位互相被重疊討論的時代」的緣故。同時也是因爲討論從春秋中後期到戰國早期的「三分損益法與編鐘結合的時代」的緣故。

5：筆者找出侯馬盟書之中的「嘉之身」與「丕顯岳公大冡」，與複數國參加的「仁」評價的場所有關。中國式三分損益法與編鐘結合的時期，即是從春秋中期到戰國早期，正是鐵器開始普及以後的邑制國家時代。在其時期中，我找出了關於「仁」評價與天道的先行討論。

6：沒有這種想法而上遡討論戰國中期以後的「將十二方位，三正說與後天八卦方位重疊討論的時代」，因此先行研究中，無法具體討論侯馬盟書中「仁」評價與天道的先行討論。

7：沒有注意到『史記』的編纂在戰國中期以後的「將十二方位，三正說與後天八卦方位重疊討論的時代」終了的時期，將其討論内容一直遡到先秦時期，造成與漢代『禮記』，先秦時期的『韓非子』，『荀子』，『孟子』，『論語』以及『春秋』三傳的實際内容離齬的結果。

8：同樣地，沒有正確掌握戰國中期以後的「將十二方位，三正說，後天八卦方位重疊討論的時代」，以致於錯認『左傳』的時期。

9：同樣地，沒有正確掌握從春秋中期到戰國早期的「三分損益法與編鐘結合的時代」，以致於錯認『左傳』引用的先行故事。

本書花了不少篇幅討論與思想史先行研究之間的接點。其與本書不同的内容是透過二十四史與數理的檢討找出的。

孔子的時代，即是新的邑制國家的大國小國連合時代（鐵器時代的邑制國家大國小國連合時代）的討論基礎，就是考古史料的侯馬盟書與古式文體殘存的『左傳』故事。將這些史料與先後的時期對比來檢討，戰國中期開始的中國式三分損益法最爲有效。

如上所述，已經極爲明確地提示本書的議論過程與其基礎。

本書記述〖A〗從商，西周時期到春秋早期（～公元前7世紀中半），〖B〗從春秋中期到戰國早

中文概要

期（～公元前4世紀早期），〖C〗從戰國中期到漢初的經典的看法，〖D〗『史記』的看法，〖E〗從『漢書』到『舊唐書』的看法，〖F〗從『新唐書』到『明史』的看法。

宋學與〖F〗有關。緯書與〖E〗有關。後天八卦方位與〖C〗,〖D〗,〖E〗有很大的關係。與緯書產生關連以前的後天八卦方位在〖C〗,〖D〗中被討論，此時樂的位置較後代高。「天理」與〖D〗,〖E〗,〖F〗有關（『禮記』在〖D〗），其中將「八紘」作為「仁」評價的有效地理範圍的是〖D〗,〖E〗，將「仁」評價的有效範圍擴大到「八紘」之外的是〖F〗。〖E〗的後半，在周邊國家漢字已根深柢固的情況下，開始將外國君主作為「仁友」的討論。〖F〗的前半可以看出對〖E〗時期宇宙觀的繼承。這與宋學在元朝以後成為天下之教的事情有關。

〖C〗時期還沒有「天理」的討論。這時期相當於「天理」的理念支柱是「後天八卦方位，三正說與各種十二方位」重疊的討論。〖B〗時期具有重大意義的是編鐘形狀性漸減的編成與三分損益法的重疊討論。此時原始『詩經』與樂理論被使用在大國小國各國的祭祀場所。孔子是其整理者。

〖A〗時期還沒有發生〖B〗的變化。〖A〗,〖B〗都可以討論邑制國家的大國小國關係，〖A〗是青銅器時代，〖B〗是鐵器時代。〖B〗時期開始縣的前身的設置。〖B〗的最後時期出現魏文侯等的書物整理，此時原始『尚書』成立（西周金文與『尚書』兩者的西周王自稱存在不同之處）。

與後天八卦方位有很大關係的〖C〗,〖D〗,〖E〗之中，〖E〗時期佛教傳來而道教（乃至其前身）興起。隨佛教傳來的建築基準，與後天八卦方位結合，將正八角形及其分割形的頂角45°的等邊三角形組合的平面結構，立面結構流行。與漢字的根深柢固併行，其基準傳播到朝鮮半島與日本。要是沒有現存的日本與朝鮮半島的具體事例，我們無法復元中國已失傳的技術。我們必須重新關注戰前戰後日本的相關研究。

對於近代以來的「仁」概念，我們討論近代日本西洋思想的受容與近代理雅各（Legge）的概念。理雅各的翻譯中可見對神傾注的關心。與此相反，日本學者的「仁」概念否定神（與江戶時代的神道整理有關）。這兩概念都基於宋學，可以上溯到〖E〗,〖D〗與〖C〗。

但是近代以來的學者沒有注意到緯書的「萬物一體」與「八紘」概念之間的關係。他們通過對〖D〗〖C〗的先行研究，將緯書視為災異之書。這些情況應該要改變。應該要認識〖B〗的存在。因為未能掌握上述改變，他們只將〖E〗看作注釋的時代而已，對〖D〗,〖C〗時期也不注意地使用宋學的概念。同時，他們也將其不注意的知識帶入〖B〗〖A〗時期。

所以造成了沒有批判地研究西周禮制的結果。我們要討論的是，〖E〗時期緯書的「萬物一體」概念上構成的古典的禮制，漢代〖D〗以及戰國時期〖C〗在宗教性場所的宗廟的先行禮概念，〖B〗時期大國小國的宗教性場所的「仁」概念，孔子當時整理的原始『詩經』與樂，與魏文侯整理的原始『尚書』。如上所述，以西周時期為對象，討論古典禮制是完全錯誤的。

我們應該重新討論邑制國家的先行性，宗教性的儀禮，即是大國小國祭祀場所的儀禮（考古學不用沒有批判性的古典研究）。

最後贅言一下，用一兩句話表達本書的內容，應為「為了研究商周春秋時期考古學的基礎」，「為了提示這個基礎而進行艱苦奮鬥的書」。學者們通常只討論此時的古典與『史記』而已。這樣的具體事例不勝枚舉。使用古文字史料的狀況也一樣。不知考古學的名目下，古典與『史記』的內容跋扈的理由。我開始這些時代的研究以來，始終不曾忘懷的「研究方法上的基礎」，果然提示與否？

期待識者的不吝叱正。

'Ren 仁''s Origin and Ancient Mathmatical Principles
―― On the basis of *the 24shi*'s two 'Ren' Sphere Arguments and 'Tianli' Concepts ――

summary

In this book, the author investigate the effective sphere of Ren [Jin, Jen] 仁 on *the Chinese 24 Legitimate Histories* [*the 24shi*]. Till now no scholar has investigated it, so couldn't recognize the 'Ren''s origin and the 'Ren' sphere's importance. By these viewpoints and given facts, many opinions of scholars should be revised afterwards.

The general 仁 Ren concept is 'loving-kindness', 'cahrity', 'Virtue', 'Moral virtue', 'the perfect virtue', for example, by modern scholar Legge. But by my investigation, on *the 24shi*, this word means Perfect virtue of each Emperor. If Emperor would lose this virtue, his Empire should collapse. On the other hand, no general person must be concerned to this virtue. The Premier of Empire, i.e. the superior man, and other special person ought to be concerned to it. Even if a man occasionally have this virtue, it must be limitted to his life only. Emperor and the Premier can expand this special virtue in Under-heaven 天下. They use trial bureaucrats. Emperor's virtue is brought to a criminal person by them. Otherwise, they can punish him in the name of Emperor's law. Here is the effective sphere of Ren.

Under-Heaven means 'All-encompassing Realm named Bahong [Hakko] 八紘'. It was almost equel to the Han race dynasties' unified bureaucratic realm [without western realm 西域, generally], between *the Shiji* 史記 and *the Jiutangshu* 舊唐書. This effective sphere was expanded outside of Bahong, after *the Xintangshu* 新唐書. 'Under Heaven' involved another few races' bureautic Realms here, by using Cefeng diplomatic system 册封［外交］體制.

Emperor's special virtue is under Tianli 天理's control. The controlled area was Bahong till the Jiutangshu. Bahong means eight rope originally. These rope joint heven and earth. Heaven move round every 24 hours. They feel the heaven time 天時 with it. Because Tianli and Heaven time are mutually concerned, Emperor's special virtue is under heaven time's controle.

But since the Xintangshu was made, Under-heaven was expanded widely. Emperor's special virtue was separated from Bahong Heaven time.

'Ren 仁' of 'Oneness of All Things 萬物一體' is a key concept of Confucianism. No scholar knows it was under Bahong Heaven time's control between the Shiji and the Jiutangshu.

Generally talking, 'Ren 仁' of 'Oneness of All Things 萬物一體' is only concerned to 'Doctrines of Song 宋學'. Till Song Doctrine appeared, Confucianism had no idea of it. But actually Confucianist before Song Doctrine had another 'Classics', i.d. Weishu 緯書. Here were arguments of 'Ren' of 'Oneness of All Things'. Under Song Doctrine, the scholars disdained old Confucianism as Chino-scholarism 訓詁學, and concealed its true characters.

Since Modern times, scholars didn't recognize above mentioned Weishu's usefulness.

英文概要

Before Qinshihuang 始皇帝's unification〔先秦時代〕, there is no classics refer to Tianli 天理. On the other hand, *the Liji* 禮記 and *the Huainanzi* 淮南子 in the Han dynasty refer to this word. Mengzi's opinion about area〔using distance number〕was changed to be another one〔using square number〕by the Lizhi.

Before Qinshihuang's unification, there were the premier idea of 'Ren' of 'Oneness of All Things'. Ren is connected to the combination of the Pythagolian music system 三分損益法, the new calendar system 三正, and cosmology of *the Zhouyi* 周易. In this period, 'Dao〔Tao〕道' is connected to these new ideas. Confucianist make great account of 'Ren', make 'Tao' be situated under 'Ren'. On the other hand, Taoist〔Daoist〕make great account of 'Dao', make 'Ren' be situated under 'Dao', extremely deny 'Ren' itself. Concerning this historical situation, we can investigate *the Mencius* 孟子, *the Xunzi* 荀子, and *the Hanfeizi* 韓非子 analytically. Confucianist argue 'Junzi 君子'〔the superior man〕, 'renzhe 仁者'〔'renren 仁人'〕, 'ren 人', and shaoren' 小人'. Taoist argue 'Daozhe 道者' only. 'Junzi''s and 'Renzhe''s duties by Confuicianist are correspond to Daozhe's by Taoist.

On *Certificates of Oath made at Houma* 侯馬盟書 in the later time of the Spring and Autumn period, they indicate 1: 'Jia 嘉's special body 身' and 2: 'Highnesss of Mt. Yuegong 丕顯皇君岳公大冢 make the divine punishment 盟殛視之! Destroy the Clan perfectly 麻夷非氏'. 1 is the origin of Junzi 君子 and effective sphere〔Zhongguo 中國 or Xia 夏 at that time〕of 'Ren', 2 is the origin of Heaven Dao 天道 and its divine punishment in the middle time of the warring states period〔4th century B.C.〕. In the Han dynasty, 1 was changed to be Emperor's effective sphere of 'Ren'〔Bahong〕, and 2 was changed to be bureucrat's punishment under Empire.

Chapter 1　the effective sphere of 'Ren' on *the 24shi*

1：Emperor succeeded to its legitimacy with 'Ren'. He must promulgate 'Ren' 寛仁. They argued each Emperor's 'Xiao 孝', under succession to its legitimacy.

2：They have to argue 'Ren' of Premior and several wisemen, too. But their 'Ren' are limited to their one-life. It is not concerned to their historical appraisal was high or not, for example, Boyi and Shuqi 伯夷叔齊.

3：There were 'Lacking Ren 不仁' persons, too. For example, Jie and Chou 桀紂 brought the fall of their dynasties. It is opposite to each Emperor's succession to its legitimacy with 'Ren'. Minyuewang 閩越王 of *the Hanshu* 漢書 was the representative king of foreign countries. It is concerned to the fact that the effective sphere of 'Ren' is limitted to Zhonghua 中華 only.

4：Zhonghua 中華 Empire use trial bureaucrats, as his subordinate and promulgate his 'Ren' politics. It is embodiment of 'Ren 仁' of 'oneness of All Things'.The moralizing under Empeor's 'Ren' and their punishment under Emperor's Law should be hopeful.

5：Conquest Dynasty changed above mentioned 3 and 4's effective sphere. Between *the Jiutangshu* 舊唐書 and *the Xintangshu* 新唐書, we can recognize the apparent division.

6：Until *the Jinshu* 晉書, foreign countries were outside of the Bahong 八紘 'Ren' sphere. Eaven if the West sphere 西域 would be Han race dynasties' territory, the legitimate histories should argue it as outside of 'Ren' sphere. On the other hand, eaven if Non-Han race dynasties 非漢民族王朝 should be build inside of Bahong, they should argue them as inside.

7: Till *the Jiutangshu* 舊唐書, Tianli is argued on the basis of Bahong. After *the Jinshu* 晉書, the Object of Tianli 天理之物 seems to be argued about Buddist Temple and Taoist Temple. Since *the Shiji* 史記 untill *the Jiutangshu*, time and season was ordered by the Great Bear, as the symbol of Bahong rope's going round. *The Sanguoshi* 三國史 and *the Houhanshu* 後漢書 referd the Object of Tianli seemingly on the basis of Heaven time. On *the Jiutangshu*, the 'Ren' sphere was promulgated to the outside of the Bahong, and the concept of 'Ren friends 仁友' appeared. In the Tang dynasty, the Cefeng diplopatic system 冊封關係 became to be more systematical, by the foreign countrie's acquirement of Han Character. Till this time, foreign countries didn't necessarily acquire Han Character. The influence was brought to the Chinese 'Ren' recognition. The Xintangshu succeeded to it.

8: After *the Xintangshu,* through *the Liaoshi* 遼史, *the Jinshi* 金史, *the Yuanshi* 元史, and *the Songshi* 宋史, we can argue the succession to the Tianli recognition. The promulgating of the 'Ren' sphere was argued on the connection between Emperor and his bureaucrats, 'Renru 仁恕' became to be used to foreign country's king. This means the 'Ren' sphere's expansion over the Bahong bureucratically [it is different from above mentioned 'Renyou']. Here the Faxing 伐星 of the Great Bear 北斗七星 was yet the basis of the Tianli, but Bahong had already been separated from this argument. By the Mingshi, nobody knew the star once named 'Tianli' in the Great Bear.

9: Generally talking, 'Doctrine of Zhuzi' is not directly connected to the Great Bear. We should say that Zhuzixue is separated from the Bahong. Our studies are under strong influence of it. So we are inclined to have a disregard for *the Weishu* 緯書. As above mentioned, there is no Chinese classics regarding to the connection between Tianli and the Great Bear. But we can pick it up by *the Weishu*. *The Weishu* [reconstructed by annotations] taught us 'Ren' was connected with the Great Bear. *The Weishu* supported Chinese Empire's Power ideologically till *the Jiutangshu*.

Chapter 2 'Ren' and its Origin as Discovered in Pre-Qin documentation

In this chapter, we will first examine *the Mencius* 孟子, *the Xunzi* 荀子, *the Hanfeizi* 韓非子, and *the Liji* 禮記, followed by a similar investigation of *the Spring and Autumn with Zuozhuan* 左傳, *Gongyangzhuan* 公羊傳, and *Guliangzhuan* 穀梁傳, at last, *Confucius Analects*, and *Houmamengshu* 侯馬盟書 [Certificates of Oath excavated at Houma].

1: *The Mencius, the Xunzi,* and *the Hanfeizi's* arguments were brought into *the Liji*. Especially in succeeding process of the 'Ren' argument from *the Mencius*, analytic thinking of *the Xunzi* was completely arranged. *The Xunzi* argued 'Renren 仁人' about the stratum of 'no less than Shidafu 士大夫, no higher than peerage 公侯', i.e. the men of government. The men of governmnet are divided into Junzi 君子 [the superior man], the 'human 人', and the worthless fellow 小人. Junzi recognize the Good. The worthless fellow 小人 argue the perilous only. And the 'human 人' are positioned between the the superior man and the worthless fellow. The human's character is bad. It isn't the truth that the human's character is good [the Mencius said the superior man's character is good. Mencius divided the men of government into two, the superior man and the worthless fellow. It is not the same as *the Xunzi*]. The superior man is 'Renren', the 'human' is the man of possibility. *The Hanfeizi* 韓非子 succeeded to *the Xunzi*'s argument critically, and was disgusted with the 'Renren 仁人', but argued the 'Daoren 道人'. *The Hanfeizi* analyzed and arranged Taoist's opinion about the stratum argument. The analytical arguments of 'Ren' of *the Xunzi* were here all changed to be that of the 'Tao'. *The Liji* arranged and succeeded to the analytic argument of *the Xunzi* and *the Hanfeizi*, but used 'Ren' concept on the base.

2: As a result that *the Liji* linked the Excellent Dao [Zhidao 至道] to 'Renren [a man of Ren]', they got the way of combining the Tiandao 天道 with 'Ren' and 'Yi 義'. In order to make Tiandao be a supreme concept, they argued *the Hanfeizi*-like Daozhe-ism. They must argue Tiandao and Rendao 人道 analytically. Because *the Laozi* and *the Hanfeizi* neglected 'Ren', they re-argued it. They added Tianli concept and introduced their Daozhe-ism. They combined Tianli with king's politics. *The Liji Yueji* 禮記樂記 wrote, "propriety is people's heart, musical harmony is people's voice 禮節民心樂和民聲, do it with politics and defend with punishment. If propriety, music, punishment, and politics is promulgated without outrage, king's Dao exists 王道備矣." *The 24shi* succeeded to this thinking.

The Shiji had still made importance of the Yinyue 樂. It is the influence of *the Lizhi*. After the Hanshu, it was faded out.

3: 'Ren' appraisal of *the Zuozhuan* 左傳 was argued at the place of several countries' participation. Conflicts among countries were political issue in the countries confederation. It was under a leading country [royal family]. Among this sort of leading countries, there were conflicts, too. Over this sort of conflicts, Each country argued 'Ren' in an ancestral mausoleum 宗廟. It was the space that several countries were concerned. Women came from another countries by marriage, so there were Women's 'Ren' problems here. In the Warring States period, countries were destroied by leading countries, ancestral mausoleums were centralized. Warring States kings combined their 'Xiao 孝' with 'Ren'. King's 'Ren' must be promulgated to breaucrats. They argued 'buren 不仁', too. 'Buren' persons must be ruined. On *the 24shi*, general persons' 'Ren' must be limitted to One-life.

4: Contrary to *the Zuozhuan*, *The Gongyangzhuan* 公羊傳's 'Ren' was used in Zhongguo 中國 only. Its Zhongguo sphere was a little wider than Qi 齊 in the Warring States Period [*The Gongyangzhuan* was made in Qi 齊]. *The Zuozhuan* neglected *the Gongyangzhuan*'s 'Ren' appraisal, and added its opinion. The comment parts are mutually different. *The Gongyangzhuan* was made earlier than *the Zuozhuan*. *The Zuozhuan* made use of preceding documents generally. Adding their opinion, they used specific word crowned expression. For example, 'Fuzi 夫子' or 'Wuzi 吾子' crowned persons without 'Junzi 君子' appraisal were wrriten to be ruined. The exceptional person with 'Junzi 君子' appraisal were Huan Xuanzi 韓宣子 and Zheng Zichan 鄭子産〔*The Zuozhuan* was made in Han 韓〕. This 'Be Labeled' problem doesn't make the quoted stories themselves be changed. Though the quoted stories by *the Zuozhuan* are earlier than *the Gongyangzhuan*, we can use it prudently to investigate the original meaning of 'Ren'.

5：*The Guliangzhuan* 穀梁傳's 'Ren' sphere is limitted to inside of Zhongguo. A lot of documentations write concretely it is Zhongguo or barbarian. *The Guliangzhuan*'s Zhonguo contains Xianyu 鮮虞. It is ancestor of Zhonshan 中山. Here Jin 晉 is appraised as barbarian, because it attachs the Zhonguo Xianyu. All states without Zhongshan and Zhou 周 are appraised as 'Lacking Ren 不仁'. *The Guliangzhuan*'s Zhongguo contains Lu and Song, but these two are 'Lacking Ren'. *The Guliangzhuan* make great account of the name 'Huangong 桓公'. Huangong of Lu 魯 is 'Lacking Ren', Huangong of Qi 齊 is 'Lacking Ren', too. This Qi is Jiao〔xing〕Qi 姜齊 in the spring and Autumn period. Another Qi is Tian〔shi〕Qi 田齊 in the Warring States Period. The son of TianshiQi Huangong of 田齊桓公 ascend the throne to be the first King of Qi. His name is Weixuanwang 威宣王. He started Yunianchengyuan throne method 踰年稱元法. Zhongshan 'Huangong 桓公' was earlier than him. By *the Gongyangzhuan*, Qi was outside of Zhongguo. TianshiQi Hanggong was the Warring States King, not the Spring and Autumn Marquis. But by above mentioned methodology, we can recognize he is 'Lacking Ren'. Each Tian Qi King in the Warring States Period is his offspring〔*The Guliangzhuan* was made in Zhongshan〕. On the contrary, by the annotation〔not *the Guliangzhuan* itself〕of *the Guliangzhuan*, Zhongguo was wider than *the Guliangzhuan* itself. The 'Ren' of Lu, the 'man of Ren' in Chen 陳 were written here. This Zhongguo recognition is near to *the Shiji* 史記. Present general opinion uses the annotation's Zhonguo. It is not the truth.

6：On *the certificate of Oath excavated at Houma* 侯馬盟書, the warriors under Zhaomeng 趙孟 flocked and swore to God that the highness of Great Yuegong 丕顯皇君岳公 must bring the eternal punishment of Oath, to destroy their clan. The participant should not turn against Zhaomeng to bring Enemies to the Jin country sphere 晉邦之地, and let the body of Jia 嘉之身 be brought a successful conclusion. Excavated bamboo strip writes 'Ren' 仁's ancient character〔息〕. It is constructed by heart 心 and body 身. Old dictionary *Hanjian* 汗簡 and *Guwensishengyin* 古文四聲韻 in the Song Dynasty indicated it. The most original meaning or 'Ren' is written in *the Zuozhuan*'s stories. It is concerned to several countries. Oath is the ceremony of several countries. On the certificate of Oath made at Houma, participant Members under Zhaomeng 趙孟 Jianzi 簡子 lived in the sities under Zhao Clan 趙氏, another came from another Clan's cities. The powerful clans like Zhao divided Jin's federal realm. This sort of polities are correspond to city countries under Zhou 周 dynasty. We can recognize *Houmamengshu* was made by several countries. Here 'Jia's Body' was important. This 'Jia's Body' must be intersted in 'Ren'. The highness of Great Yuegong 丕顯皇君岳公 shall bring the punishment of Oath, and 'Jia's

529

Body' must be special. By these two contexts, 'Jia's Body' might have the same 'Ren' as in the Zuozhuan stories.

7：The 'Ren''s specific character of *Confucian Analects* is interest to the Superior Man. Xueer 1 學而一 says, "君子務本，本立而道生，成孝弟也者，其爲仁之本與 The superior man bends his attention to what is radical. That being established, all practical courses naturally grow up. Final piety and fraternal submission! — are they not the root of all benevolent actions？", "弟子入則孝，出則弟，謹而信，汎愛衆，而親仁，行有餘力，則以學文 A youth, when at home, should be filial 孝, and, abroad, respectful to his elders 弟. He should be earnest and truthful 信. He should overflow in love to all, and cultivate the friendship of the good. When he has time and opportunity, after the performance of these things, he should employ them in polite studies." [by Legge] *The 24shi*'s 'Ren' is linked with Xiao 孝 in an ancestral mausoleum 宗廟. The 'Ren' of Confucian Analects is combined with Xiao 孝, Di 弟, and Xin 信. 'Di[younger brother]' expresses the diplomatic relation of confederation countries analogically. Because it is, for example, the relation between a leading country Zhou 周 and another country, they says 'abroad, respectful to his elders'. There is the same diplomatic relation at the spot of Oath, too. Here they emphasize Xin [truthful]. So they say 'He should be earnest and truthful'. The superior man has partly a character of Marquis. So they say 'he should overflow in love to all'. Afterwards 'Di' and 'Xin' was changed to be the basis of bureaucracy under Emperor. The people's spots under monarchy were changed to be law spots. Only the religious spot of the monarach's Xiao to his ancestor was inherited to be the religious service spot of Emperor's Ancestor mausoleum 宗廟 on *the 24shi*.

8：Logically, the superior man concept in *Confucius Analects* is older than *the Xunzi*. *The Xunzi* talk about 'Ren 人 [Human]' between the 'Renren 仁人' superior man 君子 and the 'Lacking Ren 不仁' worthless fellow 小人. Human has a developping character, and his nature is bad 性惡. On the other hands, *Confucius Analects* argues the superior man and the worthless felow. Here the superior man is not necessarily 'Renren', and involves partly 'Ren' of the developping charactor. Comparing this sort of superior man with *the Zuozhuan*'s 'Ren 仁', we can get the recogniion of the 'Ren' in Confucious time. *Confucius Analects*' superior man has three Dao[Tao], ——the Dao of 'Renzhe 仁者', 'Zhizhe 知者' and 'Youzhe 勇者'. The worthless fellow doesn't have Dao. The 'Ren' of *Confucius Analects* is argued by the viewpoint of 'Zhizhe'. All Folowers of Confucius cannot understand what 'Ren' is. Based on this 'ignorance', they talk about 'knouwledge' of 'Ren'. *Confucius Analects* Yongye 雍也 6 said "while respecting spirituarl beings, to keep aloof from them' [by Legge]. This is on the same basis. 'Ren' is interested to 'spritual beings."

9：On. *certificate of Oath at Houma [Houmamengshu]*, 'Huangjun Yuegong 皇君岳公' and 'Jia 嘉's Body 身' are important concepts. Huanggong's Great tomb is the High God mountain named Yue. From this special mountain, there streams the Water. Thinking of this special Water by *the Confucius Analects* Yongye, they made a question if there is 'Ren' in the Well or not. Confucius neglected it. He said "A superior man may go out, people cannot be made go down into it. Poeple can be befooled, and he cannot punish peple." Here is the viewpoint that moutain should punish people. *Houmamenshu* said "Highness of Great mountain of Yuegong may punish participant with their spiritual power, and destroy participants' clan." The stand points of *Confucius Analects* and *Houmamengshu* are near each other. But by above mentioned Confucius Analects context, the the spiritual power spot of Yuegong is divided from 'Ren'.

10：*Conficius Analects* Yongye 雍也 6 said "The wise man is interested in the water, the man of 'Jen [Ren] ' is interested in the mountain. The wise man move around, and the man of 'Jen [Ren] ' is quiet. The wise man have an interest, and the man of 'Jen [Ren] ' has an eternal life." [by Legge] Here the connection of mountain and water is changed to be that of the wise man and the 'Ren' man. As above mentioned, there is a question "if they should be obedient or not to the wise man who told there is 'Ren' in the Well." Confucius denied it. From these, A lot of reader may think of the Dao [Tao] . It is based on Laozi's view of Nature with water. As Chapter 1 mentioned, *the Hanfeizi* change the *Xunzi*'s 'a man of Ren 仁人' to be 'a man of Dao 道者'. A man of Dao discerns various Dao to lead people. "According to Sun's heavenly Road [天道, celestial horizon] , we walk on the Li of Shape 形之理". They should discern the road of Sun, Moon, and a planet from it. We can pick up the Great Bear's making time from the explanation of 'the Li of Shape'. Here is the same connection of the 'Ren' appraisal, Tianli, and the Great Bear on *the 24shi*, by changing 'Ren' appraisal into Dao. Laozi said " 道可道非常道." Its ' 常道 ' is Tiandao 天道 [Sun's heavenly road] , and ' 道可道 ' is Human road 人道 that a man of Dao lead people with.

11：The important word of *the Certificate of Oath at Houma* ' 嘉之身' should be investigated with ' 舜之身' on *Confucius Analects* Yaoyue 堯曰 [wrriten in later times] . We have to argue it without Pythagorean law concept after the mid-time of the Warring States Period. It is connected with Heaven and Earth. *The Zuozhun* stories and *Confucious Analects* Yongye 雍也 etc. are comparatively earlier. The others of *Confucius Analects* and *the Laozi* are comparatively later.

Chapter 3 Pythagorean Law and Greek Figure Modulus of Han-Tang 漢唐 China

In the mid-time of the Warring States Period, the Chinese style Pythagorean Law started. In the three Dynasties, the Chinese style Greek Modulus started. I have already argued these problems severally. But it has been not necessarily recognized.

This problem is interest to Ancient Chinese Historical Thought. But a Scholar of this geometrical problem is not necessarily interested in Chinese Historical Thought. On the other hand a Scholar of Chinese Historical Thought is not necessarily interested in this geometorical problem. So it is difficult to act as a go-between in these two professions. I will try to be a Quixote.

1：The term 'Tianli 天理' was in use by *The Huainanzi* in the Western Han Dynasty. In *the Liji* 禮記 and *the Shiji* 史記, the 'Ren' appraisal was combined with Tianli. By the Shiji apparaisal

英文概要

of 'Ren', the positioning of 'Yue 樂' is higher. By *the Liji*, it is more conspicuous. I investigated music method of Pythagorean law 三分損益法, 'posteriori' eight compass directions 後天八卦方位 of *the Zhouyi* 周易 [Fig. 3-10, p.403], and the birth method of music notes with twelve compass directions 音の生成と十二方位. By my investigation, the Chinese Style Pythagorean Law with 12 compass directions and the birth method of music notes started, in the mid-time of the Warring States Period [4th century B.C.]. It was combined with 'Ren' appraisal and Tianli, in the Han dynasty. The characteristic of 'posteriori' eight directions of Zhouyi is a stack of two viewpoints from the west and the south horizon. The characteristic of twelve directions here is a stack of heaven directions, earth directions, and time and season directions. Here are concepts of cubism. All were started after oldest 28 Chinese style constelations 二十八宿圖 excavated at Zenhouyi tomb 曾侯乙墓 [Fig. 3-6, p.400], around 434 B.C.

2: As is concerned to these situation, we recognized that the Poem was read and sung with the sound of musical instrument, by the *the Zuozhuan*'s stories. In *the certification of Oath made at Houma* of the Spring and Autumn period, the spot of Oath was concerned to several countries. At that time, In each cultural area, there was a YizhiGuojia 邑制國家 Confederation [Diplomatic relation of countries under the leader country]. For example, Zhou 周, Jin 晉, Chu 楚, Qi 齊, Wu 呉, Yue 越, Qin 秦, and Yan 燕 are all leader countries. After the mid-time of the Spring and Autumn period, the iron instrument became widespread. Here a new type of YizhiGuojia Confederation started. Under a leder country, there are two types of polities. One is a Great Clan's power. Another is a Yizhiguojia countries' power. Members of Great Clans are dispatched to semi-bureautic Xians [Masubuchi Tatsuo 増淵龍夫 and I investigated]. *Houmamengshu*'s participants are under Great Clan Zhao 趙氏's influence. They are members from several polities under Jin 晉. Afterwards, *Houmamenshu*'s 'the body of Jia 嘉之身' was changed to be Sage's Body. *Houmamenghu*'s 'Highness of Yuegong's Great Tomb should bring the punishument' was changed to be 'Bureaucrat law bring the punishment'. *The Confucius Analects* indicated that water oozed out of symbolic mountain. It might be like Highness of Yuegong's Great Tomb. On the analogy, it is under influence of Heaven road of Sun, moon, etc. It is different from the 'Ren' appraisal after the mid-time of the Warring Stataes Period. This is another unconcius character of *Confucius Analects*.

3: Since Chinese Style Pythagorean Law [adding Chinese Style Number Order to primitive Pythagorian Law] started, in the middle time of 4th century B.C., 'Posteriori' eight directions 後天八卦方位 of *Zhouyi* 周易 ['apriori' eight compass directions were argued later] and the birth method of music notes with twelve compass directions became main concept. Eight compass directions are consisted of the upper side directions and the lower. The upper side means heaven, the lower side means underground. The earth between them has both characters. On *the Zhouyi*, we can get the concept of direction change from heaven to underground or from underground to heven. By these concepts, they started to argue new King's legitimism. Zhou Dynasty [different from original Zhou] was situated as Zi 子 and upper heaven 天 direction.

The wise chancellor was situated as Wei 未 and lower underground 地 direction. The Xia Dynasty [different from original Xia] was situated as Yin 寅 and middle earth 人 direction. Through Xiazheng 夏正 of the Xia Dynasty [the first month is Yin 寅], Yinzheng 殷正 of the Shang [Yin] Dyansty [the first month is Chou 丑], and Zhouzheng 周正 of the Zhou Dynasty [the first month is Zi 子], the New Xia Dynasty's Xiazheng 夏正 should be born. This new dynasty is the kingdom in the Warring States Period. Here is the direction change from heaven to underground or from underground to heven. Its legitimacy was cirtified by the wise chancellor. Chinese Style Calendar Xiazheng 夏正 and Yunian method of throne year calculation 踰年稱元法 started. Chinese Emperor succeeded to these concepts. Yunian method is the symbol of the wise chancellor politics. After death of king, wiseman authenticated new king's legitimacy. And at the beginning of new year, new king's first year 元年 started. Based on these, the primitive bureucratic 'Ren' idea of Confucianism was born [different from 'Ren's original meaning].

4: On the other hand, in order to neglect above mentioned system and idea, some Warring states atarted to argue the birth of the sun, the moon, and the Main stars. It is not the concept of the direction change from heaven to underground or from underground to heven. Here is the direction change only in the heaven. And they made another Chinese Style Calendar named Chuzheng 楚正. To the contrary to Yunian method, they succeeded to using Linian method of throne year calculation 立年稱元法. Under this method, they started new king's first year at the day [as soon as] king died. There is no thinking of wise chancellor's politics. The sun, the moon, and the Main stars move on the heaven. Their road is in the heven, i.e. Tiandao 天道. So it might be the basis of the Laozi and the Hanfeizi.

5: The 'posteriori' eight directions of Zhouyi and the birth method of music notes on the twelve Directions still were main concepts, after the Tianli became a significant idea in the Han dynsty. But they gradually faded out, keeping up with the 'Ren' appraisal of *the 24shi*.

6: Before Chinese Style Pythagorean Law and the birth method of music notes on the twelve Directions was combined, Pythagorean Law was combined with Bianzhong set-bells 編鐘. After the middle time of the Spring and Autumn Period, Bianzhong set-bells became large in orderly rows. Bianzhong was more active at the riligious spot of several countries. It was an ancestral mausoleum 宗廟 etc. They sing a song of riligious poem. It is the former type of *the Shijing* 詩經. As above mentioned 'Jia's body 嘉之身' of *Houmamengshu* was concerned, several countries should feel sympathy with foreign countries' religeous spot, by playing musical instrument. This sort of 'Sympathy' must be the original meaning of 'Ren'. Confucius might argue this original 'Ren'. And he arranged *the original Shijing* 原始詩經 with Music [later times, they made sacred books of Music 樂經].

7: Present *Confucius Analects* is divided into two. One is reflective parts of Confucius's life time. The other is those after the middle of the Warring States perod. At that time, Chinese Style Pythagorean Law and the birth method of music notes on the twelve Directions was combined. Present recognition of Confucius Analects is based on the time of *the 24shi*, the time of the 'Ren' appraisal based on Tianli. This time was divided into Two. One is till *the JiuTangshu* where Bahong sphere was combined with Tianli. The other is after *the Xintagnshu* where its combination was faded out. Generally, it is seldom to recognize Confucius Analects, based on the Confucius time. It is seldom, too, by Chinese Style Pythagorean Law [near time argument]. You may as well read Confucius Analects on the original meaning of 'Ren'.

8: Chinese Style Pythagorean law concept between the Han Dynasty and the Tang Dynasty divided into two. One is how it combined and developed with the twelve directions. Another one is the Greek Figure Modulus of architecture. It flowed into China to be a shape and measure 圖形基準 of 'something under Tianli 天理之物'. Greek Modulus was investigated by modern scholars Ito Chuta, Sekino Tadashi, etc. They studied Horyuji Temple. After the Second World War, Kawakami Sadao 川上貞夫 succeeded to them and studied 'Okamasu no Ishido 岡益石堂'. This study was astonished by Fukuyama Toshio 福山敏男. In prewar times, Yoneda Miyoji 米田美代治 invented new idea of the Figure modulus Octagon. He studied Tahoto Stupa of Bukkokuji [Bulguksa] Temple 佛國寺多寶塔.

9: Yoneda and Kawakami succeeded to Ito and Sekino's sutudies, by 'Measure' and 'Modulus'. This sort of study has a long history. Successor of quite uniqueness is Koizumi Kesakatsu. Koizumi pay attention to *the Hanshu* Lülingzhi 漢書律曆志. They made importance of *the Hanshu*, from the Han Dynasty to the Tang Dynasty. *The Hanshu* Lülingzhi illustrated systematicaly interesting Length, Weits and Measures at their time, based on an special number 9 as heaven, 6 as underground, 8 as human being. On the contrary, Length, Weits and Measures 度量衡 were separately changed to be large afterwards. People had separate interesting one after another. Breaucrats needed to restore the Hanshu's Length, Weights and Mesures ideologically. They used them at the religious spot.

10: The Author was influenced by Koizumi's investigating of the twelve directions and Chinese Style Pythagorean Law. It is combined with the total explanation of Length, Weights and Measures by the Hanshu. With this viewpoint, I investigated Yoneda Miyoji's Figure Modulus. I discovered the one-eighth division of Octagon, i.d. isosceles triangle with a vertical angle 45° [Fig. 3-29, p.426]. It was generally used in Japan, as a Figure Modulus of Situated Octagon Lantern 八角燈籠. I think it was influenced by the Six Dynasty and the Tang Dynasty of China. Yoneda investigated Figure Modulus of Korean peninsula's Buddhist building in the Silla dynsaty. Sekino possiblely took an interest to Guanghuisi Temple Huata 廣惠寺花塔 in the Jin 金 dynasty, in the Hebei Province. But we cannot invesigate the non-existent Chinese building in the Tang dynasty. Ito Chuta investigated Greek entasis of Horyuji Temple 法隆寺. The Figure Modulus of Octagon can be something of Tianli written on *the 24 shi*.

Additional Chapter   Preceeding Study's opinion and my work

How is the Auther's work concerned to Preceeding studies? It is as follows briefly.

1: How Legge's translation is different from the Auther's opinion. It is the symbolic resulut of this work. The keypoint is the sphere of 'Ren' appraisal, which brought us to different result from previous studies.

2 : Gengrally the 'Ren' of 'onness of all things 萬物一體' and 'Tianli' are recognized as the key concepts of the Song Doctrine. But these concepts are both basic problems of *the 24shi*. Even in the Anotation Times, this problem was situated as key concepts by using *the Weishu* 緯書.

3 : We can investigate the Liji of The Han Dynasty, *the Hanfeizi, the Xunzi, The Mencius, Confucius Analects* of the Warring states Period. Through previous thougt of the 'Ren' of 'Onness of all things 萬物一體' and Tianli concept, we can recognize that Confucianism and Daoism [Taoism] gave influence each other, as the getting process of its argument elaboration.

4 : The difference of this work from previous studies was brought by above mentioned investigation of Chinese Style Pythagorean Law and its historical development. The authors viewpoints are different from Ikeda Tomohisa, Shiga Shuzo, Takagi Satomi, etc. because of the piling up arguments of twelve directions, three Chinese style calendar, 'posteriori' eight directions of Zhouyi. Previous to these, The Author discovered the time of Pythagorean Law combined with Bianzhong set-beles, from the mid time of the Spring and Autumn Period up to the early time of the Warring States Period.

5 : The Author picked up 'Jia's Body 嘉之身' and 'the punishment of the Highness of Great Yuegong's Tomb 丕顯岳公大冢' in *Houmamengshu*. Each meaning can be related to the 'Ren' appraisal on the spot of several countries. And Spiritual punishment at the same spot too. The combination of Chinese Pythagorean Law and Bianzhong set-bells, from mid-time of the Spring and Autumn Period up to the Early time of the Warring States Period, is the characteristic of Yizhiguojia Confederation countries 邑制國家. It was since the iron instrument began to be widespread, and since the semi-bureautic Xian started too. Here I picked up the previous concepts of the 'Ren' appraisal and Heaven Road of the sun [Tiandao 天道].

6 : Without this sort of thinking, we cannot recogunize the time of 'twelve directions, Chinese Style Pythagorean Law, and 'posteriori' eight directions of Zhouyi'. The difference between *Houmamengshu*'s documentation and preceeding studies on Classics is quite clear. But general scholars are unconcius of it.

7 : *The shiji* was made in the end time of the piling up arguments of the twelve directions, Chinese Style Pythagorean Law's calendar, 'posteriori' eight directions of Zhouyi. It was from the mid-time of the Warring States Period. Previous sudies without above mentioned thinking couldn't recognize the difference of *the shiji* from *the Hanfeizi, the Xunzi, the Mengzi, Confucius Analects*, and *three Zhuans of the Spring and Autumn*. It is quite natural.

8 : And without thinking of the piling up consepts of the twelve directions, Chinese Style Pythagorean Law, 'posteriori' eight directions of Zhouyi, they couldn't recognize the written time of *the Zuozhuan*.

9 : Without thinking of the time of Chinese Style Pythagorean Law combined with Bianzhong set-bells, they should misunderstand *the Zuozhua*n's previous stories.

On this work, the Author argued many points on contact with previous studies, which is differnt from this work. It is on the basis of *the 24shi* and Chinese Style Pythagorean Law.

I investigated Confucius's lifetime and the time of Yizhiguojia Confederation of countries under leader country. Here is the argument basis since the Iron Instrument began to be widespread, and since the semi-bureautic Xian started. The archaeological documentation of *Houmamengshu* and the Old Styled Storiers in *the Zuozhuan* are here. It is very clear that in order to recognize these documentaitions, Chinese Style Pythagorean Law sinse mid-time of the Waring States Period is very useful.

As above mentioned, the re-investigation way against the Auther is shown very clearly.

This book wrote 【A】 the Shang Dynasty, the Western Zhou Dynasty, and the Former time of the Spring and Autumn period [〜 7th century B.C.] , 【B】 from the Middle time of the Spring and Autumn perio up to the Former time of the Warring States Period [〜 4th century B.C.], 【C】 the Viewpoint of Classics from the Middle time of the Warring States Period up to the Early time of the Western Han Dynasty, 【D】 the Viewpoint of *the Shiji*, 【E】 the Vewpoint from *the Hanshu* up to *the Jiutangshu*, 【F】 the Viewpoint from *the Xintangshu* up to *the Mingshi*.

The Song Doctrine is related to 【F】. *The Weishu* is related to 【E】. The 'Posteriori' eight directions of Zhouyi are related to 【C】【D】【E】. The unconnected to *the Weishu* are 【C】【D】. On these times, the Yue [Music] was more important than later times. The connected to the Tianli are 【D】【E】【F】 [*the Liji* was situated in 【D】]. In 【D】【E】, 'Ren' appraisal Sphere was the Bahong. In 【F】 the Bahong was magnified. The latter half of the 【E】, 'Renyou 仁友' began to be argued on the basis of Han Character's taking root by the surrounding countries. In the former half of 【F】, the succesive argument of 【E】 cosmology was indicated. It was interested in the fact that the Song Doctrine was taken root under magnified Tianxia after the Yuan dynasty.

In 【C】 , there is no argument of Tianli. Piling up concepts of 'Posteriori' eight direction of Zhouyi, three legitimism calendar, several twelve directions, are the ideological support. In 【B】, compilational argument of the gradual shape reduction arrangement of the Bianzhong set-bells and Chinese style Pethagorean Law, are ideological support. Original *Shijing* and Music theory was argued at the religious spots of several Large and Small countries in Yizhiguojia Confederation. Confuciuos was the man of arrangement.

In 【A】, there is no changing of 【B】. On 【A】【B】, we can argue the Yizhiguojia Confederation of Large and Small countries. 【A】 belongs to Bronz Age, 【B】 belongs to Iron Age. In 【B】, semi-bureautic Xian started. At the end of 【B】, Wei Wenhou 魏文侯 arranged many books. The original *Shanshu* was made there [I discovered the difference of Zhou King's self calling between the Western Zhou Bronz Inscription and *the Shangshu*].

【C】【D】【E】 are much related to 'posteriori' eight directions of *Zhouyi*. In 【E】, Buddhism came to China, and Daoism [Taoism] was given birth. Architectural Modulus, which came from western world with Buddhism, was combined with 'posteriori' eight directions of *Zhouyi*. An octagon and its divided isosceles triangle prevailed as the elevation and plane shape's modules. Along with the taking root of Han Character, its modules were brouht to Korea peninsula and Japan. Without these things of Korea and Japan, we cannot reconstruct the lost Chinese situation. We may as well reinvestigate Japanese previous Scholars studying above mentioned historical modules and architectures.

About 'Ren' concept since modern times, we can argue modern Japanese concept of receiving Western Europe thought, and modern concept of Legge. The care to God was seen in Legge's translation. On the contrary, general Japanese concept on 'Ren' denied God [it may be interested to the arrangement of Shinto in Edo Period]. These two concepts are based on the Song Doctrine, and go back to 〖E〗〖D〗〖C〗.

But scholars since modern times generaly failed to notice of the relation between 'Onness of All Things 萬物一體' of *the Weishu* and 'Bahong' concept. They recognized *the Weishu* as compilation of miracles on the previous argument about 〖D〗〖C〗. These should be improved uppon. Unnoticed 〖B〗's existence should be noticed. Without above improvement they defame 〖E〗 as a mere annotation time, and carelessly brought the Song Doctrine concept about 〖D〗〖C〗 to these times. And with its careless knowledgement, they go forward to 〖B〗〖A〗.

As the result, they argued the Lizhi 禮制 and the Li system on the Western Zhou time without criticisum. We should argue the Classic based Li with 'Oneness of All Things' of *the Weishu* in 〖E〗, and its previous Li concept in the religeous spot of an ancestral mausoleum 宗廟 of the Han Dynasty and the Warring States Period in 〖D〗〖C〗, 'Ren' concept in the religeous spot of Large and Small countries in 〖B〗, the Confucius's arrangement of the original *Shijing* and the Yue at that time, the Wei Wenhou's arrangement of the original *Shangshu*. It is a mistake to argue the Classics as Li sytem in the Western Zhou Dynasty.

We should re-argue its previous and religeous courtesy in the spot of Large and Small countries in the YizhiGuojia Federation [archaeologically and without unnoticed criticism to the Classics].

In one phrase of this book, it is 'basic works to investigate archaeologically the Shang Dynasty, the Western Zhou Dynasty, the Spring and Autmn Period, the Warring States Period'. Usually using Classics and the Shiji, their study come to an end. It is the same as studying Bamboo inscription, Bronz inscrioption, and Oracle Bone inscription. I don't understand why contents of Classics and *the Shiji* were written rampantly, under the name of the archaeological investigation. Since I started to study these times, how to establish the way to study above mentioned times has been on my head every time. I don't know wheather I can present this way or not.

Beg wisemen's comments.

あとがき

　本書冒頭にも述べたが、本書は、平勢隆郎『「八紘」とは何か』を受けて著述された。本書においては、「八紘」が一つのキーワードとなっている。

　そもそも、本書を書くきっかけとなったのが、1980年代の自らの研究であった。鳥取大學教育學部に、幸いにも採用され、自らの專門の枠をとりはずす必要が生じた。鳥取大學には文學部がなく、學生諸氏は、教養を積むためにわが講義を聽く。自然に廣い視野が要求されるようになった。

　私に要請された科目としては、專門の歷史以外に、考古學があった。たまたま高校時代に水戸市の郊外の發掘バイトを經驗していた（これも偶然、一年上の先輩黒澤恒雄氏が考古マニアで、私を含む水戸一高史学會と稱する歷史クラブの面々が引っ張り込まれたのである）。そのため、やろうと思えばすぐに對應できる狀態にあったのだが、そもそも關東ローム層に當たるのは、當地のどんな層なのか、から調べねばならなかった。學生時代に中國考古の講義は拝聽していたが、それで間に合うはずもない。本を買い込み、テレビの考古學講座を録畫してくりかえし視聴し、日本考古學の基礎を學ぶ。あぶなかしい船出であった。

　そんなこともあって、なるべく歷史に近づけて地元に貢献するくせがついていく。これもたまたま、私の前任者小谷仲男氏は西アジア考古が專門で、やはり地元のことに、いろいろ貢献されていた。それを引き繼ぐのが當然の雰圍氣ができあがっていた。講義題目は「東アジア考古學概説」とし、模索が始まった。

　地元のお年寄り向けに市民講座が用意されていた。お年寄りの興味は、當然地元の歷史である。古墳に始まり、古代の謎のような建築について、質問が舞い込むにいたった。その謎の建築が本書にとりあげた岡益石堂（おかますのいしどう）である。この古代建築については、地元の川上貞夫氏が、すでに著書を出版しておられた。當時すでに故人となられていて、そのお宅にお邪魔すると、娘さんが應對してくださった。川上純子（すみこ）さんという。ご著書をいただき、川上氏が殘された岡益石堂のいろいろな部分の拓本を見せていただいた。川上氏が武田五一氏に師事したこともうかがった。

　鳥取市遺跡調査團理事の職も待っていた。前任者から引き繼いだ卒論生にも、日本考古を專門とする者がいた。考古現場を前任者が學生に紹介していて、その學生を通して現場との交流が始まる（平川誠氏、中野知照氏、寺西健一氏、久保穰二朗氏、中原齊氏等お世話になった方は數多い）。

　ということで、待ったなしの狀況で始まったのが、岡益石堂研究であった。

　この石堂をつぶさに檢討すると、石塔部は石燈籠に似ている。そこで燈籠の檢討に入る。わが生地茨城では、墓地で石燈籠をみかけることはなかった。ところが、鳥取市では、墓地という墓地に石燈籠が置いてある。あまりに多すぎて、一個一個の檢討は意味がない。そうこうするうちに、これもまた別の偶然から關わっていた「鳥取探檢隊」（鳥取縣立博物館の坂本敬司氏等が組織）の情報が、鳥取の地の最も古い石燈籠の事例を探り當てていることがわかった。この「鳥取探檢隊」は、多ければ隔週、間が空いても一月に一度という頻度で、鳥取市の郊外の石佛や石塔などを調査していくものであった。道筋を守るような位置に置かれていた力士塚の存在を知ったのもそのころである。そうした石造品の中には、居場所を失って公民館に集められているものも少な

あとがき

くなかった。

さて、發掘調查では、予備調査ではあったが、構内調査の任に當てられ、前方後圓墳の近くから周溝をもつ中世墓を検出する。周溝をもつ中世墓は、いまではかなりよく知られた存在になっているが、私が検出した當時、最初にくだされた判断は弥生の方形周溝墓であった。ところが周溝から出土した遺物が新しい。また、主體部から火葬人骨が確認されるにいたり、明らかに中世墓であることがわかってきた。しかし、中世墓と周溝が、當時のわが周圍では結びつかなかった。そのうち、近邊の尾根沿いに造られた中世墓が、その尾根を溝で切って區割していることがわかり、それが比較的平らな地形にあって周溝をもつものになったのだと想定されることになった。やみくもな我が調査は周りの縣を含めて續けられる。ふと気づくと、比較的大きな基壇を造って石を貼って土留めにするような事例がある。寶篋印塔が置かれていた。最終的に、私が検出した中世墓には、近くに集められていた五輪塔が置かれていたのだろうということになった。

やみくもな調査の過程で、奈良縣の橿原の道を車で走っていて、打谷石材店に気づいた。ぶしつけにもお邪魔して、社長（當時）の打谷久義氏にいろいろ教えていただいた。打谷氏は、愛知縣の岡崎に行けという。そこに燈籠造りの本山ともいうべき場所があると。そこで、そのまま岡崎に向かい、燈籠造りのノウハウを教えていただいた。現在の燈籠造りは、中臺を基準として1とし、他は、どういう倍率になるかを0.87などの小数で示す。これをもとに検討してみると、日本古代の燈籠は、基礎（臺石）の幅に當時の尺の整数を用いることがわかった。尺は漢代に『漢書』律暦志の議論として、度量衡の中に有機的に位置づけられている。すべて九・六・八の整数倍を基準に解説される。この漢尺は1尺當たりの長さが次第にのびていく。漢尺は1尺約22cm前後、のびた唐尺は1尺約30cm前後（現在議論されているのは30.3cm）である。こうした尺の中で、燈籠の基礎には、漢尺、漢尺の裏尺、唐尺の三種が認められることがわかった。「わかった」という結果が、とりもなおさず、基礎に尺の整数が示されることを示している。裏尺は表尺の$\sqrt{2}$倍の長さの目盛りをもつ。漢尺の裏尺を、通常は高麗尺という。唐代は「小尺」と稱した（唐小尺）。東魏の尺として議論されているのも同じで「東魏尺」という。30.3cmのものを「大尺」（唐大尺）という（大尺・小尺という言い方自體は比較の問題だから、他の場合もあるが、議論を混亂させるのでなければ、無視してよい）。

くりかえせば、漢尺、高麗尺（東魏尺・唐小尺）、唐大尺の三者が議論できる。

その高麗尺にして東魏尺をもって、米田美代治は正八角形を基準とする平面構成と立面構成を論じた。伽藍配置は正方形とその對角線を論じている。正方形の一邊の$\sqrt{2}$倍が對角線である（一邊の長さの裏尺が對角線に示される）。

こうして、本來ばらばらにとりかかった作業が、次第に關連をもち始めた。

米田美代治をご紹介くださったのは、四天王寺國際佛教大學名譽教授の藤澤一夫氏であった。藤澤氏の名前と連絡先を教えてくれたのは、谷豊信氏（當時東京大學東洋文化研究所助手）であった。

上記の尺の問題は、小泉袈裟勝氏の著書から多くを知るにいたる。この著書をご紹介くださったのは、鳥取大學の同僚であった錦織勤氏であった。

燈籠の研究は、日本において緻密になされていて、天沼俊一『石燈籠』（スズカケ出版部、1933年）、塚本嘉一『圖典・石塔と石燈籠』（上原敬二監修、鎌倉新書、1980年）から概要を知ることができた。六角燈籠以後は、上記の中臺を基準とし、寸法をどうするかで見た目の美しさを考える、という

ことだと理解できた。日本で燈籠が多くなるのは江戸時代で、大名墓があちこちに造られるにいたったことと關係することもわかった。上記に言及した鳥取最古の燈籠も江戸初期のもので、基礎の平面形は正方形であった。これに大名池田家墓地の六角燈籠が續くようである。

ちなみに、江戸時代の墓葬も、引き込まれたきっかけは鳥取にある。鳥取池田藩の墓石が龜趺碑であった。龜趺は通常墓前碑として造られるが、鳥取池田藩の場合は墓石である。この異様な墓石が東アジアでどう出現し、どう展開したか、調べるくせがつき、氣づいてみると、全國の大名墓、その他の龜趺碑を調べあげていた。江戸時代の儒教墓葬、神道や佛教の影響などが議論できた。この墓葬めぐりで、多くの燈籠を目にした次第である。

日本の墓葬は7世紀半ばの薄葬令によって大型のものがなくなる。佛教寺院において廣大な境内に金堂を造り、大佛の前に1基燈籠を置く。八角燈籠である。平安時代に國風文化が華ひらくと、八角燈籠にかわって六角燈籠が神社に進出し、對にして置かれる。見た目にはっきりわかる差が生じている。日本で六角燈籠が造られた頃、朝鮮半島では八角塔の系統の舍利塔（浮屠）が造られている。これは本書でも話題にした遼や金に唐の影響が殘されることと關係するかもしれない。しかし、すでに「八紘」觀に基づく立面構成は念頭に置かれていないようである。

こうした見た目の差違は、歴史的、理念的にどう解釋できるか。見た目の變化と、歴史的に明らかにされている「唐宋變革」とが關わることは、時期的な重なりからして、きわめてはっきりしている。しかし、どう説明していいか、長い間模索の時が流れた。

『「八紘」とは何か』の執筆が、あらめて一つのきっかけとなり、世に議論される儒教と出土遺物としての侯馬盟書の差違を、何らかの形で敍述したいと思い始めた。この差違は、「違和感」という言葉がよく似合う。侯馬盟書を作った人々が、世にいう「仁」を議論していたとは、到底思えない。しかし、孔子の果たした歴史的役割は何なのか。あれだけ後代に影響を殘した人物に、歴史的役割がないとは言えない。

そこで、いつものくせで、思いつくままに、やみくもに檢討しはじめた。『左傳』の「鬼神」を檢討していて、「仁」が關わっていることに氣づく。すぐに二十四史のいくつかについて、「仁」がどう記述されているかを見てみた。そして、『左傳』と二十四史では、明らかに「仁」を論じる場が異なることに氣づいた。

そうこうするうちに、「天理」が重ねて議論できることに氣づく。そして、「天理の物」が、どうやら建築に關する長年の懸案に關わることがわかってきた。そこから基礎作業をさらに進め、本書の概要ができあがった。

貝塚茂樹氏の孔子研究をひもとくと、あとがきに「小都市國家が次第に併合されて、都市國家から、領土國家が生れ出す過程」に關心が向けられる。本書の檢討は、その問題關心にも拘わらず、貝塚氏にあってなお朱子學の影響が極めて強いことを確認する。

以上のような次第で、本書は基本的に書き下ろしであるが、すでに刊行した拙著拙稿から、關連する内容を取り出してまとめなおすことに努めている。

結果、第三章には、圖を多用することになった。これらの圖には當然注意を喚起したいわけであるが、とりわけご注意いただきたいのは、戰國時代の小型金属貨幣の個々の重量についての一覽である。この一覽を見ていただければ明らかなように、いくつかのある特定の重量に貨幣が集中する事實がある（平勢隆郎『中國古代紀年の研究』横組表Ⅵ）。この集中する重量は、林巳奈夫作

あとがき

成の戰國時代各國の重量單位のくりあがりの重量に重なる。その繰り上がりの數値は九・六・八の倍數になっていて、これが、筆者の三正説・八卦方位の重なりの議論の基礎になっている。八卦方位は、天地を地球の外側から眺める視點をもって始めて可能になる。この視點と木星紀年の發生は、密接に關わる。二十八宿も見上げた夜空ではなく、見下ろした夜空として描かれる必要がある。筆者の研究を世に問うて以來、戰國時代の貨幣について論じる見解があることは承知しているが、上記の事實に言及したものは皆無である。また、宇宙論を論じたものも同樣である。周易を論じたものも同樣である。是非とも、上記の事實等を再檢討されることをお勸めする。わが圖と議論の方が先行する場合、學説史に混亂を引き起こすのを避ける意味からも、言及するのは避けた研究がある。筆者の思い違いや判斷の誤りであれば、むしろ學説史的には幸いと考える。以上、拙著が先行研究をないがしろにしていないかどうか、識者の叱正を期待して言及したに過ぎない。

本書引用の拙著拙稿は以下の通り。

　平勢隆郎「楚王と縣君」(『史學雜誌』90-2、1981年。後掲『左傳の史料批判的研究』第二章第一節に利用)

　平勢隆郎「楚國世族の邑管領と呉起變法」(史學會大會口頭發表、『史學雜誌』91-12、1982年。同上第二章第一節に利用)

　平勢隆郎「春秋晉国世族とその管領邑」(『鳥取大學教育學部研究報告』33、1982年)「同續」(同34、1983年。同上第二章第一節に利用)

　HIRASE Takao 'The Unnoted Characteristics of "Alliance Pacts" Unearthed at Hou-Ma', *Proceedings of the Thirty-First International Congress of Human Sciences in Asia and North Africa, TOKYO=KYOTO, 31st August-7th September, 1983 Ⅱ*, Edited by YAMAMOTO Tatsuo, THE TOHO GAKKAI, Tokyo, 1984

　平勢隆郎「岡益石堂の設計・建築基準單位――石燈籠のモジュールを求める單位圖形――」(『鳥取大學教育學部研究報告・人文社會科學』36-2、1985年)

　平勢隆郎「趙孟とその集團成員の『室』――兼ねて侯馬盟書を檢討する――」(『東洋文化研究所紀要』98、1985年。後掲『左傳の史料批判的研究』第三章第二節に利用)

　平勢隆郎「因幡古代の石造技術」(昭和61年度特定研究經費教育學部研究報告書『山陰地方の地域産業振興に關する基礎的研究』(鳥取大學、1987年)

　平勢隆郎『春秋晉國『侯馬盟書』字體通覽――山西省出土文字資料――』(東京大學東洋文化研究所附屬東洋學文獻センター叢刊別集15、1988年)

　平勢隆郎「侯馬盟書「𠀋」・「𣏲」の字釋とその關連問題――〝趙「稷」・「范」氏〞なる字釋による時期決定の檢討を基礎として――」(『史淵』128、1991年。後掲『左傳の史料批判的研究』第三章第一節に利用)

　平勢隆郎「鐘的設計與尺寸以及三分損益法」(湖北省博物館・アメリカカリフォルニア大學サンディエゴ校・湖北省對外交流協會『曾侯乙編鐘研究』湖北省博物館叢書、湖北人民出版社、1992年。後掲『中國古代紀年の研究』第二章第一節に利用)

　平勢隆郎「日本近世の龜趺碑――中國および朝鮮半島の歴代龜趺碑との比較を通して――」(『東洋文化研究所紀要』121・122、1993年)

平勢隆郎『新編史記東周年表——中國古代紀年の研究序章——』（東京大學東洋文化研究所・東京大學出版會、1995 年）

平勢隆郎『中國古代紀年の研究——天文と暦の檢討から——』（東京大學東洋文化研究所・汲古書院、1996 年）

平勢隆郎『左傳の史料批判的研究』（東京大學東洋文化研究所・汲古書院、1998 年）

平勢隆郎「戰國中期から漢武帝にいたるまでの暦」（『史料批判研究』3、1999 年）

平勢隆郎「戰國中期より遡上した暦と『春秋』三傳」（『史料批判研究』4、2000 年）

平勢隆郎『中國古代の豫言書』（講談社、2000 年）

HIRASE Takao 'The Ch'u Bamboo-Slip T'ai-i sheng shui from Kuo-tien Considered in Light of the Emerging Debate about T'ai-sui', *ACTA Asiatica 80*, 2001

平勢隆郎『『春秋』と『左傳』——戰國の史書が語る史實・正統・國家領域觀——』（中央公論新社、2003 年）

平勢隆郎「東亞册封體制與龜趺碑」（高明士主編『東亞文化圈的形成與發展——政治法制篇——』國立臺灣大學歷史系、2003 年）

平勢隆郎「數の秩序と九・六・八」（『考古學ジャーナル』500、2003 年）

平勢隆郎『龜の碑と正統——領域國家の正統主張と複數の東アジア册封體制觀——』（白帝社、2004 年）

平勢隆郎『都市國家から中華へ』（講談社、2005 年、中國語譯廣西師範大學出版社、2014 年）

平勢隆郎「東アジアにおける律令施行域と册封關係——龜趺碑などを題材として——」（『九州大學東洋史論集』2005 年）

平勢隆郎「關野貞の龜趺碑研究」（藤井恵介他編『關野貞アジア踏査』東京大學總合研究博物館・東京大學出版會、2005 年）

平勢隆郎「南方の守神朱雀の誕生」（秋篠宮文仁・西野嘉章編『鳥學大全・東京大學創立百三十周年記念特別展示「鳥のビオソフィア——山科コレクションへの誘い」展』東京大學出版會、2008 年。後掲『「八紘」とは何か』第一章第二節に利用）

平勢隆郎『「八紘」とは何か』（東京大學東洋文化研究所・汲古書院、2012 年）

平勢隆郎「關野貞の龜趺研究に關する補遺」（『川勝守・賢亮博士古稀記念東方學論集』汲古書院、2013 年）

平勢隆郎「戰國楚王之自稱」（羅運環主編『楚簡楚文化與先秦歷史文化國際學術研討會論文集』湖北教育出版社、2013 年）

平勢隆郎「論《漢書》的形式與編纂者班固」（右編纂組編『紀念方詩銘先生學術論文集・史林揮麈』上海古籍出版社、2014 年）

さて、最終的に、先行研究、殊に思想史研究方面のものとつきあわせを行った。あらためて、先行研究者、たとえば池田知久氏や滋賀秀三氏の檢討の堅實さがわかった。地道に檢討したら、そうなる、ということが書いてある。本書は、そのどこの部分に本書の檢討が關わるかを述べ、差違をどう解釋すべきかを論じた。鍵を握るのは、「鐵器時代に突入した後の複數の邑制國家大國小國連合」の時代に編鐘と結びついた新しい三分損益法、そして前 4 世紀半ば以後の三正説と

あとがき

後天八卦方位の重なりである。これらを論じて、上記兩者の檢討は基本的に繼承できる。西周時代と春秋時代の違いも議論できる。つまり邑制國家の大國小國連合の儀禮がどのように大國中央に集中され、そして所謂禮制が形成されるか、その過程を檢討することができる。研究史という巨大な渦の中に、あらためてわが身を置き、どう對處すべきかを模索した次第である。

中文譯は、臺灣大學歷史研究所の郭珮君氏にお世話になった。和習の強いわが中文に手を入れていただいた。對話しつつ修正作業を行った。

また、英文譯は、當初知人の手を借りて表現を工夫しようと考えた。しかし、本書の内容を知って要約を工夫する作業は想像以上に大變であった。結果、いただいた譯文から用語を抜き出し、拙譯を修正するのが、最も讀者に誠實な作業になるとの結論にいたった。極めて和習の強い拙譯を提供することになって、まことに恐縮している（それゆえ、中文譯を先にする）。英譯をご利用いただく際は、まずは中文譯を併せご參照いただき、本文中の圖や資料をご參照いただくことを希う次第である。なお、英譯の標題に「Origin」を用い「Original Meaning」としなかったのは、歐州において、レッグの譯が大きな影響を殘しており、かつ彼の英譯には靈的世界に對する關心の強さが見えていたためである。江戸時代以來、儒教を述べるのに靈的世界に冷淡だった我國の事情を考慮すると、直譯は避けた方がいいと判斷した。

原義の問題は、「仁」のみならず、「道」をも檢討している。しかし、本書は、「仁」評價の場の檢討を基礎とし、この「道」の問題に立ちいたった經緯がある。このことを考慮して、「道の原義」を標題に組み入れることは避けた。

阿部謹也氏が拙著『中國の歷史』（講談社、2005 年）の月報に「中國史の新しい展開とヨーロッパの歷史學」を寄稿され、「……この"文化地域"の説明はいまだ十分ではないが、本書の中で示されている限りでは"家があり"、"アジールの機能があり"、"人間の移動範圍の限定性を持つもの"とされている。"戰國時代までの中國は、新石器時代以來の文化地域が獨自の主張を展開する場として機能していた"といわれる時、そのときどきの政治などの動きについては説明されているが、文化地域の住民などとの具體的な關係は示されていないのである。著者はそのほかにさまざまな指標を擧げることができるであろう」と注文をつけられた。その注文に必ずしも應えてきたとはいいがたい。本書において、「仁」の原義を述べ、滋賀秀三を引きつつ「盟誓や宗廟の場等、複數の國が關わる場において、他を思いやる力」を述べたことは、その注文に對する一つの答えとして、位置づけておきたい。ここには「アジール」の存在が想定可能である。學生のころ、現在新潟大學名譽教授の關尾史郎氏が、中國に「アジール」がないのかと問いかけてきたことがある。網野善彦『無縁・公界・楽―日本中世の自由と平和』（平凡社、1978 年）が話題になっていたころである。この問いかけにも當時の私は答えることができなかった。本書にまとめた内容からして、後代繼承された「仁」や「道」の出現後、この「アジール」が次第に消滅することになるということであれば、中國史を考察する上での大きな問題を提起していると考える。あらためて識者のご示教を請う次第である。

最後に、本書を刊行するに當たっては、雄山閣社長の宮田哲男氏と編集部の羽佐田眞一氏にお世話になった。本書の字體（フォント）の體裁についても、いろいろお氣遣いいただいた。感謝申し上げる。

索　引

　本書は bibliography を作成していない。下記の * を附した人名が本來 bibliography にまとめられる研究である（論著の年次のみ示す。示した頁に書誌情報がある）。また、ここに扱う各用語の頁は、本書理解のために示すことを第一とし、一部の用語を除き網羅して示すものではない（網羅的一覽がかえって理解の道筋を見にくくすることを懸念した）。ただし、訓讀に不得手な外國讀者の便に供すべく、554頁以下にビブリオ人名拼音順索引を附した。本書は、思想史上の議論では位置づけ不能であった侯馬盟書を思想史的に位置づける。これと『左傳』・『論語』の「仁」評價の場の議論を關連づける。この場の議論は二十四史の「仁」評價の場を確認してなされる。その議論の延長上に『孟子』・『荀子』・『韓非子』の「仁」評價の場を檢討し『論語』・『左傳』・侯馬盟書に及ぶ。その上で「仁」の原義と「道」の原義を考える。先行研究との關わりについては、本書終章に示した（下記の【　】に本書を基礎とする平勢コメントを示す）。鐵器時代の邑制國家の大國小國連合（春秋中期～戰國前期）、戰國領域國家（七雄）、始皇帝以後の統一國家それぞれの質的相違を前提に論旨を述べる（武帝までは七雄の延長）。その上で、本來引用すべくして、禮を失して引用しなかったものについては、識者のご示教を切にお願いする次第である（325頁注17參照。また本書檢討の上で關連がうすいと見なされた研究は割愛したが、判斷の當否についてご示教いただけると有り難い）。上記の次第で、近年出土の竹簡史料に必ずしも言及していない（禮を失しないとの判斷の下、批判的文意にて言外に觸れたものは各自ご判斷賜りたい）ことをご寬恕いただければ幸いである。また、本書は十二方位・三正說・後天八卦方位の重なり、「天理」と緯書、「天理の物」と建築單位に見える數理の檢討を通して、「訓詁學」という言い方が後代の誹謗表現にすぎないことを述べた他、宋學以後の儒敎や道敎・佛敎の問題には直接的には立ち入らなかった。墨家を含め仁の問題を除く先秦時代の諸問題にも直接は立ち入らない。その意味からも本書より發展的に論じるべき諸點について、廣く諸賢のご示教を請う。

本書議論の典據等

ア行

* *吾妻重二　　501（2004 書）
* *阿部謹也　　544（2005 論）
* *網野善彦　　544（1978 書）
* *天沼俊一　　540（1933 書）
* *有阪隆道　　502（1973 校注）
* *有光敎一　　477, 509（1972 論）【有光の檢討から後天八卦方位反映の四神說と先天八卦方位反映の四神說が議論可能．この前者から後者への變化．緯書では前者】
* *池田知久　　441～443, 446（『荀子』の禮と『老子』）, 457（天人關係論，荀子と韓非は天に冷淡）, 458（天の理法）, 460（孔子に始まる天の理法化）, 462（孝に二種の評價）, 466（『老子』の後代性）, 499（2009 書）, 500, 503（天人關係論，災異に焦點）, 504, 505, 508, 543【本書との接點が多い．本書の後天八卦方位を論じない．三分損益法と編鐘の重なりの議論を論じない．孔子の歩み始めた呪術宗敎の乘り越え―『論語』は知者の立場から仁者におまかせ『左傳』は國君が鬼神に關わり仁者が理解―は以上と合わない．『左傳』易と後天八卦方位との重なりを述べぬまま『老子』を議論，天の理法は十二方位三正論後天八卦方位として生きている．儒家の知者は道家の道者．高山節也に沿って理解するところ天命の繼承は君が鬼神につかえることによってなされる．豊田久も參照できるので周王朝の天命を理法として理解するのは躊躇される．『孟子』にみえる道路觀念からは天道の發想には太陽や月の公轉の可視的理解が必要，編鐘配列に三分損益法の理法化と詩の合體が議論できる．編鐘消滅は強く樂を押し出す『史記』成書の頃．六親不和有孝慈は仁をひろめる孝慈を批判．六親不和は複數の國の場の仁が機能していないことを言う．仁の世襲と孝，仁

索　引

にまつわる賢人主義を否定して世襲を否定させない．「仁」の世襲で「孝慈」が民から奪われている．十二方位三正説後天八卦方位の重なりで立體的天が語られ道の意味が變化．『老子』の議論は池田想定より古い】
* 飯島忠夫　　324（1925書）
緯書　　26, 465（日本的緯書觀，天理），475（北斗の天理），478（緯書の天理觀は後天八卦方位），507（緯書思想と天理の關係）
* 伊東忠太　　419, 429（法隆寺再建非再建，モノサシ），437（1936-37書, 1893論, 1930論）
* 岩本憲司　　325（1988書，2001-2006書）
* 宇野哲人　　240, 324（1929書）
打谷石材店（打谷久義）　　540（紹介）
雲夢睡虎地11號秦墓『日書』　　402（十二方位と正三角形）
『易緯』　　228, 229
『易緯稽覽圖』　　228
『易緯乾鑿度』　　27, 228
『易緯坤鑿度』　　228
『易緯坤靈圖』　　228
『易緯是類謀』　　228, 229
『易緯通卦驗』　　228, 229
『易緯辨終備』　　228, 229
『淮南子』　　466（天理と八紘）
* 江村治樹　　327（1978論）
* 汪慶正　　397, 435（1988書）
* 王國維　　459, 503（1923論）
* 王韜　　434（1889書）
* 王明欽　　436（『歸藏』，1996論）
* 小川敬吾　　475
* 岡村秀典　　326（1992監修書）
小谷仲男　　539
* 小野澤精一　　325（1982書）
溫縣盟書　　320

カ行

* 貝塚茂樹　　505（1951年書），514（1961書），541【仁評價の場に視點を置いたわけでもなく，また鐵器時代に入った邑制國家の大國小國連合に焦點を當てたわけでもないが，"小都市國家が次第に併合されて都市國家の連盟から領土國家が生れ出る過程"に關心を示しつつ武内義雄1939を紹介】
『樂緯』　　228, 230
『樂叶圖徵』　　228, 230
『樂稽耀嘉』　　228, 230
『樂動聲儀』　　228, 230
郭珮君　　544
* 影山輝國　　503（1981論）
* 葛城末治　　48（1935書）
『河圖』　　228, 232
* 加藤常賢　　327（1951論），503（1951書）
狩谷棭齋　　429, 438（冨谷至校注，1991-92書）
* 川上貞夫　　417, 418（岡益石堂立面平面構成），419, 423, 425, 427（岡益石堂立面構成），428（岡益石堂立面構成），429, 432, 438, 437（1966書, 1997書），513, 539
* 川上純子　　438（拓本，寫眞）
* 川原秀城　　509（1977論，1988論）
『漢書』　　11, 29, 59（仁史料），77（天理史料），264, 412（天文志，前270～の木星と前187～の太歲を比較），429（律曆志），430（律曆志，九六八），432, 554（律曆志）
* 韓昇　　48（2009論）
『韓非子』　　234, 245, 257（道と仁の逆轉），263, 264, 320（道者，天道，形理，北斗），345（仁史料），515（道者，仁と仁者を蚊帳の外に），565（道者），567
* 魏克彬　　327（2010論）
『魏書』　　31, 171（仁史料），219（天理史料）
『歸藏』　　436（江陵王家臺15號秦墓出土，『玉函山房輯佚書』所收）
* 木下鐵矢　　484（奉職循理），510（2009書）【着眼に注目．朱子學で先秦を語るのは不可．木下は八紘を議論しないまま朱子學の論理で『史記』を論じ先秦時代に遡る，天理のない時代の『荀子』を論じる場合侯馬盟書の岳公大家の盟殛の系譜を引く道を論じる必要がある】
『舊五代史』　　40, 201（仁史料），221（天理なし）
* 許永畫　　499（2015書），501
『金史』　　41, 206（仁史料），245（天理なし）
『舊唐書』　　21, 25, 102（仁史料），137（天理史料），416（『史記』以來八紘が基礎，八紘外に仁友），541（八紘，仁友），552（八紘）

*楠本正繼　　11, 48（1962書）
*宮内廳書陵部陵墓課　　437（1999書）
黒澤恒雄　　539
*桑原武夫　　499（1974書, 1983書）
*久保穰次郎　　438（1989論）, 539
『公羊傳』　　276, 292, 296（眛雄彼視）, 364（仁史料, 注釋仁史料）, 370（中國史料）
*荊州地區博物館　　436（『歸藏』, 1995論）
『元史』　　41, 43, 214（仁史料）, 226（天理史料）
*小泉袈裟勝　　429（モノサシ,『漢書』律曆志）, 438（1974書, 1977書）, 509, 597（1974書, 1977書）, 513, 540【小泉を基礎に筆者の天地人三正と日月星辰楚正さらに十二方位と後天八卦方位の重なりが議論できる】
『孝經緯』　　228, 232
『孝經援神契』　　28, 228, 232
『孝經鉤命決』　　28, 228, 232
甲骨文　　404（數字卦）
侯馬盟書　　295（基本的特質）, 296（麻夷非氏）, 307（丕顯皇君岳公, 神罰, 嘉の身）, 320（仁を遡って嘉の身, 天道を遡って皇君岳公）, 323（嘉の身, 岳公）, 415（嘉の身, 岳公）, 441（丕顯岳公大塚, 神格化された大山）
*高明士　　507（2013書）
*合山究　　511（1980書）【孔子の弟子に對する配慮に遡って述べる, 顏淵評價を見直しつつ注目】
『後漢書』　　159（仁史料）, 218（天理史料）
『穀梁傳』　　285, 292（中國内の仁）, 367（仁史料, 注釋仁史料）, 370（中國史料, 注釋中國史料）
*小島毅　　503（1988論）, 509（1989論）【小島の天譴論は天の秩序を背景に修正, 樂律は天の秩序, 天道道者參照】
*兒玉憲明　　509（1982論, 1985論）
*後藤俊瑞　　11, 48（1937書）
*後藤基巳　　435（1969書）
*呉南薫　　509（1964書）
*近藤浩之　　436（2002論）

　　サ行

*齋藤國治・小澤賢二　　434（1992書）
坂本敬司　　539
*佐川英治　　506（2012論, 南郊祖先祭祀, 皇帝祭祀への上昇）
『左傳』　　264, 292（古い仁解釋の溫存）, 356（仁史料）, 370（夏史料）, 380（鬼神史料）, 403（後天八卦方位, 之卦）, 404（後天八卦方位, 天意の地への反映）, 412（木星）, 414（複數の國が關わる場と樂詩）, 444（鬼神との關係）, 457（『論語』の鬼神觀と矛盾しない）, 461（十二方位三正説後天八卦方位の重なり以後に『左傳』）
*狹間直樹　　498（2013論, 島田虔次）
『三國志』　　30, 165（仁史料）, 218（天理史料）, 413（景初改暦, 景初四年）, 414（東夷傳倭人）
『詩緯』　　228, 229
『詩經』→『毛詩』
*塩沢裕仁　　48（1992論, 口頭）, 437（2014書）
*滋賀秀三　　326（2003書）, 449（誓約の場）, 501（1976論, 2003書）, 543【誓約の場は複數の國が關わる】
『史記』　　15, 29（樂書）, 30, 50（仁史料）, 58（天理史料）, 262（樂強調）, 276, 414（樂の位置づけ高い）, 416（八紘）, 442（太史公自序, 天官−三正説, 易−後天八卦方位, 道論）
*重澤俊郎　　457, 503（1943書, 1964書）
*島田虔次　　11, 48（1967書）, 498（2013論）
*白川靜　　481（索引が利用できる）, 510（1983書1984書に索引）【白川索引を用いると, ＜專門外の者でも＞西周金文における周王の自稱がわかる, これは『尚書』に見える周王の自稱と異なっている, 出土竹簡に見える周王の自稱とも異なる,『國語』所見の呉王越王等の自稱とも比較できる,『尚書』は西周のものではない,『尚書』では秦穆公が特別視されるので秦もしくは秦に影響を與えた魏の關與が議論できる】
『周易』　　404, 442（易論, 後天八卦方位, 十二方位における三正交代と楚正）
『周書』　　32, 34, 185（仁史料）, 221（天理なし）
『周禮』　　425（考工記）
上海博物館『周易』　　404（筆者想定の正しさ）
*周法高　　327（1964書）
『荀子』　　234, 239, 262, 263, 314（發展途上の人）, 318（發展途上の人）, 337（仁史料）, 466（君子と小人の間に人, 性惡）, 486（仁人と小人

索 引

の間の人の性は惡), 489
『春秋運斗樞』 228, 231
『春秋演孔圖』 228, 230
『春秋漢含孳』 228, 231
『春秋感精符』 228, 231
『春秋合誠圖』 228, 231
『春秋元命包』 228, 231
『春秋考異郵』 228, 231
『春秋佐助期』 228, 231
『春秋說題辭』 228, 232
『春秋潛潭巴』 228, 232
『春秋繁露』 401, 405, 410（十二方位, 樂律生成, 正三角形, 五德終始說, 五德相勝說）
『春秋文曜鉤』 228, 231
『尚書』 320, 321（金縢, 某）, 322（金縢, 武王の身）, 323, 379（仁史料）, 405（洪範五行水火木金土の生成）, 484（西周金文の時代の成書ではない）
『尚書緯』 228, 229
『尚書刑德放』 228, 229
『尚書考靈曜』 228, 229
『尚書璇璣鈐』 28, 228, 229
『尚書中候』 27, 228, 229
『尚書中候考河命』 228, 229
『尚書中候合符后』 228, 229
『尚書帝命驗』 228, 229
* 饒宗頤 436（1989 書）
* 邵東方 510（2015 書）【邵東方 2015 書に平勢 1992 論所收, ただ該書に平勢 1995 書の索引解釋表とその關連說明は漏れている】
『晉書』 18, 26, 78（仁史料）, 100（天理史料）
『新五代史』 40, 204（仁史料）, 222（天理史料）
『新唐書』 21, 25, 102（仁史料）, 133（新唐書のみ仁史料）, 137（天理史料）, 140（新唐書のみ天理史料）
* 白鳥清 326（1972 書）
* 新城新藏 394（春秋年始早晚圖）, 395（戰國秦漢長曆圖, 76 年間の大小月配列）, 433, 434（1928 書）, 501（1928 書）
睡虎地秦墓竹簡 435
* 鈴木由次郎 435（1963 書, 1974 書）, 555（易の卦變, 先天八卦方位）【『周易乾鑿度』の鄭注に後天八卦方位における天地間の變化, 八紘觀が薄れて先天八卦方位の議論が活潑化, 後漢時代の四神觀は後天八卦方位と同じく地軸の傾きがある】
『隋書』 32, 187（仁史料）, 221（天理史料）
精華大學『筮法』 404
關尾史郎 544
* 關野貞 48, 429（法隆寺再建非再建, モノサシ）, 437（平勢隆郎 2012）, 513（藤井惠介 2015）
* 關紀子 437（2014 書）
『說文』 485
* 曾憲通 436（1989 書）
曾侯乙墓 400（二十八宿圖）, 401（絕對音高, 相對音程）, 400（二十八宿圖）, 407（各國樂律）, 468（二十八宿圖）, 473（二十八宿圖, 時間季節の分析による天道論はまだ）
『宋史』 44, 207（仁史料）, 222（天理史料）
* 曾志雄 326（1993 書）
『宋書』 30, 33, 167（仁史料）, 219（天理史料）
* 相馬充 434（計算）
詛楚文 479

タ行

* 高木智見 468（『左傳』觀）, 470（史官の意味づけ）, 473（時間の管理）, 508（1993 論, 2001 書）【孔子の頃の情報交換は複數の國が介在し樂と詩が必要. 十二方位三正說後天八卦方位の重なりの後に詩と樂が繼承される. その後附加された賢人主義を古く遡るのは不可. 仁による官僚制體系化を進めた儒家, 仁を批判し道による官僚制體系化を進めた道家と法家, 盟書時期の史は祭祀參加の文字書きであり王の言動を記錄した刀筆の吏ではない. 高木は十二方位三正說後天八卦方位の重なりの後の史を『左傳』の史として論じている. 『左傳』の君子は賢人の代表で戰國中期に降る. 高木議論の史官は戰國的賢人で春秋時代には當てはまらない. 春秋時代の天文觀測は季節を知るのが目的で高木の想定たる時間の管理は戰國以後, 十二方位三正說後天八卦方位の重なりの後に賢人主義と結びついた仁の議論と賢人主義を嫌う天道の議論が始まる】
* 高田眞治 435（1969 書）

* 髙田誠二　429, 438（1970 書）
* 髙山節也　459（天命の機能），503（1980 論）
* 寶月圭吾　429, 438（1961 書）
* 竹内照夫　320, 327（1964 書）
* 武内義雄　505（1939 書）【武内は「仁」評價の場に視點を置いたわけでもなく，また鐵器時代に入った邑制國家の大國小國連合に焦點を當てたわけでもないが，『論語』の新舊の層を分析し，『論語』の古層に『詩』と『尚書』があることを述べていて，本書の『史記』にいたるまで『詩』『尚書』の位置づけを考える上で示唆に富む】
* 竹島卓一　48（1935 書）
* 武田五一　417（川上貞夫 1997 書年譜），539
* 谷豊信　437（紹介），540
* 谷川清隆　434（計算）
* 田良島哲　438（2015 書）
* 장상렬張相烈　427（渤海石燈籠立面構成），438（1967 論），553（米田美代治の影響）
* 張領　322（1976 書）

『陳氏舊藏十鐘』　509

『陳書』　32, 183（仁史料），220（天理なし）

* 塚本嘉一　540（1980 書）
* 津田左右吉　324（1935 書）
* 土田健次郎　320, 327（2011 書）
* 程貞一　401, 435（1992 論）
* 鄭明鎬　438（1978 論）

寺西健一　539

* 杜維明　512（2015 書）

董仲舒　→『春秋繁露』

* 董同龢　326（1944 書）
* 鳥取縣岩美郡國府町　437（2000 年）
* 冨谷至　438（1991-92 書）
* 豊島吉則　438（1985 書，1986 論，1989 論）
* 豊田久　460（周の文武が受けた天命は周邦が受命），462, 478（文武が受けた天命は同時に周邦が受命），501（文武の胙，1992 論，1980 論），504【文武の胙は戰國稱王時に周王からの權威委讓を議論．後發者がそれを霸者の所行とくさす．豊田の文武の議論以外に戰國中期の文武成の繼承の議論がある．『竹書紀年』晉紀が文侯魏紀が武侯から始まる形も注目される．『詛楚文』に楚の成王以下を呪詛する形も注目される．十二方位三正説後天八卦方位の重なりの議論ができがる前に文武成の繼承が議論された可能性あり】

ナ行

* 内藤戊申　509（1974 論，樂律解説）

中野知照　539

* 中村璋八　228（1973-1992 書，仁史料，天理史料）
* 中村裕一　48（2009 書）
* 中原道子　512（1994 論）

中原斉　539

『南史』　198（仁史料），221（天理史料）

『南齊書』　31, 177（仁史料），220（天理なし）

錦織勤　540

* 西嶋定生　48（1970 論，皇帝號と天子號，緯書の皇帝）
* 野久保雅嗣　437（2014 書）

ハ行

* 馬承源　397, 435（1988 書），436（2003 書）
* 服部宇之吉　9, 25, 48（1941 書）
* 濱田耕作　509（1922 序書解説）
* 林巳奈夫　271, 325（1986 論），397, 399（戰國時代重量分銅表），435（1986 論）
* 原田雅弘　438（1989 論）

平川誠　539

* 平勢隆郎　48（2012 書），294, 324（2012 書，2009 論），325（1995 書，1995 書，1996 書，1998 書，1999 論，2000 論，2000 書，2003 書），325, 326, 327, 395（横組表Ⅰ，『春秋』『左傳』曆日に基づく正月朔と冬至），396（76 年間の大小月配列），398（戰國貨幣と重量），403, 427（單位圖形），428（岡益石堂立面構成，當麻寺金堂前石燈籠立面平面構成），434（1996 書，2012 書），435（1999 論，1995 書），436（2001 論，2002 論），437（2012 書），438（2014 書，2015 書，1985 書，1986 論，1987 論，2003 論），471（『史記』の形），472（『漢書』の形），480（1995 書の表Ⅴ-Ⅲは『竹書紀年』を復元），500（1988 書＜通覽＞），501（1998 書，1995 書），508（2014 論），514（1988 書，2013 論），515（寡人と不穀）

索　引

＊藤井恵介　　　513（2015 論）
＊馮友蘭　　457, 503（1934 書）
＊福地謙史郎　　438（1967 書）
＊福山敏男　　417（川上貞夫 1966 書序）
　藤澤一夫　　540（米田美代治紹介）
＊藤島亥次郎　　475
＊藤田亮策　　420（米田美代治 1944 書序）
＊古川麒一郎　　434（口頭説明）
　包山楚簡　　404（之卦符號），406（楚正）
＊方炫琛　　327（1983 書）
『北史』　　192（仁史料），221（天理史料）
『墨子』　　514
『北齊書』　　32, 34, 184（仁史料），221（天理なし）
＊濮茅左　　436（2003 論）
＊堀池信夫　　509（1979 論，1981 論）

マ行

＊松丸道雄　　271, 325（1992 論），399（西周重量單位），435（1992 論），458（邑制國家，西周の獨自性，王を天子とみなす觀念），503（1970 論）
＊松本光雄　　445, 457（邑と民と人），501（1952 論）
＊三浦國雄　　498（2013 論，島田虔次）
＊三浦雄城　　506（2016 論，孝による誠のとりこみ）【盟誓起源の誠，宗廟起源の孝】
＊三品彰英　　48（1970 書）
＊宮石知美　　326（1992 書）
＊三輪紫都香　　438（2015 書）
『明史』　　22, 24, 140（仁史料），157（天理史料）
＊村田治郎　　425（米田美代治 1944 書跋）
『毛詩』　　322, 323, 379（仁史料，序毛傳仁史料）
『孟子』　　233, 234, 262, 263, 318（君子は人と異なる，大者，性善），330（仁史料），337（注釋天理史料），515（仁）
＊森紀子　　498（2013 論，島田虔次）

ヤ行

＊安井香山　　228（1973-1985 書，仁史料，天理史料）
＊安田二郎　　11, 48（1948 書）
＊山方蟠桃　　502（1973 有阪隆道校注）【本書の檢討方法を客觀化する上で有用】

＊山口察常　　487, 510（1941 書）
＊山下龍二　　498（2013 論，島田虔次）
＊山田統　　459, 503（1963 論）
＊楊伯峻　　512（2009 書，劉殿爵英譯）
＊楊蔭瀏　　509（1981 書）
＊吉川忠夫　　498（2013 論，島田虔次）
＊米田美代治　　420, 421（佛國寺多寶塔立面構成），424（慶州石窟庵立面平面構成），422（建築計劃の基本數理），423（同），424, 437（1944 書），474（立面平面構成，正八角形，장상열張相烈に影響），475, 509, 513, 540【正八角形は八紘蓋天説より發想，九六八の八は人，八卦の八，天と人を結合するのが八紘】

ラ行

『禮記』　　251, 263, 264, 276, 351（仁史料），355（天理史料），414, 446, 461, 464, 466（天理，天道人道を分析的に論じ『韓非子』の道者論を繼承），477（天理）
＊羅運環　　510（2013 主編書）
＊羅福頤　　430, 438（1957 書）
＊李學勤　　436（2013 書，013 論）
　劉歆　　402（五德終始説），409（五德相生説），411（王莽）
＊廖名春　　436（2013 論）
『遼史』　　41, 205（仁史料），222（天理史料）
『梁書』　　32, 179（仁史料），220（天理史料），414（景初改暦問題）
『禮含文嘉』　　26, 228, 230
『禮稽命徵』　　228, 230
『禮斗威儀』　　228, 230
『老子』　　486（山から水，道）
『論語』　　307, 323, 328（仁史料），393, 415, 441（仁は思いやる力，水に譬えられぬ），443（鬼神，知者の立場，學を好む），444（分からぬことは仁者にまかす），457（『左傳』の鬼神觀と矛盾しない），459, 460（道，德），461（道），467（弟子の出身國），472（君子は賢人の代表），478（複數國が關わる時代から十二方位三正説後天八卦方位の重なり議論の時代）
『論語比考』　　228, 232
『論語摘衰聖』　　228, 232

ワ行

* 渡邊敏夫　　434（1979書，日出日入帶食）
* 渡邊信一郎 506（1994書，六朝隋唐期の「仁孝」を分析，2003書）【仁孝の議論に關して本書の議論内容に通じる面が少なくないが，なにゆえに仁と孝が熟語として結合しているかを直接的に論じるものとはなっていない】

歐文

* E. Bruce Brooks and A. Taeko Brooks　512（1998書）
* GILES, Lionel　　487, 511（1907書）【山口察常1941書が紹介】
* HOULDEN M. A.　　434（1986書）
* JENNINGS, William　　487, 511（1895書）【山口察常1941書が紹介】
* LEGGE, James　　487（Venevolence），511（1861書）【山口察常1941書が紹介．本書に檢討するところ LEGGE は朱子學を基礎に譯出しているが翻譯であるため本書檢討の細部にもめくばりしたところがある】
* Liu Dianjue　　→楊伯峻・劉殿爵
* LYALL, Leonard A.　　487, 511（1909書）【山口察常1941書が紹介】
* OPPOLZER　　394, 434（1887書，1962書）
* SOOTHIL, W. E.　　487, 511（山口1941書）【山口察常1941書が紹介】
* STEPHENSON F. R.　　434（1986書）
* WILHELM, Richard　　487, 511（1910書）【山口察常1941書が紹介】

その他用語等

ア行

アジール　　544
飛鳥寺金堂前石燈籠　　428
晏子　　271
一代限りの仁　　12, 14, 16, 17, 32, 40, 285（『左傳』と二十四史の繼承の議論），292
緯書の皇帝　　48
殷正　　394, 405

宇宙觀　　403（見下ろす夜空）
宇内物　　246
岡益石堂　　417, 425（石塔部の形狀と燈籠）

カ行

嘉　　322（張頷）
樂律　　509（雅樂）
寡人　　515
嘉の身　　299, 319（身に心を加えると仁），320（舜の身），393（舜の身）
夏正　　394, 404, 405（天地人三正）
外國　　14, 18（非漢族），21, 23, 33, 40
岳公　　→丕顯皇君岳公
獲麟　　293（中國の獸ではない）
貨幣　　→　戰國貨幣
寬仁　　12, 14, 15, 16, 18～20, 22, 31, 32, 33（寬仁和厚），34, 40～43, 45, 46, 48, 56, 57, 59, 60, 62, 63, 70, 72～74, 80, 82, 84, 96, 97, 99, 102, 104, 105, 107～110, 115～117, 121, 123, 127, 136, 144, 145, 147, 151, 155, 163, 168, 169, 172, 173, 178, 183, 185, 186, 188, 190, 192, 193, 195, 196, 200, 202～205, 214～217, 231, 247, 251, 272, 315, 462, 463, 512
義　　243, 256（義道）
鬼神　　251
龜趺　　425
九六八　　399
皇帝號と天子號　　48
國　　265（都市國家，仁），267（仁信，參和），270, 271（市），275, 292（邑制國家），323
國家　　451
君子　　240, 255, 261（至道），264, 271（不犯非禮），307（孝，弟），308, 313（荀子は君子，人，小人，論語は君子，小人），357（仁者知者勇者の統合，君子と小人），317（仁，惠），318（孝，弟，信，荀子は君子，人，小人，論語は君子，小人，仁者知者勇者の統合）
刑官　　14, 17, 24, 32, 37, 45, 46, 235, 239
景初改曆　　413（天理下の三正交代終焉と佛教普及）
景初四年　　413, 414（『梁書』三年と『三國志』二年が同年，公孫淵傳一年多い，明帝紀一年多い）

索　引

形理　　320
孝　　13, 14, 30, 239, 254, 257（孝道）, 275, 292（宗廟）, 307（君子）, 441, 462, 464, 472, 487～489, 506（天道次元の孝と人道次元の孝）
皇君岳公　　→丕顯皇君岳公
孔子の聖人化　　249
後聖　　283
後天八卦方位　　403（陽爻向天，陰爻向地，『左傳』）, 405（圖）, 406（洪範五行生成に重ねると楚正）, 415, 498（時期）, 543
吾子　　294
克己復禮　　272（國間關係）
高麗尺　　429

サ行

册封　　22
三正　　2, 74, 393, 395, 401, 403～406, 409, 413, 416, 431, 433, 437, 439, 442, 443, 446, 457, 458, 460～467, 469～474, 476, 478, 481, 484, 487, 489, 490, 492, 496～498, 502, 503, 509, 513, 514
三分損益法　　232, 397, 401, 403（十二方位）, 405, 408, 414, 415, 431, 432, 435, 437, 439, 461, 465, 467, 475, 476, 487, 496～498, 503, 517
之卦　　404（『左傳』）
史官　　470
慈仁　　14
至道　　257, 261, 264
周　　292（『穀梁傳』周は中國，仁あり）
周正　　405
周大王　　249
儒家　　565（仁による官僚制の體系化）
徐偃王　　249
小人　　241, 244, 264, 269（不才，左傳）, 271（不犯不祥）
辰　　406（原義）
信　　242, 272, 275, 317
人道　　251, 264
仁義　　11～13, 15, 16, 18, 20～23, 27, 30, 33, 34, 36, 39, 42, 43, 50～58, 60～73, 75, 76, 80, 82, 84～88, 90～92, 94～96, 99, 106～112, 115～117, 121, 122, 124～137, 142～146, 150～155, 161, 162, 164, 165, 167, 168, 170～172, 174, 177～179, 181, 182, 185～191, 196～201, 206～212, 216, 223, 228～232, 235～238, 240～247, 249～251, 253, 260, 261, 263, 265, 276～278, 291, 330, 332～340, 342, ～352, 355, 364（公羊傳，注に多い）, 365, 366, 370, 379（毛傳）, 442, 443, 463, 504, 505, 511
仁孝　　12, 13, 15, 18, 20, 31～33, 35, 40, 41, 43, 51, 54, 56, 57, 60, 62, 63, 70, 76, 77, 81, 83～85, 92, 93, 96～99, 102～104, 108, 110, 113～116, 118, 120, 122～125, 127, 134, 136, 137, 140, 143, 144, 149, 172, 188, 189, 191～194, 200, 204～207, 209～211, 216, 506（渡邊信一郎の着眼を重視しつつ修正，天道を語る皇帝の孝と人道を語る一般の孝を混同しない）
仁弱　　15, 21, 37, 51, 76, 93, 132, 179, 183, 199, 200, 246, 347
仁者　　14, 16, 17, 19, 20, 30, 33, 34, 41, 53～55, 57, 58, 61, 63, 64, 67～69, 71, 72, 75, 76, 82, 83, 86, 88, 90～92, 95, 99, 100, 108, 109～112, 116, 117, 119, 124, 125, 129, 131, 133, 134, 136, 144, 152, 153, 161, 162, 165, 169～171, 178, 180, 186, 188, 190, 194～196, 201, 205, 206, 209, 228～231, 234～239, 243～246, 249, 252～258, 260, 261（至道）, 262（王含む）, 263, 265, 273（殺人以掩謗猶弗爲也）, 285, 286, 289, 290, 308, 309（山）, 310～312, 313（必有勇，勇者不必有仁，智者勇者）, 314, 318～320, 323, 324, 328, 329, 331～337, 340～346, 350, 352～355, 357, 360, 362, 363, 367～369, 379, 382, 443, 444, 457, 458（智者は仁者におまかせ）, 460, 463, 488～493, 495, 499, 500, 502, 504, 505, 511, 512
仁者批判　　458（官僚制度の進展，國の消滅，政治世界から鬼神や神祭祀が消滅し領域國家中央の祭祀が殘る，複數の國に關わる場の仁から刑罰の場の判斷力へ）
仁獸　　283, 293
仁人　　12, 16, 19, 53, 60, 61, 64, 65, 68, 71, 73, 82, 84, 93, 94, 96, 97, 113, 115, 117, 120, 141, 145, 180, 186, 195, 205, 209, 210, 235～241, 243～245, 248～250, 254, 257, 260, 262, 263（至道）, 264, 269, 270, 274, 280, 281, 284, 290～292,

314, 316〜321, 324, 329〜345, 349, 350, 353, 355, 360, 361, 363, 364, 366, 369, 379, 380, 445, 457, 466, 485, 486, 489, 492, 494, 505

仁政　239

仁説　498（レッグ譯，近代日本譯）

人道　27, 31（天地人道之分際，天地人三才之道），32, 39, 60, 103, 148, 186, 220, 228, 251, 253, 255, 257, 261, 263, 264, 315, 320, 338, 352, 355, 443, 466, 484, 486, 504, 505, 507, 519【八紘成立前八紘衰退後等時期を考慮】→　道者

仁の原義　2, 233, 285, 321, 323, 415（異なる國の樂演奏の場を思いやる），441, 448, 462, 463, 495, 515（墨家による仁原義の温存）

仁友　21, 46, 47, 97, 112, 132, 135, 416, 433, 465, 487, 498

周正　394

數字卦　404（甲骨文，之卦，爻變）

誠　322

性惡　239, 242, 244, 264

性善　239, 244, 264

正八角形　1, 2, 422, 427, 432, 433, 474〜476, 496, 498

顓頊暦　405

戰國貨幣　271（九六八），399（秤量貨幣，九六八，三分損益法）

先天八卦方位　477

宗廟　292（仁）

楚正　405（日月星辰），406（辰原義，包山楚簡）

タ行

太歲　412（縮嬴の間が正位置），413

當麻寺金堂前石燈籠　428

知者　309（水），313, 318

中國　284（中國内の仁，『公羊傳』）

中山　292（『穀梁傳』中山は中國，仁あり）

注釋　277（『公羊傳』勘違い）

弟　308, 317

天道　23, 27（天地人道之分際，天地人三才之道），28, 31, 54, 66, 67, 70, 81, 94, 96, 113, 127, 137, 140, 141, 145, 147, 151, 156, 157, 168, 173, 185, 186, 211, 213, 214, 239, 250, 251, 257, 263, 264, 320, 337, 415, 442, 443, 457, 460, 461, 463, 465, 466, 473（戰國時代の天道論），474, 486, 492, 496, 500, 503〜505, 507【八紘成立前八紘衰退後等時期を考慮】

天理（星）　25, 26

天理の物　25, 28, 30, 38, 44, 416（『三國志』『後漢書』は天時，『晉書』以後は佛寺道觀），432

道家　484（道による官僚制の體系化，法家）

道者　66, 72, 94, 109, 125, 126, 129, 186, 189, 240, 241, 243, 246, 248, 250, 251, 256, 257, 260, 261, 262, 264, 313, 318, 320, 323, 324, 329, 338, 340, 343, 344, 346, 353〜355, 377, 446, 457, 458, 463, 466, 484（道家，儒家の知者に相當，複數の國が關わる場の仁内容は道者が理解し，仁を語らない），486（人道擔當），504, 505【八紘成立前八紘衰退後等時期を考慮】

唐大尺　429

同仁　23

東大寺大佛殿前金銅燈籠　427

ナ行

76年大小月配列　396

二十八宿圖　400

二等邊三角形（頂角45°）　2, 426, 428, 432

日本　22

ハ行

覇王　248

覇者　235, 256

八紘　17, 21（中國），21, 26, 29（外），34（外），42, 44, 233, 239, 242（萬物同宇），245（宇），246（萬里），475（原義），539

萬物一體　24, 279, 540

丕顯皇君岳公　296, 299, 319, 320, 447

微言　269（左傳）

人　241, 264

武王の身　322

夫子　294

不穀　515

不仁　14, 16, 18, 304, 355

分裂時代　33

編鐘　400（大小配列の形状，メロディ複雑化）

某　322（『尚書』金縢）

法家　565（道による官僚制の體系化，法家），505

北斗　　27, 42（遼の唐繼承）, 250, 320
北魏評價（唐）　　37
墨家　　514, 515（仁原義の温存）
渤海上京龍泉附府石燈籠　　426（立面平面構成）, 427

マ行

*溝口雄三　　498（2013論，島田虔次）
道　　461（地上の道から天道發想）, 463（道の原義）, 466（道の原義，複數の國をつなぐ，十二方位三正説後天八卦方位と重なり天道）, 473（複數の國をつなぐ原義，天道と賢人主義の仁）
木星　　412（縮嬴の間が正位置）
モノサシ　　429

ヤ行

勇者　　313, 318

ラ行

禮器　　252
禮制（經典）　　498, 506
曆數　　393, 397（議論の始まり）, 400（九六八の倍數）

ビブリオ bibliography 人名
pinyin 拼音順に示す

a

*阿部勤也　　544（2005論）
*安井香山　　228（1973-1985書）
*安田二郎　　48（1948書）

b

*白川靜　　510（1983書 1984書に索引）
*白鳥清　　326（1972書）
*寶月圭吾　　438（1961書）
*貝塚茂樹　　505（1951年書）, 514（1961書）
*濱田耕作　　509（1922序書解説）

c

*曾憲通　　436（1989書）
*曾志雄　　326（1993書）

*程貞一　　401, 435（1992論）
*池田知久　　499（2009書）
*川上貞夫　　437（1966書, 1997書）
*川上純子　　438（拓本，寫眞）
*川原秀城　　509（1977論, 1988論）
*滋賀秀三　　326（2003書）, 501（1976論, 2003書）
*村田治郎　　425（米田美代治1944書跋）

d

*島田虔次　　48（1967書）, 498（2013論）
*打谷久義　　540（紹介）
*渡邊敏夫　　434（1979書）
*渡邊信一郎　　506（1994書, 2003書）
*杜維明　　512（2015書）

e

*E. Bruce Brooks and A. Taeko Brooks　　512（1998書）
*兒玉憲明　　509（1982論, 1985論）

f

*飯島忠夫　　324（1925書）
*方炫琛　　327（1983書）
*豊島吉則　　438（1985書, 1986論, 1989論）
*豊田久　　501（文武の胙, 1992論, 1980論）
*馮友蘭　　457, 503（1934書）
*服部宇之吉　　9, 25, 48（1941書）
*冨谷至　　438（1991-92書）
*福山敏男　　417（川上貞夫1966書序）
*福地謙史郎　　438（1967書）

g

*岡村秀典　　326（1992監修書）
*高木智見　　508（1993論, 2001書）
*高山節也　　503（1980論）
*高田眞治　　435（1969書）
*高田誠二　　429, 438（1970書）
*高明士　　507（2013書）
*葛城末治　　48（1935書）
*GILES, Lionel　　511（1907書, 山口察常1941書）
*宮石知美　　326（1992書）
*宮内廳書陵部陵墓課　　437（1999書）
*關紀子　　437（2014書）

ビブリオ bibliography 人名

*關野貞　437（平勢隆郎 2012），513（藤井恵介 2015）
*古川麒一郎　434（口頭説明）
*谷川清隆　434（計算）
*谷豊信　437（紹介）

h

*韓昇　48（2009 論）
*合山究　511（1980 書）
*HOULDEN M.A.　434（1986 書）
*後藤基巳　435（1969 書）
*後藤俊瑞　11, 48（1937 書）

j

*加藤常賢　327（1951 論），503（1951 書）
*江村治樹　327（1978 論）
*JENNINGS, William　511（1895 書，山口察常 1941 書）
*吉川忠夫　498（2013 論，島田虔次）
*荊州地區博物館　436（1995 論）
*近藤浩之　436（2002 論）
*津田左右吉　324（1935 書）
*久保穰次郎　438（1989 論），539
*堀池信夫　509（1979 論，1981 論）

l

*LEGGE, James　511（1861 書，山口察常 1941 書）
*廖名春　436（2013 論）
*鈴木由次郎　435（1963 書，1974 書）
*林巳奈夫　325（1986 論）
*Liu Dianjue　→楊伯峻・劉殿爵
*李學勤　436（2013 書，2013 論）
*羅福頤　430, 438（1957 書）
*羅運環　510（2013 主編書）
*LYALL, Leonard A.　511（1909 書，山口察常 1941 書）

m

*馬承源　435（1988 書），436（2003 書）
*米田美代治　437（1944 書）
*木下鐵矢　510（2009 書）

n

*楠本正繼　11, 48（1962 書）
*内藤戊申　509（1974 論）
*鳥取縣岩美郡國府町　437（2000 年）

o

*OPPOLZER　434（1887 書，1962 書）

p

*平勢隆郎　48（2012 書），324（2012 書，2009 論），325（1995 書，1995 書，1996 書，1998 書，1999 論，2000 論，2000 書，2003 書），395（1996 書横組表Ⅰ），434（1996 書，2012 書），435（1999 論，1995 書），436（2001 論，2002 論），437（2012 書），438（2014 書，2015 書，1985 書，1986 論，1987 論，2003 論），480（1995 書の表Ⅴ-Ⅲ），500（1988 書＜通覽＞），501（1998 書，1995 書），508（2014 論），514（1988 書，2013 論）
*濮茅左　436（2003 論）

r

*饒宗頤　436（1989 書）

s

*三浦國雄　498（2013 論，島田虔次）
*三浦雄城　506（2016 論）
*三輪紫都香　438（2015 書）
*三品彰英　48（1970 書）
*桑原武夫　499（1974 書，1983 書）
*森紀子　498（2013 論，島田虔次）
*山方蟠桃　502（1973 有阪隆道校注）
*山口察常　487, 510（1941 書）
*山田統　503（1963 論）
*山下龍二　498（2013 論，島田虔次）
*狩谷棭齋　438（冨谷至校注 1991-92 書）
*松丸道雄　325（1992 論），503（1970 論）
*松本光雄　501（1952 論）
*SOOTHIL, W.E.　511（山口 1941 書，山口察常 1941 書）
*STEPHENSON F.R.　434（1986 書）

索　引

t

* 藤島亥次郎　　475（米田美代治 1944 書序）
* 藤井恵介　　513（2015 論）
* 藤田亮策　　420（米田美代治 1944 書序）
* 藤澤一夫　　540（紹介）
* 田良島哲　　438（2015 書）
* 天沼俊一　　540（1933 書）
* 董同龢　　326（1944 書）
* 土田健次郎　　320, 327（2011 書）

w

* 王國維　　459, 503（1923 論）
* 王明欽　　436（1996 論）
* 汪慶正　　397, 435（1988 書）
* 王韜　　434（1889 書）
* 網野善彦　　544（1978 書）
* 魏克彬　　327（2010 論）
* WILHELM, Richard　　511（1910 書，山口察常 1941 書）
* 吾妻重二　　501（2004 書）
* 呉南薫　　509（1964 書）
* 武内義雄　　505（1939 書）
* 武田五一　　417（川上貞夫 1997 書年譜）

x

* 狹間直樹　　498（2013 論，島田虔次）
* 相馬充　　434（計算）
* 小川敬吾　　475
* 小島毅　　503（1988 論），509（1989 論）
* 小泉袈裟勝　　438（1974 書，1977 書），597（1974 書，1977 書）
* 小野澤精一　　325（1982 書）

* 西嶋定生　　48（1970 論）
* 新城新藏　　434（1928 書），501（1928 書）
* 許永毫　　499（2015 書）

y

* 楊伯峻　　512（2009 書，劉殿爵英譯）
* 楊蔭瀏　　509（1981 書）
* 野久保雅嗣　　437（2014 書）
* 岩本憲司　　325（1988 書，2001-2006 書）
* 塩沢裕仁　　48（1992 論，口頭），437（2014 書）
* 伊東忠太　　437（1936-37 書，1893 論，1930 論）
* 影山輝國　　503（1981 論）
* 有光教一　　509（1972 論）
* 有阪隆道　　502（1973 校注）
* 原田雅弘　　438（1989 論）
* 宇野哲人　　240, 324（1929 書）

z

* 齋藤國治・小澤賢二　　434（1992 書）
* 張頷　　322（1976 書）
* 장상렬 張相烈　　438（1967 論）
* 邵東方　　510（2015 書）
* 鄭明鎬　　438（1978 論）
* 塚本嘉一　　540（1980 書）
* 中村璋八　　228（1973-1992 書）
* 中村裕一　　48（2009 書）
* 中原道子　　512（1994 論）
* 重澤俊郎　　503（1943 書，1964 書）
* 周法高　　327（1964 書）
* 竹島卓一　　48（1935 書）
* 竹内照夫　　327（1964 書）
* 佐川英治　　506（2012 論）

著者略歴

1954年	茨城縣生まれ
1979年	東京大學文學部東洋史學科卒業
1981年	東京大學大學院人文科學研究科修士課程修了
	鳥取大學敎育學部助手
1984年	鳥取大學敎育學部專任講師
1987年	鳥取大學敎育學部助敎授
1990年	九州大學文學部助敎授
1992年	東京大學東洋文化研究所助敎授
1999年	東京大學東洋文化研究所敎授
2000年	東京大學大學院情報學環敎授・東洋文化研究所併任敎授
2003年	東京大學東洋文化研究所敎授

主な著作・論文

「楚王と縣君」(『史學雜誌』90-2、史學會、1981年)

『春秋晉國『侯馬盟書』字體通覽――山西省出土文字資料――』(東京大學東洋文化研究所文獻センター叢刊別輯15、1988年)

『新編 史記東周年表――中國古代紀年の研究序章――』(東京大學東洋文化研究所報告、東京大學出版會、1995年)

『中國古代紀年の研究――天文と曆の檢討から――』(東京大學東洋文化研究所・汲古書院、1996年)

『左傳の史料批判的研究』(東京大學東洋文化研究所・汲古書院、1998年)

『「八紘」とは何か』(東京大學東洋文化研究所・汲古書院、2012年)

「論《漢書》的形式與編纂者班固」(右編纂組編『紀念方詩銘先生學術論文集・史林揮麈』上海古籍出版社、2014年)

2016年12月10日 初版發行　　《檢印省略》

東京大學東洋文化研究所報告
「仁」の原義と古代の數理
――二十四史の「仁」評價「天理」觀を基礎として――

著　者	平勢隆郎
發行者	宮田哲男
發行所	株式会社 雄山閣
	東京都千代田区富士見2-6-9
	ＴＥＬ　03-3262-3231／ＦＡＸ　03-3262-6938
	ＵＲＬ　http://www.yuzankaku.co.jp
	e-mail　info@yuzankaku.co.jp
	振　替：00130-5-1685
印刷・製本	株式会社ティーケー出版印刷

©2016 Institute for Advanced Studies on Asia,
The University of Tokyo
Printed in Japan

ISBN978-4-639-02453-8 C3022
N.D.C.122　556p　27cm